U0930144

# 兰州年鉴

# LANZHOU NIANJIAN

## 2021

（总第14卷）

兰州市人民政府　主办
兰州市地方志编纂委员会办公室　编

甘肃文化出版社

图书在版编目（CIP）数据

兰州年鉴. 2021 / 兰州市地方志编纂委员会办公室编. -- 兰州 : 甘肃文化出版社, 2021.10
ISBN 978-7-5490-2326-4

Ⅰ. ①兰… Ⅱ. ①兰… Ⅲ. ①兰州-2021-年鉴 Ⅳ. ①Z524.21

中国版本图书馆CIP数据核字(2021)第197098号

# 兰州年鉴 2021

兰州市地方志编纂委员会办公室 | 编

责任编辑 | 甄惠娟　贾　莉
封面设计 | 兰州志鉴印务设计中心

出版发行 | 甘肃文化出版社
网　　址 | http://www.gswenhua.cn
投稿邮箱 | press@gswenhua.cn
地　　址 | 兰州市城关区曹家巷1号 | 730030（邮编）

营销中心 | 贾　莉　王　俊
电　　话 | 0931—2131306

印　　刷 | 甘肃创之想文化发展有限公司
开　　本 | 787毫米×1092毫米　1/16
字　　数 | 1193千
印　　张 | 32.25
插　　页 | 40
版　　次 | 2021年10月第1版
印　　次 | 2021年11月第1次
书　　号 | ISBN 978-7-5490-2326-4
定　　价 | 268.00元

# 兰州市地方志编纂委员会

（《兰州年鉴》编辑委员会）



# 《兰州年鉴2021》编辑部

# 撰稿人供稿人名单

（按年鉴稿顺序排）

| | | | | | | |
|---|---|---|---|---|---|---|
| 王立杰 | 崔峰巍 | 赵紫楠 | 翟柯帆 | 安翌绮 | 张　琛 | 王彦博 |
| 马维龙 | 李晓娴 | 李友文 | 高启程 | 刘延涛 | 芦彦博 | 汉海明 |
| 范兰芳 | 张轩宁 | 李雅婧 | 王柏华 | 赵　玲 | 陈　震 | 鲁东林 |
| 穆晓娟 | 闫举龙 | 刘晨龙 | 王言斌 | 刘小兰 | 杨　飞 | 王金凯 |
| 冯圣楠 | 陈紫君 | 张晓艳 | 许长彪 | 武小桢 | 李红明 | 李彦雄 |
| 李文涛 | 李　杨 | 倪　玲 | 王汝勃 | 刘青梅 | 娄光明 | 于　伟 |
| 赵宇亮 | 杜　简 | 杨　磊 | 刘铝锋 | 付桂林 | 王明杰 | 张　弛 |
| 许文鹏 | 闫　燕 | 山瑞彬 | 鲍宗新 | 景昱清 | 李宗林 | 席天宝 |
| 冯　晶 | 赵旭东 | 张斌辉 | 张晓龙 | 田　鹏 | 冯　洁 | 崔丽虹 |
| 崔　军 | 赵　悦 | 路有为 | 孙万兰 | 黄　杰 | 李恒春 | 申三红 |
| 李　萍 | 裴少伟 | 郭吉惠 | 闫国成 | 金倡宇 | 孔佑花 | 贺　欢 |
| 孟　拯 | 郁万虎 | 杨雍梅 | 张立生 | 张馨茹 | 黄慧兴 | 张　弘 |
| 王俪衡 | 王发鑫 | 余国先 | 李春亮 | 牟怡洁 | 钟　芳 | 陈学义 |
| 翟　丹 | 王　川 | 马若菱 | 梁云鹏 | 王鹏飞 | 康立中 | 贾海刚 |
| 王　涛 | 王　海 | 宋子霞 | 任　翔 | 何彩霞 | 韩　玉 | 殷秀梅 |
| 张　慧 | 杨　文 | 王　伟 | 李芬娥 | 唐仲虎 | 王发强 | 刘占爱 |
| 高　尚 | 朱海滨 | 马雪琴 | 王　丹 | 石万里 | 马文龙 | 刘　璇 |
| 余　茜 | 陈晓强 | 杨进安 | 马晓娟 | 常秀芝 | 牛广文 | 李　静 |
| 张　婷 | 苏文力 | 张建祥 | 陈家锋 | 强小龙 | 何　红 | 陈　裕 |
| 高兰德 | 张　雪 | 吴明萍 | 陈　毅 | 杨平科 | 吕香茹 | 王虎林 |
| 魏静姝 | 詹玉辉 | 张建华 | 文生茂 | 刘　杰 | 闫龙龙 | 张生晓 |
| 徐　鹏 | 王世峰 | 牛淑梅 | 周晓霞 | 刘　冰 | 张　健 | 吴永升 |
| 赵文娟 | 钟　潇 | 陈天军 | 邹向东 | 王晓蓉 | 马玉花 | 火泽东 |
| 周学海 | 魏周延 | | | | | |

# 数字兰州2020

## SHUZILANZHOU

| | | | |
|---|---|---|---|
| 总面积 | 13085.6平方千米 | 农村居民人均可支配收入 | 14652元 |
| 户籍总人口 | 334万人 | 农村居民家庭恩格尔系数 | 30.8% |
| 城镇人口 | 246.13万人 | 保险业保费收入 | 160.8亿元 |
| 乡村人口 | 87.87万人 | 股票总市值 | 1045.84亿元 |
| 常住人口 | 379.09万人 | 专利申请量 | 14050件 |
| 年平均气温 | 11.1°C | 普通高等院校在校生 | 56.03万人 |
| 年降水量 | 341.2毫米 | 中等职业院校在校生 | 3.49万人 |
| 地区生产总值 | 2886.74亿元 | 普通高中在校生 | 6.21万人 |
| 第一产业增加值 | 57.43亿元 | 普通初中在校生 | 10.41万人 |
| 第二产业增加值 | 933.42亿元 | 普通小学在校生 | 24.51万人 |
| 第三产业增加值 | 1895.9亿元 | 医疗卫生机构 | 2245个 |
| 一般公共财政预算收入 | 247.13亿元 | 卫生技术人员 | 4.15万人 |
| 一般公共财政预算支出 | 485.73亿元 | 病床位 | 3.22万张 |
| 工业增加值 | 773.23亿元 | 公共图书馆 | 8个 |
| 社会消费品零售总额 | 1641.2亿元 | 文化馆 | 9个 |
| 接待国内外游客 | 4821.4万人次 | 博物馆 | 29个 |
| 旅游业总收入 | 421.4亿元 | 货运量 | 14854.55万吨 |
| 房地产开发施工面积 | 5175.73万平方米 | 客运量 | 4864.66万人次 |
| 房地产开发竣工面积 | 198.33万平方米 | 电信业务总量 | 632.4亿元 |
| 商品房销售面积 | 848.82万平方米 | 邮政业务总量 | 18.62亿元 |
| 金融机构人民币各项存款余额 | 9044.77亿元 | 移动电话用户 | 609.7万户 |
| 金融机构人民币各项贷款余额 | 12954.98亿元 | 固定互联网宽带用户 | 212.87万户 |
| 城镇居民人均可支配收入 | 40152元 | 4G移动电话用户 | 453.38万户 |
| 城镇居民家庭恩格尔系数 | 30.2% | 5G移动电话用户 | 149.46万户 |

# 兰州市地图

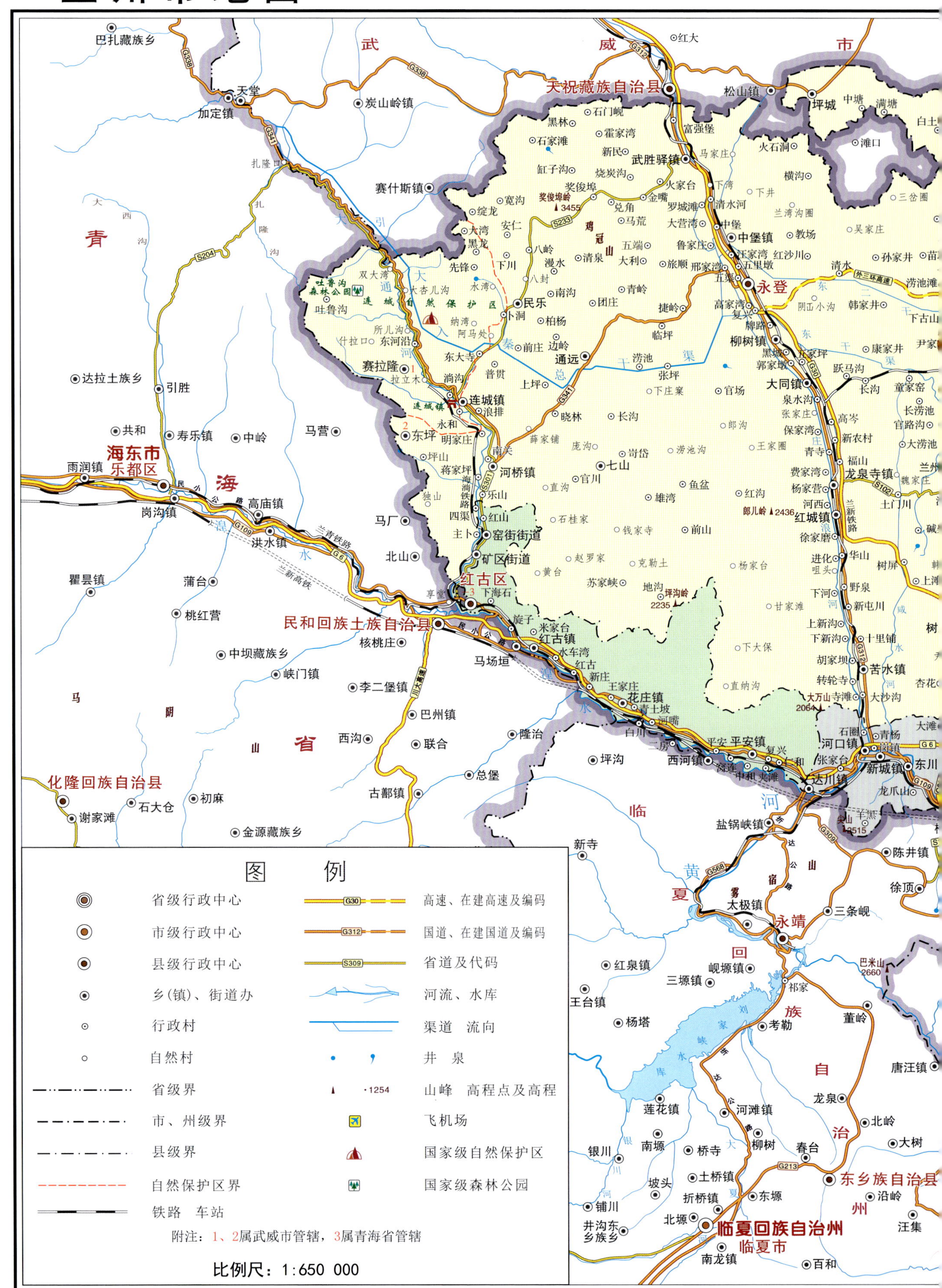


审图号：甘S(2021)6201002

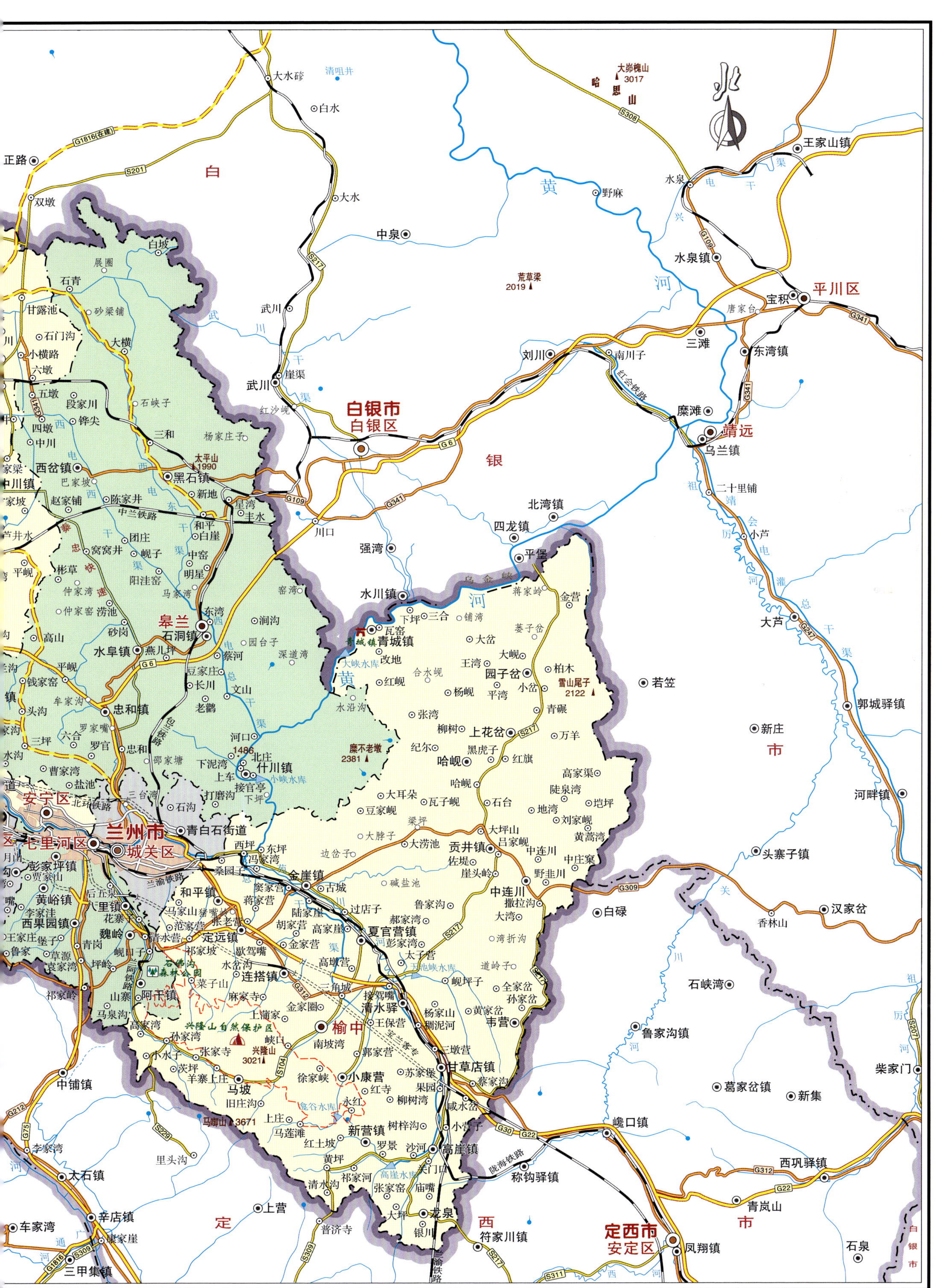

兰州
年鉴
2021
LANZHOU NIANJIAN

兰州夜景（市文旅局提供）

兰州水墨丹霞（市文旅局提供）

黄河之滨（王 涛 摄）

黄河楼夜景（市文旅局提供）

## 脱贫成效

全市31.79万贫困人口全部脱贫，256个贫困 村全部退出，4个贫困县（区）全部摘帽

## 两不愁三保障

**·教育·**

全市适龄儿童少年义务教育入学率、贫困家庭子女义务教育巩固率、有接受教育能力的适龄残疾儿童少年入学率均为100%；建档立卡贫困家庭义务教育阶段无失学辍学学生

**·医疗·**

农村建档立卡贫困人口医保参保率达到了100%，贫困人口基本医疗保险、大病保险、医疗救助全覆盖

**·住房·**

累计改造农村危房5359户，顺利实现农村四类重点对象现有存量危房清零目标；实施易地扶贫搬迁专项行动，建成19个集中安置点，搬迁建档立卡群众1568户5543人

## 财政投入

2016年以来各级财政投入专项扶贫资金近40亿元

2017——2020年全市涉农资金整合规模

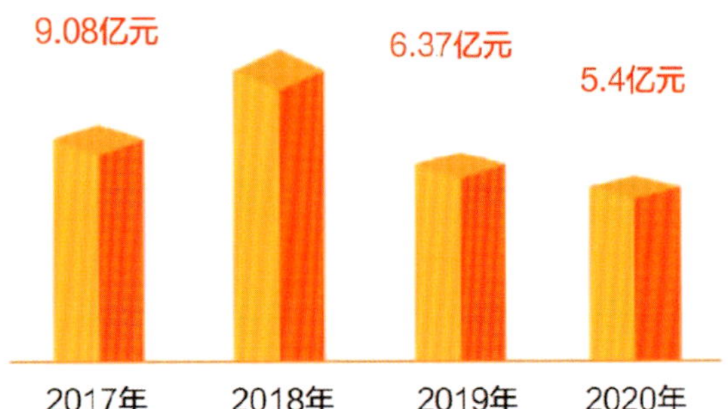

## 产业发展

·特色产业种植面积·

·旅游· 省级旅游示范村

## 2016—2020 年农村低保（元）

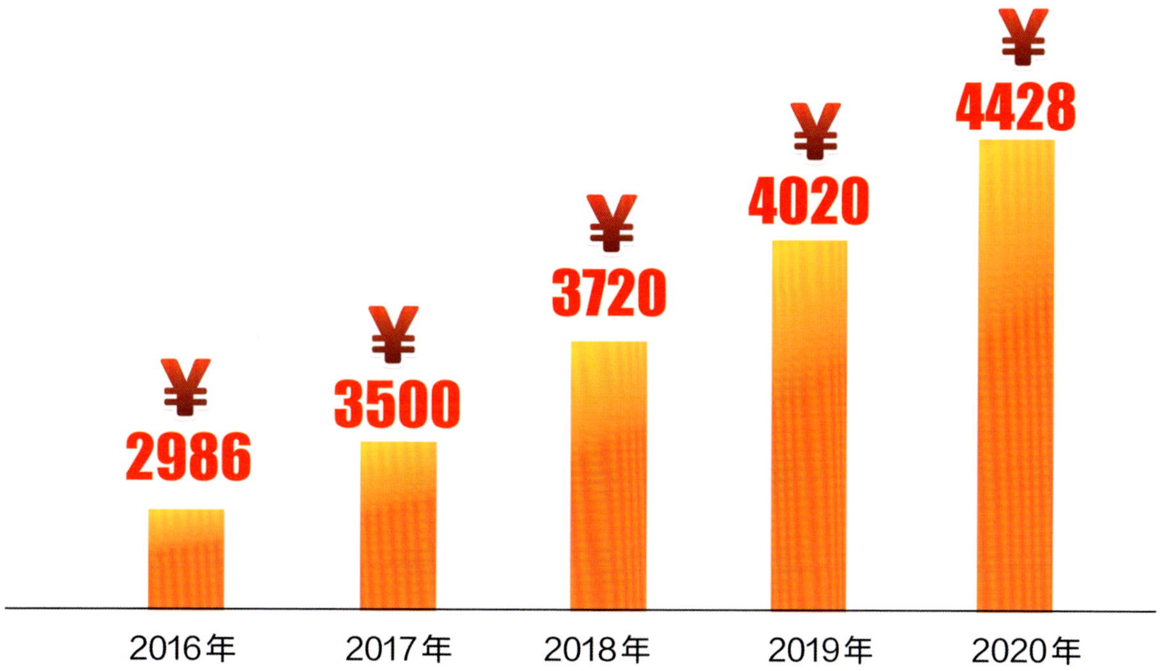


## 2016—2020 年农村居民人均可支配收入（元）

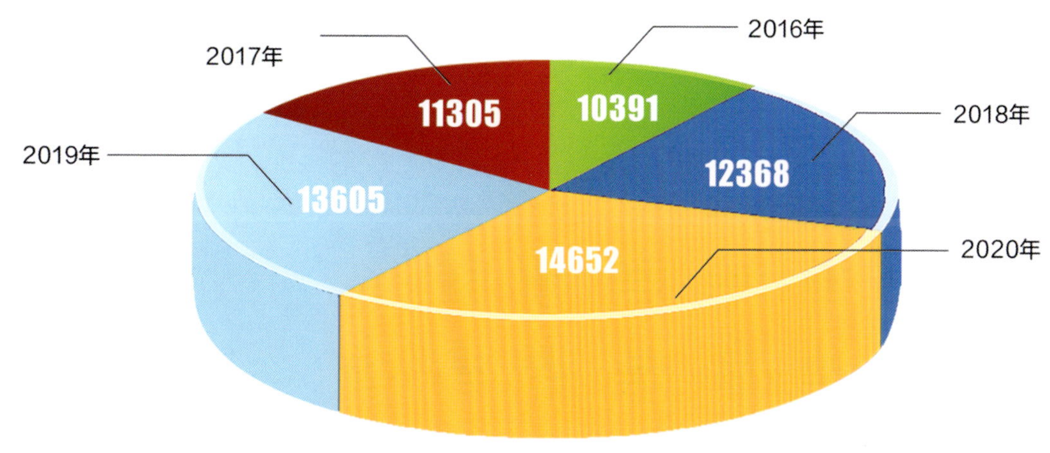

# 31.79万人

截至2020年底，兰州市256个建档立卡贫困村和31.79万建档立卡贫困人口全部脱贫。

# 40 亿元

2016 年以来，各级财政投入专项扶贫资金近 40 亿元。

- 2017年，皋兰县、七里河区在全省第一批实现脱贫摘帽。
- 2018年，永登县、榆中县顺利实现脱贫退出。
- 2020年9月底，剩余0.38万贫困人口全部达到退出标准。

# 92所

全市适龄儿童少年义务教育入学率100%。
贫困家庭子女义务教育巩固率100%。
接受教育能力适龄残疾儿童少年入学率100%。
2020年，实施“两类学校”项目92所，投入资金8974.73万元。

# 20.11万人

全市建档立卡贫困人口参保对象20.11万人。
医保参保率100%。
建档立卡贫困人口家庭医生签约201131人，参保率99%。

# 105.13 万人

2016年以来，全市建成集中式供水工程227处，累计完成投资超过11.49亿元，农村105.13万人饮水问题有效解决，农村饮水安全覆盖率100%。

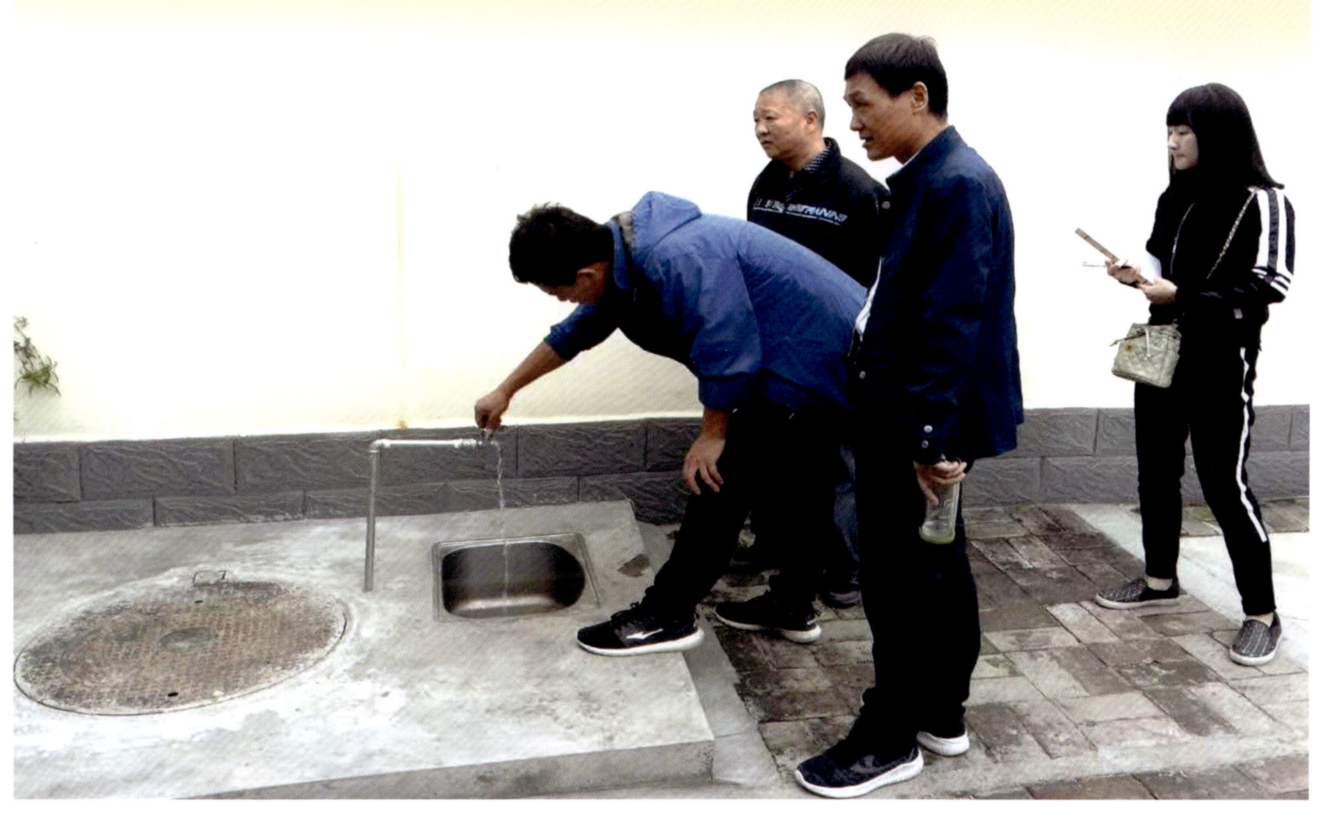

# 5359户

2016年以来，全市累计实施农村危房改造5359户，顺利实现农村四类重点对象现有存量危房清零目标。

# 2850.2千米

2016年以来，完成各类农村公路建设项目2850.2千米，完成危桥改造工程67座，农村公路生命安全防护工程4849.7千米，建制村通畅率100%。

# 6.95万人

2016年以来，累计认定“扶贫车间”102家，吸纳劳动力2740人，开展精准培训6.95万人，完成劳务输转143.79万余人。

# 3.2万人次

全市256个建档立卡贫困村选派驻村帮扶干部4982名，举办脱贫攻坚专题培训班、专题讲座190期，培训各级各类干部约3.2万人次。

# 10.78万人

2016年以来，各帮扶单位组织帮扶责任人进村入户5.74万次56.02万人，开展实用技术和劳动力技能培训3972场次，受益10.78万人。

# 4428元

2016年以来，农村低保标准由每人每年2986元提高至2020年的4428元，增幅48.3%。

# 15.57万人

东西部扶贫协作累计举办各类专业技能培训124期
培训贫困人口3624人次
落实帮扶资金2.78亿元
实施扶贫项目204个，受益贫困人口15.57万人。

“十三五”期间，全市异地扶贫搬迁建设项目涉及19个集中安置点，搬迁建档立卡群众1568户5543人。

新农村建设（白文本 摄）

市人大代表考察百合种植基地（白文本　摄）

高原夏菜种植基地（白文本　摄）

高原夏菜（郁兴菊　摄）

七里河百合种植基地（郁兴菊　摄）

区长直播带货助力脱贫攻坚（徐晓君 摄）

乡村旅游助推脱贫攻坚（赵钰 摄）

丰收之乐（赵钰 摄）

收获的喜悦（王富德 摄）

6月19日，市政府办公室“举办黄河之滨也很美 万步有约健步行”活动（市政府办公室提供）

4月13日，黄河风情线大景区管委会员工在小西湖公园开展植树护林活动（市文明办提供）

7月12日，市妇联在城关区举办关爱留守儿童志愿服务活动（市文明办提供）

7月8日，市妇联组织开展巾帼志愿服务活动（市妇联提供）

志愿者提醒市民骑行要戴头盔（市文明办提供）

5月2日，玉门街小学组织“学雷锋 树新风 做文明使者”活动（市文明办提供）

9月4日，城关区第15届金城社区艺术周开幕式（城关区区志办提供）

12月29日，兰州市地方志工作暨年鉴业务培训会议现场（张 鑫 摄）

# 编辑说明

一、《兰州年鉴2021》是兰州市人民政府主办、兰州市地方志编纂委员会办公室编的综合合性年度资料性文献，逐年出版，公开发行。创刊于2007年，本卷为第14卷。

二、《兰州年鉴2021》的编纂以马克思列宁主义、毛泽东思想、邓小平理论、“三个代表”重要思想、科学发展观、习近平新时代中国特色社会主义思想为指导。坚持辩证唯物主义和历史唯物主义的立场、观点和方法，客观、系统、全面、真实地记录兰州市自然、政治、经济、文化、社会、生态文明等方面基本情况。紧紧围绕市委、市政府中心工作，突出时代特色和地方特色，反映全市改革发展进程，为全面建成小康社会，促进兰州经济社会又好又快发展提供基本资料和历史借鉴。

三、《兰州年鉴2021》采用类目体编辑法，除特载、大事记和统计公报外，主体内容分为类目、分目和条目3个层次。共设类目34个，分目161个，条目1466个，条目标题均加【】。为方便读者检索，卷前设目录，卷末设索引。

四、《兰州年鉴2021》记述时间为2020年1月1日至12月31日，对个别首次在年鉴中记载的行业、事业或工作的历史情况略作上溯。为突出年鉴的时效性，卷首彩插中图片、特载中的政府工作报告选用了2021年资料。

五、《兰州年鉴2021》所载稿件信息由市辖各区县、市直各部门、单位和有关中央、省属驻兰州单位相关人员撰写，并经各供稿单位领导审定。由于有些部门、单位未提供资料和稿件，致使本卷有所缺漏。

六、《兰州年鉴2021》所有数据均经各供稿单位审核，反映全市国民经济和社会发展的统计数据采用兰州市统计局公布的2020年兰州市国民经济社会发展统计公报。

七、《兰州年鉴2021》卷首和正文使用图片164幅，所有图片资料由相关单位提供。

八、《兰州年鉴2021》内文所记述单位、法规、条例名称除第一次出现用全称外，其余全用规范简称。

## 特 载



## 专 文



## 大 事 记



## 市情概貌

### 兰州概貌



### 国民经济和社会发展



### 重大项目建设与固定资产投资

## 脱贫攻坚

### 综述



### 民生保障



### 产业扶贫



### 帮扶力量



## 中国共产党兰州市委员会

### 重要会议



### 组织工作



### 宣传工作



### 精神文明建设



### 统战工作



### 市直机关党建

### 机构编制



### 政策研究



### 机要和保密



### 信访工作



### 涉台事务



### 党史工作



### 老干部工作



### 党校（行政学院）工作



### 网络安全和信息化



## 兰州市人民代表大会

### 重要会议



### 主要工作

## 兰州市人民政府

### 重要会议



### 办公室工作



### 应急管理



### 政务服务



### 机关事务管理



### 参事工作



### 人事人才工作



### 外事工作



## 政协兰州市委员会

### 重要会议



### 主要工作



## 纪检·监察

### 重要会议

### 兰州市妇女联合会



### 兰州市残疾人联合会



### 兰州市科学技术协会



### 兰州市文学艺术界联合会



### 兰州市红十字会



### 侨联工作



## 法　治

### 地方立法



### 政法工作



### 公安

### 检 察



### 法 院



### 司法行政



## 军 事

### 兰州警备区



### 武警兰州市支队



### 人民防空

## 新区·开发区

### 兰州新区



### 兰州高新技术开发区



### 兰州经济技术开发区



### 甘肃（兰州）国际陆港



### 兰州榆中生态创新城



## 城市建设与管理

### 城乡规划



### 城市建设



### 城市公共交通

## 城市供气



## 城市供热



## 城市供水



## 城市供电



## 城市管理与执法



## 黄河风情线大景区管理



## 住房公积金管理



## 消防救援

## 生态环境保护·园林绿化

### 生态环境保护



### 园林绿化



### 南北两山绿化



## 农业·林业·水务

### 农 业



### 林 业



### 水 务



## 工业与信息化

### 综 述



### 石油化工



### 有色冶金行业



### 建 材

### 装备制造



### 生物医药



### 食品加工业



### 信息产业



### 节能环保产业



### 清洁生产产业



### 数字城市建设



## 交通·通信

### 公路



### 铁路



### 航空



### 轨道交通

### 邮政



### 电信



### 移动



### 联通



## 经贸·经合·非公经济

### 商务贸易



### 经济合作服务



### 市人民政府驻外办事机构



### 金城海关



### 供销合作



### 粮食安全和物资保障



### 烟草

### 非公经济



## 财税·金融

### 财 政



### 税 务



### 银行保险监督管理



### 金融工作



### 招商银行兰州分行



### 中国农业银行股份有限公司兰州分行



### 中国农业发展银行甘肃省分行



### 兰州银行



### 中国人寿保险股份有限公司兰州市分公司



## 经济管理与监督

### 发展与改革

### 自然资源管理



### 国有资产监督管理



### 市场监督管理



### 统 计



### 审 计



### 公共资源交易服务管理



## 教育·科学技术

### 中小学教育

### 校外教育



### 在兰高校



### 科学技术



### 社会科学



## 气象·地震

### 气 象

### 地 震



## 文广·旅游·新闻

### 文 化



### 旅 游



### 广播电视



### 报社工作



### 档案工作



### 地方志工作



## 卫生·健康·体育

### 卫生健康

## 七里河区



## 安宁区



## 西固区



## 红古区



## 永登县



## 榆中县

### 皋兰县



## 人物与荣誉榜

### 人 物



### 荣誉榜



## 法规文件

### 地方法规



### 政府规章



### 文件选目



## 附 录



## 索 引

# “十三五”时期兰州经济社会发展综述

“十三五”时期，面对错综复杂的国际国内环境，兰州市委、市政府坚持以习近平新时代中国特色社会主义思想为指导，深入学习贯彻习近平总书记考察甘肃重要讲话精神，紧扣全面建成小康社会目标任务，聚焦聚力高质量发展、竞争力提升、现代化建设，坚决打好三大攻坚战，全市经济发展稳步推进，人民生活水平不断提升，社会发展和谐稳定，全面建成小康社会胜利在望。

## 一、经济发展基础更加稳固

“十三五”时期，受国际国内经济下行压力的影响，兰州市经济由高速增长转为稳定增长。“十三五”末，地区生产总值2886.74亿元，是“十二五”末的1.4倍，五年年均增长5.7%，占全省比重的32%。人均GDP从2016年的54942元提高到2020年的66680元，年均增长3.8%。

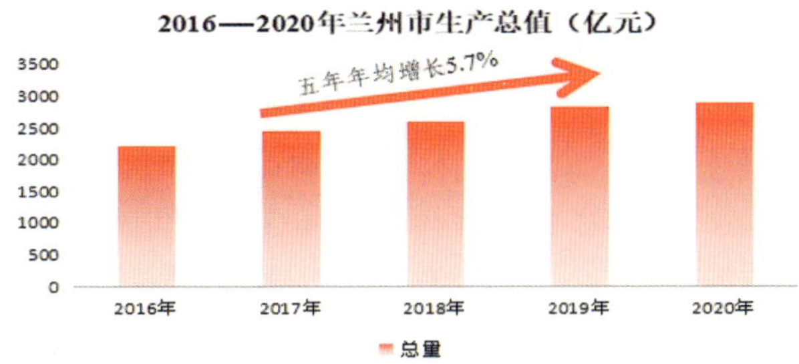

## 二、产业升级步伐不断加快

“十三五”以来，兰州市稳步推进供给侧结构性改革，加快新旧动能转换，积极淘汰落后产能，不断培育新动能，新产业新业态不断涌现，经济结构不断优化，发展质量和效益持续提高。

第三产业贡献逐年提高。2016年，兰州市第三产业增加值占GDP比重首次突破60%。2020年，第一产业增加值57.43亿元，增长5%；第二产业增加值933.42亿元，增长3.7%；第三产业增加值1895.9亿元，增长1.5%。三次产业结构比由“十二五”末的三项合计99.99，调整为“十三五”末的1.99∶32.33∶65.68，第三产业增加值占GDP比重较“十二五”末提升6.95个百分点。

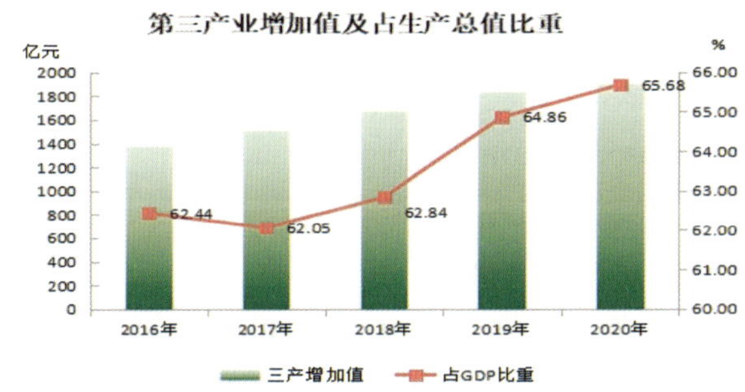


现代农业发展迅速。“十三五”以来，兰州市依托资源优势，充分利用独有的自然条件与资源优势，因地制宜，按照“一村一品”“一乡一品”的发展思路，突出特色发展农业，重点发展了蔬菜、畜牧、农产品加工贮运三大主导产业，瓜果、

马铃薯、优质专用粮三大优势产业以及百合、韭黄、花卉、玫瑰四大特色产业,“高原夏菜”无公害基地不断扩大,优势产业逐步向规模化发展。持续优化“九区十带”农业产业布局,改扩建规模养殖场,加速建设“互联网+”现代农业示范点,特色产业发展迅速。2020年蔬菜种植面积87.76万亩,油料作物种植面积15.96万亩,药材种植面积15.67万亩。永登县苦水镇成功入选全国“一村一品”示范镇。开展特色农产品产销对接活动,兰州高原夏菜直供粤港澳等地区。国际花卉拍卖交易中心西北分中心投入运营。2020年,全市粮食总产量33.64万吨,创“十二五”末以来新高。蔬菜产量191.8万吨,油料产量2.32万吨,药材产量达3.69万吨。“十三五”期间蔬菜产量年均增长5.5%,油料产量年均增长5.1%,中药材产量年均增长11.2%。

新型工业化持续推进。兰州市坚持全面实施“工业强市”战略,推进发展装备制造业,调整优化产业结构,提高自主创新能力,加快新型工业化发展。“十三五”期间,工业经济年均增长3.7%,规模以上轻重工业比重由“十二五”末的23.9∶76.1调整为2020年的25∶75,轻工业比重提高了1.1个百分点。“十三五”末规模以上工业增加值增长3.2%,轻工业增长5%,重工业增长2.7%,轻工业增速快于重工业2.3个百分点。工业园区建设成效显著,发展空间进一步拓展,加大招商引资力度,大力推进出城入园,推动传统产业转型升级、壮大龙头企业带动作用、积极培育新产业发展成长。发展壮大城关区、高新区、兰州新区三个生物医药产业聚集区,空港循环经济园建设加快,吉利汽车等项目建设投产。“十三五”末,规模以上工业战略性新兴产业、高技术产业、装备制造业分别增长19.9%、25.3%和6%。医药制造业增加值增长23.3%。

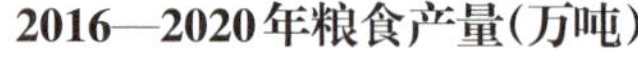
2016—2020年粮食产量(万吨)

## 三、城市面貌焕然一新

“十三五”以来,兰州市不断调整投资结构,投资对经济的增长起到主要支撑作用并引导经济逐步转向提质增效的发展新阶段。“十三五”末固定资产投资增长3.4%,工业投资增长26%。

第三产业投资比重提高。三次产业投资结构由“十二五”末的2.19∶21.03∶76.78调整为“十三五”末的4.3∶13∶82.7,第二产业投资占比有所回落,第一产业、第三产业投资占比逐年提高。第三产业投资占比比“十二五”末提高5.92个百分点,年均提高1.18个百分点。

三次产业投资结构(%)

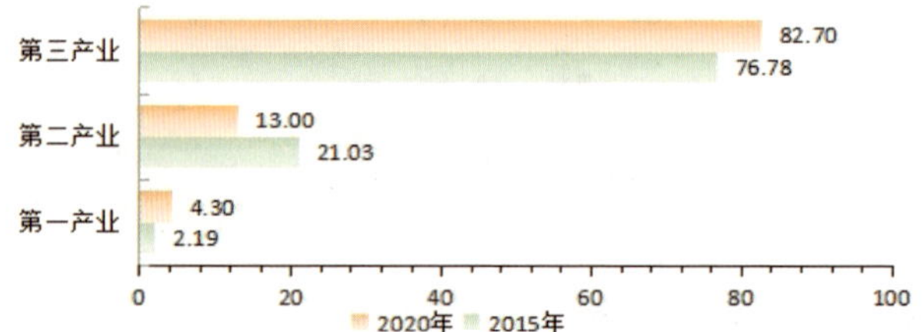


基础设施建设实现新突破。“十三五”以来,全市加大基础设施投资力度,着力实施了一批重点项目、重大工程,城市宜居度不断提升,人民群众幸福感日益增强,“都会城市、精致兰州”建设卓有成效,现代化中心城市建设加快推进。启动编制国土空间总体规划,着力优化空间功能布局。轨道交通1号线一期工程开通运行,2号线一期工程进展顺利,兰州迈入“地铁时代”。奥体中心、万达文旅城等新地标开工建设,兰州中心、名城广场、砂之船奥特莱斯等综合体开业运营。新型智慧城市加快建设,5G商用全面推开,兰州获得“中国智慧城市建设进步奖”,“市民城管”项目获得“中国城市治理创新奖”优胜奖。“十三五”末,基础设施投资增长15.7%,较“十二五”末提高2个百分点。

## 四、市场消费日新月异

“十三五”以来,全市出台一系列政策措施,大力推进线上与线下互动、传统商贸与电子商务融合,扩大市场规模,同时积极融入“一带一路”建设,不断提升出口能力,提高开放型经济发展水平,内外市场欣欣向荣。全市餐饮、旅游、汽车、通信、住房和教育文化娱乐等新的消费热点不断涌现,多渠道、多层次、全方位、网络化的消费市场体系日渐形成,物流配送、商品集散的大商业、大市场、大物流逐渐规模化、体系化。以汽车、住房、通信产品以及文教娱乐、旅游、家政等“新兴消费品”为特征的娱乐型、享受型消费,推动了消费结构的快速升级。商品种类日益丰富,供应能力大大提高,居民消费水平和消费意愿显著增强,市场经济下的消费品市场蓬勃发展。“十三五”末,全市社会消费品零售总额1641.24亿元,是“十二五”末的1.4倍,五年年均增长6%。城乡消费逐年提高。城镇零售额由“十二五”末的972.18亿元增加到“十三五”末的1438.94亿元,年均增长6.1%;乡村零售额由“十二五”末的179.97亿元增加到“十三五”末的202.3亿元,年均增长5.5%。

消费方式逐步向智能化、高端化迈进。随着大数据、移动支付的飞速发展,无纸化消费已经成为常态,线下支付空间不断缩减,微信、支付宝等线上支付方式逐渐多元化。“十三五”末全市限额以上通过公共网络实现商品销售额4.78亿元，增长7.9%，增速高于同期社会消费品零售总额9.7个百分点。

## 五、金融领域更加活跃

“十三五”以来，兰州市金融业作为现代经济的核心，不断改革创新，服务实体经济的能力不断提升，资本市场表现活跃。“十三五”末，全市金融机构本外币各项存款余额9083.88亿元，是“十二五”末的1.1倍，五年年均增长2.7%；金融机构本外币各项贷款余额13167.6亿元，是“十二五”末的1.8倍，五年年均增长12.7%。金融机构人民币各项存款余额9044.77亿元，是“十二五”末的1.2倍，五年年均增长3.0%；金融机构人民币各项贷款余额12954.98亿元，是“十二五”末的1.9倍，五年年均增长13.5%。金融业增加值从“十二五”末的240.36亿元，增至“十三五”末的431.51亿元，年均增长11.6%。

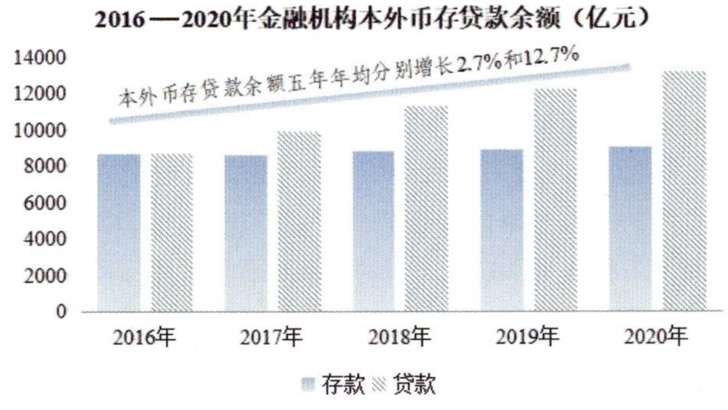


## 六、民生保障成效显著

“十三五”以来，全市始终坚持以人民为中心，着力补短板，惠民生，不断加大民生投入力度，城乡居民收入持续增加，人民生活水平跨上新台阶，获得感和幸福感明显增强。

民生领域投入持续加大。“十三五”期间，兰州市一般公共预算收入从“十二五”末的185.19亿元增加到“十三五”末的247.13亿元，年均增长7.8%。一般公共预算支出从“十二五”末的344亿元增加到“十三五”末的485.73亿元，年均增长7.7%。民生支出投入力度加大，有效保障和改善了民生。全市教育、文化体育与传媒、社会保障和就业、卫生健康、农林水事务累计支出分别为405.54、34.61、232.83、196.81和196.71亿元，分别年均增长4.7%、0.5%、17.5%、5.8%和6.2%。

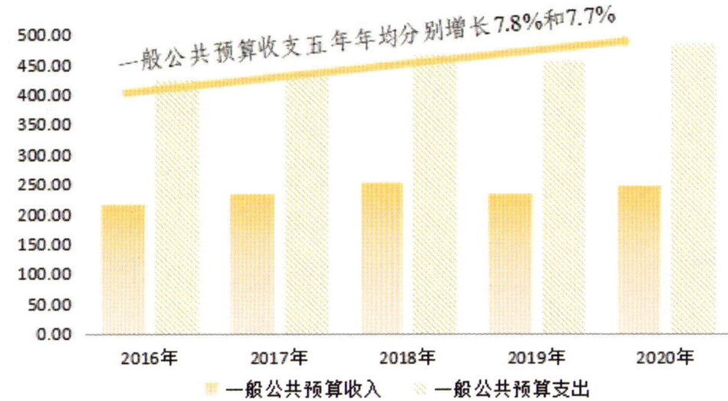


城乡居民收入稳步增加。“十三五”末，全市城镇居民人均可支配收入40152元，比“十二五”末增加13064元，年均增长8.2%。农村居民人均可支配收入14652元，比“十二五”末增加5031元，年均增长8.8%。城乡居民收入比从“十二五”末的2.82（以农为1）缩小至2.74，缩小0.08。居民生活水平明显提升。全市城镇居民人均消费支出由“十二五”末的20156元增加到“十三五”末的25892元；农村居民人均消费支出由7940元增加到11551元，分别比“十二五”末增长28.5%和45.5%。

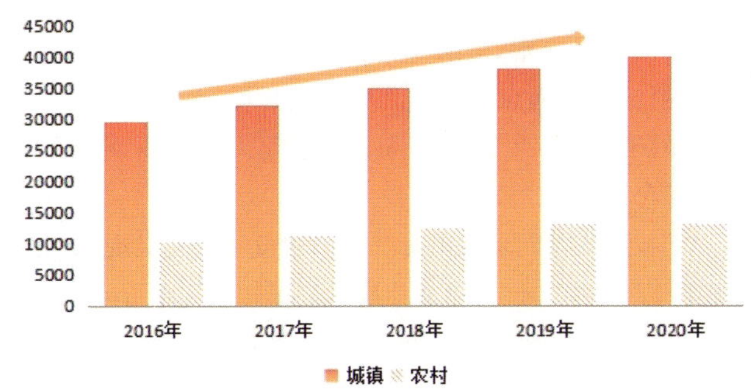


## 七、科技创新投入持续增加

“十三五”时期，全市科技创新快速发展，与经济呈现同步加快发展的良好局面。2019年，全市R&D经费投入63.92亿元，R&D经费投入强度2.25%，比“十二五”末提高0.32个百分点。R&D经费投入强度高于全省0.99个百分点，高于全国0.02个百分点，在西北五省会城市中位居第二。

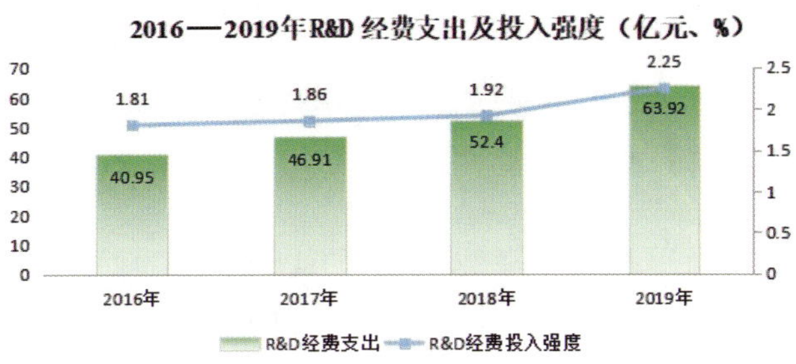

# 在市委十三届十四次全会暨市委经济工作会议上的讲话

省委常委、兰州市委书记　李荣灿

（2021年1月4日）

同志们：

这次会议的主要任务是：以习近平新时代中国特色社会主义思想为指导，认真学习贯彻党的十九大和十九届二中、三中、四中、五中全会及中央经济工作会议精神，增强“四个意识”、坚定“四个自信”、做到“两个维护”，深入落实习近平总书记对甘肃重要讲话和指示精神，按照省委十三届十三次全会暨省委经济工作会议部署安排，回顾总结“十三五”以来特别是2020年全市经济社会发展取得的显著成就，系统谋划“十四五”时期及今年全市经济社会发展的思路举措，动员全市上下振奋精神、坚定信心，抢抓机遇、乘势而上，科学把握新发展阶段，坚定贯彻新发展理念，主动融入新发展格局，扎实推动高质量发展，巩固拓展疫情防控和经济社会发展成果，继续做好“六稳”工作、落实“六保”任务，在新的历史起点上奋力开启全面建设现代化中心城市新征程，确保“十四五”开好局、起好步，以优异成绩庆祝中国共产党成立100周年。

“十四五”时期是我国开启全面建设社会主义现代化国家新征程、向第二个百年奋斗目标进军的第一个五年；2021年是具有特殊重要性的一年，是中国共产党成立100周年、“十四五”开局之年，不论是对全国、还是我市来说，做好“十四五”时期特别是今年的经济工作都具有承前启后、继往开来的重大意义，正所谓开局关系全局，起步决定后势。

待会，伟文同志还要对今年全市经济工作进行具体安排。下面，我重点就学习贯彻党的十九届五中全会、中央经济工作会议和省委十三届十三次全会暨省委经济工作会议精神，准确把握“十四五”时期我市发展面临的新形势新任务新要求，扎实做好今年经济工作，讲几点意见。

## 一、切实把思想和行动统一到党中央和省委决策部署上来

我们谋发展、干事业，最重要的就是坚持以习近平新时代中国特色社会主义思想为指导，学懂弄通党中央和省委决策部署，结合实际创造性、精准性地抓好贯彻落实。当前和今后一个时期，我们要自觉站在增强“四个意识”、坚定“四个自信”、做到“两个维护”的政治高度，把党的十九届五中全会、中央经济工作会议和省委十三届十三次全会暨省委经济工作会议精神融会贯通起来，一体学习领会，整体理解把握，真正用以统一思想、统揽全局、统领发展。

*一要在深刻理解把握非凡成就中坚定必胜信心。*党的十九届五中全会用“中华民族伟大复兴向前迈出了新的一大步，社会主义中国以更加雄伟的身姿屹立于世界东方”，高度评价了“十三五”时期我国经济社会发展新的历史性成就，极大提振了全党全国各族人民奋斗新时代、奋进新征程的信心和决心。特别是去年，面对突如其来的新冠肺炎疫情、世界经济陷入深度衰退、美国遏制打压全面升级这世纪罕见的三重严重冲击，党中央统揽全局、果断决策，以非常之举应对非常之事，交出了一份人民满意、世界瞩目、可以载入史册的答卷，对我们这样一个拥有14亿人口的大国来说是十分了不起的。过去五年，我市也走过了一段极不平凡、值得铭记的奋斗历程。我们克服了政治生态遭到严重污染破坏带来的不利影响，经历了上级各类巡视督查考核的严格检验，经受了重大舆情应对、防汛抢险救灾、新冠肺炎疫情防控等急难险重任务的严峻考验，顶住了持续加大的经济下行压力，取得了有目共睹的成绩，换来了稳定发展的局面，特别是脱贫攻坚、科技创新、文明城市创建等工作取得历史性突破，全市经济实力、科技实力、综合竞争力和人民生活水平跃上新台阶，现代化中心城市建设迈出重大步伐，为“十四五”发展奠定了更加坚实的基础、开拓了更为广阔的前景。我国经济社会发展历经艰难险阻取得令世人刮目相看的成绩，兰州各项事业能够稳步向前推进，最根本的就在于习近平同志作为党中央的核心、全党的核心领航掌舵，在于习近平新时代中国特色社会主义思想科学指引，在于全市上下始终把习近平总书记对甘肃重要讲话和指示精神作为全部工作的统揽、坚定不移沿着习近平总书记指明的方向团结奋斗。我们要以开展中国共产党成立100周年庆祝活动为契机，引导广大党员干部群众更加发自内心地拥护党的领导，更加坚定地维护和跟随习近平总书记这个党的核心、军队统帅、人民领袖，更加深切地对比“中国之治”与“西方之乱”、感受社会主义制度的优越性，始终坚信

只要毫不动摇坚持党的领导、毫不动摇维护党中央权威，我们就一定能够在新时代新征程上披荆斩棘、勇往直前。

*二要在深刻理解把握宝贵经验中保持奋斗姿态。*善于在总结经验中深化思想认识，善于在探索规律中打开工作局面，是我们党的优良传统和治理智慧。这次中央经济工作会议深刻总结了在严峻挑战下做好经济工作的五大规律性认识，即：党中央权威是危难时刻全党全国各族人民迎难而上的根本依靠；人民至上是作出正确抉择的根本前提；制度优势是形成共克时艰磅礴力量的根本保障；科学决策和创造性应对是化危为机的根本方法；科技自立自强是促进发展大局的根本支撑。这“五个根本”是我们党在统筹国内国际两个大局、统筹疫情防控和经济社会发展的实践中获取的宝贵经验，揭示了应对风险挑战、做好经济工作的领导核心、价值取向、制度保障、科学方法、实践基础，充分展现了以习近平同志为核心的党中央引领中国经济巨轮破浪前行的高超智慧，充分彰显了党中央从容应对风险挑战、善于驾驭复杂局面的卓越能力，是习近平新时代中国特色社会主义经济思想的最新发展，是“在危机中育先机、于变局中开新局”的科学指南，为我们做好当前和今后一个时期各项工作提供了重要认识论和方法论。我们要进一步加深对“五个根本”的理解和把握，自觉将其贯彻落实到全市经济社会发展的各项工作中，贯彻落实到融入新发展格局、推动高质量发展的各项任务中，集中力量办好兰州的事，不断巩固拓展我市经济社会持续健康发展的良好势头。

*三要在深刻理解把握任务要求中做好结合转化。*党的十九届五中全会站在“两个一百年”奋斗目标的历史交汇点，擘画了未来我国发展的宏伟蓝图。中央经济工作会议全面体现了党的十九届五中全会精神，对今年经济工作进行了全面部署，为确保“十四五”开好局勾勒了政策“框架图”、任务“路线图”和行动“施工图”。习近平总书记在这两个会上发表的重要讲话，系统阐释了进入新发展阶段、构建新发展格局的深刻内涵、前进方向和战略任务，明确提出了今年经济工作的总体要求、政策取向和重点任务，既包含形势怎么看的认识论，又包含工作怎么干的方法论，进一步丰富和发展了习近平新时代中国特色社会主义经济思想，为推动高质量发展、构建新发展格局，夺取全面建设社会主义现代化国家新胜利提供了根本遵循。省委十三届十三次全会暨省委经济工作会议对在新的历史起点上努力谱写加快建设幸福美好新甘肃、不断开创富民兴陇新局面时代篇章作出谋划部署，吹响了开启全面建设社会主义现代化甘肃新征程的奋进号角。我们要提高政治站位、主动对标对表，在跟进学、透彻悟、务实干上下功夫，引导广大党员干部切实把思想和行动统一到党中央对国际国内形势的分析判断上来，统一到党中央和省委对“十四五”及今年经济社会发展工作的部署要求上来，努力把党中央和省委确定的目标任务细化为具体举措、量化为部门工作、固化为落地项目、转化为兰州实践，不断开创新时代兰州高质量发展新局面。

## 二、全面分析和把握进入新发展阶段兰州所处的发展方位

新发展阶段就是全面建设社会主义现代化国家、向第二个百年奋斗目标进军的阶段，这是我们谋划当前和今后一个时期经济社会发展的基本立足点。在“十三五”圆满收官、“十四五”大幕开启之际，对兰州“发展形势怎么看”“发展路子往哪走”“发展动力哪里来”等重大问题，干部群众都十分关切。综合党中央和省委判断，结合兰州工作实际，分析面临的有利条件和不利因素，市委认为，进入新发展阶段，兰州发展将迎来自身比较优势的重塑期、新旧动能转换的爬坡期、高质量发展的攻坚期，仍然处于可以大有作为、更需主动作为的重要战略机遇期。

之所以说将迎来自身比较优势的重塑期，是因为：构建以国内大循环为主体、国内国际双循环相互促进的新发展格局，是党中央科学把握国内外大势、着眼我国经济中长期发展作出的重大战略部署，是我们当前和今后一个时期确定发展思路、选择发展路径的重要依据、根本前提。中央经济工作会议强调，加快构建新发展格局，要紧紧扭住供给侧结构性改革这条主线，注重需求侧管理，打通堵点，补齐短板，贯通生产、分配、流通、消费各环节，坚持扩大内需这个战略基点，形成需求牵引供给、供给创造需求的更高水平动态平衡，提升国民经济体系整体效能。以国内大循环为主体，意味着未来一个时期，国内市场主导国民经济循环的特征会更加明显，但绝不是关起门来封闭运行，而是通过发挥内需潜力，使国内市场和国际市场更好联通，更好利用国内国际两个市场两种资源，实现更加强劲可持续的发展。畅通国内大循环需要以区域经济的核心优势为引擎，而发展区域经济，则需要以中心城市和城市群为引领，带动整个区域发展。随着构建新发展格局这一战略部署的深入实施，兰州作为西北重要中心城市和兰西城市群龙头城市，作为国家创新型城市和向西开放的重要战略平台，作为国家物流枢纽载体城市和全国流通领域现代供应链体系建设试点城市，未来发展的战略位势将更加凸显，有利于我市发挥后发优势和潜力。但我们也要清醒认识到，党中央提出以国内大循环为主体，是针对全国而言的，这必将带动区域经济布局的加快重组，这必将推动各类资源要素加速流动，加剧各地发展的整合分化，带来新一轮区域经济布局的“大洗牌”“大调整”。这就要求我们必须立足新发展阶段、贯彻新发展理念，既要不断保持和发挥好原有的区位、交通、产业、科技等传统优势，更要善于发现和挖掘潜在的气候环境、生态容量、能源资源、人才要素等方面的新优势，努力在构建

新发展格局、实现高质量发展中找准定位、重塑优势，抢占先机、赢得主动。

之所以说将迎来新旧动能转换的爬坡期，是因为：新旧动能转换是一项长期而复杂的系统工程，是一个伴随着阵痛的调整过程。近年来，我们审时度势把创新驱动发展战略作为主导战略，大力推动产业结构转型升级，战略性新兴产业增加值占GDP比重从2015年的8.4%预计提升至2020年的16%，高新技术企业数量翻了两番多、达到657家，科技进步贡献率从2015年的53.1%预计提升至2020年的60.1%。同时，我们下大力气治顽疾、转作风，提效能、优环境，市场活力不断提升，"十三五"期间全市新登记市场主体23.24万户；工业固定资产投资增速开始稳步增长、年均增速达20%。这些变化说明，我市经济结构正在转型调整中不断优化，新旧动能转换的效果正在逐步显现。尽管如此，还是要清醒地看到，我市产业的结构性问题仍然突出。特别是工业发展的基础不稳定，缺乏多元支撑产业体系，目前全市仅有342家规上工业企业，2019年工业、制造业增加值占GDP的比重分别仅为26.4%、17.8%，其中兰石化、甘肃烟草这两家企业就占据"半壁江山"。近年来我市经济下行压力不断加大，在一定程度上与短期内新动能的增强尚不能完全抵消传统动能的减弱有关，我们仍然面临着经济发展"稳"的基础主要靠"油""烟"等传统经济来支撑、靠投资来拉动，而新兴产业挑不起大梁的"两难"窘境，这就决定了我市新旧动能的转换不是一两年甚至五年就能实现的。我们要充分认识推动新旧动能转换的长期性和艰巨性，现在正处于爬坡过坎的时期，要树立打持久战的思想，既要以时不我待的紧迫感抓落实，又要以责无旁贷的使命感谋长远，不因小胜而止步，不因短痛而气馁，保持战略定力，一步一个脚印，稳扎稳打、久久为功。

之所以说将迎来高质量发展的攻坚期，是因为：推动高质量发展是贯穿"十四五"乃至更长时期经济社会发展的主题，这是党的十九届五中全会根据我国发展阶段、条件、环境变化作出的科学判断。这次中央经济工作会议明确提出，要用好宝贵时间窗口，集中精力推进改革创新，以高质量发展为"十四五"开好局。高质量发展就是从"有没有"到"好不好"的发展，这不仅是对经济工作的要求，而且是贯通社会主义现代化建设各方面各领域各环节的要求。具体到兰州来讲，经过多年特别是"十三五"时期接续奋斗，我市即将全面建成小康社会，步入全面建设现代化中心城市的新阶段。这个阶段摆在我们面前的突出问题仍然是发展不平衡不充分问题。发展不平衡，主要是城乡发展不平衡、区域发展不平衡、产业发展不平衡，制约了全市整体发展水平提升；发展不充分，主要是优势转化不力、发展活力不足、潜力释放不够，创新驱动能力有待加强，基础设施瓶颈制约仍然明显，一些深层次体制机制障碍尚未破解，生态环保任重道远，民生保障和社会治理领域还有不少短板弱项，我市实现全面建成现代化中心城市的奋斗目标还有相当长的路要走。这些问题归结起来，就是发展质量不高的表现。这就要求我们必须把高质量发展摆在更为突出的位置，坚持系统观念，着力补短板、锻长板、固底板，着力夯基础、育产业、扩增量，集中力量解决发展不平衡不充分问题，不断提升发展质量效益和综合实力，使推动高质量发展这个主题在全面建设现代化中心城市的新征程上得到全面体现。

之所以说仍然处于可以大有作为、更需主动作为的重要战略机遇期，是因为：虽然我们遇到了许多新的挑战，世界百年未有之大变局加速演进，新冠肺炎疫情变化和外部环境存在诸多不确定性，我国经济面临周期性因素和结构性因素叠加、短期问题和长期问题交织、外部冲击和疫情冲击碰头等多重影响。但是当前和今后一个时期，我市发展仍面临多重叠加的重大机遇和利好政策，"一带一路"建设、新一轮西部大开发、黄河流域生态保护和高质量发展、兰西城市群建设等国家战略深入实施，国家推动"两新一重"建设、东部产业转移、市场化改革、绿色化转型等重大政策交汇叠加，为我市在新的历史起点上推动高质量发展提供了更加强劲的战略动能；新一轮科技革命和产业变革孕育兴起，新技术、新产品、新业态、新模式不断涌现，为我市实施创新驱动发展战略、推动传统产业向中高端升级、制造业和服务业融合发展以及构建现代产业体系带来了前所未有的机遇。综合分析，我们现在所处的重要战略机遇期，内涵和条件都已经发生深刻变化，是危和机并存、危中有机、危可转机。越是困难多、情况复杂，越需要我们积极主动作为，否则不仅会丧失机遇，还会在挑战面前败下阵来，不进反退。只要我们把握大势、抓住机遇，积极应对挑战、化解不利因素，就能实现新的更大的发展。

总之，"十四五"时期是我市实现新的更大发展的关键时期。全市上下要始终立足和着眼"两个大局"，深刻认识我国社会主要矛盾变化带来的新特征新要求，深刻认识错综复杂的国际环境变化带来的新矛盾新挑战，深刻认识兰州发展的阶段性特征，增强机遇意识、风险意识，科学研判"时"与"势"，辩证把握"危"与"机"，努力在危机挑战中创造发展先机，在外部变局中塑造发展新局，朝着全面建设现代化中心城市目标奋勇前进。

## 三、准确把握今年全市经济工作的总体要求和主要预期目标

根据党中央和省委统一部署，结合兰州实际，市委确定今年全市经济工作的总体要求是：以习近平新时代中国特色社会主义思想为指导，全面贯彻党的十九大和十九届二中、三中、四中、五中全会精神，深入落实习近平总书记对甘

肃重要讲话和指示精神，坚持稳中求进工作总基调，立足新发展阶段，贯彻新发展理念，融入新发展格局，以推动高质量发展为主题，以深化供给侧结构性改革为主线，以改革创新为根本动力，以满足人民日益增长的美好生活需要为根本目的，坚持系统观念，巩固拓展疫情防控和经济社会发展成果，更好统筹发展和安全，扎实做好“六稳”工作、全面落实“六保”任务，更加注重创新驱动发展、更加注重城乡融合发展、更加注重重振“兰州制造”、更加注重城市功能优化、更加注重补短板强弱项、更加注重生态绿色优先、更加注重深化改革开放、更加注重改善生活品质、更加注重提升治理效能，努力保持经济运行在合理区间，确保“十四五”开好局，以优异成绩庆祝建党100周年。

市委考虑，今年全市经济社会发展的主要预期目标是：地区生产总值增长6.5%左右；第一产业增加值增长5%；第二产业增加值增长4.4%，其中规模以上工业增加值增长4.5%，建筑业增加值增长4.5%；第三产业增加值增长8%；固定资产投资增长5%左右；社会消费品零售总额增长7%；一般公共预算收入增长4%；城镇居民人均可支配收入增长6.5%；农村居民人均可支配收入增长8.5%；居民消费价格指数上涨3%左右；单位生产总值能耗和主要污染物排放完成国家和省上下达的控制目标。受疫情冲击，去年经济基数相对较低，今年经济增速可能比过去几年要高一些。确定这些预期目标，是综合研判方方面面因素确定的，符合中央经济工作会议和省委十三届十三次全会暨省委经济工作会议精神要求，遵循了稳中求进工作总基调，体现了省会城市服务保障全省发展大局的责任担当，有利于引导全市上下把精力集中到推动高质量发展上，也有利于同今后两年目标任务衔接，避免出现大起大落。可以说上述目标，是积极稳妥的，也是留有余地的，在实际工作中我们要付出更大努力、争取更好结果。

## 四、在融入新发展格局中实现“十四五”发展良好开局

习近平总书记强调，今年经济工作要围绕构建新发展格局来展开。我们要着眼外部环境和自身发展所具有的要素禀赋变化，立足兰州在服务国家构建新发展格局中的战略位置和比较优势，科学谋划有利于促进构建新发展格局的实现路径，为全国构建新发展格局作出兰州贡献。重点抓好以下工作：

*一要着力提升科技创新支撑能力。*党的十九届五中全会提出“把科技自立自强作为国家发展的战略支撑”，中央经济工作会议把“强化国家战略科技力量”列为今年经济工作的首要任务，释放了强化科技创新的强烈信号。我们要毫不动摇坚持创新驱动主导战略，充分发挥兰州科技资源富集、创新平台众多等优势，进一步优化科技资源配置、促进科技成果转移转化、优化科技创新生态，为全面建设现代化中心城市提供强有力的科技支撑。

中央经济工作会议提出，要重点布局一批基础学科研究中心，支持有条件的地方建设国际和区域科技创新中心。我们要抓住这一重大机遇，以跻身国家创新型城市行列为动力，充分发挥兰州国家自创区、兰白试验区、榆中生态创新城等平台优势，依托兰州大学、中科院在兰院所、510所等国内知名高校和科研机构，积极争取国家实验室、大科学装置等重大平台和国家科技创新基地、国家科技计划项目在兰州布局建设，特别是要认真谋划一批基础研究方面的重大课题和科技项目，争取纳入国家基础研究十年行动方案，获得国家层面更大支持，加快兰州综合性国家科学中心建设，着力把兰州打造成为国家重要的区域创新中心。

科技成果转化率不高、“研用脱节”的问题，是我们必须破解的突出问题。关键要在体制机制创新上下功夫，尽快完善具有一定吸引力的科技成果转移转化政策激励体系，健全科技成果转移转化企业承接机制，加强科技创新公共服务平台建设，吸引和支持更多科技创新成果来兰和在兰就地转化，努力争创国家科技成果转移转化示范区。科技创新与产业发展对接才有价值，要健全以企业技术创新需求为导向的科研立项和资源配置机制，落实好科技攻关任务“揭榜挂帅”机制。有效打通产学研用堵点痛点，大幅提高科技成果转移转化成效。兰州在核应用、新能源、新材料、石化装备、空间技术、生物医药等领域处在领先位置，要鼓励支持在兰科研院所、高校和企业发挥优势科研力量，积极参与国家打好关键核心技术攻坚战的重大战略，瞄准我国科技发展“卡脖子”重点领域，创造更多兰州特有的“独门绝技”，为我国科技自立自强贡献兰州力量。

虽然我市研发经费投入强度高于全国平均水平，但有研发活动的规上工业企业数占比仍然不高、投入明显不足。企业是科技创新的主体，我们要加快实施高新技术企业倍增和大型工业企业研发活动全覆盖行动，加强技术创新示范企业的培育和推广工作，支持领军企业组建创新联合体，以点带面引导企业加大创新投入。顶尖人才和团队具有不可替代性，要想方设法加大引进力度，对急需的可以特事特办、点对点引进。同时，要注重培养留住用好本地优秀人才，给科研人员更大的技术路线决定权和经费使用权，激发人才持久创造动力，防止优秀人才和团队外流。

*二要拓展链条做强产业集群。*产业发展链条化、规模化是大势所趋。我们要坚持产业兴市、工业强市，围绕强龙头、补链条、聚集群，推动产业结构优化升级，形成更具竞争力的产业集群。

市委“十四五”规划《建议》提出要构建“三区集聚引领、两极崛起带动、多点协同支撑”产业发展布局，进一步明确

各区县、各功能区的主导产业，这是市委根据我市产业发展特点、资源优势、发展基础，统筹考虑作出的部署。各区县、各功能区要坚持大局观念和"一盘棋"思想，做到区县产业规划服从市级规划，园区产业规划以市级、区县规划为前提，避免重复建设和无序竞争，推动形成各区县、各功能区分工有序、良性竞争、错位发展、各具特色、相互支撑的产业发展格局。近年来，我们把工业企业"出城入园"作为优化产业布局的重要举措，全市累计实施出城入园项目88个，完成投资350亿元，不仅为主城区腾出了发展空间，也为企业转型升级创造了条件。但由于政策配套、资金支持等方面的原因，导致后续搬迁项目进展缓慢。市工信局要牵头组织相关部门深入调研，进一步对搬迁改造方案进行优化调整，助力企业加快出城入园。

近年来，我们持续推进"四千七百"产业链延伸壮大工程，为重振"兰州制造"打下了坚实基础。随着形势的发展变化和产业布局的持续优化，一些优势产业强势崛起，我们认真研究全市工业发展趋势，对工作重心做出相应调整，提出"十四五"时期要着力打造先进石化、装备制造、生物医药、绿色冶金四大千亿优势产业集群，培育壮大航空航天、新材料、新能源、核燃料、新型建材、节能环保、食品加工、烟草制品八个百亿支柱产业链条，构建多元支撑、稳定可靠的"四梁八柱"工业产业体系，加快摆脱"油""烟"经济的被动局面。全市各级各方面要以打造国家重要的承接产业转移和制造业高质量发展示范区为牵引，把产业发展的方向和重点向"四梁八柱"聚焦，加大招商引资力度，紧盯项目科技含量、发展质量、预期增量，重点引进一批成长性好、发展潜力大、带动能力强的头部企业和枢纽型项目，有力有序有效承接国内外产业转移，加快建设产业结构优化、开放体系完善、区域协同联动、行政服务高效、示范效应明显的承接产业转移内陆高地和国家制造业基地。同时，要深入推进"三化"改造，推动兰石化、兰石装备等"大块头"企业加快转型升级，扩大制造业设备更新和技术改造投资，为传统产业注入发展新优势新动能，推动兰州制造从"数量追赶"转向"质量追赶"，从"规模扩张"转向"结构升级"，从"要素驱动"转向"创新驱动"。

市委提出要开展产业链提升攻坚战。推行产业链供应链"链长制"，着力培育一批"链主"企业，是提升我市产业链供应链现代化水平的破题之要。"链长制"是强化产业链责任的一种制度机制，是浙江省在全国首创的，目前很多地方都在借鉴推广。各有关方面要高度重视这项工作，坚持以"链式思维"抓产业，以构建"四梁八柱"工业产业体系为重点，在调研梳理我市不同领域、不同行业产业链发展现状，全面掌握产业链重点企业、重点项目、重点平台、关键共性技术、瓶颈等情况的基础上，按照先行试点、逐步推开的原则，探索建立"八个一"的工作机制，即：一名市级领导担任链长、一个市直部门牵头负责、一套产业链发展支持政策、一批产业链龙头企业培育、一个产业链共性技术支撑平台、一支产业链专业招商队伍、一名产业链发展指导专员、一个产业链发展规划和年度工作计划"的工作机制，不断建链、补链、延链、强链，让上中下游企业"合"在一起，加快构建具有兰州特色的现代产业体系，为高质量发展提供坚实支撑。

三要坚决落实扩大内需战略。扩大内需是构建新发展格局的重要支撑。我们要坚持以供给侧结构性改革为主线，突出民生导向，推动提振消费与扩大投资有效结合、相互促进。

消费对经济发展起着基础性作用，提振消费重点要在挖掘潜力上下功夫。我们要聚焦疫情发生以来经济社会运行出现的新变化和群众的新需求，把满足在线教育、生命健康、远程办公等新刚需作为供给的重点方向，加强新产品、新场景、新模式、新业态供给，以高质量供给拉动消费增长。夜间经济和假日经济是我们扩大消费的最大潜力所在，要以"夜金城"为主题打造一批夜经济消费街区，紧盯春节、"五一""十一"等黄金消费时段，提前谋划研究系列促销活动，扩大夜间和节假日消费。当前，县城和农村地区等下沉市场展现出很强的消费能力，要重点抓好电商进农村、工业品下乡村等工作，促进乡村零售业创新发展、转型升级，加速释放农村市场潜力。现在零售市场发展的最快最好是在县城以下，要强化这方面的导向。

投资对优化供给结构起着关键作用，扩大投资重点要在项目建设上出实招。我市发展的最大短板在基础设施领域，要抢抓国家重点支持"两新一重"和民生基础设施补短板的机遇，积极谋划一批铁路、公路、水利、市政、物流及城乡公共服务设施等打基础、利长远、惠民生的重大项目，加快推进兰州至张掖三四线、兰合铁路、兰州至定西至平凉至庆阳铁路、兰州至西宁城际轨道交通等骨干项目，推动5G网络、数据中心、智能充电、工业互联网等新型基础设施加快布局，以高质量投资和高质量项目推动高质量发展。前不久，国务院下发了《关于推动都市圈市域(郊)铁路加快发展的意见》，市发改委要牵头组织认真研究，加快编制市域(郊)铁路网规划，进一步完善城市综合交通运输体系。目前，我市已谋划"十四五"时期项目818个，总投资额2万亿元。要紧盯产业基础再造、城市更新、乡村建设等领域，强化优质项目储备，加大向上争取力度，努力让更多项目挤进国家、省"十四五"规划盘子。今年国家将新增专项债券3.65万亿元，我们要积极争取，扎实做好项目前期工作，加快项目审批报备，避免"钱等项目"，提高资金使用绩效。市发改委要会同有关区县和部门，排好今年项目建设优先序，对已成熟、具备开工条件的，要加快前期手续办理，确保实现首季"开门红"。

四要推进黄河流域兰州段生态保护和高质量发展。黄河流域生态保护和高质量发展是习近平总书记亲自谋划、亲自部署、亲自推动的重大国家战略。兰州作为这一战略的“首倡之地”，必须牢记习近平总书记谆谆嘱托、殷切期盼，自觉强化上游意识、担当上游责任，率先走出一条生产发展、生活富裕、生态良好的文明发展道路，着力打造黄河上游生态保护先行区和高质量发展示范区。

目前，黄河流域生态保护和高质量发展国家《规划纲要》和省上《规划》都已出台，我市《规划》初稿正在征求各方面意见建议。市发改委要会同市水务、生态环境等有关部门和编制单位，认真研究国家《规划纲要》和省上《规划》对兰州的定位要求和政策措施，广泛听取各方面意见建议，注重加强与正在编制的“十四五”规划《纲要》、国土空间总体规划配套衔接，科学确定我市在黄河流域生态保护和高质量发展战略中的目标定位、重大工程和重点任务，特别是要在项目谋划上下功夫，科学凝练包装一批河洪道治理、生态修复、产业发展、基础设施、文化建设等方面的大项目、好项目，为我市在保持黄河水体健康方面先发力、带好头提供有力支撑。

兰州是黄河上游重要的水土保持区，地理位置重要，生态功能突出，抓好生态保护至关重要。要统筹推进山水林田湖草综合治理、系统治理、源头治理，加快实施南部山区坡耕地综合整治、南北两山沟道生态补水、黄河干流防洪二期治理和湟水河、宛川河等中小河流综合治理等重点工程，支持新区创建生态修复及水土流失综合治理示范区，建立以坡改梯和林草植被为主体的水土流失综合防治体系。七里河区、西固区要加快南部山区坡耕地综合整治步伐，努力打造兰州城市“绿肺”和“后花园”。要持续打好污染防治攻坚战，坚持方向不变、道路不偏、力度不减，统筹做好农业面源污染、工业污染、城乡生活污染防治，深化工业节能减排和机动车污染防治，不断巩固提升“兰州蓝”和城区黑臭水体治理成果。中央经济工作会议提出我国二氧化碳排放力争2030年前达到峰值，支持有条件的地方率先达峰。市发改、生态环境等部门要对照党中央最新安排部署，结合我市用能结构、节能减排和交通、生态建设等各方面的综合情况，认真研究测算我市碳排放总量达峰时序，完善细化工作方案，实现经济发展与减污降碳协同推进。

保护好母亲河不仅要在生态治理上下功夫，也要在文化引领上见真章。要精心做好保护、传承、弘扬三篇文章，深入开展黄河文化资源全面调查和认定，建立黄河文化遗产名录和档案制度，鼓励、支持黄河题材的理论研究、文学创作、艺术展演和群众文化活动，继续办好黄河文化旅游节、黄河之滨音乐节等各类节会，争取申报一批全国历史文化名镇、名村。“黄河之滨也很美”已经成为兰州最响亮的城市新名片，要积极谋划建设黄河文化（兰州）博物馆，创建国家黄河文化保护创新（兰州）中心，加快推进白塔山区域综合提升改造、“读者印象”精品街区等重点项目建设，高品质建设黄河风情线大景区，打造展现黄河文化的标志性旅游目的地，让黄河成为造福人民的幸福河。中央就黄河流域生态保护和高质量发展的专项资金已经下达，我省争取到第一批资金6个亿，我们要抓紧申报，发改部门、财政部门要积极主动对接。

*五要持续深化改革扩大开放。*兰州融入新发展格局、实现高质量发展，深化改革是关键一招，扩大开放是必由之路。我们要在更高起点、更高层次、更高目标上推进改革开放，着力破解发展面临的一系列突出矛盾和问题，全面激发市场活力、增强内生动力。

构建新发展格局是发展问题，但本质上是改革问题。要大力推进要素市场化改革，认真落实党中央、国务院《关于构建更加完善的要素市场化配置体制机制的意见》，重点从农村集体经营性建设用地入市、公共资源配置、城镇低效用地再开发、存量划拨土地盘活利用、企事业单位人才流动等领域入手，创造性的谋划和推进改革新举措，进一步激发全社会创造力和市场活力。要以一流营商环境建设为牵引，持续优化政府服务，针对“放管服”改革和工程建设项目审批制度改革领域出现的新问题新矛盾再发力，持续在优化流程、简化手续、便捷高效上下功夫，着力打造市场化法治化国际化营商环境。要不折不扣落实支持民营经济发展的各项政策，坚决兑现纾困惠企政策，疫情期间的特殊政策如何退出、什么时候退出，必须把握好一个度，不能搞急转弯。要抓好国资国企改革，严格落实国企改革三年行动方案，以提高企业竞争力创新力抗风险能力为核心目标，加大市属国有企业重组整合力度，稳妥推进混合所有制改革，激活国有企业发展的活力和动力。

构建新发展格局不是搞自我封闭，而是要推进更高水平开放。融入“一带一路”建设，是兰州发展的最大历史机遇，要聚焦打造国家向西向南开放新高地，强化开放大通道建设，加快推动公铁空海多式联运示范项目，加强丝绸之路信息港建设，推动构建通道物流产业高质量发展的枢纽经济体系。要做大做强开放平台，加快吸引外向型龙头及配套企业落户综合保税区，加快国际陆港保税物流中心（B型）申报验收、封关运行，提升水果、肉类、粮食、汽车整车等指定口岸建设运营水平，积极推进中国（甘肃）自贸试验区片区、国家临空经济示范区、进口药品口岸、食用水生动物口岸等平台申报工作，构建内陆多层次开放平台。在国际贸易投资萎缩、经济逆全球化加剧的大背景下，区域全面经济伙伴关系协定的签署，为我们融入国际循环提供了新的路径选择。要抢抓这一机遇，组建力量系统研判我市与各成员国在产业布局、市场需求上的互补性，引导和帮助企业深度融入共建区域全面经济伙伴关系，提高产业竞争力。

## 五、接续奋斗开启全面建设现代化中心城市的新征程

市十三次党代会确定建设现代化中心城市的目标，经过全市上下4年来的拼搏奋斗，城市形象品位和影响力显著增强，群众获得感满意度得到不断提升，建设现代化中心城市的基础更加牢固、条件更加成熟。全市上下要保持战略定力，久久为功、矢志不移，努力在全面建设现代化中心城市新征程上展示新作为、实现新突破。

*一要积极稳妥推进行政区划调整。*这次行政区划调整，是落实党中央和省委有关决策部署的实际行动，是兰州城市发展到现阶段的必然选择，是兰州历史上一次影响深远的重大基础性工作，主要目的是通过调整更好地规划空间布局、整合各类资源、理顺管理体制，推动各区县乃至全市实现更加充分、更高质量发展，顺应城市发展规律，符合广大群众意愿，回应社会各方关切。涉及区县要牢固树立大局意识和全局观念，切实把思想和行动统一到市委决策部署上来，坚决做到个人服从组织、下级服从上级、局部服从全局，对涉及的调整事项要不讲条件、不打折扣、不搞变通，坚决予以落实。

行政区划调整工作，国家和省上是审批主体。目前，市、区县层面的申报和审核上报工作已经基本完成，这次全会审议通过《调整方案》后，市政府要征求市人大、市政协的意见，抓紧完善报批相关材料，形成正式文件呈报省政府。市行政区划调整工作领导小组办公室和有关责任部门要主动加强与省民政厅的对接汇报，摸准吃透政策，及时掌握审批进度，加强对共性和个性问题的研究，确保顺利通过国家和省上审核。

行政区划调整涉及面广，头绪繁杂，必须环环相扣、压茬推进。在加快报批的同时，市直相关部门要会同涉及区县抓紧研究行政区划调整后市级和区县编制人事、财政税收、债务债权、基础设施配套、市场监督、民生事业等方面的专项方案，为批复实施打好基础。需要明确的是，行政区划调整结束前，暂时冻结涉及乡镇的人事任免和调动，严禁突击提拔干部和进人增编。除正常工作经费开支外，暂时冻结涉及乡镇的财务和债务债权、资产资源划转，确因工作需要的，经市行政区划调整工作领导小组同意后，方可办理。

行政区划调整“牵一发而动全身”，涉及各方利益重新分配，备受社会各方关注，能否有序有效实施，纪律严明是关键。要严守纪律规矩，强化保密意识，对所有工作材料进行保密管理，通过官方渠道按计划有序对外公布有关情况，在国家和省上没有批复之前，任何组织和个人都不能对外宣传，决不允许因为工作泄密、言论不当给区划调整工作造成被动局面和不良影响，甚至引发舆情事件和聚集上访事件。对违反相关规定造成不良后果和影响的，要从严从重处理，决不姑息。

*二要加快推动城市有机更新。*党的十九届五中全会明确提出实施城市更新行动，这是我们全面建设现代化中心城市的必然要求，也是加快融入新发展格局的有效路径。要坚持以满足人民宜居宜业需求为出发点和落脚点，重点在“改造、完善、提升”上下功夫。

“改造”就是要推进老旧小区改造。去年7月，国务院下发了全面推进城镇老旧小区改造工作的《指导意见》，明确力争到“十四五”末基本完成2000年底前建成的需改造城镇老旧小区改造任务。我们要抓住国家加大老旧小区改造支持力度的契机，合理摆布我市剩余2051个老旧小区改造任务的计划安排，充分发挥中央预算内投资的引导和撬动作用，多渠道筹措资金，确保改造任务顺利推进、按期完成。

“完善”就是要加快补齐城市公共服务设施短板，使市民生活更方便、更舒心。去年我们在中心城区250平方千米范围内规划了78个十五分钟生活圈，从教育、养老、体育、卫生、文化等方面谋划了390个公益性建设项目。今后，我市城市建设项目要重点围绕这些来做文章，加快推动公共服务设施提标扩面，不断提高城市基本公共服务均等化水平，着力打造一批示范性十五分钟生活圈，不断实现人民对美好城市生活的向往。

“提升”就是要强化城市风貌管控，提升城市颜值。城市风貌特色和文化底蕴是一座城市最具魅力、最有个性的标志。要在老旧小区改造中，加强对城市空间立体性、平面协调性、风貌整体性、文脉延续性等方面的规划和管控，美化生活环境，治理低效空间，彰显城市特色，提升城市品质。

*三要大力实施乡村振兴战略。*全面建设现代化中心城市，广大农村地区是不可或缺的。我们要坚持把实施乡村振兴战略摆在优先位置，加快解决城乡发展不平衡问题。

今年“三农”工作重心将全面转向乡村振兴，但并不意味着脱贫攻坚工作画上了句号。要严格落实“四个不摘”要求，做到观念衔接、规划衔接、政策衔接、产业衔接和体制衔接“五个衔接”，留足政策过渡期，保持政策总体稳定，确保农民致富和乡村发展的可持续性，切实防止群体返贫现象的发生。乡村振兴不能一哄而上，也不能千村一面，要抓紧研究制定分类推进乡村振兴实施方案，健全投入保障制度，落实土地出让收入优先支持乡村振兴的要求，加快形成财政优先保障、金融重点倾斜、社会积极参与的多元投入格局，率先在全省打造一批乡村振兴示范村镇，探索形成具有兰州特色的乡村振兴模式与经验，为全省乡村振兴提供样板。

实施乡村建设行动，是“十四五”时期全面推进乡村振兴的重点工作，也是一项长期而艰巨的任务，要立足实际、遵循规律，研究制定乡村建设行动规划和年度计划，聚焦阶

段任务，找准突破口，排出优先序，一件事情接着一件事情办，一年接着一年干，久久为功，积小胜为大成。产业兴旺是实现乡村振兴的基础和前提，要持续扩大优势特色农业品牌影响力，打造集农产品精深加工、销售、品牌营销于一体的多元化产业链条，提升农业规模化、产业化、信息化、科技化水平。乡村旅游是促进农村经济发展、农业结构调整、农民增收致富的重要途径，要加快培育“旅游+”“生态+”等新产业新业态，规划一批休闲农业和乡村旅游精品线路，发展精品民宿、健康养生等高端业态，推动农村一二三产业融合发展。乡村振兴是城镇化发展的基本动力，城镇化发展也为乡村振兴创造条件，要加快推进永登国家农村产业融合发展示范园、榆中全国新型城镇化示范县、皋兰现代商贸物流集散基地和近郊生态文化休闲基地建设，发展壮大县域整体实力，为农业转移人口就近城镇化提供有力支撑。

习近平总书记在中央经济工作会上专门强调了种子和耕地问题。虽然我市种子产种量不大，但集中了全省大部分的种子研发机构。要发挥甘肃农科院、甘肃农大等科研院所优势，加大育种研究力度，加强种子库建设，努力在打好种业翻身仗中有所作为和贡献。耕地保护方面，市自然资源、农业农村等部门要加强对我市违法违规问题的排摸和整治，严格规范耕地占补平衡，严肃查处违法违规批准、占用和退耕永久性基本农田的行为，坚决遏制耕地“非农化”、防止“非粮化”，坚决守住耕地保护红线。有条件的地方要建设更多的高标准农田，既要保护又要增量，某种意义上也为本地的发展创造了土地空间。

*四要加快推进兰西城市群建设。*自2018年3月国务院批复规划以来，甘青两省、我市和西宁市分别研究制定了规划实施方案，也签署了框架协议，群内城市互访对接更加频繁密切，我市与西宁、海东、白银、定西、临夏等市州谋划凝练了107个重大合作项目，总投资8494亿元，特别是近期我市与西宁市又先后签订了制造业战略合作协议、住房公积金合作备忘录、卫生健康部门发展合作框架协议、政务服务领域合作协议，与西宁市、海东市分别签订了生态环境联防联治专项合作协议。

可以说，兰西城市群建设已经步入了“深耕细作”的新阶段，我们要乘势而上、顺势而为，强化省内市州协作，健全协同发展机制，推动产业协作互利共惠、生态环境共保联治、基础设施互联互通、对外开放一体联动、公共服务共享共用，把兰西城市群培育发展成为支撑国土安全和生态安全格局、维护西北地区繁荣稳定的重要城市群。

*五要坚持在发展中改善人民生活品质。*城市的发展承载着人民对美好生活的期盼，必须从保障和改善民生、为人民创造美好生活的需要出发，让发展成果由人民共享。

就业是民生之本。要深入实施就业优先战略，坚持减负、稳岗、扩就业并举，综合采取政策协同、产业推动、创业创新、灵活就业等方式，进一步增强就业弹性、拓宽就业渠道，特别是要发挥好兰州人力资源服务产业园平台作用，着力完善企业用工和群众就业双向对接机制，积极探索发展“平台就业”“网络就业”“家庭就业”等新就业形态，引导群众就地就近就业，促进重点群体多渠道就业，努力实现更加充分更高质量就业。要进一步完善社会救助兜底保障体系，落实更实、更细、更精准的救助兜底措施，应保尽保、应救尽救、应兜尽兜，用心、用情、用力解决好困难群众面临的实际问题，筑牢社会保障的“最后一道防线”，切实让困难群众感受到党和政府的政策温度和民生厚度。要进一步完善养老保险、失业保险、医疗保险等社会保障制度，加快构建覆盖全民、统筹城乡、公平统一、可持续的多层次社会保障体系。

优质教育和医疗资源短缺一直是影响市民幸福感获得感的突出问题。要严格落实扩大教育资源促进教育优质均衡发展专项行动计划，持续推进学区化管理和集团化办学，引导支持普惠性幼儿园和托育服务发展，持续扩大优质教育资源供给，高度重视解决初级、高级中学教育发展质量失衡问题，切实办好人民满意的教育。要深入实施健康兰州行动，积极推进医药卫生信息化建设，推动中医药传承创新发展，加快市妇幼保健院、市口腔医院和市中医医院异地建设。同时，要立足补齐公共卫生服务领域短板，持续完善疾病预防控制体系，加快推进市公共卫生应急救治中心建设，切实提高应对突发公共卫生事件的能力。

住房是群众广泛关注的民生大事，也是一个城市吸引人才尤其是年轻人的重要因素。要坚持“房住不炒”定位，严格落实“一城一策”和房地产市场调控政策，促进房地产市场平稳健康发展。要积极深化城镇住房制度改革，积极培育和发展住房租赁市场，完善商品住房开发项目配建保障性住房制度，扩大住房供给渠道，逐步使租购住房在享受公共服务上具有同等权利。省领导在省委全会上提出，要解决好青年包括公职人员等群体的住房问题，相关方面要高度重视、认真研究，提出土地供应方面的具体措施，体现省会城市的担当和责任。

安全是发展的前提，发展是安全的保障。当前，我市发展进入风险易发多发期，各种矛盾和问题相互交织。要牢固树立总体国家安全观，增强忧患意识，坚持底线思维，提高风险预见预判能力，有效防范化解各类经济社会风险，全力做好“庆祝建党100周年”维稳安保工作。要认真贯彻国务院《关于进一步科学精准做好新冠肺炎疫情常态化防控工作的意见》，持续抓好“外防输入、内防反弹”工作，严格落实“四方责任”，强化“人物同防”，紧盯重点部位、重点场所、重点人群，严格执行疫情防控工作制度、规范、流程和标准，推进新冠肺炎疫苗接种工作，严防死守确保不出现规模性输入和反弹。要坚持依法稳妥的方针，善始善终做好布鲁氏菌抗体阳性事件善后处置工作。要紧紧围绕影响群众安全感的突出问题，有针对性地调整完善打防管控措施，依法打击黄赌毒、盗抢骗、食药环和电信网络诈骗等各类违法犯罪活动，努力在更高起点、更高层次上推进平安兰州建设。

## 六、坚持和加强党对经济工作的全面领导

适应新发展阶段、贯彻新发展理念、融入新发展格局，必须把党的全面领导落实到全市经济社会发展的各领域各方面各环节，引导广大党员干部以新担当新作为奋斗“十四五”、奋进新征程。

一要在坚决贯彻“两个维护”上体现新境界。加强党的全面领导，根本在于确保党中央重大决策部署有效落实。我们要持续巩固拓展“不忘初心、牢记使命”主题教育成果，坚持不懈用习近平新时代中国特色社会主义思想武装头脑，一以贯之以习近平总书记对甘肃重要讲话和指示精神统揽全部工作，确保兰州各项事业始终沿着习近平总书记指引的方向前进。各级领导班子和领导干部要增强政治意识，提高政治站位，对国之大者心中有数，时刻关注党中央在关心什么、强调什么，深刻领会什么是党和国家最重要的利益、什么是最需要坚定维护的立场，重视从讲政治的高度做经济工作，善于用政治眼光观察和分析经济社会问题，不断提高政治判断力、政治领悟力、政治执行力，善于洞察经济活动的政治后果，切实把增强“四个意识”、坚定“四个自信”、做到“两个维护”体现在坚决贯彻党中央决策部署的行动上，体现在履职尽责、做好本职工作的实效上。

二要在锻造过硬干部队伍上实现新提升。实现高质量发展，干部是决定性因素。我们要把加快建设一支适应现代化建设要求的高素质专业化干部队伍作为事关兰州未来发展的战略性任务，各级党委特别是组织部门要及早谋划、精心组织抓好市县乡领导班子换届工作，结合实施年轻干部“五个一百”培养计划，统筹调配好干部资源，确保换出好班子、换出好风气、换出好局面。换届之年，最考验领导干部的定力。希望大家积极摆正心态，正确对待进退留转，始终把全部精力和心思放在工作上，不松劲懈怠，不等待观望，一门心思的谋发展，心无旁骛抓工作，以实实在在的业绩赢得组织的信任和群众的认可。各级领导干部要增强补课充电的紧迫感，干什么学什么、缺什么补什么，自觉赶上时代潮流，掌握科技发展趋势，了解新兴领域情况，切实提高驾驭经济工作的能力，努力成为领导构建新发展格局的行家里手。要坚持以正确用人导向引领干事创业导向，充分发挥考核“指挥棒”作用，把重品德、重才干、重担当、重实绩、重公认的导向鲜明树立起来，让想干事、肯干事、能干成事的干部有更好用武之地，推动全市上下形成用心谋事、扎实干事的良好氛围。

三要在加强组织体系建设上取得新成效。基层党组织是党的全部工作和战斗力的基础。各级党委（党组）要认真贯彻新时代党的建设总要求，牢固树立大抓基层的鲜明导向，自觉扛牢管党治党政治责任，严格落实基层党建工作责任制，深入推进党支部标准化建设，深化拓展“四抓两整治”工作，把各领域基层党组织建设得更加坚强有力。要积极推进全国城市基层党建示范市建设，全面落实省委“1+4”政策文件，不断提升“两新”组织、新兴领域党组织覆盖质量。这几年，我们坚持抓党建引领，在脱贫攻坚、基层治理、创建全国文明城市，特别是在疫情防控过程中，基层党组织发挥了十分重要的作用。各级党组织要把这方面的有效做法总结好、运用好，促进基层党建与中心工作深度融合、同步发展，让党的旗帜在各条战线高高飘扬。今年是中国共产党成立100周年，这是我们党和国家的一件大事、喜事，宣传、组织部门要按照党中央和省委的统一部署，把我市的庆祝活动策划好、组织好。

四要在转变作风优化环境上见到新气象。作风建设永远在路上，要坚持工作不松、力度不减，紧盯广大群众、企业客商反映集中的问题，加大明察暗访、查处问责和通报曝光力度，发现一起、查处一起，真正发挥导向作用和震慑效应。各级纪委监委、组织部门要切实发挥专责部门优势和作用，加强监督检查和教育引导，各单位各部门要履行好管业务管干部的责任，严格要求、严格管理，进一步形成转作风、强服务、优环境、促发展的合力。要严格落实中央八项规定精神，深化落实基层减负措施，大力整治形式主义、官僚主义，督促各级党员干部真抓实干、攻坚克难。要始终保持反腐败高压态势，着力提升巡察工作质效，严查严办违法违纪案件，着力营造风清气正、干事创业的良好政治生态。

蓝图已绘就，关键在落实。从纸上的目标到发展的现实，说到底是一场落实能力的大考验。全市上下要牢固树立“抓落实就是抓发展，真落实才会有未来”的理念，全面推进党中央和省委决策部署方案化、项目化、具体化，扎扎实实把这次全会确定的目标任务落到实处，久久为功把这次全会描绘的美好蓝图变为现实。

一要提高政治站位抓落实。抓不抓落实，不仅是工作方法和态度问题，更是严肃的政治问题。我们要自觉把增强“四个意识”、坚定“四个自信”、做到“两个维护”贯穿抓落实的全过程，干任何事情都首先从政治上去考量，把好政治方向，站稳政治立场，不断提高政治判断力、政治领悟力、政治执行力，做到观察分析形势把握政治因素，筹划推动工作落实政治要求，处理解决问题防范政治风险，确保时时事事处处同以习近平同志为核心的党中央保持高度一致。

二要坚持统筹兼顾抓落实。现在我们面对的情况越来越复杂，工作之间的联系越来越紧密，经济社会发展中很多矛盾问题相互交织，都需要从系统观念出发加以谋划和解决。我们要善用“十个指头弹钢琴”，在抓落实过程中更加

注重各个领域、各项工作、各种要素的关联性，妥善处理好工作中的缓与急、轻与重、重点与一般、普遍与特殊、当前与长远、局部与整体的关系，在统筹兼顾中实现协同发展，在扬长补短中提升整体效能，防止畸重畸轻、顾此失彼。

*三要聚焦矛盾问题抓落实。*抓落实的过程，也是解决问题的过程。当前，我市发展不平衡不充分问题仍然突出，在新的历史起点上推进全市高质量发展，无论是老问题还是新问题，无论是思想观念问题还是体制机制问题，无论是资源配置问题还是干部素质问题，都不能掩饰回避，而要及时发现，认真研究解决。尤其要加强对本地区本部门本领域潜在的重大风险挑战的科学预判，努力找到应对化解的路径和办法，决不能让“黑天鹅”“灰犀牛”事件阻滞我市现代化建设进程。

*四要练就过硬本领抓落实。*中央经济工作会议明确要求，各级领导干部要提高专业化能力，努力成为领导构建新发展格局的行家里手。这对各级领导干部做好经济工作的能力水平提出了新的更高要求。我们要主动适应各方面工作越来越专业化、专门化、精细化的需要，把提高能力本领作为重要基础，经常补课充电，勤于学习钻研，勇于攻坚克难，善于实践运用，既知其然更知其所以然，既明白“是什么”“为什么”，又知道“怎么办”“怎么干”，努力做经济社会管理的内行人。

*五要转变工作作风抓落实。*当前，形式主义、官僚主义是抓落实的最大绊脚石。我们要进一步加强对“痕迹管理”和“指尖上的形式主义”的整治，持续精简各类文件会议，统筹规范督查检查考核，让基层干部有更多时间和精力心无旁骛抓落实。各级领导干部要把对上负责与对下负责统一起来，把群众是否高兴满意作为检验工作成效的根本标准，大力弘扬“马上就办、办就办好”的作风，坚持到现场、进“工地”，多钻“矛盾窝”，变“给我干”为“跟我干”，切实提高工作执行力，确保市委部署的各项工作快而有力推进、准而有效落实。

岁末年初，各方面工作交织繁忙，各级各有关方面要在毫不松懈抓好疫情防控的前提下，精心做好“两会”筹备工作，广泛开展走基层、送温暖和走访慰问、帮扶救助等活动，确保农民工工资支付到位，切实做好春节期间市场保供稳价工作，着力满足群众节日消费需求，加强各类灾害防范和应急管理，严格落实安全生产责任制，坚决防止重特大事故发生，强化社会治安综合治理，妥善化解各类矛盾纠纷，努力保障群众平安有序出行和生命财产安全，全力以赴维护社会大局和谐稳定，确保让广大市民过一个欢乐祥和的节日。

同志们，新起点开启新征程，新蓝图承载新使命。我们要更加紧密地团结在以习近平同志为核心的党中央周围，以只争朝夕的精神开拓进取，以百折不挠的意志攻坚克难，奋力夺取全面建设现代化中心城市新胜利，以优异成绩迎接中国共产党成立100周年！

# 兰州市人民代表大会常务委员会工作报告

——2021年1月13日在兰州市第十六届人民代表大会第五次会议上

兰州市人民代表大会常务委员会主任　张建平

各位代表：

我受市人大常委会委托，向大会报告工作，请予审议。

## 2020年的主要工作

刚刚过去的2020年是极不平凡的一年。面对决战脱贫攻坚、决胜全面小康、“十三五”收官和突如其来的新冠肺炎疫情，在市委的坚强领导下，市人大常委会坚持以习近平新时代中国特色社会主义思想为指导，全面贯彻党的十九大和十九届二中、三中、四中、五中全会精神，深入落实习近平总书记关于坚持和完善人民代表大会制度的重要思想、对甘肃重要讲话和指示精神，坚持党的领导、人民当家作主、依法治国有机统一，勇于担当，主动作为，统筹兼顾，抓主抓重，各项工作取得了新进展新成效，为全市经济社会高质量发展和民主法治建设做出了应有贡献。一年来，召开常委会会议8次，审议地方性法规9部，组织开展视察、检查和调研140余次，听取和审议“一府两院”工作报告37个，开展专题询问2次，做出决议、决定20项，任免国家机关工作人员80名。

### 一、始终坚持党的全面领导，牢牢把握正确政治方向

常委会始终把坚持党的领导作为首要政治原则，切实增强“四个意识”，坚定“四个自信”，做到“两个维护”，确保人大工作沿着正确方向笃定前行。

（一）持续强化政治建设。坚持以政治建设为统领，坚定不移把党的领导贯穿于人大工作全过程、各方面，坚决贯彻落实党的基本理论、基本路线、基本方略，在谋划部署人大工作时自觉同党中央大政方针和省、市委部署要求对标对表，始终在政治立场、政治方向、政治原则、政治道路上同以习近平同志为核心的党中央保持高度一致。严格落实请示报告制度，及时就重要会议、重大立法事项、重点监督工作向市委请示报告，全年共请示报告29次，落实重要批示25件。坚持党管干部原则与人大依法行使选举任免权相统一，确保党委主张和意图按照法定程序转化为全市人民的共同意志和自觉行动。

（二）持续强化理论武装。坚持以党的最新理论成果引领人大工作，把学习贯彻习近平新时代中国特色社会主义思想作为首要政治任务和第一学习议题，跟进学习习近平总书记最新重要讲话精神，全年共召开常委会党组会议15次，理论学习中心组会议14次，开展研讨交流3次，推动学习走深走实走心。创新性开设“一月两讲”课堂，组织常委会组成人员和机关干部深入学习习近平法治思想、《习近平谈治国理政》等重要内容，开展专题辅导12次，不断夯实依法履职思想基础。及时对学习贯彻党的十九届四中、五中全会精神作出安排部署，围绕中央规划《建议》15个方面60项内容列出学习清单，组织机关干部深入思考学、联系实际学、研讨交流学，撰写心得体会82篇并汇编成册，努力做到学深学透、入脑入心。

（三）持续强化责任担当。坚决扛起疫情防控政治责任，认真贯彻落实全国人大常委会有关决定，听取审议全市新冠肺炎疫情防控工作和贯彻实施传染病防治法、野生动物保护法等情况的报告，召开全市医疗废物污水处置专题会议，强化公共卫生法治保障体系修法工作，用实际行动护佑人民生命健康。主动担负脱贫攻坚包抓责任，听取审议全市农村人居环境整治工作情况的报告，组织代表专业小组对脱贫攻坚和特色农业产业发展进行调研，常委会领导班子成员定期到包抓区县、乡镇开展督导，推动脱贫攻坚质量提升。严格落实文明城市创建责任，积极参与文明交通劝导、环境卫生整治等志愿服务活动，督促指导7个街道、51个社区完成创建任务。一年来，常委会立足人大职责，深入贯彻落实党中央和省、市委决策部署，在推动中心工作、服务全市大局中作出了人大贡献、展现了人大担当。

### 二、不断提高地方立法质量，切实发挥法治保障作用

常委会深入学习贯彻习近平法治思想，坚持问题导向、发展导向、民生导向，深入推进科学立法、民主立法、依法立法，为兰州高质量发展提供有力法治保障。

（一）着力强化立法主导。严把法规立项关，紧跟部署要求、回应群众关切、立足发展需要，及时将黄河风情线大景区管理、物业管理、气象灾害防御、轨道交通管理等列入2020年立法计划，推动立法由总结经验逐步向引领规范转

变。严把法规起草关，注重“小切口”“精细化”立法，提前介入法规起草，让立法的制度设计与实际情况精准对接。严把法规审议关，做实做细法规草案征求意见、专家论证工作，拓宽公众参与立法的渠道，让地方立法更加接地气、顺民意、显公正。

（二）着力提高立法质量。深入贯彻落实习近平总书记关于“兰州要在保持黄河水体健康方面先发力、带好头”的重要指示，制定了《兰州市黄河风情线大景区管理条例》，为规范黄河风情线大景区开发管理提供了制度支撑。认真落实民法典对物业管理最新规定，制定了《兰州市物业服务管理条例》，推动物业服务行业健康发展。从人民群众切身利益出发，制定了《兰州市气象灾害防御条例》，着力提升气象灾害预警防范水平。对《兰州市道路交通安全管理若干规定》《兰州市轨道交通管理条例》进行了一审，对《兰州市市政设施管理办法》开展了立法后评估，对《兰州市养老服务条例》等7个立法项目开展了调研，对涉及疫情防控、营商环境、民法典等3个方面的地方性法规开展了专项清理。

（三）着力提升立法能力。深化与兰州大学、西北师范大学、兰州财经大学立法基地合作，密切与35名立法咨询专家、13个立法联系点的联系，拓展3所高校法学院课题组参与地方立法工作深度，凡立法必邀请立法咨询专家到会发表意见，凡立法必征求立法联系点的意见，有效保障立法精准。深入开展立法协商，对社会关注度高的法规和法规中的焦点问题，既听取各民主党派和政协委员中专业人士的意见，又听取利害关系人的意见，广泛凝聚立法共识。通过立法座谈会等多种形式，搭建立法研究与立法需求对接平台。聚焦讲政治、高素质、专业化，加强立法队伍建设，创新法治人才培养机制，举办全市地方立法、规范性文件备案审查专题培训班，全面提升立法水平。

## 三、依法开展正确有效监督，有力助推经济社会发展

常委会始终坚持正确监督、有效监督，跟进重大部署、关注重大关切，支持“一府一委两院”依法履职，促进法律法规有效实施，有力推动党中央和省、市委决策部署落细落实。

（一）围绕经济持续发展正确有效监督。紧扣做好“六稳”工作、落实“六保”任务，树牢“过紧日子”的要求，听取审议计划、预算执行、“六稳”“六保”工作、国有资产管理、文化旅游产业发展等情况的报告。聚焦优化营商环境，听取审议服务中小微企业融资、营造法治化营商环境、政务服务等情况的报告，对稳投资促发展、维护民营企业合法权益等进行视察、检查和调研。突出规划执行与规划引领，听取“十三五”规划纲要实施情况和“十四五”规划基本思路的报告。推进预算联网监督工作，建成预算联网监督系统，进一步推动预算编制科学化、预算执行规范化、预算管理制度化。高度重视审计查出问题整改工作，听取审议预算执行和财务收支审计工作情况的报告、审计查出问题整改情况的报告，督促审计查出的6个方面459个问题得到有效整改。

（二）围绕生态环境保护正确有效监督。深入贯彻落实习近平生态文明思想，配合全国人大对土壤污染防治法贯彻实施情况进行执法检查，听取审议我市贯彻实施森林法、林业生态环境保护条例等情况的报告，对中央生态环境保护督察反馈问题整改、农业面源污染防治工作进行检查，推动打赢“蓝天、碧水、净土”保卫战。深入贯彻落实习近平总书记关于黄河流域生态保护和高质量发展重要讲话精神，由常委会领导班子成员带队，对各区县开展污染防治攻坚战监督工作进行专题调研，听取污染防治立法及监督工作开展情况的报告，推动中央和省上环保督察反馈问题整改落实，实现了在省委、省政府污染防治攻坚战成效考核中“零失分”的目标。

（三）围绕民生福祉改善正确有效监督。始终把人民放在最高位置，强化对涉及人民群众切身利益的重大民生事项的监督，听取审议为民办实事、医疗保障服务、粮食安全等工作情况的报告，对稳就业保就业、食品安全管理、公共卫生防控体系建设等进行视察、检查和调研，聚焦“一老一小”开展养老服务、学前教育专题询问2次，推动养老、上学、医疗、就业等民生问题有效解决，人民群众的获得感、幸福感、安全感进一步提升。强化涉法涉诉信访案件协调督办，全年受理、督办群众来信来访542人次。

（四）围绕治理能力提升正确有效监督。深入宣传贯彻宪法，组织开展“国家宪法日”宣传活动，严格落实宪法宣誓制度，弘扬宪法精神，维护宪法权威。持续深入贯彻党的十九届四中全会精神，围绕坚持和完善人民代表大会制度开展宣讲活动，更好发挥根本政治制度在推进国家治理体系和治理能力现代化中的支撑作用。立足市域社会治理现代化，听取审议法治政府建设、执法规范化建设等情况的报告，对中医药法、消防法、公证法等9部法律法规的实施情况进行执法检查，深入推进科学立法、严格执法、公正司法、全民守法。紧扣社会文明和谐稳定，听取审议民族团结进步、退役军人权益保障、智慧城市建设等情况的报告，对城市线缆入地、城市管理综合执法等进行视察、检查和调研，助推社会治理水平稳步提升。加强规范性文件备案审查，启动备案审查电子平台，制定并落实备案审查规定，依法审查备案规范性文件59件。

## 四、持续改进代表服务工作，有效保障代表履行职责

常委会始终坚持以人民为中心，丰富代表履职形式，强

化代表履职保障，使"人大代表要更加密切联系群众"的指示要求有效贯彻落实，让代表主体作用发挥更加充分。

(一)拓展代表履职平台。深化"两联系"制度，出台了市人大代表联系社区(村)的意见，"上情下达、下情上传"的渠道进一步畅通。优化"人大代表家(站)"运行，指导基层人大组织开展"下访直通车""代表接待日"等活动，延伸代表履职"触角"，打通代表与选民联系的"最后一千米"。加强代表专业小组建设，规范代表小组活动，围绕"稳投资、稳就业"、高层次人才引进等开展专题调研，实现了省、市两级人大代表参与专业小组活动全覆盖。常态化邀请代表列席常委会会议，分领域组织代表参与立法调研、执法检查和专题视察等活动，全年共组织人大代表参加视察、检查和调研130人次，邀请市本级基层人大代表列席常委会会议24人次。

(二)发挥代表主体作用。修订市人大代表持证视察、议案处理、建议办理、工作办法等制度规定，健全完善代表工作机制，为代表依法履行职责、发挥主体作用提供坚实制度保障。把代表建议办理作为激发代表履职热情的重要举措，注重解决人民群众最急最忧最盼的热点难点问题，确定房屋产权登记发证、居家养老服务等10件代表建议重点督办，点上突破、面上推进，推动市十六届人大四次会议提出的195件代表建议得到有效办理。深入开展"疫情防控人大代表在行动"，全市各级人大代表积极响应、主动作为，充分发挥宣传发动、示范带动、监督推动作用，助力疫情防控，助推复工复产。据统计，全市各级人大代表捐助防疫物资、减免商铺租金3600多万元。

(三)提升服务保障水平。坚持线上线下相结合，有针对性地强化代表学习培训，通过以会代训、订阅资料等方式，为代表履职"充电续航"。不断提升服务代表履职的能力和水平，认真做好全国和省、市人大代表参加人民代表大会各项服务工作，足额保障代表活动经费。规范代表履职管理，完善代表履职档案，定期开展代表履职考核，促使代表更好执行代表职务。指导各选举单位落实代表履职情况报告制度，不断增强代表联系选民、履行职责、接受监督的自觉性。深入开展代表履职系列宣传报道活动，广泛宣传代表先进事迹，营造比学赶超的良好氛围。服务和保障代表依法履职的经验做法得到省人大常委会的充分肯定，在全省加强和改进代表工作座谈会上进行了交流。

## 五、注重加强自身能力建设，努力提升整体工作水平

常委会准确把握"两个机关"职责定位，把讲政治、守纪律、善履职作为关键，不断加强自身建设，努力提升依法履职能力和工作水平。

(一)严格落实主体责任。深入贯彻新时代党的建设总要求，切实履行管党治党政治责任，制定落实全面从严治党主体责任清单，召开全面从严治党专题约谈会，压紧压实责任链条，推动全面从严治党向纵深发展。严守党的政治纪律和政治规矩，加强党性锤炼和警示教育，不断增强机关干部的政治能力和拒腐防变能力。严肃党内政治生活，严格落实"三会一课"、民主生活会、组织生活会、主题党日、谈心谈话等制度。全力配合市委对机关党组巡察工作，持续推动模范机关创建，巩固提升党支部标准化建设成果，人大常委会机关党建质量不断提高。

(二)持续推动作风转变。深入贯彻中央八项规定及其实施细则精神，巩固拓展"不忘初心、牢记使命"主题教育、"基层减负年"活动成果，组织开展"四察四治"专项行动，厉行勤俭节约，改进文风会风，力戒形式主义、官僚主义。加强和改进调查研究，围绕脱贫攻坚、疫情防控、复工复产、生态环保等重点工作，常委会领导班子成员带头深入基层、深入实际、深入群众开展调研50余次，察实情、听民意、聚民智。修订完善议事规则、任免办法和工作运行机制等各类制度100余项，充分发挥制度集成效应，推动常委会工作规范有序、保障有力。

(三)不断深化宣传研究。认真落实意识形态工作责任制，健全新闻宣传工作机制，发挥《兰州日报》"人民之声"专栏、"兰州人大"门户网站等宣传主阵地作用，深入宣传新时代兰州人大工作、人大建设新做法新成效，全面展现人民代表大会制度在兰州的生动实践成果，多层次报道代表履职风采，为全市人大工作创新发展营造良好舆论氛围。在兰州大学马克思主义学院设立地方人大理论研究和实践创新基地，举办第三届全市人大工作理论研讨会，开展全市人大理论专题培训，深化对人民代表大会制度和人大工作实践的理论研究。一年来，在市人大宣传阵地发布各类信息1500余条，省、市媒体报道人大工作160余次，《中国人大》《人民之声报》《兰州日报》等报刊刊登理论文章40余篇。

各位代表！过去一年，市人大常委会所取得的成绩，是习近平新时代中国特色社会主义思想科学指导的结果，是市委坚强领导的结果，是常委会组成人员和全体代表共同努力的结果，是"一府一委两院"和全市各级人大密切配合的结果，也是市政协及社会各界和全市人民大力支持的结果。在此，我代表市人大常委会，向所有关心、支持和帮助人大工作的同志们、朋友们，表示崇高的敬意和衷心的感谢！

一年来的工作虽然有进步、有成效，但我们也清醒地认识到，工作中还存在不足之处和薄弱环节，主要是：立法的质量和效率还需进一步提升，持续跟踪监督的力度还需进一步加强，服务保障代表履职的措施还需进一步优化，机关运行水平和干部工作能力还需进一步提高。对此，我们将虚心听取各方面意见建议，强化举措、切实改进。

## 2021年的主要任务

今年是我国现代化建设进程中具有特殊重要性的一年。市人大常委会工作的总体要求是:以习近平新时代中国特色社会主义思想为指导,全面贯彻党的十九大和十九届二中、三中、四中、五中全会精神,深入落实习近平法治思想、习近平总书记关于坚持和完善人民代表大会制度的重要思想、对甘肃重要讲话和指示精神,坚持党的领导、人民当家作主、依法治国有机统一,按照中央和省、市委决策部署,牢牢把握适应新发展阶段、贯彻新发展理念、构建新发展格局的实践要求,以推动高质量发展为主题,以满足人民日益增长的美好生活需要为根本目的,依法履职尽责、主动担当作为,坚持系统观念、提升工作质效,推动"十四五"开好局,以优异成绩庆祝建党100周年。

*一是持续加强政治建设。*始终把党的政治建设摆在首位,深入贯彻落实习近平新时代中国特色社会主义思想,切实增强"四个意识",坚定"四个自信",做到"两个维护"。全面学习贯彻习近平法治思想、党的十九届五中全会精神,组织开展专题读书班,在学懂弄通做实上下功夫,在深化消化转化上求实效。坚持党对人大工作的全面领导,严格落实向市委请示报告制度,依法有序开展各项工作,更加自觉服务全市发展大局,确保党中央和省、市委决策部署落地落实。

*二是更好提供法治保障。*加强宪法学习贯彻,落实宪法宣誓制度,开展"国家宪法日"活动。制定并组织实施2021年立法计划和"十四五"立法规划,推动法规由"二审制"向"三审制"转变。对《兰州市供水条例(草案)》《兰州市市政工程设施管理条例(草案)》《兰州市客运出租汽车管理条例(修订草案)》进行一审,对《兰州市道路交通安全管理若干规定(草案)》《兰州市轨道交通管理条例(草案)》进行二审和三审,对《兰州市养犬管理条例》开展立法后评估,围绕土壤污染防治、文明行为促进、养老服务管理等4个立法项目开展调研。

*三是切实增强监督实效。*聚焦经济发展、生态保护、乡村振兴、城市更新、保障和改善民生、法治兰州建设等重点领域,实施正确监督、有效监督,支持和促进"一府一委两院"更好工作。听取审议计划预算执行、法治政府建设、环境保护、民生保障等方面的专项工作报告,对实体经济发展、城市老旧小区改造、榆中生态创新城建设、耕地保护等进行视察、检查和调研,围绕土壤污染防治、养犬管理开展专题询问,对我市贯彻实施固体废物污染环境防治法、农产品质量安全法、律师法等6部法律法规进行执法检查。

*四是全力保障代表履职。*加强代表小组活动,分领域组织代表开展视察、检查和调研,邀请基层代表列席常委会有关会议,扩大代表对常委会工作的参与。持续深化"两联系"制度,落实市人大代表联系社区(村)的意见,提升"人大代表家(站)"运行水平,密切常委会同代表、代表同人民群众的联系。做好代表建议提出、交办、督办、反馈等各环节工作,提高建议办理质量。积极争取召开市委人大代表工作会议,出台加强和改进人大代表工作的具体措施,表彰奖励优秀人大代表和先进工作者,更好发挥代表主体作用。建立健全代表履职网络平台和换届选举信息化平台,全力配合做好市县乡人大换届选举工作。

*五是不断提升能力水平。*深入贯彻新时代党的建设总要求,严格落实全面从严治党主体责任,全面加强常委会及机关党的建设。持续加强常委会组成人员和机关干部思想淬炼、政治历练、实践锻炼、专业训练,提高依法履职能力和工作质效。深入贯彻中央八项规定及其实施细则精神,巩固拓展"不忘初心、牢记使命"主题教育成果,抓好市委巡察反馈问题整改落实。深化人大理论研究和宣传工作,推进人大工作实践创新。加强上下联动,密切工作协同,推动全市人大工作共同进步、整体提升。

各位代表,大道至简,实干为要。让我们更加紧密地团结在以习近平同志为核心的党中央周围,高举中国特色社会主义伟大旗帜,在市委的坚强领导下,聚力新起点,肩负新使命,奋进新征程,在守正创新中推动新时代人大工作高质量发展,为夺取全面建设现代化中心城市新胜利作出新的更大贡献,以优异成绩庆祝建党100周年!

# 政府工作报告

——2021年1月12日在兰州市第十六届人民代表大会第五次会议上

兰州市市长 张伟文

各位代表：

现在，我代表市人民政府向大会报告工作，请连同《兰州市国民经济和社会发展第十四个五年规划和二〇三五年远景目标纲要（草案）》一并审议，并请各位政协委员和其他列席人员提出意见。

## 一、2020年和“十三五”时期工作回顾

2020年是兰州发展进程中极不平凡的一年，面对决战脱贫攻坚、决胜全面小康、“十三五”规划收官的历史重任，面对疫情突袭、经济下行、循环受阻的多重压力，在省委、省政府和市委的坚强领导下，全市上下深入贯彻党的十九大和十九届二中、三中、四中、五中全会精神，全面落实习近平总书记对甘肃重要讲话和指示精神，坚持新发展理念，落实高质量发展要求，统筹推进疫情防控和经济社会发展，勠力同心、克难奋进，在严峻考验中取得了好于预期的成绩。

*疫情防控取得重大成果。*始终把人民群众身体健康和生命安全放在第一位，因时因势启动和调整应急响应，严格实施分区分级管理，全市动员、全民参与、联防联控、群防群治，共同筑起抗击疫情的钢铁长城，在较短时间内遏制了疫情蔓延。全面落实常态化疫情防控措施，慎终如始抓好外防输入、内防反弹，做好入境人员管控、进口冷链物品检测消杀等工作，构建起“从国门到家门”的全方位防控链条。主动扛起责任服务全国大局，选派六批次51名医护人员驰援武汉，积极承担跨国入境人员集中留观救治工作，为全国抗疫做出了贡献。

*经济运行总体趋稳向好。*扎实做好“六稳”工作，全面落实“六保”任务，坚持“守三线、抓项目、保目标”工作方针，采取“底数清、情况明、方法对、措施实”工作方法，推动经济社会发展持续回稳向好。全年生产总值增长2.4%，固定资产投资增长3.4%，一般公共预算收入增长6%，城乡居民人均可支配收入分别增长5.4%和7.7%，实现了逆势增长。及时制定出台积极应对疫情有效促进经济平稳增长的政策措施，点对点落实稳岗补贴、社保退费、税收减免和延期缴费等扶持措施，分类推动复工复产，支持企业共渡难关，累计减税降费77.67亿元。采取发放消费券、举办促销活动等形式，多方促进消费、助企纾困，财政直接投入资金1.2亿元，引导企业直接投入资金5亿元，带动社会消费超过45亿元。把项目建设作为抓经济发展的核心工作，创新制定项目建设管理手册，开展项目建设“五比五拼”活动，续建项目复工率和新建项目开工率分别达到100%和98.5%，创历史同期最高水平。强化“两真四有”工作要求，深入开展“招商引资攻坚年”活动，全年签约引进海康威视、联东U谷等项目241个、总额1220亿元，省外到位资金971.78亿元、增长12.27%，宝方超高功率石墨电极、杉杉奥特莱斯城市综合体等重大项目建成投产运营。

*“三大攻坚战”取得明显成效。*坚持把决战决胜脱贫攻坚作为最大政治责任，投入财政专项扶贫资金9.53亿元，多措并举冲刺清零，剩余0.38万贫困人口全部达标退出，脱贫攻坚战取得决定性胜利，在中国防贫效率“百高县”排名中，永登、皋兰、榆中分别位列第1、第13和第18位。全方位打好污染防治攻坚战，空气优良天数历史性突破300天，达到312天，创国家实行新标评价以来最好成绩。扎实推进污水处理厂提标扩容，持续深化河湖“清四乱”专项行动，水环境质量不断改善。扎实抓好土壤污染防治，积极推进土壤污染治理修复试点工作，超额完成受污染耕地安全利用任务，农药化肥使用量实现“零增长”。着力防范化解金融风险，严格控制政府债务规模，建立区县级财政保工资监测预警机制，争取特殊转移支付资金11.5亿元，守住了“三保”底线。深化各领域风险排查化解，下功夫解决房屋产权登记发证等历史遗留问题，安全生产四项指标全面下降。

*增长极作用进一步凸显。*兰州新区发展提质增速，产业聚集和发展带动效应不断增强，绿色化工园区累计落地项目150个，医药物流产业园开园运营、入驻药企130家，国网云数据中心等项目建成投运，获批能源装备国家专业化众创空间，生产总值增长16.7%。榆中生态创新城建设全面铺开，高标准编制完成各类规划，累计投入资金100多亿元，扎实推进市政道路、生态绿化、公共服务等项目建设，完成绿化面积6100亩，5平方千米核心示范区交通基础骨架基本形成。高新区发展势头强劲，陇神戎发、中农威特、西脉新材料等项目建成投产，引进落地中国宝武、陶氏化学等“500强”企业9家，新增高新技术企业80家，生产总值增长6.5%。经济区发展扩容增效，生态修复与产业发展示范区

建设全面推进，获评国家级“绿色工业园区”，新引进产业项目25个、总投资126亿元，生产总值增长5.6%，在国家综合考核排名中提升38个位次。

“精致兰州”建设迈出坚实步伐。坚持规划引领，统筹生产、生活、生态空间，市县两级国土空间总体规划编制全面开展，生态保护红线、永久基本农田、城镇开发边界三条控制线基本划定，主城区78个“15分钟生活圈”初步划分，为城市长远发展提供遵循。加强基础设施建设，轨道交通2号线一期工程主体结构、东方红广场提升改造基本完工，打通和政路等疏解路6条，新建停车泊位6300个，新增公交车出租车402辆。深入开展“十大精致项目”创建活动，扎实推进市容市貌及公共设施突出问题整治行动，投资24.63亿元改造老旧小区416个，老旧住宅加装电梯304部，完成151条道路线缆入地，拆除违法建设28.04万平方米、违规户外广告8.96万平方米。全面做好“黄河文章”，黄河流域兰州白塔山段综合提升改造项目开工建设，“读者印象”精品街区等项目加快推进，奥体中心主体结构封顶，黄河楼、兰州老街、水墨丹霞景区建成运营，黄河风情线核心段20千米健身步道全线贯通，黄河之滨音乐展演等系列活动精彩纷呈，“黄河之滨也很美”叫得越发响亮，兰州跻身“中国最美夜游景观旅游城市”和“中国最具文旅投资价值城市”行列，荣获“2020中国最佳表现城市”。

民生保障水平不断提升。市级财政民生支出164亿元，占财政总支出的80.5%。9件省列和10件市列为民办实事全部完成。千方百计稳就业保就业，城镇新增就业8.24万人，城镇登记失业率3.06%。兰州人力资源服务产业园建成开园。实施扩大教育资源促进教育优质均衡发展专项行动，北京八中兰州分校等项目加快推进，兰州二中雁滩分校、兰州十一中教学楼拆除重建等项目建成，新增学位2.34万个，多渠道补充教师1715人。加快改善医疗卫生基础设施，市一院医疗业务综合楼、市三院医养结合项目建成投用，省妇女儿童医疗综合体、市中医医院异地新建项目主体完工，市妇幼保健院、市口腔医院异地新建项目启动建设，市二院升格为三甲医院。发放各类补助救助资金4.97亿元，全力保障受疫情影响等特殊困难群体基本生活。深化“平安兰州”建设，开展市域社会治理现代化试点工作，积极排查化解各类矛盾纠纷，严厉打击电信诈骗等违法犯罪活动，着力净化社会环境，人民群众安全感更有保障。

各位代表！过去一年，我们扎实推进全国文明城市创建工作，矢志不渝、拼搏进取，历经15年不懈奋斗，成功获得全国文明城市荣誉称号，受到省委省政府通报嘉奖！我们充分发扬拥军优属、拥政爱民的光荣传统，全力支持驻兰部队建设，巩固发展军政军民团结良好局面，荣膺全国双拥模范城“九连冠”！我们着力讲好民族团结故事，引导全市各族群众手足相亲、共同奋斗，铸牢中华民族共同体意识，成功创建全省民族团结进步示范市！这一系列荣誉，彰显了兰州精神、兰州力量、兰州担当，让兰州这座城市的影响力和知名度大幅提升，广大市民的自豪感、获得感和归属感不断增强。

各位代表！一年一小步，五年一大步。过去一年，我们付出了艰辛努力，经受住了各种考验，成绩实属不易，必须倍加珍惜。回顾“十三五”时期工作，我们笃定前行、砥砺奋进，紧紧围绕建设现代化中心城市的总目标，推动大都市、大产业、大枢纽、大物流、大市场、大平台建设，加快经济社会高质量发展，总体完成了“十三五”规划确定的目标任务，为如期同全国一道全面建成小康社会、开启兰州全面建设社会主义现代化新征程奠定了坚实基础。

五年来，我们坚持稳中求进工作总基调，着力稳增长、促发展，综合经济实力有了新提升。全市生产总值由2015年的2102.25亿元增加到2886.74亿元，年均增长5.7%，人均生产总值突破一万美元，高于全国平均水平，居全省前列。社会消费品零售总额由1152.15亿元增加到1641.24亿元，年均增长6%。一般公共预算收入由185.19亿元增加到247.13亿元，年均增长6%。城乡居民人均可支配收入分别由27088元、9621元增加到40152元、14652元，年均增长8.2%和8.8%，连续跑赢GDP增速。累计引进招商引资产业项目1327个，其中“三个500强”企业投资项目50个，完成到位资金5967亿元。“三区”建设实现新突破，兰州新区、高新区、经济区生产总值分别达到235.89亿元、291.94亿元和331.49亿元，是“十二五”末的1.88倍、1.63倍和1.47倍。经过五年努力，全市经济总量和质量实现双提升，跃上新台阶，省会中心城市的带动作用进一步增强。

五年来，我们立足构建现代产业体系，着力转方式、调结构，产业转型升级取得新成效。深入实施创新驱动发展战略，获批兰白国家自主创新示范区，与兰白科技创新改革试验区一体建设，全市高新技术企业达657家，翻了两番多，综合科技进步水平指数达到78%，较“十二五”末增长16.5个百分点，步入国家创新型城市行列。聚力发展十大生态产业，实施“三化”改造重点企业39户，创建智能工厂、数字车间33户，通过国家“两化”融合贯标评定企业23户，建成国家级“城市矿产”示范基地，十大生态产业增加值占生产总值的比重达到22.5%。推进现代供应链体系试点城市建设，引导企业线上线下融合发展，建成兰州苏宁等配送中心和门店1万多家，电商交易规模达到1617亿元，年均增长18.6%。支持金融服务业加快发展，新引进银行4家、保险公司8家、证券公司7家，金融业增加值达到431.51亿元，是“十二五”末的1.8倍。文化旅游产业蓬勃发展，大兰山、石佛沟、河口古镇、什川古梨园等景区提质升级，中山铁桥、望河亭等景点成为网红打卡地，旅游人数和旅游总收入增速连续四年保持在20%以上。推动富民产业逐步向规模化发展，特色产业种植面积达到106万亩，新改扩建规模养殖场275个，农民专业合作社达到4718家，培育市级以上龙头企业183家。

五年来，我们统筹推进城乡协调发展，着力补短板、强弱项，城乡发展面貌呈现新形象。科学编制控制性详细规划，实现中心城区各片区控详规划全覆盖。中川国际机场三期扩建工程开工建设，宝兰客专、兰渝铁路建成通车，轨道交通1号线一期工程建成运营，兰州进入地铁时代。建成南绕城高速、雁白黄河大桥、盐什公路、川海大桥、东岗立交桥（重建）、青白石互通立交、西客站北广场、城市高速路口改移拓宽等重大基础设施工程，全市公路总里程达到9662千米，交通基础设施从“连线成片”到“基本成网”。提升城市主干路107条，建成深安大道、雁东路北段、五一山西路等疏解路41条，新建天桥和地下通道36座，新增公共停车泊位4.59万个，交通拥堵状况得到有效缓解。全市城乡公交一体化和皋兰国家试点县创建任务全面完成。建成地下综合管廊13.48千米，改造供热管线729千米，新建供气管线45.8千米，城市运行保障能力不断增强。新型智慧城市建设加快推进，5G商用全面推开，首创研发三维数字社会服务管理系统，我市荣获“中国政府信息化管理创新奖”和“政务环境创新奖”。“提升城市品质、打造精致兰州”三年行动取得明显成效，背街小巷、老旧小区干净了，主次干道、生态廊道更靓了，架空线缆入地了，交通秩序变好了，绿化美化提升了，城市“颜值”和“气质”发生了根本性变化，得到各方好评，《人民日报》头版头条专题报道《精致兰州“绣”出来》。加快推进以人为核心的新型城镇化，全市新增常住人口近40万，城镇化率达到81.04%。兰州新区开发建设面积由2015年的120平方千米增加到200平方千米，人口达到46.5万。促进城乡融合发展，新建农村公路2854千米，建制村硬化路通达率、农村饮水安全覆盖率均达到100%，农村四类重点对象存量危房全部“清零”，建设特色小城镇12个，建成省市级美丽乡村示范村175个。

五年来，我们践行“绿水青山就是金山银山”理念，着力抓环保、治污染，生态环境质量再上新台阶。巩固提升“兰州蓝”成果，环境空气质量达标率达到85.2%，比2015年提升16.2个百分点，单位生产总值二氧化碳排放下降24.04%。四级河湖长体系全面建立，投资16.79亿元的黄河干流兰州段防洪治理工程全线完工，完成城市生活饮用水水源地环境保护项目并建立长效管理机制，城区黑臭水体基本消除，黄河兰州段干支流水质达标率100%。投资59.67亿元的兰州第二水源地工程投入运行，广大市民喝上了更加优质的饮用水。生活垃圾分类体系持续规范，城区生活垃圾无害化处理率达到100%，全域无垃圾三年治理行动任务圆满完成。拓建改造小游园、小广场、小绿地87处，新增改造城市绿地579公顷，完成营造林68.85万亩，成功创建“国家园林城市”。

五年来，我们紧盯重点领域攻坚突破，着力增动力、添活力，深化改革开放释放新动能。“放管服”改革深入推进，线上线下四级政务服务体系全面建立，政务服务事项承诺办理总时限压减65.65%，网上可办率达90%以上，“四办四清单”管理制度被国务院通报表扬，并在全国推广。国资国企改革不断深化，市属国有企业重组整合扎实推进，资产总额、营业收入、实现利税分别比“十二五”末增长84.98%、79.69%和37.22%。兰州新区深化改革取得重大突破，国家绿色金融改革创新试验区深入推进，连续两年获评“中国（区域）最具投资营商价值新区”。积极融入“一带一路”建设，获批陆港型国家物流枢纽城市，汽车整车、粮食、肉类等九大特殊口岸建成运营，西北首个铝期货指定交割库挂牌成立，“兰州号”国际货运班列常态运行，累计发运984列41017车，货值21.6亿美元。跨境电子商务综合试验区建设稳步推进，入区企业达到115家。加快兰西城市群建设，与西宁、临夏等城市交流合作日益密切，各领域协同联动发展逐渐走深走实。成功承办国际田联路跑大会等高规格会议，兰州国际马拉松“双金”赛事影响力不断扩大，城市对外开放度显著提升。

五年来，我们树牢以人民为中心的发展思想，着力惠民生、解民忧，群众生活水平实现新提高。全市民生领域财政支出1823亿元，是“十二五”时期的1.82倍。各级财政投入扶贫资金近40亿元，集中力量打好精准脱贫攻坚战，永登、榆中、皋兰、七里河4个县区实现脱贫摘帽，256个建档立卡贫困村全部退出，31.79万建档立卡贫困人口全部脱贫。就业状况持续改善，城镇新增就业超过50万人，城镇登记失业率控制在4%以下。社保体系不断健全，城乡低保标准分别提高72.4%和67.4%，基本养老保险参保率达到97%，较2015年提升3个百分点。住房保障体系进一步完善，租购并举制度有效落实，累计发放租赁补贴3.6亿元、公积金贷款198.36亿元，公共租赁住房实物保障7.04万户，老旧楼院完成改造160处，实施棚户区改造项目100个、惠及10.82万户30多万人。教育资源供给不断扩大，新建改扩建中小学校和幼儿园195所，新增学位11万个，义务教育阶段超大班额全部消除、大班额比例下降为0.96%，普惠幼儿园覆盖率达到94.1%，公办园在园幼儿占比达到51.58%。公共卫生服务水平稳步提升，医疗机构基础设施明显改善，医联体、分级诊疗、先看病后付费和一站式即时结报全面推行，公立医院全部实行药品零差率销售。社区、行政村全民健身设施实现全覆盖，人均体育场地面积达到2.08平方米。扫黑除恶专项斗争成效明显，打掉涉黑涉恶犯罪组织123个，刑事、治安案件比2015年分别下降54%和59%，社会大局保持稳定。

五年来，我们恪守为民务实清廉之责，着力转作风、提效能，政府自身建设得到新加强。认真履行全面从严治党主体责任，“两学一做”学习教育常态化制度化和“不忘初心、牢记使命”主题教育纵深推进，“作风建设年”活动和“治转提”“四察四治”专项行动深入开展，一批突出问题得到有效解决，政风作风明显转变。学习型政府建设扎实推进，有针对性地组织开展专题培训和赴外调研学习，干部本领素质不断增强。政府工作流程和运行机制逐步优化，“双清零”管理、限时办结等制度全面推行，严格按制度管人、用流程管事。法治政府建设进一步加强，行政执法“三项制度”有效落实，提请市人大常委会审议地方性法规13件，发布政府规章28件。自觉接受市人大及其常委会法律监督和工作监督，主动接受市政协民主监督，办理人大代表建议1180件、政协提案2125件，办复率100%。认真贯彻中央八项规定及其实施细则精神，从严落实过“紧日子”要求，市级“三公经费”支出下降73.78%。

各位代表！过去五年是兰州加快经济社会高质量发展的重要时期，在全市人民的共同努力下，兰州这座城市变得越来越美，人民群众生活变得越来越好。这些成绩的取得，是贯彻落实习近平新时代中国特色社会主义思想和党中央、国务院决策部署的结果，是省委、省政府和市委坚强领导的结果，是市人大、市政协和社会各界监督支持的结果，是全市人民团结奋斗的结果。在这里，我代表市人民政府，向各位代表、政协委员和全市各族人民，向各民主党派和工商联、各人民团体、社会各界人士，向离退休老同志，向驻兰解放军指战员、武警官兵和公安干警，向所有关心、支持和参与兰州建设发展的同志们、朋友们表示崇高的敬意和衷心的感谢！

五年的成绩令人鼓舞，但我们也清醒地认识到，我市经济社会发展还存在一些亟须解决的矛盾和问题：经济总量偏小，新的经济增长点较少，发展基础仍然比较薄弱；产业结构不合理，市场主体数量偏少，转方式调结构步伐相对缓慢；城乡基础设施欠账较多，交通、生态等领域短板问题依然存在，城市综合承载能力和治理水平还需不断提高；城乡居民收入水平总体不高，公共服务供给与群众期盼相比还有差距，保障和改善民生仍需持续用力；部分干部思想观念、能力素质还不能完全适应高质量发展要求，行政效能有待进一步提升。对此，我们将高度重视、直面问题，采取有力措施，切实加以解决。

## 二、“十四五”时期和2035年主要目标任务

“十四五”时期是我市自身比较优势的重塑期、新旧动能转换的爬坡期、高质量发展的攻坚期和仍然处于可以大有作为、更需主动作为的重要战略机遇期。根据《中共兰州市委关于制定全市国民经济和社会发展第十四个五年规划和二〇三五年远景目标的建议》，市政府制定了《兰州市国民经济和社会发展第十四个五年规划和二〇三五年远景目标纲要（草案）》。本次大会审议通过后，我们将认真组织实施。

“十四五”时期我市经济社会发展的总体要求是：高举中国特色社会主义伟大旗帜，深入贯彻党的十九大和十九届二中、三中、四中、五中全会精神，坚持以马克思列宁主义、毛泽东思想、邓小平理论、“三个代表”重要思想、科学发展观、习近平新时代中国特色社会主义思想为指导，全面贯彻党的基本理论、基本路线、基本方略，深入落实习近平总书记对甘肃重要讲话和指示精神，统筹推进“五位一体”总体布局，协调推进“四个全面”战略布局，科学把握新发展阶段，坚定贯彻新发展理念，主动融入新发展格局，坚持稳中求进工作总基调，以推动高质量发展为主题，以深化供给侧结构性改革为主线，以改革创新为根本动力，以满足人民日益增长的美好生活需要为根本目的，更加注重创新驱动发展、更加注重城乡融合发展、更加注重重振“兰州制造”、更加注重城市功能优化、更加注重补短板强弱项、更加注重生态绿色优先、更加注重深化改革开放、更加注重改善生活品质、更加注重提升治理效能，统筹发展和安全，加快建设现代化经济体系，实现经济行稳致远、社会安定和谐，谱写全面建设现代化中心城市新篇章。

“十四五”时期和2035年我市经济社会发展的主要目标是：到“十四五”末，经济发展取得新成效，生产总值年均增长6.5%以上，整体经济实力再上新台阶；创新驱动取得新进展，全市综合科技进步水平指数达到80%，科技进步贡献率达到62%；改革开放迈出新步伐，重点领域和关键环节改革取得决定性成果，改革红利充分释放，市场主体更加充满活力，高水平开放型经济体制基本形成，对外开放质量和水平不断提高；生态文明建设实现新进步，单位GDP能耗和碳强度均比2020年降低10%，城乡生态环境和人居环境质量持续改善；民生福祉达到新水平，城乡居民人均可支配收入年均增长7%；社会文明程度得到新提高，人民群众精神文化生活日益丰富，文化影响力和软实力进一步增强；治理效能得到新提升，市域社会治理现代化水平特别是基层治理水平明显提高，突发公共事件应急能力显著增强；安全发展取得新成绩，“平安兰州”建设实现新的进步，社会大局持续和谐稳定。经过五年努力，着力打造国家构建新发展格局的重要支点、国家重要的区域创新中心、国家重要的综合物流枢纽、黄河上游生态安全先行区、黄河文化保护传承弘扬示范区、国家向西向南开放的新高地。在此基础上，我们接续奋斗、不懈努力，到2035年，基本建成经济充满活力、生态环境优美、生活品质优良、社会文明和谐、文化特色鲜明、人民富裕幸福、在西部地区具有综合竞争力和重要影响力的现代化中心城市。

为实现上述目标，今后五年，我们重点在六个方面实现

新跨越：

（一）突出创新驱动，推动新旧动能转换实现新跨越。坚持创新在现代化建设全局中的核心地位，把科技创新作为建设现代化经济体系的战略支撑，坚持“四个面向”，深入实施创新驱动发展战略，高标准建设兰白国家自主创新示范区和兰白科技创新改革试验区，争取设立综合性国家科学中心，有效聚集各类创新资源，打造区域创新高地。深化科技体制改革，建立以需求为导向的科技创新体系，发挥兰州科技大市场、科博会品牌效应，畅通科技成果供需对接渠道，创造条件吸引国内外先进技术在兰州转移转化，争创国家科技成果转移转化示范区。强化企业创新主体地位，实施高新技术企业倍增行动，鼓励支持企业加大研发投入和设立研发机构，提升企业技术创新能力。优化创业创新环境，完善引才育才留才用才体制机制，弘扬科学精神、工匠精神和劳动精神，在全社会营造崇尚创新、尊重创新、鼓励创新的浓厚氛围。

（二）突出结构调整，推动产业转型升级实现新跨越。扭住扩大内需战略基点，坚持投资消费双向发力、供给需求两端齐抓，以发展十大生态产业为引领，着力推动产业链、供应链、消费链优化升级，加快构建现代产业体系，提升兰州在国内国际“大循环”“双循环”中的嵌入度和贡献度。坚定不移走制造强市之路，发挥兰州新区、榆中生态创新城、高新区、经济区产业发展“主战场”作用，促进省市级开发园区优势互补，坚持“改旧”和“育新”并重，着力打造先进石化、装备制造、生物医药、绿色冶金四大千亿优势产业集群，培育壮大航空航天、新材料、新能源、核燃料、新型建材、节能环保、食品加工、烟草制品八个百亿支柱产业链条，构建起多元支撑、稳定可靠的“四梁八柱”工业产业体系。实施现代服务业升级行动，加快服务业标准化、品牌化建设，推动生产性服务业向专业化和价值链高端延伸，促进生活性服务业向高品质和多样化升级，做大做强文化旅游、现代金融、总部经济、通道物流、商务服务等特色产业，努力建设西北地区现代服务业发展新高地。

（三）突出统筹协调，推动城乡融合发展实现新跨越。尊重和顺应城市发展规律，以“都会城市、精致兰州”建设为引领，建立健全国土空间规划体系，坚持和完善“一心两翼多点”城市发展布局，调整优化行政区划设置，科学布局生产、生活、生态空间，全面提升城市综合承载力。推进中心城区有机更新和老旧空间治理，加强城市基础设施建设，补齐城市公共服务短板，着力做好黄河文章，建设现代化精致城区。推动兰州新区扩容提质，构建连接周边地区的多通道现代交通体系，促进与中心城区相向融合发展。高水平建设榆中生态创新城，有序实施一批战略性、基础性、带动性重大项目，打造西部创新新平台、甘肃新兴增长极、兰州城市副中心。实施新型智慧城市三年行动计划，推进新一代信息基础设施建设，加快第五代移动通信、大数据等新技术在城市管理中的场景应用，提升城市智能化、精细化管理水平。建立健全城乡融合发展体制机制，积极推进以县城为重要载体的城镇化建设，全面实施乡村振兴战略，优化城乡公共资源配置，推动形成工农互促、城乡互补、协调发展、共同繁荣的新型工农城乡关系，加快农业农村现代化。

（四）突出改革开放，推动城市发展环境实现新跨越。坚持把深化改革开放作为加快高质量发展的关键一招，推进市场化改革，扩大高水平开放，着力增强发展动力活力。以深化供给侧结构性改革为主线，深入推进“放管服”、国资国企、财税金融、投融资体制等改革，科学配置土地、劳动力、资本、技术、数据等要素资源，持续改善优化营商环境，有效激发各类市场主体活力和创造力。以全面融入“一带一路”建设为重点，以促进兰西城市群发展为牵引，实行更高水平开放，提升综合保税区、国际陆港、国际空港等平台功能，加快陆港型国家物流枢纽建设，推动“兰州号”国际货运班列扩量提质，积极申报建设中国（甘肃）自由贸易试验区兰州片区，强化对外交流，促进贸易合作，当好甘肃对外开放的排头兵。

（五）突出绿色崛起，推动生态文明建设实现新跨越。牢固树立“绿水青山就是金山银山”理念，认真落实黄河流域生态保护和高质量发展国家战略，推进美丽兰州建设，守住自然生态安全边界，促进经济社会发展全面绿色转型。坚决扛起“在保持黄河水体健康方面先发力、带好头”的重大责任，加强黄河兰州段生态保护与综合治理，守护好黄河流域生态环境生命线。坚持科学治污、精准治污、依法治污，加强重点行业挥发性有机物综合治理，强化细颗粒物和臭氧协同管控，提高技防覆盖面和精准度，保持空气质量综合指标和达标天数双提升。继续实施国家林业重点工程，开展大规模国土绿化，构筑南北两山生态屏障，全市森林覆盖率提升至16%。严守耕地保护红线，坚决遏制耕地“非农化”、防止“非粮化”，规范耕地占补平衡，加强耕地土壤污染管控修复。大力发展循环经济，推进重点行业和重要领域绿色化改造，支持企业开发绿色产品，开展绿色生活创建活动，全面建设绿色低碳城市。

（六）突出普惠共享，推动人民生活水平实现新跨越。坚持以人民为中心的发展思想，健全基本公共服务体系，完善共建共治共享的社会治理制度，扎实推动共同富裕，不断增强人民群众获得感、幸福感和安全感。强化就业优先政策，千方百计扩大就业容量，提升就业质量，促进充分就业。推动教育优质均衡发展，着力破解学前和义务教育学位不足等热点难点问题，让每个孩子好上学、上好学。健全多层次社会保障体系，落实各项社保制度和政策，做好社会救助、优抚安置等工作，培育发展住房租赁市场，兜稳兜牢社会保障网。全面推进健康兰州建设，深化医药卫生体制改革，建立稳定的公共卫生事业投入机制，加快优质医疗资源扩容和区域均衡布局，健全公共卫生安全管理体系，保障人民群众身体健康和生命安全。积极应对人口老龄化趋势，促进养老事业和养老产业协同发展。完善社会治理体系，推动社会治理重心向基层下移，加强城乡社区治理和服务体系建设，提升市域社会治理现代化水平。着力推进应急管理体系和能力建设，严格落实安全生产责任制，有效防范化解各类风险隐患，建设更高水平的平安兰州。促进文化事业和文化产业繁荣发展，加强精神文明建设，提高社会文明程度，让兰州这座城市更有文化厚度、更有人文温度。

## 三、2021年工作安排

今年是实施“十四五”规划的第一年，我们将坚持稳中求进工作总基调，立足新发展阶段，贯彻新发展理念，融入新发展格局，牢牢盯住“守三线”目标，扎实做好“六稳”工作，全面落实“六保”任务，加快推进高质量发展，确保“十四五”各项工作开好局、起好步。

今年经济社会发展主要预期目标是：生产总值增长6.5%左右；第一产业增加值增长5%；第二产业增加值增长4.4%，其中规模以上工业增加值增长4.5%，建筑业增加值增长4.5%；第三产业增加值增长8%；固定资产投资增长5%左右；社会消费品零售总额增长7%；一般公共预算收入同口径增长4%；城镇居民人均可支配收入增长6.5%；农村居民人均可支配收入增长8.5%；居民消费价格指数上涨3%左右；单位生产总值能耗和主要污染物排放完成国家和省上下达的控制目标。

围绕上述目标要求，我们将重点抓好七个方面工作：

（一）积极应对不确定不稳定因素，全力推动经济平稳增长。当前全球疫情和经贸环境复杂多变，发展存在许多不确定性，越是形势严峻，我们越要保持定力，化危为机、变中突破，牢牢把握发展的主动权。

持续抓好疫情防控。落实“外防输入、内防反弹”各项措施，强化人物同防、多病共防，严把境外、市外、冷链输入三个关口，抓好常态化疫情防控工作。筑牢“两站一场”防线，加强入境人员、无症状感染者等重点人群闭环管理，确保不出现规模性输入和反弹。引导群众做好自我防护，保持安全社交距离，减少不必要的群体性活动。抓好货物入境口岸管理和产品检测，构建严密防控网络，提升疫情应急处置能力。有序组织开展新冠病毒疫苗接种，逐步在各类人群中构筑起免疫屏障。

扎实推进项目建设。加大项目谋划储备、催化熟化、落地建设力度，强化团队管理，提高项目从谋划储备到落地建设再到达产达标的转化效率。加快实施奥体中心、“读者印象”精品街区等重大带动性工程，建成运营阿里巴巴枢纽中心，以大项目带动大投资。继续开展重大项目前期准备工作攻坚战、项目建设“五比五拼”等活动，强化目标导向、结果考核，坚持正向激励和反向约束相结合，做到奖优罚劣，营造大抓项目、抓大项目的浓厚氛围。始终把招商引资作为顶级工作来抓，突出全产业链招商、以商招商和信息化招商，高水平办好第27届兰洽会，力争全年完成省外到位资金1000亿元以上、增长8%。

积极挖掘内需潜力。坚定实施扩大内需战略，统筹推进传统消费升级和新兴消费培育，进一步促进大宗消费、重点消费，开展新一轮汽车下乡和家电以旧换新行动，鼓励餐饮企业创新线上线下经营模式，扩大县域乡镇消费和农村消费。扎实推进流通领域现代供应链体系试点城市建设，开展重点行业产业链供应链培育行动，完善城乡高效配送网络，提升“同城服务”水平。积极创建国家文化和旅游消费示范城市，增强城市吸引力，扩大文化旅游供给，促进旅游人数和旅游总收入快速增长。优化城市商圈、综超布局，扶持建设一批“智慧商圈、智慧街区、智慧商店”，加快培育消费新产品、新场景、新模式、新业态。

不断扩大对外开放。围绕抢占“一带一路”建设五个制高点，加强区域交流合作，加快构建多式联运综合体，创建临空经济示范区。深化跨境电子商务综合试验区建设，争取国家级市场采购贸易方式试点。引导开拓多元化出口市场，做好重点外贸外资企业跟踪服务，提高外贸便利度。推动“兰州号”国际货运班列常态化运行，在尼泊尔建设海外产业园，加快乌兹别克斯坦驻兰进出口产品海外仓建设。实现进出口总额增长6%。

（二）打好产业基础高级化、产业链现代化攻坚战，加快构建现代产业体系。坚持以供给侧结构性改革为主线，着力改旧育新，下功夫调结构、转方式、增动能，为推动高质量发展提供新支撑。

大力实施工业强市战略。优化延展产业发展空间布局，实施“三化”改造、产业基础再造和产业链提升、规上企业培育、“专精特新”中小企业培育、品牌建设、项目建设及招商引资六大攻坚战，着力重振“兰州制造”。推动兰州石化乙烯下游高端产品研发生产，加快兰石集团、兰州电机等企业“三化”改造，培育创建石油化工、冶金建材、食品轻工等国家级省级绿色工厂。促进工业互联网快速发展，加大人工智能、大数据、区块链、云计算等市场应用，开展服务型制造试点示范，鼓励企业深化网络协同制造和个性化定制，新建智能工厂、数字车间6家。依托中车兰州机车整体搬迁、恒大新能源电池等重点项目，培育发展关联产业，做长产业链条，做大产业规模，新增规模以上工业企业16家。大力发展数字经济，强化与实体经济融合，推进鲲鹏计算产业、网易联合创新中心、海康威视等重点项目建设。

加快发展现代服务业。实施现代服务业升级行动，大力发展金融保险、研发设计、仓储物流等生产性服务业，引进渤海银行、平安证券、德邦证券等金融机构，扶持发展一批工业设计中心和示范企业，建成运营苏宁彭家坪物流中心、兰州科技创新园等重点项目，为实体经济发展提供优质高效服务。积极推动健康、家政、演艺等生活性服务业扩面提质，促进电子商务、线上教育、网络医疗等提档升级，提升公益性、基础性服务业供给水平。聚焦创建全域旅游示范区，全面提升黄河风情线、兴隆山、青城古镇等景区品质，有序推进白塔山5A级景区创建工作。继续办好兰州国际马拉松赛、黄河文化旅游节、黄河之滨音乐节等赛事节会，繁荣会展经济、假日经济、夜间经济。

培育壮大现代农业。加强种质资源保护和利用，推进生物育种产业发展，提高粮食和重要农副产品供给保障能力。优化农业生产结构和区域布局，推动一二三产业深度融合发展，打造一批休闲农业、观光农业和田园综合体。做精做强高原夏菜、百合、中药材、玫瑰等特色优势产业，新增特色农产品种植面积3万亩。继续抓好生猪稳产保供工作。着力培育新型农业经营主体，建设省级现代农业产业园2个，新认定市级以上农业产业化龙头企业10家以上，新建农民专业合作社示范社40家。抓好国家电子商务进农村示范县建设，创建榆中县国家“互联网+”农产品出村进城工程试点县，引导发展订单农业，促进特色农产品产销对接、优质优价。

（三）坚持抓改革促创新，不断增强发展的动力活力。以更加宽阔的视野、务实的举措，进一步深化改革、推动创新，破解体制机制障碍，激发市场主体活力和社会创造力。

深化重点领域改革。推进财政管理体制改革，科学合理划分财政事权与支出责任，增强财力有效供给，提升财政兜底保障能力。深化土地储备制度改革，进一步完善市级土地经营各项机制，合理确定市区两级土地储备工作责任和利益分配机制。加强国资国企改革，实施国企改革三年行动，鼓励支持市属国有企业引入战略投资者进行混合所有制改革，完善现代企业制度，健全市场化经营机制，提高国有资本运营质量和效率。强化投融资体制改革，引导金融机构加大对实体经济、民营经济融资支持，大力发展直接融资。加快市属投融资平台转型，稳妥化解隐性债务。推动要素市场化配置改革，强化“要素跟着项目走”保障机制，为项目建设创造良好条件。

改善优化营商环境。持续深化“放管服”改革，巩固拓展“四办四清单”、工程建设项目审批、帮办代办、容缺受理等改革成果，推进高频政务服务事项“跨省通办、省内通办、全市通办”。落实“一件事一次办”套餐服务和集成化办事机制，全面推行政务服务“好差评”制度，精心打造服务企业群众的“小兰之家”。推行市场准入负面清单制度，加快市场信用体系建设，加大守信失信企业联合奖惩，畅通企业投诉维权渠道，对所有市场主体一视同仁，营造公平公正的市场环境。继续落实减税降费政策，强化财政资金直达机制，用“真金白银”为企业减负。支持民营经济加快发展，启动实施民营“小巨人”企业培育和中小企业成长工程，促进民营企业做大做强。深入开展“千企纾困”行动，更大力度解决企业历史遗留问题。

提升科技创新能力。推动兰白自创区和兰白试验区一体发展，加强与上海张江等自创区交流合作，积极引进培育高新技术企业，打造一批创新示范平台。抓好国家级双创示范基地建设，设立兰州高新区(北欧)离岸创新中心。强化企业创新主体地位，推动新建一批企业研发机构和高校院所科技成果转化基地，支持企业瞄准前沿领域开展技术攻关。积极落实全域人才观，建立健全产教融合发展政策体系，全方位培养、引进、用好人才。

促进科技成果转移转化。完善支持科技成果转移转化配套政策，加大知识产权保护、成果转化激励、科技金融支持力度，组建兰州科技成果转移转化中心。深入实施“十大科技项目”和“十大科技创新项目”，引导支持科研院所和骨干企业开展定向研发，组织开展重大技术攻关“揭榜挂帅”活动，促进产学研用融通并进。继续办好兰州科技成果博览会，发挥兰州科技大市场功能，畅通供需对接渠道，力争举办各类对接活动8场以上，技术合同成交额达到77亿元以上。

（四）聚力做强发展平台，更好发挥增长极引领带动作用。发挥兰州新区、榆中生态创新城、高新区、经济区等平台优势，提高省级园区发展水平，优化功能配套，做强主导产业，提升对经济发展的支撑力和带动力。

支持兰州新区加快高质量发展。鼓励引导兰州新区对标深圳特区、浦东新区，对各领域前沿政策和创新试点示范项目先试快试，着力激发高质量发展活力动力。加快推进精细化工、城市矿产循环经济等产业园建设，高标准承接东中部产业转移，精准引进一批“专精特新”企业。持续提升“一区一港一口岸一通道”功能，打造国家承东启西通道枢纽节点和“一带一路”商贸物流集散中心。加快新型城镇化建设，实施20万人口净增行动，建设全省受灾群众、生态和水利工程移民承接地。以兰州新区为核心，谋划实施兰州—兰州新区—白银黄河中上游水土保持及生态修复工程，积极探索黄河中上游生态修复治理的新路径。

高水平建设榆中生态创新城。紧扣“生态”“创新”两大主题，健全完善规划体系，科学确定开发建设时序，构建规划、建设、管理、招商、政务服务“五统一”的合署办公新机制。坚持基础先行、生态优先，加快建设市政道路、综合管廊、兰大附属学校等基础设施项目，全面抓好科创公园、大小夹沟河洪道治理等生态绿化项目，争取实施轨道交通、夏官营军民合用机场等重大交通项目。加快科创文创产业集聚发展，量身定制招商引资产业政策，推动海升甘肃农业总部等项目建设，谋划推进兰州航空产业园、数据信息产业园等重点项目，着力提高产业集中度和创新力。

提升高新区和经济区综合竞争力。高新区聚焦生物医药、智能制造、新材料三大产业，推进实施中国生物兰州科技健康产业园等重点项目，建成生物医药产业园二期主体工程，新建产业研究院、科技创新工作站20个以上。经济区统筹推进“一区六园”差异化发展，加快生态修复与产业发展示范区建设，围绕先进制造、现代服务、生态旅游等产业，积极引进外资项目，着力打造外向型经济关联产业聚集发展新高地。

促进区县园区错位互补发展。以兰州国际陆港、九州、连海、和平、三川口、树屏等园区综合承载功能提升为重点，加快基础设施、标准厂房和产业集群配套建设，推进园区空间整合、资源整合和产业整合，提高生产生活保障能力。建立健全更加灵活高效的管理制度，探索把园区资源转化为企业股权，更好促进人才、资金、技术等要素集聚。支持三县因地制宜、错位互补发展县域特色产业，提升县域经济整体实力。

（五）加快推进新型城镇化建设，统筹抓好城乡融合发展。坚持城市乡村齐头并进，着力提升城市功能品质，加快乡村振兴步伐，推动构建城乡发展新形态。

优化城市空间布局。发挥规划引领作用，做好国土空间总体规划编制和上报工作，建设覆盖全域的国土空间基础信息系统和国土空间规划“一张图”实施监管信息系统。进一步厘清开发区与行政区的管理权责，抓好部分行政区划调整，为城市扩容、产业扩能提供承载空间。发挥中心城市辐射带动作用，加快兰西城市群融合发展，推动产业协作、基础互通、服务共享，着力打造以兰州为中心的“一小时经济圈”。加快榆中国家新型城镇化示范县城建设，支持永登苦水、皋兰什川等特色小城镇建设。

推进城市基础设施建设。实施交通强市战略，推进中川机场三期扩建、中兰铁路、中通道南延线等重大项目，加快轨道交通2号线一期工程建设，贯通疏解路8条。实施城市更新行动，推进老旧小区改造，加快市政管网和排水防涝设施改造提升。建成陇投燃气6万方储气设施。推进大型泵站更新工程，完善水源地项目供水保障体系。抓好“两新一重”项目谋划实施，争取布局建设国家“东数西算”中心节点。着力做好黄河文章，加快实施黄河流域兰州白塔山段综合提升改造、百合婚博园等项目，抓好黄河风情线景观提升，挖掘释放黄河价值，彰显城市黄河之美。

提高城市治理效能。完善城市管理体制，推进执法重心下移、力量下沉，压紧压实属地管理责任。开展市容环境综合整治行动，加强违法建设、违规户外广告、架空线缆等常态治理，加大铁路沿线、城乡接合部等重点区域环境整治力度。提升城市环卫作业管理标准，推进垃圾分类提标扩面，不断改善城市环境面貌。拓展提升街长制、网格化、马路办公等工作机制，健全完善城市数字化管理平台和感知系统，建设智慧城市运营管理中心，加大数据资源整合共享力度，加快智慧政务、智慧交通、智慧环保等场景应用，提升城市治理能力和水平。

全面实施乡村振兴战略。巩固脱贫攻坚成果，做好同乡村振兴有效衔接。强化防止返贫动态监测和帮扶机制，对易返贫致贫人口实施常态化监测，继续精准施策。落实“四个不摘”要求，保持主要帮扶政策总体稳定，逐步向乡村振兴平稳过渡。拓展农村“三变”改革成果，全面完成集体土地（宅基地）使用权及农房所有权确权登记发证，推开农村集体经营性建设用地入市。实施乡村建设行动，大力改善农村水电路网房等基础设施，增加农村公共服务供给，培育文明乡风，打造一批乡村振兴示范村镇，建设美丽乡村15个。稳步开展皋兰国家数字乡村试点县建设。深化推进农村人居环境整治提升行动，加强乡村垃圾处理设施建设，开展农业面源污染综合治理，持续改善农村环境面貌。着力推动城乡融合发展，加快农业转移人口市民化。

（六）坚决扛牢生态环境保护责任，建设更加美丽宜人的黄河之滨。深入践行习近平生态文明思想，持续加强生态环境保护，巩固扩大污染防治攻坚战成果，守护好一河净水、美丽家园。

加快生态保护修复。加强自然保护区管理，提升南北两山生态品质，稳步推进城市公园、城郊绿岛和生态廊道建设，继续实施黄河兰州段核心段面山等区域绿化美化，完成林草生态修复5万亩，新增改造城市绿地80公顷。加强湟水河、大通河、庄浪河、宛川河、雷坛河等小流域综合治理，实施城区洪道引水、防洪、水景观、截污、文化五大工程，保护和修复黄河水域岸线，提升黄河兰州段干支流防洪能力，着力建设黄河上游生态保护示范区。

推进环境综合治理。开展生态环境执法专项行动，抓好中央和省上生态环境保护督察反馈问题整改，持续打好蓝天、碧水、净土三大保卫战。建立“散乱污”企业长效管理机制，巩固燃煤锅炉综合整治成果，开展道路、工地扬尘专项治理，严格重点行业挥发性有机物管控，做好重污染天气应对，力争全年空气优良天数比例达到82%以上。压紧压实各级河湖长责任，推动河湖“清四乱”专项行动常态化制度化，确保水源地及重点断面水质安全。完成七里河、安宁、雁儿湾、盐场、海石湾、皋兰县城等污水处理厂提标改扩建工程。推进重点行业企业用地调查，加快垃圾处理设施建设，加强危险废物全程管控，促进土壤环境质量稳定向好。

转变生产生活方式。开展全民节能行动，抓好绿色低碳示范单位创建，鼓励绿色生产、绿色消费、绿色办公、绿色出行。大力倡导节约粮食，推行“光盘”行动，让厉行节约、反对浪费在全社会蔚然成风。持续开展节能减排，强化能源消耗总量和强度"双控"，优化调整城市能源结构，推广绿色建筑、装配式建筑，完善循环利用、节能降耗和再生资源回收体系，推动绿色低碳发展。

（七）更好保障改善民生，不断满足人民群众对美好生活的新需要。为政之道，民生为本。我们将把万家忧乐放在心头，多谋民生之利、多解民生之忧，把给群众办的事一件一件都办好办实。

加强民生基础保障。实施高校毕业生基层成长计划和创业引领行动，城镇新增就业8万人，城镇登记失业率控制在4.5%以内。落实粮食安全责任制，推动"菜篮子"产品增产提质，保障重要生活物资有效供给。积极完善社会保障体系，通过扩面参保、待遇提标、提高统筹层次，强化社保兜底功能。积极落实长租房政策，规范发展长租房市场，加强保障性租赁住房建设，单列租赁住房用地计划，更好满足群众住房需求。今年我们将着眼群众"急难愁盼"的事情，继续办好10件实事。

优化公共服务供给。建设兰园小学、桃树坪小学、五十一中九州分校等学校，进一步推动学区化管理和集团化办学，持续扩大优质教育资源供给，促进教育公平发展和质量提升。深化医药卫生体制改革，抓好中医药传承创新发展，深入开展"互联网+医疗健康"行动，推进分级诊疗及医疗资源下沉，提高城乡社区医疗服务能力。启动实施兰州公共卫生应急救治中心项目。着力解决"一老一小"问题，加快养老服务设施建设，扩大普惠幼儿园、托育服务供给。建成开放兰州新动物园。启动兰州文化艺术中心建设。积极筹备第十五届省运会，办好第九届市运会。

提升社会治理能力。坚持和发展新时代"枫桥经验"，加强和创新社区治理，健全完善"民呼我应"工作机制，强化矛盾问题调处化解。倍加珍惜全国文明城市这一来之不易的荣誉，进一步巩固创建成果，提升常态化创建水平，不断提高城市文明程度和市民文明素质，建设更高水平的文明城市。强化应急管理，开展道路交通、建筑施工、消防安全、食品药品安全和特种设备等领域专项整治，实施自然灾害防治"九大工程"，启动主城区地质灾害综合治理三年行动，有效防范发生重特大灾害事故。完善社会治安防控体系，推动扫黑除恶常态化长效化，严打严控违法犯罪活动，坚决捍卫政治安全和大局稳定。争创全国禁毒示范城市。启动实施"八五"普法规划。大力推进全国民族团结进步示范市创建，促进民族宗教和谐稳定。加强国防动员、人民防空和后备力量建设，做好退役军人服务管理，启动全国双拥模范城"十连冠"创建工作。推进统计、外事、供销、气象、地方志等工作，支持工会、共青团、妇联、科协、残联、慈善等事业发展。

各位代表！新时代新征程对政府工作提出了新的更高要求，完成今年各项目标任务，需要不断加强政府自身建设，以良好的精神面貌和过硬的工作作风，真抓实干、攻坚克难，争创一流业绩，让人民群众满意。一要忠诚履职。坚持旗帜鲜明讲政治，切实把增强"四个意识"、坚定"四个自信"、做到"两个维护"落实到具体行动上，筑牢信仰之基，凝聚前行力量，确保政府工作在正确政治方向上稳步前进。二要提升本领。持续推进学习型政府建设，强化干部培训和实践锻炼，树立与时代进步和高质量发展相适应的思维方式。大兴调查研究之风，全面增强"九种本领"，使政府工作更好体现时代性、把握规律性、富于创造性，确保定下的事情干一件、成一件。三要勤政为民。坚持以人民为中心，全心全意为人民服务，下大力气解决群众、企业和基层反映的突出问题，以看得见的变化回应群众和企业期盼，建设人民满意的服务型政府。四要依法行政。深化法治政府建设，推进重点领域立法，落实重大行政决策程序，严格规范公正文明执法。自觉接受人大法律监督、工作监督和政协民主监督，广泛听取各民主党派、工商联、无党派人士和人民团体意见，高质量办好人大代表建议和政协提案。五要清正廉洁。认真履行全面从严治党主体责任，严格落实中央八项规定及其实施细则精神，加强重点领域和关键环节审计监督和廉政风险防控，持之以恒纠治"四风"。牢固树立过"紧日子"思想，全面实施预算绩效管理，严控"三公经费"支出，把每一笔钱都用在关键处。

各位代表！征途漫漫，唯有奋斗。站在"十四五"发展的新起点上，我们深感责任重大、使命光荣！让我们更加紧密地团结在以习近平同志为核心的党中央周围，高举习近平新时代中国特色社会主义思想伟大旗帜，在省委、省政府和市委的坚强领导下，以更加振奋的精神、更加扎实的作风、更加有力的举措，团结一致、开拓进取，为实现"十四五"规划目标、全面建设现代化中心城市而不懈奋斗，以优异成绩庆祝建党100周年！

附件1

# 2021年市委市政府为民办实事项目

1.实施扩大教育资源项目。新建、改扩建学校10所,新增学位1.3万个。

2.实施职业技能培训提升工程。面向企业职工、农村转移就业劳动者、毕业年度高中毕业生、退役军人、就业困难人员、特殊人群等开展技能提升、创业培训、新型职业农民培育等,共7万人次。

3.实施提升城市新冠病毒核酸检测能力项目。在市二院建设新冠病毒城市检测基地;在市疾控中心建设公共检测实验室,配备移动方舱实验室。

4.实施小游园新建改建项目。新建改建小游园20个。

5.实施城乡最低生活保障、特困救助供养对象和老年人惠民保障工程。提高6.5万人城乡低保、5000人特困救助供养对象基本生活保障标准;为全市60岁及以上户籍老年人购买一份意外伤害保险给予补贴。

6.实施特殊家庭、残疾儿童、妇女“两癌”和在保职工惠民保障工程。为3300名在册失独家庭成员购买综合保险;为600名以上0至17岁视力、听力、脑瘫、智力、肢体和孤独症少年儿童提供康复训练、手术及适配辅助器具;为5000名城镇低保、特困供养妇女和未参加“两癌”检查农村妇女进行免费检查;为1000名在职参保职工进行健康体检。

7.实施保障性住房项目。开工新建保障性住房5000套(户)。

8.实施老旧小区改造、加装电梯和智慧安防设施改造项目。开工改造老旧小区300个;老旧小区加装电梯300部;建设智慧安防小区300个。

9.实施文化惠民工程。放映公益电影1100场;开展《金城讲堂》、全民阅读等活动100场次;在黄河风情线核心段开展常态化音乐展演;在兰州音乐厅、10家精品小剧场、100家艺术培训机构举办文艺演出活动1000场。

10.实施便民公共服务工程。提升改造精致公交候车厅10座;在黄河两岸建设全民健身广场5个;新增公共停车泊位3000个,完善智慧停车管理服务系统,完成72条道路5055个泊位智慧停车改造。

附件2

# 有关名词解释

**【六稳】**即稳就业、稳金融、稳外贸、稳外资、稳投资、稳预期。

**【六保】**即保居民就业、保基本民生、保市场主体、保粮食能源安全、保产业链供应链稳定、保基层运转。

**【守三线】**即守好“生产总值增速不低于全国平均水平、在西北省会城市中力争上游、在全省经济发展中发挥压舱石作用”三条线。

**【五比五拼】**即比质量、拼发展理念;比体量、拼发展格局;比总量、拼发展后劲;比贡献、拼发展效益;比服务、拼发展环境。

**【两真四有】**即招真商、真招商和招商有功、招商有责、招商有序、招商有方。

**【三大攻坚战】**即防范化解重大风险、精准脱贫、污染防治攻坚战。

**【清四乱】**即清理整治河湖管理范围内乱占、乱采、乱堆、乱建等突出问题。

**【三保】**即地方政府保基本民生、保工资和保运转。

**【安全生产四项指标】**即事故起数、死亡人数、致伤人数和直接经济损失四项指标。

**【十大精致项目】**即开展精致兰州创建活动实施的精致小区、精致公园、精致景区、精致宾馆、精致街巷、精致车站、精致市政工程、精致广场、精致停车场等十个创建项目。

**【“三化”改造】**即高端化、智能化、绿色化改造。

**【“两化”融合】**即信息化和工业化高层次的深度结合。

**【城市矿产】**即在工业化和城镇化过程中产生和蕴藏于废旧机电设备、电线电缆、通信工具、汽车、家电、电子产品、金属和塑料包装物以及废料中,可循环利用的钢铁、有色金属、贵金属、塑料、橡胶等资源。

**【望河亭】**即兰铁泵站观景台。

**【农村四类重点对象】**即农村建档立卡贫困户、低保户、农村分散供养特困人员和贫困残疾人家庭。

**【放管服】**即简政放权、放管结合、优化服务。

**【四办四清单】**“四办”即即收即办、当日办结、限时办结、代办服务,“四清单”即按照“即收即办、当日办结、限时办结、代办服务”四个类别分别制定的清单。

**【“双金”赛事】**即国际田联“金标赛事”、中国田协“金牌赛事”。

**【治转提】**即治顽疾、转作风、提效能。

**【四察四治】**即察政治要件落实治阳奉阴违、察中央部署落地治政令梗阻、察机关作风建设治文山会海、察领导干部履职治弄虚作假。

**【“双清零”管理】**即管理清零和流程清零，是针对工作推进落实过程中出现的典型问题，主动自责自省、自我究过，分析推进不畅、落实不力的根本性、深层次原因，从管理上、流程上制定和采取可行的纠正措施保证问题得到有效解决，并举一反三，避免类似问题再次发生，逐步实现从事后问题管理向事前预防管理转变。

**【行政执法“三项制度”】**即行政执法公示制度、行政执法全过程记录制度和重大执法决定法制审核制度。

**【“四个全面”战略布局】**即全面建设社会主义现代化国家、全面深化改革、全面依法治国、全面从严治党。

**【四个面向】**即面向世界科技前沿、面向经济主战场、面向国家重大需求、面向人民生命健康。

**【“一心两翼多点”城市发展布局】**即以城关、七里河、西固、安宁主城四区为核心，兰州新区和榆中生态创新城为“两翼”，红古区、永登县、皋兰县为“多点”的发展布局。

**【两站一场】**即火车站、汽车站、飞机场。

**【五个制高点】**即在“一带一路”建设中抢占文化、枢纽、技术、信息、生态“五个制高点”。

**【“专精特新”中小企业】**即专业化、精细化、特色化、新颖化中小企业。

**【一区一港一口岸一通道】**即兰州新区综合保税区、国际航空港、铁路口岸、国际通讯专用通道。

**【一区六园】**即兰州经济区和其管理的安宁园区、西固园区、红古园区、皋兰园区、机场北高新园区、生态修复与产业发展示范区6个园区。

**【两新一重】**即新型基础设施建设，新型城镇化建设，交通、水利等重大工程建设。

**【四个不摘】**即摘帽不摘责任、摘帽不摘政策、摘帽不摘帮扶、摘帽不摘监管。

**【农村“三变”改革】**即农村资源变资产、资金变股金、农民变股东改革。

**【兰州文化艺术中心】**即打造集艺术欣赏、美术教育、休闲娱乐、儿艺活动、培训会务、新闻媒体、旅游服务等功能为一体的城市文化综合体，建设内容包括市美术馆、图书馆、博物馆、文化馆、方志馆、少年宫、广播电视台、黄河文化创客基地“五馆一宫一台一基地”。

**【新时代“枫桥经验”】**即浙江省诸暨市枫桥镇干部群众20世纪60年代初创造的“枫桥经验”不断创新发展，形成新时代践行党的群众路线、推进基层治理现代化的新经验，主要内容是在开展社会治理中实行“五个坚持”，坚持党建引领，坚持人民主体，坚持自治、法治、德治“三治融合”，坚持人防、物防、技防、心防“四防并举”，坚持共建共享。

**【自然灾害防治“九大工程”】**即灾害风险调查和重点隐患排查、重点生态功能区生态修复、海岸带保护修复、地震易发区房屋设施加固、防汛抗旱水利提升、地质灾害综合治理和避险移民搬迁、应急救援中心建设、自然灾害监测预警信息化、自然灾害防治技术装备现代化等九大工程。

**【九种本领】**即学习本领、政治领导本领、改革创新本领、科学发展本领、依法执政本领、群众工作本领、狠抓落实本领、驾驭风险本领和斗争本领。

**【四风】**即形式主义、官僚主义、享乐主义和奢靡之风。

# 政协兰州市第十四届委员会常务委员会工作报告

（2021年1月11日在政协兰州市第十四届委员会第五次会议上）

兰州市政协主席　李宏亚

各位委员：

我代表政协兰州市第十四届委员会常务委员会，向大会报告工作，请予审议。

## 一、2020年工作回顾

2020年，是中华人民共和国历史上极不平凡的一年，是打赢脱贫攻坚战、实现“十三五”规划的收官之年，也是应对新冠肺炎疫情大考的特殊之年。在中共兰州市委的坚强领导下，市政协及其常委会坚持以习近平新时代中国特色社会主义思想为指导，认真学习贯彻党的十九大和十九届二中、三中、四中、五中全会精神，深入贯彻落实习近平总书记对甘肃重要讲话和指示精神，深入贯彻落实中央和省委、市委政协工作会议精神，增强“四个意识”、坚定“四个自信”、做到“两个维护”，坚持发扬民主和增进团结相互贯通、建言资政和凝聚共识双向发力，团结和依靠全体政协委员，发挥专门协商机构作用，全面履行政治协商、民主监督、参政议政职能，努力凝聚共识，推动各项工作取得新进展，为促进兰州改革发展作出了新贡献。

（一）坚持党的领导，牢牢把握坚定正确的政治方向

以政治建设为统领，把党的领导贯穿到政协全部工作之中，坚决贯彻落实党对人民政协工作的各项要求，带领党员干部、引领政协委员、激励各族各界人士，把握方向、提高站位，凝心聚力、团结奋斗。

深化理论武装，切实提高思想政治素质。坚持以党组理论学习中心组为引领，党组会议、常委会议、主席会议、机关党组会议为主干，支部学习、委员培训、青年理论学习小组学习为基础的多层次、相配套、全覆盖的学习制度，及时传达学习习近平总书记重要讲话精神，深入学习《习近平谈治国理政》等重要文献和党的十九届四中、五中全会精神，通过研讨交流、辅导讲座、领导讲党课、利用学习平台加强自学等有效方式，读原著、学原文、悟原理，深钻细研、对标思考，不断加深对习近平新时代中国特色社会主义思想理论体系、精神实质和科学方法的理解和掌握，努力做到学思用贯通、知信行统一。一年来，共组织党组会议、党组理论学习中心组学习、主席会议等集体学习28次，领导讲党课和专家辅导25次，政协干部和政协委员2000多人次参加了学习。

强化政治引领，努力夯实团结奋斗的共同思想政治基础。市委高度重视政协工作，召开政协工作会议，对落实中央和省委政协工作会议精神、进一步加强和改进我市政协工作作出安排部署。出台《中共兰州市委关于进一步加强和完善基层协商民主的意见》，推进政协协商向基层延伸。市委常委会定期听取政协汇报，审议政协年度协商计划和常委会工作报告，市委领导对政协调研视察报告、委员意见建议及时作出批示，指导政协工作把好方向、把握大局。市政协坚持、依靠和自觉接受市委的领导，及时请示重大事项、报告重点工作、反映重要情况，紧紧围绕全市中心工作履职尽责，努力做到市委中心工作推进到哪里，政协工作就跟进到哪里，建言助力就体现到哪里。进一步落实党外知识分子政治引领、党组成员联系党员委员、党员委员联系党外委员等制度，引导政协委员和各族各界人士主动参与疫情防控、复工复产、脱贫攻坚、文明城市创建等重点工作，在各界群众中广泛宣传党的理论政策，协助党委政府做好协调关系、理顺情绪、化解矛盾的工作，努力把党的主张转化为社会各界的共识，推动各党派团体和各族各界人士团结奋斗、共同进步。

加强党的建设，全面落实从严治党主体责任。认真贯彻落实全面从严治党工作部署和各项制度，落实主体责任，推进政协党的建设。全力配合市委巡察组对市政协机关开展巡察，严格对照政治巡察要求，深入查找问题、剖析原因，认真研究整改措施，靠实责任、狠抓整改。深入开展“不忘初心、牢记使命”主题教育“回头看”，不断巩固深化主题教育成果。加强反面典型警示教育，不断筑牢思想防线。加强廉政教育，抓早抓小，防微杜渐。继续改进文风会风、减轻基层负担，持续反对形式主义官僚主义，培养务实高效的作风。进一步完善市政协党建工作体系，持续推进党支部标准化建设，严格执行“三会一课”制度、党组成员联系点制度，组织开展文明志愿、主题党日等各类活动40多次，建成3个示范性党支部，获得“市直机关精品党课”“全市机关党建优秀新闻”“机关党建优秀论文”等多项荣誉。

（二）主动担当作为，为打赢疫情防控阻击战贡献力量

把疫情防控作为重大政治任务，坚决贯彻落实党中央

和省委、市委决策部署及工作要求，充分发挥优势，主动担当作为，为打赢疫情防控阻击战贡献政协力量。

周密安排、积极行动，迅速投身防控。严格按照中央和省委、市委的部署要求，迅速响应、积极行动，召开党组会议、主席会议、常委会议，并通过政协网站、视频会议、手机客户端等方式，第一时间传达学习习近平总书记重要讲话和指示精神，以及中央和省委、市委关于统筹推进疫情防控和经济社会发展的部署要求，对全市政协系统抓好落实作出周密安排。发出《倡议书》，号召各级政协组织、广大政协委员、政协干部积极有序参与防控工作，汇聚抗击疫情合力。

领导带头、党员冲锋，落实防控任务。主席会议成员带头到社区、医院、农村、企业实地调研督导，帮助解决困难，送去防疫物资，组织企业家向市肺科医院等医疗机构捐款捐物，慰问医护人员和基层一线工作人员，结合脱贫攻坚，深入帮扶村督导疫情防控和复工复产。突出党建引领，充分发挥党员的先锋模范作用，在联系的基层社区设立机关党员先锋岗、成立党员先锋队，协助社区开展防控工作。在市政协机关设立党员先锋岗，落实疫情防控各项要求。

号召委员、动员力量，汇聚抗疫合力。全市各级政协组织、政协委员响应倡议，主动承担社会责任，积极参与疫情防控。医疗卫生等界别委员积极投身一线，坚守岗位、冲锋在前。引导各界委员出钱出力、捐款捐物、带头复产复工，助力抗疫。市政协委员主动捐款900多万元、减免租金近1500万元，捐赠18万件设备、药品及其他防控物资。动员政协各参加单位、各界委员围绕疫情防控积极发声建言，共征集疫情防控、复工复产等方面的社情民意信息80多篇，省委常委、市委书记李荣灿对全市政协系统疫情防控工作给予充分肯定，对委员建议作出批示，许多建议得到采纳。动员委员主动引导群众科学防控，增强抗击疫情的信心。

（三）深入调查研究，为服务发展改善民生建言献策

紧紧围绕市委市政府中心工作和高质量发展大局，选择黄河流域生态保护和高质量发展、疫情和重大风险防控以及经济建设、改革开放、社会治理、文化发展、乡村振兴等领域的重点难点问题，深入调查研究，多方建言资政，开展了15项重点调研视察，省市领导对调研视察报告和建议案作出批示，许多建议得到采纳落实，有效发挥了献计献策、助推发展的作用。

围绕黄河流域生态保护和高质量发展多方献计献策。深入贯彻习近平总书记关于“兰州要在保持黄河水体健康方面先发力、带好头”的重要指示精神，把“促进黄河流域兰州段生态保护和高质量发展”列为常委会重点调研课题，组织政协委员、专家学者和实际工作者对黄河流域兰州段进行深入调研，参加省政协组织的黄河沿线省区实地考察，多视角分析研究国家宏观政策，多方学习借鉴各地治河兴水的经验，反复协商，广纳群言，形成《关于黄河流域兰州段生态保护和高质量发展的建议案》，深入分析黄河流域兰州段的现状和问题，提出9个方面40条具体建议，得到市委高度重视，李荣灿书记批示：“市政协这个建议案质量很高，揭示出的问题很尖锐，必须引起我们高度重视。提出的思路和建议，可吸收到正在制定的发展规划中。”张伟文市长批示要求“市发改委认真研究落实”，市发改委将《建议案》多项内容吸收进《黄河流域（兰州段）生态保护和高质量发展规划》。开展“南北两山生态保护”“落实河长制”“非物质文化遗产保护”等专项调研视察，围绕黄河流域生态治理和黄河文化保护、开发、弘扬，提出思路建议，市委市政府领导作出批示，充分肯定政协建议，政府部门及时参考借鉴。参加全国政协、省政协举办的黄河流域生态保护和高质量发展调研协商活动，在省政协常委会、专题协商会上做专题发言，多角度建言献策。

着眼城市应急管理和风险防控深度调查研究。敏锐地抓住突发疫情和安全风险加剧等新问题，进行一系列深度调研。开展“加强我市疾控体系建设”专题调研，总结疫情防控经验，深入分析我市疾控体系建设中存在的基础设施、协调机制、应急处置能力、基层防控等方面的短板，逐一提出针对性的建议。着眼全市应急管理体系和能力现代化建设，重点调研城市应急管理工作，深入企业、社区、农村、学校、重点建设工地，与一线应急管理人员、企业家、建设者和干部群众多方交流，赴四川等地学习先进经验，形成《关于加强兰州市城市应急管理工作的建议案》，系统分析我市应急保障能力和公共安全形势，查找问题，分析隐患，研究提出完善体制、夯实基础、建设基地、整合平台等9个方面的建议，市委领导批示政府部门研究采纳，为全市公共卫生、自然灾害、生产安全和各类突发事件应急防范提供了智力支持。

聚焦改革发展和民生建设重点难点问题广泛协商建言。把助力改革发展、提升民生福祉作为履职重点，聚焦重点领域、关键环节和民生热点调研视察、协商建言。持续关注营商环境建设，紧扣打造“四办四清单”政务服务品牌开展监督性视察，分析行政审批和政务服务中的难点问题，提出具体建议。开展全市法治营商环境专题视察，围绕推进“放管服”改革、方便群众办事，总结经验，研究对策。李荣灿同志批示要求“对政协监督性视察发现的问题要引起重视，及时改进完善，不断提升我市政务服务水平。”持续关注振兴“兰州制造”和科技创新，开展“振兴兰州制造业”“促进产学研融合”等调研，为促进经济发展建言献策。李荣灿同志充分肯定调研报告质量高，分析透彻，对编制我市“十四五”规划很有帮助。开展“盘活农村撂荒土地资源”专题调研，着眼粮食安全和农业发展，全面了解我市农村土地撂荒情况，分析查找原因，提出针对性建议。结合“农村人居环

境整治三年行动”和美丽乡村建设,围绕生态建设、厕所革命、垃圾治理、环境美化等问题,提思路、出主意,为不断推进脱贫攻坚和乡村振兴增智添力。张伟文同志对盘活农村撂荒土地、农村人居环境整治等调研报告作出批示,要求相关部门针对报告揭示的问题,研究提出具体措施,充分吸收采纳。

(四)发挥专门协商机构作用,推进政协协商向基层延伸

深入贯彻习近平总书记“有事好商量,众人的事情由众人商量”的重要指示精神,按照省政协的要求和市委的安排,推进政协协商向基层延伸,努力打造党委政府“好帮手”、人民群众“连心桥”、委员履职“新平台”,为提升基层治理能力和水平贡献力量。

加强组织领导,精心安排部署。落实全国政协、省政协的要求,努力在基层协商工作中发挥省会城市政协的带动作用。协助市委制定下发进一步加强和完善基层协商民主的意见,明确全市基层协商民主建设各项要求,探索建立“党委领导、政协搭台、各方参与、服务群众”的基层协商工作机制。主动承担市委基层协商民主工作领导小组办公室的职责,积极开展日常工作。及时转发省政协《关于推进政协协商向基层延伸的工作方案》,研究下发工作规则和政协领导联系指导、政协委员参与基层协商等工作安排。组织区县政协和乡街负责人外出学习取经,深入乡镇(街道)、村(社区)和企事业单位调研督导,组织现场观摩,召开工作推进会,指导基层制定实施方案、完善协商机制、打造协商平台、开展协商议事。协调市财政,为基层协商提供经费支持。

推动力量下沉,延伸履职工作。全面落实“三个下沉”“三个覆盖”的工作要求,建立落实市政协领导联系指导、政协委员下沉、专委会下沉参与基层协商工作制度,市政协每位领导联系一个区县,重点指导和参与两个乡镇(街道)和部分村(社区)协商议事,配合省政协委员下沉我市开展基层协商,组织市、区县政协委员全部下沉基层参与基层协商。健全完善乡镇(街道)政协委员工作站,以委员工作站为依托,建立协商议事会,建设协商议事室,探索建立委员协商议事小组、委员专家组、“委员之家”,推进政协协商与基层协商相衔接、政协履职向基层延伸。

搭建协商平台,科学规范操作。按照基层委员工作站、协商议事会、协商议事室“三位一体”的要求,指导全市乡镇(街道)、村(社区)和部分企事业单位搭建协商平台,圆满完成省政协确定的工作任务。截至目前,全市共建立乡镇(街道)政协委员工作站114个,实现乡镇(街道)委员工作站、协商议事会、协商议事室全覆盖,建立村(社区)协商议事会557个,各项工作稳步推进。从实际出发分级分层确定协商议事的主要内容和方式方法,明确协商什么、谁来协商、怎样协商、协商结果如何运用,指导区县政协细化制度、规则和工作流程,推动协商议事规范操作。各级协商议事会积极开展协商议事,解决了一批群众关心的热点难点问题。

打造示范点,发挥带动作用。选择工作基础好、代表性强的20个乡镇(街道)和部分村(社区)、企事业单位创建示范点,以阵地完善、工作规范、特色鲜明、成效显著为目标,打造精品工程,提升全市政协基层协商工作水平。各示范点在党组织的领导下,发挥政协委员的作用,组织委员深入调查研究、反映社情民意、积极参与和指导基层协商议事,围绕社区环境治理、上学入园、群众出行、老旧楼院改造、拆迁安置补偿等问题开展协商,协助解决群众的难心事。把基层协商与基层党建、网格化管理、小区治理结合起来,探索多种形式的协商活动,开辟了群众利益诉求表达新途径。

(五)跟进全市重点工作,服务兰州发展振兴大局

不断强化大局意识、责任意识,及时跟进、主动参与、持续融入全市重点工作,为推进脱贫攻坚、文明城市创建、企业纾困等重大任务履职尽责,为全市重点工作添助力、增合力。

全力助推精准扶贫。坚决贯彻习近平总书记关于脱贫攻坚的重要指示精神和“四个不摘”要求,深入落实中央和省市委的决策部署,组织带领各级政协干部、广大政协委员,进一步强化责任担当,认真履行皋兰县脱贫攻坚组长单位职责、主席会议成员对口包抓职责、市政协机关联系帮扶职责,完善工作方案,协调召开推进会,加强驻村帮扶工作队力量,加强对46个市级帮扶责任单位和26个帮扶工作队的督导。按照“3+1”冲刺清零、“5+1专项提升行动”的要求,组织机关干部入户排查“一户一策”帮扶情况,及时查漏补缺、巩固提升。紧盯疫情防控和复工复产,组织政协委员和企业家捐赠防疫物资、指导调整产业发展计划、落实兜底政策,确保小康路上不漏一人一户。多方筹措资金,大力发展扶贫产业,全县贫困存量全部清零,有力助推了皋兰县的脱贫攻坚工作。组织开展“脱贫攻坚与乡村振兴有效衔接”工作调研,推进精准扶贫向纵深发展。市政协机关驻村工作队获得“全省脱贫攻坚先进集体”称号。

深入开展“千企调研纾困”工作。严格按照市委统一安排,积极承担19户重点企业、10个重大项目走访调研和包抓任务,深入开展“千企调研纾困”活动和“市级领导干部包抓推进市列重大项目”工作,班子成员带领政协委员,多次深入兰州铝业、华腾新材料、长风集团西龙电子、中粮可口可乐、蓝科石化等重点联系企业,久和汽配城二期、安宁区棚户区改造、什川颐养中心等市列重大项目,调查研究、交流协商,了解情况、听取诉求,帮助协调解决问题。利用政协全会大会发言、委员提案、反映社情民意、参加省政协专题协商等履职平台,提出优化营商环境、加快民营经济发展、振兴发展制造业、支持红古区建设“兰西城市群重要节

点城市”、做大做强特色农业产业等建议，努力为经济发展排忧解难、帮忙助力。

全力投身争创全国文明城市工作。以全国文明城市测评体系为导向，制定市政协参与争创文明城市实施方案，明确目标、聚焦重点、多措并举，全力以赴助推文明城市创建。深入开展“十大突破行动”“一月一主题”等活动，主席会议成员带领干部和委员深入银滩路等13个街道90个社区的网格包抓点，宣传政策、指导工作，落实包抓责任，并深入驻区单位、楼区院落、背街小巷了解实情、总结经验、发现问题、协调解决困难，动员驻区各单位和广大群众共同参与。各界政协委员积极参与道德建设、法治宣传、环境治理、防灾减灾、交通秩序维护、矛盾纠纷化解等工作，积极参与送文化下乡进社区等活动，共促社会和谐。以开展新时代文明实践志愿服务活动为重点，组织党员志愿者深入街道社区开展交通劝导、环境卫生、义务植树等活动，丰富创建活动形式和内容。制作、发放图文并茂的宣传品，多角度宣传文明兰州形象，被中央文明网刊载推介，有力助推了我市的文明城市创建工作。

（六）做好经常性工作，全面推进政协协商民主建设

扎实做好专题协商、提案办理、社情民意、团结联系、交流交往等各项经常性工作，增强履职成效，提升履职水平，推进政协协商民主广泛、多层、制度化发展。

不断深化专题协商。制订年度协商计划，遴选常委会协商、月专题协商、专项协商、提案办理协商共26个协商议题，明确协商原则、主要措施和工作要求，在深入调研的基础上，围绕生态保护、应急管理、工业发展、文化建设、营商环境优化等专题，组织政协委员、专家学者同政府部门领导开展多种形式的交流协商。制定《月协商座谈会制度》，推进专题协商制度化、规范化。加强政协全会集中协商，围绕政府工作报告和计划财政报告、法检两院报告进行充分协商讨论。充分利用大会发言进行集中协商，组织各级政协组织、各参加单位和各界委员踊跃参与大会发言，十四届四次全会上，61名委员围绕黄河生态保护、扶贫、工业、民企、文旅和城市建管、民生保障等问题进行大会发言和书面交流，积极为优化党政决策提供参考。

进一步加强提案工作。出台进一步提高提案质量的意见，集中走访各民主党派、工商联及部分承办单位，共商落实举措。认真开展提案征集、审查、交办等工作，向60多家承办单位集中交办421件委员提案。做好重点提案遴选及督办工作，确定“进一步加强我市卫生应急服务工作”等11件主席会议成员重点督办提案；为增强提案督办工作合力，选取“改善我市快递员生存状况”等8件提案，开展专委会跟踪办理重点提案工作，经过政府各相关部门和各界委员的共同努力，年度委员提案全部按期办复。提升提案办理质量，将提案督办中发现的新问题及时以《政协委员建言》形式向市委市政府反映，其中“做好科技人才引育留用工作”等建议得到市委领导重视和批示，政府相关部门迅速组织落实，有效放大了提案的社会效应。开展提案双向评议，召开政情通报会及提案选题协商会，为提高提案质量和办理质量打下良好基础。

积极反映社情民意。进一步加强政协社情民意信息工作，各界委员以高度的责任担当和履职情怀，深入建设一线和基层群众，围绕党政重视、群众关心的疫情防控、复工复产、扶贫脱贫、民营经济、生态保护、交通治理、城市建管、学前教育等问题，深入了解，及时反映社情民意。全年共征集社情民意信息198篇，数量大幅度增加，其中向省政协报送重点社情民意信息34篇，专题报送“三农领域疫情防控和恢复农业生产社情民意信息”7期，向市委市政府报送《政协委员建言》57期，在媒体刊发以“夺取疫情防控和经济社会发展双胜利”为主题的《社情民意信息摘登》6期。市委市政府领导对6篇共11项《政协委员建言》做出批示，内容涉及人才待遇、防疫交通管理、农村闲置校舍处置、扶持民办教育、道路桥梁改造、繁华路段公厕设置、老旧小区消防设施管护等发展问题和民生诉求，许多建议得到采纳落实，有效发挥了政协社情民意信息工作反映群众意愿、优化政府决策的作用。

不断扩大团结联系。加强与党派团体和各界人士的团结合作，健全完善谈心谈话、走访看望委员等制度，反映各方愿望诉求，凝聚共识，促进团结和谐。积极参与创建民族团结进步示范市工作，制订实施方案，成立领导小组，发放宣传手册，慰问、走访少数民族群众。开展“构建各民族共有精神家园，铸牢中华民族共同体意识”主题协商工作，组织“构建我市民族宗教工作大格局”“我市民族区域融合发展”等专题调研，探索新形势下促进民族团结宗教和睦的思路对策。配合兄弟城市政协来我市开展民族宗教工作、少数民族聚居区小康建设和乡村振兴等调研。举办民族团结进步专题讲座，组织“弘扬传统民族文化”界别活动，举办民族团结书画笔会等活动。充分发挥港澳台侨界委员和人士的作用，深入宣传“一国两制”方针和“九二共识”原则，全力配合做好建立健全香港特别行政区维护国家安全的法律制度和执行机制。发挥法律界委员作用，深入基层群众中宣传《民法典》，助力建设平安兰州、法治兰州。

加强工作联动扩大交流交往。认真落实省政协各项安排、完成交办的各项工作。积极配合、参与全国政协、省政协调研视察组来兰开展“黄河流域生态保护”“健全公共卫生体系”“企业复工复产”“夜市经济地摊经济健康发展”“基层协商与矛盾纠纷化解”“应急保障工作机制”等调研视察和专题协商活动。加强同区县政协的联系，指导区县政协完善机构、充实力量，组织区县政协委员参与市政协举办的理论学习、调查研究、委员活动等工作，推进市、区县政协履

职联动。协助外地政协来兰开展生态治理、产业发展、文化建设、乡村振兴和基层协商工作等调研考察，相互交流、取长补短。开展“一带一路”联盟城市“翰墨同心”文化交流活动，扩大文化传播，推进文化建设。

（七）加强自身建设，夯实履职基础

深入贯彻习近平总书记关于重点解决市县政协“两个薄弱”问题的重要指示精神，以夯实基础、提升能力为重点，切实加强自身建设，推进政协工作提质增效。

加强政协委员队伍建设。按照懂政协、会协商、善议政，守纪律、讲规矩、重品行的要求，提升委员能力素质。加强委员培训，邀请政协委员参加市政协机关的学习活动，组织50名委员进行脱产培训，组织10次委员界别活动，深入开展爱国主义、中华文化、革命传统教育。邀请市政府领导向政协委员通报全市经济社会发展情况、提案办理情况和疫情防控工作，帮助委员知情明政。加强政协委员联络管理，成立委员工作专门机构，细化委员履职管理，开展政协常委年度述职。改进政协网站，改造提案系统，上传政协文史资料和《诤友》电子书，为委员学习和履职提供便利。切实发挥委员主体作用，多方宣传委员履职成果和事迹，推荐优秀政协委员参加“陇人骄子”评选，在疫情防控、招商引资、扶贫脱贫、文明城市创建、特邀监督等工作中，都注重发挥委员特长、挖掘委员资源，多角度发挥委员作用。

加强政协宣传和理论研究、文化文史工作。多角度宣传政协工作，全年在中央和省级媒体刊登兰州政协新闻报道251篇，在各大报纸制作7个专版，在市级媒体和新媒体刊载各类报道1700多篇（条），取得了良好的宣传效果。落实意识形态工作责任制，召开意识形态工作会议，加强新闻报道审核把关，积极做好舆情引导、网络安全、新媒体平台监管和保密工作，加大干部职工网络言论监管力度，牢牢把握意识形态主动权。推进信息化建设，建成远程视频会议系统，开发移动履职平台，打造线上线下立体履职模式。配合全国政协“加强和改进市县政协工作”课题协同研究，承担并完成省政协重点课题“人民政协协商制度机制”研究。加强政协文史工作，挖掘整理兰州历史文化资料，市政协组织制作的地方文化名人专题片《刘尔炘》，入围第十届“光影纪年”——中国纪录片学院奖。整理出版兰州文史资料选辑《兰州非物质文化遗产》，推进地方重要文化遗产的保护和利用。

加强政协机关建设。落实省委、市委政协工作会议要求，协调市上将“协商民主”职能纳入乡镇街道机构设置方案。向市委专题汇报市、区县政协机构设置等问题，在市委高度重视下，市、区县政协增设委员工作、信息工作、农业和农村工作等机构，落实市政协领导行政编制，区县政协增加部分编制，有效充实了政协工作力量。协调解决了政协老干部活动、文印中心场地等长期遗留的困难问题。全面加强制度建设，对市政协工作制度、工作规则、工作流程进行系统梳理和集中修订，建立32项新制度，修订101项制度和工作规则，构建了新的制度体系。加强干部队伍建设，推荐选拔任用一批优秀干部，多方选派干部参加学习培训、挂职锻炼，不断优化结构、提升能力、振奋精神。抽调43人参加全国政协、省市调训，组织194人次参加习近平新时代中国特色社会主义思想、理想信念、脱贫攻坚、十九届四中五中全会精神等专题培训。认真执行机关工作行为规范和各项规章制度，严格落实过紧日子的要求，坚决杜绝违纪违规行为。

各位委员，一年来，我们所取得的成绩，是省政协有力指导的结果，是市委坚强领导的结果，是市人大常委会、市政府及有关部门和社会各界大力支持的结果，是全市政协各级组织、各参加单位和广大委员共同奋斗的结果，我代表市政协常委会向关心、支持政协工作的各级领导、各界人士，向全体委员表示崇高的敬意和衷心的感谢！

在履职过程中，我们深切体会到，人民政协使命光荣、责任重大，政协工作要在实践中提质增效、创新发展，不断展现新作为、做出新贡献，就必须始终坚持党的领导，牢牢把握正确的政治方向；必须把加强思想政治引领、广泛凝聚共识作为中心环节，不断巩固共同思想政治基础；必须准确把握政协性质定位，坚持发扬民主和增进团结相互贯通、建言资政和凝聚共识双向发力；必须紧紧围绕群众所盼、党政所需、政协所能，建真言、谋良策、出实招、聚合力；必须切实发挥专门协商机构作用，积极搭建协商平台，推动政协协商与基层协商有效衔接，拓展基层群众参与政协协商渠道，努力凝聚共识、化解矛盾、理顺情绪、增进团结。我们也清醒认识到工作中还存在薄弱环节，主要是政协协商的平台、渠道有待进一步拓展，委员主体作用和专委会基础性作用还需要进一步发挥，开展基层协商的水平有待进一步提高，建言资政和凝聚共识的成效还需要进一步增强等。对此，我们将高度重视，采取有效措施切实加以改进。

## 二、2021年工作任务

2021年是中国共产党成立100周年，是我国现代化建设进程中具有特殊重要性的一年，是“十四五”开局、全面建设社会主义现代化国家新征程开启之年，也是我市大力推进高质量发展、全面加快建设现代化中心城市的关键之年。新的一年，市政协工作的总体要求是：坚持以习近平新时代中国特色社会主义思想为指导，深入学习贯彻习近平总书记对甘肃重要讲话和指示精神，认真贯彻落实党的十九大和十九届二中、三中、四中、五中全会及中央和省委政协工作会议精神，增强“四个意识”、坚定“四个自信”、做到“两个维护”，全面落实市委的各项决策部署，牢牢把握团结和民主两大主题，坚持建言资政和凝聚共识双向发力，充分发挥协商民主重要渠道和专门协商机构作用，进一步提高政治协商、民主监督、参政议政水平，更好凝聚共识，努力为全面建设社会主义现代化国家、全面建设现代化中心城市作出新的更大的贡献。

（一）提高政治站位，进一步加强思想政治引领。深入学习宣传贯彻习近平新时代中国特色社会主义思想，正确认识和把握新时代人民政协在国家治理体系中的重要作用，自觉把党中央的决策部署贯彻到政协工作全过程和各方面。围绕建党100周年，按照中央和省委、市委部署开展各种纪念活动、学习活动，引导政协委员和各族各界人士听党话、跟党走。始终坚持党的领导，严格执行向市委请示报告制度，坚决完成好市委交办的各项工作。严格履行全面从严治党主体责任，以党的政治建设为统领全面提高政协党的建设质量，不断强化党组的领导作用、基层党组织的战斗堡垒作用、党员委员和党员干部职工的先锋模范作用。

（二）深入学习贯彻党的十九届五中全会精神，为制定和实施“十四五”规划献计出力。组织党员干部，引领政协委员和各界人士，深入学习贯彻党的十九届五中全会精神，深入学习《中共中央关于制定国民经济和社会发展第十四个五年规划和二〇三五年远景目标的建议》，学习贯彻省委十三届十三次、市委十三届十四次全会精神，融会贯通、学深悟透、入脑入心。动员和组织政协各参加单位、全体政协委员，聚焦新发展阶段、新发展理念、新发展格局，突出高质量发展主题，坚持问题导向，深入调查研究，为制定全市“十四五”规划献计献策。紧扣“十四五”规划的主要任务和目标，选准调研课题和协商议题，引导各界委员努力为经济社会发展、文化建设、生态保护、民生事业作贡献，为服务“十四五”规划从蓝图变成现实贡献智慧和力量。

（三）发挥专门协商机构作用，推进政协协商向基层延伸。深入贯彻习近平总书记关于协商民主的重要指示精神，按照汪洋同志关于“市县政协主要工作是协商，主要工作方式是搭台，工作主旨是双向发力”“不建机构建机制”的工作思路，推动政协协商与基层协商有效衔接。加强组织领导，压实工作责任，继续搭建好基层协商平台，完善工作规则，规范协商内容，聚焦党政关心、群众所需，围绕就业养老、交通出行、教育医疗、乡村振兴、社会治安、环境整治、公共卫生服务等事关基层治理和群众切身利益问题，开展经常性协商活动。按照省政协确定的时间节点和“三位一体”“三个下沉”“三个覆盖”的要求，确保2021年6月底之前实现村（社区）协商议事会和协商议事室全覆盖。各级政协领导、各界政协委员和各专委会，要真正沉下去，深入基层、贴近群众，在各级党组织领导下，积极参与基层协商，把政协协商向基层延伸、与基层协商相衔接的工作抓紧抓实、抓出成效。

（四）加强政协协商民主建设，着力推进资政建言和凝聚共识双向发力。坚持围绕中心、服务大局，向市委请示汇报、同政府沟通协调、向社会各界征询，选择党政所需、群众所盼、政协所能的课题，开展深入调查研究，特别是围绕黄河流域生态保护、创新驱动发展、构建现代产业体系、构建新发展格局、优化城市空间布局、推动乡村振兴、增强文化软实力、构建生态文明体系、持续深化改革和提升对外开放水平、改善人民生活品质、加强社会治理、维护社会安全稳定等重大课题，建真言、谋良策、出实招，选题求准、调研求深、思路求新、工作求实，切实提高履职水平。做好脱贫攻坚成效巩固提升、企业纾困和重点项目包抓、疫情防控、文明城市建设等工作，及时跟进市委市政府部署的其他重大工作。坚持把加强思想政治引领、广泛凝聚共识作为履职工作的中心环节，做好各党派团体、各族各界代表人士凝聚共识工作，加强政协民族宗教工作和港澳台侨工作。广大政协委员要在群众中广泛宣传党和国家方针政策，宣传社会主义核心价值观，传播共识，凝聚人心，积极投身创新创业、乡村振兴、社会公益等活动，以模范的行动培育积极向上的社会风貌。

（五）加强队伍建设，提升履职能力。加强政协委员和政协干部两支队伍建设，不断提升政治把握能力、调查研究能力、联系群众能力、合作共事能力。组织委员和机关党员、干部开展党的理论政策、政协理论及经济、文化、历史等方面的知识提升，继续组织委员开展高层次学习培训，着力打造一支“能说会写”“能谋善议”的政协队伍。组织好会议、调研、视察、协商、宣传、提案、建言、基层实践、理论研究、文史文化等活动，搭建好知情参政平台，努力让每位委员、每名干部在政协组织中都有发挥作用的平台，都能取得更高质量的履职成果。继续加强沟通协调，进一步解决市政协和区县政协机构编制、人员力量等问题。认真开展履职总结和留任委员推荐提名等工作，严格遵守换届纪律，积极配合市委做好换届选举各项筹备工作。切实加强机关建设，深入贯彻落实中央八项规定精神，驰而不息反“四风”，切实改进调查研究，改进文风会风，培育优良作风。深化党风廉政建设，严守纪律规矩，全力打造清正廉洁的政协机关。

各位委员，开启全面建设社会主义现代化国家新征程、向第二个百年奋斗目标进军的号角已经吹响。让我们更加紧密地团结在以习近平同志为核心的党中央周围，发扬为民服务孺子牛、创新发展拓荒牛、艰苦奋斗老黄牛精神，在中共兰州市委的坚强领导下，再接再厉、团结奋进，推动人民政协事业高质量发展，为全面建设现代化中心城市努力奋斗，以优异成绩庆祝中国共产党成立100周年！

# 坚持以人民为中心的发展思想　持之以恒强化全国文明城市创建工作 推进城市治理体系和治理能力现代化

兰州市精神文明建设办公室

在2020年11月20日召开的全国精神文明建设表彰大会上，兰州荣获第六届“全国文明城市”称号，正式迈入全国文明城市行列，让全体兰州人民无不欢欣鼓舞、奔走相告、群情振奋。

从“起跑”到“撞线”，兰州的“创建之路”走过15年，全市上下始终以“整装再出发”的毅力和“知耻而后勇”的决心，保持“不胜不休”的精神和“越战越勇”的状态，锲而不舍推进创建工作。特别是进入2018年后，市委、市政府围绕新一轮全国文明城市创建目标任务，坚持以人民为中心的发展思想，紧紧围绕崇德向善、文化厚重、和谐宜居、人民满意的全国文明城市总目标，把创建全国文明城市作为建设现代化中心城市的重要抓手，动员全市党政机关、干部群众、社会各方，抓领导、抓关键、抓难点、抓特色、抓基础，多措并举、齐抓共管，以创建工作的新作为新成效，牵动和引领全市经济社会健康发展，城市建管水平不断提升，市民文明素质显著提高，良好社会风尚日趋浓厚，兰州的美誉度、吸引力和竞争力提高到了一个崭新水平，城市处处洋溢着文明、进步、开放的时代气息，终于圆了全市人民15年的全国文明城市创建梦。

回首15载的接续拼搏，特别是第六届全国文明城市创建工作开展以来，全市各级各部门主动担当、勇于作为，始终把贯彻落实习近平总书记关于城市治理、城市管理重要论述作为创建文明城市工作的主要着力点，认清历史任务、抢抓历史机遇、勇担历史责任，举全市之力、聚万众之智，探索出了全国文明城市创建的兰州经验，推动新时代城市治理体系和治理能力现代化建设取得新成效。

文明无止境，创建不止步，随着兰州迈入“全国文明城市”行列，标志着兰州市文明创建工作站到了新起点、进入了新阶段、踏上了新征程，我们要持续巩固提升全国文明城市创建成果，由“创建文明城市”向“建设城市文明”整体跃升，让兰州进一步展现新活力、焕发新光彩、创造新辉煌，努力把“全国文明城市”这张名片擦得越来越亮，推动兰州不断向更高水平的文明城市迈进。

## 一、健全体制机制，提供坚强有力的制度保障，进一步实现文明城市创建常“活”

坚强的组织领导是实现创建成功、巩固创建成果的前提。兰州市深入贯彻落实习近平总书记“制度更加成熟更加定型是一个动态过程，治理能力现代化也是一个动态过程，不可能一蹴而就，也不可能一劳永逸”的重要指示精神，率先从加强文明城市创建体制机制入手，用健全完善的制度建设保障了创建工作的有序推进。全市建立健全市委书记负总责、分管领导具体抓的创建工作领导责任制，出台年度推进创建工作方案及配套的问责、测评等制度，全面推行街道、社区、楼院分级负责的创建网格化管理体制和区县干部专职负责的创建点位长责任制，开发创建实测点位管理APP和创建档案资料网络管理系统，提升了工作规范化、精细化水平。实施常态期“周调度、月通报、季推动”和攻坚期“周调度、周通报、周反馈、周整改”工作推动机制，常态化开展创建实地测评和结果问题公开曝光、公开交办等工作，实施创建责任单位“骏马奖”“蜗牛牌”、区县百万元创建互助奖金等奖惩机制，在全市营造出追赶比超的工作局面，有力推动了创建目标任务实现。

在下一步全国文明城市创建工作中，我们将不断总结提炼业已成型的创建机制并固化为具体制度，进一步发挥市创建办、市文明办牵头抓总和统筹协调作用，进一步健全一把手责任体系、网格化管理责任体系、点位长责任体系等“三大”文明城市创建责任体系，进一步完善调度机制、测评机制、曝光机制、督查机制、奖惩机制等“五大”文明城市创建推进机制，以“哪壶不开提哪壶”的责任、担当和情怀推动创建工作，以“提了哪壶开哪壶”的能力、标准和要求落实创建任务，用更加精准、更加规范的组织体制和领导机制不断擦亮“全国文明城市”这个金字招牌。

## 二、丰富创建载体，聚焦短板弱项持续攻坚，进一步实现城市环境秩序常“靓”

优美的环境秩序是实现创建成功、巩固创建成果的基石。兰州市深入贯彻落实习近平总书记关于“创新内容和载体，改进方式和方法，使精神文明建设始终充满生机活力”的重要指示精神，坚持问题导向，聚焦不达标或不稳定达标的弱项问题，创新载体、强化措施，以专项整治行动为主抓手，组织各级各部门统筹行动，把文明城市创建的过程转变为各级党委、政府满足人民群众对美好生活向往的过程。针对城市“硬件”建设的重难点问题，大力开展老旧小区改造等“十大突破（提升）”行动，集中力量资源强化基础设施建设；针对市民行为秩序等方面的“软件”问题，分月开展不文明养犬等“一月一主题”专项整治活动，有效提升市民文明素质。针对集贸农贸市场等创建问题高发区域，统一步调、条块结合、上下联动开展重点区域综合整治行动和创建文明城市“十大”攻坚行动，切实消除了文明创建的“死角”地带，强力补齐城市建设短板，实现了全市创建水平的整体提升。

在今后的全国文明城市创建工作中，兰州将进一步强化创建为民、创建惠民、创建利民理念，坚持齐抓共管、上下联动，坚持重心下移、力量下沉，继续开展各类专项整治活动，有效破解市民群众关注聚焦的重点难点问题，把精细精致体现在城市治理方方面面，做到环境整治和行为整治“两手抓两手硬”、整治突出问题和整治重点区域“两手抓两手硬”、严管重罚和教育引导“两手抓两手硬”，既扮靓城市“面子”，又做美城市“里子”，确保公共秩序经得起“细评”、环境卫生经得起“细看”、为民服务经得起“细挑”。

## 三、狠抓践行引领，培育典型代表和示范活动，进一步实现市民行为举止常“美”

文明的市民素养是实现创建成功、巩固创建成果的根本。兰州市深入贯彻落实习近平总书记“‘行是知之始，知是行之成’，文明素质重在实践，重在养成；‘尽小者大，慎微者著’，要从大处着眼、小处着手，推动城市文明和市民素质有一个大提升”的重要指示精神，以培育和践行社会主义核心价值观为统领，积极引导广大市民群众涵养文明意识、提高文明素质。创新“好人评选好人”机制，坚持定期开展道德模范推评活动、兰州好人评选活动、新时代兰州好少年选树活动、诚信“红黑榜”季度发布活动、学雷锋志愿服务“四个十佳”推评活动。积极动员志愿团队参加新时代文明实践中心建设，组织志愿者广泛参加大型节赛、重点时段、重要工作的服务工作，常态开展“邻里守望·情暖金城”一月一主题系列志愿服务活动和“脱贫攻坚·文明同行”全市新时代文明实践志愿服务示范活动。深入开展“小手拉大手·文明全家行”主题活动和“我们的价值观”“我的中国梦”等系列“少年宣讲团”实践活动，潜移默化中振奋起市民群众昂扬向上的精神风貌，不断汇聚壮大与文明城市创建相得益彰的正能量。

在今后的全国文明城市创建工作中，兰州市将在提升市民文明素质上持续发力，既注重春风化雨，又注重实践养成，让文明理念在市民群众中内化于心、外化于行。不断深化社会主义核心价值观主题宣传教育活动，深入贯彻落实《新时代公民思想道德建设实施纲要》，注重选树和宣传文明建设先进典型，加强诚信建设和志愿服务建设，积极开展未成年人思想道德建设主题实践活动。广泛组织开展文明单位、文明村镇、文明社区、文明家庭、文明校园等群众性文明创建活动，持续开展文明礼仪、文明旅游、文明交通、文明餐桌、网络文明行动，形成良好社会文明风尚。

## 四、加大频次力度，创新方式方法和活动平台，进一步实现创建舆论氛围常“火”

浓厚的社会氛围是实现创建成功、巩固创建成果的助力器。兰州市深入贯彻落实习近平总书记“要把握正确舆论导向，提高新闻舆论传播力、引导力、影响力、公信力，巩固壮大主流思想舆论”的重要指示精神，创造性地开展创建宣传工作，营造出创建文明城市的良好舆论环境。与属地媒体签订合作协议，建立健全市属媒体对口记者联系机制和联络员协商机制，定期召开媒体宣传调度会，细化量化报道要求；开通“文明兰州”今日头条号、抖音号、人民号、快手号，强化原创内容建设，打造起“一网两微四号”的文明建设自媒体宣传阵地。强化公益广告宣传广度，加大上门宣传力度，做到家庭入户百分百、商户走访百分百。广泛开展文明创建文化宣传活动，率先创新举办“抖in文明兰州”市区联动创建宣传活动，在全国首创“写一首情诗给兰州”百名诗人大型创作交流活动，在城区黄河两岸持续开展“百日千场”黄河之滨也很美文化展演活动，全市年均大型精品活动在10项以上、各级各类活动超过2000场次，进一步深化了兰州创建的影响力和表现力，有效提升了群众对创建工作的知晓率和支持度。

在今后的全国文明城市创建工作中，兰州市将用更加丰富、更加创新的宣传工作引导市民群众进一步强化家园意识，不断在全社会营造浓厚的创建氛围。深入挖掘创建典型事例和经验，用好各类宣传媒介、阵地和活动，形成持续恒定的宣传声势。充分利用传统媒体和新型媒体融合开展全方位、多角度、立体化的宣传发动，加强正面引导和反面曝光力度。继续打造“抖in文明兰州”等品牌活动和“文明兰州”自媒体宣传矩阵，策划开展更多的富有时代气息、市民便于参与的创建文化宣传活动，不断在内容形式、方法手段、渠道载体上创新，让广大群众更加理解与支持文明创建工作。

## 五、聚焦美好生活，全面加强城市现代化治理，进一步实现创建工作后劲常“有”

强劲的城市发展是实现创建成功、巩固创建成果的动力源。兰州市深入贯彻落实习近平总书记“城市治理搞得好，社会才能稳定、经济才能发展”的重要指示精神，坚持以创建全国文明城市为牵引，全面推进城市建设、民生保障、生态治理等工作，城市治理体系和治理能力现代化水平得到不断提升。持续开展“提升城市品质、打造精致兰州”三年行动，轨道交通一号线等交通路网项目建成通车，兰州中心等地标建筑重构城市天际线，市博物馆等文化体育设施投入使用，黄河风情线景观亮化等城市美化项目全面建成，打通断头路35条，新增公共停车泊位2.9万余个，改造城区积水点16处，治理存量违法建设1096.8万平方米，215条道路架空线缆入地，划分中心城区十五分钟生活圈78个，生活垃圾无害化处理率达到100%。近三年高质量为民兴办实事66件，规范有序发展“地摊经济”，设置摊位9600余个，解决就业岗位3万余个。持续巩固扩大“兰州蓝”成果，全市空气质量达标天数和优良率逐年提升；基本消除城区黑臭水体，城市水环境质量上升至100%；城市建成区绿地率上升至35.43%，切实为全市创建工作打牢了基础、提供了支撑。

在今后的全国文明城市创建工作中，兰州市仍将以满足人民群众美好生活愿景为努力方向，推动兰州市由“善建”向“善治”“善管理”向“善服务”转变，打造更加宜居宜业的文明城市。全力开展“精致兰州”建设，统筹推进交通快捷保障等“四大行动”和精致街巷等“十大精致项目”建设活动，加大财政资金投入力度，多办办好群众关心、社会关注的民生实事，推动城市功能日趋完善，市民生活更加便捷。注重做好黄河文章，加快推动白塔山综合提升改造等项目，不断擦亮“黄河之滨也很美”的城市新名片。

省委常委、兰州市委书记李荣灿在接受中国文明网专访时表示：“文明城市的创建只有起点没有终点，只有更好没有最好，所以文明城市的创建永远在路上。我们现在成功的创建了文明城市，但是我们还有很多短板弱项，我们还要继续地努力。”进入新时代，人民群众对美好生活向往的更高要求，必将推动兰州市全国文明城市创建工作迈向更高层面，兰州将牢牢以文明创建为牵引，深入践行以人民为中心的发展思想，坚持把文明创建作为“一把手”工程，坚持把完善有力的体制机制作为文明创建的根本保障，坚持把群众性培育践行活动作为文明创建的实效推手，坚持把专项整治或突破行动作为文明创建的攻坚抓手，坚持把广泛多样的社会舆论宣传作为文明创建的助推利器，坚持把创新作为和勇于担当作为文明创建的前行动力，坚持把找差距、补短板、强弱项作为文明创建的重中之重，不断提升公共服务水平，持续塑造良好社会风尚，努力创造精致舒适环境，全面丰富群众美好生活，进一步提高广大市民群众的获得感、幸福感和安全感，让金城兰州的颜值更高、气质更佳、魅力更足。

（崔峰巍）

# 保护绿水青山　筑牢生态屏障

兰州市生态环境局

党的十八大以来，在以习近平同志为核心的党中央坚强领导下，兰州市生态环境局全面贯彻落实习近平生态文明思想，牢固树立绿水青山就是金山银山的理念，围绕生态环境保护工作发生的历史性、转折性、全局性变化，统筹谋划，以打赢打好污染防治攻坚战为主线，污染防治阶段性目标顺利实现，单位GDP二氧化碳排放降低比例和化学需氧量、氨氮、二氧化硫、氮氧化物主要污染物的削减量等约束性指标全部提前完成，生态环境质量改善取得巨大成效，生态环境保护事业发展蓬勃向上，生态屏障更加牢固。人民群众生态环境获得感、幸福感和满足感不断增强。

"十三五"的五年，兰州环保人秉承"良好生态环境是最普惠的民生福祉"理念，摸排口、抓整改、保蓝天。春季枯水期联防联控、夏季VOCs臭氧协同治理、秋季散乱污企业专项整治、冬季大气污染防治巡查。生态环境保护水平不断提高，从"卫星看不见"到"今日变革奖"；从"孤掌难鸣"到"群策群力"；从"随机检查"到"网格管理"；从"人工普查"到"走航雷达"，兰州市生态环境保护工作成果大踏步迈上新台阶。大气环境质量方面：全市环境空气质量优良天数由2016年的243天提高到2020年的300天，国家重点考核的PM2.5浓度历史性达标，达到34微克/立方米。"兰州蓝"含金量不断提高。水环境质量方面：2016年以来黄河兰州段干支流水质达标率100%。监测的5个断面中扶河桥、新城桥、包兰桥、什川桥达到二类水质标准，水质状况为优，湟水河湟水桥断面水质均达到三类水质标准，水质状况为良好，较国家四类考核目标要求实现了水质改善和升类；全市各级饮用水水源地水质稳定达标，6个地下水国考点位水质保持稳定。土壤环境质量方面：兰州市土壤环境质量总体状况良好。截至2020年末，未发生因耕地土壤污染导致农产品质量超标、疑似污染地块或污染地块再开发利用不当等事件。主要污染物减排方面：《"十三五"生态环境保护规划》确定的88项污染防治工程均已建成投运，各项污染防治设施稳定达标运行。据测算，二氧化硫、氮氧化物、化学需氧量和氨氮四项主要污染物排放量和单位GDP二氧化碳排放量均提前完成"十三五"目标。2016年以来，全市未发生重大环境事件、核与辐射安全事件和严重环境违法行为。

保护生态既是兰州市生态环境局服务全市发展的责任担当，也是兰州市实现高质量发展的重要基础。2016年以来，兰州生态环境系统大胆创新、恪守本职，生态环境体制改革进展顺利，法规标准政策体系不断完善，生态环境执法力度不断加大，生态系统保护和修复重大工程进展顺利，生态环境风险防控水平不断提升，生态环境治理体系和治理能力现代化加快推进，污染防治攻坚战初战告捷。

*"黄河之滨也很美"*。全面落实"水十条"。"水十条"实施以来，全市完成包括加油站双层罐改造、工业集聚区集中式污水处理设施建设、畜禽养殖禁养区划定、清理整治等61项重点任务，100余个重点工程的建设，通过工程项目治理，有力改善了水环境质量。全面开展联防联控。通过采取签订框架协议、召开联席会议、开展联合监管、实行信息共享等措施，与海东市、白银市等上下游城市联动共治，有效促进湟水流域和黄河干流水质改善。不断强化百姓"水缸"保护。持续推进全市26个饮用水水源地保护，全面完成水源地标志、界碑和一级保护区隔离防护工程建设。经监测，全市饮用水水源地均达到三类及以上水质，水源水质达标率100%。推进重点项目落地。争取中央水专项资金约3.33亿元，市级财政配套资金0.52亿元，推进西固区城市生活饮用水水源地环境保护项目一、二期工程、湟水河流域红古段水污染综合治理工程等重点治理项目实施。

*"兰州蓝"迈向"深蓝"*。每年制定印发《兰州市打赢蓝天保卫战年度实施方案》，持续开展专项整治行动。实施西固电厂、兰铝自备电厂超低排放改造、燃气锅炉低氮改造试点等项目，改造居民小火炉9.6万台；全面推进油、车、路协同防治机动车尾气污染；工地扬尘差别管控措施实现经济、环保双促进；"散乱污"企业综合整治成效显著。突出应用技防手段，基本实现7天精准预测，强化重点时段、区域污染指数的分析监测，常态化科学分析、精准研判。

*土壤污染防治全面推进*。全面完成省市土壤污染防治工作目标，市级重点行业企业土壤污染状况调查质控、农用地详查、涉镉等重金属重点行业企业排查等工作全面展开。重点实施了兰州市西固区河口镇大红沟红矾钠厂铬渣污染场地修复项目、推进垃圾分类、垃圾无害化处理体系建设和省级农村生活污水治理试点项目。

"十三五"的五年，兰州市生态环境局突出生态保护主旋律，全力筑牢兰州市生态屏障，守护好城市绿水青山，以更大的决心、更大的力度、更大的投入，建设天蓝、水清、土净、地绿的美丽兰州。督促企业形成依法治污、依法排污，保护环境的法治意识、主体意识，全社会关心环境、参与环保、贡献环保的行动更加自觉，逐步形成生态环境保护“大格局”。

*立法先行，依法治污。*坚持法治思维和法治方式，探索建立治污长效机制，修订和制定《兰州市大气污染防治条例》《兰州市机动车排气污染防治条例》《兰州市扬尘污染管控实施办法》等12部地方性环保法律法规，正在修订《锅炉大气污染物排放标准》《工业企业挥发性有机物排放控制标准》《餐饮业大气污染物排放标准》等三个地方性大气污染物排放标准。

*广泛动员，全民共治。*抓住“3·22”世界水日、“5·22”生物多样性日和“6·5”环境日等时间节点，采取群众喜闻乐见的形式，全方位进行环保宣传，形成全社会“保护环境、改善生态、绿色发展”的广泛共识。制定《兰州市公众生态环境满意度调查方案》，开展公众满意度调查，并着眼打好打赢蓝天保卫战，在全省率先推出面向社会的网格化环境监测公众版手机APP，发动群众协力打好治污攻坚战。

*智囊优势，科技治污。*分别与兰州大学、兰州交通大学签订污染防治战略框架合作协议，聘请张远航院士、王浩院士等知名专家为兰州市大气污染防治科学研究、黄河兰州段水环境承载能力评估研究等方面工作提供科学技术支撑；与甘肃省地矿局第三地质矿产勘查院合作成立兰州市土壤污染防治工程技术中心，纵深开展土壤污染防治领域的科学研究、技术交流、环境宣传；抽调年轻力量组建嗅辨队伍，邀请生态环境部溯源嗅辨专家来兰开展水污染异味溯源嗅辨集中培训，这支队伍已掌握兰州段地表水和重点企业废水的异味特征，具备基本的嗅辨能力和嗅觉记忆，异味指标监测能力和环境安全监管水平明显提升。

*统筹谋划，规划引领。*深入基层开展调研、对接相关部门，组织开展“十三五”生态环境保护规划中期评估及“回头看”，科学评估“十三五”规划实施情况。准确把握“十四五”时期的新特征、新形势、新要求，分析研判发展机遇、聚焦面临的老难题和新挑战，紧紧围绕“一带一路”建设、新一轮西部大开发及黄河流域生态保护和高质量发展等重大战略，有针对性地研究推出一批对高质量发展、高效能治理具有牵引性的专项规划和工程项目，初步提炼出符合“十四五”规划储备项目要求的项目12个，总投资19.44亿元(其中：流域治理类项目3个，总投资1.73亿元；生态修复类项目4个，总投资2.69亿元；污染防治类项目4个，总投资13.36亿元；十大生态产业类项目1个，总投资1.66亿元)，已通过省生态环境厅或其他部门上报省政府，争取纳入国家和省上规划“盘子”。

*严格执法，夯实责任。*组织开展“雷霆行动”“铁拳行动”等综合监管执法行动和夏季挥发性有机物综合治理、打击危险废物处置违法行为和化工行业工业固体废物隐患排查整治等专项监管执法行动，持续加大环境执法力度，有效夯实企业落实环保主体责任。截至2020年12月，下达处罚决定75件，处罚款559.7万元，移送公安机关行政拘留案件5件。12369环保举报管理平台受理投诉1403件，办结1213件，正在办理190件。

“十三五”的五年，兰州生态文明建设顶层设计制度体系已基本建立，中央生态环境保护督察等制度也已落地见效，逐步全面加强“党政同责、一岗双责”的领导机制。排污许可、生态环境保护综合行政执法、生态环境损害赔偿与责任追究等制度相继出台。坚定不移地走以生态优先、绿色发展为导向的高质量发展的道路，在生态建设、环境保护方面成果突出。

*中央生态环保督察整改高位推进。*第一轮中央环保督察反馈涉及兰州市的21个问题，完成整改18个，剩余3个正在按照计划加快推进(分别是：矿产资源违规开发造成生态破坏问题；2014年以来违规注册的10蒸吨以下燃煤锅炉注销及淘汰取缔问题；城镇污水管网建设尚未完成“全收集、全处理”；部分区域仍存在生活污水直排问题)，督察期间交办的512件环境信访案件，剩余1件未办结(即安宁区铁路编组站噪音扰民问题)；第二轮中央生态环保督察反馈涉及兰州市25个问题，根据省整改办的统一部署，制定印发《兰州市贯彻落实中央生态环境保护督察反馈问题整改实施方案》，逐项细化、量化、实化整改目标任务、责任单位与具体措施，明确时间表、路线图、任务书。另外，雷坛河治理项目主体工程完成，兰州石化公司4个环境问题完成整改，众邦公司针对异味问题已制定整改方案并组织实施；兴隆山自然保护区中官磨滩度假村、京兰水泥有限公司占用自然保护区缓冲区和实验区问题正在积极推进。交办兰州市的环境信访案件共836件，办结725件，剩余111件正在有序推进；自然保护区监管和问题整改，吸取祁连山生态环境问题教训，集中力量对连城、兴隆山两个自然保护区开展排查，梳理自然保护区内生态环境问题13类123个，全部完成初步整改，市级正在组织复核认定。

*机构体制改革稳步推进。*严格按照国家、省上的深入重点领域改革工作的要求，深入推进全市生态环境系统监测检查执法垂改管理工作，配合省生态环境厅完成兰州生态环境监测中心机构编制和人员上划工作。推动区县生态环境机构垂改工作，自2019年3月起，先后完成各区县分局新机构挂牌、领导班子任命、分局党组设立和党组成员任命以及人员编制划转、档案审查、工资审核确认等工作。并同步启动执法队伍改革，制定印发《兰州市生态环境执法改革实施方案》，先后完成区县人员转隶、机构整合、编制入库等工作。

*环评“放管服”改革持续推进。*在全省首推环评告知承

诺制，最大限度缩短审批时限，强化事后监管，有效激发企业投资动力；对重大项目、民生工程、扶贫项目开通“绿色通道”，甚至上门提供“保姆式”服务；2020年还出台《兰州市生态环境局关于做好疫情期间建设项目环评审批工作的指导意见》《兰州市生态环境局关于进一步支持企业平稳健康发展的通知》，助力企业复工复产，面对面帮助17家企业解决26个生态环境保护方面的难题。截至年底，全市建设项目环评文件审批备案3910件，其中审批类项目446个（报告书40个，报告表406个），登记表备案类项目263个；完成医疗卫生、物资生产、研究试验等7个特事特办的“三类项目”环评手续办理，对263个符合条件的建设项目实行告知承诺制。固定污染源排污许可实现全覆盖。充分依托“二污普”企业清单和全国排污许可信息平台两项重要保障，共摸排收集3万余条原始数据，将全市7788家排污单位纳入排污许可范围，形成固定污染源基础信息清单和固定污染源发证和登记清单。截至年底，全市核发排污许可证1538家，登记3204家。组织7家发电企业完成全国碳排放交易注册登记工作，并对12类重点涉水行业企业开展强制性清洁生产审核，完成总任务的90%以上。

“十三五”期间，兰州市生态环境局深入实施大气、水、土壤污染防治三大行动计划，切实解决突出环境问题，取得了累累硕果——全市生态环境质量持续改善，规划既定约束性目标基本实现。

（赵紫楠）

# 打赢脱贫攻坚战　走好乡村振兴路

——兰州市脱贫攻坚工作综述

兰州市辖城关区、七里河区、西固区、安宁区、红古区5个区，永登县、榆中县、皋兰县3个县，有14个乡47个镇，730个行政村。总面积1.31万平方千米，耕地面积304.8万亩。有国家扶贫开发工作重点县1个（榆中县）、国家六盘山片区贫困县3个（榆中县、永登县、皋兰县）、插花贫困县（区）1个（七里河区），有建档立卡贫困村256个。2011年，根据国家2300元的扶贫标准，全市有建档立卡贫困人口31.79万人，贫困发生率24%。

党的十八大以来，兰州市坚持以习近平新时代中国特色社会主义思想为指导，深入学习贯彻落实习近平总书记关于扶贫工作重要论述，特别是对甘肃重要讲话和指示精神，按照中央打赢脱贫攻坚战的决策部署和全省精准扶贫精准脱贫安排部署，把脱贫攻坚作为最大政治责任和最大民生工程，紧盯“两不愁三保障”目标，按照“六个精准”和“五个一批”要求，聚焦256个建档立卡贫困村和31.79万建档立卡贫困人口，精准实施“一户一策”脱贫计划，举全市之力打好精准脱贫攻坚战，啃下一个又一个“硬骨头”，攻克一个又一个“贫困堡垒”，历史性实现区域整体脱贫。2017年皋兰县、七里河区在全省第一批实现脱贫摘帽。2018年连战连捷，永登县、榆中县又顺利实现脱贫退出。2020年9月底，经市县乡村逐级自下而上验收，剩余的0.38万贫困人口全部达到退出标准，实现全面脱贫。也是在这几年，兰州市贫困地区住房、饮水、义务教育、基本医疗、产业就业、兜底保障等重点领域综合服务水平全面提升，农村居民人均可支配收入由2012年的6224元增长到2020年的14652元，增长2.35倍，群众生活发生翻天覆地的变化，为决战决胜全面小康、推进乡村振兴奠定了坚实基础。

## 一、聚焦责任落实，坚决扛起脱贫攻坚重大政治责任

全市各级党委政府始终将脱贫攻坚作为头等大事和第一民生工程，作为增强“四个意识”、坚定“四个自信”、做到“两个维护”的现实检验，着力提高政治站位，强化组织领导，坚定不移扛起重大政治责任，全力以赴抓好脱贫攻坚工作。强化理论武装。市委市政府把学习贯彻习近平总书记关于扶贫工作重要论述和对甘肃重要讲话指示精神作为脱贫攻坚的统揽和主线，贯穿于制定政策、谋划举措、推动工作的各方面，落实到脱贫攻坚全过程。对习近平总书记发表的重要讲话、做出的重要批示指示，都在第一时间传达学习、第一时间部署落实，市委常委带头学，市级干部率先学，通过深入系统学、融会贯通学、联系实际学，在学懂弄通做实上下功夫，迅速把思想和行动统一到习近平总书记重要讲话精神上来，为全市扎实做好脱贫攻坚工作指引方向。强化统筹协调。2016年以来，市委市政府先后召开128次专题会议听取脱贫攻坚工作情况汇报，38次召开市扶贫开发工作领导小组和办公室会议，省委常委、市委书记李荣灿先后7次召开脱贫攻坚（西、东片区）现场推进会，及时研究解决重大问题，加强统筹协调，部署开展攻坚行动。市上领导带头落实领导干部联县包抓乡村制度，带头扑下身子抓落实，深入贫困地区进村入户了解情况、解决困难。市扶贫开发工作领导小组成员单位认真履行部门职责，坚持做到扶贫工作优先谋划、扶贫项目优先安排、扶贫资金优先保障、扶贫措施优先落实，强化部门联动，开展协同作战，不断形成脱贫攻坚工作合力。压实攻坚责任。调整加强市扶贫开发领导小组力量，由市委、市政府主要领导任双组长，市委常委、市政府副市长全部担任领导小组副组长，组建11个专责工作组，在256个建档立卡贫困村组建驻村帮扶工作队，落实党政一把手第一责任、五级书记一起抓的领导责任制，落实市上“四大家”帮扶4个贫困县区，市级领导、组长单位包抓贫困乡镇，市县领导、机关单位包抓贫困村，驻村工作队、机关干部包抓贫困户的“四包抓”工作机制，逐级签订责任书、立下“军令状”，加强督导检查，严格考核问责，层层压紧压实工作责任，构建形成纵向到底、横向到边的责任体系。落细攻坚措施。紧盯“两不愁三保障”总体目标，动态研究部署阶段性工作，先后研究制定“十三五”脱贫攻坚规划、精准脱贫推进全面小康社会建设“1+21”方案、打好打赢脱贫攻坚战巩固提升脱贫成果三年行动实施方案、“3+3”筛查冲刺清零方案、“3+1”冲刺清零后续行动方案、“5+1”专项提升行动方案等一系列政策文件，每年都制定脱贫攻坚工作要点和下发任务清单，细化实化措施，聚焦问题短板，确保政策落实。

## 二、聚焦攻坚保障，持续提供决战决胜资金支撑

紧盯贫困村和贫困人口，坚持政策向扶贫倾斜、资金向

扶贫聚集、项目向扶贫靠拢，举全市之力大打精准脱贫攻坚战。加大扶贫资金投入力度。严格落实市县财政投入增长机制，市级按当年地方财政收入增量的10%以上增列专项扶贫资金，三个贫困县按20%以上、七里河区按15%以上增列专项扶贫资金，2016年以来各级财政投入专项扶贫资金近40亿元。其中，2019年中央省级财政专项扶贫资金投入3.15亿元；市级财政专项扶贫资金投入1.23亿元；2020年安排投入扶贫资金9.53亿元。其中，中央、省级资金3.51亿元；市级资金1.27亿元；县级资金4.75亿元，为脱贫攻坚提供了有力支撑。持续推进涉农资金整合。2017年，制定《兰州市支持贫困县统筹整合使用财政涉农资金实施方案》，开展涉农资金整合试点工作，2017—2020年全市涉农资金统筹整合规模分别为9.08亿元、10.45亿元、6.37亿元和5.4亿元，主要用于产业发展、村集体经济发展、光伏扶贫、各类职业技能培训等农业生产发展和贫困户出行难、住房安全、饮水安全等基础设施建设方面，有力保障脱贫攻坚工作顺利开展。严格扶贫资金监管。制定《市级扶贫专项资金的管理办法》《东西部扶贫协作资金使用管理实施细则》《村级集体经济扶持方案》《关于进一步加强贫困村互助资金试点工作的实施方案》等文件，健全财政扶贫资金分配、项目安排和资金使用公告公示制度，各类资金重点向贫困程度较深的片区和贫困人口较多、基础条件差的贫困村倾斜。加强资金分配拨付、扶贫项目确定、扶贫资金使用等重点环节监督，深入推进扶贫领域腐败和作风问题专项治理，严格规范扶贫资金管理使用。加强扶贫事务公开，健全财政扶贫资金分配、项目安排和资金使用公告公示制度，并通过扶贫监督举报电话、网络、来信来访等投诉渠道加大社会监督，完善落实举报核实整改制度，加大扶贫领域信访办理力度。

## 三、聚焦薄弱环节，加快补齐脱贫攻坚短板

坚持把稳定实现“三保障”作为脱贫攻坚的重中之重来抓，全面落实扶贫各项惠民政策，先后开展了“3+3”筛查冲刺清零行动和“3+1”冲刺清零后续行动，逐村逐户逐项“过筛子”查漏补缺，全面消除遗漏隐患和死角盲区。义务教育方面。全面落实特殊贫困户学生兜底保学计划、义务教育“两免一补”政策和农村义务教育学校营养改善计划，全市适龄儿童少年义务教育入学率100%，贫困家庭子女义务教育巩固率100%，全市有接受教育能力的适龄残疾儿童少年入学率100%。2020年，实施“两类学校”（乡村小规模学校、乡镇寄宿制学校）项目92所，投入资金8974.73万元。其中，乡村小规模学校65所；乡镇寄宿制学校27所，全部于8月底完工并投入使用。基本医疗方面。实施建档立卡人员“先诊疗后付费”、基本医保、大病保险、医疗救助“一站式”结报，实行住院统筹基金总额预付管理以及患者合规异地就医直结制度，切实解决贫困人口的就医负担，全面提升医疗保障水平。全市建档立卡贫困人口医保参保率100%，建档立卡贫困人口家庭医生签约率99%以上，贫困村卫生室标准化建设全覆盖，乡、村两级机构人员“空白点”全面消除，贫困人口“有地方看病、有医生看病、有制度保障看病”目标基本实现。2020年，全市建档立卡贫困人口参保对象20.11万人，医疗救助资助参保25.85万人，资助资金2685.19万元。住房安全方面。逐村逐户全面摸排农村住房安全情况，对符合农村危改条件的住房全部纳入危改计划，不漏一户，严格执行验收标准和程序，严格把好危房改造质量关。2016年以来，全市累计实施农村危房改造5359户，顺利实现农村四类重点对象现有存量危房清零目标。2020年，摸排存量农村闲置、废弃危房7023户，已全部拆除，拆除率100%，同时强化对所有农村住房实施动态监管，全力确保农村群众住房安全。饮水安全方面。全市建成集中式供水工程277处，累计完成投资超过11.49亿元，有效解决了农村105.13万人饮水问题，农村饮水安全覆盖率100%，集中供水率98%，自来水普及率90%以上。其中，2020年实施农村饮水安全冲刺清零后续行动项目6项，总投资4338万元；实施农村苦咸水改造项目1项，投资528万元。6项巩固提升工程和1项苦咸水改造项目全部完成建设任务，投资完成率100%。

## 四、聚焦质量成色，不断巩固提升脱贫攻坚成果

实施“5+1”专项提升行动，持续巩固提升脱贫成果。产业扶贫专项提升行动。持续发展特色产业，围绕全省“牛羊菜果薯药”产业发展思路，落实到户产业扶持政策和“五小”（小庭院、小家禽、小手工、小买卖、小作坊）产业扶持政策，重点发展高原夏菜、百合、玫瑰、中药材等特色产业，种植面积分别达到84.56万亩、11.56万亩、5.97万亩和15.78万亩。2020年，投入产业资金1.4亿元，到户资金3991万元、带动贫困户4729户，其中直接用于发展生产的补助资金1551万元、入股合作社和龙头企业资金1430万元，“五小”产业扶持资金130余万元、带动贫困户743户，推动特色农业产业加快发展，有力支撑了贫困地区群众稳定增收。成功引进重庆天兆、四川新希望、北京德青源等国字号龙头企业，培育市级以上龙头企业181家、新认定市级龙头企业15家，市级以上农民合作社示范社达310家，每个建档立卡贫困村有2个以上合作社，实施各类政策性农业保险险种19种，在553个村推行农村“三变”（资源变资产、资金变股金、农民变股东）改革，参与贫困户1.68万户，贫困户收益2234.5万元。创建省级旅游示范村15个，市级旅游示范专业村40个，新建改建农家乐1800户，2020年乡村旅游收入18.33亿元。电子商务乡镇覆盖率90%，行政村覆盖率70%；各类快递企业在乡镇自建网点覆盖率达90%，累计培训农村电商人才3万余人。建成榆中户用分布式光伏发电项目2104户，建成

永登、皋兰光伏扶贫村级电站51个，开发公益性岗位172个，截至2020年9月底，带动建档立卡贫困户1873户，累计发电收益1292.47万元。就业扶贫专项提升行动。制订脱贫攻坚就业扶贫三年行动计划，建立劳动力培训与劳务输转一体化工作机制。2016年以来全市累计认定“扶贫车间”102家，吸纳劳动力2740人，其中建档立卡劳动力1295人；累计开展精准培训6.95万人次，其中建档立卡贫困劳动力1.81万人；累计完成劳务输转143.79万余人、创劳务收入334.57亿元；开发乡村公益性岗位1267个。其中，临时性乡村公益性岗位550人；爱心理发员591人；易地扶贫集中安置点乡村公益性岗位126人，有效实现“培训一人、输出一人、就业一人、带动一人”的目标。开发生态护林员公益性岗位1237个，草原管护员公益性岗位601个，全市近2100户建档立卡贫困人口从中受益。2020年，新认定“扶贫车间”20家，吸纳劳动力515人，其中建档立卡贫困劳动力227人；开展精准培训1.47万人次，其中建档立卡贫困劳动力4366人；输转城乡富余劳动力25.4万人，创劳务收入62.08亿元，其中输转建档立卡贫困劳动力5.79万人，创劳务收入9.65亿元，实现有输转意愿的贫困劳动力应输尽输。易地扶贫搬迁专项提升行动。把易地搬迁的出发点和落脚点放在脱贫上，科学选址建设集中安置点，配套完善水、电、路、气、网等基础设施，因地制宜、因户施策培育发展产业，保证贫困群众搬得出、留得住、能致富。“十三五”期间，全市易地扶贫搬迁项目涉及19个集中安置点，搬迁建档立卡群众1568户5543人。强化后续保障能力，按照“一户一策”的要求，落实产业扶持1285户；就业扶持1242户，兜底保障223户，基本实现有产业发展需求的全面落实产业扶持，有劳动能力的家庭一户至少1人就业，无劳动能力家庭应兜尽兜的要求。村组道路建设专项提升行动。加快推进“农村四好路”建设，2016年以来，完成各类农村公路建设项目2850.2千米，完成危桥改造工程67座，农村公路生命安全防护工程4849.7千米，农村公路列养里程日常养护工作全覆盖，全市建制村通畅率100%，农村公路建设实现“从量到质”的全面提升。2020年，建成141.97千米自然村组硬化道路，投资7455.1万元，惠及永登、榆中、皋兰3个县26个乡镇49个建制村111个自然村9805户群众，进一步完善交通基础设施出行短板。兜底保障专项提升行动。聚焦老弱病残等特殊困难群体，推进农村低保标准和扶贫标准有效衔接，完善低保、临时救助、社保等兜底机制。2016年以来，农村低保标准由每人每年2986元提高至2020年的4428元，增幅48.3%，特困供养对象基本生活保障标准提高至每人每年5757元，照料护理补贴全自理、半护理、全护理分别提高至每人每年1440元、2640元、3840元，农村困难群众的生活水平得到了有效改善，累计为29.6万困难群众发放生活保障资金6.7亿元。

## 五、聚焦突出问题，确保各类反馈问题“清仓见底”

全市把深入查找和彻底整改问题作为改进工作不足、提高脱贫质量的有效抓手，对国家和省上脱贫攻坚专项巡视、督查和检查发现的各类问题主动认领、举一反三、全面梳理排查，制定精准整改措施，建立整改工作台账，实行挂账销号。提高政治站位抓整改。坚持把抓好各类巡视考核反馈问题整改作为政治考验和现实检验，作为践行“两个维护”的具体行动，市上及时成立市中央脱贫攻坚专项巡视反馈意见整改工作领导小组，市委、市政府主要领导任双组长，分管领导任副组长，负责牵头抓总、谋划推动、督促指导，及时研究整改事项，统筹解决重大问题，动真碰硬抓好反馈问题整改落实。严格落实责任抓整改。市委市政府主要领导切实担负起整改第一责任人职责，坚持直接抓、抓具体、抓到底，通过定期部署、下沉调研、实地督导等方式，推动整改任务落到实处。市四大班子分别包抓三县一区，市级领导和组长单位包抓贫困乡镇，机关单位包抓贫困村，驻村工作队、帮扶责任人包抓贫困户，紧盯脱贫攻坚重点工作和反馈问题整改目标。科学统筹有序抓整改。坚持把专项巡视、成效考核、调研督导、监督检查、暗访督查发现的问题结合起来，全面认领，一体研究，详细制定整改方案，全部明确责任领导、责任单位、责任人员和整改时限，推动新问题和老问题、点上问题和面上问题、基层问题和行业问题一体整改。强化督导检查抓整改。由市整改办牵头，抽调市委组织部、市纪委监委、市农业农村局、市水务局等市直部门组成专门督查组，对落实脱贫攻坚政治责任再传导，对抓好各类问题整改再督促，对脱贫攻坚成效再巩固，以全方位的监督执纪确保脱贫攻坚工作的质量和成色。严格实行“周调度、旬统计、月报告”制度，在抓整改上见真章、动真格、求实效，以问题整改落实巩固脱贫成果、提高脱贫质量。2017年以来，中央巡视、中央脱贫攻坚专项巡视和“回头看”、国家成效考核、中央纪委国家监委调研督导和国务院扶贫开发领导小组督查以及省委专项巡视、民主监督、检视清零等反馈及自查的问题共686个均全部完成整改。其中2020年对照梳理出的中央巡视“回头看”、国家考核、中纪委调研督导反馈的48个问题、省脱贫攻坚“回头看”排查的24个问题、省委专项巡视反馈及排查梳理的333个问题、全市检视清零发现的31个问题及国务院扶贫开发领导小组督查反馈自查的8个问题，均已全部整改完成。

## 六、聚焦攻坚合力，凝聚社会各方力量共同参与

坚持政府主体主导，凝聚各方力量协同作战，形成联动格局全力攻坚。深化东西部扶贫协作。2017年2月，省上确定天津市宁河区帮扶榆中县，2017年12月，又将永登县

和皋兰县纳入东西部扶贫协作范围，分别由天津市宝坻区和东丽区帮扶。两年来，紧紧围绕组织领导、人才交流、资金支持、产业合作、劳务协作、携手奔小康六大任务，推进两地人才互动、资源互通、信息共享，先后制定《东西部扶贫协作三年行动规划》《东西部扶贫协作三年行动实施意见》，与天津市三个区签订《东西部扶贫协作框架协议》，两市党政领导互访20次，召开联席会议21次，先后选派27名干部赴天津三个区挂职，互派教师、医生、科技人员等专业技术人才501人次开展学习和挂职锻炼，举办各类专业技能培训班124期，培训贫困人口3642人次，部分人员已经在天津企业就业；落实帮扶资金2.78亿元，实施扶贫项目204个，15.57万贫困人口受益。2020年，落实天津市各级帮扶资金10970万元，计划实施项目80个，截至11月底，项目实际完工78个，带动贫困户8.87万人，使用资金9240万元。其中，用于产业扶贫5533万元；用于就业扶贫1395万元；用于基础设施建设1511万元；用于教育扶贫262万元；用于基本医疗503万元；用于残疾人扶贫65万元。带动贫困残疾人1177人。计划选派9名党政干部和118名专业技术人才到天津挂职，实际到位10名党政干部和194名专业技术人员。推动机关单位到村帮扶。成立市上统一领导、区县主体主推、组长单位协调联动、牵头单位归口管理、帮扶单位具体实施、驻村帮扶工作队落实任务的帮扶工作机制，立足帮扶实效，层层传导压力，形成帮扶领导到县到乡、单位到村、干部到户、工作队驻村的帮扶工作格局。地级干部包抓1个贫困乡镇、每人联系1个贫困村、结对帮扶3户贫困户，县处级干部每人结对帮扶2户贫困户，科级及以下干部每人结对帮扶1户贫困户。2016年以来，全市各帮扶单位组织帮扶责任人进村入户5.74万次56.02万人，开展实用技术和劳动力技能培训3972场次、受益10.78万人；筹措帮扶资金1.29亿元；帮助群众解决急事难事2.12万件；宣传政策9.92万场次106.62万人；化解矛盾纠纷1.39万件；引进社会力量捐助1523.08万元。广泛动员社会力量帮扶。开展“百企帮百村、共建新农村”“先富帮后富、共同奔小康”“人大代表在行动”“政协委员助推帮扶”等社会扶贫活动，先后有700余家省内外企事业单位及个人与186个贫困村结对帮扶，62个城市中小学与31个贫困区县中小学结成帮扶对子，107家律师事务所在25个贫困乡镇和82个贫困村开展法律咨询服务和援助，350家本地民营企业投入各类帮扶资金3.98亿元，实施帮扶项目939个；外地民营企业投入帮扶资金3.04亿元，实施帮扶项目951个，使本地338个贫困村8.12万人贫困人口从中受益，为脱贫攻坚注入了新的动力和活力。激发群众内生动力。扎实推进以“扶志”“扶智”为主要内容的精神扶贫工程，加大对自力更生、脱贫致富典型的宣传力度。2019年以来全市开展“乡村振兴、脱贫攻坚”新时代文明实践志愿服务示范活动18场，捐助物资价值280余万元，累计参与志愿者1500余人次。在全市建成“巾帼家美积分超市”58个，通过文明行为换取荣誉积分、以积分兑换日常家用品的方式，弘扬文明新风，消除视觉贫困。深入农村、基层，开展以党课宣讲、惠民政策解读、法律咨询、农技下乡、医疗义诊、文化下乡等形式多样的扶志扶智项目，充分发挥精神文明建设在“扶志”“扶智”方面的积极作用，贫困群众勤劳致富的积极性主动性明显增强。

## 七、聚焦党建引领，贫困治理能力显著增强

贯彻党中央和省委抓党建促脱贫攻坚的决策部署，努力推动基层党组织发挥战斗堡垒作用、广大党员发挥先锋模范作用，切实把基层组织优势转化为工作优势，激励引领党员、干部和群众奋力打赢打好脱贫攻坚战。全面建强基层战斗堡垒。在农村基层党组织扎实开展“四抓两整治”，推行党支部建设标准化，实施村党组织带头人队伍整体优化提升行动，注重优化年轻、学历和能力素质结构，全市村党组书记平均年龄44.3岁，较2019年下降4.4岁，大专学历以上人数较2019年上升6.7个百分点。先后从在乡村服务的“三支一扶”“进村进社”“西部计划志愿者”“大学生村官”等项目人员中，招聘194名熟悉农村工作的优秀大学毕业生担任专职村党组书记，切实优化村党组书记队伍结构。推进村党组织书记和村委会主任“一肩挑”工作，全市“一肩挑”比例84.8%，全市村干部、组干部年平均报酬分别达到3.4万元、0.92万元，较2016年分别增长1.8万元、0.44万元，村级组织办公经费最低年保障标准提高到5万元。调整优化驻村帮扶力量。制定调整加强全市脱贫攻坚帮扶工作力量的意见，全市256个建档立卡贫困村全部派驻驻村帮扶工作队，累计选派驻村帮扶干部4982名，举办脱贫攻坚专题培训班、专题讲座190期，培训各级各类干部约3.2万人次，实现“三县一区”县、科级领导干部和驻村帮扶干部的全员轮训。将驻村工作队经费提高到每年1.5万元，市级驻村帮扶工作队员补助标准提高到每天150元，每周补助交通费80元，每月补助通信费100元。2019年，响应省委号召，选派150名优秀干部到西和、东乡、礼县3县开展驻村帮扶工作，为全省决胜脱贫攻坚贡献兰州力量。深入开展人才扶贫。实施专业技术人才对口帮扶计划和农村实用人才培养计划，选派专业技术人才到贫困县区和乡村开展对口帮扶，围绕特色优势产业精准扶贫，在全市范围内分层次、按类型、依产业大力培育合作社带头人、现代青年农场主、农业经理人、农村创新创业青年和产业扶贫带头人，举办专业技术培训班105期5000余人次。发展壮大村集体经济。按照“空壳村抓消除、薄弱村抓壮大、富裕村抓提升、经济强村抓带动”的村级集体经济发展思路，推动全市村级集体经济不断发展壮大。制定出台《兰州市发展壮大村级集体经济扶持方案》，加大市县扶持力度，因地制宜发展壮大村级集体经

济。全市全面消除集体经济空壳村,433个村集体经济收入5万元以上,256个建档立卡贫困村集体经济全部2万元以上。

## 八、聚焦决战决胜，确保如期全面收官交账

全市上下努力克服新冠肺炎疫情带来的不利影响,统筹推进疫情防控和脱贫攻坚工作,较真碰硬整改突出问题,步调一致深化脱贫攻坚,坚决打赢脱贫攻坚收官之战。挂牌督战攻克最后贫困堡垒。紧盯全市0.68万“三类人员”(贫困老年人、重病人、残疾人)和脱贫攻坚薄弱环节,将挂牌督战作为决战脱贫攻坚的有力抓手,制定印发《兰州市脱贫攻坚挂牌督战工作方案》,全面靠实市直部门和脱贫区县工作责任,明确重点工作任务,分层分级推进挂牌督战。逐户逐项全面分析,精准完善“一户一策”脱贫计划,全面落实产业扶贫、就业扶贫、兜底保障、小额贷款以及公益性岗位等各项扶贫增收措施。建立有效防贫返贫机制,对“两类户”落实增收措施排查核实。“两类户”(脱贫监测户、边缘贫困户)全部享受一项及以上增收措施,截至2020年9月底,剩余脱贫人口达到脱贫标准,监测人口和边缘人口均已全部消除返贫、致贫风险。坚决有力克服疫情影响。认真分析疫情对脱贫攻坚造成的不利影响,第一时间制定疫情防控期间统筹加强脱贫攻坚的一系列支持政策,从推动复工复产、加快扶贫项目建设、加大消费扶贫力度等方面多措并举,特别是贯彻落实中央“六稳”“六保”决策部署,努力把疫情对脱贫攻坚造成的影响降到最低。全市扶贫龙头企业复工185家、复工率100%;“扶贫车间”复工102家,复工率100%,吸纳就业2740人;组织外出务工建档立卡贫困劳动力5.79万人,全市落实稳就业奖补政策资金2648.33万元,已发放2219.78万元,占资金安排的83.82%;开发乡村公益性岗位1267个;新增小额信贷3232户1.54亿元;以“三专一平台”(“三专”指消费扶贫智能专柜、消费扶贫专馆、消费扶贫专区;“一平台”指中国社会扶贫网平台)为消费扶贫主要载体,开展兰州特色农产品销售推荐活动,销售额达7.79亿元。圆满完成脱贫攻坚普查 。按照“本地回避,互不交叉”原则,组建3个跨县异地派驻普查工作组599人开展普查登记工作。各派驻工作组严格按照甘肃省脱贫攻坚普查领导小组《关于进一步做好脱贫攻坚普查第一批现场登记工作的通知》,有序开展脱贫攻坚普查现场登记工作,普查员两人一组逐户入户访问,按规定程序逐项调查询问建档立卡户,实地查看“两不愁三保障”实现情况和相关佐证材料,据实填报建档立卡户普查表。完成52916份建档立卡户普查表、580份行政村普查表和3份县普查表的调查、填写和上报工作,并顺利完成市县两级数据审核验收工作,入户群众对脱贫攻坚满意度100%。全面检视清零不留死角。聚焦“两不愁三保障”脱贫目标,对照脱贫指标、成效考核要求、普查标准查、“四个不摘”、应对疫情灾情、高质量交账要求查缺补漏,全面检视清零,查找影响脱贫攻坚大局的风险隐患,尤其是对有贫困人口的非贫困村和非贫困县,逐村逐户开展全面检视。市上组成由帮扶责任人、乡村两级干部、驻村工作队组成的核查队伍,逐村逐户一遍一遍核查,着力排查“两不愁三保障”等方面存在的问题和薄弱环节。对排查出的问题,明确整改措施和责任,限时对账销号,推动各项政策措施惠及贫困群众,真正让脱贫成效得到群众认可。检视清零行动中,贫困户核查发现产业扶贫等9类31个问题,贫困村核查发现基础设施等5类16个问题,现均完成整改,为如期打赢脱贫攻坚战奠定坚实基础。健全完善防返贫监测帮扶机制。贯彻落实国家和省上关于建立防止返贫监测和帮扶机制的部署要求。强化动态管理,按照人均可支配收入5000元的标准持续排查致贫返贫风险隐患,高度关注受疫情灾情影响,及时将风险人群纳入进行帮扶;全面落实“四不摘”政策,持续落实就业、产业、教育、医疗、金融等扶贫政策,确保贫困群众稳定持续增收,巩固提升脱贫成果;出台《兰州市精准防贫保险实施方案(试行)》,对因病、因学、因灾等出现重大返贫风险时启动保险给付,筑牢了防止返贫致贫的“安全网”。

(翟柯帆)

# 大事记

## 1月

**4日** 甘肃省人民政府公布甘肃省第二批历史文化街区名单，兰州市金天观—洪恩街历史文化街区、河口古民居历史文化街区、白塔山庄历史文化街区、兰棉厂宿舍历史文化街区、阿甘煤矿历史文化街区入选。

**6日** 中科院近物所科技成果转化项目——重离子应用技术及装备制造产业基地在兰州新区中川园区动工开建。

**13日** 金城海关揭牌开关，正式对外办理海关业务。

**15日** 中国人民政治协商会议兰州市第十四届委员会第四次会议在省政府礼堂开幕。市政协主席李宏亚代表政协兰州市第十四届委员会常务委员会做工作报告。

**16日** 兰州市第十六届人大四次会议在甘肃大剧院开幕。省委常委、市委书记李荣灿出席，市长张伟文代表兰州市人民政府作政府工作报告，市人大常委会主任张建平主持会议。

**17日** 全球首套千吨级规模化太阳燃料合成示范项目在兰州新区绿色化工园区试车成功。

## 2月

**5日** 国家发改委批复兰州中川机场三期扩建工程可行性研究报告，批复同意实施兰州中川机场三期扩建工程，本期工程按满足2030年旅客吞吐量3800万人次、货邮吞吐量30万吨目标设计。项目总投资335.5亿元。

**10日** 甘肃省红十字会向兰州市环卫工人捐款50万元。

**25日** 高德地图联合国家信息中心大数据发展部、清华大学—戴姆勒可持续交通联合研究中心、同济大学智能交通运输系统（ITS）研究中心、未来交通与城市计算联合实验室等单位共同发布《2019中国主要城市交通分析报告》。从公共交通服务水平看，兰州的“高峰期平均候车时长”为5.41分钟，在所有城市中最优。与此同时，兰州绿色出行意愿在全国50个城市中排名第一。地面公交出行幸福指数在大中型城市中排名第六，公交运行效率、可靠性、相对城市交通水平的综合表现较好。

**27日** 甘肃省发展和改革委员会印发《关于新建兰州中川国际机场综合交通枢纽环线铁路可行性研究报告的批复》，同意兰州新建中川国际机场综合交通枢纽环线铁路。线路全长14.005千米，项目总投资41.52亿元，建设工期36个月，远景年输送能力约1500万人/年。

**28日** 中国石油聚丙烯熔喷专用料生产线在石油化工研究院兰州化工研究中心一次开车成功，标志着中国石油自主开发的聚丙烯熔喷专用料成功下线。

**29日** 18时，中国石油兰州石化公司第一条口罩生产线成功投产。

## 3月

**6日** “甘肃省2020年春季高校毕业生网络视频双选会”在兰州拉开帷幕。本次双选会采用网络双选会场+视频面试的形式，畅通供需对接，最大限度减少疫情对毕业生就业的影响。

**12日** 市市场监督管理局、市林业局、市森林公安局联合发出“保护野生动物，拒食野味”倡议。

**是日** 兰州石化抢建口罩及熔喷布生产线，仅用23天完成5条医用口罩生产线建设、34天完成熔喷布生产线建设。

**13日** 中国篮球协会授予全国83个地区“2019年全国篮球竞赛优秀赛区”称号，兰州赛区榜上有名。

**16日** 兰州佛慈制药厂第一批N95口罩顺利下线。

**23日** 中共兰州市委、兰州市人民政府印发《关于支持红古区打造兰西城市群节点的意见》，支持红古区打造兰西城市群重要节点。《意见》提出，到2035年，把红古区建成我国西部知名度和美誉度较高的生态秀美、经济繁荣、特色彰显、人民幸福的兰西城市群重要节点。

**24日** 兰州汽车整车进口口岸正式通过由省商务厅、兰州海关、省发改委、省工信厅、省公安厅等部门负责人组成的验收工作组验收。

**25日** 科技部公布23家入选第三批国家专业化众创空间的名单，其中兰石集团能源装备国家专业化众创空间入围，兰州市国家专业化众创空间由此实现零的突破。

**是日** 兰州理工合金粉末有限责任公司100KG级真空熔炼气体雾化金属粉末制备系统（VIGA系统）完成调试，生产出各项指标均达标的3D打印、激光熔敷、高温合金粉末产品，这是省内首套规模化生产高端稀土镍钴合金粉体材料的真空熔炼惰性气体雾化系统。

**26日** 中科院院士、中科院近物所党委书记赵红卫带领调研组赴兰州新区就加快推动甘肃省同位素实验室项目建设考察调研。

**27日** 兰州市规定2020年民办中小学与公办学校同步招生，报名人数超过招生计划的民办中小学实行电脑随机录取，对招生生源100%摇号。生源不足的可适当扩大招生范围。民办中小学报名要通过统一平台报名，不得私自组织报名。

## 4月

**2日** 省政协副主席康国玺带领视察组在兰州开展“黄河流域甘肃段生态保护和治理”监督性视察并召开座谈会。

**12日** 兰西客货运综合枢纽中心工程开工仪式在红古区举行。

**15日** 甘肃省首条熔喷布生产线在中国石油兰州石化公司建成，产品顺利下线。形成从自产聚丙烯医用料、熔喷料、熔喷布生产，再到多条口罩生产线的“一条龙”产业链条。

**16日** 省科技厅官网发布《关于公示甘肃省2020年第二批拟入库科技型中小企业名单的通知》，对253家拟入库科技型中小企业名单进行公示，兰州凯奥特电子科技有限公司、甘肃金瑞园农业科技有限公司、兰州新多维勘测设计工程有限公司等87家企业成功入围第二批公示名单，占全省的34.4%。

**21日** 兰州市人民政府与恒大集团签署战略合作框架协议。达成恒大文化旅游康养城、恒大养生谷、恒大温泉水世界、恒大新能源动力电池4个项目的合作意向，计划总投资额1070亿元。

**21—23日** 省政协副主席马文云带领调研组，来兰州市开展“宗教界代表人士选拔、培养和管理工作”专题调研活动。

**22日** 兰马组委会正式发出公告，确定原定于6月14日举办的“兰州银行杯”2020兰州国际马拉松赛将延期举办，具体举办时间另行通知。

**是日** 人民网·兰州市舆评中心在兰州市委网信办启动运行。

**23日** 省人大常委会副主任吴明明率调研组赴兰州高新区（定连园区、雁滩园区），就兰白国家自主创新示范区建设推进情况进行现场调研并召开座谈会。

**24日** 入驻兰州新区绿色化工园区的兰州康鹏威耳化工有限公司农药生产许可证获批，这是兰州新区获批的首个农药生产许可证。

**27日** 兰州市青年工作联席会议第一次全体会议召开。

**28日** 价值400余万元的高科技“明星”——兰州市农药残留质谱快速检测移动实验室在兰州国际高原夏菜副食品采购中心正式亮相。

**是日** 兰州市经济技术开发区获批甘肃省第一批绿色园区称号，永登祁连山水泥有限公司、西北永新涂料有限公司、兰州伊利乳业有限责任公司、兰州红安纸业有限公司、腾达西北铁合金有限责任公司5家企业获批甘肃省第一批绿色工厂称号，兰州金土地塑料制品有限公司全生物降解膜袋获批甘肃省第一批绿色产品称号。

**29日** 兰州市志愿服务联合会第2届会员代表大会暨换届大会召开，会议选举产生兰州市志愿服务联合会第2届理事、常务理事、会长等职务的任职人员。

## 5月

**6日** 省工商联发布的“2019年甘肃省民营企业50强”榜单中，兰州市有19家民营企业入围，占比38%，在全省各市州排名居首。

**13日** 甘肃省人民政府与青海省人民政府签订《深化甘青合作共同推动兰州—西宁城市群高质量协同发展框架协议》，两省将共同建设兰西城市群“1小时经济圈”，加快兰西城市群市场一体化进程。

**15日** 兰州市第三人民医院医养结合建设项目——兰州市老年护理院试营业。该项目为兰州市唯一一家公立医养结合老年护理院。

**16日** 晚7时，“逐梦兰图，热爱十年”2020兰州马拉松系列赛之24小时接力跑在马拉松公园鸣枪开跑。

**18日** 兰州市“乡村振兴·脱贫攻坚”新时代文明实践志愿服务示范活动启动，为村民送知识、送健康、送文化、送温暖，解难事、办实事、做好事，助力脱贫攻坚，打造新时代文明实践兰州特色志愿服务活动品牌。

**19日** 西固区河口镇河口村、永登县柳树镇牌路村和皋兰县什川镇上车村获得全省优秀乡村旅游示范村称号。

**20日** 兰州市全面启动企事业单位民主管理规范化创建三年行动，将通过三年时间，实现国企职代会建制全覆盖，使国企民主管理工作制度化、规范化、标准化建设不断深入。

**21日** 榆中县率先实现电信5G网络全覆盖。

**22—23日** 省委常委、市委书记李荣灿率兰州市党政考察团赴陇南市考察学习，先后前往武都区、康县，实地考察新型城镇化、乡村振兴和生态文明建设等情况。

**23日** 兰州市首座公益性工业遗址公园——七里河中车·拾光公园正式向市民开放。

**24日** 省委常委、市委书记李荣灿率兰州市党政考察团抵达天水市，考察生态环境综合治理和城市建设等情况。

**28日** 兰州市危险废物处置中心挂牌成立，年处置13万吨工业固体废物。

**30日** 航天工业兰飞高轻新材料项目在兰州新区新型产业孵化基地正式开工。

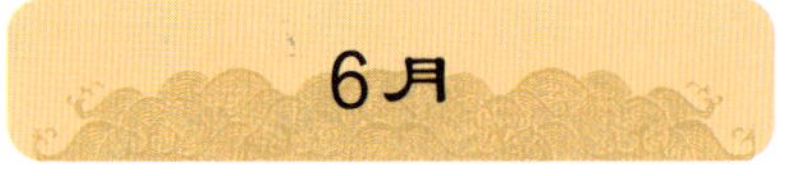

## 6月

**2日** 《陇右文库》编纂工作启动大会在兰州召开，这是甘肃省社科出版领域一号文化工程。

**3日** 兰州市城关区第十九中学教育集团在兰州市城关区金塔路小学挂牌，这是兰州市第一个贯通中小学的教育集团。

**是日** 兰州市大数据产业园（高新园区）挂牌仪式在紫光科技大厦举行。

**是日** 兰州市获批第五届中国创新挑战赛承办城市。

**4日** 山东省委常委、青岛市委书记王清宪率青岛市党政代表团来兰，深入城关区和兰州新区，实地考察黄河兰州段保护治理、防洪工程建设、黄河风情线大景区规划建设和兰石集团高端装备产业园建设运营情况。

**5日** 中欧班列“中吉乌”公铁联运国际货运班列在甘肃（兰州）国际陆港首发，标志着兰州陆港打造的第二条公铁联运国际贸易通道全线贯通。该通道东起兰州市，经由新疆伊尔克什坦口岸出境，途经吉尔吉斯斯坦奥什市，西抵乌兹别克斯坦塔什干市，全长约4380千米，是联接中西亚、辐射欧洲的一条国际贸易新通道。

**6日** 落户兰州新区的甘肃荣康医药物流产业园正式开园运行。这是西北地区首个医药物流产业园区。

**8日** 中卫至兰州铁路营盘山隧道按照预定工期顺利贯通，这是该工程全线超千米隧道中首座贯通的隧道。

**是日** 副省长程晓波在兰州新区调研。强调兰州新区要充分发挥创新驱动示范带动作用，抢抓“一带一路”政策机遇，努力开创商贸物流新局面。

**是日** 兰州经济技术开发区获批甘肃省首批绿色园区。

**9日** 全国人大常委会委员、华侨委员会主任委员王光亚率调研组来兰州，深入社区、企业，专题调研侨务工作开展情况，征求对侨务法治工作和发挥侨务资源优势，助力国家发展战略实施的意见建议。

**10日** 副省长李沛兴到兰州市调研宝方10万吨超高功率石墨电极项目建设情况、红古区再生资源循环经济加工产业园发展情况、中航工业兰州万里机电公司民品开发情况。

**是日** 省政协副主席康国玺带队调研兰州市“着力推进我省夜经济、户外经营健康发展”情况。

**是日** 内蒙古自治区政协主席李秀领率考察团到兰州新区考察。

**12日** 根据市委、市政府决定，兰州市森林公安局划转，由兰州市公安局管理。

**13日** 《人民日报》头版头条刊发《精致兰州“绣”出来》一文，肯定兰州城市精细化管理发展所取得的新成就新经验。

**14日** 兰州银行杯·2020兰州马拉松线上赛在兰州马拉松公园开跑，50位现场跑者与来自全国各地的101348名跑者“云约跑”。

**16日** 兰州市发布垃圾分类“红黑榜”，明确对二次纳入“黑榜”相关责任人将进行处罚并通报。

**是日** 省禁毒委、市禁毒委联合在甘肃国际会展中心举行全省禁毒宣传月启动仪式暨销毁毒品大会。

**是日** 东瑞制药（兰州）原料药基地项目在兰州新区化工园区开工建设，这是落户新区化工园区的首家外资企业。

**28日** 兰州高原雪域山区建设的首个5G基站——马衔山5G通信基站建成开通。

**29—30日** 省政协副主席尚勋武带领省政协“全省‘十四五’经济社会发展重点建议”第三调研组，赴兰州市榆中县、七里河区、安宁区、城关区和西固区开展专题调研。

**30日** 由甘肃省商务厅、兰州市人民政府主办的“吃在金城·一饱口福”美食节在张掖路步行街启动，同步开展“双百”促销行动。

**是日** 省委书记、省人大常委会主任林铎在兰州专程看望慰问老党员和困难党员，并向全省广大党员致以节日的祝福和诚挚地问候。

**是日** 省委常委、市委书记李荣灿会见陶氏化学大中华区总裁林育麟一行，就项目合作进行深入交流。

## 7月

**1日** 兰州至贵阳首次开行动车组列车，D806/7D808/5次，经由兰渝、渝贵两大铁路干线运行，途跨陇、蜀、渝、黔4省市，单程运行里程约1249千米。兰州站11:37发车，经停岷县、哈达铺等12站，当晚22:33抵达贵阳北站，历时10小时56分钟。7月2日起，贵阳北至兰州开行D808次列车，贵阳北站7:53发车，经停修文县、遵义等11站，当日19:06抵达兰州站，历时11小时13分钟。

**是日** 甘肃省人民政府副省长、省道安委主任、公安厅厅长余建赴兰州专题调研城市交通安全管理及疏堵保畅工作并召开座谈会，同兰州市人民政府及有关方面共商加强城市交通管理、缓解城市交通拥堵工作。中共兰州市委副书记、市长张伟文陪同调研。

**2日** 第26届中国兰州投资贸易洽谈会开幕式暨丝绸之路合作发展高端论坛在兰州举行。

**是日** 第26届“兰洽会”重大项目签约暨招商引资项目省级奖励仪式在兰州举行。签约合同项目587个，签约总额2730亿元。

**是日** 第26届“兰洽会”兰州市重点项目签约仪式举行，签约项目134个，签约总额835.75亿元。

**9日** 省委常委、市委书记李荣灿赴天津市，对接和考察东西部扶贫协作有关工作。

**是日** 由中铁二十局市政公司承建的“兰州北大门”高架桥——109国道兰州段改扩建工程高架桥成功合龙，标志着该项目主体工程全面完工。

**10日** 兰州新建智能化铝制易拉罐生产线项目开工奠基仪式在兰州高新区定连园区举行。该项目总投资约4亿元，占地百余亩。

**11日** 由甘肃省人力资源与社会保障厅指导的世界技能大赛技术帮扶暨世赛“家具制作”项目邀请赛在兰州职业技术学院举行。来自江苏、山东、湖北、江西、四川、安徽及兰州职业技术学院的8个代表队参加比赛。

**15日** 兰州市首部扫黑除恶专项斗争微电影《裂网行动》开机仪式在兰州市公安局举行。

**16日** 世界500强企业正威集团兰州基地世界单体最大高铁导线新材料项目投产仪式在兰州新区电子信息产业园区举行。

**21日** 省委副书记孙伟在兰州新区调研现代农业，考察“专精特新”化工科技产业园项目建设工作。

**22日** “兰州市中小学教育实践基地”挂牌仪式在市博物馆举行，市博物馆成为兰州市首家中小学教育实践基地。

**是日** 兰州蓝星纤维“千吨级NaSCN法50K大丝束碳纤维产业化关键技术及装备研究”项目通过中国纺织工业联合会组织的技术成果鉴定。

**24日** 以“干净黔茶·全球共享 梵净山茶·香溢天下”为主题的贵州茶产业推介会在兰州举行，16家企业现场集中签约，签约资金逾5亿元。

**是日** 广东省政协调研组来兰州市调研文化旅游事业。调研组分别在中山桥、黄河母亲广场、兰州非物质文化遗产展览馆等地进行实地察看，对兰州市近年来文化旅游事业快速发展取得的成果给予充分肯定。

**25日** 兰州新区智惠产业创新城项目签约仪式在兰州举行，项目总投资50亿元，主要建设数据中心、工惠驿站、数智物流仓储中心、科技创新中心和智惠仓储购物中心等。

**是日** 兰州杉杉奥特莱斯广场盛大开业。

**26日** 甘肃省文旅厅发布“甘肃100个网红打卡地名单”。兰州水车博览园、兴隆山、中山桥，永登苦水街村、西固区河口黄河风情小镇、兰州市博物馆、三木自行车博物馆、八路军兰州办事处旧址、正宁路夜市、南关民俗风情街、河口古镇、青城古镇、什川古镇等榜上有名。

**27日** 兰州榆中生态创新城党工委、管委会召开干部职工大会，宣布领导班子并举行挂牌仪式。会议宣布吕林邦兼任兰州榆中生态创新城党工委书记、管委会主任。

**28日** 兰州市中医医院异地新建项目主体结构封顶。

**31日** 为期3天的第三届“畅享兰州·乐购金城”糖酒副食交易会在兰州久和国际糖酒副食城举行。

**是月** 截至7月上旬，兰州气温偏高，降水偏少。全市平均气温偏高1.5℃，为近7年最高；全市平均降水量偏少14%。

## 8月

**3日** 兰州南特数码“数字甘肃文化产业平台数据库”、中电万维“智慧旅游公共服务平台“一部手机游+VR”入选工信部2020年新型信息消费示范项目。

**7日** 兰石集团与中国移动、华为、阿里巴巴签署合作协议。同时，“兰石铸锻大脑”项目上线发布，兰石爱特工业互联网科技公司成立揭牌。

**7—8日** 中央文明办二局局长薛松岩带领调研组来兰州市调研文明城市创建工作。

**8日** 中国力学学会与皋兰县签署扶贫合作协议。

**是日** 省委常委、市委书记李荣灿率团参加在青岛香格里拉大酒店举行的由山东省人民政府主办的以“东西互济、陆海联动、开放协作、共促‘双循环’”为主题的2020·青岛·陆海联动研讨会。

**是日** 兰州市人民政府与青岛市人民政府共同签署协同推进黄河流域生态保护和高质量发展战略合作框架协议。

**是日** 经典舞剧《丝路花雨》和《大梦敦煌》在兰州音乐厅同台演出，创造多个首次：两部舞剧首次同台表演；3位“英娘”、5对“月牙和莫高”首次同台亮相；民族舞与芭蕾版《大梦敦煌》双人舞首次同台表演等。中国日报网客户端及海外账号群、文旅部官方海外账号等对这场演出进行全球直播。

**9日** 由农业农村部、甘肃省人民政府联合举办的“2020甘肃特色农产品贸易洽谈会”在兰州农产品交易中心开幕。

**14日** 甘肃农特产品绿色农资供销云峰会在兰州举办，兰州市组织20家单位加入甘肃农特产品供销联盟，4大类20余品种参加现场农特产品展示。

**21日** 黄河上游城市高质量发展和国土空间规划研讨会在兰州市召开。研讨会邀请全国自然资源、规划编制、生态环境、水利开发等领域的专家学者及河南、青海等地自然资源部门代表参加。兰州市人民政府与中国城市规划设计研究院签订战略合作框架协议。

**25—26日** 国务院农民工工作领导小组第14督察组莅临兰州市督察2019年度保障农民工工资支付工作。

**26日** 生态环境部抽调的90余名生态环境执法人员齐聚兰州，拉开了黄河流域入河排污口排查整治试点工作序幕。

**28日** 中国工程院院士、全国名中医、天津中医药大学校长、中国中医科学院名誉院长张伯礼院士在兰州新区佛慈制药参观指导工作。

**是日** 中央政法委基层社会治理局一级巡视员汪锋带领调研组对兰州市市域社会治理、社会治安综合治理中心工作进行专题调研。

**是日** 兰州市第三人民医院老年护理院正式揭牌运行。

**30日** 佛慈制药荣登2019年度中国中药企业百强榜单。

**是日** 由环球时报社主办的第2届中国国际化营商环境高峰论坛暨《2020年中国城市营商环境发展评估报告》发布会在北京举行，兰州新区入选“最具投资营商价值新区（区域）”榜单。

**是月** 由中共中央机关刊《求是》主管主办的《小康》杂志社联合多个国家权威部门和专业机构，面向中国县城或基层行政单位推出“2020年最美乡村百佳县市”“2020中国最具幸福感百佳县市”榜单。七里河区、西固区、榆中县入选“2020中国最具幸福感百佳县市”，永登县、安宁区入选“2020年最美乡村百佳县市”。

## 9月

**2日** 兰州市启动年轻干部基层一线培养锻炼工作，选派172名年轻干部到基层一线、市属国有企业、非公有制经济组织和社会组织培养锻炼。

**3日** 兰州市举行烈士骨灰安葬启动仪式，223位烈士中10位烈士代表的骨灰安放兰州市烈士陵园。

**是日** 沿黄九省（区）政协黄河流域生态保护和高质量发展协商研讨第3次会议在兰州开幕。全国政协副主席、秘书长李斌出席开幕会并讲话。

**4日** 兰州经济技术开发区生态修复与产业发展示范区项目开工奠基仪式举行，示范区大规模基础设施建设拉开帷幕。

**6日** 兰州新区获得全省“市州推动高质量发展贡献奖”称号，并获得6000万元和1000亩土地指标奖励。

**7—8日** 国家发改委经贸司副司长寇明一行7人，来兰州市调研开放发展、粮食安全工作情况。

**8日** 兰州市进出口商品展销会在兰州万达广场开幕，170余个品类、1200余种单品参展。

**是日** 全国农民工工作督察第14组组长、人力资源和社会保障部调解仲裁司副司长巡视员王振麟一行6人到兰州高新区开展2019年保障农民工工资支付工作督察。

**9日** 兰州中川国际机场三期扩建工程开工仪式在兰州新区中川园区兔墩村界内举行。

**10日** 兰州市妇幼保健院异地新建项目开工奠基仪式在北面滩举行。

**12日** 全国乡村旅游与民宿工作现场会在榆中县召开。文化和旅游部党组书记、部长胡和平出席会议并讲话，省委副书记、省长唐仁健出席会议并致辞。文化和旅游部党组成员王晓峰主持会议。各省（区、市）及新疆生产建设兵团文化和旅游厅（局）负责同志、“三区三州”等深度贫困地区代表、第二批全国乡村旅游重点村代表、民宿业主代表共150人参加会议。

**15日** 首趟中欧班列“中吉乌”公铁联运国际货运回程班列最后12组棉纱顺利抵达甘肃（兰州）国际陆港。

**17日** 省委书记、省人大常委会主任林铎赴兰州新区调研指导工作，强调要深入学习贯彻习近平总书记对甘肃重要讲话和指示精神，坚定不移贯彻新发展理念，准确把握功能定位，发挥先行先试优势，更好集聚各类要素，加大科技创新力度，不断强化产业支撑，努力在推动高质量发展上迈出新步伐。

**是日** 团市委组织开展“用音乐开启心灵”——关爱自闭症儿童公益活动，成立兰州市首个“特殊儿童特长教育志愿服务队”。

**18日** 甘肃省扬尘污染防治工作现场推进会在兰州召开。全省14个市州及兰州新区大气办负责人，在兰州恒大文旅项目基建工地现场观摩新型环保抑尘剂抑尘效果演示。

**19日** 2020年第4届中国生物医药园区产业创新发展大会暨第3届兰州自主创新论坛在兰州市举办。

**是日** 第5届兰州科技成果博览会开幕式暨兰州高质量发展论坛在宁卧庄宾馆举行，50余名各领域的专家学者及160余名国内知名企业家和高新技术企业代表齐聚兰州，共商科技合作大计，同谋创新驱动发展。

**20日** 第5届兰州科技成果博览会科技合作与成果交易项目签约暨授牌仪式举行，签订科技成果转移转化与技术交易项目258项，科技产业投资项目25个，签约总额65.73亿元。

**是日** "民生银行杯"陇越骑联2020穿越丝绸之路（国际）山地自行车多日赛，在兰州鸣枪开幕。

**21日** 2020年兰州市振兴制造业工作推进会议召开，动员全市上下坚定实施工业强市战略，着力振兴"兰州制造"，全面提升兰州市制造业整体水平和核心竞争力。

**是日** 农工党兰州市委会召开庆祝中国农工民主党成立90周年暨农工党兰州市委会成立30周年大会。

**23日** 由中国光学工程学会、市政府主办的未来空间技术高峰论坛暨航空航天事业进步与兰州高质量发展论坛在兰州市举办。

**25日** 在第10届兰州黄河文化旅游节开幕式上，兰州市、西宁市、甘南州、临夏州、白银市、银川市、石嘴山市、乌海市、巴彦淖尔市、包头市、延安市、西安市、运城市、临汾市、洛阳市、开封市、济南市、德州市、青岛市等黄河流经区域的19座城市，共同签订合作互利的"陆海同游、东西互赏"旅游联盟。

**25—27日** 以"览黄河风情、品精致兰州"为主题的第10届兰州黄河文化旅游节在兰州音乐厅成功举办。

**26日** "2020·首届兰州—西宁城市群高质量发展研讨会"在兰州召开。

**是日** 2020兰州国际马拉松系列赛金城荧光跑正式开跑。

**27日** 兰州新区大科学装置科技创新创业园举行甘肃省同位素实验室一期项目开工仪式。

**28日** 兰州市举办"菊馨秋韵·精致兰州"菊花展。

**是日** 兰州轨道交通1号线一期工程省政府站投入试运营，至此，兰州轨道交通1号线一期工程全线车站实现通车运营。

**27—28日** 中共中央候补委员、全国人大常委会委员，全国台联党组书记、会长黄志贤带领调研组赴榆中县调研，并开展捐赠扶贫资金、督查扶贫工作、走访慰问困难群众等活动。

**29日晚** 兰州黄河楼点亮仪式在兰州黄河楼景区精彩举行。兰州黄河楼景区的启动运营，标志着兰州黄河风情线再添"新坐标"。

**30日上午** "烈士光荣证"颁授仪式在兰州市烈士陵园举行。

## 10月

**9日** 中国田径协会公布2019中国马拉松等级赛事及特色赛事评定结果，2019兰州国际马拉松赛以及2019兰州新区半程马拉松赛暨健康中国马拉松系列赛获得金牌赛事称号。这是中国田协从2012年开始评选等级赛事以来，"兰马"连续8届获得国内金牌赛事称号。

**14日** 由市妇联、市工商联、兰州女企业家商会共同主办的兰州第1届粉红丝带运动正式启动。

**16日** "绿色氢能和液态阳光甲醇高端论坛"在兰州新区举行。

**是日** 兰州市人民政府与甘肃中医药大学共建甘肃中医药大学第二临床医学院框架协议签署暨揭牌仪式在兰州市第一人民医院举行。

**是日** 西北民族大学建校70周年纪念大会在兰州隆重举行。

**是日** 由中共兰州市委宣传部、兰州市文化和旅游局主办，新华社新闻信息中心甘肃中心承办的"北丝路"牵手"南茶道""一带一路"兰州"茶马古道"城际推介活动在云南昆明举行。

**是日** 中国信息通信研究院发布《工信部2020年十大城市重点场所移动网络质量评测排名》，兰州市获5G网络速率最佳城市。

**是日** 兰州市第40个"世界粮食日"暨第30个"粮食安全宣传周"活动启动仪式在黄河风情线近水平台广场举行。

**18日** 兰州新区上海期货交易所铝期货指定交割仓库揭牌仪式在新区中川北站举行，标志着西北首个铝期货指定交割仓库正式挂牌运营。

**20日** 全国双拥模范城（县）命名暨双拥模范单位和个人表彰大会在北京召开，兰州市再次被命名表彰为"全国双拥模范城"，顺利实现争创九连冠的奋斗目标。

**是日** 兰州特色农产品专场推介会在福州举行，签约总金额5.12亿元。

**21日** 兰州市委常委、政法委书记杨金泉代表兰州市在全国市域社会治理现代化试点工作交流会上做题为《整合资源五治共进，建设更高水平的平安兰州》的交流发言，向全国推广兰州市试点工作经验做法。

**23日** 中华人民共和国退役军人事务部思想政治和权益维护司司长许富昌率调研组来兰，就兰州市退役军人事务各项工作进行走访调研。

**26日** 省委常委、市委书记李荣灿主持召开市扶贫开发领导小组会议暨市中央脱贫攻坚专项巡视反馈意见整改工作领导小组会议。

**是日** 由兰州市建投公司承建的雁白黄河大桥连接南滨河路东西匝道工程建成通车。此工程项目位于兰州市城关区雁白黄河大桥南岸，内容包括桥梁、道路、交通、绿化、照明、雨水、污水、人行通道等配套设施，东匝道长225.85米，西匝道长222.302米，宽度8米，改造段全长1170.33米，总投资7295.65万元。

**27—28日** 中共河南省委常委、洛阳市委书记李亚率洛阳市考察团来兰州市，调研考察黄河兰州段生态保护和高质量发展及兰州文化旅游产业发展情况。中共兰州市委副书记、市长张伟文，中共兰州市委副书记王旭，洛阳市委常委、宣传部部长王飞，洛阳市副市长魏险峰，兰州市政府秘书长段廷智等参加有关活动。

**27—28日** 甘肃省人大常委会组织部分在甘全国人大代表来兰州市开展稳就业保就业工作情况专题调研，全国人大常委会委员、全国人大民族委员会委员、省人大常委会副主任嘉木样·洛桑久美·图丹却吉尼玛参加调研。

**是月** 在中国人民志愿军抗美援朝出国作战70周年到来之际，兰州市委老干部局成立工作组，由局领导班子成员带队，分别对参加过抗美援朝战争的50名老战士、老干部进行全面走访慰问，并为他们送去纪念章。

## 11月

**1日** 由兰州牛肉面产业发展中心投资兴建的兰州牛肉面博物馆在北滨河路开馆启动。

**3日** 工信部公布第5批绿色制造示范名单，兰州经济技术开发区榜上有名，获得国家级“绿色工业园区”称号，园区企业兰州和盛堂制药股份有限公司同步获批国家级“绿色工厂”。

**是日** 副省长程晓波，省统计局党组书记、局长陈波，省统计局省城乡抽样调查队队长刘雅杰一行来兰调研兰州市第七次全国人口普查入户登记工作。

**4日** 中共青海省委常委、西宁市委书记王晓率西宁市党政代表团来兰，前往兰州新区考察，两市就加快推进兰西城市群建设、开展务实合作有关事宜进行深入交流。省委常委、市委书记李荣灿，市领导杨建忠、左龙陪同。西宁市领导孔令栋、管新民、杨小民、张福军等参加活动。

**5日** “丝绸古道”牵手“千年商都”“一带一路”（兰州—广州）城际文化交流活动暨文旅专场推介会在广州盛大启幕。

**6—7日** 以中央政法委副秘书长白少康为组长的中央督查组来兰州市，就《中国共产党政法工作条例》贯彻落实情况进行督查。中央督查组副组长、最高人民检察院检察委员会副部级专职委员张志杰，省委常委、市委书记李荣灿，副省长、省公安厅厅长余建，省检察院检察长朱玉等参加有关活动。

**9日** 甘肃省科技创新大会暨科学技术（专利）奖励大会在兰举行。

**10日** 中央文明办公布第6届全国文明城市名单和复查确认继续保留荣誉称号的前5届全国文明城市名单，兰州市首次获得全国文明城市荣誉称号。

**11日** 由国家卫生健康委派出的中国疾控中心传防所、中国疾控中心鼠布基地、北京地坛医院、内蒙古医科大学附属医院等权威机构专家组成的专家组，对《盐场路街道布鲁氏菌抗体阳性者检查治疗方案》进行集中培训，省市11家定点医疗机构、疾控中心相关工作人员120余人参加培训。

**12日** 5家“兰州市外国专家书屋”挂牌成立。

**15日** 全国“扫黄打非”办公室检查复核组来兰州，对兰州市“扫黄打非”基层站点建设工作进行检查复核。

**19日** 兰州与济南、太原、呼和浩特、郑州、西安、银川7个沿黄河流域省会城市，签订《黄河流域生态保护和高质量发展审批服务联盟合作协议》和《黄河流域生态保护和高质量发展审批服务联盟宣言》，沿黄河流域省会城市企业注册登记等审批服务事项可“跨省通办”。

**是日** 市政府与邮储银行甘肃省分行签订金融服务战略合作协议。邮储银行甘肃省分行党委书记、行长银青志，市委副书记、市长张伟文出席并致辞。

**20日** 中央文明委授予兰州市第6届全国文明城市荣誉称号。

**是日** 兰州人力资源服务产业园正式开园。

**21日** 由兰州大学护理学院主办的萃英护理国际会议暨甘肃省护理学会护理教育专委会年会在兰州大学召开，全省各高校和医院的专家、临床护理人员、护理学院师生300余人参加会议。

## 12月

**1日** “2020中国面食博览会”在兰州开幕。广西、云南、江苏、内蒙古等全国23个省区50余家面食类著名品牌企业参会参展。中国烹饪协会会长傅龙成，甘肃省商务厅副厅长任福康，兰州市副市长马彩云等参加开幕式。

**2日** 全国妇联书记处书记、党组成员、组织部部长赵雯一行来兰州市调研妇女工作。先后前往榆中县夏官营镇詹家营村、夏官营村，安宁区沙井驿街道、刘家堡城市社区，实地察看“妇女之家”“巾帼扶贫车间”“巾帼家美积分超市”等妇联服务阵地，详细了解妇联改革、基层组织建设破难行动、妇联执委作用发挥以及村(社区)"两委"换届等工作推进情况。省妇联主席黄爱菊,市委副书记王旭陪同调研。

**是日** 兰州市进口冷链食品监管总仓正式投入运行。

**7日** 兰州市开启"跨省通办"政务服务新模式。

**8日** 国务院国企改革领导小组办公室第5督查组在督查组组长、工业和信息化部总经济师许科敏带领下赴兰州新区督查国有企业改革情况,调研新区企业,听取兰州市和兰州新区国有企业改革情况汇报。省国资国企改革推进工作领导小组组长、副省长李沛兴,市委副书记、市长、新区管委会第一主任张伟文,市委常委、新区党工委书记杨建忠,新区党工委副书记、管委会主任李东新,副市长左龙等陪同调研。

**9日** 省委宣传部、省委统战部、省民委印发《关于命名第七批全省民族团结进步示范区示范单位的决定》,兰州市被命名为第7批全省民族团结进步示范市。

**15日** 兰州100个科普基地正式授牌开放。

**18日** 由中国石油化工研究院自主开发的低黏度聚α—烯烃(PAO)润滑油基础油连续化清洁生产成套技术,在兰州润滑油公司1万吨/年工业装置上实现首次工业应用。

**21日** 宝方炭材10万吨超高功率石墨电极项目投产仪式在红古区平安镇举行。

**28日** 《2020第五届中国国家旅游年度榜单》正式揭晓,兰州市获得"2020中国国家旅游年度甄选旅游城市"称号。

**29日** 兰州市跨境电商人才孵化中心揭牌暨签约仪式在兰州职业技术学院举行。

**是日** 兰州市安全生产考试中心挂牌成立。

(张永萍)

# 市情概览

## 兰州概貌

【地理位置】 兰州市位于北纬35°34′20″～37°07′07″，东经102°35′58″～104°34′29″，地处甘肃省中部，是中国陆地的几何中心。北部和东北部毗邻白银市的白银区和景泰县、靖远县；东部和南部与白银市的会宁县和定西市的安定区、临洮县及临夏回族自治州的永靖县相邻；西南部和西部与青海省民和县相连；西北部与武威市的天祝藏族自治县接壤。全市总面积13085.6平方千米。

【建置沿革】 兰州历史悠久，旧石器时代晚期，兰州市就有先民居住。夏商周时期，为羌戎居地。秦始皇三十三年（前214年）置陇西郡榆中县，为兰州市境最早的行政建置。汉武帝元狩二年（前121年）置金城县。汉武帝元鼎六年（前111年）置令居县（今永登县），在河桥镇置浩亹县。汉宣帝神爵二年（前60年），在今红古区花庄一带置允街县。西汉在今永登县苦水镇置枝阳县。汉昭帝始元六年（前81年），置金城郡，始领6县，后增至13县，今兰州市境有允街、浩亹、令居、枝阳、金城、榆中6县。十六国时期，前赵、后赵、前凉、前秦、后秦、西秦、后凉、南凉、北凉等占领过金城郡，其中西秦曾建都于兰州。隋文帝开皇元年（581年），置兰州，领金城郡。置兰州总管府，为军事建置。唐代，兰州领五泉、广武、狄道三县。唐代宗广德元年（763年）吐蕃占领兰州，一直到北宋仁宗。宋仁宗景祐三年（1036年），西夏在今永登县红城镇置卓罗和南监军司，并占领兰州。宋神宗元丰四年（1081年）收复兰州，宋与西夏隔黄河对峙。宋高宗绍兴元年（1131年），金占领兰州。元太宗六年（1234年），蒙古占领兰州、金州。明太祖洪武二年（1369年），徐达攻取兰州，降兰州为兰县、金州为金县，属临洮府。洪武五年（1372年），改庄浪州为庄浪卫，属陕西行都司。明惠帝建文元年（1399年），肃王移藩兰县，加强了明朝的统治。明宪宗成化十三年（1479年），升兰县为兰州。清圣祖康熙五年（1666年）陕甘分省，兰州为甘肃省会。清世宗雍正三年（1725年），改庄浪卫为平番县，属凉州府。清高宗乾隆三年（1738年），临洮府移兰州，改称兰州府，兰州改为皋兰县。兰州府领狄道州、河州、皋兰县、渭源县、靖远县、金县。乾隆二十九年（1764年），陕甘总督移驻兰州，管辖今陕西、甘肃、宁夏、青海、新疆。1913年，并兰州府、巩昌府为兰山道，领皋兰等15县；平番县属甘凉道。1919年，改金县为榆中县。1928年，改平番县为永登县。1941年7月1日，成立兰州市，市长蔡孟坚。

1949年8月26日，兰州市解放。兰州市由县级市升为地级市。1950年，兰州市辖9个区和皋兰县，榆中县属定西专区，永登县属武威专区。1958年，辖城关等7个区，永登县划入兰州市，改为永登区。1963年，恢复永登县，划归武威专区。1970年4月，永登县、榆中县划入兰州市。1985年10月，白银区划出兰州市升为省辖地级市。至2020年，兰州市辖城关、七里河、安宁、西固、红古5区及永登、榆中、皋兰3县。

【行政区划】 2020年，兰州市行政区域下辖城关、七里河、西固、安宁、红古5个区及永登、皋兰、榆中3个县，拥有兰州新区（国家级新区）和兰州国家高新技术产业开发区、兰州经济技术开发区（均为国家级开发区）。设399个社区居委会，731个村民委员会，4158个村民小组。全市总面积13085.6平方千米，其中市区面积1631.6平方千米。

2020年兰州市行政区划一览表

单位:个

| 区域名称 | 所辖街道乡镇名称 | 街道 | 乡 | 镇 |
|---|---|---|---|---|
| 城关区 | 街道:临夏路、张掖路、白银路、伏龙坪、酒泉路、广武门、东岗西路、皋兰路、渭源路、雁南、雁北、盐场路、草场街、靖远路、团结新村、铁路东村、铁路西村、五泉、火车站、拱星墩、嘉峪关路、焦家湾、东岗、青白石、高新区、雁园 | 26 | | |
| 七里河区 | 街道:秀川、土门墩、西站、西园、西湖、建兰路、龚家湾、晏家坪、敦煌路<br>乡:魏岭<br>镇:黄峪、西果园、阿干、八里、彭家坪 | 9 | 1 | 5 |
| 西固区 | 街道:西固城、先锋路、福利路、四季青、陈坪、西柳沟、临洮街<br>乡:金沟<br>镇:达川、河口、柳泉、东川、新城 | 7 | 1 | 5 |
| 安宁区 | 街道:培黎、安宁西路、银滩路、刘家堡、孔家崖、十里店、安宁堡、沙井驿 | 8 | | |
| 红古区 | 街道:窑街、矿区、华龙<br>镇:红古、海石湾、花庄、平安 | 3 | | 4 |
| 永登县 | 乡:坪城、民乐、七山<br>镇:通远、柳树、城关、武胜驿、中堡、中川、连城、河桥、红城、上川、树屏、大同、苦水、秦川、龙泉寺 | | 3 | 15 |
| 皋兰县 | 镇:石洞、忠和、九合、什川、黑石、水阜、西岔 | | | 7 |
| 榆中县 | 乡:小康营、清水驿、中连川、园子岔、上花岔、哈岘、马坡、龙泉、韦营<br>镇:连搭、新营、贡井、甘草店、夏官营、城关、高崖、青城、金崖、定远、和平 | | 9 | 11 |
| 合计 | | 53 | 14 | 47 |

·摘自兰州市民政局网站《关于2020年全市行政区划设置情况的通报》

**【地形地貌】** 兰州市位于陇西黄土高原的西部,是青藏高原向黄土高原的过渡地区。境内大部分地区为海拔1500~2500米黄土覆盖的丘陵和盆地。石质山地是祁连山的余脉,分布在市境的南北两侧。榆中县南部和永登县西北部的石质山地海拔都在3000米以上。其中,马衔山海拔3670米;奖俊埠山主峰海拔3455米;兴隆山海拔3021米。自然植被垂直分布,有云杉林、油松林、辽东栎林、山杨林以及灌丛。兰州地势西部和南部高,东北低,黄河自西南流向东北,横穿全境,切穿山岭,形成峡谷与盆地相间的串珠形河谷。峡谷有八盘峡、柴家峡、桑园峡、大峡、乌金峡等;盆地有新城盆地、兰州盆地、泥湾—什川盆地、青城—水川盆地等。还有湟水谷地、庄浪河谷地、苑川河谷地、大通河谷地等。

兰州黄河谷地盆地西起青石关,东至桑园峡,东西长60余千米;南北最宽约9千米,最窄处不足1千米,平均海拔1500米。

**【气候状况】** 2020年,全市平均气温为8.3℃,较常年同期偏高0.6℃,按照气温等级评定标准,属略高年份。

全市年平均总降水量318.7毫米,较常年偏多9毫米,与历年同期持平。兰州、榆中、皋兰、永登四站年降水总量分别为341.2毫米、428.2毫米、222.5毫米、283毫米。其中,兰州偏少26.7毫米;榆中偏少66毫米;皋兰偏少53.9毫米;永登偏少151.3毫米。按照降水等级划分标准,全市降水持平。

全市平均总日照时数2257小时。按日照时数年度评定标准,全市日照属略少年份。除2—3月日照时数较历年平均值偏多外,其余各月日照时数以偏少为主。

全市平均相对湿度56.4%,较历年同期平均值偏低1.6%,较上年偏低3%。

兰州全市年平均风速1.7米/秒,与历年平均值(1.7米/秒)持平。其中兰州、榆中、皋兰、永登四站年平均风速分别为1.1米/秒、1.9米/秒、1.7米/秒、2.2米/秒。

年内有6站次出现大风天气。其中,皋兰出现2站次,时间为4月29日、5月14日;榆中出现1站次,出现时间为5月30日;永登出现3站次,出现时间分别为5月14日、15日和29日。

年内4站次出现扬沙天气。其中,皋兰出现在5月14日;兰州出现在3月12日;榆中出现在9月7日、12月9日。

年内全市四站累计出现浮尘9站次。其中,兰州4天;榆中4天;皋兰1天。

【自然资源】 2020年,兰州城市建成区园林绿地总面积7911.69公顷,绿地率35.63%,其中公园绿地面积2714.65公顷;绿化覆盖面积8889.77公顷,绿化覆盖率40.03%。全市有公园36个,其中森林公园9个。

全市有林地面积561.03万亩(包含兴隆山国家级自然保护区),森林覆盖率15.5%,森林蓄积量439.3万立方米。

全市草原可利用面积1016.06万亩,植被覆盖度56.26%。其中,草畜平衡面积648.14万亩;禁牧面积369.72万亩。

饮誉全国的甘肃特产甘草、当归、党参、麻黄、秦艽、鬼臼、祖师麻、玫瑰等中药材,在兰州地区均有分布。

兰州的矿产资源主要有煤、石英石、石灰石、玻璃硅质原料、水泥黏土等。

兰州市境内拥有全国重点文物保护单位10处(包括长城),省级文物保护单位40处,市县级文物保护单位109处,各类文物遗存点861处(古遗址458处;古建筑204处;古墓葬67处;近现代重要史迹和代表性建筑111处;石窟寺及石刻15处;其他6处)。国家级森林公园有徐家山、吐鲁沟、石佛沟;市区有五泉山、白塔山、白云观等名胜古迹,还有兰山公园、西湖公园、黄河风情线大景区、湿地公园等风格各异的景点。兰州是驰名中外的瓜果名城,夏秋季节极具避暑和品尝瓜果旅游特色。

全市有陆生野生脊椎动物4纲28目83科426种。其中,两栖纲1目3科5种;爬行纲2目6科14种;鸟纲19目56科331种;哺乳纲6目18科76种。有国家重点保护动物58种(哺乳类11种,鸟类47种)。其中,国家一级保护动物11种(哺乳类4种,鸟类7种);国家二级保护动物47种(哺乳类7种,鸟类40种)。

【人口民族】 截至2020年底,全市户籍人口334万人,比上年末增加2.08万人。其中,城镇人口246.13万人;乡村人口87.87万人。境内有36个民族,少数民族常住人口13.4万人。

(市志办)

## 国民经济和社会发展

【概况】 2020年,全市地区生产总值完成2886.74亿元,增长2.4%,增速高于全国0.1个百分点。第一产业增加值完成57.43亿元,增长5%,增速高于全国2个百分点。第二产业增加值完成933.42亿元,增长3.7%,增速高于全国1.1个百分点。其中,工业增加值完成727.46亿元,增长3.1%,增速高于全国0.7个百分点;规模以上工业增加值,增长3.2%,增速高于全国0.4个百分点;建筑业增加值完成207.7亿元,增长6.1%,增速高于全国2.6个百分点。第三产业增加值完成1895.9亿元,增长1.5%,增速低于全国0.6个百分点;固定资产投资增长3.4%,增速高于全国0.5个百分点;社会消费品零售总额完成1641.24亿元,下降1.8%,增速高于全国2.1个百分点;一般公共预算收入完成247.13亿元,增长6%;一般公共预算支出完成485.73亿元,增长6.4%。金融机构存款余额(本外币)完成9083.88亿元,增长2.3%,增速低于全国7.9个百分点。金融机构贷款余额(本外币)完成13167.60亿元,增长7.3%,增速高于全国5.2个百分点。居民消费价格指数上涨2%。城镇居民人均可支配收入完成40152元,增长5.4%,增速高于全国1.9个百分点,农村居民人均可支配收入完成14652元,增长7.7%,增速高于全国0.8个百分点。

【工业经济】 全年全市工业增加值比上年增长3.1%。规模以上工业增加值增长3.2%。规模以上工业中,分经济类型看,国有控股企业增加值增长31.9%,集体企业增加值增长5.1%,股份制企业增加值增长0.2%,港澳台投资企业增加值下降3.9%。分隶属关系看,中央企业增加值增长2.8%,地方企业增加值增长4%。分轻重工业看,轻工业增加值增长5%,重工业增加值增长2.7%。分门类看,采矿业增加值下降5.3%,制造业增加值增长2.1%,电力、热力、燃气及水生产和供应业增加值增长13.2%。

【民生福祉】 省列9件实事和市列10件民生实事全面完成,民生领域市级财政支出164亿元(其中,投入教育资金74.8亿元;医疗资金38.7亿元),占总支出的80.5%。就业优先加快发展,兰州人力资源服务产业园建成开园,签约入驻服务机构31家;创建青年创业园5家,推荐建立青年就业创业见习基地11家;持续开展以家政服务、陇原巧手技能为主的"陇原妹"家政培训输转项目和劳务品牌培训工作;实现劳务输转25.39万人,创收66.55亿元;新增就业8.24万人,城镇登记失业率3.06%;累计发放稳岗返还资金4.95亿元,累计减税降费77.67亿元,减免中小企业社保、电费、租金等28.3亿元,办理延期缴纳税费32.2亿元,帮助融资28.9亿元,发放创业贷款2.6亿元,连续2年全额返还小微企业工会经费,清偿民营和中小企业无分歧欠款3.01亿元。教育事业稳步发展,在兰州大学设立"市长萃英人才奖",7个项目入选省级重点人才项目;新建和改扩建中小学、幼儿园20所,新增学位2.34万个,补充教师1715人;普惠性幼儿园覆盖率94.1%,公办园在园幼儿占比超过50%,小学大班额比例下降为0.96%,初中大班额完全消除。医疗卫生事业有序发展,建成各类医联体144个,市妇幼保健院、市中医医院、市口腔医院等项目稳步推进;城乡居民基本医保人均标准提高至每人每年830元;首个国医大师中医传承基地工作站投入运营，市一院被列入国家级高级卒中中心建设单位，市二院升格为三甲医院。文旅体育快速发展，黄河楼景区、兰州老街、水墨丹霞景区建成运营，“读者印象”精品街区、丝路国际会展中心等项目快速推进；开展1000余场次黄河之滨音乐展演活动，举办“一桥一景”灯光秀等系列主题活动，黄河楼夜景照明设计斩获“祝融奖”一等奖；省体育馆开馆运营，奥体中心、万达茂完成场馆封顶；市、县、乡、村4级公共文化服务网络体系初步建成。社会保障不断强化，全市新建商品房面积1094万平方米，价格在全国处于中低位，开工建设公租房2586套，棚户区项目基本建成10704户，416个老旧小区完成改造，加装电梯304部；全市城乡低保标准提高10%，累计发放各类救助补助资金4.97亿元。保供稳价稳步推进，建立健全价格监测日报制度，兰州市价格认证、“菜篮子”市长负责制工作被国家评为优秀；电价改革及优惠政策全面落实，交易直购电127.3亿千瓦时，严格执行一般工商业5%电价优惠政策，减免电费1.6亿元，工商业天然气价格下降8%；连续9个月发放价格补贴2632万元。

（安翌绮）

## 重大项目建设与固定资产投资

【概况】 2020年，甘肃省列重大项目建设清单中由兰州市负责的项目50个，年度计划投资522.12亿元，全年完成投资488.33亿元，占年度计划投资93.53%。其中，新建项目16个，年度计划投资179.87亿元，全年完成投资157.41亿元，占年度计划投资87.51%；续建项目30个，年度计划投资326.1亿元，完成投资315.55亿元，占年度计划投资96.76%；预备项目4个，年度计划投资16.1亿元，均已开工建设，全年完成投资15.37亿元，占年度计划投资95.47%。100个市列重大项目总投资3211.34亿元，年度计划投资595.7亿元，全年完成投资598.31亿元，占年度计划投资100.44%。其中，新建项目37个，总投资1653.9亿元，年度计划总投资245.86亿元，全年完成投资256.79亿元，占年度计划投资104.45%；续建项目63个，总投资1557.45亿元，年度计划总投资349亿元，全年完成投资342.3亿元，占年度计划投资98.08%。

【项目建设】 制定项目建设管理手册，逐步形成“五比五拼”“前期攻坚”“团队服务”“三个清单”等工作机制，全市1424个投资项目加快建设进度，642个续建项目复工率100%，782个新建项目开工率98.5%，手续办结率98%以上。100个市列重大项目总投资3211.34亿元，年度计划投资595.17亿元，全年完成投资598.31亿元，占年度计划投资100.53%，省妇女儿童医疗综合体等一批重大项目快速推进，全市重大项目完成投资较上年同期增加89亿元，增长20%。

【城市基础设施建设】 轨道交通1号线省政府站建成投运，轨道交通2号线一期工程主体结构、东方红广场提升改造基本完工，建成T497号、T496号、和政路等6条规划疏解路和雁白黄河大桥匝道工程，新建停车泊位6300个，5G基站3976个，充电桩2458个，新增公交车出租车402辆。开展“十大精致项目”创建活动，推进市容市貌及公共设施突出问题整治行动，投资24.63亿元改造老旧小区416个，老旧住宅加装电梯304部，建成垃圾分拣中心14座，完成151条道路线缆入地。全面做好“黄河文章”，黄河流域兰州白塔山段综合提升改造项目开工建设，“读者印象”精品街区等项目加快推进，奥体中心主体结构封顶，黄河楼、兰州老街、水墨丹霞景区建成运营，黄河风情线核心段20千米健身步道全线贯通，兰州跻身“中国最美夜游景观旅游城市”“中国最具文旅投资价值城市”行列。建成鸿运金茂、金城中心等城市新地标。交通基础设施建设进一步优化，景中高速、中白高速、G109、S101线、青白石北互通立交、盐什公路等项目建成通车，G312、S104、G75、G30、中通道南延线等项目稳步推进。

【产业项目】 “兰州制造”加快实施，全市191个制造业项目加快推进，工业投资预计增长24%，全球最大的碳素制品生产基地宝方炭材10万吨超高功率石墨电极、德福超薄铜箔、正威高导新材料项目建成投产，新建多糖蛋白结合疫苗、恒大新能源电池等重点项目有序推进，新引进山东滨农农药中间体、华为鲲鹏计算等一批优质产业项目。国网云数据中心、中科曙光甘肃先进计算中心项目建成，引进中软国际兰州数字经济创新基地、润泽国际信息港参与“东数西算”国家试点，西部地区首个网易联合创新中心、兰州新区“专精特新”化工产业园、重离子应用技术及装备制造产业基地等加快推进。兰州新区产业聚集和发展带动效应增强，绿色化工园区累计落地项目150个，医药物流产业园开园运营、入驻药企130家，国网云数据中心等项目建成投运。榆中生态创新城建设全面铺开，高标准编制完成各类规划，累计投入资金100余亿元，推进市政道路、生态绿化、公共服务等项目建设，完成绿化面积6100亩，5平方千米核心示范区交通基础骨架基本形成。高新区陇神戎发、中农威特、西脉新材料等项目建成投产，引进落地中国宝武、陶氏化学等“500强”企业9家，新增高新技术企业80家。经济区发展扩容增效，生态修复与产业发展示范区建设全面推进，获评国家级“绿色工业园区”，新引进25个产业项目、总投资126亿元。

【招商引资】 全年全市签约引进海康威视、联东U谷等项目241个，签约总额1220亿元，新引进“三个500强”及龙头项目32个，中软国际、东方希望等一批行业龙头企业落户兰州，全市完成省外到位资金971.78亿元，增长12.27%，宝方超高功率石墨电极、杉杉奥特莱斯城市综合体等重大项目建成投产运营。第26届“兰洽会”签约项目134个，总投资835.75亿元。强化项目推进机制，通过项目推介方式，谋划实施兰州市厨余垃圾无害化处理厂、五泉下广场改造、智慧路灯试点等项目。

【固定资产投资】 2020年，全市全年固定资产投资增长3.4%。其中，5000万元以上项目投资增长12.5%；5000万元以下项目投资下降29.6%。房地产开发投资增长0.1%，基础设施投资增长15.7%，工业投资连续8个月保持两位数增长，全年增长26%，制造业投资增长24.4%，其中高技术制造业投资增长79.3%。商品房销售持续回暖，全年商品房销售面积848.82万平方米，增长16.1%，连续8个月保持较快增长。商品房销售额711.19亿元，增长28.5%。商品房待售面积91.62万平方米，同比下降33.8%。

（安翌绮）

## 综　述

【概况】　2020年，市委、市政府坚持以习近平新时代中国特色社会主义思想为指导，深入学习习近平总书记关于扶贫工作重要论述，特别是对甘肃重要讲话和指示精神，全面落实党中央、国务院和省委、省政府决策部署，认真贯彻精准扶贫、精准脱贫基本方略，聚焦如期高质量打赢打好脱贫攻坚战目标，坚持“一超过两不愁三保障”（一超过指的是家庭当年人均纯收入稳定超过国家扶贫标准）脱贫标准，引领全市上下尽锐出战、真抓实干，推动脱贫攻坚工作取得决定性进展。截至2020年9月，全市贫困发生率0%，剩余的0.38万贫困人口全部达标退出。

【基本情况】　脱贫攻坚减贫任务全面完成，4个贫困区县全部实现脱贫摘帽，皋兰县、七里河区2017年脱贫摘帽。永登县、榆中县2018年脱贫摘帽；256个建档立卡贫困村全部退出脱贫序列，2020年剩余0.38万贫困人口全部达标退出。农村居民可支配收入稳定增长。2020年全市农村居民人均可支配收入14652元，各村都培育了主导产业，农民专业合作社实现全覆盖，村集体经济均达到2万元以上，贫困群众居民人均可支配收入每年持续上升。“两不愁三保障”（两不愁是稳定实现农村贫困人口不愁吃、不愁穿，三保障指的是基本医疗、义务教育和住房安全有保障）得到有效保障。全市贫困家庭子女义务教育巩固率100%，所有贫困家庭学生实现应助尽助、应贷尽贷；建档立卡贫困人口100%参保，所有贫困村标准化卫生室实现全覆盖，贫困人口基本医疗保险、大病保险、医疗救助全覆盖，医疗保障水平全面提升；农村危房实现应改尽改，解决了农民住有所居的问题，贫困人口“两不愁三保障”质量水平明显提升。农业农村基础设施明显改善。全市完成各类农村公路建设项目2850.2千米，建制村通畅率100%，农村公路建设实现从量到质的全面提升；农村集中供水率98%以上，自来水普及率90%以上；所有行政村实现动力电全覆盖，全市光纤宽带和4G网络覆盖率均达到100%。

【环境整治】　制定出台《兰州市深入学习浙江“千村示范、万村整治”工程经验全面扎实推进农村人居环境整治工作的实施意见》及10个配套方案、《兰州市农村人居环境整治村庄清洁行动实施方案》，大力开展农村厕所、风貌、垃圾“三大革命”，启动实施美丽乡村示范行动，全力整治农村“十四乱”（指农村生活垃圾乱扔乱倒、柴草杂物乱堆乱放，线缆和广告牌乱拉乱挂，房墙棚圈乱搭乱建，公共空间和道路乱挤乱占，生活污水乱排乱流，河道砂石乱挖乱采等影响农村人居环境整治、群众反映强烈的问题）问题，下大气力拆除影响村容村貌的残垣断壁、破旧圈舍、露天粪坑茅厕等建筑物，健全完善农村环卫保洁和村级公益性设施共管共享长效机制。截至年底，全市累计新改建农村户用卫生厕所15.5万户，先后建成“千村美丽”示范村64个、市级美丽乡村示范村111个、区县美丽乡村80个、环境整洁村386个，创建“清洁村庄”656个，“视觉贫困”问题明显改善。

【财政资金投入】　安排投入扶贫资金9.53亿元。其中，中央、省级资金3.51亿元；市级资金1.27亿元；县级资金4.75亿元，为脱贫攻坚提供有力支撑。坚持抓资金投入，有效保障脱贫攻坚支撑。聚焦贫困地区，坚持政策向扶贫倾斜、资金向扶贫聚集、项目向扶贫靠拢，举全市之力打精准脱贫攻坚战。制定《兰州市支持贫困县统筹整合使用财政涉农资金实施方案》，开展涉农资金整合试点工作，2017—2020年全市涉农资金统筹整合规模分别为9.08亿元、10.45亿元、6.37亿元和5.4亿元，主要用于产业发展、村集体经济发展、光伏扶贫、各类职业技能培训等农业生产发展和贫困户出行难、住房安全、饮水安全等基础设施建设，有力保障了脱贫攻坚工作顺利开展。制定《市级扶贫专项资金的管理办法》《东西部扶贫协作资金使用管理实施细则》《村级集体经济扶持方案》《关于进一步加强贫困村互助资金试点工作的实施方案》等文件，健全财政扶贫资金分配、项目安排和资金使用公告公示制度，各类资金重点向贫困程度较深的片区和贫困人口较多、基础条件差的贫困村倾斜。加强扶贫资金使用管理专项审计。对相关区县惠民惠农财政补贴资金使用“一卡通”情况、精准扶贫专项贷款资金使用情况、教育扶贫和教育专项资金、东西部协作天津帮扶资金管理使用情况及精准扶贫专项贷款资金使用情况进行专项审计。

**【扶贫责任落实】** 调整加强市扶贫开发领导小组力量，由市委、市政府主要领导任双组长，市委常委、副市长全部担任领导小组副组长，组建11个专责工作组。市扶贫开发领导小组11个专责工作组和市直相关部门切实担起各自职能扶贫责任，制定专项工作目标，建立任务清单，有效支持和保障贫困县、贫困村、贫困人口如期脱贫退出。深入落实脱贫攻坚月报告、季分析、半年小结、年度总结制度，市扶贫开发领导小组定期不定期听取工作情况。在256个建档立卡贫困村组建驻村帮扶工作队，健全党政一把手第一责任、四级书记一起抓的领导责任制，落实市上四大家帮扶4个贫困区县，市级领导、组长单位包抓贫困乡镇，市县领导、机关单位包抓贫困村，驻村工作队、机关干部包抓贫困户机制的“四包抓”工作机制，逐级签订责任书，加强督导检查，严格考核问责，层层压紧压实工作责任，构建形成纵向到底、横向到边的责任体系。

（翟柯帆）

## 民生保障

**【概况】** 2020年，坚持把稳定实现“三保障”作为脱贫攻坚的重中之重来抓，全面落实扶贫各项惠民政策，先后开展“3+3”筛查冲刺清零行动（指脱贫攻坚义务教育、基本医疗、住房安全“三保障”及饮水安全、易地扶贫搬迁、到户产业发展“三个重点任务”）和“3+1”冲刺清零后续行动（指脱贫攻坚义务教育、基本医疗、住房安全及饮水安全），贫困群众义务教育、基本医疗、住房安全、饮水安全有了可靠保障。

**【教育扶贫】** 全面落实特殊贫困户学生兜底保学计划、义务教育“两免一补”（指国家向农村义务教育阶段的贫困家庭学生免费提供教科书、免除杂费，并给寄宿生补助一定生活费的1项资助政策）政策和农村义务教育学校营养改善计划，全市适龄儿童少年义务教育入学率100%，贫困家庭子女义务教育巩固率100%，全市有接受教育能力适龄残疾儿童少年入学率100%。实施“两类学校”项目92所，投入资金8974.73万元。其中，乡村小规模学校65所；乡镇寄宿制学校27所。全部于8月底完工并投入使用。

**【健康扶贫】** 实施建档立卡人员先诊疗后付费、基本医保、大病保险、医疗救助“一站式”结报，实行住院统筹基金总额预付管理及患者合规异地就医直结制度，切实解决贫困人口的就医负担，全面提升医疗保障水平。全市建档立卡贫困人口医保参保率100%，建档立卡贫困人口家庭医生签约率99%以上，贫困村卫生室标准化建设全覆盖，乡、村两级机构人员“空白点”全面消除，贫困人口“有地方看病、有医生看病、有制度保障看病”目标基本实现。全年全市建档

志愿者在皋兰县什川镇开展技术服务

立卡贫困人口参保对象20.11万人，医疗救助资助参保25.85万人，资助2685.19万元，建档立卡贫困人口家庭医生签约201131人，签约率99%；30种大病患者3952人，救治率100%。

【危房改造】 逐村逐户全面摸排农村住房安全情况，将符合农村危改条件的危改对象全部纳入危改计划，不漏一户，严格执行验收标准和程序，严格把好危房改造质量关。全年摸排存量农村闲置、废弃危房7023户，全部拆除，拆除率100%，强化对所有农村住房实施动态监管，全力确保农村群众住房安全。

【饮水工程】 全市建成集中式供水工程277处，累计完成投资超过11.49亿元，有效解决农村105.13万人饮水问题，农村饮水安全覆盖率100%，集中供水率98%，自来水普及率90%以上。其中，2020年实施农村饮水安全冲刺清零后续行动项目6项，总投资4338万元；实施农村苦咸水改造项目1项，投资528万元，至年底，6项巩固提升工程和1项苦咸水改造项目全部完成建设任务，投资完成率100%。

【劳务输转】 制订兰州市脱贫攻坚就业扶贫三年行动计划，建立劳动力培训与劳务输转一体化工作机制。新认定“扶贫车间”（指以扶贫为目的，设在乡、村的加工车间）20家，吸纳建档立卡贫困劳动力227人；输转建档立卡贫困劳动力5.79万人，创劳务收入9.65亿元，实现有输转意愿贫困劳动力应输尽输。

【易地搬迁】 把易地搬迁的出发点和落脚点放在脱贫上，科学选址建设集中安置点，配套完善水、电、路、气、网等基础设施，因地制宜、因户施策培育发展产业，保证贫困群众稳得住、有就业、逐步能致富。“十三五”期间，全市易地扶贫搬迁项目涉及19个集中安置点，搬迁建档立卡群众1568户5543人。强化后续保障能力，按照“一户一策”要求，落实产业扶持1285户，就业扶持1242户，兜底保障223户，基本实现有产业发展需求的全面落实产业扶持，有劳动能力的家庭一户至少一人就业，无劳动能力家庭应兜尽兜。

【城乡交通】 加快推进“农村四好路”（建好、管好、护好、运营好）建设，农村公路列养里程日常养护工作全覆盖，全市建制村通畅率100%，农村公路建设实现“从量到质”的全面提升。2020年，投资7455.1万元建成141.97千米自然村硬化道路，惠及永登、榆中、皋兰3个县26个乡镇49个建制村111个自然村9805户群众，进一步完善了交通基础设施出行短板。

（翟柯帆）

## 产业扶贫

【概况】 2020年，围绕全省“牛羊菜果薯药”产业发展思路，落实到户产业扶持政策和“五小”产业（指小庭院、小家禽、小手工、小买卖、小作坊）扶持政策，重点发展高原夏菜、百合、玫瑰、中药材等特色产业，种植面积分别达到84.56万亩、11.56万亩、5.97万亩和15.67万亩。

【基本情况】 投入产业资金1.4亿元，到户资金3991万元，带动贫困户4729户。其中，直接用于发展生产的补助资金1551万元；入股合作社和龙头企业资金1430万元；“五小”产业扶持资金130余万元；带动贫困户743户，推动特色农业产业加快发展，有力支撑贫困地区群众稳定增收。成功引进重庆天兆、四川新希望、北京德青源等国字号龙头企业，培育市级以上龙头企业181家，新认定市级龙头企业15家，市级以上农民合作社示范社达310家，每个建档立卡贫困村有2个以上合作社，实施各类政策性农业保险险种19个，在553个村推行农村“三变”（指资源变资产、资金变股金、农民变股东）改革，参与贫困户1.68万户，贫困户收益2234.5万元。创建省级旅游示范村15个，市级旅游示范专业村40个，新建改建农家乐1800户，全年乡村旅游收入18.33亿元。电子商务乡镇覆盖率90%，行政村覆盖率70%；各类快递企业在乡镇自建网点覆盖率90%，累计培训农村电

西固区金沟乡小金沟村百合加工（赵钰 摄）

商人才3万余人。建成榆中户用分布式光伏发电项目2104户,建成永登、皋兰光伏扶贫村级电站51个,开发公益性岗位172个,累计发电量1045.38万千瓦时,发电收益784.3万元。

(翟柯帆)

## 帮扶力量

【概况】 实行联县包乡抓村联户制度,市四大家分别包抓4个贫困区县,市级领导和组长单位包抓贫困乡镇,机关单位包抓贫困村,驻村工作队、帮扶责任人包抓贫困户。在256个建档立卡贫困村组建驻村工作队,每个工作队有3名以上机关干部,落实驻村补助和办公经费,吃住在村,工作到户。

【东西部协作帮扶】 推进两地人才互动、资源互通、信息共享,先后制定《东西部扶贫协作三年行动规划》和《东西部扶贫协作三年行动实施意见》,与天津市三区签订《东西部扶贫协作框架协议》,两市党政领导互访20次,召开联席会议21次,先后选派27名干部赴天津三区挂职,互派教师、医生、科技人员等专业技术人才501人次,举办各类专业技能培训班124期,培训贫困人口3642人次,部分人员到天津企业就业;落实帮扶资金2.78亿元,实施扶贫项目204个,15.57万贫困人口受益。2020年,落实天津市各级帮扶资金1.097亿元,实施项目80个,完工78个,带动贫困户8.87万人。选派10名党政干部和194名专业技术人才到天津挂职。

【机关单位帮扶】 成立市上统一领导、区县主体主推、组长单位协调联动、牵头单位归口管理、帮扶单位具体实施、驻村帮扶工作队落实任务帮扶工作机制,立足帮扶实效,层层传导压力,形成帮扶领导到县到乡、单位到村、干部到户、工作队驻村帮扶工作格局。地级干部包抓1个贫困乡镇、每人联系1个贫困村、结对帮扶3户贫困户,县处级干部每人结对帮扶2户贫困户、科级及以下干部每人结对帮扶1户贫困户。

【社会力量帮扶】 开展“百企帮百村、共建新农村”“先富帮后富、共同奔小康”“人大代表在行动”“政协委员助推帮扶”等社会扶贫活动,先后有700余家省内外企事业单位及个人与186个贫困村结对帮扶,62个城市中小学与31个贫困区县中小学结成帮扶对子,107家律师事务所在25个贫困乡镇和82个贫困村开展法律咨询服务和援助,民营企业投入帮扶资金7.02亿元,实施帮扶项目1890个,338个贫困村8.12万贫困人口受益。

(翟柯帆)

## 重要会议

【常委会议】 2020年，中共兰州市委十三届常委会召开41次会议，编发会议纪要41期。会议内容主要有：传达学习习近平主席发表的2020年新年贺词、传达学习习近平总书记在中共中央政治局专题民主生活会上的重要讲话精神、传达学习中央农村工作会议精神和全国扶贫开发工作会议精神以及省委农村工作会议精神和省脱贫攻坚领导小组2020年第一次会议精神、传达学习《中共中央关于加强党的领导、为打赢疫情防控阻击战提供坚强政治保证的通知》《中共甘肃省委关于坚决贯彻落实习近平总书记重要指示精神加强党的领导、为打赢疫情防控阻击战提供坚强政治保证的通知》、传达学习中央统筹推进新冠肺炎疫情防控和经济社会发展工作部署会会议精神、传达学习十九届中央纪委四次全会精神和十三届省纪委四次全会精神、传达学习全国、全省组织部长会议精神和全国、全省宣传部长会议精神以及全国、全省扫黑除恶专项斗争视频会议精神，传达学习习近平总书记在中央决战决胜脱贫攻坚座谈会上的重要讲话精神、传达学习中央全面依法治国委员会第三次会议和省委全面依法治省委员会第三次会议精神、传达学习习近平总书记、李克强总理对四川省西昌市经久乡森林火灾事故作出的重要指示精神、传达学习《中共中央关于印发〈关于在全党开展"不忘初心、牢记使命"主题教育总结报告〉通知》《中央办公厅关于印发〈党委(党组)落实全面从严治党主体责任规定〉通知》、传达省委办公厅《关于张令平、武文斌、张国一严重违纪违法问题及其教训警示的通报》、传达学习习近平总书记关于扫黑除恶专项斗争的重要指示批示精神以及《十三届省委脱贫攻坚专项巡视工作补充方案》《关于对兰州市白银市兰州新区开展扫黑除恶"惩腐打伞"专项巡视的通知》、传达学习习近平总书记关于对制止餐饮浪费行为作出的重要指示精神以及在中央政治局会议上的重要讲话精神、在中央政治局第22次集体学习时的重要讲话精神、在吉林考察时的重要讲话精神、传达学习习近平总书记在纪念中国人民抗日战争暨世界反法西斯战争胜利75周年座谈会和在全国抗击新冠肺炎疫情表彰大会上的重要讲话精神，围绕学习《习近平谈治国理政》(第三卷)开展交流研讨等等。

听取市人大常委会、市政府、市政协、市法院、市检察院党组2019年工作汇报及市人大常委会、市政府、市政协、市法院、市检察院在市"两会"的工作报告；听取市新型冠状病毒感染的肺炎疫情联防联控领导小组办公室、检测救治组、物资保障组、督查组关于疫情防控工作开展情况的汇报，听取市疾控中心关于全市新型冠状病毒核酸检测样本以及流调工作开展情况汇报，市肺科医院关于全市新型冠状病毒感染的肺炎患者医疗救治工作开展情况的汇报，市卫健委专家组关于全市新型冠状病毒感染的肺炎疫情防控形势研判及有关意见建议的汇报，市新型冠状病毒感染的肺炎疫情联防联控领导小组物资保障组关于全市疫情防控物资保障工作开展情况的汇报，听取市扫黑办关于全市扫黑除恶专项斗争工作进展情况的汇报，听取市"兰洽会"办公室关于第26届兰州投资贸易洽谈会兰州市筹备工作有关情况的汇报；听取市防汛抗旱指挥部关于全市2020年防汛工作情况的汇报；听取市政府党组关于兰州市国民经济和社会发展"十四五"规划基本思路的汇报；听取市委统战部关于全市宗教领域突出问题整改以及创建全省民族团结进步示范市工作进展等情况的汇报；听取兽研所布鲁氏菌抗体阳性事件属地善后处置工作领导小组办公室关于近期检测诊疗、维稳善后、舆情监管工作进展情况的汇报；听取市人大常委会关于兰州市地方性法规优化营商环境法规清理情况的汇报等。

审议《2020年市委市政府为民办实事项目清单》《市2019年国民经济和社会发展计划执行情况及2020年国民经济和社会发展计划（草案）的报告》《市2019年财政预算执行情况和2020年全市及市级财政预算（草案）的报告》、审议《关于加快推进农业农村高质量发展确保如期实现全面小康的实施意见》；审议市新型冠状病毒感染的肺炎疫情联防联控领导小组办公室《关于全力做好节后加强新型冠状病毒感染肺炎疫情防控工作的实施意见》《关于调整新冠肺炎疫情联防联控措施有序恢复全市生产生活秩序的通告》、审议《市委常委会2020年工作要点》、审议《2020年兰州市依法治市工作要点》《2020年兰州市法治政府建设工作要点》《兰州市人大常委会2020年度立法计划》《兰州市人民政府2020年立法计划》、审议《2020—2023年兰州市党政领导班子建设实施意见》、审定《兰州市配合省委扫黑除恶“惩腐打伞”专项巡视工作方案》、审议《兰州市物业服务管理条例（修订草案二次审议稿）》《兰州兽研所布鲁氏菌抗体阳性事件涉及人员补偿赔偿方案》、审议《兰州市烈士纪念设施规划建设修缮管理维护工作实施方案》、审议《政协兰州市委员会2020年协商计划》、审议《2019年度市级预算执行和其他财政收支的审计结果报告》、审议《兰州市优化营商环境工作实施意见》《兰州市急需紧缺人才引进实施办法（修订稿）》《兰州市领军人才队伍建设实施办法（修订稿）》、审议《兰州市部分行政区划调整方案》等。

**【中共兰州市委十三届十四次全会暨市委经济工作会议】** 1月4—5日，市委十三届十四次全会暨市委经济工作会议召开。出席会议的有，市委委员45人。不是市委委员的部分市级领导和有关方面负责同志，市纪委常委，市第13次党代会部分基层党代表列席会议。全会由市委常委会主持。会议以习近平新时代中国特色社会主义思想为指导，认真学习贯彻党的十九大和十九届二中、三中、四中、五中全会及中央经济工作会议精神和省委十三届十三次全会暨省委经济工作会议精神，总结2019年市委常委会工作，部署2020年全市经济社会发展等工作，审议通过市委常委会工作报告、《中共兰州市委关于制定兰州市国民经济和社会发展第十四个五年规划和二〇三五年远景目标的建议》《中国共产党兰州市第十三届委员会第十四次全体会议决议》等。

省委常委、市委书记李荣灿受市委常委会委托报告工作，对贯彻落实党中央和省委重大决策部署、做好兰州市2020年及今后一个时期各项工作提出明确要求。市委副书记、市长张伟文对2020年经济工作做出具体安排。

（市委办）

## 组织工作

**【概况】** 2020年，市委组织工作严格执行《兰州市干部选拔任用工作规程》，全年提交市委常委会研究干部13批次、任免干部597人，晋升一至四级调研员455人次。持续加强公务员队伍管理，进一步规范干部调配、公务员调任登记等工作。

**【理论学习教育培训】** 制订《习近平新时代中国特色社会主义思想教育培训计划》，举办习近平新时代中国特色社会主义思想教育培训班8期，培训县科级干部850人。利用兰州市干部教育培训平台和甘肃干部网络学院学习平台，开展习近平新时代中国特色社会主义思想网络培训，培训县科级干部1.7万余人，选派309名区县和市直部门班子成员参加全省网络培训。组织完成党的十九届四中全会精神轮训工作，制定下发《关于深入开展党的十九届五中全会精神教育培训的通知》，对全市十九届五中全会精神教育培训工作作出具体安排。征订配发《党的十九届五中全会〈建议〉学习辅导百问》15841册。

**【“不忘初心、牢记使命”主题教育成果巩固拓展】** 组织召开全市“不忘初心、牢记使命”主题教育总结会议，对巩固拓展主题教育成果进行安排部署。组织开展主题教育整改落实情况“回头看”，逐条逐项进行排查梳理。推进主题教育长效机制建设，全市各级各单位新建制度772项，修订制度668项，废止制度43项。印发《〈关于巩固深化“不忘初心、牢记使命”主题教育成果的若干措施〉任务分解表》，将整改落实和专项整治情况作为各级党委（党组）书记抓党建述职评议的重要内容，纳入市委巡察和日常检查，分类分级建立整改台账，细化实化整改措施，明确责任主体和完成时限，采取项目化方式逐项推进落实。

**【干部培训】** 制订印发《2020年度市一级干部教育培训项目计划》《2020年度市一级公务员培训计划》，举办市级主体班14期，培训县、科级干部573人；举办应急管理、生态文明、组工业务、乡村振兴等专题班16期，承办全省发展全域旅游弘扬黄河文化培训班1期，培训县、科级干部1116人；指导各区县举办主体班和专题班140期，培训科级及以下干部2万余人次。选派202名科级及以上干部参加中央和甘肃省50余个班次的培训，选派156名新录用公务员参加全市公务员初任培训，选派114名新录用选调生参加选调生培训。邀请9名市级领导和33名县级领导干部在市委党校(市行政院校)授课。

**【干部考察】** 聚焦是否坚决扛起政治责任、是否始终履职尽责、是否熟悉政策情况、是否科学严谨施策、是否妥善引导舆论等5个方面，优化日常及时掌握、优秀干部推荐、专项督查调研、综合分析研判等4项考察机制，明确“三奖三惩”考察结果运用方式，建立“2543”工作机制，树立在战疫一线考察识别干部的风向标。派出5个专门调研考察小组、12个调研督查组，掌握82个领导班子、137名领导干部的工作表现，为识别评价干部提供重要依据。

**【干部激励关爱】** 聚焦关心关爱战疫一线的广大党员干部，制定8个方面25条“硬核”措施，激励鼓舞党员干部人才冲锋在前、战斗在前。推荐3名党员为“全国优秀共产党员”人选，推荐5名公务员为全国“人民满意的公务员”人选，对3个集体和30名个人给予记功嘉奖；对59名干部晋升职级，为19名援鄂临聘医护人员落实事业编制，对获得表彰奖励的18名干部个人年度考核结果直接确定为优秀等次；对20个基层党组织和60名党员进行通报表扬，在疫情一线发展党员106名。建立防控一线专家人才“一对一”联系服务机制，帮助专家人才解决实际困难155个，发放爱心礼包500余份，开展暖心慰问300余人次。

组建12个暗访组，采取“四不两直”的方式，对8个区县和高新区的98个乡镇街道、542个村社区、886个点位开展集中暗访。对暗访发现的718个问题及时反馈，各区县对88名相关负责人进行提醒谈话，跟踪督促区县整改落实到位。组织动员76家市直单位、506家区县机关部门抽调7378名机关干部下沉社区、农村帮助开展疫情防控。

**【干部队伍建设】** 根据全市党政领导班子建设实际，及时制定全市实施意见，配套制定任务分解方案，为今后一个时期加强党政领导班子建设提供遵循。认真落实《甘肃省领导班子和领导干部政治素质考察办法(试行)》，通过个别谈话、民主测评、实地走访、查阅资料、与考察对象面谈等方式，了解印证干部政治素质表现。着眼市县领导班子换届和市管领导班子配备，分层次、分类别开展干部专题调研。推行常态化开展领导班子运行和干部综合分析研判，全面研究市管领导班子运行状况和领导干部表现情况。选派9名干部赴天津对口区挂职，向省委组织部争取选调生139名，安排2019年度70名选调生到村任职开展工作。

针对年轻干部经历来源单一、专业型干部缺乏、成熟的“三方面”干部数量不足等短板弱项，启动实施年轻干部下派墩苗、上选培育、一线历练、专业培养、拓展能力“五个一百”培养提升计划，首批选派60名优秀年轻干部在市直单位、乡镇街道之间双向交流任职，选派172名优秀年轻干部进行培养锻炼。研究制定“下派墩苗、上选培育”干部跟踪掌握的具体措施和“一线历练、专业培养、能力拓展”培养锻炼干部管理办法，严格抓好选派干部的管理，靠实区县和有关单位抓管理的责任。

分领域、分层次制定区县、市直部门、事业单位等7个类别的考核办法，形成系统完备的考核制度体系。坚持分类差异化考核评价干部，增强考核结果的可比性、科学性。召开2019年度市管领导班子和领导干部考核讲评大会，通报全市107个市管班子，2154名市管干部考核结果，对27名市管干部和240名科级及以下公务员记三等功，对499名市管干部和1121名科级及以下公务员给予嘉奖，督促19名基本称职及以下等次干部抓好整改，激发广大干部干事创业的积极性、主动性。

**【干部管理监督】** 把政治素质考察贯穿于调研分析、监督检查、选拔任用、考察考核等工作的全过程。严格落实“凡提四必”要求，审核研判干部人事档案509卷；核查个人有关事项报告605份，对16名干部给予诫勉以上处理；听取市纪委监委意见1105人次，对38名干部暂缓上会研究或取消考察资格；干部任前公示442人，查核举报32件，暂缓任职4人。配合完成中央巡视组选人用人专项检查工作，结合市委第九轮、第十轮巡察，对40个被巡察单位开展选人用人专项检查。完成2020年1802名市管干部个人有关事项填报审核，委托查核个人有关事项报告605人，对未如实报告的65人作出组织处理。开展全市领导干部个人有关事项报告专项整治，复核比对1364人，对填报不一致的269人进行提醒谈话。督促“一报告两评议”得分较低的10个单位党委(党组)完成自查整改。强化日常监督，开展提醒谈话289人，查核信访举报101起，对25名市管领导干部进行经济责任审计。

**【基层党建】** 推进街道管理体制改革，明确街道党工委加强党的建设、统筹区域发展等8项职能，把街道内设机构调整为5个。争取市财政资金700万元，新改扩建(购置)10个社区组织活动场所，全市社区阵地平均面积310平方米，有258个达到500平方米。全面推进社区工作者职业化、专业化建设，建立65级动态增长薪酬体系，面向社会公开考录专职社区工作者285名。制定《兰州市党群服务中心建设指导手册》，从建设标准、功能设置、管理制度、服务内容4个方面提出16项规范要求。投入资金890万元，在全市23个社区试点开展“三社联动”。制定《关于推动街道、驻区单位、行业领域党组织融合共建的意见》，组织省市区三级1303个机关事业单位党组织和4.8万余名在职党员到社区“双报到”，开展志愿服务5.6万余人次。在53个街道426个社区实现“大工委”“大党委”全覆盖，调整兼职委员976名。制定《关于加强网格党建引领网格治理的意见》，调整优化一级网格53个、二级网格426个、三级网格1770个，组建网格党支部825个、党小组1134个，配备专兼职网格员14300余名。

【农村基层党建】 强化乡镇党委主体责任，激发村“两委”内生动力，形成“抓县促乡、抓乡促村”，一级抓一级、层层抓落实、人人有责任的工作局面。选树推荐省级标准化先进党支部107个，培育党支部建设标准化示范点230个。按照不低于200平方米的标准，开展村级活动场所达标“清零”行动，完成48个村新改扩建任务。建立村组干部报酬正常增长机制，全市村干部、组干部年平均报酬分别达到3.4万元、9200元，各村年办公经费分别达到5万元。扎实推进党建引领合作社发展，不断深化“三链”建设，争取中央和省级扶持资金1900万元，因地制宜发展壮大村级集体经济。组织实施沈家岭村红色村组织振兴建设项目，公开选聘行政村专职党组织书记194名，清理剔除不符合村级干部资格条件的后备人员1663人，调整充实1949人。制定《村干部值班制度》《村级干部县级备案管理制度》《村级干部后备队伍管理制度》《为民服务代理制度》等“四项制度”，督促村干部认真履职尽责。制定《兰州市组织系统2020年扫黑除恶专项斗争工作方案》，开展“七查七摆”专项行动，建立23个组织系统扫黑除恶专项斗争联系点。建立村（社区）“两委”成员任职资格联审长效机制，对2019年联审发现的322名不符合条件人员逐一开展“回头看”，对5457名现任村干部、342名新进村“两委”班子成员以及4545名村级后备干部进行资格联审，对4条村（社区）干部问题线索深入调查核实。

【党建重点任务落实】 印发《关于扎实做好2020年度软弱涣散基层党组织集中整顿和“回头看”工作的通知》，倒排确定软弱涣散基层党组织119个，按照“一支部一方案”认真开展整顿，顺利通过省委组织部督导测评验收。印发《兰州市村（社区）“两委”换届工作实施方案》，及时成立换届工作领导小组和督导组，定期开展工作调度和督导暗访，完成社区党组织换届工作，有序推进村（社区）委员会换届。组织区县组织部长、分管副部长深入8个区县31个观摩点，开展全市基层党建工作现场观摩和学习交流。开展党组织设置不规范问题集中排查整顿工作，切实消除党组织覆盖盲点。分领域召开两新组织党建推进会，建立党建工作与注册登记、年检、评估、变更“四同步”制度，非公企业党组织覆盖率87.2%，社会组织党组织覆盖率92.18%。以争创“模范机关”为目标，创新建立“6543”机制，细化实化27条工作规范，开展“四互”（互查、互评、互学、互促）活动，打造机关标准化党支部549个。积极推进“公推直选”，92%的市属国有企业实现党组织书记和董事长“一肩挑”，党组织成员100%进入董事会、监事会或经营层。大力推行党支部（党小组）建在年级组，市属中小学校186个基层党组织“双带头”人占73.75%。严格落实党委领导下的院长负责制，7家市属公立医院实现党委书记、院长分设。

【党员队伍管理】 建立市委常委党支部工作联系点制度，印发《关于建立党委（党组）书记党支部联系点的通知》，全市各级党委（党组）确定联系党支部706个，联系党支部开展政策宣讲703场次，讲授党课382场次，列席指导组织生活1151次，帮办实事844件。制订《2020年度市一级党员教育培训项目计划》，组织3.8万名市县乡党员干部参加全省网络视频培训，选派159名干部参加省级示范培训班，市级培训街道社区党组织书记500余名、乡镇党委书记41名、新任村干部755名、专职化村党组织书记194名。印发《2020年发展党员指导性计划》，发展党员3334名，接转党员组织关系5万余人次。研究制定《关于加强国有企业移交退休党员教育管理工作的25条措施》。走访慰问生活困难党员和老党员2890名，发放慰问金212万元。组织征集精品党课、红色教育纪录片36部。注重运用甘肃党建信息化平台加强党员教育管理，全市党员登录率、党组织登录率、“三会一课”、主题党日平均进度均达到100%。

【人才引进】 召开市委人才工作领导小组会议2次、专题会议4次。修订《兰州市急需紧缺人才引进实施办法》和《兰州市领军人才队伍建设管理办法》，建立高层次人才认定分类动态调整机制，分领域制定领军人才评价考核指标体系，强化人才退出管理。研究制定《关于深化项目评审、人才评价、机构评估改革的工作方案》《兰州人力资源服务产业园若干政策措施》，组织高层次人才申报陇原人才服务卡354人。投入1760万元支持149项创新创业项目，推荐兰州肽谷生物医药甘肃省重点实验室人才培养项目等7个项目入选省级重点人才项目，建立兰州市肝胆胰外科专家人才工作站、兰州市驻贵州人才工作站。创新开展重点人才项目“揭榜挂帅”活动，征集到42家企业提出的52项技术需求。探索“三制”工作法，累计引进高层次人才514人。组织开展事业单位优秀大学生专项引才7批次，引进各类急需紧缺人才763人。组织开展“春风行动”“才聚金城”等高校毕业生招聘会，发布引才计划9批次4150人，签约2837人。推荐3人入选“陇原之光”人才培养计划，选拔金城名师、名医187名。遴选确定452名优秀学子建立“兰州市青苗人才库”。围绕医疗卫生、教育、农业等行业领域人才需求，13个单位柔性引进高层次人才130人。选派201名专业技术人才赴天津市学习交流，接收114名天津来兰专业技术人才，选派256名科技人才到建档立卡村开展“一对一”帮扶。

【人才关爱】　全年兑现拨付人才项目经费、专家人才津补贴等各类资金9989.5万元。认真落实市委《关于进一步加强党委联系服务专家工作的实施意见》，春节期间上门慰问21名在兰高层次专家。组织354名高层次人才申报陇原人才服务卡，采取“一事一议”方式解决高层次人才子女教育问题。签订兰州市与兰州大学人才合作事项，落实科研经费2200万元，协调解决子女入学17人，提供人才公寓60套。利用兰州人才信息网、金城人才微信公众号及时解读人才政策、宣传优秀人才、发布引才公告，举办“只争朝夕·不负韶华”“青春无畏，逐梦扬威”等人才主题活动，常态化开展“兰州市引进人才周末学习沙龙”。

【作风建设】　召开部务会议专题研究部署村（社区）“两委”换届、抓党建促脱贫攻坚、领导班子和干部队伍建设、“四抓两整治”等重点工作47次，督办落实市委责任清单74件、书记批示件135件，部领导批示件506件，形成压力层层传导、责任严格落实的良好氛围。落实“基层减负”各项工作要求，实行事前报告、事后报备制度，对开展调研、检查、考核进行规范，部机关发文开会数量较上年明显下降。召开脱贫攻坚推进会和驻村工作队长联系会8次，为马家山村争取各类资金项目300余万元，协调实施进村道路改造工程、动力电布线工程，组织机关干部进村入户300余人次，部机关脱贫攻坚帮扶年度考核评为“好”等次，驻村工作队评为优秀驻村工作队，驻村工作队长评为“优秀”等次。部机关创建为省级文明单位。

【脱贫攻坚】　压紧压实脱贫攻坚政治责任。制订《抓党建促脱贫攻坚工作方案》《兰州市抓党建促脱贫攻坚三年行动计划工作责任清单》，建立“区县周调度、市级半月调度”机制和市、区县组织部门班子成员包抓制度，推动基层党建和脱贫攻坚任务落地见效。市委主要领导对区县党政正职和相关市直部门负责人进行谈话，区县委书记对乡镇党政正职和区县直部门负责人进行集体谈话，层层传导工作压力，推动整改责任落实。建立4个区县、44个乡镇、534个行政村党组织书记走访贫困对象工作台账，定期对区县党政领导班子成员、乡镇党政正职掌握脱贫攻坚政策、包村包户情况进行检查抽查。先后组建暗访组12个，暗访抽查15次，发现并反馈各类问题365条，提醒约谈相关责任人146名，扎实推动重点任务落实落细。全面建强驻村帮扶工作队伍。严格落实驻村帮扶干部调整由市、县组织部门分级审批制度，按“一事一议”随报随批，及时调整补充。严格落实“四个不摘”要求，对全市256支工作队、788名工作队员进行“过筛子”式排查，调整撤换驻村帮扶干部323名。严格落实县级总队长履行驻村帮扶工作月报告制度，督促区县定期向省委组织部、省扶贫办报告脱贫攻坚帮扶工作情况。组织6000余名扶贫干部参加全市决战决胜脱贫攻坚网络专题培训，对282名新选派和调整的驻村帮扶工作队员进行专题培训，组织各区县、市直各部门（单位）全体干部和驻村帮扶工作队员3.5万人开展“脱贫攻坚网络公开课”学习。履行组织保障专责组职责。制定组织保障专责组工作方案，建立月调度机制，每月召开作会议听取工作开展情况，安排部署下一步工作。从选调生、大学生村官、乡镇事业编制人员中选拔乡镇领导干部38人。牵头做好第一书记选派、管理、培训和考核，强化工作力量。组建考核组完成2020年度全市脱贫攻坚帮扶工作考核评价。完成全市第一批脱贫攻坚普查人员的选调、审核和上报工作。

（王彦博）

## 宣传工作

【概况】　2020年，兰州市宣传思想工作以习近平新时代中国特色社会主义思想和党的十九届二中、三中、四中、五中全会精神为指导，深入贯彻落实《中国共产党宣传工作条例》，围绕中心，服务大局，完成各项工作任务。市“扫黄打非”工作小组办公室被全国“扫黄打非”工作小组评为先进集体。创新案例《创新实施“抖in文明兰州”创建宣传活动》被中宣部《宣传思想文化工作案例选编（2020年）》收录，获得2020年度全省宣传思想文化战线重点课题调研优秀奖。在省委宣传部、省委讲师团组织的“学习强国”甘肃学习平台知识大赛中获得一等奖。在“新时代·新思想全省理论宣讲大赛”中获得优秀组织奖。“感知兰州”法国巴黎城际交流活动获第2届中国机构海外传播杰出案例最佳线下活动奖(简称"海帆奖")。

【理论学习】 制订印发《市委理论学习中心组2020年度学习计划》。市委理论学习中心组开展学习活动15次,市委宣传部通过"兰州市党委(党组)理论学习中心组"APP平台审核区县、市直部门中心组学习记录1200余次,退回整改补课132次。开展面向基层的理论宣讲阐释,组织"兰州人·百姓讲堂"示范宣讲活动40场,围绕"党的十九届四中全会精神""决胜全面小康、决战脱贫攻坚""《习近平谈治国理政》(第三卷)"等主题开展理论宣讲1.1万余场次,受众50余万人次。党的十九届五中全会召开后,立即组建市委宣讲团,召开动员培训会,开展宣讲2000余场次。

【正面宣传】 开展"决战脱贫攻坚、全面建成小康社会""精致兰州""文明城市创建"等主题集中采访,编发图文、视频、抖音、海报、H5、美篇等稿件11.43万余篇。开展党的十九届五中全会精神学习宣传,在市属媒体及新媒体平台开设专题专栏,刊发稿件2481篇。制定《兰州市新闻发布会任务安排及新闻发言人名单的通知》,明确新闻发言人和新闻发布任务,对全市100名新闻发言人和200名市属媒体、区县融媒体中心骨干进行业务能力培训,全年召开各类新闻发布会39场,较上年同期增加20%。启动市级融媒体中心建设,完善区县融媒体中心建设,8个区县融媒体各平台粉丝量125万人,6个区县融媒体APP客户端上线运行,5个区县实现与"新甘肃"平台对接,各区县融媒体中心发稿量16.76万条,点击量超过6209.5万次。

【宣传教育】 开展培育和践行社会主义核心价值观"十大创建行动",开展主题动漫设计大赛、微电影微视频创作展播活动。挖掘推荐先进典型人物84人,3人入选2020年甘肃省"最美人物"、3人及1个集体获得"2019年度十大'陇人骄子'"称号。加强爱国主义、国防、法治宣传教育,制订《兰州市贯彻落实〈新时代爱国主义教育实施纲要〉工作方案》,开展《国防教育法》颁布日宣传活动、国家宪法日暨宪法宣传周活动。强化基层精神文明建设,组织开展全市文化科技卫生"三下乡"、新时代文明实践中心邻居节暨"好邻居"评选、"兰州人·百姓讲堂"汇讲暨"双十佳"评选等活动。巩固和加强基层思想政治工作,培训市直机关、企业、学校等思政人员1200余人次,形成研究成果265项,培训考试企业政工申报人员328人。深化拓展新时代文明实践中心建设试点工作,印发《兰州市新时代文明实践中心考核评估要点(试行)》,全面推进10项建设任务。

【文化惠民】 制定《2020年市委文化体制改革工作台账》,加快市属媒体改革进程,兰州日报社组建《兰州日报》报业集团,兰州广播电视台初步形成"三中心两平台"核心架构。推动文化事业发展,制订《兰州市推进乡村文化振兴工作方案》,深入调研全市农家书屋664家,规范电影市场秩序,推进《兰州通史》编纂出版工作。加大文化惠民力度,先后举办"金城讲堂""优秀传统文化进校园""兰州读书节""金城文化沙龙""公益朗诵展演""文化下基层"等线上线下文化活动330余场次,以"声醉兰州 乐动金城"为主题开展黄河之滨百日千场音乐展演活动。指导文化企业复工复产,动态了解企业困难及运营情况,及时宣传扶持减负政策,争取省文化产业发展专项资金840万元,用于文化产业发展扶持。

【对外宣传】 加强与中央、省级媒体交流合作,邀请中央驻甘媒体参与重点新闻选题策划,建立重点部门与媒体的沟通合作机制。在《人民日报》、新华社、中央电视台、《光明日报》《经济日报》《中国日报》、中国新闻社、甘肃广播电视总台等重点媒体平台开展城市形象宣传推广,与《人民日报》、新华社、中央电视台、《中国日报》等媒体合作开展"黄河流域高质量发展""三八致敬最美逆行者""山河无恙、家国梦圆"等调研、直播、灯光秀活动,与香港商报共同策划开展"首届粤港澳大湾区主流媒体西部行"兰州主题采访活动。做大做亮城际交流推介品牌,先后赴成都、昆明、腾冲、西双版纳、广州、深圳、铜仁举办"一带一路"兰州走进"茶马古道"、走进广州系列城际推介活动,现场合作签约20余份,各地80余家媒体刊发原创稿件100余篇。中央和省属主流新闻媒体刊播涉兰稿件9万余篇,原创稿件较上年同期增长3倍以上,中央重点新闻媒体刊发涉兰稿件1.5万余篇,居全省第一。

【人才队伍】 加强干部队伍培训,制订《中共兰州市委宣传部2020年度干部教育培训工作计划》,举办各类培训班4期,培训475人次,指导区县对乡镇(街道)1758名宣传委员进行培训。着力实施"金城文化名家"工程,对75名"金城文化名家"进行聘期考核,25名"金城文化名家"进行年度考核并评定等次。加强作风建设,结合"四察四治"专项行动,大力整治形式主义、官僚主义。严格落实全面从严治党主体责任,建立完善约谈制度和廉政谈话制度。开展联系帮扶工作,落实"一户一策"精准脱贫计划,先后召开通远乡帮扶工作推进会4次,对口帮扶的永登县通远镇牌楼村于2019年上半年成功脱贫摘帽。开展调查研究,制定印发《2020年全市宣传思想文化战线重点课题调研工作的通知》,开展重点课题调研2项,评审全市宣传思想战线调研成果36项;精选全市40个调研点开展全面建成小康社会“百城千县万村”调研活动，其中17篇调研报告获全省优秀奖。

（马维龙）

## 精神文明建设

【概况】 2020年，兰州市精神文明建设工作坚持稳中求进、守正创新，以培育和践行社会主义核心价值观为根本，以提升社会文明程度和市民文明素质为目标，精神文明建设工作和创建全国文明城市工作齐头并进，在全市广大干部职工的努力和市民的积极配合下，获得“全国文明城市”殊荣，展现“精致兰州”的崭新形象。

【创建全国文明城市目标】 建立由市委主要领导负总责、分管领导具体抓的创建工作领导责任制，层层签订目标责任书，督促各区县、各部门、各行业落实责任。坚决扛起创建工作牵头抓总的政治责任，出台年度《推进创建全国文明城市工作实施方案》及配套问责、测评文件，定期组织召开专题推进会、调度会、交办会，安排部署工作，研究解决问题，推动全国文明城市创建工作。全面推行创建网格化管理，建立市级领导包抓街道网格、市级部门包抓社区网格、县级干部包抓楼院网格管理体制，形成横向到边、纵向到底工作格局。全面实施创建点位长责任制，设置点位对标对点对图公示栏，安排区县干部专职专项负责各创建实地点位，配套建立培训、巡查、问责等机制，并开发文明创建实地测评点位管理APP和创建档案材料网络智能管理系统，利用信息技术手段落实细化创建实地点位和材料报送标准，提升创建工作规范化、精细化水平。建立实施“周调度、月通报、季推动”常态期和“周调度、周通报、周反馈、周整改”攻坚期工作推进机制，有效推动创建任务落小落实。常态化开展创建实地测评工作，测评结果在《兰州日报》等媒体上集中曝光，倒逼相关单位坚决整改落实。组织开展问题整改情况“回头看”，在兰州电视台《落实进行时》节目中进行直播，发挥新闻舆论的监督作用。建立完善奖惩机制，对创建成效显著的单位授予“骏马奖”，对任务推进不力的单位颁发“蜗牛牌”，在全市营造追赶比超氛围。

【“创城”督导宣传】 积极协调报告，争取上级领导和部门对兰州市创建工作的支持。省委书记林铎安排召开省直部门和中央驻甘单位支持兰州市创建全国文明城市工作协调会，形成省市联动、共建共享的良好格局；中央文明办创建局局长薛松岩一行8月7—8日来兰进行检查指导，有力推动兰州市创建工作向更高层次迈进。全年组织开展各类专项创建督查50余次，累计督导相关责任部门单位近600家次，发现各类问题3000余条，及时督促整改。强化创建宣传工作，与属地媒体签订合作协议，健全市属媒体对口记者联系机制和联络员协商机制，定期召开媒体宣传调度会，细化量化报道要求；加强以“文明兰州”头条、抖音为主体的“一网两微四号”的文明建设自媒体宣传阵地，强化原创内容建设。强化公益广告宣传广度，加大上门宣传力度，做到家庭入户百分百、商户走访百分百。广泛开展文明创建文化宣传活动，创新加量举办“抖in文明兰州”市区联动创建宣传活动，传播声量突破10亿+；全市年均举办大型创建精品活动10项以上，各级各类活动超过2000场次。

【文明城市共建共促】 协调、督导相关市直部门、单位开展城市环境设施“十大提升”行动、市民不文明行为“一月一主题”专项整治活动和创建攻坚行动，提升兰州市文明创建水平。主动与市文畅办沟通协调，开展全市道路交通文明畅通提升行动，督促开展文明交通各项工作。与兰州市市场监管局联合印发《文明餐桌实施方案》，联合实施《兰州市“公筷公勺分餐夹·健康分餐行动”实施方案》，在全省范围内率先创新出台《兰州市餐饮分餐公筷公勺分餐夹使用规范》。组织开展文明单位创评工作，推荐25家单位、9个社区、4个乡镇、13个村参评第15批省级精神文明建设先进

10月24日，安宁区文化馆安宁堡分馆、仁寿山景区分馆在仁寿山广场举办“我们的节日重阳”文艺演出活动。

7月13日，组织开展“情暖童心、微爱接力”关爱留守儿童巾帼志愿服务活动

集体；组织开展第6届全国文明单位推荐申报和第1届—第5届全国文明单位复查工作，5个单位、3个村跻身全国文明单位、文明村镇行列。印发《兰州市在精神文明创建活动中深入开展爱国卫生运动的实施方案》《关于文明单位率先开展新时代文明实践示范活动的通知》，引导文明单位等先进群体开展各类创建主题活动，组织引导各级各类文明群体全力参与文明城市创建。

**【公民道德建设】** 着力打造“凡人善举·德润金城”道德模范评选等品牌活动，全年推荐16人参评第7届甘肃省道德模范，3人被列为拟表彰对象；开展第6届兰州市道德模范评选活动，拟评选市级道德模范10名。持续开展“兰州好人”评选活动，全年评选兰州好人45人，其中7人荣登“中国好人榜”。落实礼遇、褒奖道德模范机制，选取道德模范、文明家庭代表各8人户，组织落实市上四大家领导慰问全市道德模范、文明家庭工作。加强诚信建设，坚持开展诚信“红黑榜”季度发布活动，全年发布红榜企业和组织318个，个人75人；发布黑榜企业和组织62个，个人33人。开展诚信单位、诚信示范街区、诚信经营示范店等主题实践活动，市属媒体在重要时段、重要版面加大宣传报道力度，营造守信光荣、失信可耻的社会舆论环境，推动全社会形成诚实守信、重信守诺的良好风尚，2019—2020年度兰州市在36个直辖市、副省级、省会城市信用综合指数中排名第18位。

**【新时代文明实践中心建设】** 围绕打造“一个示范中心、三级样板村”推进意见，指导试点县皋兰县、永登县、榆中县新时代文明实践中心搭建志愿服务项目平台，收集整理汇总百姓困难诉求和“微心愿”，罗列清单、搭建平台，按需招募，让志愿者在基层一线“进得去、接得住”，志愿服务能够有声有色“搞得出”。通过指导、协调、督促等方式，皋兰县形成“一个中心、五大平台、九大基地、N个实践点”的“159+N”运行模式，榆中县、永登县的试点工作也在有条不紊的推动中。加强新时代文明实践实体机构建设，截至年底，各区县都成立新时代文明实践中心办公室，建成各类新时代文明实践基地164个。组织兰州市文明单位和志愿服务组织开展“打造魅力乡村·建设美丽中国”“汇集爱心力量·助力乡村振兴”“践行初心使命·决战脱贫攻坚”等主题新时代文明实践志愿服务示范活动5场，累计捐赠折价110万元。全年全市招募实名认证注册志愿者66万余人，先后建立多层次多种类志愿服务组织3748支，发布项目21904个，志愿者服务总时长近700万小时。

**【未成年人思想道德建设】** 采用线上方式组织开展“传承红色基因　清明祭英烈”“2020年中小学生向国旗敬礼”主题教育活动，全市未成年人参与20余万人次。开展“小手拉大手·文明全家行”主题活动、“文化根·民族魂·中国梦”经典诵读比赛和“我们的价值观”“我的中国梦”等系列宣讲活动，全市中小学生踊跃参与。联合有关部门举办兰州市关爱未成年人“雏菊花”项目活动和“云书巢·情系乡村儿童”新时代文明实践志愿服务活动。组织开展2020年“新时代兰州好少年”评选活动，推出20名好少年，并召开新时代兰州好少年先进事迹发布活动。举办全市乡村（社区）学校少年宫艺术类、体育类辅导员培训班1期和未成年人心理健康辅导培训班3期，900余人参加。充分发挥文明校园“领头雁”作用，推进文明校园创建活动，实现文明校园创建活动覆盖率、知晓率、参与率3个100%，全年新获评全国文明校园2所、推荐省级文明校园35所、拟评选市级文明校园70所。高质量完成未成年人思想道德建设国家测评准备工作，对涉及的53个规范性文件、77张实景图片、41个说明报告等档案资料进行3轮次提升；对涉及的1400余个实地点位进行全面督查，对标对表进行点位提升，确保各上报点位不丢分、得高分。

【农村精神文明建设】 制订下发《兰州市2020年农村精神文明建设重点工作实施方案》，与市农业农村局联合制定印发《兰州市进一步推进移风易俗建设文明乡风的实施方案》，同时向农村地区发出“婚嫁延迟、丧事简办、寿事禁办”号召，严格管理农村地区红白喜事。评选出19个兰州市第2批农村精神文明建设“八个一”示范村。开展首届“新时代最美乡贤”评选活动，评选表彰10名兰州市首届新时代最美乡贤，并在全市层面予以大力宣讲，在全市农村形成“立乡贤、学乡贤、做乡贤”氛围。

（李晓娴）

## 统战工作

【概况】 2020年，兰州市统一战线工作认真落实中央和省委关于统一战线工作系列重大部署，聚焦难点问题精准发力，着力推进重点工作任务落实，召开调研协商座谈会4次，完成重点调研报告6篇，召开全市民营企业家座谈会4次，分解、转办民营企业发展难题48个，协调解决45个，举全市之力开展民族团结进步创建，兰州市及所辖西固、安宁、红古3区成功创建为全省民族团结进步示范市区，全年既定各项目标任务圆满完成。市委统战部获2020年度全国统战信息工作进步奖，全省统战工作实践创新成果奖、全省统战理论政策研究创新成果一等奖、全省统战信息工作一等奖。

【党对统战工作的领导】 市委主要领导就全市多党合作、民族宗教、非公经济统战等各领域工作做出批示20余次，全部建立台账，跟踪督办落实。市委分管领导多次主持召开会议，研究审议、部署安排统战工作重要事项，经常深入各区县、统战系统各成员单位和重点宗教活动场所及统战工作涉及领域开展走访调研，现场解决问题。市委常委会传达学习中央、省委部署，研究部署民族宗教工作5次。市委理论学习中心组专题学习党的民族宗教理论政策及中央、省委关于宗教工作的重大决策部署，扩大到各区县、各部门主要负责人，不断强化全市民族宗教工作意识。注重发挥领导小组综合协调作用，组织召开2020年全市统战部部长会议，召开市委统战工作领导小组会议4次，制定下发统战领导小组工作要点，分解重点任务，靠实工作责任，全面安排部署各项统战工作。特别是对省委统一战线工作领导小组2020年第二次全体会议审议通过的《关于有效解决当前民营经济统战工作几个突出问题的意见》等文件精神，专题传达学习，明确重点任务，逐项研究贯彻落实措施和办法，制定责任清单，推动落实落地。召开全市民族宗教重点工作推进会议、专题会议、协调会议15次，领导小组成立专项工作督查组，重点就民族、宗教等工作开展专项督查5轮次、下发通报6期，并对宗教管理不到位的2个区县进行约谈，有力推动各项工作落实。

【思想政治引领】 密切结合统一战线成员各自特点，因人制宜、因材施教，推动思想真知转化为政治自觉。组织广大统战成员深入学习习近平新时代中国特色社会主义思想和习近平总书记关于加强和改进统一战线工作的重要思想以及党的十九大、十九届四中、五中全会精神，教育引导各民主党派、工商联和无党派人士深刻认识“十三五”时期决胜全面小康取得的决定性成就，增强“四个意识”、坚定“四个自信”、做到“两个维护”，更加坚定开启全面建设社会主义现代化国家新征程的信心和决心。开展民营经济人士理想信念教育实践活动，市委分管领导带头开展民营经济代表人士革命传统教育谈心活动15人次，了解当前形势下民营经济人士的思想状况和企业生产经营面临的实际问题。制订统战系统学习宣传贯彻党的十九届五中全会精神计划，统战干部深入各领域、共驻共建街道、社区、脱贫攻坚帮扶村开展宣传宣讲，回答热点难点问题，回应群众关注关切，累计组织学习宣讲60余次。举办学习全国“两会”精神报告会、民法典专题讲座，支持举办“舞动金城”街舞挑战赛、2期《对话掌门人》活动、“街舞进藏乡”公益行等活动。

【政党协商】 制订《中共兰州市委2020年政党协商计划》，按计划开展党风廉政建设和反腐败工作通报协商座谈会、半年经济形势通报会、调研协商座谈会，政党协商落到了实处，取得实效。指导各民主党派加强内部监督委员会建设，提升内部监督能力，建立民主党派市委会领导班子生活会制度，帮助优化调研选题，明确重点，确定年度重点调研课题6

个。严格发展标准，规范发展程序，对上年民主党派组织发展、履行职能等情况进行登记统计并进行分析研究，帮助民主党派提高组织发展质量。举办加强参政党建设专题培训班，制定《兰州市贯彻落实〈中共中央关于加强中国特色社会主义参政党建设的意见〉分工方案》《兰州市民主党派代表人士队伍建设规划（2020—2027年）》，为加强参政党建设提供组织和制度保障。建立100人规模的市级民主党派代表人士队伍，并实施动态管理，为培养代表人士奠定基础。

【民族工作】　落实全省"一廊一区一带"行动，履行"一带"片区年度牵头城市责任，围绕"七个共同提升"，推动片区5市州签订《"沿黄河—洮河民族团结进步提升带"联创共建合作提升框架协议》，组织开展互观互检、互学互鉴活动，提升联创共建水平。举全市之力创建全省民族团结进步示范市，按照"一心两线三区四组团"（"一心"即抓牢城关、七里河区这一创建重心；"两线"即打造民族团结进步宣传教育"红色线""民心线"两条特色线；"三区"即创建西固、安宁、红古3个省级示范区；"四个组团"即兰州新区、永登县、皋兰县、榆中县4个组团，分别辐射景泰县、天祝县、白银市、定西市，与沿黄河—洮河民族团结进步提升带片区联创共建）的创建工作格局，狠抓教育引导，打造民族团结进步宣传教育"两条线"，开展"八个一系列"活动，建成6个民族团结进步教育基地、3大民族团结广场、12个民族团结主题公园；注重融合发展，把民族团结进步创建工作融入经济社会发展的各方面，让各族群众共建共享改革发展成果；突出联动创建，同步推进西固、安宁、红古3区创建工作。

【非公经济统战工作】　制定《兰州市民营企业家座谈会制度》，搭建政企之间沟通交流、诉求直通平台，建立完善民营企业问题收集、交办、落实、反馈、评议、考核等"全链条""闭环式"诉求办理机制，推动各职能部门形成服务民营经济发展工作合力的长效机制。落实省上"千企调研纾困"行动方案和省委统战部《关于在民营企业开展复工复产调研纾困工作的通知》要求，组织开展"百企调研纾困"行动，市委分管领导深入民营企业了解复工复产、生产经营等方面存在的主要困难和问题，听取民营企业家意见建议，研究解决措施；召开全市工商联（总商会）十五届四次执委会议，及时增补执委、常委、副会长、副主席。召开东西部扶贫协作社会动员工作协调会，举办东西部扶贫协作对接暨招商推介会，开展招商引资、旅游资源与项目、特色农副产品推介，回访天津市对口帮扶和销售兰州市农产品的民营企业。结对帮扶以来，天津市累计投入帮扶资金2.41亿元，实施协作项目240个，338个贫困村、34475户12.8万名贫困人口从中受益。

【党外知识分子和侨务工作】　贯彻习近平总书记"聚天下英才而用之"的重要理念，注重发现、物色、培养党外知识分子，重点掌握100余人的代表人士；参照省上模式，争取将兰州欧美同学会规范设置为群团组织，相关手续在协调办理中；借势省上推进兰州"海创中心"的东风，坚持省市联创共建，争取欧美同学会总会筹建兰州海归创新创业中心；建立50人规模的归国留学人员代表人士库，建立定期联系制度，为他们创新创业、成长发展搭建平台。对侨工作有序开展，认真配合省委统战部对兰州市港澳台工作的专题调研、全国人大华侨委员会对兰州市侨务工作的调研；组织开展侨务统战工作调研，认真筹备海联会换届工作，对兰州市具有海外关系的相关人员进行摸底统计。

【新的社会阶层人士统战工作】　探索开展兰州市网络人士统战工作，制定兰州市《关于加强和推进网络人士统战工作的实施方案》，召开网络人士座谈会，成立兰州网络人士之家、认证首批"兰州网络达人"，搭建全市网络人士学习交流、联谊活动的线下平台，启动"DOU在兰州、共创未来"主题活动，加强对网络人士的关心关怀，帮助网络人士打造活动场所、提升网络热度、拓宽发展渠道、增加流量支持，进一步提高网络人士对兰州的归属感和认同感。

【党外干部队伍建设】　配合省委统战部调研组完成党外代表人士队伍建设大调研工作；梳理统计全市党外科级及以上干部年龄、学历、任职时间等方面信息，立足领域分布和专业结构，更新完善全市党外科级及以上干部数据库；协调2期党外干部培训班名额，选派4名党外干部到乡镇、街道挂职锻炼。

【脱贫攻坚】　履行脱贫帮扶组长单位职责，组织召开脱贫帮扶推进会议4次，严格按照考核要求，年初、年中、年末3次对民乐乡32家市级帮扶单位帮扶情况开展督查考核；协调帮扶项目，督促落实天津市东西部扶贫协作项目洋芋保鲜库完成工程建设，协调亮化项目资金10万元，安装路灯35盏，投入资金5万元为贫困户购买发放鸡苗4200只，协调市侨联为民乐乡5个帮扶村建档立卡户捐赠棉服1000件，价值20万元。

（李友文）

## 市直机关党建

【概况】　2020年，市委直属机关工委召开工委书记办公会议31次，工委委员会20次，及时贯彻落实中央和省市委关于机关党建工作的重要安排部署，研究制定工作举措，建立健全工作机制，有效保障机关党建工作的顺利开展。坚持把学习习近平总书记最新讲话指示精神作为工委书记办公会、委员会第一议题，及时组织学习传达，深刻领会核心要义，推动新思想、新论断、新判断入脑入心，融会贯通。

【政治建设】 坚持把政治建设摆在机关党建首要位置，引导党员干部增强“四个意识”、坚定“四个自信”、做到“两个维护”。注重督促市直机关各级党组织按时开展“三会一课”、主题党日、组织生活会和民主评议党员等党内组织生活，充分利用“甘肃党建”信息化平台，采取提醒、约谈、通报等措施，及时审批党内政治生活相关材料，市直机关“甘肃党建”党支部登录率、组织生活资料上传率均达到100%。与此同时，工委领导班子严格落实组织生活制度，高质量召开领导班子民主生活会，带头查摆问题，带头整改落实，带头参加支部组织生活会，开展批评和自我批评，全年班子成员讲党课5人次。指导召开党员信教和涉黑涉恶问题专题组织生活会，督促制订方案，严格审核相关资料，公布举报电话信箱，建立日常排查上报制度，谈心谈话27679人次，进一步规范各项组织生活制度。指导开展以“重温一次入党誓词”等为主要内容的“十二个一”经常性党员教育活动，举办市直机关“缅怀革命先烈，争做时代先锋”主题党日活动，教育机关党员不忘初心、牢记使命，始终牢记自己的第一身份是共产党员，第一职责是为党工作、对党忠诚、为党分忧。自觉接受市委“政治体检”，专门召开工委委员会议，成立领导小组，制定工作方案，配合十三届市委第十轮巡察组开展工作，切实把这次巡察作为接受党性教育、加强党性锻炼、经受组织考验的难得机会。巡察期间配合完成个别谈话16人次、查阅文件资料200余份、组织召开市直机关专职副书记座谈会1次，如实报告工委工作情况、纪检监察、组织人事、专职副书记选拔任用情况和体制机制存在的问题，确保巡察工作顺利开展。

【意识形态】 先后举办习近平新时代中国特色社会主义思想专题研修班、《中国共产党党和国家机关基层组织工作条例》专题培训班，发展党员、入党积极分子、预备党员培训班等，培训人数1400余人。实施青年理论学习提升工程，指导建立市直机关青年理论学习小组201个，6026名青年干部开展各类学习交流研讨1809次，组织青年理论学习专题讲座暨交流会，夯实青年党员干部的思想基础和理论基础。严格落实意识形态工作责任制，研究制定《市直机关党组织意识形态工作要点》，每半年分析研判一次意识形态工作形势，将意识形态工作纳入机关党建目标责任体系，同安排、同检查、同考核。注重网络舆情管控，完善《网络新闻发布工作制度》，班子成员担任新闻发言人，实行逐级签发制，举办机关党建信息员培训班1次，培训80余人次，完成网络舆情反馈工作任务217条。其中，转发工作任务142条；网络评论工作75条。全面加强在新闻、网信等领域的思想引导，制定工委《关于进一步加强信息工作的通知》，全年采集各类信息900余条，在各级各类新闻媒体发布稿件91篇（条），其中《兰州日报》30余次，先后被《中国日报》《人民网》等中央、省市媒体转发52条；拍摄完成《固本强基抓党建　砥砺奋进促发展》市直机关党建宣传片，成功创办兰州市直机关党建微信公众号和抖音、快手自媒体号，扩大兰州机关党建的影响力。

【从严治党】 制定《2020年市直机关党的工作要点》和《责任清单》，提请市委审议通过《关于加强和改进市直机关党的建设的意见》，印发《市委直属机关工委、部门党组（党委）、机关党委和机关党支部责任清单》，形成纵向到底、横向到边的工作责任落实体系。制定《市直机关党建工作考核办法》，持续开展“互查、互评、互学、互促”“四互”活动，每季度对84个机关党组织完成党建责任情况进行督导检查，下发《督查情况通报》3期，有效推动机关党建各项职责任务落

12月17日，市直机关党建活动中心建成并揭牌

9月16日，第11届市直机关运动会开幕

地生根。坚持建强党务干部队伍这个“压舱石”，制定《兰州市直属机关党组织专职副书记（正科级）任免审批工作规程（试行）》和《兰州市直属机关党组织换届选举工作规程（试行）》，批准成立直属机关党组织3个，换届改选机关党组织8个，机关纪委8个，增补机关党组织书记14名，任命专职副书记17名，任命机关纪委书记8名。严把发展党员政治关，全年发展党员317人。重视党员统计年报工作，维护党员信息85人，纠正错误事项50条，接转党组织关系124人次。

【机关党建】 坚持抓实全面建设这个“关键点”，召开市直机关创建“让党中央放心、让人民群众满意的模范机关”动员大会暨党建重点工作推进会，率先启动“模范机关”创建活动，突出6个方面19项重点任务，切实把创建“模范机关”融入中心工作之中。狠抓党支部建设标准化工作，下拨党建工作经费85.5万元，命名“市直机关党建示范点”11个，“示范性党支部”57个，549个市直机关在职党员党支部全部达到标准化要求，完成党支部标准化建设100%的工作目标，兰州市直机关党支部建设标准化经验做法被中央和省级媒体宣传推广。狠抓“四抓两整治”行动，细化分解6个方面23条目标任务，制定责任清单，建立健全责任体系，召开专题组织生活会，指导集中整顿软弱涣散党支部1个，完成整改“回头看”党组织3个。在市委领导的大力支持下，成功筹划建成占地面积235平方米的兰州市直机关党建活动中心，填补兰州市直机关没有活动阵地空白。注重机关党建经验做法提炼和党建课题研究，组织开展2020年度市直机关党建重点课题研究及论文征集活动和市直机关“党建+”十佳案例评选活动，评选表彰主题党日优秀案例25个，优秀论文26篇，精品党课7个。开展机关党建课题研究，撰写调研论文6篇，在省委主管主办的《党的建设》发表论文1篇，在省委研究室主办的《调查与研究》发表论文1篇，在省委直属机关工委主办的《机关党的建设》发表论文2篇，1篇论文获中央和国家机关工委《机关党建研究》优秀论文奖，兰州机关党建课题被评为全省机关党建课题一等奖。

【文明城市创建】 市直机关党组织开展一系列有声有色的创建全国文明城市活动，依托“共驻共建”活动，638个市直机关党组织1.11万余名党员干部到全市344个社区进行“双报到”，认领社区服务项目或群众“微心愿”7590余个，开展特色亮点活动524次，完成“微心愿”4045个，在主城区90个重点路口路段参加文明交通劝导志愿活动3.4万余人次，在省市媒体报道360余次。认真做好市直机关普法教育、垃圾分类工作，开展宪法进机关宣讲报告会、国家安全法系列宣传活动，组织收看专题片，发放学习资料，增强机关党员干部知法、懂法、尊法的意识。工委在文明城市创建过程中收集汇总数据3100余项，上报图片150余张，参与39个市直部门创建国家、省市级文明单位测评工作，对创建指标“负面清单”12项内容进行摸底核实，评选“市级文明单位”28个。

【群团工作】 始终坚持党对群团工作的领导，深化改革创新，不断增强活力，做好机关工会、妇委会、共青团组织的换届、委员增补工作，成立机关工会5个，换届改选16个，增补工会委员3个；成立机关妇委会2个，换届改选7个；换届改选机关团组织3个，拨付工会经费14.5万元。创新工作方式和活动载体，突出机关特点、行业特色，成功举办第11届兰州市直属机关运动会，设4大项19个小项，84个部门的4500余名干部职工参加角逐。组织评选全市“最美家庭”24个、“最美母亲”25名，推荐全省“抗疫最美家庭”17个，“最美家庭” 23个，甘肃省“巾帼个人”1人。开展“云赞好家风 传承好家训”和“一封家书”活动，征集作品111个。举办计算机技能和公文写作比赛，431名青年干部参赛。关心关爱机关干部职工生活，慰问困难党员34人、困难职工80人，发放慰问金11.4万元，督促机关工会购买职工互助保险，对相关人员进行互助保险业务知识专题培训，工委被全国总工会职工保险互助会评选为全国优秀单位。

【廉政建设】 召开党风廉政建设

暨反腐败工作会议，研究制定重点任务清单，将40项工作任务分解落实，明确责任和完成时限，压实主体责任。举办机关纪委书记、纪检委员业务培训班、座谈会，培训100余人，对市住建局等14个机关党组织新任机关纪委书记进行任职廉政谈话，对工委重点岗位廉政风险点进行检查，排查班子廉政风险点4个、个人50个。用活执纪监督"四种形态"，班子成员之间经常开展监督提醒，全年班子成员约谈135人次，定期研究纪检监察工作，提出解决对策，层层传导压力，抓实各级党组织的主体责任。坚持学习中央及省市委党风廉政建设相关精神，严格遵守中央八项规定精神和省市委相关规定，定期推送廉政小贴士、廉洁短信，集中开展廉政警示教育4次，观看警示教育片5次，做到警钟长鸣、警示常在。聚焦监督执纪问责主责主业，前移监督关口，完成省委脱贫攻坚专项巡视第八巡视组反馈问题整改工作，制定《关于省纪委监委内部督察反馈问题整改方案》，逐项分解任务，按时上报整改情况报告，按照《兰州市纪检监察机关自身整改任务清单》，对照工委日常监督和扶贫领域廉政风险等方面8项整改措施，按时完成整改任务。全面落实习近平总书记关于制止餐饮浪费的指示精神，发出倡议书，采取随机抽查、委托检查等形式，对部分单位食堂进行集中检查，督促各项规定落实到位。集中整治形式主义、官僚主义，紧盯"高级红""低级黑"等"四风"问题新表现新动向，制定《工委干部考勤办法》，修订请休假制度，推动中央八项规定精神风化俗成、营造勤政高效机关新风。全年清理微信群、QQ群11个，发文数量减少10%以上。

【民族团结进步推动】　开展"党建+民族团结"活动，印发倡议书，组织"共驻共建进社区，民族团结一家亲"主题党日活动，举办"'兰州八办'与民族团结进步"专题讲座，宣传民族团结方针政策，自觉将民族团结进步工作融入党建"一张网"，开展民族团结进步示范市应知应会学习测试和现场抢答等活动，获得全市民族团结进步示范市知识竞赛个人一等奖，形成党建与民族团结"一盘棋"新格局。

（高启程）

## 机构编制

【概况】　2020年，兰州市编制工作严格落实《中国共产党机构编制工作条例》，创新机构编制管理，围绕兰州市经济社会发展大局，构建系统完备、科学规范、运行高效的党和国家机构职能体系，凝心聚力做好机构改革"后半篇文章"，全面完成乡镇街道机构改革、经营类事业单位改革，不断调整优化部门职能职责，持续推动机构编制资源向基层一线和民生领域倾斜。截至年底，市级登记的事业单位398家，发放机关群团统一社会信用代码证139家。

【乡镇街道机构改革】　完成乡镇街道机构改革，统一规范乡镇街道党政机构和事业单位设置。一类乡镇设置"五办五中心一队"，即党政综合办公室、党建工作办公室、经济发展和社会事务办公室、社会治理和应急管理办公室、生态环境办公室、农业农村综合服务中心、政务（便民）服务中心、社会治安综合治理中心、社会事务服务中心、村镇建设服务中心、综合行政执法队。二类乡镇设置"五办四中心一队"，未设置社会事务服务中心；三类乡镇设置"四办四中心一队"，未设置生态环境办公室和社会事务服务中心。另设置了纪检监察机构、人民武装部、人民代表大会办公室、财政所。街道设置"五办四中心一队"，即综合办公室、党建工作办公室、公共管理办公室、公共服务办公室、公共安全办公室、政务服务中心、社会治安综合治理中心、社区服务中心、公共事务服务中心、综合行政执法队。另设置纪检监察机构、人民武装部。统一保留农产品质量检测服务中心、退役军人服务站、综合文化站、农村公路管理所、卫生健康办公室、生态环境办公室6个挂牌机构。

【经营类事业单位改革】　全面完成经营类事业单位改革。兰州市勘察测绘研究院、兰州市城乡规划设计研究院、兰州市城市建设设计院、兰州市热力总公司、兰州市水电勘测设计院、兰州市园林设计院6家单位完成转企改革；撤销北京金城招待所、厦门金城招待所、兰州市城建职工培训中心、中共兰州市委党校供热站、兰州市手工业联社5家单位。督促指导区县完成兰州市红古区连海律师事务所、兰州市红古区红房物业服务管理中心、永登县工人俱乐部、永登县电影发行放映公司、永登县玫瑰宾馆（永登县人民政府招待所）、榆中县电影发行放映公司、皋兰县人民政务招待所7家单位转企改革，撤销榆中县教育装备服务站。

【体制机制调整】　设立兰州榆中生态创新城党工委、管委会，兰州市社会治安综合治理中心，兰州市涤心苑服务中心等机构；调整理顺兰州市自然资源局所属执法监察机构管理体制、不动产登记管理体制及兰州市森林公安局机关管理体制等，规范兰州新区机构编制工作权限程序和现有机构设置。为市委办公室等8个部门核定相当于部门副职的其他领导职数，为市委机要和保密局等10个部门核定相当于内设机构正职的其他领导职数，为市委政研室等14个部门核定党组织专职副书记。完善市、区县供销社管理体制，为市、区县供销社联合社理事会、监事会核定相应领导职数。为各区县设立新时代文明实践中心办公室，为七里河区、永登县设立重大项目服务中心，为西固区、永登县、榆中县设立老干部服务中心等机构，为各区县5个党政部门核定相当于部门副职的其他领导职数。

【权责清单动态管理】 建立集中梳理调整和即时动态调整相结合的权责清单动态管理机制。根据法律法规立改废释情况，调整市民政局、市住建局等5个部门的权责清单，增加4项权力事项、23项责任事项、22项追责情形，取消18项权力事项、112项责任事项、162项追责情形。调整后，市级政府部门有4742项权力事项，33714项责任事项，41285条追责情形。

【事业单位登记管理和社会信用代码工作】 办理事业单位法人设立登记9家，变更登记290家，注销登记15家，证书补领4家。发放机关群团统一社会信用代码证18家，变更31家，撤销7家，换证3家。

（刘延涛）

## 政策研究

【概况】 2020年，市委政研室统筹推进以文辅政、调查研究、决策咨询、协调保障、机关党建等各项工作，起草完成市委主要领导讲话稿等相关材料350余篇、400余万字，先后获得2018—2019年度全市市级文明单位、市级民族团结进步示范单位、市级节约型机关、第二批市直机关示范性党支部等荣誉称号，2名同志分别获评2020年度甘肃省、兰州市“最美家庭”。

【以文辅政】 深入推进“两学一做”学习教育常态化、制度化，巩固拓展“不忘初心、牢记使命”主题教育成果，创新完善“领导干部带学、集中讨论研学、专家学者授学、个人钻研深学、调查研究助学、典型案例引学、培训借鉴促学、完善制度专学”“八学”互动共享模式。协助市委制定出台《关于深入贯彻落实习近平总书记对甘肃重要讲话和指示精神努力为谱写加快建设幸福美好新甘肃不断开创富民兴陇新局面时代篇章贡献兰州力量的实施方案》《关于贯彻落实习近平总书记“兰州要在保持黄河水体健康方面先发力、带好头”重要指示精神的实施方案》。第一时间传达学习党的十九届五中全会精神，协助市委起草完成《中共兰州市委关于制定国民经济与社会发展第十四个五年规划和二〇三五年远景目标的建议（审议稿）》《兰州市行政区划调整方案》，并提交市委十三届十四次全会审议。强化文稿起草流程管理，健全完善受领任务—拟定提纲—起草初稿—交叉审改于一体的文稿起草运行机制，全年组织起草完成市委主要领导在中央脱贫攻坚专项巡视“回头看”和国家脱贫攻坚成效考核反馈意见整改暨全市决战决胜脱贫攻坚推进大会、省委第八巡视组对兰州市及所辖贫困县开展脱贫攻坚专项巡视工作动员会、湟水（含大通河）省级河长会议、市委十三届十三次全会、市委十三届十四次全会暨市委经济工作会议、市委常委会会议、市委理论学习中心组学习会议、十三届市纪委五次全会、市委政协工作会议、市委议军会议、兰州警备区第八次党代会、全市城市基层党建工作推进会、全市城市规划建设管理工作会议、全市创建全国文明城市工作推进会暨市文明委全体会议、全市创建全国民族团结进步示范市动员大会、全市项目建设暨“五比五拼”活动推进会等会议上的讲话材料350余篇、400余万字。深入贯彻全市创建全国文明城市部署要求，组织人员做好全市创建全国文明城市网络申报材料审核工作，对申报的200余份材料，从政治、政策、文字、内容、格式等角度严格把关，高质量完成修改任务。

【调查研究】 聚焦市委中心工作和群众反映强烈的热点难点问题，形成推动中小企业复工复产、政府投资基金运营情况、重大疫情防控和公共卫生应急管理、市直单位和企业办园情况、市轨道公司探索创新融资工作、房地产历史遗留问题处置等多个领域调研报告，市委主要领导分别做出批示，部分已经上升到市委决策层面。紧盯中小微企业规模小、抗风险能力弱、受疫情影响大等困难，分类对全市批零住餐行业、营利性服务业、交通运输邮政业、金融保险业、房地产业进行摸底评估。指导有关职能部门全面梳理中央和省市出台的应对疫情影响扶持企业发展的各项政策，协助出台《兰州市积极应对疫情有效促进经济平稳增长的意见》《关于落实“六保”促消费扩内需的若干措施》《关于进一步支持“地摊经济”发展的若干政策措施》等政策文件，助力全市经济步入常态化轨道。参加省委“十四五”规划建议、全省奶业发展、横向生态补偿机制试点工作、加快制造业“三化”改造提升等专题调研，全面反映兰州市工作成绩，提出客观科学的对策建议，为省委制定有关政策措施提供参考。推动政策研究咨询服务工作，委托甘肃省社会科学院、甘肃省委党校（行政学院）、兰州理工大学、兰州财经大学等省内院校，联合开展兰州市经济社会发展“十四五”规划建议、黄河兰州段生态保护和高质量发展、加快振兴兰州制造业、兰州市投融资体制改革和平台公司转型等多个课题的研究工作。着眼“十四五”时期兰州市经济社会发展目标任务，与兰州大学、西北师范大学等在兰高校签订7个委托研究课题。

【财经服务】 认真履行服务保障市委财经委员会工作基本职能，全力服务保障市委对全市经济领域重大工作的指挥调度，组织筹备召开4次市委财经委员会会议，听取并研究贯彻落实习近平总书记关于“兰州要在保持黄河水体健康方面先发力带好头”重要指示精神工作进展、黄河流域兰州段生态保护和高质量发展规划编制及项目谋划、兰西城市群建设发展、小康监测指标落实、重点项目建设、招商引资、财政收支与保基本民生保基层运转、主城4区闲置土地和低效用地清理处置、市级政府投资基金整合等重点工作，及时研判分析经济运行情况，安排部署重点工作任务。围绕市委财经委员会会议议定事项，制定市委财经委员会《议定事项责任清单》3份，对会议安排部署的37项具体工作任务进行详细分解，明确职责分工、靠实工作责任，全面督办问效、逐项对账销号，确保市委经济决策取得实实在在的效果。制定印发关于落实中央财经委员会第六次、第八次会议精神及重点工作任务的分工方案，全面分解关于黄河流域生态保护修复、环境污染治理、黄河水安全保障和水资源优化利用、沿黄中心城市及城市群高质量发展、产业结构调整优化、弘扬黄河文化、规划编制推进实施、畅通国民经济循环和现代流通体系建设、贯彻落实中央财经委员会会议决策部署等9大方面、44项具体工作，逐条逐项明确职责任务，及时跟进开展督导问效，确保中央财经委员会各项决策部署在兰州落地生根。联合青海省西宁市委财经办和发改委、兰州市发改委，筹办首届兰西城市群高质量发展研讨会，指导全市各级各部门谋划凝练重大合作项目107个、总投资8494亿元，为推动兰西城市群建设提供支撑。注重把握全市重点工作进展和成效，健全完善财经工作信息报告制度，调整充实财经工作联络员队伍，严格财经信息报送的时限和标准，及时整理总结全市经济工作进展、创新举措办法、特色亮点经验，向省委财经办报送经济工作信息37篇、1147条，兰州市重点工作、重大项目建设等方面工作成效和经验做法被省委财经办《每周经济工作动态》予以推介，报送量和刊发数量均居全省第一。

【改革协调】 履行市委全面深化改革委员会办公室职责，精心谋划制定市委全面深化改革委员会2020年工作要点和工作台账，部署推进9个重点领域153项具体改革事项，完成145项，推进7项，因政策调整变动1项。坚持重大方案集体把关，组织召开市委深改会会议3次，先后审议通过《关于进一步深化城镇住房制度改革完善住房供应体系的实施意见》《关于学前教育深化改革规范发展的实施意见》《关于加强文物保护利用改革的实施意见》《兰州市计划生育协会改革方案》等重点改革方案，市委、市政府及市委深改委出台改革文件110个，各专项小组和牵头部门印发改革文件173个，确保全市改革与党中央和省委决策部署同频同向、与市委中心工作互融互促。参与起草市委、市政府《关于进一步完善城市规划建设管理工作机制的通知》，统一市区两级市政设施建设管理事权划分，从根本上解决长期以来主城4区管理体制不一、交叉管理问题。紧盯空间布局和实际发展矛盾，深入调研、反复论证，谋划制定部分区域行政区划调整工作方案，为“十四五”发展预留空间。推进兰州日报社、兰州电视台管理体制改革，组建现代化媒体集团，助推党报党媒市属媒体优化机制转型发展，夯实意识形态主阵地。跟进督办“放管服”改革、乡镇街道管理体制改革、工程建设项目审批制度改革、国有企业混合所有制改革、粮食储备制度改革等重点改革事项，有效破解制约发展和影响民生福祉的“痛点”“难点”问题。生态文明体制、多证合一、绿色金融体系、涉农资金统筹整合、生态文明损害赔偿制度、教育综合改革等6项改革顺利通过省委第三方改革评估。国企混改、医保支付方式改革等改革工作得到省委督查组充分肯定。充分发挥省会城市改革示范带动作用，积极承担国家和省级改革试点任务，及时组织8个区县和市直部门对承担的改革试点进展情况进行系统梳理和全面摸底，对已完成的改革试点进行全面回头看，总结成效、查找问题；对正在开展的改革试点加强跟踪督导；对新设立的改革试点系统谋划、重点推进，完成农村集体产权制度改革试点、流通领域现代供应链体系试点城市、国家低碳城市试点、国家文化消费试点城市、国家电子商务示范城市等81项改革试点任务，新设立改革试点12个。全面开展十八届三中全会改革任务落实情况总结评估，分领域梳理对账，向省委改革办报送《关于兰州市十八届三中全会以来改革落实情况总结评估报告》。及时总结推广试点经验和基层创新做法，编发《兰州改革动态》48期，上报改革信息88期，“市域社会治理”“新时代文明实践中心建设”“共享单车管理”“三不管楼院改造”“民生就业360”“五比五拼”、交管“放管服”等17个方面的改革经验做法被省委改革办《改革动态》刊发，改革工作得到省委充分肯定，在省委深改会上进行书面经验交流。

【刊物工作】 严格落实“责任编辑、副主编、主编”三级审核把关编务管理制度，着力在文稿编发上求精、在栏目设置上求新、在版面设计上求活，不断提升《兰州工作》的政策性、指导性、权威性和可读性。全年发刊12期、编辑稿件180篇。其中，《加快推进榆中生态创新城生态绿化建设》

《提升城市治理体系和治理能力现代化水平》在中央《学习与研究》上刊发;《咨政辅政践初心、服务发展担使命》《兰州市全力推进市域社会治理现代化的实践与探索》等20篇文章在省委《调查与研究》上刊发。

【其他工作】 严格落实全面从严治党主体责任和"一岗双责",着力构建责任清单明晰、责任界限明确、责任落实清楚、责任追究可依的责任体系,推动全面从严治党主体责任更严更实更紧。严格落实意识形态工作责任制,将意识形态工作作为全面从严治党重点工作,纳入政研室2020年工作要点,定期开展意识形态领域风险研判,对党员干部参加网络评论、论坛跟帖、手机聊天等提出明确纪律要求,推动意识形态工作制度化、规范化。开展"七五"普法宣传和"法律八进"活动,将司法体制改革内容纳入市委全面深化改革委员会研究议题,制定工作要点,分解工作任务,并提请市委全面深化改革委员会研究审议合作制公证处相关事项。推进"平安兰州"建设,成立国家安全人民防线工作领导小组,推进维护政治安全、社会矛盾化解、内部安全防范等重点工作。落实中央八项规定及其实施细则精神,充分运用工作约谈、提醒约谈、告诫约谈等形式,教育党员干部自觉遵守纪律规定、自觉接受监督、及时纠正问题,确保把负责、守责、尽责体现在管党治党的各方面、全过程。"铮铮誓言,彰显政研人的责任与担当""市委政研室联合党支部18名党员落户社区"等主题党日活动先后被《兰州日报》等相关媒体报道,"咨政辅政践初心、服务发展担使命"先后被甘肃党建、《兰州日报》、党的建设等相关平台予以推介并获评"党建+"十佳案例,《机关党建与政研工作深度融合的实践与思考》获党建课题研究论文一等奖。深入贯彻新时代党的组织路线,从全省范围内遴选优秀年轻干部2名,面向社会公开招考工作人员2名,引进急需紧缺人才3名,进一步优化干部队伍结构。巩固提升"基层减负年"工作成效,下功夫解决文稿起草、调查研究、改革协调、财经服务工作中存在的形式主义突出问题,创新建立月度工作计划及进展情况对照检查、周工作安排制度,引导督促各科室抓责任、抓进度、抓落实,努力形成干事创业的良好氛围。

(芦彦博)

## 机要和保密

【概况】 2020年,市委机要和保密局不断加强保密宣传教育、监督检查、技术防范及服务保障等工作,开展专项检查。

【组织领导】 3月,召开市委密码工作领导小组暨市委保密委员会会议,研究通过《2020年全市党政机要密码工作要点》《中共兰州市委保密委员会2020年工作要点》,并对2020年全市机要、保密工作提出具体明确要求。

【宣传教育】 依托互联网新媒体平台,构建线上+线下的大宣教格局。5月,保密宣传月制作2个H5、2组图解,在中国甘肃网、"爱兰州"手机客户端置顶播放1个月。在《兰州日报》设立《保密法》《密码法》宣传专栏,刊发各类评论和宣教文章21篇。在兰州电视台播放《迷"图"知返》等微电影1周,在甘肃青春调频广播开设专栏,介绍机要密码、保密工作相关知识。在全市20个小区的25个灯箱报刊栏中,投放宣传海报。利用市区人口流动量较大区域的户外LED大屏及全市1000余辆公交车车载移动电视,滚动播放宣传教育片。在全市20个机关单位办公楼宇中,放置LED宣传立式屏,滚动播放宣传教育片,向各级领导干部、涉密人员发送保密提醒短信4条、涉及人员12282人次。"12·4"宪法日向市民群众大力宣传《保密法》《密码法》。上报的《庆祝中国共产党成立100周年保密宣传教育策划工作方案》获得全省方案评选一等奖。创新实施的"1+2+N"工作模式在全国《保密工作》杂志刊登推广。选取保密知识选择判断题10道向中宣部推荐,部分被纳入"学习强国"平台题库。举办全市保密教育培训、密码管理培训、商用密码应用与安全性评估工作培训。

【监督检查】 对全市110个市直单位和区县进行全覆盖式检查,对6家

5月,组织开展保密法宣传活动

有违反《保密法》行为的重点单位实行进驻式检查。定期开展军事设施周边环境安全保密检查，累计解决问题隐患14个。联合市公安局、工商局、供销社等单位开展全市废品回收站保密检查工作。配合相关单位完成2020年普通高考、司法考试、全国兽医职业资格考试保密工作。经审查验收为兰州新区、城关区颁发《保密检查合格证》。按照国家秘密载体印制资质审批工作要求，完成4家申请单位的书面审查。

【保密监管】　按照涉密信息系统分级保护监管规定，对涉密信息系统进行测评初审。对全市涉密计算机进行全覆盖式保密排查，重新补录报警地址、规范信息填写和粘贴保密标识，切实消除涉密计算机失泄密隐患。安排对5家单位数据库进行保密核查，开展基于大数据、云计算等条件下保密技术应用。加快推进保密技术监管平台升级，优化保密技术监管策略设置，针对各行业领域工作特点，强化针对性工作措施，进一步提升监管平台的精准发现能力。

【服务保障】　争取到市级机关业务用地作为全市保密技术服务中心，赴外省考察学习保密技术服务中心建设和管理方面的先进经验，进一步加快全市保密技术服务中心项目建设进度。为部分市直单位、保密要害部门配送保密文件柜20余个、文件回收袋400余个，服务保障市委市政府涉密会议5次，做好全市各级党政机关、企事业单位的涉密载体销毁工作。

（汉海明　范兰芳）

## 信访工作

【概况】　2020年，市、区县两级信访部门受理信访事项6647件次。其中，来信230件次，同比下降67.3%；来访381批次、2311人次，同比分别下降77.8%和69%。全市发生进京赴非接待场所上访22人次，同比上升15.8%；发生赴省集体上访58批1236人次，同比批次下降7.9%，人次上升6.4%；群众来市集体上访132批2367人次，同比分别下降29.7%和20%。办理网上信访6036件，占信访总量的90.81%。完成各项年度工作目标任务。

【领导接访】　省委常委、市委书记李荣灿，市委副书记、市长张伟文带头接待来访群众，面对面倾听群众心声，现场协调解决群众诉求，在主要领导示范引领下，全市各级领导干部接访下访。全年市委市政府领导接访下访46批次，推进或化解疑难信访问题46件；各区县领导干部接访下访155批次。其中，主要领导接访下访34批次；其他县级领导接访下访121次。推进或化解一批征地拆迁、农业农村、国土资源、退伍军人权益和农民工讨薪等领域信访问题。

【信访矛盾化解】　对中央、甘肃省信访工作联席会议办公室交办和兰州市信访工作联系会议办公室排摸的24件疑难复杂信访事项进行集中攻坚，通过严格落实属地责任、部门责任和领导包案制度，推动信访事项化解，全年化解率100%。形成由兰州市信访工作联席会议牵头抓总，信访局具体负责，兰州市信访工作联席会议各成员单位参加的信访工作联合督查机制。分3个批次实地督办信访事项150余件，化解率80%以上。督办上级机关和领导交办件69件，到期办结率100%。对办理结果群众不满意仍反复上访的，启动升级调查处理。兰州市信访工作联席会议办公室会同相关责任单位对13件信访积案，按照诉求重研、问题重查、结论重审、性质重判、力量重组，不听汇报听诉求、不看报告看资料、不进会场进现场、不重程序重实体、不搞照搬照搞研判要求，以实现"事心双解"为目标，进行升级调查处理，推动问题化解。提请市委常委会会议研究并成立由兰州市信访工作联席会议召集人杨金泉书记任组长，市人大常委会李虎林副主任、市政府王立朝副市长任副组长的兰州市集中治理重复信访化解信访积案专项工作领导小组，设立领导小组办公室和4个专责工作组，负责协调化解相关领域重复信访积案。制定《关于开展集中治理重复信访化解信访积案专项工作实施方案》，对为期3年的专项行动进行全面部署，对国家信访局和甘肃省信访局交办的548件重复信访积案进行集中交办，筛选35件疑难复杂积案提请市级领导包案化解。

【信访保障】　市委、市政府高度重视重大节会期间的信访保障工作，主要领导明确指示，分管领导亲自安排部署。在全国"两会"、北戴河暑期集中劝返、中国国际服务贸易交易会和党的十九届五中全会期间，兰州市信访局结合实际，制订工作计划，完善工作机制，从做好重点人员源头管控、领导干部接访下访、信访问题排查化解和源头预防等方面进行全面细致的安排。成立由兰州市信访局分管领导任组长的劝返工作组，进京开展劝返工作，做到随有随接、快接快返、日结日清。重大节会期间，全市启动信访信息"零报告"制度，通过分析研判当日赴省进京上访情况和重点人员、重点群体化解稳控情况，做到对进京访、越级访、集体访早发现、早介入、早化解。对有越级上访苗头的重点人员，立即落实属地工作责任，确保将问题化解在基层、人员稳控在当地，确保重大节会期间正常的信访秩序。

【基层基础建设】　在巩固和提升

信访工作"基层基础建设年"和"四无县区四无乡镇(街道)"创建活动的基础上，借鉴枫桥经验，探索建立符合兰州市实际基层矛盾纠纷多元化解机制，以点带面，引导基层组织，突出地方特色，因地制宜探索创建"枫桥经验"兰州版。涌现出如城关区酒泉路街道畅家巷社区居民协商议事厅、西固区四季青街道四季青社区村民说事室、红古区郭德唐工作室、榆中县高墩营村村民解忧室等一批基层信访工作先进典型，得到省信联办的肯定。

【复查复核】　复查复核工作严格按照国务院《中华人民共和国信访条例》《甘肃省信访事项复查复核办法》和《依法分类处理信访诉求工作规则》等法规文件，规范信访事项复查复核工作，引导信访人依法有序信访，监督和促进全市行政机关依法处理信访事项，保障信访人的合法权益。全年全市接待群众申请办理信访事项复查复核107批145人次，同比上升22%和19%。召开信访事项复查复核调查会、调解会、协商会、审查会、咨询会、意见征询会等各类会议36次，实地调查核实23次，征求律师顾问意见51次，向有关部门和单位信函、电话协助调查100余次。

【法治信访】　利用电视、报纸、网络和手机短信、微信、微博等渠道，宣传国务院《中华人民共和国信访条例》《甘肃省信访条例》和国家信访局《依法逐级走访办法》，推进依法逐级走访进机关、进企业、进街道、进乡镇、进社区、进村庄。6月10日，结合《中华人民共和国信访条例》颁布15周年宣传活动，由甘肃省信访局主办，兰州市信访局、城关区信访局承办的《中华人民共和国信访条例》修订实施15周年宣传活动在兰州市民广场举行，活动现场向群众宣传推广网上信访、逐级走访等内容。依法逐级走访得到各方面的广泛认可，也被多数信访群众所接受，取得走访总量逐步下降、上行趋势大幅回落的积极变化。将依法应当通过诉讼、仲裁、行政复议等法定途径解决的信访事项从普通信访事项中剥离，导入司法渠道依法解决。认真执行国家信访局和省信访局依法分类处理信访诉求清单，对属于《中华人民共和国信访条例》以外其他法律法规规章的调整范围，依法应当通过行政许可、行政确认、行政裁决等程序解决的信访事项，引导群众通过法律规定提出。6月，市信访局与市中院联合下发《关于建立涉诉信访对接工作机制的实施方案》(试行)，《实施方案》紧紧围绕诉访分离、对接顺畅的工作目标，进一步整合法院与信访部门矛盾纠纷化解处置力量，充分发挥信访、诉讼、依法治理在化解矛盾纠纷、维护社会稳定中的互补作用，不断提高运用法治思维和法治方式化解矛盾、解决问题的能力和水平，促进涉诉信访事项妥善化解。

(张轩宁)

## 涉台事务

【概况】　2020年，市委台办召开台海形势报告会5场次，开展涉台交流活动9次，解决涉台领域信访投诉9件次，动员涉台领域捐助防疫物资和脱贫攻坚物资价值26万余元。市委台办被市文明委授予"2018—2019年度市级文明单位"称号。

【组织建设】　把牢对台工作政治方向，召开市委对台工作小组暨2020年全市对台工作会议，回顾总结2019年工作，安排部署2020年任务。加强党对台工作的领导，提请市委常委会议专题研究对台工作，及时调整增补市委对台工作小组组成单位和组成人员。强化对台工作政治建设，开展"不忘初心、牢记使命"主题教育"回头看"工作，推进"扫黑除恶""扫黄打非""六稳六保""四察四治"等专项行动，聚焦十三届市委第九轮巡察反馈问题召开专题民主生活会，逐项落实3个方面10类13个问题整改任务。树立正确选人用人导向，建立健全干部激励约束和容错纠错机制，建立完善县、科级干部廉政档案，全年开展警示教育9次、领导班子与干部职工谈心谈话27人次，持续营造风清气正的机关氛围。

【宣教工作】　召开全市台海形势报告会暨市委理论学习中心组会议，邀请全国对台干部培训中心主任王杰教授以"解决台湾问题、推进祖国统一"为题为全市党员领导干部作涉台专题辅导。领导班子面向市级相关单位、基层一线和台办机关开展党的十九届四中、五中全会精神，台海形势及对台方针政策宣讲7场次近千人次。加强涉台领域意识形态工作，引领机关干部、台胞台属坚决反对和遏制"台独"分裂行径。做好赴台人员行前教育和赴台学生反渗透教育，坚决筑牢涉台领域"防渗透、防策反、防泄密"工作防线。高度重视网宣舆论阵地建设，培养对台工作网宣舆论队伍，引导台胞台属界别网络人士围绕"两岸关系"正能量发声。

【品牌交流】　做好因公赴台组织管理，召开2020年度赴台交流工作协调会。联合省台办赴福建省海峡两岸交流基地开展考察调研，学习借鉴对台交流、经贸方面的好经验好做法。协助省台办完成第4届台湾大学生敦煌文化研习营在兰参访工作，支持甘肃四方机车有限公司1人应邀赴台开展技术交流。支持台北市基层社区负责人来兰参访团和兰州市5所中学赴台交流团，将"线下活动"转为"线上交流"，取得较好成效。举办"建设兰州—西宁—台湾牛肉面产业发展研讨会”。举办“同叙两岸情·共话端午节”联谊活动，组织台胞台属台商共同纪念中华民族传统节日，共叙血浓于水的同胞亲情。举办“迎中秋　庆国庆‘两岸一家亲·共创文明城’对台工作图片暨台胞台属书画作品展”活动，用6大板块130余张图片全方位展现两岸关系发展、党的对台方针政策和兰州市对台工作成绩。举办“创建文明城市·建设精致兰州——‘黄河之滨也很美’兰州台胞台属画家画黄河暨黄河风情线百米长卷展”活动，充分展现兰州市在黄河生态治理、巩固发展民族团结、建设现代化中心城市等方面取得的丰硕成果。全年举办“中国传统文化入台企进社区”活动4次，通过现场创作、赠送书画形式弘扬社会主义核心价值观，受到台企职工、社区群众的热烈欢迎。

**【惠台政策】**　贯彻落实中央惠台“31条措施”“26条措施”“11条措施”和甘肃省“55条实施意见”，切实为台胞台商在兰投资、创业、生活、旅游、求学等创造便利条件。支持配合市发改委起草出台《关于兰州市优化营商环境工作的实施意见》，受到在兰台商高度关注和充分肯定。协同公安部门继续做好台湾居民居住证申领发放工作，兰州市38名常住台胞领证并享受权益。联合省台办召开全省服务台商台企政策法规宣讲座谈会，介绍产业政策，解读民法典，座谈交流并听取台商台企意见建议。利用微信工作群，向在兰台商台企推送惠台政策及相关法律法规常识200余条次。全年协调解决涉及餐饮企业备案、集资建房、房屋租赁、资方欠薪等台胞台属、台商台企信访求助案件9件次。

**【联络服务】**　成立市委台办“抗疫情、走台企、访民情”专项调研组，由主要领导带队深入全市27家台资企业了解发展现状、梳理困难问题、整理对策建议，形成高质量调研报告向市委市政府及有关部门进行报送，协调推动相关问题从速解决。开展“千企万商大走访”活动，调研对接甘肃仕通汽车销售有限公司和兰州汇丰石化有限公司，帮助解决企业难题3件次。开展台胞台属、台资企业、涉台婚姻基本情况摸底调查，进一步健全完善兰州市涉台资源数据库。为企业排忧解难，领导班子带队前往武威市协调当地党委、政府召开台资企业服务对接会，帮助兰州天正集团下属企业武威三农欣庆环保科技有限公司解决产业政策不熟悉、推广渠道不通畅等问题。指导市台资企业协会召开第7次会员代表大会，顺利完成换届。

（李雅婧）

9月28日，市委台办举办“迎中秋 庆国庆两岸一家亲 共创文明城”对台工作图片暨台胞台属书画作品展

## 党史工作

**【概况】**　2020年，全市党史工作坚持“党史姓党”的政治原则和实事求是的工作方法，认真贯彻围绕中心、服务大局要求，在党史“存史、资政、育人”方面取得显著成绩。2020年市委党史办公室党支部获评兰州市直机关示范性党支部。

**【党史征研】**　作为一项经常性工作，编纂《中国共产党兰州大事实录(2019)》，发挥存史、资政、育人作用。为进一步加强兰州市脱贫攻坚历程研究，系统地对兰州市脱贫攻坚工作进行全景式、系统性的回顾，组织编纂《众志成城　共筑致富路——兰州市扶贫攻坚文献》（二）。全书详细记录市委、市政府、市委帮扶领导小组和市委帮扶领导小组办公室下发的文件60余篇，45万余字。组织编译俄文版《苏联援华行动1937—1945》一书，该书完成出版印刷。2020年出版《兰州党史研究》2期。对《兰州党史研究》的内容和版面进行调整和改进，适度增加县区党史工作动态版面，为各县区党史宣传教育工作交流搭建平台，全年收到县区交流信息30余条，刊登10条。组织撰写党史研究专题《新时代兰州红色文化传播路径研究》《兰州红色文化资源重要性研究》《浅谈非物质文化遗产——花儿》《羊皮筏子在抗战时期的峥嵘往事》等4篇研究论文，其中《新时代兰州红色文化传播路径研究》《兰州红色文化资源重要性研究》2篇文章推荐上报全国“红色文化研讨会”参会论文。

【党史宣传】 以宣传教育可视化为突破口，把《兰州空战》《西北孔道》2部纪录片作为面向基层党组织、广大党员群众开展党史普及宣传教育的生动教材，在中央电视台纪录、教育、军事频道及兰州电视台和各单位、基层党组织、学校等地播出，其中《西北孔道》获中组部第15届全国党员教育电视片观摩交流活动优秀奖和广电总局2020年度优秀网络作品奖。组织开展“党史大讲堂”，扩大党史宣传的影响力和覆盖面。七一前夕“党史大讲堂”走出单位，党史办主要负责同志在市委东三楼纪念中国共产党成立99周年表彰大会暨专题党课报告会上，向市委办公室、市委机关服务中心、市委党史办等单位150余名党员干部作专题宣讲。网络平台和红色陇原、学习强国、兰州党史网、今日头条等APP平台为阵地加强党史宣传。全年上传党史研究文章40余篇，8万余字，今日头条推送党史宣传文章5篇。参与省委党史研究室为庆祝“七一”组织的“党史文物背后的故事”征集活动，在征文中筛选出《倪斐君与甘肃妇女慰劳会》《我们的初心和使命就是让人民过上和平幸福的日子》2篇稿件。在《兰州日报》开辟纪念兰州解放专版，兰州战役纪念馆、城关区、七里河区和榆中县党史部门撰稿7篇，其中刊登5篇，再现71年前革命先烈们浴血奋战的红色岁月，激励党员干部感悟初心使命，汲取奋进力量。

【示范性党支部创建】 市委党史办公室党支部认真学习中央印发的《中国共产党支部工作条例（试行）》及省委办公厅印发的《关于认真学习宣传贯彻中国共产党支部工作条例（试行）的通知》《甘肃省党和国家机关党支部建设标准化手册》要求，建设标准化党支部，结合自身特点每月开展1次主题党日活动，落实“三会一课”、专题组织生活会、谈心谈话、民主评议党员等党内生活制度。建立党员图书阅览室，新设立宣传板和文化墙，重新收集、分类、整理各类相关资料台账10项。同时，为推进“模范机关”创建工作，市委党史办公室结合自身实际，研究制定《关于打造标准化支部创建模范机关的实施方案》，不断引导党支部和党员发挥战斗堡垒作用和先锋模范作用。全年召开支委会12次，党员大会20次，组织支部集体学习12次，专题交流讨论5次，支部书记带头讲党课2次，党史大讲堂集中学习7次，组织帮扶村党支部、亚太社区党支部党员开展“支部共建”参观“红色记忆展”活动。结合文明城市创建、弘扬抗美援朝精神、脱贫攻坚等工作开展主题党日活动12次。

【脱贫攻坚】 严格落实“一户一策”全面排查工作任务，帮扶干部分批分组，深入帮扶户家中，详细询问户内情况，掌握帮扶户对“两不愁三保障”及产业发展、技能培训、劳务输出等方面的意愿需求，为制定切实可行的帮扶措施提供依据。协调市文联、市工商联、市委机关服务中心干部职工开展帮扶慰问活动，春节前夕给帮扶村发放春联220副，送去社火演出服装、道具，同时赠送灯笼30个、笔记本40本、水杯50个，村委会为党史办赠送了锦旗。选派干部配合省委扶贫攻坚专项巡视完成对兰州市3县1区脱贫攻坚巡视巡察任务。参与市档案馆、市农业农村局在国际档案日举办的“档案见证小康路、聚焦扶贫决胜期”主题展览，为展出内容提供基础照片和文字资料。协调市林业局和市县农业农村局，为满塘村争取2289棵云杉树苗和10万元环境整治资金，为帮扶村购置挖树坑机和割草机各1台。

（王柏华）

## 老干部工作

【概况】 2020年，全市有离休干部592人，已故离休干部无固定收入遗属324人；机关事业单位退休干部32457人，担任过副地级实职以上退休干部88名。全市有离退休干部党支部370个，服务离退休干部党员19212人；关工组织1992个，“五老”（退休的老党员、老干部、老军人、老模范、老教师）骨干2136人；各级老干部活动中心（室）和老年大学18个，建筑面积16580平方米。

【三项建设】 采取辅导报告会、通报会、宣讲会、座谈研讨会等多种形式，组织离退休干部集中学习党的十九届四中、五中全会精神，参加“弘扬莫高精神、当好时代楷模”、《民法典》解读等报告会，开展多种形式的交流研讨，引导离退休干部谈学习感想、写心得体会，更好地学习理解习近平新时代中国特色社会主义科学理论的丰富内涵、深刻要义。为行动不便的老同志开展送学上门活动，向破产改制企业离休干部发放《兰州晚报》订报卡250张，为全市离退休党支部发放《离退休干部党支部学习参考》《离退休干部党建文件汇编》等各类学习资料2000余份。把全市离退休干部党支部书记培训纳入市级干部培训主体班，依托市委党校优质教学资源，对全市70名离退休干部党支部书记代表学习培训。全市举办离退休干部政治学习会、网上专题报告会、宣讲会、形势报告会等150余场，参加老干部2.3万余人次。加强思想建设，掌握老干部工作意识形态的主动权。用正面宣传占领老干部工作舆论阵地，坚持和完善政治理论学习、阅读文件、情况通报等制度，利用媒体报刊、微信和手机短信平台，将中央和省市委的重要决策部署、党的创新理论及时传达给每一位老干部工作人员和老干部。建立老干部工作信息发布审批制度，各类信息的发布均需层层审核把关，信息发布流程更加严谨规范。发掘选树宣传全市老干部和集体的先进典型，市农科所退休干部李廷群等4人、市公安局离退休干部机关党委等2个集体获得全省老干部先进个人、先进工作者和先进集体称号；市人大常委会退休干部王晶中等4人、榆中县关工委等2个集体获得全国关心下一代工作先进个人、先进工作者和先进集体称号。加强党组织建设，提升离退休干部党支部的组织力。按照“三个有利于”原则，在离退休干部党员集中居住地、活动学习场所、兴趣爱好团体、涉老机构和社团组织设立基层党组织或临时党组织。全市有离退休干部党支部370个，市直单位基本做到离退休干部党组织应建尽建，市一级老干部学习活动阵地做到党组织全覆盖。强化保障机制，将离退休干部党组织工作经费纳入财政预算，由财政拨款和自留党费共同为离退休干部党组织开展工作提供经费保障，为每个市级离退休干部党支部每年下拨3000元工作经费，每位支部书记和委员全年发放2400元和500元的工作补贴，全年发放离退休干部党支部工作经费和工作补贴131.2万元。

**【精准服务】** 制定印发《兰州市党政领导干部联系离退休干部工作制度》，对全市各级领导干部加强与老干部的联系提出具体要求。指导全市各级老干部工作部门通过购买企业服务，让离休干部享受到更贴心、精准、专业的服务，近三年为市属离休干部购买专车、家政服务70余万元。制定《离休干部分类“精准服务”工作方案》，形成精准服务离休干部“1483”（设立1个“马上就办”办公室，通过运用4个“抓手”，形成会议协调、督察督办、五问工作法、典型推介、问题曝光、责任追究、考核评价、情况通报8项机制，着力解决“不作为、慢作为、乱作为”3个问题）工作法，并向各区县、市属各单位进行推广，确保对离休干部的精准服务落实落细落小。着力落实各项待遇。全面认真落实好老干部阅读文件、听取报告等各项政治待遇，坚持“五必访”制度，在重要节日、重大时间节点、家庭出现变故、生病住院时开展上门走访慰问。在日常工作中，安排专人对市属离休干部和全市担任过地级实职的退休干部进行常态化联系，及时回应诉求，帮助解决困难。春节前夕，为市属离退休干部及已故离休干部无固定收入遗属发放慰问金202.4万元；在抗日战争胜利75周年和中国人民志愿军抗美援朝出国作战70周年到来之际，对抗战时期参加革命的离休干部和参加抗美援朝出国作战的老同志进行上门看望，送去慰问金和纪念章。全年走访慰问老干部1600余人次，发放慰问金250万元。局系统工作人员人均联系12名老干部，每月通过电话、微信等方式联系老干部600余人次，实现对市属离休干部和地级退休干部的联系全覆盖。全年为30名高龄离休干部开展祝寿活动，为243名离休干部审核、办理特护费，为2019年未住院66名老干部进行健康体检。接待老干部来信、来访和来电500余人次，切实做到事事有回音，件件有着落。建立离休干部精准信息管理台账，实现对离休干部信息的动态管理。抓好离退休干部帮扶长效机制的运行，逐年扩大帮扶范围，逐年增加帮扶资金。全年为56名离休干部、34名退休干部、92名已故离休干部无固定收入遗属发放帮扶金45万元。对身患重病、高龄、失能、失独、空巢等有特殊困难离退休干部在生活和精神上给予更多的关注。重阳节前夕，对109名困难离退休干部及遗属进行帮扶和上门看望，发放帮扶金16.5万元，并对部分破产改制企业离休干部进行精准帮扶，投入资金5万元。

**【优势作用发挥】** 紧紧围绕“银发争先锋·夕阳映陇原”和“我看脱贫攻坚新成就”主题，采取座谈交流等形式，在广大离退休干部中广泛开展十九届四中、五中全会精神学习宣讲、“我看脱贫攻坚新成就”调研座谈会，全市召开不同层级的老同志座谈会15场。组织部分地级离退休干部赴天水、陇南两市，对当地特色亮点重大建设项目以及红色教育基地进行参观考察，对城关区、七里河区重大项目建设进行考察调研。西固区、红古区组织离退休干部开展“我看脱贫攻坚新成就”参观考察活动，组织老干部为本地区抢抓发展机遇、高质量

“欢歌度重阳　银龄颂祖国”全市离退休干部重阳节文艺演出

发展建言献策。“展”出正能量。举办“丹青绘盛世、金城夕阳红”2020年全市离退休干部书画展，从全市离退休干部书画爱好者精心创作的1000余幅书画作品中筛选210幅展出。红古区与民和县老年大学共同举办两地老同志书画大赛、歌舞比赛等活动，为进一步推进甘青区域合作示范区创建作贡献。“演”出正能量。打造兰州市文化养老品牌，举办“欢歌度重阳、银龄颂祖国”全市离退休干部文艺演出活动，来自全市老干部系统400余名离退休干部同台展演共庆重阳佳节，展示老同志们“老骥伏枥志在千里”的良好精神风貌。“拍”出正能量。联合兰州电视台摄制完成系列电视片《红色记忆》，大力宣传张志杰、石占鳌等9名老干部在革命、建设和改革开放时期艰苦奋斗的感人故事，并在兰州电视台新闻频道、生活经济频道黄金时段连续播出，向社会传递满满的正能量。“献”出正能量。组织老干部艺术家走村入户为群众送去书画作品、演出文艺节目，助力脱贫攻坚行动；加强建设、强化措施，释放老干部正能量。加强“两个阵地”硬件建设，不断健全活动功能，改善老干部学习活动条件。市老干部活动中心投入资金85万元，对水暖管道进行维修改造，为老同志学习活动打造更加舒适的环境。兰州老年大学在金城盆景园校区增加214平方米的教学场地，缓解教学场地不足问题。市金城盆景园加强公园园区的优化改进，提升公园品质和景观效果。丰富“两个阵地”文化养老内容，组织老干部开展形式多样、内容丰富的文体活动。市老干部活动中心成功举办全市离退休干部象棋比赛等活动10场次，兰州老年大学大力开展有声有色、主题鲜明的第二课堂学习活动，引导学员践行社会主义核心价值观，实现“老有所学、老有所乐、老有所为”。提升“两个阵地”品质内涵，努力把老干部活动中心、老年大学打造成红色阵地、精神乐园、幸福家园。市老干部活动中心发挥老干部社团自我服务和服务社会作用，提升老干部社团工作规范化、科学化水平。兰州老年大学探索教学改革和新课程建设，全面推行《兰州老年大学管理及教学改革方案》，实现学员学籍的动态、长效管理。把握要求、拓展渠道，传递老干部正能量。市关工委把握“党建带关建”这一要求，组织引导广大“五老”（老干部、老战士、老专家、老教师、老模范）在帮助青少年成长成才、关爱弱势青少年群体及留守儿童等方面积极发挥作用。围绕“传承红色基因、争做时代新人”等主题，在全市广大青少年中广泛开展“文明小标兵”“优秀小公民”评选表彰活动，评选表彰“文明小标兵”“优秀小公民”各100名。开展“双百工程”，组织种养殖专家赴榆中县为100名青年农民做技能培训，发放资金1万元。关爱帮扶100名优秀贫困青少年，发放关爱帮扶资金6万元。组织中国好人榜好人、甘肃省道德模范、兰州好人、关爱志愿者及“五老”报告团成员等深入中小学校开展思想政治理论教育宣讲活动。组织22名“五老”人员，先后深入42所中小学，开展宣讲60场次，聆听学生2.3万余人。

【信息化建设】 借助大数据管理部门的技术支持不断加强“兰州老干部工作网”和“兰州老干部之家”微信公众号建设，用互联网手段宣传党中央的大政方针、市委市政府的重要部署、各级各部门老干部工作动态，使社会各界、广大老干部便捷、快速了解全市老干部工作情况。兰州老干部之家微信公众号关注人数突破1.58万人，并加入全国老干部工作微信矩阵、全省老干部工作微信矩阵、全市组工网站群，加强与全国其他城市老干部宣传工作的交流。编印《兰州老干部工作信息》12期，在兰州老干部工作网、兰州老干部之家微信公众号等自媒体平台发布信息311条，在人民网、中国甘肃网、《兰州日报》《中国老年报》等媒体发表宣传兰州市老干部工作的新闻报道30余篇，离退休干部重阳节文艺演出新闻在中央电视台新闻频道播出。推广1个APP、2个公众号。抓好“夕阳风采”APP安装使用的组织、宣传、激活等工作。全市“夕阳风采”APP2.6万余人安装，占全市离退休干部总数的80%以上；全市老干部工作者、市一级老干部学习活动阵地的老同志关注2个公众号全覆盖。建设老干部网上精神家园。全市各级离退休干部党支部充分利用甘肃党建学习平台，实现理论学习、

9月8日，市离退休干部参观七里河区重大项目建设

组织生活开展的信息化记录。利用“云数据”技术，对兰州老年大学网络报名系统进行升级，实现报名、选课、缴费网络一体化，在方便老同志的同时大幅提升工作效率。对接优质教育资源，与中国老年大学协会线上教育平台合作，开通“空中课堂”，在疫情防控期间，兰州老年大学2700余名学员参加线上学习，做到“停课不停学”，受到广大老同志的普遍欢迎和肯定。

（赵　玲）

## 党校（行政学院）工作

【概况】　2020年，市委党校（行政学院）始终坚持以习近平新时代中国特色社会主义思想为统领，坚定贯彻习近平总书记关于党校（行政学院）办学治校的系列重要指示精神和《中国共产党党校（行政学院）工作条例》（以下简称《条例》）精神，全面落实省、市党校工作会议精神，顺利完成各项工作目标任务。举办各类培训班次78期。其中，一个月以上主体班次15期；专题班次28期；公务员培训班次23期；道德讲堂2期；承办“富民兴陇”系列讲座兰州市分会场10期。培训干部8562人次，完成全市公务员网络培训17913人次。落实领导干部上讲台制度，邀请到9名市委常委和四大班子主要领导、33名市直各部门主要负责同志来党校授课。12月18—19日，根据市委组织部统一安排，组织全市8个区县、77个市直部门公务员和参照公务员法管理的科级及以上干部10060人参加县、科级干部在职自学公共课程考试。

【思政工作】　4月，协助市委召开全市党校（行政学院）工作会议，省委常委、市委书记李荣灿作讲话，市委组织部、市财政局等部门作表态发言，推进全市贯彻落实习近平总书记关于党校办学治校系列重要指示和《条例》精神。制定《学习贯彻落实全市党校（行政学院）工作会议精神的实施方案》，明确全市党校系统联动、教学培训、学员管理、科研资政、师资队伍建设、基础设施建设等6大方面26项具体贯彻措施，切实把《条例》和会议精神融入办学治校的全过程、各方面。常务副校（院）长欧阳波先后主持召开教学、科研和“如何做好新时代党校（行政学院）工作”专题座谈会，与会班子成员、教职工代表紧紧围绕进一步学习贯彻《条例》精神提出意见建议，凝聚全校（院）上下深入学习贯彻《条例》的思想共识。

7月27日，市委党校（兰州市行政学院）召开干部大会

【科研资政】　全年有1项国家社科基金项目顺利结项，4项省市社科规划项目立项，完成全省党校系统调研课题6项、市委组织部调研课题14项，公开发表科研成果199项。其中，省级以上成果131项；市级成果68项。获奖成果33项。全年完成8项校（院）级咨政调研课题，其中4项获市委市政府领导批示，实现近几年来校（院）咨政报告获批示零的突破。编辑出版校（院）刊《黄河论丛》6期；在《兰州日报》刊发“领导干部学习园地”专栏10期，发表理论文章50篇，其中10篇被学习强国转载，刊发理论专访2篇；编辑出版《中共兰州市委党校咨政报告（2019年）》1册，《决策参考》4期。组织召开“锤炼‘七种能力’强化担当作为”理论研讨会。

【队伍建设】　校（院）坚持围绕教学科研、行政管理、后勤服务工作的需要，致力于培养造就一批政治强、业务精、作风好的高素质教学科研人才队伍，持续巩固“不忘初心、牢记使命”主题教育活动的成果，多次召开教研人员研讨会、座谈会，提高教师“用彻底的理论说服人，用深厚的学理滋养人”的教学水平。2020年引进3名双一流大学硕士研究生，调入省内其他党校的优秀教师3名。选派7名教师到党政机关、街道社区、市属企业和县区党校挂职锻炼，丰富工作阅历，提升分析和解决问题的能力。组织全校（院）教师参加知名专家学者和市级党政领导专题报告会，举办学习贯彻党的十九届五中全会精神专题研讨班，确保全体教职工应学尽学，做到教学相长、学学相长、学用结合。

【业务指导】　5月25日—6月5日，常务副校（院）长李一文带领相关处室负责人分别赴中共红古区委党校、永登县委党校、榆中县委党校、皋兰县委党校、安宁区委党校就贯彻落实《条例》和全市党校(行政学院)工作会议精神情况开展系列走访调研活动。12月28日,举办学习贯彻党的十九届五中全会精神全市党校(行政学院)系统师资研讨班,全市党校(行政学院)系统25名教师参加培训。

(陈　震)

## 网络安全和信息化

【概况】　2020年,市委网信办深入开展网上宣传引导,建立健全网络综合治理体系,全力维护网络意识形态安全,为全市经济社会发展提供强大网上舆论支持、可靠网络安全保障、有力信息化支撑。截至年底,兰州市属地建有网站9245家,约占全省的55.5%,有新闻类网站15家。其中,中央驻甘重点新闻网站3家;省级新闻网站8家;市属新闻网站4家。

【网络主题宣传】　组织指导属地新闻网站开设“只争朝夕 同心奋斗2020聚焦全国两会”“扫黑除恶”“精致兰州”等23个重点专题专栏,设置“复工复产”“全民国家安全教育日”“网络扶贫我们在路上”“共建网络安全,共享网络文明”“杜绝‘舌尖上的浪费’”等多个阶段性话题,组织新闻工作者积极创作、刊发稿件,发动广大网民参与。全年中央在兰网络媒体发布稿件7676篇,省级新闻网站及新媒体发布稿件20189篇,市属重点新闻网站及新媒体发布稿件40万余篇。

【网络空间治理】　加强属地网站基础管理,全年排查清理属地僵尸空壳类网站612家。加强网络空间综合治理和规范管理,开展“2020清朗”“一月一主题”“兰州市网信领域失信专项治理”“网络生态治理”“扫黄打非”等5个涉网专项行动,处置网络诈骗类网站89家、色情低俗类网站33家,其他违法违规类网站(篡改、博彩等)731家。受理处置网络不良内容举报9341条。举办兰州市“网络清朗·伴我成长”互联网法律法规宣传线下活动,组织各网站发布互联网有关法规音视频、文字、图文、全媒体稿件1803件,总访问量2133.3万+。

【网络文化建设】　开展“2020我们的节日”、创建“文明网站”、第2届“网络文化节”“制止餐饮浪费”等网上宣传活动,会同相关部门组织开展“第二届中国兰州牛肉面文化嘉年华”、网络安全宣传周等活动,组织各区县委网信办开展“争做金城好网民工程”等工作。召开网络文化协会理事会,组建兰州市网络文化协会自媒体分会,组织会员参与全市重点宣传活动7场,有20名会员获得甘肃省文旅厅颁发的“如意甘肃网红直播基地星推官”,10名会员获市委宣传部、市委网信办颁发的“黄河文化宣传星达人”奖。

【网络安全保障】　组织专业技术公司对属地网站进行24小时不间断网络巡查,有效拦截各类非法网络攻击543万余次。会同市委机要和保密局、市公安局等部门组成4个检查小组,分批次对属地内150余家单位和网站的网络安全责任制落实情况、网络安全日常管理情况等进行全面检查。组织开展2020年兰州市青少年网络安全知识竞赛,有24支代表队参与比赛,提高全市青少年的网络安全意识。举办以“网络安全为人民,网络安全靠人民”主题网络安全宣传活动。期间,兰州市网络安全实验室在兰州市安宁区网络安全产业和教育基地正式揭牌,为网络安全应用型技能人才培养、网络安全技术创新驱动发展提供技术支撑和保障。组建兰州市网络文化协会网络安全分会,为强化全市互联网行业的合作交流,促进互联网信息事业发展开辟新的平台。

【信息化发展协调】　统筹推进全市信息化建设工作,制定实施《兰州市网络强市实施方案》,推动《关于加强网络安全和信息化工作的实施意见》《兰州市推进互联网协议第六版(IPv6)规模部署行动计划实施方案》落实落地。加大对全市电子政务统筹协调力度,指导有关部门开展全市信息化项目统一规划、统一建设、统一管理、统一运维,初步实现全市各部门信息系统互联互通和业务协同,形成统筹协调、整体推进、均衡发展的政务信息化建设格局。引导推动全市信息基础设施建设,鼓励信息技术与社会各领域融合,全市家庭固定宽带、行政村光纤网络实现全面普及通达;兰州城域网完成IPv6升级改造,具备对应服务能力,市级政务服务门户网站完成IPv6适应性改造,全市5家新闻、广电网站,4家已支持IPv6,建成5G网络基站超过2800个,覆盖全市部分重点区域。协调推动网信领域信息化建设。通过购买服务方式与三大基础电信运营企业合作,进一步提升网络安全管理和应急处置工作水平,提升网信领域的信息化支撑与应用水平。探索推进数字乡村工作,组织相关区县积极申报国家数字乡村试点工作,皋兰县成功入选全国首批数字乡村试点地区。

【网络特色扶贫】　贯彻落实“I@甘肃2020网络扶贫博览会”等网络扶贫特色活动。3月,组织永登县、榆中县等6个区县先后举办“县区长直播带货”等活动。10月17日,组织全市8个区县发起直播18场次。据统计,活动直接带动扶贫产品线上销售超过200万元,带动线下销售700余万元。组织39人参加网络扶贫博览会云上培训班，提升直播带货的水平和能力。

**【互联网行业党建】** 至年底，全市有互联网企业59家。其中，区县互联网企业51家；行业党委直属企业8家。建立党组织41个，单独党支部13个，联合党支部28个，覆盖48家企业。正式党员178名，预备党员2名，入党积极分子10名，党组织覆盖率81.3%。按照市委的统一部署，安宁区和城关区成功召开区互联网行业党委党员大会，完成相关选举工作。

（鲁东林）

## 重要会议

【市十六届人民代表大会第四次会议】 1月16—18日在兰州召开。会议应到代表346名，出席会议代表319名。市政府副市长、市政府办公室及市政府工作部门主要负责人，市监察委员会副主任、市中级人民法院副院长、市人民检察院副检察长（各1名），市委有关工作机构、派出机构及有关部门负责人，市十六届人大常委会副秘书长及工作部门负责人，市政府有关部门及有关机关团体主要负责人，区县党委书记，兰州新区、区县人民法院院长、人民检察院检察长等108人列席大会，22名民主党派和群团组织代表旁听大会。邀请市政协领导、兰州警备区、甘肃陆军预备役高射炮兵师、武警兰州市支队负责人及其他在职的副地级领导参加大会开幕式。出席政协兰州市第十四届委员会第四次全体会议的全体委员列席大会开幕式。

市人大常委会主任张建平、市人大常委会副主任曹丕玉、段迎存分别主持会议。会议听取、审议和通过市长张伟文所作的兰州市人民政府工作报告；审查和批准兰州市2019年国民经济和社会发展计划执行情况及2020年国民经济和社会发展计划草案的报告（书面）；审查和批准兰州市2019年财政预算执行情况和2020年全市及市级预算草案的报告（书面）；听取、审议和通过张建平主任作的兰州市人民代表大会常务委员会工作报告、王永平院长作的兰州市中级人民法院工作报告、张学军检察长作的兰州市人民检察院工作报告；会议提出建议196件。补选李海默为兰州市监察委员会主任；补选颉双德、马立岳为兰州市人大常委会委员。

【市十六届人大常委会第二十五次会议】 1月3日在市人大培训中心十九楼会议室召开，会期半天。市人大常委会主任张建平，副主任曹丕玉、李虎林、朱宗礼、段迎存、魏丽红，秘书长钱承文及委员27人出席会议。市人大常委会委员王艺潼、罗刚、冯广宸、郑元平、王延风、张玉莲、辛秀先、陈玉萍因事请假。市政府副市长韩显明、市人民检察院检察长张学军、市中级人民法院副院长肖蒙、市监察委员会副主任杨孔永、市人大常委会副秘书长及部分市人大代表、市人大常委会和市政府有关部门负责人列席会议。

市人大常委会主任张建平主持会议。会议听取市十六届人大四次会议筹备情况的报告；审议通过市十六届人大四次会议议程、日程草案、市十六届人大四次会议主席团和秘书长等名单草案、市十六届人大四次会议列席范围草案、市十六届人大四次会议关于议案和建议、批评、意见的处理办法草案、兰州市人民代表大会常务委员会工作报告（草案）；补选兰州市出席甘肃省第十三届人民代表大会代表。集体学习习近平主席2020年新年贺词。

【市十六届人大常委会第二十六次会议】 1月15日在甘肃大剧院一楼新闻发布厅召开，会期半天。市人大常委会主任张建平，副主任曹丕玉、李虎林、朱宗礼、段迎存、魏丽红，秘书长钱承文及委员30人出席会议。市人大常委会主任张建平主持会议。会议审议并通过市人大常委会代表资格审查委员会关于个别代表代表资格审查及代表变动情况的报告、市十六届人大四次会议选举办法草案、兰州市人民代表大会常务委员会关于接受苟海龙辞去兰州市监察委员会主任职务请求的决定。

【市十六届人大常委会第二十七次会议】 2月28日在市人大培训中心十九楼会议室召开，会期半天。市人大常委会主任张建平，副主任曹丕玉、李虎林、朱宗礼、段迎存、魏丽红，秘书长钱承文及委员35人出席会议。市政府副市长韦青祥、市中级人民法院院长王永平、市人民检察院检察长张学军、市监察委员会副主任陈立江、市人大常委会副秘书长、市人大常委会和市政府有关部门负责人列席会议。

市人大常委会主任张建平主持会议。会议听取市政府关于全市新冠肺炎疫情防控工作情况的报告；表决通过兰州市人大常委会2020年工作要点（草案）；审议并通过人事任免事项；书面传达学习习近平总书记及中央和省、市委关于新冠肺炎疫情防控有关讲话指示和会议精神；全国人大常委会关于全面禁止非法野生动物交易、革除滥食野生动物陋习、切实保障人民群众生命健康安全的决定。

【市十六届人大常委会第二十八次会议】 4月29日在市人大培训中心十九楼会议室召开，会期1天。市人大常委会主任张建平，副主任曹丕玉、李虎林、朱宗礼、段迎存、魏丽红，秘书长钱承文及委员31人出席会议。市政府副市长宋柯、市中级人民法院院长王永平、市人民检察院检察长张学军、市监察委员会副主任陈立江、市人大常委会副秘书长及部分市人大代表、市人大常委会和市政府有关部门负责人列席会议。

市人大常委会主任张建平主持会议。会议审议并通过《兰州市气象灾害防御条例（草案二次审议稿）》；听取和审议市政府关于贯彻实施《中华人民共和国野生动物保护法》情况的报告、市政府关于贯彻实施《中华人民共和国传染病防治法》情况的报告、市政府关于贯彻实施《中华人民共和国公证法》情况的报告、市政府关于服务全市中小微企业融资工作情况的报告、市政府关于全市退役军人服务管理和权益保障工作情况的报告、人事任免事项。举办《中华人民共和国宪法修正案》专题讲座。

【市十六届人大常委会第二十九次会议】 6月15日在市人大培训中心十九楼会议室召开，会期2天。市人大常委会主任张建平，副主任曹丕玉、李虎林、朱宗礼、段迎存、魏丽红，秘书长钱承文及委员35人出席会议。市政府副市长韦青祥、市中级人民法院院长王永平、市人民检察院副检察长王锐、市监察委员会副主任陈立江、市人大常委会副秘书长及部分市人大代表、市人大常委会和市政府有关部门负责人列席会议。

市人大常委会主任张建平主持会议。会议听取市政府关于《兰州黄河风情线大景区保护管理条例（草案）》的说明，对《兰州黄河风情线大景区保护管理条例（草案）》进行审议；审议《兰州市物业服务管理条例（修订草案二次审议稿）》；听取、审议市中级人民法院关于充分发挥审判职能作用服务优化营商环境工作情况的报告、市人民检察院关于充分发挥检察职能作用保障和促进经济健康发展情况的报告、市政府关于贯彻实施《中华人民共和国中医药法》情况的报告、市政府关于全市农村人居环境整治情况的报告、市政府关于全市预算绩效管理工作情况的报告、市政府关于全市粮食安全工作情况的报告、市政府关于全市2019年安全生产工作情况的报告、全市公安机关执法规范化建设情况的报告；听取市政府关于全市养老服务工作情况的报告，结合听取该报告，开展养老服务工作专题询问，专题询问后，现场对询问的部门进行满意度测评；审议通过人事任免事项；书面传达学习十三届全国人大三次会议精神；专题学习辅导《民法典》。

【市十六届人大常委会第三十次会议】 8月27日在市人大培训中心十九楼会议室召开，会期2天。市人大常委会主任张建平，副主任曹丕玉、李虎林、朱宗礼、段迎存、魏丽红，秘书长钱承文及委员33人出席会议。市政府副市长韦青祥、市中级人民法院院长王永平、市人民检察院副检察长王锐、市监察委员会副主任陈立江、市人大常委会副秘书长及部分市人大代表、市人大常委会和市政府有关部门负责人列席会议。

市人大常委会主任张建平主持会议。会议审议通过《兰州市物业管理条例（修订草案三次审议稿）》；听取和审议市人民政府关于兰州市2020年上半年国民经济和社会发展计划执行情况的报告、市人民政府关于2019年市级财政决算草案和2020年上半年财政预算执行情况的报告、市人大财政经济委员会关于2019年市级财政决算草案的审查报告（书面），作出市人大常委会关于批准2019年市级财政决算的决议、市人民政府关于2019年度市级预算执行和其他财政收支的审计工作报告、市人民政府关于2019年度金融企业国有资产管理情况的专项报告，审议市人民政府关于2019年度国有资产管理情况的综合报告（书面）、市人民政府关于全市文化旅游产业发展情况的报告、市人民政府关于全市政务服务工作开展情况的报告、市人民政府关于贯彻实施《中华人民共和国消防法》和《甘肃省消防条例》情况的报告、兰州市第十六届人民代表大会常务委员会代表资格审查委员会关于个别代表的代表资格变动情况的报告；听取市人大常委会检查组关于污染防治立法及监督工作开展情况的报告；审议通过人事任免事项。举办“学习贯彻党的十九届四中全会精神”专题讲座。

**【市十六届人大常委会第三十一次会议】** 10月28日在市人大培训中心十九楼会议室召开,会期2天。市人大常委会主任张建平,副主任曹丕玉、李虎林、朱宗礼、段迎存、魏丽红,秘书长钱承文及委员31人出席会议。市政府常务副市长吕林邦、市中级人民法院院长王永平、市人民检察院副检察长王锐、市监察委员会副主任陈立江、市人大常委会副秘书长及部分市人大代表、市人大常委会和市政府有关部门负责人列席会议。

市人大常委会主任张建平主持会议。审议通过《兰州黄河风情线大景区管理条例(草案二次审议稿)》,兰州市第十六届人民代表大会常务委员会代表资格审查委员会关于个别代表的代表资格变动情况的报告,兰州市第十六届人民代表大会常务委员会关于补选兰州市第十六届人民代表大会代表的决定。听取和审议《兰州市市政设施管理办法》立法后评估报告,听取市人民政府关于《兰州市道路交通安全管理若干规定(草案)》的说明;听取、审议市人民政府关于贯彻实施《中华人民共和国森林法》和《甘肃省实施〈中华人民共和国森林法〉办法》情况的报告、关于全市"六稳""六保"工作情况的报告、关于创建全省民族团结进步示范市工作情况的报告、关于2020年全市医疗保障服务工作情况的报告。听取和审议市人民政府关于2020年市级财政预算调整方案(草案)的报告,作出兰州市人民代表大会常务委员会关于批准2020年市级财政预算调整方案的决定。听取市人民政府关于全市学前教育工作情况的报告,结合听取该报告,开展专题询问;会议通过人事任免事项。

**【市十六届人大常委会第三十二次会议】** 12月29日在市人大培训中心十九楼会议室召开,会期2天。市人大常委会主任张建平,副主任曹丕玉、李虎林、朱宗礼、段迎存、魏丽红,秘书长钱承文及委员31人出席会议。市政府副市长左龙、市中级人民法院院长王永平、市人民检察院代理检察长柳小惠、市监察委员会副主任陈立江、市人大常委会副秘书长及部分市人大代表、市人大常委会和市政府有关部门负责人列席会议。

市人大常委会主任张建平主持会议。对《兰州市轨道交通管理条例(草案)》进行一审;听取和审议市人民政府关于2020年度法治政府建设情况的报告、市人民政府关于市十六届人大四次会议代表建议办理情况的报告、市人民政府关于将耕地保有量指标纳入兰州市"十三五"规划纲要的报告,作出兰州市人民代表大会常务委员会关于批准将耕地保有量指标纳入兰州市"十三五"规划纲要的决定、市人民政府关于2019年度市级预算执行和其他财政收支审计查出问题整改情况的报告、市人民政府关于贯彻实施《中华人民共和国土壤污染防治法》情况的报告、市人民政府关于2020年市委市政府为民办实事和兰州市承担省委省政府为民办实事任务完成情况的报告、市人民政府2020年度环境状况和环境保护目标完成情况的报告、市人民政府关于机关事务服务保障工作情况的报告、市人民政府关于兰州市智慧城市建设情况的报告。听取和审议市人大常委会关于优化营商环境法规清理情况的报告、关于2020年市人大常委会备案审查工作情况的报告;审议通过兰州市第十六届人民代表大会常务委员会代表资格审查委员会关于个别代表的代表资格变动情况的报告、兰州市第十六届人民代表大会常务委员会关于选举、补选兰州市第十六届人民代表大会代表的决定、兰州市人民代表大会常务委员会关于召开兰州市第十六届人民代表大会第五次会议的决定、市人大常委会有关工作制度、人事任免事项。举办党的十九届五中全会精神专题讲座。

(穆晓娟)

## 主要工作

**【监督工作】** 围绕经济持续发展正确有效监督。紧扣做好"六稳"工作、落实"六保"任务,树牢"过紧日子"要求,听取审议计划、预算执行、"六稳""六保"工作、国有资产管理、文化旅游产业发展等情况报告。聚焦优化营商环境,听取审议服务中小微企业融资、营造法治化营商环境、政务服务等情况报告,对稳投资促发展、维护民营企业合法权益等进行视察、检查和调研。突出规划执行与规划引领,听取"十三五"规划纲要实施情况和"十四五"规划基本思路报告。推进预算联网监督工作,建成预算联网监督系统,进一步推动预算编制科学化、预算执行规范化、预算管理制度化。高度重视审计查出问题整改工作,听取审议预算执行和财务收支审计工作情况报告、审计查出问题整改情况报告,督促审计查出的6个方面459个问题得到有效整改。围绕生态环境保护正确有效监督。深入贯彻落实习近平生态文明思想,配合全国人大对土壤污染防治法贯彻实施情况进行执法检查,听取审议兰州市贯彻实施森林法、林业生态环境保护条例等情况的报告,对中央生态环境保护督察反馈问题整改、农业面源污染防治工作进行检查,推动打赢"蓝天、碧水、净土"保卫战。深入贯彻落实习近平总书记关于黄河流域生态保护和高质量发展重要讲话精神,由常委会领导班子成员带队,对各区县开展污染防治攻坚战监督工作进行专题调研,听取污染防治立法及监督工作开展情况的报告,推动中央和省上环保督察反馈问题整改落实,实现在省委、省政府污染防治攻坚战成效考核中"零失分"目标。围绕民生福祉改善正确有效监督。始终把人民放在最高位置，强化对涉及人民群众切身利益的重大民生事项监督，听取审议为民办实事、医疗保障服务、粮食安全等工作情况的报告，对稳就业保就业、食品安全管理、公共卫生防控体系建设等进行视察、检查和调研，聚焦“一老一小”开展养老服务、学前教育专题询问2次，推动养老、上学、医疗、就业等民生问题有效解决，人民群众的获得感、幸福感、安全感进一步提升。强化涉法涉诉信访案件协调督办，全年受理、督办群众来信来访542人次。围绕治理能力提升正确有效监督。深入宣传贯彻宪法，组织开展“国家宪法日”宣传活动，严格落实宪法宣誓制度，弘扬宪法精神，维护宪法权威。持续深入贯彻党的十九届四中全会精神，围绕坚持和完善人民代表大会制度开展宣讲活动，更好发挥根本政治制度在推进国家治理体系和治理能力现代化中的支撑作用。立足市域社会治理现代化，听取审议法治政府建设、执法规范化建设等情况的报告，对《中华人民共和国中医药法》《中华人民共和国消防法》《中华人民共和国公证法》等9部法律法规的实施情况进行执法检查，推进科学立法、严格执法、公正司法、全民守法。紧扣社会文明和谐稳定，听取审议民族团结进步、退役军人权益保障、智慧城市建设等情况报告，对城市线缆入地、城市管理综合执法等进行视察、检查和调研，助推社会治理水平稳步提升。加强规范性文件备案审查，启动备案审查电子平台，制定并落实备案审查规定，依法审查备案规范性文件59件。

**【代表工作】** 拓展代表履职平台。深化“两联系”制度，出台市人大代表联系社区(村)意见，“上情下达、下情上传”渠道进一步畅通。优化人大代表家(站)运行，指导基层人大组织开展“下访直通车”“代表接待日”等活动，延伸代表履职“触角”，打通代表与选民联系的“最后一千米”。加强代表专业小组建设，规范代表小组活动，围绕“稳投资、稳就业”、高层次人才引进等开展专题调研，实现省、市两级人大代表参与专业小组活动全覆盖。常态化邀请代表列席常委会会议，分领域组织代表参与立法调研、执法检查和专题视察等活动，全年组织人大代表参加视察、检查和调研130人次，邀请市本级基层人大代表列席常委会会议24人次。发挥代表主体作用。修订市人大代表持证视察、议案处理、建议办理、工作办法等制度规定，健全完善代表工作机制，为代表依法履行职责、发挥主体作用提供坚实制度保障。把代表建议办理作为激发代表履职热情的重要举措，注重解决人民群众最急最忧最盼的热点难点问题，确定房屋产权登记发证、居家养老服务等10件代表建议重点督办，点上突破、面上推进，推动市十六届人大四次会议提出的195件代表建议得到有效办理。坚持线上线下相结合，有针对性地强化代表学习培训，通过以会代训、订阅资料等方式，为代表履职“充电续航”。不断提升服务代表履职的能力和水平，认真做好全国和省、市人大代表参加人民代表大会各项服务工作，足额保障代表活动经费。规范代表履职管理，完善代表履职档案，定期开展代表履职考核，促使代表更好履职。指导各选举单位落实代表履职情况报告制度，不断增强代表联系选民、履行职责、接受监督的自觉性。开展代表履职系列宣传报道活动，宣传代表先进事迹，营造比学赶超良好氛围。服务和保障代表依法履职经验做法得到省人大常委会的充分肯定，在全省加强和改进代表工作座谈会上交流。

（穆晓娟）

# 兰州市人民政府

## 重要会议

【常务会议】　2020年，兰州市人民政府召开常务会议45次，研究讨论全市城市建设管理、项目建设、文明城市创建、生态建设、扶贫开发、新农村建设、环境治理、社会保障、旧城改造、科技创新、卫生教育、文化旅游、政务公开、行政审批、就机构改革等经济社会发展重要事务。主要传达学习中央、省委、省政府主要领导讲话、重要会议精神和相关政策；审议通过《兰州市人民政府工作报告（讨论稿）》《2020年市委市政府为民办实事项目清单》《兰州市人民政府中国宝武钢铁集团有限公司战略合作框架协议（送审稿）》《兰州市网络预约出租汽车经营服务管理实施细则》《榆中生态创新城总体规划（2019—2035）》《兰州市贯彻落实习近平总书记视察兰州时提出的"兰州要在保持黄河水体健康方面先发力带好头"重要指示精神的实施方案》《关于培育壮大高质量发展新动能打造新的经济增长点增长极增长带的意见》《兰州市重大物资储备专项实施方案》《兰州市关于加快推进新型城镇化和城乡融合发展的政策措施》《兰州市优化营商环境工作实施意见》《关于健全公共卫生应急物资保障体系实施方案（送审稿）》《兰州市国民经济和社会发展第十四个五年规划纲要和2035年远景目标（草案）》《2020年全市主要经济指标预计情况和2021年预期目标建议》《关于兰州市2020年国民经济和社会发展计划执行情况及2021年国民经济和社会发展计划草案的报告（书面）》《2021年市委市政府为民办实事项目清单》《兰州市2020年财政预算执行情况和2021年全市及市级财政预算草案报告》等。

【市长办公会议】　2020年，兰州市人民政府市长办公会议召开20次，主要研究解决盐池片区安宁区范围项目用地等历史遗留问题、推进恒大集团在兰有关项目事宜、信访积案化解、项目用地和轨道交通建设、省级党政机关人才公寓用地、全市黑臭水体治理、兰州市主城区北山地质灾害综合治理工程（西五一山段）实施、国电兰州热电有限责任公司原址主厂区土地开发、兰州市动物园易地搬迁项目、徐家湾旧城改造项目、城关区雁滩家园团购房部分业主集体上访、G75兰海高速兰临段"11·3"重大道路交通事故"回头看"、兰州城市供水、与海康威视合作、兰州市再生资源回收公司综合住宅楼（安置楼）项目拆迁户集体上访、黄河流域兰州白塔山段综合提升改造项目。

（闫举龙　刘晨龙）

## 办公室工作

【概况】　2020年，市政府办公室围绕全市中心工作，不断提升服务意识，改进服务方式方法，进一步发挥综合协调、参谋助手、督促检查、后勤保障作用，较好完成各项工作任务。全年召开办公室党组理论中心组学习会11次，邀请专家学者开展各类讲座7次，赴外参观学习14次；召开党组会议13次，研究议题55个；制定《全面从严治党工作任务清单》，按照"责任清单、过程控制、闭环效应"原则，梳理制定科室工作制度、办文办会工作标准。全年三类文件同比减少24.3%，全市性会议23次，同比减少64.1%。出台《关于进一步规范办文办会等工作的通知》，全年收到催办件1040件，办结1024件，办结率约98.4%。被市文明委授予"骏马奖"，创建完成省级文明单位。地方志、机关服务中心、文印中心3个管理单位完成史志编纂、后勤服务、文印服务等工作。

【以文辅政】 全年文稿起草320余篇，字数超过260余万字，编辑《兰州政报》12期，发行4.8万册。编发《兰州信息》151期、《领导参阅件》41期，采编信息762条。上报国务院办公厅、省政府办公厅信息480条。其中，国务院办公厅采用1条；省政府办公厅采用49条。

【干部队伍建设】 选拔交流6名同志到县级岗位，晋升一至四级调研员8名。选拔任用正科级干部2名，副科级干部5名，晋升一级主任科员24名、二级主任科员6名、三级主任科员12名、四级主任科员2名，推荐选派到区县和市属国有企业挂职干部2名，选派到帮扶村任职选调生3名，推荐选派到区县街道“下派墩苗”干部1名，接收区县“上选培育”干部1名。制定出台《兰州市人民政府办公室干部调配工作实施细则》，招录公务员2名，接收选调生2名。

【“放管服”改革】 继续精文减会、优化营商环境、推进“放管服”改革，切实为基层减负松绑。全力推行《兰州市人民政府“双清零”管理制度》《关于转变作风提高政务工作效能考核办法》等制度办法，先后对市政府国资委“三供一业”改造工作等6个问题进行“管理清零”，推进政府系统转变作风、畅通政令。

【制度建设】 制定党组、党组书记、班子成员和管理单位《全面从严治党工作任务清单》，推进管党治党制度化、规范化。按照“责任清单、过程控制、闭环效应”原则，梳理制定21个科室工作制度，规范办文办会工作流程，加强干部考勤管理工作，形成靠制度管人管事管运行的格局。加强政府系统会风会纪建设，把良好的会风会纪作为展现政府系统良好形象的窗口，通报会风问题2次，涉及5个单位和区县。

【政务督查】 督促落实省、市政府工作报告涉及任务165项，市政府常务会议议定事项158项，省政府主要领导重要批示件142件、市政府主要领导批示645项，各级人大代表、政协委员提出的建议提案662件，国务院“互联网+督查”平台网民留言转办的防控线索98条、一般问题线索55条，工作督查中发现的429个问题，市政府主要领导调研中指出的57项问题，重点督办省委省政府和市委市政府为民办实事、“读者印象”精品街区项目、文明城市创建等重点工作。省政府主要领导重要批示办理数量、办理质量、办结率均在全省排名第一，建议提案办理中代表委员满意和基本满意度99%，为民办实事、“互联网+督查”工作受到省政府办公厅通报表扬。

【政务公开】 通过“中国·兰州”网主动公开政府信息2415条，指导全市公开信息14万余条，发布政策解读39份，受理政府信息依申请公开31件，办理省政府行政复议答复2件，规定时限内答复率100%。推进电子政务工作，完成OA办公系统推广试用、市政府办公室网络视频会议信息保障、信息基础设施网络安全排查、政务外网安全接入和外接打印机设备更换等工作。

【值班值守】 协调市政府领导在节假日带班，做好机关节假日值班安排，全年无责任事故发生。严格落实值班值守工作责任制，按照“八个必报”要求向市政府领导和省政府总值班室上报535期《兰州市值班信息》、落实110件次省市领导批示要求、完成省政府总值班室约稿和信息核实等工作，发送497起34955条突发事件提示性信息和气象预警信息。

【精神文明建设】 以打造“政治型、学习型、服务型、文化型、廉洁型”机关为抓手，全年完成46项省级文明单位创建档案资料上报工作任务，制作文明单位创建宣传阵地，在创建全国文明城市工作中，完成23篇说明报告，提交31个规范性文件，报送91张图片资料，上报33篇工作信息。2020年12月被省委、省政府命名为第十五批“省级文明单位”。

（闫举龙　刘晨龙）

## 应急管理

【概况】 2020年，全市安全生产“四项”指标全面下降，发生各类生产安全事故149起，直接经济损失4015.76万元，同比分别下降9.15%、4.76%、3.64%和0.2%，安全生产形势总体稳定向好。全年核查报送风雹、低温冷冻、洪涝、山体崩塌等自然灾害18次，4个区县的23个乡镇、27834人次受灾，无紧急转移安置人口和紧急需救助人口，累计农作物受灾面积3.3万亩，直接经济损失3601.78万元。

【机制建设】 市委办公室、市政府办公室先后印发《关于加快建设全市新型应急管理体系的实施意见》《关于全面加强自然灾害防治能力建设的实施意见》，明确构建新型应急管理“六大体系”（专业化的安全生产隐患排查和风险防控体系、科学化的企业本质安全体系、标准化的事故灾害防护设施体系、实战化的应急指挥体系、专兼结合的应急指挥力量体系、全民性的事故防范教育体系）和自然灾害防治能力建设“九大工程”（灾害风险调查和重点隐患排查工程、重点生态功能区修复工程、地震易发区房屋设施加固工程、防汛抗旱水利提升工程、地质灾害综合治理和移民搬迁工程、应急救援中心建设工程、自然灾害监测预警信息化工程、自然灾害防治技术装备现代化工程、全民防灾减灾能力素质提升工程）具体内容和任务。在调整市安全生产委员会、减灾委员会、防汛抗旱指挥部、森林草原防灭火指挥部、地质灾害应急指挥部、抗震救灾指挥部组成基础上，进一步明确成员单位责任，推动形成既分工明确、又协同配合的工作运行模式，实现综合防灾减灾、防汛抗旱、森林草原防灭火等应急平台的横向链接。

**【应急值守】** 严格规范灾害事故信息报送时限、流程，畅通信息报送和共享渠道，压实灾害事故信息报送责任，夯实灾害信息报送工作基础，全年累计接报生产安全事故及其他突发事件信息140起。构建应急管理系统“1+2+N”综合应急指挥模式，认真执行24小时值班值守制度，确保一旦有事，快速反应。高效处置“4·6”京藏高速河口收费站附近运载盐酸车辆侧翻、“5·27”城关区南山路汽配城火情、“9·14”城关区碧桂园桥下天然气泄漏等突发事件100余起。

**【综合防灾减灾救灾】** 启动第一次全国自然灾害综合风险普查工作，对全市地质灾害隐患点、老旧房屋、市政桥梁、市政管线进行风险调查和隐患排查，制定防范措施和处置方案，补充完善隐患排查台账。全力推进综合减灾示范创建工作，全市创建2020年度国家综合减灾示范社区1个、省级综合减灾示范社区4个。向上争取2019—2020年度冬春救灾资金291万元，保险理赔231万元，救助受灾困难群众4642户17580人次。

**【防汛救灾】** 紧盯城区黄河险段、中小河流重点河段、山洪及地质灾害易发区域和城市内涝点等重点部位，先后组织开展汛前专项检查、防汛设施专项检查等多轮次安全检查，排摸隐患21处，拆除彩钢房、临时工棚等影响行洪违法建设11处，清除违停船只、作业机械9台，对城区积水点进行集中整治。汛期以来，市防汛办先后启动黄河兰州段洪水防御Ⅳ级应急响应2次，发布各类预警83次，重要天气提示28期，预警信息56期，气象风险预警21期。市、区两级相关单位落实应急值守、警戒巡查、劝离疏散、堤岸巡逻等措施，确保安全度汛。

**【森林草原防灭火】** 突出农事用火、祭祀用火、林业生产用火，穿越林牧区输配电线路、油气管线及家火上山、山火进家等火险隐患，部署开展森林草原野外火源专项治理行动，全年组织387个督查检查组，出动各类执法人员1785人次，设置卡口点和检查站1160个，查处制止违法用火130余起。加强森林草原巡查，对林区草原内及周边“五类人员”进行重点管控，对特殊人群进出严格排查登记，及时与监护人取得联系并落实看管责任，对敏感地段、关键部位建立台账，落实防火责任，做到不留空档和死角。利用电视、手机短信、网络、政务新媒体等传播平台，推送森林草原防灭火相关政策法规、预防森林草原火灾知识及火情预警信息，抓好森林草原防灭火宣传工作，营造“全民动员，人人参与”的氛围。采取“一支队伍、两块牌子”建队模式，在永登、榆中2个重点火险县组建专业森林消防队伍，在连城国家级自然保护区组建50人的半专业扑火队伍，提升一般森林火灾扑救能力。

**【应急救援能力建设】** 安排专项经费120万元，支持辖区内省级以上应急救援队伍和社会救援队伍运行维护，形成由23支应急救援队伍组成的政企协同、统筹联动的专业应急救援力量体系。着眼兰西城市群建设规划，市应急局与西宁市应急局、国网兰州供电公司分别签订《应急救援联动工作备忘录》《应急联动战略合作协议》，进一步加强应急救援领域合作。对接兰州警备区，探索构建军民融合的应急救援模式。强化应急演练，全年开展市级综合应急演练3场，带动全市开展各类演练活动556场，参与人数2.88万人次，检验各层级预案的科学性和有效性。

**【重点行业专项整治】** 紧盯元旦、春节、“两会”、中秋国庆、岁末年初等重点时段和重要节点，扎实开展排查整治。危险化学品领域建成安全风险（点）“一张图、一张表”系统，实现

5月25日，连城国家级自然保护区灭火演练现场

全市33户危险化学品生产企业、14户储存企业和151处重大危险源在线监测监控；完成国务院安委办危化品重点县专家指导服务，督促整改问题隐患175项；开展重大危险源、硝酸铵、油气管道、非法违法小化工等专项整治，检查企业863户，摸排问题隐患980条，注销危化品经营企业2户、硝酸铵生产企业1户。烟花爆竹领域开展“打非治违”专项行动，对全市5户批发企业和100个零售点开展检查，查处非法窝点2处，印制张贴8万余份宣传彩页，引导群众自觉抵制、主动举报非法违法行为。矿山领域检查企业90余次，并形成制度措施、问题隐患清单398项，隐患问题整改率95%以上。工商贸领域开展为期4个月的钢铁、铝加工（深井铸造）、粉尘涉爆、有限空间专项执法检查，检查企业38家，查出问题隐患248条，督促整改落实。

【安全生产专项整治三年行动】　市安委会制订印发《兰州市安全生产专项整治三年行动计划》，明确“1+3+10”（1个总方案、3个专题方案和10个重点行业领域专项整治方案）总体推进构架，结合兰州市实际增加冶金有色行业专项整治内容。制定联席会议、统计分析、监督检查、约谈通报和考核评价等五项工作制度，建立突出问题和重大隐患清单、制度措施清单、工作进展情况清单3个清单，督促全市8个区县和高新区、经济区制定完善本辖区具体实施方案，分层级、分条块，全面推进整治工作向纵深发展。截至年底，全市各行业领域排查企业层面安全隐患1.54万处，督促整改1.5万处，整改率97.4%，未整改问题隐患纳入清单管理。

【行政审批】　对应急管理部第二批取消的15项由部门规章设定的证明事项，不再要求办事企业在办证时提供纸质资料，全部改为部门内部核查。遇有申请变更名称、法人和地址情形，及时启动简易程序，依法简化办事流程。严格按照“应认领尽认领”原则，对照国家、省市基本目录进行事项认领工作，19项行政许可、行政给付、行政奖励事项加载进入甘肃政务服务网和兰州市行政审批服务系统3.0，实现政务服务网上可办率的100%。依法依规开展行政审批各项工作，截至年底，通过兰州市电子证照综合管理系统发放各类行政许可证照256个。其中，危险化学品经营许可证238个；危险化学品安全生产许可证18个；非药品类易制毒化学品生产经营备案15个；非煤矿山行政许可证36个。生产安全事故应急预案备案247个。

【安全生产执法检查】　市级聘用各类安全专家201名，建成涵盖危险化学品、煤矿、非煤矿山、冶金有色、工贸、消防、建筑、道路交通等重点行业领域市、区县两级安全生产专家库。落实“双重督办、双重交办”工作机制，严格执行年度安全生产监管执法工作计划，全年列入安全生产执法计划企业246家，累计出动执法人员1120人次，检查企业265户，排查隐患问题1308条，督促整改1286条，整改率98.3%。依据《甘肃省安全生产轻微违法行为不予行政处罚目录清单》，寓服务于执法，综合运用行政指导方式，通过现场指导、约谈提醒等各种柔性执法手段，教育引导生产经营单位自觉遵守安全生产规定，提高安全生产意识，进一步优化营商环境。

【宣教培训】　先后举办全市县级干部应急管理专题培训班、科级干部防汛防（灭）火专题培训班等4期，将培训重点内容拓展到防灾减灾等领域，培训各级党政领导干部280余人，企业主要负责人320余人。组织开展“5·12”防灾减灾日、全国第19个“安全生产月”“安全生产金城行”“119”消防安全宣传月、《安全生产法》宣传周等系列活动，普及安全生产、防灾减灾、自救互救常识，增强群众安全和防灾减灾意识。建设兰州市安全生产理论考试和实际操作考试中心，对2.38万人次企业“三项岗位人员”进行安全生产考试，制发安全生产培训证件2.11万张，为基层和企业持续输送合格的一线安全管理人才。

【脱贫攻坚】　局党委定期听取帮扶工作开展情况汇报并研究有关工作。主要领导和班子成员每季、分管领导每月入村座谈交流、协调工作，帮扶责任人每两月至少入户1次，协助帮扶户复工复产、春耕备耕、子女就业、返岗复工。联系爱心企业赞助开展基础设施建设、村容村貌改造，入冬，协调援助10吨冬煤解决五保、低保户取暖问题。全村167户建档立卡户全部脱贫。

（杨　飞）

## 政务服务

【概况】　2020年，市政务服务推进“放管服”改革，切实优化政务服务，全力提升一体化政务服务能力。政务服务工作被命名为第一批全省法治政府建设示范项目；政务服务“好差评”系统中嵌入纪检监察“码上监督”APP小程序做法得到国办职转办和国家市场监督管理总局肯定，并在全国推广。全年市级服务承诺“四办四清单”目录事项755项，累计增加108项，增长16.7%；办理事项808.36万件，其中即收即办446.02万件。

【运行管理】　在持续深化拓展服务承诺“四办四清单”管理制度基础上，紧扣“不见面，一张网、一扇门、跑一次”，探索实践“五简五办五集成”（即简渠道、简要件、简环节、简程序、简时间，一网通办、套餐联办、基层可办、帮代好办、应需能办，数据集成、事项集成、资源集成、流程集成、服务集成）新模式，精心打造服务金城企业群众的“小兰之家”。制定《关于建立和完善兰州市四级一体化政务服务体系实施方案》和《关于进一步规范全市实体政务服务平台建设的工作方案》，督促各部门将对外公布的网上办事渠道统一整合至政务服务网，绝大多数单位实现“网上办事一个口”。政务服务事项网上可办率90%以上。制定《兰州市全面推行政务服务“一件事一次办”实施方案》，在兰州政务服务网开通“一件事”专栏，市、县两级梳理展示首批“一件事一次办”事项293项。制定《兰州市推进高频政务服务事项“跨省通办”“省内通办”“全市通办”工作实施方案》，实现57项事项“跨省通办”、83项事项“省内通办”、175项事项“全市通办”，至年底办理5万余件。与西宁、银川建立政务服务合作模式。制定《兰州市全面推行政务服务事项基层可办实施方案》，梳理编制《兰州市乡镇（街道）、村（社区）政务服务事项指导目录（2020版）》。赋予乡镇和街道10项行政许可和205项行政处罚权限。制定《兰州市全面推行政务服务“小兰帮办”实施方案》，在全市各级政务大厅设立帮办代办专区，对全市各类政务服务事项实行全领域、全流程帮代办。市级为158个重点项目开展帮代办，为市第十一中学教学楼、恒大文旅城等多个项目提供上门服务170余次，为企业群众帮代办近万人次。针对“上班族”和特殊群体正常工作时间办事不便问题，制定《兰州市全面推行应需延时政务服务实施方案》，按照“应急应需、随时可办、自助服务”和“早晚弹性办、中午不间断、周末不休息”原则，在全市各级政务服务大厅，谋划推行全天候政务服务。

**【政务服务能力提升】** 建成兰州市政务服务“好差评”管理系统，开通政务服务网、“金城办”APP、窗口评价器、自助终端、二维码、短信等6类线上线下评价渠道。市本级政务服务事项承诺办理时限压减比例由53.67%增长到65.65%，即办件占比由8.09%增长到14.1%，全程网办和“零跑动”数由16.17%增长到40.5%。开通特色服务专栏，展示复工复产、不来即享等29项特色服务内容。推动市直部门梳理发布一网通办事项776项，对照网上政务服务办理深度具体标准，市级385项事项实现全程网办。市级41个部门进驻国家、省级和市级政务服务平台，有依申请类政务服务事项相关部门均已纳入政务服务网平台管理。“金城办”APP对接“甘快办”、支付宝市民中心等22个系统平台，对接政务服务事项20732项，可在线办理14075项。规范指南发布，在兰州政务服务网发布市本级依申请类政务服务事项办事指南899项，省级政务服务网展示823项。办件信息均实现与国家、省级基本目录公布的事项相关联，实现同一政务服务事项基本要素市、县统一。组织各级各部门逐事项核对法定时限、承诺时限、办理地点、办理时间、咨询方式及中介服务或特殊环节等要素；规范受理所需材料来源或出具部门及数量、类型和介质要求，规范办理流程图；对各环节要素内容及要点和需要到现场次数进行标注；提供空白电子表格和示范性电子样表下载服务。

**【项目审批制度改革】** 房建和市政类项目审批时限在2019年基础上再压减3个工作日，最短审批时限31个工作日，最长77个工作日。通过“减放并转调”等改革措施，大力压减、整合事项，工程建设项目审批及办理事项清单从2019年的90项压减到62项，压减幅度近三分之一。着力打造“项目生成→项目登记→前期辅导→项目申报→项目审批→统一出件→结果送达”市区县一体全流程网上办理综合审批管理系统，覆盖市级和区县全部政务服务、市政公用、中介服务事项。完成与国家、省级工程建设项目审批管理系统互联互通。至年底，系统登记运行项目1097个。制定完善《关于做好工程建设项目“一窗受理”工作的通知》《关于开展工程建设项目审批“容缺受理”工作的实施意见》等25项配套机制。建成兰州市“多规合一”业务协同平台，覆盖市级各部门、区县和开发区，整合兰州遥感影像图、3区3线、多规差异图斑等8类数据，形成项目生成“一张蓝图”。截至年底，谋划项目409个，策划项目100个，策划生成项目183个。建成并完善具备中介服务机构管理、服务过程管理、综合分析推荐等相关功能的中介超市，为兰州安宁吾悦广场等103个项目提供中介服务。供水、供电、燃气、热力、排水、通信等8家市政公用服务单位全部入驻市政务服务中心，6项市政公用服务事项录入系统正式办理，全年为48个工程建设项目提供市政公用服务。

**【文明城市创建】** 对照创建全国文明城市政务大厅点位测评体系，坚持以“绣花”功夫擦亮城市文明“第一窗口”，组织召开全市政务服务系统创建全国文明城市冲刺迎检誓师大会，围绕“创建氛围热起来、大厅环境美起来、人员形象靓起来、办事秩序好起来、办理效率快起来”目标，聚焦冲锋冲刺提站位、对标对表补短板、特色特质育品牌、常态长效抓养成、主责主业强内功，细化分解测评指标体系，实行“一日一检查、一日一通报、一日一整改”，全面开展“地毯式”查漏补缺、“精准式”补齐短板，以战役的标准、战时的状态、战斗的举措迎接终检，确保政务大厅点位不失分、得高分，为兰州成功创建全国文明城市贡献力量。

【脱贫攻坚】 对照“两不愁三保障”标准，有针对性的制定帮扶措施，完善帮扶计划和“一户一策”，加强走访联系、强化政策宣传、帮办实事好事。持续在产业项目扶持、激发内生动力、巩固脱贫成果等方面用力，落实各项帮扶措施。协调1000亩高标准农田平整项目、百亩梨园建设项目、3.5千米村社道路项目列入县、乡项目库，解决112户农户自来水入户问题，筹措资金2.42万元给22户生活困难家庭送去过冬煤炭22吨，协调绿化树苗700株，筹措资金开展走访慰问和“金秋助学”行动，筹集一批医用口罩、酒精和消毒液等防疫物资。纵深推进党建共建工作，局主要领导到帮扶的李家坪村宣讲党的十九届五中全会精神，参加局机关党支部与村党支部联建“主题党日”活动，并走访慰问老党员。8月，帮扶的李家坪村顺利通过国家普查验收。

（王金凯）

## 机关事务管理

【概况】 2020年，市机关事务管理全面推进“五化”（职能发挥统一化、服务管理标准化、效能提升信息化、队伍建设专业化、机关治理法治化）建设，加强办公用房、公务用车、国有资产、公共机构节能、机关后勤、公务接待等各项工作，管理和服务机关高效有序运转。兰州市公共机构节能工作连续四年在全省考核中排名第一；兰州市机关事务管理局被省文明委授予“省级文明单位”“2019年度全省ETC发行服务工作先进单位”“2020年度兰州市网络舆论引导工作先进集体”等荣誉称号。

【经费管理】 按照“厉行节约反对浪费”和“过紧日子”要求，根据各单位工作性质、人员编制、实际需求，严格审核各单位申报预算的必要性和可行性，大幅压减市级机关运行经费总量，推进机关事务类资金资源高效使用，全面提升机关事务服务保障效能。核拨31家单位维修改造资金2188万元，压减资金3.02亿元；核拨28家租赁办公和7家单位场地租金9454.2万元，压减租金3946万元；核拨167家单位办公设施设备、家具购置费5549万元，压减购置经费8.5亿元；核拨224家单位物业费7000万元，压减物业费5456万元。

【办公用房管理】 开展办公用房权属统一前期情况摸底工作，进行全市办公用房测绘，聘请专业测绘机构，测绘448家市级党政机关事业单位，总建筑面积90.95万平方米，总使用面积61.42万平方米。完成33家单位（2.42万平方米）办公用房调整工作。完成市政务大厅1—2层搬迁、升级改造及办事窗口的调整工作，市不动产登记大厅于6月底搬至市政务服务中心2楼。协调完成市委党校雁滩校区供暖并网改造，节约资金160万元。报送的《兰州市机关单位办公用房管理研究》获全国机关事务管理研究会研究成果二等奖。

【公务用车管理】 认真执行《兰州市党政机关公务用车管理实施办法》，严格车辆编制管理，提升服务保障水平。全年审核全市公务用车新增、变更及过户236车次，完成88辆公务用车新购置和83家单位车辆租赁事项的审批。完成事业单位车改工作，市级事业单位保留车辆530辆，取消438辆，上缴非税462.7万元。重新核定175家行政（参公）单位车编283辆，核减11辆。市级公务用车管理平台实现从车辆申请到派车全程网上操作，全年保障重要会议、调研、督查、检查、处置突发应急事件等公务活动用车1921台次。组建2支各20人的兰州市经济动员车辆救援维修应急保障队伍。完成公务用车定点维修、保险、公务出行社会辅助用车服务企业资质入围招标工作，以公开招标方式确定46家汽车维修企业为市级党政机关事业单位公务车辆维修定点企业、11家保险公司为市级党政机关事业单位公务车辆保险定点企业，22家车辆定点租赁公司为公务出行社会辅助用车企业。强化驾驶员培训力度，创新培训教育方式，充分发挥公务用车管理平台主阵地作用，加大“请进来”“走出去”安全教育培训工作力度，和甘肃省机关事务管理局公车中心、兰州职业技术学院

8月27日，名城广场4号楼党政机关集中办公区机关智慧食堂干部职工选餐

联合开展安全教育培训，组织驾驶员安全教育培训12次。

【资产管理】 优化市级党政机关事业单位国有资产处置流程，实现“一个窗口”受理处置。与市财政、市审计部门联合印发《关于加强市级机构改革涉及部门和单位国有资产及财政资金管理工作的通知》，就资产划转处置的范围、方法、流程、工作纪律做出规定，办结各类资产处置申报件157件，处置资产原值合计3.16亿元。委托会计师事务所对8家行政事业单位进行资产清查，清查总额约3.8亿元，分批对6个市政府驻外办开展资产登记核查，通过清查摸清资产底数，指导部门单位建立完善资产管理制度，解决存在的问题。为避免国有资产闲置浪费，评估29家单位房屋出租事宜。全年完成市本级410家行政事业单位的机构、编制、资产情况汇总。

【公共机构节能管理】 兰州市公共机构人均综合能耗同比下降2.19%，人均水耗同比下降3.71%，单位建筑面积能耗同比下降5.51%，超额完成年度公共机构节能目标任务。开展节约型单位创建工作，制定《兰州市节约型机关创建行动实施方案》，通过确定创建目标和分批次实施创建目标，完成第一批创建机关申报、验收及公示工作，实现“十三五”时期创建10余家省级示范单位和“县县有示范”目标任务。持续推进生活垃圾分类工作，制定印发《兰州市2020年党政机关等公共机构生活垃圾分类工作实施方案》，对全市各级各类公共机构开展生活垃圾强制分类工作进行详细安排。开展“2020年节能宣传周(低碳日)”“全市垃圾分类主题宣传月”活动；举办第2届“绿色QQ运动”比赛和“绿水青山节能增效”主题有奖征文比赛，全市公共机构1.2万人参与活动；开展限塑禁塑和公共机构垃圾分类大型宣传活动；完成生活垃圾分类投放设施的采购配置工作，组建生活垃圾分类志愿者队伍，人员达到200余人。

【后勤服务】 继续加强名城广场4号楼党政机关集中办公区机关食堂运行管理工作，为集中办公区14家单位1200余名机关干部提供用餐保障，对社会开放机关食堂，方便附近用餐有困难的企业员工和群众。完善名城广场会议中心管理制度、工作规范、工作流程，规范会务管理，在节约会议支出的同时，实行对内保障、对外经营，面向社会提供有偿会务服务，有效节约财政资金，降低机关运行成本，为驻名城广场等市级机关事业单位提供411场3.58万余人的会务服务，节约办会资金407.42万元，非税收入21.52万元。按照统一化管理标准，通过公开招标，确定35家物业服务企业，开展市级党政机关事业单位物业服务管理工作。

【公务接待】 完成省委巡视组(脱贫攻坚和扫黑除恶工作组)、“第二十六届中国兰州投资贸易洽谈会”、首届兰州—西宁城市群高质量发展研讨会、全省重大项目观摩等大型活动接待服务保障任务，完成中央统战部、住建部、民政部、应急管理部、中央文明办、公安部等国家部委和兄弟省市来兰检查调研服务保障工作以及中国航天集团、华为集团、海亮集团、复兴集团、绿地集团、华润集团等大型企业来兰考察洽谈接待保障工作，推动项目签约落地，让公务接待真正成为展示兰州形象的“第一窗口”、招商引资的“第一桥梁”、交流合作的“第一纽带”。全年接待宾客305批次3751人次，来兰投资客商人数明显增长，接待总体费用有所下降。

【机关事务标准化建设】 按照“突出重点、试点先行、以点带面、全面推进”工作思路，全力推动全市机关事务标准化建设工作顺利开展。成立兰州市机关事务标准化工作领导小组，将2020年确定为“兰州市机关事务标准化建设推进年”，在确保完成兰州市七里河区和西固区机关事务管理局2个省级试点区县标准化建设任务基础上，将6个区县机关事务管理部门和兰州市机关事务管理局后勤管理、公务接待确定为市级标准化建设试点单位、试点工作，达到全市机关事务各项职能工作标准化建设全覆盖。年底制定资产管理、房产管理、公务接待、后勤管理等8大类，44项标准文本草案，全市机关事务管理法制化、保障规范化水平明显提升。

(冯圣楠)

## 参事工作

【概况】 2020年，市政府研究工作紧紧围绕市委、市政府中心工作和各项决策部署，认真履行“以文辅政、调查研究和决策咨询”三大核心职能，完成服务政府中心工作各项任务，为政府科学决策提供有效智力支撑。全年编印《兰州发展》6期，《政策文件汇编》8期，《观察与思考》3期。《调研文集》一书收录2020年完成的47篇课题报告和调研建议，供各级领导和部门参阅。

【以文辅政】 收集整理各行业各领域发展数据，全面掌握全市经济社会发展情况，在多方征求意见、反复讨论修改基础上，将市第十六届人大四次会议上的《兰州市人民政府工作报告》打造成站位高、思想深、内容实、指导性强的精品工程，得到各级干部和与会代表的广泛认可。集中力量完成市政府主要领导讲话和市政府向省委、省政府的工作汇报等综合性文字材料起草工作，通过工作实践，锻炼提高文稿起草水平。重点起草完成《兰州市项目建设管理手册》《第26届兰洽会宣传片文字稿》《榆中生态创新城科创展厅布展大纲》及市政府主要领导在市委经济工作会议上的讲话、市政府全体会议上的讲话等文字材料。

【课题研究】 根据市政府领导安排,紧扣兰州发展实际,完成兰州市第三产业遭受疫情冲击调研报告等课题研究,提出政策建议,为领导科学决策提供参考依据。采取“解剖麻雀”方式开展微课题研究,完成进一步理顺城市供水排水行政管理职能的建议、加强兰州市“菜篮子”建设的几点思考等调研建议,及时提交给相关领导和部门。紧紧围绕打造“都会城市、精致兰州”这一主线,确定发挥兰州中心带动作用加快兰西城市群发展的问题研究、兰州加快建设现代产业体系问题研究等研究课题,开展调查研究,高质量完成研究报告。

【决策咨询服务】 立足自身职能,不断创新工作方式,充分发挥好决策咨询服务平台的作用,在服务决策咨询上有新突破。《兰州市情概览(2020)》一书,比较系统翔实地介绍和反映兰州历史文化、风土人情、行政区划、城市规划、经济社会发展现状和政策平台等情况,为全市各级干部和社会各界提供一本了解兰州的基础工具书,在第26届“兰洽会”和兰州市相关对外交流会议上作为宣传书籍。

【巡察整改】 市委第一巡察组于4月23日—7月24日对市政府研究室党组进行巡察,8月27日反馈巡察意见。室党组围绕市委巡察工作部署要求,直面问题,深究根源,真查真改,整改落实。把整改落实作为重要的政治责任来抓。室党组高度重视巡察整改工作,切实承担起巡察整改的主体责任,按照党务公开原则和巡察工作有关要求,多次召开党组和全体会议,传达学习巡察反馈意见和整改工作相关要求,研究部署整改落实相关工作,确保反馈问题和事项件件有着落、事事有回应。不折不扣抓好巡察反馈意见的整改。市委第一巡察组关于对市政府研究室党组巡察情况的反馈意见中涉及4个方面15个问题38个具体表现,全部整改到位。在具体整改工作中,市政府研究室紧紧围绕反馈意见指出的问题和提出的意见,坚持治标和治本同步、预防和整治并重,严守整改工作标准,不讲条件、不找借口、不留空白、不折不扣抓好问题整改落实。不断深化巩固巡察整改成果。认真贯彻落实市委巡察工作要求,坚持目标不变、标准不降、力度不减,把巡察整改工作与落实全面推进依法治国、从严治党要求结合起来,与深入持久抓作风建设、与研究室具体工作结合起来,主动开展“回头看”,巩固取得的整改成效,坚决防止问题反弹。

【脱贫攻坚】 发挥“智力帮扶”作用,对所帮扶的榆中县韦营乡韦家营村及时传达中央和省市相关精神,以新精神、新政策、新要求指导精准扶贫工作。按照市委关于精准扶贫的相关工作要求,严格执行驻村开展工作的相关规定,派出1名同志担任帮扶村第一书记兼驻村帮扶工作队队长,认真履行帮扶职责,做好帮扶村疫情防控和生产生活工作。协调兴办实事方面:争取资金49万元,新建1500方冷库1座和野菜加工厂1座,解决了蔬菜存储问题;主动参与消费扶贫,协助联系销路,推动村集体合作社蔬菜种植产业发展;开展“助学献爱心,教育真脱贫”活动,为新考入大学的4名贫困大学生发放助学金8000元;协调争取资金15万元,修缮广场周边道路,加固村委会周边墙体,美化人居环境。

(陈紫君)

## 人事人才工作

【概况】 2020年,兰州市有序推进事业单位人事制度改革,进一步落实竞聘上岗制度,深入实施人才强市战略,修订完善相关文件,持续加大人才引进力度,提高兰州人才吸附能力。深化职称制度改革,落实乡村教师、艰苦边远地区专业技术人才和抗疫一线专业技术人员相关倾斜政策;有序推进技能人才队伍建设,科学开展职业技能鉴定工作。全年累计发布引才计划9批次,企事业单位签约2843人,同比增长15.4%。其中,事业单位引进(签约)769人,同比增长86%;企业引进2074人,同比增长9.1%。

【人才市场管理】 对接省内外人力资源机构和用工企业,征集用工岗位,探索实施线上线下相结合服务方式,持续开展百日千万网络招聘专项行动、网上春风行动、民营企业招聘月等一系列线上招聘活动,最大限度满足复工企业和求职人员需求,全年全市召开用工洽谈会133场,发布用工岗位16.95万个,达成意向性协议2.2万人,求职登记53045人,职业介绍成功7800人。

【人才资源开发】 实施人才强市战略,牢固树立全域人才观,修订完善《兰州市急需紧缺人才引进实施办法》和《兰州市领军人才队伍建设实施办法》,创新人才分类分层评价机制,人才引进、培育、激励、保障等政策措施更加科学完备。加大急需紧缺人才引进力度,采取线上线下报名、线下招聘的方式引才,报名人数创历史新高,引进人数倍增。强化人才培育激励,严密组织高层次人才选拔推荐,6人新入选甘肃省领军人才,6人入选第九批省优专家,推荐享受

6月28日，兰州市人社局组织部分企事业单位在甘肃人力资源服务大市场举办的“百家企事业单位暨支持高校毕业生到企业就业项目”专场招聘会

国务院政府特殊津贴候选人4名、百千万人才工程国家级候选人1名，“金蓝领”高技能人才（指工人队伍中具有良好职业道德、高超技能水平、丰富实践经验、贡献特别突出，在全市本行业、领域中影响带动作用大、得到广泛认可的优秀高技能人才）年度考评合格等次以上97人；全年向一流大学建设高校毕业生发放租房补贴369.85万元，向省市领军人才、新入选省优专家、“金蓝领”高技能人才发放津贴奖金985.95万元。加强职业技能培训，全年审批68个培训项目273.22万元，网络培训21253名专业技术人员；组织开展各类职业技能提升培训97175人次，支出各类培训补贴资金4358.13万元。

**【职称评定】** 开展教育、卫生、农业、工程等系列副高级和中级职务任职资格评审工作，副高级、中级任职资格评审分别通过627人、5573人；向省相应评委会推荐专业技术职务任职资格评审307人；认定中、初级专业职务任职资格3476人。组织开展县以下基层高级职称单独评审，各系列通过副高级评审688人。根据“乡村教师及艰苦边远地区专业技术人才，从教、工作20年以上评聘中级职称以及从教、工作30年以上评聘高级职称的，不受本单位岗位结构比例限制”规定，推荐评审66名正高级、122名副高级、25名中级专业技术人员。推荐44名抗疫一线专业技术人员不受岗位限制参加高级职称评审。开通特殊人才高级职称特殊评价“绿色通道”，推荐4名人才参加甘肃省人社厅组织的特殊人才职称评审，其中正高、副高级职称各2名。

**【事业单位管理】** 全年调整21家事业单位岗位设置方案，完成市属292家事业单位952人竞聘上岗后岗位聘用备案工作。严格执行调配规定，严把调入人员“进口关”，完成事业单位218人（其中市内调整57人，兰外调入118人，调出43人）流动调配档案审核、提交上会和办理调动手续工作，做到调配审核工作“零差错”。在总结以往事业单位公开招聘分类考试工作经验基础上，着手进行分行业、分批次招聘事业单位工作人员，制定2020年事业单位公开招聘计划，为引导更多人才向基层流动，向扶贫事业聚集，在公开招聘工作中根据相关文件精神，用好事业单位公开招聘中“三放宽一允许”政策，针对贫困地区放宽年龄、学历和专业要求，个别岗位不限专业，以宽松的条件加大吸引人才力度，落实好人事人才扶贫相关政策。5月21日，面向社会发布公开招聘公告，经笔试、面试、体检、考察等环节，最终为826名考察合格人员办理聘用手续。完成2020年266名服务期满特岗教师聘用工作；按照免费师范生公开招聘工作方案，完成119名教育部直属师范大学公费师范生聘用工作；办理2020年12名农村订单定向医学生聘用手续；安置复退士兵43名。

（张晓艳）

## 外事工作

**【概况】** 2020年，兰州市外事工作坚持党管外事，强化党建引领，突出统筹协调。全年出访团组3团7人，分别派往摩洛哥、格鲁吉亚、马来西亚执行文化交流、项目对接、国际马拉松伙伴赛事商洽等任务。出访人员中，县级干部5人，科级以下及企业人员2人。领事保护工作方面，全年接到并办理领事保护案件2起。

**【巡察整改】** 针对巡察反馈存在的4方面13个具体问题，外事办党组书记先后主持召开党组会3次、整改工作领导小组会5次，专题研究部署巡察整改工作，制定《中共兰州市人民政府外事办公室党组关于市委第二巡察组反馈意见整改落实方案》和《整改落实工作台账》，研究出台71条具体整改措施。整改过程中，各责任科室紧扣节点、倒排工期、对账销号，确保巡察整改工作改到位、改彻底、见实效。巡察整改期间外事办进行工作约谈15人次，提醒约谈6人次，告诫约谈1人次，批评教育1人次。

同时坚持举一反三，追根溯源，把解决突出问题与解决深层次问题结合起来，把立行立改与建章立制结合起来，研究制定《因公出国（境）人员行前教育管理办法》《市政府外事办廉政教育制度》等6项制度，修订完善《市政府外事办因公临时出国经费报销办法》等2项制度，把整改落实的成果转化为推动外事工作发展的强大动力。

**【统筹协调】** 5月上旬，召开市委外事工作委员会第二次会议，统筹谋划、全面部署2020年外事工作，认真学习领会全国地方外办主任会议和省委外事委第二次会议精神，通报2019年全市因公临时出访成果，听取全市外事工作情况汇报，审议通过《中共兰州市委外事工作委员会2020年工作要点》，切实加强党对外事工作的集中统一领导。按照外事工作服务地方经济社会发展的工作要求，进一步加强市委外事办对区县、企业外事工作指导力度。6月，市委外事办组织各业务科室分3个调研组深入区县、企业开展外事工作专题调研，采取查阅资料、座谈交流、实地查看、现场解决问题等，了解各区县委外事办机构设置、人员构成、工作举措、存在的困难；掌握外向型企业对涉外服务的需求。并就外事工作原则、工作方法、工作要求对区县和企业进行指导。调研过程中，实地查看涉外参访点7个，开展外事服务进高校1次，外事服务进企业8次，精准对接涉外企业需求，现场办公解决企业困难问题2个，高质量完成调研报告。

11月3日，副市长宋柯访问白俄罗斯、丹麦驻重庆总领事馆

**【国际交流】** 根据外交部"一省一策"工作要求，市政府分管领导于11月上旬访问白俄罗斯驻重庆总领事馆和丹麦驻重庆总领事馆，表达兰州市希望加强经贸、投资、物流、人文等领域合作交流意愿。白俄罗斯、丹麦驻渝总领事馆积极回应兰州市建议，表示愿意通过线上沟通的方式加大两地企业间了解。对标《兰州市政府工作报告》年度工作要点，突出重点任务，就延期举办的第8届中国—中亚合作论坛等重大涉外活动做好联系对接，密切跟踪论坛举办事宜的最新进展。应喀山市市长邀请，协调分管市领导参加由金砖国家轮值主席国俄罗斯于10月19日举办的线上活动"金砖国家友好城市暨地方政府合作论坛"，同与会代表围绕"现代城市实现可持续发展目标"进行探讨。参加友好交流城市韩国浦项市10月14日—17日举办的主题为"介绍我的城市"非面对面国际交流展活动，通过图书、城市宣传物和工艺品展示等方式，向浦项市民宣传兰州，传播中国优秀文化，讲好兰州故事。

（许长彪）

# 政协兰州市委员会

## 重要会议

【市政协十四届四次会议】 1月15—18日在兰州召开。1月15日上午在省政府礼堂开幕。会议应出席委员329人，实到295人。李宏亚主席向大会做《政协兰州市第十四届委员会常务委员会工作报告》。姜晓红副主席代表市政协常委会做《政协兰州市第十四届委员会常务委员会关于十四届三次会议以来提案工作情况的报告》。会议通过政协兰州市第十四届委员会第四次会议关于常务委员会工作报告的决议，通过政协兰州市第十四届委员会第四次会议政治决议，通过政协兰州市第十四届委员会提案委员会关于第四次会议提案审查情况的报告。中共甘肃省委常委、兰州市委书记李荣灿，市委副书记、市长张伟文，市人大常委会主任张建平，中共兰州市委、市人大常委会、市政府、市法院、市检察院、驻兰部队领导同志，以及市级民主党派、工商联负责人应邀出席会议。

1月15日，兰州市政协第十四届四次会议在省政府礼堂开幕

【市政协十四届十三次常委会议】 1月6日召开。李宏亚主席主持会议并讲话，副主席王璇、张永财、姜晓红、杨衍佐、刘怀君，秘书长敬国华出席会议。传达学习中央、省委政协工作会议精神；听取市政府关于政协兰州市第十四届委员会第三次会议以来提案办理情况的通报；听取市政协党组"不忘初心、牢记使命"专题民主生活会情况通报；审议通过关于召开政协兰州市第十四届委员会第四次会议的决定、政协兰州市第十四届委员会第四次会议议程（草案）、日程，政协兰州市第十四届委员会常务委员会工作报告和报告人、政协兰州市第十四届委员会常务委员会关于十四届三次会议以来提案工作情况的报告和报告人；首次听取部分市政协常委工作履职情况的报告；首次在常委会上开展提案双向评议；审议通过《政协兰州市委员会全体会议工作规则》等四项制度及人事事项。

【市政协十四届十四次常委会议】 3月18日召开。李宏亚主席主持会议并讲话。市政协副主席戈银生、王璇、滕耀文、张永财、姜晓红、田明、杨衍佐、尤占海、刘怀君，秘书长敬国华出席会议。传达学习经济社会发展工作部署会议精神；传达学习市委政协工作会议精神；审议通过政协兰州市委员会2020年工作要点。

【市政协十四届十五次常委会议】 7月23日召开。李宏亚主席主持会议并讲话。市委常委、常务副市长吕林邦应邀出席会议；市政协副主席苏广林、戈银生、王璇、滕耀文、张永财、姜晓红、田明、杨衍佐、尤占海、刘怀君，秘书长敬国华出席会议。听取市政府关于2020年上半年全市国民经济和社会发展情况的通报；听取《关于促进黄河流域兰州段生态保护和高质量发展的建议案》；审议通过《关于免去严志坚政协兰州市第十四届委员会副主席职务及撤销严志坚、李彦龙市政协十四届委员资格的决定》及其他人事事项。

【市政协十四届十六次常委会议】 10月29日召开。李宏亚主席主持会议并讲话。市政协副主席戈银生、王璇、张永财、田明、杨衍佐、尤占海、刘怀君，秘书长敬国华出席会议。传达学习全国地方政协和全省市县政协工作经验交流会精神、省政协基层政协协商工作推进会精神；审议通过《关于加强兰州市城市应急管理工作的建议案》。

（武小桢）

## 主要工作

【政协委员建议案】 2020年，市政协主席李宏亚带领由政协委员、专家学者和实际工作者参加的课题组，对黄河流域兰州段进行深入调研、实地踏勘；对国家宏观政策和国内外实践经验和理论成果，进行多视角分析研究；并多方学习借鉴黄河流域各省区、国内其他城市治河兴水、科学发展的经验。政协委员一致认为，促进黄河流域兰州段生态保护和高质量发展，是兰州发展史上的一次重大战略机遇，必须全面融入国家战略，紧跟时代步伐、更新发展理念、完善发展思路，努力在黄河流域生态保护和高质量发展中发挥省会中心城市带动作用。经过深入调查研究、反复协商论证，聚众家之长，纳多方之言，分析黄河流域兰州段基本情况和面临的主要问题困难，提出总体思路和具体对策建议。

9月，由市政协主席李宏亚带队，副主席刘怀君、秘书长敬国华参加，并由社会和法制委员会组织部分委员参与，对兰州市城市应急管理工作进行全面调研，实地查看消防特勤中队、国家救灾物资储备仓库、兰州中心、陈官营街道等单位的应急管理工作情况。后赴四川绵阳市、广元市、成都市等地考察，学习借鉴城市应急管理工作中的先进做法经验。结合调研学习情况，召开协商座谈会，听取兰州市应急管理局工作情况介绍，并征求政协委员和各方面的意见建议，形成建议案。

【专题调研】 对兰州市非物质文化遗产现状与加强保护情况的调研。进一步加强非物质文化遗产的保护、抢救、挖掘、传承和利用，助推兰州市文明城市创建工作。6月中旬，在王璇副主席带领下，市政协文化文史资料和学习委员会组织部分委员和相关单位负责人，对兰州市皋兰县非物质文化遗产保护展览馆、兰州鼓子、兰州软儿梨，永登县非物质文化遗产保护文化馆，永登苦水高高跷保护基地，榆中县古建筑模型制作技艺、汉毡居作坊非物质文化遗产保护情况，兰州市非物质文化遗产保护馆进行调研。

加强兰州市疾控体系建设调研。深入贯彻落实习近平总书记关于完善重大疫情防控体制机制，健全国家公共卫生应急管理体系的指示精神，确定将《关于加强我市疾控体系建设调研》列为2020年重点调研课题之一，成立调研组，在戈银生副主席带领下，就兰州市疾控体系建设进行专项调研。调研采取实地了解、现场参观、座谈、查阅文献资料等方式进行，通过分析、研究、讨论和充分咨询征求有关专家意见后，形成调研报告。通过认真调查研究和分析判断，为改进兰州市疾控体系建设提出有针对性的意见建议。

振兴兰州制造业调研。按照市委、市政府关于推动全市制造业“二次飞跃”，重振“兰州制造”雄风决策部署和年初重点调研任务安排，由滕耀文副主席牵头，经济委员会具体负责，组织经济界别部分政协委员对兰州市制造业发展情况进行1次全面调研。

兰州市南北两山生态保护及治理情况调研。为全面了解兰州市南北两山生态保护及治理情况，提出进一步加强南北两山生态保护及治理的对策建议，由田明副主席带队，市政协人口资源环境委员会组织部分政协委员及相关部门，通过实地查看、座谈交流、听取汇报等形式，重点对南北两山生态保护与治理情况进行实地调研并召开专题协商会，剖析查找存在的问题，并就如何加强保护与治理提出建议。

盘活兰州市农村撂荒土地资源的调研。民以食为天，粮以地为本。按照市政协年度重点调研活动安排，第二季度由杨衍佐副主席带队，组织农业界别委员、专家、相关部门负责人对全市盘活农村撂荒地资源情况进行专题调研，通过实地走访、听取汇报、座谈交流等形式，掌握到一些实际情况，并在深入思考、集思广益的基础上，有针对性地提出一些对策建议。

构建兰州市民族宗教工作大格局的调研。市政协把“关于构建兰州市民族宗教工作大格局”作为2020年重点调研课题，由张永财副主席带队，组织政协委员、民族宗教界人士和相关部门负责人共同开展调研，先后深入到民族宗教工作部门、宗教场所和少数民族群众、信教群众中，详细了解民族宗教工作组织领导、法规制度、协同管理、人才队伍、目标责任、风险防控等情况，并开展专题协商，深入分析工作中存在的问题和困难，提出构建兰州市民族宗教工作大格局的对策建议。

**【视察活动】** 关于兰州市政协协商制度机制建设情况的视察。配合全国政协、省政协领导来兰州市调研指导基层协商工作。及时向市委常委会专题汇报，组织力量开展调研、起草文件，组织区县政协主席和部分街道党工委书记外出学习取经，协助市委下发《中共兰州市委关于进一步加强和完善基层协商民主的意见》，明确全市基层协商民主建设的总体要求、组织体系和工作机制、政协在基层协商中的指导作用等问题，要求各级政协配合党组织把基层协商纳入重要议事日程，加强组织领导。协助市委成立基层协商民主工作领导小组及办公室，承担办公室职责、开展日常工作。及时转发《甘肃省政协关于推进政协协商向基层延伸的工作方案》，研究下发《兰州市基层协商民主议事工作规则（试行）》《市政协领导联系指导基层协商民主工作的安排》《关于政协委员深入基层参与基层协商的通知》等文件，召开推进会，指导各基层单位制定工作方案、健全工作队伍、完善协商机制、打造协商平台、开展协商议事，深入乡镇（街道）、村（社区）和企事业单位现场调研督导。协调市财政，为基层协商提供经费支持，整体推进全市政协协商向基层延伸。

兰州市法治营商环境视察。6月，市政协社法委组织部分政协委员，在走访部分企业、商会、民营企业家，听取社会各方面对全市法治营商环境建设情况的意见和建议的基础上，集中时间就全市法治营商环境建设情况视察市中级人民法院、市检察院、市公安局、市司法局等单位。

促进产学研融合，助推兰州市经济发展视察。为深入贯彻落实习近平总书记指示精神，确定将《关于促进产学研融合助推我市经济发展》列为2020年专项视察课题。成立视察组，在戈银生副主席带领下，就兰州市产学研融合情况进行专项视察。专项视察采取实地了解、现场参观、座谈、查阅文献资料等方式，通过分析、研究、讨论和充分咨询征求专家意见基础上，形成视察报告。

打造“四办四清单”制度政务服务品牌，持续优化兰州营商环境的监督性视察。省委常委、市委书记李荣灿明确要求要以中央深改办对兰州市“四办四清单”制度的肯定为动力，再接再厉，不断总结完善，推动“放管服”向纵深推进，持续改善营商环境，提升便民服务水平。市政协在上年优化兰州营商环境调研基础上，上半年紧扣打造“四办四清单”制度政务服务品牌，持续优化兰州营商环境这一主题，由经济委员会牵头，组织经济界别委员、专家、实际工作者开展视察，重点对兰州市政务服务中进一步完善落实“四办四清单”制度的有关情况进行深入调研，并就如何打造这一政务服务的金字招牌提出意见建议。

全市河长制开展情况视察。为了解全市河长制工作开展情况，9月8—9日，田明副主席带领部分政协委员，对兰州市河长制开展情况进行视察。视察采取实地查看、听取汇报、座谈交流方式进行，视察组一行先后来到红古区大通河、西固区三江口、城关区罗锅沟天坑段治理现场等地，详细了解河长制落实情况，并召开座谈会听取全市河长制开展情况汇报，广泛征求委员们对河长制工作的意见和建议。

兰州市农村人居环境整治情况视察。2020年是农村人居环境整治三年行动的收官之年，为充分履行民主监督职责，全面检验真实整治成效，第三季度由杨衍佐副主席带队，组织农业界别委员、专家、相关部门负责人对全市农村人居环境整治情况进行专题视察。结合实地走访、听取汇报、座谈交流等方式，掌握有关具体情况，总结一些好的做法，也发现存在的有关问题，并在集思广益的基础上形成若干建议。

兰州市民族区域融合发展的视察。把兰州市民族区域融合发展列为2020年度重点调研课题，由市政协副主席张永财带领政协委员、政协机关及相关单位工作人员组成调研组，采取现场察看、听取汇报、座谈交流等方式，深入兰州市部分区县，了解掌握兰州市民族区域融合发展情况及存在的问题，学习借鉴外省民族地区的工作经验，针对性提出对策建议。

**【基层协商】** 深入贯彻习近平总书记“有事好商量，众人的事情由众人商量”重要指示精神，按照省政协的要求和市委的安排，推进政协协商向基层延伸，努力打造党委政府“好帮手”、人民群众“连心桥”、委员履职“新平台”，为提升基层治理能力和水平贡献力量。协助市委制定下发进一步加强和完善基层协商民主的意见，明确全市基层协商民主建设各项要求，探索建立“党委领导、政协搭台、各方参与、服务群众”的基层协商工作机制。主动承担市委基层协商民主工作领导小组办公室的职责，开展日常工作。及时转发省政协《关于推进政协协商向基层延伸的工作方案》，研究下发工作规则和政协领导联系指导、政协委员参与基层协商等工作安排。组织区县政协和乡镇街道负责人外出学习取经，深入乡镇（街道）、村（社区）和企事业单位调研督导，组织现场观摩，召开工作推进会，指导基层制定实施方案、完善协商机制、打造协商平台、开展协商议事。协调市财政，为基层协商提供经费支持。

推动力量下沉，延伸履职工作。全面落实“三个下沉”“三个覆盖”的工作要求，建立落实市政协领导联系指导、政协委员下沉、专委会下沉参与基层协商工作制度，市政协每位领导联系1个区县，重点指导和参与2个乡镇（街道）和部分村（社区）协商议事，配合省政协委员下沉兰州市开展基层协商，组织市、区县政协委员全部下沉基层参与基层协商。健全完善乡镇（街道）政协委员工作站，以委员工作站为依托，建立协商议事会，建设协商议事室，探索建立委员协商议事小组、委员专家组、“委员之家”，推进政协协商与基层协商相衔接、政协履职向基层延伸。

搭建协商平台，科学规范操作。按照基层委员工作站、协商议事会、协商议事室“三位一体”的要求，指导全市乡镇（街道）、村（社区）和部分企事业单位搭建协商平台，完成省政协确定的工作任务。截至年底，全市建立乡镇（街道）政协委员工作站114个，实现乡镇（街道）委员工作站、协商议事会、协商议事室全覆盖，建立村（社区）协商议事会557个，各项工作稳步推进。从实际出发分级分层确定协商议事的主要内容和方式方法，明确协商什么、谁来协商、怎样协商、协商结果如何运用，指导区县政协细化制度、规则和工作流程，推动协商议事规范操作。各级协商议事会积极开展协商议事，解决一批群众关心的热点难点问题。

打造示范点，发挥带动作用。选择工作基础好、代表性强的20个乡镇（街道）和部分村（社区）、企事业单位创建示范点，以阵地完善、工作规范、特色鲜明、成效显著为目标，打造精品工程，提升全市政协基层协商工作水平。各示范点在党组织的领导下，发挥政协委员的作用，组织委员深入调查研究、反映社情民意、参与和指导基层协商议事，围绕社区环境治理、上学入园、群众出行、老旧楼院改造、拆迁安置补偿等问题开展协商，协助解决群众的难心事。把基层协商与基层党建、网格化管理、小区治理结合起来，探索多种形式的协商活动，开辟群众利益诉求表达新途径。

（武小桢）

# 纪检·监察

## 重要会议

**【中国共产党兰州市第十三届纪律检查委员会第五次全体会议】** 2020年3月4日举行。出席会议的有市纪委委员30人，列席121人。省委常委、市委书记李荣灿出席全会并讲话。市委常委、市人大常委会、市政府、市政协领导出席会议。全会由市纪委常委会主持。全会以习近平新时代中国特色社会主义思想为指导，深入贯彻党的十九大和十九届二中、三中、四中全会精神，认真学习习近平总书记在十九届中央纪委四次全会上的重要讲话，全面落实中央纪委四次全会、省纪委四次全会和市委十三届十二次全会部署，总结2019年工作，安排2020年任务，审议通过市委常委、市纪委书记、市监委主任李海默代表市纪委常委会做《坚守初心使命忠诚履职尽责为决胜全面建成小康社会提供坚强保障》工作报告。

（李红明）

## 主要工作

**【监督执纪】** 查处推进全面从严治党不力问题276件、问责党组织27个、问责385人。立案审查违反政治纪律案件30件、处分22人，其中县处级5人。专题开展党内重点法规执行和政治监督情况监督检查，发现并督改问题634个。查处违规占用耕地建房、大棚房、违建别墅等问题20件、处理39人。开展扶贫领域腐败和作风问题专项治理，查处问题222件、处理335人，分别增长138.7%和99.4%。对涉黑涉恶腐败和“保护伞”问题立案81件、处理228人，分别增长28.6%、147.8%。开展人防、金融、教育、食药、医疗、科技6大领域专项整治，发现和受理问题线索371件、处理257人。开展国有企业突出问题专项整治，督改问题649个。开展“一卡通”专项治理“回头看”，办理群众投诉1423条，收缴资金463.58万元。加强监督，督促梳理乡村（社区）小微权力清单297项。

**【反腐倡廉】** 全年全市各级纪检监察机关受理信访举报7103件，增长49.8%；处置问题线索4003件，增长39.38%；立案1048件，增长13.17%；给予党纪政务处分1045人，增长23.09%。规范使用各类调查措施11200次，留置64人。移送检察机关51人。追回外逃人员4人。15人主动投案、84人主动交代问题。为2名受到诬告的干部澄清正名。处置反映纪检监察干部信访举报及问题线索72件，处理24人，其中给予党纪政务处分4人。推进以案促改，落实“一案三报告”制度，发出纪检监察建议书547份。

**【“四风”整治】** 查处脱贫攻坚、基层减负、深化“放管服”改革、优化营商环境等方面的形式主义、官僚主义问题302起、处理495人。查处享乐主义奢靡之风常见问题和隐形变异问题111起，处理147人。贯彻落实习近平总书记关于制止餐饮浪费行为的批示精神和省、市委“过紧日子”要求，督促各级各部门大力压减一般性支出，规范使用“三公经费”。紧盯违规滥发津补贴、收送礼品礼金、超标乘坐交通工具、大办婚丧喜庆等常见问题，吃老板、收送电子红包等翻新问题，“一桌餐”、私车公养、违规支出变通下账等隐形变异问题，查处111起、处理147人。

**【巡察工作】** 强化政治巡察，突出“两个维护”，聚焦政治责任，开展第九轮、第十轮巡察，十三届市委巡察实现全覆盖。区县巡察覆盖率95.7%，乡镇(街道)、村(社区)覆盖率100%。对七里河区、永登县、榆中县、皋兰县开展脱贫攻坚专项巡察，发现并督改问题316个。着力规范巡察工作，制定出台《关于进一步加强和改进市县巡察工作的意见》《市委巡察组工作质量和绩效评价办法》等7项制度。压实党组织整改主体责任，前九轮巡察反馈问题整改率90%。

**【改革工作】** 建立市纪委监委领导班子成员联系指导区县纪委监委、分管派驻机构，监督检查室联系指导区县、派驻机构制度机制。推进派驻机构改革，根据全市机构改革后部门单位实际和纪检监察工作需要，按照归口管理、总量均衡原则，调整优化第一至第八派驻纪检监察组监督单位。

**【其他工作】** 开展选人用人监督，回复党风廉政意见59917人次，提出暂缓或否定性意见889人次。运用监督执纪"四种形态"批评教育帮助和处理4005人次，其中第一、第二种形态占93%。

召开全市党风廉政建设和反腐败工作通报协商座谈会，向各民主党派、工商联、无党派人士代表通报上年全市党风廉政建设和反腐败工作情况，听取对党风廉政建设和反腐败工作的意见建议。

推进廉政警示教育，开展廉洁家庭创建活动，创办《党风廉政参阅》，开设"黄河清风"公众号，拍摄《金融"蛀虫"现形记》《初心泯灭入歧途》等警示教育片。建成兰州市涤心苑服务中心并投入使用。

(李红明)

## 中国国民党革命委员会兰州市委员会

【概况】 2020年，中国国民党革命委员会（以下简称民革）兰州市委员会党员995人，平均年龄57岁，60岁以下民革党员653人，占比65.6%。民革党员中大学本科以上学历516人，占比51.9%，在职民革党员中，科级及以上干部81人，中高级以上职称262人（高级职称76人），各级人大代表20名，各级政协委员78名，民革党员分布以经济、教育、卫生、文化、科技、政府部门以及法律、非公经济界为主。有各级基层组织51个。其中，基层委员会2个（民革兰州市城关区委员会、民革兰州市榆中县基层委员会）；总支7个（七里河总支、安宁总支、西固总支、永登总支、红古总支、皋兰总支、经济总支）；支部42个。专门工作委员会7个（参政议政工作委员会、法律工作委员会、经济工作委员会、祖统工作委员会、妇女青年工作委员会、三农工作委员会和科教文卫工作委员会），基层组织遍布3县5区及兰州新区。机关编制12人，下设组织科、宣传调研科及办公室。

【思想建设】 参加所联系支部活动，带领基层党员开展专题学习与理论研讨。组织前往西路军纪念馆现场开展爱国主义教育系列活动，各基层支部组织民革党员观看爱国主义教育影片《八佰》，全面接受爱国主义洗礼教育。开展“战疫必胜、为爱诵读”“粽情端午、有你有爱”等活动。进一步加强民革党员思想态势分析研判，发放民革党员基本状况调查问卷30份，回收率100%。开展“书香浸我心”好书分享会、读书议政会、“何鄂先生艺术创作与分享”等系列活动，赴八步沙“六老汉”治沙纪念馆开展时代楷模事迹学习活动，探索将民革党员思想教育融入组织活动，坚定民革党员立足本职履职奉献的决心和信心。

【宣传工作】 持续提升“民革党员之家”及“一刊一网一号”4个窗口平台的宣传影响力，运用新媒体、新平台，变传统的“教育灌输”为“互动传播”模式，努力宣传民革组织在参政议政、自身建设、民主监督、政治协商等方面的成功实践，让“动动手指宣传民革”蔚然成风。增加基层民革党员的宣传报道篇幅，及时传达各级各类会议精神及工作动态，引导广大民革党员讲好民革故事，唱响主旋律，弘扬正能量。全年推送信息107条，其中被省委统战部、民革甘肃省委员会、市委统战部、市政协、团结网、《兰州信息》等采用70篇。围绕“两会”、创建文明城市主题，编印《兰州民革》专刊3期。结合自身优势，着力弘扬宪法精神，持续开展“普法进企业、进社区、进乡村”活动，全年开展法律法规宣传咨询活动10余次。顺利完成《范长江与红军长征》来兰采访国民党119军军长蒋云台之子蒋伯龄的任务。

【自身建设】 成立基层组织换届工作领导小组，制定印发《关于做好基层组织2020年换届工作的意见》，规范基层民革党组织换届工作。坚持以执政党为师，着力提升领导班子“五种能力”建设，认真对照《机关干部服务常委和常委联系支部制度》有关要求，及时通过工作例会、调研视察和支部活动等形式，深入基层一线，倾听民革党员心声，搭建沟通桥梁。健全领导班子民主生活会制度，提高发现和解决自身问题的能力水平，营造团结、民主、和谐的干事氛围。

以“质量建党、质量强党”为总目

标，不断完善民革入党积极分子考察“积分制”和高素质人才“一事一议”制，严把民革党员发展入口。加强与中共各级党委、统战部门的联核考察，用好“两个5%”的发展指标，严格控制社会新阶层及非公经济人员的发展比例，持续完善“1+6”入党积极分子教育培训，优化新民革党员入党宣誓仪式程序，切实增强民革党员的责任感、使命感和荣誉感。全年发展民革党员26名，平均年龄36岁。推荐17名民革党员进入兰州市党外代表人士人才库，新推荐提拔副县长1名、区人大副主任1名，平调转任市直部门副职领导1名，3名年轻民革党员到街道乡镇领导岗位进行挂职锻炼。先后组织35名骨干民革党员及新民革党员参加各类学习培训，不断提升民革党员干部个人素质。民革党员周占琪获得全省“民革先锋党员”称号，杜攉升、张鸿俊当选中华中山文化交流协会理事，王新冰当选中国辛亥革命研究理事会第6届理事，刘维曦当选“2020年度甘肃最美红十字志愿者”，王春媛获得2020年第三季度“兰州好人”称号。按照“一支部一品牌、一家一特色”工作思路，坚持示范支部与“民革党员之家”建设同步推进，建强建实工作阵地，全力打造各具特色的民革兰州市委员会“党员之家”，全年新建“民革党员之家”2处。

**【参政履职】** 围绕“关于进一步完善黄河兰州段水生态保护和高质量发展法治体系建设”开展重点调研课题研究，先后前往张掖、天水及兰州市内开展调研考察5次，广泛听取兰州大学、中国市政工程华北设计研究总院等科研院所专家意见，形成《进一步完善区域法治保障体系建设推动黄河兰州段水生态保护和高质量发展》调研报告，在市政协十四届五次会议上做大会发言。

着力做好政党协商，全年参加协商会、座谈会、情况通报会6次，围绕重点调研课题、十四五规划、《政府工作报告（征求意见稿）》等提出意见建议，为切实发挥参政议政职能，促进执政党科学决策、民主决策发挥积极作用。参与兰州市人大、市政协两会建言，在市政协十四届四次会议上，民革兰州市委员会提交集体提案18件，其中4件被列为2020年市政协重点提案，2件被列为市政协主席会议成员督办重点提案，2件被列为市政协专委会跟踪办理重点提案。全年向市政协提交社情民意信息15篇，各基层支部向各区县政协提交集体提案59件。个人提案9件，其中5件被评为优秀提案，温水吉被评为政协红古区优秀政协委员。

**【社会服务】** 开展创建全省民族团结进步示范市社区共建活动。组织民革党员赴安宁区刘家堡街道、永登县柏杨村，联合近10个社区及企业共同在市民广场举行“创建全国文明城市 民族团结之花绽放——兰州牛肉面摄影作品展暨社区群众文艺演出活动”。组织开展“民族团结一家亲，同心共筑中国梦”宣传，为少数民族家庭赠送“全家福”合影及学习用品，着力宣讲民族政策，唱响民族团结主旋律。

**【文明城市创建】** 开展《爱的延续——我最重的荣誉——志愿者》道德讲堂、“我们的节日”“全国学雷锋纪念日”“我为创城出份力，争做文明兰州人”等志愿服务实践活动20余次，对柏杨村6户“文明家庭”及8名优秀大学生进行表彰资助。民革党员走进学校社区，开展民俗文化讲解与体验，受到学校师生及社区群众的一致好评。

**【祖统工作】** 充分利用民革刊物网站公众号宣传台海动态、专家时事评论及两岸时政要闻，邀请市台办主任付晓利为省市民革党员及机关干部作台海形势报告会，宣传大陆对台政策及兰州市对台工作现状。联合台企旺旺集团，向基层社区干部及民警进行爱心捐赠，联合省总工会、市台办向台资台企赠送书画、酒精及消毒用品，开展在兰台胞学习就业创业及法律咨询服务，协调解决台资企业和台商劳资纠纷案件，在兰台胞的认同感和归属感得到进一步增强。

**【脱贫攻坚】** 助力脱贫攻坚民主监督工作。全市各基层党组织和民革党员围绕中心、服务大局，不断探索社会服务工作新思路新方法，先后组织机关干部和民革党员8批次100余人深入永登县柏杨村、兰州高新区、甘南州碌曲县、夏河县等地开展帮扶，累计投入物资近15万元，用于改善基础设施、发展土鸡养殖产业和开展文化、医药扶贫活动。配合县乡完成全国脱贫攻坚普查、“3+1”冲刺清零和“5+1”专项提升行动等工作。赴永登县树屏镇就落实中央和省市脱贫攻坚巡视反馈问题整改等情况开展监督性调研。

（李彦雄）

## 中国民主同盟兰州市委员会

**【概况】** 2020年，中国民主同盟兰州市委员会领导班子有成员8人，常委19人，委员83人。全市民盟盟员1691人，60岁以下盟员1149人，在职1083人。盟员中大学本科以上学历1182人，占比69.9%；盟员中高级以上职称1070人，占比63.3%；各级人大代表12人，政协委员97人。盟员分布在教育、文化、卫生、科技、法律等领域。有各类基层组织79个，基层委员会6个。盟市委设立基层委员会10个（教育工作委员会、文化和文史资料工作委员会、参政议政工作委员会、经济工作委员会、科技工作委员会、社会和法制工作委员会、卫生和健康工作委员会、妇女工作委员会、青年工作委员会、老龄工作委员会)。

【思想建设】 盟市委理论中心组、各基层组织系统全面学习习近平新时代中国特色社会主义思想,视察甘肃重要讲话和指示精神,学习中共十九大和十九届二中、三中、四中、五中全会精神、民盟十二届四中全会精神。盟员参加省市学习贯彻有关精神培训班,开展学习贯彻活动,巩固提升政治共识,增强"四个意识",坚定"四个自信",做到"两个维护",确保始终在思想上政治上行动上与以习近平同志为核心的中共中央保持高度一致。全年召开主委会9次、常委会7次、机关办公会24次,对中央和省、市委重要会议精神等进行专题学习,准确把握党委政府的工作中心和年度工作目标,将学习转化为推动盟务工作的强大动力,为全面推动各项目标任务的落实奠定坚实思想基础。邀请多党合作与统战理论专家作辅导报告,开展加强参政党建设主题征文,组织盟员撰写理论文章,以理论学习深化对新型政党制度的认识,增进对中国共产党和中国特色社会主义的政治认同、思想认同、理论认同、情感认同。1名盟员在盟省委多党合作理论研讨会大会发言,5名盟员获得盟省委理论研究先进个人称号。策划开展特色思想教育活动,教育引导广大盟员讲好民盟故事、讲好多党合作故事,传承多党合作优良传统。发挥党派自身监督促进思想建设工作,监督委员会按照《民盟兰州市监督委员会工作条例(试行)》开展监督工作,对盟市委、基层委和直属支部及其领导班子成员在遵守多党合作政治准则、贯彻民主集中制和履行职责等方面进行监督。开展盟员思想状况调研,及时做好思想教育和宣传,引导盟员主动正面发声。在清明节缅怀甘肃民盟英烈王教五、孙寿名,开展"我与民盟"主题征文,多件作品在"爱兰州"和今日头条等平台刊播。

【宣传工作】 突出思想宣传引导作用,通过"一网一刊一号"和微信群,集中宣传习近平新时代中国特色社会主义思想,多党合作历史成就、成绩经验。宣传市委会、各级基层组织重大活动、组织发展、参政议政、民主监督、民主协商、精准扶贫等方面取得的成绩。加强对优秀盟员先进工作事迹、工作经验和取得重大成果的宣传报导。举办信息工作培训班,规范基层组织信息报送要求,提升宣传报导工作能力和水平。全年出刊《兰州盟讯》4期,网站发布消息143条,微信公众号推送文章221篇,微信公众号文章阅读超过4.6万人次。加强与各主流媒体的合作,全年在各级各类媒体发表新闻稿件140余篇。其中,民盟中央网站采用25篇;民盟省委网站采用60篇;省委统战部采用1篇;兰州统战信息采用26篇。相关会议和活动被《人民政协报》《民主协商报》《兰州日报》及省市电视台报道20余次。

【参政议政】 在省政协视察黄河流域兰州段生态保护和治理座谈会和重大突发公共卫生事件下社会应急保障机制建设与完善工作座谈会上,盟市委主委以《完善黄河水资源保护补偿机制,激活全流域高质量发展诸要素》等为题做发言。在省政协专题协商座谈会上,盟市委主委就加快榆中生态创新城规划建设等主题作大会发言,受到广泛关注。在市委政协工作会议上,盟市委主委以"凝心聚力,履职尽责,积极担当新使命、彰显新作为"为题作交流发言。盟市委参加盟省委"创新对外商贸,推动'一带一路'向西开放"重点课题调研,主持完成调研报告1篇。牵头组织"我省重大基础设施建设情况调研",形成调研报告,书写盟省委在省级协商会大会发言。参加盟省委"义务教育"扶贫工程建设和到村到户帮扶措施落实情况监督检查调研。盟市委领导参加省市春节团拜会,在市委党外人士座谈会、全市上半年经济工作通报座谈会、市政协重点督办提案会、城市应急管理工作调研座谈会上发言,围绕党委和政府中心工作,就"十四五"规划编制、加快发展兰州市现代服务业、进一步加强招商引资工作等方面提出意见建议。

组织开展"统筹红色旅游资源保护与开发""进一步挖掘和发挥自然、文化遗产优势,放大文化旅游综合效应"、榆中生态创新城、重大项目建设、现代农业产业等课题调研,形成调研报告和建言献策信息,为经济社会发展献计出力。盟市委、各专委会、各基层委全年形成调研报告22篇。以省市民主协商会、政协常委会等会议和调研活动为主要平台,参与协商民主,建言献策,先后参与各类协商和调研考察活动30余次。全年组织专委会、新盟员社情民意信息培训5次。提交社情民意信息210余篇。其中,省政协采用1篇;省委统战部采用3篇;盟省委采用30篇。3篇在省政协常委会、专题协商座谈会上作大会发言,22篇被市政协《政协委员建言》采用。盟市委向民盟法治论坛、教育论坛、经济论坛提交论文10篇。《推进应急管理法律法规体系建设,保障应急管理事业稳步发展》论文获民盟法治论坛优秀论文三等奖。

在省市"两会"履职尽责,盟市委向政协兰州市十四届四次会议提交20件集体提案,内容涉及兰州制造业振兴发展、应急救援、文化产业转型升级、教育发展改革、抢占5G新高地、精致兰州建设、食品安全、交通管理、脱贫攻坚、改善营商环境等方面。盟市委以《关于兰州制造业振兴发展的建议》《关于兰州市自然灾害现状及应急救援体系建设的建议》做大会发言，盟市委和盟员中的政协委员的5篇建言入选大会发言和书面发言材料，多件提案得到省市媒体关注推送。盟员中的县区人大代表、政协委员也紧扣群众关心关注的民生话题、高质量发展的重大问题，履职建言，提交提案110余件。参加市政协关于盟市委城市应急管理、制造业振兴发展、实施五大工程助推"精致兰州"建设等重点提案督办活动。

【自身建设】 盟市委主委参加民盟中央组织工作研讨班、市委统战部学习座谈会。围绕贯彻落实3个文件精神、推进组织工作进行讨论发言，班子成员把宣传贯彻3个文件精神作为向基层宣讲的主要内容，引导盟员及时了解、全面掌握新时代对民主党派建设提出的新要求。领导班子召开主题教育活动总结会，对照中国特色社会主义参政党建设要求，瞄准问题，总结经验，建立长效机制。召开领导班子民主生活会，对照问题检视不足剖析原因，明确整改措施和努力方向，提高班子成员的"五种能力"，发挥好"关键少数"示范引领作用。重视平时政治理论学习，主委会、常委会坚持先学习后议事，开展形势教育、理论教育，重要会议精神的学习传达和贯彻落实，开展廉政警示教育。对盟市委39项规章制度进行新增、修订和完善。新制定领导班子民主生活会制度，修订完善领导班子理论学习中心组学习制度。

结合工作实际，对支部进行合并、拆分，理顺基层组织架构，提升基层支部活力。继续优选10个基层组织以"图说盟务"形式进行交流。制定下发《民盟兰州市委员会关于做好基层组织换届工作的意见》，推进换届工作。通过所在单位、区县委统战部走访沟通，对换届候选人反复酝酿，广泛征求意见，全市53个基层支部完成换届任务。全年发展新盟员41名，平均年龄约34.9岁，全部为大学及以上学历。其中，主界别占比51.2%；中上层人士占比41.2%，盟员结构进一步优化，1名新盟员符合盟中央代表人士条件。截至年底，兰州市有盟员1691名。推荐8名盟员参加盟省委市级组织骨干盟员培训，27名新盟员参加盟省委新盟员培训，7名盟员参加兰州市加强参政党建设专题研讨班，10名盟员参加全市党外干部培训，有3名盟员被推荐到乡镇街道挂职锻炼。向市委统战部提交30名市级层面代表人士盟员名单。下发《〈中国民主同盟盟费收缴、使用和管理规定〉的通知》《基层工作记录册》，促进基层组织工作的规范化和制度化。评选表彰10个先进基层组织、80名优秀盟员。新成立文化和文史资料、卫生和健康、社会和法制等4个专委会；为原6个专委会增补副主任4名、委员33名，进一步充实力量。10个专委会充分发挥特色优势，组织学习考察、培训交流、课题调研，在妇女节、青年节、教师节、重阳节，举办主题分享、体育健身、书画创作等丰富多彩的主题活动。全市盟组织依托4个盟员之家举行内容丰富、形式多样的会议活动，发挥盟员之家丰富组织生活、增强凝聚力作用，打造"温馨之家、有为之家、成长之家、榜样之家"。盟省委、青岛盟市委领导到盟员之家调研交流。"两节"期间慰问老盟员、生活困难盟员，开斋节慰问部分少数民族退休盟员。与来兰的青岛、福州等民盟组织开展座谈交流，相互学习好经验和好做法。推荐3名机关干部参加盟省委专职干部培训班、市委统战部党外干部培训班，1名挂职街道副主任。组织支持干部职工参加市直属机关、市民主党派工会部门举办的运动会、公文写作、绿色QQ运动、书香机关"读书月"等比赛和活动，1名机关干部代表市级民主党派参加计算机技能比赛获团体三等奖。规范档案建设工作，开发档案资源，盟市委机关获评省二级档案室。

【文明城市创建】 参与全市创建文明城市网格工作、在市委会机关开展文明单位创建。把创建工作纳入重要议事日程，建立主要领导亲自抓、分管领导具体抓、专人具体负责的工作机制，制定方案，细化措施。盟市委在文明创建包抓社区所在城关区雁南街道开展《民法典》宣讲，在包抓联系的天庆嘉园社区开展未成年人新时代文明实践活动——跳蚤市场、垃圾分类知识宣传，组织盟员参加市委宣传部主办的新时代文明实践宣传，发起"绿丝带"文明骑行倡议，举办"铜管之夜·助力兰州创建全国文明城市露天音乐会"、社区垃圾分类宣传、生态环保健步行等志愿服务活动。组织盟员和机关干部55人次分别在雁南街道、皋兰路街道、团结新村街道交通路口、重点路段文明劝导和巡查170小时，为兰州市成功创建全国文明城市贡献力量。在永登县举办"中华民族一家亲 同心共筑中国梦"民族团结进步宣讲报告会。

【社会服务】 盟市委争取盟省委和上海义学教育向安宁区捐赠价值49万元的3D打印机、平板电脑等教育设备和软件。组织民盟兰州书画社、盟员与社情民意联系点和政东街社区工作人员及志愿者共同参观"抗击疫情，陇原有情"纪实摄影展。盟市委特邀兰州大学法学院副院长迟方旭在文明创建包抓社区所在的城关区雁南街道开展《民法典》"进社区"宣讲活动。民盟兰州市委卫生和健康工作委员会和西固区基层委联合在西固区康乐路街道社区开展"心肺复苏培训进社区"公益活动，向社区工作人员和居民进行急救技能培训。西固区基层委组织盟员政协委员参加西固两山绿化义务植树活动。永登县基层委为高考志愿填报提供咨询，开展重阳节慰问敬老院活动，扩大民盟组织的社会影响力。与盟省委、永登县委统战部联合举办民族团结进步宣讲会，邀请专家学者作“铸牢中华民族共同体意识”专题辅导。民盟兰州市委社情民意联系点城关区铁路东村街道和政东街社区入选全市首批“民族团结进步示范区示范单位”。组织盟员参加在昆明举办的纪念费孝通先生诞辰110周年研讨会和美术展，3篇论文入选研讨会文集，2名盟员做大会发言，4名盟员作品入选画展。

【社情民意】　针对社区社情民意联系点特点，进一步打造盟市委“和美行动，同心共进”品牌，以社情民意直通车等“六大”主题活动为载体，将盟内优势资源用足用活。组织盟员中的人大代表、政协委员、盟员代表在安宁区银滩路街道葛家巷道社区、城关区东岗街道深沟桥社区、西固区临洮街街道康乐路社区召开征集社情民意座谈会，了解基层群众所思所盼，拓展盟市委社情民意联系点建设，充分发挥社情民意联系点“访民情、听民意、解民忧、送服务、献良策”作用。与和政东街社区共同举办“庆元旦 迎新春”书画创作、冬至节包饺子活动，丰富社区居民文化生活。

【脱贫攻坚】　盟市委全年在主委会、常委会、机关办公会22次研究部署帮扶工作。盟市委领导全年带头19次到村调研协调工作、走访帮扶户；机关干部为67个建档立卡户制定帮扶计划，制作连心卡，全年户均实地走访、电话联系12次，随时回应群众关切。选派盟市委秘书长樊惠蕊担任驻村工作队员，加强帮扶工作队力量，与帮扶单位、乡党委政府、驻村工作队、村两委之间的协作。脱贫攻坚民主监督，推荐选派1名机关干部参加十三届省委脱贫攻坚专项巡视、十三届省委扫黑除恶“惩腐打伞”专项巡视，选派2名机关干部参加民盟甘肃省委“义务教育”扶贫工程建设和到村到户帮扶措施落实情况监督检查调研。在榆中县开展脱贫攻坚民主监督并进行调研，紧紧围绕“两不愁，三保障”、饮水安全等基本项目进行督查，联系的3个乡镇均顺利通过脱贫攻坚验收。思考探索脱贫攻坚与乡村振兴、乡村建设的有序衔接。监督委员会参与盟市委在榆中县开展脱贫攻坚民主监督的工作。推进“两不愁，三保障”的查漏补缺和巩固提升，通过入户掌握情况并征求村两委、驻村工作队意见，为5户重点帮扶对象捐赠猪仔5只，价值6500元，确保真脱贫、不返贫、不掉队。主动为建档立卡户找岗位、找出路，拓宽村民致富门路。在种植养殖上出主意、想办法，持续帮扶引导，全村养殖牛、猪、羊超过1900头只，中草药等经济作物种植面积超过200亩。制作分发7个方面14个问题的重点任务清单，落实脱贫攻坚“回头看”反馈问题整改，帮扶村顺利通过普查验收。创新帮扶方式，组织井滩村村两委和驻村工作队赴盟市委“同心·社会服务基地”考察，与红城镇下河村结对共建，对标杆找差距，学思路学经验。教育引导树立文明乡风，消除“视觉贫困”，8名盟员书画家为村委会创作文化墙19幅，拆除残垣断壁1600平方米，清运砂石垃圾500立方米，粉刷墙面500平方米。盟市委连续5年获全市脱贫攻坚考核优秀，脱贫攻坚综述、“美丽乡村行——助推乡村振兴”系列活动、盟员及盟员企业参与脱贫攻坚先进事迹被省、市委统战部和省市媒体报道。与天津、青岛等地民盟组织对接协调开展东西部协作扶贫，10名教师和医生选派到永登县开展支教支医，东部企业为井滩村等永登县7个村捐赠御寒服1280件，价值26万余元。

（李文涛）

## 中国民主建国会兰州市委员会

【概况】　2020年，民建兰州市委员会有基层委员会3个，总支13个，支部51个，专委会9个。截至年底，市委会会员1107人，平均年龄53.1岁，大专以上学历900人，占会员数的81.3%，经济界会员863人，占会员数的78%。

【作风建设】　2020年民建中央开展全面加强作风建设活动，市委会高度重视，把作风建设摆在十分突出位置，作为自身建设的突破口，刀刃向内，坚决向市委会作风建设顽疾开刀，减少组织熵增，增加组织熵减。成立全面加强作风建设领导小组，制定下发实施方案，召开动员部署会，突出重点对象、重点内容，从严要求、从实抓起、统筹推进，确保作风建设取得实效。市委会组织开展专题学习。广泛征求意见，找准自身差距。向基层组织发放民建兰州市委全面加强作风建设征求意见表100余份，对市委会、领导班子、领导班子成员和各科室工作作风中存在的问题、短板和不足进行意见征集。通过自查、征求意见等方式梳理问题近50条，整改销号，逐项整改落实，做到问题不解决不松动，解决不到位不放手，会员不认可不罢休。通过查找和整改，长期影响民建形象的“慵、懒、散、慢、混”等作风顽疾得到有效遏制。召开机关作风建设自查整改会，持续抓好作风建设。

【参政议政】　全市民建会员中省市县区人大代表、政协委员122名，在2020年的各级人大、政协会议上提交提案、议案160件，人均1.31件。充分发挥兰州民建智库和机关政策研究小组的作用，重点关注民营经济有关重大政策的落实情况。针对近年来兰州市民营企业遇到的困难和瓶颈制约，深入民营企业开展密集调研，撰写关于《兰州市民营经济发展情况的调研报告》，在全国性核心期刊《经济界》首篇刊发，同时被中共甘肃省委《调查与研究》、中共兰州市委《兰州工作》转载。《兰州市先进制造业智能化发展情况的调研报告》提出的建议作为重要内容写入兰州市政府工作报告。

与民建郑州市委分享关于促进黄河流域生态保护和高质量发展的调研成果。与民建西宁市委合作调研，形成《关于推进兰西城市群产业经济发展的调研报告》，为助力两地经济社会发展建言献策。

**【宣传工作】** 加强会务工作宣传力度，发挥好"融媒体"作用。宣传内容突出中国特色社会主义理论自信、道路自信、制度自信、文化自信，强化意识形态正统地位。扩大对会员、基层组织和会员企业家的宣传内容和宣传力度，体现会员主体地位，宣传市委会工作成果，传播民建声音，讲好民建故事，"一网一刊一号"的宣传能量不断释放。全年编印《兰州民建》季刊4期，分别赠阅全国43家省会城市及友好城市民建市委会交流，并呈送民建中央、省市有关单位。全年微信公众号发布信息314条，会务信息分别被市委统战部采用24条、市政协采用31条、省民建采用98条、民建中央采用131条。中共甘肃省委统战部《凝聚》刊登新闻通讯1篇、理论文章2篇，中共甘肃省委《调查与研究》刊登调研报告和理论文章各1篇，民建中央《民讯》及网站刊登新闻通讯2篇、理论文章4篇。

组织开展纪念民建成立75周年座谈会，教育会员秉德启后，传承民建前辈先贤们的合作初心和崇高品德，不悖逆、不妄思，深化政治交接，让民建优良传统薪火相传。组织班子成员和会员参观八路军兰州办事处纪念馆、两当兵变纪念馆、高台县中国工农红军西路军纪念馆，深化红色文化和革命传统教育，洗涤灵魂，激发热情，夯实多党合作的思想政治基础。

**【组织工作】** 重新完善《会员发展若干指导性意见》，严格标准条件，把握发展速度，优化会员发展结构，提高组织发展质量，对申请入会人员全部采取"凡入会必测试"办法。在组织考察中，既着眼年龄、学历、职称、职务上"硬指标"，更注重思想、政治、品德等方面的"软指标"。截至年底，全市有会员1107人，平均年龄53.1岁，其中经济界会员占78%。坚持发展与培养并重，对2020年度新发展的会员进行集中培训，隆重举行新会员入会仪式，增强新会员入会的荣誉感和自豪感。

紧盯健全组织体系这个前提和基础，织就与参政党地位相匹配的合理的基层组织网络，探索创新基层组织的设置方式，根据基层组织人员构成情况，及时调整结构，补充会员力量，突出基层组织的特色和优势，顺利完成12个支部换届调整工作。把选好支部主委作为重中之重，出台《基层组织领导班子成员考察办法》，加强对基层组织主委的选拔考察，选好一个人，带活一个组织，建立谈心谈话制度，掌握思想动态。着力加强阵地建设，新建"会员之家"5个、"青年会员创新创业基地"3个。广泛开展"标准化支部"建设和"星级支部"创建活动，2020年又有7个支部通过标准化支部考核验收、5个支部通过星级支部考核验收，形成比学赶超新气象，支部建设水平不断提高。

支部之间开展互学互鉴，跨区域交流，赴外埠学习，请进来传授、走出去取经等丰富多彩、富有意义的活动，吸引会员参与。组织支部班子成员赴青海省西宁市、云南省昆明市、甘肃省酒泉、张掖、武威等省内外民建组织交流学习，基层组织开展的活动通过微信公众号、网络、会刊及时发布，扩大影响力，活动参会率大幅提高。关心老会员活动，对于老会员较多的支部，及时补充新鲜血液，带动支部活动。

机关支部联合其他支部开展互学互鉴活动，主动承担起指导基层支部活动的责任，引导基层支部建设向规范化迈进。坚持辩证思维，推动机关支部工作与市委会中心工作深度融合，做到中心工作与会务工作一起谋划、一起部署、一起推进、一起考核。

**【专委会工作】** 承担、认领符合各专委会专业特点的调研课题，不定期开展交流活动，研究讨论调研内容，市委会每年调研的70%由各专委会分别完成，专委会之间相互合作、互学互鉴、共同提高。走访民建中央中华思源工程扶贫基金会，为兰州市会员企业服务社会达成合作、提供支持。在思源企业家联谊会聘请会内法律界会员，组成律师服务小组，召开工作推进会，为会员企业提供咨询服务。

**【社情民意】** 在社情民意联系点——城关区詹家拐子社区，继续创新、提升爱心进社区、法制进社区、健康进社区"三进"系列活动，进一步加强与社区居民的联系，深入群众、深入基层、宣传政策，畅通群众诉求渠道，倾听和反映群众意愿，关注民生，化解矛盾，促进社会和谐进步，为履职搜集资料。

**【机关建设】** 在机关开展"读书求知"行动，形成人人学习、时时学习、处处学习的良好氛围。组织机关干部读一本书、分享一篇心得，走上讲台、讲好一个故事，进一步创新和深化"自身建设微课堂"形式和内容，开展机关干部与会员"比学习、比贡献、比作为”活动，把学习成果落实到服务会员、推动工作上。同时，投身兰州市创建全国文明城市工作，为“创城”贡献民建力量。全年市委会领导班子和机关被中共兰州市委考核为2019年度优秀等次，市委会机关成功创建“市级文明单位”。

**【会内监督】** 发挥民建兰州市监督委员会的作用，强化会内监督，严格遵守中央八项规定及省、市委有关廉洁自律的规定要求，严格公车使用，严格财经纪律，严格办公用房，严格公务接待等。逐步探索会内监督的方式、方法和路径，机关组织开展廉政讲座，观看警示片。会内各项重大活动和议事会议，都安排监督委员会成员参加。

**【脱贫攻坚】** 在永登县民乐乡红岭村开展对口帮扶活动。2020年，市委会继续以产业帮扶巩固提升脱贫攻坚成果，促进脱贫攻坚与乡村振兴的有机衔接。向帮扶村赠送土豆播种机和收获机、向帮扶户赠送鸡苗，累计6万余元；会员企业捐赠暖冬物资，价值12万余元。

（李　杨）

## 中国民主促进会兰州市委员会

**【概况】** 全市有会员1118人。其中，教育界占71%；文化出版界占6%；公有制经济界占9%；医疗卫生及其他界别占14%。担任各级人大代表、政协委员89人。其中，4人任省政协委员；1人任省人大代表；5人任市人大代表；6人任市政协常委；有市政协委员22人，有县级政协委员和人大代表57人。

**【思想宣传】** 把思想政治建设放在自身建设的首位，巩固深化“不忘合作初心，继续携手前进”主题教育活动成果，发挥专委会工作职能，妇女专委会举办“三八秀才艺，巾帼展风采”线上活动，老龄专委会开展“传承”主题座谈交流，举办第2期民进青年会员思想沙龙，加强对会员的思想引导。围绕“决胜全面小康、决战脱贫攻坚”做好主题宣传教育工作，向民进中央、民进省委会报送学习习近平总书记关于扶贫工作的重要论述征文3篇，其中《发挥民主党派优势助推地方脱贫攻坚》获民进中央征文二等奖；向统战部门报送脱贫攻坚专题宣传稿4篇，其中《探索具有民主党派特色的扶贫助困实践路径》被省委统战部采用；全年编辑印刷3期会刊，推送公众号信息90余期，向民进中央、市委统战部、民进省委会等单位报送会务信息40余条。

**【组织工作】** 全年审批新会员18人。其中，本科学历13人；研究生学历1人；平均年龄32岁。基层组织换届工作有序进行，完成基层支部的换届工作，对部分已经瘫痪或不符合组织发展和形势需要的支部进行调整。加大会员参加挂职锻炼和各级学习教育培训的推荐力度，推荐胡尚君、金浩、石川、刘海龙4名会员到基层乡镇街道挂职锻炼；推荐35名近年发展的新会员参加民进省委会组织的2期新会员培训班，推荐13名参政议政骨干和基层组织信息专干参加2020年全省民进组织参政议政骨干和信息专干培训班；推荐7名骨干会员参加市委组织部2期党外干部调训。广大会员也立足本职，坚持“双岗建功”。会员汪志刚被中共甘肃省委、省人民政府评为第9批“甘肃省优秀专家”，并在甘肃省书法家协会第五次会员代表大会上，当选为新一届甘肃省书法家协会副主席；会员陶劲涛、王大钧被聘任为省政府文史研究馆馆员。

**【参政议政】** 在市政协十四届四次会议上，提交党派提案16件，报送大会发言3篇，其中《关于加强我市农村人居环境整治的提案》《关于推进我市智慧教育建设的提案》被列为政协主席督办提案。向民进中央、民进省委会、市政协、市委统战部报送社情民意信息22条，其中有13条信息被市政协采用。全年参加党外人士座谈会4次，就兰州市经济发展、党风廉政建设、“十四五”规划等方面发表协商意见和建议。以问题为导向，围绕兰州经济社会发展的各个领域，动员会内外力量共同参与调研工作。聚焦兰州市数据信息产业发展开展年度重点专题调研，联系大数据局、科技局、工信局等相关单位，组织会内外专家通过实地走访查看，进行座谈交流，借鉴外地发展经验等方式，形成《关于兰州市信息数据产业发展的调研报告》。8个基层委和7个专委会按照调研工作方案，分别开展“关于兰州市生活垃圾处理问题的调研”“关于河口古镇文化旅游开发情况的调研”“关于推进中国（兰州）自贸区申报工作的调研”“关于我市农产品质量安全的调研”“关于完善我市公共突发事件应急体制的调研”，形成15篇调研成果。

**【制度建设】** 结合市委会工作实际，将解决问题与建章立制结合起来，对原有规章制度逐个进行修订、完善，编印出台《民进兰州市委员会制度汇编》，形成一套较为完备的制度体系，为全市会务工作更加规范化、科学化提供制度保障。

**【社会服务】** 充分发挥特色优势，助力兰州市夺取全国文明城市创建胜利，开展教师节“健步行”志愿服务活动，向群众发放创建全国文明城市宣传资料、环保购物袋和便携式烟头收集袋，宣传创建文明城市应知应会知识及重要意义；在盐场路街道开展“关爱环卫工人、共建文明城市”慰问

8月，兰州市民进开展“关爱环卫工人、共建文明城市”慰问活动

活动，为驻区垃圾清运队和道路清扫三公司的环卫职工们送上防暑降温大礼包；在创建文明城市国检期间，组织42名民进会员志愿者，参与全国文明城市创建实践活动，开展文明交通志愿劝导活动。

【脱贫攻坚】 市委会主要领导6次带队赴柏杨村开展脱贫攻坚入户走访、协调推进脱贫产业项目、实地考察调研脱贫成果。研究制订《柏杨村2020年市级帮扶单位项目计划表》，按时推进对口村帮扶工作，开展助力脱贫攻坚和乡村振兴系列活动，开展“春联万家”活动，举办道德讲堂，开展“文明家庭”评选表彰活动，开展“爱心成就未来”大学生资助活动。兰州民进企业家联谊会向54个对口帮扶户捐赠价值1.6万元的鸡苗、饲料和养殖药品，并捐资1万元修复加固村内水毁道路。与天津市东丽区委共同签署开展“东西部扶贫协作战略合作”框架协议，为促进两地民进组织在扶贫领域的交流合作搭建平台。8月，柏杨村顺利通过国家脱贫攻坚审核验收。

（倪　玲）

## 中国农工民主党兰州市委员会

【概况】 2020年，中国农工民主党兰州市委员会全年新发展党员33人。截至年底，全市有农工党员972人。有各级基层组织79个。其中，基层委员会9个；总支部委员会9个；支部委员会61个。

【政党协商】 参加市委、市政协、市委统战部等组织召开的各类协商会议，精心准备建言材料，先后在中共兰州市委工作会议、全市党风廉政建设和反腐败工作通报协商座谈会、上半年经济工作通报座谈会、调研协商专题座谈会、“十四五”规划编制协商座谈会等协商平台上建言资政。提出的“不断加大党风廉政教育覆盖面，持续巩固党风廉政教育成果”“抢抓发展机遇、争取黄河上游国家中心城市地位”“落实政策措施，推进新建住宅小区配套建设幼儿园”“打响陇药品牌，高质量推进生物医药产业跨越式发展”“坚持‘城市更新’理念，完善城市功能配套”等建议，得到市委市政府高度重视。

【调研工作】 先后就兰白自创区建设、学前教育发展、生物医药产业高质量发展、退役军人权益保障工作开展专题调研，形成调研报告。协助农工党锦州市委会、内蒙古乌兰察布市委会来兰州开展中医药传承创新与发展专题调研。继续加大参政议政“以奖代补”工作力度，组织召开2020年参政议政工作会议，表彰奖励2019年度8篇优秀调研报告、26篇优秀提案、5篇优秀社情民意信息，进一步激发广大党员参政议政的热情和水平。

【参政议政】 坚持开展“一人一建议、一支部一提案”活动，广泛征集议案提案。在市政协十四届四次会议上，提交政协大会发言8件。其中，口头发言4件；书面交流4件。5名委员大会口头发言。提交并立案党派集体提案20件，委员个人及联名提案48件。在市人大十六届四次会议期间，向大会提交议案7件。《关于进一步健全完善我市科技成果转化平台的提案》被确定为市政协主席重点督办提案，《关于进一步有效解决我市“就业难”问题的提案》得到市人社局高度重视，召开办理答复座谈会，面对面协商办理。各县区基层组织也充分利用“两会”平台，提交议案提案，积极参政议政，提交立案提案议案100余件。

【社情民意】 先后印发《关于征集报送2020年度社情民意信息的通知》《关于开展“我为‘十四五’规划建一言献一策”意见建议征集活动的通知》，广泛征集抓“六保”促“六稳”“十四五”期间经济社会发展等专题类社情民意信息30余条，9篇社情民意信息被省市政协采用，其中《关于加强农村闲置校舍资产规范处置的建议》得到省委常委、市委书记李荣灿批示：“这些建议，很具体，也很有针对性。请市政府相关部门认真研究。”《进一步做好我市科技人才“引育留用”工作的建议》在省委常委、市委书记李荣灿批示后，市科技、人社、教育、税务及城关区相关部门联合现场办理落实。深化社情民意联系点建设，先后赴火车站街道、工林路社区、大雁滩社区开展2020年新春走访慰问活动。

【创建全国文明城市】 召开六届十九次常委会议，专题部署推进创建全国文明城市工作，及时传达学习全市创建工作有关会议精神，精心制定年度实施方案；赴包抓网格城关区火车站街道调研指导创建文明城市工作并召开工作推进会；引导各基层组织广泛开展健康义诊、绿化植树、扶残助残、法律宣传等活动60余场次，努力将创建文明城市工作融入日常、抓住经常，不断提升志愿服务实效，有力助推兰州实现进入全国文明城市行列奋斗目标。

【政治建设】 学习贯彻《中共中央关于加强中国特色社会主义参政党建设的意见》《各民主党派中央关于新时代组织发展工作座谈会纪要》《民主党派代表人士队伍建设规划（2018—2027年）》文件精神，通过召开主委会议、常委会议、机关工作会议及举办骨干培训班、开展党员座谈交流、编印学习刊物、撰写理论文章等形式，团结引领各基层组织和广大党员始终在政治立场、政治方向、政治原则、政治道路上同以习近平同志为核心的中共中央保持高度一致，着力塑造信念过硬、政治过硬、责任过硬、能力过硬、作风过硬的优良品格。

【思想建设】 巩固“不忘合作初心，继续携手前进”主题教育活动成果，开展多党合作制度、统战理论、参政党建设理论研究工作，形成《浅析构建民主党派“不忘合作初心，继续携手前进”制度研究》《新时代民主党派加强自身建设的思考》等理论成果。进一步强化信息宣传阵地建设，编辑出版《兰州农工》杂志4期，报送活动信息200余条篇，编辑刊发兰州农工微信公众号信息118期。继续做好《前进论坛》《甘肃农工》党刊征订工作，被农工党中央授予“2020年度《前进论坛》发行工作先进单位”荣誉称号。《坚定信心，攻克最后贫困堡垒》《逆行出征担使命、白衣执甲见初心》等文章先后在“凝聚”“诤友”杂志刊发。《疾风知劲草、担当识忠诚》《庆祝九十华诞、缅怀邓公演达》《农工党组织发展与组织建设》等4篇文章被农工党中央授予优秀理论征文二、三等奖。

【庆祝中国农工民主党成立90周年暨农工党兰州市委会成立30周年】 9月21日上午，召开庆祝农工党成立90周年暨市委会成立30周年大会，表彰134名在本职工作和党务工作中涌现出的党员先进典型。编辑出版《追梦初心——农工党兰州市委会成立30周年纪念册》和《农工党兰州市委会2011—2020年参政议政文集》。组织开展庆祝中国农工民主党成立90周年理论征文和“风雨同舟谱华章”庆祝农工党成立90周年主题征文，征集优秀文章43篇。推荐14名党员书画摄影作品入选庆祝中国农工民主党成立90周年“风雨同舟行·丝路农工情”作品展；推荐独唱《和平年代》入选“农工风采炫陇原”庆祝中国农工民主党成立90周年网络文艺节目演出。各基层组织结合工作实际，通过趣味运动、座谈联谊、参观学习、主题党日、走访慰问等形式，开展庆祝活动30余场次，在新时代讲好多党合作故事，讲好农工党故事，推动形成同心共筑中国梦、砥砺奋进新时代的时代热潮。

9月21日，庆祝中国农工民主党成立90周年暨农工党兰州市委员会成立30周年大会

【组织建设】 推动领导班子建设，突出重大事项集体进行审议、集体做出决策、集体接受监督，先后召开常委会议8次。继续开展星级基层组织创建工作，召开2019年度创建星级基层组织表彰奖励会议，表彰奖励在2019年度创建星级基层组织工作中达标的10个四星级基层组织和7个三星级基层组织。印发《2020年度继续开展创建星级基层组织达标评优活动方案》，就创建工作做出安排部署，推动基层组织执行力、凝聚力、向心力。定期开展关爱老党员活动，举办2020年老同志迎春团拜会；着力强化基层组织换届工作谋划部署，深入8个区县就基层组织换届工作与区县党委沟通协商，确保将一批优秀的后备干部推荐到领导岗位，先后有多名党员得到提拔任职。在全市“五个一百”年轻干部培养提升计划中，2名党员赴街道乡镇挂职锻炼。加大对优秀党员和代表性人士的推荐培训工作，推荐70余名党员参加农工党中央、省委会和省、市委统战部组织的各类专题培训。

【党内监督】 组织监委会委员广泛发表意见，修改完善方案，为推动基层组织换届工作提供坚实的制度依据。参与“推进派驻监督与党派内部监督有机结合，提升全覆盖监督质效”专题调研，促进派驻监督与民主党派内部监督有效衔接。

【机关建设】 定期召开机关工作会议和专题学习，加强机关干部政治和业务学习，不断提高机关干部办文办事能力。通过参加读书月有奖征文、观看本土电影、图书角开放日等活动，进一步加强机关文化建设；先后参加2020年全国党务工作会议和第15届中国生态健康论坛。

【脱贫攻坚】 按照省市打好打赢脱贫攻坚战巩固提升脱贫成果三年行动实施方案部署要求，着力加强红岭村脱贫攻坚巩固提升，支持机关驻村工作队员开展脱岗驻村帮扶；定期开展入户走访工作，重点围绕“两不愁、三保障”等方面认真开展排查，为贫困户送去大米、清油、棉衣等生活物资，为监测户苏永和、五保户胡炳功落实危房改造政策，切实保障住房安全；对结对帮扶的24户建档立卡户实行动态监管，制定建档立卡户基本信息表、脱贫攻坚巩固提升计划，进一步夯实稳脱贫、防返贫、阻致贫底盘，确保小康路上不落一人；主动履行责任担当，扎实开展乡村环境绿化美化，协调捐赠侧柏、香花槐等1720余株。着力支持农户发展养殖产业，联合捐赠发放鸡苗价值3万元，鼓励发展庭院养殖，持续巩固和扩大脱贫攻坚成果。

（王汝勃）

## 九三学社兰州市委员会

【概况】 截至2020年底，有社员975人，社员平均年龄50岁，副高以上职称占46.6%，大学本科以上占90.1%；下设8个专门委员会、3个基层委员会，31个基层支社；社员中市政协副主席1人、市政府部门副职2人、副县区长1人；各级人大代表7人、政协委员51人，特邀监督员、法院陪审员34人。新入社43人。其中，高级职称13人；中级职称17人；硕士以上学历15人，本科学历27人，本科以上学历人员占97.7%。

【理论学习】 社市委始终将政治学习和理论武装摆在突出位置，坚持逢会必学，在主委会、全委会、组织生活会等会议上以集中学习、交流研讨等方式先后组织领导班子、各基层组织主委以及部分社员累计深入学习习近平新时代中国特色社会主义思想、统一战线和多党合作以及社中央、社省委、中共兰州市委、市政府有关政策文件；在开展座谈会、谈心谈话、发放意见表、广泛征求意见建议的基础上组织召开民主生活会，社市委领导班子和班子成员对照5个方面的内容逐一进行对照检查，深入开展批评和自我批评。组织社员参加各类学习，累计组织200余名社员参加社中央举办的专题政治辅导5期，组织100余名社员参加统战部的统战理论知识测试，教育引导全体社员坚定理想信念，坚定政治立场。隆重举办庆祝九三学社成立75周年活动，在九三学社成立75周年之际，组织社员到兰州市烈士陵园，开展“瞻仰革命烈士纪念碑，向革命烈士敬献花篮”活动，同时，组织社员到兰州战役纪念馆进行参观学习，激励社员牢记初心使命，爱国奉献、爱岗敬业；为了继承和发扬五四运动的光荣传统，社市委联合青年工作委员会在“五四”青年节举办以“民主科学传薪火，凝心聚力抗疫情”为主题的健步走活动；城关基层委组织社员赴两当县开展“红色教育强基础，新篇谋动求进步”主题活动，西固基层委员会赴临洮参观陇右革命纪念馆和博物馆；七里河三支社、四支社联合组织社员赴兴隆山张一悟纪念馆，瞻仰英烈丰碑，接受灵魂洗礼。组织社员开展庆祝创社75周年征文活动，收到各类征文23篇，全部在“兰州九三”公众号刊发；组织社员参加社中央的“九三教育论坛”征文，收集上报征文9篇。开通并运行“兰州九三”微信公众号，通过微信公众号累计刊发社务信息120余条，传播正能量；编辑整理各基层组织上报的社务信息，全年编辑整理140余篇，被社省委网站采用80余篇，采用量居全省第一。举办2020年骨干社员及新社员培训班，提高社员的政党意识，增强责任感和使命感。先后选派11名社员参加社省委2020年第2期新社员思想政治建设培训班；选派5名社员参加兰州市加强参政党建设专题研讨班，并就社市委关于加强参政党建设的做法、存在问题及下一步工作思路进行汇报；选派新区支社副主委夏祥参加社中央民营科技企业代表性人士培训班；安宁支社主委党梓文参加社中央第6期全国青年骨干培训班。

【建言资政】 在兰州人大、政协两会期间，向市人大提交建议案23件，其中《关于做足黄河文章打造兰州旅游品牌的建议》被列为1号议案；提交市政协集体提案23篇、个人提案48篇，大会书面发言2篇，社情民意信息14篇，其中《改造火车站东路与南山路接驳隧道的建议》等7篇社情民意信息获得市委书记李荣灿的批示。市公安局交警支队、治安管理支队，市市场监管局还分别就有关提案的落实工作到社市委面对面进行座谈交流；社市委提交的《关于做好兰州市生态文化旅游业发展情况的建议》被列为市政协主席重点督办案；西固基层委主委侯一兵提交的九三联名提案《关于建立有效措施防止电信诈骗的提案》被西固区政协列为重点提案现场督办并召开双向评议协商会；城关、七里河、安宁、永登7篇提案被区县政协评为优秀提案。参与中共兰州市委及市委等有关部门召开的协商会、情况通报会、座谈会、征求意见会等会议，就《兰州市政府工作报告》、经济社会发展、党风廉政建设和反腐败工作以及有关人事安排等方面开展政党协商，社市委先后就全市经济社会发展提出关注微观市场主体，提供优质营商环境；加大对内开放力度，提高招商引资效率等方面意见建议。围绕《黄河兰州段水生态建设及污染治理》课题，抽调相关方面的社员组成调研组，深入市自然资源局、生态环境局、农业农村局、水务局及城关、红古等部门和区县考察了解情况，形成调研报告，在市委召开的政党协商会上就调研情况进行汇报。参与社省委组织的“紧抓兰西城市群国家战略，打造“一带一路”向西开放重要发展级”调研课题，先后深入兰州、青海进行调研，与相关部门面对面座谈交流；参加市政协就全市疾控体系建设有关调研活动，参与完成有关调研报告的起草工作。

【社会服务】 协调联系北京康牧兽医药械中心与北京康牧众诚动物药品有限公司在榆中一中举行“一对一”爱心捐助活动，为31名学生每人送去爱心款2000元；联合西北师范大学教育学院社会实践团队走进龚家湾街道丽苑社区，开展“情牵特教，与爱同行”社区公益活动，呼吁关注自闭症儿童，传递温暖，凝聚力量；联合兰州市南北两山环境绿化工程指挥部，赴马坡乡河湾村、上庄村开展“送医进村助脱贫，送药入户保健康”送医送药下乡活动，为有需要的村民赠送价值万余元的药品。城关基层委员会组织社员前往民主党派与社区共建联系点——九州大道社区，开展社区结对共建活动，为社区居民提供送医送药上门服务；社市委联合城关区、七里河基层委员会、城关区文化馆，在市民广场城关书房举办“文明创建，九三在行动”捐书活动，携手读者集团向城关书房捐赠书刊400余册，价值1万余元。永登支社、城关五支社、十二支社、七里河五支社、七支社、西固四支社组织开展无偿献血、书画培训、农业技术培训等活动以及慰问兰州市儿童福利院活动；王明玲、马国英等社员在做大做强自己企业的同时，不忘回馈社会，关心关注社会弱势群体开展义务捐赠爱心捐献活动。按照市委安排，派驻1名科级干部长期驻村开展脱贫攻坚工作；为切实落实好“一户一策”帮扶工作，社市委先后多次前往帮扶村开展入户走访活动，针对其家庭实际情况提出改善生活状况的意见建议并制定脱贫计划；为改善帮扶村的生态环境和村容村貌，联系社员董鹏举的企业——甘肃新科建设环境集团在帮扶村开展爱心赠树、义务种树活动，向该村捐赠适宜当地生长的云杉1000株，协调市南北两山指挥部向帮扶村捐赠侧柏200棵，总价值约2.9万元，改善帮扶村的村容村貌。联合市民建、市农工党，继续为红岭村建档立卡户发放价值3万元的优质鸡苗1500只，鼓励发展养殖产业，提高家庭收入；针对建档立卡户王有福家房屋大梁损坏的情况，向其提供房屋维修捐款1000元。

【组织建设】 严把社员发展政治关和入口关，对新入社社员逐个进行面对面谈话，就九三学社的光荣传统及社员的职责和义务等进行沟通，增强新入社社员对九三学社的了解和参政党的认识。2020年是基层组织换届年，社市委根据工作计划制定出台基层组织换届的意见，与各区县委统战部、班子成员所在单位以及基层组织的主委多次进行沟通交流，征求意见，确定班子成员初步人选，严格

5月4日，九三学社兰州市委员会联合市青年工作委员会举办五四青年节健步走活动

按照程序，逐步推进基层组织换届工作。截至年底，城关、七里河、西固所属支社及永登、红古、榆中支社完成换届，城关、七里河、西固基层委员会及皋兰、安宁支社换届工作进行中。根据社员特色，将理论研究专委会调整为社会与法制专委会，新成立医药卫生专委会，对其他专委会人员进行调整优化。继续发扬“三必访，两必帮”的光荣传统，看望生病住院10余名社员，集中慰问120余名老社员；为进一步了解掌握社员的发展情况，社市委对经济领域、医药卫生领域和社会法制领域的20余名骨干社员，了解他们的工作、生活、企业发展情况，鼓励他们坚定信心，积极服务社会，做优秀的九三人；支持和鼓励各支社创建一支社一品牌活动，根据实际开展“爱九三爱生活”“心肺复苏”急救知识与技能的健康知识讲座，“书香九三”，观看爱国主义题材电影、走进《读者》感受文化魅力、“喜迎新冬”暖心社务、无偿献血等丰富多彩的主题活动100余次。根据内部监督工作实施开展情况，对内部监督工作各项工作制度、工作流程进行全面梳理，编辑形成2万余字的《九三学社兰州市监督委员会工作手册》，建立“333253”内部监督工作体系，形成系统完备的内部监督工作机制；根据工作计划，利用近一个月时间对各基层委员会、各支社的社务工作依据监督手册进行巡察和考核，进一步规范各支社的社务工作。

（刘青梅）

## 兰州市工商业联合会

【概况】　2020年，兰州市新增商会组织7家，新增会员568名。新命名兰州市工商联“四好商会”10家，市级“四好”商会总数达到40家，省级“四好”商会4家，全国工商联“四好”商会2家。总商会党委新成立基层商会党支部2家，增设会员企业党支部2家，新发展59名预备党员。积极参政议政，开展专项调研10次，上报市政协十四届四次会议团体提案7件，大会发言1篇。完成招商引资11亿元。获全国“万企帮万村”精准扶贫行动组织工作先进集体表彰。

【东西部扶贫协作】　组织永登县、榆中县、皋兰县相关领导及民营企业家赴天津市开展东西部扶贫协作对接工作，协同市委统战部、市政府合作交流办、市文旅局、市政府驻北京联络处在天津市津利华大酒店举行兰州市东西部扶贫协作对接暨招商推介会，天津市工商联、天津甘肃商会和天津市宁河区、宝坻区、东丽区统战部、工商联相关负责同志及民营企业家130余人参加会议，榆中县工商联会员企业签订1406户、资金额52万元的扶贫物品供货合同；皋兰县工商联会员企业签订年销售额500余万元的供货协议、达成销售额1000万元的合作意向；永登县工商联会员企业达成中药材合作开发意向。截至年底，经2020年东西部扶贫协作工作台账统计，天津市宝坻区、宁河区、东丽区117个企业对接帮扶兰州市163个村、34475户，提供帮扶资金703.76万元。其中，产业帮扶资金14.5万元；就业帮扶资金388.8万元；公益帮扶资金300.46万元。据全国工商联“万企帮万村”台账显示，截至11月26日，进入“万企帮万村”精准扶贫行动台账管理系统的本地民营企业355家，投入各类帮扶资金3.99亿元，实施帮扶项目948个。本地贫困村贫困群众受全国范围的民营企业帮扶资金3.04亿元，通过实施955个帮扶项目，使338个贫困村、8.21万人贫困人口从中受益。

【参政议政】　落实市委、市政府印发《兰州市民营企业家座谈会制度》，每季度组织会员企业参加全市民营经济座谈会4次，听取民营企业家意见建议，邀请相关职能部门现场解读政策措施，梳理转办63个问题。对平时收集到29家企业反映存在的54个困难和问题，及时协调相关部门办理。配合全国工商联、省委统战部、省工商联及市委相关部门开展“千企纾困调研”和落实新时代民营经济统战工作等重点调研6次，实地走访30余家商会和企业，召开调研座谈会10余场次，组织企业填报《民营企业复工复产问题清单》《民营企业项目建设融资意向表》等调查问卷，梳理整合有融资意向的企业在建项目36个，拟建项目17个，收集复工复产正负典型案例各5例，形成《兰州市民营企业复工复产调研》《兰州市民营企业融资情况专题调研》《兰州市民营经济人士思想状况调研》等5篇调研报告。与建设银行甘肃省分行签署合作协议，联合下发《关于助推商会企业“复工达产”普惠金融合作的通知》；联系民生银行推出《民生普惠金融服务方案》，帮助解决商会、民营企业融资难问题。向市政协十四届四次会议上报团体提案7件，大会发言1篇，并做好提案回复对接等工作。

【法治建设】　参加全市统战系统民法典学习，为全体机关干部配发民法典读本，邀请兰州大学脱剑锋教授解读民法典，提升工商联党员干部法律意识。开展民营企业家“守法诚信”法治宣传活动，组织《中华人民共和国民法典》“习近平总书记在企业家座谈会上的重要讲话精神”“严守市场规则，做诚信企业家——弘扬社会主义核心价值观”3场专题培训会，联合市国资委、市总工会开展以“弘扬宪法精神，推进国家治理体系和治理能力现代化”为主题的宪法进企业主题日活动。联合市检察院继续落实《“维护民企权益、优化营商环境”专项行动“深化年”实施方案》，规范市工商联法律服务程序，收集民营企业反映的困难和问题20余件，对接市检察院开展法律援助服务。组织50名民营经济代表人士参加由市检察院和工商联联合举办的“检察开放日”活动，听取市检察院开展维护民企权益工作情况，参观12309检察服务平台并座谈交流。贯彻最高法、全国工商联办公厅《关于加快推进人民法院推进平台与商会调解服务平台对接工作的通知》，在全市工商联系统中开展成立商会人民调解委员会工作，建立商会调解服务平台，为会员企业免费提供律师和公证员咨询服务，维护会员合法权益。

【会员服务】 分批分组走访调研民营企业，广泛宣传国务院《优化营商环境条例》、甘肃省促进中小企业高质量发展“58条”、兰州市招商引资、减税降费、融资贷款等系列保护支持市场主体政策措施，指导各区县工商联贯彻落实《甘肃省涉企政策精准推送和“不来即享”服务系统工作制度（试行）》，把支持民营经济发展的各项政策措施落地、落实、落细。组织100余名民营企业家赴榆中生态创新城开展理想信念教育实践活动，邀请市社科院社会研究所所长张玉斌开展党的十九届五中全会宣讲，举办在兰甘肃知名商会进县区——兰州新区行活动，配合全国工商联来兰举办“科技创新与西部发展机遇”大讲堂活动。编印《2020年非公经济发展政策汇编》（7）。落实“双百千”培育工程，纳入兰州市“双百千”培育工程库的企业260个，企业家264人，入库企业2019年销售额10亿元以上17家；5亿元—10亿元企业6家；1亿元—5亿元企业52家。

【自身建设】 2020年新发展会员568名，会员总数22965名。组织召开市工商联（总商会）十五届四次执委会议，对31名民营经济人士进行综合评价，新增补民营企业家副主席2名、副会长1名、常委22名、执委30名，市工商联有执委288人。贯彻落实群团改革工作座谈会精神，深化工商联商会改革，新成立兰州市机电产品流通商会、兰州市延安商会、兰州市家电商会、兰州市驻马店商会4家商会，新加入兰州工程材料机电设备商会、兰州宝鸡商会、兰州市母婴服务协会3家团体商会。新命名兰州市工商联“四好商会”10家，市级“四好”商会总数达40家，省级“四好”商会4家，全国工商联“四好”商会2家。指导区县工商联开展“五好”县级工商联建设，新推荐2家区县工商联为省级“五好”县级工商联。加强党对民营经济统战工作的领导，强化民营企业和社会组织党的建设工作，推进市总商会党委基层党支部标准化建设，新成立兰州襄阳商会、兰州市机电产品流通商会2家商会党支部，增设甘肃凌云志商贸集团、甘肃信达物业管理有限公司2家企业党支部，新发展59名预备党员。举办党员发展对象暨基层党组织负责人培训班。向市社会组织党委推荐2家优秀基层党组织和2名优秀党务工作者。开展基层党组织与街道党组织融合共建活动，建立双向沟通机制，形成“全域党建”氛围。

（娄光明）

## 兰州市总工会

【概况】 2020年，兰州市总工会深刻领会习近平总书记在2020年全国劳动模范和先进工作者表彰大会上发表的重要讲话精神。全年组织召开党组学习38次，理论学习中心组学习13次，举办专题学习会、研讨会、讲党课、读书班等各类政治理论学习602场次。全市有各类基层工会组织6041个，涵盖独立法人单位13826个，覆盖职工741310人，工会会员725479人。

【产业工人改革】 制定出台《兰州市新时期产业工人队伍建设改革领导小组成员单位、联络员单位任务分工方案》，将工作细化为106项，明确8个牵头部门和26个配合单位，确保产改工作有序推进。针对落实《兰州市新时期产业工人队伍建设改革实施方案》中存在的问题、短板和不足，召开兰州市新时期产业工人队伍建设改革工作培训暨推进会，总结工作、交流经验、部署任务，助推全市产改工作取得新突破。开展兰州市产业工人队伍构成及现状分析专题调研，对全市400名建会企事业单位职工、100名未建会企事业单位职工和40名工会主席进行问卷调查，对10家企业进行典型调查，为正确认识职工队伍内部结构变化，有的放矢开展下一步工作奠定基础。将兰州城市供水（集团）有限公司、兰州职业技术学院纳入第一批试点改革单位，在市推进产业工人队伍建设改革领导小组的指导下，重点围绕产业工人队伍思想政治引领、建功立业、素质提升、地位提高和队伍壮大等方面进行积极探索。

【工会组建】 以重点领域、重点企业为突破口，加大面向新经济、新领域、新阶层的对标组建力度。简化基层工会组建审批程序，实行工会组建审批不见面办公形式，增强工会组织对小微企业的吸引力、凝聚力、影响力。持续推进“八大群体”建会入会。针对“八大群体”建会入会工作推进过程中的难点、卡点问题，成立“八大群体”建会入会工作推进领导小组，协调市人社局、住建局、邮政管理局、交通委、国资委等部门共同召开“八大群体”建会入会调研座谈会，先后制定下发《2020年推进货车司机等“八大群体”建会入会工作方案》《关于进一步推进“八大群体”建会入会工作的通知》《关于在全市房产中介行业依法组建工会的通知》等制度性文件。以“重点龙头企业带头建、小微企业联合建”思路，指导各区县总工会在“八大群体”企业密集区域建立区域性行业工会8家，协调行业协会组建兰州市家庭服务行业协会工会等行业性工会2家。全市“八大群体”所在企业建会383家，发展会员19263人。

【职工技能素质提升】 扩大技能竞赛工种、场次、职工参与度。技能竞赛扩大到农业、快递、物业、超市、家政、花艺等新业态领域，从工业企业向农业、服务业、新兴产业延伸，使技能竞赛逐步从国有企业普通工种竞赛向行政事业单位、非公企业、行业协会拓展，从工业企业向农业、服务业、新兴产业延伸。成功举办2020年甘肃省“净水杯”省级一类、二类决赛、甘肃省“陇原妹”杯家政服务省级一类、二类决赛、“三毛杯”纺织技能大赛、“轨道杯”城市轨道交通技能等竞赛18个场次，35个工种（岗位）的省、市级技能大赛。全年近13万人次职工参加国家、省、市、行业和企业不同级别的技能大赛，涉及家政、综合超市、物业、园艺插花、公交驾驶、钢铁冶炼、农产品质量安全检测、快递收派、纺织等专业工种240个次。通过举办展览会、交流会、论坛等形式，集中展示全市职工技术创新优秀成果，激励和引导职工积极提出技术创新的合理化建议。开展以“小革新、小发明、小改造、小设计、小建议”为主要内容的“五小”活动，进一步培育创新意识、提高创新能力、发展创新文化。全年举办技能展演示255场，涌现出先进操作法639个、合理化建议14164条，技术革新项目1246项，发明创造获得专利198项，产生和创造经济效益6.52亿元。

【职工权益维护】 “春送岗位”：累计发布企业招聘信息138家，提供就业岗位7368个，签订意向性协议956份。对接全国工会就业服务平台发布岗位信息142个，提供用工需求1267人。“夏送清凉”：全年列支资金81.5万元，慰问31家企业，慰问一线人员约3.2万人次。“金秋助学”：全年为201名困难职工子女发放61.6万元救助金。“冬送温暖”：双节期间筹措资金337.5万元，慰问困难企业38家。全年筹措资金464万元，慰问救助困难职工、困难职工子女3469人次。认真落实《兰州市推进城镇困难职工解困脱困三年行动计划（2018—2020年）》，对深度困难职工档案和相对困难职工档案进行数据比对，截至年底，建立深度困难职工档案74户、相对困难职工档案143户，为143户相对困难职工家庭发放生活救济金78.4万元。开展尊崇宪法、学习宪法、遵守宪法、维护宪法、运用宪法学习宣传教育，持续推动“法律八进”活动，组织开展第17届全国法治动漫微视频作品征集，让职工群众随手拍随时拍，用身边的人身边的事宣传学习宪法。利用多种媒体进行民法典系列宣讲，把“七五”普法规划的落实与开展活动有机结合起来，取得良好普法效果。开展“尊法守法·携手筑梦”服务农民工公益法律服务行动，累计发放普法资料16710余份，服务农民工和职工3906人，接受法律咨询近1094人。通过“12351”职工维权热线和“12345”民情通服务热线，受理来电来信来访职工群众政策咨询解答、劳动纠纷调解和法律援助工作。截至年底，接待职工来电来访75起、136人次。办理职工来信1件，省总转办信访件1件，受理“12345”民情通热线投诉件15件，网民留言人民网市长留言2件，均按时办结，办结率100%。以“安康杯”竞赛为引领，开展劳动保护监督工作，全面开展职业卫生教育和宣传活动，通过微信群、网络课堂等各种方式开展线上安全生产教育培训，对保障职工安全健康起到积极助推作用。在全市已建会企业中对粉尘危害重点行业领域开展专项检查，协助11户涉及尘肺病的企业，健全职业健康管理制度。联合市应急局组织开展2020年度兰州市“安康杯”竞赛活动，全市251户企业、8897个班组、9.82万名职工参加活动。

【劳动关系构建】 举办兰州市2020年集体协商“要约季”线上启动仪式暨集体协商工作在线培训班，印发《2020年集体协商“要约季”实施方案》，召开兰州市协调劳动关系三方会议，通报工作进展，部署工作安排，明确工作职责。配强配齐市县两级专职集体协商指导员。兰州兰石集团等5个单位获得“甘肃省模范集体协商示范单位”称号，七里河区牛肉面经营行业获得“甘肃省集体协商示范单位”称号。截至年底，全市7698个单位签订集体合同，集体合同签订率86.7%。工资专项集体合同签订率85.6%。做好厂务公开民主管理工作。推动《关于开展“民主管理标准化规范创建全覆盖三年集中行动”工作方案（2020—2022年）》落实，在全市开展“聚合力，促发展”优秀职工代表提案征集推荐活动，征集上报5篇优秀职工代表提案。考核验收14家市级民主管理先进（示范）申报单位，并对工作中存在的问题和不足进行分析研判。甘肃瑞远柳工机械设备有限公司获“全国厂务公开民主管理先进单位”称号；兰州西城药业集团有限责任公司等4家单位获“甘肃省厂务公开民主管理先进单位”称号，兰州兰石集团有限公司等3家单位获“甘肃省厂务公开民主管理示范单位”称号，市总工会等3家单位获“甘肃省推动厂务公开民主管理工作先进单位”称号。

【劳模工匠选树】 组织开展2020年全国劳动模范和先进工作者、甘肃省劳动模范和先进工作者推荐评选工作，4人获评全国劳动模范和先进工作者，33人获评甘肃省劳动模范和先进工作者。创建劳模创新工作室，新命名挂牌劳模创新工作室10家，全市累计创建劳模创新工作室78家。根据《陇原工匠工作室申报命名管理办法（试行）》《甘肃省工匠人才培育补助资金使用管理办法（试行）》，为2018年度陇原工匠中国石油兰州石化公司杨子海申报陇原工匠工作室。配合省总工会“陇原工匠”发布活动，收集上报历届“陇原工匠”“提名陇原工匠”宣传资料。配合市人社局为47名兰州市“金蓝领”高技能人才办理每人2.4万元的年度工作补贴。

（于　伟）

## 共青团兰州市委员会

【概况】　2020年，团市委围绕“三个根本性问题”，履行“三项基本职能”，团结带领全市广大团员青年守正创新、务实奋进。全年收缴团费127291.86元，上缴团费35526元，支出团费20.6万元。开展“主题团日+”活动12次，全市各级团组织上传活动信息2.5万余条。举办市级团建工作观摩交流活动2场次，培训团干部400人次。

【思想引领】　紧紧围绕为党育人的根本任务，高质量、高标准推动“青年大学习”。全年开展39期，累计参学突破170余万人次，第9季参学率位居全省第一。邀请蔡文成、李东坡、高璐佳、蒋海蛟、牟海云等教授，全国“五四奖章”获得者张森、於若飞、雷神山0001号无偿志愿者王文博等先后做专题讲座，引导广大青少年找准自身定位，激发奋斗精神，练就过硬本领。举行纪念五四运动101周年暨青春战疫故事分享会、“红领巾心向党争做新时代好队员”主题队会、“决战决胜脱贫攻坚、争做新时代好队员”主题教育实践及原创作品展示、“我们的节日”等主题教育活动30场次。开通以团史发展为主要内容的兰州“青春号”地铁专列。

【“青年马克思主义者”培养工程】坚持“压数量、重实践、调结构”工作方向，择优组建30人精锐青年讲师团队伍，采用“小而精”的宣讲方式深入基层一线、走到青年身边面对面宣讲党的理论和主张，全年举办“青年讲师团”宣讲活动11场次，受众3000余人。举办“青年马克思主义者培养工程”培训班1期，培训青年马克思主义者400人，培养青年政治骨干2000余人，努力为党培养和输送政治坚定的马克思主义者。

6月5日，团市委在体育公园举办“美丽中国·生态甘肃”世界环境日主题活动

【媒体宣传】　加大对兰州共青团工作的宣传力度，中新网、光明网、《中青报》、中国甘肃网、《兰州日报》等主流媒体发布宣传信息560余条。其中，《中青报》发稿36篇；《兰州日报》发稿115篇；头版发稿56篇。刊发《兰州青年》期刊4期3600册。进一步加强新媒体平台建设，提升平台影响力，微信公众号发布347条，点击量约45.3万人次，今日头条发布内容2534条，总阅读量19万人次，微博（兰州青年）发布信息176080条，总阅读量约287万人次，网站1—12月发布信息1357条。策划的“绽放战役青春、坚定制度自信”“为艾行走”等主题宣传报道集中展示青少年风采，召开“青春扶贫”六大行动和抗疫志愿服务工作新闻发布会，关注度高，反响强烈。

【“青春扶贫”六大行动】　在学业资助行动中，开展“鹤护健康”行动，联合黑龙江飞鹤乳业等爱心企业为全市贫困家庭和青少年捐助1090万元的奶粉和爱心大礼包。面向社会筹资408.39万元，资助大中小学生1200名。“文雅少年—成长计划”项目资助困境青少年146名，拨付助养金18.3万元。“青暖衣冬”行动募集爱心资金58.3万元，发放温暖包1530余套。在就业援助行动中，举办“团团帮就业”“千校万岗”等线上线下各类招聘会144场次，提供就业岗位9.6万个，帮助5000余人实现就业。举办家政服务、美容美发师、化妆师、挖掘机装载机驾驶员、网络直播和电商创业等职业技能提升培训18场次，培训青年2000余人次，精准帮扶100名以上建档立卡贫困家庭大中专毕业生实现就业。在创业扶助行动中，开展“青创10万+”创业项目，建立青年创业联盟8个。开展“返家乡”社会实践活动12场，举办就业政策宣讲会20

场次，启动农村青年创业致富“领头雁”培养计划，培养农村青年致富带头人50名。实施“兰州启航”大学生创业扶持行动，资助创业项目75个、发放资助资金126万元。开展第3届“活力金城”兰州市人才创新创业大赛，15支参赛团队获得820万元研发补助资金，激发各类人才创新创业热情。在精神扶贫行动中，选派450名大中专学生参加暑期“三下乡”社会实践活动。开展“抵制高价彩礼，倡导婚恋新风”主题活动36场次，举办青年交友联谊活动12场次。在志愿扶贫行动中，开展“助力脱贫攻坚，青年在行动”青年志愿扶贫系列活动，组建扶贫青年志愿服务队892支，开展政策宣讲、路面清扫、垃圾清运、环境卫生整治等志愿服务活动202场次，志愿扶贫服务时长34万小时，开展“健康校园·益手洁”活动，募捐卫生包裹2659套，价值20万元。在消费扶贫行动中，联系培养优秀青年网络直播达人42人，建立直播间12个，开展“青春扶贫，能量助农”网络直播带货9场次，累计销售各类农产品1118万元，有效带动农民增收。在东西部协作中，开展互访活动6次，双向挂职交流青年干部6人，实施协作项目8个，争取帮扶资金48.5万元，帮扶青少年321人。

**【全国文明城市创建】** 开展“核心价值观记心中”主题团队日、“小手拉大手·共创文明城”“礼让斑马线——文明交通我点赞”“两岸一家亲 共创文明城”书画摄影作品展、“红领巾心向党”演讲比赛等创文和未成年人思想道德建设主题活动130余场次，覆盖青少年100余万人次。组建120支志愿者服务队开展劝导不文明行为、宣讲文明礼仪知识、清洁环境卫生等志愿服务活动1200余场次，奉献1388.6万个“爱心小时”，受益群众6万余人次。报送创建工作资料78份、未成年人思想道德建设资料142份、专项说明报告17份、照片690张。开展“暖冬行动”，服务时长347518小时，在全国334个地级行政区中排名第一。

**【全省民族团结进步示范市创建】** 搭建民族沟通文化桥梁，促进民族情感交往交融，举办“中华民族一家亲，同心共筑中国梦”配乐诗文朗诵比赛、全市中小学生“石榴花开黄河岸 放飞梦想新时代”主题书画比赛、“情暖童心·相伴成长”关爱少数民族青少年公益夏令营活动、“民族情·中国结”青少年诗文诵读展演活动等5场次，参与青少年15万人次，进一步深化“各民族像石榴籽一样紧紧抱在一起”的民族大团结意识，为兰州市成功创建全省民族团结进步示范市贡献青春力量。

**【生态保护】** 实施“黄河之滨也很美·青春行动”。开展“全面小康·美丽家乡”青少年书信大赛活动，参与青少年20万人。全市各级团组织开展“保护母亲河”行动29次，植绿护绿活动11次，植树3.5万棵。组织“黄河之滨也很美”手抄报比赛、绘画比赛等活动6场次，巡回展览38场次，参与青少年15万人。开展“国际净滩日”“垃圾分类”等生态实践活动25次，实现全市各级团组织和青年志愿者服务组织垃圾分类参与率超过90%。

**【青年发展规划】** 市委常委会和市政府常务会议研究有关青年教育、就业、救助、权益维护等事关青年发展相关议题27次105项。市、区县两级全部召开青年工作联席会议第一次全体会议，设立10个专责组常态化开展工作。发挥市青年联席会议领导小组办公室统筹协调作用，全市引进各类急需紧缺高层次青年人才2492人，“双一流”大学高校优秀毕业生392人。评选表彰青年专家、“兰州市领军人才”等各类本土优秀青年人才近2000名，双向交流优秀年轻干部232名。配合实施30万名大学生留兰就业创业行动计划，建立各类双创平台448个，建成可“拎包入住”的青年人才公寓4.48万平方米，先后兑现人才激励资金8000余万元。

**【“青年之家”阵地建设】** 雁宁路“青年之家”扩建30平方米，投入15万元进行改造升级，添置专业网络直播设备，使“青年之家”服务阵地的“个头”“颜值”“魅力”进一步提升。全市新建“青年之家”7家，面积260平方米，累计开展活动400余场次，参与人数3万余人。截至年底，兰州市1家“青年之家”被评为全国示范性“青年之家”，1家被团省委评为5A级“青年之家”，4家被团省委评为3A级以上“青年之家”。

**【新兴青年群体】** 新增甘肃省歌剧院、兰大一院、甘肃街舞联盟、兰州市汉服协会等15家单位团体为市青志协会员，市青志协团体会员增加到75家，注册青年志愿者增至318676名。将华能生态能源董事长金于熙、皋兰百璐通瓜果专业合作社理事长魏永波等一批青年创业精英和农村致富带头人紧紧联系在团的身边，向广大团员青年分享他们创新创造、矢志奋斗、造福家乡、奉献青春的报告会5场次。联系网络作家、独立音乐人、文化创意产业工作者、非遗传承人等12类新兴领域青年组织69家300余人。组织召开青年群体联系座谈会2场，策划“兰州青年榜样说”“和新兴青年一起燃”系列事迹作品线上展播16场次，帮助青年社会团体解决困难13个。

**【少先队工作】** 开展“红领巾心向党 争做新时代好队员”“致敬抗美援朝 争做时代新人”等主题教育活动15场次。10月12日，全市“红领巾心向党争做新时代好队员”主题队会示范

10月12日，团市委在西固区福利路第一小学举办兰州市纪念中国少年先锋队建队71周年主题队日活动

活动在西固区福利路第一小学举行，并对112个“兰州市优秀少先队员”、53个“少先队辅导员”、58个“优秀少先队集体”、37个“优秀少先队工作者”进行表彰，不断加强对少先队组织的认同感和集体荣誉感。全市8个区县按规定全部召开少代会，指导兰州高新区新成立少工委，中小学校少工委换届率85%。

【青少年权益维护】 联合市公检法等多家单位出台《对未成年人犯罪嫌疑人、被告人进行社会调查的实施办法》《在办理未成年人刑事案件中合适成年人到场制度的实施办法》等3个文件。开展“12355”中高考心理减压阳光行动5场次，录播减压视频讲座7个。开展“禁毒我参与，青春不毒行”青少年网上禁毒知识大赛等禁毒宣传活动25场次，参与青少年14万余人。开展暑期爱心托管服务21场，参加青少年3200余人次。开展青年法治志愿者基层行活动6场次，普法“模法师”品牌逐渐打响。开展“学宪法讲宪法”专题讲座、演讲比赛、知识竞赛等活动735场次。依托各类机构为1000余名青少年提供法律援助咨询服务，办结各类案件269件，切实维护青少年合法权益。开展团内调研16次，“面对面”活动9场次，向市人大、市政协提交有关青年就业、婚恋、就学等方面议案提案6个。

【榜样选树】 开展“选树青年榜样·矢志青春建功”主题宣传教育实践活动，选树一批模范践行社会主义核心价值观、带头传播正能量的青年榜样，营造“处处有典型、人人可成才”的社会氛围，引领广大青年对标看齐、奋发向上、崇德向善。2020年，选树表彰“兰州青年五四奖章”“五四红旗团委”“青年文明号”“青年安全生产示范岗”“中国青年好网民”“向上向善好青年”等国家级荣誉集体3个、个人7人，省级荣誉集体12个、个人42人，市级荣誉集体220个、个人624人，县区级荣誉集体485个、个人1772人。

【组织建设】 指导成立6家团组织，7家团组织完成换届改选工作。加强中央和省管在兰中、高职院校协管工作，新增非公企业团组织29家，新增社会领域团组织8家。研究制定《关于开展基层团组织对标定级工作的实施方案》，命名表彰四星级团组织115家，五星级团组织54家。扎实开展新团员发展调控和“智慧团建”系统录入工作，录入10339人，录入率95.3%，居全省第一。学社衔接率67.5%，升学衔接率96.5%，转出率71.8%。出台《兰州市青年联合会2020年“界别轮值”青春建功行动纲要》《兰州市青联委员履职积分细则（试行）》等配套制度，健全青联秘书处、界别工作委员会、委员之间的沟通协调机制，有效推动各项改革措施在基层落实落细。全年开展“争做抗疫先锋”“星光微爱结对帮扶困境青少年公益援助行动”“凝聚新青年·筑梦新时代”等活动18场次，参与青联委员723人次，帮助困境青少年240人。

（赵宇亮）

## 兰州市妇女联合会

【概况】 2020年，兰州市妇女联合会开展各类妇女技能培训班41期，培训妇女3402人，利用微信公众号、抖音和快手等多媒体平台开展线上技能培训，课程点播量125万人次，极大提升广大妇女服务全市经济社会高质量发展的能力素质。2020年被中央文明委评为“第5届全国未成年人思想道德建设工作先进单位”，并获得“全省未成年人思想道德建设先进集体”“全省巾帼建功先进集体”“市直机关党建示范点”等荣誉称号。

【宣传培训】 先后组织数十名巾帼英模人物、数百名巾帼志愿者、数千名妇女党员深入农村、社区开展“十百千巾帼大宣讲走基层”活动，层层开展“巾帼心向党·奋进新时代”“礼赞新中国·奋进新时代”等有特色、接地气的群众性主题实践活动，创新推出全市各族各界女性热议“党的十九届五中全会”“习近平总书记在联合国大会纪念北京世界妇女大会25周年高级别会议上重要讲话精神”等大学习、大讨论栏目50期，依托遍布城乡的“妇女之家”和融媒体矩阵创新开展“传承红色基因·凝聚巾帼力量”“学讲走唱读诵”红色教育、“致敬最美巾帼奋斗者”等活动，通过线上线下相结合方式，组织开展群众性主题宣传教育活动近200场，以实际行动团结动员全市广大妇女听党话、感党恩、跟党走。

【家庭文明建设】 突出妇联职能优势、发挥桥梁纽带作用，开展以“传承好家风·幸福一座城”为主题的家庭文明创建活动，开展“共建共治共享”“垃圾分类”“交通劝导”等巾帼志愿服务活动，深入实施“家家幸福安康工程”，接续推进58个“巾帼家美积分超市”有效运行，举办“相伴共悦读·共抒家国情”“厉行节约制止浪费”等群众性主题实践活动近百场次，开展“家风润陇原·百场万人家庭教育公益巡讲”及“百场家庭教育讲堂”“百场母亲讲堂”“百场心理咨询讲堂”进农村、进社区、进校园近百场次，创新推出“文明创建微课堂”原创专题栏目87期，常态化开展寻找“最美家庭”活动，推荐全国三八红旗集体1个、全国三八红旗手1名、全国五好家庭2户、全国最美家庭2户、全国家庭工作先进个人1名、省级文明家庭2户、省级“最美家庭”181户、命名市级“最美家庭”100户、“最美母亲”100名，榆中县“妈妈禁毒队”“妇女清洁队”成为全省巾帼志愿服务响亮品牌。特别是在狠抓未成年人思想道德建设中，凝聚各方智慧、主动争取各方支持，健全完善学校、家庭、社会“三结合”教育网络，打造国家级家庭教育创新实践基地1个、省级家庭教育创新实践基地9个，为兰州市成功摘得“全国文明城市”桂冠添足底色。

【妇女就业培训】 组织开展“春风送岗位”女性专场招聘会10余场，通过“金城女性之声”微信公众号、兰州妇女网及各级妇联新媒体平台，发布招聘岗位信息10余期，有效助力妇女职工返岗就业。持续抓好“农村妇女素质提升工程”“线上”“线下”培训双向发力，帮助支持妇女大力发展农副产品加工、手工产品制作、农家乐等特色产业。

【妇女合法权益保护】 通过政府购买社会化服务方式，构建多元化矛盾纠纷化解工作格局，参与关乎妇女儿童切身利益的妇女参政议政、劳动就业、司法援助、权益保护等政策法规的研究制定、执法检查，主动为广大妇女儿童提供法律咨询、心理疏导、纠纷调解等服务，全力当好妇女儿童的“娘家人”。推进“百场法律讲堂”进农村、进社区、进校园、进企业，深入开展“建设法治兰州·巾帼在行动”等线上线下宣传活动，“七五”普法规划顺利通过终期验收。创新开展网络直播、网络微课等线上维权、心理咨询和“一把手”接听热线活动，深化拓展“12338”妇女维权热线和“维权中心+工作站+服务点”三级维权网络服务机制，全力配合公安、卫生、司法等部门开展禁毒、打拐、反邪教等内容的宣传活动20余场次，受理来信来访1314件次，结案率96%，群众满意度100%。城关区“和合之家”在情感化解、婚恋辅导、心理辅导等方面着力打造以“辅导干预4件事、法律维权3张卡、互动交流2个群、主题宣传1堂课”为内容的“4321”服务新平台，成为服务家庭的民心工程、全省平安建设的亮丽名片。

6月30日，市妇联在甘肃工委纪念馆举办“巾帼心向党·奋进新时代”主题党日活动

【妇女干部培养】 结合“学习强国”“甘肃党建”等APP平台，将教育培训网络全覆盖，进一步强化妇联干部身份意识、组织认同，提升系统思维、逻辑思维、辩证思维能力。借用资源进行开放式教育，把妇联干部培训纳入女干部培训总体规划，主动配合组织部门轮流选派妇联干部到党校学习，开阔眼界、开拓思路。实施“基层妇联领头雁培训计划”，举办全市各级妇联干部培训班10期、培训1800人次，有力提升妇联干部运用新思维、新方法开展新形势下群众工作本领。

【基层组织建设】 在甘肃陇原妹巾帼家政服务有限责任公司、兰州陇星集团等29家“四新”领域建立妇联组织。推进乡镇（街道）妇联区域化建设，健全发挥各级妇联执委作用的长效机制，形成妇联执委亮身份、亮职责、亮作为，专、挂、兼职相结合的妇联干部队伍和“上面千条线、下面一张网”基层组织新格局。全面落实乡镇（街道）、村（社区）妇联执委述职评议制度，不断提升乡村两级妇联“五亮”服务质效。

【关爱困难群体】 坚持“群众有所呼、我们有所应”，深化实施“恒爱金城·姐妹相助”“金城天使·圆梦明天”城乡困难妇女儿童关心关爱工程，协调各类社会帮扶资金及物品近150万元，及时对基层一线环卫女工、城乡特殊困难妇女和家庭给予帮扶救助和贴心关怀。广泛发动全市3481名“爱心妈妈”结对帮扶3955名困境留守儿童，开展“爱心护航·情暖童心”“春蕾计划”“三关爱”行动及“全国食品安全守护行动”进学校进社区等活动，慰问困难儿童和困境留守儿童260名、捐助困难女学生40名、为440名0~4岁驰援武汉医护人员子女与患病婴幼儿及贫困家庭婴幼儿捐赠奶粉2400罐。争取“贫困母亲两癌救助”中央专项福利彩票公益金52万元、为52名农村贫困“两癌”妇女每人发放1万元救助金，争取省市区县资金361.5万元、为30184名农村妇女开展免费检查。

【互联网+妇联建设】 推进“互联网+妇联”建设，进一步完善市、区（县）、乡镇（街道）、村（社区）的四级网络新媒体矩阵，网上妇联、网上“妇女之家”“妇女微家”建设成效显著。建立健全《兰州市妇联妇女儿童舆情监测、研判、应对工作制度》，指导帮助各区县妇联进一步规范信息化建设及舆情应对和信息发布。在元旦、春节、三八节、清明节、母亲节和国际家庭日等重要时间节点，通过向全市广大妇女群众和家庭发出“一封信”等形式倡议，引导广大妇女和家庭践行社会主义核心价值观。在“金城女性之声”开设“主题教育”专题，持续做好“她力量”“女性学法”“妇联微课堂”等专题栏目。全年“金城女性之声”微信公众号发布各类信息600余条，先后被人民网、中国新闻网、中国妇女网、《中国妇女报》等中央媒体宣传报道近20次。

【“两规划”实施】 按照甘肃省“两规划”监测指标终期达标要求，60项妇女发展监测指标中，市级实际统计53项指标，达标53项，达标率100%；34项儿童发展监测指标中，市级实际统计32项指标，达标31项，达标率97%。妇女儿童健康状况稳步改善。认真贯彻《健康兰州2030规划》，推进“健康兰州”建设，进一步强化母婴安全工作机制，着力推动妇幼保健机构标准化建设和规范化管理，实施母婴安全保障和妇幼健康服务项目，全力保障妇女儿童健康发展。全市妇女常见病筛查率87.82%，孕产妇贫血患病率4.36%，均达到指标要求。妇女儿童受教育程度普遍提高。推进义务教育优质均衡发展，致力破解教育发展难题，打破常规，创新举措，实施中小学校舍安全、农村薄弱学校改造、教师周转宿舍建设、温暖工程等教育基础设施建设项目，推进学校建设标准化、教育信息化、教师队伍专业化，加强控辍保学力度，“择校热”“大班额”问题明显好转。

【妇女创业就业】 全市各级各部门实施积极就业政策，从减费、减税、补贴、贷款、补助等方面帮助广大城乡妇女实现创业就业。城镇单位中女性从业人员占27.17%，中、高级专业技术人员中女性比例56.6%，执行《女职工劳动保护特别规定》的企业比重92.07%，妇女就业人数平稳增长、层次明显提高、就业平台不断拓展。

【妇女参政议政】 重视妇女参政议政，注重培养年轻后备女干部，杜绝公务员考录中的性别歧视，加大重要部门和关键岗位女干部培养锻炼和选拔任用力度，为广大妇女参与决策和管理创造条件，畅通渠道，女干部参政比例和社会贡献力不断提高。全市公务员中女性比例33.65%，新增公务员中女性比例37.68%。市政府工作部门领导班子配有女干部的班子比例、县区政府工作部门领导班子配有女干部的班子比例分别为53.85%、51.36%，均达标。

【妇女儿童社会保障体系完善】 加强社会保障扩面提标，健全完善保障制度和服务体系。全市城镇职工生育保险女性参保人数47.13万人、城镇职工和居民基本医疗保险女性参保人数188.08万人、城镇职工基本养老保险女性参保人数46.7万人、城镇女性参加失业保险人数31.44万人、城镇女职工参加工伤保险参保人数为29.16万人，较以往相比，女性参保占比有较大增长。

【妇女儿童法律援助服务】 坚持把妇女儿童保护法律法规宣传纳入“七五”普法重点，建立普法责任制市级部门联席会议制度，确保妇女儿童法治宣传教育有人抓、有人管、有推动、有落实。发挥妇女维权中心、维权合议庭和少年法庭的作用，依法严厉打击各类侵害妇女儿童违法犯罪行为，全市未成年人犯罪人数占同期犯罪人数比例下降到2.08%，妇女儿童人身、财产等合法权益得到有效维护和保障。

（杜　简）

## 兰州市残疾人联合会

【概况】 2020年，市残疾人联合会为7941名贫困老年残疾人发放生活补贴资金，为9496名残疾人提供康复服务，全市康复服务覆盖率和辅具适配率分别达到96.79%和97.54%，新增残疾人就业594人；资助1840名残疾学生及困难残疾人子女就学；年度目标任务全面完成。市残联机关和市残疾人托养康复中心获得“市级文明单位”荣誉称号；市残疾人就业服务中心被中残联就业服务中心授予“残疾人就业创业网络服务平台示范单位”。

9月11日，市残联在省人力资源市场举办2020残疾人专场招聘会

**【民生保障】** 配合民政部门做好残疾人重度残疾人护理补贴和特困残疾人生活补贴对象审核工作，确定全市重度残疾人护理补贴发放对象31561名，特困残疾人生活补贴发放17596名，同时享受两项补贴11290名。为全市18287人每人每月发放10元信息费。为来信、来访贫困残疾人34人次提供临时性救助经费5万元。为城市4区711名原残运人员提供就业补助金170.64万元。为45800名已就业残疾人购买意外伤害商业保险。完成199户建档立卡贫困残疾人家庭无障碍改造项目。实施普惠加特惠、一般加特殊的保障制度，市、区县政府、残联和相关部门通过节日走访慰问、结对帮扶等方式，救助3万余名困难残疾人。

**【就业增收】** 开展各种就业、岗位技能和农村实用技术培训13期，培训残疾人及困难残疾人家庭成员1492名。通过按比例、集中、公益岗位等安置594名残疾人就业。投入45.2万元建成兰州市残疾人就业创业网络服务平台(子站)，充分运用互联网为残疾人提供全方位就业服务。通过“中国残疾人就业创业网络服务平台”兰州子平台注册的105家用人单位，发布264个残疾人就业岗位招聘信息。举办兰州市2020年残疾人专场招聘会(高校残疾毕业生双选会)，组织94家企业为广大残疾人提供3421个就业岗位。379名残疾人现场参与应聘，达成意向性就业协议102份，其中高校残疾毕业生达成初步意向性就业协议31份。

**【康复服务】** 以“人人享有康复服务”为目标，通过争取项目、筛查摸底、规范操作、督查指导等措施，开展“精准康复服务行动”“彩票公益金”等康复项目，组织实施社区视力、听力、语言、智力、精神、肢体、辅助器具、人才培养、残疾预防、心理健康等10项康复业务，争取资金1694.65万元，为9496名残疾人提供各类康复(及医疗康复)服务，为3324名残疾人适配辅助器具，康复服务覆盖率和辅助器具适配率分别达到96.79%、97.54%；为1089名残疾儿童提供线下审核转介、康复训练、手术及适配辅助器具等服务。市残疾人托养就业康复中心成为14个市州中唯一具备省、市医保定点医疗资格康复机构。全市各级残联围绕“爱耳日”“助残日”等节会活动，开展线上康复政策的宣传工作，发布宣传信息300余条。

**【省、市政府为民办实事助残扶贫康复项目】** 印发《2020年为民办实事残疾儿童康复救助项目实施方案》《2020年全市残疾人托养补贴项目实施方案》《2020年全市助盲就业脱贫项目实施方案》。完成残疾儿童视力康复训练160例，听力、言语、脑瘫、智力和孤独症儿童康复训练60例，残疾儿童适配辅助器具100例；完成市办实事769名残疾儿童康复救助任务；对2584名一级智力、精神残疾人给予托养补贴。为1488名精神、智力和重

6月18日，市残联启动2020年残疾人文化进家庭“五个一”项目系列活动

度残疾人提供集中、日间照料和居家托养服务。助盲就业脱贫项目扶持4家新(扩)建盲人按摩就业机构,每个机构补贴4万元。

【文化宣传】 组织开展第30个全国助残日活动,通报表扬全市自强模范等5类先进集体和个人。启动以"助残脱贫决胜小康"为主题的全国助残日系列活动。市委、市政府分管领导和市残联班子成员深入县区走访慰问100户贫困残疾人,集中开展残疾人脱贫攻坚"包推帮"活动、残疾人办证冲刺清零、结对帮扶、动态更新等工作,推动落实残疾人脱贫攻坚各项措施,全面摸清底数台账,帮助解决贫困残疾人生产生活困难;开展"决战脱贫攻坚、决胜全面小康"和"十三五"事业成就大型主题宣传。宣传残疾人脱贫攻坚先进经验和典型人物,展示残疾人事业成就和残疾人自强脱贫的精神风貌,营造助残脱贫、决胜小康的良好社会环境。在第8届全省残疾人艺术汇演中再创辉煌,参赛12个节目,获一等奖8个,二等奖3个,优秀奖1个。

【信访维权】 加强对信访工作的舆情分析研判,引导来访人正确对待自身诉求,依法依规逐级走访,残疾人信访秩序平稳、可控。接待来电、来信、来访196件次,办结率98%以上,办结省残联和省、市信访局转办件2件、12345民情通服务热线转办件3件。12385残疾人服务热线运行畅通,127个来电全部办结。与市公安局、交警支队多次沟通协调,为221名残疾人机动车驾驶员办理尾号限行免于处罚相关手续。切实做好人大代表建议和政协委员提案的答复办理工作,接收和办结政协提案3件,办理结果满意度100%。

【社会融合】 全年专门协会开展大型活动17次,组织志愿助残团队开展"关爱自闭症大型倡导""我梦最美"书画展、"牵着蜗牛去散步"、上门入户"送温暖""爱心送考""学听跟"专项、"自驾游与无障碍体验""散文诗歌朗诵大赛""手语大赛""精残政策进万家""美年大健康免费体检"和"国际志愿者日"等40余项大型活动,先后投入资金40余万元,受益人群6万人次以上。

【组织建设】 努力建设政治坚定、纪律严格、工作上能打硬仗、全心全意为残疾人服务的干部队伍。实施残疾人工作者能力提升计划,培训残疾人工作者1000余人次。残联领导班子成员中残疾人领导干部配备率、街道残联理事长配备率和街道、村(社区)专职委员配备率都实现100%,落实各类人员待遇。

【精神文明建设和创城工作】 制定《兰州市残联2020年创建全国文明城市工作实施方案》《2020年兰州市关心关爱未成年残疾人工作方案》,坚持问题导向、目标导向,强化举措,形成攻坚态势。开展党员进社区共驻共建活动。发挥基层党支部战斗堡垒作用和党员先锋模范作用,弘扬"奉献、友爱、互助、进步"的志愿服务精神,在结对共建的西固福利西路社区、庄浪西路社区开展免费义诊、文明交通劝阻、环境卫生清洁、市容市貌整治、创文宣传等志愿者服务活动。开展垃圾分类、"杜绝浪费 文明就餐""讲文明树新风""文明健康 有你有我"等公益广告宣传。利用门户网站、微信公众号等阵地,党员入社区等形式,加强对创建工作的宣传力度,形成全民共同参与创建的浓厚氛围,进一步提升创建全国文明城市群众满意度和知晓率。市残联机关和市残疾人托养康复中心获得"市级文明单位"荣誉称号。

(杨　磊)

## 兰州市科学技术协会

【概况】 2020年,创建开放100个科普基地,每年科普教育群众10万人次。举办科普巡展83场次,受益3.2万余人次,发放科普资料2000余册。

【科普宣传】 院士专家工作站揭牌仪式和年度运行评估、院士专家兰州行、青少年科技创新大赛、青少年机器人大赛等活动多次在主流媒体报道。借助现代传媒优势,拓展科普宣传新空间,在兰州电视台公共频道等5家媒体累计播出(刊登)科普栏目120期,重播科普栏目230期。网站发布稿件956篇,网站点击量6102万次,发布图片4612幅、短视频10条。新搭建学习贯彻十九大专题、创建全省民族团结进步示范市等8个专题,发布相关动态802篇,科普文章154篇。微信公众号发布信息645条,阅读次数1.86万次,阅读人数1.15万人次。头条号发布信息578条,阅读量7.2万次,推荐量334.7万次。微博发布632条信息,阅读总数17.1万次。市科协信息平台关注度同比上年网站点击量增加20余万次。上报甘肃省科协信息381条,其中8篇文章被中国科协网站采用。开展反邪教宣传教育活动19场,发放反邪教宣传资料7400余份,宣传品650余份,展板216块,服务群众1万余人次。

【团结引领】 结合第4个"全国科技工作者日"及"弘扬爱国奋斗精神、建功立业新时代"活动,开展以"科技为民、奋斗有我"为主题的优秀科技工作者宣传报道活动。推荐、遴选出王琛等30名优秀科技工作者,通过《兰州日报》《兰州晚报》《甘肃科技报》、兰州电视台党建频道先锋引领栏目集中宣传报道。走访慰问陈熙萌、杨海兴、朱天垣、邵旭平、王治业、王爱勤等优秀科技工作者。发挥法律顾问及科技工作者法律服务中心作用，指导北京大成（兰州）律师事务所深入各区县科协、院士专家工作站、乡镇、街道为科技工作者开展法律咨询服务，开展民法典系列专题宣讲活动14场次，发布知识产权类普法文章61篇，法律知识200余条。

【科技创新】　拨付甘肃国信安全信息服务有限公司、兰州佛慈制药股份有限公司院士专家工作站2019年度运行经费及院士工作补贴100万元。集中评估9家院士专家工作站、1家专家人才工作站，向市委人才工作领导小组及时上报评估结果，并拨付院士专家工作站运行经费及院士专家工作补贴450万元。甘肃大禹九洲空间信息科技有限公司、兰州新区石化产业投资有限公司、国网甘肃省电力公司3家院士专家工作站被省科协综合评估为2020年优秀院士专家工作站，每家拨付工作经费5万元。指导兰州市第二人民医院引进海军军医大学附属长海医院胰腺肝胆外科主任医师张怡杰、四川大学华西医院器官移植中心主任杨家印建立兰州市肝胆胰外科专家人才工作站。指导兰州新区石化产业投资集团有限公司院士专家工作站在兰州新区举办“绿色氢能和液态阳光甲醇高端论坛”。指导甘肃省科学院生物研究所等7家单位申报建立甘肃省协同创新基地。推荐兰州新区现代农业投资集团有限公司、中国兰州留学人员创业园管理中心评为中国科协“海智计划”甘肃基地工作站。联合甘肃省材料学会申报省科协2020年创新驱动助力工程重型装备用滑动轴承和动密封材料关键技术与成果转化项目，获得资助资金30万元。

【文明实践】　根据创建全国文明城市工作部署，组织建成包含20个科普触摸屏、10个科普教育基地、1台科普大篷车在内的科协新时代文明实践中心活动阵地；56名农业、医疗、科技教育等方面专家组成科普宣讲团；陆续开展科学防疫、让党旗在“战疫”一线高高飘扬等新时代文明实践志愿服务活动30场，1.5万余名群众受益，为兰州市获得全国文明城市荣誉称号作出应有贡献。市科协被兰州市精神文明建设指导委员会命名为市级文明单位。

11月7日，第3届兰州市青少年机器人竞赛在兰州市外国语高级中学举行

【科普工作】　推荐的2家农技协会、3个科普社区获得省科协2020年“基层科普行动计划”先进集体称号，获奖补资金97.5万元。组织参加第35届甘肃省青少年科技创新大赛获奖80项，兰州市科协获得优秀组织奖。组织参加首届甘肃省青少年创意编程与智能设计大赛获奖173项，40名老师获优秀指导教师奖。举办以“创新快乐成长”为主题的第3届兰州市青少年机器人竞赛，来自全市110所中小学校、353支参赛队伍、925名参赛选手参加比赛，7项赛事评出一等奖65项、二等奖95项、三等奖150项。举办第36届兰州市青少年科技创新大赛，接收青少年科技创新项目、科技辅导员创新成果等各类作品1036项，评出青少年科技创新成果、优秀少年儿童科学幻想画等各类奖项809项，优秀辅导教师169名，科技创新先进学校25所，优秀组织奖10个。“中国流动科技馆”在榆中四中、皋兰黑石中学、永登六中进行巡展，近2.5万名学生和群众受益。深入乡村、社区、校园开展科普大篷车“流动科技馆”巡展活动，行程2300余千米。围绕2020年全国科普日“决胜全面小康，践行科技为民”活动主题，组织开展“科普1日游”“共享科普，协力创城”“中国飞天梦”科普中国万里行等系列活动。

【脱贫攻坚】　协调企业为帮扶村捐助100公升过氧乙酸和50公升75%医用酒精，捐赠16吨价值4.5万元的高效活性生物复合肥料，为新考入大学的15名贫困学生捐助助学金1.5万元，为村上1名孤儿捐助生活费0.3万元，解决村上灌溉工程缺口资金3万元。邀请农业技术人员举办娃娃菜、红笋种植技术及牛羊养殖技术科普讲座。为帮扶村引进食用菌种植技术，盘活农村闲置中学校园资源，建立了食用菌种植基地，一期投入11万元种植食用菌棒。

（刘铝锋）

## 兰州市文学艺术界联合会

【概况】　2020年，兰州市文联发挥各文艺家协会作用，搭建宣传交流平台，持续开展文艺创作、人才推荐、文化交流等工作，支持和帮助文艺家开展文艺创作。主办《金城》文艺杂志6期。

【协会管理】　2020年，各文艺家协会以召开工作年会、理事会、主席团会议方式，对2019年工作进行总结，安排部署2020年工作。落实各文艺家协会年检工作。参加甘肃省文联换届。发展壮大文艺队伍，各文艺家协会全年发展新会员254人，推荐发展省级会员51人。5—12月，各文艺家协会组织启动“崇德尚艺、潜心耕耘，做一名有信仰、有情怀、有担当的新时代文艺工作者”主题学习教育实践活动，推动各协会文艺工作者职业道德建设和文艺界行风建设，探索制定行业标准和行业规范。

【文艺创作】　以榆中县中连川小学学生为原型改编的青少年励志题材电影《足球少年》，通过国家广播电视电影总局审核，获得公映许可证“龙标”。

拍摄的兰州宣传纪录片《雄关奇城》（原名《山河故事》，于12月30日在央视科教频道《地理中国》栏目首播，次日重播2次。

9月，百集公益城市系列形象宣传片《兰州莎莎》获全省“学习强国”学习平台推广使用优秀短视频奖。

【人才推荐】　为甘肃省文联换届推荐各文艺家协会代表50人，从中推荐甘肃省各文艺家协会理事21人。

【文化交流】　10月，组织书画艺术家赴昆明，参加“北丝路”牵手“南茶道”“一带一路”兰州“茶马古道”城际推介活动。11月，组织书画艺术家赴广州，参加“丝路古道”走进“千年商都”“一带一路”（兰州—广州）城际文旅交流活动，与昆明、广州开展城际文化交流。

【兰州市作家协会】　2月3日，开展“众志成城 共战疫情”兰州市文学界文学作品征文，征集小说、诗歌、散文1325篇，向《光明日报》《甘肃日报》《兰州日报》《兰州晚报》《金城》推送作品28篇。与兰州新闻网合作，制作“声援战疫”音频7期。

7月，举办“散文的现状与可能”研讨会，邀请省市著名散文家、评论家和当地文学爱好者一同探讨散文创作的初心、散文的边界及省市散文创作存在的问题及努力方向。7月13日，《甘肃日报》百花副刊整版推出兰州市作家专版。

9月9—11日，在永登县举办兰州市第2届文学提高班暨《永登文化遗产》《庄浪河新歌》首发活动，被省市媒体及中国作家网宣传报道。

9月24日，在永登县通远中学开展“阅读与写作”讲座。组织在校师生和当地文艺爱好者开展阅读辅导和创作交流。捐赠市文联出版的《兰州当代文学选粹》丛书和《金城》文学杂志。

【兰州市书法家协会】　通过中国甘肃网、中国兰州网、学习强国、甘肃党建、今日头条等网络平台和报刊、电视等媒体发布推送7期美术书法作品网络展。创作、征集作品488件（其中，书法作品316幅，绘画作品141幅，篆刻作品31件），发布推送260件（其中，书法作品171幅，绘画作品71幅，篆刻作品18件）。同时，组织各分会及会员单位举办网络书法展14期，展出作品375幅。

4—7月，开展文化下乡活动9场次，参与文艺家志愿者45人次，向群众捐赠书画作品3000余幅。相继在通远镇、通远镇牌楼村、坪城乡满塘村、龙泉文庙广场等地开展文化下乡活动，为群众现场书写春联、“福”字、捐赠中堂、对联等书画作品1000余幅。结合脱贫攻坚工作，相继在永登县武新民村、皋兰县城、皋兰县忠和镇、榆中县寨子村、七里河区沈家岭村等地开展“文化扶志扶智·助力脱贫攻坚”“惠及爱心力量 助推乡村振兴”等系列文艺活动，组织书画艺术家向村民捐赠创作的书画作品2000余幅，向村民讲授书画创作知识。组织书法家在当地学校举办“书法公益讲堂”讲座，为学生进行文化辅导。同时，指导帮扶村干部群众自发成立书法爱好者活动小组，为当地培育乡贤文化骨干。

7月4日，举办金城讲堂“笔墨丹青，溢彩金城”——书法家汪志刚书法品评及沙龙。与现场中青年书法家及其书法爱好者50余人，品评作品，交流心得。

8月1—31日，开展2020年“翰墨传情歌盛世”兰州市书画展征稿，收到作品350幅。10月28日，评审选出入展作品100幅。12月18日，举办为期4天展览活动。

10月，组织书法艺术家赴昆明，参加“北丝路”牵手“南茶道”“一带一路”兰州“茶马古道”城际推介活动。11月，组织书法艺术家赴广州，参加“丝路古道”走进“千年商都”“一带一路”（兰州—广州）城际文旅交流活动。

10月24日，举办为期2天的金城讲堂·书法公益培训班，组织100名学员参加培训、学习。

组织市书协文艺家志愿者28人次，分别在王家堡小学、兰州市第四十四中学、万里小学、大沙坪小学、兰州市第十中学、通渭路小学、安西路小学、敦煌路小学等学校开展“2020

1月17日，兰州市书法家协会在西客站为春运旅客送春联和福字

年书法进校园"活动，惠及学生1500余人次。以网络为平台，组织开展第8届兰州市青少年现场书法大赛，选出一等奖9名、二等奖12名、三等奖15名、优秀奖30名，作品入展200幅。

组织文艺志愿者举办"同心同书——祖国新春好"书法家送万福进万家活动，为兰州市第一看守所、广武门派出所等公安干警书写春联、字画以及福字。开展"我们的中国梦"——文化进万家春运高铁丝路行，书法送福奔小康活动，在兰州西客站现场为旅客送上春联和福字。

【兰州市美术家协会】 2月，开展动员、组织美术工作者参与美术书法作品网络展。疫情期间，创作、征集绘画作品141幅，发布推送绘画作品71幅。

8—12月，举办2020年"翰墨传情歌盛世"兰州市书画展。组织动员美术工作者积极投稿参与，美术作品共入选108幅。

10月，组织美术艺术家赴昆明，参加"北丝路"牵手"南茶道""一带一路"兰州"茶马古道"城际推介活动，参加两地艺术家现场笔会活动。

【兰州市戏剧舞蹈家协会】 组织文艺家志愿者在永登县通远镇边岭新村举办"我们的中国梦·文化进万家"——兰州市文联新时代文明实践文艺志愿者义演活动。组织音乐和舞蹈艺术家志愿者走进社区，为居民讲授民族舞、广场舞、音乐与舞蹈等知识，指导社区开展群众性活动。春节、中秋等传统节日期间，组织文艺志愿者走进街道、社区，与群众共同举办"2020我们的节日"主题活动，弘扬传统节日文化。

推荐协会文艺志愿者开展"文艺进万家 健康你我他"网络文艺志愿服务活动。

组织收集协会艺术家作品，包括已故的戏剧界有一定成就和影响的人士作品、新创作上演的剧目、发表在各类刊物上的大型话剧、戏曲、歌剧、音乐剧、歌舞剧、诗剧、儿童剧、滑稽戏、木偶剧剧本名录，收录《中国戏剧年鉴》。

12月28日，在七里河区举办"文脉相联、民心相通"兰州市文艺家文艺志愿者进民族团结进步示范区七里河区文艺活动，以文艺形式，助推民族团结进步。

9—12月，举办"舞美金城"首届兰州市少儿舞蹈大赛，培育发现优秀少儿舞蹈创编、表演人才，搭建少儿舞蹈创作、交流、展示的平台。

【兰州市音乐家协会】 组织音乐家积极参与创作"以艺助力抗疫"主题系列文艺作品，累计创作"以艺助力抗疫"系列MV和MTV歌曲9首。其中《阳光的声音》《战疫之歌》《江河共脉共盼春来》3首音乐作品被"学习强国"平台推送，《春天你来吧》《爱满中华》2首音乐作品被甘肃党建平台推送。歌曲《白玉兰》于护士节期间在全市各大媒体和户外公共屏幕播出。

在协会中开展"崇德尚艺、潜心耕耘，做一名有信仰、有情怀、有担当的新时代文艺工作者"主题学习教育实践活动，组织会员赴黄河楼、兰州老街、西固区河口古镇等地采风创作，宣传兰州。

【兰州市摄影家协会】 组织文艺家志愿者协助市委宣传部外宣办拍摄展现兰州的宣传片；应兰州新区管委会的邀请，组织20余名会员走进新区看新区变化，拍新区新貌；组织摄影家协会会员参加"美丽中国·生态甘肃"美术书法摄影作品评选活动；组织摄影家参与拍摄甘肃省公安机关深化实战大练兵暨首届警体运动会、市直机关运动会等，拍摄作品近千幅，展现机关干部积极向上的精神面貌。

组织会员为永登县通远镇边岭村、牌楼村脱贫户拍摄全家福20幅。举办兰州市"扶贫之路"大型网络摄影作品展10期，评选优秀作品100件。

（付桂林）

## 兰州市红十字会

【概况】 2020年，市红会接受社会捐赠款物1336.1万元。其中，捐款225.1万元；捐赠物资价值1111万元。各区县红会接受捐款217.9万元、捐赠物资价值71.9万元。区县红会开展"99公益日"网上众筹活动,筹资2.28万元。

【应急救护培训】 全市各级红会组织开展应急救护培训316场次,60247人次参加培训。其中,普及性培训192场次51071人次;救护员培训103场次6177人次;应急演练21场次2999人次。甘肃省消防救援总队再次邀请市红会承担303名新招录消防救援员的救护培训任务。安宁区红会协调驻区高校将红十字应急救护培训列入新生入学教育内容,对兰州交通大学等4所高校的1.6万余名新生全部进行普及性培训。

【人道救助】 深切关注群众困难,助力落实"六保""六稳",市红会拨付54万余元开展人道救助,协助政府兜住民生底线。元旦、春节期间统一开展覆盖全市城乡的"红十字博爱送万家"活动,对2500户困难群众进行慰问,发放慰问物资价值38.75万元。连续5年开展"红十字圆你大学梦"助学行动,筹资10万元资助20名困难家庭大学新生顺利入学。对因重大疾病、重大意外伤害导致生活陷入困境的8人户给予临时救助4.1万元。

【"三献"工作】 6月14日,举办纪念第17个世界献血者日大型主题宣传纪念活动,100余名志愿者现场参加集体献血。西固、红古、榆中等区县红会多次组织开展无偿献血宣传和集体献血活动。城关区、安宁区、七里河区、榆中县红会于7月中下旬集中开展造血干细胞捐献志愿者招募活动,采集血样700余人份。七里河区、榆中县是首次在社会面开展宣传招募,进一步拓展改进工作模式。通过开展"志愿者保留"活动,回访入库志愿者400余人次,进一步巩固捐献意愿。完成捐献者HLA高分辨率分型检测血样采集1例。7月27日—28日,分片举办2场人体器官捐献宣讲活动,全市卫健、红会系统和市属医疗机构400余人通过巡讲了解人体器官捐献工作的政策法规和开展方法。全市登记器官遗体捐献志愿者4993例,其中线下登记58例。完成器官(组织)捐献9例;遗体捐献5例。

【志愿服务】 发挥红十字组织优势,指导各级志愿服务组织积极开展疫情防控、文明城市创建等志愿服务活动230余场次。市红会征召的首批志愿者1月27日准时到岗投入工作,承担接待登记捐赠信息、点验转运物资和值班值守等任务。防控一级响应期间先后有20余名志愿者在会机关参加值班值守、物资转运、后勤保障等工作。七里河、安宁等区县红会组织大批志愿者参加卡口检测、小区封控等疫情防控工作。志愿者队伍不断壮大,全市登记志愿者2112名,组建"三献"(无偿献血、捐献造血干细胞、捐献人体器官)专业志愿服务队3支。市红会结合疫情防控工作实际,对部分参加疫情防控工作的骨干志愿者进行培训,提升服务能力。志愿服务团队服务能力进一步增强,永安减灾、众擎救援等志愿服务团队组织开展救护员培训9场次,培训救护员480余人。

【红十字青少年工作】 全市新建成学校红十字会近40个。开展多项以中小学生为对象的公益活动,在2所农村小学实施"益乐读""益口好牙"公益项目,100余名农村儿童受益。安宁区红会对4所高校的1.6万余名新生进行普及性应急救护培训,同时开展防艾宣传。

【群团改革】 市红会机关党组织调整为市直机关工委管理,选举产生支部班子,加强机关党建。制定印发机关干部联系服务群众制度、机关工作人员平时考核实施办法等多项制度,重新修订学习制度、物资和仓库管理制度等6项规章制度,进一步健全制度体系,规范机关管理运行机制,强化工作人员平时考核。多次深入区县红会开展改革进展调研和工作督导。印发《关于贯彻落实市委领导批示精神加快推进区县红十字会改革的通知》,要求各区县认真学习贯彻省委常委、市委书记李荣灿批示精神,采取有力措施加快推进改革。城关、七里河等5个区县完成改革方案起草,报送上级有关部门。印发《关于贯彻落实〈总会关于加强红十字会基层组织建设的指导意见〉的通知》,指导区县红会进一步加强基层组织建设。全市新增基层服务组织、学校红十字会等537个,基本实现乡镇街道全覆盖。榆中县成立村级红会160个,城关区成立社区红会60个。各级红会受理入会申请2386人次。

(王明杰)

## 侨联工作

【概况】 2020年,市侨联紧紧围绕市委、市政府中心工作,积极服务经济社会发展,各项工作取得显著成效。全市有区县级侨联组织8个,团体会员28个,专委会3个,服务对象9万余人。

【为侨服务】 先后陪同全国人大常委、华侨委员会主任委员王光亚、市委统战部领导前往城关区渭源路街道兰大社区、甘肃万华实业集团公司、万华中加国际学校、兰州天伦不孕症医院和兰州市百源基因有限公司等地走访调研,助力企业复工复产。参加陆桥沿线城市侨联服务"一带一路"合作联盟第3次联席会议暨线上融媒体创客创业企业项目推介会和2020"一带一路"交汇点华商大会，在深度开展合作交流、促进经济融合上助力构建“双循环”新发展格局。11月，与南京市侨联缔结友好侨联协议，着重在服务经济、对外联谊、信息交流等方面开展全方位友好合作。全年组织侨界人大代表和政协委员开展调研活动2次，完成调研报告2篇，提出议案提案10余件。利用新搭建的微信公众号、整合后的微信群和QQ群等媒介，宣传《中华人民共和国归侨侨眷权益保护法》《中华人民共和国民法典》等法律法规，进一步提升侨界人士、基层侨务干部和广大群众的法治意识。密切关注老归侨、困难归侨侨眷等群众利益问题，先后协调解决来信来访和政策咨询6件次。

【捐资助困】 协调天津市侨联向永登县、榆中县、皋兰县和城关区杨家沟社区的贫困群众捐赠防寒服2000件，价值39.6万元。发挥“暖侨心”工程作用，先后慰问归侨侨眷11人次，发放慰问金3.9万元。继续派出1人在帮扶村担任第一书记兼工作队队长，组织干部先后10余次入户走访调查，就危房改造、低保申请、“三化”改造、邻居纠纷等协调6次，同时筹措资金5200元，为5户建档立卡户维修房屋；制定修改完善“一户一策”巩固提高计划26户；配合驻村工作队和村“两委”做好国家脱贫攻坚普查和省级市州脱贫攻坚互查迎检工作。

（张　弛）

# 法治

## 地方立法

【概况】 2020年，兰州市人大坚持问题导向、发展导向、民生导向，加强重点领域立法，充分发挥地方性法规制度在法治兰州建设中的作用。

【立法工作】 严把法规立项关，紧跟部署要求、回应群众关切、立足发展需要，及时将黄河风情线大景区管理、物业管理、气象灾害防御、轨道交通管理等列入2020年立法计划，推动立法由总结经验逐步向引领规范转变。严把法规起草关，注重“小切口”“精细化”立法，提前介入法规起草，让立法的制度设计与实际情况精准对接。严把法规审议关，做实做细法规草案征求意见、专家论证工作，拓宽公众参与立法的渠道，让地方立法更加接地气、顺民意、显公正。着力提高立法质量。深入贯彻落实习近平总书记关于“兰州要在保持黄河水体健康方面先发力、带好头”的重要指示，制定《兰州市黄河风情线大景区管理条例》，为规范黄河风情线大景区开发管理提供制度支撑。认真落实《中华人民共和国民法典》(以下简称《民法典》)对物业管理最新规定，制定《兰州市物业服务管理条例》，推动物业服务行业健康发展。从人民群众切身利益出发，制定《兰州市气象灾害防御条例》，着力提升气象灾害预警防范水平。对《兰州市道路交通安全管理若干规定》《兰州市轨道交通管理条例》进行一审，对《兰州市市政设施管理办法》开展立法后评估，对《兰州市养老服务条例》等7个立法项目开展调研，对涉及疫情防控、营商环境、《民法典》等3个方面地方性法规开展专项清理。着力提升立法能力。深化与兰州大学、西北师范大学、兰州财经大学立法基地合作，密切与35名立法咨询专家、13个立法联系点的联系，拓展3所高校法学院课题组参与地方立法工作，凡立法必邀请立法咨询专家到会发表意见，凡立法必征求立法联系点意见，有效保障立法精准。开展立法协商，对社会关注度高的法规和法规中的焦点问题，既听取各民主党派和政协委员中专业人士的意见，又听取利害关系人的意见，广泛凝聚立法共识。通过立法座谈会等形式，搭建立法研究与立法需求对接平台。聚焦讲政治、高素质、专业化，加强立法队伍建设，创新法治人才培养机制，举办全市地方立法、规范性文件备案审查专题培训班，全面提升立法水平。

(穆晓娟)

## 政法工作

【概况】 2020年，全市政法战线严格对照平安建设年度任务，全力以赴战疫情、防风险、护稳定，下足功夫抓重点、补短板、强弱项。全市刑事案件和治安案件连续三年下降，平安甘肃建设考核连续三年位列优秀等次。兰州市政治安全、社会安定、人民安宁的良好局面得到持续巩固。

【平安兰州建设】 加快推进市域社会治理现代化试点，召开平安兰州建设领导小组会议、全市平安建设暨市域社会治理现代化试点工作推进会，统筹推进全国市域社会治理现代化试点城市创建工作。坚持共建共治共享，按照“一年强基础、两年创达标、三年促提升”总体思路，制定试点工作责任清单，量化101项任务指标，明确责任单位和完成时限，压茬推进年度任务落地落实。坚持上下“一盘棋”，发挥党委政府在规划设计、政策配套、整体推进方面作用，全面落实平安建设运行协调机制，倾力打造“市级抓统筹、区县负主责、乡镇强执行”三级联动治理架构，形成工作联动、问题联治、平安联创良好局面。10月21日，市委常委、政法委书记杨金泉代表兰州市在全国市域社会治理现代化试点工作交流会上作题为《整合资源五治共进，建设更高水平的平安兰州》的交流发言，向全国推广兰州市试点工作经验做法。推广枫桥式派出所、刘兰香警务室、村民说事室等基层治理品牌，持续加大对征地拆迁、婚姻家庭、邻里纠纷等矛盾纠纷的调处力度，探索建立区县、乡镇街道和村(社区)三级联动的“金字塔”式调解网格体系。建立平安兰州建设专项协调运行机制，推动出台《关于新时代维护社会稳定工作的实施意见》等12个制度文件，制定各领域责任清单，构建起“1个协调机制统揽、3个具体办法指导、2个责任清单落实”的维稳工作新格局。上年11月接受中央政法委《条例》督查，得到中央督查组充分肯定。将基础设施建设纳入全市发展总体规划，市财政列支3.4亿元保障“雪亮工程”示范城市运行。投入1.28亿元保障应急处突力量，投入4550万元建成兰州反恐联勤指挥部。在减负大背景下，将社会治安综合治理作为市级层面保留的5个“一票否决”事项之一，将平安兰州建设目标责任书作为市级层面保留的6个责任状事项之一，由市委、市政府与8个区县、84家部门单位签订责任书，并逐级分行业分领域层层签订责任书，并且在全市2020年度考核中，增加对平安建设考核的权重和赋分，将平安建设考核从三类指标2分分值提升为二类指标5分分值，实现平安兰州建设责任制全覆盖。

**【“扫黑除恶”专项斗争】** 以“一十百千万”行动、“六清”行动为牵引，统筹推进扫黑、打伞、治乱、建制一体发展，持续扩大扫黑除恶战果，专项斗争各项主要指标均列全省第一。注重深挖攻坚，建立市县两级扫黑办与纪检监察、政法机关“双挂账”制度，对所有在办涉黑涉恶案件分级“挂账”督办，公安机关抽调精干力量成立专班，专案攻坚；检察机关逐案调度，督促指导；审判机关开展百日攻坚行动，推动实现快侦快诉快判。兰州市侦办并一审判决的“2·12”特大套路贷案件，是全国首例以黑社会性质组织宣判的“套路贷”案件。部署开展百日追逃行动，全力缉拿涉黑涉恶案件在逃人员，目标逃犯全部到案，成为全省最早实现“逃犯清零”市州。注重综合治理，组织开展十大行业领域突出问题专项整治，全面梳理行业领域堵点、漏点、风险点清单，累计向相关行业部门发出“三书一函”289份，全部整改到位。围绕加强基层组织建设，对全市2929名村“两委”成员、3898名社区“两位”成员任职资格进行全覆盖联审，整顿软弱涣散村党组织240个，严防黑恶势力向基层组织侵蚀渗透。注重长效常治，全力推动省委“惩腐打伞”专项巡视问题整改落实，梳理、归纳和提炼专项斗争以来行之有效的方法、措施等，建立形成线索分类管理、快速交办，案件提前介入、同步办案，案后查找源头、限期整改等145项制度机制，推动全市扫黑除恶专项斗争规范化开展、常态化运行。

**【维稳工作】** 全力做好重大节会安保。推行领导干部带头接访下访，由党政主要领导带头接待来访群众，解决疑难复杂信访事项24件，化解重复信访积案55件。制定防范化解和妥善处置群体性事件实施办法，组织开展2020跨区域拉动演练，稳妥处置群体性事件和上访172起，完成十九届五中全会、全国“两会”等重大节会维稳安保任务。助力打赢三大攻坚战，依法打击脱贫攻坚领域违法犯罪，开展侵害农民工权益犯罪专项立案监督，市检察院办理的王某、陈某绝不支付农民工劳动报酬一案入选最高检典型案例；防范化解金融风险，建成兰州金融仲裁院，筹建“一带一路”兰州国际仲裁院，推动金融行业矛盾纠纷快速化解。围绕做好“六稳”工作、落实“六保”任务，推出服务“夜间经济”“地摊经济”若干措施，创设服务企业“护航警官”，组织企业法治体检600余家，助力民营经济发展。开展黄河永靖、西固段和湟水河流域生态环保公益诉讼跨区域协作，开展“携手清四乱、保护母亲河”专项行动，审查生态环资类公益诉讼案件193件，有力推动黄河流域生态保护和高质量发展。

**【法治兰州建设】** 制定下发依法治市、依法行政、法治政府建设等工作要点，提请审议地方性法规3部，制定修改政府规章2部，完成行政规范性文件审查71件，中央依法治国办督察反馈问题和省上法治建设考评意见全面整改完成。全面落实“法律八进”，完成“七五”普法验收，开展“12·4”国家宪法日暨“普法志愿者普法行”专项宣传，全方位推进宪法、民法典学习宣传，建成“一地一品”法治文化阵地1335个、法治文化广场53个，组织普法宣传8600场次、线上普法1100场次。兰州市政府政务服务工作和西固区公共法律服务被评为全省第一批法治政府示范项目。加快推进司法责任制改革，深化司法体制改革27项工作任务基本完成，《司法责任制绩效考核办法》作为司法工作亮点在全省推广。市公安局完成兰州市森林公安局转隶、改制等体制改革工作，在全市重新划分836个警务区，实现“一区一警”。市法院加快推进内设机构改革，加快“分调裁审”机制改革，设立21个速裁团队，实现“简案快审”“繁案精审”目标。安宁法院被最高人民法院表彰为“全国一站式多元纠纷和诉讼服务体系建设先进单位”。市检察院重新组建调整检察官办案组，落实检察官动态管理制度，制定检察官业绩考评实施细则和司法辅助人员考评实施办法，城关检察院被最高检院表彰为全国先进基层检察院。加快推进执法司法规范化，开展“守初心、担使命，集中排查整治执法司法突出问题”专项行动，制定案件评查实施办法和优劣案件评选实施办法，建立排查整治问题清单，全面排查各类案件3.3万余件，查摆整治问题63项，兰州市七里河公安分局被评为全国公安机关执法示范单位。巩固“基本解决执行难”工作成果，受理执行案件32397件，同比上升12.45%，结案27478件，同比上升11.59%。加快推进政法公共服务建设，推行“互联网+公安政务”，加快兰州公安大数据分中心建设，整合信息资源162.35亿条，建成全省首个“无人警务室”。完善“两个一站式”诉讼服务体系，建成知识产权法庭上诉案件网上报送和远程开庭对接系统，办理网上立案、跨域立案7967件，实现“数据多跑路、服务更快捷”。优化升级公共法律服务体系，市县乡三级公共法律服务中心全部建成，办理法律服务4.8万件。推进社会心理服务体系建设，建立兰州市心理危机干预研究与援助中心，组织开展社会心理服务工作，有效预防心理危机事件发生。

**【政法队伍建设】** 坚持新时代党的建警治警方针，把政法队伍建设作为政法工作的重要保障，推进政法队伍革命化、正规化、专业化、职业化建设。全面提升履职能力，组织开展“学习贯彻习近平法治思想深入推进法治兰州建设”知识竞赛、《民法典》知识竞赛，举办《民法典》专题辅导11场2223人次。举办全市检察机关刑事检察业务“学比练赛”强化班和民事、行政、公益诉讼检察业务“学比练赛”提升班，组织法院干警赴南梁干部学院、玉门铁人学院、舟曲法官学院开展业务素质培训，依托各类网上平台分系统开展优秀庭审评选和优秀裁判文书评选，全面提升政法干警业务能力。开展教育整顿，公安机关高标准推进“坚持政治建警全面从严治警”教育整顿试点工作，紧扣6个方面20项具体措施和试点工作“四项任务”，先行先试、快行快试，打造“1643”工作体系，创新推出“六最六抓”具体举措，建立健全《构建全面从严管党治警大监督格局的意见》《政治建警考评办法》《队伍思想状况调研分析制度》等7大类38项制度规范，形成具有兰州公安特色的坚持政治建警、全面从严治警路径举措，试点工作成效受到公安部部长赵克志、中央纪委国家监委驻公安部纪检监察组组长孙新阳、公安部政治部主任冯延等公安部领导的充分肯定，新华社、法制网、《人民公安报》等中央省市各级媒体广泛关注和报道。做到激励约束并重，压紧压实全面从严管党治警政治责任，依法查处执法司法腐败案件74起103人。健全依法履职保护制度，落实心理健康辅导、伤病救治“绿色通道”，通过“团圆计划”实现14对双警异地夫妻家庭团圆。完善表彰优秀政法干警常态化机制，对雁滩派出所等15个全市优秀公安基层单位和关春明等30名全市优秀人民警察予以表彰，涌现出2020“最美基层民警”贺小东、全国先进工作者刘庆等一批先进典型。升级建设兰州政法融媒体工作室，构建市县乡三级宣传矩阵，开通运行官方微博、微信、头条及抖音账号120余个，兰州政法微信公众号订阅人数8.6万余人，《兰州镇街政法委员培训班“线上开课”》等4篇稿件被中政委微博、长安剑推送转发，“三微作品”在全省评选中斩获13个奖项，《阳光透过的夏天》获得第8届亚洲微电影金海棠奖。

（许文鹏）

12月3日，市政法系统在省广播电视演播大厅举办“学习贯彻习近平法治思想 深入推进法治兰州建设”知识竞赛

## 公 安

**【概况】** 2020年，全市公安机关牢固树立总体国家安全观，坚决捍卫政治安全，深化“社会治理、立体防控、公共安全”三大工程，着力提升社会治安管控能力，全力维护社会安定；围绕“平安兰州”建设，聚焦“严打黑恶犯罪、严打电诈犯罪、严打涉毒犯罪”三项重点，开展各类打击整治行动，切实保障人民安宁；加强“智慧公安”建设，锻造核心战斗力，不断提升实战化能力水平；紧扣“六稳”“六保”

工作任务，服务保障全市经济社会发展大局；持续深化队伍革命化正规化专业化职业化建设，推进“坚持政治建警全面从严治警”教育整顿试点工作，着力打造“四个铁一般”的高素质过硬金城公安铁军，全力以赴防风险、战疫情、保安全、护稳定，确保全市政治社会大局持续稳定。全年全市立刑事案件14077起、受理治安案件18874起，同比分别下降3.7%、14.1%。在打防工作中，全市电诈发案占刑事全案的一半，打网络战、数据战、证据战的能力还有欠缺，社会协同防范合力尚未形成，电诈案件高发低破的趋势仍未根本扭转。

**【政治安全维护】** 强化专案侦控，突出重点管控，健全完善风险评估机制，开展常态化情报会商研判。推进“净网2020”专项行动，开展全天候网上巡查，及时发现处置网上有害信息59万余条。与市委网信办建立舆情应对处置协调联动机制，完善本地160家单位参与的网络安全通报预警机制，处置本地重大舆情事件88起。

**【社会治安管控】** 推进“枫桥式派出所”创建，结合“百万警进千万家”活动，排查各类矛盾纠纷4917起，化解4505起，稳妥处置群体性事件409起，个人极端事件“零发生”。推进“区网融合、五联两共”和“治安户长、六员两联”警务工作模式，发挥2535名治安户长作用，开展便民服务1.2万余人次，反馈工作指令3.3万余条，开展法治宣传和矛盾纠纷排查2.1万余次。完善“六控一体化”社会治安防控体系，打造“7站+11岗+46点”为架构的闭环防控圈，推动将防控体系建设纳入平安兰州建设和市域社会治理框架。持续推进娱乐场所和特种行业管理，研发智慧管控平台，强化网约房等新业态管控。紧盯“三个100%”制度落实，督导检查寄递物流企业126家次，整改治安隐患36处。全市中小学、幼儿园一键式报警装置与公安机关联网1230个，视频监控与公安机关联网2328个，设立护学岗653个，全年未发生涉校案（事）件。

**【公共安全管理】** 狠抓事故预防“减量控大”工作，大力实施“六大提升工程”，完善“情指勤督服宣”六位一体管理机制，搭建“智慧交通警务云平台”，落实“路长制＋网格化”，推行交警进社区和门前承包制，全面排查整治交通安全隐患，加快农村道路基础设施和“两站两员”建设，全年交通事故“四项指标”（发生起数、致死人数、致伤人数、经济损失）同比分别下降4.3%、16.1%、8.5%、40%。深化打击整治枪爆违法犯罪专项行动、集中清查收缴非法枪爆物品，消除潜在隐患。加强水上安全守护，确保水域治安环境整体平稳。加强地铁安保、公交和出租线路守护，强化高峰巡逻、重点盘查，确保公共交通安全平稳。

**【严打突出犯罪】** **严打黑恶犯罪。**截至年底，打掉黑恶势力犯罪团伙及村霸123个，抓获犯罪嫌疑人1594名，破获刑事案件1258起，查扣涉案资产29.45亿元，占全省的50%；受理涉黑涉恶线索6591条，办结6584条，中央督导组转办1370条线索全部办结。

**严打电诈犯罪。**以“云剑2020”“断卡”“陇风2020”行动为抓手，坚持打防并举，以打开路，以打促防，打掉贩卖，中转涉案“两卡”窝点17个，查扣涉案银行卡1028张、对公账户660个、手机卡5.98万张、物联卡6.2万张等大批涉案物品。协调各方力量加大反诈宣传，电诈高发势头得到有效遏制，全年全市立电诈案件7552起，同比上升8.16%；联合三大通信运营

1月13日，市公安局开展“远离赌博危害 健康自律人生”禁赌宣传活动

商预警劝阻境外诈骗电话5.7万余个，拦截反制涉案QQ号码25万余个，封停涉案APP、网址852个，直接挽回群众损失3200万余元。

**严打涉毒犯罪。**大力推进全国禁毒示范城市创建，开展“两打两控”“净边2020”专项行动，全链条打击毒品犯罪活动。全面强化强制戒毒工作，强制隔离戒毒吸毒人员。

**【“智慧公安”建设】** 6月，将市公安局指挥中心、情报中心、合成中心、反诈中心合并成立合成作战指挥中心，下设维护稳定、打击研判、基础工作3个专班以及勤务保障、综合信息、指挥调度、巡逻防控、互联网警务5个科室，形成“一中心、三专班、五科室”工作格局。3个专班实行主任负责制，在“一个中心”统筹组织、“五个科室”支撑保障下，按照扁平化指令、常态化会商、实体化运行的要求，合署办公、高度融合、一体推进。重组以来，破获刑事现案3078起，同比提高5.6%，破案率37.3%，同比提高3.2%。

**公安大数据建设。**打通部门、行业、企业数据融合渠道，加快兰州公安大数据分中心建设，构建全方位获取、全网络汇聚、全维度整合的数据资源体系，打造兰州公安“最强大脑”。11月，兰州分中心建设方案编制报请市大数据管理局评审，并按照评审意见申请专项经费，开展可研编制工作。截至年底，先期整合信息资源188.2亿条，提供69类公安基础数据查询服务接口，全年新增数据61.89亿条。

**基础警务强化。**树立“全警都有基础工作，全警都抓基础工作”的理念，警种部门发挥专业优势，夯实各自专业基础，派出所常态化维护“一标三实”基础信息，采集信息902万余条，安装上墙智慧二维码门楼牌40.25万块，同时赋予便民服务事项，实现智慧门牌“码上办”，确保数据准确。重新划分警务区836个，全面实现“一区一警”，派出所警力占分县局警力52%，社区民警占派出所警力47%。推动453名社区民警兼任社区（村）党组织副书记（治保副主任）。

**【民生保障】** 持续深化“放管服”改革，制定出台优化营商环境、服务经济发展15条措施。不断推进简政放权，市级49项政务服务事项时限压缩比例66%；推进行政审批事项“一网通办”，办理行政审批事项3.1万余件，网办率93%；深化“互联网+公安政务”“一表式”网约驾考50万人次，“一站式”办理出入境证件21万余件；创新推出户政业务全城通办“就近办”、户籍e办“在线办”，实现让数据多跑路、群众少跑腿；落实“零门槛”落户政策，农业转移人口落户城镇8.71万余人，其中兰州市农业人口中7.68万人由乡村人口属性调整为城镇人口属性，全市户籍人口城镇化率73.69%。保护“舌尖上的安全”，以“昆仑2020”专项行动为载体，破获“食药农环烟油”案件62起，捣毁违法犯罪窝点87个，打掉犯罪团伙15个，涉案总价值9829.38万元；完成部督案件1起、省督案件5起；发挥“122”机制办职能作用，打击网络赌博案件，成功破获“7·15”网络赌博案件，打掉涉赌犯罪团伙17个，抓获犯罪嫌疑人36人，冻结涉赌资金100余万元。

**【电诈案件打防】** 建立“市局主导、区县主战、技术支撑、派出所主控、捆绑作业”电诈打防新机制，打破以往按案值划分管辖权模式，实行属地责任制，首接止付、首接研判、首接打击，明确派出所侦办因果关系案件，实现市、县、派出所一体化作战。建强打击队伍，市局便衣支队转变职能，专打电诈犯罪，各分县局和新区公安局均组建反诈专业队伍，打击质效实现新提升。年内全市破获电诈案件3311起，其中带破外省电诈案件1613起，同比提高227.8%；抓获嫌疑人962人，同比提高146.7%；破案率43.1%，同比提高28.3%。落实防范责任，坚持派出所主责，创建无诈校园、社区、乡镇，电诈发案升幅全省最低，同步开展止付挽损，成功止付涉案资金19.26亿元，同比提高1.8倍，返还受害人资金620万余元，同比提高10.7%。

**【信息化应用】** 依托“一标三实”基础信息采集，推动信息共享应用，协破案件5438起，抓获逃犯160人，有效服务支撑实战。坚持政府引导、警企联创、市场化运行方式，搭建103个标准智慧安防小区，53个实时数据接入公安网，累计采集房屋、人员、车辆等基础信息9万余条，日均汇入公安网人车进出记录、视频人脸抓拍等信息7.1万余条。不断优化“5+1”巡控模式，17个警务站屯警街面，优化组织86个巡逻区、18支PTU巡控组、21支“金城快骑”力量常态化武装巡控、动中备勤，维稳能力进一步提升。

**【应急处突】** 围绕敌情、社情、民情、舆情、警情，实施平时核查推送和战时研判会商工作机制，召开情报会商研判会，综合分析，切实做到时刻准备、掌握主动。建强应急力量，充实应急处突队伍，24小时备勤待命，在“两节”“两会”等重大节会和敏感节点期间，按照“一事一部署”，研判分析形势，明确责任、细化任务，守住不出事底线。开展应急演练，坚持以练促战、以战促战，在应对防控等突发案件中，及时应对、高效处置，实战处置能力不断提升。11月18日，成功组织开展全市公安机关2020跨区域拉动演练，完善预案方案，检验实战水平。

**【队伍监督管理】** 坚持事前防范、严密监督，落实党委抓总，纪检监察、督察、法制、审计、信访、政工人事、办公指挥等部门密切配合，共同构建

"1+7+N"大监督格局;全力推进"坚持政治建警,全面从严治警"教育整顿试点工作,开展开门评警恳谈会,聘任60名党风政风警风特邀监督员,向警属发出公开信,组建警属微信群,进行重点民警家访,充分发挥亲情监督作用,严格"八小时外"管理,不断完善监督体系。坚持刀刃向内、刮骨疗毒,坚决清除害群之马。制定落实《推动政工队伍履行主责主业实施方案》《政工主官和政工干部职责规范》,充实配备政委11名、政治教导员44名,430名基层政工主官全覆盖轮训,强化队伍思想建设和日常管理,民警自我约束、自我管理的自觉性不断增强。

【法治扶贫】 围绕脱贫攻坚大局,以"法治扶贫"助力"精准扶贫",组织开展反恐反邪、预防电诈、扫黑除恶、交通安全、禁毒等法治宣传200余次,专题法治讲座80余次,发放宣传资料2万余份,有效提高群众的法治意识;严厉打击农村黑恶势力、宗族势力,排查化解矛盾纠纷100余起。

(闫 燕)

## 检 察

【概况】 2020年,兰州市检察机关聚焦党中央、省委、市委和上级检察机关决策部署,压紧压实责任,细化工作举措,确保各项要求落实到位。贯彻落实《中国共产党政法工作条例》及省委《中国共产党全国代表大会和地方各级代表大会代表任期制暂行条例》的实施办法、市委《中国共产党政法工作条例》实施细则,严格执行重大事项请示报告制度,向市委、市委政法委和省检察院报告请示40件次。全年批准逮捕分裂国家、暴恐、邪教组织等各类涉安全犯罪73人,起诉805人。推进平安兰州建设,依法严惩各类侵犯人身和财产安全的严重暴力犯罪,批捕975人,起诉1129人。

【维稳工作】 回应人民群众平安需求,针对醉驾犯罪高发状况开展专项治理,在市道路交通快速处理中心挂牌成立危险驾驶犯罪警示教育基地,对危驾案件集中开庭审理,对危驾行为人公开训诫。贯彻落实"三号检察建议",加大打击惩治金融违法犯罪力度,起诉涉金融犯罪157人。加大惩治电信网络诈骗及利用网络赌博、泄露个人信息等犯罪力度。办理涉及全国31个省份的"今金贷"非法集资案。办理公安部高度关注、省委督办的全省首例地下钱庄案件——涉案资金高达人民币3000亿元的"4·11"非法经营案。

【涉农和扶贫领域犯罪打击】 严厉打击涉农和扶贫领域犯罪,起诉破坏农业生产、侵害农民权益、危害农村稳定及挤占挪用涉农资金等各类犯罪696人。开展侵害农民工权益犯罪专项立案监督,监督立案78人,起诉恶意欠薪犯罪189人,为442名农民工讨回欠薪878.65万元。用好司法救助机制,坚持"应救尽救",向42名涉案贫困群众发放司法救助金84万元。办理的王某、陈某拒不支付42名农民工27万余元劳动报酬一案,入选2020年最高检典型案例。

【生态环境司法保护】 实践"专业化法律监督+恢复性司法实践+社会化综合治理""河长+检察长"等生态检察模式,确保最严格的生态环保制度落到实处。审查水污染防治、土壤管控与修复等生态环资类公益诉讼案件线索202件,立案193件,发出诉前检察建议176件,提起公诉13件。起诉生态环资类刑事附带民事公益诉讼案件7件。持续开展"携手清四乱,保护母亲河"专项行动,与市水务局建立联络协调联合督办工作制度,召开联席会议,排查案件线索,建立问题台账,严厉打击河湖流域"四乱"(乱占、乱采、乱堆、乱建)问题。

【营商法治环境优化】 坚持依法保障企业权益与促进守法合规经营并重。严厉打击破坏企业生产经营违法犯罪活动,审查起诉涉营商犯罪715人。落实好最高检服务民营经济11项举措,切实做到慎捕、慎诉,对涉民企案件开展立案监督和羁押必要性审查,对涉案民企人员不批捕85人,不起诉137人。建立涉民企案件

4月16日,兰州市人民检察院举行全国"节约型公共机构示范单位"挂牌仪式

经济影响评估机制，对三江源商贸公司、渭河源生物科技公司负责人依法做出不起诉决定，努力将司法活动对企业生产经营产生的负面影响降至最低。深化细化“千人进万企”活动，走访民营企业3278家，对收集到的54件线索建立台账、对口分流、跟踪督办，帮助企业解决问题26个。

【扫黑除恶专项斗争】 开展扫黑除恶“六清”(线索清仓、逃犯清零、案件清结、伞网清除、黑财清底、行业清源)行动，受理提请批捕涉黑涉恶案件22件92人，批捕69人，受理移送审查起诉涉黑涉恶案件29件325人，起诉386人。监督公安机关立案4件。办理全国扫黑办挂牌督办的“2·12”特大“套路贷”涉黑案。对已办结未见“保护伞”的涉黑涉恶案件逐案督查督办，对摸排出的案件线索按规定进行移送。结合办案制发检察建议70件，推进“以案促治、以案促建”工作。

【反腐败斗争】 进一步完善监检衔接机制，加强与监察委员会协作配合，制定《关于进一步加强监察机关与检察机关办理职务犯罪案件协作配合的若干规定》，依法提前介入监委调查案件60件，提起公诉76人，追赃挽损1715.85万元。依法对平凉市原市委常委、常务副市长黄某提起公诉，庭审中市纪委监委组织100余名领导干部旁听，进行警示教育。加大司法人员渎职侵权犯罪的查办力度，立案侦查5件8人。

【社会治理】 融入共建共治共享社会治理新格局，做好以案释法、矛盾纠纷化解等工作，发出堵漏建制、改进治理等检察建议133件。综合运用公开宣告、接力监督、督促履职等手段，提升检察建议质量，努力把检察建议做成刚性、做到刚性。开展法治进校园、进企业、进社区、进军营宣教活动，营造全民守法氛围。

【刑事检察】 深化“捕诉一体”工作机制，强化审前主导、把关、过滤作用，批准和决定逮捕各类犯罪嫌疑人2679人，不批准和不予决定逮捕812人；起诉4864人，不起诉1244人。落实整体案件质量意识，全市“案件比”由上年的1∶1.39优化为1∶1.33。市检察院办理的1起诈骗案被省政法委评选为“全省十大优质案件”。依法准确适用认罪认罚从宽制度，建立健全律师值班、控辩沟通、公检法司协作配合等机制，做好释法教育，用好起诉裁量权，认罪认罚适用率86.4%，量刑建议采纳率98.2%。在全省率先探索简化法律文书工作，提升办案质效。加强对刑事立案、侦查、审判活动的监督，监督公安机关立案81件、撤案57件，追捕追诉407人，提出抗诉15件。加强刑事执行监督，监督纠正减刑、假释、暂予监外执行不当196人，核查纠正脱管、漏管61人。对辖区的监狱、看守所以及社区矫正工作进行巡回检察，及时督促问题整改落实。

【民事检察】 加强民事生效裁判监督，受理案件200件，办结190件。加强民事审判活动监督，提出检察建议16件，同比上升433%，法院采纳率100%。加强民事执行活动监督，提出检察建议109件，采纳率117.4%，同比增加13个百分点。突出重点打击民事虚假诉讼，采取市院领办、涉案基层院主办、其他基层院共同承办的一体化办案机制，办理虚假民事诉讼案件42件。查实1起将赌债作为合法债务提起虚假诉讼的事实，发现民事虚假诉讼案件线索35件，提出抗诉25件，提出再审检察建议10件，法院全部采纳。

【行政检察】 强化行政诉讼监督，办理各类行政检察案件183件。推进行政非诉执行监督，提出检察建议133件，采纳率120%，同比上升66个百分点。城关区检察院办理的兰州华章驾驶员培训服务有限公司违法占地行政非诉执行监督案，被省检察院评为典型案例。开展行政非诉执行监督食药专项行动，发现线索、受理审查案件5件，全部发出检察建议。受理不当履职案件等行政检察监督案件36件，发出检察建议34件。开展加强行政检察监督促进行政争议实质性化解专项活动，行政争议实质性化解62件。市检察院和城关区检察院上下联动，作为第三方介入行政复议调解，促成行政机关与兰州某生物科技公司达成调解协议，帮助民企在复工复产阶段渡过经营难关，成功化解行政争议“潜在之诉”，被省检察院评为典型案例。

【公益诉讼检察】 突出查办生态环保、食药安全、国有资产保护等领域案件478件，立案428件，同比上升13%；发出诉前检察建议377件。与市场监督管理局联合开展落实食品药品安全“四个最严”(最严谨的标准、最严格的监管、最严厉的处罚、最严肃的问责)要求专项行动，针对食品、药品制造、销售行业存在问题发出检察建议78件。推进“等”外领域案件(即法律明确规定的领域之外，其他需要同等保护公共利益的领域)探索，加强文物保护、野生动物保护、消防安全等领域的案件办理，通过发出检察建议、检察提醒函、案件磋商、公开听证等方式，推动行政机关主动履职。与市文旅局联合开展文物保护专项监督，充分运用互联网、大数据及人工智能技术，摸排出全市224处长城遗址损毁情况，向有关部门和单位发出类案诉前检察建议15件，督促问题整改。七里河、安宁等检察院邀请区人大代表、政协委员等担任公益诉讼观察员，组建公益诉讼志愿者队伍，扩大案源渠道，推动公益诉讼全民参与。

【未成年人检察】 办理未成年人刑事检察案件86件131人，不批捕53人，不起诉76人。持续推进“一号检察建议”落实，对辖区中小学、幼儿园进行督导检查，针对案件中发现的问题向市教育局、兰州文理学院等单位制发检察建议。利用网课直播和现场讲座等方式开展法治教育宣讲106场，向师生发放《防性侵落实“一号检察建议”手册》2000余份。市中院被高检院表彰为“法治进校园”巡讲活动表现突出单位。推进未成年人检察社会支持体系建设，会签关于合适成年人到场及社会调查工作的实施办法，加强未成年人双向、综合、全面的司法保护。

【控告申诉】 依托“12309”检察服务中心，推进涉法涉诉信访工作规范化、精细化开展，畅通“信、访、网、电”诉求渠道，受理来信来访2428件，全部做到7日内程序性回复、3个月内办理过程或结果答复。组织公开听证276件，主动接受社会各界监督。市检察院和兰州新区检察院被省检察院推荐为第10届全国检察机关文明接待室。案件管理工作方面，严格流程管理，对发现的问题发送书面纠违通知17件。优化数据研判，建立月度数据分析审核、季度数据全面分析工作机制，及时做好以案件质量评价指标体系为主导的数据通报工作。公开案件程序性信息8246件、法律文书4188份、重要案件信息3862件。办理律师业务网上查询、预约1254件。

【司法责任制】 进一步规范检察官员额制度，完善员额统筹管理、动态调整机制，18名检察官进入员额，73名检察官退出员额。重新组建、调整检察官办案组，合理配置检察辅助人员，规范、优化检察官办案团队。全面落实检察长列席审委会制度，入额院领导带头办理疑难复杂案件1042件。开展案件质量自查、复查和复评263件次，评出的优质、劣质案件直接与绩效考核挂钩，把“谁办案谁负责”落到实处。

【跨区域检察协作】 围绕维护社会稳定、保障公共安全、优化营商环境、推动生态环保、加强文物和红色文化资源保护等重点方面，探索开展跨区域检察协作。制定全市检察机关跨区域检察协作工作三年总体规划，与西宁市检察院签订《未成年人检察工作协作机制协议》，举办刑检业务论辩赛；与临夏回族自治州永靖县检察院共同制定黄河永靖—西固段跨区域生态环境和资源保护检察公益诉讼协作机制；与青海省海东市民和县检察院建立湟水河流域公益诉讼检察和行政检察跨区域协作机制，协同开展环境治理和资源保护相关工作。

【智慧检务建设】 完成检察工作网桌面云客户端、服务器等设备的安装调试、系统激活及万兆网络线路改造工作，推进政法专线网搭建及政法跨部门大数据协同办案平台建设，研发改进辅助办公及事务管理系统，调查指挥中心、电子数据实验室在智能辅助办案方面发挥积极作用，高新科技力量为检察工作创新创优发展注入新动能。

【接受监督】 牢固树立监督者更要接受监督的理念，推进执法司法制约监督体系建设，保证检察权始终在法治轨道上运行。自觉接受人大及其常委会监督，贯彻执行人大决议，落实审议意见，向同级人大常委会专题报告工作26次。自觉接受民主监督，认真落实市政协专题调研法治营商环境建设工作时提出的意见，并专题报告落实情况。举办“服务‘六稳’‘六保’护航民企发展”“同舟共济 检护明天”等主题检察开放日活动，邀请人大代表、政协委员、人民监督员、特约检察员、新闻媒体人员、企业家代表等社会各界人士视察、参观工作，听取意见建议，不断加强和改进检察工作。完善人民监督员制度，主动邀请人民监督员参与监督案件254件次。

（山瑞彬）

## 法 院

【概况】 2020年，全市两级法院受理各类案件98906件，审执结81963件，法官人均办案207件，审限内结案率91.52%，其中兰州中院受理13599件，审执结11891件，审限内结案率90.91%。

【刑事犯罪惩治】 全市法院受理刑事案件6106件，审结5113件，同比分别下降22.03%、29.72%。全力维护社会安全稳定大局，严厉打击各类严重暴力犯罪，审结故意杀人、抢劫、强奸、绑架等犯罪案件；持续整治涉枪爆违法犯罪；严厉打击“套路贷”等非法侵财犯罪，依法判处诈骗、抢夺、盗窃等侵财型犯罪案件；依法惩治涉网络犯罪，审结电信网络诈骗、网络传销等犯罪案件。依法惩治贪腐犯罪，审理职务犯罪案件；参与禁毒综合治理，聚焦“净边2020”“陇风2020”“三清一收”等专项行动，审结毒品犯罪案件，助力兰州创建全国禁毒示范城市。

【民商事案件审理】 全年受理民商事案件57831件，审结47239件，同比分别上升1.98%、1.92%，结案标的额635.16亿元，其中兰州中院受理7382件，审结6316件，同比分别下降1.06%、5.09%，结案标的额451.74亿元。

【民生权益保障】 深化家事审判改革，推行婚姻冷静期、人身保护令等制度，审结离婚、继承等家事案件。保护劳动者合法权益，审理劳动争议纠纷案件。维护房地产市场秩序，审结涉房屋买卖、租赁、物业服务等案件；保障被侵权人合法权益，审理医疗事故损害赔偿、道路交通损害赔偿类案件；坚持发展新时代“枫桥经验”，多元化解决纠纷，建立在线调解室，实现远程视频调解。

【营商环境优化】 依法慎用查封、扣押、冻结等措施，坚决杜绝超标的查封，保障各类市场主体的正常生产经营需求。助力诚信市场建设，审理合同纠纷案件。服务供给侧结构性改革，发挥“府院联动”机制作用，完善市场主体救治和退出机制，推动成立兰州市破产管理人协会，畅通破产清算案件受理渠道，依法推动“僵尸企业”有序出清，审理企业破产清算、兼并重组案件，盘活不良资产，推动经济转型升级。

【服务保障“三大攻坚战”】 防范化解金融风险，依法审理金融借款、民间借贷等案；维护资本市场秩序，审理股权、证券、期货、票据、保险等纠纷案件。围绕脱贫攻坚和乡村振兴战略，依法审理涉农纠纷案件，开展结对帮扶，调剂解决资金43.77万元用于帮扶村基础设施改造；开展法治宣讲，提升平安和谐乡村治理水平。围绕贯彻落实绿色发展理念，参加首届黄河流域甘肃段生态环境司法保护协作论坛，健全环境公益诉讼审判机制，审理环境资源案件16件，坚决守护绿水青山。

【知识产权审理】 完善知识产权“三审合一”审判模式，审结知识产权案件715件。制裁和遏制知识产权侵权行为，促进大众创业、万众创新，兰州知识产权法庭审理的浙江欧诗漫集团有限公司诉汕头市澄海区莉露化妆品有限公司等侵害商标权纠纷案入选中国法院50件典型知识产权案例。制定《服务保障兰西城市群高质量协同发展司法合作实施意见》，为兰州、西宁两地经济社会发展提供良好法治环境。

【行政争议化解及司法救助】 全年受理行政案件1411件，同比下降15.1%，审结1109件。审查非诉行政执行案件423件，裁定准予执行216件，有效规范行政行为。助力深化“放管服”改革，加强对超越职权、违反法定程序、慢作为等违法行政行为监督力度，采取联席会议、庭审观摩、司法建议等形式，力争从源头上预防和减少行政争议。树立“当赔则赔、应救尽救”理念，加强国家赔偿和司法救助工作，审结国家赔偿案件5件。办理司法救助案件71件，向生活困难当事人发放司法救助款307.9万元。

【执行攻坚】 巩固“基本解决执行难”工作成果，受理执行案件32397件，同比上升12.45%；结案27478件，同比上升11.59%。执行到位金额44.81亿元，位居全省法院第一位。完善执行机制，制定执行信息案件办理流程规范、“一案双查”工作实施细则，建立下级法院执行局长报告述职制度，成立执行工作部门协调联动领导小组，与公安、国土、城建等部门联合执法60次，涉民生、涉党政机关和国有企业拖欠民营企业、中小企业债务案件2779件。运用执行案件网上委托、民商事案件网上送达系统，办理执行委托事项3420件，办结3372件，办结率98.6%。畅通网络拍卖渠道，发布拍卖标的物1969件，成交727件。促进社会信用体系建设，纳入失信被执行人黑名单3835人，限制高消费20080人，限制出境8人次，罚款31人，拘传1333人，移送公安机关监控680人，移送刑事侦查17人，实际追究拒执罪2案2人。

【人权保障】 依法办理减刑假释案件1041件，在全国率先使用法院、检察院、监狱网上联合办案平台，公开审理“三类案件”，做到所有案件全程留痕，坚决杜绝“暗箱操作”。贯彻宽严相济刑事政策，落实认罪认罚从宽制度。实现刑事案件律师辩护全覆盖，切实保障被告人合法权利。完善少年司法保护特色机制，落实“圆桌审判”方式，坚持“教育、感化、挽

6月10日，兰州中院开展民族团结及法治宣传活动

救"方针,审理未成年人犯罪案件,非监禁刑适用率46.15%;开展"预防校园欺凌、构建平安校园""珍惜生命、远离毒品"专题宣传,促进平安校园建设。

【宣传工作】 坚持以公开促公正,累计向当事人推送案件流程信息321610条,裁判文书上网45075份,互联网直播庭审4038场,观看量超过879万人次。利用"一网三微"、今日头条、抖音等平台建设新媒体宣传矩阵,及时回应群众关切;召开新闻发布会4场次,面向社会发布法院信息1260余条,在市级以上主要新闻媒体、报刊播发新闻稿件262篇,拍摄微电影5部。微电影和原创歌曲MV获得第5届平安中国"三微"比赛优秀奖,最高人民法院举办的第7届金法槌优秀奖。

【司法责任制改革】 以全面落实司法责任制为核心,强化院庭长审判监督管理权责,健全完善以员额法官为主体的各类人员绩效考核机制,确保放权不放任、监督不缺位。开展第5批、第6批员额法官遴选工作,遴选法官36名。推动专业法官会议常态化,深化审判权运行机制改革,确保重大疑难案件依法正确处理。强化法官责任制和院庭长办案制度,院庭长办案20292件,占结案总数的24.76%。贯彻实施人民陪审员法,全年全市法院共选任人民陪审员1107人,陪审案件19609件,一审普通程序案件陪审率92.1%。

【诉讼服务】 深化"一站式"建设。加快"分调裁审"机制改革,推进案件繁简分流、轻重分离、快慢分道,全市法院设立21个速裁团队,通过速裁程序审结案件8097件,司法确认案件1024件,实现"简案快审""繁案精审"目标。严格落实立案登记制要求,当场立案率95%以上。针对常态化疫情防控新要求,完善"互联网+诉讼服务",依托甘肃移动微法院、人民法院调解等服务平台,实行"网上办、线下寄"联动立案诉讼服务,办理网上立案、跨域立案9370件。推进送达集约化改革,电子送达66303件,全市法院顺利实现与人民法院送达平台的对接与投入使用,集成多种通知送达方式,实现送达工作线上线下一体化。开展在线咨询、评估、分流、调解、司法确认等工作,实现让数据多跑路,群众少跑腿。

【"智慧法院"建设】 以高度信息化方式支持司法审判、诉讼服务和司法管理。防控期间,在兰州市公安局监管支队设立科技法庭,通过远程开庭等方式,高效审理各类案件,及时化解矛盾纠纷。灵活利用"云端法庭"智能优势,通过网络审判和现场审判的有机结合,充分发挥"无接触式"诉讼服务在审判中的作用,实现疫情期间"审判执行不停摆、公平正义不止步"。

【司法能力建设】 坚持"教学练战"一体化培训模式,通过集中培训、网络培训、借助院校拓展培训等方式,培训干警4454人次。组织305人赴南梁干部学院、玉门铁人学院、舟曲法官学院开展能力素养培训。开展习近平新时代中国特色社会主义思想专题培训8次,举办《民法典》专题辅导11场2223人次,提升干警司法能力。与兰州大学等高校建立院校法律人才交流共建机制,加强人才交流学习,不断提升干警理论水平和办案能力。

【廉政建设】 严格落实从严治党主体责任,扎实开展"五项"活动,通过召开警示教育大会、案例分析、专题民主生活会、建立廉政档案、督导检查等形式,把全面从严治党的要求落到实处。严格杜绝领导干部干预司法、插手案件、亲友隐名代理等影响司法公正问题;对近亲属从事律师职业的法官采取签字背书、回避和岗位调整;对涉及人财物管理的部门加强监督,发出纪检监察建议书,厘清权力清单106条、责任清单60条;紧盯司法不公和工作作风,开展审务督察、司法巡查、作风纪律督查51次,确保法院队伍清正廉洁。

【法律监督】 自觉接受人大法律监督,向市人大常委会专题报告服务优化营商环境工作情况,邀请人大代表视察调研座谈8场65人次。自觉接受政协民主监督,办理政协提案1件,定期走访政协委员并通报法院工作。自觉接受检察机关法律监督,主动邀请同级检察长列席审委会,依法办理抗诉案件和检察建议,审结抗诉案件56件。自觉接受社会舆论监督,依法保障律师权利,主动对接新闻媒体,接受舆论监督。

(鲍宗新)

## 司法行政

【概况】 2020年,全市司法行政系统立足"一个统筹、四大职能"工作布局,统筹法治兰州、法治政府、法治社会一体建设,在行政立法、行政执法、刑事执行、公共法律服务协同推进上持续发力,全面提升司法行政工作能力水平。全年各级法律援助机构办理援助案件3798件,帮助困难人群挽回直接经济损失900余万元。全市实体、热线平台接待各类法律咨询1.4万人次,办理法律服务事项4.8万件。

【依法治市】 筹备召开市委全面依法治市委员会第二次会议和二次办公室主任会议,审议通过《2020年兰州市依法治市工作要点》《兰州市人大常委会2020年度立法计划》《兰州市人民政府2020年立法计划》,科学研究部署年度依法治市各项工作。有效发挥依法治市办组织协调、牵头抓总作用,不断强化与市委政法委、各协调小组和局机关工作衔接,形成推动依法治市整体合力。先后制定下发《2020年兰州市法治政府建设工作要点》《兰州市法治建设整改方案》等系列文件,确保年度依法治市工作在制度规划、机制决策层面予以保障和推进。全面贯彻落实《法治政府建设与责任落实督察工作规定》,采取划片包干办法,直面问题、直插一线,通过个别谈话、明察暗访等方式,先后就营造法治营商环境保护民营企业发展情况反馈问题,中央依法治国办法治政府建设实地督查反馈问题整改、党政主要负责人履行推进法治建设第一责任人职责与法治政府建设等重点工作开展专项督查,倒逼法治建设任务落实、责任压实、效果抓实。至年底,省委营造法治营商环境保护民营企业发展情况反馈问题完成整改27项,1项正在整改中;中央依法治国办法治政府建设实地督查反馈问题完成整改5项,1项正在整改中。

**【依法行政】** 坚持科学民主依法立法,制定《兰州市地方立法起草小组工作细则》《兰州市地方性法规政府规章草案审查工作细则》,持续优化完善地方立法程序。先后提交市人大常委会审议《兰州市道路交通安全管理若干规定(草案)》等3部地方性法规;制定修改《兰州市城市照明管理办法》《兰州市城市生活垃圾分类管理办法(修改)》2部政府规章;废止《兰州市房屋建筑工程和市政公用工程质量监督管理办法》等3部政府规章;召开立法论证会13次,年度立法计划有序推进。严格政府规范性文件"三统一"和有效期制度,严把规范性文件的审查关、备案关、登记关。截至年底,审查行政规范性文件28件,非规范性文件167件。对市级64家涉改事业单位275项公共事务管理职能进行合法性审查,完成涉及工程建设项目审批制度改革的法律法规规章文件专项清理、涉及防控方面政府规章清理工作及《民法典》涉及行政法规、规章和行政规范性文件的专项清理工作,清理出涉及《民法典》的行政规范性文件25件,并按程序进行废改。以市政府办公室名义印发《兰州市开展证明事项告知承诺制工作实施方案》,推进证明事项告知承诺制各项工作有序开展。年内公布告知承诺事项263项。其中,市级54项;区县209项。

全面加强公共法律服务

**【文明执法规范】** 聚焦行政执法的源头、过程和结果3个关键环节,全面落实行政执法"三项制度"及相关配套措施,着力解决执法不严格、不规范、不文明、不透明等突出问题。召开落实"三项制度"工作会议,在全市开展行政执法"三项制度"回头看活动,全力推进"三项制度"各项工作任务落地落实。持续严格行政执法资格管理,补发换发行政执法主体资格证26套,审核行政执法人员身份信息2490条,完成2400名行政执法人员资格考试工作。持续加强行政执法法制审核,区县和重点行政执法部门全部制定法制审核流程图和目录清单,对法制审核具体操作流程、时限、内容等作出明确规定。统筹推进行政执法信息化建设,将执法信息置于"阳光"下,统一制发行政执法程序基础规范事项公示牌350块、行政执法规范公示牌780块,累计公示行政执法案件216015件。其中,行政许可案件191639件;行政处罚案件24376件。邀请市政府法律顾问、行政执法监督员、行政执法案卷评查员开展2020年行政执法案卷评查工作暨"十优案卷""十劣案卷"评比活动,对196卷行政处罚、行政许可案卷进行评查,推动严格规范公正文明执法。发挥行政纠错监督职能,受理并依法办理政府行政复议、行政应诉案件。截至年底,收到行政复议案件126件,审结118件,办理行政诉讼案件56件,撤销行政机关处罚企业不当案件1件,向省政府提交答复6件,有效化解各种行政争议,坚决纠正违法或不当行政行为。

**【依法决策机制健全】** 贯彻落实

12月4日，兰州市司法局开展送法进校园活动

《重大行政决策程序暂行规定条例》，突出政府法律智囊和法治参谋助手作用，持续强化政府法律顾问队伍建设，完成年度市政府法律顾问遴选及签约工作，制定《政府法律顾问差异化绩效考核方案》，推动政府依法决策机制不断健全完善。截至年底，对市政府常务会议议题进行合法性审查120件次，市政府法律顾问对各类政府涉法事务审查并提出法律建议117件，审查各类政府合同及框架协议53份，其他涉法文件64件，参加市政府各项重大事项协调会议、研究决策会议70次，确保政府决策合法有效。

**【公共法律服务】** 紧盯公共法律服务"两快两全"目标，市级公共法律服务中心建成并投入使用，认领政务服务事项18项，在政务服务大厅设置5个服务窗口，接待群众来访1600余人次。其中，行政审批事项90余件；公证业务600余件；法律咨询及指引500余人次；法律职业资格考试现场资格申请400余人。以市委办公室市政府办公室文件印发《关于加快推进公共法律服务体系建设的实施方案》，确立2020年、2022年至2035年全市公共法律服务体系建设的阶段目标，明确加快完善公共法律服务实体平台、法律援助、人民调解、法治宣传教育、多层次多领域法律服务、保障工作等8大工作体系22项重点任务，推动"三大平台"融合发展。全年全市实体、热线平台接待各类法律咨询1.4万人次，办理法律服务事项4.8万件。开辟法律援助"绿色通道"，围绕农民工、军人军属、残疾人、老年人、未成年人等特殊群体，开展"法援惠民生扶贫奔小康"品牌创建活动，全市法律援助机构办理援助案件3798件，帮助困难人群挽回直接经济损失900余万元。

**【服务质效提升】** 推行公证"最多跑一次""互联网+公证"服务，制定出台《兰州市公证参与司法辅助业务的实施方案》，推动公证服务深入知识产权、电子商务、司法文书送达等领域。培育新的业务增长点，公证机构办证4.9万件。指导兰州仲裁拓展服务方式，主动融入全市经济社会发展大局，建立兰州金融仲裁院，正在筹备建立兰州仲裁委知识产权仲裁院、"一带一路"兰州国际仲裁院，组织开展仲裁员培训班1期，受理仲裁案件300余件，受案标的额6.92亿元。推动司法鉴定资源有效整合，切实加强司法鉴定管理和监督，不断提升司法鉴定工作的权威性和公信力，办理司法鉴定案件5630件。

**【普法宣传】** 印制政府常务会议学法"一月一法"知识手册1.2万余份，分发全市各单位同步学习。继续抓好国家工作人员学法用法工作，推动国家工作人员带头尊法学法守法用法，举办为期5天的全市推进依法治市暨法治政府建设专题培训班，全市各单位法治工作分管领导和业务骨干160余人参加。制定印发《2020年全市普法依法治理工作要点》，严格落实"谁执法谁普法"责任制和以

6月5日，组织宣传社区矫正法

案释法制度，推动“法律八进”活动全面落实，完成“七五”普法规划检查验收，谋划“八五”普法规划，不断提高守法普法工作水平。全面启动“12·4”国家宪法日暨宪法宣传周活动，大力弘扬宪法精神。截至年底，全市开展普法宣传7900余场次，发放法治宣传资料160余万份。采取“线上+线下”相结合方式有效开展《社区矫正法》宣传学习，运用新媒体推送解读编辑8期，开展专题讲座1次，法院、检察院、公安局等单位110余名干部参加。举办集中宣传活动1次，8个区县和10家成员单位集中开展宣传活动。在全市组织社区矫正法有奖知识竞答活动，3800余人参与。

【维稳工作】　先后召开专题党组会议11次、工作推进会13次，推进扫黑除恶专项斗争各项工作任务落到实处。截至年底，全市司法行政系统摸排核查线索152件并全部办结。全面推进市域社会治理，有效落实《关于加快推进市域社会治理现代化建设更高水平平安兰州的实施方案》25项重点任务，着力推进社会治理体系和治理能力现代化，强化法治保障能力和水平。成立兰州市社区矫正委员会，审议《兰州市社区矫正委员会及成员单位职责》，推进社区矫正工作规范化专业化水平。推进社区矫正刑罚执行一体化建设，不断加强对社区服刑人员监督管理、教育矫正、社会适应性帮扶力度，加强过渡性安置和帮扶教育，建立健全刑满释放人员信息核查和刑满解除社区矫正人员衔接制度，依托社区矫正视频督查系统和电子腕带持续加强社区矫正人员管理，防止刑满释放人员、社区服刑人员脱管漏管。

【《民法典》贯彻学习】　严格落实《〈民法典〉学习宣传通知》《〈民法典〉学习宣传“十个一”活动方案》要求，深层次、全方位开展《民法典》学习宣传，在全系统开展《民法典》专题解读、讲座110场次，在全市开展集中宣传620余场次，向群众发放《民法典》书籍、宣传折页、编织购物袋等宣传物品5000余份。

【法治扶贫】　持续加强乡村法治文化阵地建设，实现乡村法律图书角、农家书屋全覆盖，有效开展法律培训、法治讲座，持续开展农村法律明白人培养。结合司法行政工作实际，全力打通2个帮扶村脱贫攻坚“最后一千米”，坚决打赢“收官”硬仗。春节前开展走访慰问活动，组织甘肃惠康司法鉴定所开展义诊并与2个帮扶村签订卫生健康医疗协议，为全体村民提供减免费用的年度健康体检及医疗服务，共计捐助32万余元。年内，协调争取政府投资175.35万元，市司法局自筹资金4万元，协调社会组织捐助资金30万元，水泥40吨，推动项目建设和复工复产。4月以来，组织全体干部分批次到帮扶村开展全覆盖走访入户工作，不断完善“一户一册”帮扶计划，系统解帮扶村发展需求，帮助村民群众解决日常困难。

（景昱清）

## 兰州警备区

【概况】 2020年，兰州警备区贯彻落实中央军委国防动员部和甘肃省军区党委部署要求，坚定不移举旗铸魂，深化国防动员准备，从严从紧正风肃纪，努力“走前列、当窗口”，各项建设进入新阶段、取得新成绩。

【理论武装】 始终把学习贯彻习近平新时代中国特色社会主义思想和习近平强军思想作为政治任务，及时跟进学习习主席最新重要讲话，认真抓好党的十九届五中全会精神学习宣传，落实党委中心组理论学习制度，推动理论武装走深走实。巩固深化“不忘初心、牢记使命”“传承红色基因、担当强军重任”主题教育成果，使命担当更加自觉。深入学习《中国共产党军队党的建设条例》，组织召开警备区第8届党代表大会，认真落实市委议军、第一书记述职、宣布任职等制度，抓党建促全面更加有力。扎实抓好军队人员参加社团组织活动清理整治，组织核心涉密和重要岗位人员政治考核，健全完善军地网络舆情协作机制，始终保持高度集中统一和纯洁巩固。

【军事准备】 牢记习近平主席“刻不容缓紧前备战”催征号令，紧盯应对强敌和复杂局面，集中研修专项准备国防动员支援保障方案，上下对接力量、指挥、保障等措施，落实重点准备民兵分队编建任务，西固、皋兰民兵分队全员全装，接受西部战区联指抽检点验。坚持机关带人武部集中落实军事训练，组织官兵、文职人员应急应战业务训练、军地联训联演，组织民兵轮训备勤。编实建强民兵分队，提高新质力量占比，高标准迎接中央军委国防动员部民兵调整改革“回头看”整改验收。选拔认证民兵军训教育，完成全市学生军训任务。

【国防动员】 坚持实战牵引，健全市区县国防动员组织领导机构，完善国防动员快速反应机制，新建国民经济动员中心，确保战时快速提供各类资源。开展潜力核查，采集补充潜力数据8万余条。扭住征兵“五率”、征优大学生、廉洁征兵3个关键点，首次推开“线上＋线下”宣传发动，为部队输送优质兵员，大学生比例大幅提升。西固区被甘肃省表彰为征兵工作先进单位，兰州市连续5年被甘肃省表彰为征兵工作先进单位。

【党风廉政建设】 突出政治监督，严格落实纪律党课教育，开展政治领域官僚主义清除纠治专题教育，严密排查防范军队人员“翻墙”上网等政治性问题。持续纯正政治生态，结合部分干部“安家过日子”思想严重，组织“感恩职责、安心尽责、用心守责”大讨论，引导官兵自觉把环境优势内化为大家小家共同建的奋斗精神，爱岗敬业、争创一流的意识越来越强。组织师团干部待遇、军地交叉地带等专项整治。认真贯彻民主集中制原则，在干部使用、文职晋级、士官选取、经费开支等重大事项和敏感问题上，始终坚持原则、走实程序，做到公平公正。

【基础建设】 坚持党委理财、依法管财、科学用财，严把经费预算和审批关，按时上缴家底经费。推行精细化服务保障，建立文职人员保险账户，高标准抓好营院绿化、家属院综合整治，认真做好人员体检、车辆检修、物资采购等工作，严密组织报废武器弹药销毁调运、军事训练枪弹保障任务。坚持“新官理旧账”，下大力推进军用土地调查、违规住房清理等重点领域整治，清退师职退休干部房改房和公寓房。

【双拥共建】 发挥联系军地桥梁纽带作用，研究解决驻兰部队战备训练、停偿服务、军人“三后”等矛盾问题，妥善解决驻永登某部训练场土地权属遗留问题，首次把编兵企业、国防动员委员会成员单位和个人纳入兰州市爱国拥军模范表彰范围。协调驻军参与全国文明城市、双拥模范城创建活动，随军家属得到妥善安置，军人子女享受优待入学。坚持“尽锐出战”抓扶贫，对口帮扶7个贫困村、145个贫困户全部摘帽，脱贫攻坚工作受到中央军委考核组充分肯定。兰州市蝉联全国双拥模范城“九连冠”。

（李宗林）

## 武警兰州市支队

【概况】 2020年，武警兰州市支队坚持以习近平强军思想为引领，面对制衡强敌斗争准备、“十三五”决战决胜、推进部队建设发展等多重考验，坚决贯彻上级党委决策部署，扎实铸牢忠诚、深化练兵备战、聚力规划攻坚、持续强基固本，团结带领官兵完成各项任务。

【政治引领】 抓好理论学习，组织两项重大教育，丰富拓展配合活动，推动党的理论直达官兵。落实教育日制度，抓实党委议教、思想调查、理论骨干培养等环节，加大网上查课、推门听课、官兵评课力度。机动二中队战士高原被武警部队表彰为“优秀政治教员”。广泛开展“卫士风采”文化活动，推进军史场馆建设，建成28个中队荣誉室墙，指导2个中队建好书香军营和心理调节室，不断用先进军事文化占领官兵思想阵地。

【战备训练】 着眼应对强敌准备，推动“八个体系”战备建设，细化规范编携配装，常态组织检查拉动，结合参加卫士演习，开展训练研练，部队指控流程更加顺畅。完成中央首长专机警卫、重大活动安保等任务。守牢执勤阵地，建成支队“一室一站”和中队“智慧磐石”工程，组织基层干部讲解方案网上会操，排查治理执勤隐患，成功处置12起执勤险情，实现连续23年执勤安全无事故。严格落实机关早操、每日体能训练、每周业务学习和每季度军事考核，抓好基层教练员集训、勤训轮换、离营驻训、“魔鬼周”极限训练和五小练兵，投入113万元购发训练器材。参加武警部队“运筹”“巅峰”比武，1人入围前200名，取得团体总分第2名（特战中队）好成绩；参加总队指挥员比武，1人获第3名；23名同志因练兵备战成绩突出立功。

【基层工作】 深入抓好军委和武警部队基层建设会议精神落实，严密组织“学、知、用”《习近平新时代中国特色社会主义思想学习纲要》活动，强力抓好在岗培训，全面正规抓建秩序。建立党委机关包保帮建基层机制，组织6批次蹲点帮建，精准帮扶7个后进单位，4个成功摘帽，基层基础更加稳固。经党委研究，执勤三中队等8个中队被表彰为“四铁”先进中队。稳步推进“四心工程”，表彰“十佳”典型、“四有”官兵，为基层兑现办好“10件实事”，向64名困难官兵发放慰问救济金15万元，协调11名官兵子女入学入园，看望慰问伤病员41人次。

【依法治军】 学习贯彻《中华人民共和国武装警察法》，开展“条令年”活动，起底清理土政策土规定，不断正规“五个秩序”。常态落实“八个规范”，深入开展“排雷筑墙聚心”活动，聚焦整治7个方面重难点问题，常委带头授课、机关对口培训，全覆盖组织心理测查和“四送”服务，跟进抓好百日安全竞赛、安全检查、风气教育整顿等活动，全年累计开展安全排查14次，解决隐患60余处，动用车辆1700台次，安全行驶12万千米，牢牢守住安全底线。支队被武警部队表彰为暑期百日安全竞赛活动先进单位，2人被评为先进个人。

【后装保障】 聚焦现代化后装建设目标，对表“五率六量”，健全三级应急保障力量，修订完善3类5份保障预案，与7家地方单位签订4类保障协议，常态开展后装专业兵在岗轮训，定期组织伙食调研、医疗巡诊、装备检修，大力加强驾驶技能培训考核和安全行车教育，投入资金使基层更新更换炊事器械、维修改造营房，选拔培训后装专业骨干，服务保障水平不断提高。强力推进“十三五”规划攻坚，立起后墙、倒排工期、挂图作战，2个项目建设正在施工。

【作风建设】 务实抓好党建会议“下篇文章”，巩固深化“不忘初心、牢记使命”教育成果，开展政治领域官僚主义清除纠治，专题学习《严重违纪违法师级以下人员忏悔材料汇编》，彻底肃清流毒影响。认真贯彻《中国共产党军队党的建设条例》，每月安排党日活动，每季度帮建基层党组织，部队党建水平不断提高。6个基层党组织、62名党员受到通报表彰。深入推进正风肃纪，建立2个风气监察联系点，聘任39名风气监督员，对照“33条问题清单”，狠抓作风督查和明察暗访，坚决纠治“微腐败”现象，查实问题线索8起、惩处10人，部队正气持续上扬。推荐干部提升、选调、培训，选送士兵考学、提干、转改、入党，表彰奖励表现突出官兵。

【荣誉展示】 支队先后获得“兰州市拥政爱民模范单位”“兰州市综治

维稳反邪教目标考核先进单位”“甘肃省绿化模范单位”“兰州市禁毒工作先进单位”“甘肃省学雷锋活动示范单位”“兰州市平安建设工作先进单位”“甘肃省维护稳定工作先进集体”等荣誉称号。

（席天宝）

## 人民防空

【概况】 2020年，兰州市人防开展“9·18”防空警报试鸣宣传活动，鸣响率100%。结合“9·18”防空警报试鸣活动，组织学生、社区2000余人进行防空防灾紧急疏散演练和重要经济目标防空防灾应急疏散演练。完成办理历史遗留建设项目155件，审批人防项目20个。开展人防法治宣传活动3次。

【指挥通信】 区县人防项目建设有序开展。深化人防训练演练，开展全市人防专业队伍整组，采取以岗代训、集中训练等形式，开展技术培训和军事训练。组织机关及办属单位开展各类训练演练活动17次。

【防护工程】 严格落实“结建”（结合民用建筑修建防空地下室简称为“结建”）政策，深入施工现场检查，严格把好人防工程审查、质量监督、竣工验收等关口，杜绝漏建、少建等问题。对远郊区县开展2轮次执法检查，对工程项目审批、质量监督、省人防办执法抽查反馈问题整改情况进行重点监督检查。结合人防项目建设，人防工程布局进一步优化。加强公用人防工程防火、防汛、安全管理，开展全市23条早期公用人防工程地下病害排查、整治专项行动，对10条存在安全隐患的早期公用人防工程风险点进行治理，至年底，安全隐患风险点得到管控或消除，达到治理要求，保证人防工程无责任事故。依法拆除、补建或补偿人防工程6处，面积1.3万余平方米。

【人防法治宣传与落实】 组织人防法治专题培训1次，开展普法知识测试2次，开展法治专题辅导1次。落实法律顾问制度，审核合同、协议25件次，提供法律意见建议8件次，出具法律审核意见2件次，指导行政征收诉讼案件应诉1件。落实行政执法“三项制度”，编制重大行政执法决定法治审核制度和法治审核目录清单。制定全市人防权责清单并通过网站公示，及时对行政许可、行政处罚信息归集公示。全年公示行政许可信息20条，修改完善行政许可信息7条，无行政处罚公示信息。对法院裁定不予强制执行的2个处罚案件作出撤销行政处罚决定。举办大型广场宣传活动3次，发放各类宣传资料1万余份。新建社区人防工作站30个，西固区在河口镇建成1个建制镇人防工作站。开展初级中学防空防灾知识教育。

【其他工作】 成立专项领导小组，制定整改方案，建立整改台账，明确整改任务和完成时限，扎实开展整改落实。组织机关各科室、办属单位和各区县住建局（人防办）对1997—2019年人防工程建设、易地建设费收缴使用、人防设备采购、人防工程出租使用等方面的数据进行统计整理上报，分析研究存在的问题，提出整改意见和整改措施。年底，结合巡视巡察反馈意见及人防领域腐败专项整治行动，重点围绕落实主体责任、人防行政审批、人防工程质量监督、人防自建工程项目、信息系统项目建设、项目资金管理和使用等16个方面进行整治。建立健全《防空地下室易地建设审批管理办法》《关于解决房屋产权登记发证历史遗留问题人防审批的实施意见》等12项制度。

（冯 晶）

# 新区·开发区

## 兰州新区

【概况】　2020年，兰州新区牢牢把握高质量快速发展主线，做好"六稳"工作，全面落实"六保"任务，多措化解疫情影响，快速恢复经济社会秩序，实现经济增量提质。全年地区生产总值增长16.7%，固定资产投资增长18.8%，一般公共预算收入增长12%，新增市场主体4696户，总人口46.5万人，八大国有集团公司营收突破500亿元，增长120%。兰州新区发展得到中央主流媒体持续关注报道，《人民日报》、央视新闻联播20余次播报，蝉联"中国(区域)最具投资营商价值新区""中国领军智慧城区"，获得全国2020社会治理创新示范城市荣誉、全省"市推动高质量发展贡献奖"。

【改革创新】　坚持"改、创、试、用"结合，拓展"1+6"综合改革，重点在空间规划、绿色金融、要素成本、干部人才等领域加快突破，动能效应快速释放。高标准建设绿色金融改革创新试验区，筛选入库绿色项目169个、总投资558.5亿元，全年投向新区的绿色贷款额108.9亿元。"绿金通"综合服务平台上线运行以来，累计注册企业476家，为37家企业融资46亿元。持续深化国资国企改革创新，新区国企当年营收增长99%，利税增长21%。商投集团获得"全国物流行业先进集体"称号，城投集团迈入甘肃国企前十强，农投集团被认定为省级农业产业化龙头企业。持续深化工程项目、"证照分离"、环评等领域审批改革，推行一网通办、容缺受理、上门代办、24小时不打烊、不见面审批等服务，在全省率先实现电子证照跨区域共享核验，项目落地时间缩短五分之一以上，项目审批时间压缩至30个工作日内。深化土地、资本、水电、社保等要素市场化配置改革，全面推行土地租赁、弹性出让、作价出资等灵活供地模式，争取电价优惠政策，大数据、优质大工业电价分别降至0.28元/度、0.35元/度，企业生产经营要素成本下降20%以上。

【绿色化工】　绿色化工园区新引进项目57个、总投资100亿元，落地产品400余种，上市企业8家，单园区、单产业落地项目数量、吸引高科技企业数量、完成投资额数量创全省产业投资新纪录。康鹏威耳等10余个项目不足一年建成投产，产业效益释放周期之短刷新全国行业新纪录，顺利通过省级化工园区承载能力评估认定。

【项目投产】　全国最先进超薄铜箔、全球最大高铁合金导线、绿色建筑新材料、高强度轻量化铝合金等项目投产见效，城市矿产和表面处理产业园启动前期工作，德福铜箔二期、商投高档铝箔等11个项目加快建设，新材料产业体系逐步形成。

【装备制造】　新合制罐、博睿重装等69个项目建成投产，中科院近物所大科学装置科技创新创业园、重离子应用技术及装备制造产业基地等项目加快建设，先进装备制造基地快速形成，获批"国家装备制造高新技术产业化基地"。

【大数据建设】　抢抓"东数西算"发展机遇，加快国家新型工业化产业示范基地(大数据)建设，中科曙光先进计算中心等5个项目建成运营，入驻托管阿里巴巴、腾讯、华为等企业52家，电信西北中小企业云平台用户突破4万家，润泽国际信息港等6个项目加快建设，面向"一带一路"的大数据产业基地快速形成。

【生物医药】 申联生物建成国内领先口蹄疫疫苗研发中心，首条年产1亿剂疫苗生产线获批投产；甘肃药物碱厂技术改造等项目加快建设，“西部药谷产业园”顺利交接；西北首个医药物流产业园开园运营，入驻药品器械企业130余家，形成药品研发、器械生产、商贸流通的医药全产业链，和盛堂获评甘肃首批“绿色工厂”。

【商贸旅游】 新开业星级酒店3家，五星级皇冠假日酒店、丝路国际会展中心主体封顶，全年实现旅游综合收入31亿元、增长34%。商投集团进出口贸易额同比增长10.2倍，跻身中国服务业企业500强、位列206位，国家级临空经济示范区、中国(甘肃)自由贸易试验区加快创建。

【科技创新】 坚持把科技创新作为引领产业升级、推动高质量发展的动力源，新建创新平台20个，新研发科技成果140项、转化产值180亿元，全社会研发投入占GDP比重3.6%，有研发活动规模以上企业比重达到48%。硅立方超算中心等建成投运，中科院粒子科技检验检测中心等项目加快建设，申联国家P3实验室加速申报，中国科协海智计划工作站落户新区，新设国家级博士后科研工作站3个，兰石集团高端能源装备专业化众创空间获国家批复。全球首套千吨级太阳燃料合成示范项目通过验收正式投产。“专精特新”化工科技产业园引进60个填补国内空白、58个替代进口、116个出口外销产品，引进科技领域领军人才25名、教授级人才300余名、博(硕)士人才290余名。与10余名院士专家和10余所院校科研机构建立直接合作关系，国家级化工科技成果孵化、转化、产业化示范基地加快形成。申联生物口蹄疫合成肽疫苗获全球科技创新进步奖。

【绿色氢能和液态阳光甲醇高端论坛】 10月16日，由中国科学院大连化学物理研究所、甘肃省科学技术协会、甘肃省科学技术厅、中共兰州市委员会、兰州市人民政府主办，中共兰州新区工作委员会、兰州新区管理委员会、中国科学院洁净能源创新研究院承办的“绿色氢能和液态阳光甲醇高端论坛”在兰州新区成功举办。会议期间，新区安排参会代表参观兰州新区化工园区和液态太阳燃料合成示范项目，洽谈项目合作和产业投资。聚集18位院士、百位知名学者、400余位能源化工领域企业家，探讨谋划绿色化工产业，为绿色发展赋能加力。

【对外开放】 推进全方位开放抢占枢纽制高点，立体化开放平台高效运营。综合保税区新注册企业47家，12家企业纳入全省枢纽制高点联盟。巴黎、曼谷、金边等12条国际货运包机航线开通，航空口岸进出口货运量增长69.7%。多式联运示范项目加快建设，西北首个有色金属铝期货交割库、西北纯碱分拨中心、西北国际木材交易中心等挂牌运营。中川北站被设为国际联运内陆港站，实现与全球航线无缝连接，货运吞吐量近220万吨，同比增长112%。国际货运班列到发71列，增长33%。跨境电商监管中心常态化运营。全年进出口贸易额增长33.7%。

【国土空间规划】 抢抓黄河流域生态保护和高质量发展、新一轮国土空间规划编制、全域土地综合整治试

3月20日，兰州新区绿色化工园区

兰州新区黄河大道

点机遇，开展兰州—兰州新区—白银黄河中上游水土保持及生态修复研究，形成打造"陇中河套平原"重大成果，得到中央和国家有关部委肯定，入列全省"十四五"规划。该工程的实施将极大减少空气浮尘和泥沙流入黄河，增加水土涵养和降雨量，有效改善区域生态环境，开拓数千平方千米生态、农业和建设用地，开辟千万级人口、万亿级GDP承载空间，为承接产业、移民、打造特大型中心城市拓展充足空间，为大兰州发展创造历史机遇。

【城市建设】 采用绿色化、精细化、智慧化方式加大城市管理，宜业宜居、绿色生态、便捷智慧的现代新城初步形成。朱中铁路、景中高速建成通车，中白高速、G109全线贯通，机场三期扩建工程及连接线、兰张三四线、中兰客专、中通道等重大项目快速推进，"内外畅通大循环"交通网络加速形成。新增城乡道路里程42.8千米，敷设燃气、供热等管网52千米。公交线路50条，公交车500辆。改造提升城市公厕55座。建设棚改安置房、租赁性住房、保障房等各类住房1万套，商品房销售面积170.5万平方米，同比增长38.6%，城镇人均住房建筑面积36平方米。智慧城市发展全面提速，5G试点高效运行，核心区5G网络全覆盖。新区政务中心建成投运，智慧小镇、中川小镇建成运营，市政管网、公共交通、城市绿地等基础设施日臻完善，城市功能日益健全。

【乡村振兴】 率先推进脱贫攻坚与乡村振兴有效衔接，将乡村全面振兴与产业发展、生态建设统筹谋划，一体推动。总投资239亿元的26个现代农业项目全面建设，现代农业公园栽培特色菌类130万棒、玫瑰等特色花卉50种，千亩中药材育苗、15万亩特色种植基地，350万头生猪、百万只羊、万头奶牛养殖园，百万级猪羊屠宰、200万吨粮油精深加工、150万吨饲料加工、50万吨有机肥加工、5万吨冷链物流等现代农业生态种养加循环产业链加快形成。西北首个国际花卉拍卖交易中心开拍，高品质绿色农产品获全球良好农业操作规范认证。强力推进生态治理，加大对长期撂荒和已征未供土地整治利用，复耕复绿撂荒地19万亩，建设高标准农田4万亩，完成造林1.6万亩、复绿3万亩，新增城市绿地1260亩，临港生态区、水阜河综合治理区基本成型，实现生态经济社会效益多赢。建成全省土壤样品库。全域无垃圾3年专项行动圆满收官，城乡环境整洁靓丽。

【公共事业】 全面加强教育、医疗、文体等公共服务供给，社会治理水平迈上新台阶。瑞岭名郡等3所学校建成投用，成功教育园、贺阳教育新区学校、甘南实验中学落户新区。设立"一体化办学体"8个，名校长、骨干教师工作室28个，高考本科上线率增长11.4%。新区疾控中心、省级医学集中观察留观点、医疗应急物资储备库等项目开工建设，新区养老服务运营中心投入运行，康复辅具产业创新试点通过国家验收，康复辅具社区租赁国家试点全面推开。省体育馆、新区图书馆开馆运营，半程马拉松赛获中国田协金牌赛事。增加就业5.2万人，城乡居民养老和医疗保险参保率分别达98.6%、99.3%。

【社会治理】 健全四级社会治理综合服务体系，重大涉稳事件、全国"两会"赴京访、涉恐涉暴案件、重大安全事故等"零发生"，新区获评全省信访工作"全面达标地区"，中川园区获批"全省城乡社区治理创新实验区"。安全生产、防灾减灾、应急救援、环境保护等体系逐步健全。扫黑除恶专项斗争成果丰硕，依法公开审判一批恶势力集团、保护伞和恶势力团伙案件，全省率先实现线索清仓、案件清结、逃犯清零。法治新区、平安新区建设深入推进，"七五"普法圆满完成，刑事、治安、电诈警情分别下降31.7%、50.5%、16.6%。

（赵旭东）

## 兰州高新技术开发区

【概况】 2020年，兰州高新区紧盯国家自创区"五区"（科技体制改革试验区、产业品质跃升支撑区、人才资源集聚区、东西合作发展先行区、生态文明建设引领区）定位和国家高新区"两区"（创新驱动发展示范区、高质量发展先行区）建设，实施创新驱动发展战略，聚焦“六稳”工作，落实“六保”任务，决战脱贫攻坚，决胜全面建成小康社会，有力推动全区经济社会新发展。全年完成地区生产总值291.9亿元，增长6.5%；第一产业增加值1.1亿元，增长6%；第二产业增加值189.3亿元，增长8.5%；工业增加值159.6亿元，增长5.9%；建筑业增加值29.7亿元，增长28%；第三产业增加值101.5亿元，增长2.6%；社会消费品零售总额114.5亿元，下降3%；固定资产投资完成216.27亿元，增长10.8%。注册登记企业1.5万户，高新技术企业、战略性新兴产业骨干企业和上市公司分别为365户、30户、25户，均占全省的三分之一；高新技术产业增加值、战略性新兴产业增加值占GDP比重分别为33%、18%；万人发明专利拥有量47件，全社会R&D(研究与试验发展)投入占GDP比重3.1%，技术合同成交额20.8亿元，科技进步对经济增长的贡献率62%。

【科技创新】 联合高等院校、科研院所共建“四不像”(不完全像大学、不完全像科研院所、不完全像企业，不完全像事业单位)新型研发机构19个，设立网络信息安全院士工作站。完善“众创空间+孵化器+加速器+产业园”科技孵化链条，新认定29家众创空间和15家孵化器，孵化总面积95万平方米，实现在孵企业当年总收入19亿元，申请知识产权360件，获得投融资13个，获得各类奖补扶持资金1000万元。投资10亿元打造近8万平方米的兰州人力资源服务产业园，柔性引进院士和专家23人，各类高层次人才85人，实用人才710人，吸纳各类创新创业人才2万余人，人才总量9.1万人，万人拥有本科学历以上人数3320人，万人R&D(研究与试验发展)人数125人。

【招商引资】 创新“云招商”招商模式，与华为技术、中国宝武、阿里巴巴、恒大集团、中国生物、广药集团、中国电子、陶氏化学、荣程祥泰等9家“500强”企业签订项目合作协议，签约引进投资120亿元的恒大新能源动力电池等各类落地项目48个，总投资171.8亿元。对接洽谈阿里巴巴“数智高新”“联东U谷”产业园等项目80余个，招商引资项目累计到位资金61.71亿元，完成全年目标任务的112.2%；省外项目累计到位资金46.77亿元，完成全年目标任务的103.93%；“兰洽会”新签项目到位资金额9.61亿元，完成全年目标任务的105.02%。组织北美、俄罗斯的企业代表参与“兰州行”活动，推进与北京中关村、上海张江等自创区及中东部高校、科研院所、科技企业合作交流。

【项目建设】 全年谋划投资项目199个，总投资1509亿元，年度计划投资210亿元，其中新建项目96个，总投资456亿元。新建项目手续办结率和开工率均为98%，入库率92%。加快建设兰州航天高新产业基地项目、宝武集团兰州智能化铝制易拉罐生产线、绿城时代兰州桃李春风康养小镇项目、甘肃陇神戎发年产200亿粒现代中药生产线扩能改造项目(二期)、中农威特生物医药产业基地、中牧股份兰州生物药厂等产业项目及园区道路、供水、供电、供气、供热、学校、公园、绿廊等公共基础配套项目。推进恒大新能源动力电池项目、中国生物西北地区科技健康产业项目、广药集团王老吉大健康项目、中药配方颗粒高技术产业化项目、西脉高端精密制造产业项目等前期准备工作。

【产业发展】 按照“强龙头、补链条、聚集群”思路，聚力打造生物医药、高端制造、新材料三大产业集群，生物医药、高端制造、新材料等主导产业主营业务收入占全区比重60%。制定《关于加快生物医药产业发展的若干措施》，启动《兰州高新区生物医药专项规划》和《兰州高新区建设生物安全基地工作方案》编制。生物医药产业集聚各类企业200余家，实现年产值142亿元。兰州生物制品研究所独立研制的A型肉毒毒素，获国家科技进步二等奖，生产的13价肺炎球菌多糖结合疫苗是全球当前唯一一针对细菌性肺炎疫苗；中农威特对非洲猪瘟疫苗研发有重大突破，打破国际垄断；兰州肽谷研究院基于五肽全库开展多肽活性分子筛选并得到23组活性分子，研发水平国内领先、达到

6月30日，第26届“兰洽会”兰州高新技术产业开发区签约仪式暨生物医药政策发布会

国际先进水平。高端制造产业集聚企业近50家，实现年产值69亿元，高端制造产业在单螺杆泵、油气装备等领域形成国内领先优势。新材料产业集聚企业近30家，实现年产值94亿元，新材料产业在纳米功能材料、生物传感技术、记忆合金等方面形成一批国内乃至国际领先成果。布局新一代信息技术产业，设立华为鲲鹏创新中心、网易（兰州）联合创新中心，引进中国电子西部区域总部，与阿里巴巴、华为、腾讯、国内运营商等龙头企业开展对接，融入新经济产业链条，大数据产业产值占到全市的60%。

**【科技金融】** 甘肃省十大绿色产业基金已成立的9支有7支落户兰州高新区，首期完成注册资金105亿元；设立2000万元风险补偿资金池、4.5亿元生物医药产业基金、2000万元天使投资基金，产业投资基金更加多元。与兰州银行创新推出“税e通”，贷款额度由200万元升级为500万元，利率降为4.55%。举办8场金政企融资专场对接会，推荐30家企业获得特色产业发展工程贷款1.2亿元，为科技型中小企业协调贷款1.4亿元，通过融资平台融资1.5亿元。

**【营商环境】** 完善“一窗受理、集成服务”政务服务体系改革，设立工程建设项目综合窗口，集成提供咨询和代办服务，投资项目在线审批办结率100%。拓展“非接触式”办税缴费服务，建立覆盖镇村社三级便民服务平台，全面推广“为民服务代理制”“一站式”服务。全面落实工程建设项目“区域评估+多评合一”“多审合一”和“多验合一”改革，实行承诺制、容缺受理等机制，将建筑工程施工许可证核发、建设工程招投标备案等5个事项推行可“容缺受理”，将建设工程消防设计审查等7个事项实行告知承诺制办理，全面加快工程建设项目审批进度。强化项目建设管理团队运行，成立项目管理团队12个，全周期服务重点项目建设。

**【脱贫攻坚】** 印发《2020年脱贫攻坚挂牌督战方案》《“3+1”冲刺清零后续方案》等12个工作方案，签订《2020年脱贫攻坚责任书》，实行县级领导挂牌督战94户257人剩余未脱贫户、12户44人已脱贫监测户和5户11人有致贫风险的边缘户。落实产业扶贫到户资金252.5万元，以产业带动和入股分红的形式扶持162户建档立卡贫困户发展种养业增收。整治农村人居环境，拆除危旧房屋487户。推进美丽乡村建设，完成17个村的村庄建设规划。实施39个总投资1.9亿元的扶贫开发、农业农村、基础设施、公共服务项目，投资645万元实施3个美丽乡村改造提升工程，乡村公共基础设施和环境面貌全面改善。

（张斌辉）

## 兰州经济技术开发区

**【概况】** 2020年，兰州经济技术开发区完成地区生产总值331.49亿元，同比增长5.6%。第一产业增加值3.58亿元，同比增长2.2%。第二产业增加值123.56亿元，同比增长9.7%。其中，工业增加值81.29亿元，同比增长9.9%；规模以上工业增加值同比增长7.5%；建筑业增加值42.27亿元，同比增长9.3%。第三产业增加值204.36亿元，同比增长3%。社会消费品零售总额184.29亿元，同比增长1.86%。实际利用外资0.51亿美元，增长88.2%，实现进出口总额24亿元，增长92%。在市开发区领导小组办公室12月18日发布的考核结果中，经济开发区在全市10个省级及以上开发区考核中排名第一。根据商务部公布的2019年度综合考评结果，兰州经济开发区在全国218个国家级经济开发区中排名第138位，较2018年度提升38位，在全省4个国家级经济技术开发区中排名第一。

**【项目建设】** 全年列入投资项目清单项目151个，总投资约1163亿元，年度计划投资173亿元，实际完成投资179亿元。其中，续建项目94个，完成投资124亿元；新建项目57个，开工入库率86%，完成投资55亿元。组建慈济药业、广润沙棘和冬虫夏草保健品生产线3个市级、S1502#规划路和S1506#规划路2个区级项目团队。3月27日，在西部药谷产业园举行经济开发区2020年重点项目集中开工仪式，兰州和盛堂抗疫应急物资保障、兰州太一医用防护口罩防护服生产等10个项目集中开工，总投资约4.62亿元，涵盖医疗器械、中药萃取、生物分离、保健食品等领域。

**【示范区建设】** 示范区空间规划取得初步成果，并组织召开专家咨询会；起步区控制性详细规划、市政基础设施专项规划、生态修复专项规划获批。完成1921亩农用地转用报批和涉及的604亩征拆补偿、4915亩土地登记调查和失地农民社会养老保险核算缴纳，开展第二批4915亩土地报批。9月4日，举行示范区项目开工奠基仪式，开工S1502#道路中段、S1506#道路中段、生态修复及场地平整、入口咸水沟以东区域场地平整、入口咸水沟以西区域环境综合整治、市政管线连接线工程等7个项目，总投资8.8亿元，2020年完成投资0.74亿元。与兰州银行达成30亿元贷款意向，与市金控谋划共同发起30亿元示范区专项建设基金。谋划储备58企服电子信息产业园、应急装备产业园、钙果小镇等11个项目，总投资103亿元。

**【招商引资】** 全年签约项目30个，总投资143.7亿元。机场北园区完成到位资金11.08亿元，完成省外到位资金10.04亿元，完成目标任务的100.4%。第26届“兰洽会”期间省签项目9个，总投资4.01亿元，2020年到位资金1.45亿元，资金到位率36.15%，开工凯瑞医药技术研发等8个项目，开工率88.9%，建成2个，建成率22.22%。与乌鲁木齐经济技术开发区、拉萨经济技术开发区、山东东营经济技术开发区建立友好合作关系并签订战略合作协议，其中与乌鲁木齐经济技术开发区互派2名干部交流挂职。

【科技创新】 全年认定高新技术企业23家。其中，新认定12家；重新认定11家。全区高新技术企业累计达到85家。兰州万里航空机电有限公司入选2020年国家技术创新示范企业名单；兰州和盛堂制药股份有限公司获得工信部第二批专精特新“小巨人”企业，获批博士后科研工作站资格；兰州众邦电线电缆集团有限公司、兰州安信铁路科技有限公司获批省级工业设计中心；甘肃德福新材料有限公司、兰州顶津食品有限公司被认定为2020年全市第一批数字车间。5月28日，兰州经济技术开发区被省工信厅认定为“甘肃省第一批绿色工业园区”；10月16日，被工信部评定为“国家级绿色工业园区”，盛堂制药和红安纸业分别获得“国家第五批绿色工厂”“甘肃省第一批绿色工厂”称号。全年发明专利授权数量246项，技术合同交易额1.38亿元。与甘肃弘毅天承知识产权服务有限公司签订《战略合作框架协议》，开展甘肃省知识产权计划“专利导航试点项目”。

【营商环境】 配套出台《支持企业发展若干措施（试行）》等扶持政策，全年减免孵化企业、西部药谷入驻企业租金和其他中小企业租金597.48万元，兑现2家科技创新成果企业、60家高新技术企业奖励资金547万元，兑现1家外资企业、3家外贸企业奖励资金127万元，兑现6家企业高层次人才（团队）奖励资金28万元。推进“放管服”和工程建设领域改革，所有审批服务事项全部入驻政务大厅，对建设审批过程的招投标、安全质量监督、建筑节能监督、建筑施工许可、竣工验收备案环节全部实行“一次性告知单”，确保工业项目和工程建设项目的行政审批时限分别减至50个工作日、120个工作日，不动产登记实现“一个大厅集中受理、一条龙归口办理、一体化协调处理、一揽子统筹解决”一站式服务。

【脱贫攻坚】 选派6名干部到皋兰县水阜镇彬草村、砂岗村、燕儿坪村驻村。支持帮扶资金70万元帮助发展甘肃万泉养殖合作社、鑫盛达养殖合作社、惠民旺种养殖合作社等项目以及脱贫攻坚补短板项目工程、环境整治等工作。组织党员干部开展286户建档立卡贫困户资料更新核查、核对确认数据指标，10月，联系帮扶的彬草村、砂岗村、燕儿坪村建档立卡贫困户全部脱贫，并通过国家脱贫普查验收。

（张晓龙）

## 甘肃（兰州）国际陆港

【概况】 2020年，通过加强经济调度、实施企业帮扶和加快项目建设投产等措施，园区经济实现企稳回升。固定资产投资完成17.39亿元，规模以上工业增加值19.4亿元，规模以上工业企业营业收入利润率实现1%。2020年，兰州陆港被国家发改委命名为“陆港型国家物流枢纽”，并连续三年被评为“全国优秀物流园区”。

【国际货运班列发运】 全年兰州陆港发运国际货运班列131列，货值约4.4亿元，货重约13.6万吨。其中，西部陆海新通道国际货运班列5列，货值约2409万元，货重约2481吨；内贸班列58列，货值约1.35亿元，货重约4.4万吨；南亚国际班列16列，货重约7595吨，货值约1.55亿元；中亚国际班列23列，货重约5.18万吨，货值约6558万元；“中吉乌”公铁联运国际货运班列2列，货值约2417万元，货重约746吨；中欧木材回程班列27列，货值约3477万元，货重约2.9万吨。

【园区建设】 兰州铁路口岸货运量实现13.6万吨，兰州东川铁路物流中心货运量126.9万吨，汽车年吞吐量42.3万台，较上年增加11.8万台，集散分拨能力不断增强；汽车整车进口口岸通过验收，已开展首批整车进口业务；保税物流中心（B型）项目主体建成，向国家部委申办启用手续；创新中心项目可研调整完成，计划2021年复工建设。多式联运物流园主体已完工，进行分标段验收；山前路、S818#、B825#等道路基本建成，达到通车条件。国际冷链交易中心开展业务；应急管理中心主体建成；柴家峡大桥至兰州陆港大桥联络线项目完成总工程量的80%。水电气暖等基础设施基本完善，区域交通不断优化，园区承载吸附能力不断提升。

【贸易运营】 充分发挥天津港、曹妃甸港、山东港口内陆无水港的平台优势，逐步实现重庆、青岛“周周班”内贸班列常态化运营，形成国内大循环网络。开展铝箔、石油、进口牛肉、棕榈油等业务，全年完成贸易额25.15亿元，实现货运吞吐量569.84万吨。业务范围不断拓展。充分发挥铁路公路多式联运、国际国内多点突破的运营网络优势，与多家企业签订内贸采购合同与外贸销售合同，为下一步采购运输销售一体化业务开展奠定良好基础。以进口石油焦供应链融资业务为突破口，进口石油焦3.3万余吨，贸易额3400万元，集中供应酒钢集团、中国铝业等大型国企。与多家铝产品生产企业合作，顺利完成铝产品的运输销售业务，实现品类覆盖全、交付流程优、销售渠道畅。全年完成商品营业收入约32亿元。全力保障市场供应。作为甘肃对外开放平台，发挥口岸优势，向境外和内地多方调集白糖、猪肉等生活物资和口罩、防护服等防疫急缺物资，供应市场。商贸公司中标为兰州市市级储备冻肉承储单位，开辟国外货源，在做好冷链食品疫情防控前提下，从欧洲进口储存冻肉投放至各大超市，发挥保障市场供给、稳定市场价格的作用。

【招商引资】 菜鸟网络项目完成土地出让工作；宇培电商冷链物流园正在编制项目设计书、测算投资规模；大陆希望新能源丝路智汇港完成规划调整，正在开展土地报批、征地拆迁等工作；海亮教育产业园项目完成初步规划。围绕多式联运物流园、保税物流中心(B型)、国际冷链交易中心，建成23万平方米多品类高标准库区，制定园区招商引资方案，引进京东、中外运、北京华联、城市优选等19家实力企业入驻，入园企业达到70家。

【对外宣传】 组团参加第3届进口博览会、广州博览会、北"丝路"牵手南"茶道"在成都、昆明和广州的系列城际推介活动，"畅享兰州·乐购金城"进出口商品展销会等国内、国际大型展会，与当地政府部门、企业代表深入交流，推介陆港整体发展优势，陆港知名度得到持续提升。紧抓主流媒体阵地，邀请中央电视台、新华社、中新社、《人民日报》等多家国内主流新闻媒体记者对兰州陆港在疫情防控、复工复产、商贸运营、班列发运以及对外合作等方面取得的最新进展进行深度报道。特别是"中吉乌"国际货运班列首发仪式在央视新闻联播报道，《勇立潮头敢为人先奋楫扬帆行稳致远—甘肃(兰州)国际陆港建设国家物流枢纽工作综述》在《甘肃日报》等媒体刊发。在钦州主题推介、甘肃省通道物流大会等活动中，各类媒体发稿200余篇，转载2000余篇，接待记者团24次。

【"中吉乌"国际货运班列】 打通1条联结中西亚、辐射欧洲的"铁—公—铁"多式联运国际贸易新通道，中欧班列"中吉乌"国际货运班列双向贯通，实现点到点、重去重回往返运输。此条通道缩短295千米运输距离，缓解了阿拉山口、霍尔果斯口岸通行压力。中吉乌班列的双向贯通，促进物流服务集约化、高效化、一体化发展，形成区域合作、要素集聚、资源整合、产业联动的枢纽协同发展新格局，进一步强化兰州在"一带一路"黄金段上的支点作用，促进国际贸易自由化便利化双向流通。

【同"州"共济——兰州陆港走进西部陆海新通道钦州推介活动】 11月29日，同"州"共济——兰州陆港走进西部陆海新通道钦州推介活动在广西钦州举办。本次推介活动由兰州市人民政府、甘肃省商务厅、兰州海关主办，甘肃(兰州)国际陆港管委会、兰州市西固区人民政府、兰州国际港务区投资开发有限公司承办，新华社新闻信息中心甘肃中心、兰州市人民政府合作交流办、甘肃(武威)国际陆港、广西壮族自治区甘肃商会、甘肃省广西商会协办。旨在推进兰州陆港与广西政府部门、沿海港口、物流企业交流合作，共谋陆海联动之"策"，共兴多赢发展之"业"，共创内外循环之"局"。邀请甘肃省、广西壮族自治区、商务部研究院及钦州市相关领导，物流企业代表、各港口、园区和口岸负责人等约200人参加。会上，中共西固区委书记、兰州陆港党工委书记雒泽民作题为"同舟共济者将兴、陆海联动者必赢"的主题推介，向与会嘉宾详细介绍兰州陆港明显的比较优势、全新的发展格局、优良的服务环境。在项目签约环节，兰州国际港多式联运有限公司与钦州物流行业协会、兰州国际港务区投资开发有限公司与广西川银贸易有限公司、兰州陆港国际商贸有限公司与广西钦州保税港区侨益物流有限公司、陆海新通道运营甘肃有限公司与广西北港物流有限公司签订战略合作框架协议。此次活动的成功举行，为两省两地企业交流合作提供广阔平台，各方在强化枢纽功能、完善服务网络、加强互联互通、发展枢纽经济等方面深入合作，促进陆海枢纽联动

6月5日，"中吉乌"公铁联运国际货运班列在甘肃(兰州)国际陆港成功首发

11月29日，同“州”共济——兰州陆港走进西部陆海新通道钦州主题推介活动在广西钦州举办

发展，为构建“以国内大循环为主体，国内国际双循环”新发展格局贡献力量。

（田　鹏）

## 兰州榆中生态创新城

【概况】　兰州榆中生态创新城位于甘肃省兰州市东部的榆中盆地，距兰州市主城区约30千米，规划面积约123平方千米，包括夏官营、三角城、榆中县城3个功能片区。规划范围东起青龙岭，西至白虎山，南起兴隆山，北至北山。2020年，兰州榆中生态创新城在市委、市政府的正确领导下，以习近平新时代中国特色社会主义思想为指导，聚焦“西部创新新平台，甘肃新兴增长极，兰州城市副中心”的总体定位，全力推进各项工作落实，完成各项工作任务。

【工作体制】　按照省编委合署办公要求，科学、高效设立生态创新城管理机构，6月23日党工委正式设立，7月27日党工委、管委会正式挂牌，合理调配人员开展日常工作，从全省范围公开选调优秀干部，加快充实人员力量，生态创新城管委会与榆中县合署办公步入正轨。兰州生态发展公司于4月16日完成登记注册，7月11日正式挂牌。年底基本构建“管委会+公司”的运行模式。

【规划体系】　高质量、高标准编制完成空间发展战略规划、总体规划、夏官营片区（启动区）控制性详细规划、14个市政基础设施专项规划、总体城市设计、核心示范区城市设计，编制完善城市生态绿道系统、区域节能、投资发展及土地开发时序、智慧城市等专项规划，基本构建形成“空间战略规划+总体规划+详细规划+专项规划+城市设计”规划体系，奠定“谋定”而“后动”基础。

【项目建设】　围绕100亿元固定资产投资目标，按照“基础设施先行、生态绿化优先”原则，压茬推进市政道路、生态绿化、公共服务等项目建设。截至10月底，实施重点项目56个，完成投资89.56亿元。道路交通方面。分两期储备市政道路项目28条，总投资61.82亿元。结合建设开发时序，先期开工建设核心示范区“三纵三横”6条道路，总投资39.47亿元，道路总长19.18千米。推进第二批“十纵四横”14条市政道路建设项目，总投资24.3亿元，道路总长46.1千米，年底已完成项目可研，进行项目评审；推进区域联通项目，G30连霍高速公路清水驿至忠和段扩容改造工程（兰州北绕城东段），项目可研、初步设计已经批复，已纳入财政部PPP综合信息管理平台管理库。总投资133亿元的G312线清水驿至傅家窑公路工程，截至年底，累计完成投资15.26亿元，完成总投资量的11.5%。生态绿化方面。全面完成6100亩54万株规划区春季绿化，制定《2021年生态修复治理及绿化景观建设方案》，谋划启动夹沟河河洪道治理及生态修复项目，通过理水（即防洪水利工程）、添绿（即滨水生态绿化）、增服（即绿道系统集成）和科创公园建设，修复治理面积5200余亩。打造甘肃省黄河流域生态保护和高质量发展示范段，带动河道中间生态岛开发，打造成为全国第一个投资超百亿元的黄河一级支流生态修复项目。公共服务方面。加快推进兰大“双一流”建设，兰大榆中校区第二教学楼建成投入使用，第二实验楼正在抓紧开展内装工作，综合办公楼已完成主体结构建设。谋划推进商务中心综合体项目，集中承接办公、会展、酒店、企业孵化、商业服务等功能，为小微企业注册孵化和大型企业过渡期落户办公提供优质服务和良好环境，进一步集聚人气、提升活力、展示形象。年底正在深化项目设计，力争2021上半年开工建设。持续推进兰大附属学校、兰大高端人才公寓、榆中县污水处理厂、万家庄水厂等基础配套项目，逐步完善城市功能。

【招商引资】　确立“遵循规划、围绕主题、紧扣业态、突出核心、方案成熟、条件具备”六大原则，指导招商引资工作。建立专家咨询委员会，实行项目全覆盖、全过程咨询，尤其把违背规划、跑马圈占、诉求过高、实力不强的项目审慎筛选排除，确保引进项目符合产业定位。截至年底，签订合作协议项目9个，总投资额约249亿元。海升甘肃农业总部和丝路高端知识产权转化产业园项目用地申请待批复；丝路信息港数据信息产业园项目在编制项目规划；泰康康养小镇项目集团拟来兰选址；国防科技大学兰州学院项目计划年底签约挂牌，争取2021年上半年开工建设；兰州榆中航空产业园项目在深化航空产业园总体规划，注册资本12亿元的兰州航空发展集团已成立；中国兰州丝路之光国际航空城项目在完善项目规划；国际医学中心、中核同方智慧产业园、亿达智慧科学城等项目在对接。

**【投资融资项目】** 构建"一主两辅"融资方式，一方面多措并举壮大兰州生态城创新发展公司"一主"融资实力，研究制定《榆中生态创新城夏官营片区土地有偿使用实施方案》，采取国有建设用地使用权作价出资（入股）等形式，向兰发公司注入优质资产，增强融资实力。备案注册总规模500亿元的兰州生态创新城投资基金，首期募集规模50亿元，经与多家潜在投资人多轮洽谈，年底实缴到位5.79亿元，4家施工单位已签订基金份额转让协议。主动与华夏银行洽谈绿色金融合作方案，拟授信8000万元，用于生态创新城绿化项目建设。申请流动资金贷款和项目资金贷款授信41.6亿元，已获批授信12.7亿元。与光大银行、建设银行签订合作框架协议。召开在兰18家银行参加的银企对接会。另一方面，争取政府专项债券和引进PPP模式"两辅"满足资金需求。榆中污水处理厂、科创中心、科创大道、学府大道及相关道路地下综合管廊等项目申报的政府专项债券10.5亿元资金已到位，累计申请政府专项债22亿元；引进PPP模式建设基础设施及公共服务项目，正在进行项目包装和论证。

**【公共服务项目】** 学习借鉴先进地区"EPC+PPP""EPC+ABO"模式成功经验，发挥PPP模式平滑短期内财政支出压力、降低项目建设全生命周期运营成本、规避国家法律和政策等方面风险优势，计划在榆中生态创新城燃气、供电、供水、供热、污水及垃圾处理等市政设施，公路、铁路、机场、城市轨道交通等交通设施，医疗、旅游、教育培训、健康养老等公共服务项目以及水利、资源环境和生态保护等方面推行"EPC+PPP""EPC+ABO"模式，在短时间内为生态创新城构建较为完备的基础设施及公共服务配套。年底，在省政府和省财政厅的大力支持下，争取到总额300亿元的PPP项目财承指标，加紧准备项目进行对接。

**【土地开发】** 科学测算规划区123平方千米内前期投入和后期产出"一本账"，明确主要资金来源。经初步测算，包括土地收储、土地开发、基础设施建设费用、公共服务设施建设、财务等各方面在内的各类成本1950亿元，即平均每平方千米投资约30亿元。对比国内其他新城、园区建设经验，资金主要来源为财政投入、土地收入、配套费、企业税收或经营收入，其中土地收入约占资金来源的70%。有序安排土地开发时序，启动《投资发展及土地开发时序专项规划》编制工作，确保规划期内实现投入产出基本平衡，坚决防范和避免新增政府隐性债务。提升一体化专业化建设水平，创新构建规划范围内统筹用地指标、开发建设成本、综合收益的一体化建设发展工作体系，聘请领域更广、层次更深、资质更高、信誉更佳的专家咨询团队，以更加专业和科学的角度对创新城范围内（包括榆中县城关镇片区）规划建设和产业发展等全方位进行把关和咨询论证，力求科学化决策、精细化管理。

（冯　洁）

## 城乡规划

【概况】　2020年，兰州市核发建筑工程类建设项目选址意见书13件，建设项目用地规划许可证114件，规划条件通知书65件，建设工程规划许可证324件；核发市政类建设项目选址意见书6件，建设项目用地规划许可证10件，建设工程规划许可证63件；核发建设工程规划竣工验收合格书72件。

【建章立制】　出台《兰州市城乡规划条例》《兰州市建筑日照分析管理办法(试行)》《国有建设用地使用权出让价款追缴制度》，拟定《兰州市城市地下管线管理办法(初稿)》《兰州市城市地下管线规划竣工验收管理办法(试行)》，《兰州市城市地下管线管理办法》立法项目列入2020年度市政府2021—2025年立法规划。兰州市自然资源局与兰州市住房和城乡建设局联合制定印发《兰州市房屋建筑和市政基础设施工程建设项目审批一张表单与审批流程图》。

【国土空间规划】　持续推进《兰州市国土空间总体规划(2020—2035年)》编制工作，完成《市级国土空间总体规划》阶段成果，督促有关区县有序推进规划编制，基本构建全市国土空间规划管控体系，优化全域空间总体格局。完成、上报兰州市生态保护红线评估调整及城镇开发边界试划成果，部署开展永久基本农田核实及划定工作，全市国土空间保护和开发格局及“三区三线”范围基本确定。在城区范围划定基础上开展2020年度城市体检评估工作，编制完成2020年城市体检评估报告，城区范围划定成果及城市体检评估成果经甘肃省自然资源厅审查后按时上报自然资源部。开展过渡期内“两规”(土地利用规划 城市规划)一致性处理，区县“两规”一致性处理规划调整方案，经省政府批复实施，为过渡期内国土空间用途管制提供“多规合一”(将国民经济和社会发展规划、城乡规划、土地利用规划、生态环境保护规划等多个规划融合到一个区域上，实现一个市县一本规划、一张蓝图，解决现有各类规划自成体系、内容冲突、缺乏衔接等问题)规划依据。

【规划研究】　编制完成《兰州市中心城区密度强度高度分区研究》《兰州市15分钟生活圈配套规划研究与导则》《西固石化区域概念规划》《兰州市“十四五”城市交通发展规划》。

【控规修编】　编制完成《兰州市城关区青石片区控制性详细规划(2020年版)》《兰州市中心城区控制性详细规划西固片区广家坪单元》，修改《兰州市中心城区九合片区控制性详细规划》《兰州市中心城区控制性详细规划和平片区》《兰州市中心城区控制性详细规划——崔家大滩、马滩片区 CM06—01、02 单元》，组织编制《“读者印象”精品文化街区城市设计》《兰州市金天观、洪恩街街区城市设计》，运用城市设计，塑造城市风貌特色。完成《兰州市七里河区西果园镇总体规划(2019—2035)》审查、报批。

【公众参与机制】　制定《兰州市自然资源局关于落实街道党工委对制定社区规划和公共服务设施布局规划参与权的实施意见(试行)》，更好地促进条块联动，提升基层治理效能，提高城市治理现代化水平。

【城市内外路网结构】　通过优化城市路网结构，完成B404#路、B400#

路、S631—2#路、B640—1#路、薇乐大道综合整治人行过街天桥、兰州大学附属小学过街天桥、和平镇成功学校人行过街设施及天水路高速出入口环境提升改造项目、交通节点改善工程等方案设计审查，出具对G312线上海至霍尔果斯公路清水驿至苦水段、G30连霍高速公路清水驿至忠和段扩容改造项目、中通道南延线工程及G6京藏高速忠和至海石湾段公路扩容改造工程选址初审意见，加速推进兰州主城区高速环线和环城公路网建设，优化提升城市内外路网的通达性，确保进出外围交通与内部道路的顺畅衔接。

【规划展览】　兰州市城市规划展览馆全年接待来馆参观游客35974人次，接待团队195个（省内团队169个、省外团队25个、境外媒体采访团1个），讲解94场。

推出“云·看兰州”线上讲解。讲解员从馆内走上街头，综合运用音频和现代拍摄技术手段，从馆内展项延伸到外景实拍，纵横城市魅影，穿梭街巷风情，讲述兰州城市故事。发布以“故城时光·趣谈老城门”“文化记忆·趣谈非遗”“金城记忆——《金城揽胜图》”“街巷时光——历史文化街区”“可摘星辰——兰山三台阁”等系列活动24期。更新“都会城市 精致兰州”“战略视野 重点项目”展区6个版面内容，展示国土空间总体规划初稿、兰州最新荣誉和生态建设、城市更新、社会事业等方面建设成就，提升馆内VIP流线展示效果。助力夜游黄河，实施展馆夜景观亮化工程，协调黄投公司在前广场处搭建《城市之光》演出舞台，拆除清水样板墙、恢复黄河肌理，提升展馆夜间形象，增加展馆人气。开展“致敬英雄是给孩子最好的六一礼物”活动，邀请省中医院医护工作者带领孩子来馆参观，用爱和行动陪伴成长，以知行合一、寓教于乐的方式为孩子庆祝节日；开展“粽情粽意传文明·爱国情怀永流传”线上活动，通过怀古忆今诵端午，弘扬爱国主义精神和优秀传统文化；开展诚信宣传教育，通过电子屏、宣传册向游客发出《诚实守信从我做起》倡议书，微信公众号推送邀请小小讲解员一起讲述的兰州诚实守信好人故事，以先进模范引领新风尚。

（崔丽虹）

## 城市建设

【概况】　2020年，住房及城建工作各项任务目标进展顺利，承担的2件市列为民兴办实事顺利完成：全市棚改新开工12099户，基本建成10704户，顺利完成目标任务；实施老旧小区改造416个，为老旧住宅加装电梯304部。实施市政公用设施建设项目111项，投资总额454.31亿元，全年完成投资51.95亿元。

推进“马路办公”，解决市政设施养护问题73个，全年补修破损路面路基33.14万平方米，探测城区道路436条，处置各类地下病害103处，有效保障道路通行安全。开展农村闲置废弃危房整治行动，集中拆除危改农户原有危房5162户、闲置废弃危房7023户，拆除率100%。在173个行政村新建卫生公厕，同步完成27个行政村原有公厕的提升改造，全市所有行政村实现100%覆盖1座卫生公厕目标。

【城市基础设施建设】　建成T497#、T496#、和政路等6条规划疏解路和雁白黄河大桥匝道工程；轨道交通1号线省政府站建成投运，2号线一期工程有序推进；新增公共停车泊位6300个；建成马滩片区、兰石CBD片区、崔家大滩片区综合管廊主体1.73千米。

【供暖保障】　要求各供热企业和供热管理部门24小时在岗值班，及时处置供热投诉问题和供热突发事件。改造主城4区老旧供热管网27.21千米，协助完成“三供一业”供热管网改造，保障居民正常供暖。

【用气安全保障】　加强安全检查，维护行业安全稳定。分别对柳家营加气站、九州加气站、甘肃美盛加气站等30家场站进行安全生产检查，现场下发燃气企业现场监督记录单30份，发现安全隐患156处，全部整改完成。加强场站设施设备日常安全巡检和隐患排查，保障安全运营。委托专业机构开展安全检测工作，对10家燃气经营企业开展安全检查和隐患排查工作，对50家企业开展安全风险评级工作，对50家企业开展安全风险评级工作。防范化解社会稳定风险，推进信访工作。处理上级批办和群众来信来访11件，办结率100%、回复率100%。开展燃气行业管网普查和抗震普查工作，完成884千米燃气管线的管网普查和抗震普查。

结合“国家安全日”宣传活动，组织场站线上学习《宪法》《国家安全法》《反恐怖主义法》《安全生产法》《兰州市燃气管理条例》等法律法规。以燃气安全用气、燃气使用知识为重点，通过展板展示、知识咨询，现场发放燃气使用常识宣传单、燃气安全宣传布袋等方式，普及用气安全知识。

【城市人居环境改善】　开工建设黄河流域兰州白塔山段综合提升改造工程、“读者印象”精品文化街区项目，黄河楼项目建成投用。推进“线缆入地三年行动”，完成151条路段线廊建设任务。建成和政路智慧路灯试点项目。建成市级照明集中控制平台，为全市各类活动保障亮化80余次，扮靓黄河沿岸，助推兰州“夜经济”发展。

开展城市体检。对城市发展50+10指标体系进行数据采集和校核分析，精准识别城市体检发现的病症与短板，为城市更新、老旧小区改造、完善社区品质和建设宜居健康城市等奠定良好基础。完成全市老旧房屋及市政基础设施抗震性能普查。

**【特色小城镇建设】** 加强农村危房动态监测，将符合改造条件的全部纳入改造计划，确保不漏一户。全年全市无新增农村危房，为全市顺利完成脱贫攻坚任务目标奠定坚实基础。加快推进西果园镇、达川镇、平安镇、武胜驿镇、红城镇、什川镇特色小城镇市列续建项目及区县新建项目8个。榆中县青城镇城河村获批全省传统村落保护数字博物馆示范村。

**【历史文化名城申报】** 保护城市历史文脉，编制历史文化街区保护规划，强化历史文化街区保护和利用，将兰州大学格致楼等10处建筑列入兰州市历史建筑保护名录，抓好甘肃举院古建群、金天观等7处濒危古建修缮工作，全力推进历史文化名城申报工作。

**【房地产市场监管调控】** 制定《兰州市建立房地产市场平稳健康发展“一城一策”工作方案》，从优化土地供应、加大保障性住房建设力度、完善住房保障配套政策等6方面入手，稳地价、稳房价、稳预期，促进房地产市场平稳健康发展。严格落实新建商品房的“一房一价”备案、明码标价、一套一标和“一价清”及区域性限购、限售和差别化住房信贷政策，确保房地产市场平稳健康发展。为全市772家房地产开发企业建立房地产开发企业信用信息档案。将资质备案、住房质量、交付使用等内容纳入房地产信用体系，进行实时评价和年度评价。对违法违规交房、严重质量问题、信息公开不及时等行为，记入房地产开发企业信用档案，公开予以曝光。建立全市统一的房屋租赁服务平台，将全市各类房源统一纳入核验管理，保障租赁双方的合法权益。成立国有住房租赁企业，鼓励将棚改项目余量房作为租赁住房、政府回购棚改项目余量房作为人才公寓和公共租赁住房，建成人才公寓3处330套。

**【住房保障】** 5月1日起，全市新增住宅项目按照住宅总建筑面积10%的比例配建公租房；在争取国家和省级专项补助资金基础上，将土地出让金净收益的10%和住房公积金年增值收益用于公租房建设，全年筹集公租房2586套。扩大公租房保障覆盖面。二季度起，将新就业大学生和外来务工人员纳入公租房租赁补贴保障范围。优化棚户区改造审批手续，将棚改项目启动审批缩减到2个环节。

魅力金城

**【工程建设项目审批制度改革】** 严格落实“一窗受理”“一张表单”制度，全面推行数字化多图联审、联合验收，完成多图联审项目362个，开展联合验收项目57个，联合验收率94.74%。建成招投标监督平台，实现兰州市建设工程全流程电子化招投标。探索开展项目基坑开挖单独核发施工许可，推行施工许可和安全质量监督手续合并办理，建设工程全流程审批时限由183个工作日压减至75个工作日以内。制定出台《兰州市城市照明管理办法》《兰州市物业管理条例》《兰州市城乡建设档案管理办法》，《兰州市直管公房管理办法》，通过市政府常务会议审议，住建领域各行业管理进一步规范化、法治化。

**【房屋产权登记发证历史遗留问题处理】** 出台《关于解决房屋产权登记发证历史遗留问题补充意见》，进行政策调整完善，加快解决房屋产权登记发证历史遗留问题。全年全市受理大宗业务547件、2656.45万平方米，办理登记89件、336.15万平方米，缴纳费用4.96亿元。

**【建筑行业管理】** 以建筑行业、房地产行业、物业行业为重点，持续开展行业乱象整治工作，重点打击违法分包、捂盘惜售、规避监管、中介纠纷、物业管理混乱等违法违规行为，结合信用体系建设，对违规企业进行失信惩戒，加强住建领域行业治理。扎实推进质量安全三年提升行动，强化文明施工、安全管理等各类专项检查，全年未发生较大及以上事故。严格落实《大气污染防治条例》，全市114个重点项目全部安装视频监控系统，开展建筑工地扬尘管控工作联合巡查执法，保障6个“100%”防尘措施落实到位。

**【新型建筑和新型建造推广】** 1月起，全市行政区域内的新建民用建筑全面执行绿色建筑标准。全年全市新建建筑设计阶段和施工阶段强制性节能标准执行率100%，绿色建筑占比66.07%。加快推广装配式建筑，加入黄河流域装配式建筑城市联盟，2020年兰州市获批4个省级装配式建筑产业基地，新开工装配式建筑50.8万平方米。

（崔　军）

## 城市公共交通

【概况】　2020年，兰州公交集团有限公司运营线路141条，运营车辆3189台，线路总长度4450千米，公交客运量5.97亿人次，运营里程1.66亿千米，车厢服务合格率97.47%，车辆整洁合格率99.14%，行车安全保障率94.67%，行车责任事故间隔里程394.95万千米/起，在2020年国家“公交都市”验收中各项指标均完成。交通运输部《2019年中国城市客运发展报告》显示，兰州市公交车利用效率和运输效率明显高于其他城市；公安部全国文明畅通提升行动计划指导推动组《关于2019年度全国主要大城市实施道路交通文明畅通提升行动计划进展情况的通报》显示，兰州市公交出行分担率63.8%；高德地图联合国家信息中心大数据发展部等机构共同联合发布的《2019年度中国主要城市交通分析报告》显示，在全国选取的50个城市中，兰州市绿色出行意愿排名第一，高峰期平均候车时长5.41分钟，在所选城市中最优。

【线网调整】　全面完成2020年市委市政府为民办实事工作任务，新开线路4条，优化调整线路22条、站点44处；开通定制公交29条；增开特色服务线路6条，公交线网与轨道线网接驳率84%，轨道站点50米半径公交覆盖率100%；完成“精致车站”建设任务，启用公交首末站3处，建成10处新式候车亭，对西关枢纽站、五泉广场、兰州车站3处大型枢纽场站提升改造，实现人车分流、规范行车秩序；联合市交通委、市交警支队等单位对主城4区道路认真勘察调研，对2020年为民办实事任务中需划设100千米公交专用道选址进行细化完善申报，并逐步建成投入使用。

【服务提升】　提升服务细节，落实车辆卫生日保洁制度，清洗车辆220万余频次，每周五卫生大扫除50余次；增加报站器宣传用语，涉及创建文明城市、车辆行驶安全、接驳轨道交通等；以“黄河之滨也很美”“精致兰州”等为主题打造20台“精致车组”；开展文明排队乘车志愿服务280余次，在400余处公交途经站施划“排队乘车”引导线；强化服务培训力度，组织线上、线下培训280期；加大服务质量监督考核力度，开展日常检查线路1161条次、车辆58978台次、驾驶员5.44万人次；保障驾驶员合法权益，修订驾驶员委屈奖发放管理规定，规范诚信员工评选活动标准，提高个人营收考核权重。公司各类提升服务举措、好人好事等被新闻媒体表扬150起、热线表扬2421起，获得锦旗28面，失物认领4361件、价值约860万元；3月，市交通委委托第三方测评机构开展“公共交通乘客满意度”调查，市公共交通乘客满意度94.31%。

【技术管理】　按计划完成维保任务。一级维护9012台次，二级维护4526台次。加强新能源车技术培训，与厂家开展合作，对驾驶员、修理工进行业务技能培训，以客运公司为单位开展不同形式的技能比武劳动竞赛活动；严格控制成本，千千米材料消耗323.09元，千千米轮胎消耗61.32元；天然气消耗5681万立方米，电力消耗3544万度，均控制在预算内；根据新能源公交车运行三年多的实际情况，联合汽车和电池厂家，测试新能源公交车442辆，进一步掌握电池衰减情况，确保车辆正常运转。

【智能公交】　公交乘车非现金支付业务规模持续扩大，非现金支付占比85.65%，新增美团支付与移动和包支付，非现金支付方式达到8种，同时推行虚拟电子公交卡和多渠道线上非现金充值方式；不断完善和扩展智能调度管理平台，提高系统交互性和稳定性，依托智能调度管理平台产生稳定、有效的车辆定位数据源，吸引更多的互联网公司参与公交智慧出

乘客扫码乘车

行服务系统的建设，新增百度、滴滴实时公交查询APP，年内有8款智慧出行APP软件为乘客的公交出行提供服务；完成交通联合卡互充技术对接，实现全市发行交通联合卡单位的互充功能。

【安全生产】 树牢安全第一理念，结合实际制定《安全生产专项整治三年行动实施方案》，细化分解56项具体推进措施，涵盖制度建设、安全责任落实、现场管控、安全生产标准化建设等8个方面；继续完善三级安全教育培训体系，全年培训642场、8.3万余人次；集中开展"交通陋习一月一主题整治活动""车让人，人快走"甘肃名片创建行动等系列阶段性交通安全专项整治；扎实做好内保消防、综合治理工作，对8个内部场区和63个外部停车场累计检查461次，消除隐患56个。

完善应急管理体系，6月30日，联合公安、消防、医疗等多部门开展2020年突发事件综合应急演练；制定发车前安全运行"三确认"制度流程，落实驾驶员、站员、值班队长3者的监管责任；开展以"保安全、查隐患"为主题的线路执勤、驾驶员心理辅导、公共安全法制教育等系列风险预防工作；开展工业生产、加气站安全、网络安全等隐患排查工作，完善相应管理制度，完成集团公司生产安全事故综合应急预案修订。

【企业改革】 为破解发展难题，深化机构改革，实现公交资源再整合，建立和完善责权明确、精干高效、运转协调的企业发展体系，制定《兰州公交集团全面深化企业改革推进高质量发展三年总体行动方案》并推进实施。将公交集团现有土地、房产、公交场站、首末站划归专业部门管理，由其主要承担综合开发、日常管理、维护和服务等职能，正在有序推进、逐步落实；设立兰州新区独立法人客运单位，加强与新区客运市场的转型和衔接；推进驾驶员培训工作市场化运作和经营；全面启动运修分离机制改革，开展运营调度模式改革，大幅提高调度指令接收与现场运营组织能力，完成三调站点网络布设、集团运营指挥中心改造等工作；改革完善现有收银体系；实施车辆、场站保洁工作集约化改革，提升保洁质量；调整安保队伍结构，节约人力资源成本，全面实施工资总额预算管理，推进工资收入分配制度改革，为企业发展提供坚强的财务支撑。

【项目建设】 对具备开发条件的12宗土地进行项目前期论证，完成项目综合开发提升改造初步概念性方案。拟建项目计划12项：拟新建九州公交综合停车场等公交综合停车场站项目5项，以建设立体公交停保场及公交综合功能为主，打造与城市空间未来发展一体化融合的公交服务功能布局；对现有西站公交综合体等7处公交场站提升改造、综合开发。形成《兰州公交集团公交场站提升改造综合开发项目方案》，10月9日，市政府常务会议审议通过，按计划逐步推进。

【企业管理】 劳动力管理方面依法规范劳动用工管理，优化人员结构，新聘驾驶员244人，新分配至客运单位实习学员300人，职工岗技培训6563人，合格率100%；争取惠企政策和支持资金，减免公司2—6月"四项"社会保险费用3321.86万元；争取到"经营困难且恢复有望企业稳岗返还资金"7688万元；完成4344名退休职工社会化管理移交工作。

修订《兰州市公共汽车乘坐规则》并于4月14日发布；经过评审，年内新增2家法律顾问单位，全年审核出具各类法律意见书、律师函140份；坚持分级管理、统一授权、分工负责、归口把关原则加强经济合同管理，日常审核各类经济合同409份。

全面执行财务预算制度，依据财务预算细化预算资金支出方案，按时下拨生产资金，保证公共交通正常运转。

兰州公交经营发展经验在中国交通报社和甘肃省交通厅主办的"2020我的公交我的城"研讨交流活动中，受到与会40余家公交企业的关注和好评。

【精神文明建设】 全力做好创建全国文明城市工作，新增站亭公益广告284块、大幅核心价值观宣传牌500余块、关爱未成年人公益广告70块，开展文明交通志愿活动，为创建全国文明城市营造氛围。推进民族大团

4月24日，市公交公司在兰州西客站东广场开展"文明交通劝导"志愿服务活动

结，公司被市委统战部授予“全市民族团结进步示范单位”荣誉称号。

【职工权益保障】 按期完成社保和医保费用核定缴费工作，为272名到龄退休职工办理退休手续。为58人申办失业金；为56人申报工伤认定；对80户困难职工进行节前救助慰问；做好职工在运营生产过程中的劳动保护，完成7000余人的夏装和春秋装的换发工作，职工春节福利、夏季防暑劳保用品均按期发放到位；为职工生日送蛋糕8990个，投入金额87.1万元；为符合条件的137名职工子女每人发放助学奖励金2000元，合计金额27.4万元。

（赵 悦）

## 城市供气

【概况】 截至2020年底，甘肃中石油昆仑燃气有限公司累计建成高中低压天然气管网干线993.27千米、庭院管线5134.16千米、门站7座、城市配气站4座、调压站（含区域调压柜）104座、调压箱（柜）7119台。经营业务范围覆盖兰州市、定西市、甘南州3个市（州）及皋兰、永登、榆中、临洮、夏河5县和兰州新区。累计发展居民用户128.5万户，商铺用户11172户，锅炉用户7933户，工业用户310户，加气站用户25户。2020年销售天然气16.48亿立方米，实现销售收入30.41亿元。

【企业经营】 沉着应对政策性居民用气阶段性下调和工业用户、商铺用户用气量缩减等各种风险挑战，主动转变工作思路，下大力气推进提质增效和市场挖潜，通过“扭亏”“降本”“扩销”力保全年各项经营指标任务稳中有升。高效开展提质增效工作，按照《2020年提质增效专项行动方案》，实行“一企一案”分解下达目标任务，经营增效、挖潜增效、节流增效协同推进，全年经营增效9740万元，节流增效1043万元。开展“摸清企业家底、理清亏损原因”专项调研，制定《2020年亏损企业治理方案》，结合各亏损单位实际部署扭亏减亏工作，全年5家亏损企业累计销气量1.35亿立方米，同比增幅68%；累计亏损3199万元，同比减亏2394万元，减亏幅度43%，其中2家企业实现扭亏为盈。LNG工厂减亏幅度49%，首次将亏损额控制在2000万元以内，公司扭亏增效工作取得长足进步。全年销售天然气16.48亿立方米，较上年增长3.34%；销售收入30.41亿元，较上年增长4.68%；新发展居民用户6.1万户，发展商福用户740户，工业用户20户，企业资产总额41亿元。实现天然气销售继续增长，服务用户队伍不断壮大，资产规模与资产质量双双提升，企业高质量发展。

【供气安全生产】 全面修订公司《环境保护管理办法》《劳动防护用品管理办法》等7项安全环保管理制度，修订完善公司《突发事件综合应急预案》等21个专项预案，推进各单位安全管理、操作规范、处置方案的不断规范与完善。编制、印发涵盖17个部室中心，126个岗位的《公司安全生产及安全生产（HSE）责任清单》，督促建立健全安全履职卡，实现安全生产责任清单全员全覆盖。制定出台《公司安全生产专项整治三年行动计划实施方案》，突出2个专题、5个专项实施方案和“两个清单”，构建长效化专项整治工作机制，确保公司安全生产的安全平稳运行。QHSE体系（质量、健康、安全、环境管理运行体系）建设进一步深化。推进实施管网检验检测、场站技术改造和设备更新改造，促进公司内部形成较完善的质量、健康、安全、环境管理运行体系，完成北京中油认证中心的再认证外审工作，在中石油天然气销售分公司下半年QHSE体系监督审核中取得89.91分的好成绩。推动基层站队HSE标准化建设，实现公司基层34个站队全部达标，基层站队标准化建设达标率100%，在2019年8个优秀基层站队的基础上，再晋升7个优秀基层站队，以场站的高标准建设促进体系建设上台阶。及时调整公司安全生产管理委员会，优化各单位安全生产组织架构，构建公司级、基层级、所站级、班组级等4级安全管控网络，形成纵向到底、横向到边的安全管理机制。选聘各单位总经理担任安全总监，各单位设立安全环保管理部门，配备专兼职安全管理人员，“党政同责、一岗双责、齐抓共管、失职追责”的安全生产责任制得到持续落实。推动逐级建立安委会、月度例会及各单位安全生产会议制度，推行员工业绩奖金、安全奖与质量安全环保履职情况挂钩考核机制，以科学有效的管理架构确保全年安全生产指标的高质量完成。安全管理制度机制进一步完善。“党政同责、一岗双责、齐抓共管、失职追责”安全管理制度有效落实，管生产必须管安全、管业务必须管安全、管生产经营必须管安全的安全责任体系得到夯实。全面落实安全生产主体责任，严格落实公司领导人员定点联系关键生产装置和要害部位管理要求，安全管理直线责任进一步落实。逐级建立全员风险分级管控和隐患排查治理“双重”机制，形成风险辨识评估和隐患排查治理长效机制，有力遏制安全事故事件的发生。

【重点项目】 以兰州市城市“一心两翼多点”布局作为重点工程项目推进的“蓝图”，加快重点项目建设进度，实现重点工程快速上马，战略工程加速推进，民生工程高质量完成。兰州市中心城区天然气管网改扩建工程建成收官，城市管网进一步延展。夏河县主城区天然气利用项目实现通气点火，“气化甘南”步入新阶段。皋兰县九合镇新型工业现代物流经济园天然气供气工程全面竣工，兰州新区城镇燃气扩建机场北“飞地经济”产业园次高压管道供气工程和永登县城镇燃气接入工程2个项目初步设计通过评估。和平接收门站工程建设完成，投产投运加速准备，实现兰州市区环网气源供气的新格局。东岗门站迁建工程永久征地工作加紧实施，完成手续报批和开工条件准备，全市天然气能源供给“东扩”进程进一步加快。定西市巉口工业园天然气利用项目正式立项，皋兰管输气引入项目前期工作全面推开。兰州新区城镇燃气管道工程扩建项目全面提速，8项管道工程建设完成立项。

**【企业管理】** 公司将2020年确定为“管理提升年”，通过健全完善制度不断强化企业管理，先后修订完善《领导干部深入基层开展调研工作管理规定》《会议管理办法》等21项管理制度，起草完成公司《构建党风廉政大监督格局工作制度(试行)》等21项党风廉政建设制度，整理编制《企管物资分册》《规划工程营销分册》《党风廉政建设分册》等6个分册制度汇编。强化业绩经营考核的导向作用，分别制定《月度业绩考核办法》《年度经营管理目标考核办法》和《机关岗位绩效考核暂行办法》。

公司经营班子合理分析市场发展形势，提出牢固树立大局观念、统一思想认识、增强责任担当、狠抓工作落实，研究制定《甘肃昆仑燃气公司2020年工作任务分解表》，为年度工作有效开展提供“着力点”。组织召开“十四五”规划编制部署会，纵深开展编制工作，形成“十四五”发展规划(报审稿)。按照项目工序和时间节点制定《项目运行大表》，分解各层级管理责任和界面，牢牢压实工程建设项目单位属地责任，促进项目按计划有序推进。推动物资管理系统、合同管理系统等信息化系统上线运行，提高物资管理的科学化、精细化水平，实现合同管理工作由被动管理向主动自律的转变。

企业风险实现升级管控。成立公司资金管理业务专项检查工作领导小组，定期开展二级财务部门和窗口单位资金收支检查，不断提高资金安全风险管控能力。建立公司“三重一大”项目决策提交党委会、总经理办公会会签法律合规性审查制度和重大涉法风险事件法律顾问审查出具法律意见书制度，通过开展风险审查、风险预警，促使合规管理关口前移，风险控制规范有效。

**【供气优质服务】** 主动对接企业用气需求，跟踪地区建设规划和城市供热规划，努力挖掘优质用户，提升工业、公福用户用气量。推广手机银行APP、微信、支付宝等线上缴费手段，多方联调联试开通天然气业务网上报装平台。彰显企业文化凝聚发展共识。以第22个优质服务月活动为契机，着力提升服务效能，推进一站式服务，参与“阳光行风热线”“阳光在线”等问政类栏目，企业形象品牌得到再提升。履行社会责任，持续推进脱贫攻坚帮扶工作，全面落实脱贫攻坚任务，狠抓产业扶贫和精准扶贫，不断加大脱贫攻坚资金扶持力度，全年投入38万元项目帮扶资金，用于帮扶村永登县七山乡鱼盆村基础设施建设、致富项目建设、产业发展和困难群众危房改造项目，保证鱼盆村脱贫攻坚国家普查工作顺利完成。开展困难党员、困难职工、在岗职工及帮扶村群众走访慰问工作，进一步激发职工凝聚力和企业向心力，全年各类慰问及帮扶慰问支出10万元。

(路有为)

## 城市供热

**【概况】** 2020年，兰州市总采暖建筑面积1.4332亿平方米(含壁挂炉采暖面积3000万平方米)，供热单位总计683家。其中，远郊区县采暖面积1408万平方米，供热单位33家；主城区总采暖建筑面积1.2924亿平方米(其中集中供热面积9924.1万平方米，天然气壁挂炉采暖面积3000万平方米)，供热单位650家(热电联产3家，供热面积3038.4万平方米，占30.62%；天然气区域锅炉房供热单位633家，供热面积6158.1万平方米，占62.05%；高效煤粉、水煤浆、地源热泵等准清洁能源供热单位14家，供热面积727.6万平方米，占7.33%)。主城区有供热主管网约4173千米。其中，一级网约785千米；二级网约3388千米。远郊区县有供热主管网约250.8千米。其中，一级网约186.8千米；二级网约64千米。

现行供热管理实行属地化为主的市、区县、街道、社区分级管理。近郊4区供热管理职能由区物业管理办公室承担，并在各街道配备专干；红古区和永登、榆中、皋兰3县供热管理由区县建设行政主管部门负责。

**【城区集中供热老旧管网改造规划修编】** 开展城市供热老旧管网和供热基础设施项目工作，对2021—2025年急需改造的城市供热老旧管网项目和供热基础设施建设项目进行摸底统计，编制《兰州市城区集中供热老旧管网改造项目可研报告》，该项目总投资6.8亿元，涉及兰州市主城4区103家供热管网改造920千米。其中，更新改造室外管网510千米；楼栋内盘管410千米。截至10月，完成市发改委可行性研究评审、立项批复、稳评等工作，并及时录入国家重大建设项目库。

**【供热设施改造】** 利用国家节能减排资金，先后争取国家专项资金及市级配套资金2.7亿元，分期分批、逐年对城区内86家供热单位供热管网跑冒滴漏与安全隐患进行排查改造。截至年底，累计改造供热管网729千米，落实城市供热保障金8400万元，完成“冬病夏治”管网维修改造项目348处。全年完成“冬病夏治”项目3项，改造管网7.98千米。

【新建管网建设】 不断优化调整热电联产供热范围内管网建设力度，全年完成“飞天路DN400供热主管280米”及“S183号路恒大帝景段DN600供热主管700米”新建建设任务。

【供热计量推进】 把推进供热计量纳入深度治理城区大气污染、稳步提升行业节能减排效益、促进供热企业转型升级、依法推进公平用热的全局性，适时动员安排部署、持续强化政策宣传，巩固提升国家园林城市创建成果，全面落实供热计量工作。截至年底，全市供热计量收费住宅面积1800万平方米，占主城区集中供热住宅总面积的34.8%，降低供热能源消耗，保障供用热双方的合法权益，提升兰州市供热服务精细化、科学化管理水平。

【锅炉污染治理】 完成兰州市热力总公司东岗世纪新村、安居小区高效煤粉锅炉改造，完成兰州建投物业29佳园水煤浆锅炉改造150蒸吨，并将兰州市热力总公司八冶应急调峰热源厂和高新区雁滩应急调峰热源厂、北方供热站并入二热集中供热管网。

【供热优质服务】 持续深化服务管理，组织制定供暖期内部供热投诉问题处理管理制度、供热投诉问题类别记录登记表。针对热用户投诉反映问题及时进行回访，畅通投诉渠道，及时回应群众诉求。2019—2020年整个采暖期，在“12345”设立专席，市、区县及各供热单位安排专人24小时值班值守，及时受理、限时办结各类群众投诉问题。全采暖期市、区累计处理民情通热线转办、网络舆情、涉兰热点、电话值班及上级部门转办的各类供热投诉件13903件，开展访民问暖活动13975人次。

【供热安全管理】 采取多项举措，全力以赴做好城市安全供热，采取措施，制定《2020—2021年度采暖期城市供暖保障方案》《全市供热行业安全生产集中整治方案》，建立安全生产责任清单，安全管理制度体系进一步完善，联合近郊4区供热管理部门会同市安监、消防等部门，全面开展供暖前供热企业锅炉设备设施检修、维修与压力仪表、消防设施年检等工作，对检查中发现供热站点存在风险隐患问题，下发整改通知书38份，对重点隐患问题挂牌督办，督促各区相关供热单位限期完成整改，切实保障供热安全平稳有序运行。

组织供热单位及各区供热管理部门800人次开展供热安全培训会2场次，供热安全应急演练1场次，整个供暖期未出现大的供热安全生产事件。

修订完善《兰州市供热突发事故应急预案》，细化应急突发事故分级与应急响应标准，明确应急指挥体系，完善预防预警机制，规范应急处置流程。

根据市人大常委会办公室《关于开展优化营商环境地方性法规专项清理工作的通知》精神，按照优化营商环境、“放管服”要求，5月，对《兰州市供热用热条例》相关条款进行真梳理，通过充分调研、广泛征求意见、依法进行听证、审查，对照职能调整和机构改革，最终将29条相关内容进行修订实施。

【供热资金补贴】 根据市政府办公室《关于印发〈兰州市2019—2020年度采暖期天然气集中供热补贴实施方案〉的通知》要求，落实2019—2020年度采暖期天然气集中供热补贴总额5962.133万元，其中市级财政承担2981.067万元，保障民生需求。

【供热事件应对】 针对12月15日零时因上游资源紧张导致兰州市限气限供引发的系列供热矛盾，市供热服务中心与甘肃昆仑燃化集团主动对接、密切协作，建立市区供热、燃气联动指挥机制，按照当日10:00—17:00时和22:00—次日05:00时2个时段执行降负荷低温常运行，既确保燃气用量不超标，也保障热用户基本取暖需求。在现有供气条件下，根据室外温度变化和用户生产生活规律，科学合理调配运行参数，主城4区总体执行效果明显，基本未发生因燃气用量超标导致供热单位关阀停气事件。

（孙万兰）

## 城市供水

【概况】 2020年，兰州城市供水(集团)有限公司完成日生产供水能力138万立方米，供水量完成2.47亿立方米，同比上升0.9%；售水量完成2.34亿立方米，同比上升1.61%。管网水压力合格率99.84%，管道故障抢修及时率100%，水表计量强检率100%，地表水源水防护取得国家II级标准。

【水协成立】 11月5日，甘肃省给水排水协会成立大会暨第一届会员大会在兰州召开。协会由兰州城市供水(集团)有限公司、中国市政工程西北设计研究院有限公司、兰州交通大学3家单位共同发起，有会员单位59家，兰州城市供水(集团)有限公司党委书记、董事长来耀明当选会长。协会致力于推动甘肃省城镇供水、节水和排水行业发展，城乡供水保障能力和城市污水处理能力整体提升。

【安全供水】 抢抓有利时机，科学

4月29日，兰州城市供水(集团)公司开展管道抢修技能对抗赛

安排施工，顺利完成新旧水源管网碰接。稳步增加新水源供水量，有效发挥新水源供水优势，合理调配管网资源，因时应势投运彭水一、三线，逐步降低一、二厂生产负荷，年底实现居民生活饮用水约70%的用水量来自刘家峡库区水。强化水质安全管理，及时跟进彭家坪水厂原水、出厂水各类检测，确保供水水质安全。满足公众知情权，提高企业公信力，兰州城市供水(集团)有限公司每月水质检测结果可登录网站查询，或通过纸质媒体进行关注。不定期组织由各行各业市民代表参加的“水厂开放日”活动，向社会展示兰州城市供水企业加强企业管理，优化供水工艺，提升供水服务窗口建设水平的成效，同时促进水资源保护的宣传，树立公司良好的社会形象。全年公司安全生产情况总体平稳，未发生一般及以上等级生产安全事故。完成安全生产三级标准化自评、评审及标准化手册制定、完成职业危害专项评估及体检。组织977人次参加安全作业、岗位基础等安全培训，组织500人次开展电气抢修、漏氯堵漏等10项应急演练。

**【供水服务】** 优化营商环境，推行“容缺受理”，精简办理要件，将办理时限压缩至15—20个工作日。创新服务方式，与社区建立工作联动机制，对特殊人群提供个性化服务，全年开展“水厂开放日”活动13次，为32个“三无”楼院、市属14所中小学免费清洗水箱75个。

**【水质检测】** 公司供水区域内水质情况良好，水质综合合格率99.99%，出厂水、管网水各项指标合格率均优于目标值，无水质异味情况发生。

**【供水工程】** 北滨河路DN1200输水干管全线通水，有效缓解城关区、雁滩东岗及榆中地区用水紧张状况；充分发挥新水源作用，中川饮用水水源地取水口改移工程一、二级加压站及管道敷设安装施工基本完成；水源地项目剩余工程及配套输水干管工程、兰州国际港务区给水管网工程、城市生态水系建设等工程稳步推进；“三供一业”维修改造工程基本完成，关闭自备水井7口，减少地下水年取水量192.2万吨；智慧水务建设工程中无人值守标准化泵房、客服报装系统、部分加压站周界电子围栏及数字视频安防系统等已取得成效。

(黄　杰)

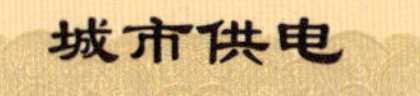


**【概况】** 国网兰州供电公司管辖兰州市5区2县(除皋兰县)、兰州新区、临夏州永靖县电网建设、运营和供电服务工作，供电面积约1.24万平方千米。2020年有14个职能部门，18个支撑机构，管理4个县公司，5个供电服务中心，5个输变配及电缆运检中心，1个省管产业单位和1个三新供电服务公司。截至年底，公司定员范围内全口径用工3153人。其中，长期职工2341人；三新员工544人；劳务派遣268人。公司服务用电客户1110230户。其中，6千伏及以上11230户；0.4千伏及以下1099000户。运行变电站146座。其中，330千伏变电站13座；220千伏变电站4座；110千伏变电站76座；35千伏变电站53座。运维35～330千伏架空输电线路330条，长度5098千米；110千伏电缆线路62条，长度65.7千米；35千伏电缆线路31条，长度7千米；6～10千伏配电线路746条，长度8658.9千米。

全年完成发展投入10.22亿元，同比增长45.6%；售电量270.36亿千瓦时，同比增长7.25%；线损率2.94%，同口径同比降低0.39个百分点；平均电价(含税、含农维费)404.01元/千千瓦时，同比降低26.01元/千千瓦时；城、农网供电可靠率分别为99.95%和99.87%；35千伏及以上工程新开工线路337.28千米、变电容量169.2万千伏安，投产线路64.69千米、变电容量47.6万千伏安，分别完成年计划的107%和136%。

**【企业发展】** 兰州电网已基本实现330千伏变电站“主城区外多布点、各县区域全覆盖”，110千伏变电站“双电源、双主变”配置，10千伏配电网“手拉手”供电，电能质量和供电可靠性大幅提升。初步建成“结构合理、网架坚强、运行灵活、技术领先”的新型智能电网。

**【电网建设】** 完成公司“十四五”

电网规划，并促请兰州市各区县政府成立电网发展建设和设施安全保护领导小组，推动内外协同发展。深化“放管服”改革，强化对县公司中压配网规划培训，建立市县两级电网规划人员库，提升市县两级电网规划工作能力。研究制定适用于兰州电网的负荷密度指标体系，提升负荷预测精准度。制定公司配网“网格化”规划实施细则、配电自动化规划建设实施细则，优化10千伏架空线路改造方法。开展短路电流超标等系统问题专项研究、省会城市配电网示范区、兰州新区、榆中等地区电网规划专题研究。

新投产电源项目1项，即寿鹿山水泥余热电站，装机容量9兆瓦。截至年底，兰州电网电源装机总容量7100.65兆瓦。其中，水电厂（站）39座3383.97兆瓦；火电厂6座3315兆瓦；光伏电站4座125.08兆瓦；垃圾电厂1座40兆瓦；余热余气等其他类型电站13座153.5兆瓦；分布式光伏发电2861户容量83兆瓦。水电、光伏等清洁能源装机3592.15兆瓦，占比50.59%。光伏、垃圾发电等新能源装机248.18兆瓦，占比3.5%。

建成投运马家山变以及马泉变扩建、城关变升压、雁滩变改造、新庄至平安110千伏线路等工程。上川至砂坪双回、上川至广场双回110千伏线路完工投运。永登县35千伏大同变退运。截至年底，兰州主网有750千伏变电站2座，容量7200兆伏安；330千伏变电站13座，主变33台、容量9210兆伏安；220千伏变电站3座、开关站1座，主变8台、容量1050兆伏安。兰州配电网有110千伏公网变电站75座、开关站4座，主变153台、容量7027兆伏安；35千伏公网变电站53座，主变105台、变电容量681.65兆伏安。电网最大负荷3997兆瓦，电网整体供电能力充裕。

【经营管理】　公司构建“党建引领、融合贯通”的立体式提质增效体系，业财协同推进工作，全年增利1.46亿元。其中，增收0.59亿元；节支0.87亿元。落实国家鼓励企业复工复产并持续改善营商环境各项政策，对非高耗能大工业企业、一般工商业企业给予5%电费减免优惠政策，全年累计兑付优惠1.63亿元。

完成授权采购9批次，成交金额1.13亿元，节约资金158.5万元，节资率1.38%。签订采购供货单3698份，含税总金额4.18亿元。合同履约工程项目282项、供应计划3873条、供应商250家、物料446种，含税总金额5.38亿元。完成物资结算5.58亿元。其中，批次采购5316万元；协议库存4.32亿元；电商化采购7371万元。

开展审计监督工作，有序完成15项计划内的审计项目，查出问题117条，提出并被采纳管理建议66条；组织中介机构完成技改、大修、营销投入工程管理审计95项。建立审计问题库进行动态管理，从工程管理、营销管理、重大决策等5个方面16项审计问题整改销号，3项国网审计问题整改销号，整改完成率100%。拓展营销类数字化审计模型33项，下发两批数字化审计疑点工单80份，反馈核查结果203份；规范电价27户，解除预收冻结电费35户198.9万元，清退销户预收电费2.24万户192.69万元，追补电费1.51万元，更换表计5195块，规范客户档案及计量信息1414户；累计为公司提质增效追补电量26.31万度，追补电费资金40.2万元。

【供电安全管理】　截至年底，实现安全生产5011天。全年召开安委会会议4次，专题安委会会议2次；全面防控安全生产“四大风险”，坚决贯彻“先降后控”原则，成功将五级电网风险降至六级2项，消除五级电网风险1项，六级电网风险2项，及时发布并有效监督管控七级及以上电网风险123项；严格施工作业风险辨识，有效管控四级施工作业风险4次，三级施工作业风险113次；下发配网作业现场20项安全管控要点，有效管控三级生产作业风险829次；开展森林草原输配电线路火灾隐患排查治理、继电保护“排雷”及“三道防线”、充电设施安全隐患排查治理等专项行动，排查各类隐患710项，完成治理592项。其中，人身安全隐患227项；电力安全隐患181项；设备设施隐患189项；消防隐患42项；电网隐患71项。完善26项应急预案修订，开展首次“无脚本”地震灾害演练、信息通信应急演练、消企联合应急演练，完成国网甘肃省电力公司跨区域联动地震演练、七里河区和榆中县大面积停电演练等各类演练29场次；全口径开展配网带电作业7511次，减少停电时户数29.89万时·户，多供电量2092.16万千瓦时，提升供电可靠率指标0.17个百分点，较上年同期提升14%。

【电力设施保护】　健全电力设施保护组织体系，完善电力设施保护工作机制，以通道属地化为重点，保证电力设施保护工作的有序开展。编制《防外破工作手册》《2020年架空输电线路防外破工作方案》，结合现场实际和运维人员情况，有针对性地开展防外破隐患识别、措施落实和现场管控等为主要内容的培训工作。工作中按照“打防结合、预防为主、专群结合”综合治理工作原则，把“防”作为电力设施保护的重心，通过加强电力设施保护工作的监督、执行力度，层层落实责任制，及时汇报电力设施保护工作开展及隐患处理情况，针对电力设施保护工作存在的薄弱环节和隐患，制定预控措施，输电线路采用日常巡视和特巡相结合的方式进行现场值守，变电站值班人员依据工作标准对设备进行巡视检查。将“电力安全大讲堂”进现场特色活动作为落实防外力破坏，确保输电线路安全运行的一项重点内容，全年完成71个重点施工现场的“电力安全大讲堂”活动。开展城关区、安宁区、七里河区电力设施保护宣传日活动,现场普法宣传散发传单300份,手册150份。与市公安局党支部组织协同成立打击涉电犯罪警务室5个,运用电视、报刊等媒体及微信公众号、微博、短视频等自媒体开展电力设施保护宣传6次;开展电力设施保护现场普法宣传2次。

**【电网调度管理】** 落实甘肃省电力公司“放管服”工作部署,完成330千伏设备调管权移交,接收原甘肃省电力公司电力调度控制中心调管的330千伏永登变全站设备,330千伏海石湾变、炳灵变、先锋变主变及以下设备的调管权;220千伏建设坪变、张家寺变、淌沟变、大坪开关站母线及其间隔设备,除刘联双回线以外的220千伏线路的调管权;盐锅峡、八盘峡、柴家峡3座水电厂的主变等设备的调管权。编制审定兰州地调接收工作方案和工作计划,及时开展调度规程修编,强化调度人员业务培训,完成移交厂站调度自动化信息直采与核对、OMS2.0系统内业务流程变更,并计算电网输电断面潮流,集中核算继电保护及安控装置定值,确保330千伏设备交接过程中电网安全稳定运行。

**【电网运行】** 兰州电网涉及750千伏、330千伏、220千伏、110千伏等多个电压等级。其中,330千伏海石湾—新庄—炳灵三角环网运行;先锋变通过先武三回与武胜驿变相连;海石湾变通过海先双回与武胜驿—先锋系统有连接,但均开环运行;刘家峡电厂3#、4#、5#机通过刘厂开关站—炳灵—光辉构成的三角环网并入系统;新庄—炳灵—桃树村—兰州西四角环网运行;海石湾—新庄—兰州西三角环网运行;兰州西—桃树村—炳灵—光辉—彭家坪—和平—上川—银城—子城环网运行;兰州东—卧龙川—和平三角环网运行。220千伏电网由连海网、兰州网组成,海石湾—张家寺—炳灵变构成环网接线,开环运行。110千伏电网依据330千伏变电站及发电厂等电源点布局形成12个相对独立的子网,依次为榆中网、和峡网、兰州北网、西桃网、彭柳8网、兰州西网、兰州新区网、盐新网、红古川网、永登网、连海网、永靖网。

**【输变电专业管理】** 完成春节保供电等104项重要节日、电网风险保电任务。完成新建110千伏新平双回、35千伏永靖光伏送出线路工程等18项输电线路的复验收及线路投运工作。刘家峡、盐锅峡水电大发、迎峰度夏等特殊期间开展特巡测温154条次线路。以无人机巡检全部或部分代替人工巡检,完成13200基杆塔,3972千米线路的视频通道图的绘制,输电线路的专业化管理更上新台阶。

先后完成甘肃首条330千伏线路3121先武二线及1123彭龚二线等6套不易停电设备保护传动开关“早操”试验工作,验证不停电条件下保护传动开关的科学性和可行性,开辟设备检修管理新模式。改造老旧保护29套,更换交换机18台;完成145座变电站消防物联网信息接入终端部署工作。完成330千伏上川变电站330千伏GIS母线伸缩节(含内部导体)更换、330千伏兰西变9台330千伏断路器大修增容,更换330千伏隔离开关24组、电压互感器18只。完成220千伏建设坪变电站3516建淌二线、3517建窑线出线龙门架倾斜抢修,35千伏马坡、潘家沟、牌楼3座农网变电站第一、第二次设备改造,改造36面老旧GGA型开关柜,完成110千伏南山变电站断路器液压机构维修等16项成本项目实施,提高电网设备健康运行水平。

根据不同地域、不同时段配网负荷特性,针对性制定设备巡视、线路消缺及停电检修计划,完成缺陷消除5268处,配网频繁跳闸次数比上年降低27.9%。开展配网带电作业7511次,在省内率先完成不停电作业项目4类33项全覆盖,减少停电时户数29.89万时·户,多供电量2092.16万千瓦时。按要求规范系统图模,实现源端唯一,贯通PMS2.0系统和D5200系统,完成大馈线动态推图482张。优化故障定位系统布点,实现配网架空线路全覆盖,调试安装215台不对称电流源,247组故障寻址仪,定位短路故障208次,正确率93.27%。智能配

无人机巡视线路

网建设上台阶，试点建设台区融合终端186个，智能巡检开闭站7座。

【设备检修】 根据模块化检修原则，完成甘肃首套330千伏线路保护"早操"试验工作，开启二次设备检修管理新模式；完成72台故障录波器Windows隐患治理、46套VxWorks系统高危漏洞家族性缺陷治理及8套四方智能终端隐患治理，结合年度计划完成15套保护双通道完善和永登变稳控通道割接，对11套故障录波器完成直流母线电压接入；进行17座主网变电站电流电压回路一点接地排查，治理14项接地隐患。结合水电大发、迎峰度夏、迎峰度冬期间生产实际，增加特巡及带电检测频次，按照"三有两明确"缺陷闭环管理措施（有目标、有措施、有考核，责任人明确、时间节点明确），及时发现、及时汇报、及时处理，切实提高设备健康水平。采用新技术完成西福、广场等5站老旧及存在隐患GIS设备X射线探伤，确保主设备稳定运行。

【信息化建设】 完成变电运检移动作业平台试点部署并上线运行。开展供电服务指挥系统主动派单功能常态化应用，有效缩短工单流转时限，实现精准指挥。完成供电服务指挥系统与PMS系统图模系统的接口数据校验、全部配电大馈线的线损系统图模推送工作。以"国网芯"RFID电子标签为载体，运用状态感知、边缘计算等先进泛在电力物联网技术，按照"整站整线"全覆盖原则，推进变电一次设备实物ID建设，实现变电站设备智能移动巡检、实物资产精确管理等应用。

【市场营销】 全年累计完成售电量270.36亿千瓦时，同比增加18.27亿千瓦时，同比上升7.25%。平均电价（含税、含农维费）404.01元/兆瓦时，同比降低26.01元/兆瓦时。社会化充电桩接入车联网平台1135个，建成楼宇智慧用能项目12个。自备电厂清洁替代51.8亿千瓦时，其他领域电能替代8.8亿千瓦时。全年累计新装增容4.87万户，新增用电容量202.89万千伏安，用户总数111.02万户。开展高损台区"百日攻坚"，截至年底合格台区占比提升至98%，0.4千伏线损率下降到3.37%，减少损失电量1000万千瓦时，挽回经济损失400余万元。深化警企合作，查获窃电164户，违约用电181户，追补电量171.3万千瓦时，反窃查违累计增收580.97万元。完成1.09万个台区、1.08万户高压客户营配基础档案核查整改，进一步厘清"站线变户"关系。大力推广"网上国网"，累计注册用户19.55万户、注册率18.33%，绑定用户26.34万户，绑定率24.69%、月活度37.42%，高、低压线上办电率分别为98.36%、99.07%，推广"网上国网"APP转供电费码1702户。

完成65.5万块老旧表计、110万只HPLC模块、3.95万个老旧表箱更换，累计核销闲置SIM卡4126张，压降营销成本17.82万元。开展计量资产"排雷"专项整治，清理模块28.3万只，采集设备2.8万只，电能表10.6万只。核查整改资产异常数据5030条，底度异常数据2685条，追补电量18.47万千瓦时。开展计量装置错接线治理专项治理，纠错接线用户95户，发现计量异常用户163户，追补电量140.2万千瓦时，追补电费73.2万千瓦时。践行绿色发展理念，加大节能技术推广应用及宣传力度，全年节约电量6725.14万千瓦时，节约电力1.99万千瓦。服务辅助调峰市场，完成辅助调峰负荷15.1万千瓦，交易电量847.68万千瓦时，降低客户成本162.45万元。

【抄表收费】 全省率先完成电费"省级直收"试点和购售同期抄表调整。完成2744户客户支票交付电费替代工作，实现支票零收取。代表甘肃省电力公司参与市场化用户营销系统适应性改造、掌机闭环抄表改造、开展智能抄核项目第三期试点等多项试点改革工作，有力推动全省电费电价精益化管理。开展智能交费推广宣传，高、低客户智能交费推广率分别为77.15%、99.98%。制定高耗能高风险客户"一户一策"管控措施，加强电费回收工作管控力度。分欠费数额、分管理层级，细化各级电费

9月，输电线路带电作业检查场景

回收责任，依托政企“双网格”建设，联合街道（社区）强化网格催收效率，全年电费回收率99.82%。帮助指导404户客户完成直购电交易注册与申报，全年交易电量134.85亿千瓦时亿元。

【农电管理】 县公司各供电所全面推行“责任承包+工作积分制”考核体系，实施供电服务网格化管理，按照“人员最精化、效率最大化、服务最优化”原则，将设备运维管理和客户服务责任到人，明确工作职责，形成以“片区经理（设备主人）制”为基础的城区网格化管理机制。年度内完成17个供电所修缮、9个营业厅标准化升级改造，持续改善供电所生产生活条件。建成11个全能型供电所，4个四星级供电所，2家县公司和6个供电所，全部通过甘肃省电力公司达标评价，4家供服中心现场评价预达标。

【供电优质服务】 推行“三零”“三省”服务，落实“阳光业扩”要求，减少客户投资6200余万元，高压用户平均接电时长压减至28天，16项“暖警工程”按期供电。推广“网上国网”转供电费码1702户，联合查获违规加价主体8个，配合政府督促转供电主体清退不合理收入6058万元。落实国家电网公司42项保障复工复产政策举措，为企业降低用电成本1.6亿元。开展投诉“排雷”专项行动，梳理并解决服务隐患244项。完成县公司3家营业厅标准化改造。优化撤销13座营业厅，整合服务资源。开展政企党建结对共建，实行“双网格”便民服务，覆盖32个社区、12万余户居民用户。深化党员服务队品牌建设，布设3部“连心桥”共产党员抢修服务电话，提升客户诉求处理时效性，减少95598工单1534条，化解投诉41件。建立兰州公司供电服务投诉“红黑榜”通报机制，转变作风观念，全年客户投诉、意见工单同比分别压降49.22%和24.7%。

【电力科技创新】 承担自行管理科研项目7项，申请专利11项。其中，发明专利3项；授权专利8项。取得8项计算机软件著作权。获全国设备协会第4届全国设备管理与技术创新成果二等奖1项；获得国网甘肃省电力公司2019年科技进步二等奖1项，三等奖1项，技术发明三等奖1项，专利三等奖1项。一季度、二季度兰州公司科技管理成果指标排名国网甘肃省电力公司A段第一，指标总体情况良好。《掌上电子操作票专家系统》等4项科技成果正在转换项目实施。

【脱贫攻坚】 为武胜驿村新建10个机井台区、改造10个社电能计量表箱198台，新装村委会办公楼用电内线和设施，有效提升供电能力，彻底解决武胜驿村1025户村民生活用水、3500亩农田灌溉以及村委会办公用电需求，同时推动村容村貌的改善。及时跟踪产业扶贫项目，构建“连心桥服务圈”，开展“直通车”“上门式”“保姆式”服务，“量身定制”供用电方案，协调各方力量服务武胜驿村产业项目，保障扶贫产业项目顺利投产运营。为帮扶村村委会捐赠办公桌48张、文件柜40个、会议桌8张及沙发7组。配合武胜驿村开展“美丽乡村建设村容村貌环境整治”活动，治理武胜驿村10个社环境卫生，向农户宣传环境卫生知识，帮助400余户农户实施“土炕变电炕”改造工程和“厕所革命”专项工程，持续推进人居环境改善。动态管理“6帮1”结对帮扶方案，完善“党建+到户帮扶”工作机制，推行“定期组织+个人不定期到户帮扶”工作模式，严格按照“四不摘”和不漏一户的工作要求，组织开展到户帮扶1020户次，发放慰问金、慰问品8万余元。动态完善“一户一策”，及时了解群众诉求，发现问题，立即解决，动员职工捐款近6万元，帮助帮扶户解决自来水入户及围墙修缮等实际困难、为帮扶户户主本人及其家中成员每人购买精准防贫保意外救助保险1份，持续巩固脱贫成果。对帮扶户户内用电线路进行全面检查更换；春耕备耕期间，深入田间地头，全面排查春耕供电设施，帮助农户检查用电线路和灌溉设备、宣传安全用电知识，为春耕生产提供有力保障。开展“党建+冬送温暖”专项行动，查看帮扶户取暖设施及御寒物资等情况，宣传冬季采暖安全注意事项，确保帮扶户温暖安全过冬。详细摸底贫困劳动力技能培训需求，建立劳动力就业信息库，组织参加贫困劳动力就业技能扶贫培训班，不断提升自身“造血”功能。拓宽扶贫农产品宣传推广途径，持续拓展销售渠道，2020年累计消费扶贫114.6万元。

（李恒春）

## 城市管理与执法

【概况】 2020年，兰州市城市管理委员会认真贯彻市委、市政府关于城市管理等工作系列决策部署，紧密结合“全国文明城市”创建、“精致兰州”建设等实际，坚持人民至上抓服务、聚焦聚重强管理、稳中求进谋发展，督导全市城管执法部门查处乱堆乱放等行为3.65万起，露天烧烤542起，规范整治洗车点2870处，清理95条道路79.61千米路段的架空废弃线缆，城市市容环境大幅改观，市民群众获得感幸福感持续增强。

【“精致兰州”创建行动】 坚持聚焦聚众聚力、抓细抓小抓实，实施“提升城市品质、打造精致兰州”三年行动，充分发挥市提升城市品质打造精致兰州行动领导小组办公室职能作用，重点督导各成员单位推进规划引领服务、精品工程建设服务、交通快捷保障服务及城市精细化管理4大行动、28项工作、80项任务，编制完成《兰州市生态修复、城市修补专项规划》等规划；基本建成棚户区1.2万余户，提升改造老旧小区416个，加装电梯304部，城市基础设施、人居环境不断改善；推动轨道交通2号线一期工程主体结构基本完工，打通疏解路6条，建成公共停车泊位6300个，集中整治非法营运、乱停乱放等顽疾，交通环境更加便捷、顺畅；组织实施城市市容市貌及公共设施易发性突出问题治理工作，整治门头牌匾"脏破乱"、建筑物立面"破损脏"等6类40个方面细小问题1.4万余个；突出以点带面、示范带动，拓展"十大精致项目"创建活动，创建精致小区（院落）、公厕、车（船）组、车站（码头、站点）、街巷、广场（什字）、停车场、宾馆（酒店）、游园（公园）、市政工程（设施）等"精致点位"144个。注重成果宣传，在《兰州零距离》节目中设置"精致兰州"成果展播板块专栏，每日展播"精致兰州"建设成果，累计展播60期。6月13日，《人民日报》以《精致兰州"绣"出来》为题，在头版头条对"精致兰州"建设、兰州市城市精细化管理重点报道。

【市容秩序管理】　全市城管执法部门依法查处影响市容市貌的占道摆摊、乱贴乱画等行为，拆除城区违规户外广告、门头牌匾8.96万平方米，捕捉流浪犬7600余只，协调完成20条背街小巷提升改造任务；督促施划停放点6000余个，推行"电子围栏""蓝牙道钉"技术及环卫工志愿服务等措施，共享单车停放管理进一步加强；牵头推进全市普速铁路安全隐患综合治理三年行动，协调治理安全隐患535件。成立兰州市门头牌匾设置专家咨询委员会，为推进城区门头牌匾设置管理提供专业依据。

【违法建设治理】　坚持分类施策、依法治理，协调治理城市建成区存量违法建设112.37万平方米，累计治理存量违法建设1189.12万平方米，全市城市建成区存量违法建设治理五年行动任务全部完成；全方位落实违法建设巡查和发现、报告、制止、查处责任制，督导拆除新增违法建设629处、28.04万平方米。

【环境卫生管理】　印发实施《兰州市环境卫生精细化管理规范（试行）》，推行道路分级作业模式，开展道路清扫保洁、定期冲洗等标准化作业，城区道路机械化清扫率91.65%；长效实施主城区道路定点祭祀管理，引导市民在清明节等传统节日期间到指定场所祭祀。注重流动巡查和主城区21处点位定点检查相结合，严查渣土运输车辆乱倒乱排及道路遗撒行为。推行城区环卫公厕24小时免费开放、厕纸按需提供，常态化运行城市公厕云平台；督导健全无障碍设施及第三卫生间、合理调整男女厕位，严格落实环卫公厕管理、服务标准，市民如厕条件、环境大幅改善。

6月25日，暴雨后，环卫工人在七里河区小西湖桥附近开展道路推水作业

【生活垃圾分类】　在全市城区54个街道、340个社区及党政机关等公共机构推行生活垃圾分类工作，垃圾分类设施配备率100%，居民知晓率95%以上，居民覆盖率90.23%；注重提质增效，指导市物业管理行业协会打造生活垃圾分类标准小区300个；累计协调改造再生资源回收网点300个，建成垃圾分拣中心14座，推动基本建成垃圾分类体系，城市生活垃圾回收利用率35.45%。

【全域无垃圾工作】　运用无人机航拍，督导清理城乡接合部等区域垃圾堆积点13909处、垃圾11万余吨。持续完善城市生活、餐厨、建筑垃圾收运体系，长效加强对生活垃圾卫生填埋处理场、餐厨及建筑垃圾综合处理厂的监管；督导在676个行政村全部组建保洁队伍，累计配备农村垃圾收运车辆1004辆；推行农村"户分类、村收集、镇转运、县处理"垃圾管理模式，农村垃圾治理机制逐步健全。兰州市在人员、经费累计投入上高于全省其他市州，促进城乡垃圾得到有效治理。

【数字化城市管理】　严格实施《兰州市数字化城市管理平台运行管理制度》《兰州市数字化城市管理考评办法》，促进数字城管监督指导、考评机制进一步完善，数字化"大城管"运行水平持续提升。完成市级城市综合管理服务平台提升改造任务，并实现与国家、省级平台的联网对接，为构建适应高质量发展要求的城市综合管理服务工作体系奠定基础。持续完善立案、下派、处理、核实等流程，市级数字管理平台办理“12319”热线咨询及投诉2.6万余件、微信平台上报问题约3万余件，一大批城市管理问题得到解决。编制《数字城市管理》月报12期，每月通报数字城管工作考核排名，督促各区县及相关单位落实责任、改进管理；注重数据分析，指出存在问题，提出建议、对策，为开展城市管理工作提供参考和决策支持。

【助力全国文明城市创建】 紧密结合城乡环境整治行动，推进全域无垃圾、背街小巷环境整治等突破行动；集中开展公共场所吸烟及乱泼乱倒行为等“主题月”整治活动，整治乱扔烟头10460余人次，店外乱泼乱倒行为620余次。开展市容市貌整治、道路保洁等方面攻坚行动，全力实施城管系统创建工作，促进城市环境不断改观。聚焦主次干道、背街小巷等区域，督导各区城管执法、环卫部门全力整改中央、市文明办及市创建办督查发现问题，重点整治占道摆摊无秩序等不文明行为及实地点位相关问题。利用城区LED大屏、公益宣传栏等载体，刊播、设置公益广告，营造文明城市共建共享的良好氛围。成立市级督查组8个，自7月6日起，采取划片包干方式，每日对主城区市容管理情况开展督查，截至9月20日，累计下发督办单41份、交办问题1779个，督促辖区城管、环卫部门全力整改，推动市容市貌持续改善，为兰州市成功创建全国文明城市提供良好的环境条件，得到市委、市政府和市创建办充分认可，其中资料整理工作被市创建办授予“骏马奖”荣誉称号。

（申三红）

## 黄河风情线大景区管理

【概况】 兰州黄河风情线大景区管委会紧紧围绕兰州市“都会城市，精致兰州”建设业务，精心做好基础设施建设、园林景观提升、环境秩序整治、旅游开发运营、服务功能完善、夜间经济发展等“六篇文章”，不断擦亮“黄河之滨也很美”的城市新名片，市民群众幸福感、获得感明显增强。2020年内设机构8个。下辖兰州黄河风情线执法支队、兰州市民公园、兰州市百合公园、兰州黄河风情线大景区园林绿化所、兰州市绿色公园、兰州廉政文化公园、兰州市马拉松公园、兰州黄河风情线游客服务中心、兰州市白塔山管理处、兰州碑林管理处、兰州市小西湖公园、兰州市水车园12个事业单位。

【法治建设】 召开《兰州黄河风情线大景区保护管理条例》论证会2次，定期开展“八五”普法，坚持“一月一学法”，提高依法行政水平。全年办理人大政协建议提案20件，邀请市政协委员现场观摩办理成果，并进行双向评议，提高建议提案办理质量。开展“扫黑除恶”专项斗争，排查黑恶线索，加大宣传力度，营造良好的社会环境。严格落实安全生产责任制，加强安全检查，不断增强应急管理能力。

【基础设施建设】 坚持以人民为中心的思想，全面推进大景区基础设施建设，全年投资1.16亿元，进一步完善慢行系统、配套服务设施，有力提升大景区形象品质和服务功能。兰州市黄河河道健身步道工程（七里河黄河大桥至雁滩黄河大桥未连通段）被列为2020年市委、市政府为民兴办实事项目之一。管委会采取指挥部模式，县级领导包抓、倒排工期、现场督导、每日通报等措施，建成5米宽幅步道8.15千米，配套建设景观小游园5处，绿化美化4.3万平方米，安装太阳能路灯265盏、预警音响178套、休闲座椅和垃圾箱204套，打通沿线健身步道“断头路”和“堵点”，形成核心区20千米慢行健身步道循环圈。维修改造中山桥北广场、元通桥、龙源公园等处破损游览步道1.2千米、面积6221平方米，更换中山桥南广场新式护栏100米，维修更换沿河亲水踏步1300平方米，增加无障碍通道和配套服务设施，改善市民、游客出行环境。按照“简约、标准、适用、节俭”原则，将滩尖子湿地公园东侧河滩地改造沙滩足球场5个、羽毛球场7个，配建步道4条，面积1万余平方米；在马拉松公园西端建成标准化笼式乒乓球场2处，安装乒乓球案8张，面积400平方米；在音乐喷泉西侧、兰州港东侧新建儿童嬉戏沙坑2处。建成篮球场7处、网球场2处、羽毛球场18处、足球场9处、乒乓球案31张、健身器材166组，初步形成沿河运动休闲带。修复中山桥北广场石碑、西游记雕塑、筏客搏浪等文物、雕塑13处。

【园林景观改造】 坚持生态优先、绿色发展、量水而行、集约发展原则，全年投资3732万元，对沿线公园、绿化带等园林景观进行综合提升改造，着力打造黄河上游生态保护先行区。按照“大组团、大色块、成规模”和“一公园一主题”思路，各公园优化花木品种，加强精细管理，因地制宜打造微地形野花组合，形成马拉松公园马鞭草紫色花海、廉政公园石竹多彩花海等主题景观，成为兰州“网红打卡地”。按照“增绿、添花、加彩”思路，对南北滨河路核心区20千米公共绿地缺株断档、斑秃裸露区域进行补栽补植，更新老化退化严重的草坪15.5万平方米，补栽行道树300株、花灌木14万株，改造绿地17.6万平方米，对黄河音乐喷泉、廉政公园水景等景观设施进行维修改造，提升整体景观档次。按照“因地制宜、轻度干预、重点提升、全面覆盖”思路，大面积种植三叶草、野花组合，用较少的投入对河滩裸露区域进行绿化美化。通过购买社会服务、严格监督考核等措施，全线379万平方米园林绿地养护水平得到全面提升。

【景区环卫保洁】 落实全域无垃圾及垃圾分类工作要求，强化全线246.7万平方米精细保洁作业，对中山桥及南北广场、黄河母亲等重点区域每日清洗1次，日清洗面积约60万平方米，保持全线干净整洁。组织开展河道环境卫生集中整治和周末环卫大扫除活动，对河道滩地、绿色出行沿线等进行集中清理平整，累计清理各类垃圾900余吨，美化河道卫生环境，提升景区洁净度。按照“水进人退、水退人进，人机结合、即有即清”原则，汛期结束后迅速行动，集中对沿线步道、公园、广场淤泥进行清理冲洗。仅用5天时间，出动环卫保洁人员3500人次、各类机械车辆42辆，清理淤泥4.5万立方米、面积10.8万平方米，短时间内恢复河道原貌。对黄河两岸及绿地散落、吊垂的各类电线、电缆、灯管等进行规整，拉直盘起、捆扎整理线缆8万余米，迁移河水浸泡电缆2000余米，彻底清除景区上空的“蜘蛛网”痼疾。

【市容秩序整顿】 全力推进历史遗留违建治理工作，拆除马滩等处乱搭乱建1.5万平方米，大景区200处、7万余平方米违法建设治理任务，完成率100%。针对乱摆摊设点、乱停乱放、噪音扰民等突出问题，组织开展环境秩序6大集中整治行动，协同公安、城管等部门联合执法整治，清理流动摊点、占道经营3700余处，劝导制止噪音扰民、甩鞭子、遛狗不牵绳等不文明行为2300余次，清理规范共享单车5700余辆，捕捉流浪犬370只。

【旅游开发】 加快实施白塔山综合提升改造工程，按照国家旅游景区的申报标准及流程安排，成功创建白塔山3A级景区，致力于填补兰州市没有国家5A级景区空白。借助“百年好合”美好寓意，以婚庆为主题，对百合公园及其周边现有园林绿地、园路广场等进行提升改造，项目总投资1.71亿元，一期工程计划投资5364万元。全年完成投资1496万元，新增樱花等观赏树木660株、花灌木3.3万平方米，改造草坪7.2万平方米。推进项目二期及商业运营。通过竞争性磋商方式，将大景区主城区东起雁白黄河大桥、西至深安黄河大桥，包括黄河母亲景区（含小西湖公园）、白塔山景区和黄河楼景区范围内21千米经营性资源特许经营权，公开出让给市黄河开发公司，出让期限27年，出让资金30.15亿元，盘活景区旅游资源，拓宽景区建设发展的融资渠道。按照统一标准对沿线休闲茶摊进行提档升级，实行统一管理、规范运营。优化调整街景店车布点，增设一批街景店车、自动售货机等服务设施，12处文旅驿站投入使用，颐园新设休憩服务网点2处。引进中海城关区靖远路项目，投资规模23.1亿元，到位资金1.6亿元，助推兰州经济社会发展。发挥“黄河之滨也很美”名片效应，借助举办重大赛事节会和文化展演活动，提升景区知名度和美誉度，打造黄河文化旅游带。在核心景区搭建8处“临水共情、依山立意”精致舞台，开展为期120天1000余场次的“乐动金城、声醉兰州”黄河之滨音乐展演活动，为市民游客提供艺术盛宴。组织开展“趣徒步悦兰州”百千米徒步、“用镜头诠释精致兰州”摄影大赛等文体活动，聚集景区人气。举办白塔山“幻光游园”、黄河楼灯光秀、“荧光夜跑·点亮金城”“精致兰州·夜游黄河”电音派对等系列主题活动，引燃兰州夜经济。邀请新华社、省市电视台、报社等媒体开展专题报道，在各类融媒体播放景区新闻2000余次，其中“端午祭”民俗文化展演、“点亮黄河楼、魅力兰州夜”活动在央视新闻中播出。接待各类考察调研25次，赴外地宣传推介3次，发放宣传材料1000余册。

9月4日，清洁工人清理音乐喷泉淤泥

【脱贫攻坚】 紧密结合帮扶村实际，制订以加强农村基础设施建设、增加村民经济收入为目标的帮扶计划，全年落实帮扶资金27.89万元，148户建档立卡户均已脱贫。对照“两不愁、三保障”脱贫标准，组织帮扶干部分批次入户走访，送去米面油等慰问品，宣讲党的惠农政策，完善帮扶台账和“一户一策”动态管理，确保增收项目落实到位，惠民资金足额按时发放。为七山乡捐赠云杉、侧柏等绿化苗木1.5万株，用于乡村道路美化绿化。筹集辣椒苗补资金3万元，解决乡政府购苗资金困难的问题。帮助销售辣椒、土豆等农产品1.5万斤，增加农户收入。捐赠垃圾箱50套，帮助购买水泥、煤炭、化肥等生产生活物资10余吨，解决村委会实际困难。与帮扶村党支部开展支部共建活动，领导干部为官川村党员讲党课，捐赠一批党建书籍和电脑、打印机等办公设备，加强村支部阵地建设。开展“送文化下乡百村行”活动。组织帮扶干部、演职人员为七山乡群众送去一场精彩纷呈的文艺节目，丰富乡村文化生活。

（李　萍）

## 住房公积金管理

【概况】　2020年，兰州住房公积金管理中心全年归集住房公积金64.2亿元，完成目标任务58亿元的110.69%，归集资金总额511.16亿元，归集资金余额215.22亿元；新增缴存职工53395人，完成目标任务3万人的177.98%，缴存职工总数59.1万人；发放个人住房贷款36.74亿元，完成目标任务28亿元的131.2%，贷款总额370.57亿元，贷款余额196.82亿元；个贷率91.4%，达到85%以上的控制目标；贷款逾期率0.64‰，低于1.5‰的控制目标。11月，燕山大学住房公积金研究中心、公积金信息化研究中心联合发布2019年全国住房公积金发展报告，兰州住房公积金管理中心在31个副省级和省会城市范围内名列第4名，全国333个城市和地区住房公积金综合发展排名中位列第28名。

【住房公积金归集】　运用全省工商企业注册共享数据，进行精准化对比筛查，全面掌握和重点筛查全市各类企业的公积金缴存情况，安排专人上门催缴建缴，督促企业及时办理公积金缴存登记。对未缴、少缴及欠缴公积金的30家单位启动行政执法程序，责令限期缴存，督促被执法单位为308名职工建缴公积金，有效维护职工合法权益。加强对企业和缴存职工的住房公积金政策宣传，持续提高住房公积金制度知晓率，引导单位自觉规范缴存，不断扩大住房公积金缴存规模。

【住房公积金提取】　修订《兰州市住房公积金提取管理办法》，支持加装电梯和无房职工租房提取公积金，持续拓宽资金使用渠道，受益人群不断扩大。全年办理住房公积金提取业务178104笔，为缴存职工提取住房公积金49.5亿元。其中，职工因购买自住房提取住房公积金13.99亿元；因偿还购房贷款本息提取住房公积金20.73亿元；因租赁住房提取住房公积金1.35亿元；因退休等其他原因提取住房公积金13.43亿元。

【住房公积金贷款】　推出“住房公积金+商业银行”组合贷款业务，解决现行公积金最高贷款额度不能完全满足部分职工购房贷款需求问题。按照职工可贷公积金额度上限60万元30年期计算，办理组合贷款相比办理商业银行贷款，可为职工节省利息20.63万元。开展按月冲还贷款业务，贷款职工及配偶可将月公积金缴存额冲抵每月还款额，有效缓解贷款职工月还款压力。取消二手房贷款时个人承担的房产评估费用，为每名二手房贷款职工节约评估费用400元。

【“六稳”“六保”】　对受疫情影响导致生产经营困难的企业执行阶段性降低缴存比例和缓缴政策，受理50家企业降低缴存比例申请，为企业减轻负担160余万元；受理97家企业缓缴申请，缓缴金额合计1.03亿元。

【住房公积金服务】　持续深化“放管服”改革，推进“互联网+公积金”建设，展现兰州住房公积金服务新名片。着力打造“一网”通办。不断加强网上服务平台建设，大力推广网厅、微信公众号、手机APP等线上服务平台，兰州公积金微信公众号关注人数近40万人，网上办理公积金冲还贷款、自筹资金提前还款业务离柜率94%，政务服务逐步由“最多跑一次”向“一次都不跑”迈进。推进“跨省通办”。采取全程网办、代收代办、两地联办等方式，实现缴存贷款信息查询、贷款职工缴存使用证明、退休提取3项业务“跨省通办”，进一步满足缴存职工异地办事需求。逐步推广“一窗”通办。在兰州新区和皋兰管理部2个服务大厅试行综合柜员制，综合柜员窗口对公积金业务“一窗办理”，减少经办环节，合理调配资源，办事效率大幅提高。持续优化服务承诺四办四清单制度，3项住房公积金业务由限时办结事项变更为即收即办事项。推进“就近办”“随时办”，让办事群众“少跑腿”，在非工作时间、非工作日能办事、好办事、办成事。切实落实窗口服务首问责任制、一次性告知制、限时办结制等制度，不断提升服务质量；12329服务热线人工服务接通量15.9万人次，占全省话务总量的39.94%。

【风险防控】　构建全方位的风险防控体系，切实管好缴存职工的“钱袋子”。全面加强资金计划管理，实时跟踪资金需求和变化，灵活运用协定存款和授信贷款，在保持流动性充足的情况下实现资金最大程度的保值增值。全年实现增值收益3.25亿元，贷款风险准备金充足率100%。运用住建部电子化检查工具，落实电子稽查工作机制，实现监管常态化。针对高风险业务环节，建立周业务联席会议制度，发现问题及时完善纠正，加强事前、事中、事后监管。完成对7个分支机构住房公积金业务的内部审计，进一步促进公积金业务规范管理。严控“贷前、贷中、贷后”关键节点，全面加强贷款风险管理，强化对逾期贷款的跟踪和催收工作。全年开展电话催收17893人次，上门催收897人次，短信服务平台发送逾期催收短信17383条，发送还款提醒短信88万条，对逾期严重的23名借款人提起诉讼。开展扫黑除恶专项斗争，将伪造资料骗提骗贷公积金的34人列入失信人员名单，相关信息上报市扫黑办、信用办、文明办，并推送到“信用中国（甘肃兰州）”网站实施联合惩戒。

【法治建设】 完善行政执法制度体系，制定《重大行政执法决定法制审核办法》《行政执法全过程记录规程》《推行行政执法“三项制度”实施方案》《行政执法行为用语指引（试行）》，修订完善《协助人民法院查询、冻结和扣划个人住房公积金账户余额操作规程》，进一步规范行政执法行为。坚持行政执法人员持证上岗制度，组织行政执法人员参加执法培训和考试。落实“谁执法谁普法”普法责任制，开展国家安全日、宪法宣传周、学习宣传《民法典》等普法学法活动，举办专业法律知识培训和讲座，进一步提高干部职工运用法治思维和法治方式开展工作能力。严格落实法律顾问制度，健全完善内部重大决策合法性审查机制，凡是中心重大决策、重要规范性文件、重要涉法事项均邀请法律顾问审核把关，全年审核把关文件、合同43份，提供法律咨询服务40次，全面提高行政决策水平。

【公积金合作备忘录签订】 全力支持兰西城市群建设，与西宁公积金中心签订《推动兰西城市群建设住房公积金合作备忘录》，深入推进两地互认互贷、信息共享、两地联办等机制，合力加强公积金区域一体化发展，中央电视台新闻频道、财经频道对此作专题报道。

（裴少伟）

## 消防救援

【概况】 2020年，全市消防救援工作紧紧围绕经济社会发展大局，稳步推进各项工作目标任务，实现改革理念与时俱进，重心主业转型跨越，教育管理扎实有效，基础建设稳步推进，确保社会面火灾形势和队伍管理“双稳定”。全市消防救援队伍接处警3566起，出动车辆6052辆，出动警力34462人次，抢救被困人员550人，疏散被困人员2783人，保护财产价值6亿余元。同比接警出动上升13.1%，出动人员上升19.4%。

【消防安全管理】 市委、市政府将支队列入单独发文立户范围，市政府召开全市消防工作会议，签订年度消防工作目标责任书，常务会议审议通过《高层建筑消防安全治理工作方案》，拨付配套经费，在银滩花园、良志嘉年华和兰州中心举办省、市两级高层建筑及全省大型商业综合体消防安全管理现场观摩会，以点带面推动全市消防安全工作。持续深化火灾隐患治理，开展全市消防专项整治三年行动、“生命通道”集中治理，统筹推进大型综合体、高层建筑、“三合一”（住宿与生产、仓储、经营一种或一种以上使用功能违章混合设置在同一空间内的建筑）场所、危化品企业等专项整治。开展网上巡查2730余家；全程跟进文明城市创建工作，对全市2901个测评点开展常态化巡查，边创建边净化消防安全环境，在创建文明城市工作检查验收中“零扣分”。持续深化“智慧消防”建设，推动消防控制室注册与服务管理平台应用，注册消控室1272个，注册7648人，持证上岗4178人，高层建筑签订维保合同2863家，接入消防物联网远程监控3160栋，安装联网型独立感烟探测器8519个。全年检查社会单位20690家，督促整改火灾隐患32746处，临时查封320家，责令“三停”（停产停业、停止施工、停止使用）233家，罚款2148.92万元，拘留15人，挂牌督办重大火灾隐患单位15家，受案调查火灾事故1349起，警告278次，拘留9人，罚款8.25万元，拆除彩钢板3.6万平方米，清理违规住人453人。全市基层网格员检查单位15.8万家，开展消防宣传培训8万次，派出所民警指导基层网格员工作3000余次。

【灭火救援能力建设】 持续深化全员岗位练兵，提升打赢能力，紧扣灾情、队情，推动专业队伍建设，修订完善救援预案，对救援力量编组、人员编成、装备调配、增援程序进行细化完善，加大水域、地震救援等战术学习和训练，提升攻坚克难能力。推进指挥调派规范化建设，改造升级接警调度平台，实现“一键调派”。规范作战行动层级指挥机制，优化应急通信力量，采购配发电台544部、双光无人机、聚合路由器等专业通信器材30余件套，制作三维地图247份，二维地图、全景图及高空图像采集347份，15人考取三类视距内无人机驾驶员执照。年内制作支队级预案60份，开展支队级熟悉12次，支队级实战拉动演练12次，大队和消防站熟悉演练单位2496家，完成全国、全省“两会”“兰洽会”等重大活动节日消防安保任务26次。支队水域、化工编队通过应急管理部消防救援局验收，完成天祝跨区域地震救援拉动演练及文县碧口重大洪涝灾害救援演练，成功处置“4·6”西固河口收费站工业盐酸槽车侧翻、“5·27”南山路汽配城火灾、“11·

3”西固区三欣新能源公司油罐爆燃事故、“11·8”榆中九品轩家具有限公司库房火灾等急难险重任务，在陇南抗洪抢险救援中表现突出，受到各级肯定和群众赞誉。

**【消防宣传教育】** 建成集多功能演播室、新媒体工作室、集群式导播室和智能化审片室于一体的全媒体中心，招聘12名专业人才，推出《蓝焰广播》《蓝焰课堂》系列专题节目。高标准推进区县级消防科普教育基地建设，先后建成3个省级、2个市级、5个县级基地，其中7个被市委、市政府评为全市百家优秀类科普场馆。研发消防科普教育基地数字馆，利用互联网+线上教育系统与科普教育基地实体馆深度融合，采用720度全景和VR技术支持，让社会群众足不出户学习消防知识。发挥主流媒体大优势，及时传播全市消防工作动态，在央视媒体上稿64条次，与甘肃电视台文化影视频道联合开办《金城119》专栏，播发节目49期，与都市调频106.6联合开办《金城消防好声音》，每天播发消防安全提示，播发1388条次；国家级媒体上稿15篇，省级媒体上稿323篇；依托楼宇电视、户外大屏等播发消防安全提示、公益广告4308万条次。制作出版发行《漫画消防》（第二期）被中国消防协会评为全国优秀消防科普图书，同步制作的《漫画消防》动画片在全市热映，联合市教育局开展“我是小小消防员”消防绘画、作文、“消防安全示范课”和“消防广播操”评选活动，参加市委宣传部2020年“兰州人·百姓讲堂”示范宣讲活动40余次，开展消防宣传“五进”（进社区、进学校、进企业、进农村、进家庭）活动3500余次，指导基层网格员深入街道社区、村镇开展宣传12.1万余次，发放宣传彩页3.3万余份，进一步扩大消防宣传教育覆盖面。

**【消防基础设施建设】** 市政府将公共消防设施建设纳入年度重点工作目标，建设经费纳入财政预算保障，全力推动消防站建设，取得显著成效。支队综合训练基地、刘家堡、定远、碧桂园、轨道东岗、陈官营消防救援站及东瓯、树屏小型消防站相继投勤，和平、北龙口、西固港务区站、文创城站正在装修，其余建设项目在积极推进，不动产证办理取得实质进展。购置供水、举高、排烟照明、指挥、炊事等消防车13台，各类器材10125件套。加大器材装备、灭火药剂、生活物资储备，与石油、餐饮、医疗、工程运输、车辆器材维修及灭火药剂供应企业签订联勤保障协议150份，形成地方、企业、市场、自我保障“四位一体”的联合保障格局。

（郭吉惠）

## 生态环境保护

【概况】 2020年，生态环境保护全面打赢三年蓝天保卫战，全市环境空气质量两个关键指标实现历史性突破。全年空气优良天数突破300天大关，达到312天，创历史新高，同比增加16天。细颗粒物浓度控制在34微克/立方米，达到国家二级标准，首次实现历史性达标；兰州市在《大气中国2020：中国大气污染防治进程》报告中位列综合评分排名第6位。黄河兰州段干、支流国控、省控水质考核断面水质保持优良，达标率100%；6个县级以上饮用水水源地水质稳定达到三类及以上，达标率100%。未发生因耕地土壤污染导致农产品质量超标、疑似污染地块或污染地块再开发利用不当事件。妥善处置3起突发事件，均未引发次生环境污染、危废和辐射安全可控，未发生重大环境污染事故。4项主要污染物减排量均于2019年提前完成“十三五”目标。其中，化学需氧量、氨氮、二氧化硫、氮氧化物实际排放量较2015年分别下降15.36%、11.99%、18.69%、15.8%；单位地区生产总值二氧化碳排放量较2015年下降24.04%。

【大气环境管理】 围绕蓝天保卫战目标，对照“九张清单”，突出重点、全力攻坚。重点实施94家工业窑炉、345家“散乱污”企业、640家重点行业挥发性有机物及重点行业无组织排放综合整治等4项工业综合整治工程，有效减少大气污染物排放。持续开展城乡居民清洁取暖改造，进一步减轻散煤污染；对城区4家20蒸吨以上燃煤锅炉房实施并网、清洁能源改造，对3家调峰供热站实施封存管理，对3家煤粉锅炉房实行全流程监管；全面淘汰远郊区县县城现役的全部10蒸吨及以下燃煤锅炉；建成涵盖7个一级煤炭专营市场及400个二级煤炭配送网点的城乡清洁煤配送体系，确保居民散煤煤质稳定可控。市区及周边789个重点工地均实行属地化网格监管，重点土方施工工地实行驻场监管。强化主次干道机扫作业，城区道路载尘量逐年下降。成立机动车排气检测中心，健全尾气污染防治制度和措施；城市主要入口及主干道安装10套红外遥感检测设备，全部投入使用，全年对5365辆机动车进行路检路查。其中，检测超标327辆；移交交警处罚223辆；督促整改104辆。向公安交管平台推送384条黑烟车抓拍数据。全面落实非道路移动源排气检测、标识及高排放非道路移动源禁用制度，环检站日常联合监管已成常态，“大户制”车辆抽检工作全面开展。继续发挥空气质量微观站、扬尘智能监控、无人机航拍、机动车红外遥感、秸秆焚烧远程监控等多种技防手段作用，多角度、全方位监控各类污染源，实施溯源分析，为靶向治污、精准调度和精细管控提供依据。兰州生态环境监测中心在全市开展挥发性有机物采样分析、颗粒物激光雷达精准查源，为科学精准治污提供有力支持。

【水环境管理】 全市“水十条”37项年度重点任务完成29个，4个年度重点工程全面完成，剩余8个跨年度重点任务稳步推进。按照“有口必查”原则，全面开展黄河流域生态环境调查工作，完成黄河兰州段干支流各类入河排口人工徒步排查工作，录入上报各类入河排口点位信息3337个，配合生态环境部完成黄河流域试点城市入河排污口二级、三级现场核查工作任务。重点推进流域水污染治理项目落地。争取中央水污染防治资金5310万元，督促完成西固区城市饮用水水源地环境保护工程，稳步推进湟水河流域红古段水污染综合治理和黄河流域榆中段水污染综合整治等项目，争取中央水污染防治专项资金开展智慧黄河（兰州段）精细化管理监测建设、黄河流域永登段（庄浪河、大通河、呢嘛沙沟）水污染防治等治理项目。编制“十四五”重点流域规划。启动兰州市重点流域水生态环境保护“十四五”规划编制工作，收集整理1200余条基础资料，编制完成规划要点。创新机制全面开展联防联控。分别与青海省西宁市、海东市签订联防联治协议。同时，强化扩大枯水期水污染联防联控范围，对全市重点断面水质每日加密监测，水量每日调度，对重点企业、医疗机构、污水处理厂及兰州段干支流每日开展巡查检查，出动检查人员5713人次，获取断面水质监测数据804组，有效确保枯水期水质安全。强化饮用水水源地环境管理，持续推进2020年饮用水水源地环境保护专项行动，完成永登县县级地下水型水源地和13个千吨万人饮用水水源地专项行动任务。

【土壤污染防治】 深入推进“土十条”，推进农用地土壤污染防治，改善农用地土壤环境质量，保障农产品质量安全。完成农用地土壤污染状况详查453.32万亩；完成全市7个区县农用地土壤环境质量类别划分工作，编制完成土壤环境质量类别划分报告；超额完成受污染耕地安全利用任务404亩；农药化肥使用量连续5年零增长，主要农作物的农药化肥利用率不断提高。防治建设用地土壤污染，更好地保障人民群众健康和城市环境安全，实现土地资源的永续利用，推动城市实现可持续、高质量发展。形成强化污染地块再开发利用准入管理机制，合理确定污染地块的土地用途。把解决遗留土壤污染问题与完成3个国家土壤污染治理与修复技术应用试点项目相结合，努力探索符合兰州市实际的铬污染场地、无主金矿污染场地等多类型土壤污染治理修复技术和项目实施管理模式。完成全市258家重点行业企业地块的污染源信息、敏感受体等基础信息的采集、核实工作。完成46个地块的布点采样方案编制、样品采样、样品分析和系统上传，数据集成。采取针对性措施，有效防范重金属、危险废物、化学品污染等环境风险。完成土壤国控网监测采样工作（兰州市域内）和41家土壤重点污染源监测工作；持续加强土壤环境监测能力建设，至年底，兰州市具备20个项目的土壤监测资质。

【环境监管】 强化区域协同污染防治工作，分别与青海省西宁市、海东市签署区域污染联防联治协议。开展夏季挥发性有机物治理、打击危险废物处置违法行为和化工行业工业固体废物隐患排查整治等专项行动，在全省率先完成区域突发环境事件风险评估工作。

【环境执法】 开展夏季挥发性有机物治理、打击危险废物处置违法行为和化工行业工业固体废物隐患排查整治等专项行动，结合“双随机”执法，不断加大环境执法力度，强化多部门联动，倒逼企业落实环保主体责任。全年排查企业6400余家次，处罚92件、罚款622.4万元，查封扣押、移送公安机关行政拘留案件7件。完善双随机抽查制度，开展双随机执法检查，编织纵向到底、横向到边的监管网络，全市检查企业518家次。加强污染源自动监控系统、烟尘监控系统、涉污企业视频监控等平台监管，确保企业污染治理设施正常运行。

【环境应急】 在全省率先完成《区域突发环境事件风险评估工作》，修订印发《兰州市突发环境事件应急预案》及水、气2个专项应急预案；建成2个环境应急物资储备库和1项危险废物环境无害化处置项目，与2家环境应急物资供应商签订应急物资联动协议，组建3支第三方环境应急救援队伍，应急响应能力基本涵盖每个区县。进一步提升环境应急响应处置能力，加强核安全监管，确保生态环境安全和核与辐射安全。建立健全“源头严防、过程严管、后果严惩”危险废物环境监管体系，确保危险废物利用处置能力与实际需求基本匹配，全市危险废物利用处置能力与实际需要总体平衡，布局趋于合理。从完善危险废物政策法规体系、健全工作机制、强化环境应急响应、打击环境违法行为、加强科技支撑等方面提升危险废物环境风险防范能力。强化政策及制度保障，建立部门和区域联防联控联治机制，完善突发环境应急管理体系，不断提升环境风险防控水平和环境应急响应能力，切实保障生态环境安全。

【气候变化应对】 全面完成26家重点行业企业清洁生产审核和31家重点企业2019年度温室气体排放核查工作；编制完成2018年度兰州市温室气体排放清单；开展兰州市2019年温室气体减排自评估和低碳城市创建工作。

【生态环境信访及政务信息】 12369环保举报管理平台受理1594件投诉，已办结1543件，办结率97%。回应社会舆论关注的环境热点问题，编发《舆情信息》简报63期，完成转发、引导1238次，上报网评员文章21篇，专题会议安排4次，召开新闻发布会6次，组织参加“落实进行时”电视问政活动2次，累计发布微博1847条、微信1403条、今日头条524条、总阅读量124.9万次，门户网站累计发布各类信息1408条，加强舆情引导，开展新媒体网络正面宣传，营造良好的社

7月15日，在敦煌路街道金港城社区开展“绿色环保 低碳生活”环保实践志愿服务活动现场

会舆论氛围。

【反馈问题整改】 完成整改18个第一轮中央环保督察反馈兰州市的21个问题，512件环境信访件办结511件；剩余3个问题和1件信访件按照计划加快推进。针对第二轮中央生态环保督察反馈的25个问题，制定印发《兰州市贯彻落实中央生态环境保护督察反馈问题整改实施方案》，加紧推进整改，836件环境信访件办结731件，剩余105件有序推进；兰州市涉及国家级自然保护区的13类123个生态问题全部完成初步整改，正在进行市级认定和省级复核。

【生态环境保护宣教】 不断运用新媒体开展生态环境保护宣教工作，抓住“3·22”世界水日、“5·22”生物多样性日等时间节点，扩大宣传范围，首次实现“6·5”环境日线上直播，全方位进行环保宣传，凝聚全社会“保护环境、改善生态、绿色发展”广泛共识。全年发布微博1796条、微信1386条、今日头条492条，总阅读量125万次，聚焦关注粉丝60963个，“两微一端”在全国生态环境系统390个考核城市中排名靠前。其中，微信公众号排名第90名；新浪微博排名第69名。

【脱贫攻坚】 向2个对口帮扶村筹集消毒液500余升、普通医用口罩800余只；牵手爱心企业捐赠优质散养鸡苗6000羽、水泥60吨、砖6万块，筹集资金4万元，用于农村环境卫生整治。通过产业帮扶、人居环境整治、党建共建引领等实现贫困户清零。

（赵紫楠）

## 园林绿化

【概况】 2020年，城市园林绿化工作以建设“精致园林”为目标，着力增加绿色总量，提升景观效果，完善服务功能，努力营造良好绿色环境，深耕厚植全国文明城市绿色底蕴，努力巩固国家园林城市创建成果。

【城市绿化管理】 6月，在五泉山公园举办“精致兰州·魅力五泉”花卉艺术展，展期20天；9月，在兰州植物园举办“菊馨秋韵·精致兰州”国庆菊花展，展期20天。向市委、市政府提出建议出台《关于进一步完善城市规划建设管理工作机制的通知》，《通知》对“绿色图章”制度进行进一步细化和明确。研究制定《兰州市城市屋顶绿化和垂直绿化实施办法》，正在进一步修改完善。依据《城市绿化条例》规定，从严从紧控制项目建设征占用绿地规模，并完善项目建设征占用绿地的审核审批工作，受理各类办件26件。其中，绿地临时占用审批11件；改变绿地使用性质审批15件。按期办结率100%。完成3处代征代建绿地建设方案审查。对2株古树（东郊小学校园内和五泉山公园内各1株）进行科学修剪，增补认定古树3株（春园内文冠果和邓园内香椿）并挂牌保护。完成《兰州园林树木图谱》文字编写及修改工作，收录树木种类150种，补拍照片1000余张。采用样地调查法，完成市区行道树养护管理、健康评价体系等数据分析。研究制订的《行道树栽植与养护管理技术标准》（甘肃省地方标准）和《兰州市古树名木保护复壮技术标准》（甘肃省地方标准），9月，通过省级专家组审定，正在进行修改完善，办理后期发布相关程序。

【城市园林增绿】 全面实施兰州植物园、五泉山公园等城市公园、游园绿地景观提升、管护提标工程。全面开展城市绿地提升改造工作，新增、改造城市绿地1432.05亩（新增绿地648.45亩，其中公园绿地195.45亩）。其中，七里河区495.45亩；城关区420.75亩；安宁区271.5亩；西固区225亩；高新区雁滩园区19.35亩。推广垂直绿化112.95亩。其中，城关区37.5亩；七里河区37.8亩；西固区22.5亩；高新区15.15亩。推广屋顶绿化6.3亩。其中，城关区3.75亩；高新区2.55亩。在城区组织开展春季行道树及绿地补植补种专项活动，完成行道树补植5168株；实施斑秃治理补植补种绿地343.95亩。其中，安宁区27.75亩；城关区23.1亩；七里河区7.05亩；西固区2.25亩；黄河风情线大景区范

银滩湿地公园鸟瞰图

围264亩；高新区范围4.8亩；轨道交通沿线部分绿化带恢复面积15亩。栽植各类小灌木、乔木等73.32万株丛。适时提升重要节点绿色景观，摆放绿色雕塑10组、花柱14根，沿17座大中桥体摆放各类花架花箱花盒6.8万余个、花卉116万株。打造精品园林，新建改造小游园8个。其中，城关区新建3个（广武门小游园、东岗西路小游园、大沙坪北出口小游园）；改造2个（南关十字小游园、兰州卷烟厂小游园）；七里河区续建1个（南出口公园“中车·拾光记忆公园”）；安宁区续建1个（师德学风教育园“名仕园”）；西固区改建1个（石化广场及44#路街旁绿地），总面积103.35亩。建成五泉山公园，市民公园，兰州碑林，马滩湿地公园；霍去病小游园，龚家湾小游园，银滩小游园，中天健小游园，天鹅湖小游园，临洮街小游园，孔家崖小游园精致公园、游园11个。创建花园式小区2个、园林化单位1个、园林化小区9个、绿化达标单位5个、绿化达标小区16个。

【重点项目工程建设】 **兰州动物园易地搬迁项目** 新增投资4.3亿元，累计完成投资11.5亿元。外围路网完成上跨G6高速桥梁桥面铺装；步行区完成笼舍等场馆大部分主体结构和内路路基建设；车行区完成14个动物笼舍建设、内路底层沥青铺设；后勤区完成动物医院、防疫隔离区、办公楼、车行区服务用房建设，正在进行1#、2#草料库基础施工；南入口区完成地下车库主体结构、顶板上部铺装、道路水稳层和附属建筑主体结构建设，正在进行主入口大门外广场铺装。

**金城公园二期** 已列入甘肃省财政厅PPP项目库，总占地面积600亩，计划总投资约17.8亿元。主要规划建设民俗文化古街区、丝路文化游乐区、文化教育展示区、廉政文化教育区4个主要片区。在保护现有生态环境基础上，穿插栽植各类乔灌树种，打造四季常青、三季有花、错落有致的园林景观。至年底，除丝路文化游乐区外，其余3个片区均已完成主题建设，完成工程量的98%。已建成的3个片区，7月1日开园试运行。

**七里河彭家坪中央生态公园** 西区于2019年11月26日开园。公园东区北侧建筑组群主体结构已完成；绿化种植完成约40亩；园建瀑布工程和月桥综合楼主体钢结构，已完成90%；百合游客中心主体结构已完成，正在进行安装工程及装修施工。

**兰州儿童公园** 由恒大集团投资新建，项目包括主入口停车场、办公区、中心广场、儿童游乐区、观光游览区及园路上水、水系建设等。已完成征（拆）迁、土方、园林绿化等工作。至年底，一期（展示区，面积305亩）已建成，计划2021年9月底建成展示；二期，已完成土方整理100亩，计划2021年3月开工，年底完工。

（闫国成）

## 南北两山绿化

【概况】 2020年，兰州市南北两山环境绿化工程紧扣两山核心区，持续推进大景区建设，完成游园建设及绿化改造项目3个，建设面积41260平方米。全力打造城市对外窗口，完成“省门第一道”陡坡治理11.2万平方米，治理盐碱陡坡1552平方米，提升通道沿线景观2879亩。巩固两山生态涵养区，完成南北两山62万亩林地抚育管护，清淤复整面积19500亩，实施天然林资源保护二期工程、7000亩森林抚育项目及2000亩三北退化林修复工程，进一步优化林分结构，林木平均保存率82.1%，上水区87.2%、三水区77.3%。

【景区建设】 持续推进九州台森林文化景区、大青山景区建设。九州台景区组织实施3个项目，其中完成九州台瞭望塔及周边改造绿化，完成瞭望塔美化改造，实施景观绿化面积2636.2平方米；完成罗九公路沿线美化改造提升，绿化治理面积35254.4平方米，栽植火炬、山杏、山毛桃等各类乔灌苗木3.9万余株；实施朱镕基总理植树纪念林周边景观提升改造工程，建设平台、园路、景墙、围栏等设施。安宁大青山景区建设任务全部完成，栽植各类苗木5.2万株，铺装园路3371平方米，配套修建登山栈道、景观水体亭廊等景观设施。

【陡坡治理】 围绕做美做绿黄河之滨，实施城区核心段面山提升改造项目7个，绿化提升面积1626亩。其中，城关区强化提升面积578亩；七里河区绿化提升面积630亩；西固区绿化提升面积418亩。栽植各类苗木22万余株，苗木成活情况良好。全力打造城市对外窗口，开展通道沿线景观提升工程，实施“省门第一道”面山和陡坡治理项目，绿化治理皋兰段、永登段和绿博园段陡峭坡43个坡面11.2万平方米，实施皋兰段盐碱陡坡绿化治理1552平方米，栽植各类苗木7.27万株。实施“省门第一道”皋兰段景观提升项目、“省门第一道”城关段骆驼岘片区景观提升项目、天水路高速入口至骆驼岘景观提升项目（一期）、大砂沟实验林场绿化综合治理项目、北环路小达坪隧道周边绿化景观提升项目、北滨河路沿线烧盐沟至拱北沟段面山景观提升改造项目等7个项目，完成提升改造面积2879亩，栽植各类苗木52万株。开展陡削坡管护工作，保障城区出入口陡坡绿化灌溉；补植景观绿化苗木，补植玫瑰4100株、迎春花4380株、爬山虎7500株、红柳容器苗5000袋，补种苜蓿草籽5千克。

【水利养林】 开展水利设施维修改造，投入维修资金1260万元，维修改造泵站44座，水泵、电机224台，各类管道137千米，闸阀3872个，闸阀井43座，蓄水池清淤112座，更换各类喷头阀门等6.6万余个。稳步推进重点水利项目建设，实施11项重点水利项目，完成“省门第一道”皋兰段水利管网配套三期项目、西固区青石台、梁家湾扎马台上水主管维修改造、北出口高速（骆驼岘）水利管网配套项目年度建设任务，改善灌溉面积3780.5亩；对迭部北山林场一泵房进行拆除重建；开展九州台水保综合示范项目，新建生态谷坊9座，200立方米蓄水池、沉沙池各1座，新增灌溉面积360亩，绿化面积235亩。完成省级水利工程维修项目、天水路高速入口至骆驼岘水利工程建设项目等年度任务。年内根据天气状况及时开展上水灌溉及喷灌降尘工作，灌溉面积22.88万亩，完成率98%；灌溉水量2451.55万立方米，完成率102.15%，灌溉质量合格率90%以上；“春防”“冬防”喷灌洗尘作业累计喷洒8.7万亩，喷水量83.7万立方米。

【生态护林】 加强对绿化承包单位的检查、监督及管理，督促承包单位加强承包林地提升改造，及时清理病死树木。维修上水设施，栽种各类绿化苗木及花草。开展两山护林防火工作，严控野外火源，加大野外火源管控力度，排查整改安全隐患150余处；强化网格管理，划分两山林地为1200余个防火网格，盯紧防火重点时段，加强值班值守，严格执行24小时值班和领导带班制度，压实责任，细化分工，南北两山连续20年未发生较大以上森林火灾。开展有害生物防治3轮次，实际防治面积18560亩；有害生物成灾面积1493亩，成灾率2.4‰，无公害防治率95%以上。做好松材线虫监测和防控工作，加强苗木调运检疫复检，及时开展松材线虫病春、秋季普查工作，全年两山未发现松材线虫病。开展苹果蠹蛾监测防控4465亩，发现苹果蠹蛾成虫3例，及时采取防治措施。稳步推进违建别墅清理整治工作，配合相关部门做好两山范围内违建别墅专项整治工作，处置南北两山林区违建别墅30宗102栋，拆除25宗94栋，没收6宗8栋（其中1宗既有拆除又有没收处置内容），两山范围内违建别墅问题全部整改。

【科技兴林】 推广应用驰奈固体肥，施用驰奈固体肥39.74千克，面积3919.6亩，全面评估驰奈肥料改良土壤效果。试验引种种植景观植物，引进金丝吊蝴蝶等景观植物20余种，试验完成蒙古扁桃等5种景观植物容器育苗5200袋，栽植黑枸杞等10种景观植物容器苗1万余袋，向兰州树木园移植牡丹236株，引进新品种牡丹260株等。探索干旱造林技术措施，完成干旱造林区白刺补种试验项目100亩，红柳补植试验项目300亩，培育红柳容器苗6万杯。开展陡坡治理技术调查研究，完成7种治理技术近160个样方外业调查工作，采集土壤样品60余个，完成土壤紧实度测定30余样点。发挥专业资源优势，在以往研究成果和实践经验基础上，结合最新研究，完成《干旱半干旱黄土丘陵区陡坡绿化设计、施工及养护技术规范》编制工作。开展兰州南北两山生态服务价值评价项目年度工作，对两山绿化区经济型服务功能状况进行抽样调查，确定生态服务类型和货币化参数，采集、解译两山2019年以后土地覆被利用现状遥感影像资料。研究结果表明，2019年以后，南北两山绿化工程区各项生态服务功能综合产生的总价值76.74亿元，是1999年总价值4.6亿元的16.68倍。其中，南北两山林区年涵养水源1430.81万立方米，年固碳量107.29万吨，年释氧量53.88万吨，年滞尘量57.87万吨，年污染物（$SO_2$）降解量3871.37吨，年固土量28.97万吨，年减少河道泥沙淤积量55.68万立方米，年保肥量2.53万吨，科教游憩服务3688.55万人次。

（金倡宇）

# 农业·林业·水务

## 农 业

【概况】 2020,全市农业农村工作紧紧围绕“六稳”“六保”工作任务,实施乡村振兴战略,积极推进农业现代化,农民收入增加,农业经济稳步增长,农村生态环境持续改善,脱贫攻坚取得全面胜利。成功承办2020甘肃特色农产品贸易洽谈会,获得省上表扬;全市“菜篮子”市长负责制工作被国务院“菜篮子”工程建设领导小组评定为全国省会城市优秀等次。

【脱贫攻坚】 2020年安排投入扶贫资金9.53亿元。其中,中央、省级资金3.51亿元;市级资金1.27亿元;县级资金4.75亿元。全市涉农资金统筹整合5.4亿元,主要用于产业发展、村集体经济发展、光伏扶贫、各类职业技能培训等农业生产发展和贫困户出行难、住房安全、饮水安全等基础设施建设方面。落实教育扶贫政策,全市义务教育巩固率100%,建档立卡贫困家庭义务教育阶段无失辍学学生。落实健康扶贫政策,农村建档立卡贫困人口医保参保率100%,县级公立医院和乡镇卫生院都实现达标,所有贫困村标准化卫生室实现全覆盖,贫困人口基本医疗保险、大病保险、医疗救助全覆盖,医疗保障水平全面提升,实现农村贫困群众有地方看病、看得起病的目标。落实兜底保障政策,全市农村低保标准由2016年的每人每年2986元提高至2020年的4428元,增幅48.3%,特困供养对象基本生活保障标准提高至每人每年5757元,实现应保尽保。全市建档立卡贫困人口养老保险参保率、代缴率、发放率均实现100%。2016年以来,全市累计实施农村危房改造5359户,易地搬迁建档立卡群众1568户5543人;完成各类农村公路建设项目2850.2千米,建制村通畅率100%;农村饮水安全覆盖率100%,农村集中供水率98%以上,自来水普及率90%以上;所有行政村实现动力电全覆盖,全市光纤宽带和4G网络覆盖率均达到100%。依托美丽乡村示范村建设,实施农村人居环境整治村庄清洁行动和深入学习浙江“千村示范、万村整治”工程经验全面扎实推进农村人居环境整治行动,全市累计新改建农村户用卫生厕所15.5万户,先后建成“千村美丽”示范村64个、市级美丽乡村示范村111个、区县美丽乡村80个、环境整洁村386个,创建“清洁村庄”656个,“视觉贫困”问题得到明显改善。逐村逐户全面摸排农村住房安全情况,对符合农村危改条件的全部纳入危改计划,不漏一户,严格执行验收标准和程序,严格把好危房改造质量关。2020年摸排存量农村闲置、废弃危房共7023户,已全部拆除,拆除率100%。全市建成集中式供水工程277处,累计完成投资超过11.49亿元,有效解决农村105.13万人饮水问题,农村饮水安全覆盖率100%,集中供水率98%,自来水普及率90%以上。制定脱贫攻坚就业扶贫三年行动计划,建立劳动力培训与劳务输转一体化工作机制。2016年以来全市累计认定“扶贫车间”102家,共吸纳劳动力2740人,其中建档立卡劳动力1295人;累计开展精准培训6.95万人次,其中建档立卡贫困劳动力1.81万人;累计完成劳务输转143.79万余人、创劳务收入334.57亿元;开发乡村公益性岗位1267个,其中临时性乡村公益性岗位550人,易地扶贫集中安置点乡村公益性岗位126人,开发生态护林员公益性岗位1237个,草原管护员公益性岗位601个,全市近2100户建档立卡贫困人口从中受益。输转城乡富余劳动力25.4万人,创劳务收入62.08

亿元，其中输转建档立卡贫困劳动力5.79万人，创劳务收入9.65亿元，实现有输转意愿的贫困劳动力应输尽输。9月底，经市县乡村逐级自下而上验收，全市剩余的0.38万贫困人口全部达到退出标准，实现脱贫。兰州市农业农村局被省脱贫攻坚领导小组评为帮扶先进集体。

【农业经济】 全市第一产业实现增加值57.43亿元，同比增长5%，实现农村居民人均可支配收入14652元，同比增长7.7%，增速全省排名前列。始终坚守粮食安全底线，全力保障重要农产品供给，建成高标准农田6.4万亩，新增粮食种植面积10.43万亩，紧盯粤港澳、京津冀、长三角、成渝川等主要市场，组织引导经营主体和产销协会抱团出省、专题推介，参加各类展会12次，举办专场推介会4次，签订购销合同、合作协议28项，涉及金额84.32亿元。兰州百合、永登苦水玫瑰、皋兰软儿梨、兰州高原夏菜4个品牌入选“甘味”区域公用品牌目录，16个企业品牌入选“甘味”农产品企业商标品牌。

【农村人居环境整治】 实施垃圾“清零见底”、村庄“拆违治乱”、乡村“见缝插绿”、粪污“长效管控”4大工程，农村人居环境明显改善。全市改造户厕3.7万座、创建清洁村庄78个，完成年度任务的100%。全市卫生厕所普及率80.02%。累计建成省级“千村美丽”示范村64个，市级美丽乡村示范村111个。皋兰县上车村入选第二批全国乡村旅游重点村，榆中县李家庄村入选2020年中国美丽休闲乡村。

【农村综合改革】 坚持把推进农村集体产权制度改革作为实施乡村振兴战略的重要任务，实行重点管理，重点调度，探索建立农村集体产权制度改革“443”工作法，完成全国第4批农村集体产权制度改革试点任务，全市完成身份界定备案成员122.2万人，完成股权设置及股权量化组织742个。全市参与“三变”改革的村580个，参与农户7.18万户，发放入股分红4708.1万元。

【产业振兴】 围绕走好现代都市农业发展“兰州模式”的目标定位，创新理念、路径、机制，提出并实施“1368”（走好一条路子、打造三大都市农业产业带、建立六大特色产业集群、实施八个专项行动）乡村产业发展计划，新增特色产业种植面积4.5万亩，新改扩建规模养殖场68个，新认定市级产业化龙头企业15家，市级示范性合作社45家。永登县被认定为国家级农村产业融合发展示范园，苦水镇被列入国家农业产业强镇建设名单，榆中县被批准创建省级现代农业产业园。

【种植业】 全市计划播种面积253.25万亩，实际播种260.31万亩，占播种计划的102.8%。粮食生产方面，播种面积125.04万亩。其中，种植小麦34.11万亩；玉米41.28万亩；马铃薯36.3万亩；豆类11.98万亩；其他1.37万亩。全年粮食产量30万吨左右。特色产业方面，播种面积106.07万亩，其中新增蔬菜2万亩、累计85.21万亩（其中新增百合面积0.5万亩，累计10.5万亩，产量4.26万吨）、产量188.3万吨左右，新增中药材2万亩、累计15.78万亩、产量4.42万吨，新增玫瑰2万亩、累计5.08万亩、产量1.9万吨。

【畜牧业】 截至12月底，全市畜禽饲养量809.39万头只。其中，牛存栏4.51万头，出栏0.86万头；羊存栏93.78万只，出栏49.8万只；猪存栏42.39万头，出栏72.93万头；家禽存栏261.73万羽，出栏243.68万羽；獭兔、鹌鹑等特种畜禽存栏24.94万只，出栏12.65万只。肉蛋奶总产量14.43万吨。其中，肉产量4.57万吨；蛋产量2.04万吨；奶产量7.79万吨。新改扩建规模养殖场52个，超额完成新改扩建50个规模养殖场的目标任务。

【“菜篮子”工程】 严格落实“菜篮子”市长负责制，有效保障“菜篮子”产品的正常供应。认真抓好在田蔬菜生产，扩大设施蔬菜生产面积，全市日光温室蔬菜生产面积4.31万亩，同比增长0.2%；全力推进畜牧业生产，实现畜产品稳产保供，全市牛、

榆中县马坡乡中药材种植现场

羊、猪、家禽存栏分别为4.87万头、70.64万只、48.01万头、231.21万羽。肉蛋奶总产量14.28万吨。严格落实"一断三不断"和"五不得一支持"要求，确保"菜篮子"产品产得出、运得走、供得上。蔬菜和猪肉日均调入量分别为1200吨、50吨左右，调入供给率分别为63%、23%。认真做好重要农产品储备，切实发挥调节市场作用。全年政府共储备蔬菜、冻猪肉各1500吨，已投放蔬菜4647吨、冻猪肉827吨。发动有条件的农业企业、合作社开展"网上订单、配送上门"服务，为市民采购肉菜提供便利。在全市区设置政府冷冻肉投放点68个，保障正常供给，有效保持节日期间的价格稳定和民众的价格预期。同时落实好"菜篮子"产品运输"绿色通道"政策，确保鲜活农产品"出村进城"畅通无阻。3月，兰州市被农业农村部评定为"菜篮子"市长负责制工作优秀等次。

（翟柯帆）

## 林　业

【概况】　2020年，全市林业和草原工作围绕统筹山水林田湖草综合治理，推进大规模国土绿化，发展绿色生态富民产业，加强森林、草原、湿地等生态系统保护修复，全面完成各项目标任务。全年完成营造林18.67万亩（人工造林11.07万亩、封山育林7.6万亩）。其中，三北防护林工程实施面积16.22万亩；森林植被恢复面积1万亩；重点区域生态修复面积0.9万亩；造林补贴面积0.55万亩。年初下达招商引资任务1亿元，完成2.25亿元。向上争取资金，年初下达任务0.66亿元，争取到位各类专项资金2.09亿元。其中，中央财政资金1.97亿元；省级财政资金0.12亿元。

4月10日，市林业局、西固区绿委办组织造林绿化志愿服务活动

【义务植树】　发动广大干部群众参与全民义务植树活动，配合组织省、市党政军领导机关义务植树活动。坚持线上线下同步，推进"互联网+义务植树"工作，创新开展种花种草、认种认养、捐资捐物、志愿服务、网络参与等多种形式的全民义务植树实践，全市完成全民义务植树785万株，义务植树尽责率85%以上。

【美丽乡村建设】　建成榆中县中连川乡、韦营乡、马坡乡3个生态乡。建成榆中县哈岘乡杨岘村，韦营乡孙家岔村、李家坪村，马坡乡张家寺村、窑沟村、后沟村；永登县民乐乡前庄村，龙泉寺镇河西村，武胜驿镇霍家湾村，坪城乡中塘村、白土咀村、坪城村；皋兰县什川镇接官亭村，九合镇朱家井村、李家沟村15个重点生态小康村。全力支持兰州城市副中心——榆中生态创新城周边生态绿化工作，完成营造林1.5万亩。

【林业体制机制改革】　有序推进自然保护地勘界立标和调整优化工作，全市15个自然保护地整合优化为11个，核定总面积126.81万亩，占全市总面积的6.39%；总面积减少48.27万亩，通过省级审核。筛选"十三五"期间的50万亩造林面积，纳入林业碳汇项目范围，布设碳汇监测样地36个，正在编制项目书提交国际VCS认证，预期可争取国际市场碳汇交易量每年10万吨，市级可增加国际碳汇交易收入100万元。筛选吐鲁沟国家级森林公园，申报中国森林养生基地，培育发展森林旅游康养产业。支持和指导林下经济发展，新增林业专业合作社9个，新认定家庭林场4家，扶持发展林下经济示范点14家，实现林下经济产值3亿元以上。组织实施草原和湿地重大生态治理工程，修复和恢复自然生态系统。按照"放管服"改革要求，梳理确定权力事项134项。其中，行政许可17项；行政处罚89项；行政强制8项；行政确认3项；行政监督7项；其他权利10项。认领其中政务服务事项22项，并将257个办理工作日压缩至150个工作日。全年受理行政许可事项27件，办结率100%。指导成立兰州市种苗协会、兰州市野生动物保护协会。顺利划转兰州市森林公安局到兰州市公安局。完成兰州市园林规划设计院转企改制，并移交兰州市国资委管理。

【森林资源管理】　年内未发生重特大森林火灾、大面积林业有害生物灾害。争取中央财政资金1557万元，落实544名天然林保护工程管护人员待遇，确保全市152.43万亩天然林资源安全。争取中央财政资金2032万元，落实657名公益林管护人员待遇，确保全市144.5万亩国家重点公益林资源安全。争取中央财政资金199.6万元，加上自筹资金近800万元，聘用生态护林员1237名，进一步加强森林资源管护力量。完成森林植被恢复0.7万亩。开展2019森林督查"回头看"工作，有52个项目涉及违法使用林地，共343个图斑、面积0.18万亩；开展2020森林督查核查及整改工作，有67个项目涉及违法违规使用林地，共480个图斑、面积0.21万亩；协调推进2个自然保护区13类123个生态环保问题整改。其中，119个问题整改完成后报请省级部门验收销号；4个问题整改情况正在进行市级认定。配合全市开展违建别墅清查整治、自然保护地范围内耕地建房等问题清理工作。依法开展林业违法案件查处工作，先后立案各类林业违法案件83件，查处61件，处罚66人，罚款104.6万元，责令恢复林地237亩。完成2020年全市林地"一张图"年度更新暨公益林监测和全市"十四五"期间年森林采伐限额编制。按省林业和草原局文件要求，临时使用林地审批权限下放区县，对区县审批项目每月进行监督、统计并上报。服务国家和省市重大项目建设，完成项目永久使用林地审核报批31项。其中，26项由省林业和草原局审核批准，使用各类林地0.23万亩；5项由国家林业和草原局审核批准，使用各类林地0.45万亩。

【草原管理】　按照《甘肃省草原管理员管理办法》，聘用草管员559人实施草原管理，按期发放补助经费111.8万元，其中聘用建档立卡贫困户劳动力244人。利用地面检测手段，完成全市草原综合植被覆盖度测算工作，2020年全市草原植被覆盖度56.26%。按属地管理、分级负责原则，建立健全草原鼠虫害防控体系，开展全市草原蝗虫虫情调查并进行科学研判。实施重点修复和治理项目，在永登县完成鼠虫害防治19.9万亩，草原有害生物防治0.5万亩，完成退牧还草3万亩；在榆中县完成植被恢复项目0.1万亩。在七里河区彭家坪乡龚家湾村建成甘肃省草品试验站（兰州大洼山站），实施2020年第一批甘肃省草品种区域试验，完成豆科8个草种试验观测任务。健全草畜平衡目标管理责任制，增加草畜平衡约束性指标，全市669.85万亩草畜平衡区域超载率由2015年的9.6%下降至2020年的3.6%；将草原生态脆弱、草场退化严重和不宜放牧的371.39万亩草原划定为禁牧区，全市未发生违反禁牧和草畜平衡规定案件。开展草原普法宣传月活动。依法查处非法征收（用）草原案件3起，涉及面积28.19亩；查处违反草原防火法规案件1起，涉及面积1342亩。强化属地管理责任，规范草原征占用审核审批，年内收到县区长期征占用草原项目申请11件，有10件复核合格后报送省级通过审批。

【湿地资源管理】　组织开展主要河流湿地范围的巡查、监测，加强执法力度，有效保护湿地与鸟类资源安全。开展"世界湿地保护日""爱鸟周""世界野生动物宣传日"和"5·22"

天然林保护——连城国家级自然保护区

世界生物多样性保护日等主题宣传活动。

【野生动植物资源保护】 实施全市陆生野生脊椎动物调查，补充调查新发现鸟类2种（丝光椋鸟和罗纹鸭）、哺乳类2种（豺和兔狲）。经调查，至年底，全市有陆生野生脊椎动物4纲28目83科426种。其中，两栖纲1目3科5种；爬行纲2目6科14种；鸟纲19目56科331种；哺乳纲6目18科76种。有国家重点保护动物58种（哺乳类11种，鸟类47种）。其中，国家一级保护动物11种（哺乳类4种，鸟类7种）；国家二级保护动物47种（哺乳类7种，鸟类40种）。开展野生动物收容和救助，收容救助各类野生动物35种1120头只。其中，放生15种225头只；死亡302头只。

对国有林场、草原、湿地、公益林、天保工程、自然保护地等野生动物栖息地、候鸟迁徙停歇地和10处陆生野生动物疫源疫病监测点进行全覆盖巡查和监测；在重点林区交通要道设卡、安排专人严密监控，坚决杜绝捕猎林区野生动物的违法行为。春季组织人员对全市野生动物人工繁育主体进行多次排查，及时跟进同步落实封控隔离措施。全面排查辖区活禽交易市场、活禽销售户，禁止野生动物运输、销售；对全市野生动物人工繁育经营场所建立管理台账，包括场所地点、养殖数量、审批手续、主要用途和防疫措施等情况，随时掌握动态，强化疫源疫病监测防控。

做好禁食动物后续工作。根据国家和省上相关精神，结合实际，制定《兰州市禁食陆生野生动物人工繁育主体退出补偿及动物处置方案》，开展分类处置工作。其中，养殖动物列入《国家畜禽遗传资源目录》的44家人工繁育主体，已移交农业农村部门，并依法撤回和注销核发的驯养繁殖许可证；养殖动物属于禁食范围但具有科研、药用、展示等非食用性合法用途的5家人工繁育主体，由区县依法依规变更、换发人工繁育行政许可或文书；养殖动物属于禁食后停止养殖的7家人工繁育主体，依照处置方案落实补偿50万元退出养殖，存栏的494只禁食野生动物，调配至兰州市动物园，转为展示和科研用途。

加强野生动物人工繁育和经营利用许可审批管理。全年汇总上报省级审批的陆生野生动物人工繁育行政许可文件9份，上报行政审批事项5件。

甘肃连城国家级自然保护区管理局组织对连城保护区内分布的兰科植物及其生境开展专题调查。经调查，连城保护区兰科植物名录由15属27种增加至18属36种，进一步掌握保护区兰科植物的种类、数量及分布等基本资源现状，为促进开展兰科植物等濒危野生植物保护提供基础数据和信息。

【生态扶贫】 统筹推进"生态补偿脱贫一批"政策，面向建档立卡贫困户选聘生态护林员1237名（中央财政862名、榆中县自筹资金375名）、草管员244名及天保、公益林管护员，发放工资2000万元；组织参与造林、营林和抚育管理，增加劳务收入2000万元；纳入新一轮退耕还林工程和重点公益林生态效益补偿，发放补助近2000万元。全面履行榆中县中连川乡市级帮扶组长单位职责，督促指导各帮扶单位严格落实"四不摘"要求，全面落实产业扶贫、就业扶贫、兜底保障、小额贷款及公益性岗位等措施，支持生态修复，发动捐资捐物，建成黄蒿湾村万亩艾草产业园、撒拉沟村雪源淀粉厂和粉条加工车间，引导发展紫花苜蓿草种植产业和养牛产业，巩固提升榆中县中连川乡12个贫困村、永登县民乐乡2个贫困村脱贫成效。

（闫国成）

## 水 务

【概况】 2020年，兰州市水务工作聚焦黄河生态保护治理、脱贫攻坚、水务改革发展等重点，全市实际用水量11.37亿立方米，未超过总量控制目标14.48亿立方米；万元工业增加值用水量和万元国内生产总值用水量较2015年分别下降34%、33%。各级河长开展巡河5万余人次，巡河完成率166.3%，巡河累计发现的91个突出问题全部完成整改。开展脱贫攻坚农村饮水安全工程冻管摸排及改造和运行管理工作现场核查，完成骨干管线"冻管"改造5.84千米，村级管网"冻管"改造44.17千米，入户设施"冻管"改造15926户，累计落实各级维修养护资金1324万元。顺利完成全国文明城市创建11项测评指标申报。市水务局连续5届蝉联"全国水利文明单位"荣誉，兰铁泵站成为市民和游客"打卡"新热点。

【水利规划】 编制完成《兰州市黄河治理保护和高质量发展水利专项规划》《兰州市黄河治理保护和高质量发展水土保持专项规划》《兰州市防洪专项规划》《兰州市河湖岸线保护利用专项规划》《兰州市水安全保障规划》等规划初稿。

【水利项目建设】 黄河干流兰州段防洪治理工程城防五标段项目全面完工，有序推进概算总投资1111.68万元的黄河干流兰州段华夏人文始祖园堤防除险加固工程和概算总投资931.9万元的黄河干流兰州城区段（大砂沟入黄口段）河滩整治工程。全面完成总投资774.11万元的七里河洪道和593.38万元的元托峁洪道生态治理工程。编制兰州城区段防洪治理完善提升项目建议书，计划总投资近40亿元，完成可行性研究阶段勘察设计及报告编制招标。实施总投资2.16亿元的农村饮水安全工程15项。其中,“3+1”脱贫攻坚农村饮水安全冲刺清零工程6项;苦咸水改水项目3项。完成总投资14552万元大型泵站更新改造项目续建任务及总投资7215.09万元的中型灌区续建配套与节水改造项目续建任务。

【河长制推行】 编制完成“一河一策”和“一河一档”保护治理方案,全市1381名河长湖长全部上岗履职,实现全市主要河流洪道的管理保护全覆盖。创新联防联控,与武威、临夏、白银、青海省海东4市建立信息共享和主要成员单位对接机制,市县乡3级全部建立“上下游联动、左右岸互动”联防联控机制,实现对跨境河流的联防共治,助推黄河生态保护和高质量发展。全面完成全市7条规模以上河流和68条规模以下河洪沟道及涉河水利工程管理范围划定工作,并由市县两级政府完成公示公告。开展河湖“清四乱”(乱占、乱采、乱堆、乱建)常态化规范化专项行动,督促各区县完成水利部反馈的12个问题和省水利厅河湖包抓组反馈的83个“四乱”问题的清理整治,累计拆除河道管理范围内违法建筑3500余平方米,清运河洪道垃圾3000余吨,清理河道管理范围内砂石堆料6000余立方米,取缔黄河干流城关段经营性茶摊30余处。

【水生态文明建设】 加快推进节水型社会建设,制定《兰州市城市用水定额》《兰州市节水行动实施方案》,充分挖掘城市生活节水潜力,严控高耗水行业用水定额,提高工业用水效率及污水再生利用和中水回收比例,推广先进高效灌溉技术和设备。七里河区被水利部评定为第三批节水型社会达标县区,榆中县、永登县和皋兰县通过省水利厅技术评估。开展取水许可专项整治行动,制定《兰州市取用水管理专项整治行动实施方案》,力争用2年时间建立全市取水口管理信息图和健全长效管理机制。加大地下水超采区治理力度,累计关闭机井143眼,压减水量850万立方米,完成压减任务的120%。投资1030万元完成永登、榆中、皋兰3县国家水土保持重点工程建设,水土流失治理40平方千米、小流域综合治理15平方千米。依法征收水资源费220万元、水土保持补偿费2051.27万元;累计办结水事违法案件10件。

【防灾减灾应急管理】 投资8466.8万元治理河道31.7千米,新建堤防31.4千米,进一步完善提升江河支流及中小河流防洪体系和防洪能力。2020年黄河兰州段日均流量2500立方米/秒以上天数63天,3000立方米/秒以上天数23天,最大流量3640立方米/秒。防汛形势异常严峻,市水务局坚持整体动员、全员参与、及早部署,强化预警预报能力建设,及时开展汛前、汛中检查,有力地保障人民群众的生命财产安全。

【水污染防治】 推进城区4座污水处理厂提标改造项目。其中,西固污水处理厂完工运行;七里河安宁、雁儿湾、盐场3座污水处理厂预计2021年底全部完成。完成污水管网新建及改造61.18千米,占省住建厅下达任务47.68千米的128%;全市8条黑臭水体全部完成整治,消除比例100%;完成城区22处突出积水点整治,剩余1处正在加快整治,城区突出内涝问题得到有效整治。

【水务管理】 按照“水利行业强监管”要求,全面抓好重点领域和重点环节监管。开展安全生产监管,督查检查发现各类大小工程安全隐患点145个,全部督促完成整改。全面落实水利行业在建水利项目农民工工资支付5项制度,对全市60个在建水利工程项目农民工工资支付情况进行督导检查,确保实现“双清零”目标。

【水利扶贫】 全面实施挂牌督战,督促指导区县做好中央脱贫攻坚专项巡视“回头看”、国家脱贫攻坚成效考核、中纪委调研督导、省委脱贫攻坚专项巡视、省水利厅明察暗访反馈问题等各类反馈问题整改。强化水价核定和水费收缴工作,水费收缴比率稳步上升,至12月,千人以上工程水费收缴率96%以上,千人以下工程水费收缴率92%。强化市级监督性检测,委托第三方对全市千吨万人农村饮水安全工程、分散供水工程水质进行监督性检测,全年完成3轮水样抽取和检测工作。完成全市农业水价综合改革任务面积9.01万亩,进一步完善小型水利工程台账,核查登记“两证一书”;完成15个万亩灌区农业水价成本测算和价格监审;继续落实对高扬程电力提灌区农业用电精准补贴奖励,市县财政农业用电精准补贴资金672.71万元,完成灌区计量设施300处,末级渠系改造67.7千米。下达全市移民补助扶持资金1105.7万元。其中,直补资金618万元;设施建设资金487.7万元。直补资金全部发放到位,年度建设任务全部完成。开展产业帮扶,全年实施总投资930万元的扶贫基础建设项目16个,新建1万立方米调蓄水塘3座,8000立方米调蓄水塘1座,5000立方米调蓄水塘1座,衬砌渠道1.8千米,建设日光温室排水渠400米,铺设人饮管道1200米。

(孔佑花)

# 工业与信息化

## 综　述

【基本情况】　2020年，兰州市工业有石油化工、新材料、装备制造、电子信息、有色冶金、建材、生物医药、新能源、节能环保、食品及轻工等多个行业。全市有规模以上工业企业346户，非公经济市场主体累计34.3万户，占全市各类市场主体97.79%。轻工业增加值增长5%，重工业增加值增长2.7%，轻重工业比重为25∶75。

【主要指标】　兰州市规模以上工业增加值增长3.2%，战略性新兴产业增加值占GDP的比重16.05%，电信业务总量增长19.1%。

【工业运行】　全年推动实施工业项目148个，工业固定资产投资增长26%，累计引进恒大新能源动力电池、中国生物兰州科技健康产业园等延链强链项目，为培育工作增量奠定基础。发挥产业链协同工作专班、规模以上工业企业派驻联络员制度作用，全力协调解决企业政策落实、融资、原材料供应、销售渠道拓展等方面实际困难。

【项目建设】　采取编印手册管项目、物资保障助项目、抓主抓重跟项目、区县联动抓项目、月度例会议项目、加强服务促项目、争取政策扶项目7项措施推进项目建设，全年全市工业固投同比增长26%，超全省工业固投增速26.3个百分点，位列14个市州第2位。征集推荐兰州伊利乳业二车间新增A3线等10个项目获批省级工业和信息化专项扶持资金1220万元。分析产业缺项，明确招商方向，梳理产业政策，编印招商导则，凝练63个招商项目，筛选48户目标企业，外出招商30余次，邀请企业来兰考察50余次，在第26届“兰洽会”上成功签约新绿色药业配方颗粒、AT—20飞机制造项目。全年累计引进安徽长信安昌防护用品生产基地、多糖蛋白结合疫苗生产车间等补链强链项目41个，签约资金190亿元，到位资金36.6亿元，超额完成市定目标任务妥善解决物产集团木材公司、九州通、际华三五一二、肉联厂、秀川工业园、兰通公司、天元植物蛋白等出城入园历史遗留问题。全市各类工业企业累计腾退工业用地6083亩，在兰州新区及远郊区县累计完成投资超过360亿元。

【新兴产业】　制定印发《2020年兰州市战略性新兴产业发展工作要点》，从九大产业领域入手，在政策落实、产业方向、重点工作、重点项目等方面进行细化安排。全年全市战略性新兴产业增加值占GDP比重16.05%。强化创新能力建设，当年推荐认定省级以上各类创新平台（企业）20个。其中，国家级企业技术中心1个；国家级创新示范企业2个；省级企业技术中心3个；省级技术创新示范企业2个；省级行业技术中心6个；省级产业技术创新联盟6个。推荐获评省级工业优秀新产品9个。其中，一等奖1项；二等奖1项；三等奖7项。推荐76户企业172项新技术、新产品、新工艺申报2020年甘肃省技术创新项目计划，助力企业享受研发费用加计扣除政策。

【绿色发展】　制定印发《兰州市2020年依法依规推动落后产能退出工作方案》，对照国家《产业结构调整指导目录（2019年本）》确定的淘汰标准和时限，指导区县对全市84户砖瓦轮窑企业按要求和程序完成淘汰，对全市5家企业涉及11台铁合金电炉实施淘汰工作，至年底，涉及淘汰电炉全部停产。强化重点企业节能管理，重新核定重点用能企业49户，重点用水企业27户，完成“十三五”工业能耗总量和强度“双控”目标任务。全市万元工业增加值用水量较2015年降低35.05%，超额完成“十三五”工业节水目标任务。落实工信部《工业节能诊断服务行动计划》，委托第三方机构累计为43户工业企业提供节能诊断服务，出具工业节能诊断分析报告43份，基本实现兰州市重点高耗能企业工业节能诊断全覆盖。实施传统行业“绿色化”改造，鼓励和引导重点用能企业加快实施节能降耗、减污增效绿色化改造项目。加快绿色制造体系建设，全年申报获批国家及省级绿色制造体系工程7家，争取省级奖励资金450万元。培育3家企业进入《废钢铁加工行业准入条件》企业名单（第7批），1家企业入选工信部符合环保装备制造业规范企业。

【安全生产】 重新修订《兰州市工业和信息化局关于成立安全生产防灾减灾工作领导小组的通知》，加强对安全生产工作的组织领导。根据党政同责、一岗双责要求，及时传达学习国家、省、市安全生产工作文件精神、安全生产法律法规、安全生产事故案例。根据省、市安全生产工作安排，在“两会”、中秋、国庆及岁末年初等重点时段和重大节日部署并开展安全生产检查工作。在“安全生产月”“安全生产金城行”“安全生产法宣传周”等活动中，普及安全生产法等法律法规，增强工业企业遵法、学法、用法和安全生产意识，累计发放宣传资料800余份。强化民爆行业监管。全年累计协同民爆专家检查民爆物品生产、销售企业12次，发现、整改问题24个。组织全市工信系统防汛值班工作，平稳度汛。

（贺　欢）

## 石油化工

【概况】 2020年，兰州市已发展成炼油、化工、化肥、农药、农膜、有机化工基础原料、三大有机合成材料、精细化工、塑料加工、化工机械和化学清洗等25个行业，产品涉及27大类400余种。兰州原油配套加工能力1050万吨/年，乙烯生产能力70万吨/年、聚烯烃产品产能120万吨/年、合成橡胶产能26万吨/年。兰州拥有中科院兰州化物所、中油兰州化工研究中心、兰州润滑油研发中心等科研机构。

【骨干企业】 中国石油兰州石化分公司、兰州润滑油厂、兰州中石油润滑油添加剂有限公司、兰州三叶实业有限公司、西北永新涂料有限公司、兰州助剂厂、甘肃鸿丰电石有限公司。

（贺　欢）

## 有色冶金行业

【概况】 2020年，全市有规模以上有色冶金企业48户，其中黑色金属冶炼和压延加工企业23户。主要产品包括钢铁及铁合金等，重点企业有酒钢集团榆中钢铁有限责任公司、兰鑫钢铁集团有限公司、腾达西北铁合金有限责任公司等；有色金属冶炼和压延加工企业25户，主要产品包括电解铝、铜加工等，重点企业有中铝连城分公司、兰州铝业有限公司、正威（甘肃）铜业科技有限公司等。

【钢铁】 有钢铁冶炼生产企业2户，按照工信部产能核算标准，生铁产能合计305万吨，粗钢产能合计380万吨。其中，榆钢公司设计生铁产能234万吨；粗钢产能280万吨；兰鑫钢铁集团有限公司设计生铁产能71万吨，粗钢产能100万吨。

【铁合金】 全市纳入生产序列的铁合金企业13户，有铁合金矿热炉52台，总产能54.4万吨，主要生产硅铁、硅钡等合金。龙头企业有腾达西铁和蓝星硅材料有限公司。

【电解铝及铝加工】 兰州市有中央直属电解铝企业2户，电解铝产能97万吨。其中，兰铝设计产能43万吨；连铝设计产能54万吨。初级铝加工企业10户，主要生产铝棒、铝锭、铝板、铝箔和铝型材，设计能力149万吨，分布在连海地区。

【炭素】 方大炭素和兰州阳光炭素是行业龙头企业。方大炭素是世界前列的优质炭素制品生产供应基地和涉核炭材料科研生产基地，形成年产19万吨石墨电极、年产3万吨炭砖和年产1万吨碳素新材料生产能力，入选“中国民营企业制造业500强”和“全球上市公司2000强”。兰州阳光炭素有限公司形成年产30万吨电极糊的生产能力，是中国最大的专业电极糊生产企业。其生产的阳光牌节能自焙电极糊产品成为国内电石、铁合金、有色金属及黄磷4大行业的矿热电炉企业首选品牌。

（贺　欢）

## 建　材

【概况】 2020年有规模以上企业83户，主要生产水泥及水泥制品、商品混凝土、玻璃、炭素及新型建材等。重点企业有永登祁连山水泥有限公司、甘肃永固特种水泥有限公司、兰州红狮水泥有限公司、兰州甘草环保建材股份有限公司及兰州新蓝天新材料有限责任公司等企业。

【水泥】 有水泥熟料生产企业5户，全部采用新型干法水泥生产线，产能700万吨以上。企业主要有永登祁连山水泥有限公司、甘肃京兰水泥有限公司、兰州红狮水泥有限公司、兰州甘草环保建材股份有限公司和甘肃永固特种水泥有限公司。

【玻璃】 平板玻璃生产企业仅兰州新蓝天新材料有限责任公司1户，拥有日熔化量1000吨的太阳能浮法玻璃生产线和年产100万平方米的Low—E低辐射节能镀膜玻璃生产线，年产平板玻璃设计能力600万重量箱。

【新型建材】 有新型建材企业25户，产品主要包括新型墙体材料、节能保温材料、防水密封材料和装饰装修材料。重点企业主要有甘肃建投建材有限公司、兰州雨中情防水材料有限公司、兰州科天环保节能科技有限公司、西部铁建工程材料科技有限公司和甘肃宏森新材料科技有限公司。

（贺　欢）

## 装备制造

【概况】 以《兰州市振兴制造业实施方案（2019—2025年）》《兰州市“四千七百”产业发展实施方案》为指导，加大力度实施制造强市战略，以绿色化、信息化、智能化改造传统产业为主攻方向，扎实推进全市装备制造产业高质量发展。装备制造业显现较好的发展态势，企业受影响逐步消退，订单持续增加，龙头企业带动引领作用进一步凸显，企业智能化、数字化转型升级速度明显加快。

【石化装备】 依托兰石集团、蓝科石化、兰州盛达、天华院等骨干企业，形成原油和天然气输储、石油炼化、石油钻采和炼化装备制造等成龙配套、炼化协调较为完整的产业体系。兰石集团与中国移动、华为、阿里巴巴签署合作协议，“兰石铸锻大脑”项目上线发布，兰石爱特工业互联网科技公司成立。进一步实施兰石集团1.5万米浮式海洋平台钻井包项目，累计完成投资2.99亿元，项目攻克世界第七代钻机技术。加快推进兰石高端装备制造产业园智能制造建设项目，累计完成投资5.12亿元，搭建“兰石云”工业互联网平台，实施ERP、PDM、MES、OA等20余个信息系统上云。加快推进海默科技（集团）股份有限公司油气田环保装备生产研发基地项目，完成设备安装调试，部分车间已投入生产。

【轨道交通装备】 依托中车集团在兰州布局建设“三基地一中心一总部”项目，通过技术引进、技术合作、合资合作等方式，进一步培育兰州轨道交通配套产业，实现中车集团和谐机车检修、城轨车辆造修、轨道交通核心系统及部件研发新造、动车组高级修、轨道交通售后服务、新能源节能环保新产业六大产业在兰落地，推动兰州轨道交通装备产业化发展。中车兰州机车有限公司整体搬迁工艺水平提升建设项目建设加快推进，2020年计划投资4.0118亿元，当年累计完成投资3.698亿元，项目总投资累计完成20.05亿元，完成总投资的98.73%。

【电工电器装备】 7月16日，正威（甘肃）铜业科技有限公司高导新材料建设项目举行投产仪式，项目将为全国乃至全球供应各种时速等级的接触网线材产品及高精端合金线材，满足甘肃省及全国对高导铜合金及高导线材加工产品日益增长的需求，填补甘肃省该领域空白。兰州电机股份有限公司与中科院近代物理研究所、兰州科近泰基新技术有限责任公司开展技术合作，在碳离子治疗系统投入临床应用，开展多项技术攻关。加快实施兰州电机基于个性化定制的大中型高效智能化电机数字化车间等企业“三化”改造项目，兰州电机新购置和数字化改造各类生产加工设备1200余台套，主要设备数字化率86%以上，创建成省级数字化车间。兰泵与中国科学院上海应物所合作建设超高温熔盐泵阀工程研究中心。

【新能源汽车】 推动汽车全产业链

7月16日，正威（甘肃）铜业科技有限公司举行世界单体最大高铁导线投产仪式

发展，重点围绕打造兰西城市群“锂电池—新能源汽车”产业，先后由市委主要领导和市政府分管领导带队赴西宁市进行考察交流。兰州、西宁两地工信部门签署《兰西城市群制造业战略合作协议》，进一步推动兰州广通等新能源整车制造企业与青海时代等锂电池制造企业全面开展合作。推进兰飞公司新型轻量化高强度铝合金项目建成投产，协调促成兰飞公司与兰州广通新能源汽车有限公司等企业在轻量化铝合金轮毂和车身轻量化方面达成合作意向。开展全市新能源物流车推广应用调研工作，与市生态局、市交通委、市商务局、市应急管理局、市交警支队、市邮政管理局、交发建公司对接沟通，实地调研顺丰、京东、康顺等重点快递、物流企业，认真梳理全国及重点城市新能源物流车推广应用和相关政策，形成《关于兰州市新能源物流车推广应用情况的调研报告》及《兰州市进一步支持新能源物流车推广应用的实施意见》。

【智能制造】 创建省市两级智能工厂(数字车间)，指导兰石集团、兰州电机等重点企业成功获批省级智能工厂数字化车间，年内两批次创建10户市级智能工厂(数字车间)。自2018年起，已开展6批次智能工厂(数字车间)创建工作，累计创建智能工厂(数字车间)33户，企业关键工序数控化率、研发工具普及率大幅提升。进一步完善《兰州市工业企业创建智能工厂(数字车间)评价体系》，将5G在工业互联网应用的3项指标纳入评价体系，促进兰州市智能制造建设指导意见与全国同步。结合《甘肃省制造业企业智能化转型升级改造诊断咨询工作方案》，先后推荐全市30余户规模以上企业申请进行省级智能化转型升级改造诊断咨询，为企业量身定制《智能化改造实施方案》，有效促进企业加快智能化转型升级改造步伐。

(贺　欢)

## 生物医药

【概况】 依托兰州生物制品研究所、中农威特、兰生血液等企业研发、生产疫苗、血液制品等生物制品，依托佛慈制药、陇神戎发药业、和盛堂制药、奇正藏药等企业发展中(藏)药产业，依托汶河医疗器械、西脉记忆合金等企业发展医疗器械产业。2020年，兰州市有“衡力”注射用A型肉毒毒素、“兰生”口服轮状病毒活疫苗、“兰威”O.A双价高端口蹄疫疫苗、“兰生”人血白蛋白、“佛慈”六味地黄丸、“陇神”元胡止痛滴丸、“和盛堂”福康片、“奇正”消痛贴膏等具有一定知名度的“拳头”产品。

【骨干企业】 兰州生物制品研究所、兰州生物制品研究所有限责任公司、兰州兰生血液制品有限公司、中农威特生物科技股份有限公司、中牧实业兰州生物药厂、兰州佛慈制药股份有限公司、甘肃陇神戎发药业股份有限公司、兰州和盛堂制药有限公司、甘肃奇正藏药有限公司。

【产业园区建设】 建设兰州新区现代中药产业精深加工园。佛慈、和盛堂、兰药、普安康、尚方堂、安泰堂、大得利、九州通、申联、凯博、慈济等一批医药企业落户兰州新区。兰州西部药谷产业园29栋标准化厂房、2栋仓库、1栋检测中心全部建设完成，佳加净生物、国药集团、兰津灵、赫博陇药等一批企业入驻园区并投入运营。建设兰州高新区医药产业创新研发孵化园。园区一期1#—5#孵化中心、中试厂房、科技研发楼及产品展厅已建成，兰州迈飞医疗科技有限公司、甘肃省中药现代制药工程研究院有限公司等多家医药企业及研发中心陆续入驻园区。中农威特生物医药基地项目、中牧兰州生物药厂生产区整体搬迁项目、西脉新材料产业园等一批省市重点项目落户高新区榆中园区，部分项目建成并投入运营。

(贺　欢)

## 食品加工业

【概况】 2020年，兰州市食品生产企业积极调整产品结构，不断延伸产业链，加快发展安全、营养的功能食品和绿色食品，企业规模不断扩大、竞争能力不断增强，初步形成涵盖农副食品加工、食品制造、酒饮料制造等产业体系。“黄河”被认定为中国驰名商标，还涌现出“庄园”系列乳品、兰州百合、苦水玫瑰等地方特色食品，为兰州市的经济和社会发展做出贡献。

【骨干企业】 兰州顶津食品有限公司、甘肃中粮可口可乐饮料有限公司、兰州正大有限公司、兰州伊利乳业有限责任公司、兰州庄园牧场股份有限公司、华润雪花啤酒(甘肃)有限公司、青岛啤酒(甘肃)农垦股份有限公司、兰州黄河嘉酿啤酒有限公司、甘肃爽口源生态科技股份有限公司、兰州爱里食品有限责任公司。

(贺　欢)

## 信息产业

【概况】 2020年，兰州市电信业务总量增长19.1%。累计建成5G基站4000座，基本实现主城区和重点应用场景的5G网络覆盖。平台上线企业353家，上线软件600余款。

【通信行业】　市政府印发《兰州市5G建设及应用专项实施方案》,成立由分管副市长担任组长的兰州市5G建设及产业发展领导小组,统筹推进全市5G网络建设及产业发展。在全省率先完成《兰州市中心城区5G通信基站规划(2020—2025年)》编制,并将站址规划纳入兰州市国土空间规划。协调有关部门挂牌督办5G建设"三难两高"问题2168件,解决2129件,解决率98.2%,位列全省第二。

【5G网络建设】　持续推进5G基站建设。行业应用不断深化,工业领域培育5G+锻造大脑、5G+远程运维等8项场景应用,其他领域培育5G+无人驾驶、5G+无人机高速巡查执法、5G+虚拟电厂等10项5G行业应用。5G网络质量优异,中国信息通信研究院发布《工信部2020年十大城市重点场所移动网络质量评测排名》,兰州市获5G网络速率最佳城市。

【电子制造业】　市政府制定印发《兰州市鼓励电子信息产业园区发展的支持政策》,持续加大对电子信息产业园区支持力度。电子制造业关键基础材料打破垄断,金川科技园微电子用关键战略性基础材料研发取得重大突破,6N高纯镍已形成稳定的芯片溅射靶材原材料供应能力。长风电子智能机器人制造产业化项目开始试生产,兰州沃博特桌面级工业机器人突破关键技术,长飞光纤特种光纤光缆生产线提升改造项目建成,实现5G承载网络本地化供给。

马衔山5G通信基站建成开通

【软件及信息服务业】　形成以高新区兰州软件园、兰州新区大数据产业园、安宁区互联网+创新创业示范园、七里河区三维互联网创新创业大厦为核心的特色产业园区,集聚科技创新、软件企业300余家。万桥信息防疫检查卡口数据管理系统成功应用于交通卡口、收费站的防控工作。

【工业互联网】　兰州石化等11户企业通过国家两化融合管理体系贯标评定,累计23户企业通过评定,占全省通过的70%。工业互联网标识解析二级节点(兰州)建设项目在兰州新区天翼云节点完成部署,并与重庆顶级节点实现对接,平台运行稳定。兰州市工业互联网平台各项功能持续优化,平台应用不断丰富,为传统产业转型升级提供平台支撑。培育特色行业级(企业级)工业互联网平台,兰石集团自主研发"兰石云"工业互联网平台,形成具有行业特色的工业服务云体系,走在全国同行业前列;兰州海红智能制造与质量管理云平台实现各生产系统数据的实时交换及线上排产线下生产的实时响应;方大炭素开发碳素行业产销一体化云平台,实现公司生产经营全流程信息化管理。甘肃博瑞电业"互联网+智能水电站监控系统"被工信部评为物联网集成创新与融合应用类项目。

(贺　欢)

## 节能环保产业

【概况】　2020年,全市有节能环保行业企业177户(2019年末为154户)。其中,工业企业40户;建筑业企业6户;服务业企业121户;循环农业企业10户。兰州经济技术开发区、永登祁连山水泥有限公司、兰州金土地塑料制品有限公司全生物降解膜袋分别入选工信部绿色工业园区、绿色工厂和绿色设计产品公示名单,甘肃省膜科学技术研究院有限公司进入工信部环保装备制造业(污水处理)名单。

【产业布局】　兰州市节能环保产业布局是以城关区节能环保服务业、红古区再生资源产业集聚集约综合利用、皋兰县城市废弃物资源化处置、兰州新区和安宁区节能环保装备业为特征的节能环保产业发展体系。城关区主要以生活垃圾处理、节能环保服务为主。红古园区运用国家"城市矿产"示范基地、循环经济产业园扶持政策,以废旧资源再生利用、固废综合利用为主,大力发展节能环保、清洁生产等产业。皋兰县主要打造以废铁、废钢回收再利用为主的黑石铸造产业园区。七里河区、安宁区主要以清洁生产技术研发生产、节能环保装备为主。兰州新区主要依托精细化工园区和装备园区,主要发展新能源和先进环保装备产业。

【主要产品】　在各类环保产品中,大型高效换热装备在石油化工、火力发电等多个领域市场占有率和竞争优势明显,达到国际传热技术先进水平;高效煤粉组装式热水锅炉燃烧效率、热效率等技术指标国内领先。

【骨干企业】　兰州电力修造有限公司、兰州节能环保工程有限责任公司、天华化工机械及自动化研究设计院有限公司、兰州天际环境保护有限公司、窑街煤电集团有限公司、兰州红安纸业有限公司、兰州长征机械有限公司、兰州丰泉环保电力有限公司。

(贺　欢)

## 清洁生产产业

【概况】 全市年耗能5000吨标煤以上工业企业56户，年耗水量15万立方米以上工业企业33户，拥有以中科院兰州分院、兰州近代物理研究所、兰州化学物理研究所、兰州寒区旱区环境与工程研究所等科研机构，以兰州大学为代表的高等院校30余所，“两院”院士21人，各类专业技术人员近30万人，人才密度和综合科技实力居全国大中城市前列，在清洁生产领域积极开展研发活动，各项成果丰硕。按照省统计局《十大生态产业统计监测实施方案》中行业代码划分标准，2020年，全市有清洁生产产业核算企业74户(2019年底53户)。其中，商品混凝土生产与加工企业49户；水泥生产企业6户；钢结构加工企业4户；自来水、热力生产和供应、污水处理等企业15户。兰州兰泵“水平中开式单级双吸离心泵”入选国家工业节能技术装备推荐目录(2019)，亨润德和皋兰杰林废钢通过工信部废旧钢铁加工行业准入专家核查，兰鑫钢铁集团有限公司荣膺第4批工信部绿色工厂，甘肃省商业科技研究所有限公司列入工信部行业绿色发展数据基础能力提升系统解决方案供应商，兰石化公司荣获甘肃省节水型企业称号。

【骨干企业】 国电兰州热电有限责任公司、兰州红狮水泥有限公司、甘肃永固特种水泥有限公司、永登祁连山水泥有限公司、兰州新区双良热力有限公司、中国石油天然气股份有限公司兰州石化分公司。

（贺　欢）

## 数字城市建设

【概况】 2020年，兰州市大数据管理工作，旨在完善顶层设计规划，推进新型智慧城市建设，提升“放管服”改革能力，提高信息便民服务水平，加强政务网络运维保障，加快数据信息产业发展。截至年底，市级政务服务事项网上可办率91.16%，区县政务服务事项网上可办率95.15%，推进数据资源整合共享工作，申请国家部委接口12个，省级厅局接口77个，梳理共享市级单位政务信息资源目录1036条，兰州市电子证照管理系统累计颁发电子证照574万余册，在600余项事项办理过程中调取5.3万余册电子证，切实做到让“数据多跑路、群众少跑腿”，为全市经济社会高质量发展提供有力支撑。

【顶层设计】 编制《兰州市新型智慧城市顶层设计》《兰州市新型智慧城市三年行动计划(2020—2022年)》《兰州市数据信息产业三年行动计划(2020—2022年)》，为加快兰州市智慧城市建设和数据信息产业发展提供指导和遵循，10月12日，召开新闻发布会进行发布和解读，其中《兰州市新型智慧城市顶层设计》获2020政府信息化管理创新奖。制定《兰州市促进区块链技术应用和产业发展的实施意见》《兰州市政府平台共享交换及开放实施细则》《兰州市政府数据隐私保护和安全审查工作指南》《兰州市政府信息系统互联互通规范》等系列标准规范，数据共享应用标准规范体系进一步完善，数据共享应用步伐进一步加快。编制完成《兰州市“十四五”信息技术和大数据产业发展规划》初稿。

【智慧城市建设】 制定《兰州市2020年新型智慧城市建设工作要点》，推进兰州市智慧城市运行监管系统建设，实施智慧医保系统、应急指挥平台、互联网+公安便民服务系统等项目，提升全市新型智慧城市建设水平。稳步推进全市政务信息化项目建设，完成2020年度政务信息化项目审核工作，先后组织召开专家评审会46次，做好项目需求充分性、建设必要性和技术合理性审核，审核备案各单位政务信息化项目合同(中标通知书)500余份，并配合市财政局做好项目建设资金拨付，全年拨付项目建设资金20266.7万元，预算执行率99.9%。督促协调各单位规范开展政务信息化项目建设工作，将21个已建成信息系统、11个新建信息系统部署在政务云平台。开展全市“僵尸”信息系统核查清理及政务信息系统整合共享工作，梳理确定全市19个部门、29个需与兰州市数据资源共享交换平台对接的政务信息系统，完成对接19个。发挥兰州市作为区块链城市服务节点优势，推进市级自建重点信息系统逐步上链，在2021年政务信息化项目审核中，加强对区块链技术的应用，督促各单位新建信息系统用链、上链，拓展区块链技术应用场景。

【“放管服”改革】 持续优化完善一体化在线政务服务平台功能，完成兰州市政务服务网升级改造，实现与省级政务服务平台好差评系统对接、政务服务事项库与省级事项库的对接及与部门业务系统的互联互通，全年向省级平台共享77类134万余册电子证照。不断健全完善“金城办”功能，支付宝小程序上线运行，完成与市智慧社保、智慧医保等9个平台的对接，持续推进政务服务事项向四级延伸，实现全市约1.7万个事项办事指南的“掌上”查询。“金城办”建设情况得到省政府领导的充分肯定，在全省进行宣传推广。完成市工改系统与甘肃省投资项目在线监管平台、甘肃省施工许可证和竣工验收备案系统等专网系统对接，不断扩大“多规合一”业务协同平台覆盖范围和数据整合种类，建成项目谋划库、计划库、实施库及区域评估、联合审图、告知承诺和信用监管等模块，建成市级工程建设项目审批监管系统，累计受理工程建设项目近1200个，在2020年上半年住建部委托进行的工程建设项目审批制度改革第三方评估结果中，兰州市全国排名18名，仅次于16个率先开展改革的试点城市。政务服务网新增开通各区县、各部门、各乡镇（街道）、各社区（村）政务服务事项1.1万余项。在“普惠金融”领域开展数据资源开放应用工作，与高新区管委会及甘肃陇助微公司签订合作框架协议，充分利用兰州市公共服务数据，打造大数据普惠金融服务平台，帮助解决中小微企业融资难、融资贵等问题。

**【信息便民服务】** 不断优化完善12345民情通呼叫系统功能，推行联席会议、发函督办等工作机制，12345民情通服务热线工作效率有效提升。全年受理各类诉求101.48万余件，办结率99.94%，群众对办理结果满意度83.67%。向市委市政府和相关部门累计报送各类分析14期。12345民情通服务热线被确定为全省市域治理特色亮点，在全省范围内宣传推广；12345民情通服务热线在2020银川国际智慧城市博览会上获“特殊贡献”奖。全年受理网格化办件144.19万余件，办结率99.87%。受理网民留言1万余条，答复率100%。人民网留言办理工作获得“2020年度人民网网民留言办理工作民心汇聚单位”称号。将网格化信息管理平台与“精致兰州”“平安兰州”建设、“文明城市”创建等全市重点工作相结合，全面调动网格员、各部门与广大市民参与到城市社会治理当中，构建起“共建、共管”的城市管理模式。探索“网格党建”模式，实现对各层级网格党组织、党员网格员的可视化、数据化管理。强化信用信息数据归集整理和应用，编制《兰州市公共信用信息目录（2020版）》，进一步规范信用信息归集标准，强化公共信用信息归集公示，全年累计归集公示行政许可与处罚信息近36.8万条，红黑名单数据31940条，其他公共信用信息154万余条，承接省信息中心推送的国家企业信用评价信息13万条，信用信息共享平台和门户网站连续三届获“特色性平台网站”称号。推进“信易+”创新应用，完成与兰州市跨境电商平台和兰州市工程建设项目审批管理系统的对接，实现信用信息数据在跨境电商、工程项目审批领域的深度应用。

**【政务网络运维保障】** 做好政府网络基础保障工作，不断强化安全防护和应急处置，统一部署全市政务外网及其应用系统的安全防护和应急保障，实行24小时监测预警和零报告管理制度，特别是在全国“两会”期间，制定专项应急预案，采取人工+技术扫描相结合方式，及时排查风险隐患，做好安全监测和应急值守，全年保障市政府各类会议及视频会议590余场，完成各单位需求办理160余次。新增接入政务外网单位27家。完成放管服“骨干网”承载能力及核心节点扩容提升项目，累计完成网络割接、外勤故障370余次，协助各部门、各区县处理各类应急故障200余起，处理网络故障及安全告警180余次。全年累计阻止各类网络攻击及疑似攻击行为4300余万次，督促整改中高危漏洞等问题300余个。着力做好网站群运行管理，建成网站信息内容发布前审查预警系统，严格执行网站信息内容先审后发制度，发布兰州市相关信息1253条；完成各区县、各部门网站栏目调整、增减、修改申请520余项，市政府门户网站审核发布各类信息8936余条，完成67家部门网站二级域名ICP备案。

**【数据信息产业发展】** 制定《兰州市关于贯彻落实〈甘肃省人民政府办公厅关于支持丝绸之路信息港建设的意见〉的实施方案》《2020年兰州市数据信息产业工作要点》等相关文件，组织申报新基建项目9个，“十四五”规划项目24个，将数据信息产业领域48个重点项目纳入全市十大生态产业项目库，实行动态管理。立足推动全市数据信息产业集聚发展，加快产业载体建设，打造兰州市大数据产业园高新园区、东岗园区2个产业载体，6月，高新园区在紫光科技大厦挂牌。加大招商引资力度，组建3个招商小分队，通过赴外招商、以商招商、展会招商等方式，对接中软国际、海康威视、拓维公司、鹏博士、京东云、金山云等40余家企业，协调推动城市物联网、芯片封测等方面项目引进。加快推进中软国际兰州数字经济创新基地、鲲鹏计算产业项目落地建设，11月，甘肃鲲鹏生态创新中心正式揭牌，信创生产线正在加快建设；与海康威视签订战略合作协议，在物联感知、智慧消防、智慧停车、智慧交管等领域开展实质合作。全年完成招商引资签约资金12.7亿元，到位资金6.05亿元。成立兰州市大数据产业发展协会，吸纳华为、浪潮、中电万维等80余家企业加入，6月成功召开兰州市大数据产业发展协会成立大会暨第一届会员大会，11月组织召开协会交流论坛等活动，从政策驱动、数字赋能、创新创造等多个维度，为全市数字经济发展建言献策。持续加强企业扶持培育，开展“千企万商大走访”活动和“千企调研纾困”行动，深入南特数码、甘肃紫光、兰州铁塔等30余户重点企业开展调研。编印《应对疫情中央及地方支持性政策汇编》《兰州市大数据应用典型案例》，推广使用“不来即享”服务系统，举办区块链业务知识培训会、百城万企帮扶行动，帮助企业有效应对影响。制定《关于建立兰州市数据信息产业人才培养基地和人才实习基地的实施方案》，联合本地高校、企业开展政校企合作，打造兰州市数据信息产业“人才培养基地”和“人才实习基地”，为兰州理工大学经济管理学院等2家院校和兰州全志电子有限公司等4家公司分别授牌，组织大方电子等企业参加网络视频双选会和校园双选会14场，提供就业岗位830余个。举办2020年甘肃数字经济产业峰会暨甘肃鲲鹏生态大会和全国百强数据信息企业走进兰州论坛、数字经济新业态论坛、2020年兰州大数据产业发展交流论坛等活动，组织相关企业参加“兰洽会”“科博会”“厦洽会”等各类展会活动，进一步提高兰州市大数据工作的知名度和影响力。截至年底，全市数据信息企业总数9880家，其中规模以上企业69家。

1月，兰州市大数据机关干部深入帮扶的五端村开展帮扶慰问活动

【脱贫攻坚】　局领导带队先后入户6次160余人次，发放慰问品价值3万余元，建立五端村微官网，帮助维修改造村委会、村卫生所门面、农家书屋及老年活动中心，并配备医疗器械、电子琴乐器等；清运村内“三堆五乱”和生活垃圾，安装垃圾池3座，补充安装维修太阳能路灯6盏。协调申请支持种养殖产业发展，配合完成退耕还林春季树苗补种工作，种植沙棘1.5万余株，基本实现2700余亩山地补种全覆盖，全面完成国家脱贫攻坚普查及脱贫攻坚成果检视工作。

（孟　拯）

# 交通·通信

## 公　路

【概况】　2020年兰州市交通运输系统认真做好"六稳"(稳就业、稳金融、稳外贸、稳外资、稳投资、稳预期)工作,全面落实"六保"(保居民就业、保基本民生、保市场主体、保粮食能源安全、保产业链供应链稳定、保基层运转任务)任务,加快补齐交通基础设施短板,全面提升交通运输服务保障能力和水平,持续深化重点领域改革,努力当好发展先行官。全年完成交通固定资产投资98.07亿元,占年度计划的131.6%,同比增长37.2%;公路运输总周转量增速3.19%;办理落实省市领导批示352件,各类督办任务54项,省市人大建议、政协提案31件,办结率均100%。截至年底,全市有公路4980条9744.368千米,公路密度74.38千米/百平方千米。其中,国省道干线公路28条1751.43千米;农村公路4953条7992.938千米(已采集航迹)。主城区城市公交线路120条;远郊区县城乡公交线路91条,全市城乡运输一体化水平90%以上;出租客运企业29家(不含3县1区),出租汽车保有量10766辆;取得网络预约出租汽车经营许可证网约车平台公司13家,考试合格的驾驶员取得网络预约出租汽车驾驶员证驾驶员7647名,配发网络预约出租汽车运输证车辆2018台。

【公路项目建设】　创新项目管理手段,严格执行"团队、结构、目标、计划、风险、融资"6大管理理念,集中开展交通项目攻坚行动,召开项目协调会50余次,帮助项目公司解决土地、水电、手续审批等9个方面140个具体问题,加快推进14项环城公路网重点项目建设。永登县武胜驿大川口至奖俊埠公路建成通车,S103盐什公路除下穿高速桥梁外,其余路段建成通车。中通道高速公路项目全年完成投资32.29亿元,累计完成投资59.29亿元,占总投资的46.34%。S104兰阿公路、京藏高速公路海石湾收费站连接道路改扩建工程开工建设,全年完成投资10亿元。景中高速(兰州段)建成通车;G312清水驿至傅家窑段公路项目、定远收费站扩建项目、机场高速路段照明工程开工建设,全年完成投资18.56亿元。兰州北绕城东段高速公路项目可研报告和初步设计获批复,项目已完成社会投资人招投标工作,项目投资协议已签订。中通道南延线项目可研报告已批复,正在编制初步设计。兴隆山旅游专用高速公路项目前期工作有序启动。

【农村公路建设】　推进"四好农村路"建设,发挥交通运输在脱贫攻坚领域的支撑性、先导性作用。全年累计投入3.44亿元,完成124项302.7千米农村公路建设,实施农村公路生命防护工程9千米,改造危桥8座,完成农村公路重点养护600千米。农村公路"七公开、三同时"制度有力落实,"建管养运"水平显著提升,路网结构有效改善,基本形成干支相连、功能完善的路网体系,为脱贫攻坚向乡村振兴战略转型提供有力支撑。

【客货枢纽功能】　持续优化客运站场布局,疏解城市交通压力,引导各种运输方式集中布局,共享空间,全方位提升综合交通保障能力和服务品质。加快推进以"两中心四枢纽"为主体,长途客运、城市公交、轨道地铁等多种运输方式无缝衔接的城市客运网络建设,新汽车东站、定远物流园等外围站场承接功能基本完善,新汽车北站展开选址并启动前期工作,城区货运物流企业出城入园进度逐步加快，城外集散、城内中转的货运物流体系初步形成。

【公交优先发展】 推进公共交通优先发展，全年优化调整公交线路25条，公交客运量5.94亿人次，机动化出行分担率68.3%，各项发展指标居全国省会城市前列。完善轨道交通与地面公交的接驳换乘，轨道交通1号线完成客运量5248.14万人次，月均开行列车8300列次，运行图兑现率和列车正点率均达到99.99%。9月，兰州市创建国家“公交都市”示范工程顺利通过交通运输部验收考核。

【运输结构调整】 制定《关于加快兰州市道路货运行业转型升级促进高质量发展的实施方案》，加快三级城市配送网络体系建设，兰州货运北站等3个货运枢纽、兰州铁邦仓储物流等4个公共配送中心建成投用，建成三级末端共同配送站399个。加快城市货运配送信息服务平台建设，引导货运配送企业在信息服务平台上实现信息实时共享，电商物流末端配送效率大幅提升，推进多式联运示范工程建设，中欧、中亚、陆海新通道、南亚4条国际班列实现常态化运营，全年发班131列，运送物资13.6万吨。城市绿色货运配送示范工程顺利通过交通部考核验收。

【城乡运输发展】 加快推进远郊3县1区乡镇班线公交化改造，指导完成永登县73辆、红古区20辆乡镇班线收购工作。大力提升城乡公交覆盖率，全年新开城乡公交线路12条，优化调整线路2条，城乡公交线网总里程3401.9千米，年客运量3204.7万人次，基本形成县乡村有机衔接的“全域公交”网络体系，皋兰县作为首批城乡运输一体化示范县通过交通运输部考核验收。培育“城乡公交客运系统+快递物流配送”新业态。加快推进红古区等4个公共配送中心建设，远郊3县1区培育电商物流+农村货运配送企业12家，建立电商货运专线33条，物流快递企业覆盖率80%，全面实现兰州市特色农产品全国联网直销。

【黄河水运发展】 落实《内河交通安全管理条例》等相关规定，建立值班、救援、预警、物资储备等防汛应急制度，累计开展水上各类安全检查7次，排查整改隐患问题62项。全面执行油污分离、生活污水达标处理和垃圾上岸集中处理措施。完成船舶码头污染物接收专用项目建设，全段船舶码头全部实现生活污水、餐厨垃圾规范达标处理。开展2020年航道疏浚养护，全力保障水上公交巴士、水上游览航线安全通航，营造黄河兰州段水运发展良好环境。谋划包装黄河兰州城区段航运建设工程重点项目，争取列入交通运输部“十四五”规划，为黄河水运事业创新发展奠定基础。

【法治交通建设】 修订《兰州市网络预约出租汽车经营服务管理实施细则》，制定《兰州市轨道交通控制保护区管理办法》，完成《兰州市轨道交通管理条例》立法起草，行业治理法规支撑不断健全。开展执法培训3次，参加省市法制部门培训6次，组织不同门类执法人员开展轮岗交流，不断促进执法业务和执法队伍融合。严格落实“双公示”和“双随机、一公开”要求，不断完善公平执法体系，制定《行政处罚、行政强制及其他权利清单目录》。全年公示许可信息90件，行政处罚信息4748件，核查纠正执法案件32件，办理行政复议案件20件，依法应诉13件。

【“放管服”改革】 持续规范审批流程，提高审批效率，开展“三集中、三到位、最多跑一次”等系列惠民便民举措，现有行政许可事项和政务服务事项全部进驻市政务大厅，所有事项100%实现网上办理。制定《兰州市公路工程建设项目审批“容缺受理”承诺书》，对公路建设项目施工许可等2个审批事项、3个要件试行“容缺受理”。制定《兰州市出租汽车驾驶员从业资格考试改革实施方案》，深入推进“两考合一、考培分离”，行业准入流程更加合理规范。全年完成行政许可及政务服务事项21397件，占政务大厅市直窗口办件总量的35.31%，同比增长15%。

【出租车行业改革】 制定《关于进一步加强出租汽车行业管理工作的实施意见》《兰州市出租汽车经营权服务质量服务信誉招标投标办法》《兰州市巡游出租车运营服务规范》等政策文件，对2020年经营权期满的1263辆出租汽车，通过服务质量信誉招投标重新配置，创新建立行业协会面向社会公开招聘出租车驾驶员机制，推动驾驶员队伍整体素质和出租行业服务水平不断提升。组织专班赴外学习出租客运市场管理先进经验，走访全市11家网约车企业开展调研，形成进一步培育网约车市场健康稳定发展的意见。鼓励巡游车通过电信、互联网等方式提供网约服务，推行APP、电话、微信叫车服务，实现线上和线下优势互补，提升运营效率和收益，推进巡游车转型升级，促进巡网融合发展。

【绿色智慧交通】 开展“交通运输+绿色出行”示范创建活动，加强营运车辆尾气治理，实施车辆检测和维修(I/M)制度，建立20辆以上柴油货车企业台账，全年治理尾气不达标车辆613辆。累计建成充电桩2485个，投放新能源公交车1830辆，出租车1965辆，网约车756辆，货运车1000辆，公交车、出租汽车清洁能源使用率100%，绿色车辆利用率100%。全面加快“互联网+交通运输”服务进程，公交出租和“两客一危”行业实现车辆智能调度、动态监控全覆盖，全市4个一级客运站全面实现联网售票。全面打通行业壁垒，推动实现公交、轨道、水上巴士实现一卡互通、互联、互充，市民出行更加便捷。城市公共交通智能化应用示范工程通过验收，重点线路电子智能站牌实现全面覆盖，与近300个城市公交IC卡实现互联互通，微信、支付宝、银联便捷乘车功能全面开通，900余个智能共享充值机布局一线站点。

**【运输市场整治】** 开展出租客运市场专项整治，全面梳理兰州市出租行业违规收费情况，督促榆中3家出租车公司清退违规收取的514名驾驶员62.31万元安全费。持续加大超限超载整治力度，在全市排摸确定153家重点单位，不断强化源头监管，检测货运车辆8686台，查处366辆。全年开展航道港口执法18次，入企检查1166户次，实施路政巡查60551千米，查处涉路违法案件69起。联合公安部门加大对非法营运车辆整治力度，全年查扣非法营运车辆4642辆。

**【平安交通建设】** 开展“品质工程”“平安工地”等示范创建工作和“安全生产金城行”“安全生产月”等主题活动。落实建设单位信用评价、招标代理机构信用评价等具体措施，强化工程质量和安全风险管理。组织召开“6·13”浙江温岭槽罐车爆炸警示教育和集中约谈会，对全市70家危货运输企业、5家客运站场及部分客运企业进行警示教育和工作约谈，做到行业安全警钟长鸣。扎实推进交通运输安全生产专项整治三年行动，全年检查道路运输企业1166户次，下发责令改正通知书60份、违法行为通知书226份，约谈安全隐患突出企业10户次，集中约谈企业160户，开展水上各类安全检查7次，排查整改隐患问题62项。开展扫黑除恶专项行动，以“六清行动”(线索清仓、逃犯清零、案件清结、伞网清除、黑财清底、行业清源)为主线，以“行业清源”行动为重点，开展问题大排查和线索大清零行动，累计核查办结涉黑涉恶线索80条。

**【为民兴办实事】** 坚持服务民生，努力把政府为民兴办实事办实、办好。完成4轮次600千米农村公路重点养护任务，累计完成重点养护作业约2451.8千米。完成25条公交线路优化调整任务，新开28路、38路、165路、166路4条公交线路，先后调整2路、12路、Q14路、27路、F32路、43路、46路、52路、75路、80路、84路、85路、86路、Q87路、K102路、110路、117路、N125路、128路、139路、143路等21条公交线路。

(郁万虎)

## 铁路

**【概况】** 2020年，兰州铁路局集团公司营业里程6051.5千米，其中高铁1617.3千米。职工总人数77659人。机关职能管理机构26个。生产机构1个。附属机构25个。派驻机构2个。基层单位57个。管辖车站(线路所)318个，配属机车1325台(其中，电力机车1159台，内燃机车166台)、客车1928辆、动车组77组(含14组CR200J动车组)。全局运行旅客列车305.5对。其中，高铁186.5对；普速119对。管辖宝兰高铁、兰新客专、银兰客专、银西高铁4条高铁线，陇海、兰新、兰渝、兰青、包兰、宝中、干武、太中、定银、中川、西平、天华、敦煌、兰州北环线、周家庄联络线15条干线和其他(平汝、红会、嘉镜、玉门南线)4条支线，连接着甘、宁、青、新、蒙、陕、川等7省区，是西北交通运输和经济建设的大动脉。

管辖范围：兰州局集团公司管内陇海线于社棠车站、天水车站间K1392+530处与西安局集团公司分界；兰新线于柳沟车站、安北车站间K985+500处与乌鲁木齐局集团公司分界；兰青线于水车湾车站、海石湾车站间K60+000处与青藏集团公司分界；包兰线于乌海西车站、惠农车站间K423+000处与呼和浩特局集团公司分界；兰新客专于陈家湾西车站、民和南车站间K1726+500处，浩门车站、军马场车站间K1944+926处与青藏集团公司分界，于柳沟南车站、石板墩南车站间K2580+236处与乌鲁木齐局集团公司分界；兰渝线于羊木车站、广元车站间K497+443处与成都局集团公司分界；徐兰高速(宝兰高铁)于宝鸡南车站、东岔车站间K1305+110处与西安局集团公司分界。

**【基础设施】** 兰州局集团公司管辖线路延长总计12430.09千米。其中，正线延长10057.90千米；站特线延长2372.19千米。集团公司道岔总计7536组。受委托管理的太中银铁路太中线、定银线，兰渝铁路兰州北环线、兰渝线、敦煌线、西平线、中川线、天平(天华)线等普速合资铁路延长2873.45千米。其中，正线2278.4千米；站特岔线595.05千米。道岔总计1631组。受委托管理的徐兰高速(宝兰高铁)、兰新客专、银兰客专银川至中卫南段、银西高铁线路延长3447千米。其中，正线3240.82千米；站特岔线206.18千米。道岔总计649组。集团公司运营铁路桥梁1821座10.86万米，隧道166座15.11万米，涵渠7083座15.72万横延米，桥隧涵合计32.1万换算米；路基设备长度总计5791.13千米。合资铁路桥梁总数1405座81.31万米，隧道234座90.54万米，涵渠4136座10.28万横延米，桥隧涵合计115.74万换算米；路基本体长度2774.515千米。电气化铁路营业里程5783千米，占总营业里程的

2月7日，兰州铁路局集团公司颖川堡货运营业部组织医用物资装车，支援武汉

98%；接触网运营总里程5783千米（14784条千米），其中，高铁接触网运营里程1668千米(4673条千米)；电力线路19659千米（高铁5348千米）。专用线206条，专用铁路24条。货运营业线路22条；营业里程4507千米，其中国铁2974千米。

【运输主要指标】　精准实施“一日一图”，动态调整客运能力供给，时速250千米新型“复兴号”动车组首次在银西高铁上线运行，扩大“环西部火车游”影响力，所有普速站车开通电子客票业务。全年旅客发送量4153.3万人，旅客周转量237.9亿人千米。坚持稳货补客，实施“盯大户、稳大宗，公转铁、拓市场”策略，开发“公转铁”新项目，全年货物发送量5966.1万吨，货物周转量1496.4亿吨千米。深挖运输组织潜力，陇海线货物列车运行时速提高至90千米，单日卸车连续19次刷新历史纪录。

【运输安全】　全年发生铁路交通一般事故62件，同比减少2件，降幅3.1%。全年发生行车事故43件，同比减少1件，降幅2.3%。集团公司责任行车事故15件(D1事故1件、D9事故3件、D10事故4件、D21事故7件)，同比增加6件，上升66.7%；非集团公司责任行车事故27件；非责任行车事故1件。未发生从业人员责任死亡事故，同比持平；未发生从业人员责任重伤事故，同比持平。发生非责任路外伤亡事故19件，同比减少1件，降幅5%，其中死亡14人，同比减少2人。死亡人数控制在国铁集团下达指标以内，未发生道口和责任路外伤亡事故。杜绝特种设备一般及以上责任事故。全年未发生C类及以上责任行车事故，杜绝了职工重伤及以上责任事故，杜绝了高铁客车D类及以上作业事故，截至12月31日，实现安全生产2257天。

【列车运行图调整】　全年完成二季度、三季度、四季度和暑期4次国铁集团组织的运行图调整。通过调图新增兰州至贵阳、陇南至广元的动车组列车、兰州经天水至平凉的普速客车，兰新客专恢复运行开行24.5对动车组列车。此外，天水口、定边口根据实际需要增加货车运行线。完成不少于12次的管内临时调整图，中川城际最低每日安排动车组6对，最高每日安排动车组36对，全力以赴做好节支降耗工作。针对防洪工作优化调整列车运行图，按照主动避险原则，对涉及兰州局的3条线路6个重点防洪点段（合计36.6千米）限速纳入基础数据降速，4条线路24处曲线（合计13.362千米）调整标尺纳入基本图，为客运列车汛期安全有序运行提供基础支撑。7月1日起陇海线货物列车提速至90千米/小时，全年新增嘉峪关至格尔木摘挂列车2对、羊木口新增货物列车2对、海石湾口新增货物列车3对货物列车7对。调整中欧、中亚等快运班列6列次。

【编组计划】　调整嘉峪关至格尔木摘挂列车编组内容：1.双塔至格尔木东到站成组；2.青藏线饮马峡及其以远（饮马峡至青海湖各站）；3.格尔木及其以远（青藏线格尔木至拉萨间，拉日线车流）。调整格尔木至嘉峪关摘挂列车编组内容：1.格尔木东至双塔到站成组；2.柳沟至黑山湖间到站成组；3.嘉峪关及其以远(嘉峪关至玉石车流)；4.兰新线安北及其以西（乌鲁木齐局各站、呼和局临哈线互做布其以西各站）。调整哈密东至嘉峪关摘挂列车编组内容：1.敦煌线双塔至格尔木东到站成组；2.格尔木及其以远；3.红旗村至黑山湖间到站成组；4.嘉峪关及其以远。包头西至迎水桥直通列车迎水桥及其以远组号范围调整：宝中线、干武线、包兰线迎水桥至兰州东间、红会支线、西平线各站，兰新线中堡及其以西各站，玉门南、镜铁山支线各站，乌鲁木齐局各站。西安局安口窑至千河间、西平线南市及其以北各站。宝鸡东编组兰州北及其以远组号范围调整：兰州局（陇海线天水至大沙坪、包兰线干塘及其以北、宝中线柳家庄以东各站除外）、兰渝线岷县以北，青藏公司，乌鲁木齐局各站。

【机车交路与乘务交路】　优化调整机车交路，充分发挥和谐型大功率机车效能，客运机车交路通至北京、太原、集宁南、武昌、上海、成都、重庆、肃北、乌鲁木齐、西宁,客运乘务交路担当至太原、包头、西安(北)、广元、嘉峪关(南)、肃北、西宁;货运机车交路通至榆次、包头西、郑州北、千河、成都北、兴隆场、肃北、乌鲁木齐西、西宁货,货运乘务交路担当至惠农、靖边东、新丰镇、广元南、肃北、柳园、西宁货。

【基建项目】 全年完成基本建设投资291.07亿元。其中,兰州至重庆铁路(全线)完成投资60.6亿元;宝兰客专完成投资28.96亿元;银西铁路完成投资46.78亿元;吴忠至中卫铁路完成投资1.34亿元;新建敦煌至格尔木铁路完成投资5.26亿元;兰州至中川机场铁路完成投资4.63亿元;包头至银川铁路银川至惠农段完成投资12.5亿元;中卫至兰州铁路宁夏段完成投资9亿元;中卫至兰州铁路甘肃段完成投资75亿元;兰州至张掖三四线铁路中川机场至武威段完成投资35亿元;酒泉至额济纳铁路酒泉至东风段升级改造工程完成投资12亿元。

【铁路环境安全治理】 开展普速铁路环境安全隐患综合治理3年行动,集团公司投资1075万元,对兰新线上行K35+492、包兰线上行K697+730和K698+800处道口进行平改立施工;投资6353.43万元,更新增设防护栅栏378.84千米;投资748.35万元,增设立交桥涵限高防护架61个;投资358.23万元,增设公铁并行防护设施8.98千米;投资88.89万元,增设兰渝线、西平线“铁跨公”立交桥防护设施1.95千米;投资175.54万元,增设兰新、兰青线排水渠804米。

【竞赛评比】 年内,在全路进京、进沪、进穗直通旅客列车和较大车站评比中,兰州、银川、兰州西站分别获得全路“文明车站”称号;集团公司担当的Z130/29次、Z275/6次、Z218/7次、K1178/7次、K228/7次、K1331/2次、Z56/5次、K1295/6次、K44/3次、K360/59次、T118/7次列车分别获得全路“红旗列车”称号。

【重点课题】 推进课题立项分层分类,牵头黄河流域铁路货运绿色发展关键技术研究等8项国铁集团重大课题,参与川藏铁路隧道钻爆法施工机械化配套及施工工艺工法试验研究等4项国铁集团重大课题;主导线路落石监测及预警技术研究等3项集团公司高质量发展重点课题;支持提高有砟轨道平顺性和大机捣固车自动定位技术深化研究等69项专业系统攻关课题;助推敞车运输石材(料石)装载加固方案的研究与应用等66项基层站段“短平快”课题;强化重点领域科技攻关,全力推动两级管控中心智能化建设,牵头完成线路落石监测及预警技术研究课题攻关,助力双轨滑靴式钢轨超声波探伤仪研究。全年投入研发经费1397.27万元。其中,兰州局集团公司科研成本1012.87万元;自筹经费343万元;国铁集团科研经费41.4万元。

【机务信息化建设】 机务信息化建设围绕“人、车、图”三要素,充分运用中国机车远程监测及诊断系统(CMD)、机车车载安全防护系统(6A)及车辆5T(车辆运行安全监控系统设备)、供电6C(供电安全监测检测系统)、施工管控系统等资源,进一步提高机务运用安全管理、机车检修管理、机车整备管理、机务设备管理和机务综合管理等子系统应用水平。全局和谐型交流机车6A系统装车率99.4%,CMD系统装车率100%,直流客运机车JK430、车顶绝缘检测装车率100%,机车车号识别系统AEI设备配备36套(全局100%覆盖),全局6个机车整备场实现机车车载数据WLAN无线下载100%覆盖,整备场机车数据无线下载率99.6%。完成全局24个派班室司机电子报单设备配备,在兰州西机务段初步实现LKJ(列车运行监控装置)数据智能分析(马克威分析法)、机车视频快速检索分析等智能分析手段,机车主要部件故障预测与健康管理(PHM+)在三个机务段实施,HXD1D机车5类主要部件修造数据的厂、段贯通,路局JMISV1.0初步建成,机务系统网络安全防护水平显著提高。

【民生工程】 坚持让职工同享企业改革发展成果,克服重重困难,千方百计增加职工收入。改善职工生产生活条件三年行动计划圆满完成,“十件实事”高质量兑现,“兰铁青年安居工程”三年规划深入实施,全年分配职工住房3869套。投入3112.17万元完成覆盖19个站段、31个站区的“三线一场”建设任务。投入1.18亿元深化“幸福餐桌”建设,投入1564.45万元帮扶救助32912人次,投入4454万元安排职工健康体检72897人次。

(杨雍梅)

## 航　空

【概况】 2020年,兰州中川国际机场累计通航城市114座,累计执行客运航线211条,累计执行货运航线7条,累计执飞航空公司39家,完成运输起降9.37万架次,旅客吞吐量1112万人次,中转旅客量97万人次,全年新增驻场运力5架,累计驻场运力最高34架。兰州中川国际机场旅客吞吐量同比增幅在全国千万级机场排名第2位,仅次于北京大兴国际机场。

【三期扩建工程】 9月9日,兰州中川国际机场三期扩建工程破土动工,先期开展飞行区场道工程建设。机场工程主要建设内容:在现有跑道(西一跑道)东侧365米处新建1条长4000米、宽45米的西二跑道,双向设置I类精密进近系统;在西二跑道东

9月9日，兰州中川国际机场三期扩建工程开工仪式

侧1870米处新建1条长4000米、宽45米的东一跑道，跑道北端设置Ⅲ类精密进近系统，南端设置Ⅰ类精密进近系统；飞行区等级指标为4E。在西二跑道与东一跑道之间新建40万平方米T3航站楼及91个机位站坪，27万平方米的综合交通中心及配套建设货运、消防救援及辅助生产生活设施等。截至年底，三期扩建项目完成投资65.81亿元。完成飞行区场道工程挖方616.85万立方米，填方401.27万立方米，强夯处理123.97万平方米，土方工程完成总进度的16%。T3航站楼、GTC、落客平台高架桥及附属用房试桩工程112根桩基已全部完成。

【服务升级】 4月25日零时起，兰州中川国际机场0931—96556旅客问询服务热线正式完成升级。升级后的0931—96556旅客问询服务热线在原有服务功能基础上，实现与敦煌、嘉峪关、张掖、金昌、庆阳、陇南机场的互联互通，构建起号码统一、模式统一、标准统一的机场服务平台，可为广大旅客提供一站式的机票查询、旅客服务咨询、城际市际交通、航空货运、失物招领及投诉建议等一体化咨询服务。

【机场庆典】 7月22日—26日，兰州中川国际机场庆祝通航50周年。通过征文演讲、发展历程展及座谈会等系列庆祝活动凝聚新时代兰州机场高质量发展的奋进力量。从当初建成时仅有5条国内航线的小机场，到如今拥有212条客运航线、10条货运航线，可通达欧洲、西亚、东南亚及日韩等国内外119座通航点，旅客吞吐量突破1500万人次的千万级大型机场，兰州中川国际机场经过几代民航人的共同努力，从无到有，从小到大，实现甘肃民航史上具有里程碑意义的重大跨越。

【合作签约】 3月25日，甘肃省民航机场集团与甘肃文旅产业集团签署战略合作协议，双方将通过打造“航空+旅游”新模式，聚集发展优势，聚合发展资源，共同推动甘肃航空及旅游事业深度融合、协同发展。8月18日，甘肃省民航机场集团携手兰州新区成功举办兰州新区国际空港航空物流合作项目集中签约仪式，签约项目8个、资金2.17亿元。

【招商引资】 8月26日，甘肃省机场发展基金合伙企业（有限合伙）在兰州新区工商注册登记，此项工作的完成标志着集团设立股权投资基金引进社会资本参与三期项目建设迈出了坚实步伐。下一步，基金合伙企业将根据三期项目建设进度分期募集资金，对集团进行增资扩股，增资资金将以项目资本金的形式投入三期项目建设中。

【应急救援】 8月，甘肃省陇南市受持续性强降雨影响，多县区发生洪涝、滑坡、泥石流等灾害。面对严峻的防汛形势，甘肃省民航机场集团第一时间召开陇南机场防汛救灾航空应急保障工作紧急视频调度会，构建应急救援的空中快速“黄金通道”，进一步缩短应急救援直升机往返路程及时间，发挥应急救援空中枢纽作用，确保救援任务安全有序快速开展。截至8月26日，累计完成抗洪救灾飞行保障132架次，救出受灾群众75人，运送消防人员18人次，累计运输大米15800斤、面粉15280斤、食用油3925斤、方便面3500斤、挂面1110斤、面片7341斤、饼干80斤、柴油4200斤。同时，在前期向陇南文县、甘南舟曲合计捐赠100万元救灾款基础上，再次向陇南成县捐赠200万元，全力支援成县开展灾后重建。

【技能大赛】 10月13日，民航西北地区管理局在兰州举办首届西北地区载重平衡岗位职业技能大赛。本次大赛是西北民航首次举办载重平衡技能比武，也是该专业首次由局方组织的地区级竞赛，大赛以“控平衡、真抓实干保安全，精配载、追赶超越促发展”为主题，有11支团体代表队和44名选手入围。通过此次比赛，西北民航载重平衡安全基础进一步得到夯实，品质进一步得到提升，各单位围绕理顺管理职责，完善工作流程，强化业务技能。

【荣誉表彰】 10月29日，在厦门举行的2020年中国民航四型机场建设发展大会上，发布《2020年度中国民航四型机场示范项目名单》和《2019年度中国机场服务质量评价结果》，兰州中川国际机场荣获2019年度中国机场服务质量评价航班正常优秀奖；班组标准化建设和旅客全流程自助服务同时入选2020年度中国民航四型机场示范项目。兰州中川国际机场在全国各机场制度体系要素应用率排名中位列第19名。

【应急救援演练】 11月19日，“护航2020”兰州中川国际机场应急救援综合演练在机坪G1隔离机位举行，此次演练是兰州中川国际机场通航以来规模最大的应急救援综合演练。12家单位、265人参演，动用运输客机1架，直升机1架，警用无人机1台，救援车辆49辆及警犬2只。演练检验兰州中川国际机场应急救援预案的有效性和实用性，完善机场与各救援单位之间的信息通报、协调配合、联合处置等相关应急处置程序，提升机场应急救援队伍的实战能力和机场公安的反恐应急处置能力。

【班组建设】 12月1日，甘肃省民航机场集团2020年班组建设经验交流暨表彰会在兰州中川国际机场组织召开。与会人员先后到兰州中川国际机场公共区管理部电力一班班组，航站区管理部信息技术班组，地面服务部“小红帮您”班组、配载班组，运行指挥中心运控组班，及货运行李部监装监卸班组进行实地观摩学习交流。

【资本引入】 12月8日，兰州中川国际机场资产支持证券正式发行，此次发行为甘肃省属企业首单ABS产品，发行规模5亿元，发行期限3年，平均利率4.2%，较同期银行贷款基本利率降低55个BP，标志着兰州中川国际机场完成在资本市场的首次亮相，成为资本市场的公众企业。

（张立生）

## 轨道交通

【概况】 2020年，兰州轨道交通1号线一期工程实现全线试运营，公司围绕轨道交通运营、项目建设和资源开发3条主线，聚焦主业、提质增效，拓展辅业、创新思路，各负其责、加压奋进。2020年公司计划完成投资13.48亿元，截至年底，累计完成投资22.91亿元，占年计划的170%。

【轨道交通运营】 2019年6月23日，兰州轨道交通1号线一期工程开通试运营，其中省政府站于2020年9月28日投入试运营。至此，兰州轨道交通1号线一期工程全线车站实现通车运营。截至年底，日均客运量增长至18.8万人次，累计客运量5248.14万人次，累计开行列车9.88万列次，运营总里程220.04万列千米，运行图兑现率100%，列车准点率99.99%，客流强度0.74万人次/千米，位列全国单线运营地铁城市第一。

【轨道交通建设】 轨道交通2号线一期工程全长约9.06千米，设置车站9座，停车场、主变电站各1座，6个盾构隧道，采用A型车6辆编组。项目总投资90.78亿元，已累计完成投资40.21亿元，占总投资的44%，其中2020年完成投资6.25亿元。至年底，邮电大楼站、火车站站、公交五公司站、定西路站、东方红广场站、五里铺站、雁园路站等7个车站主体结构已封顶，区间已实现“洞通”，短轨铺设累计完成10.8%；管线迁改累计完成80%；排洪南路停车场累计完成65%。兰州轨道交通东方红广场枢纽站周边综合整治项目主体结构累计完成93%，室外工程累计完成77.8%，机电安装累计完成60%，广场面施工整改已完成。东方红广场东、西口过街通道项目土建施工和地下通道装饰装修全部完成，东口过街通道部分已向市民开放，西口过街通道北侧出入口因体育馆改造项目变更推迟实施。轨道交通1号线一期工程东岗及陈官营配套消防站、治安管理用房建设项目主体结构全部封顶，装饰装修工程基本完成。S696#、B690#市政道路项目工程验收工作基本完成，办理移交手续。

【综合开发】 兰州科技创新园项目一期室外幕墙完成98%，室外铺装工程完成93%，C、D栋室内装饰装修及机电安装完成95%，二期完成项目备案。轨道·城市曙光A、B区单体全部封顶，正在进行机电安装及装饰装修。轨道交通1号线沿线奥体中心站附属人防工程土建施工完成，机电安装完成95%，装饰装修完成93%。迎

9月28日，轨道交通1号线省政府站正式投入试运营

门滩站附属人防工程一期主体结构封顶；二期A区主体结构完成70%；二期B区主体结构已封顶，机电安装完成92%，装饰装修完成50%；三期主体结构封顶，机电安装完成88%。西关什字站附属人防工程主体结构及附属工程整体完成46.5%，管线迁改完成8.5%。

**【资源经营】** 年初，为盘活现有商业资源，尽快实现经营效益，公司果断整合资源经营力量，成立资源经营中心，着力推进现有项目营销、招商工作及资源经营管理机制体制建设。截至年底，公司有资源经营累计实现收入2.95亿元，占目标任务2.09亿元的141.1%。其中，轨道·城市曙光销售收入1.75亿元；媒体资源及文创产品经营收入738.3万元；轨道公司所属的商业项目租赁收入5866.3万元；置业公司和西综公司所属的经营项目租赁收入5405.98万元。5月，置业公司竞得榆中县47.5亩建设用地，并支付土地出让金1.33亿元。7月，注册成立兰州东恒时代房地产开发有限公司，负责实施该项目。

**【物业管理】** 高标准完成车站、场段、办公楼等重点场所日常防疫消杀清洁工作，定期开展车站病媒生物预防控制，完成1号线省政府站及东方红广场站东、西口过街通道的保洁开荒任务。完成电客车各类日检、月检车5200余列次。全年开展兰州西站北广场设备设施检修850余次，设施设备完好率95%以上，完成广场面4万平方米绿化升级并按一级标准养护。成立专班系统调研科创园项目安保系统、交通系统等智能化功能，制定《东岗科创园装修管理规定（试行）》。足量储备各类消杀物资2.18千克，防护用具3万件。

**【企业治理】** 坚持党管人才原则，让干部多岗位锻炼，对干部全方位监督，全年2批次21个岗位开展平级交流。进一步优化调整部门职能，增设资源经营中心、培训中心，调整企业管理办公室与监事会办公室合署办公。结合公司发展战略开展“三定”（定职能，定机构，定人员）工作。紧抓人才队伍建设，加强校企合作人才委培储备。利用“互联网+”平台优势，对公司线上培训平台进行全新改版，与“轨道大讲堂”线下培训形成有机衔接。推进工程档案验收与档案数字化工作，完成1号线一期11个土建单位工程6394卷档案及各处室2400余卷档案的数字化加工接收工作。完成工程一体化管理系统等保2.0测评、互联网云票务管理系统互联互通区块链2.0升级及AFC系统三级安全等保测评，优化运营信息管理系统，完善公众服务APP、财务及合同一体化管理等系统，完成信息网络安全优化治理，OA协同办公二期系统进入开发阶段。公司整体信息化业务正常运行率99%。完成多家金融机构“一元乘地铁”优惠活动。通过环控节能策略，优化车站照明，降低电能消耗，结合疫情电费优惠、直购电及统筹线路检修，累计节约电费约280万元。

**【技术创新获得荣誉】** 9月，兰州轨道交通环境敏感区段减振降噪关键技术研究与应用项目获得兰州市属国有企业科技创新一等奖；基于大数据的轨道交通关键系统节能监控平台研究与应用项目获得兰州市属国有企业科技创新二等奖；兰州市轨道交通有限公司招标采购管理提升项目获得兰州市属国有企业管理创新三等奖。

（张馨茹）

## 邮政

**【概况】** 2020年，全市邮政行业由邮政企业和快递企业组成。全市邮政企业包括1个市公司、8个区县分公司、156个邮政所、643个村邮站；全市有顺丰、京东、德邦、申通、中通、圆通等26个快递品牌企业，建成快件分拨场所16处，快递分支机构及末端网点414个。全年邮政行业业务总量完成18.62亿元，同比增长25.96%。全年邮政行业业务收入（不包括邮政储蓄银行直接营业收入）19.88亿元，同比增长12.91%。全行业拥有各类汽车1328辆。其中，快递服务汽车975辆；邮政服务汽车353辆。全市邮政邮路总条数53条，邮路总长度（单程）2188千米。全市邮政农村投递路线181条，农村投递路线总长度（单程）7914千米。全市邮政城市投递路线708条，城市投递路线总长度（单程）12192千米。全市快递网路总长度（单程）360613.51千米，全市快递服务网络总条数797条。全行业平均每一营业网点服务面积18平方千米；平均每一营业网点服务人口0.5万人。邮政城区每日平均投递2次，农村每周平均投递4次。每百人订阅报刊9份。年人均快递使用量17件。年人均用邮支出68元，年人均快递支出529.62元。

**【邮政寄递服务】** 2020年邮政寄递服务业务量完成6950.95万件，同比下降1.89%；邮政寄递服务业务收入1.08亿元，同比增长9.13%。

全年函件业务量490.76万件，同比增长7.94%；包裹业务量8.56万件，同比下降3.28%；订销报纸5312.67万份，同比下降6.38%；订销杂志299.8万份，同比下降12.51%；汇兑业务11.31万笔，同比下降38.1%。

**【快递业务】** 全年快递服务企业业务量6390.73万件，同比增长21.6%；快递业务收入14.14亿元，同比增长17.25%。快递业务收入占行业总收入的比重为71.13%。全年同城快递业务量完成1274.26万件，同比增长12.59%；实现业务收入1.42亿元，同比增长21.13%。全年异地快递业务量5113.43万件，同比增长24.13%；实现业务收入6.78亿元，同比增长6.91%。

**【行业品牌发展】** 品牌企业处理场所实现自动、半自动分拣设备全覆盖。甘肃通韵快递电商物流园项目建设顺畅，百世快递1.2万平方米转运中心建设项目动工开建，韵达快递505亩转运仓储用地取得积极进展。邮政、顺丰、中通、韵达分拨中心全部建成全自动双层交叉带分拣系统，日均处理快件量270万件。

全市9家快递品牌参与邮快合作，实现61个乡镇“邮快合作”全覆盖，带动覆盖行政村290余个，行政村快递服务覆盖率40%。全年邮政企业代收快件96.26万件，代投乡镇快件3.75万件。创新邮快合作新模式，新建邮政递易驿站36个，解决邮政快递服务进农村、进小区、进商厦、进市场、进校园问题，新建兰州职业技术学院大学生创业主题邮局递易驿站，促进传统邮政服务与现代文化创意相结合，与多家快递企业合作实现校园邮件代收代投服务。

全市800余个小区建成智能快件箱1500组，建成菜鸟驿站等快递共配站点390个。与交通、公安交管等部门协同共建畅交通工作机制，持续推进快递配送车辆“四统一”管理。

**【行业服务能力】** 兰州市建制村100%实现通邮，建制村APP打卡率持续保持在95%以上，13个邮政代办场所转为自办营业场所。支持邮政企业参与“互联网+政务服务”，拓展警邮、税邮、政邮等合作，2个区县进驻政务服务中心及公务局办证大厅开展政邮合作；18个邮政局所开展警邮合作；97个邮政局所开展税邮合作，代征20.89万笔，代征税额14489.77万元。

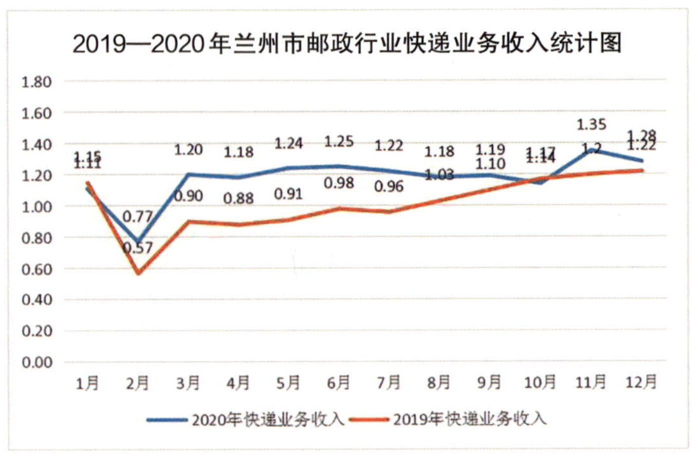


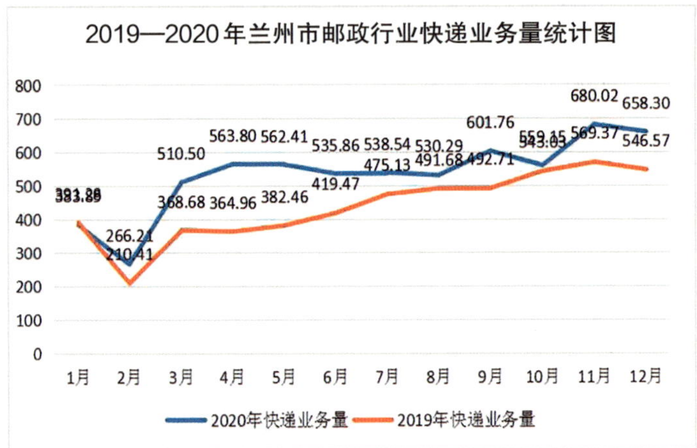


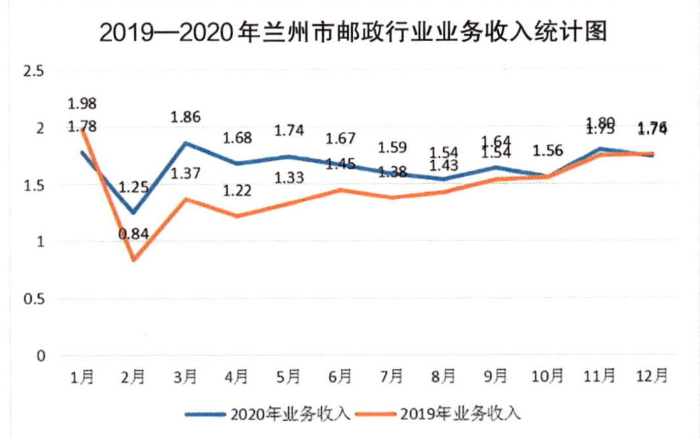

推进寄递扶贫行动，推广“寄递+”服务模式，借助拼多多、抖音等平台参与脱贫攻坚任务，累计寄递特色农特产品484.63万件，实现业务收入8723.22万元，带动农产品产值2亿余元。全年全市完成快递服务制造业业务量519.66万件，实现业务收入1.26亿元，支撑产值15亿元。

全市邮政行业“瘦身胶带”封装比例超过90%、电商快件不再二次包装率超过85%、循环中转袋使用率95%、全市快递网点包装废弃物回收装置覆盖率75%。推广使用新能源车辆182辆，城市绿色货运配送示范工程创建工作得到交通运输部示范创建验收组的充分肯定。

【行业安全管理】 压紧压实行业安全监管责任和企业安全主体责任，组织寄递企业逐级签订9类安全目标责任书。开展邮政快递业各类场所安全风险排查整治等15个专项整治行动，做好防汛期、“服贸会”“进博会”等特殊节点和重大节日期间全市邮政快递行业安全生产和寄递渠道安全服务保障工作，抓细抓实快递业务旺季安全与服务保障工作，营造安全稳定的寄递环境。高度关注行业维稳，对不稳定因素做到早发现、早预警；健全完善应急预案，妥善处理媒体关注事件，解决兰韵场地通行受阻问题，及时约谈丰巢、速递易化解智能快件箱免费存放时长与群众用邮需求之间的矛盾，在防范群体事件上做到早谋划、早处置。对辖区寄递企业开展督导检查，截至年底，累计检查行业单位314家次，出检检查人数628人次，约谈企业12家，行政处罚立案8件。配合烟草部门打击寄递渠道涉烟案件327起，查获卷烟987条，涉案值40.33万元。兰州地区反恐怖工作领导小组授予兰州邮政局“2019年度全市反恐怖工作先进集体”荣誉称号。

【行业治理】 持续推进“放管服”改革，大力压缩邮政普遍服务5项行政事项办理时限，全年办理邮政普遍服务类行政审批及备案事项173项。加强快递服务类行政审批与备案工作，开展许可申请及实地核查40次，许可延续实地核查85次，分支机构备案核查66次，核准末端网点100个。加大邮政普遍服务质量日常巡查和专项检查力度，开展乡镇邮政局所、邮票销售、专用邮政信箱寄递服务专项检查，出动人员122人次，检查营业处理场所61个。8条“机要、普服”专线邮路开通全面实现机要邮件自办运输、双人驾押，彻底消除机要通信设备短板及潜在安全风险，保障机要通信寄递安全。

加强快递市场经营秩序整治，开展新修订的《快递业务经营许可管理办法》《智能快件箱寄递服务管理办法》等部门规章专项培训；丰巢、近邻宝、城市驿站、菜鸟驿站4家快递新业态企业依法取得快递业务经营许可资质。认真梳理群众关切的邮政快递服务质量、快递下乡进村、快递末端服务违规收费等热点问题。加强投申诉管理，办理“阳光在线”申诉问题8起，政协提案1件、人大代表建议1件，处理省局转办和局长信箱投诉问题12起。

加强快递员权益保护，组织开展“快递从业青年服务月”活动，联合团市委、市总工会开展快递小哥“春节慰问”“双11”业务旺季慰问等活动5次。推动设立快递员爱心驿站5个，开展快递员免费体检1540人次，组织快递员参加政协委员面对面活动1次，推动企业为快递员购买社会保险或商业保险等7000余人次。将快递从业人员职业技能培训作为重要民生工程，纳入地方职业技能提升行动，争取政策和资金扶持，完成培训1101人次，争取资金12.76万元，职称评审审核通过88人次。

（黄慧兴）

## 电信

【概况】 2020年，电信兰州分公司完成财务收入24.8亿元，同比增长8.2%，在收入全国Top 30本地网排名第一。全业务电信用户数570万户，全业务收入累计份额46.9%，移动用户过网累计份额38.4%，5G套餐用户份额50.7%，宽带用户份额保持63%以上，电视份额保持55%以上，行业内信息化项目招投标中标率63%。云业务5.5万核、物联网42万户、视频业务6.5万户，智慧家庭22万户。视频彩铃、来电名片等小业务实现规模突破。

【客户服务】 严守服务底线，持续落实中央、集团巡视、省公司巡察反馈服务问题整治整改，强化骚扰电话、垃圾短信治理，落实商务楼宇垄断专项整治，完成行风建设和纠风工作任务。完善以客户为中心的能力、制度、文化和产品服务体系，深化“客户说了算”评价，影响用户感知服务问题申诉率同比下降41%，网络质量、装维服务、政企客户服务等客户关心的问题回访综合满意度92%，开展“两深入两服务，全员服务在行动”活动，规范提供互联网产品及4G/5G套餐、终端上柜销售服务。树立企业形象，牵头召开全市运营商首次总经理联席会议。携号转网服务超过5万用户，申诉量较年初下降90%。落实提速降费，宽带和专线平均资费降低15%、移动网络流量平均资费降低23%。12345民情通服务呼入量超过100万件，配合省广电总台“政风行风热线”节目上线，完成全国“两会”等重保任务323次。

【网络工作】 加快5G等新型基础设施建设，5G网络实现县以上主干道及高流量高价值区域连续覆盖，在县

打造5G黄河风情线 助力精致兰州建设

以上行政区建成先进水平物联网，开工建设中国电信兰州新区大数据中心，初步探索5G+工业互联网。加快数字兰州建设，推进5G智慧城市战略协议落地，部署“5G+河长制”平台助力祁连山周边城市生态保护，承展第4届兰州科博会5G应用，承建12345民情通等450个数字项目。坚定维护网信安全，构建队伍+技术+管理+过程管控的网络信息安全防护体系，坚决落实“断卡”行动，全年重大网络与信息安全事件零发生。

**【云改数转】** 推进云网融合，建成兰州大数据云计算中心DC并部署CT云，建设23个综合业务接入区，21个大数据平台型应用在全市布局。深化政企改革，横向整合力量，设立新兴业务发展部、教育行业拓展中心和智慧家庭和电视运营中心，理顺“政支+万维+经营单位”项目支撑体系，统筹调度，分行业支撑。纵向提升服务，细分11个专业化行业营销服务团队和6个专业化行业支撑团队，承接教育行业省市纵向一体化运营，协同制定“互联网+智慧大学”和“互联网+智慧教育”2个全域融合解决方案。全年签约信息化项目561项，年化收入超过1亿元。在政企数字化快速发展的同时，将势能向公众数字化延伸，233个支局签约信息化项目750个。形成产品原子能力，通过数字化综合管理平台和自主研发的24个数字化平台应用。持续开放合作，召开首届产业联盟大会，与华为等300余家合作伙伴进一步深入合作。加快内部数字化，推广使用云桌面、云电脑，16个新建系统、5个存量系统全部上云。整合数字化平台，整合雪亮工程、综治系统、数字城市等应用平台，把牢“智慧城关”入口。

**【企业转型】** 深化三维联动，精简承包层级，推进支网合一，深化“营维装服”四位一体。优化专业化运营，大部集约、管操分离，建立“渠道线+产品线”10个专业化运营团队，全年一线赋能1430场。做实倒三角支撑，建立“两平台六制度+划小集约核算”服务机制。全年受理派单9.5万件，平均及时解决率96.1%，小CEO满意度98.2%。推动渠道转型，提升线上运营水平，在线服务超过153万用户，天翼云厅订单量5.5万单，金额超过2700万元。推动渠道连锁化，283家厅店纳入连锁化运营，终端月均销量超过3000台，三方服务测评提升至90分。提升渠道效能，区分连锁店、综合体店、商业圈店等6种类型配置资源，百元渠道费用拉动增量收入提升超过200元。做大兰州万维，畅通政企、经营单位、政支与万维的营销服务体系，强化万维研发能力，研发人员占比提升至20%，实施20余项关键技术攻关，自主研发国企退休人员社会化管理系统等16个平台。全年万维完成外部主营收入2400万元。

**【关爱员工】** 坚持实施高质量关爱员工10项举措。实现“时间过半，经营达标”，全体员工普调1档岗位工资，人均月增资245元。开展专家、业务/技术经理竞聘工作，员工职业通道更加畅通。解决职工代表关于员工减压、提升窗口服务、加强业务培训等20个提案问题。举办10项劳动竞赛活动、形成30个岗位创新成果。持续开展重大疾病、双节慰问、离退休职工等10类慰问活动。爱心互助、大病补助、困难员工帮助95人次。为51岁~55岁合同制女员工、56岁~60岁合同制男员工购买大病医疗保险。全员进行健康体检。组织多项文体活动，举办“天翼杯”排球赛，开展“一封家书”等活动。

**【文化自信】** 从要我学向我要学转变，干什么、学什么，缺什么、补什么，让每一位员工都成为本专业、本领域的行家能手。持续解放思想，形成敢于试错的创新文化。公司在新兴业务领域、客户服务提升、前后端市场联动、年轻人才培养等方面，大胆创新、勇于创新，让每一位员工在工作中具有独立思考和创新意识。针对员工的创新成果，具有实践价值的在企业内部推广复制，并根据贡献给予相应激励，让创新得到认可。学习行业内外电信案例和创新成果，转化吸收、为我所用，让学习复制也成为一种创新。建立与付出和贡献相匹配的考核体系，让付出得到回报，让苦干实干在企业蔚然成风；大力宣传爱岗敬业、苦干实干的典型，让员工在企业得到尊重和认可，成为广大员工学习的榜样和楷模；建立转作风、抓执行的常态化机制，通过督导、整改、回头看等方式，抓不落实的人和未落实的事，一级为一级负责，一级对一级担当，将执行文化发挥到极致。关心关爱员工，形成员工与企业同成长的共享文化。为员工提供干事创业和挣钱平台，让员工在企业搭建的平台上实现个人价值、社会价值。通过“四小建设”、文娱活动，解决员工工作、学习、生活上的困难，让员工感受到企业家庭般的温暖。为员工尤其是青年员工提供良好的职业通道，在人才选拔方面公平公正、公开透明，使员工通过自身的努力，能够在更大的平台上施展才华。

（张　弘）

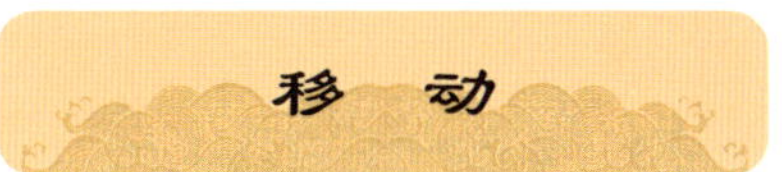

## 移　动

【概况】　2020年，中国移动通信集团甘肃有限公司兰州分公司内设党委办公室、综合部、市场经营部、网络部等10个职能部室及重要客户中心、客户响应中心等6个直属生产中心，下辖城关金昌路、城关武都路、安宁区、七里河等14个区县分公司。公司建筑面积超过4万平方米，至年底有在职员工1554人（本科生776人，占比49.94%；研究生130人，占比8.37%），领导班子成员5人。公司党委设党支部30个，党员490人。公司主要经营移动语音、数据、IP电话和多媒体业务及与移动通信、IP电话和互联网接入相关的系统集成、漫游清算、技术开发、技术服务等业务。全年收入超过23亿元，客户规模超过350万户。

【信息网络建设】　响应国家“新基建”战略，建成5G基站超过1900座，已实现5G网络在兰州主城区、周边城区及重要县城的全覆盖。开通雪域高原马衔山甘肃首个5G基站，实现地铁1号线全线5G网络覆盖，兰州在工信部测试中被评为2020年度5G网络速率最佳城市，精品网络达标比例100%。建成信息端口总数超过160万个，覆盖用户超过230万户，超过260个城区小区具有千兆接入能力，超过20个小区实现“5G+极光宽带”双千兆接入。率先完成全市区块链网络建设，已具备为全市政务客户提供区块链应用基础设施能力。

【市场运营】　加速转型升级，以融合为基础，丰富融合产品、强化融合营销、推动融合运营，拓展市场空间；以融通为载体，通过能力共享、渠道互通、数据汇通，达成业务互促，增加整体价值；以融智为手段，为生产经营全流程、全环节注智，提升运营效率。深化改革创新，以强能力、聚合力、激活力为出发点，加速构建高效协同的能力、合力、活力组织运营体系。落实高质量发展，推动业务发展从通信服务向信息服务转变，业务市场从ToC向CHBN转变，发展方式从资源要素驱动向创新驱动转变。

【客户服务】　坚持“客户为根 服务为本”服务理念，开展客户满意度提升“领先工程”、投诉效能提升“削峰行动”、客户权益保护“阳光行动”，打造“三全”（全方位、全过程、全员）服务体系，聚焦客户感知短板，聚焦客户投诉焦点难点，聚焦业务不知情定制和不规范外乎营销等侵权问题，降低客户投诉率、提升客户感知，保护客户权益。全面推动打击治理电信网络诈骗和“断卡”专项行动，切实保障客户利益。开展书记项目、优质服务体验季等活动，组织社会服务质量监督员和友好客户走进中国移动体验优+产品、优+网络、优+服务。

【体制机制改革】　推行网格化改革，提升运营效能；实施人力资源改革，全面释放生产力；深化网络运维改革，优化矩阵式支撑架构；推进支撑能力改革，建立“倒三角”机制。深化作风建设，打造信息化作风评测模型，强化结果应用。完善体制机制，常态化制度体检，新增和修订制度33项。

【社会责任】　发挥基础通信、5G、区块链等自身优势，助力打赢脱贫攻坚战。落实落细创建文明城市任务，加大公益宣传力度，全面开展志愿服务，专项整治通信线缆，协助净化互联网环境，勇担全市创文行业责任。

（王俪衡）

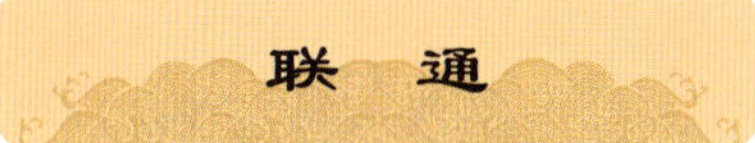

## 联　通

【概况】　2020年，中国联合网络通信有限公司兰州市分公司完成主营业务收入近7亿元，全业务在网用户近100万户。其中，4G在网用户近80万户；5G在网用户近15万户；宽带在网用户近5万户。累计开通5G站点超过1300站。兰州主城区重点区域基本实现浅层覆盖，兰州新区、红古区、榆中县、皋兰县、永登县实现核心区覆盖。4G人口覆盖率由94.4%提升至96.4%，4G行政村覆盖率由74%提升至96%，口碑场景覆盖率92%。承建兰州树屏丹霞智慧景区信息化建设项目，打造文化旅游行业标杆项目。承建宝方炭材料科技有限公司5G专网+边缘云计算项目，打造全国碳素行业首家5G独立核心网组网工业内网体系，树立5G工业互联网建设领域新标杆。

【网络能力】　完成市政府交办的128条道路的线缆入地工作，累计敷设管道光缆约1920皮长千米，新建光交箱41座，完成投资约1590万元。开展“匠心网络 贴心服务”网络质量与支撑能力大提升专项行动。聚焦VoLTE业务、政企客户业务、移动数据业务，进行专项感知优化，VoLTE语音业务接通率提升0.72个百分点，VoLTE语音掉话率下降0.41个百分点；4G口碑场景达标率由78%提升至92%；开展4G/5G协同优化，提升5G网络能力及质量，主城区5G驻留时长由43%提升至73%。

**【客户服务】** 坚持提供高质量服务，聚焦短板持续提升问题解决能力。NPS测评移动网改善6.88分，自改善、差距改善双侧取优，目标完成率137.5%；宽带改善13.49分，目标完成率269.8%。

**【关爱员工】** 坚持以员工为中心，举办兰州市分公司工会迎新春文艺演出，参加甘肃联通2020年度全省职工气排球比赛，徒步穿越湿地。开创退伍军人慰问、落实精准化助学、人性化设立陪考假等活动，春节期间看望慰问坚守在工作岗位上的员工，开展具有女工特色的活动。在“三八”妇女节向奋战在一线的505名女职工送上节日祝福；在“六一”儿童节向员工子女612名适龄儿童发放5.02万元的购书卡。开展精准化助学、人性化设立陪考假等活动，为12名高考中榜家长员工发放助学慰问金1.2万元。向在岗的28名退伍军人举办以“铸牢军魂作表率，数字联通建新功”为主题的退伍军人联谊活动并发放慰问品。

（王发鑫）

## 商务贸易

【概况】 2020年，全市商务系统面对疫情突袭、经济下行、循环受阻的多重压力，围绕市委市政府中心工作，坚持稳中求进总基调，凝心聚力，克难奋进，各项工作稳步推进。完成第三产业增加值1895.9亿元，增长1.5%，占全省比重38.2%，占全市GDP比重65.68%。完成社会消费品零售总额1641.2亿元，比上年下降1.8%，占全省比重45.2%。完成外贸进出口总额102.5亿元，比上年下降14.2%，占全省比重27.49%。

【消费促进】 开展"春之味、暖金城"餐饮行业暖市行动、"吃在金城、一饱口福"、中国面食博览会、第三届"畅享兰州·乐购金城"消费促进月、暖市惠民消费季、夜市消费季、"畅享兰州·乐购金城"汽车平安购、"千万豪礼惠金城"政府消费券发放等20余场次大型促销活动，各级财政资金投入1.2亿元，带动商场、超市、家电、汽车等行业直接投入资金5亿元左右，带动社会消费45亿元以上，政府消费券发放金额7000余万元，消费券资金撬动社会消费4.5倍以上。组织家电龙头企业通过企业让利，开展家电下乡、以旧换新等促销活动，促进农村家电消费提质升级。加大本地产品对外推介力度，举办特色农产品线上线下产销对接活动，参与企业128家，签约采购金额3.2亿元。创新消费模式，充分发挥"互联网+"优势，向全市电商企业和生产经营企业发出"无接触"服务倡议，培育支持重点电商企业开展网上"无接触配送服务"，分流消费人群，确保商品供应，全年电商交易额1618亿元，同比增长9.3%。

【商贸物流项目建设】 按照营造亲清新型政商关系要求，树立"贴身服务理念"，持续开展"千企万商大走访"活动，加大服务力度，确保重大商贸项目稳定投资。成立协调督导服务小组，对确定的重点企业、项目跟踪服务，对存在的问题建立台账逐步协调解决。重点跟踪服务的杉杉奥特莱斯、华奥全球商品直销中心、兰州国际高原夏莱副食品采购中心等76个重大商贸项目完成投资82亿元。重点跟踪的30个通道物流项目累计完成投资157.94亿元。市商务局全年凝练项目线索9个，报备项目1个，签约资金45亿元，到位资金11亿元，完成全年目标任务的3.67倍。按照"升级转型一批、关闭撤并一批、整合搬迁一批"方式，加快主城区商贸

兰州市兰饮商贸有限公司裴古彦、宋韶雯正在清点检查饮料货物

市场转型升级步伐，引导主城区鱼池口小商品批发市场、兰东建材市场、高滩西兰板材市场、新黄河市场实现关闭外迁，累计完成23家市场转型升级，其余22家市场正在按计划全力推进。流通领域现代供应链体系试点项目完成有效投资4.67亿元，试点项目建设总体基本完成。城乡高效配送试点项目建成10个配送中心、1万余家配送门店，全市建成村邮站643处，邮政电商便民服务站点近500个。

【民生商务】 开展多种电商扶贫模式，带动贫困户创业就业近7000人。举办榆中电商旅游民俗年货节、皋兰县首届电商年货节等活动，电商业务培训900余人次。完成兰州市东西部协作消费扶贫销售金额1.2亿元。完成新建提升城关区盐场北路农贸市场、七里河区兰工坪兴盛菜市场、西固区临洮街社区菜市场3个标准化蔬菜市场。完成兰州国际高原夏菜副食品采购中心肉食水产区冷库、兰州榆中隆昌耘百合种植专业合作社冷库、兰州锦达绿色生态农业发展有限公司冷库3个农产品冷链项目建设，全市冷链静态库容105万吨。建成兰州市再生资源回收公司西固再生资源分拣中心、安宁洄水湾微型打包站。

【商务诚信建设】 改善消费环境，构建"来源可溯、流向可追、问题可查"的重要产品追溯体系，肉菜流通追溯体系升级改造及重要产品追溯平台建设项目按计划顺利推进。加大商务领域诚信建设力度，开展"诚信建设万里行——进商场"宣传活动，建立商务领域"红黑榜"发布工作机制。开展扫黑除恶专项行动、文明城市创建、安全生产大检查等活动，商务系统围绕再生资源回收、加油站、商场超市、二手车拆解等重点行业进行安全检查，出动检查人员500余人次、检查企业650余家。

【通道物流建设】 协调督促铁路口岸两个作业区完善口岸查验基础设施，实现共享共用，按照通关一体化改革要求，协调配合兰州海关，减少环节、简化手续、优化流程。严格清理口岸不合规收费，口岸营商环境进一步优化。3月25日，甘肃(兰州)国际陆港汽车整车进口口岸通过省上验收。6月5日11时8分，中欧班列"中吉乌"公铁联运国际货运班列在甘肃(兰州)国际陆港成功首发，成为国内首趟采用"铁路—公路—铁路"多式联运方式组织开行的中欧班列。

【对外贸易】 实施"一企一策"，安排专人协调服务重点外贸企业，制定促进外贸稳定发展、支持出口产品转内销等政策性文件，举办16次线上线下外贸政策、业务培训会。为20户企业争取外贸转型升级、抗疫专项资金1331.6万元。召开外贸企业金政企融资对接会，帮助外贸企业获得贷款2000万元。简化对外贸易经营者备案登记流程，缩短办理时间至2个工作日，为企业提供更为便利的服务，新增外贸企业154家。引导企业利用"网展贸""贸发网采购"等数字展览平台，拓展数字化营销渠道。组织企业参加"进博会""东盟博览会"等10余项大型国际展会，举办兰州市首届"两稳一促"进出口商品展销会，完成销售额1.28亿元。跨境电商综试区项目，"六体系两平台"功能进一步完善，入驻跨境电商公服平台企业115家，建成兰州高新区跨境电商产业园，入驻跨境电商企业32家，全年实现跨境电商进出口额3.99亿元，同比增长36.1%。

【电子商务】 利用电商优势，开展"无接触式服务"，开拓网上交易、网上服务，本地电商企业通过APP、公众号、小程序等方式制定差异化的网络"标准化套餐销售"，方便市民消费。联合阿里巴巴本地生活等平台举办"阿里本地生活520甜蜜数字消费季·甘味如饴·市长带你吃遍金城"促消费促增收网络直播活动，11个品类137种商品参加直播，直接带动全社会购买兰州本地商品2.3万余件，销售额181万元。大力推进农村电商，全市建成乡镇电商服务站48个、村级电商服务点480个，覆盖率分别为90%、80%，促进农产品、特色产品进城双向流通模式初步形成，实现村民生活的便利快捷。全年兰州市电子商务交易额1617亿元，同比增长9.3%。

【国际合作】 严格执行《外商投资法》，全面实施准入前国民待遇加负

兰州新区铁路口岸

面清单管理制度，大力推动“负面清单+事中事后监管”模式。从1月开始，全面实现外商投资企业商务备案与工商登记“一口式”办理，实行全程无纸化办公，不断优化办事流程。新设立外商投资企业9家，投资总额1.22亿美元，合同利用外资额1738.6万美元。境外直接投资1208.38万美元，“一带一路”沿线国家投资金额1189.79万美元，占总投资额的98.46%，境外工程承包新签合同额4.67亿美元，完成营业额2.7亿美元。

（余国先）

## 经济合作服务

**【概况】** 2020年，兰州市坚持把招商引资作为顶级工作和战略任务来抓，强化“两真四有”（真招商、招真商，招商有功、招商有责、招商有序、招商有方）工作要求，创新“线上线下”招商模式，深入开展“招商引资攻坚年”活动，超额完成目标任务，在严峻考验中取得好于预期的成绩。全年完成省外到位资金971.78亿元，完成年度目标任务的101.76%，同比增长12.27%。

**【项目落地】** 深入推行“五定包抓”（定人员、定项目、定责任、定措施、定时间）责任制和项目团队管理机制，纳入省上考核的291个省级重点项目，开工率75.95%，资金到位率31.29%。其中，第26届“兰洽会”项目开工率80.73%，超年度目标任务15个百分点，资金到位率26.08%，超年度目标任务6个百分点。持续推进涉企历史遗留问题化解专项行动，累计办结涉企历史遗留问题项目74个，问题办结率94.87%，2020年梳理的涉企历史遗留问题全部解决。

**【合作交流】** 全年发运国际班列202列，6473车，货重22.66万吨，货值13.3亿元。6月5日，首发“中吉乌”公铁联运国际货运班列，实现国外段运输距离缩短295千米、时间节约5天的目标。推动与青岛市签订友好城市经济协作协议，兰州经济区先后与乌鲁木齐经开区和拉萨经开区签订友好合作协议。与省内高校共享30余万校友资源和3.5万家企业信息，收集省内外优质校友企业信息500余条，整理出北京、上海、浙江、广东等地杰出校友和企业信息259条。全面加强市政府驻外办事机构管理工作，督促各驻外机构认真履行驻外职责，全力做好招商引资、合作交流、招才引智、信息收集、接待服务等工作。

**【“两真四有”招商及“招商引资攻坚年”】** 制定印发《兰州市“招商引资攻坚年”活动实施方案》《关于做好2020年度全市重点招商引资项目推进工作的通知》等文件，组织召开全市招商引资工作调度会3次，并在10月初组织召开全市招商引资工作会议，在全市掀起四季度集中赴外招商热潮。发挥市政府合作交流办在全市招商引资中的主力作用，构建经合部门主力、区县园区主体、政府驻外机构主业、商会协会主帮、社会各方力量协同推进的招商引资大格局。督促6个产业招商办公室、6个行业招商办公室、6个驻外招商办公室和54个招商小组，聚焦十大生态产业体系、实体经济、制造业和产业梯度转移，开展产业延伸链、城市功能链、创新链精准招商。市级领导带头亲自招商、亲自洽谈、亲自跟踪、亲自服务，外出招商20余批次，拜访对接企业80余家，其中市委、市政府主要领导赴外招商6批次，拜访企业30余家，推进恒大新能源动力电池、东方希望现代化生猪养殖循环产业基地、绿地全球贸易港等重大项目成功签约。

创新开启“不见面”招商新模式，在2月20日创新举办全市重点招商引资项目对接及视频签约仪式，招商工作走在全国前列，得到中央电视台新闻联播宣传报道。加大招商项目的整合和网络发布力度，把招商项目发布渠道重点转向网络发布，通过政府门户网站、公众号、自媒体平台、中介机构、商协会等高频次、高精度、大范围的进行发布。全面推行“一个项目、一名领导、一套班子、一抓到底”的工作机制，采用电话、微信、QQ等方式，全面加强与客商的沟通联络，开展网上谈判，及时敲定协议内容，加快决策速度。按照招商引资和展示展销两大功能融合并重的思路设计制作第26届“兰洽会”网上虚拟展馆，并于7月2日上线运行，全年进行展示展销。

通过现场办公、通报督查、函文督办、协调会议等方式，分析原因、精准施策、强化统筹、重点突破，解决一批签约项目落地问题。将推进项目落地工作和化解涉企历史遗留问题结合起来，建立健全涉企历史遗留问题常态化解机制。制定下发《关于持续做好化解涉企历史遗留问题有关工作的通知》，明确责任分工，涉企遗留问题得到有效化解。年底，全市累计办结涉企历史遗留问题项目74个，问题办结率94.87%，其中2020年梳理的涉企历史遗留问题全部解决，问题化解率100%。

全面执行《兰州市推进招商引资工作“两真四有”实施意见》《兰州市推进招商引资工作“两真四有”管理办法》《兰州市推进招商引资工作的“八个严禁”》系列文件，科学指导全市招商引资工作规范有序开展。通过对重点企业在西部地区投资布局情况开展调研分析，对比查找兰州市与西安市、贵阳市、乌鲁木齐市、银川市、西宁市、呼和浩特市6个西部省会城市在招商方式、投资环境、优惠政策方面的差距和优劣势，并进行整改完善。

【经济发展新动能培育】 2020年，全市完成省外到位资金971.78亿元，完成年度目标任务的101.76%，同比增长12.27%。省上举办的5次重大活动兰州市均组织项目签约，签约总额和项目数位列全省第一。在2020年市州招商引资工作考核排名中位列全省第一。全年全市新引进招商引资合同项目241个，签约总额1220.21亿元，其中10亿元以上项目41个。新引进"三个500强"及行业龙头企业投资项目32个，新引进中软国际、东方希望、龙湖集团、四川新绿色药业等一批行业龙头企业。着力构建"13+6+6+6"的大招商格局，全年新引进产业项目152个，投资总额815.63亿元。恒大新能源动力电池生产基地、工企危服工业废弃物资源化利用及无害化处置、东方希望现代化生猪养殖循环产业基地、东瑞制药兰州原料药基地等一批产业项目的签约落地，有效优化产业结构，延伸产业链条。

在全省率先开展招商引资项目线上对接及视频签约活动，开启"不见面"招商新模式。采用"线上线下"相结合方式，成功举办第26届"兰洽会"，签约省市合同项目134个，签约总额835.75亿元。市委、市政府主要领导赴外招商6批次，高规格举办兰州市（北京）招商引资推介会暨项目签约仪式等专题招商推介活动8场次，推进联东U谷兰州智造企业港、高新区商业航天创新研究院等项目签订框架协议。先后组织开展"双招双引"座谈会14场次，统筹推进招商和招才工作。组织召开在兰高校校友组织联盟座谈会，全面加强与校友组织的合作。

【第26届"兰洽会"】 7月2日，第26届"兰洽会"签约项目在兰州宁卧庄宾馆举行。兰州市主要活动20项。其中，参与、配合省上活动9项；市上主办、承办活动11项。部分区县、园区也分别举办专场投资促进活动。举办"聚力创新驱动·振兴兰州制造"高峰论坛暨第26届"兰洽会"兰州市重点项目签约仪式。活动采取线上与线下相结合的方式，邀请到华润集团、恒大集团、龙湖集团、首创高科、华为公司、东方希望、中软国际等80余家重点企业参加。海尔智家生态平台智能制造总经理、海尔工业智能研究院院长张维杰，四川凯路威科技有限公司董事长兼CEO彭泽忠，颐高集团董事长翁南道等国内长期关注研究制造业及实体经济领域企业家，立足当前经济发展形势和产业变革趋势，分别围绕智能制造、电子信息、数字经济产业进行主旨演讲，为聚力创新驱动、优化产业结构、建设现代化中心城市探索新模式、新路径、新方案。特邀中国科学院院士、兰州大学校长严纯华，中国科学院院士、中国科学院近代物理所党委书记兼副所长赵红卫，新华社甘肃分社社长任卫东，华为技术有限公司中国区副总裁、西部片区总裁雷战奎，九江德福科技股份有限公司总裁罗佳，天华化工机械及自动化研究设计有限公司董事长、总经理孙中心等知名专家学者和企业家，重点围绕兰州工业发展现状、国家大背景下推动兰州制造业的思考、构建现代化产业体系、"兰州制造"的核心竞争力以及营造更优发展环境等5个话题进行深入探讨交流。

第26届"兰洽会"兰州市签约合同项目134个，签约总额835.75亿元。其中，纳入省列签约项目109个，签约总额641.82亿元；市列签约项目25个，签约总额193.93亿元。从项目规模看，全市签约1亿元以上项目84个，签约总额816.9亿元。签约10亿元以上项目27个，签约总额617.29亿元，占总签约额的73.86%。签约3个"500强"及行业龙头企业投资项目25个，签约总额371.3亿元。新引进中软国际、东方希望、海升集团、龙湖集团、太平船务等一批行业龙头企业；从产业类别看，签约以先进制造、文化旅游、中医中药、数据信息、通道物流、循环农业等为主的十大生态产业项目53个，签约总额406.44亿元，占总签约额的48.63%。签约工业类项目66个，签约总额264.52亿元，占总签约额的31.65%，较上年提高5个百分点。在签约项目中，重点有投资120亿元的恒大新能源动力电池项目、投资30亿元的兰州科创芯谷项目、投资20亿元的陇浙（颐高）数字经济产业园项目、投资15亿元的江苏瑞邦高端农药原药及农药中间体生产线、投资11.29亿元的中国电信兰州新区大数据中心项目、投资8亿元的北京音乐舞蹈学校兰州分校项目、投资6亿元的中软国际兰州数字经济创新基地项目、投资4亿元的海升集团甘肃农业总部及研发中心项目、投资2亿元的中药配方颗粒高技术产业化

第26届"兰洽会"上举行兰州市重点项目签约仪式

项目等。特别是通过网络视频等方式签约的东方希望生猪养殖及加工基地、恒大兰州文化旅游城、恒大养生谷、恒大新能源动力电池等重大协议项目成功转化为合同项目。此外,华为拓维鲲鹏创新中心及生产线、兰州航空产业园航空制造基地等框架协议成功签约。

(李春亮)

## 市人民政府驻外办事机构

【市政府驻北京联络处】 2020年,发挥驻京联络处的窗口和桥梁作用,加强政务联络和信息传递;进一步完善后勤保障机制,做好联络接待服务工作;主动拓展宣传方式渠道,多方宣传推介兰州;推进招商引资招才引智工作,服务兰州经济发展 。截至年底,报备线索项目14个;签约项目1个,签约投资额50亿元;到位资金14亿元,完成全年招商引资工作任务。

**招商引资** 协助在兰各单位在京开展各类招商引资活动。重点拜访《中国推介》栏目组,推介兰州县区文旅等项目合作,赴北京市大兴区星光影视园开展招商活动;陪同市委书记李荣灿一行赴首创集团考察对接科创芯谷项目,拜会国家油气管网公司对接中核同方智慧产业及军民融合产业集群园区项目,赴中国动漫集团考察对接中国动漫小镇项目,赴北京市音乐舞蹈学校考察对接榆中艺术文化教育基地项目;对接北京燃气能源发展有限公司与西固区合作事宜、金美资产备案登记有限公司与兰州新区金控事宜、森为特固化剂与兰州新区合作事宜;考察北京亚洲卫星通信技术公司、亿达集团中关村一号科技软件园,进行项目洽谈;参加北京市政务服务管理局举办的招商引资座谈会以及天津举办的兰州市东西部扶贫协作对接暨招商推介洽谈会。

**宣传推介** 8月8日,兰州市兰州大学驻北京人才工作站,协助中国力学学会联合甘肃省力学学会、兰州大学赴甘肃兰州皋兰县开展扶贫工作,借助新闻媒体,宣传“双招双引”政策,扩大工作站宣传层面;发挥兰州大学、兰州大学北京校友会等相关合作单位平台优势,通过网站、微信公众号、微信群等形式开展宣传推介工作,提高工作站的影响力。全年在兰州大学北京校友会(3万余人)27个微信群及微信公众号,播放宣传PPT 14次,发布人才需求3次。设置固定宣传栏,向来访人员进行宣传。

**人才库建设** 2020年,人才工作站按照科教、行政、企业等分类,完成入库人才151名。重视在校青年学生、青年才俊的联络工作。在2019年与在校学生座谈的基础上,结合疫情的实际现实,工作站调整思路,确定2名义务联络员,负责日常联系各大学甘肃校友会和甘肃籍学生,建立联络渠道;由兰州大学驻北京人才工作站负责联络各大学学生毕业分配办公室,主动了解学生基本情况和就业意向,为兰州每年各界引进青年人才打下坚实基础。

**招才引智** 受疫情影响,协助开展线上招聘工作,在兰州大学北京校友会微信群、微信公众号和联络员微信群,发布兰州新区人才招聘信息、兰州市事业单位招聘信息,引导有志人士到兰州创业;建立人才联络员和顾问团,发挥陇籍人士影响力,在各个领域宣传兰州人才政策和人才需求,介绍相关人才及人才项目到兰州创业。1月,召开联络员座谈会,会议聘请包括兰大北京校友会秘书长、在校学生、研究机构、企业、行政等各行业甘肃籍年轻义务联络员30名,颁发聘书。9月26日,人才工作站在北京兰州宾馆召开国庆、中秋联络员联谊会,通报人才工作进展情况及下一步工作任务。与兰州大学北京校友会展开广泛的合作。充分利用兰大北京校友会的影响力,为人才政策宣传、人才引进等各方面合作打下坚实基础。

**联络服务及接待工作** 对外建立业务联络合作机制,主动加强与中央国家机关、国家部委有关单位、在京津冀地区全国500强企业、民营500强企业、世界500强企业及东北三省、内蒙古、山西联络片区企业、各类驻京单位的联系交流,实现信息互动,提高服务精准性。

安排专人负责联络服务及接待工作,做好接待工作的细节服务和对口服务,截至年底,联络对接、招商引资接待等工作任务800余次,完成市委市政府主要领导在京参加重大活动的服务保障工作。

**信息报送** 编辑《北京信息》20期,调研报告《河北省阜平县脱贫攻坚典型经验》1篇,新闻通稿《战役,我们有幸值守在国门上》1篇,《招商信息》2期。其中《北京信息》被兰州市委信息处采纳3篇,市合作交流办采纳5篇。

(牟怡洁)

【市政府驻上海联络处】 2020年,市政府驻上海联络处发挥驻外机构职能作用,落实全面从严治党主体责任、推进党建工作、突出招商主责,在促进合作交流、协调服务、招才引智、信息联络和内部管理等方面做了大量工作,完成市委、市政府和市合作交流办安排的各项任务。负责江浙沪皖等地区的驻点招商工作,全年项目签约16亿元,对接上报市级重点线索项目6个,落实到位资金4.74亿元。

**招商引资** 项目签约16亿元,报备签约项目2个,分别为投资8亿元的“河畔映港”项目、投资8亿元的“万科璞悦臻园”项目,落实到位资金4.74亿元;对接上报市级重点线索项目6个,分别为“中体城”项目、德邦证券分公司项目、医药检测中心、复地文旅项目、产业转移及孵化中心、尼奥

索斯悬梁式压滤机制造项目；与榆中生态创新城、兰州新区合作在上海、南京等地举办招商推介活动2场。组织来兰参会考察活动15批次，邀请投资考察企业或机构70家。

走访、考察伊藤忠商事株式会社、康缘药业、新斯特生物有限公司、海康威视、颐高集团、上海临港自贸区、上海明珠教育集团、上海翱戈森文化传播有限公司、江苏中旗科技有限公司、江苏农药协会、江苏甘肃商会、土库科技有限公司、浙江吉泰新材料公司、津材制药、中国中车、中体芯锐运动城、富力(集团)中心、德邦证券、盛趣游戏、盛大集团、上海玖豫企业发展有限公司等70余家企业和机构，并对实力雄厚、有项目倾向的重点企业进行多次走访，将项目线索落到实处。协调复星集团、易教教育、德邦证券、浙江甘肃商会、上海甘肃商会、聚砜产业园项目等企业赴兰参会考察；协调陪同中苏控股集团、中体产业集团、大禹节水、润扬化工赴兰考察；对接硅谷天堂新能源汽车换电网一体化生态项目；联系上海大华集团、上海甘肃商会、兰州新区、兰州高新区、兰州经济区及县区、部门，力求将项目线索落到实处；整理编制2020年上海企业百强榜详细排名情况，对精准招商打下良好基础。

联系上海华顿经济研究院、浙江甘肃商会、浙江上海商会、江苏上海商会、宁波上海商会、济南上海商会、东方卫视第一财经、长宁区各地投资企业(机构)协会、上海中心教育机构等单位，建立长期联系，组织定期座谈，发挥其平台、中介作用。在开展招才引智工作的同时，探索招商顾问、合作机构、购买服务等多样化招商模式，调动第三方社会专业力量开展招商引资工作。

**招才引智** 5月，考察调研中科院上海微系统与信息技术研究院的高镍正级材料生产项目；拜访宁波甘肃商会并就人才工作站建设与商会项目对接进行深入交流学习；考察宁波市中灿科技有限公司的“微动发电”和“智慧农业”项目；调研创建环保科技(中国)有限公司的空气净化消毒机项目；7月，对接酶赛生物工程有限公司生物酶项目。推荐5个创新项目，并将相关专业人士纳入人才工作库进行动态化管理，建立150余人“外埠本土人才信息库”。10月，考核2020年度驻沪人才工作站。

**联络服务** 接待赴长三角区域活动的兰州“四大家”领导及部门考察组、工作组、招商团组等35批次360余人次。保障服务市委、市政府主要领导江浙沪地区考察招商活动；参加上海大商汇、浙江上海商会、南通商会年会等活动，邀请长三角区域各类机构团组参加线上“兰洽会”；协调浙江上海商会与市政府主要领导进行座谈交流；配合市文旅局联系“文旅融合”扶贫富民直播电商赋能相关事宜；参加上海市福建商会和福建驻沪团工委共同主办的首届“闽籍在沪企业线上人才招聘会”；参加黑龙江省重点产业项目网上推介会；邀请上海玖豫企业发展有限公司赴兰对接考察；参加西藏自治区甘肃商会成立大会、内蒙古自治区上海宣介会；加大对兰州品牌的宣传和服务，将新开张的兰州牛肉面馆纳入行业协会进行规范管理；参加甘肃省(市、州)人民政府驻沪机构在江苏昆山经济开发区举办的交流培训会；保障市上主要领导参加“进博会”期间各项活动；邀请上海宾客参加“兰洽会”活动，配合做好“兰洽会”上海分会场宾客邀请及服务保障工作。

**信息报送** 年内为市委、市政府和市直有关部门报送《上海信息》12期120余条；向市政府合作交流办公室报送信息240条；向市委办公室报送信息291条，《兰州信息》采用7期。

（钟　芳）

市政府驻上海联络处参与“兰洽会”上海分会场活动

**【市政府驻深圳(珠海)办事处】** 2020年，兰州市人民政府驻深圳(珠海)办事处以党建工作为引领，突出招商引资，真抓实干、贯穿全年，探索出一些较为成熟的经验；招才引智工作初见成效；对外宣传、信息报送和接待服务等工作明显提升，完成了主职主业和其他各项工作任务。

**招商引资** 报备招商引资项目线索24个，其中认定签约项目4个，签约总额72.08亿元，认定到位资金17.59亿元。此外，加紧落地的重点项目：“寰宇中欧化工产业平台”项目及“湛江—兰州—俄罗斯—欧洲高速化工跨境通道”示范项目、“兰州市地下空间开发项目”。已经落地但尚未认定的重点项目:“GLP—1第三代糖尿病治疗药物产业化项目”“兰州市普惠金融服务平台”“黑石科技兰州公司”“GLP—1第三代糖尿病治疗药物产业化项目”“金属纳米粉体项目”“RD9012多参数监护仪生产基地”“农民老爹”品牌生鲜实体连锁店项目。利用粤港澳大湾区的经济优势,大规模、多批量主动拜访珠三角优质企业。主动登门,拜访比亚迪公司、恒大集团、华润置地、华宝国际集团、胜宏科技等60余家知名企业。同时,把优质企业、优质项目请进兰州。陪同协和长青集团、广东健力宝集团、申万宏源证券集团、广东天烨资产管理有限公司、广东陇粤控股集团有限公司、深圳萃英科技有限公司、深圳市科助微互联网科技有限公司、深圳深创生物科技有限公司、珠海艾柏尔兰迪医疗科技有限公司、深圳市华巨臣实业有限公司等50余家企业,25批次、200余人次赴兰考察。有8家已进驻兰州启动项目建设。

运用“互联网+”思维,建立招商引资项目库。招商引资项目库中储备全市(含兰州新区、高新区、经济技术开发区及部分县区)招商引资项目550个,同时,项目库纳入的信息扩展到广东省甘肃商会、深圳市甘肃商会所储备的招商引资项目。

**招商引资** 8月,协助兰州市农业农村局在广州举办“兰州特色农产品专场推介会暨招商会”,签订3亿元农副产品采购包销订单。11月3日,主动联合兰州市科学技术局、市人力资源和社会保障局、市卫生和健康委员会、市市场监督管理局、市大数据局、兰州新区、兰州高新区,精心策划,在深圳举办“兰州市科技产业招商引资推介会”,吸引珠三角地区智能制造、生物医药、电子信息、5G技术、新材料、现代农业等产业领域知名企业参会。12月3日,在深圳举行“2020年甘肃兰州暨榆中生态创新城招商推介会”,协助甘肃省经合局、甘肃省驻广东办事处、兰州市人民政府合作交流办公室、榆中生态创新城管委会做好推介会组织和服务工作。深商联合控股有限公司、深圳市新能源汽车促进会等80余家企业参会。

**招才引智** 组织召开兰州市驻深圳人才工作站专题工作会议,制定《兰州市驻深圳人才工作站建设和运行方案》《兰州市驻深圳人才工作站管理制度》和《兰州市驻深圳人才工作站经费使用财务制度》,编订《兰州市驻深圳人才工作站工作手册》。通过深圳市甘肃商会官网、“兰州驻深办”微信公众平台,及时发布兰州产业发展规划、引才公告及人才需求目录,重点发布兰州“双招双引”政策措施等。5月,联合兰州大学校友会、深圳市甘肃商会,建立人才信息库。截至12月底,高级人才库累计对接的各类高级人才12人,甘肃籍人才库累计对接的各类甘肃籍人才89人,后备人才库对接的各类后备人才116人。10月,在深圳举办“双招双引”座谈会,邀请深圳市对外经贸科技合作促进会、深圳市归侨侨眷企业家联合会、北京大学深圳研究生院、清华大学深圳研究生院、兰州大学深圳校友会、深圳市甘肃商会等20余家院校、商协会、企业,30余人参会。硕士、博士、专家学者等聚首恳谈,点赞兰州市驻深圳人才工作站建立人才库的举措,并为“项目+人才”引进模式支招献策。

**《深圳信息》** 2020年,对《深圳信息》进行改进,内容选择更注重对兰州工作的借鉴性,兼顾新闻性、可读性。同时,加大刊物的信息量,由每期两三万字增加到四五万字。市政府“兰州市协同办公平台”将《深圳信息》作为传阅文件,正式列入公文管理系统。

**接待服务** 截至年底,在粤接待全市各级各类招商引资、项目推介、会展参展计28批次、230余人次。重大活动安排有:市委广东培训团、市政府分管领导带队的“广博会”考察团、市政协广东考察团、市政府有关单位“高交会”考察团、市机关事务管理局领导率队的调研团、市农业农村局在广州开展的兰州特色农产品专场推介会暨招商团、兰州建投投资(控股)集团有限公司招商考察团、兰州黄河生态旅游开发集团有限公司招商引资考察团以及市直部门、兰州新区、兰州高新技术开发区、兰州经济技术开发区、各区、县、园区主要领导带队的招商考察团以及其他各类招商团组。

(陈学义)

**【市政府驻厦门办事处】** 2020年,市政府驻厦门办事处认真落实全面从严治党工作主体责任,加强党风廉政建设和作风建设。探索运用新渠道新形式,充分发挥职能作用,抓紧抓实招商引资工作,进一步明确工作重点,全力落实各项责任。全年上报《闽台信息》2期17条,各类工作、招商信息8期。

**招商引资** 进一步加强与重点项目负责人的联络沟通,探索运用新渠道新形式,充分发挥职能作用,抓紧抓实招商引资工作。通过网络连线、视频会议、电话沟通等方式,密切联系企业客商,关心企业近况,及时掌握投资意向,加大意向项目的对接力度,实现联络全覆盖、常态化。发挥互联网平台优势,加强线上对接,精准推介兰州的投资环境和重点产业。发挥商会、协会的桥梁纽带作用,依托商协会平台,开展以商招商,广泛获取项目投资信息、梳理招商引资项目线索,做到信息互通、资源共享,并组织有投资意向的企业来兰州进行项目考察。

围绕兰州新区的化工产业园建设与新区联合考察对接企业,报备落地兰州新区的签约项目6个,项目投资总额36.8亿元。其中,含氟新材料生产基地建设项目，投资总额3.8亿元；新型显示材料生产项目，投资总额2.6亿元；年产10600吨医药、原药及农药医药中间项目，投资总额3.9亿元；江苏瑞邦农化化工项目，投资总额15亿元；山东滨农科技年产22000吨绿色新型农药原药及中间体项目，投资总额10亿元；甘肃达尔健康复医院项目，投资总额1.5亿元。到位资金7.57亿元。上报线索项目11个：莱尔斯特大型专业幕墙门窗生产型企业项目；厦门市润铭网络科技公司城市智慧停车项目；福建森炯集团跨境电商物流项目；厦门天微电子电子芯片生产项目；厦门欧格乐环境科技有机废弃物处置生产项目(其余6个为上述报备签约项目)。

**项目推介** 组织厦门新疆商会、厦门欧格乐环境科技有限公司、厦门远东之星酒店管理公司、四川嘉州瑞宏控股有限公司、中国二冶集团有限公司新型建筑技术分公司的负责人7人到兰州进行项目考察并座谈，企业负责人和各职能部门负责人进行现场深入对接和洽谈，帮助企业家了解兰州市基本情况，进一步明确企业投资方向与合作模式，并组织企业深入相关县区、园区和市属企业进行实地考察对接。组织来三斤集团一行5人到兰州考察项目，与轨道交通上盖工程项目的数据信息产业投资进行细化对接，具体与已入驻的京东、网易洽谈项目合作。组织新疆商会和环保项目企业到兰州考察洽谈。多次协调组织瑞邦农化、滨农科技等相关企业到兰州新区化工园区考察洽谈项目。在厦门国际贸易投资洽谈会议期间，承办甘肃省国家级经开区招商引资暨兰州市产业发展推介会。市政府合作交流办、经济技术开发区、榆中生态创新城在会上进行推介，就兰州市的区位优势、产业基础、营商环境等全面深入介绍，与会企业代表围绕共商"一带一路"建设，推动合作共赢展开深度交流。会议邀请罗普特(厦门)科技集团、厦门象多多集团、大通互惠集团、福建森炯集团等180余名福建、广东、江西、台湾等地企业、商协会代表和台商、侨商参会，并就项目合作进行深入交流。大力宣传兰州市、榆中生态创新城的投资营商环境、产业优势和重点项目，为进一步深化甘闽两省经贸交流，促进项目合作打下扎实基础。

**招才引智** 发挥办事处人才工作站职能，联络拜访福州、厦门、武汉等地高校、科研院所、商协会组织和行业内领军企业，宣传兰州市经济社会发展概况、创新创业环境以及招才引智、招院引所、招商引资政策措施。多渠道掌握各行业、各领域拔尖人才，对专业技术方面发展潜力巨大的领军人才进行全面摸底统计。建立"外埠本土人才信息库"，开展在闽高层次人才信息采集工作，全年信息库录入博士、学术带头人、各领域专家、学者和各行业领军人才52名。在厦门组织召开人才工作座谈会，邀请人力资源中心负责人、人才库专家、商协会代表、在厦高校校友会等代表参加，将兰州市的招才引智、招商引资政策进行大力推介和解读，同时在媒体和网络上进行宣传。

**区域合作** 配合市政府合作交流办举办兰州市政府与商协会(厦门)专场对接洽谈会。邀请厦门市各部门领导、商协会会长、驻地校友会、企业代表等参加。市政府合作交流办主任任钧在会上进行兰州市招商引资推介，就区位优势、产业基础、营商环境等方面进行重点介绍，各商协会、兰州高校校友、企业家代表深入交流，洽谈合作、共谋发展。

(翟　丹)

11月23日，市政府驻厦门办事处组织参观厦门市开元街道深田社区

**【市政府驻乌鲁木齐办事处】** 2020年，兰州市人民政府驻乌鲁木齐办事处完成招商引资项目9个，报备资金32.15亿元，到位资金约2.67亿元，帮助成立乌鲁木齐市兰州商会，向新疆输转"两后生"和各种劳动力500余人次，为市委市政府和市直有关部门提供各类信息29期117条。

**招商引资** 签约项目5个，报备资金7亿元，到位资金约2.67亿元。其中，安之盾实业有限公司在兰州新区投资建设防火涂料及工业涂料外墙仿石漆及乳液生产建设项目，总投资4000万元，到位资金982万元；新疆喀纳斯润丰投资(集团)有限公司葵花产业园项目，总投资2亿元，到位资金1798万元；辽宁大禹防水科技发展有限公司在兰州新区高分子防水新材料产业基地二期项目，总投资6000万元，到位资金4800万元；兰州宏鑫永泰农牧科技有限公司年出栏30万头商品猪养殖一体化建设项目，总投资2亿元,到位资金4067万元;兰州威程管业有限公司管道生产基地建设项目,总投资2亿元,到位资金1.502亿元。

拟投资项目4个,报备资金25.15亿元。其中,三得利医药科技有限公司年产2.5万吨聚丙烯熔喷专用料生产线和2万吨熔喷布生产建设项目,总投资1亿元;甘肃天兆猪业有限公司在兰州新区60万头生猪养殖项目,总投资16亿元;江苏清源环境科技有限公司工业废盐综合利用项目,总投资8亿元;甘肃春秋建设投资有限公司与兰州市经济技术开发区城投公司共同出资,组建质检站项目,总投资1500万元。

**项目推介** 7月2日,组织乌鲁木齐市兰州商会等10余家企业代表参加第26届"兰洽会"开幕式暨丝绸之路合作发展高端论坛、永登县项目推介暨专场签约仪式、兰州经济区重点项目签约仪式等活动。全年拜访新疆克拉玛依市瑞银投资集团、克拉玛依市博泰石油化工有限公司、新疆天利高新石化股份有限公司、新疆万洲投资集团、新疆瑞泰青林酒业有限公司、巴州鑫硕源农业有限公司、和硕县贵基葡萄酒庄有限公司、新疆特顺康纸业有限公司等,推介兰州重点项目。协调榆中县政府与乌鲁木齐市兰州商会就重点招商引资项目召开座谈对接;协调乌鲁木齐市兰州商会与甘肃省投资商会2家商会缔结为友好商会;组织京东物流西北地区负责人、新疆春秋建设集团董事长、上海蒙哥马利电梯工程有限公司董事长等人前往榆中县卧龙川产业园考察对接;邀请领地集团西北地区负责人就文旅康养项目前往榆中生态创新城进行考察对接;前往河南郑州、安阳等地与河南省甘肃商会的多位企业家代表进行座谈;前往陕西省甘肃商会召开甘肃籍人士和商会多边联合体战略合作单位座谈;多次邀请大华集团西北地区负责人前往榆中创新生态城实地考察中国(兰州)中医智慧康养融合示范区项目。

**联络服务** 4月,全国首家兰州异地商会乌鲁木齐市兰州商会由乌鲁木齐市民政局批准成立,该商会的成立积极响应国家"一带一路"政策,对于加强乌、兰两地政治、经济、文化交流具有十分重要的意义;依托新疆乌鲁木齐兰州商会,与市就业局紧密配合,着力搜集就业信息,先后向新疆输转"两后生"和各种劳动力500余人次;多次走访慰问在疆兰州籍中小企业家和务工人员,并对复工复产中面临的诸多困难积极协调化解,采购一批防护物品和生活用品,代表市政府送去来自家乡的慰问和关怀;严格按照中央"八项规定"精神以及各项制度的规定,为前往新疆考察的市委、市政府、人大、政协及市直部门和各区县来疆人员提供政务联络、后勤保障等工作。

(王　川)

## 金城海关

【概况】 1月10日,兰州海关所属金城海关揭牌开关正式对外办理海关业务。金城海关揭牌开关后,兰州海关隶属海关增至7个,形成辐射全省、布局合理的机构设置。

【促进企业复工复产】 设立快速通关专门受理窗口,从简从速办理报关单位注册及变更。完成进口疫情防控物资减免税审批。落实暂免征收加工贸易缓税利息政策。推进关区"出口原产地证签证安全及便利化改革",助力特色产品出口,在提升原产地签证便利化水平、加强原产地相关部门合作、推进原产地实地调查业务改革顺利落实。

【平台建设】 推动自贸区可复制可推广经验落实,推进区内木材、粮食保税加工业务发展。完成首批"委内加工"业务。启动增值税一般纳税人资格试点工作。推进"仓储货物按状态分类监管"辅助管理系统建设。辖区甘肃(兰州)国际陆港汽车整车进口口岸、甘肃美神进境动物(活猪)隔离检疫场、兰州正大食品有限公司进境种猪隔离场通过总署验收。推进兰州铁路中川北站进境粮食指定监管场地正式启用,顺利完成首批进口哈萨克斯坦亚麻籽转关申报、检验检疫监管工作。

推进中国(兰州)跨境电子商务综合试验区建设。指导完成综合保税区跨境电商保税备货库新增扩建。指导企业参加全国消费促进月甘肃促消费行动第3届"畅享兰州 乐购金城"暨进口商品展销会活动。服务保障"双十一"活动,业务大幅攀升。

全力支持保税航煤业务"扩量增效"发展。完成首本进口原油保税加工出口航煤业务手册的核销结案;新建进口原油保税航煤加工贸易手册3本。拓展区外加工贸易业务,设立首本催化剂加工贸易手册,指导开展进口羊肠衣首次深加工结转业务。

【口岸管理】 全面推广"两步申报""两段准入"改革,提高"提前申报"比例,优化通关时效。兰州海关首票公路运输"两步申报"进口货物在金城海关顺利通关。全面推广原产地证书自助打印业务。推进原产地证书智能审核工作,签发兰州海关首份原产地证书。全方位开展知识产权海关保护。新增知识产权培塑企业,指导培塑企业通过总署知识产权备案。

【海关监管】 对进出口危险化学品企业实施全方位、立体式监督管理,做到"事前"准备检查、"事中"货物检查、"事后"证书检查"三查"贯穿始终,保证检验监管各环节无缝衔接。规范进出口危化品生产企业内部管理及操作流程，完善仓库及实验室管理制度，要求企业主动遵循国家的法律法规和规定，有效控制作业风险。

大宗矿产品检验监管改革。发挥远程视频监控，开展视频监督检查。落实进境活动物隔离检疫监管工作。开展辖区入境口岸有害生物、检疫性病虫害等重点项目监测。联合兰州市农业科技研究推广中心开展果园病虫害调查。联合甘肃国际旅行卫生保健中心开展口岸病媒生物监测工作，对辖区及周边区域鼠类及其体表寄生虫、蚊类和蝇类等病媒生物进行监测。

【综合治税】 开展2020年度税源调研，对辖区重点税源企业建立“属地纳税企业底账”，保障国家贸易救济措施执行到位。

【安全防控】 开展好海关总署“国门利剑2020”“蓝天2020”等专项行动，成立金城海关打私专项行动领导小组，强化正面监管，全力维护口岸安全稳定。

（马若菱）

## 供销合作

【概况】 2020年，全市供销合作社系统以推进供销合作社综合改革为重点，不断完善为农服务功能，社会认知度和公众影响力稳步提升，经营业务保持持续快速增长的良好态势。有区县联社8个，基层社47个，村级供销综合服务社342个，标准化放心农资店206个；领办创办农民专业合作社69个，入社成员7694户，带动农户9523户。建成县区级农资配送中心6个，日用品配送中心5个，农产品交易市场8个，农资经营网点280个，农家店702个，再生资源分拣中心、交易市场10个，再生资源回收网点412个。开设“线上网络+线下实体”经营模式网店72家，农村电子商务服务站63家。设立资金互助社2家，金融服务代理点134个。全年全系统社会消费品零售总额21.19亿元，较上年增长8.4%；农业生产资料供应总值2.92亿元，与上年持平；农副产品收购总值7.93亿元，增长11.4%；实现再生资源销售额36.7亿元，完成全年目标任务的100%。

【综合改革】 供销合作社“三会”制度建设有序推进，11月，市委编办发文同意市供销社恢复成立监事会机构，新增设监事会主任职数1名、监事会办公室职数2名，城关区、安宁区恢复为政府直属事业单位，市供销社、皋兰县、榆中县设立供销合作发展基金。筹措资金395.4万元解决政策性亏损挂账，占全系统挂账总额的69%。市区县两级社有企业补缴养老保险费281.89万元。全系统新建基层社1个，改造提升基层社2个，新建农民专业合作社4个、标杆基层社2个、专业合作社示范社1个、综合服务社星级社3个。皋兰县供销社所属麦之源有限公司开展禾尚头小麦基地建设，与170户农户签订协议，流转土地770亩，收购禾尚头小麦10.22万斤，收购额70.81万元，销售禾尚头面粉及系列产品累计70万元。完善“政农企+种产销”农业产业化发展体系，与甘肃丝路新韵贸易有限责任公司签订年销售500万元产品代理销售合同，提升皋兰县禾尚头小麦特色品牌，破解禾尚头特色产品品牌化战略发展难题。全系统社有企业以市场化手段，通过资本投资、资产整合、业务合作等方式推进联合合作。永登县供销社工业品贸易公司出资100万元，联合天津市宝坻区宫霄商贸服务中心合作成立甘肃兰州永宝宫霄农产品购销有限公司，打造消费扶贫农产品销售平台。利用县扶贫办扶贫资金200万元建设牛羊驴肉分割初加工车间，总投资524万元，建设永登县畜禽生鲜农产品初加工项目。

【为农服务】 全系统土地托管面积3.09万亩，土地流转面积3.7万亩，新建庄稼医院19家，开展统防统治面积6.92万亩，推广测土配方施肥6.95万亩，着力破解农村耕种人少、撂荒地多难题，实现“农民外出打工、供销社为农民打工”。依托扶贫“832平台”“供销e家”等平台，以线上线下融合为切入点，加快发展农村电子商务，新发展电子商务网点9家，全年电子商务销售额5092万元，增长21%。推进东西部扶贫协作，开展消费扶贫。46家企业126款产品入驻“扶贫832”平台，全年实现销售额234万元。全系统开设扶贫专柜8个，设立线上消费扶贫专区5个，系统内企业参与产销对接活动24场次、签订合约15份、意向成交额2585万元。全力保证市场供应，摆脱农产品滞销困境。全系统700余个经营网点发挥服务城乡社区终端末梢的经营网络优势，疫情期间不关门、不断货，与农民专业合作社、农业种植大户开展产销对接，适应消费新需求，创新“社群式”“无接触”营销，开展线上下单、次日线下同城配送业务，最大限度满足市场需求。加大农民培训工作力度。全系统举办各类培训班24期，培训农民15835人，其中农民经纪人2275人。

【农资供应】 春耕期间，依托6个县级农资配送中心和280个连锁网点，为农民提供农资供给便民服务，筹措资金，衔接货源、扩大储备、做实库存、保障供应。年初，系统农资经营企业采取各种举措全力保障春耕期间农资供应。为了不误农时，全系统农资企业以农资经营网络体系为依托，发展服务主导型经营方式，通过开展延长营业时间、电话预约、送货上门等便民服务措施，将适销对路的农资商品第一时间送到农民手中，全力保障春耕农资供应；加强对农资经营网点人员的专业知识培训，为农民群众做好农资产品性能、使用方法等方面的咨询服务，引导农民科学使用农资产品；转变传统经营方式，为治理环境污染，系统农资企业在引进高效、环保、新型农资产品，逐步增加掺混肥、水溶肥、缓（控）释肥、有机肥等肥料品种和高效低毒低残留农药、高标准农膜的市场供应量的同时逐步引进测土配方施肥、农技推广、病虫害防疫防治、植保门诊、处方供农药以及相应的农资配套服务，为转型升级打基础；全系统各农资经营企业加强行业自律，完善质量管理体系，严把进货关、销售关，杜绝假冒伪劣农资商品流入供销社系统的农资企业及经营网点。市供销社与市市场监督管理部门联合下发《关于开展2020年全市农资打假保春耕的通知》，开展为期1个月的农资打假保春耕专项行动。活动期间，出动执法人员229人，悬挂宣传横幅66条，发放宣传材料万余份，检查各类农资经营网点166个，未发现供销社农资经营网点上有出售假冒伪劣、以次充好的农资产品的行为。全年供应各种化肥9.05万吨，农药537.4吨，农用塑料薄膜480.4吨。

【项目建设】 国家“城市矿产”示范基地再生资源循环经济加工产业园10个项目重点已基本建成，年生产能力20万吨的废纸再制造二期扩建项目进展顺利，回收利用网络体系、“两网融合”业务不断拓展。市农副公司挖掘供销社金字招牌价值，小投资撬动大市场，大力发展农产品冷链物流，与天津狗不理集团合作，发挥各自优势共同运营中央厨房项目，年加工140余种净菜、熟肉制品、各类面点、生鲜等约2000吨，配送到城区15家狗不理餐饮店及周边综超和O2O便民店。甘肃兰供进出口贸易有限公司参与“一带一路”建设，在兰州新区保税区成立进出口贸易公司，从俄罗斯、智利、加拿大等国进口亚麻籽、牛肉等商品，全年交易额1亿元。市农副公司、金达集团新注册成立食品加工公司，通过精深加工实现产销衔接，打造供销品牌，做好“供销合作社+”的文章，其中肉类、净菜、大米加工车间面积1000平方米，冷冻保鲜仓储面积1500平方米。金达集团净菜加工配送中心建设项目购置相应的设备及软件，进行400平方米分拣车间的升级改造及分拣ERP系统安装调试工作。兰州市果品茶叶公司危旧房（棚户区）改造项目（二期）建设按照时间节点和进度要求有序推进，主体结构地上28层已封顶。

【服务平台建设】 组织系统企业赴北京、广州、南宁等地开展农产品产销对接，通过“兰洽会”“厦洽会”“冬交会”、第18届“农交会”等节会，全力推进农产品外销。动员和引导系统内企业与农民专业合作社开展合作，构建长期产销对接机制，实现农产品直供直销，帮助农民解决农产品从产地到餐桌“最后一千米”问题。开拓进口贸易和服务市场，在第3届中国国际进口博览会上，市农副公司与金陇（香港）投资有限公司签订战略合作框架协议，在甘肃农产品走进粤港澳大湾区专项产销对接活动上，与广州市供销社签订170万元百合销售合同。组织7家社有企业参加第18届中国农产品交易会和2020年中国（海南）国际热带农产品冬季交易会，签订销售合作协议3份，金额660万元。

（梁云鹏）

## 粮食安全和物资保障

【概况】 2020年，兰州市粮食和物资储备局全面落实“六稳”“六保”决策部署，一手抓粮油保供稳价，一手抓粮食产业高质量发展，坚决落实好粮食安全省长责任制各项要求，切实筑牢粮食安全防线，守住管好“金城粮仓”，为建设“都会城市，精致兰州”作出积极贡献。全年完成项目投资10.825亿元，占目标任务5亿元的216%；全市科学保粮率93%，比目标任务提升1%；投放政府储备蔬菜5000吨；健全完善粮食市场监测和预警机制，粮油商品抽样检测225批次；完成50家“放心粮店”建设和提升改造任务，全市“放心粮店”总数250家；完成招商引资到位资金1亿元，占目标任务100%。

【“六稳”“六保”】 制订《兰州市关于保粮食能源安全的工作方案》，足额落实省粮食局、省发改委、省财政厅、农发行甘肃省分行下达兰州市新增市县级储备粮和成品储备粮供应量任务。市十六届人大常委会第二十九次会议专门听取并审议市政府关于全市粮食安全工作情况的报告，会议对兰州市粮食工作给予高度评价。新增及正常轮换市级储备粮全部通过甘肃省粮油批发市场交易平台公开竞价交易，按照“逐车检验、清杂入仓”要求，完成年度市级储备小麦轮换，轮入小麦全部达到国标一等；开展全国政策性粮食库存数量和质量大清查发现问题整改“回头看”、政策性竞价销售出库检查以及2020年“两个安全”大检查等工作；认真开展全市春秋两季粮油普查工作，出动普查人员386人次，检查14家粮油承储企业粮食、油脂。

【粮食安全省长责任制考核】 2019年度省政府对兰州市落实粮食安全省长责任制工作考核继续保持优秀。市政府第103次、123次、124次常务会议专门听取兰州市落实全省粮食安全省长责任制工作暨政策性粮食大清查总结视频会议和程晓波副省长讲话精神工作汇报。10月13日，市政府分管副市长韦青祥专门召开兰州市粮食安全省长责任制工作推进会议，对2020年省考市的6个方面、13项重点考核事项、26项考核指标，进行认真细化分解，对省发改委等11个部门联合下达的2020年粮食安全省长责任制考核指标逐条分解到部门和单位，明确考核内容、时间和考核标准；对市考区县指标进行调整细化。

**【体制改革】** 经过市政府3次常务会、市委2次常委会、深改会专门研究粮食和物资储备工作体制机制改革，提高市级储备粮在服务宏观调控、调节稳定市场，应对突发事件等方面的重要作用，切实加强市级储备粮管理，出台《兰州市关于改革完善体制机制加强粮食储备安全管理的实施意见》《兰州市地方储备承储企业政策性职能和经营性职能分开方案》；整合《兰州市储备粮管理办法》《兰州市成品储备粮管理办法》《兰州市市级储备粮轮换亏损补贴暂行办法》，出台《兰州市市级储备粮管理办法》。从提高储备肉菜应急供应能力的需要出发，出台《兰州市冬春蔬菜和冻肉储备管理办法》，通过公开招标方式，确定冻肉承储企业，在全市设立定点销售网点；按照国家标准，储备冬春蔬菜，在原有6个品种的基础上，新增菜花、青椒等10个蔬菜储备品种，正常情况下分3个阶段有序投放。结合现有救灾物资库存品种和数量，补充采购90万元的救灾物资，新增睡袋等应急物资品种。

**【产业发展】** “西部粮都”建设正式写入市委《高质量发展意见》，在已入驻兰州粮油集团、兰州润民粮油集团、益海嘉里、海大饲料基础上，新希望200万头生猪全产业链项目、兰州高金食品百万头生猪屠宰加工项目等大型企业纷纷落地。2020年在建项目12个、总投资19亿元，其中年内项目竣工4个，完成项目投资10.825亿元。兰州现代产业园一期项目竣工，兰州花庄粮食储备库三期仓房扩建项目完成验收，兰州天润粮油6万吨平房仓建设项目主体完工并完成分项验收，粮油质检体系项目设备正在安装调试。主要领导亲自带队，赴福州、上海、苏州等地招商引资，联合市农业农村局在福州举办兰州市地方企业专场推介会，兰州市20家企业200个粮油、农副特色产品参加展示推介；举办宁夏吴忠优质农产品（兰州）高峰论坛暨商贸洽谈会，两地企业经销商之间签约总额8000万元。谋划储备新建项目9个，计划投资3.38亿元。由兰州润民粮油有限公司和甘肃省轻工研究院有限责任公司联合研发的《特色食用植物油中风险因子解析与预防控制机理研究》项目获“中国食品工业协会科学技术奖”一等奖，这是甘肃唯一获奖项目。

**【粮油市场监管】** 出动车辆287台次、执法人员985人次，检查全市粮油经营户、抽检样品225批次，行政处罚2件，移交案件1件。对竞价销售出库的政策性粮食进行认真检查，抽检样品8个批次；严把储备粮入库关，扦取市级储备粮入库样品、省级储备进口小麦样品，全部符合储备粮出入库质量标准。对中储粮兰州直属库定向销售出库的脱氧雪腐镰刀菌烯醇超标的小麦全程闭环监管，确保专粮专用，严防流入口粮市场；对全市大专院校集体食堂开展粮油质量专项检查；对市级储备肉菜和销售情况进行监督检查，确保“舌尖上的安全”。

**【政务服务】** 深化“放管服”改革，上半年推出粮食收购许可证审批业务由原来在市上统一办理改为在区县一级办理；8月，推出证明事项承诺制，对仓储设施等证明材料实施告知承诺，从制度层面解决群众办事慢、多头跑、来回跑、重复证明、循环证明等问题；全面推行减少办证手续、办理时限和审批环节，办证流程由5个步骤缩减为3个步骤；落实“不来即享”“一网通办”“容缺受理”“好差评”等政务服务新要求，取消粮食经纪人办理收购证的规定，办证时间由原来的15个工作日缩减为5个工作日办结，政务事项按期办结率和群众满意度均100%。

**【营商环境优化】** 对重点项目单位实行定期走访制度，每月由分管领

粮食稽查支队检查原粮

导和责任科室及时了解项目推进进度，帮助解决工作中遇到的困难和问题；建议市政府出台多项扶持粮食产业发展政策，建立粮食轮换亏损长效机制，一次性解决市级储备粮轮换差价亏损问题；进行优化营商环境粮食地方性法规专项清理工作，最大程度给从事粮食批发零售的经营者减少审批材料和审批环节，提高简政放权的“含金量”。

【脱贫攻坚】 把脱贫攻坚工作纳入目标管理，局党组多次专题研究脱贫工作，局主要领导和分管领导每季每月深入永登县坪城乡横沟村走访，实行县级干部包2户、科级干部包1户的精准扶贫；针对帮扶村8.8亩温室大棚连续两年不长的问题，邀请市农业科技研究推广中心、县农技中心和甘肃永天绿源农业科技有限责任公司科技人员，多次实地调查会诊，确定调整大棚种植香菇的解决方案，到位资金30万元。走访慰问建档立卡贫困户25户、10户老党员、39户困难群众，发放慰问资金（物）1.5万元。累计争取扶贫资金88.5万元，横沟村于8月完成国家扶贫验收。

（王鹏飞）

## 烟　草

【概况】 2020年，兰州市烟草专卖局（公司）贯彻省烟草局党组各项决策部署，认真落实“1369”高质量发展总体思路及6+N配套措施，主要经济指标达到预期，重点工作扎实推进，发展质量不断提升，实现“十三五”时期的各项目标任务。公司下辖兰州新区、城关、七里河、西固、安宁、红古6个区级烟草专卖局（营销部）和榆中、皋兰、永登3个县级烟草专卖局（营销部），从业人员583人。

【专卖管理】 理顺联合打假打私协作机制，适时开展各类专项行动，强化物流寄递渠道常态化监管，不断加大真烟非法流通治理力度，有力维护卷烟市场秩序。全年查获涉烟违法案件986起，查获卷烟数量1357万支；查获5万元（或20万支）以上真烟案件31起，万元以上假私卷烟案件56起，移交公安部门涉烟案件25起，刑事拘留13人，依法逮捕8人，判刑3人；破获并办结网络案件4起，其中千万元以上案件1起。继续深化“放管服”改革，实现零售许可事项零材料和“不见面审批”“一网通办”“全程网办”要求有效落实，推行零售许可事项告知承诺制。全市中小学周边卷烟零售点专项清理整顿工作全面完成。

【企业管理】 以标准体系信息系统为依托，开展流程优化专项活动，标准体系运行质量持续提升。推进创新管理及QC小组活动，6项成果分获省质量协会评审特等奖、一等奖和二等奖。切实强化网络安全保障，参与网络安全攻防演练，加快推进信息化建设项目实施。全面落实安全生产责任制，安全标准化一级达标工作深入推进，安全管理信息系统全面运行，具有兰州烟草特色的安全文化体系基本建成，安全管理水平持续提升。

【卷烟营销】 严格落实“把好四个重点、抓好四个统筹”的经济运行要求，牢固树立大局意识，科学把握运行重点，落实调控措施，主要经济指标实现稳中有进、稳中向好。着力推动零售终端转型升级，推进零售客户信用体系建设试点，全面加强诚信互助小组建设，提升文明吸烟环境建设质量，提高客户服务需求响应能力，营销渠道掌控力持续增强。推进智慧物流建设，部分异型烟与常规烟实现共线分拣，卷烟物流设备全生命周期管理系统基本建成，工商卷烟同城共库项目得到推广，叉车智能调度系统全面运行并取得计算机软件著作权，送货服务实现智慧监管。

【智慧物流】 物流设备全生命周期管控系统实现设备管理由粗放式人工管理向精益化“智慧管理”转型；叉车智能调度系统的“准机场式”精准管理提升效率23%，该项目于4月获得国家知识产局颁发的软件著作权专利，填补了全省商业系统叉车智能管理的空白；零售客户微信服务端、送货人员智能配送端和管理人员监控云平台“两端一云”的开发，实现了对送货的全过程监管。

【公益活动】 组织广大干部职工开展“垃圾分类我带头”“学雷锋精神，展志愿风采”“情系学子，冬日送暖”和文明交通劝导等志愿者服务、关爱社区困难人员、捐资助学、帮扶走访慰问、植树绿化等公益活动，参加职工逾百人。捐款78615.66元。

（康立中）

## 非公经济

【概况】 2020年，全市各级市场监管部门累计登记各类市场主体343084户，新增市场主体48705户，同比增长2.81%，其中内资企业144585户。全年全市非公经济市场主体335504家。其中，外商企业730家；私营企业137005家。非公经济市场主体占全市各类市场主体97.79%。全年全市城镇就业8.24万人，民营经济市场主体带动城镇就业约9万人，占全市城镇就业人数的96.7%。上缴税金130.9亿元，占全部税收的37%。有22家企业在主板上市，18家在新三板上市。在最新公布的2020甘肃民营企业50强名单中，兰州市有19家企业入围，占全省50强的38%。

【政策支持】 制定出台《进一步优化营商环境大力支持非公有制经济发展的实施意见》《努力构建亲清政商关系的指导意见》《营造企业家健康成长环境弘扬优秀企业家精神更好发挥企业作用的通知》和《关于贯彻落实全省促进中小微企业高质量发展若干政策任务分解的通知》等政策，不断夯实政策导向基础。成立市促进中小企业和民营经济发展领导小组，市政府主要领导任组长，领导小组成员单位35个，进一步强化对全市民营经济、中小企业发展的组织领导和统筹协调，逐步形成各区县、部门联动，共同促进中小微企业和民营经济发展的工作机制。

【平台建设】 累计创建国家、省市级中小企业服务平台74家，为中小企业提供财税、融资、法律、创业、质量认证等服务；对兰州中小企业公共服务平台进行改造提升，开展中小微企业公共服务电子补贴券工作，先后受理24家服务机构74笔业务申请，累计发放补助资金45万元，为小微企业购买服务提供补贴，减轻中小微企业负担。按照国家工业和信息化部、国家统计局、国家发展和改革委员会、财政部部颁标准为1170户小微企业进行划型认定，帮助企业降低招投标成本；兰州兰洛炼化高新装备股份有限公司等15户企业被认定为甘肃省“专精特新”中小企业，其中兰州裕隆气体股份有限公司、兰州海红技术股份有限公司、甘肃泛植制药有限公司被评为国家级小巨人企业；鼓励和培育中小企业开展“双创”（大众创业、万众创新）工作，新培育省级科技孵化器1家、众创空间4家，累计培育省级创业就业孵化示范基地25家，认定国家级企业技术中心14个、省级以上工业设计中心24个，省级行业技术中心46个，省级以上技术创新示范企业为36户、省级制造业创新中心6个，省级产业技术创新联盟22个，特别是兰州天禾生物催化技术有限公司的高产辅酶Q10基因工程项目和丝路梦工厂团队的文创项目分别获得2020年全国创客企业组和创客组一等奖。

【技术创新】 支持兰州技术市场发展，发挥技术市场在资源配置中的主导作用，健全技术转移机制，促进科技成果转移转化，全年完成技术合同认定登记5499项，技术合同认定登记额81.5亿元，促成30项科技成果在省内转移转化。推动产学研融合，鼓励在兰高校院所和企业建立产学研紧密结合的技术创新体系，认定科技成果转化基地和研发机构15家。

【重点企业简介】 **兰州中人管道工程有限公司** 是经甘肃省通信管理局备案批准成立的通信工程类专业公司，公司以通信管道工程为主业，拥有甘肃省住房和城乡建设厅颁发的通信工程施工总承包三级资质和中国通信企业协会颁发的建设企业服务能力乙级证书。公司有通信一级建造师1人，二级建造师3人；高级工程师3人；中层职称人员12人；编审人员8人；八大员（安全员、施工员、资料员、材料员、质量员、劳务员、机械员、标准员）25人。公司以“统一建设兰州市通信管道”为目标，参与兰州市城市基础设施建设，成为兰州市区弱电管网建设唯一建设商，从2002年至2020年底，投资建成城市通信管道1239管程千米，是兰州市城市基础设施建设的排头兵，受到几大电信运营商和省、市广电的好评。为提升城市形象，美化城市环境，切实解决城区各类架空线缆空中“蜘蛛网”问题，根据市委市政府决策，于2018年开始实施兰州市城区线缆入地工作三年行动。截至年底，公司累计完成兰州市主城区313条道路的通信线廊建设工作，新建通信线廊492千米，投资3.19亿元。

**兰州裕隆气体股份有限公司** 创建于2001年，总部位于西固区，注册资本3200万元，总资产1.5亿元，是一家专业从事工业废气回收利用、气体研发生产、运输销售服务和清洁能源开发为一体的高新技术企业。2017年1月成功挂牌新三板，公司下设9个分子公司，在兰州、金昌、西宁、五家渠、宝鸡等地建有多个生产基地。主营产品液体二氧化碳、氢、氨、乙炔等大宗气体及各类高纯气体、混合气体100余种。公司拥有低温液体运输槽车和气瓶配送车65辆，日运输低温液体1500吨，同时具备各类气体钢瓶、槽车的充装资质和危险品道路运输资质。公司气体产品种类丰富、物流配送运输实力强大，是西北地区规模化工业气体综合供应商，为客户提供安全、环保、集约型的一站式供气解决方案。

**甘肃健顺生物科技有限公司** 成立于2011年7月，致力于高效优质的无血清、个性化、化学成分界定的细胞培养基产品的开发、生产和销售，同时为生物制药行业和人/兽用疫苗企业提供配方生产、工艺优化、技术支持等完整解决方案和配套服务。年底公司已成功打破欧美企业在生物制药领域的绝对垄断，在中国同行业企业中市场占有率第一，是中国最大的具有自主知识产权的细胞培养基企业。2020年，公司有员工150余人，本科以上学历占比70%（博士、研究生占比13%），培养了一大批高素质、掌握核心技术的生物技术本土人才。2019年主营业务收入6583.74万元（销售额近8000万），同比2018年增长21.07%。近3年累计纳税1800万元。公司非常注重研发及技术储备的投入，近3年累计研发投入6263.28万元，占主营业务收入的38.91%。

**甘肃陇萃堂营养保健食品股份有限公司** 公司创始于1994年，是国内营养健康食品行业的领先企业，集健康食品技术研发、产品设计及全渠道销售为一体的新三板挂牌企业，通过特色物产及功能营养食品的深度研发，有效整合地域特色资源，有力地推动区域经济的可持续发展。公司有技术研发中心、品质检测中心、甘肃省苦水玫瑰研究与应用工程实验室、陇萃堂营养科学与功能食品研究院、国家GMP认证食品药品生产基地及多条现代化的产品生产线，获得绿色食品证书、ISO9001、HACCP管理体系证书等。截至2020年底，拥有专利50余项，拥有注册商标35类近百项。

公司在省内设有10余家直营专卖店，产品销售涉及省内各大商超及全国30余个省、市、自治区和港澳台地区；有员工350余人；年销售规模上亿元；产品主要有陇礼三泡台系列特产、陇萃堂净制冬虫夏草系列、玫珑镇玫瑰花蜜茶饮系列、党参当归黄芪锁阳、奇珍系列、农副食品系列、文化艺术品系列等特色物产。企业近年先后获得国家电子商务示范企业、全国商贸流通企业先进集体、甘肃省食品安全生产示范企业、甘肃省首批战略性新兴产业骨干企业、甘肃省著名商标、兰州市农业产业重点龙头企业等称号。

**甘肃亚盛亚美特节水有限公司** 是一家以丰富的土地资源为基础，集农资服务、农作物种植、农产品加工、农业技术研发、商贸流通为一体的大型现代农业企业集团。总部设在兰州市，所属分公司14家、全资子公司8家、控股子公司1家、参股公司1家。有从业人员1.2万人。主要生产经营啤酒花、马铃薯、牧草、果品、食葵、辣椒、枸杞、香辛料、甜菜、甜叶菊、药材等农产品及节水灌溉材料。

**兰州威特焊材科技股份有限公司** 是一家集科研、生产、销售和技术服务为一体的国家级高新技术企业，是专业生产经营焊接材料和金属合金材料的民营企业。有职工50人，其中硕士研究生学历4人，大专及以上学历占到70%。公司在铝及铝合金焊丝、镁合金焊丝研发方面已获得授权8件国家发明专利、2件实用新型专利、1件外观设计专利；年底，新受理1件发明专利，已注册3个商标，完全包含公司所经营的各类产品，保护范围全面，其中兰光商标覆盖了焊接材料，威特商标覆盖了金属合金材料。主导产品有铝及铝合金系列焊丝，包括纯铝、铝硅合金、铝镁合金、铝锰合金、铝铜合金、铝锂合金6大类22个品种。

**甘肃兰金民用爆炸高新技术中心** 隶属甘肃省化工研究院，为具有独立法人资格的国有企业，主要从事民用爆破技术的研发、推广应用和爆破工程的设计施工、安全评估、安全监理，同时开展爆破技术咨询、安全培训、地质灾害治理、振动监测、废旧爆炸物品销毁等工作。注册资金2010万元，拥有营业性爆破作业单位一级资质（岩土爆破、拆除爆破、特种爆破）、矿山施工总承包三级资质、爆破与拆除工程专业承包三级资质、土石方工程专业承包三级资质、地质灾害治理丙级资质、振动测试CMA认证，取得建筑施工、金属非金属矿山施工、油田井下作业安全生产许可证，通过ISO9001质量管理体系、ISO14001环境管理体系、OHSAS18001职业健康安全管理体系认证，是中国工程爆破协会常务理事单位，甘肃省工程爆破协会和甘肃省民爆器材行业协会副理事长单位。有专业技术人员50名，其中正高级工程师2名，研究员1名，高级工程师11名，有享受国务院特殊津贴专家1名，甘肃省领军人才1名，中国工程爆破协会特聘专家1名。公司具有较强的研发实力，先后完成省部级科研项目30余项，获得科技部中小企业技术创新基金1项、甘肃省中小企业技术创新基金1项，获得19项授权专利，累计发表学术论文110篇。

**兰州金利达电子技术有限公司** 为国家高新技术企业、甘肃省科技创新型企业、甘肃省科技型中小企业、中国消防协会会员单位、中国移动物联网联盟单位、甘肃省消防总队平台建设单位和甘肃消防设施物联网系统技术标准起草单位。与三大运营商中国电信、中国移动、中国联通建立长期合作关系。公司拥有高素质的研发、生产、销售团队，其中博士1名、硕士3名、外聘教授2名。截至2020年底，公司取得专利7项，软件著作权6项，商标3项，发表论文11篇，软件检测登记1项，7种产品取得国家质量监督检验中心检测报告，2项产品取得国家消防3C认证，1项产品获得甘肃省第2届工业设计大赛产品组优秀奖，1个科研项目获得2018年兰州市科技计划项目立项。公司与高校、研究所联合设立协同创新实验室，通过产学研结合，实现消防产品持续研发能力。不断推出技术先进、系统稳定的消防产品。平台搭建后，已有10余个省份接入，数千家维保公司和社会单位使用。

**甘肃紫光智能交通与控制技术有限公司** 是甘肃省第一家专业从事高等级公路收费、监控和通信的施工企业。业务领域涉及工业、涉密、安全、基础环境和软硬件等运维业务。维护团队建设日臻完善，拥有各类技术和管理精英70余人，建立覆盖甘肃省14个地州市的三级化结构客服体系，开通了24小时服务的“400—0936—800”客户热线，维护服务范围包括1个总中心、20个分中心、94个收费站和745条收费车道，维护路线累计1800余千米，站点实行人员驻地化跟踪服务，搭建可视化全程管理的运维服务综合管理平台，对运维故障统一受理，运维人员统一调配，运维过程全程监管，形成标准化的运维服务管理模式。曾先后研发80余项自主知识产权的企业级软件，软件过程能力达到CMMIL3，是国家认定的高新技术企业，也是较早获得工信部信息技术服务运行维护标准(ITSS)成熟度二级符合性证书的企业之一，配备完善的三级化结构客服体系和专属研发部门及两个专业实验室。公司业务遍及全国25个省份，形成以甘肃为中心，辐射西北和西南的市场区域。

**兰州兰飞医疗器械有限公司** 是原航空工业兰州飞行控制有限责任公司第8分厂，改制后为兰州兰飞生化设备有限责任公司，具有独立法人资格的经济实体，已列为军民融合装备制造类生产企业名录。民品方面，为全国六大生物制品研究所提供科研生产所需生化设备，其中自主研发的细胞培养机和多层细胞培养皿取得国家专利，为金川公司、西宁特钢提供维保服务及非标设备的研发与生产，在与西宁特钢的合作中为西宁特钢研制出替代德国进口的三辊精轧机，也是国内第一家掌握精轧技术的企业。军民融合方面，长期与航空工业兰州飞行控制有限责任公司、航空工业兰州万里机电有限责任公司合作，参与到2家公司的各项航空产品的生产研发任务中。在2019年10月被航空工业万里机电有限责任公司授予“万里新品试制基地”。与航天五院第510所合作有20余年的历史，参与到510所压力容器事业部的各项工装夹具、新品试制等，其中电火箭部分组件在珠海航展亮相受到510所的好评。

**兰州和盛堂制药股份有限公司** 是一家混合所有制企业。股东包括兰州市科技局旗下兰州科技发展公司和省国资委旗下的甘肃科技投资集团、省国资委旗下的甘肃省国有资产投资集团、新区财政局100%持股的新区科文旅集团。是一家以陇药现代化为核心，集中药材种植，药品研发、生产、销售为一体的现代化高新技术制药企业。有颗粒剂、胶囊剂、滴丸剂、糖浆剂、合剂、散剂、片剂7个剂型37个产品。公司采取研发和营销双轮驱动的商业模式。截至2020年6月，公司销售额3300万元，比上年同期增长8%。

**西部创客投资管理有限公司** 是2015年诞生的甘肃省第一批科技企业孵化器和创服机构。2016年打造了西北首个以“文化+科技”为主题的产业融合创新基地(园区)——文创大厦C—Work。截至12月，累计孵化企业213家，举办各类创新创业培训及活动100余场，培训人数近万人，累计带动就业6700余人，园区综合产值近5亿元，成功培育孵化了思拓科技、云中互联等创新型中小微企业40多家；并先后被科技部、人社部认定为“国家级科技企业孵化器”“国家级众创空间”“全国创业孵化示范基地”，被省市相关部门认定为“省级科技企业孵化器”“省级创业就业孵化示范基地”“省级中小企业创业创新示范基地”。

**兰州兰洛炼化设备有限公司** 是国内唯一1家专业研发、生产各类新型螺旋板换热器的专业性非常突出的研发、生产企业，经过多年的研发与努力，已成功为国内石油、冶金、化工、酒精、粮油等行业提供各类新型螺旋板加热器、冷却器、冷凝器、螺旋板蒸发器等装备数千台套，其中近60%成功替代进口设备，60%为专利创新产品，每年60%以上的订单都是回头老客户。公司拥有发明专利5项，使用新型专利16项，属高新技术企业，甘肃名牌产品企业，中石油、中石化一级供应商。产品为甘肃名牌产品、在国内同行业中处于领先地位、被国家螺旋板式换热器行业标准列为首选推荐产品。

(贺　欢)

## 财　政

【概况】　2020年，全市一般公共预算收入247.13亿元，比上年同期增收13.9亿元，同比增长5.96%。其中，市级一般公共预算收入127.95亿元，增长11.45%；兰州新区一般公共预算收入19.75亿元，增长11.97%；区县级一般公共预算收入99.43亿元，下降1.34%。全市一般公共预算支出485.73亿元，增长6.37%。其中，市级一般公共预算支出204.72亿元，增长8.99%；兰州新区一般公共预算支出47.98亿元，增长11.41%；区县级一般公共预算支出233.03亿元，增长3.22%。全市政府性基金收入230.66亿元，同比增收62.75亿元，增长37.37%，其中国有土地出让收入完成198.2亿元，同比增收53.66亿元，增长37.12%；政府性基金支出267.5亿元，同比增支106.91亿元，增长66.57%，其中国有土地使用权出让收入安排的支出126.77亿元，同比增支34.44亿元，增长37.3%。

【组织财政收入】　按照“一季度少下降，二季度正增长，三季度补欠账，四季度保目标”的总要求，加强财政经济运行态势研判，坚持部门联席会商制度，密切配合税务部门强化征管措施，坚持抓大不放小，靠实责任，细化措施，切实做到依法征收、应收尽收，确保各项收入足额入库。依托信息化平台，深入推进非税执收电子化改革，规范收缴行为，促进非税收入足额按时入库。向上争取资金，截至年底，兰州市争取抗疫特别国债资金和特殊转移支付25.5亿元，严格落实特殊转移支付直达基层机制，全部按规定下达区县，有效缓解基层财政运行困难。

【落实“过紧日子”要求】　出台《关于落实过紧日子要求进一步严格财政支出管理的通知》，各类支出做到应压尽压，决不允许违反规定随意追加预算，坚决不以其他方式腾挪资金用于一般性支出。全年全市“三公”经费支出7846.57万元，较上年同期下降20.84%。

【助推脱贫攻坚】　加大扶贫资金投入，全市累计投入财政专项扶贫资金9.53亿元，为脱贫攻坚工作提供有力财力支撑，多措并举冲刺清零，剩余0.38万贫困人口全部达标退出。指导贫困县因地制宜编制涉农资金整合方案，提高资金使用效益。截至年底，兰州市贫困县完成涉农资金统筹整合方案编制工作，整合资金规模5.4亿元。安排人居环境整治资金1.28亿元，推动实施厕所革命，实施“改炕、改灶、改厕”，加快补齐农村基础设施短板。

【政府债务风险防范】　按照“开正门、堵后门”的工作思路，切实规范政府举债融资行为，严格执行政府债务限额管理和预算管理制度。全年争取新增政府债务限额117.65亿元，有力支持兰州市重大项目建设。严格按照《兰州市化解政府隐性债务风险实施方案》，靠实偿债主体责任，按照“清理存量、严控增量、化解风险、确保平衡”基本原则，稳妥、有序、分类化解兰州市隐性债务风险，严禁各类违规融资行为。同时，健全跨部门统计监测机制，加大监督检查力度，坚决遏制隐性债务增量。

【民生事业改善】　市级民生支出164亿元，占总支出的80.5%。其中，教育方面支出24.8亿元，持续推进学前教育和义务教育优质均衡发展，新建和改扩建中小学、幼儿园20所，新增学位2.34万个；安排义务教育薄弱环节改善与能力提升专项资金6.39亿元，重点用于消除“大班额”和乡村寄宿制学校、乡村小规模学校建设；社会保障和就业方面支出22.4亿元；落实退休人员养老金调标政策，继续提高退休人员养老金水平；全面落实就业优先政策，筹措就业补助资金4.8亿元，加大援企稳岗力度，支持落实职业技能培训补贴以及求职补贴、就业见习补贴等政策，多渠道促进就业创业；进一步完善困难群众救助制度，筹措补助资金3.9亿元，支持开展城乡低保、特殊困难人员供养、临时救助等工作，提升困难群体生活水平；卫生健康方面支出20.5亿元，深化医药卫生体制改革，推动公立医院改革，支持中医药传承与发展；提高城乡居民基本医疗保险和基本公共卫生服务财政补助标准。

**【财税体制改革】** 推进市与区县间财政事权与支出责任划分。制定《兰州市教育领域市与区县财政事权和支出责任划分改革方案》《兰州市科技领域市与区县财政事权和支出责任划分改革方案》，逐步推进财政事权和支出责任划分改革，进一步明确市与区县两级财政支出责任，促进市与区县两级政府更好履职尽责。进一步深化政府采购“放管服”改革，制定《兰州市规范政府采购行动方案》，开发兰州市市级政府采购“网上商城”云平台系统，开通运行兰州市市级政府采购网上商城。

（贾海刚）

## 税务

**【概况】** 2020年，全市税务系统牢固树立政治机关意识，坚定不移加强党的全面领导。实现党建与税收的深度融合。认真研究谋划全市税收工作，找准切入点和突破口，发挥市局党委的领导作用。全年兰州市税务系统完成税费收入483.67亿元。其中，税收收入342.01亿元；社保基金收入122.04亿元；非税收入11.66亿元；工会经费等其他收入7.96亿元。

**【减税降费】** 全年落实新增减税降费56.43亿元。其中，落实2020年税费优惠政策新增减税降费40.64亿元；落实2019年年中出台政策在2020年翘尾新增减税降费15.79亿元。减税降费红利得到充分释放。

**【税费改革】** 通过编印宣传册、线上直播、组建讲师团队、税宣作品征集、开发微信小程序等方式，广泛宣传各项税收优惠政策。累计减免增值税31.96亿元，实现留抵退税10.36亿元，办理出口退（免）税9232.87万元。个人所得税改革政策受惠面100%，全年合计为纳税人减税17.46亿元，惠及全市105万人，16.7万余人次享受到专项附加扣除政策。全市有565户企业享受免税收入、减计收入、所得减免、固定资产加速折旧等税收优惠，优惠金额28.41亿元，按法定税率25%换算，相当于减免企业所得税7.1亿元；有1.86万户企业享受减免所得税优惠，减免税额11.03亿元。不动产办税7月1日实现“一窗受理、集成办理”和网上办税。国际税收管理工作持续加强，全年组织入库非居民税收收入1.21亿元，服务全市“一带一路”建设，落实企业境外税收抵免452.3万元，非居民享受税收协定待遇减免所得税534.62万元。水土保持补偿费、地方水库移民扶持基金、排污权出让收入、防空地下室易地建设费4项非税收入划转工作有序推进，扎实完成疫情期间社保费阶段性降费的退抵费工作，为全市2.07万户中小微企业减免养老、失业、工伤、医疗保险费35.29亿元。

**【纳税服务】** 打造“不来即享”服务品牌，分批推出24项77条便民办税服务措施，取消各类涉税证明事项61项。年底原适用的428项税收优惠，2019年以来的减税降费政策，2020年以来的25项政策全部实现“不来即享”。全面推开195个“非接触式”网上办税事项及办理渠道，96%以上的涉税业务实现网上办理。将省市县296个重大项目和重点招商引资项目全部纳入“项目管家”，提供个性化、全流程的服务。深化“银税互动”，发放信用贷款97.36亿元，解决中小微企业融资难、融资贵的问题。在全省率先推开“互联网+不动产登记办税”，不动产登记办税实现“一站式”办结。在全国纳税人满意度测评中，兰州市税务局位列全国省会城市第9名，连续两年进入全国省会城市前十名；营商环境评价税收指标体系得到国家发改委的充分肯定，并向全国推广。

**【税务稽查】** 登记案源处理稽查案源1448起，立案检查460起，清理以前年度未结案件145起，入库稽查收入1.65亿元。推进税收“黑名单”守信联合激励、失信联合惩戒制度，向社会公布黑榜企业46户。

（王 涛）

## 银行保险监督管理

**【概况】** 2020年末，全省有政策性银行3家，大型商业银行6家，股份制商业银行9家，城市商业银行2家（兰州银行和甘肃银行），农村合作金融机构85家，新型农村金融机构27家，非银行金融机构10家。银行业金融机构资产总额3.09万亿元，较上年同期增长7.45%。负债总额2.95万亿元，较上年同期增长6.88%。各项存款余额2.05万亿元，较上年同期增长6.01%。各项贷款余额2.21万亿元，较上年同期增长6.57%。

2020年末，全省有法人保险公司1家（黄河财险），省级保险公司32家（其中财产保险公司20家，人身保险公司12家），保险专业中介机构95家；兼业代理机构5316家，保险从业人员14.95万人。资产总额1175.2亿元，累计实现原保险保费收入485.19亿元，同比增长9.2%，保费规模全国排名第29位，增速全国排名第5位；累计赔付支出169.31亿元，同比增长11.69%。

【服务实体经济】 强化重点领域金融服务。引领全省银行业保险业与实体经济同频共振、与受困企业同舟共济，扎实做好“六稳”“六保”工作。强化对重要领域、重点项目、重大企业的金融支持，2020年全省贷款余额22149.1亿元，同比增长6.57%。为2.6万户批发零售、住宿餐饮、物流运输等行业企业发放贷款1944.5亿元。指导保险机构扩展复工企业保险责任范围，创新推出“复工保”“地摊保”食品安全责任险等专属产品，有效发挥保险风险保障和损失补偿作用。加大对小微企业的金融支持，强化产业链金融服务，主动落实临时性延期还本付息政策，为市场主体顺利渡过难关争取时间窗口，2020年全省小微企业贷款余额6068.85亿元，同比增长7.91%。

【保险扶贫】 推动构建以农业保险和大病保险为核心的保险扶贫体系，落实农业保险助推脱贫攻坚实施方案，拓宽兜底保障面，发挥农业保险“安全网”“防火墙”“稳定器”作用。全省农业保险惠及建档立卡贫困户104.3万户次，直接受益贫困户41.7万户次；完善大病保险扶贫机制，助力缓解贫困群众看病难题，大病保险累计承保2222.51万人，累计赔付288.17万人次，补偿金额79.28亿元。指导保险机构结合实际开发“防贫保”“精准保”“政府防贫救助”等防贫保险产品，重点保障已脱贫建档立卡户、边缘易致贫户和脱贫不稳定户，筑牢防贫“保护网”。继续加大在易地扶贫搬迁、农村基础设施建设、富民产业培育、教育扶贫等领域的资金投入，重点支持深度贫困地区扶贫项目发展。推动建成农村金融综合服务室1.58万个，布设助农取款服务点超过2.2万个，基本实现基础金融服务行政村全覆盖。

【金融风险防控】 坚持把金融风险防控作为一项政治任务，牢固树立强监管、严监管理念，持续加大风险防控力度，严守不发生系统性金融风险底线。稳妥处置重点机构风险，制定高风险机构处置规划、方案及应急预案，强化对日常监管中发现问题的窗口指导，明确分类处置措施。持续强化信用风险防控力度，引导机构做实风险底数，合理确定处置规划及目标，用好用足各类优惠政策。加强对流动性风险监测预警和风险排查，做好风险防范预案，通过向上争取政策、向内挖潜质效、向外协调联动，加大不良处置力度。按照“房住不炒”总基调，开展银行保险资金流入房地产领域测算，严防信贷资金绕道进入房市。强化信息收集与共享，持续推进六类机构规范发展和网络借贷风险出清。保持案防高压态势，主动应对保险行业格式化投诉，加大对案件高发重点业务领域的督查督办。

【市场秩序规范】 在信贷政策执行情况专项检查、车险改革市场秩序抽查、从业人员数据清核“回头看”等多个专项整治中嵌入市场乱象整治“回头看”监管检查，全年开展现场检查206家次。持续推进扫黑除恶专项斗争，选取后进机构或者涉及问题较多的机构开展点穴式督导，确保扫黑除恶专项斗争稳步推进。建立履职回避台账，开展员工履职回避摸排，防范职务违规风险和操作风险。聚焦当前全辖金融风险和乱象，启动为期三年的重点领域专项整治工作。全年作出9件行政处罚决定，处罚银行保险机构9家次，处罚责任人员22人次，作出警告15家人次；给予罚款1749.84万元；禁止终身从事银行业工作1人，取消（撤销）任职资格6人。

（王　海）

## 金融工作

【概况】 2020年，兰州金融业紧紧围绕市委市政府中心工作，全面落实“服务实体经济、防控金融风险、深化金融改革”重点任务和“六稳六保”工作任务，切实增强政治自觉、凝聚工作合力、强化责任担当，务实高效推进各项工作，为全市经济高质量发展创造良好的金融环境。截至12月末，全市金融机构本外币贷款余额13167.6亿元，同比增长7.29%；本外币存款余额9083.88亿元，同比增长2.35%。全市原保费收入160.8亿元，同比增长1.82%。全市67家证券分支机构证券交易额12366.65亿元，同比增长50.6%。全市有金融机构100余家。其中，银行机构30家；保险机构32家；证券机构62家；期货经营机构7家；信托公司1家；财务公司3家；金融租赁公司2家。另有地方金融从业组织200余家。其中，小额贷款公司108家；融资担保机构28家；典当行74家。同时，在全市658个行政村推动设立农村金融综合服务室，农村金融服务覆盖率100%。

【金融议事协调机制】 市政府与人民银行兰州中心支行建立兰州金融工作联席会议制度，进一步加强与金融监管部门的沟通交流，提升兰州市金融协调管理和服务创新水平，促进金融资源和实体经济发展需求更加适配。

【金政企合作平台】 召开甘肃省金融稳企纾困银企对接会(兰州专场),现场签约授信金额62.4亿元。召开金政企大型对接会4场次、民营企业专场对接会6场次,协调金融机构精准对接企业需求,帮助企业纾困解难、促进发展。收集汇总862家企业融资需求向金融机构推送,各银行审批并向97家企业发放贷款28.95亿元。兰州市有507家企业纳入重点支持名单,获得授信企业310家,授信覆盖面61.14%。

【金融招商】 先后赴天津、深圳、广州、上海等地开展“招行引资”活动,与平安证券签订战略合作协议。10月,平安银行兰州分行正式开业运营。落实《兰州市促进现代金融业发展扶持政策》,对新引进的兴业证券甘肃分公司给予财政奖补200万元。

【服务“三农”和小微企业融资】 全市新增发放扶贫小额贷款1.59亿元,惠及3356户贫困户。截至年末,全市金融机构涉农贷款余额1885.76亿元,占各项贷款余额的14.32%;全市小微企业贷款余额2489.06亿元,占各项贷款余额的18.9%,同比增长5.76%。

【金融保障】 引导金融机构为市场主体提供优惠金融服务。2020年,在兰银行机构新增发放普惠小微信用贷款56.96亿元、供应链融资贷款106.09亿元、“银税互动”贷款31.78亿元、“首次”贷款55.6亿元、特色产业贷款79.85亿元;按照“应延尽延”要求,对2528家企业315.9亿元到期贷款实施阶段性延期还本付息;采取适度下调利率、减免利息费用等方式降低8442家企业融资成本8.46亿元。高科担保公司将9户企业担保费率降至2%以下,担保额度5294万元;市金控公司为4户企业提供2000万元担保服务。

【保险服务业】 推动实施“和谐金城”“自然灾害”“两保一孤”等3个重点民生保险项目。全市正常有序开展政策性农业保险项目26个,保费收入1.16亿元,承担风险金额58.83亿元;赔款1.26亿元,简单赔付率108.4%,连续三年赔付率超过100%。协调在兰4家保险机构创新设立小微企业复工复产复市保险。引进保险资金助推兰州轨道交通建

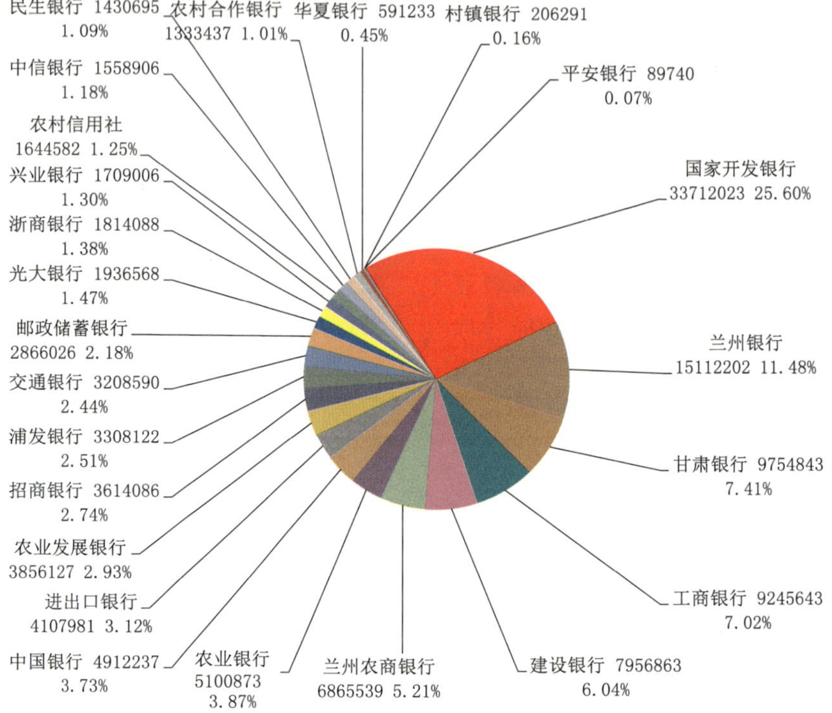

12月末,全市银行业金融机构本外币各项贷款余额(万元)及占比结构图

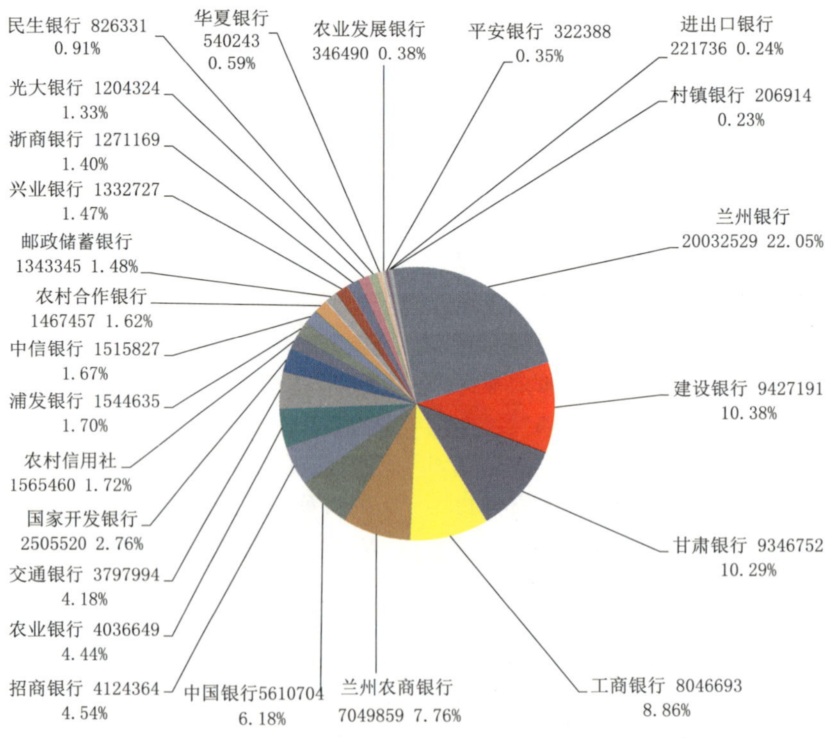

12月末,全市银行业金融机构本外币各项存款余额(万元)及占比结构图

设，完成“人保资本——兰州轨道基础设施债权投资计划”，注册金额20亿元。围绕高原夏菜、医养结合等项目建设，引进保险资金39.58亿元。

【资本市场发展】 指导北科维拓、天生园、金味德等企业开展上市前期准备工作，协调解决华邦建投集团上市相关问题。推动兰州银行上市进程。协调推进市金控公司、兰州建投公司等市属重点企业开展直接融资工作。联合兴业证券、省股交中心举办企业直接融资培训会2期。全市省股交中心挂牌企业168家，占全省68.29%；融资总额181.03亿元，占全省82.47%。2020年全市完成直接融资346.48亿元。

【地方类金融机构监管】 制定实施《兰州市小额贷款公司、融资性担保公司、典当行合规经营“十不准”制度》《融资担保公司、典当行非现场监管规程》，全年累计现场检查小额贷款公司113家次、融资担保公司27家次、典当行61家次。对于长期未经营或经营异常的23家融资担保公司、2家典当行，报请甘肃省金融监管局注销经营许可证。

【金融治理】 开展网络借贷平台专项整治，依法吊销兰州市“陇e贷”等4家网贷企业营业执照，督促良性退出。清理整顿交易场所，56户相关存量交易类企业注销20户，吊销14户，警示15户，变更2户，涉案3户，待清理整合2户。对注册地在兰州市的60家外省交易场所会员、代理商、授权服务机构，按规定责令立即停止各类交易业务。开展重点区域集中排查，累计现场检查民间投融资机构、商贸企业、房地产企业及中介机构等400余家，对9家问题企业下发整改通知书，并督促完成整改。全年全市受理非法集资案件17起，同比下降74%；立案12起，同比下降33.3%，实现“双降”。

【金融环境净化】 抓好宣传教育工作，紧盯“3·15”“5·15”“非法集资宣传月”“网络安全宣传周金融日”等重要时间节点，组织区县和金融机构开展防范非法集资和金融领域扫黑除恶集中宣传活动，在金融机构营业网点、公交移动电视、楼宇媒体常态化播放宣传片；举办2020陇银杯“我是反诈达人”抖音挑战赛；在兰州理工大学、西北师范大学等院校开展远离非法集资、“套路贷”“校园贷”和网络电信诈骗等教育宣传活动，累计覆盖师生10万余人；“兰州打非”微信公众号发布信息430余条。鼓励企业和社会公众参与防范和举报非法集资工作，兑付兰州市首例非法集资举报奖励，向“唐冠系”公司非法吸收公众存款案举报人支付奖励金人民币3000元。制定下发《兰州市银行金融机构“断卡”行动专项工作方案》，督促各银行金融机构加强银行卡、账户开户审核管理及内控机制，全面开展整治非法开办贩卖银行卡、账户违法犯罪行动。推进金融领域扫黑除恶专项斗争，组织区县金融办认真开展“行业清源”工作，市政府金融办摸排和受理转办的18件黑涉恶线索均办结，实现线索“清零”。妥善处理信访投诉，及时答复部门网站留言23件，12345民情通27件，受理各类电话、信访投诉35件；办理市信访局转送信访件3件、省金融监管局信访投诉答复事项5件；接待受理“汇贷天下”“今金贷”等投资群众来访9批400余人次。

（宋子霞）

## 招商银行兰州分行

【概况】 2020年，招商银行兰州分行实现营业净收入12.95亿元，净利息收入实现10.68亿元，完成考核利润5.27亿元。人民币自营存款日均余额357.34亿元，考核增量12.9亿元；自营贷款余额361.41亿元，较上年增加35.17亿元。其中，零售贷款余额118.17亿元，较上年增加16.35亿元；票据融资余额63.06亿元，较上年增加4.05亿元；对公一般性贷款余额180.18亿元，较上年增加14.77亿元。

【风险管控】 加大风险扎口管理，持续强化重点领域风险防控，确保资产质量稳中向好。截至年末，分行总体不良率0.79%，与年初持平；不良资产生成较上年大幅减少。

【市场攻坚】 为省、市重点企业办理债券承销业务25亿元，积极撮合完成16笔、72亿元市场交易类融资业务，落地2笔、11.65亿元并购贷款业务，落地10.78亿元的理财资金投资业务，创历史新高。参与全省60%的专项债发行，实现专项债引流逾百亿元。零售紧抓流动性宽裕等机遇，通过持续推动，储蓄存款日均余额133.61亿元，考核增量16.28亿元。零售双金客群、私钻客群均超额完成全年计划，分行考核口径AUM突破373亿元，考核增量56.36亿元，实现近五年最大规模增长。批发考核有效户、高价值客户均超额完成全年计划，批发价值户增幅17.47%，首次超过总行平均增幅。有效户、价值户占比较上年明显提升，客群结构和质量得到稳步改善。

【结构调整】 截至年末，零售营业净收入、零售利润、零售日均存款占比分别较上年提升3.52、6.86、3.28个百分点。全年压缩退出各类资产2.8亿元，总、分行两级战略客户及支持类行业资产占比89.95%，较年初提升3.82个百分点；绿色贷款占比23%，较年初提升6.04个百分点。

【金融科技】 深耕“便民服务、公共出行、饭票、影票”四大场景和“一行一品”本地特色项目。高校缴费累计拓展14所本专科院校，新增用户5.7万户。公交周卡在领券量、使用率上均位于系统内前五，招行借贷双卡在公交地铁出行场景合计交易量超过730万笔，排名兰州区域所有银行业第一位。签发电子社保卡16.5万张，签发量在区域银行中稳居榜首。

【品质服务】 持续提升员工服务意识和能力，强化服务品牌建设。2家支行入选“2020年银行业文明规范服务千佳单位”，其中西站支行获得全省最高分。

（任 翔）

## 中国农业银行股份有限公司兰州分行

【概况】 2020年，中国农业银行兰州分行剖析全行经营现状，明确提出“回归主流、提质进位”发展战略，研究制定市场营销体系、运营保障体系、信用风险管控体系、党建融合发展体系等4个“经营管理体系”，树立“敬畏市场、敬畏规律、敬畏风险”经营理念，系统谋划农行兰州分行改革发展。各项存款余额392.44亿元，净增42.34亿元。贷款余额492.11亿元，净增29.81亿元。实现营业收入14.36亿元，同比多收1.35万元。不良贷款率0.89%，不良贷款余额、不良率实现“双下降”。内控评价保持一类行，未发生案件和重大责任性事故。

【服务实体】 严格落实兰州市政府与农行甘肃省分行签订的《金融服务兰州建设现代化中心城市战略合作协议》，全力支持全市经济社会高质量发展。重点围绕服务实体经济和服务民生两大重点领域，持续加大信贷支持力度，落实金融纾困措施，助力复工复产。全年累计投放各项贷款238亿元，同比多投84亿元，其中涉农贷款33.3亿元、普惠小微贷款5.2亿元，运用金融纾困政策贷款9688万元。重点对接市政府33个银政合作重大项目，授信396.2亿元，已投放贷款27.5亿元。主动融入地方经济建设大局，支持民生领域，涵盖交通领域、清洁能源、棚改等基建“补短板”和PPP项目，投放贷款152.6亿元。积极支持各类防疫企业、医药批发零售企业、医院客户26户，投放贷款6.4亿元。助力多元消费，全年累计投放个人住房贷款19.4亿元，个人消费贷款3.9亿元。

【“六稳”“六保”落实】 围绕稳企业保就业要求，严格落实延期还本付息政策，为小微企业提供续贷、展期、分期还本、利息平摊至后续还款日等差异化支持，缓解资金周转压力，帮助企业渡过难关。全年新增普惠法人客户381户，普惠金融领域贷款余额17.1亿元，较年初净增1.6亿元。新增微捷贷、抵押e贷、网捷贷、金穗快农贷、保捷贷等线上贷款3.02亿元，线上产品贷款余额7.71亿元，增长64.39%。采取金融纾困小微企业12户、4980万元，个人贷款122笔、4707万元。对42户小微企业发放4.73亿元贷款过程中，严格执行收费监管政策。对纳入省级疫情防控重点保障企业名单内的小微企业，根据其生产经营需要和同业竞争情况，执行LPR—100BP的优惠贷款利率，降低企业融资成本。

【金融扶贫】 在产业扶持方面。围绕特色产业、政府增信、信用村3种模式，推出“高原夏菜贷“农家乐贷”“玫瑰贷”等5个特色产业贷，加快涉农企业和农户投放力度。向庄园、豫兰杂粮等企业投放贷款1.18亿元，通过“公司+农户”模式，帮扶贫困人口以雇佣劳动、订单交易等形式增加收入。向甘肃亚峰、甘肃豫兰、甘肃刘化等产业投放精准扶贫贷款1.11亿元。在定点帮扶方面。以扶贫重点县为工作重心，以产业扶贫为主攻方向，持续在精准施策上出实招、在精准推进上做实功、在精准落地上见实效，全力助推打赢打好脱贫攻坚战。定点帮扶贫困村4个、驻村工作队队员1人、帮扶责任人26人。择优推荐2户带贫企业入驻农行扶贫商城，帮助销售农产品33.9万元，直接购买农产品23.48万元。截至12月末，辖内3个国家扶贫工作重点县贷款余额37.55亿元，较年初增加4.75亿元，增幅12.65%，完成全年计划173.36%，贷款增速高于省行平均增速5.55个百分点。在便民金融服务方面。全面实施“金穗惠农通”工程，在行政村设立惠农服务点614个，在皋兰县什川镇新建营业网点1个。年底，永登、榆中、皋兰3县有人工网点15个、自助银行14个、自助设备14台。通过推广惠农e通APP，加快农村代理项目和便民缴费服务向“惠农e通”平台迁移，着力搭建线上渠道，实现城乡居民两险缴费、通讯费、电费等基础缴费服务全覆盖，全年累计交易笔数131386笔、交易金额10701万元。推广聚合码支付，推动惠农通服务点互联网化升级，不断拓宽农村金融服务渠道。

【科技赋能】 持续推动掌上银行、场景建设和线上信贷等数字化转型工作。拓展银企直连、银政平台、银校银医合作和“党费代缴”“两险缴费”等场景项目。上线2家健康医药企业483家门店“综合收银台+”，实现收银端商品支付数据和企业库存数据结算联动，提升客户服务体验。实现3个机关事业单位党团费代缴项目和3个学校“智慧食堂”项目。依托总行小微企业客户服务平台，推广线上作业信贷系统，实现线上申请、线上审批、线上还款的全流程线上作业，大力营销纳税e贷等线上产品扩面上量。以产业振兴贷为抓手，以数据信息为基础，批量线上作业，全力推进惠农e贷提质上量，总量达到3.28亿元。

【风险防控】 建立常态化信用风险排查工作机制，开展信用风险专项排查、纳税e贷"回头看"、个人住房贷专项排查，对排查发现的问题，加强监督整改，及时揭示业务流程和经营中存在的风险隐患。为受疫情影响的小微企业和个人贷款，分别办理展期、宽限期等31户、1.3亿元和122笔、4707万元。压降设限行业客户、压缩类客户、潜在风险客户用信5.6亿元。逾期贷款占比1.32%，较年初下降0.36个百分点。采取诉讼清收、团队清收、代偿清收等重点措施全力清收。重申农行省分行规范经营管理十五条禁止性规定、坚决制止员工信用卡套现违规行为、规范系统内公务接待有关事项等要求，亮明坚决惩治违规违纪行为的鲜明态度，教育引导员工尽心履职，防微杜渐，守牢廉政和案防风控底线。

（何彩霞）

## 中国农业发展银行甘肃省分行

【概况】 2020年，中国农业发展银行甘肃省分行营业部发挥政策性金融优势，以党建引领业务发展，全力服务脱贫攻坚、乡村振兴和区域发展战略，支持地方基础设施建设和经济发展，落实"六稳""六保"。全年投放各类贷款72.18亿元，累计收回贷款46亿元，年末贷款余额385.61亿元，较上年增加26.16亿元，其中投放扶贫类贷款25.47亿元，年末扶贫贷款余额183.93亿元，占贷款总额的48%，继续发挥好支持省市脱贫攻坚和兰州市"三农"建设的骨干和支柱作用。

【服务国家粮食安全】 立足主业，足额保障政府储备资金供应，持续助力省市县三级储备体系建设。发放粮食储备贷款1.7亿元，支持储备、轮换小麦8万吨；支持专项物资储备，投放全省首笔储备糖贷款1740万元，审批国家储备化肥贷款1.7亿元。向10户企业发放粮油购销贷款1.61亿元，支持购进粮油7.26万吨。支持生猪全产业链发展，从饲料加工到规模化养殖、冷链物流，累计投放生猪相关产业贷款10笔、3.69亿元。

【农村基础设施建设扶持】 投放城乡一体化项目贷款2.3亿元，支持兰州新区精细化工园区热力管网工程和榆中县文化产业园（文成广场）项目建设。投放农村路网建设贷款5.79亿元，支持兰州新区与G341线（白银至中川段）立交工程项目建设。全力服务黄河流域生态保护和高质量发展，紧跟兰州市委市政府关于"做好黄河文章建设现代化都会城市"战略部署，开展"黄河行百日营销"活动，持续加大政策性金融资金对兰州黄河流域生态保护和高质量发展的支持力度，获批白塔山河堤治理（一期）、兰州新区中通道调蓄水等黄河流域生态保护专项贷款42亿元，先期投放到位贷款资金17.84亿元。围绕旅游扶贫、新型城镇化等领域和黄河流域生态保护和高质量发展国家战略，加大重点客户和重点项目营销力度，营销储备白塔山河堤治理（二期）、"读者印象"精品街区、兴隆山国际旅游度假区等项目22个，拟融资额度242.9亿元。

【金融服务】 牢记支农支小社会责任，进一步发挥农发行支持小微企业政策职能优势，在保证对受疫情影响的企业不抽贷、不断贷、不压贷的前提下，提供让利、还款、服务等方面一揽子优惠措施，为企业注入信心和活力，全年发放首年优惠利率贷款26笔、37亿元，让利3200万元。为3户因疫情影响无法及时还本付息的企业，办理延期还本付息贷款1110万元，帮助企业渡过难关。

【脱贫攻坚】 在全面建成小康社会目标实现之年，尽锐出战，全力推动脱贫攻坚各项工作提质增效。聚焦产业扶贫精准发力，围绕"一二三"产业深度融合，旅游扶贫和特色产业相结合，向李家庄、水墨丹霞、中天羊业等项目投放产业扶贫贷款20.57亿元，推动"支持一个项目、培育一个产业、带动一方百姓"扶贫效应落地。拓展设施扶贫领域，将脱贫攻坚与黄河流域生态保护有效融合，与打造"一带一路"物流节点城市相结合，发放基础设施扶贫贷款5亿元，支持兰州动物园易地搬迁和货运西站等项目建设。大力倡导消费扶贫，通过单位定向采购、工会系统采购、职工爱心采购、扶贫专柜营销等多种手段以购代捐，员工扶贫消费11.46万元。

（韩　玉）

## 兰州银行

【概况】 2020年，兰州银行持续强化风险防控，踏实促进管理提升，创新推动业务拓展，实现各项业务的稳健增长，不良贷款双降，净利润逆势上升。至年底，全行资产总额3622.3亿元，净增255.5亿元，增长7.6%；各项存款余额2821.3亿元，净增141.6亿元，增长5.3%；各项贷款余额1942.1亿元，净增179.8亿元，增长10.2%；全行营业收入71.8亿元，净利润16亿元；资本充足率12.9%，拨备覆盖率168.8%，不良贷款率1.75%，单一客户贷款集中度和最大十家客户贷款集中度均控制在规定范围内。

【风险防控】 制定《员工尽职免责管理办法》《违规失职行为处罚办法》等制度，启用新版信贷合同文本形成横向授权与纵向授权相结合的授权管理体系。采取展期、续贷、调整还款计划、适当减免利息、变更结息方式、增加信用贷款和中长期贷款等方式，缓解因疫情导致的信贷风险。修订贷后管理办法，建立押品建档、跟踪和重估制度，全面监督与重点检查相结合，坚持日审查、月监测、季通报，试行贷后预案制度，推行重点关注户“团队管户”模式。制定管控方案，常态化开展风险监测分析，实施风险隐患客户分层管理，定期召开违约贷款压降专题会议，有序推进压降工作。加大清收保全力度，加强诉讼案件管理，推进抵债资产处置。持续推进扫黑除恶专项斗争；全流程开展批量转让不良资产的责任认定和追究工作；强化员工异常行为排查。提升信息安全能力。顺利完成2020年网络攻防演练，建成安全威胁监测分析平台，部署网页防篡改系统，升级SOC安全管理平台。提高内审工作效能，完成66位管理人员经济责任审计，实施2019年度新增贷款等15项专项审计，开展乱象整治“回头看”专项检查工作。加强洗钱风险管理。完善规章制度，强化反洗钱系统监测，按季度印发情况通报和风险提示。

【结构优化】　强化负债管理。主动压降高息存款、协议存款，活期协议存款余额下降160.7亿元，协议存款付息率下降0.44%。提升个人活期存款占比，重点发力代发业务，不断拓展社保卡、医保卡客群，个人活期存款净增43亿元。突出主动负债作用，全年累计融入短期资金4.8万亿元，加权平均成本1.74%；运用逆周期调节货币政策工具，累计申请再贴现62.2亿元；成功发行50亿元永续债，成为西北地区首家发行永续债的城商行，缓解资本紧缺难题。推动公司贷款有效投放。落实“六稳”“六保”，为1217户企业办理临时性延期还本付息，涉及贷款本金404.2亿元、延迟付息金额3.7亿元；为1507户企业办理续贷，续贷金额238.6亿元。启动“百行进千企”活动，跟进营销“省列重大”“十大生态产业”“兰洽会”等重大项目，参与省内银团项目与PPP项目建设。发力金融市场与理财业务。全年累计新增各类同业资产投放1319.2亿元，在信用债、SPV投资等信用类产品上取得新突破，“以量补价”策略发挥显著效益；全力压降不符合资管新规的老理财产品，搭建完成净值理财产品线，形成以“小家添富”和“百合鑫享”系列为主的百合理财品牌，全年发行理财产品498.6亿元，增长31.6%。落地全省首笔中征平台线上应收账款融资业务及首单“信易贷”平台业务，上线“政采e贷”等业务。推出“小微快贷”等产品；强化货币政策工具使用，累计发放支小再贷款27.5亿元，发放普惠小微企业信用贷款7亿元；加强与政策性银行合作，与国开行合作发放扶贫转贷款6.6亿元、小微企业转贷款14.3亿元，与进出口银行合作发放小微企业转贷款10亿元。引入网申进件、自动化信审系统，与银联数据开展数字化运营，丰富分期产品，实现信用卡发卡大增长；不断丰富贵金属、基金、保险代销品种，增加中收来源；一二级联动促进政策性金融债承销业务，实现承销手续费收入1251万元。强化住房按揭贷款营销，新营销按揭楼盘258个；推出“拎包贷”“组合贷”等产品，个人消费贷款净增120.8亿元。上线“百合随意贷”“百合随心花”和“百合分期购”3个自营产品、1个联合贷及5个助贷项目，在贷余额突破100亿元。

【管理提升】　加强制度建设，出台《规章制度管理办法》等制度办法58项，修订61项。优化绩效考核体系，推动分层考核，细化考核指标，强化结果应用，绩效考核在资源配置中的导向作用进一步显现。加快人力资源管理改革。规范选拔任用流程，加大管理人员选拔交流力度，人才梯队建设和培养工作全面启动；健全人员引进、流动、退出机制，落实“三定”（定部门职责、定内设机构、定人员编制）工作。全面推动信贷流程优化，在客户准入、责任认定、投放管理等方面完成“全链条”衔接，建立业务审查审批限时办结等机制，出台对公客户“先授信、后用信”及集团客户统一授信业务管理制度。完善网点布局，制定《社区支行/小微支行运营指导意见》并试运行，完成2家支行及6家社区、小微支行的筹建开业工作，推动三金、永通支行等机构整合。夯实服务管理机制，网点服务管理标准化、精细化初现成效，七里河支行获评中银协“千佳网点”称号。保护消费者合法权益，上线投诉管理系统，深入消费者保护主题宣传，全面开展消保工作。

【金融科技】　不断加强电子渠道建设。启动手机银行6.0版本建设，推出企业手机银行，发布百合生活2.0版本，上线“类余额宝”基金代销系统。丰富支付场景，推进MIS—POS、停车场项目及云闪付之城建设。完成数据中心重要IT设备更换，通过金融业信息系统机房动力A级认证；上线柜面无纸化及集中授权系统、企业信息联网核查系统、账户管理系统、二代征信系统，推出视频银行；完善智能CRM系统，增加个人客户AUM指标；上线移动安全沙箱项目。持续完善大数据分析决策管理平台、大数据风控平台，加强与第三方机构的数据合作，开展行内外数据挖掘分析，为业务发展决策提供支撑。

（殷秀梅）

## 中国人寿保险股份有限公司兰州市分公司

【概况】　2020年，中国人寿兰州市分公司按照年初既定的“固化模式，持续落地，高质量发展，双赶超奋斗”

工作目标，锐意进取、顽强拼搏、真抓实干，实现各项工作平稳有序开展。全年，实现总保费收入15.15亿元。其中，首年期交保费3.5亿元；保障型保费8669万元；十年期保费14026万元；短险保费11931万元。

【个人保险】 以价值为核心，加强销售队伍建设，通过队伍发展带动业务发展；强化执行力建设，加强自主经营，提高专业化管理水平；加强提升销售人员素质和提高服务质量的培训与教育，力求为更多客户提供更为全面、优质的保险服务和保障。有效提高渠道经营的效率、效果和效能，强化制度经营理念和管理模式拉动业务发展。有效利用财务、人力、产品、客户、基本法5大资源，分层面、分职级对各级营销员进行有针对性的帮扶。以基层一线为发展重点，以客户需求为导向，提升销售队伍诚信销售和专业服务水平。

【团体业务】 坚持科学发展、率先发展，强化效益意识，主抓法人业务和口子业务，加强政保合作，参与地方政府民生工程项目建设。以市场为导向，全面调动渠道发展业务的积极性，增强客户服务意识，使公司为更多企事业、机关团体、部队官兵、各类院校和建筑、航空等行业和单位以及政府小额贷款、城乡居民大病保险等重点项目提供医疗、意外保险保障，承担保险行业应有的责任，为社会做出应有的贡献。

【银行保险】 坚持“银保姓银”，着力强化制度经营，夯实渠道基础管理，提高渠道精细化管理水平。建立精简高效的客户经理队伍，管理基础不断夯实。与各银行渠道加强合作力度和领域，关系进一步密切，合作进一步深化。后援服务支持强化，防范化解经营风险。在销售过程中倡导依法合规销售，并不断强化职场培训，要求销售人员在售前、售中、售后过程中，坚持诚信销售，为客户提供良好的服务保障，坚决维护职业安全，杜绝违规行为，有效化解经营风险，得到多方肯定。

【运营服务】 推广智能回访、空中客服、温暖理赔等基础服务，加速线上化、科技化、数字化服务转型。无纸化投保率99.5%，核保智能审核率92.8%，新单回访效率90.56%；理赔e化快速推进，团单理赔e化率84.9%，同比提升82.9个百分点；个单理赔e化率93.6%，同比提升30个百分点；理赔智能替代率87.04%，同比提升19个百分点；业务办理时长6分44秒，同比下降14%；简化理赔手续，理赔申请支付时效1.08天，同比下降28%；出险支付时效47.43天，同比下降34%，同时开展重疾1日赔、特殊客户上门服务、协助提供就医帮助及温暖拒赔等温暖理赔服务，客户满意度大幅提升。

【合规经营】 建立防控网格化体系。按照市、县、职场三级联动，完善风控联系人工作机制，制定风控联系人奖惩办法，建立全市系统风险防控网格化体系。靠实风险管控责任。与各县区级机构负责人签定《反洗钱工作目标责任书》《风险防控工作目标责任书》，靠实防控责任，实行对重大风险发生司部一票否决制。开展重点风险排查。对全市15家司部重点风险专项治理情况开展现场检查，对于现场检查发现问题，督促逐条进行整改；对银保和团险中介代理渠道历史作废单证进行清查。

（张　慧）

# 经济管理与监督

## 发展与改革

【概况】 兰州市发展和改革委员会贯彻新发展理念，管宏观、谋全局、抓大事，加强跨部门、跨地区、跨行业、跨领域的重大规划、重大改革、重大工程的综合协调，统筹全面创新改革，提高经济发展和效益。

【产业转型升级】 十大生态产业增加值占GDP比重的22.5%。“兰州制造”加快实施，全市191个制造业项目加快推进，工业投资增长26%，全球最大的碳素制品生产基地宝方炭材10万吨超高功率石墨电极、德福超薄铜箔、正威高导新材料项目建成投产，新建多糖蛋白结合疫苗、恒大新能源电池等重点项目有序推进，新引进山东滨农农药中间体、华为鲲鹏计算等一批优质产业项目；推动39户重点企业“三化”（管理制度化、现场管理精细化、队伍管理人性化）改造，兰石集团被认定为国家级绿色工厂、“热交换设备远程运维服务平台”列入工信部试点示范项目，6户企业被认定为省级智能工厂，23户企业获得全国“两化”融合贯标证书。现代服务业提档升级，74个重大商贸项目加快实施，主城区23家商贸市场完成外迁转型升级，文化旅游、电子商务、金融服务业加快发展，全年实现旅游收入391亿元、电商交易额939亿元、金融业增加值441亿元。现代农业加快发展，大力实施乡村产业“1368”计划，六大产业集群稳步发展，全市粮食产量33.64万吨，百合、玫瑰、中药材种植面积分别达到10.5万亩、5.08万亩、15.78万亩。4个品牌入选“甘味”品牌，16个企业入选“甘味”商标。

【新动能培育】 实施创新驱动发展战略，推进兰白自创区和兰白试验区一体化建设，全市战略性新兴产业增加值占GDP比重16%，综合科技进步水平指数78%，全社会R&D经费投入强度2.25%、首次高于全国。加强科技企业培育，新认定高新技术企业146家，全市高新技术企业657家，入库科技型中小企业419家，万里航空机电、方大炭素被认定为国家技术创新示范企业，兰石集团高端能源装备获批国家级专业化众创空间，和盛堂制药获批设立国家级博士后科技工作站。加大科技平台建设，新建精细化工科技成果转化基地等创新平台20个，引进甘肃同位素实验室等大科学装置4个，全球首个千吨级太阳燃料合成示范项目建成投产并入选中科院“科技成果转移转化亮点工作”名录。加快推进科技重点项目，国网云数据中心、中科曙光甘肃先进计算中心项目建成，引进中软国际兰州数字经济创新基地、润泽国际信息港，参与“东数西算”国家试点，西部地区首个网易联合创新中心、新区“专精特新”化工产业园、重离子应用技术及装备制造产业基地等加快推进。成功举办第5届科技成果博览会，签订成果转移与技术交易项目258项，签约金额19.02亿元，分别增长18%和11%。成功举办第1届兰州市退役军人创业创新大赛，智慧小区与新型停车体系项目入围全国退役军人创业创新大赛决赛。

【城市发展布局】 编制《兰州市国民经济和社会发展中长期规划（2020—2035）》《兰州市国民经济和社会发展“十四五”规划纲要和2035年远景目标》《黄河流域（兰州段）生态保护和高质量发展规划》《榆中生态创新城总体规划》等规划。制定《积极应对疫情有效促进经济平稳增长的意见》《关于培育壮大经济高质量发展新动能打造增长点增长极增长带的实施意见》《“六稳”工作方案》《“六保”工作方案》等政策。按照“一心两翼多点”布局拉开城市框架，兰州新区紧盯国家赋予的四大功能定位，产业集聚和带动效应不断提升，增速连续多年领跑19个国家级新区，蝉联“中国（区域）最具投资营商价值新区”殊荣；获批“国家装备制造高新技术产业化基地”和国家新型工业化产业示范基地。榆中生态创新城建设全面铺开，高标准编制完成各类规划，实施科创中心等重点项目56个，核心示范区6条道路开工建设，14条市政道路加快推进，设立总规模500亿元的兰州生态创新城投资基金。甘肃（兰州）国际陆港被国家命名为“陆港型国家物流枢纽”，连续3年获得“全国优秀物流园区”称号。高新区大力推进自创区建设，全年谋划项目199个（年度投资210亿元），中农威特、西脉新材料、陇神戎发等项目建成投产，中铁西北院产业基地、兰州航天510所高新产业基地项目加快建设，中国生物医美大健康、广药王老吉项目前期加快推进；成功举办第四届中国生物医药园区产业创新发展大会和第三届兰州自主创新论坛；重点打造“创立方”国家级众创空间，引进创新创业服务机构10个，引进孵化科技型中小企业80家以上，甘肃省7支十大生态产业基金落户兰州自创区，纳米功能材料、记忆合金等领域形成一批国内乃至国际领先成果。经济区全面推进皋兰生态修复与产业示范区建设，城市北拓步伐不断加快，全年谋划项目151个（年度投资173亿元），慈济药业等重大项目加快建设，西部药谷引进的兰州太一医用口罩防护服等项目实现当年签约、当年入驻、当年投产；获得国家级“绿色工业园区”称号，在商务部考核中排名上升38位。县域经济加快发展，先后建成省级“千村美丽”示范村64个、市级美丽乡村示范村111个；榆中县入选国家新型城镇化建设示范县、全国青少年校园足球试点县，李家庄村入选2020年中国美丽休闲乡村；永登县农村产业融合发展示范园被认定为国家级示范园；皋兰县什川镇上车村入选全国乡村旅游重点村名录；红古区国家“城市矿产”示范基地顺利通过国家验收；西固区、七里河区、榆中县获得“2020中国最具幸福感百佳县市”称号；城关区获得“全国第三批智慧健康养老示范基地”称号；安宁区获得“2020中国未来投资潜力百佳县市”称号。

**【城市品质提升】** 兰州市历史性摘得全国文明城市桂冠，蝉联全国双拥模范城“九连冠”，成功创建全省民族团结进步示范市，位居2020年中国最佳表现城市榜首，“共享集市”入选国家“创新社会治理典型案例”。开展“提升城市品质、打造精致兰州”3年行动。建成鸿运金茂、金城中心等城市新地标。城市空间持续净化，累计治理违建1170万平方米，建成垃圾分拣中心14座，151条线缆入地道路全部开工。轨道交通1号线全线通车运营，累计安全运营467天，日均客运量超过15万人次，2号线一期主体结构、东方红广场提升改造项目基本完工；景中高速、中白高速、G109、S101线、青白石北互通立交、盐什公路等项目建成通车，G312、S104、G75、G30、中通道南延线等项目稳步推进。打通和政路等疏解路6条，建成停车泊位6300个，建成5G基站3976个，建成充电桩2458个。

**【改革规划】** “放管服”改革深入推进，建成“多规合一”业务协同平台，市县服务事项时限压减65.65%，工程建设项目审批事项从90项压减到62项、审批时限压缩至34~77个工作日。营商环境持续优化，打造“小兰之家”等政务服务品牌，与沿黄6省会城市签订框架协议，实现商事登记“跨省通办”，全年新增市场主体4.8万户，兰州市位列2020年中国效率“百高市”第35名、西北第2名，信用状况监测排名在36个省会及副省级城市中由2017年的第34名提升至2020年的第18名，连续3届获得“特色性平台网站”称号，兰州市深化改革工作得到省委评估组充分肯定。对外开放持续深化，制定出台贯彻新时代甘肃融入“一带一路”打造“五个制高点”规划实施方案，综合保税区、国际航空港、铁路口岸、国际通信专用通道形成立体化开放平台，12家企业纳入全省枢纽制高点联盟，兰州新区中川国际机场三期扩建工程开工建设，新开通巴黎—兰州等3条国际货运包机航线，首批食品香料多式联运班列开行，西北首个铝期货指定交割库、纯碱分拨中心、国际木材交易中心挂牌，中川北站成为中远海运集运内陆港站，货运吞吐量近211万吨、增长113%；国际陆港保税物流中心（B型）项目主体基本建成，多式联运物流园项目主体完工，汽车整车进口口岸通过省上验收；“中吉乌”国际货运班列成为国内首趟采用“铁路—公路—铁路”多式联运方式开行的中欧班列，发运班列327列9937车，货值11.96亿元。加强区域交流合作，成功举办首届兰西城市群高质量发展研讨会，与西宁等省市签署战略框架协议；在法国、韩国新设对外文化旅游推广联络处，组织150余家企业参加第3届“进博会”，发起成立19个沿黄城市“陆海同游、东西互赏”旅游联盟，兰州国际知名度和影响力不断提升。

**【社会信用体系建设】** 2020年，兰州市连续3届获得全国信用信息共享平台和信用门户网站一体化建设“特色性平台网站”称号。7月，兰州市城市信用监测综合指数86.96，在全国36个省会及副省级城市中排名第14位，在西部地区12个省会及副省级以上城市中排名第2位。

对标《国务院关于加强政务诚信建设的指导意见》《国务院办公厅关于加强个人诚信建设的指导意见》等9个国家顶层设计，制定印发《兰州市2020年社会信用体系建设工作要点》《兰州市加快推进社会信用体系建设构建以信用为基础的新型监管机制任务清单》《〈城市信用状况监测预警指标（2020年版）〉任务清单》等文件，及时公示、转发联合奖惩备忘录。推动行业主管部门出台《兰州市工程建设领域项目信息公开和诚信体系建设工作实施方案》《兰州市医疗综合监管风暴行动实施方案》等系列行业信用文件；各区县和兰州新区、高新区、经济技术开发区管委会均出台信用体系建设工作方案和制度性文件。全市范围内纵横结合的社会信用体系建设制度体系基本构建。

贯彻落实国家、省上关于信用体系建设的总体要求，围绕政务诚信、商务诚信、社会诚信和司法公信等领域，创新思路，强化举措。在各成员单位的共同努力下，兰州市城市信用环境不断优化，综合信用指数在全国城市信用状况监测评价结果中实现进位提升。根据国家信息中心中经网《城市信用监测月报》显示，兰州市11月城市信用监测排名位列全国省会及副省级城市第24位，综合信用指数86.3，较上年12月综合信用指数84.15增加2.15。

2020年，兰州市在登记备案、行政审批、公共资源交易、政策扶持、资金补贴等管理和服务事项中推行信用承诺制度，在“信用中国（甘肃兰州）”网站开设“信用承诺书公示”专栏。按照“谁主管、谁负责”的原则，由各行业管理部门负责本领域、本行业信用承诺工作的开展和实施，鼓励企业和群众主动在申办事项时向社会作出信用承诺。截至年底，各类市场主体签署信用承诺书15万份，包含市场主体主动承诺、行业信用承诺、信用修复承诺、行政审批告知承诺和证明事项告知承诺5大类，涉及商务诚信、司法诚信和社会诚信3大领域。

推进红黑名单发布、公示制度，并依法扩大红黑名单发布范围，定期发布“共筑诚信、德润金城”红黑榜。截至年底，全市发布“红黑榜”21期。其中，列入“红榜”企业1938家；列入“红榜”自然人75人；列入“黑榜”自然人168人，并在“信用中国（甘肃兰州）”网站进行公示。实现红黑名单在线查询和联合奖惩信息共享共用，涵盖司法、工商等30余个领域，对列入“黑榜”名单的主体实施市场性、行业性、社会性约束和联合惩戒；对列入“红榜”的主体建立“绿色通道”，优先提供便利服务。

推进“双公示”信息报送工作，做好兰州市2019—2020年度行政许可和行政处罚等信用信息公开自评估工作，督促各区县和相关部门及时公示信息，提高兰州市“双公示”信息数量与质量，确保行政许可、行政处罚等信用信息“应归尽归、应示尽示”。推进行政处罚信息信用修复工作，8月制定印发《兰州市行政处罚信息信用修复指南》，进一步明确“信用中国”网站、“信用中国（甘肃兰州）”网站行政处罚信息信用修复流程，开展行政处罚信息信用修复。在开展信用修复的过程中，严格落实信用承诺制度，确保信用修复涉及主体信用承诺100%覆盖。全年兰州市对667家企业进行“信用中国”网站信用修复初审，对161家企业进行“信用中国（甘肃兰州）”网站信用修复，处理异议申诉3起。

优化信用信息共享平台，持续丰富平台功能。8月，兰州市参加2020年全国省市级信用信息共享平台和信用门户网站建设观摩培训活动，并获得2020年全国信用信息共享平台和信用门户网站一体化建设“特色性平台网站”称号。注重信用信息归集共享，实现信用信息归集全覆盖。联通53个市级部门、8个区县和兰州新区等多个信源单位，实现自然人、法人和其他社会组织100%全覆盖。归集司法、工商、税务、环保、食药、人力资源和社会保障等30余个领域、约1.3亿条信息。其中，公示各类行政许可信息56万余条；行政处罚信息13万余条，实现红黑名单在线查询和联合惩戒信息共享共用。提供各类市场主体信用记录查询近9万次，对外提供信用查询报告和接口服务60万余次。截至年底，发布动态信息近6.6万条，网站浏览量突破970万人次。加强信用信息应用，不断拓展“信易+”服务。依托兰州市信用信息共享平台联合惩戒系统，在兰州市政务服务大厅推行“信易批”，实行行政审批信用承诺制，形成发起、推送、响应、联合惩戒、形成案例的联合惩戒监管机制。截至年底，各行政审批单位实施事前信用核查5000余次。“信易贷”“信易+停车”“信易+餐饮”等系列项目有序推进。

推进中宣部“诚信建设万里行”主题宣传活动，组织开展“信用户”“信用村”“示范社区（乡镇）”创建活动；集中打造“张掖路诚信经营示范街”“经九路诚信经营示范街”；组织召开“兰州市2020年诚信建设万里行——十大诚信单位、诚信群体、诚信个人”发布会；开展“放心消费在陇原”示范创建工作等活动。组织开展兰州市2020年社会信用体系建设专题培训。

**【“一带一路”建设】** 先后制定印发兰州市参与建设“一带一路”实施方案、“一带一路”工作要点、实施方案任务清单、实施方案项目清单等，配套出台加快促进现代商贸物流业、通道产业产业、口岸经济、跨境电商、文化旅游等系列政策措施，开展招商引资、利用外资和对外投资，推进对外开放取得实质性成果。“十三五”时期，围绕建设“一带一路”高质量发展重要节点和战略枢纽总目标，聚焦加强政策指引、推动项目储备、实施综合交通、提升对外贸易等重点工作，对外开放水平和质量不断提升。兰州新区综合保税区、甘肃（兰州）国际陆港、铁路口岸、航空口岸等开放平台不断完善，物流枢纽加速构建，平台支撑更为牢固，国际航线不断加密，累计引进世界500强企业及世界知名品牌20余家，兰州逐步成为“一带一路”向西向南开放的重要支点。“兰州号”中欧、中亚、南亚、陆海新通道国际货运班列实现常态化开行，发运班列1065余列，货值近22亿美元。兰州至迪拜、达卡、拉合尔，墨尔本至兰州等国际货运航班相继开通，中川机场开通国际和地区航线13条。有外资企业274户，投资额72亿美元，合同外资额30亿美元，引进世界500强企业及国际知名品牌20余家，“一带一路”沿线国家来兰州投资企业19家。发展国际友好城市15个、友好交流城市24个，率先加入上合组织睦邻友好委员会。实现进出口总额523.76亿元，其中与“一带一路”沿线国家和地区实现进出口额276.45亿元，占全部进口额的52.8%。

**【农村经济管理】** 2020年，全市一产增加值57.43亿元，增长5.01%，高于全国平均水平。农村居民人均可支配收入14652元，增长7.7%，增速高于全国水平，位居全省14个市州前列。农村集体经济经营性收入9055万元，村均收入12.77万元，5万元以上的村402个，居民生活水平整体向全面小康迈进。特色产品供给保障“足”。坚持走“绿色、生态、安全、健康”的现代农业发展之路，大力实施“1368”产业发展计划，着力建链补链强链，打造具有兰州地域特色的农业产业品牌。全市认证“三品一标”农产品达到434个，“庄园”“正大”“爽口源”“豫兰生物”“雪顿”“鑫源”“康源”等一批产业关联度高、竞争能力强、能带动农民增收的龙头企业日趋发展壮大，高原夏菜、中药、玫瑰、百合等特色主导产业116.57万亩，畜禽饲养量703.04万头只，肉蛋奶总产量12.44万吨，城乡居民“米袋子”“菜篮子”保障充裕，兰州市成为全省最大的“北菜南运、西菜东调”产地型蔬菜集散中心。乡村人居环境打造“美”。坚持创新强美、产业壮美、环境秀美、数智增美、风尚淳美、生活甜美，全面实施“三大革命”“六大行动”，着力打造美丽乡村。创建新时代美丽乡村示范村175个，新改建农户卫生厕所15万户，全覆盖建成行政村卫生公厕，村级公益性设施共管共享治理机制常态化运行，全市农村呈现出“一村一幅画、一域一特色”的现代版“美丽画卷”。民生福祉推进落实“好”。坚持把决战决胜脱贫攻坚作为最大政治责任，七里河区、皋兰县、永登县、榆中县先后退出贫困县序列，现行标准下的31.79万农村贫困人口全部脱贫、贫困县全部摘帽的目标任务如期实现，绝对贫困问题历史性得到解决。全市实现建制村100%通硬化路、自然村农村道路硬化率80%以上，自然村100%通动力电，行政村宽带网络全覆盖，农村饮水安全覆盖。农村发展动能调动的“活”。始终将破除农业农村高质量发展体制机制障碍作为“三农”发展的重头戏，农业农村改革呈现全面发力、多点突破、蹄疾步稳、纵深推进的局面。培育农民专业合作社4591家、家庭农场322家，参与农村“三变”改革村553个，参与农户7.1万户。推动农村集体产权制度改革，完成农村集体资产清产核资和农村土地承包经营权确权，全市土地确权24.42万户，确权耕地面积332万亩。

**【目标管理】** 完成2020年度市委、市政府目标责任书签订。年初向各区县、“四区”及各部门提出2020年度目标责任书的编制工作要求，根据各区县及部门提出的年度目标任务，结合市委市政府重点工作安排，并将2020年度省政府、市政府工作报告内容完善到各区县及各部门的年度目标责任书中，于3月完成8个区县、“四区”及市级部门的《兰州市目标管理责任书》签订工作。完成主要经济指标年度分解工作根据市委、市政府有关要求，征求指标牵头部门意见后，对2020年全市国民经济和社会发展主要预期指标进行分解，并提交市政府审定后印发全市。《兰州市经济社会发展工作实绩考核办法》制定工作。根据《兰州区县领导班子和领导干部年度考核办法》等7个考核办法，针对考核中存在的考核项目及权重设置、考核评价方式、考核部门分类、考核结果评定及运用等方面的不足，在学习借鉴外地经验、反复征求意见并多次修改的基础上，研究制定《兰州市经济社会发展工作实绩考核办法》，年底以市政府办公室文件印发全市。单项考核办法整理，根据委领导安排，对2020年兰州市发改委牵头考核区县及部门的《兰州市区县推动高质量发展情况评价办法》《兰州市开发区发展考核评价办法》《兰州市社会信用体系建设工作目标考核办法》《兰州市项目建设考核办法》《兰州市营商环境评价办法》5个单项考核办法制定情况进行汇总梳理后上报市政府，经市政府常务会研究，《兰州市区县推动高质量发展情况评价办法》《兰州市开发区发展考核评价办法》待省上出台相关办法后再进行修订完善；《兰州市营商环境评价办法》沿用2019年度考核办法暂不修订；《兰州市社会信用体系建设工作目标考核办法》《兰州市项目建设考核办法》经市政府同意，以市政府办公室文件印发，自2020年开始实施执行。中央生态环境保护督察反馈问题整改工作。根据《兰州市贯彻落实中央生态环境保护督察反馈问题整改实施方案》的要求，制定《兰州市经济社会发展工作实绩考核办法》，其中对永登县取消考核地区生产总值(含一、二、三产)、固定资产投资、财政收入等指标,增加考核农业空间和生态空间规模质量、土壤环境治理、生态产品价值、产业准入负面清单执行、自然岸线保有率等指标,同时明确各单项考核指标的牵头部门,12月22日,兰州市发改委委向市自然资源局、市水务局、市生态环境局印发《关于报送永登县新增指标单项考核细则的通知》,要求分别报送承担考核永登县的单项考核细则,年底将考核细则收集齐全,2020年度即按照细则对永登县进行新增指标的考核。垂直管理及其他部门考核奖金发放情况梳理工作按照市委组织部的要求,对垂直管理及其他单位2018年度目标责任考核奖发放范围及标准进行摸底,对2018—2019年以来单位属性、人员状况发生的变化进行梳理,结合梳理情况对2019年度目标责任考核奖金发放情况提出相关建议,形成材料报送市委组织部,为市委进一步规范奖金发放工作提供参考依据。

【价格监测】　实时监控民生价格。重点做好粮油肉蛋菜等民生商品的跟踪反映,做好价格监测质量考核。截至11月25日,编印《兰州市价格监测日报》283期,在委网站发布副食品价格信息283篇,兰州市劳动力市场监测月分析3篇。为规范管理和提高使用效益,制定印发《兰州市实时价格监测补助资金使用管理办法》。全力应对突发疫情。建立应急价格监测日报制度。制定粮油肉蛋菜等40余个品种的"菜篮子"报告制度、疫情防控药品用品5个品种价格报告制度,每日分别向国家和省发改委及市政府上报价格监测数据和动态信息;监测品种全面拓展,新增加部分蔬菜、水果以及部分防护用品、消毒用品、预防和治疗药品的价格监测;开展市场巡视巡查,上下同步组织市场巡视工作,春节期间共巡视农贸市场和超市100余次,各区县发改局累计巡视市场500余次。主要领导带队深入城关区部分市场和药店,实地调查粮油肉蛋菜市场价格和供应情况,了解口罩、消毒杀菌用品、抗病毒药品等防疫用品的市场供应和销售价格情况。坚持猪肉监测预警。截至11月25日,向国家报送数据387期、774条,向省上报送数据448期、896条,根据省发改委《关于开展仔猪市场价格情况调查的通知》要求,开展调查并及时上报。

(安翌绮)

## 自然资源管理

【概况】　2020年,兰州市自然资源局认真履行全市自然资源管理职能,核发建筑工程类《建设项目选址意见书》13件,《建设项目用地规划许可证》114件,《规划条件通知书》65件,《建设工程规划许可证》324件;核发市政类《建设项目选址意见书》6件,《建设项目用地规划许可证》10件,《建设工程规划许可证》63件;核发《建设工程规划竣工验收合格书》72件,建筑面积约250万平方米;颁发不动产证书21.2万本,不动产证明13.87万张;完成1宗采矿权变更、1宗采矿权新设登记手续、1宗采矿权转让。市近郊4区(含高新区、经济区)供应宗地174宗,供应面积16809.12亩,成交价款152.79亿元。

【建章立制】　出台《兰州市城乡规划条例》《兰州市建筑日照分析管理办法(试行)》《国有建设用地使用权出让价款追缴制度》,拟定《兰州市城市地下管线管理办法(初稿)》《兰州市城市地下管线规划竣工验收管理办法(试行)》,《兰州市城市地下管线管理办法》立法项目列入2020年度市政府2021—2025年立法规划。兰州市自然资源局与兰州市住房与城乡建设局联合制定印发《兰州市房屋建筑和市政基础设施工程建设项目审批一张表单与审批流程图》。

【国土空间规划】　持续推进《兰州市国土空间总体规划(2020—2035年)》编制工作,完成《市级国土空间总体规划》阶段成果,督促有关区县有序推进规划编制,基本构建全市国土空间规划管控体系,优化全域空间总体格局。完成并上报兰州市生态保护红线评估调整及城镇开发边界试划成果,部署开展永久基本农田核实及划定工作,全市国土空间保护和开发格局及"三区三线"(根据城镇空间、农业空间、生态空间3种类型的空间,分别对应划定的城镇开发边界、永久基本农田保护红线、生态保护红线三条控制线)范围基本确定。在城区范围划定基础上开展2020年度城市体检评估工作,编制完成2020年城市体检评估报告,城区范围划定成果及城市体检评估成果经甘肃省自然资源厅审查后按时上报自然资源部。开展过渡期内"两规"一致性处理,区县"两规"(土地利用规划、城市规划)一致性处理规划调整方案,经省政府批复实施,为过渡期内的国土空间用途管制提供"多规合一"的规划依据。

【规划研究】　编制完成《兰州市中心城区密度强度高度分区研究》《兰州市十五分钟生活圈配套规划研究与导则》《西固石化区域概念规划》《兰州市"十四五"城市交通发展规划》。

【控规修编】　编制完成《兰州市城关区青石片区控制性详细规划(2020年版)》《兰州市中心城区控制性详细规划西固片区广家坪单元》《兰州市中心城区九合片区控制性详细规划》《兰州市中心城区控制性详细规划和平片区(2020年修改)》《兰州市中心

城区控制性详细规划——崔家大滩、马滩片区CM06—01、02单元(2020年修改)》,组织编制《“读者印象”精品文化街区城市设计》《兰州市金天观、洪恩街街区城市设计》,运用城市设计,塑造城市风貌特色。完成《兰州市七里河区西果园镇总体规划(2019—2035)》的审查、报批工作。

【公众参与机制】 制定《兰州市自然资源局关于落实街道党工委对制定社区规划和公共服务设施布局规划参与权的实施意见》(试行),更好地促进条块联动,提升基层治理效能,提高城市治理现代化水平。

【城市内外路网方案审查】 通过优化城市路网结构,完成B404#路、B400#路、S631-2#路、B640-1#路、薇乐大道综合整治人行过街天桥、兰州大学附属小学过街天桥、和平镇成功学校人行过街设施及天水路高速出入口环境提升改造项目——交通节点改善工程等方案设计审查,并出具对G312线上海至霍尔果斯公路清水驿至苦水段、G30连霍高速公路清水驿至忠和段扩容改造项目、中通道南延线工程及G6京藏高速忠和至海石湾段公路扩容改造工程的选址初审意见,加速推进兰州主城区高速环线和环城公路网建设,优化提升城市内外路网的通达性,确保进出外围交通与内部道路的顺畅衔接。

【地质灾害防治】 组织各区县自然资源部门开展冻融期、汛期地质灾害隐患巡查排查工作。建立市、县区、乡(镇、街道)、村(社区)4级群测群防网络体系,全市有以村社干部和群众为主体的群测群防员1128名;建成地质环境综合管理平台系统1个,区县管理平台系统节点8个,安装各类地质灾害专业监测仪200余台,基本形成覆盖全市重要地质灾害隐患点的专业监测网络。市级发布各类预警37次,累计发布短信3840条。会同城关区、七里河区政府组织5个技术支撑单位,在城关区南部的伏龙坪、五泉山、临夏路、火车站街道、七里河区八里镇等重点隐患区段开展调查,编制《兰州市地质灾害隐患点应急排查报告》。根据调查简报,排摸出严重的地质灾害隐患区20处,受威胁群众370户2302人(含个别单位、家属楼),涉及房屋2909间,建筑面积122657平方米。

2014年—2019年争取到中央、省级财政经费32652万元,开展地质灾害综合防治体系建设工程治理项目27个。截至2020年底,14个工程项目完工并通过初步验收,7个项目正常施工,6个项目正在开展前期勘察设计。组织对榆中、永登、红古等地质灾害易发区654户、2562名群众进行搬迁避让。配合市发展和改革委员会赴榆中县、永登县、七里河区验收易地扶贫搬迁项目,督促区县政府落实新安置点地质灾害危险性评估及配套治理等工作。

【矿产资源管理】 调整《榆中县矿产资源总体规划(2016—2020年)》,启动《兰州市矿产资源总体规划(2021—2025年)》的编制。按照《兰州市矿产资源总体规划》,依法市场化配置矿产资源,对新设采矿权全部采取招标拍卖挂牌方式出让。承接省级下放2宗探矿权、6宗采矿权审批资料,并将其纳入市级发证矿业权管理体系。完成市级发证21家生产矿山的储量年报审查备案,6家储量核实报告审查备案。不断强化日常监管,开展矿山巡查检查。建立矿山开采、安全生产、生态环境恢复治理联合检查制度,制定矿山检查计划。市自然资源局联合市应急管理局、市生态环境局对全市矿山开展全覆盖巡查检查,有力推进矿山地质环境保护与恢复治理工作,消除矿山安全隐患,规范矿产资源开采行为。配合省自然资源厅开展砂石资源开发利用调研调控和国家出资勘查探明矿产地(注销采矿权)现状及剩余资源储量核实工作。全力推进绿色矿山建设,下发《关于加快推进2020年绿色矿山建设工作的通知》,截至年底,兰州市建成和申报绿色矿山6宗,有6家矿山完成自评估工作。

【生态修复】 扎实推进兰州市矿山地质环境恢复治理工作,组织开展7宗《矿山地质环境保护与土地复垦方案》审查、6宗矿山地质环境恢复治理阶段性验收工作。以矿山地质环境治理恢复基金制度、矿山地质环境恢复治理倒逼机制及《矿山地质环境保护与土地复垦方案》,建立矿山地质环境恢复治理长效机制。完成自然保护区内采矿点矿山地质环境恢复治理任务。向省上争取资金1980万元,支持安宁区深沟生态修复综合治理项目建设,兰州市七里河区阿干矿区(石佛沟国家森林公园)无主矿山地质环境恢复治理项目列入省自然资源厅历史遗留无主矿山项目库。完成自然资源部下发的甘肃省2019年度矿山恢复治理图斑及省自然资源厅下发的2批疑似矿山地质环境破坏图斑核查任务。配合做好《全国重要生态系统保护和修复重大工程总体规划》专项建设规划重点项目素材编制工作。

【耕地保护】 将耕地保护责任目标纳入各级政府年度责任目标并组织考核,完成《兰州市人民政府关于2019年耕地保护责任目标的自查报告》和《兰州市人民政府关于兰州市“十三五”期间耕地保护责任目标履行情况的报告》。组织对区县人民政府2019年度和“十三五”期间耕地保护责任目标进行考核。

【土地统征】 开展征收农用地区片综合地价更新工作,完成3县5区综合区片综合地价的测算制订并上报省政府，省政府已发布《甘肃省征收农用地区片综合地价标准的通知》，该标准按照经济社会发展水平，相应提高征地补偿标准，维护农民权益，做到征地补偿同地同价。开展《兰州市征收集体土地地上青苗和地上附着物补偿标准》制定工作，该标准作为《兰州市征收农用地区片综合地价标准》的配套技术标准，在充分考虑兰州市经济发展水平的基础上，适度提高地上附着物补偿标准，完善了农用地转用和征收的技术依据，保障农民的权益。

【执法监督】 全年组织实施市级动态巡查2次，查阅各类记录、台账170余册，案件卷宗217个，发现、制止各类土地矿产违法案件66宗。完成2020年度土地矿产卫片执法工作，督促各区县对2018年度土地卫片数据经自然资源部审核不通过的图斑问题抓紧进行整改，并配合省自然资源厅开展实地核查，对发现的问题督促限期整改。开展"违建别墅""农村乱占耕地建房"等问题专项整治行动，全市摸排违建别墅70宗(285栋)，全部完成整改。通过图斑核查和自查摸排，累计发现农村乱占耕地建房问题6273个。严肃查处违法建设项目，立案调查处理违法建设5起，下达违法建设案件行政处罚决定书5份，处罚面积51340.7平方米。

【规划展览】 兰州市城市规划展览馆接待来馆参观游客35974人次，接待团队195个(省内团队169个、省外团队25个、境外媒体采访团1个)，全年讲解94场。

推出"云·看兰州"线上讲解。讲解员从馆内走上街头，综合运用音频和现代拍摄技术手段，从馆内展项延伸到外景实拍，纵横城市魅影，穿梭街巷风情，讲述兰州城市故事。举办以"故城时光·趣谈老城门""文化记忆·趣谈非遗""金城记忆——《金城揽胜图》""街巷时光——历史文化街区""可摘星辰——兰山三台阁"等24期系列活动，让许多人回想起那些属于兰州的历史记忆。更新"都会城市 精致兰州""战略视野 重点项目"展区6个版面内容，展示国土空间总体规划初稿、兰州最新荣誉和生态建设、城市更新、社会事业等方面建设成就，提升馆内VIP流线的展示效果。助力夜游黄河，实施展馆夜景观亮化工程，协调兰州市黄河生态旅游集团公司在前广场处搭建《城市之光》演出舞台，拆除清水样板墙、恢复黄河肌理，提升展馆夜间形象，增加展馆人气。开展"致敬英雄是给孩子最好的六一礼物"活动，邀请省中医院医护工作者带领孩子来馆参观，用爱和行动陪伴成长，以知行合一、寓教于乐的方式为孩子庆祝节日；开展"粽情粽意传文明·爱国情怀永流传"线上活动，通过怀古忆今诵端午，弘扬爱国主义精神和优秀传统文化；开展诚信宣传教育，通过电子屏、宣传册向游客发出《诚实守信从我做起》倡议书，微信公众号推送邀请小小讲解员一起讲述的兰州诚实守信好人故事，以先进模范引领新风尚。

【土地供应改革】 优化土地供应模式，将建设项目涉及的道路、公共绿地、综合治理等基础设施建设内容写入供地方案中，进行统一供应，62宗宗地顺利成交。推行以"协议+合同"土地出让模式，出让宗地10宗。通过"协议+合同"的出让模式，对建设方的投资计划、建设计划和建设内容以及政府部门的权利和义务进行明确划分，有力保障兰州市重大招商引资项目落地落实，满足区域产业发展和生态布局新要求。在开展西固区广家坪建设项目供地工作中，首次尝试在供地方案中加入"按照住宅总建筑面积10%的比例配建地质灾害避险搬迁安置用房并无偿移交"内容，届时项目将建成避险搬迁安置用房16364平方米。

【政府公示地价体系】 夯实土地市场建设基础，建立政府公示地价体系。完成兰州市城市基准地价更新及公共服务项目用地基准地价制定和兰州市主城4区标定地价体系建设工作。组织开展农用地和集体建设用地基准地价制定工作。

【土地储备】 以保障民生项目、产业项目、重点区域发展等用地需求为重点，全年储备入库土地83宗，出入库面积均超额完成年度目标任务。研究制定《关于优化土地储备工作流程的实施意见》，进一步优化拟收储阶段权属核查、注销及收地流程，完善申报供地标准，明确储备项目交地主体。研究起草《关于加强土地储备有关工作的实施意见》，进一步优化完善土地储备工作机制。

【不动产登记】 兰州市自然资源局协调房屋登记、税收、住建等部门调整审核层级，精简办理流程。对不动产登记中涉及的相关环节进行整合，设立综合受理窗口，统一受理房屋交易监管、核缴税费、购房资格审核等事项。同时对需提交的申报材料进行清理"减负"，形成统一的申请材料目录清单对外公布，实行一套材料"转到底"。建立房屋交易与不动产登记数据共享交换平台，对兰州市各级不动产登记数据进行整合，形成"上下联动、左右贯通"的不动产登记信息立体交互模式。将落宗数据、面积测绘信息导入平台后，办理不动产首次登记、转移登记时，可直接从"共享平台"获取供地、预销售时形成的测绘成果，减少等待时间。兰州市不动产登记系统与兰州政务服务网和"甘肃省互联网+不动产登记"平台顺利对接，办事群众和单位仅需电脑登录互联网或者手机登录"金城办"APP

等方式，随时随地可申请办理不动产转移、抵押、信息查核等业务。稳步推进农村集体建设用地（含宅基地）使用权及农房所有权确权登记发证工作。截至年底，全市农村宅基地确权登记发证调查宗数260461宗，完成外业调查260461宗，调查完成率100%，应发证217837宗，发证211776宗，发证完成率97.22%。全市集体建设用地确权登记发证调查宗数4437宗，完成外业调查4437宗，调查完成率100%，应发证2601宗，发证2535宗，发证完成率97.46%。全市集体土地（含宅基地）使用权及农房所有权确权登记发证市级验收工作全部完成，成果质量顺利通过专家组验收。成立兰州市自然资源和不动产统一确权登记工作领导小组，印发《兰州市自然资源统一确权登记工作方案》，完成市级经费预算和四年工作计划，与水务等部门对接河湖划界等成果资料，市级4条河流符合确权登记发证条件；全市各县区（含高新区、经济区）均成立领导小组，完成自然资源统一确权登记工作方案、工作计划（四年）并经所辖政府批准后印发实施。

（崔丽虹）

## 国有资产监督管理

【概况】 2020年，市政府国资委紧紧围绕市委、市政府中心工作，全力抓好政治建设、国资监管、国企改革发展等重点工作，加快推进市属国企做优做强。23户监管企业实现营业收入121.54亿元，同比增长20.49%；完成项目投资115亿元，同比增长23.1%；完成招商引资到位资金5亿元。

【国企改革】 突出规划引领，制定《兰州市国企改革三年行动实施方案（2020—2022年）》，坚持问题导向和目标导向、注重整体谋划和分步实施，通过3年努力，推动资源要素向优势产业、骨干企业和创新型企业集中，推动国有资本向特色产业、战略性新兴产业和公共基础性产业集中，实现国有企业在更大平台上的优化配置；加大企业组建改革力度，成立兰州生态创新城发展有限公司、兰州兰狮文化创意传媒有限公司、兰州通用航空有限公司等，支持榆中创新生态城、黄河大景区、兰州航空产业园建设；深化企业内部纵向改革，指导兰州国资利民集团等企业，顺利完成整合划转及完善内部管理、工商变更、财务报表合并等内部整合工作，并按照集团化运作模式采取“双步并行”办法，加速向纵深延伸；开展授权经营试点。制定《国有资本授权经营试点工作办法》，选择法人治理结构、内控机制、工资分配等方面管理比较规范的兰投集团、建投集团、粮油集团等6户企业开展国有资本授权经营试点，进一步扩大企业经营决策自主权，增强企业活力；剥离企业办社会职能，对各企业办公场所、托管老旧小区、附属建筑物等近500个实地点位进行400轮次的“创文”督查，在保证全市“创文”工作顺利开展的同时，基本完成71户驻兰央企、10户中央下划在兰企业职工家属区455个小区，21.3万户住户“三供一业”（供水、供电、供热和物业管理）分离移交及维修改造工作。制定《兰州市推进国有企业退休人员社会化管理工作实施方案》，组织完成央企（114746人）、省企（88333人）、市属企业（52833人）计255912名退休人员社会化管理工作。

【国资监管】 转变监管方式，按照市政府国资委《以管资本为主推进职能转变实施方案》要求，持续深化“放管服”改革、围绕解决监管缺位、越位、错位问题，不断完善国资监管体制机制，全面落实国资监管“法无授权不可为、法定职责必须为”，在依法行权履职的同时，充分尊重和保障国有企业的独立市场主体地位，实现既管好又放活，确保国有资产保值增值；按照中央“六稳”“六保”要求，组织协调23户市属国有企业为承租的1453户中小微企业、个体工商户、非营利性民办学校减免租金4700余万元；举办国有企业招聘高校毕业生暨引进中层管理人员和专业技术人员专场招聘会，招聘录用908人；坚持集中整合、优化配置，严格落实《兰州市2020年经营类事业单位改革工作方案》要求，推动市级事业单位所属企业改制脱钩后全部移交国资委监管，更好集中资源力量，促进市属企业发展壮大。完成兰州城市建设设计院、兰州热力总公司等6家实行企业化管理的经营类事业单位转企改制并移交国资委统一监管工作；提升监督效能，对2019年度企业国有资产监督管理情况向市人大常委会作专项报告，自觉接受人大监督，并充分发挥产权、财务、审计、纪检监察等专责监督作用，增强监督的合力和实效，促进企业规范经营管理，维护国有资本安全。

【项目建设】 鼓励支持市属国有企业采取多种方式开展市场化融资，为全市重大基础设施建设、城市公共服务、民生保障工程和重点产业发展提供资金支持。市属国有企业融资到位资金465.35亿元，先后保障实施兰州奥体中心、轨道交通2号线一期工程、兰州现代粮食产业园、黄河流域兰州白塔山段综合提升改造、黄河兰州段湿地修复和东段生态治理等重点建设项目77个，累计完成投资115亿元；引导企业创新发展，组织开展市属国有企业自主创新奖励项目申报及评选工作，对评选出的科技创新、管理创新、品牌建设创新、商业模式创新共28个项目奖励200万元。

【债务风险防范化解】 按照“控总量、消存量、减增量、降负债”的原则，建立动态监测机制，定期统计市属企业各项债务情况，对即将到期债务进行风险提示；严控企业债务规模和增速，把按期偿还到期债务、降低资产负债率列为企业领导人员业绩考核的重要指标，严格进行考核；指导企业制定和落实项目资金平衡方案，形成立项决策规范和“借、用、管、还”相统一的投融资闭环体系，市属国有企业债务风险总体可控，资金链安全。

【国企党建】 督促指导国资系统落实首要任务、建立完善第一议题制度，全系统组织开展学习习近平新时代中国特色社会主义思想、关于国企改革发展和党的建设等重要论述宣讲35次、集中培训24期、研讨交流157次，累计培训5351人次，购买理论书籍2.3万余册；夯实党建基础，修订完善公司章程，指导市属国有企业细化明确“三重一大”（重大事项决策、重要干部任免、重要项目安排、大额资金的使用，）决策事项，制定完善党委前置研究讨论重大经营管理事项清单，着力厘清企业各治理主体权责边界；巩固深化“不忘初心、牢记使命”主题教育成果，以“四抓两整治”为重要抓手，深化党支部标准化建设，推荐产生市轨道物业管理有限公司支部委员会、公交集团第四客运公司第二车队支部委员会等5个省级标准化先进党支部，推荐兰州供水集团东区管线所党支部、兰州佛慈制药股份有限公司第二党支部等16个基层党支部进入市级标准化示范点候选名单；开展市属国有企业突出问题专项整治工作，紧盯企业改革重组、资产处置、招投标、项目建设、投融资及选人用人等重点领域，严肃查处靠企吃企、设租寻租、关联交易、滥用职权、利益输送、贪污贿赂、虚报产值、违规决策损害国有权益等问题，督改23户国有企业突出问题558个，完成整改508个，整改率91.04%。

【安全生产和信访维稳】 落实出资人安全生产监督职责，持续推进安全责任、检查指导、考核问责、培训教育及应急救援等体系建设，全年未发生重大安全生产事故；全年协调处理信访件2188件（其中网上信访123件，民情通2065件），办结2180件，办结率99.63%。接待群众上访87批189人次，及时解答并协调解决涉及社会保障、职工安置、劳动关系、工资待遇、住房、合同纠纷、政策性供养、“三供一业”改造等具体问题，全年未发生重大维稳事故。

【公共资源交易监督管理】 协调指导市公共资源交易中心推行电子化招投标和远程异地评标，保证全市重大及应急项目招投标活动正常开展；督促指导市公共资源交易中心开展投标保证金集中清退工作，主动为投标人搞好服务；推动改善市公共资源交易领域营商环境，及时协调解决公共资源交易活动中遇到的具体问题，保证公共资源交易活动依法合规开展。

（杨　文）

## 市场监督管理

【概况】 2020年，兰州市市场监督管理局紧紧围绕全市经济社会发展大局，以推动高质量发展为中心，扎实做好“六稳”工作、全面落实“六保”任务，防范化解风险隐患，维护规范市场秩序，实现疫情防控和市场监管工作“两手抓、两促进”的工作目标。截至年底，全市累计有各类市场主体343084户，同比增长8.15%，新增各类市场主体48705户，同比增长2.81%；查办各类违法违规案件1025件，罚没款3380.2万元；接收各类消费者情况反映30637件，办结29697件，为消费者挽回经济损失1520.1万元。11月24日，经省、市编办批准，兰州市食品药品检验所正式更名为兰州市食品药品检验检测研究院。同时，根据省、市党委政府“关于进一步加强进口冷链食品疫情防控”的工作要求，设立“兰州市进口冷链食品监管总仓”，并于12月2日正式启动运行。

【市场主体增量】 推进“证照分离”改革，办理涉及4种改革事项企业登记业务4794件。坚持深化拓展“多证合一”改革，全市发放“多证合一”营业执照166235户。持续推进注册便利化，实施住所集中备案，梳理精简许可事项65项，实现审批事项压缩47.58%，材料要件减少47.69%；完善容缺受理制度，创新推出“码上告知”，通过“一网通办”系统开办企业39277户。监督1350家转供电单位向7.9万终端用电户退还多收费用6800.32万元。扎实落实“六保”“六稳”工作任务，10971家市场主体暂缓列入经营异常名录，502户企业暂缓清理吊销。

【市场监管执法】 对市场违规违法行为保持高压态势，查办各类违法违规案件1025件，罚没款3380.2万元。持续推进扫黑除恶专项斗争，累计摸排相关线索510件，解决群众诉求问题343件，移交同级扫黑办或公安部门具有涉黑涉恶嫌疑线索36件。建立健全长效机制，出台规章制度、措施办法40个。不断强化反不正当竞争执法，全市系统共立案查处相关案件9起，结案4起，收缴罚没款7.5万元。做好公平竞争审查工作，审查清理政策性文件36599份。严厉打击非法集资活动，排查机构459家，核实涉非法集资线索10条。配合做好“扫黄打非”工作，检查各类经营户10174户，立案查处4件。持续加大价格、网络和广告监管力度，开展涉企收费、教育收费及转供电环节不合理加价行为等专项整治，对各类价格违法案件实施经济制裁688.31万元。查处网络违法案件11件，罚没款20余万元。查处虚假违法广告案件62起，罚没款377万元。信用监管水平不断提升。企业、农民专业合作社、个体工商户年报公示率分别为92.05%、96.83%、65.13%，得到省市场监管局通报表扬。“双随机”抽查市场主体5603户、非市场主体918户，立案查处61件、罚没款9.97万元。归集公示涉企信息117万条，517户企业列入严重违法失信企业名单，清吊长期未经营企业669户，协助各级人民法院办理股权冻结225件。

【质量强市建设】　发挥市质量发展领导小组办公室牵头抓总的作用，与承担重点任务的16个成员单位对接3轮次，推动产品、工程、环境、服务4大质量协调发展。培育5家企业(组织)参与申报中国质量奖和省政府质量奖年底进入现场评审环节。公共服务质量工作不断加强，城市综合排名大幅提升。组织产品质量监督抽检工作，完成全市236家企业14种产品333批次监督抽检工作，产品总体合格率95.8%。加大不合格产品处理力度，及时下发处理通知书，综合运用执法、信用、商标等管理手段，严厉清查不合格产品及经营主体。推进塑料污染治理工作，对生产、销售、使用环节、塑料制品使用情况进行全面清查，检查企业商户1万余家，责令停业整顿塑料袋生产企业3家、食品相关产品生产企业1家，责令经营户下架不符合要求塑料袋10余万个。推进认证计量工作，全市有267家获证检验检测机构完成统计直报数据和年度报告的提交工作，数据提交及审核率100%。诚信计量体系不断完善，全市强制检定计量器具25248台件，检查计量器具25910余台件，查处不合格计量器具10台件，查处计量作弊行为12起，查处违法案件4起。充分发挥标准引领作用。以“标准化+”战略行动为依托，全面推进标准制修订工作，不断打造示范试点精品项目。组织完成50余项地方标准申报工作，参与编制2项地方标准草案，完成5项地方标准的评审发布。组织省标准化研究院对兰州市60项企业执行标准进行监督评价。

【食品安全监管】　组织开展各类专项整治20余项，检查各类食品生产、流通、餐饮单位超14万家次；食品检验16797批次、合格率94.91%，快检131087批次、合格率99.32%，核查处置不合格食品705件；完成“互联网+明厨亮灶”3712户。对8个区县省级食品安全示范城市创建工作进行初验，并上报省食安办申请复核。

11月25日，兰州市食品药品检验检测研究院更名揭牌仪式

【药品安全监管】　开展销售假劣药品、无菌和植入性医疗器械及美业领域等专项整治，切实保障全市药械化质量安全。截至10月底，检查药械化领域生产、经营、使用单位10233家次；抽检药品1751批次，已出检验报告687批次，基本药物合格率100%。

【特种设备安全监管】　进一步完善特种设备监管责任体系，强化重点环节重要时段安全检查，对特种设备使用单位开展“双随机”检查77家，发现隐患217项，全部完成整改。累计处置电梯困人事件1677起，解困4241人，平均到达现场时间缩短至12.1分钟。按时完成81台自2014年以来注册的10蒸吨以下燃煤锅炉的淘汰及整治工作。

【消保维权保障】　组织开展“3·15”国际消费者权益日等大型宣传咨询服务活动，深化消费教育引导，消费者维权意识进一步提升。建立先行赔付机制站点123个，解决消费纠纷67件，赔付金额51.83万元。创建“放心消费承诺”单位181家，建立12315“ODR”企业64家。3·15期间，集中销毁假冒伪劣商品2.7万件，物资价值227.4万余元。先后处理各类消费者投诉举报30637件，办结29697件，为消费者挽回经济损失1520.1万元。

【商标知识产权】　培育创建国家知识产权示范或优势企业9家，征集31个项目参加中国国际专利技术与产品交易会。“兰州百合”获得“中国农产品地域品牌价值—2020年标杆品牌”授牌，品牌价值评价53.39亿元。认定2020年度兰州市知识产权优势培育和专利导航企业10家，每家给予扶持资金4万元。审核发放2019年度省级专利资助977件，资助金额151.57万元。全市专利质押融资金额3.19亿元，占全省的80.15%。办理知识产权违法案件109件，罚没款151.3

万元。全市商标申请量10140件，注册量5929件；全市专利申请量9451件，每万人口发明专利拥有量14.17件。

【网络外卖餐饮监管】 针对网络订餐食品安全问题，兰州市市场监督管理局出台《兰州市网络订餐管理办法》，强化网络订餐交易第三方平台、网络供餐单位食品安全主体责任，规范第三方平台经营行为。经过监管整治规范，较好地遏制了网络订餐违法违规行为，保障广大消费者的身体健康和生命安全。2020年，兰州市网络订餐平台44家，其中外卖平台主要是美团和饿了么2大平台。美团在线外卖餐饮商家5500户左右，主城区骑手数量1800人左右，头盔佩戴率100%，单量日均2.5万单；饿了么平台兰州专送骑手商户500余家，日均订单1万余单，直营骑手300余位，建立蓝色风暴检查机制，佩戴率100%。配送人员持有有效健康证比例99%。通过第三方对全省网络订餐平台监测，兰州市网络订餐证照公示率平均99%以上。

【助力文明城市创建】 全市市场监管系统上下联动，将市场监管工作融入全国文明城市创建，全过程局主要领导亲自谋划、亲自部署、亲自推动，带头深入创建一线督导检查创城工作；对38个实地测评集贸市场实行三级包抓责任制，成立5个文明城市创建工作督导组，开展督导15轮次；牵头制定《〈公筷公勺分餐夹使用规范〉甘肃省地方标准》，在全市主流媒体发布公筷公勺、节约粮食等公益广告3036条，印发宣传品50万余份；创城迎检期间，局机关党员干部累计参加东岗西路街道的6个社区文明交通志愿服务活动1725人次。在全国文明城市现场测评中，全市集贸市场、相关点位取得满分，从创建工作的薄弱环节一跃成为特色亮点，得到市委市政府的充分肯定。

【脱贫攻坚】 开展春节慰问活动。对60户困难党员和群众进行慰问，送去价值近2万元的慰问品；开展农资农药抽查检测。对武胜驿镇的3家农资经营点销售的化肥进行抽检，共抽检3个批次的样品，经法定机构检测全部合格，为春耕生产提供有力保障；做好脱贫攻坚普查工作。严格落实“一户一策”动态管理要求，以完善村级42种台账和户级资料为重点，集中时间组织帮扶干部开展入户走访，全面了解帮扶对象情况，动态调整帮扶措施，扎实做好普查工作，帮扶的6个村均顺利通过普查；开展扶贫领域专项检查。会同驻局纪检组，对2019年市场监管局协调帮扶项目资金50万元（含物资折价）和2020年协调的16万元资金使用情况进行专项检查，未发现违规使用的情况。

（王　伟）

## 统　计

【概况】 2020年，全市统计系统围绕市委市政府中心工作，强化经济运行预警监测，扎实做好“六稳”工作，全面落实“六保”任务，统筹推进疫情防控和经济发展，为全市经济社会发展做出积极贡献。全年撰写统计信息238篇、分析报告76篇，编发《统计快讯》22期，编印《兰州综合统计信息》11期。

【统计调查】 开展工业企业成本费用、规下服务业抽样、事业法人单位统计、限额以下批零住餐企业及个体户抽样、妇女儿童监测等专项调查。制定《2020年兰州市创建全国文明城市公众满意度调查实施方案》，组织开展创建全国文明城市工作群众满意度调查2次，收回问卷调查表2921份。开展未成年人思想道德建设群众满意度调查、生态环境满意度调查、公共服务质量检测、巩固城市园林绿化成果公众满意度调查、创建国家卫生城市公众满意度调查、公众生态环境满意度调查等调查工作，撰写调查报告6篇，完成统计分析评价工作。

【统计服务】 围绕市委、市政府中心工作，全面开展统计服务，建立完善统计分析调研机制，开展重点行业、重点领域专题调研。加强与经济指标牵头部门的联动合作，加大对重点行业、重点企业和重大项目的监测力度，及时预警经济运行中出现的新情况、新问题。坚持每月召开经济形势分析通报会，客观反映全市及各区县经济运行情况和问题，为市委市政府把握经济走势、部署指导工作提供参考依据。深入区县、乡镇、企业开展调研，以微观具体情况支撑宏观分析。构筑立体化服务平台，组织开展第11届中国统计开放日暨第7次全国人口普查宣传月启动活动，利用网络、报刊等多种渠道及时发布统计信息、宣传统计工作、传播统计知识。有效运用以课题、专报、《综合统计信息》《兰州统计年鉴》《统计公报》、统计微讯等形式提供数据信息服务，改良统计产品，完善统计数据发布内容和方式，全面深化统计数据解读，提升统计服务实效。发布《2019年兰州市国民经济和社会发展统计公报》，推送《兰州统计微讯》42期，撰写《站位西部看兰州与西部省会城市经济发展比较与研究》《基于VAR模型的兰州市消费结构、产业结构和经济增长关系的实证分析》《十三五期间兰州经济社会发展成就》等专题报告。编印《兰州统计年鉴2020》资料，完成《2020年甘肃发展年鉴》和《兰州年鉴2020》（统计篇）组稿工作。

【统计改革】 开展全市十大生态产业统计监测工作。推进劳动工资统计改革，确保调查数据真实反映全市就业及工资现状。开展“兰白试验区”统计监测，建立“兰白试验区”统计基本单位名录库。强化全市全面建成小康社会统计监测工作，完成《2019年兰州市全面建成小康社会统计监测报告》。推进投资领域统计重点改革，500万元~5000万元投资项目顺利实现联网直报。与西北师范大学合作开展兰州市现代化中心城市课题研究，建立兰州市现代化城市评价体系。

**【统计普查】** 组织实施第7次全国人口普查工作，组建统计、发改、公安等24个部门参与的普查领导小组及办公室，制定普查方案和实施细则，开展普查综合试点。立体化宣传人口普查，中央、省、市电视报刊等新闻媒体发布相关报道150余条，市政府及城区临街铺面LED屏、公交、出租、楼宇视频全天滚动播放人口普查宣传标语；与教育部门联合开展“小手拉大手 人口普查我知道”宣传活动；印制张贴《户口整顿通告》3万份、《公告》4万份、标语横幅万余条，发放《一封信》270万封。完成普查“两员”（普查员和普查指导员）选聘培训、经费落实、户口整顿、区划绘图、普查宣传、清查摸底、普查登记等工作，全市24081名“两员”深入19881个普查小区开展登记，顺利通过国务院人普办事后质量抽查，人口普查各环节工作高标准推进。开展“四经普”成果利用，与大专院校合作选定10个课题进行专题研究，编辑《兰州市第四次全国经济普查研究课题选编》，通过互联网和市级主流媒体向全社会发布兰州市第4次全国经济普查公报。做好脱贫攻坚“回头看”整改工作，完成全市脱贫攻坚普查工作。

**【统计执法监督】** 严格执行企业一套表制度，按照入库时间节点和要求，进一步加强对区县、部门入库的指导服务，及时协调解决入库审批中存在的困难和问题，真实反映全市项目建设和经济发展现状。恪守统计联网直报“四条红线”（坚持“先进库、再有数”，绝不自行修改名录库；坚持由企业独立报送真实的统计数据，绝不干预企业独立报送真实数据；坚持由企业自己上报联网直报数据，绝不代填代报企业数据；坚持由企业修改差错或补填不完整报表的原始数据绝不自行修改企业任何数据。），建立领导干部违规干预统计工作记录台账、网报数据核查台账，实行全程记录。组织召开全市防范和惩治统计造假、弄虚作假工作推进会议2次，配合完成国家统计局2020年第13统计督察组对兰州市的延伸统计督察，及时协调做好谈话沟通、问卷调查、抽取企业“双随机”（随机抽取检查对象，随机选派执法检查人员）执法检查、资料调阅、“四不两直”（不发通知、不打招呼、不听汇报、不用陪同和接待，直奔基层、直插现场）等工作，赢得国家统计督察组的肯定。主动送法上门，推进统计法律法规进党校，邀请省统计局专家为市委党校县级干部培训班进行统计法律法规专题授课，发放国家统计局编印的《防范和惩治统计造假弄虚作假重要文件选编（保密）》353套，省统计局编印的《领导干部统计法律法规知识百问百答》227册，安排部署工业、商贸、服务业等行业开展网报数据核查，并以区县为主开展统计数据质量自纠自查工作。修订完善《兰州市统计局统计月报、季报和调查工作流程》《地区生产总值（GDP）数据质量管理办法》等制度。开展《防范和惩治统计造假、弄虚作假督察工作规定》贯彻落实情况检查和统计执法“双随机”检查，随机抽取七里河区、榆中县、西固区，采取区县、统计调查对象自查与市统计局重点检查相结合的方式，通过查阅资料、人员问询、现场核查等方式开展检查，检查企业90家。

（王立杰）

4月15日，兰州市组织召开第7次全国人口普查办公室主任会议

## 审　计

**【概况】** 2020年，全市出具审计报告242篇，审计查出违规资金2.59亿元，管理不规范资金178.3亿元，促进增收节支7228万元，移送纪检监察及相关职能部门问题线索29项109条，区县党委、政府及各级纪委监委、司法机关和有关主管部门问责处理67人次，向被审计单位提出意见建议700余条，促进相关单位完善制度63项，向市委市政府上报审计要情、专报12篇。

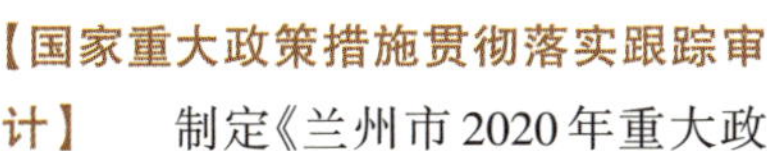

**【国家重大政策措施贯彻落实跟踪审计】** 制定《兰州市2020年重大政

策措施落实情况跟踪审计工作指导意见》，审计发现榆中县2019年至2020年6月贯彻落实国家重大政策措施中存在问题25个，查出问题金额18.59亿元；全市2017年至2019年贯彻落实稳就业政策措施中存在问题54个，原渠道返还或上缴财政资金2311.92万元，移送纪检监察部门问题线索7个，司法纪检监察处理19人，促进相关部门及区县人民政府出台完善制度规定16项。

4月，兰州市审计局审计人员在固定资产投资项目现场查看施工情况

**【财政审计】** 组织实施兰州市2019年度市级预算执行和其他财政收支及决算草案编制，9个市级部门2019年度预算执行，国家税务总局兰州市税务局及所辖7个区县税务局和高新区、经开区税务局2019年度预算执行，安宁区人民政府2018年度财政收支等情况的审计，发现存在问题38个方面114个。审计查出违规资金0.05亿元，管理不规范资金88.29亿元，促进增收节支127万元。受市政府委托，8月向市人大常委会、市委审计委员会作同级财政审计工作报告，12月作审计整改情况报告。

**【经济责任审计】** 组织召开全市经济责任工作联席会议第一次会议，通报《2020年第一批市管领导班子干部经济责任审计计划》，审议通过《联席会议议事规则》《审计对象分类管理办法》，进一步完善联席会办公室机构设置和制度建设。制定印发《2020年市直部门主要领导干部经济责任审计工作方案》，完成18个单位19个经济责任审计项目。审计查出违规资金0.12亿元，管理不规范资金9.57亿元，促进增收节支496万元。

**【固定资产投资审计】** 组织实施市轨道交通1号线一期工程、水源地建设项目等35个重大项目、兰州市餐厨垃圾处理和兰州市中铺子生活垃圾处理项目等审计，发现存在问题6方面36个；对全市11个PPP项目和4个其他特许经营项目进行审计全覆盖；完成跟踪审计项目6个，送审金额141.54亿元，审定金额117.99亿元，审减金额23.55亿元，审减率16.64%；完成复核审计项目7个，送审金额92.2亿元，审定金额84.43亿元，审减金额7.77亿元，审减率8.43%。

**【民生资金（项目）审计】** 审计发现全市2019年保障性安居工程资金投入和使用绩效中存在中央财政专项资金及其他资金管理使用等问题4方面18个；2018年度医疗保险基金运行管理情况中存在省市两级医疗服务项目价格不一致等问题7个；2017年至2019年教育专项资金管理使用中存在监管不到位等问题11方面14个；兰州市殡葬服务行业管理情况中存在公墓建设及管理等问题5方面15个。审计查出违规资金0.5亿元，管理不规范资金13.73亿元，促进增收节支406.8万元。

**【资源环保审计】** 组织实施对兰州市林业局党组书记、局长的自然资源资产任中审计，审计发现问题5方面17个；针对2019年审计发现的市水务局和市环保局自然资源保护及生态环境治理中的问题46个，督促完成整改28个。

**【企业审计】** 组织完成兰州公交集团有限公司2015年至2018年公交运营成本、兰州国器装备制造集团有限公司"出城入园"以来投资建设及2017年至2019年生产经营情况等审计项目，发现存在问题8方面31个，追回或减少损失资金1658万元。

**【内部审计】** 对全市118家市属行政事业单位及国有企业内部审计业务开展、内控监督、结果运用和档案建立等进行调研，发现体制机制、队伍建设等4方面15个问题，提出整改建议；会同市政府国资委等部门研究制定《关于进一步加强和改进市属国有企业内部审计工作的意见》，会同市纪委、市委巡察办、市政府国资委制定印发《关于开展市属国有企业突出问题专项整治的实施方案》，加强对市属国有企业内部审计工作的调研指导和突出问题的专项整治。

**【审计整改】** 制订《兰州市审计整改管理办法》《兰州市审计整改协调

领导小组工作规则》《兰州市纪检监察机关与审计机关协作配合工作办法（试行）》等整改工作办法规则7项。2020年省上涉兰整改问题92个，完成整改58个，正在整改34个。市本级审计发现问题678个，督促完成整改557个，正在整改121个。

【审计信息化建设】 制定印发《兰州市市直部门（单位）及所属预算单位2019年度预算执行电子数据审计工作方案》，强化大数据审计管理。2020年实现对市级416家一级预算单位及其下属单位实施电子数据审计全覆盖。通过地理空间、图像识别等信息技术，实现"审计现场审计+非现场审计、项目审计+无项目审计"有机结合，数据审计模式初见成效。

【脱贫攻坚】 组织开展皋兰县2019年扶贫资金管理使用情况专项审计调查，审计发现5方面25个问题；组织开展红古区、西固区2019年乡村振兴政策措施落实和资金分配管理使用情况审计，审计发现问题68个。同时，开展对永登县武胜驿镇霍家湾村帮扶工作，选派3名优秀年轻干部到扶贫一线工作，多渠道筹集资金102.55万元用于扶贫村生产生活建设。8月，帮扶村顺利通过国家脱贫攻坚普查验收。

（李芬娥）

## 公共资源交易服务管理

【概况】 2020年，兰州市公共资源交易中心完成各类公共资源交易项目2678项（其中，工程建设类项目939项，政府采购类项目1547项；国土资源交易类项目192项），交易金额455.15亿元，政府采购项目节约资金率6.7%。

【公共资源交易放管服改革】 修订完善中心各项制度规则和交易流程，制定印发《关于调整部分交易环节的通知》，启用"见证结果专用章"和"档案管理专用章"。对进场交易项目实施全程"保姆式"服务，严格执行首日开评标承诺制、一次性告知制、限时办结等行之有效的制度规范，不断优化见证、场所、信息、档案、专家抽取等服务。进一步精简交易环节，不再代收代退政府采购交易项目履约保证金，履约保证金由采购人自行收取，切实明确交易各方主体责任。做好"六稳六保"工作，切实减轻企业负担，助力企业复产复工，优化营商环境，中心主动作为，通过网站公告、电话、短信通知、公文函告等方式，与招标人、投标人和供应商联系，梳理、清退保证金9704.23万元。紧扣市委、市政府服务项目建设、促进经济发展的工作要求，切实加强工作衔接和咨询服务，真正做到交易进场"零门槛"、交易过程"零拖延"、交易环节"零障碍"、交易服务"零距离"。

【公共资源交易电子化推进】 协调市财政局，研发政府采购全程电子化交易系统。按照交易效率有提升、交易成本能减少、进场交易更便捷的开发原则，研发涵盖公开招标、竞争性谈判、单一来源采购、询价、竞争性磋商等所有政府采购类型的政府采购电子化开标评标系统，基本实现政府采购项目线上交易。开展远程异地评标试点工作，完善远程异地评标系统及技术规范，通过运用线上身份核验、区块链校验、电子签章等技术，打造语音音频、环境视频、电脑桌面、专家人脸"四合一"远程异地开标评标系统，实现省内跨市州交易平台远程异地评标功能。4月16日，酒泉市第二人民医院核磁共振和数字减影血管机项目采用不见面开标和远程异地分散评标模式，在兰州、酒泉两地公共资源交易平台完成交易，首开全省远程异地开标评标先河。全年完成远程异地评标项目8个。其中，与酒泉交易中心开展远程异地评标项目6个；皋兰分中心2个。建成启用"金城E交易"区块链平台。完成"区块链技术+公共资源交易"实践，开发建成具有自主知识产权"金城E交易"区块链平台，标志着兰州市公共资源交易进入区块链时代。建设完成兰州市公共资源保函服务子系统，开放接口标准，同工保网、兰州银行等7家金融机构或保函服务平台完成对接，实现电子保函业务全流程电子化。完成国土资源交易系统密码应用安全整改任务。制定《兰州市国土资源交易系统整改方案》，完善中心国土资源交易系统密码应用与安全性评估工作，提升国土资源交易系统的安全性和可靠性。

（唐仲虎）

## 中小学教育

【概况】 2020年，全市有各级各类学校1601所。其中，幼儿园864所；小学478所(另有教学点148个)；初中90所；九年制学校58所；十二年一贯制学校7所；完全中学27所；高级中学27所；中等职业学校44所；特教学校6所。在校学生572142人。其中，幼儿园125395人；小学245078人；初中104126人；普通高中62142人；中等职业学校34858人；特教学校543人。教职工52489人。专任教师43182人。其中，幼儿园8790人；小学14723人；初中9574人；普通高中7805人；中等职业学校2099人；特教学校191人。

【学前教育】 修订完善《兰州市普惠性民办幼儿园认定扶持和管理办法》，整改治理民办幼儿园202所，全市公办园在园幼儿占比51.58%，普惠性幼儿园覆盖率94.1%。评估验收3所省级示范园、9所省级一类园及52所标准化幼儿园。开展兰州市第1届幼儿教师原创绘本征集大赛，举办兰州市第2届幼儿园教师专业技能大赛，提升幼儿教师素养。学前三年毛入园率96.04%，比上年增长1.72%。

【义务教育】 修订完善《兰州市义务教育现代化学校评估标准》《义务教育学校教育教学绩效评价方案》。实施全市城乡学校结对帮扶工作，8个区县、190余所学校结成帮扶对子，不断扩大优质教育资源覆盖面。开展初中生物学科实操及信息技术学业水平考试，提升学生动手操作能力和实践能力。印发《兰州市义务教育阶段学生作业管理十项规定》，开展教材教辅用书及作业布置等方面的专项督查，进一步规范办学行为。对6所义务教育学校教育教学进行综合督导。严格执行市、区、校三级“控辍保学”包抓机制，实施“一校一策、一人一案”，创新开设“职普融合班”，实现义务教育阶段学生零辍学。优化小学招生划片方式，探索开展“双片区”招生试点和集团化、一体化片区学校内部调配入学试点工作，有效解决小学入学的“择校热”“大班额”问题。实行公办、民办义务教育学校同步招生，对报名人数超过招生计划的民办学校，实行100%招生计划电脑随机派位录取，规范民办学校招生秩序。全市义务教育阶段学校大班额比例从2017年底的16.15%下降为0.96%，初中大班额、小学及高中超大班额完全消除。

小学适龄儿童入学率100%，毕业率100%；初中阶段适龄人口入学率100%，毕业率100%；九年义务教育巩固率99.87%；初中毕业生综合素质评价合格率为99.99%，其中A、B、C等分别占毕业总人数的95.05%、4.35%、0.59%。

【普通高中教育】 制定《兰州市关于新时代推进普通高中育人方式改革实施方案》，进一步推动全市高中学校完善课程建设，强化教学管理，实现育人方式的根本变革。制定《兰州市落实高考综合改革工作实施方案》，开展高考综合改革相关政策知识试题征集、测试活动，组织全市中小学校长培训学习《关于深化新时代教育评价改革总体方案》，完善工作机制、厘清工作思路、压实工作责任，对标对表推进高考综合改革各项准备工作。举办全市高考绩效研讨交流会，加强对全市高中教育教学工作统筹指导。举办全市普通高中教育教学开放周和片区教学观摩研讨等活动，兰州市成功申报为国家级新课程、新教材示范区。《中国教育报》对全市高中教育教学做了专题报道。全市参加高考人数28723人，全省文理科前百名考生中，兰州市105人，600分以上兰州市910人。一本上线率25.6%，二本及以上上线率67.99%，总上线率99.63%。

**【中等职业教育】** 组建兰州市职业教育专家指导委员会，全面开展兰州市职业教育科学研究、决策分析、政策规划、专题调研、合作交流、质量评估等工作。柔性引进国家高层次职教专家马树超在兰州建立职业教育名师工作室，帮助指导兰州市职业教育发展规划、专业建设、师资队伍建设、校企合作等工作，推动兰州市职业教育科学、规范、高效发展。成立兰州现代职业教育集团。市属职业院校招生人数再创历史新高，中职招生超计划18.88%，高职招生超计划31%。参与省级教学能力比赛和班主任能力大赛，组织243名学生参加全省中等职业学校技能大赛，获奖177人次，获奖率72.8%。整合5个市属职教集团，成立兰州现代职业教育集团，与83家企业建立"教师赴企业实践基地"，新增"1+X"证书制度试点院校6所、试点专业47个。

**【特殊教育】** 全面改善全市特殊教育办学条件，加快资源教室建设，依法保障残疾儿童就学。七里河区特教班实现招生，西固特教学校建成验收，具备招生条件。各区县全面建立健全特殊教育专家委员会制度，开展残疾儿童少年的摸排和评估认定工作，推进融合教育健康可持续发展，有效落实"一人一案"。组织开展兰州市第十五届特殊教育教学新秀总评，选拔优秀青年特教教师，激发特教教师教书育人积极性。举办兰州市第一届特殊教育叙事演讲比赛，总结推广特教学校、特教班、随班就读、送教上门工作经验，促进教师专业素养提升。在市盲聋哑学校基础上成立兰州市特殊教育学校，扩大残疾儿童少年招生范围。义务教育阶段残疾儿童入学率100%。

**【民办教育】** 加强对校外培训机构的监管，按照"谁审批、谁负责""谁监管、谁负责"原则，协调各级人社、民政和市场监管等部门，压紧压实主体责任。印发《关于规范全市校外培训机构办学行为的通知》，加强对校外培训机构的规范指导。重点围绕办学、收费、教学、宣传、学校设置、教师聘用、赛事活动等七个方面，组织开展全市校外培训机构大排查大整治行动，下发行政执法告知书和整改通知311份，停办通知书50份，集中约谈133人次。全市有民办学校695所。其中，幼儿园679所；小学1所；初中5所；普通高中10所。在校学生107289人。其中，幼儿园88022人；小学5382人；初中8558人；普通高中5327人。教职工16439人。其中，幼儿园11571人；小学1515人；初、高中3353人。

**【教育科研】** 全面深入对10所市管中小学校进行全方位、多角度综合督导评估，做到听评课全覆盖，问诊把脉全流程。依据新《评估实施细则》和督导评估体系对区、县政府履行教育职责进行督评。完成2020年兰州市教育科学规划课题集中鉴定工作，征集材料549项，360项课题通过专家评审结题；有1675个"个人课题"课题通过鉴定并获得优秀成果奖。其中，一等奖510项；二等奖1165项。组织开展兰州市第二届中学教师原创命题竞赛活动。经过学校初评、区县(片区)复评、市教育局终评，评出一等奖97个，二等奖124个，三等奖92个。

**【师资队伍建设】** 推动教师培训模式综合改革，构建"国培、省培作示范、市培作领航、县培作全面、片区校本作全员"教师培训工作格局，做精千进八百互动计划、全国校长发展学校、农村教师跟班跟师等一批市级品牌化培训项目，引导各级各类学校建设教师培训创新实验区。举办3期名师大讲堂活动，培训教师5000余人次，开展联校研训及片区自主研训，培训教师近万人次，组织开展国培计划兰州市新教师入职、兰州市骨干教师提升等培训项目，培训教师2200余人次。基于乡村教育教学实际，实施金城名师教育扶贫进农村学校送教送研送培，开展深度结对帮扶活动，精准培育500名乡村教育领雁人才，组织39位金城名师开展送教下乡活动，辐射农村学校超过50所。落实乡村教师生活补助，榆中县、永登县、皋兰县3个集中连片特困县和七里河区插花型贫困县乡村中小学和幼儿园7351名教师合计发放生活补助3090.53万元，人均落实月补助标准403元，均按月发放到教师个人工资账户。制定聘用制教师管理办法，保障权益公平，规范聘用制教师的入职门槛，所有入职条件均与在编教师同一尺度要求，与编内教师同等待遇、同等管理，稳定聘用制教师队伍。2020年，公开招聘公费师范生119人，引进急需紧缺人才92人，事业单位公开招聘教师345人，公开招聘中小学聘用制教师499人，面向硕士研究生、2021年公费师范生、"双一流"建设高校全日制本科引进人才153人。小学专任教师学历合格率100%，大专以上学历占98.35%；初中专任教师学历合格率99.98%，本科以上学历占96.29%；高中专任教师学历合格率98.57%，研究生学历占14.55%；中职学校专任教师学历合格率90.%，双师型教师占18.92%。

**【改革创新】** 深化考试招生制度改革：中考招生方面，调整个别优质高中招生名额对口分配比例，严格往届生报考普通高中的报名条件，明确从2021年起，凡上年参加中考已被普通高中学校录取、但放弃录取资格的往届生，不允许再报考普通高中学校。义务教育招生方面，进一步优化小学招生划片方式，探索开展“双片区”招生试点和集团化、一体化片区学校内部调配入学的试点。实行公民办义务教育学校同步招生，对报名人数超过招生计划的民办学校，实行100%招生计划电脑随机派位录取。在高考综合改革方面，借鉴教育发达省份和地区高考综合改革成功经验和有益做法，结合兰州市实际制定《兰州市落实高考综合改革工作实施方案》，成立高考综合改革工作领导小组，统筹推进全市普通高中学校高考综合改革工作。实施课堂效益提升计划，全面推动“情境教育”“自学·议论·引导教学法”“新教育”“学校体育教学改革”“素质型音乐教育新体系”五大教育实验项目在兰州落地生根，丰富教育发展内涵，提升兰州教育品质。加快推进智慧教育建设，推进教育信息化2.0建设与应用，推动省市县三级智慧教育示范区和标杆校建设，优化兰州市创建国家级“智慧教育示范区”实施方案，大力推动“兰州智慧教育·名师在线”“智慧课堂”“名师云课堂”等信息化试点项目常态化、规范化运行，确保融合应用提质增效。

【体音美和劳动教育】　创建全国青少年校园篮球特色校5所、校园冰雪运动特色校14所、校园足球特色校37所。举办全市第2届中小学生综合运动会、全市青少年校园足球联赛等系列体育赛事。深化美育改革，进一步推动兰州市“素质型音乐教育新体系”实验项目发展，增强“素质型音乐教育新体系”教研活动的针对性和实效性。举办多场音乐艺术教育研讨活动，与中央音乐教育学院合作，全面开展素质型体验式音乐教学实践活动基地建设。举办美育学科微课比赛，组织第3届全市中小学音体美教师基本功大赛，全方位提升音体美教师的育人水平。开展兰州市“劳动教育”线上优秀课例评选和系列主题活动，举办47期劳动教育及研学实践活动，近2万名学生参与。

【心理健康教育】　组建全市中小学心理危机预防、预警、干预指导小组。与卫健委等四部门联合印发《关于加强全市中小学心理危机“三预”工作的实施意见》，整合社会资源，畅通“家—校—医”转介渠道，实施全员、全程、全方位、流程化落实各项工作，系统推进心理危机“三预”工作。教育局制定《中小学心理健康教育计划三年行动计划（2020—2022）》，基于心理危机“三预”体系，建设全方位工作网络、立体化课程资源与活动平台、规范化咨询干预机制、专业化师资队伍、家校社协同育人共同体。分层培训中小学专兼职心理健康教师520人次，创建全市中小学心理健康教育特色校5所，省级标准化心理辅导室9所，认定市级标准化心理辅导室11所。举办全市中小学校园心理情景剧大赛，开展中高考毕业班师生心理调适活动，成立心理健康教育工作坊。

【卫生保健】　推行“明厨亮灶”，全市1074家学校食堂并入“陇上食安智慧监管网”，并网完成率90%。实施学生营养改善计划的农村义务教育学校501所，受益学生77197人。开展学生视力健康状况调查工作和青少年近视防控宣传教育活动，兰州市第三中学、兰州市第五中学、兰州市第十一中学、兰州市第三十三中学、兰州市第四十九中学、兰州市第五十一中学、兰州市第八十一中学、东郊学校、北京实验二小兰州分校、兰州市卫生学校、西固区福利东路第三小学被评为首批近视防控示范学校，并为每所近视防控示范学校奖补资金4万元用以配置学校近视防控设备。开展青少年毒品预防教育，组织毒品预防教育师资培训39人次。编制发放生活垃圾分类知识读本5万余册，配置分类垃圾箱桶3000余个。

【安全管理】　强化宣传教育，推行3530教育模式，每天进行3分钟安全提示，每周放学前开展5分钟安全警示，节假日放假前组织30分钟安全主题教育，有效提升广大学生安全意识。适时开展心理健康、防溺水、防电诈、防欺凌、防一氧化碳中毒及交通安全等专项教育，定期开展各类应急疏散演练活动，提升学生应急避险能力。持续加强网络空间治理，组建网评员队伍，发挥网络宣传阵地先进文化传播、正确舆论主导作用。开展2020“清朗”未成年人暑期网络环境专项整治、有害应用程序和信息的摸排整治，确保校园网络意识形态安全。推进校园安全管理科学化，全面

8月26日，兰州市教育系统召开创建全国文明城市及未成年人思想道德建设工作会

完成3个百分百建设任务，各级各类学校封闭化管理、保安配备、一键报警、视频并网工作全面完成，全市所有在职保安完成无犯罪记录审查，校园安全的防范能力进一步提升。实施学校安全风险整治三年行动计划，对消防、危化品、周边环境进行彻底整治，排查各类风险隐患。全市有1051所学校参加校方责任保险，参保学生477123人，参保金额239万余元；全市校方责任保险，参保教师44666名，参保金额223万余元。组织召开全市校方责任保险工作培训会。各区县、各学校安全办主任、校责险经办人等180余人参加本次培训会。

【家庭教育指导】 坚持以“五堂”建设为基础，开展家校携手系列特色、家校携手共同抗“疫”专项活动、家长进校园、家长课堂等活动，发出《家校携手帮助学生心理“复位”》的建议，分学段给家长给出帮助孩子调整心态的意见和建议。向省教育厅推荐上报20所“全省家庭教育创新实践基地”学校，其中北京实验二小兰州分校被推荐为全省和全国家庭教育创新实践基地。组织开展“兰州市智慧父母大讲堂”家庭教育专题讲座和“兰州市家校共育大课堂”活动14场，受众家长和教师超过2万人次。

【办学条件改善】 新建和改扩建中小学、幼儿园20所，新增学位1.6万个。落实《兰州市扩大教育资源促进教育优质均衡发展专项行动计划(2019—2022年)》工作任务，全年在建项目72个，投入使用20个，完成建设23个，完成主体建设21个。接续做好全面改薄及能力提升项目，项目投入资金63917.44万元，涉及289所项目学校，其中“两类学校”建设项目92所全部完工并投入使用。全市义务教育阶段学校大班额比例从2017年底的16.15%下降为1%，完成省定目标，初中大班额、小学及初高中超大班额完全消除。顺利完成兰州十一中旧教学楼拆除重建项目。完成兰州二中雁滩分校3栋教学楼、1栋实验楼、生活服务中心3栋建筑的竣工验收和消防验收工作。北京八中兰州分校初中部食堂、宿舍楼、教学楼等建筑完成主体结构封顶。兰州五十一中九州校区完成环评、稳评等前期工作，项目可研报告编制等工作有序推进。推进城镇小区配套幼儿园治理工作。截至年底，全市需治理的小区配套幼儿园254所，全面完成整改182所，整改完成率71.65%。

2020年，全市校舍总建筑面积655.58万平方米，生均建筑面积小学6.64平方米，初中14.26平方米，普通高中24.4平方米，中职学校25.91平方米。

（王发强）

## 校外教育

【概况】 2020年，校外教育系统面向全市少年儿童开展“童心协办 天使同行”美术展览、“黄河之滨也很美”国庆文艺演出等13项主题教育活动，全面展示校外教育在未成年人思想道德建设工作的新作为新担当。在舞台艺术、兴趣培训、图书借阅等校外教育阵地服务方面积极转变工作方式，拓展业务范围，以更加务实的举措满足少年儿童对新时代校外教育的需求和期盼。兰州市少年儿童活动中心获得全国“心中有祖国、心中有他人”主题教育活动优秀组织奖，全市42所学校和52名教师获得先进集体和先进个人称号。校外教育系统获得兰州市脱贫攻坚工作集体嘉奖。兰州少儿活动中心有机构5个，教职工人数146人。

【领导关怀】 7月16日，市委副书记王旭检查指导兰州市未成年人心理健康辅导站工作，考察辅导站人员设置、活动形式和咨询情况，强调要不断坚持心理健康教育理念，发挥辅导站心理引导功能，理清工作重难点，努力创新工作思路，为全市青少年儿童心理健康成长贡献力量，为更多家庭提供优质服务。12月4日，市委常委、常务副市长吕林邦调研兰州市少年儿童活动中心(兰州市校外教育办公室)及所属兰州市儿童艺术剧团、兰州市少年宫、兰州市少儿图书馆，考察剧目编排、兴趣培训、图书借阅等工作开展情况，勉励校外教育工作者牢记教育使命，提升能力水平，充分发挥校外教育功能作用，不断挖掘和扩展城市中的教育资源，利用各种文化馆、图书馆、少年宫和社会活动场所开展活动，传承红色基因，培育时代新人，不断加强青少年思想道德教育，着力培育社会主义核心价值观，引导他们把个人抱负理想融入实施“十四五”规划的伟大事业中去，实现人生价值。

【“童心协力 天使同行”少儿图文美术展览】 5月18日—6月30日，甘肃省博物馆、中共兰州市委宣传部、兰州市文明办、兰州市教育局、兰州市校外教育办公室在甘肃省博物馆联合举办“童心协力、天使同行”纪念“5·18”国际博物馆日暨兰州市少儿图文美术展览活动。活动结合全国少年儿童“心中有祖国、心中有他人”组委会安排部署，得到全市各区县相关部门的大力支持，基层学校、乡村(社区)学校少年宫踊跃参与，上报作品3000余幅，甄选200余幅作品参加展出。报送优秀作品参加全国图文比赛，20名学生获等次奖，19名教师获辅导奖。

【少儿国庆文艺演出】 9月26日，由兰州市校外教育办公室、兰州市少年儿童活动中心主办，兰州市少年宫承办的“黄河之滨也很美”兰州市少

9月26日，"黄河之滨也很美"——兰州少年儿童庆祝中华人民共和国成立71周年文艺演出现场

年儿童庆祝中华人民共和国成立七十一周年文艺演出在兰州音乐厅举办，近300名学员表演14个节目与全市未成年人一起向伟大祖国致敬。演出以习近平总书记视察甘肃活动为主线，以舞蹈、声乐、器乐、音乐剧、书法、武术等形式，展现陇原大地的民风民俗和文化特色。舞蹈《牛大碗》《朗读时光》《母亲河》分别体现代表兰州文化的3张名片——"一碗面、一本书、一条河"，舞蹈《妙音琵琶》《月牙泉》及敦煌古乐《忆敦煌》展现敦煌古城的迷人风光和艺术魅力。

【作文手抄报书法比赛】 4—9月，联合中共兰州市委宣传部、兰州市文明办、兰州市教育局，举办兰州市青少年学生第二十八届作文赛、第20届手抄报比赛、第4届硬笔书法比赛3项主题教育活动。3项比赛有304所学校的15819份作品参加市级评选，评出学生等次奖1719人、优秀辅导教师奖1537人，60所学校获得先进集体奖。精选142篇优秀作文和130篇手抄报、硬笔书法作品编印《"我和我的祖国"兰州市青少年学生优秀作文选》《"我和我的祖国"兰州市青少年学生优秀手抄报、硬笔书法作品集》作为奖品赠送学校师生。

【第十一届生态道德实践活动】 3—10月，中共兰州市委宣传部、兰州市文明办、兰州市教育局、兰州市生态环境局、共青团兰州市委、兰州市校外教育办公室联合开展"我为兰州添一抹绿"兰州市少年儿童第11届生态道德实践活动，引导少年儿童树立尊重自然、保护自然的责任和意识。3月，将甘肃省农科院提供的蔬菜种子分发学校，各县区校外教育办公室利用互联网指导辖区学校开展植绿播绿行动，为生活增添一抹绿色，享受种植与收获的快乐。9月25日，组织生态活动实践营，百名少年儿童走进甘肃省农科院农业展览馆，了解甘肃风土地貌、庄稼作物，参观全省农业科技成果推介会，了解农业科技创新成果。10月16—18日，组织40名师生赴甘肃省农科院张掖试验场参加实践活动，领略甘肃地理和文化风情，参观铜奔马、张掖湿地公园，向西路军烈士敬献花圈，参观现代智慧农业，动手参与番瓜育苗。10月23—24日，组织40名师生赴甘肃民勤治沙综合试验站开展实践活动，认识沙生植物习性，学习防沙治沙方法，参加尼龙沙障、麦草方格等治沙劳动，参观民勤沙雕公园和亚洲最大的沙漠水库——红崖山水库，开展沙漠游戏，感受自然的神奇和奥秘。在炫绿展绿阶段，收到全市各县区68所中小学校选送的3400余幅美术、书法、摄影和征文作品，242幅作品获奖。

【首届"读者杯"中小学生绘画创作大赛优秀作品展览】 9月29日，中共兰州市委宣传部、兰州市文明办、兰州市教育局、兰州市文联、兰州市校外教育办公室主办，兰州市少年宫、读者文化旅游股份有限公司承办，各县区校外办协办的"创造美好生活、拥抱多彩世界"首届"读者杯"兰州市中小学生绘画创作大赛优秀作品展览在甘肃省艺术馆开展。大赛分为"一带一路"和"动漫"2大版块，设兰州、深圳2个赛区。"一带一路"版块围绕"一带一路"结点城市兰州和粤港澳大湾区，以单幅绘画形式创作；"动漫版块"以5G时代、垃圾分类、爱的传递为主要内容，以漫画形式创作。兰州赛区收到213所中小学参赛作品10357幅，评选出学生奖2441名、优秀辅导奖586名、优秀组织奖68名。深圳赛区收到作品5123幅，评选出学生奖234名、优秀辅导奖49名、优秀组织奖24名。选送优秀作品参加2020年第16届"天眼杯"中国(杭州)国际少儿漫画大赛，386名学生分获金银铜奖。展览活动展出作品815幅，包括"一带一路"版块415幅、"动漫版块"350幅、漫画大赛作品50幅。邀请西北师范大学敦煌学院院长田卫戈，以"如何引导少年儿童了解和认识敦煌艺术"为主题做专题讲座。11月2日，50幅特等奖作品，在上海读者书店展出，画作吸引观众驻足欣赏品评。

【社会实践活动】 8月18—20日，兰州市少年宫组织40名爱好书法的少年儿童开展"感受传统文化魅力，传承书法艺术国粹"研学活动。活动以汉代一场书法拍卖活动为背景，以金城茂才们夺取通关文牒、获取失传已久的珍贵墨宝为主线，在兰州国学馆、兰州碑林、武威文庙、武威博物馆、凉州词陈列馆等地，跟随国学礼仪导师、剪纸传人、书法专家、碑文拓印老师诵经典、学剪纸、释奠礼、摹诗词，领会博大精深的书法文化，唤起学习和弘扬传统文化的热情。10月中下旬，兰州市文明办、兰州市校外教育办公室主办，兰州市少年宫、兰州市未成年人心理健康辅导站承办“心手相牵，呵护七彩童年”乡村少年儿童研学活动3期，每期3天，从永登县、榆中县、皋兰县遴选60名家庭贫困的留守儿童开展健心游学助成长活动。孩子们在老师带领下领略甘肃省博物馆、甘肃省科技馆、八路军办事处等文化旅游胜地的魅力，品尝牛肉面、冬果梨等特色美食，与中山桥、黄河母亲、古老水车合影，开展阅读分享、心悦快乐助跑营、制作心旅程纪念册等活动，感受甘肃深厚文化底蕴，了解科技发展成就，在阅读中滋养心灵，在行走中开阔视野。

【青少年成长教育公益大讲堂】 10月，兰州市青少年成长教育公益大讲堂邀请省市教育科学研究院所专家走进基层学校开展讲座，城关区、七里河区、西固区、安宁区、榆中县等区县的10所学校近千名中小学教师参加，学习教育科研课题的研究方法、研究报告的撰写要求、课题申报的规范程序等，努力做研究型教师，从更高层次上教育引导学生。

【未成年人心理健康辅导站】 发挥全市中心站示范引领作用，努力承担社会责任，利用网络、电话、团体辅导等渠道开展未成年人心理健康辅导。开通抗疫心理热线，指导未成年人和家长了解健康知识，加强心理疏导和干预，做好情绪管理，守护心理健康，电话答疑31例。开展星心雨话吧面询服务，关爱和守护未成年人心灵，做好回访工作，开展面询16例26次59人次。开设163悄悄话邮箱，通过网络咨询有效缓解学生及家长的心理困惑，答疑信件9封。心理团体辅导课——快乐助跑营受疫情影响以推文形式开展，“一封信”“战疫小课堂”“温暖的暑假，团圆的日子”等内容帮助孩子和家长放松心情，以更好的状态投入学习中。9月7日—11月28日，开展3期线下“快乐助跑营”活动，走进青春期课堂，认识和表达情绪世界，做自信阳光的自己，120名少年儿童参加。8月11日，兰州市文明办、兰州市教育局、兰州市校外教育办公室主办，兰州市少年宫、兰州市未成年人心理健康辅导站承办2020年全市未成年人心理健康辅导工作骨干人员培训班，全市各区县教育局、区县未成年人心理健康辅导站负责人及中小学专兼职心理健康辅导老师、班主任及社区未成年人心理健康辅导人员230余人参加。兰州财经大学社会工作系主任王立冬讲解中小学生心理健康教育中的难点和困境，指导如何更好地发现、评估、干预中小学生心理危机。8月18—20日，举办全市未成年人心理健康辅导专业技能督导工作坊，8个区县未成年人心理健康辅导站和城市4区中小学心理健康教育专职教师80余人参加。全国未成年人心理辅导中心陶老师工作站培训专家王天文和兰州财经大学社会工作系主任王立冬通过案例讲解、小组互动、觉察体验、实践督导等形式阐释开展未成年人心理健康教育工作的方式途径，为不同专业背景的老师提供量身定制的专业提升渠道。11月11—13日，举办全市未成年人心理健康辅导工作骨干人员专业技能提升研修班，来自远郊区县未成年人心理健康辅导站负责人、社区心理工作者及中小学心理健康辅导专职骨干教师125人参加。甘肃省第三人民医院心理咨询中心主任刘玲、西北师范大学心理学院心理咨询应用研究中心主任姜艳斐讲解教师心理减压与情绪管理和未成年人心理团体辅导技能等内容。

兰州市青少年成长教育公益大讲堂

【督导与创建】 制定《推进创建全国文明城市工作实施方案》《创建全国文明城市“十大提升”行动实施方案》《未成年人思想道德建设工作重点任务推进实施方案》，分解责任清单，落实工作任务。通过听取汇报、实地查看、审核资料、座谈交流等形式，专项督导兰州市儿童艺术剧团、兰州市少年宫、兰州市少年儿童图书馆、兰州市未成年人心理健康辅导站9次，提出意见31条，跟踪督导整改落实情况。撰写健全学校、家庭、社会三结合教育网络、开展“扣好人生第一粒扣子”主题教育实践活动、兰州市未成年人心理健康辅导站免费开放措施、兰州市少儿活动中心开展公益性文化设施实地考察等说明报告。8月3—6日，与兰州市教育局组成联合督查组，专项督导全市8个区县未成年人心理健康辅导站。调研少儿活动中心系统各单位创建和未成年人工作，专项督查实地测评点位。创新社会实践模式，以公益服务为导向，中心系统志愿者进社区195人次，开展环境整治、文明交通、文明餐桌、文明养犬等“一月一主题”整治活动。12月27日，兰州市文明办、兰州市教育局、兰州市校外教育办公室主办，兰州市少年宫、城关区教育局承办“童心助力·共建文明”兰州市未成年人思想道德建设工作成果展演在金城剧院举行，1000余名学生、市民代表观看演出。兰州市儿童艺术剧团创作《创文明城、做文明人》等作品，利用网络剧场和抖音公众号宣传志愿服务活动；演职人员走进七里河区爱心托老所开展志愿服务，以实际行动助老敬老，弘扬中华民族传统美德。兰州市少年宫开展道德讲堂活动，在重要节日、纪念日开展书法创作、绘画展示、童谣传唱等主题活动，引领文明风尚。兰州市少年儿童图书馆开展10余项读书活动，引导少年儿童践行社会主义核心价值观。

【培训活动】 8月14日，甘肃政法大学民商法学院法学博士陈鹏专题辅导《中华人民共和国民法典》，从立法背景、立法精神、体系结构、重大意义等方面入手，重点讲解总则编、物权编、合同编等内容，让全体干部职工全面了解“社会生活百科全书”。8月11—14日，组织全市各专业校外教育单位教师、各县区校外办负责人及活动部长、学校大队辅导员及骨干教师370余人，参加全国少年儿童“心中有祖国、心中有他人”主题教育活动组委会、中国儿童中心举办的2020年全国校外活动部长暨骨干教师线上培训班，聆听中央团校青年发展战略研究院副院长王丽娟等专家讲授的新时代少年儿童德育工作、自然体验活动、图文创作、活动案例撰写、优秀活动案例分享等内容。10月13日，举办民族团结进步教育辅导讲座，西北民族大学副教授马英杰解读如何领会中国民族理论、维护民族团结、铸牢中华民族共同体意识等内容，对校外教育如何开展民族团结进步工作提出意见建议。11月4—7日，组织全市中小学951名教师，参加2020年全国少年儿童“双有”主题教育活动线上总结暨研讨交流活动，专家学者从新时代少年儿童德育工作、体验活动、图文创作、活动案例分享等方面开展线上培训，提高校外教育工作者基本素养和工作能力。

【课题研究】 同省市教育科学研究院所沟通联系，添加兰州市校外教育办公室、兰州市少年儿童活动中心进入申报单位序列，指导各课题组完成申报工作。6个课题申报甘肃省教育科学“十三五”规划2020年度课题，4个课题获得立项资格。其中，兰州市少年宫方健课题获得省级重点课题立项资格；兰州市少年宫白娟课题、孙桂雄课题和兰州市儿童艺术剧团朱泓蓉课题等3个课题获得省级一般课题立项资格。3个课题申报兰州市教育科学“十三五”2020年度规划课题，白娟、孙桂雄等2个课题获得立项资格。朱泓蓉课题申报市级个人课题获得立项资格。组织2018年立项的省级规划课题进行结题鉴定工作，方健课题组的《兰州市未成年人校外活动场所运行情况研究》、高秀林课题组的《兰州城区未成年人参与课外校外科技活动调查研究》、刘占爱课题组的《兰州市青少年成长教育大讲堂实践活动有效开展实践研究》等3个课题通过鉴定结题，这是全市校外教育课题研究工作中第一批结题的省级课题。组织2018年立项的市级规划课题和2019年立项的个人课题上传结题材料，兰州市少年宫兰姗课题组的《少儿数码交响乐合奏课在儿童音乐学习中的实践研究》通过市级规划课题鉴定。组织2018年立项的个人课题开展结题工作，白娟课题《少儿美术体验兰州特色美食文化的实践研究》通过鉴定，获二等奖。报送4篇论文参加甘肃省教育科学研究2020年论文评选活动，3篇论文获一等奖，1篇论文获二等奖。

【校外教育宣传】 严格执行信息发布审核制度，管好中心微信、微博、今日头条号等新媒体阵地，发布信息731条，在学习强国、甘肃电视台、兰州电视台、中国宫协等媒体宣传报道152条。改版微信公众号，新增“理论政策”和“创文进行时”“疫情防控”版块，制作《一封特殊的感谢信》等120件作品。兰州电视台《爱兰州》栏目现场直播庆祝中华人民共和国成立71周年文艺演出，高清演播车全程录像，电视4个频道国庆假期播出7次。生态道德实践活动、“读者杯”绘画创作大赛、乡村留守儿童研学等信息被学习强国采用。全年编印《兰州校外教育》4期，印刷2000册，刊登文章160篇、图片600张。

【意识形态工作】 制定《兰州市少儿活动中心落实意识形态工作责任制实施方案》《兰州市少儿活动中心贯彻落实〈新时代爱国主义教育实施纲要〉工作方案》，完成《兰州市宣传思想文化战线调研课题——兰州市青少年成长教育公益大讲堂开展情况调查报告》及2篇小微课题，上报活动信息15条。严格执行外请专家授课报备审核制度，报备7次10人。加强网评员队伍建设，将有能力、懂技术的年轻人充实到网评员队伍中。完成市委网信办和单位开展的网评任务3800条，市级核心网评员完成特殊网评任务500余条。组织中心宣讲团成员参加2020年兰州市“兰州人·百姓讲堂”汇讲暨“双十佳”评选活动，杨博仁获得“十佳宣讲员”荣誉称号，作为市委讲师团成员到西固区宣讲党的十九届五中全会精神。6月19日、9月9日，进行意识形态讲座2次，兰州市地方志编纂委员会办公室主任高生军以“不忘初心话党史”为题，结合多年研究和实地探访，讲述中国共产党成立初期经历的艰辛和磨难，引导干部群众坚定理想信念，牢记初心使命，做好本职工作。8月27日，中共兰州市委党校马克思主义教研部主任郭红以“十九届四中全会推进我国制度优势更好转化为国家治理效能”为题进行辅导讲座，中心系统100余人参加。12月18日，市委宣讲团成员、兰州广播电视台党委书记、台长童贤方为中心干部职工宣讲党的十九届五中全会精神，指出要不断提升公共文化服务水平，凝心聚力开创新发展格局。

【兰州市儿童艺术剧团】 坚持“以戏立团、以剧图强”发展理念，走创排大戏和课本剧两轮驱动模式，按照《“双百分”考核目标管理办法》和《“双带”工程实施办法》要求，全方位提升业务水平。开展下学校、进剧场、下农村、进社区公益性演出30场，观众3万人次，为基层送上精神文化大餐。建成儿童剧网络剧场，播放《金水车》《九色鹿》《天鹅琴》《传统的味道》等原创精品剧目。开通抖音公众号，上传展示创编的《咏柳》《春晓》《我们与你们同行》等短视频节目。网络剧场和抖音公众号展播经典剧目和经典古诗词13部、原创儿童戏剧介绍7部，抖音公众号展播36部，播放量10万次。诗朗诵《我们与你们同行》在腾讯视频等平台播放，歌曲《最美的模样》在人民日报客户端等平台播放，绘画作品《逆行者》《微尘》在中国新闻网发表，部分作品在兰州市少年儿童活动中心公众号发布。发挥校外教育机构艺术专长优势，创编大型课本剧《海力布》，以舞台艺术形式展现给广大少年儿童。排演《为中华崛起而读书》《走一步再走一步》准备进校园演出。6月，开展“挖掘黄河文化，创作精品剧目”调研采风活动，精心酝酿创作10部形式多样的作品，展示黄河文化，做好黄河文章。作品包括词《沁园春·春游仁寿》、歌曲类作品《黄河变奏吟》《陇原儿女幸福梦》《黄河母亲》《我的兰州梦》《舍不得你走》、诗朗诵《我骄傲，我是甘肃人》《黄河母亲》、抖音短视频《诗画兰山》《边城、晚眺、十韵》。召开成果交流座谈会，集中展示创作成果，紧锣密鼓编排制作。12月，开展“弘扬中华民族优秀传统文化”调研采风活动，创作帮扶题材作品《苹果红了》《等你》、课本剧《陶罐和铁罐》《动物王国联会》《神笔传说》《农夫与蛇——黄雀衔环》、红色题材作品《鸡毛信》、抗疫题材作品《傲慢的代价》、音乐快板《红色精神》、垃圾分类小品《送它回家》、现实题材小品《爱的距离》、科普小剧《海洋来信》等12部作品。

【兰州市少年宫】 坚持立德树人根本任务，努力提升服务质量，为少年儿童提供优质文化服务和展示平台。3月21日—4月25日，兴趣培训工作坚持停课不停学、停课不停教原则，通过微信、腾讯会议、钉钉等网络平台开展线上培训，开设培训班144个，累计授课3615.5课时，培训学员1599人次，开展爱国主义、心理健康、法治和生命教育等活动，1500人次参与。制定《2020年春季开学工作实施方案》等11项应急预案进行演练，确保突发事件处置及时到位。6月6日，经上级主管部门验收合格后正式复课，2500人次完成春季培训课程。全年开设培训班290个，培训学员5680人次，学员获市级以上奖励386人次。开拓思路，开展多项主题倡导示范活动。开展国家安全教育日美术作品征集活动，800名少年儿童作品择优在微信公众号展示5天。8月开始，书法、围棋、器乐等专业教师走进张家园社区、五泉小学、二营学校、张坪小学等地开展进社区、进学校公益送教活动，为孩子们带去艺术教育公益辅导。暑期，开设曲艺相声和茶艺赏析课，欣赏相声表演，学习茶道知识，在实践活动加深对传统文化的认识。邀请专家开展课题研究专题讲座，推动少年宫线上培训教学实践研究，开展场所建设、运行管理、活动开展、课程编创等专项调研。遴选5篇优秀课例、论文参加第6届全国未成年人校外教育兴趣培养工作“新理念、新模式”研讨活动。实施“青蓝工程”计划，36位老师21对师徒缔结盟约，加强新老教师沟通交流和彼此学习，促进教师专业化发展。

【兰州市少年儿童图书馆】 新建市民公园分馆，新建雁北路街道雁西路社区、酒泉路街道、工大社区、盐场路街道4个社区图书阅览站。完成图书采购项目10万元，采购图书795种3175册；完成数字资源运维项目20万元，采购云图有声馆数据库、超星少儿国学多媒体资源、超星少儿绘本数据库、自助办证借阅一体机、人脸识别系统、2000张读者证芯片卡。馆内外办理借书证2157个，馆内上架新书5870册1119种，向1个分馆、12所流动阅览站配送图书3.4万册次。馆内接待读者1.8万人次，图书流通量8.7万册次；市民公园分馆、安宁分馆、榆中分馆、榆中博雅小学等9个阅览站借阅读者8.1万人次，图书流通量10万册次。微信公众号累计关注读者5316人，全年净增690人；发布推文信息1205条，线上读者阅读量4.7万人次，转发量6549次。超星数字资源微站点击量6.4万次，云图视听资源点击量2.6万次。馆内外线上线下接待读者数量14.7万人次。9月15日，邀请兰州大学专家开展继续教育培训，分别以“图书馆的起源发展与现代管理”和“图书馆新技术应用及未来发展趋势”为题，介绍图书馆现代管理发展历程和未来发展趋势，对少儿图书馆发展提出建议。辅导部举办线上线下读书活动20余场，参与读者1000人次。开展寒暑假小图书管理员社会实践活动10次，107名小读者了解图书馆工作流程，学习书籍排架知识，参与图书馆日常管理，收获宝贵的职业体验。1月9日，小读者走进凡尘安星特殊儿童教育中心，兰州工业学院谢文环送上“让阅读走近每个孩子”绘本讲座。10日，联合北京超星集团、广武门街道广后街社区举办“唱响京剧之魂，体验脸谱之美”活动，聆听京剧知识，亲手绘制脸谱，学习传统文化。18日，邀请野石书法工作室宁勇老师为小读者上书写春联实践课。3月，发起“三月春‘锋’暖，雷锋精神我接力”作品征集活动，168个线上作品通过绘画、音视频、写作等形式表达对雷锋精神的感悟，评选出35个优秀作品颁发奖品和奖状，弘扬雷锋精神，增强少儿的社会责任感。3月20日—4月3日，举办“春风浩荡，人间天上”线上诗词打卡活动，在微信公众号上更新诗词推文，参与者每天学习打卡提交留言。举办“我的宅家生活”征文活动，191个作品参赛，评选出30个优秀作品颁发奖品和奖状。“六一”期间，举办“一部电影，一本好书心得分享”活动，收到46篇线上投稿作品，评出15个优秀作品。举办“民族团结一家亲”绘画征集活动，收到41幅线上投稿作品，选出15幅优秀作品。6月下旬，举办“书香浓墨粽是情”书法作品征集活动，收到106幅线上书法投稿作品，选出25幅优秀作品。9—11月，举办“我爱我的祖国”儿童摄影比赛线上作品征集活动，面向全市热爱摄影的小读者征集摄影作品，庆祝中华人民共和国成立71周年，收到40幅投稿作品，选出25幅优秀作品进行表彰。9月30日，联合读者研学、《兰州晚报》、酒泉路街道党群服务中心、友邻空间等机构举办亲子中秋诗会，20个家庭朗读诗词，抒发家国情怀，向最美逆行者致敬。邀请“读者·中国阅读行动”领读者平心阿姨（葛平）做现场点评，分享诵读技巧。游戏环节亲子共同制作纸灯笼，用奇思妙想装饰点缀，共享中秋团圆时光。12月11日，走进兰州凡尘安星特殊儿童教育中心，兰州匠心育美工作坊名师程曦讲授经典绘本《独一无二的你》，让孩子们在真善美的故事中感受爱的力量，图书馆送去书包等新年礼物。这次活动是图书馆继建立爱心阅览站、开展实践活动后的第3场公益活动，以实际行动关爱特殊儿童健康成长。图书馆还举办线上图书推荐、主题活动推广等，包括云图有声栏目、超星每日新书、嘉英数图好书推荐、每天30分钟讲座、一网读尽主题书单、21天阅读习惯养成计划及世界读书日魔法乐读节线上有奖活动、超星世界读书日“共读一本书”和答题战“疫”知识挑战活动、奥通乐儿“六一欢乐行”线上有奖活动、陇上文化行——寻找数字达人活动、超星全国“知危险会避险”线上交通安全体验课、《儿童文学》故事版写作真好玩——唐诗的脑洞我来补栏目征稿、“满城书香”经典主题全民阅读活动等丰富多彩的活动，营造全民阅读的良好氛围。

**【脱贫攻坚】** 中心105名干部职工定点帮扶永登县通远乡青岭村。青岭村总人口268户936人，2013年有建档立卡贫困户109户375人，截至2020年底全部脱贫。8月，青岭村通过国家验收顺利脱贫。少儿活动中心、少年宫出资3.3万元，改造村委会暖气，解决最后1户贫困户自来水入户问题。紧急协调医用口罩200个，协调爱心人士为疫情防控捐款2000元。搜集筛选招工信息转发到村微信群，开展劳动技能和创业培训，建设村级电子商务服务点，千方百计扩大就业增加收入。组织中心系统各单位帮扶责任人入户400余人次，解决贫困户实际困难，协调落实各项扶贫政策。为2户患病帮扶户捐款2万元，采购帮扶村土豆5000斤。发挥校外教育职能优势，开展文化帮扶，在张坪小学开展兰州市校外教育系统庆“六一”手拉手慰问活动，兰州市儿童艺术剧团表演创建农村文化宣传队的小品《报名》、讴歌抗疫英雄的歌曲《我们与你们同行》等文艺节目。5—10月，兰州市少年宫流动少年宫开展“传统文化进校园”活动5次，将艺术培训课程送往学校，丰富农村少年儿童文化生活。开展中秋、国庆节慰问活动，入户了解帮扶户生产生活，为村上和驻村工作队评选的6名“最美好媳妇”颁发奖品，向张坪小学学生赠送新书包，开展《猜猜我有多爱你》经典绘本阅读分享活动。12月9日，兰州市少年宫向张坪小学捐赠桌椅、玩具、乐器等价值1.6万元的教学用品，兰州市未成年人心理健康辅导站教师金晶面向全体教师开展“为童心留一盏灯，让成长不再孤单”的心理健康讲座，帮助更多乡村孩子实现梦想。市级媒体走进帮扶点挖掘脱贫攻坚工作中的鲜活经验和先进典型，6月22日，《兰州日报》专题报道中心脱贫攻坚工作：“易地搬迁带来发展新活力”“驻村书记朵永明专访：扶贫先暖心，小事见诚心”，为脱贫攻坚工作加油鼓劲。

（刘占爱）

## 在兰高校

**【兰州大学】** 教育部直属全国重点综合性大学，是中国首批具有学士、硕士、博士学位授予权，首批建立博士后科研流动站的高校。是中国首批设置文、理科国家基础科学研究与教学人才培养基地，首批入选国家大学生创新性实验计划的高校，是中国实施基础学科拔尖学生培养试验计划的19所高校之一。2020年，有城关、榆中2个校区，校园面积3544.32亩。有47个硕士学位授权一级学科，25个博士学位授权一级学科，21个硕士专业学位授权类型，1个博士专业学位授权类型，涵盖12个学科门类，是具有学位授权自主审核高校之一。有21个博士后科研流动站。有8个国家重点学科，2个国家重点（培育）学科。化学、大气科学、生态学、草学4个学科入选世界一流学科建设名单。化学、物理学、材料科学、地球科学、植物学与动物学、数学、工程学、生物学与生物化学、环境和生态学、临床医学、药理学与毒物学、农业科学以及社会科学总论等13个学科进入ESI全球前1%，其中化学学科进入ESI全球前1‰。有专、兼职教学科研人员2598人，其中教授、研究员913人，副教授、副研究员796人。有研究生导师1836人；在站博士后247人；临床医学教授101人、副教授279人。有两院院士19人；“万人计划”领军人才14人；“长江学者奖励计划”特聘教授18人；国家杰出青年科学基金获得者26人；全国文化名家暨“四个一批”人才工程入选者2人；百千万人才工程国家级人选12人；教育部“高等学校教学名师奖”获得者4人；科技部创新人才推进计划入选者7人；“万人计划”青年拔尖人才5人；“长江学者奖励计划”青年学者10人；国家自然科学基金优秀青年科学基金获得者26人；新世纪优秀人才支持计划（含跨世纪）入选者129人；甘肃省拔尖领军人才6人；甘肃省领军人才102人；甘肃省“高等学校教学名师奖”获得者26人；甘肃省宣传文化系统“四个一批”人才28人、优秀青年文化人才11人；甘肃省飞天学者36人。有本科生20121人，硕士研究生12372人，博士研究生3262人。有103个本科专业，16个国家级特色专业。有5个国家级教学团队，6个国家级人才培养基地，18个国家级一流本科专业建设点，7个国家级实验教学示范中心，2个国家级人才培养模式创新实验区。学校在化学、大气科学、生态学、草学4个一流建设学科以及磁学、核学、细胞活动与逆境适应、青藏高原、冰川冻土、风沙治理、多肽药物、西部高发疾病、敦煌学、民族学、马克思主义中国化、中亚问题、政府绩效评价、区域经济学等方面的研究成果显著。有国家自然科学基金委创新研究群体4个，教育部创新团队8个；国家重点实验室2个，国家野外科学观测研究站2个，国家地方联合工程实验室2个，国家联合实验室1个，国家国际科技合作基地5个，省部共建协同创新中心1个，教育部重点实验室6个，教育部工程研究中心5个，农业农村部重点实验室1个，国家林业和草原局工程技术研究中心1个，教育部人文社会科学重点研究基地2个，中央统战部、中央宣传部、教育部、国家民委铸牢中华民族共同体意识研究培育基地1个，教育部高校思想政治工作创新发展中心1个，教育部区域和国别研究培育基地1个，国家民委“一带一路”国别和区域研究中心1个，教育部全国普通高校中华优秀传统文化传承基地1个，教育部（国家语言文字工作委员会）国家语言文字推广基地1个。

学校先后与世界44个国家和地区的210所高校及科研机构建立交流合作关系，牵头成立的“一带一路”高校联盟，成员总数173个。在乌兹别克斯坦、哈萨克斯坦、格鲁吉亚建有3所孔子学院。与美国德雷塞尔大学合作举办计算机科学与技术专业本科教育合作办学项目。

学校第一医院、第二医院是集医疗、教学、科研、预防、保健、康复、急救为一体的大型综合性三级甲等医院，是甘肃省乃至西北地区具有重要影响的医疗机构，在区域医疗和医学人才培养方面发挥着重要作用。口腔医院是三级甲等口腔专科医院。

**思想政治工作** 始终把学习宣传贯彻习近平新时代中国特色社会主义思想作为首要政治任务，不断完善各层级学习制度，坚持用马克思主义中国化最新理论成果武装头脑、指导实践、推动工作。落实思政课改革创新任务，实施思政课“提质创优”工程，全面加强全国重点马克思主义学院和教育部高校思政工作创新发展中心建设，深入开展爱国主义教育、国家安全教育和“四史”学习教育活动，校领导主动担任思政课教师助教讲思政课。推进课程思政与思政课程同向同行、贯通融合，备案“课程思政”课程774门，建设“课程思政”示范课程194门，基本实现“课程思政”全覆盖。开设“学在兰大”“治学大家谈”栏目获批高校思想政治工作精品项目1项。实施中华优秀传统文化项目培育和校园文化精品项目建设计划，全面提升新闻传播力和社会影响力，成功入选教育部第2批教育融媒体建设试点单位。

**人才培养** 落实全国教育大会精神，开展教育教学思想大讨论，推进教育教学改革和人才培养模式改革。制定出台本研贯通计划、拔尖—卓越计划、课堂教学建设等18项制度，形成一流本科建设体系的“四梁八柱”。完善一流专业培育、遴选、建设机制，启动实施“强基计划”。推进课程改革创新，完善“金课”建设体系。2034门次课程实现线上化，有力保障疫情期间“停课不停学”。优化五维听评课和学生评教机制，健全教学质量投诉和评价申诉机制。深化教学团队建设，启动公共基础课、专业大类基础课、通识核心课等教学团队建设立项工作。获批2个国家级基础学科拔尖学生培养基地、16门国家级一流本科课程、2项国家级教学比赛二等奖、6项教育部新农科研究与改革实践项目、4项教育部新工科研究与实践项目，学生获国家级学科专业竞赛奖励122项。全年本科招生4885人。

研究生培养模式改革纵深推进。制定出台学术学位研究生、专业学位研究生培养工作规定等7项制度。增列资源与环境博士专业学位授权类别，土木水利、生物与医药、林业硕士专业学位授权类别。明确学位与研究生教育五年发展目标，强化过程管理，推进硕博贯通式培养，落实学院和导师对研究生培养的主体职责。开展"专业学位研究生教育规范年"活动，完善校外指导教师评聘管理，建立校院两级实践基地管理体制，完成26门校企联合示范性课程建设。优化研究生指标配置机制，重点向国家关键急需领域、学术科研活跃度高、培养质量好的学科倾斜。在18个学院实施博士研究生招生"申请—考核"制。严把毕业关，严格实施研究生学位论文统一送审机制。全年研究生招生5560人。其中，硕士4660人；博士900人。

完善"五育"（德育、智育、体育、美育、劳育）育人体系。落实《深化新时代教育评价改革总体方案》等精神，制定体育、美育、劳动教育实施办法，实施"阳光健康跑"活动，设置"劳动教育宣传月"。优化创新创业体制机制，立项创新创业行动计划1115项，参与本科生人数4675人、指导教师774人，77名硕士研究生成为科研朋辈导师。获创新创业国家级奖项14项、省部级奖项90项，首次实现"互联网+""挑战杯""创青春"三大赛事金奖大满贯，获"挑战杯"大学生创业计划竞赛"优胜杯"。组建"三下乡"社会实践团队456支，参与学生近5000人，1支实践团队获评全国社会实践优秀团队。优化"互联网+就业"模式，强化就业指导，全年累计举办线下招聘活动838场次、空中宣讲会463余场、线上大型双选会12场，学生总体就业率87.89%。

**人才队伍** 坚持党管人才，重视质量贡献，简化人才选拔程序，实施"随到—随评—随聘"制度。制定"萃英学者"聘期工作任务，完成首批147位"萃英学者"聘任工作。重视青年人才队伍建设，实施"青年研究员"等项目，设立"萃英博士后"支持计划。累计引进各类高层次人才110人，其中青年研究员占比46.4%。新增入站博士后76人。入选国家重大人才工程30人次，其中院士（含双聘）3人，国家有关人才计划创新人才项目9人"万人计划"领军人才3人，青年拔尖人才3人；"长江学者奖励计划"特聘教授3人、青年学者6人；国家"杰青"1人、"优青"2人。人文社科类"四青"（青千、青拔、青长、优青）人才实现"零"突破。

推进分类考核评价制度和绩效工资制度改革，建立基本工作量制度，突出业绩贡献。进一步完善教师职称晋升条件和评价标准，制定临床医学教师评聘办法，重新制定实验技术、图书资料、档案、新闻出版、小幼教等系列职称评聘申请条件，完善同行专家评议和代表性成果送审制度。推进职员制改革，加大聘用制人员选聘力度。启动实施"干部涵养育苗工程"，建立完善年轻干部持续发现、跟踪培养和识别评价"三项机制"。通过选聘优秀毕业生担任辅导员，选拔优秀年轻干部到专职辅导员岗位任职锻炼，推动组织员、行政副院长转任等方式，大力配齐建强辅导员队伍。完善教职工退休和返聘制度，建立优化退休教师继续发挥作用机制。

**学科建设** 开展2021年度中央高校建设世界一流大学（学科）和特色发展引导专项资金项目申报工作，申报立项评审金额3.75亿元，连续第3年实现"零核减"；"双一流"引导专项执行率100%。精心组织开展"双一流"一期总结自评工作。深度谋划学科发展内涵。确立"文理农为基础，医工为两翼"的学科规划思路，谋划推动理科创新发展、引领工科拓展提升，推进学科优化整合、交叉融合。完成现有医学学科分类认定工作，打造多学科协作团队，提升重点学科优势。制定高峰学科优化参评方案，实施校领导包干制，全力组织第五轮学科评估工作。

**科学研究** 主动对接兰州综合性国家科学中心建设，牵头14项、参与5项建设任务。加强国防资质建设，国防科研项目立项数和获批经费稳步增加。完成硼中子俘获治癌装置（AB—BNCT）研制重大项目投标立项工作，合同立项金额1.5亿元，技术开发项目单项合同金额实现新突破。新增自然科学类省部级及以上重点研究基地44个。其中，国家野外站2个；人文社科类省部级及以上重点研究基地4个。启动深圳研究院、上海研究院建设，推进加州伯克利眉山自然科学研究院和莆田研究院共建工作。获批国家重点研发计划重点专项项目1项、课题9项，国家自然科学基金各类项目199项，国家社会科学基金各类项目32项，首次获批1项艺术学国家社科基金重大项目。累计到账科研经费8.26亿元，较上年增长14.2%。获中国专利金奖1项、全国创新争先奖1项、省部级科学技术奖22项，获第8届高等学校科学研究（人文社科类）优秀成果奖9项，2个智库入选中国智库索引来源智库。制定落实"双进""双百"［百所高校结对县（市、区）暨百万大学生走进基层、走进群众］计划，主动走访地方政府和科技部门，合作共建新兴产业技术开发和共性技术研发平台。促进科技成果转移转化，健全科技成果转移转化体制机制，获批授权专利243件，签署各类科技合同1326份，合同金额5.32亿元。

**社会服务** 谋划、主动沟通对接兰州综合性国家科学中心建设，14个牵头建设重大科研平台和5个配合建设重大科研平台纳入《兰州综合性国家科学中心建设方案》，有力支撑兰州综合性国家科学中心建设。聚焦甘肃十大生态产业和绿色崛起，主动联合中央在甘单位成立十大生态产业专家组，编制生态产业绩效评价方案，承担落实包抓任务。深度融入“兰白自创区”“兰白试验区”建设，牵头规划建设兰州新区精细化工园区，共建校企研发平台48个。发挥智库作用，组织报送各类智库成果359篇，获国家级采纳10篇，省部级采纳38篇，中央内设机构采纳36篇，8家智库机构入选CTTI来源智库，中亚研究所入选“一带一路”最有影响力高校智库榜单。

聚焦乡村振兴战略，依托县域经济发展研究院（乡村振兴战略研究院），对甘肃省14个地州市55个区县开展专项调研并编制县域经济发展规划。高质量推进脱贫攻坚帮扶任务，完成甘肃省脱贫攻坚帮扶任务，加入高校“教育扶贫联盟”“健康扶贫联盟”，完成教育部“6个200”任务，1项帮扶案例入选第5届教育部直属高校精准扶贫精准脱贫典型项目。高质量完成百余个区县的扶贫开发工作成效和贫困县退出第三方评估工作。与云南大学、西藏大学、内蒙古大学形成“一校一案”对口合建工作新机制。

兰大一院、兰大二院及口腔医院完成多项省内首例诊疗手术，年接诊量逾400万人次。不断提高网络与继续教育、非学历继续教育培养质量，全年网络教育全年招生19053人、开展非学历教育培训2290人次。

**交流合作**　加入中泰高等教育合作联盟，成立“一带一路”高校联盟高加索分盟。入选教育部首批“高层次国际化人才培养创新实践基地”建设高校、“共建‘一带一路’教育行动—部省品牌培育项目”首批建设名单。获批教育部港澳与内地大中小学师生交流计划项目9项、对台教育交流项目2项，国家留学生基金委创新型人才培养项目3项。举办首届“国际课程与实践周”，组织线上线下国际会议10场次。推动专家引智工作，获批高等学校学科创新引智基地2个、国家高层次外国人才引进项目2项，聘请外籍兼职合作研究生导师18名。加强孔子学院建设，2所孔子学院顺利转隶，制定中方院长、骨干教师队伍建设实施方案和选派管理办法，创新教学模式，开设76个线上教学班，累计注册学员近3000人。国际文化交流学院全年招收本科生97人、硕士研究生53人、博士研究生47人、语言进修生302人。

不断完善校友组织体系，实现校友组织“三覆盖一延伸”，开发“萃英缘”线上校友供需交流平台，出版第4期《读者原创版·兰大人》。开展“云上合影”“遇见最美的自己——兰州大学111周年线上跑”等系列“云上”活动；推出“校友导师计划”、设立校友驻校工作站，助力学校与社会各界的产学研合作。举办“国通杯”兰州大学2020年全球校友创新创业大赛。新设立“华夏银行奖助学金”，惠及五所省内院校家庭贫困在校生。融合“互联网+”战略与基金工作，不断提高筹资能力，基金会累计设立项目318项，新设立25个项目，新增项目管理办法35项、项目申报书82份，全年筹资8874万元。

**公共服务保障**　完善依法治校工作机制，聘任法律事务团队，成立首届法律专家咨询委员会。全面改版信息公开网站，深入推进党务公开、校务公开和信息公开。加强财务管理，制定社会服务收入分配管理办法和绩效奖励方案，激励校内单位主动拓宽创收渠道。2020年学校总收入34.42亿元，较上年增长3096万元。树立“过紧日子”思想，强化资金统筹，全面推行项目预算评审和绩效目标审核工作。推进审计全覆盖，审计各类项目134项。“云上兰大”建设不断深化，完成OA系统升级改造，开发数据资产平台并逐步面向师生开放，顺利启动基于物联网的先行试点项目。建成高性能计算平台，仪器平台集约化管理水平不断提升，在2020年中央级高校和科研院所重大科研基础设施和大型科研仪器开放共享评价考核中评为优秀。优化招标采购管理，获得“2020年度高校政府采购十佳集体”称号。

基本办学条件逐步改善。加强校园基本建设及布局调整，编制完成学校“十四五”基本建设规划。建成榆中校区第2教学楼、学生综合服务中心、穹顶羽毛球馆和城关校区理工楼并交付使用。榆中校区综合楼、第2实验楼进入内部装修阶段，人文社科组团Ⅰ、工程科学组团Ⅰ完成施工图设计，数理核学组团获得可研立项批复。

持续解决师生关注的民生问题。主动对接上级部门，多方协调，解决两所医院空悬多年的人员编制问题。全年节约办公、差旅等支出费用9917万元，增加投入4914万元用于提高退休人员基本养老金标准、在职人员公积金缴存基数和学生奖助学金标准。对接甘肃省“陇上食安”管理系统建立食品安全社会共治体系，设立无障碍宿舍、流动餐车、校园公交等，在城关校区和住宅区建立一站式物业服务大厅。协调推进老旧小区改造，为二分部15个单元加装电梯，有序推进城关校区东区13号住宅楼房屋产权办理工作，完成35套人才周转公寓维修改造并交付使用，新增兰州市支持的人才公寓30套。创新教职工福利模式，在住宅区新建的1000平方米的教职工活动中心，成为甘肃省教科文卫系统标杆。持续加强基础教育师资队伍建设，建立小幼教教师队伍退出机制，选聘硕士研究生以上学历教师13人。

（高　尚）

【西北师范大学】 2020年，学校设26个二级学院(65个系、3个教学部)，1个独立学院，3个孔子学院。1个国家地方联合工程实验室，1个国家级人文社会科学重点研究基地，1个国家级研究院，1个国家级星创天地，2个国家级教学团队，1个国家级专业技术人员继续教育基地，1个教育部重点实验室，2个教育部创新团队，3个教育部研究中心，1个教育部战略研究基地，7个省高校人文社会科学重点研究基地，5个省级重点实验室，21个省级研究中心，5个省高校新型智库，5个省创新群体，9个省级工程研究中心(工程实验室)，1个省级大学科技园，3个省级国际科技合作基地，3个省级联合实验室。有各类学生36064人。其中，普通本科生17389人；博士研究生573人；硕士研究生8697人；留学生366人，继续教育学生9039人。有教职工2272人，正高级职称人员347人，副高级职称人员793人，具有博士学位人员822人，具有硕士学位人员915人。其中发，专任教师1528人；教授(研究员)325人；副教授(副研究员)632人。博士生导师182人(含校外兼职导师29人)，硕士生导师1506人(含校外兼职导师654人)。国家级人才称号获得者及项目入选67人次，省级人才称号获得者及项目入选184人次。有9个博士后科研流动站，11个一级博士学位授权学科，1个专业博士授权类别，2个二级学科博士点，30个一级学科硕士点，1个二级学科硕士点，18个专业硕士学位授权点。有2个国家重点(培育)学科、36个省级重点学科，7个省级优势特色学科。有79个普通本科专业(其中，国家级特色专业9个；国家级一流本科专业22个；省级一流本科专业17个)。校本部占地面积960亩，新校区占地面积541.8亩、生态实训基地2272.5亩。校舍总规划建筑面积100.5万平方米，其中各类教学及辅助用房30.7万平方米。各类教学科研仪器设备总值42219.25万元，各类文献资源185.8万余册。固定资产总值24.95亿元。

**党建和思想政治工作** 学校制定《及时学习贯彻习近平总书记重要指示批示和系列重要讲话精神实施办法》，及时传达学习、贯彻落实中央最新精神和决策部署，推动建立贯彻落实总书记重要指示批示工作机制。全年组织集中学习10次。“西北师范大学”学习强国号正式上线。结合《习近平谈治国理政》第3卷学习工作，创作习语“典”读系列微课，被中央宣传部“学习强国”首屏推荐，在甘肃省“学习强国”平台“陇原宣讲”栏目播出。制定《西北师范大学落实意识形态工作责任制责任清单》，与32个基层党委(党总支)签订意识形态责任书，切实把意识形态工作的责任和要求落实到学校工作的各个层面和各个领域。制定《应对处置网络舆情工作预案》，健全完善学校重大舆情应对处置引导工作机制。成立党建工作领导小组，制定《2020年党建工作要点》。以“四抓两整治”为抓手，推进教师党支部书记“双带头人”培育工程。建成13个示范性党员活动室。党支部和党员平台注册率100%，“三会一课”等组织生活平台完成率98%以上。先后组织270名党支部书记参加专题培训。印发《关于调整学校党委领导班子成员联系师生党支部的通知》，班子成员每人联系1~2个师生党支部。整治软弱涣散党支部，完成5个软弱涣散党支部整顿提升。全年培训入党积极分子1584人，培训党员发展对象1871人，发展党员1844名。制定《激励干部担当作为实施容错纠错工作办法》，支持干部担当作为，营造风清气正、健康向上的政治生态和党内政治文化。全年研究干部14次，调整干部133人次。组织做好领导干部个人有关事项报告工作，完成11名校领导、184名中层干部2020年个人有关事项集中报告工作。制定《干部人事档案专项清查工作实施方案》，完成103位正处级领导干部档案清查工作。开展学校领导班子和领导干部及中层班子和主要负责人2019年度综合考核工作。完成学校首轮对6个基层党委的巡察工作。制定《西北师范大学纪委监督二级党组织实施办法》，开展“监督调研走基层”工作。持续保持高压态势，全年收到信访件27件，受理处置问题线索17件，立案审查调查5件，给予党政纪处理7人，诫勉谈话、批评教育3人。开展教育领域突出问题集中整治工作，查摆出38个问题，完成整改并长期坚持的27项。

**教育教学工作** 严格落实“停课不停教，停课不停学”要求，认真做好疫情防控期间线上线下教学工作。启动以“学生专业能力提升”为主题的第7期本科教改工程方案制定工作。制定并实施《一流本科专业建设规划》《一流本科课程建设实施方案》，推进学校一流本科专业建设进程，26个专业获批省级一流本科专业建设点。压实主体责任，促进校院协同，大力推动一流课程建设，3门课程(《敦煌学概论》《数学分析》《化学文化学》)获首批国家级一流本科课程。获批省级教学团队3个，省级实验教学示范中心1个，省级教学成果培育项目16项，省级创新创业教学改革项目4项，2名教师获得省级教学名师奖。召开2020年本科教学工作总结表彰大会。组织484名学生赴新疆阿克苏、677名学生赴临夏州开展实习支教工作。编制发布本科教学质量年度报告，自觉接受社会监督。制定实施《研究生招生考试自命题工作管理办法》《“申请—考核”制选拔博士研究生工作实施办法》《优秀全日制硕士研究生连续攻读博士学位工作实施办法》，健全博士研究生“申请—考核”招生选拔机制，扩大直博生、硕博连读的招生比例。制订《研究生中期考核管理办法》《研究生开题报告管理办法》，加强研究生培养过程管理，进一步规范研究生培养，提高研究生培养质量。录取博士研究生175人，硕士研究3168人，各类普通本科生4655人。

**学科建设与科研工作** 2020年，学校根据甘肃省人民政府“争取将西北师范大学纳入国家新一轮‘双一流’大学建设范围”的部署，制定《加快创建国家“双一流”大学实施方案》。根据分层分类建设原则，对“十四五”拟重点建设的学科进行论证。制定《学科建设经费管理办法》，规范和加强学科建设经费支出和管理，提高学科建设经费使用效益。全年获批省级以上纵向项目235项。其中，国家社会科学基金项目25项；国家自然科学基金项目52项。获批科研经费7541.78万元。其中，纵向科研项目经费4784万元；横向科研项目经费2512.78万元；基地平台经费245万元。编辑完成7期《西北师大智库》，向省委省政府有关部门报送相关智库文章12篇、决策咨询报告26篇，在精准扶贫、华夏文明传承创新、黄河流域生态保护和高质量发展及疫情防控背景下的经济社会发展等领域取得一批高水平研究成果。获批教育部国家教师发展协同创新实验基地、甘肃省融媒体工程研究中心、甘肃长城长征国家文化公园建设发展研究中心、甘肃省教育信息化战略研究中心等4个省部级研究基地和甘肃省社会科学普及示范基地。获批“海智计划”项目2个。举办或承办“教育部2020年全国教育统计干部培训班”“第二届中国西部教育发展论坛”“第四届中国与中亚人文交流与合作国际论坛”等高级别学术会议30余场；邀请国内外专家学者开展线上线下学术报告363场。

**队伍建设** 引进高层次人才79人，招聘10名紧缺专业硕士、25名辅导员及22名中小学幼儿园教师，发放人才引进安家费1200万元。多途径扩容教师队伍人才储备量，其中通过人事代理考博计划聘用9人，管理、教辅岗转至教学岗位13人，选拔马克思主义理论专职教师20人。进一步完善职称评审工作制度。做好261人职称评聘工作。制定《师德考核实施办法》《师德先进评选办法》《教师思想政治和师德师风考察实施细则》，编印教师学习资料《明德传道》12期。开展“开学第一讲”、向时代楷模学习、师德失范行为警示教育活动，举办第2届“争做新时代好老师”师德演讲比赛，开展首届师德先进评选表彰活动。获批教育部首批师德师风建设基地。1人获得“全国先进工作者”称号、2人入选甘肃省拔尖领军人才、3人入选省宣传文化系统“四个一批”人才、6人入选省优秀青年文化人才、7人获批国家留学基金委面上资助、4人获批国家留学基金委西部项目资助、1人获批省重点人才项目、3人获批陇原创新创业人才项目、3人获省高校青年教师成才奖。

**学生工作** 组建“党建书院”。深化“学生社区党工委+楼宇党支部+楼层党小组”网格化组织体系，实现功能性党组织在学生社区的全覆盖。完善“功能性党支部书记+学生党员+宿舍互助引导员”的网格化管理体系，做到教育管理服务无盲区。组织457个基层团支部依托“三会两制一课”开展主题团日活动，引导青年学生增强“四个意识”、坚定“四个自信”、做到“两个维护”。将国防教育工作融入大学生思想政治教育和爱国主义教育。实施“构筑实践参与机制、搭建互助激励平台、构建朋辈教育体系、强化遵规守纪教育”四项工程，引导提升学生“四自”（自我净化、自我完善、自我革新、自我提高）能力。深化本硕博一体化学生管理工作，实现教育管理和文化活动本科生带动研究生、学术科技活动研究生带动本科生的互助互促的局面。全年完成890余人次学生心理咨询工作。举办大学生心理健康节、世界精神卫生日、线上心理健康知识竞赛等心理健康教育宣传活动。举办3场大型校园双选会，200余场专场校园招聘（宣讲）会，7场线上双选会，累计提供就业岗位4万余个。实施“学生创新创业能力提升计划”，立项学生课题研究项目260项，创新创业项目230项，获批国家级大学生创新创业训练项目27项、省级89项。获批甘肃省大学生就业创业能力提升训练工程项目14项，经费325万元。8873名家庭经济困难的学生通过“绿色通道”顺利入学。

**交流合作** 与白俄罗斯国立大学等7所高水平大学签署校际合作协议。英国南威尔士大学化学专业和波兰波兹南艺术大学环境设计专业两个中外合作办学项目秋季开始招生。成立学校外事工作委员会、国际学生工作委员会。修订完善学校《出国（境）管理办法》《关于推进学生海外交流工作的实施意见》《中外合作办学项目管理办法》《外籍兼职研究生合作导师聘任管理办法》《境外非政府组织活动管理规定》等制度，引聘能源化工、新材料等领域外籍研究生合作导师10人。发挥中亚研究院和国别与区域研究院、华文教育基地作用，推进“一带一路”交流。完成摩尔多瓦自由国际大学、波黑萨拉热窝大学孔子学院、苏丹喀土穆大学孔子学院的转隶工作。制定学校《本科生、研究生（国际学生）培养方案》，修订完善30余项留学生管理制度。成立学校国际学生工作委员会，进一步完善留学生培养、管理机制。完成来华留学质量认证工作。组织留学生参加第4届全国冰雪山地马拉松赛暨甘肃丝绸之路雪地登山挑战赛，赴陇南礼县蒲陈村进行向世界讲好脱贫攻坚的中国故事等文化考察活动，赴东乡县参加从红军长征到全面建成小康社会—甘肃来华留学生社会实践活动；组织51名留学生赴敦煌参加“重走丝路·探寻中华文明之旅”主题文化体验活动。

**社会服务** 与陇东学院签署战略合作框架协议，在陇南师专设立初等教育学院。与金徽酒股份有限公司、甘肃浩源投资有限公司、科大讯飞、联想集团、新东方教育科技集团签署战略合作协议，开展校企合作。与七里河区政府、兰州万达城开发有限公司签署合作办学框架协议。与临泽县政府携手共建实验区项目，与陕西地质调查院签署战略合作框架协议，与甘肃省退役军人事务厅联合成立甘肃退役军人培训学院。同时，拓展成人学历教育联合办学空间，联合办学单位达到50余个，成人学历继续教育学生数量有较大增长，经济和社会效益显著增加。成立学校社会科学界联合会，甘肃省涉外应急语言服务基地。完成学校校友会换届工作，成立学校新一届校友工作委员会，建立健全校友数据库档案，进一步发挥校友在学校办学中的积极作用。加强与各地校友的联系，组织校友返校周活动，举办杰出校友论坛，切实发挥广大校友爱校荣校、宣传学校及服务学校方面的作用。加强同教育部、北京师范大学等部委和兄弟院校的沟通联系工作。完成教育部、省委、省政府、教育厅等部门对学校的专题调研和督查工作。

**公共服务保障** 北校区教师公寓楼、校本部培训基地主体工程封顶。综合实验训练中心与学生公寓建设项目开工建设。完成新校区云亭广场建设、博物馆门前广场改造、住宅14号楼北侧停车场改造、行政2号楼外墙粉刷、公房及住宅楼屋面防水修复等重点维修改造项目22项。制定《内部控制管理办法》《内部控制评价管理办法》《内部控制风险评估实施细则》。制定《预算管理办法》，规范全面预算和零基预算管理。加强与政府部门的沟通协商，推进债务化解，至6月，完成学校全部债务化解工作。进一步加强国有资产管理工作，制定《图书资产管理办法》《实验室安全管理办法》《实验室危险废弃物管理办法》《实验室安全与环保事故应急处理预案》。不断完善学校采购管理制度，修订《西北师范大学采购管理办法》，制定《低值易耗品采购管理细则（试行）》《分散采购实施细则》，规范采购工作程序。完成学校统一指挥中心（一期）建设工作，做好新校区、校本部、附属学校及兰天学生公寓安防监控系统的升级改造工作，实现全校园人脸识别和人员轨迹跟踪。配合文明城市创建，持续做好校园流浪犬只的整治工作，开展校园交通专项治理行动，平安校园建设取得明显成效。进一步建立和完善离退休工作机制，关心关爱离退休老同志学习生活，着力办好老年大学，精心策划老年活动，营造丰富多彩的敬老孝老文化。图书、档案、博物馆保障教学科研的服务水平不断提升，学术刊物和杂志的办刊质量和影响力进一步提高。附属中小学、幼儿园的办学影响力不断扩大，附属单位在引进、稳定高层次人才方面起到有力的保障作用。“学习型、服务型、创新型”机关建设不断深入。智慧后勤服务平台一期建设项目正式运行，搭建起师生与后勤服务沟通的桥梁。

**脱贫攻坚** 发挥自身优势，积极投身脱贫攻坚主战场，整合校内外资源，推进教育扶贫、文化扶贫、产业扶贫、消费扶贫，彰显高校助力脱贫攻坚的特色，取得明显成效，形成“三结合、三转化”“志智双扶”的“西北师大模式”，得到教育部和甘肃省委省政府主要领导高度认可，学校对口帮扶礼县按期实现脱贫摘帽。学校被教育部脱贫攻坚工作领导小组增列为对口帮扶宕昌县定点扶贫学校，与天津大学、中央财经大学、高等教育出版社协同配合，整合资源，开展组团式扶贫，积极推进宕昌县教育高质量、可持续发展。

（朱海滨）

**【兰州理工大学】** 是省属本科院校，甘肃省人民政府、教育部、国家国防科技工业局共建高校，甘肃省首批高水平大学建设高校。2020年，学校有兰工坪校区、彭家坪校区两2个校区，占地面积2430亩，校舍建筑面积121万平方米，图书馆馆藏图书216万册。下设19个二级学院，1个教学研究部，开设70个本科专业，有9个学科门类，涵盖工学、理学、管理学、文学、法学、教育学、医学、艺术学、经济学。全日制在校生2.9万余人。有教职工2309人，其中专任教师1478人，具有教授、副教授职称教师980人，博士生导师155人、硕士生导师649人、博士学位教师625人，255名教师获批“陇原人才服务卡”；有共享中国科学院、中国工程院院士4人，“长江学者”特聘教授2人、“百千万人才工程”国家级人选3人、国家杰出青年科学基金获得者2人、中国科学院“百人计划”入选者3人、中组部青年千人计划入选者3人、享受国务院特殊津贴30人、首批全国高校黄大年式教师团队1个。入选甘肃省领军人才33人、“飞天学者”33人。有中国焊接终身成就奖、全国优秀教师、全国先进工作者、全国师德标兵等国家级荣誉称号12个，有甘肃省五一劳动奖章、优秀专家、教学名师、师德标兵等荣誉称号70余人。有2个国家级教学团队、3个国家级实验教学示范中心。

**党建和思想政治工作** 制定贯彻落实教育部等八部门印发的《关于加快构建高校思想政治工作体系的意见》的实施方案。将党的十九届五中全会精神作为思想政治教育和课程思政教学重要内容，全面推进全会精神进教材、进课堂、进师生头脑。开展“四史”教育暨“网上重走长征路”活动和“四史”学习知识竞赛活动，抓好四史学习教育。制定贯彻落实《新时代爱国主义教育实施纲要》《新时代公民道德建设实施纲要》工作计划，厚植爱国情怀，持续践行社会主义核心价值观。在兰州市创建全国文明城市相关工作积极发挥作用，顺利通过全国文明校园复评，不断提升全国文明校园品牌效应。落实中央、省委关于思政课教学改革要求，党委书记、校长带头讲授8个课时的思政课，获批甘肃省思想政治理论课名师工作室1个，按照教育部要求配足配齐思政课教师和辅导员，获批甘肃省高校辅导员名师工作室1个。将思想政治教育融入2021版人才培养方案中，举办课程思政教学竞赛。制定实施《关于加强和改进新时代师德师风建设的意见》工作方案，构建师德师风建设长效机制。落实党员领导干部进宿舍、进食堂和进班级制度，了解学生思想状况，做学生健康成长的指导者和引路人。获甘肃省高等院校党建"对标争优""示范院校"，3个院系获"标杆院系"，9个党支部获评"样板党支部"，3名教师党支部书记获评新时代甘肃省高校优秀教师党支部书记"双带头人"称号，9个党支部获评党建"样板党支部"。1名教授入选"百千万人才工程"国家级人选，2名教授被评为"甘肃省拔尖领军人才"，1名教授获得甘肃省先进工作者荣誉称号，255名教师入选"陇原人才服务卡"人才。

**教育教学** 修订本科专业人才培养方案，制定《关于加强美育工作的实施方案》，探索劳育举措和体育教学改革，努力完善"五育"并举的人才培养体系。有20个省级重点学科、4个国防特色学科方向。工程学、材料科学、化学3个学科进入ESI排名全球前1%。有5个博士后科研流动站、6个一级学科博士点、24个一级学科硕士点，14个硕士专业学位类别。10个专业入选国家一流本科专业、6个专业入选省级一流本科专业，14个专业通过工程教育认证，3门课程入选首批国家级一流本科课程，31门课程入选省级一流本科课程公示名单，获得国家级学科竞赛奖励125项，一本招生扩大至18个省份，2020届毕业生年终就业率88.15%。招收研究生2383名，较上年增长19%，评出5篇优博、45篇优硕学位论文，推选5篇博士、13篇硕士参评省级优博、优硕论文；教育部博士论文抽检合格率100%，学业预警348人、清退博士34人，学位论文盲评率83%，获得国家级学科竞赛一等奖6项。

**师资队伍建设** 李文生教授入选"国家百千万人才"，并被授予"国家有突出贡献中青年专家"荣誉称号，实现国家级高层次人才队伍建设又一重大突破。朱彦鹏教授获得"全省先进工作者"和"全省科技工作先进个人"荣誉称号，李文生教授获得"甘肃省优秀专家"荣誉称号；杜小泽教授、张云升教授入选甘肃省领军人才一层次人选，王国英教授、年福忠教授入选省领军人才二层次人选。新增博士学位以上教师77人，在职博士学位教师数达到专任教师总数的46%，招收11名博士后，成立6个名师工作室。

**科学研究** 学校有"长江学者和创新团队发展计划"创新团队2个、"省部共建有色金属先进加工与再利用国家重点实验室"等国家级科研基地5个、教育部科研基地7个。2020年，学校获批国家级科研项目94项。其中，国家级自然科学基金70项；国家级军工项目5项。授权发明专利137项，转让36项，实现科技进款1.48亿元，其中横向进款4190万元，获得甘肃省科技进步一等奖1项，中国机械工业科技奖二等奖1项，国防科技进步三等奖1项。整合学科资源，成立兰州理工大学酒泉先进技术研究院、敦煌设计形态研究院、黄河流域水生态与水工程研究院、西部先进土木工程材料创新研究中心、智慧城市工程技术研究院等科研机构。深化一流学科建设，制定工作方案，召开工作推进会，全面做好第5轮学科评估准备工作，开展红柳一流学科中期考核，校内学科自评实现所有学科全覆盖，化学学科进入ESI全球排名前1%，20个省级重点学科通过绩效考核。

**学生教育管理** 一本招生省份扩大至18个。研究生招生规模大幅增加，招收硕士生2280人、博士生103人，硕士、博士分别较上年增长21%和17%。毕业生初次就业率83.01%，年终就业率88.15%，不含已确定报名参加二次考研暂不就业毕业生，年终就业率94.72%。毕业生在百强企业、科研院所等高质量单位就业率61.3%，军工企业就业人数326人。2020年发放国家奖助学金6187.966万元；生源地助学贷款9590人，金额6261.2万元；社会奖助学金受助人数189人，资助金额59.4万元；发放勤工助学补助75.2502万元；发放疫情期间临时困难补助42.0022万元。

**综合改革** 组织校领导、中层干部和部分科级干部参加全省教育系统贯彻落实《总体方案》培训解读会，开展与《总体方案》不相适应政策措施清理工作，梳理出40项需要修订或废止的制度，在年底考核中严格执行中央文件中的"不得""禁止""克服"等要求。成立人才、学科、科技及绩效考核评价机制改革领导小组，制定科技人员取得职务科技成果转化现金奖励信息公示办法等管理办法，修订校内绩效津贴制度实施办法，改进学科分类评价体系、健全科研成果分类评价体系，破除"SCI至上"和唯论文导向。开展校属企业改革工作，全面摸底清查校属企业，提升服务区域经济能力。

**保障与服务** 文理综合教学实验楼交工，大学生活动中心开工建设，彭家坪校区体育中心达到招标条件，启动国家大学科技园一期工程建设，美化两校区教室、学生宿舍、办公场所环境，维修改造工程6万平方米，制定后勤服务管理社会化专项改革方案，分步推进物业、能源、饮食服务社会化改革。

**依法治校** 成立法律事务中心，将依法治校思想贯穿到学校重要决策、重要制度出台、师生重要权益处置、各类信访受理、合同审批等各项工作中，以法治思维、法治方式引领推动保障学校改革发展。制定《兰州理工大学安全管理专项整治三年行动实施方案》，持续加强学校安全风险防控和隐患治理；与二级单位签订安全稳定目标责任书，健全安全管理责任体系，获得2019年“平安甘肃”建设优秀单位称号。全年受理信访件57件，其中省委第二巡视组转办非巡视受理范围（含中央第15巡视组通过上级部门转办2件）信访件17件。

**脱贫攻坚** 持续走访完善“一户一策”，全覆盖摸底排查帮扶村“两不愁三保障”情况，逐项建立问题清单，逐户补标提标，全面冲刺清零；组织党建结队帮扶活动7次、教师交流2次、校级回访12次，消费扶贫200余万元。学校帮扶的6个村全部脱贫。学校获东乡县民族团结进步模范集体，2人获东乡县民族团结进步模范个人，5人获东乡县优秀驻村包社联户干部称号，5人获得2020年度东乡县脱贫攻坚帮扶先进个人，1人获团省委脱贫攻坚“青年榜样”。

（马雪琴）

**【兰州交通大学】** 2020年，学校设有21个直属学院（部），37个职能部处。学科涵盖工学、理学、经济学、管理学、文学、法学、艺术学和教育学等8个学科门类。有博士后科研流动站5个，博士学位授权一级学科6个，硕士学位授权一级学科25个，硕士专业学位授权类别15个。普通本科专业68个，2020年招生专业62个，有1个国家级综合改革试点专业、6个国家级特色专业、14省级特色专业、11个国家级一流本科专业建设点和3个省级一流本科专业建设点，6个专业通过教育部工程教育专业认证，3个专业通过住建部专业认证（评估）。5个学科（群）入选甘肃省一流学科建设项目，6个学科入选甘肃省“双一流”特色建设工程一流学科，省级重点学科（一级学科）24个。专科（高职）专业12个。有1个国家级人才培养模式创新实验区、5个国家级实验教学示范中心、1个国家级虚拟仿真实验教学中心、11个国家级工程实践教育中心和13个省级实验教学示范中心。2020—2021学年初，学校有全日制在校生31222人。其中，博士研究生3199人；硕士研究生5804人；普通本科生22356人；普通专科生2288人；预科生68人；各类留学生387人。成人本、专科生13756人。全校有教职工2315人。正高级职称人员343人，副高级职称人员782人。专任教师1725人，其中教授332人，副教授651人；博士生导师91人，硕士生导师1202人。有双聘院士2名，长江学者特聘教授1名，柔性引进“长江学者”2人、国家杰青1人，有国家百千万人才工程入选者4名、国家“万人计划”入选者2名、教育部新世纪优秀人才4人、甘肃省飞天学者特聘计划入选者10名、甘肃省领军人才工程入选者42名；有“五一劳动奖章”获得者、全国优秀教师、全国师德先进个人、全国模范教师、詹天佑铁道科学技术奖获得者、茅以升铁道科学技术奖获得者等各类高层次人才340人。学校有国家级省部级研究机构65个。有2个校区，1个大学科技园，学校占地面积1564亩，校舍建筑总面积约88.74万平方米，固定资产总值约16.12亿元。

**党建和思政工作** 贯彻落实新时代党的组织路线，促进基层党建提质增效，聚焦“四抓两整治”加强党的政治建设。深入开展党员信教和涉黑涉恶排查整治工作。建立“党委书记和班子成员党支部工作联系点制度”和“三会一课”督促机制。制定《兰州交通大学基层党支部工作考核评价办法》，推进党支部建设标准化。按期完成“双带头人”培育工程，教师党支部书记“双带头人”100%覆盖。全校有29个基层党组织，375个支部，7931名党员，全年发展党员2650名。获批省级党建重点项目1项，资助校级基层党建特色项目36项。开展学校基层党建示范和品牌创建工作。入选新时代甘肃省高等院校党建“标杆院系”1个、党建“样板党支部”7个、高校优秀教师党支部书记“双带头人”2人。落实党管干部党管人才原则，抓好党员干部队伍建设。制定《兰州交通大学意识形态工作监督检查与执纪问责实施办法》《兰州交通大学网络评论员管理办法》等制度，进一步加强和改进学校意识形态工作。加强政治理论学习，深入开展思政教育。举办理论宣讲大赛、专题辅导报告、宣讲报告会等多种形式的培训会数场。利用重大节庆对广大师生进行爱国主义教育。制定《兰州交通大学“三全育人”工作实施方案》等，开展专职思政课教师选聘。继续做好统战团体工作，开展政治引领主题教育活动。安宁区政府与学校建立统战联盟，共同推进全省“一廊一区一带”民族团结进步创建活动，学校20名专家入选安宁区智库。交通大学的省政协委员逯迈教授的提案被列为重点督办提案，6名党外代表人士被推荐为省侨联特聘专家。健全内部巡查机制，开展内部巡查。10月16日—12月20日省委第三巡视组进驻学校进行巡视。

**改革创新** 成立中国工程科技发展战略甘肃研究院（筹）办公室、人才管理科、信息化建设科等科室中心。合并后勤管理处、后勤集团成立后勤保障部。将后勤管理委员会调整为后勤工作领导小组。北山征地建设办公室更名为北山绿化管护中心，与招标中心合署办公。制定《兰州交通大学“十四五”事业发展规划编制工作方案》，全面启动规划编制工作。加强制度的“废改立”，对照《深化新时代教育评价改革总体方案》，清理修改40项规章制度。

**教学工作** 16个专业获批省级一流专业建设点，现有11个国家级一流专业建设点和19个省级一流专业建设点，“机械电子工程”和“计算机科学与技术”第2学士学位专业获教育部批准备案。全面开展2021版本科人才培养方案修订工作。组织召开本科教育大会。5门课程获批国家级一流本科课程，13门课程被评为校级一流课程。2个项目获批国家第2批新工科项目，16个项目获批甘肃省高等教育教学成果培育项目，“地理信息科学基础学科拔尖学生培养基地”获批2020年度甘肃省基础学科拔尖学生培养基地。新增4个本科校外教学实习基地，建设各类研究生联合培养基地累计25个。2020年授予博士学位45人，授予硕士学位1599人。制定《兰州交通大学研究生课程思政建设方案》。学位论文质量稳步提高。疫情防控期间，组织全校师生开展在线教学和虚拟现实实验活动。线上开课2779门次，3000名同学参加183项开放创新实验项目。推动实验室中心化建设，修订实验室管理文件，出版《兰州交通大学实验室管理》。各类学科竞赛和创新创业大赛中获国家级奖104项、省级奖256项。承办2个省级以上赛事。187个大学生创新创业训练计划项目获资助经费85万元，13个项目获得甘肃省就业创业能力提升工程项目立项，2项挑战杯项目获第12届“中国大学生创业计划竞赛”铜奖。创新创业课程师资培训33人。新增智能计算与大数据等12个创新创业基地。制定《兰州交通大学创新创业教育工作评优奖励办法(试行)》等制度。

**学科建设** 组织开展2016年—2020年“双一流”建设周期总结，制订《“攀登国家一流学科计划”实施方案》。12个学位点通过甘肃省学位委员会评议。自主设置“人工智能”博士学位授权交叉学科和“国土空间规划”“经济管理与决策”博士学位授权目录外二级学科。推进“工程学”学科团队建设，“工程学”“化学”学科国际影响力持续提升。修订《研究生指导教师遴选办法》《新增博士授权学科博士生导师遴选办法》。开展博士后科研流动站综合评估，修订《博士后管理工作实施办法》等博士后管理文件。持续推动“天佑学科高峰行动计划”，完成9个天佑一流学科建设绩效2019年度考核工作。扎实推进天津大学对口支援学校学科建设工作。

**科学研究** 承担纵向科研项目225项，获批资助经费约4886万元，较2019年增长3.4%。新增3个省部级科研平台、3个厅局级科研平台、1个全国铁路科普教育基地、1个中国科协“海智计划”工作站，1个项目获“海智计划”资助。10项成果获得省部级奖励。授权各类专利482件。科学引文索引(SCIE)收录论文290篇，同比增长17.4%；工程索引(EI)收录论文277篇；科技会议录引文索引(CPCI)收录论文96篇。截至9月，34篇论文被标注为ESI高被引论文，107篇论文在相应学术领域百分比中位于3%之前。修订《兰州交通大学科学研究项目与成果分类办法(2020年修订)》《兰州交通大学科技创新平台建设与运行管理办法(2020年修订稿)》。成立兰州交通大学学术伦理与法律委员会，制定《兰州交通大学伦理与法律委员会章程》，修订《兰州交通大学预防与处理学术不端行为的实施细则(2020年修订)》。全年举办线上、线下学术会议487场次。

**师资队伍建设** 招聘博士研究生58人，硕士研究生16人，柔性引进上海外国语大学教授1名。制定《兰州交通大学“天佑创新团队”支持计划》，投入资金80万元，资助10个创新团队。获批甘肃省委组织部人才项目4项，经费额111万元。2名教师被评为甘肃省高校教学名师，2个团队被评为甘肃省高校教学团队。1人入选“四个一批”人才，1人入选长江学者奖励计划“疫情防控特设岗位”，1人入选第3届铁路青年杰出人才，1人入选“甘肃省青年科技人才托举工程”，2人获“甘肃省高校青年教师成才奖”，15名教师入选第2批“天佑青年托举人才计划”。制定《兰州交通大学专业技术职务任职资格评审条件》《兰州交通大学高校教师(研究)系列、工程系列(教育教学类)晋升高级职称帮扶实践经历考核标准》《教师师德师风考核实施办法(试行)》等。组织开展“师德大讨论”，形成《兰州交通大学师德公约》，编印发放《兰州交通大学师德师风建设资料汇编》，在全校开展专题学习活动。顺利完成2020年天津大学对口支援博士专项指标录取工作。全年有9名教工取得天津大学博士入学资格，与天津大学联合培养博士2名。一批教师赴双一流重点院校及科研院所访学或进行专业课进修。制定《兰州交通大学青年教师导师制管理办法》，发挥优秀教师的“传、帮、带”作用培养青年教师。继续推动教师出国研修项目，“面上项目”录取5人，“西部项目”录取6人，“青骨项目”录取1人，孔子学院公派教师录取2人。

**学生工作与招生就业** 围绕“立德树人”根本任务，开展“文明修身 立德树人”主题教育系列活动。设立37项课程思政教改专项，着力推动课程思政建设。不断强化辅导员职业能力建设，提高辅导员政治素质和业务能力。开展“厉行节约、反对浪费”主题教育活动。举办“云家访”、讲座、参观交流等多种形式的教育活动，加强少数民族学生管理。2020年合计发放各种奖助贷勤补等款项约1亿元，受助学生33559人次。在甘肃、陕西、宁夏、云南、四川、西藏、江苏、湖南等8个省(区)所有专业实施一本招生；在安徽、河南、内蒙古、黑龙江、广西、重庆、湖北、江西等8个省(区、市)部分优势特色专业实施一本招生,在这16个省(区、市),兰州交通大学一本录取率约91%。2020年毕业学生7747人。其中,博士研究生22人;硕士研究生1393人;本科生5450人;专科生882人。提升就业大数据中心数据收集分析能力,推动大学生精准就业。截至11月25日,毕业生平均就业率83.83%。其中,博士研究生就业率100%;硕士研究生就业率81.84%;本科生就业率83.08%;高职生就业率91.16%。深化共青团和学生会(研究生会)改革,贯彻落实《兰州交通大学共青团改革实施方案》,制定《兰州交通大学学生社团建设管理办法》。召开兰州交通大学第13次学生代表大会、第2次研究生代表大会及弘扬抗疫精神暨2019年度五四表彰大会,以"会"促"改"落地见效。实施"一支部一项目"团支部活力提升工程,立项355项。铁道技术学院团委获"全国铁路五四红旗团委"。依托PU信息化平台,推进"第二课堂"精细化建设。组织31支集中实践团队及"返家乡"分散实践。完善学校青年马克思主义者培养机制以及研究生支教团培养计划。经典舞剧《丝路花雨》进校园,成立大学生艺术团,组建天佑大学生合唱团和大学生爱乐管乐团,在学校美育教育和校园文化建设方面拓展新的平台。制定《兰州交通大学劳动育人工作实施方案》,把劳动教育工作纳入学校人才培养全过程。

**交流与合作** 加强与境外高水平大学交流与合作,分别与美国、英国、俄罗斯等10余所国(境)外高水平大学新签订合作协议16份。签订《兰州交通大学(LZJTU)与维尔纽斯格迪米纳斯技术大学(VGTU)"4+2"双学位项目合作协议书》,组建建筑学五年制本科专业"天佑建筑国际班"并完成项目班首批招生工作。新增丝绸之路产学研用合作会议框架下中外导师联合培养博士研究生招生计划3名。1项"春晖计划"合作科研项目获教育部立项资助,2项"国际杰青计划"获科技部立项资助。新增"虚拟现实技术与应用系统国际科技合作基地"。承办和协办2020年"美中友好志愿者项目"甘肃省总结活动、2020"一带一路"高校联盟论坛和2020丝绸之路国际产学研用合作会议等。成立"兰州交通大学国别和区域研究所"。外国专家书屋落户兰州交通大学。国际学生招生工作小组首次以线上直播和在线互动的方式开展招生宣讲,开展"一对一"线上学生招生面试。境外学生因疫情原因无法返校上课,学校克服时差、网络、技术等困难,依托各类在线课程平台开展线上授课,开展多元化考核评价。

**基本建设与服务** 2020年在建项目有校本部棚户区改造5#、6#、7#楼、体育馆项目、北教学实验楼项目等。完成校园修缮项目180余项。推进校园网络基础设施改造与建设,完成校园无线网络覆盖一期建设,推进智慧校园服务提升。完成学生食堂饭菜价格"平抑基金"启用发放和"明厨亮灶"互联网监控平台的专项改造工作。开展"节约粮食,反对浪费"系列文化活动。坚持日常管理与集中整治相结合,助力兰州市文明城市创建工作。细化工作措施,学校政治环境总体稳定;坚持打防结合,有效维护校园治安环境;强化巡防检查,消防能力大力提升;加强校园防诈骗宣传培训。图书馆接待读者206800余人次,借还图书、期刊76600余册。征订中外文图书45828册。组织举办"我与经典有个约会""掌阅精选"等读书活动13场次。

**社会服务** 为全国多家企事业单位提供科研服务、技术咨询、成果转化等工作,签订各类科技服务合同178项,合同总额4570万元。与甘肃省交通运输厅、临夏回族自治州人民政府等签订校地、校企合作协议5项。获批省级军民融合专项1项、总装备后勤部项目1项。科技园新增新引进注册科技企业22家,完成国家大学科技园绩效评价工作。"兰州交通大学天佑铁路主题展览馆"获批为全国铁路科普教育基地"中国铁道学会科普教育基地"和"兰州市科普教育基地"。

**脱贫攻坚** 学校帮扶的6个村全部脱贫、贫困户全部清零,康乐县实现全县脱贫摘帽。2020年采购康乐香菇4644斤,价值25.542万元,胡麻油10408.5升,价值28.9125万元。广大帮扶干部和驻村干部进行自发推介和个人消费,购买康乐县各类农产品价值12.262万元,消费扶贫总额66.7165万元。驻村干部帮助村养蜂合作社建网店、注册商标,实现网上售卖。在校园内布设消费扶贫专柜10个,推动落实扶贫产品进学校、进社区。为康乐县鸣鹿乡、八丹乡6个联系村累计捐赠太阳能路灯202盏,价值80万元。向康乐县投放贫困地区专项招生计划15个,为10名学生发放助学金4.61万元;驻村干部为考生和家长提供高考志愿填报指导咨询。组织专家教授赴临夏州开展绿色农业、装备制造、环境保护、交通土建、清洁能源、文化旅游等领域的科研合作对接和调研;与临夏州人民政府和康乐县人民政府分别签订校地战略合作协议,为今后服务地方社会、促进乡村振兴提供科技和智力支撑;依托"国家语言文字推广基地"在芦子沟村开展"送经典下基层"活动,大力推广国家通用语言文字,开展国学知识宣讲和传统文化教育;在鸣鹿乡拔子沟村成立"写生基地",为康乐县绘制美丽乡村艺术长廊墙绘宣传版面13幅;通过大学生"暑期三下乡"社会实践开展电商直播带货;学校驻临夏州传统工艺工作站非遗扶贫就业工坊开展"非遗+扶贫"工作,发布保安腰刀、临夏砖雕等文创产品56款。2020年,学校入选教育部第3届省属高校精准扶贫精准脱贫典型项目、获得临夏州2020年度脱贫攻坚帮扶工作先进集体称号。

（王　丹）

**【甘肃农业大学】**　农业农村部和甘肃省人民政府共建大学、国家重点建设的中西部百所高校之一、甘肃省高水平大学。2020年，学校占地面积2475亩，校舍建筑面积66.18万平方米，固定资产14.04亿元，下设23个学院（教学部）。有64个本科专业，食品科学与工程等6个国家级一流本科专业，动物医学等5个国家级特色专业，生物技术等9个省级一流本科专业；1个国家级重点学科，1个农业部重点学科和18个省级重点学科。4个博士后科研流动站，8个一级学科博士学位授权点，1个交叉学科博士学位授权点，1个专业博士学位授权类别，18个一级学科硕士学位授权点，9个专业学位授权类别。有国家重点实验室培育基地1个，国家级实验教学示范中心1个，省级实验教学示范中心11个，省部共建和省级重点实验室、工程实验室以及各类研究中心（基地）44个。

学校有教职工1480人，专任教师1226人，其中高级职称人员589人。发表学术论文1500篇，高水平论文449篇，出版著作32部。录取研究生1335人，研究生年底就业率76.74%。录取本科生4690人，本科生年底就业率85.43%。

**思想政治工作**　制定《甘肃农业大学贯彻落实〈中国共产党宣传工作条例〉实施方案》《甘肃农业大学2020年党委理论学习中心组学习计划》《关于深入学习宣传贯彻全国两会精神的意见》《甘肃农业大学深入学习宣传十九届五中全会方案》，印发《关于认真组织学习〈习近平谈治国理政〉第三卷的通知》，举办学习党的十九届五中全会精神专题读书班。党委常委会学习17次，校党委理论学习中心组学习12次。成立学校"不忘初心、牢记使命"主题教育整治整改工作领导小组，统筹推进主题教育整改落实工作。召开专题会议，认真学习中央和省委有关会议、文件精神，对全校主题教育整改落实"回头看"工作进行安排部署。校内各级党组织、广大党员干部严格对标对表，对"四项问题清单"、专题民主生活会检视剖析问题、"七个专项整治"整改清单，逐项进行自查，查漏洞补短板，进一步明确重点、细化措施，以更高的标准、更严的要求、更实的作风推进整改落实。

制定《中共甘肃农业大学委员会2020年党建工作要点》《甘肃农业大学组织员管理办法（试行）》。完成图书馆党总支等4个党总支的换届选举工作。培育创建6个标杆院（系）党组织，22个样板党支部。发展党员1392人。制定《甘肃农业大学2020年党风廉政建设工作要点》。召开学校全面从严治党暨党风廉政建设大会和警示教育大会，签订《2020年履行全面从严治党和党风廉政建设责任书》。制定巡察工作方案，成立7个巡察工作领导小组，开展2轮巡察工作，对13个中层党组织和5个机关党支部进行巡察，对8个党组织进行巡察回头看，推动全面从严治党向基层延伸。

**教学工作**　全面完成2020版人才培养方案的修订。立项5个一流本科专业建设项目，每个项目资助经费100万元。立项5个校级专业综合改革试点项目。获批10个第二学士学位专业。获批2门国家级一流课程，立项建设30门校级一流本科课程和80门混合课程，建成2门具有农大特色、代表农大水平的校级慕课。获批教育部新农科研究与改革实践项目4项、甘肃省教学团队2个、省级实验教学示范中心1个。2部主编教材入选国家林业和草原局普通高等教育"十三五"规划增补教材，19部主编教材入选农业农村部第2批"十三五"规划教材，3部主编教材被中华农业科教基金会评为2020年全国农业教育优秀教材。

**科研工作**　176项省部级科研项目获得资助，到位科研经费8497万元。获科技成果奖14项。其中，甘肃省科技功臣1项；甘肃省自然科学奖二等奖1项；三等奖1项；甘肃省科技进步奖一等奖2项；二等奖1项；三等奖3项；甘肃省专利奖—发明人奖1项；甘肃省农牧渔业丰收奖4项。获批国家林业草原高寒草地鼠害防控工程技术研究中心、甘肃省枸杞无害化栽培工程研究中心。

**学科建设与研究生工作**　植物与动物科学学科进入ESI全球排名前1%。立项资助18项学科建设项目和1项实验室建设项目，计3849.7万元。开展2019年度学科建设项目绩效考核。制定第5轮学科评估工作方案，召开2020年学科建设暨第5轮学科评估工作推进会，进行全面安排和部署。

完成7个博硕士学位授权点申报工作。组织农业硕士（包括7个领域）、兽医博士（硕士）、林业、中药学4个专业学位授权类别参加全国专业学位水平评估。完成学术型研究生以"科学研究"和专业学位研究生以"职业能力提升"为导向的研究生课程体系。召开研究生教育工作会议，制定修订研究生指导教师管理、研究生学籍管理、研究生指导教师遴选等制度办法。

**师资队伍建设**　柔性引进1名中国工程院院士。公开招聘编制内人员45人。举办师资培训、教学研修、教学工作坊、教学沙龙等主题活动22场次，培训教师774人。入选国家"万人计划"教学名师、省领军人才、省教学名师、省科技工作先进个人、甘肃高校青年教师成才奖7人。8人入选甘肃省教育厅审计专家，18人入选省级专业技术人才项目评审专家，195人入选陇原人才服务卡。2名甘肃省领军人才聘期考核优秀。补充16名马克思主义学院专职思政课教师。制定学校职称评审学科组评议办法等，进一步规范职称评聘工作，晋升高级职称44人。按照学校“校长奖”管理办法，评审产生首届校长奖11人。

**学生工作** 修订完成《甘肃农业大学本科学生综合素质测评办法(试行)》。开展“创优评优”活动，表彰“先进班集体”33个，优秀团队108支、优秀个人2939名。6个学院获得学校“征兵工作先进单位”，6名老师获得学校“征兵工作先进个人”。为1.4万人次学生发放国家奖学金、国家励志奖学金、国家助学金等奖助学金及补助计2800余万元。召开第19次学生代表大会、第4次研究生代表大会。制定《甘肃农业大学学生社团建设管理办法》，成立甘肃农业大学学生社团建设管理评议委员会和学生社团管理中心，加强社团建设与管理。组建68支社会实践团队，开展“脱贫攻坚·青年建功”等专项实践活动。

**对外交流与合作** 学校与英国西英格兰大学、巴基斯坦农业科学研究委员会、尼泊尔农业委员会签署合作备忘录，与皋兰县人民政府、临夏县人民政府、民乐县人民政府、陇东学院签署合作协议。“乡村振兴战略下植物生产类专业创新型人才的培养与实践”项目获国家留学基金委立项资助。获批“高端外国专家项目”1项，经费7万元。2名教师被2020年西部地区人才培养特别项目录取，1名学生被乌克兰互换奖学金项目录取。2名博士生被国家建设高水平大学公派研究生项目录取。学校先后成立2020届年级校友理事会和行业校友会，完成部分市州校友分会的换届工作。

**办学条件** 获批2020年地方政府专项债券3500万元，为实验教学中心B栋和图书馆建设项目提供资金保障。制定《甘肃农业大学内部控制体系建设工作实施方案》《甘肃农业大学资金存放管理实施办法(试行)》。学校教育网出口带宽由120M提升至1G。全面启用校园电子门禁管控，完成办公区域门禁的维修更换、安装调试工作。学校老旧住宅加装电梯9部。完成图书馆、实验教学中心B栋室外工程、部分学生公寓电力改造等项目。开展全校经营性国有资产摸底统计工作，新入账登记各类国有资产6683.77万元。完成6904.09万元的仪器设备、维修改造等重大项目的采购工作。

**社会服务** 组织产业技术体系专家和“三区”(边远贫困地区、边疆民族地区和革命老区人才)科技人才开展服务甘肃省产业发展、助力乡村振兴、科技支持复工复产系列活动。依托学校5个省部级培训基地，举办各类专题培训班13期次，培训农业干部人才1168人。召开党委常委会专题研究帮扶工作5次。制定学校帮扶岷县脱贫攻坚工作计划和排查脱贫攻坚突出问题工作方案。开展600余人次的牛羊养殖、药材种植等技术培训。开展消费扶贫，购买103.77万元的农产品，助推农户脱贫增收。为岷县十里镇甘寨村、曹家村，秦许乡包家族村、鹿峰村、百花村、马烨村6个帮扶村合作社投入产业帮扶资金90万元。实施本科提前批次贫困地区定向招生专项计划，招收岷县籍学生8名。

(石万里　马文龙)

**【西北民族大学】** 西北民族大学隶属于国家民委，是国家民委与教育部、国家民委与甘肃省人民政府共建院校。学校具有学士、硕士、博士学位授予权，设有博士后科研流动站。2020年，学校有2个校区、1家附属医院，设有22个教学单位、3个独立建制的科研机构，拥有各类图书和电子图书400余万册、博物馆馆藏文物3300余件，教学科研仪器设备总值约5亿元。学校学科门类齐全、特色鲜明，涵盖11个学科门类，拥有73个本科专业，面向全国31个省、自治区、直辖市和香港、澳门特别行政区、台湾地区招生。

**思想政治工作** 学校调整办学定位和服务对象，制定《关于铸牢中华民族共同体意识的实施意见》，成立铸牢中华民族共同体意识工作领导小组、研究院、中华民族共同体建设工作处，筹建中华民族共同体学院。在凉州会盟旧址等地建设铸牢中华民族共同体意识研究基地，《西北民族高校大学生中华民族共同体意识培育研究》获国家社科基金高校思政课研究专项立项。将铸牢中华民族共同体意识纳入人才培养目标，开设中华民族共同体教育系列课程，筹备申报铸牢中华民族共同体意识一级博士、硕士学位授权点及本科专业。组建中国语言文学学部，研发网络学习平台，建立综合培训示范基地。建成国家通用语言文字实验教学中心和省内唯一的少数民族汉语水平等级测试考点，成为甘肃省首批省级国家语言文字推广基地。开展第25个民族团结进步教育月和“一院一节一特色”活动，参与全国民族团结进步示范区第三方评估，与阿克塞县等共建民族团结进步联创基地。《铸牢中华民族共同体意识“互联网”+行动成果展》获全国民族团结进步创建重点扶持项目，《格萨尔》文化传承与保护研究基地被命名为第6批全国民族团结进步教育基地。将思政课程与课程思政、专业思政同铸牢中华民族共同体意识深度融合，立项17门校级课程思政示范课，学校思政项目成果——剧情片《十月》获第10届中国高校影视“学院奖”一等奖，“任嵘·红色灯塔”辅导员工作室获评省级首批工作室。

**建校70周年校庆** 10月15—17日，学校举办以“铸牢中华民族共同体意识 建设现代化高水平大学”为主题的建校70周年纪念活动。组织召开建校70周年纪念大会、"石榴花开"为主题教学成果展示、"加强铸牢中华民族共同体意识学科专业建设"研讨交流、"黄河之滨也很美"校庆主题音乐会等重大活动，唱响铸牢中华民族共同体意识时代主旋律。在光明日报等主流媒体发表署名文章，开展校旗全球云传递，发布校庆吉祥物"石榴娃"，编写《西北民族大学校史·第三卷》，兄弟院校、文化体育明星和海内外校友、合作伙伴发来祝福视频，人民网等新媒体同步直播校庆活动，在兰州市地标建筑和公交车等广泛宣传报道建校70年活动和发展成就，讲好西北民大团结奋进故事，提升学校美誉度影响力。

**学科建设** 制定《西北民族大学学科建设经费管理办法（试行）》《西北民族大学学科建设专项奖励办法》。建成校级创新团队64个。以一流学科建设口径为主线，打破学科间的壁垒，促进交叉融合，新组建6个学部，组织申报14个博士、硕士点，年底通过甘肃省评审。组织参加全国第5轮学科评估，开展"双一流"建设周期总结。同莫斯科国立师范大学、新加坡南洋理工大学等签订校际合作协议，在开放交流中加强学科专业建设。

**教学工作** 修订人才培养方案，推进新时代体育、美育和劳动教育，实施本科"强基行动"，新增14个校级一流本科专业建设点，实施大类招生，获批省级一流课程21门、教学团队2个、教学成果培育项目15项，建设校级慕课15门。推进四川大学华西医院与学校附属医院对口支援，落实临床医学硕士专业学位授权点整改，附属医院获批全国住院医师规范化培训基地。新增27个实习基地，学生学科竞赛获国际奖6项、国家级奖29项。贯彻全国研究生教育会议精神，深化研究生招生选拔、培养机制和导师遴选改革。研究生获甘肃省优秀博士、硕士学位论文7篇。

学校在3月2日开学，采用在线教育、空中课堂等教学形式，实现停课不停学不停教、线上线下教学同质等效。学校11584门次课程（教学班）开展线上教学，参与学生437805人次，主讲教师12635人次。从课程类型看，专业必修类占36%，专业选修类占21%，通识平台必修类占20%，学课平台必修类占15%。从使用线上教学平台看，61.1%的教师使用腾讯课堂、38.9%的教师使用超星雅儿、钉钉、雨课堂等教学平台。建立健全在线巡课制度和教研室巡课制度，校、院（部）两级教学督导组对3654门次课程（教学班）、1749名主讲教师、134864人次学生参与的线上课堂进行全覆盖、分类型全时监督检查，确保"一屏之隔"的课堂生动不减、质量不降。教育部第三方评估满意度80%。

**招生工作** 2020年本科招生6200名；预科招生393名；本科第一志愿录取人数6136名，第一志愿录取率93.1%。学校录取的6593名本、预科新生中，少数民族考生4143名，占62.84%，涵盖50个民族成分。

2020年录取博士研究生43人（含4名骨干计划），其中少数民族学生27人，占62.79%；硕士毕业生43人，占100%；在职人员17人，占39.53%。2020年录取硕士研究生710人（含50名骨干计划，5名退役士兵计划）。其中，学术型340名；专业学位370名。少数民族学生196人，占27.60%；应届本科毕业生348人，占49.01%；大学本科毕业生700人，占98.59%，同等学历考生9人，占1.27%，硕士研究生1人，占0.14%。

**科研工作** 出台《西北民族大学横向科研项目管理办法》，新增"甘肃省生态环境智联网工程研究中心"等2个省部级科研平台，大学科技园投入运行。获批国家社科基金重大项目2项、国家社科基金项目13项、国家自然科学基金项目8项、冷门绝学研究专项2项，横向服务项目80余项，全口径科研经费突破1亿元。牵头编纂甘肃省社会心理服务体系建设"十四五"规划。与武威市、临夏州等地17家单位签订校地合作协议，一揽子校地、校企、校际合作项目陆续落地。协同孔子学院总部、北京姚基金公益基金会选派志愿者支教，助力乡村体育教育。《西北民族研究》和学报18篇论文被《中国社会科学文摘》等全文转载，在社会效益评价考核中均获"优秀"等次。

**师资队伍** 投入人才工作经费1200万元，引进各类人才29名，柔性引进高层次人才22名。落实学校2020—2022年干部教育培训规划，坚持把提高政治觉悟、政治能力贯穿干部教育培训全过程，组织校内外培训6000余人次。深化职称改革，探索先聘后评，释放和激发人才发展活力。提拔四、五级职员各1人，考核试用期满处级干部7人。首次有教师入选中组部万人计划，获评中宣部"文化名家暨四个一批人才"1人、甘肃省宣传文化系统"四个一批"人才3人，入选甘肃省拔尖领军人才一、二层次各1人，涌现出甘肃省道德模范、省高校教学名师、省优秀青年文化人才等一批先进典型。

**交流与合作** 推进四川大学对口支援，在学科建设、双向挂职、学术交流、教师访学进修等方面取得积极成效。与四川大学华西医院签订对口支援合作协议，与甘肃省人民政府、兰州市人民政府、城关区人民政府等17家单位签订协作协议，与临夏回族自治州签订战略合作协议，与"河西走廊"的武威、张掖、酒泉、敦煌、嘉峪关、玉门等地方政府签订合作协议。1月16日，学校与兰州市城关区人民政府签订协作办学协议，根据协议，兰州市第十九中学、西北新村小学、西北新村幼儿园分别加挂西北民族大学附属中学、附属小学、附属幼儿园牌子。2020年录取学校教职工子女幼儿园18名、小学18名、中学23名。陆续同莫斯科国立师范大学、马来西亚国立大学、新加坡国立教育学院等签订校际合作协议。

**综合改革** 推进学校治理体系和治理能力现代化，落实教育评价改革总体方案，坚决破除“五唯”（唯分数、唯升学、唯文凭、唯论文、唯帽子）顽瘴痼疾，全面修订学校章程，推进新一轮规章制度“废改立”工作，努力形成以章程为核心，规范统一、分类科学、层次清晰、运行高效与学校高质量发展相适应的规章制度体系。科学谋划“十四五”发展，形成总体规划和各专项规划框架，明确遵循的重大原则。

**基础建设与保障服务** 榆中校区南大门道路建成通车、土地征用进展顺利，教职工住宅楼按期封顶，实验实训大楼一期工程竣工验收，新文科楼、留学生公寓楼投入使用，智慧校园二期项目建设顺利完成。争取政府老旧小区电梯加装项目，实现“零”的突破，学校获评甘肃省节水型高校。图书馆入选全国古籍保护重点单位，档案馆数字化建设竣工，校史馆焕然一新。离退休老干部完成1T容量的“西北民族大学口述历史”影像视频录制工作。

**脱贫攻坚** 2020年实施帮扶项目62项、投入经费500万元；选派26名驻村干部、第一书记和驻武陵山片区联络员，确定127名帮扶责任人，落实年度脱贫攻坚帮扶工作方案和“一户一策”帮扶措施；组织暑期“三下乡”社会实践、与帮扶地开展党支部结对共建，践行医疗文化扶贫、推进教育培训科普扶贫，培训1600余人次。加大对连片贫困地区招生倾斜力度，来自“三区三州”的学生占比提升至11.17%。学校“‘一带一路’特色农产品多语言电子商务平台”已有300余家农产品企业入驻，为武陵山片区和甘肃县域开展电子商务培训300余人次；举办甘肃省藏汉双语综合素质强化等14期培训班，培训600余人，充分发挥了学科专业和人才智力优势。学校帮扶的2镇6村全部按期脱贫摘帽，在省直和中央在甘单位帮扶工作考核中获评“好”等次，驻村工作队成员分获“全国脱贫攻坚贡献奖”提名、“甘肃省脱贫攻坚帮扶先进个人”“甘肃省脱贫攻坚‘青年榜样’先进个人”等荣誉称号。

（刘　璇）

**【兰州财经大学】** 兰州财经大学有和平、段家滩2个校区，占地面积1733亩，校舍建筑面积73.01万平方米，校园绿化面积31.54万平方米，教学科研仪器设备总值9508.75万元。2020年，全日制在校本科生17939人，硕士研究生2077人，博士研究生28人，继续教育学员5827人，留学生60人。教职员工1343人，其中专任教师1026人，具有教授、副教授职称教师567人，具有博士、硕士学位教师838人，引进项目博士20人、岗位博士267人。设有21个党政管理机构群团组织，19个教学机构，12个校级科研机构，3个教辅机构。建成国家级实验教学示范中心1个、省级实验教学示范中心5个、国家级“大学生校外实践教育基地”1个、省级人文社科重点研究基地3个、省级2011协同创新中心2个、省级重点实验室1个。有甘肃省一流（特色）学科2个，省级重点学科10个，一级学科博士点1个，一级学科硕士点7个，硕士专业学位授权点10个。开设本科专业60个，有国家级特色专业建设点3个、省级特色专业建设点16个，国家级一流本科专业建设点6个、省级一流本科专业建设点7个，省级一流本科专业13个，甘肃省“一本”招生专业35个。有省级教学名师8人、省级教学团队12个、省级精品课程31门、省级一流本科课程22门、省级教学成果培育项目25个、甘肃省教学成果一等奖4项。

**党建与思想政治教育** 深入学习贯彻落实习近平新时代中国特色社会主义思想和党的十九届五中全会精神，在《甘肃日报》等主流媒体上发表研究阐释文章10余篇。建立“不忘初心、牢记使命”主题教育长效机制。推进学校治理体系和治理能力现代化建设。在新时代甘肃省高等院校党建“对标争先”创建评选中获2个“标杆院系”、3个“样板党支部”、2名优秀教师党支部书记“双带头人”和2名“优秀党务工作者”。在哈达铺红军长征纪念馆建立爱国主义教育基地和马克思主义学院教学科研基地，在渭源县元古堆村建立党性教育基地，举办纪念中央红军到达哈达铺85周年暨“新时代哈达铺精神”学术研讨会。甘肃省思想政治理论课郎全发名师工作室兰州市第三十五中学、水车园教育集团工作站挂牌成立。开展“国家宪法日暨宪法宣传周”系列宣传学习活动，学校“七五”普法工作顺利通过检查验收。“兰州财经大学”学习强国号正式上线。

**教育教学** 编制《兰州财经大学一流专业建设与发展规划（2019—2021年）》以及13个国家级和省级一流专业三年建设规划，巩固加强一流本科专业建设。推荐审计学等15个专业申报2020年省级一流本科专业建设点，申报“数字经济”和“跨境电子商务”2个新专业，撤销“产品设计”专业。22门课程获得省级一流本科课程，《国际经济学》《财经应用文写作》《生活中的统计学》等3门自建慕课上线运行，《金融学》等19项“课程思政”示范建设项目顺利结项。获批省级教学团队2个，省级教学成果奖培育项目14个，2人获得省级教学名师，1人获得全省高校理论宣讲大赛一等奖。获准立项创新创业教育慕课1门、创新创业改革试点专业1项、创新创业教学改革项目3项，“3S”技术应用实验教学中心获批省级实验示范教学中心。举办第6届中国国际“互联网+”大学生创新创业大赛甘肃省分赛暨“青年红色筑梦之旅”活动，获得省级金奖2项、银奖3项、铜奖22项和“精准扶贫奖”单项奖，学校获评“优秀组织奖”。

**学科建设与研究生教育** 强化统计学博士学位授权一级学科建设，组织完成理论经济学博士学位授权一级学科、新闻传播学硕士学位授权一级学科以及法律硕士等5个专业学位授权点的新增申报工作。组织和审核应用经济学等6个学科参加全国第5轮学科评估工作，金融学等7个专业学位授权点参加全国专业学位水平评估。组织统计学、应用经济学2个省级一流(特色)学科开展省级优势特色学科建设动态监测数据采集填报工作。举办2020年全国金融专业学位研究生教育工作会议暨第4届中国金融教育发展论坛。遴选推荐会计学院和国际经济与贸易学院申请新增省级研究生联合培养示范基地，录取博士研究生18名，硕士研究生796名。

**科研创新与社会服务** 深化科研管理制度改革，修订《科研项目经费使用管理办法》，制订《科研创新团队支持计划实施办法》，成立学校社会科学界联合会，召开第1次代表大会。“兰州财经大学技术转移中心”获批第3批省级技术转移示范机构。国家级项目立项13项。其中，国家社科基金项目立项11项；国家自然科学基金项目2项。立项教育部人文社科研究项目1项、省科技计划项目34项、省社科规划项目9项、省高校科研项目29项。开展“教授讲堂”“博士论坛”等全校性学术报告99场次，举办2020年度国家社科/自科基金项目申报辅导报告会4场次，协办“国内大循环为主体、国内国际双循环相互促进的新发展格局”等学术沙龙5场次。成立“社会服务协作中心”，搭建校地校企多方合作平台。完成甘肃省人民政府信息公开第三方评估工作。成立兰州财经大学黄河流域生态保护和高质量发展研究中心。甘肃生态产品价值有关研究成果入选国务院发展研究中心《调查研究报告》。

**学生管理服务** 按照1∶200师生比，配齐专职辅导员99名，组织辅导报告会1次、辅导员交流沙龙3次、各类培训3次。制定《加强心理健康教育工作队伍建设方案》，建成大学生心理健康教育中心。为234名贫困学生发放临时困难补助，为16446人次发放各类资助资金2536万余元。评选出“文明标兵宿舍”29间、“优秀宿舍长”88名。举办“兰财讲堂”7期、“科学家精神进校园”活动2期、京剧文化系列讲座3期，开展各类文体活动20余次，组建3支实践队集中开展大学生暑期“三下乡”社会实践活动。获得“挑战杯”大学生课外学术科技作品竞赛国家级铜奖1项，获得“全国五四红旗团委”荣誉称号。

**师资队伍建设** 组织15名新进教师完成全省高校教师岗前培训，依托“甘肃省专业技术人员继续教育网络平台”完成655名教师培训任务。推荐青年人才参加教育部2020年高校思想政治理论课骨干教师研修、2020年中西部高等学校新入职教师国培示范项目等各类进修培训项目14人次。引进全职博士10人，鼓励中青年教师在职攻读博士学位，制定《2020年专任教师进修培训计划》，38位青年教职工考取博士研究生。推荐各级各类人才专家81人次，入选各类高层次人才工程18人。完成甘肃省领军人才、甘肃省飞天学者、第1批兴隆学者和青年学术英才等高层次人才聘期考核工作。完成教师发展中心建设工程。为63名专职教授配备工作室。制定《兰州财经大学校院两级领导班子成员和党员学科带头人联系优秀青年教师实施办法》。完成学校师德年度评议工作，评选出68名“三育人”先进个人和22名从事教育工作满30年人员。

**对外合作交流** 推进甘肃省白俄罗斯研究院建设和中白教育合作，召开甘肃省白俄罗斯研究院2020年中方院校工作会议。邀请“一带一路”国家合作院校参加2020年“一带一路”高校联盟论坛，务实推进与新加坡教育合作，共建“新加坡丝路孔子课堂”，选派10名学生参加各类校际合作学习交流或联合培养项目。与中央财经大学签订艺术类学科专业建设合作协议，深化在“一带一路”建设研究、甘肃红色资源利用、宕昌定点扶贫工作等方面的合作。校领导带队赴兰州大学学习调研，启动向兰州大学全面学习。与甘肃省商务厅、定西市人民政府、浙江省松阳县人民政府、丝绸之路国际知识产权港公司等13家政企单位签署战略合作协议。与甘肃省检察院共建民事检察研究基地，与兰州新区城投集团、农投集团共建MBA实践教学基地。

**基础建设与服务保障** 和平校区专家教师公寓成功封顶，和平校区实验实训中心工程完成消防设施第三方检测，段家滩校区高职楼1、2单元、集资楼6单元外挂电梯安装完毕。新增校园土地面积18.56亩，和平校区第2学生公寓区等重大项目有序推进。段家滩校区大众餐厅升级改造完成，合理配置两校区教室公寓等设施家具，“物业外包”及“校园小型综合超市”项目稳妥推进。完成虚拟化私有云平台升级项目的招标、实施、验收工作，完成“易校园”全校师生健康监测系统的运行管理工作。创新图书采选模式，“你采书、我买单”汇采平台上线运行，图书馆开启“云馆藏”模式。

**脱贫攻坚** 投入专项帮扶资金31.3万元，解决危房改造遗留问题、村容村貌整治、基础设施等短板弱项问题。定点采购和教职工消费扶贫金额共58万余元，解决帮扶村农产品销售问题。大力开展文化下乡和教育扶贫，举办爱心助学、文化惠民、大学生“三下乡”社会实践等活动，为帮扶村农家书屋捐赠图书1.8万余册。组织专家学者，就脱贫攻坚、乡村振兴、合作社规范提升等开展专题调研，做细做实科研成果转化运用，高质量完成贫困县退出第三方评估的总控督导工作。渭源县大安乡5个帮扶村全部实现整村脱贫退出。

（余　茜）

**【甘肃中医药大学】**　2020年，学校本部设有21个教学机构、4个直属机构、3个科研机构，开设31个本科专业。有3个一级学科博士学位授权点，5个一级学科硕士学位授权点，5个一级学科硕士专业学位授权点，14个省部级重点学科，12个省医疗卫生重点学科，19门省级精品课程，5个省级实验教学示范中心，125个教学实践基地。全日制在校生13659人。其中，本科生11997人；专科生1662人。校本部教职工923人，其中专任教师797人，有双聘院士4人，博士研究生导师61人，硕士研究生导师448人，全国优秀教师3人，甘肃省名中医63人，甘肃省优秀专家11人，28人获“甘肃省青年教师成才奖”，23人入选甘肃省“333”“555”人才工程，7人入选甘肃省高校跨世纪学科带头人，16人被选拔为甘肃省领军人才，27人被选拔为甘肃省卫生厅领军人才。有4所直属附属医院，8所非直属附属医院。学校本部及和平校区占地面积15750亩，建筑面积146.33万平方米，固定资产总值5.3亿元。学校另有定西校区和设在甘南州卫校的藏医学院。

**党建思政工作**　学习贯彻落实全国、全省高校意识形态会议精神，组织召开学校党建与思想政治工作会议。学校党委接受省委第9巡视组巡视，并做党委工作专题报告。甘肃中医药大学“学习强国号”获批运行。推进“课程思政”建设，加强马克思主义学院建设。获批甘肃省高校辅导员名师工作室建设单位。组织开展学校第5届中医药文化艺术节等大型系列活动50余场次。获中国高等教育学会第3届高校宣传工作创新展示案例1项，获甘肃省2020年宣传思想文化工作创新奖1项。

**临床医学专业建设**　9月9日，学校与甘肃省人民医院签订共建第一临床医学院合作协议，10月16日，与兰州市人民政府签订依托兰州市第一人民医院共建第二临床医学院协议，随后成立临床医学专业教学指导委员会。11月2—5日，教育部临床医学专业认证专家组一行通过随机走访座谈、检查观摩教学、旁听教学查房、查阅教学材料、考察教学基地等多种方式，对学校临床医学专业办学质量进行评估认证。

**教学工作**　本科教育开放近80门线上选修课程资源，形成“3平台+9模块+X课程群”课程体系。新增2个本科专业开始招生，11个专业获批省级一流本科专业建设点，1个本科专业顺利通过学位认证。新增6所教学医院，2所实践教学基地。成为教育部“新商科智慧学习工场(2020)(A)项目”第3批试点学校与“全国应用型人才培养工程培养基地”、获批教育部第2批“新工科”研究与实践项目，完成甘肃省语言文字工作达标校评估建设相关工作。有24个本科专业和9个专科专业招生，其中本科一批次招生专业5个。研究生教育推进二级学院研究生管理体制机制，强化学院、联合培养基地培养教育主体责任。新增中医博士专业学位、药学硕士专业学位及公共卫生与预防医学硕士学术学位3个学位授权点，获2个目录外二级学科硕士学位授权点。新建6个公共卫生硕士(MPH)研究生实践基地。继续教育引进“青书学堂”学习平台，开展线上报到及理论课程学习，承办甘肃省卫生健康委员会专项培训6项。其中，中医学习经典、西医学习中医等4项；全省县级中医院中医适宜技术等2项。留学生教育新增1个留学生招生专业，招收留学生专业达到4个。新增4个国家学生来校学习。成立国际汉语教研室。首批2015级6名学历留学生顺利毕业。通过线上授课形式，正常开展国(境)外“岐黄中医学院”教育培训工作。

**科研工作**　召开科技奖励大会，年度奖励50名优秀科研人员、3个科研团队，经费86.5万元。开发科研助理岗位30个。在平凉、康县等地举办科技活动周或科技实用技术培训活动。全年立项纵向项目120项，经费1548.65万元；横向项目10项，经费121.3万元。获各级各类科技、社科奖励26项。其中，获国家级二等奖1

10月16日，甘肃中医药大学与兰州市人民政府签订共建第二临床医学院协议

项;省级一等奖2项;二等奖15项;三等奖8项。审核论文472篇,论著15本,申报专利16项,统计取得授权38项,技术发明4项,实用新型32项,外观2项。各类实验平台设立开放课题133项,合计经费288万元。敦煌医学与教育部重点实验室新建设实验室正式启用。“西北中藏药协同创新中心”成为省部共建协同创新中心。杏林百草园成为兰州市科普基地。

**师资队伍建设** 启动人事管理信息化服务平台建设项目。公招录取46名硕士、博士毕业生来校工作。聘任外籍名誉院长1人、客座教授2人。修订完善《专业技术职务评审实施办法》。与第三附属医院和第一临床医学院322人签订聘用协议,与第一附属医院联合开展中医药高层次人才培养基地(专业基地)建设相关工作。完成第6批全国老中医药专家学术经验继承工作集中理论培训。与甘肃省心血管病研究所开展联合培养博士后工作。修订完善《校内津贴划拨方案》,严格落实绩效津贴二次分配制度。学校获得“第五届甘肃省青年教师教学竞赛优秀组织单位”称号。

**学生工作** 召开学年第一次学代会,开展“青年大学习”活动。立项建设国家级大学生创新创业训练计划项目10项,省级各类重点创新项目1项,一般项目26项,支持经费共计160项,结题验收2项。参加各级各类科技竞赛、创新创业大赛获得不同层次奖项60项。招收专科生3715人,博士研究生44人,硕士研究生1050人,具有本、硕层次学历留学生33人。毕业学生本科2359人,硕、博士研究生349人,本科毕业生就业率81.21%,硕士研究生就业率85%。

**校区建设** 完成和平校区一期工程结算、部分单体消防验收工作。基本完成和平校区图书馆建设项目土建及内装工程。完成和平校区基本建设工程多个维修改造项目。五里铺校区实施教学楼等3个提升改造项目。五里铺校区物业实施社会化管理。

**脱贫攻坚** 对口帮扶的6个自然村全面脱贫。设立消费扶贫专柜,采购脱贫产品供给230万元。与宕昌县景仁健康产业发展管理有限公司合作共建宕昌医养中心。由学校投资127万元建设的八力镇卫生院远程会诊中心正式投入使用。第二附属医院宕昌医养中心正式挂牌成立。派遣7支医疗队40人参加抗洪救灾。继续选派10名师生到八力镇九年制学校支教。

(陈晓强)

**【甘肃政法大学】** 2020年,学校有15个学院,开设36个本科专业。有省级一流学科3个,省级重点学科8个,一级学科硕士学位授权点3个,二级学科硕士学位授权点19个,国家级特色专业建设点3个,国家级法学应用型人才培养模式创新试验区建设项目1个。在校本科生9796人、研究生1283人、留学生55人。教职工913人,其中教师671人,有正高级职称155人、副高级职称328人。享受国务院特殊津贴专家3人,全国优秀教师2人,教育部“新世纪优秀人才支持计划”3人,教育部高等学校教学指导委员会委员4人,甘肃省领军人才、优秀专家、“飞天学者”“555”创新人才等35人。学校是甘肃省博士学位授予权立项建设单位、国家首批西部基层卓越法律人才教育培养基地院校、第2批全国高校实践育人创新创业教育基地、国家级大学生校外实践教育基地和全国政法院校“立格联盟”成员单位。学校3个校区占地1066.58亩,建筑面积70.16万平方米,固定资产总值4.53亿元。

**党建和思政工作** 召开校党委中心组理论学习会10次,集中研讨5次,专题学习6次。巩固深化“不忘初心、牢记使命”主题教育成果,推动全面从严治党向基层延伸。强化党支部标准化建设,17个专任教师党支部实现“双带头人”全覆盖。发展党员1019名。通过完善制度、组织开展民族团结进步创建活动、选派优秀党外人士参加培训等方式,增强党外人士把握政策的能力和建言献策水平。召开党风廉政警示教育专题报告会,组织党员观看《国家监察》《生如夏花》等教育视频,使广大师生接受深刻的思想教育。通过思想政治教育促进、务实管理推动、人文关怀优化、校园文化活动引领、学生工作队伍保障等举措,加强学风建设。成立习近平法治思想研究中心,为全面系统深入学习研究习近平法治思想、开展科研交叉协同与智库建设提供重要平台。

**教学工作** 政治与行政学、公共事业管理、环境设计等3个专业获批省级一流专业。制订《甘肃政法大学本科学生劳动教育课程实施方案》,把劳育教育纳入人才培养全过程。《面向西部民族地区网络安全人才需求的协同育人模式研究与实践》获教育部第2批新工科研究与实践项目立项,《“一院两校”协同培养藏汉双语法治人才综合改革研究》等12项教学成果培育项目获省级立项,《实践为主型公共管理专业教学团队》《面向网络空间安全的人工智能教学团队》等2个教学团队被评为省级教学团队。学校获得全国范围内招收冰雪项目高水平运动员的资格,成立越野滑雪、旱地冰壶、滑轮、旱地冰球4支代表队。

**科研工作** 获批立项各类科研项目114项,其中国家社科基金项目7项。发表学术论文282篇。其中,C1类以上42篇;C2类以上56篇。发表理论文章34篇,发挥学校咨政建言、服务地方法治建设的作用。举办第1届文件检验技术前沿论坛、民法典时代的民商法学科建设与发展理论研讨会、第2届西部地区网络空间综合治理与学科建设研讨会等高端学术会议。

**人才队伍建设** 引进高层次及急需紧缺专业等各类人才50人，聘请特聘教授、实务部门讲课教授、客座及兼职教授41名。支持本校11名教职工攻读在职博士研究生。出台《“飞天学者”特聘计划实施办法》《“文翰学者”人才支持计划实施办法》《教职工在职攻读博士研究生规定》等系列引才政策，确保人才进得来、留得住。

**学科学位与研究生工作** 学校获得博士学位授予单位、法学一级学科博士学位授权点、马克思主义理论一级学科硕士学位授权点和公共管理、工商管理、汉语言国际教育、电子信息与艺术专业硕士学位授权点。增列监狱学为学士学位授权专业，法学一级学科硕士学位授权点下自主设置军事法目录内二级学科以及国家安全学交叉学科。完成8个省级重点学科建设绩效考核。招收研究生633人。14名毕业研究生考取一流大学博士研究生。

**学生工作** 招收本科生2569人，首次实现在全国18个省(市、自治区)第1批次招生。毕业3738人。其中，本科生2667人；研究生368人；成人教育703人。实施实习带动就业战略，新建24个省外实习就业基地；校领导带队赴9省区开拓就业市场，与张家港、连云港等人社局共同开拓重点领域就业渠道；举办8场大型校园(网络)双选会及80余场专场招聘会，本科毕业生就业率69.3%。学校获“挑战杯”中国大学生创业计划竞赛省级金奖2个、省级银奖5个、省级铜奖8个，“枸杞宝宝”云端实践调研队获2020年全国大中专学生志愿者暑期“三下乡”社会实践活动“优秀团队”称号，青年志愿者协会获团省委和省青联“脱贫攻坚青年志愿者榜样”称号。女子篮球队获第23届中国大学生篮球联赛基层赛暨2020年甘肃省大学生篮球锦标赛女子组(二级联赛)冠军。开展“手牵手”校友助力行动，校友企业安排150名学生参与校友企业项目。

**办学条件** 教职工公寓北区5#楼工程竣工，兰州新区新校区建设项目1期(第1批)5栋单体建筑、校本部教学实训综合体建设项目基本完成主体部分施工。通过全省节水型高校建设验收，获评“甘肃省2020年节水型高校”。订购28个数据库，开通35个试用数据库。坚持把“平安甘肃”建设目标责任工作纳入学校重点工作，学校被省委省政府评为“2019年度平安甘肃建设优秀单位”。

**交流与合作** 与美国佛蒙特法学院签订合作备忘录，与英国罗汉普顿大学、俄罗斯人民友谊大学等6所高校建立初步合作意向。引进1名俄罗斯籍外国专家来校任教。留学生教育招生区域扩增至15个国家，专业教育覆盖学校所有教育层次。与省委政法委共建“平安甘肃建设研究院”，与省司法厅共建“甘肃律师教育学院”，与应急管理部共建“应急管理研究院”，拓展浙江省甘肃商会、上海瀛和律师机构等24个省外实习就业基地，与林区法院共建大学生校外实习实训基地。举办第3届丝绸之路沿线国家法治合作高端论坛和第1届海峡两岸商法西部论坛。举办全国法学院系“法成杯”法律专题辩论赛，实现“法成杯”法律专题辩论赛的届次化，参赛队伍扩增到29所高校30支代表队。

**社会服务** 推出服务社会的智库成果54篇，收到国家和省上主管部门反馈函5件。城市治理研究中心为省建设厅、兰州市、嘉峪关市、定西市开展城市管理执法培训，累计培训1000人。司法鉴定中心受理案件922件，鉴定意见采信率95%。配合安宁区街道办事处，深入校内1758户，采集7900余人相关信息，完成第7次全国人口普查工作。帮扶夏河县拉卜楞镇、麻当乡、唐尕昂乡3个乡镇的莲滩、果宁、亚休、唐尕昂、吾曼5个行政村，支持5万元党建经费，培训县乡人大干部50人，为520名留守儿童送爱心礼包。采取扶贫产品进学校、进食堂等措施推动消费扶贫，采购唐尕昂乡高原洋芋8吨、安多公司畜产品879份19.34万元、雪顿乳业产品牦牛奶8.5万元。学校招收2020级藏汉双语学生45人，输送首届藏汉双语毕业生46人。扶贫村在2019年脱贫的基础上得到进一步巩固和提高。

**脱贫攻坚** 履行省直组长单位职责，利用学校优势，广泛深入开展法治宣传教育和培训工作，提升法治素养和乡村治理水平；与夏河县签订支持洋芋产业发展购销协议，采购夏河县唐尕昂乡高原洋芋8吨；采购夏河县安多公司畜产品879份总金额19.34万元，采购雪顿乳业产品牦牛奶8.5万元。通过“以购代捐”“以买代帮”等方式促进特色农产品销售，多渠道增加农牧民收入；以暑期社会实践活动为抓手，组织优秀大学生通过“一对一”的形式开展“好伙伴共成长”关爱行动，通过多种方式关爱留守儿童健康成长。

(杨进安)

**【兰州城市学院】** 2020年，学校有各类本科专业60个，涵盖工学、理学、经济学、管理学、法学、教育学、文学、历史学、艺术学9个学科门类，形成服务城市类、教师教育类、工程技术类3大专业集群。拥有全国高校中华优秀传统文化传承基地1个、教育部“本科教学工程”地方高校第1批本科专业综合改革试点专业1个、教育部本科专业课程教学试点项目1个、省级一流本科专业建设点10个、省级特色专业8个、省级重点学科5个、省级工程研究中心2个，高校省级重点实验室2个、高校省级人文社会科学重点研究基地3个、高校省级新型智库1个。设有18个二级学院和甘肃省城市发展研究院、甘肃文化翻译中心、路易·艾黎研究中心等23个研究院（所）。全日制在校生14300余人。教职工1167人，其中教授121人、副教授312人、博士177人，拥有国家“万人计划”教学名师1人、入选教育部“新世纪优秀人才支持计划”2人、全国优秀教师2人、全国师德标兵1人、全国高校优秀辅导员1人、甘肃省领军人才5人、甘肃省飞天学者1人、甘肃省“333”“555”人才工程5人、甘肃省优秀专家3人、甘肃省“园丁奖”获得者11人、甘肃省宣传文化系统“四个一批”人才5人、省级教学名师7人、省级创新创业教学名师3人。有校本部、培黎校区、东校区3个校区，占地面积50.54万平方米，校舍建筑面积44.97万平方米。固定资产总值7.23亿元。馆藏纸质文献119.33万册。

**党建和思政工作** 全年组织党委常委会会议专题学习20余次、党委理论学习中心组扩大学习会10余次、全校教职工政治理论学习会10余次、领导干部上讲台活动70余场次。成立学校习近平新时代中国特色社会主义思想宣讲团，开展《习近平谈治国理政》第3卷学习宣讲。举办十九届五中全会精神读书班、学习班，邀请省委常委、兰州市委书记李荣灿做学习贯彻党的十九届五中全会专题报告会，做到全校师生党员全覆盖，不断增强“四个意识”，坚定“四个自信”，坚决做到“两个维护”。扎实推进党支部建设标准化工作，制定《基层党建工作重点任务清单》等5个制度，完成软弱涣散党组织整顿。举办党组织书记专题培训班、组织员培训班、机关党委全体党员培训班和示范班等培训活动，培训党务干部324人次。发展党员645名，转正党员692名。优化内设机构，对学校办公室、教务处、招生就业处等部门院系部分职能进行调整。召开全面从严治党工作暨党风廉政建设会议，制定学校《2020年党风廉政建设工作任务分解表》，与全校151名中层干部签订《全面从严治党和党风廉政建设责任书》，推动主体责任从上至下层层压实。对处科级干部开展鼓励鞭策、责任传导、教育提醒、告诫整改等谈话53人次、函询5人次、诫勉4人次。制定学校《网络意识形态工作责任制实施办法（暂行）》等5个相关制度，进一步完善意识形态工作和网络意识形态工作制度。制定学校《“四个课堂”全方位育人方案》《分类型、分年级、分时段全过程育人方案》，为学生成长成才引路指航。

**教学工作** 召开学校本科教育教学工作会议，出台学校《本科课堂教学拓展延伸实施办法》《教学研究与改革项目管理办法（修订稿）》等13个教学改革系列文件，为学校教育教学改革提供制度保障。制定学校《一流本科专业建设规划（2019—2022）》《一流专业遴选与建设管理办法》。结合学校办学定位，探索智慧城市运营管理特色、城市社会服务特色的学科专业新体系，申报会计学、建筑学2个本科专业。按照教育部“停课不停教、停课不停学”总要求，开展线上课程2050门次（含分组课），课程开出率近93%，线上学习学生10867人，占学生总数的80.17%。制定学校《一流课程遴选与建设管理办法》，扎实推进课程建设，打造高质量“金课”，王素云教授主讲的常微分方程课程成功获评首批国家级一流本科课程。组织教师开展教学质量与教学改革工程项目申报，获批省级教学名师2名、省级创新创业教育教学名师1名、省级教学团队1个、省级创新创业教育教学团队1个、省级教学成果培育项目10项、省级创新创业教学改革研究项目3项，1名教师获得全省青年教师成才奖。学生获得各级各类学科竞赛奖励137项。其中，国家级奖励10项；省级奖励127项。

**科研工作** 2020年获批准立项各级各类科研项目133项，资助总经费798.799万元，其中纵向科研项目105项，资助总经费427.299万元。其中，国家级科研项目5项；省部级科研项目30项；地厅级科研项目70项；签订各类横向科研合同28项，合同金额371.5万元。教师发表学术论文234篇。在SCI（E）、SSCI等核心期刊发表论文73篇。出版著作15部，授权专利14项。获得各类成果奖励42项。其中，获得甘肃省科学技术奖1项；甘肃省农牧渔业丰收奖1项。

**师资队伍建设** 高度重视师德师风建设和教师专业能力提升培训工作，制定《新进教师思想政治和师德考察办法（试行）》等制度，开展“立师德 铸师魂 开学第一讲教师教育”和师德大讲堂活动，实行师德师风一票否决制。围绕学校重点（扶持）专业和重点（扶持）学科建设，提升教师应用型学科建设能力，培训教师及管理人员101人次。坚持内培外引两手抓，全年新入选甘肃省领军人才1人，引进博士5人，考取博士9人，进站博士后4人，聘任一线兼职教师3人，博士学位教师占比24.4%。兑现高层次人才引进各项政策待遇，学校发放各类人才住房补贴、科研基金220余万元。推进“放管服”改革，全年自主完成16名教师高级职称评聘、33名转正定级、1名中级专业技术职务人员的评聘和工资审批进档兑现工作。全年培训、进修教师200余人次。

**学生工作** 建立健全“奖助贷勤免补偿”多位一体的资助体系，全年发放各级各类奖助资金2300余万元，受奖受助学生1.3万余人次。在首届青甘宁（环湖赛地区）民族团结进步武术邀请赛中获得1金8银3铜，在甘肃省第3届大学生排球联赛中获得季军。举办第14届读书节、2020年青年演说家、学生社团嘉年华、高雅艺术进校园等各类活动，参与学生1万余人次。组织学生参加民乐县留守儿童“好伙伴·共成长”关爱行动等公益服务项目。1个学院团委获得“甘肃省五四红旗团委"荣誉称号，2个班级团支部获得"甘肃省五四红旗团支部"荣誉称号，2名专职团干部获得"甘肃省优秀共青团干部"称号，2名学生获得"甘肃省优秀共青团员"荣誉称号，1名学生获得"中国大学生自强之星"荣誉称号，并获得"中国大学生新东方自强奖学金"。立项支持学生创新创业项目377项，支持经费30万元。10个项目获批国家级大学生创新创业训练计划项目，20个项目获批甘肃省大学生创新创业训练计划项目。组织学生参加第10届全国大学生电子商务"创新、创意及创业"挑战赛甘肃赛区省级选拔赛决赛，获优秀组织奖，一等奖4项，二等奖7项，三等奖3项；组织学生参加第6届中国"互联网+"大学生创新创业大赛甘肃省分赛，获优秀组织奖，获省级银奖3项，铜奖15项；组织学生参加第12届"挑战杯"甘肃省大学生创业计划竞赛，获优秀组织奖，获省级金奖1项，银奖4项，铜奖11项。招生4506人，毕业3409人，就业率86.77%。

**办学条件** 改进后勤服务保障运行机制，实施校本部和培黎校区教学楼、图书馆服务外包，加强学校商铺管理，提升学校的资产使用效益。对全校所有实验（实训）场所进行资产摸底调查，清查57445项，资产金额25657.2万元。完成培黎机械工程学院焊接实训中心维修改造工程、校本部6#学生公寓改造维修、毕业生宿舍粉刷等130余项维修工程，全年维修改造投入资金1500余万元。全力推进培黎校区新建教师公寓、工业实训中心等建设项目。推进互联网+"明厨亮灶"提档提升工作，保障师生舌尖上的安全。不断加强平安校园建设，学校被评为2019年度"平安甘肃建设"优秀单位。

**合作交流** 根据与华东师大对口支援协议，从学科团队、研究方向、科研成果、师资配置等方面全方位加强合作交流。加强校地合作，与嘉峪关市、兰州市安宁区签订战略合作协议，校地共建刘家堡小学、学前教育集团，不断提升办学水平和服务社会能力。深入拓展对外交流与合作，加强制度建设，拓展交流渠道，提升交流层次，深化合作内容，制定学校《留学生管理规定》《留学生奖学金管理暂行办法》等制度。先后参加"一带一路"高校联盟线上论坛、纪念路易·艾黎123周年线上研讨会，参与由教育部牵头，4所国内外院校共建的新西兰培黎实训基地项目，向教育部提交学校关于参建"新西兰培黎实训基地"的方案。甘肃文化翻译中心主持编撰完成"丝绸之路·敦煌文化翻译工程"之《走近敦煌》系列丛书。学校与俄罗斯奔萨国立大学合作项目20名学生在国内进行免费线上教育。

**脱贫攻坚** 开展"星火计划"(2020)乡村教师公益支持陇原行活动，对秦安县等10余个贫困县区5000余名小学语文教师进行培训。对建档立卡户学生减免其学费，减轻家庭负担。制作果品宣传片，在媒体平台推介宣传，促进销售。投入资金29.2万元，完成寺咀村帮扶村综合服务中心建设、贫困户危房改造、电商培训。采购贫困户农特产品，消费扶贫136万元。联系扶贫企业成立"甘肃中农博润农业发展有限公司"，开发系列农特产品，动员贫困户入股秦安县农乐果品专业合作社。与帮扶村开展党支部共建活动，寺咀村党支部标准化建设已成为郭嘉镇的样板，并被秦安县委组织部确定为党建示范点。督促160名帮扶干部精准对标落实帮扶任务，12名驻村帮扶干部扎实工作，顺利通过国家抽检、省内交互测评验收和年终考核，1名帮扶干部获评甘肃省"青年榜样"荣誉称号。

（马晓娟）

**【甘肃广播电视大学】** 2020年，全省电大设有省校1所、分校17所、直属开放教育学院1所、直属工作站（教学点）8所，分校（含开放教育学院）下设县级工作站（教学点）94所。省校教职工总数202人，其中专任教师128人，占教职工总数的63.4%；专任教师中具有高级职称的65人，占专任教师的50.8%；专任教师中具有硕士、博士学位的83人，占专任教师的64.8%；专任教师中40岁以下的中青年教师62人，占专任教师的48.4%；聘请校外教师48人。省校产权校区占地面积4909.8平方米，产权校舍建筑面积54707.46平方米；固定资产总值23596.4万元，其中信息化设备资产值2656.1万元。图书7.75万册，计算机1989台，教室62间，其中网络多媒体教室33间。12月26日，经省政府批准，甘肃广播电视大学更名为甘肃开放大学。12月30日经省政府批准同意，兰州航空工业职工大学改制为兰州航空职业技术学院，隶属甘肃开放大学管理。

**人才培养** 开设开放教育本科（高中起点）专业5个，开放教育本科（专科起点）专业29个，开放教育专科专业39个，"新兴产业工人培养和发展助力计划"试点专业12个，开放教育"一村一名大学生计划"专科专业9个；开设成人专科专业40个，普通中专专业22个，成人中专专业12个。全省电大开放教育在籍生82826人，毕业生16329人，招生26433人。省校成人专科（高职）在校生5051人，毕业生2865人，招生2213人；省校与其他院校及奥鹏等合作办学的网络本、专科在校生609人，毕业301人，招生1人；省校与其他院校合作办学的成人本、专科在校生367人，毕业1248人，招生215人。省校中专（中职）在校生3988人，毕业生1585人，招生1317人。省校开展非学历教育培训项目115个，培训学时18247051学时。培训规模440895人次。其中，培训367874人次；社会化考试73021人次。发挥省社区教育指导服务中心职能，推动社区教育、老年教育发展，完成8个省级社区教育试验区评估验收、161家新型城镇居民终身学习中心申报核定工作,指导各地举办"全民终身学习活动周"活动,开设12个培训课程项目,在籍培训学员1300余人。

**学分银行建设** 2020年,省教育厅批准成立甘肃省学分银行管理中心。开展单科课程学习试点,在8门开放教育课程中探索开展"证书—课程"融通试点项目工作。推进学分银行账户注册工作,为8600余名开放教育学生、600余名社区教育学员注册建立个人学分银行账户,存储部分学习成果。坚持"先行先试,有序推进"原则,以电大开放教育和非学历教育为基础,在试点项目制度理论方面积极探索,先易后难、先内后外,逐步实施、稳步推进学分银行建设。

**教师队伍建设** 引进具有硕士研究生学历人员5人,新招聘劳务派遣人员13名。开展全省电大系统师德标兵、师德先进个人评选活动,举办系统教师网络培训班、课程思政骨干教师培训班,14人取得高校教师资格证书。构建学校思想政治工作体系,制定《甘肃广播电视大学落实教育部等八部门关于加快构建高校思想政治工作体系的意见台账》。加强辅导员队伍建设,建成一支由21人组成的专兼职辅导员队伍。进一步加强思政课程和课程思政建设,制定《关于深化新时代思想政治理论课改革创新的实施意见》《关于推进课程思政建设的实施意见》等,组建"习近平新时代中国特色社会主义思想"等5门思政课程网络教学团队,开展全省电大系统课程思政教学设计大赛、思政课网上终结性作业评阅质量专项检查等活动。

**教学改革和科研工作** 推进"六网融通"人才培养模式改革,372门统设课程、18门省开课程参加国开学习网网上形成性考核。稳步推进课程考核改革,开展177门省开课程网络考核试点,继续下放省开课程考核权限。组建109门课程网络教学团队,涉及全省电大系统教师507人次。开展2020年质量因子考核,发布2019年教学质量报告、2019年继续教育发展年度报告,开展2020届开放教育毕业学生满意度调查等工作,促进教学质量监控。进一步提升科研水平,7项校外纵向科研项目、31项校级科研项目立项;8项校外纵向科研项目、11项校级科研项目结项。严格执行学报出版规范,编辑出版6期《甘肃广播电视学报》,编辑刊发论文112篇。

**脱贫攻坚** 学校将决战决胜脱贫攻坚战作为年度首要政治任务,切实扛牢政治责任,以优良作风推进帮扶工作。按照全面彻底查漏补缺、冲刺清零和见底见效工作思路,开展"一户一策"落实、支部结对共建、"扶贫日"爱心捐助、人居环境整治、消费扶贫、普查验收等工作,全力帮办实事,直接投入资金超过50万元。协调各类产业帮扶资金300余万元,推进种养殖产业发展。联系销售帮扶村蜂蜜、木耳、乌鸡蛋等农特产品超过30万元。3个村全面实现"户脱贫、村摘帽"目标,农民人均纯收入不断提升。

(常秀芝)

**【兰州工业学院】** 2020年,兰州工业学院设有15个教学单位,31个普通本科专业,涵盖工学、经济学、管理学、文学、艺术学等5大学科门类。普通全日制在校学生10473人。有教职工763人,专任教师518人,其中副高级以上职称256人,具有硕士及以上学位教师415人,高职称和高学历教师比例分别达到49.42%和80.12%,"双师双能型"专任教师135人,占比26.06%。新增省级一流专业建设点2个,获批省级创新创业试点专业1个,培育校级一流专业7个;获批国家一流课程1门,省级一流课程、省级创新创业教育慕课7门,建设校级一流课程、"课程思政"示范课41门。获批国家新工科项目1项,省级高等教育教学成果培育项目、创新创业教育教学改革研究项目11项,获批质量工程专项经费23.5万元,创新创业教育教学改革经费38万元。获批省级教学团队、创新创业教育教学团队、实验教学示范中心3个。2020年,学校与航空万里、酒钢集团、中航天飞等11家企业签署战略合作协议,共建校企合作基地122个。学校有兰州七里河校区、兰州新区校区2个校区,占地面积1784.18亩,建筑面积82.48万平方米,图书馆藏书89.95万册,电子书籍73.29万册,教学科研仪器设备总值1.559亿元。

**教学工作** 按照"停课不停教、停课不停学"的要求,开通在线课程664门,参加在线学习学生9966人,确保线上教学同质等效。完成5个本科专业学士学位授权评审和463名教师听课评课,累积听课评课1750学时。组织专家对10个本科专业和53门课程进行校内评估。开展教学检查和专项检查,实现年度担任教学任务教师检查全覆盖。开展教师评学、学生评教工作4次,涉及714名教师和9998名学生。编印发布《2019—2020学年本科教学质量报告》。

**科研工作** 获批各级各类科研项目80余项,其中省重点人才项目、省自然科学基金计划项目、省高等学校产业支撑计划项目等32项,获批科研经费526.5万元。与国家文物局、兰州大学等多家单位签订科研项目合同,资助经费45万元。组织开展各类科研成果奖的申报,获省机械工程学会科学技术奖、省电子学会科学技术奖11项。发表三大检索学术论文17篇,其中SCI论文6篇,EI论文4篇;获授权专利和软件著作权136项。遴选首批学科带头人、学术(后备)带头人28人。确定第3批"启智"人才培养计划资助12人。甘肃省视觉感知与智能分析协同创新中心被认定为省级2011协同创新中心，甘肃省无损检测新技术工程研究中心被认定为省级工程研究中心。按期完成学校第5届学术委员会换届。举办多场学术报告、讲座，积极选派学术骨干参加各类高水平学术会议。出版《兰州工业学院学报》正刊6期。

**创新创业与校企合作** 通过搭平台、设基金、立项目、建团队、创课程、办竞赛，构建"六位一体"创新创业教育教学体系。申报甘肃省大学生就业创业能力提升工程项目，获批智慧创新创业平台建设经费300万元。大学生创新创业训练计划项目，获批国家级24项、省级44项、校级240项，获优秀组织奖国家级1项，省级3项。持续加强优质实践教学资源建设与校企合作实践教育基地建设，初步形成"一个中心、两条途径、四个层面、六大模块"的实践教学体系。强化实践教学管理，着力培养学生的实践能力和创新精神。2020年，在各类学科技能竞赛中，学校学子获国家级奖励59项、省级奖励185项。紧盯甘肃省十大生态产业发展需求，进一步建立健全服务甘肃支柱产业、对接战略性新兴产业的应用型专业体系，构建"一体系四融合"创新创业育人模式，实施全过程、多平台、递进式、工程化的创新创业教育，应用型人才培养模式进一步完善。深化产教融合和校企校地合作，2020年，学校与航空万里、酒钢集团、中航天飞等11家企业签署战略合作协议，全年建校企合作基地122个。

**队伍建设** 推进教师高级职称学校自主评审工作，按照学校《教师系列高级职务任职资格评审办法》，定职聘用正高级7人，副高级13人；定职副高3人，定职讲师16人、助教22人。引进各类人才61人。其中，引进博士研究生1人；调入副高级职称2人；通过公开招聘引进硕士研究生58人。3名教师分获甘肃省教学名师、甘肃省青年教师成才奖、第9批甘肃省优秀专家。派出各类进修培训教师6人。其中，访问学者3人；青年骨干教师国内访学1人；下厂锻炼2人。3名教师考取委托培养博士研究生。组织17名新入职教师参加岗前培训，98名青年教师开展校级入职培训，59名青年教师通过导师制助教制考核。确认"双师双能型"资格教师45名。贯彻学校《关于建立健全师德师风建设长效机制的实施方案》，开展师德师风档案自查督查活动，严格实行师德失范"一票否决"制。开展师德师风网络教育，组织全校教职工收看纪录片《为了和平》，重温光荣岁月，激发爱国热情，弘扬优良师德师风。

**学生工作** 建立健全学风建设长效机制，开展系列心理健康教育活动，为学生公寓安装直饮水设备等设施，开展"文明宿舍"评比等系列公寓文化建设活动。召开年度学生工作表彰大会，授予749名学生三好学生标兵、三好学生、优秀学生干部、优秀毕业生荣誉称号；授予76个宿舍"模范宿舍""文明宿舍"称号；授予38个班级"先进班集体"称号。发放各类奖补助学金1383.665万元。其中，国家奖学金14.4万元；国家励志奖学金145.5万元；国家助学金1096.65万元，受助学生8000余人次。为4725名学生办理生源地信用助学贷款，到账金额2801.81万元。发放临时困难补助6.85万元；发放疫情期间家庭经济困难学生临时困难补助20.63万元；发放大学生应征入伍学费代偿98.535万元。申请"美国胡氏教育基金"10.1万元，资助学生101人。进一步建立健全辅导员班主任队伍建设长效机制，切实加强学工队伍建设。组织大学生骨干培训班7期，开展讲座20余场，全方位提升青年马克思主义者培养工程。在"两红两优"表彰中，1名团干部获"全国优秀共青团干部"称号，2名团干部、2名团员、1个学院团委和2个团支部受到省级表彰。在学校"五四"表彰中，428人获优秀共青团员标兵、优秀共青团员、优秀共青团干部称号，26个团支部获五四红旗团支部称号。有序开展"开学第一课"、新生"五个一工程"等主题教育活动和"礼赞新中国·奋进新时代""绽放战疫青春·坚定制度自信"等系列精品校园文化活动。全年校院两级开展精品团学活动50余项，各学生社团开展活动70余项，培训16期。

**交流合作** 推荐6名学生参加北京外国语大学南方研究院春季访学交流项目，5名学生获得乌克兰互换奖学金项目留学资格，1名学生获得中德交换生项目资格。2名教师获西部地区人才培养特别项目留学资格。学校参加2020"一带一路"高校联盟论坛。

**脱贫攻坚** 开展以智力帮扶为主，产业扶持和智力帮扶并举的帮扶行动。为帮扶点捐赠1.2万余元的防疫物资，为家庭困难学生每人发放3000元专项资助。投入5.5万元为左家村小学建设心理辅导室和卫生保健室，投入35万余元开展消费扶贫行动，帮助解决农产品滞销难题。开展"播绿·防灾·美丽乡村"行动，在帮扶村义务植树600余株。举办留守儿童关爱行动和"教育关爱志愿服务"等系列活动。深入实施"两联两带"工作，助推帮扶村党支部标准化建设，党支部凝聚力和战斗力进一步增强，为如期实现脱贫目标提供坚强组织保障。

（牛广文　李　静）

**【兰州文理学院】** 2020年，兰州文理学院有文学院、美术与设计学院、音乐舞蹈学院、艺术职业学院（甘肃省艺术学校）、旅游学院、经济管理学院、新闻传播学院、传媒工程学院、数字媒体学院、马克思主义学院、教育学院、外语学院、社会体育学院、化工学院等14个教学单位，35个本科专业，全日制在校生11339名。其中，本科生8730名；预科生143名；专科生2441名；留学生25名。教职工855人，专任教师571人，具有高级职称的教师352人，其中教授105人，副教授203人。专任教师中具有博士学位的56人，占9.8%。具有硕士学位以上教师426人。有全国模范教师1人，全国“三八红旗手”1人，教育部新一届高等学校专业教学指导委员会委员2人，全国会计领军人才1人，省级教学名师6人，省“园丁奖”优秀教师4人，金城文化名家1人、省师德标兵10人。有2人获得甘肃省领军人才，4人获“四个一批”人才，1人入选甘肃省“555”创新人才工程，金城文化名家1人，甘肃省宣传思想青年文化人才1人。1人获甘肃省优秀专家、甘肃省科技先进工作者，1人获甘肃省先进工作者奖，14名教师获青年教师成才奖。有国家级一流课程1门，省级一流课程6个，省级重点学科3个、一流专业建设点8个、特色专业6个、教学团队6个、实验教学示范中心2个，省级创新创业试点改革专业1个，省级创新创业教学团队2个，省级精品课程、精品资源共享课和慕课35门，省级教学成果奖52项。设有6个省级科研平台，3个文化和旅游战略智库，2个科技创新团队，甘肃旅游智库秘书处设在学校。

校园占地1300余亩，建筑面积24.24万平方米，固定资产总值7.316亿元。获得“甘肃省第一届文明校园”荣誉称号，作为唯一一所省属本科院校被省文明办推荐参评“全国文明校园”。

**教学工作** 48个项目被确立为2020年度校级“线上教学”教学改革研究项目，线上线下教学质量得到保证。甘肃省教育厅、甘肃省学位委员会同意将兰州文理学院列入新增硕士学位授予单位立项建设规划单位。学校牵头成立甘肃文旅科教创新联盟，成功举办甘肃省首届文旅IP大赛。完成重点学科建设绩效报告，制定《兰州文理学院重点学科建设与管理办法》《兰州文理学院一流专业建设实施方案》。获甘肃省第五届青年教师教学竞赛二等奖1项、优秀奖1项。获得省级教学团队1个、省级实验教学示范中心1个、教学成果奖培育项目8项、省级创新创业慕课1门、创新创业团队1个、创新创业名师1人、创新创业改革项目1项；立项校级教学改革研究项目23项。《二维设计基础》课程被教育部评定为首批国家级一流本科课程，实现兰州文理学院国家级一流课程零的突破。引入通识课450门。新建慕课22门。1门课程被教育厅确定为省级创新创业教育慕课，5门课程被认定为省级一流课程，完成9门一流本科课程的立项，9门省级一流课程申报工作。

**科研工作** 大型人文纪录片《人类的敦煌》入选国家广电总局“十四五”重点选题规划第1批项目。同名系列短视频项目通过中宣部2021对外影视项目初评，并完成终评答辩。甘肃省全域旅游协同创新中心获得第3批省级“2011协同创新中心”立项。雁苑文化大讲堂成功邀请白岩松、李辉、孙小琪、胡洁、谢彦君、陈逸恒等8位专家学者做客雁苑。获立国家社科基金项目1项、资助经费20万元；获立省部级项目15项、资助经费66万元；厅局级以上项目45项，资助经费187.4万元。立项校级科研项目46项、资助经费83万元。立项2020年度兰州文理学院大学生科研能力培养计划项目40项。建立由教师、学生、企业组成的甘肃创意乡村研究中心和甘肃省旅游商品研发推广中心开展6期系列文创主题沙龙，举办IP形象设计工作坊和非遗营销工作坊，孵化研发型创意团队和初创型团队。

**学生工作** 完成全国16个省份28个批次的高考录取工作，录取考生3430人。其中，本科2180人；专科410人；专升本690人；预科150人。录取率100%。2020届毕业生整体就业率91.33%。报到新生3254人，报到率94.87%，同比增长3.03%。遴选6名学生赴兰州大学学习。评选表彰三好学生标兵258名，三好学生223名，优秀学生干部标兵136名，优秀学生干部85名，先进班集体27个，标兵宿舍23间，标准化示范宿舍27间，文明宿舍39间。在全省第12届“挑战杯”大学生创业计划竞赛、第3届青年志愿服务项目大赛获奖24项，其中金奖2项。获全省第6届大学生艺术展演优秀组织奖。4名同学获中国大学生自强之星，1名同学获中国电信奖学金，25名师生获全省向上向善好青年、共青团脱贫攻坚“青年榜样”等表彰。1700余名志愿者参与70周年校庆、省政府主办的国际山地车多日赛、创建文明城市社区志愿服务行动等。多名同学受到康乐县、永靖县、礼县、西固区等地方政府表彰。获批40个省级大学生创新创业计划，6个国家级 大学生创新创业计划项目。获得省部级及以上学科竞赛奖93项。其中，一等奖（含金奖）15项；二等奖（含银奖）32项；三等奖（含铜奖）46项。

**交流合作** 创办全省第1个大型非遗周播广播节目《专家说非遗》，形成集音频、文字、微信等一体化的非遗文化宣传，播出32期，每期听众300万人，累计听众超过1000万人。参加“春绿陇原·黄河之滨”惠民演出，唱响“黄河之滨也很美”宣传主题。组建“文艺轻骑兵”赴帮扶村、定西、张掖等地开展送文化下乡活动、社会展演16场次，贯彻落实省教育厅2020年“互联网+”师范院校支教服务项目，建设“互联网+支教”教室1间、面向靖远县9个乡镇中心小学及27个教学点，岷县3个乡镇中心小学及9个教学点学校开设音乐、美术、英语课程，上课学生15000余人次。对庆城县、岷县和天祝县“送经典下基层活动”累计收益人数1200余人，捐赠书籍近1500册，价值3万余元。通过

9月20日，兰州文理学院建校70周年庆祝大会现场

甘肃省语言文字达标验收，成为省级语言文字达标校，成功入选甘肃省首批省级语言文字推广基地。牵头成立甘肃文旅科教创新联盟，加强校地合作、校政合作、校企合作，落实与甘南州人民政府、武威市人民政府、甘肃报业集团、甘肃广电网络公司、北京广慧京通教育科技公司的合作协议，与天庆集团、兰州文化创意园区、省陇剧院签订合作框架协议。

**重大活动** 成功举办学校70周年校庆系列活动，省委书记林铎出席校庆大会并为学校优秀教师颁奖，省委常委、宣传部部长王嘉毅讲话，新华社、学习强国、《中国教育报》等主流媒体发布报道13篇，人民网、新华网、每日甘肃网等网络媒体关注人群超过170万人次，有285家媒体报道校庆活动，累计超过1000万人次。首次通过甘肃省人民政府新闻办举办“赋能文旅产业发展服务技能甘肃建设”新闻发布会，18家媒体参加，7.9万人观看现场直播在线，人民网等128家媒体报道。

**脱贫攻坚** 组织机关6个党支部和单位以项目化推进消费扶贫、文化扶贫、智力扶贫。组织党员捐赠500余册学习辅导用书和课外书籍，建立爱心书屋。确定学校8个党组织面向庆城县、桐川镇以及4个帮扶村的11个结对共建项目。在桐川镇建立法律援助中心，线上线下长期开展咨询服务。设立桐川大讲堂，开展专题讲座4讲。组织“文艺轻骑兵”志愿演出团深入帮扶村田间地头，将精彩的文艺演出送到村民家中。牵头全体帮扶责任人完成“一户一策”方案，集中组织67名责任人进村帮扶。设立桐川大讲堂，建立法律援助中心，承办庆城县农民画展，捐赠体育用品爱心包100个，向帮扶村分红4万元，捐赠9万元物品，扶持养殖业5万元，注入文化建设资金5万元，全年累计投入资金120.4万元。完成黄土塬写生基地规划、桐川镇旅游示范村规划。1人被评为扶贫工作省级先进，1人被评为扶贫“青年榜样”，省电视台和兰州电视台做了专题报道。学校帮扶的240户贫困户全部脱贫。

（张　婷）

**【兰州职业技术学院】** 兰州职业技术学院是兰州市政府所属的全日制普通高等职业院校。经甘肃省人民政府批准，在学院挂牌成立甘肃工商技师学院。现有总校区、雁儿湾校区、桃林校区3个校区，占地面积462亩。设有11个院系、3个教学部，开设67个专业。在校学生11273人。教职工746人，其中专任教师586人，有教授38人、副教授216人，“双师型”教师409人。设有14个党总支部，47个党支部。

**思政教育** 以“思政一分钟”教学资源库建设为抓手，建成305门课程思政微课。推进思政“金课”教师队伍建设，建成李小玲思政名师工作室（省级）。马克思主义学院成为全国“数字马院”联盟首批成员单位。与兰州战役纪念馆、八路军驻兰州办事处纪念馆分别签署校馆合作共建“兰州战役教学研究基地”“兰州职业技术学院思想政治教育实践教学基地”协议。新发展党员40人，转正预备党员51人。挂牌成立“安宁区民族文化传承和发展实践创新基地“校地统战联盟实践创新基地”。

**合作办学** 与安德控股（香港）有限公司签署《跨境电商大学生（双创）产业园暨公共实训项目基地》战略合作协议书。分别与兰州市科技局、兰州市大数据管理局缔结“兰州市产学研合作基地”和“兰州市数据信息产业人才培养基地”。甘肃省首个鲲鹏产业学院落户兰州职业技术学院。成立兰州市网络安全学院。与河西学院签订建立“河西学院兰州基地”协议。

学院在甘肃瑞远柳工机械设备有限公司、陕西永德柳工机械有限公司、北京三快在线科技有限公司、华为技术有限公司、甘肃九霄鲲鹏科技有限责任公司等多家知名企业,共建校企联合培养人才方案,建立教师技能提升培训基地。

**教学工作** 举办新入职教师培训班、晋升专业技术职务教学能力评价说课活动。建成省级骨干专业2个,省级在线精品课程7门,省级精品在线开放课程10门,普通在线课程371门。建成省级职业教育教学改革研究项目4项,省级职业院校英语教学改革研究项目2项,省级创新创业教学改革项目2项,省级创新创业慕课1项。建成省级教育创新团队4个。建成8大校级骨干专业集群。依托专业优势,着力打造"智能制造""学前教育"2个省级高水平专业集群。成立学前教育集团"赵春梅名师工作室"。调整2018、2019级"2+1"人才培养专业课程计划。开展4个工种全国考证工作。推进智慧教学中心和教学平台建设,推广使用蓝墨云班课、超星学习通等智慧教学平台。承办甘肃省职业教育信息化研讨会。《兰州职业技术学院首建"课程思政一分钟"教学资源库》《网上多彩新课堂,线上云端育新人》获评国家在线教学典型案例。

在第2届全国技工院校教师能力大赛中获二等奖,实现甘肃省该项赛事的历史性突破。与柳工集团建立现代学徒制试点班。新增15个"1+X"证书制度试点项目,累计获批教育部"1+X"证书制度试点项目24个。开展学生考证和教师培训工作,实现"课证融通"。

获首届甘肃省黄炎培职教奖——优秀学校奖。在中华人民共和国第1届职业技能大赛中,有5人在4个项目中获得"优胜奖"(甘肃省共12个),3人入选国家集训队(甘肃省5人入选),并获得甘肃唯一"西部技能之星"称号。师生获国家、省级各种个人专业奖项200余项。

**团学工作** 修订《兰州职业技术学院辅导员管理办法》,聘任233名辅导员。实行辅导员值班制度,夜间值班2700余人次。举办第2届辅导员素质能力大赛。组织侯桂秀等多名辅导员参加2020年甘肃省职业院校班主任能力大赛,获多个奖项。开展"5·25"心理健康节系列活动。对学生干部及班级心理委员进行培训,对6000余名学生进行心理健康测评,对异常学生群体进行重点关注帮扶。开展校园文化节艺术作品展览活动,让废弃物品绽放艺术色彩。开展宿舍文化节系列活动,让学生再度感受家的温馨与和谐。进一步完善奖助勤免补等救助体系。修订细化学生奖学金、助学金评审办法,全年累计发放各类奖助学金3350万元。资助贫困生1.42万人次。为特殊困难学生减免全额学费。

组织开展"云端"读书、青春战"疫"读书活动。开展学生社团学衡读书会活动67次。推荐经典书目、文章105本篇。精心设计"匠心筑梦、不负韶华"2020届毕业生线上毕业典礼。隆重举行2020级新生开学典礼暨军训总结表彰大会。"一课两季三节六项"特色校园文化稳步推进。

**招生就业** 顺利完成综合评价、转段、普高和工商技师学院等多种形式的招生工作。高职专科录取4409人,甘肃工商技师学院录取537人。

推出网络招聘会7期,召开校园现场招聘会18场,举办职教周系列活动。通过学院"云就业"平台推送发布网络招聘信息80余条,累计提供岗位1.4万个。

2020届毕业生年底就业率99.83%,位列全省高校第一。2021届毕业生签约率84.78%。专升本考试录取536人,录取人数占2020届毕业生总数18%。

**科研工作** 获批各级课题立项95项,结项各级各类项目92项。发表论文192篇,申请专利45项,出版教材专著23本,教师科研成果获奖103人次。

统筹推进创新创业实践基地与平台建设。学院众创空间成功入驻注册企业1家,组织参与兰州市大学生创业先锋训练营2期,赛前路演4

兰州职业技术学院在第一届全国职业技能大赛中荣获4个优胜奖,3人入选国家集训队

次，培训学生262人次。获批甘肃省教育厅“创新创业教育改革示范校”。

**社会服务**　完成兰州市事业单位工勤岗位培训、家政服务行业从业人员技能提升培训、退役军人培训等3548人次。录制分享培训课程3门。获批省级语言文字推广基地，完成2000人次普通话测试。承办中华人民共和国第1届职业技能大赛甘肃选拔赛5个赛项、全省中等职业学校学生技能大赛8个赛项、全省职业院校学生技能大赛（高职组）学前教育专业、世界技能大赛技术帮扶暨世赛“家具制作”项目邀请赛、“陇原妹”杯甘肃省家政服务人员职业技能大赛等多个赛项比赛任务。完成国家文化和旅游部非遗司下达甘肃省非遗培训项目——2020年甘肃省非遗扶贫就业工坊技能培训班培训任务。承办“2020甘肃省工艺美术作品展暨第15届甘肃省工艺美术百花奖评审”活动。

注册志愿者累计19044人，志愿服务时长26.89万小时。学生会志愿服务队被甘肃省委宣传部、省文明委等评为甘肃省第3届学雷锋志愿服务“四个十佳”最佳志愿服务组织。兰州市网络安全学院成功承办兰州市2020年“网络安全进校园”系列活动。

**交流合作**　学院与马来西亚城市大学达成合作备忘录。参加2020年度中德职业教育汽车机电合作项目（SGAVE）校长工作线上会议，并作交流发言。SGAVE项目专场招聘会学生现场签约率100%。学院依托太阳能技术示范与国际培训基地，开展非学历培训100人次，树立绿色办学理念。

**脱贫攻坚**　围绕“两不愁三保障”脱贫攻坚工作目标，以更加坚决措施开展脱贫攻坚成果巩固与提升。马克思主义学院党总支部、经济管理系党总支部分别与灵台县什字镇前进村、饮马咀村签署党支部共建协议，通过党支部共建助推脱贫攻坚。选派6名干部开展驻村帮扶，83名干部结对帮扶，帮办各类好事实事90余件。采购线装手套1万双，价值1.5万元，捐赠给灵台县红十字会。坚持产业扶贫是脱贫攻坚帮扶根本之策，投入与引进帮扶资金119万元，新建前进村“幸福鸟”养殖基地，“幸福塬”面粉加工扶贫车间，扩建饮马咀村手套编制扶贫车间、榨油车间。持续开展精神扶贫，为饮马咀村“光荣积分超市”提供帮扶资金2万元。倾力开展消费扶贫，组织教职工个人采购，实施“农校对接精准扶贫”、学院签约采购等，累计采购金额189.5万元，布放消费扶贫智能柜14个。开展一对一公益助学，帮扶支出2.4万元。技能扶贫帮扶建成省内非遗工作坊93个，开展技能培训1526人次。坚持送培进校，高质量推进职业教育“3+1”对口帮扶渭源县职业中专。与培黎职业学院、宕昌县职业中专签订帮扶协议，开展教育帮扶。2020年，学院扶贫工作受到新华网、大公网等多家省级以上新闻媒体采访，9月2日，《中国教育报》以“立志又扶智，强技又提质——兰州职业技术学院奋进脱贫攻坚路”为题，对学院“职教一个、就业一个、脱贫一家”进行专题报道。12月，学院获得全国职业院校精准扶贫协作联盟脱贫攻坚先进集体称号。

（苏文力）

**【兰州石化职业技术学院】**　兰州石化职业技术学院是省属高职院校，是国家示范性高职院校，是“中国特色高水平高职学校和专业建设计划”建设单位。设12个二级学院和成人与职业培训学院，64个专科（高职）专业，涵盖工学、理学、文学、管理学、经济学5个专业门类。全日制在校专科（高职）学生16731人，成人教育和短期培训学员4800余人。2020年专科（高职）招生录取5983人，毕业生就业率97.54%。有教职工724人，专任教师577人，其中282人具有高级职称，354人具有“双师型”教师资格。学校占地450亩（其中分部80亩）。

**思政治工作**　依托学校习近平新时代中国特色社会主义思想研究中心、劳动教育研究中心、工业文化研究中心，深化思政教育“百千万”工程和“课程思政三分钟育人工程”，持续开展校领导、中层干部进班级、进宿舍活动，巩固“三全”育人成效。学校马克思主义学院通过全省重点培育马克思主义学院中期验收。获批全省思政理论课名师工作室1个。学校被中国青年报社评为“2019年度全国十佳职院校园媒体”。

**重点项目建设**　《学校“中国特色高水平高职学校和专业建设计划”实施方案》通过教育部、财政部审核备案，学校全面启动“中国特色高水平高职学校和专业建设计划”建设工作。研究制订《学校落实〈职业教育提质培优行动计划（2020—2023年）〉实施方案》《学校打造“技能甘肃”实施方案》。推进转设职业技术大学工作。

**教学工作**　开设“水环境监测与治理”“信息安全与管理”“汽车车身维修技术”“数字图文信息技术”4个新专业，“物联网应用技术”“建筑工程技术”2个专业被评为省级骨干专业。制（修）订2020级招生专业110个人才培养方案。《乙烯生产技术》等12门课程被评为省级在线精品课程。制订《学校教材管理办法》，加强教材建设，有8部教材入选“十三五”职业教育国家规划教材。推进1+X证书制度试点工作，获批教育部试点1+X证书累计23个。煤化工、大型化工装备维护检修、基于汽车检测与维修技术专业群建设的高职教育等3个虚拟仿真教学系统获省级立项。深化“三教”改革，结合现代信息技术、互联网+教育，探索实施MOOC+SPOC+翻转课堂、混合式教学、模块化教学模式改革，《石油化工技术高水平专业群人才核心能力培养数字资源平台》等2个项目获省级信息化能力提升建设项目立项,《“一带一路”背景下石油化工国际化现代学徒制人才培养模式研究》等7个项目获省级教学改革研究立项。深化拔尖学生培养工程,学生参加省级以上技能大赛190余项,专业覆盖率85.7%,获得国家级一等奖4项、二等奖6项、三等奖7项,行业、省级一等奖57项。

**创新创业教育** 学校加强创新创业教育,开设创新创业类实践课程,举办3期创新创业师资培训,初步建成创新创业导师库。学校参加2020年甘肃省高等学校创新创业教育改革项目评选,2个项目被评为创新创业教育教学改革研究项目,1个专业获创新创业教育试点改革专业,1门课程获创新创业教育慕课,1名教师获创新创业教育名师。学生参加第4届中华职业教育创新创业大赛、全国大学生电子商务“创新、创意及创业”挑战赛、第12届“挑战杯”中国大学生创业计划竞赛等获奖20余项,其中获第6届中国国际大学生“互联网+”创新创业大赛国家级银奖1项,实现了学校参加创新创业大赛的新突破。

**师资队伍建设** 新引进教师54人。其中,博士9人;硕士36人;教授1人;副高1人;中级职称1人。开展高级专业技术职务自主评审工作,新晋升教授7人、副教授20人,申办“陇原人才服务卡”73人。新建省级教学团队2个,新立项省级职业教育名师工作室2个。制定《学校教师企业实践锻炼管理办法》,落实教师每年至少1个月在企业或实训基地实训及5年一周期的全员轮训制度,坚持多元培训提升“双师”素质,全年培训教师1624人次,人均2.4次。获评首届甘肃省黄炎培职业教育杰出校长奖1人、优秀教师奖1人、优秀理论研究成果奖1人,甘肃省第九批优秀专家1人。学校入选教育部教师工作司首批全国“双师型”教师队伍建设典型案例,2名教师入选教育部教师工作司首批全国“双师型”教师个人专业发展优秀案例。教师参加2020年教学能力大赛获国家级二等奖1项,省级一等奖4项、二等奖6项、三等奖1项。据中国高等教育学会统计,学校教师教学发展指数位居2020年全国第50位,甘肃首位。据高职发展智库统计,“十三五”期间,学校教师参加全国教学能力比赛获奖数量位列全国第10,是甘肃唯一进入百强的高职。

**产教研融合** 与连云港徐圩新区、宁夏宁东能源化工基地、宁波市镇海区人社局、万华化学、浙江石化、新疆中泰、镇海建安、天水华天科技、浙江新凤鸣等联合共建产业学院9个。新建12个兼具生产、教学、研发、创新创业功能的校企一体、产学研用协同的“教师企业实践基地”和“学生实习实训基地”。新增校企联合技术研发中心3个、应用技术协同创新中心9个。“石油化工过程工程应用技术协同创新中心”被评为教育部职业教育技术协同创新中心,“绿色石化生产技术校企协同创新团队”被确定为甘肃省首批职业教育校企应用技术协同创新团队。制订《学校科技创新行动计划(2020—2023)》《学校大学生创新创业项目管理办法》《学校知识产权管理办法》。立项各类科技教研项目86项,结题82项,获得纵向项目经费370.8万元。全年与企业签订横向项目合同29项,合同金额500余万元。授权专利31项,授权软件著作权3项。1项外观专利实现转让,转让金额0.5万元。专著1部。教职工全年发表论文428篇,其中SCIE、EI、CSCD、北大核心等期刊论文14篇。学校被甘肃省科技厅认定为第3批省级技术转移示范机构,获奖补资金30万元。学校化工博览馆获批兰州市100个科普教育基地之一。

**学生工作** 推进分类招生制度改革,落实综合评价招生、高职扩招,开展现代学徒制招生,实施化工类、机械制造类、自动化类、汽车类大类招生,2020年招生录取5983人。服务“一带一路”建设,加强国际合作办学,学校与加拿大荷兰学院合作的会计专业中外合作办学项目首次招生47名,项目正式落地实施;在校留学生86名。2020届毕业生4599人,就业率97.54%,居全省前列。其中,毕业生在规模以上企业就业占75.98%;在世界500强、全国500强、民营500强、化工500强企业就业占68.62%。在保持高就业率的同时,实现高起薪、高成长性、高对口率、高稳定性和高满意度的“五高”工作目标。修订《学校国家助学金实施细则》等5个制度,深入120余个家庭开展建档立卡学生家庭走访、认定活动,全年资助家庭经济困难学生9249人次,资助金额2711.33万元。开展2次学生心理健康普查工作,参与学生1.8万余人。学校被评为“甘肃省征兵工作先进单位”。学校保持安全稳定,获省委办公厅、省政府办公厅2019年平安甘肃建设责任单位考评“良好”等次。

**社会服务** 学校被教育部中外人文交流中心认定为“2020年智能制造领域中外人文交流人才培养基地项目”首批筹建院校。被甘肃省退役军人事务厅确定为省级退役军人就业创业孵化基地,入选甘肃省退役军人职业教育和技能培训联盟。与宁东能源化工基地等签约形成发展战略联盟,构建政校企一体化教育培训体系。挂牌成立西固区网络安全教育培训基地。全年开展各类培训18300余人次。组织8561名师生组建13支小分队开展“助力脱贫攻坚,决胜全面小康”“美丽乡村”等专项社会实践活动。以青年志愿协会为依托,全年组织开展返乡青年从事“为奉献者奉献”手拉手志愿服务等学雷锋志愿服务系列活动200余次,累计服务时长230小时。

**精准扶贫** 2020年，投入基础建设资金15万元，开展道路亮化和安全防护工程建设；制定“一户一策”精准脱贫计划和巩固提高计划，学校78名干部联系帮扶的158户建档立卡贫困户均实现稳定脱贫；推进文化帮扶，派出50余名师生开展送文化下乡活动；组织关爱留守儿童、捐赠图书和防疫物资等活动，为农户义务维修各类电器和农机具220余件；学校获评全国职业院校精准扶贫协作联盟脱贫攻坚先进集体。落实舟曲县职业教育“3+1”脱贫帮扶协议，先后派出12名专业教师到舟曲职专开展支教活动，帮扶完善机电运用技术、汽车运用与维修2个新专业和配套实训室建设。

（张建祥）

**【兰州现代职业学院】** 学院是由兰州女子中专、兰州理工中专、兰州旅游中专、兰州市商业学校、兰州城建学校、兰州市园艺学校、兰州市卫生学校等10所市级公办中等职业学校整合组建的一所高等职业技术学院，有教职工1421人、在校生24737人。学院位于兰州新区职教园区东南面，占地约2700亩，总建筑面积约100.2万平方米。为兰州新区职教园区中，单体面积最大的高等职业技术学院。校内实训基地51个，校外实训基地43个。

**教学工作** 新增软件技术、大数据技术与应用、物业管理、工业机器人技术、老年保健与管理、空中乘务6个高职专业，其中电子商务专业获批甘肃省省级骨干专业。机电一体化技术、计算机应用技术、大数据技术与应用、药学、护理、助产、电子商务、物流管理、会计信息管理、学前教育等11个专业为1+X证书制度试点专业。成立兰州现代职业教育集团，征集到职业院校成员25家，企业成员117家，协（学）会7家，科研院所3家。合作企业的专业数占专业设置总数的100%，合作企业订单培养人数占全日制高职在校生人数1.35%，企业录用顶岗实习毕业生43.79%。

**科研工作** 市级以上各级各类科研课题成果367项，申报省市两级13大类38个课题，立项20项，其中结项项目课题16项，在研19项。完成横纵项课题及项目经费零突破，其中纵向课题2项，横向项目1项。发表省级以上论文127篇、EI论文2篇，核心论文4篇，组织申报甘肃省教育科学院优秀论文案例评选，获奖36项。出版教材20余部，专利13项，出版教材5套、出版专著1套，软著2项。

**师资队伍建设** 引进优秀高校毕业生70名，引进人才中研究生以上学历53人，占比76%，“双一流”建设高校毕业生45人，占比64%。学院有省市名师工作室4个，省级职业教育传承技艺工作室3个，全国职教先进个人2人，全国模范教师1人，省级骨干教师8人，省劳动模范1人，省名班主任1人，金城名师3人，甘肃省职教创新团队1个。开展以赛促教深入剖析实战课程线上培训、第8期高校辅导员职业能力提升专题网络培训、大学生党员队伍培训、第5期高校纪检监察干部履职能力提升专题网络培训、高校九大职能部门领导干部岗位胜任能力提升专题网络培训、第3期教育系统“教育信息化与网络安全”专题培训、全国职业教育教师教学创新团队建设在线培训、2020年国培项目、教师发展平台开展的19项在线培训等，累计培训4325人次。

**学生工作** 成立马克思主义学院，加强思想理论教育，落实课堂育人，配齐配强思政课教师，完成思政课理论教学2万余学时。通过引才、转岗等方式配备46名专职辅导员，24小时对学生进行教育管理。邀请大国工匠、优秀传统文化展演入校园、举办心理健康教育辅导、防诈骗讲座等活动23次。组织职业技能大赛、大学生三下乡、征兵应征入伍等活动。落实学院领导干部进食堂、进教室、进班级、进宿舍、进社团等工作制度。建设二级心理辅导站7个、配备专职心理健康干事、成立心理健康教育工作领导小组和心理危机干预工作组，设立班级心理委员和寝室信息员，形成“五级”心理工作与危机干预联动体系。共有专职心理教师10人，国家心理咨询师65人，兼职心理教师24人。10月，56名高职学生参加“2020年全省职业院校学生技能大赛”，14人获二等奖，19人获三等奖。社团数量由84个增加至104个，社团社员人数由3965名发展到4540名。开展校内外志愿服务活动35场次，参与人数7165人次。32个优秀创新创业项目参加甘肃省各级各类创新创业大赛，分别获得多项比赛赛事奖项。

**招生就业** 2020年招生专业（含方向）38个，涉及7个二级学院。计划招生5500人，比2019年增加884人，实际录取5500人，录取率100%，报到5293人，报到率96.24%。截至2020年底，学院毕业生1563人，就业1266人，就业率81.%，同比提高11个百分点。其中69.7%的学生在甘肃就业，毕业生专升本的比例16.9%，2020届毕业生的就业满意度67%。

**社会服务** 完成各类社会培训7992人次，职业资格证书培训2356人次，技工培训564人次。与榆中县、永登县、卓尼县农业农村局联合开办创业致富带头人培训班2批次990人，科技扶贫项目培训班1批次135人。与兰州新区幼儿园开展保育员培训445人次。继续教育学院分别组织甘肃省2020年高级卫生专业技术资格考试、医师资格考试（甘肃考区）医学综合考试、卫生专业技术资格护理学初级师专业纸笔考试、全国卫生专业技术资格考试第2批计算机化考试以及甘肃省健康管理师全国统一考试。参加考试人数2万余人，考试科次4万余场。

（陈家锋　强小龙）

**【西北师范大学知行学院】** 学院位于兰州市安宁区，占地263亩，建筑面积12万平方米，固定资产总值2.28亿元。学院设12个系（部），10个职能处室和2个教辅单位，开设32个全日制普通本科专业。2020年学院普通本科计划招生2325人，录取2325人，专升本计划招生400人，录取398人。在校普通本科生8311人。有专职专任教师176名、专任教师430余名，外籍教师4名。有各类教室300余间，微机室和各类实验室110余间，图书馆藏书71万余册，建有校园宽带网络、外语教学广播系统、大学生活动中心、体操训练室、美术展览室等设施，各类运动场地面积约27000平方米。学院紧密依托西北师范大学，共享其优质教育资源，共同使用高水平现代化图书馆、博物馆、阅览室、实验室等教育教学设施和宽带网络、通信网络等。2020年，学院在新时代甘肃省高等院校党建“对标争先”创建工作中获批省级“样板党支部”“党支部书记双带头人”“优秀党务工作者”各1项。

**思政工作** 构建思想政治工作制度机制体系，建立党委统一领导、党政齐抓共管、各部门和基层党组织分工负责的大思政工作格局，制定学院加快构建思想政治工作体系的工作台账。开展“奋斗的青春最美丽”等主题教育活动。严格落实意识形态工作责任制，检查督促各单位落实好学院《意识形态工作责任书》《意识形态工作报告办法》。修订《网站建设管理办法》《新闻宣传工作管理规定》《校园新媒体建设与管理办法》，规范学院网站和校园新媒体管理。开展安宁区校地民族团结进步创建工作，学院党委与安宁区政府签订的“校地统战联盟”协议。

**教育教学** 制定《思想政治理论课选修课开设方案》《课程思政工作方案》，把思想政治教育贯穿人才培养全过程。制定《一流本科专业建设规划》《一流本科课程建设实施办法》，2个专业获批省级一流本科专业建设点，2门课程获评“省级一流本科课程”。制定《教材选用管理办法》，进一步规范教材建设、选用、征订流程。加强教学质量监控，组织学院教学督导委员会委员深入课堂听课，以日常教学检查与开学、期中、期末、法定节假日前后集中教学检查相结合的方式开展教学检查工作，对教学运行情况实行科学有效的监督。制定《拟晋升职称教师教学质量评价实施办法》，进一步完善教师教学质量评价制度。采购中国知网论文管理系统，进一步强化毕业论文（设计）过程管理。组织完成语言文字工作达标校验收，学院被命名为“甘肃省语言文字达标校”。继续加强校企合作，先后与兰州外国语中学等5家企事业单位合作建立实践（实习）教学基地，年底实践（实习）教学基地数量130个。累计投入62万元，完成电子钢琴室、经济管理综合实训室、书法实训室、体质健康测试室、多媒体教室等实验室设备的采购更新与维护维修工作。组织学生参加各级各类学科竞赛，荣获国家级一等奖1项、三等奖6项，省级一等奖7项、二等奖17项、三等奖32项，其中学院首次获得中国大学生计算机设计大赛全国决赛一等奖。

西北师范大学知行学院举行2020级学生开学典礼暨军训动员大会

**学科建设与科研工作** 组织完成2020年甘肃省高等学校科研项目、甘肃省教育科学规划“十三五”项目、兰州市社科规划项目、全省高校创新创业教育改革项目、第2批新工科研究与实践项目、高等学校教学质量与教学改革工程等项目的申报工作，获批各类校外项目33项，获批金额23.5万元。首次获批省级实验教学示范中心1项（环境科学与工程实验实训教学中心）。组织完成2020年高等学校教学质量与教学改革工程项目校级评审与省级推荐工作。组织完成2019年立项的校级科研项目、课程思政示范课程建设中期检查和2018年立项的校级教学研究项目结项验收工作。组织完成2017—2019聘期高水平成果奖励工作，奖励388项，奖励金额41.03万元。组织完成2020年校级教学研究项目、“课程思政”示范课程的申报与评审，评选出各类校级项目22项，资助经费21.4万元。评选校级教学成果奖9项，奖励金额3.6万元。修订《西北师范大学知行学院学术报告管理办法》。首次开展校级教学团队、教学名师、创新创业教学名师奖评选活动，共评选出教学团队2个、教学名师2人、青年教师成才奖2

人(其中1人获评2020年甘肃省高等学校青年教师成才奖),评选出校级实验教学示范中心1个、创新创业教育教学名师1名。组织24名青年教师导师制公开教学48场次,开展青年教师导师制中期与终期检查。开展青年教师讲课比赛,评选出一等奖1项,二等奖2项,三等奖3项,奖励金额1.7万元。

**师资队伍建设** 成立学院师德建设委员会,制定《教师师德失范行为处理办法(试行)》《教职工师德考核办法(试行)》,全体教职工签订师德师风承诺书,在教师职称晋升、评优评奖中实行师德考核“一票否决制”。组织校内相关教师参加思政课教师选聘工作,选聘3名管理干部兼职思政课教师,1名教师转岗担任专职思政课教师。完成教师系列职称评审工作,评审通过教授2人、副教授11人、讲师5人,定职讲师7人、助教14人、助理工程师1人,2020年学院专职专任教师有教授4人、副教授59人、讲师87人、助教26人。鼓励教职工报考相关专业博士、硕士研究生,2020年教职工考取硕士研究生3名,截至年底,有2名教师全脱产攻读博士学位,5名教师在职攻读硕士学位。推荐2名新入职教师参加“高校教师新入职国培示范项目”学习,并按要求为其配备导师。

**学生工作** 建立包抓机制,形成院领导、职能部门、各系上下联动,党政工团齐抓共管的学生管理新格局。妥善处置学生心理危机、意外伤害等突发事件30余起,办理学生保险理赔案件47起,赔付金额21.1万元。完成2020级新生军训工作。关注学生心理健康,完善“五位一体”(经济建设、政治建设、文化建设、社会建设、生态文明建设)的心理健康教育工作体系。制定《大学生创新创业训练计划管理办法》,组织申报2020年大学生创新创业训练计划,有20个项目获得省级立项。制定《促进毕业生就业创业工作的实施意见》《选拔学生就业工作助理、班级就业联络员实施办法》,开展各项促就业工作,推荐160名毕业生前往新疆南疆4地市州、北疆等地市州从事小中初教育工作,考取地方基层项目毕业生人数34人,有67名毕业生分别考取华中师范大学、西北师范大学等高校研究生。为符合条件的2073名毕业生申请求职补贴207.3万元。修订《勤工助学管理办法》,为645名学生发放手机流量补助。对880名因受洪涝灾害影响的家庭经济困难学生发放紧急救助金17.62万元。开展2020年寒假、暑假和周末送温暖大走访活动,对54户家庭经济困难学生家庭进行走访慰问。制定《学生会组织改革方案》《学生社团管理细则》,召开第一次学生代表大会,通过《学生会章程》和学生会工作报告,选举产生新一届学生会主席团成员。组织开展第13届“艺术之秋”暨首届“特创嘉年华”活动,构建“一系一品牌,一系一特色,一班一亮点”的校园文化新格局。组建17支省级精神扶贫专项实践团队和13支校级团队开展暑期文化科技卫生“三下乡”社会实践活动。组织学生参加各级各类竞赛,获得一等奖1项、二等奖5项、三等奖17项、助推产业奖1项;组织申报甘肃省2019年大学生“自强之星”,1名学生获“自强之星”标兵称号,3名学生获“自强之星”称号。

(何红)

**【甘肃警察职业学院】** 2020年,学院内设机构19个。其中,12个教学训练机构;6个行政机构;1个培训中心,开设24个专业。其中,10个公安类专业;14个与公安工作紧密相关的普通类专业。学院建有电子物证实验室、痕迹检验实验室、DNA实验室、安检安防综合实验实训中心、民警心理行为训练场等39个实验实训场所,各类实验实训仪器设备总值1.08亿元。训练场(馆)12个,与基层公安机关建立校外教学实践、实习基地43个。在校学生7348人。教职工355人,其中专任教师297人,具有教授、副教授职称教师133人,占专任教师总数的44.8%;具有硕士研究生以上学历的教师121人,其中博士5人,占专任教师总数的40.7%;“双师型”教师190人,占专任教师总数的63.9%。学院有左家湾和皋兰两个校区,占地面积1948.5亩,校舍建筑面积17.6万平方米,图书馆藏纸质图书82万册,电子图书20万册,电子资源数据库2个。

西北师范大学知行学院第13届“艺术之秋”系列活动之“职场有你”

**校园建设** 完成新建教学实验实训楼建设项目审批立项和规划许可，争取到社会事业基建1000万元的专项建设资金。投入360万元新建供暖系统。制定师生分类、分时段防控方案和应急预案，购置储备40万元、满足8000人2个月常备需要的防护装备和消杀物品。

**教学工作** 紧跟公安改革新形势、新要求，以实战化教育教学为重点，不断深化教育教学综合改革，被省教育厅评定为省级优质高职院校。修订24个专业人才培养方案，完成1024个教学班次、156门课程45000课时教学任务。推动以在线开放课程建设与应用为主线的课堂教学改革，线上课程67门，占总课程量的43%。刑事侦查专业成功获批省级骨干专业，在此基础上支持优势特色专业建设专业群，初步整合7个公安类专业资源，建设社会治安管理与服务、刑事侦查技术及应用2个专业群；整合治安、安防、网络安全、计算机等专业和课程资源，组建安保技防学院和网络安全教研部，建设网络空间治理警务技术和安保技防2个专业群。

**师资队伍建设** 公开招录6名硕士研究生学历人员任专任教师，招聘院聘教师（教官）和管理岗工作人员16人。成立教师发展中心并实体运行，拓展专、兼、聘师资分类培养功能和体系。组织20名新进教师及教学辅助人员参加获取教师资格的岗前培训；组织全院14名新进教师及教学辅助人员参加秋季教学能力测试；完成符合条件的17名新进教师及教学辅助人员的教师资格证申领。在全省高校率先落实思政课教师专项津贴。晋升教授3名、副教授4名。组织学院领导8人10次参加省级职业院校领导干部能力提升培训班，组织学院领导、教师参加省委组织部举办的领导干部培训班、专业技术人才培训班等8人次。组织选派60名教师参加公安部、教育部、省公安厅和教育厅举办的各级各类业务进修和专业技能培训。4名教师在全省职业院校教学能力比赛中获奖，9名教师聘为全省一、二级警务实战教官，为基层送教服务30场次。

**科研工作** 由学院牵头的研究小组完成省委政法委“平安甘肃指数测评指标体系的构建和计算模型”研究，得到平安甘肃建设领导小组充分肯定并正式向社会发布。1个国家社科基金项目、6项省级科研项目以及4个科研创新团队建设达到中期验收水平，11个项目获得教育厅重点改革项目和科技厅省级科研立项，其中2项实现自然科学基金和青年科技基金项目两个突破。

**民警培训** 全年举办各类培训班97期，培训人数10265人。招收“专接本”新生1820人，组织2180人自学考试，通过率85%，录取函授生49人。

**学生工作** 警务化管理要求更高，针对在校生总量增加、专业类型多样、培养方式多元、生源地和入学起点不一等管理教育新问题新情况，严格警务化一体管理，狠抓五个关键节点、五项措施、五类安全教育，“一日生活、操行考核、警容风纪、内务卫生、奖励惩处”等5个方面的制度得到严格落实，有力保障全院学生队伍整体稳定。落实学生发展各类奖补政策资金6077人次840万元。落实团学组织改革新要求，召开第1次学生代表大会。培育组建学生创新创业和技能竞赛团队，21名学生首次在全国性的安防技能、信息素养和网络安全技能等大赛中获得优异成绩。首次组队参加甘肃省第3届大学生排球联赛、第21届高校杯乒乓球比赛。开展“以青春之我 担时代之责”唱诗会、“拒绝毒品 珍爱生命”主题宣传教育活动、网络安全知识竞赛活动、“守望祁连”西部野生动物摄影展、预防艾滋病健康专题讲座、高雅艺术进校园民族交响音乐会等各类文化教育系列活动。

**招生就业** 首次实现高中生综合评价和中职升学考试招生，生源途径多元，规模质量提升。录取新生3367人，招生计划完成率和录取报到率为历年之最，分别达97.7%和93%；175人超过二本线，文、理科最低录取分数较2019年增长100分，稳居省内高职院校前列。依托入疆就业实习工作机制和“订单培养”协作育人机制，推进多元化就业实习，1924名应届毕业生中1659人就业。其中，公安系统公务员岗位411人；国家基层项目、辅警及其他就业1248人。就业率86%。

（陈　裕）

**【兰州资源环境职业技术学院】** 是一所以气象、安全、地质、冶金、水利、测绘、信息、珠宝等类专业为主要特色的专科层次普通高等职业院校。学院是中国特色高水平高职学校建设单位、国家优质专科高等职业院校和国家骨干高职院校，是全国首批现代学徒制试点院校和全国首批部队定向培养士官院校，也是甘肃省政府和应急管理部省部共建院校、甘肃省政府确定的“双一流”大学项目建设院校，教育部遴选的全国职业院校实习管理50强和学生管理50强院校。2020年，设有教学单位11个、教辅部门11个、党政群团机构18个，设置专业66个。在校全日制专科生17639人，留学生11人。教职工778人，其中专任教师722人，教授职称42人、副教授职称234人。建有校内实训室192个，校外实训室228个。有3个校区，总占地面积35万平方米，校舍总建筑面积26万平方米，固定资产总值11.04亿元。学院“和文化”校园文化建设品牌被教育部遴选为全国职业院校校园文化“一校一品”示范校；牵头的甘肃省资源环境职教集团被教育部遴选为首批示范性职业教育集团培育单位。建成全国首批“样板党支部”1个，入选新时代甘肃省高等院校党建“示范院校”。与兰州战役纪念馆等单位成立“红色文化表达创新实验室”。

**教学工作** 推荐“煤矿开采技术专业群”和“宝玉石鉴定与加工”2个专业群申报甘肃省高水平高等职业学校和专业群建设计划项目。投入3.57亿元承接国家职业教育提质培优三年行动计划28项任务。省级教学改革研究项目立项8项，获批甘肃省职业教育信息化能力提升建设项目3项、创新创业教育教学改革研究项目2项、甘肃省职业教育在线精品课程12门，省级大学生创新创业训练计划项目立项26项，结项12项；获批甘肃省职业教育教师教学创新团队2项、甘肃省教育厅第3批职业教育名师工作室2个；获得全国煤炭行业教学成果奖特等奖1项、一等奖4项。

**科研工作** 立项科研项目60项，结项科研项目56项，科研经费278.21万元，其中与中南大学联合申报并立项国家自然基金项目1项，实现学院国家自然科学基金项目零的突破。与兰州大学成功申报甘肃省气候资源开发与灾害防控重点实验室。教职工正刊发表论文262篇，其中SCI3区权威期刊发表论文7篇，达到历史新高。立项技术协同创新项目9项，到款额92.16万元；开展技术服务，到款额176.663万元。获批授权实用新型专利66项，软件著作权19项。信息工程学院荣获全省科技工作先进集体。

**师资队伍建设** 招录调入博士研究生2名、专业技术人员20名、管理人员4名，全职引进高层次人才2名、调入专业技术人员3名、聘任制高层次人才3名。加强外聘教师资源库建设，可外聘任课教师资源由2019年的38人增加到41人。全年教师获得职业院校技能大赛教学能力比赛国家级三等奖2项，省级一等奖4项、二等奖4项、三等奖4项。1名教师获省级黄炎培职业教育奖杰出教师奖。

**学生工作** 招生计划6347人(含扩招300人)，报录取新生6260人，实际报到6008人，报到率95.97%，较2019年增长1.42%，省内普通文理类录取分数线均上升至全省高职院校第2位。2020届毕业生4357人，就业4330人，就业率99.38%。获得挑战杯甘肃省大学生创业计划竞赛金奖2个、银奖2个、铜奖4个，以及省级优秀组织单位。3名学生参加中华人民共和国第1届职业技能大赛，晋级赛项前十获大赛优胜奖，2名学生直接入选第46届世界技能大赛国家集训队。全年学生在全国职业院校技能大赛等获国家级一等奖4项、二等奖6项、三等奖14项；省级特等奖3项、一等奖27项、二等奖29项、三等奖23项。

**合作交流** 举办第2届三次职教集团会议，建成省级职教集团服务平台。建成产学研一体化研发中心和共享型教学团队6个、创新创业项目7个，向企业征集科研项目36项。成立学院甘肃中华职业教育社“社员小组”并建成“社员之家”，吸纳社员45人。搭建国际合作交流平台，加入“一带一路”职业教育发展人文交流研究院等6个国际组织，获2020中泰职教国际合作突出贡献奖。主动服务“走出去”企业，签订国际职业教育服务战略合作协议，编写镍铁冶金技术专业标准和实验室建设方案，开发学院首批中俄双语工业汉语教材。1名教师被泰国教育部授予“志愿服务先进个人”。1名教师获2020年全国职业院校国际汉语教学能力大赛三等奖。“有色金属产能合作国企业培训”项目获教育部立项资助。

**办学条件改善** 图书馆电子资源库达到5个。西校区教师周转公寓交付使用，西校区基础设施改造工程完工，第三学生食堂开业，室内运动场投入使用，综合实训中心顺利封顶，甘肃省水利水电学校修建性详规方案设计完成初稿。节约型高校建设工作成效明显，获国省两级节约型公共机构示范单位荣誉称号和全省节水型高校荣誉称号。

**社会服务** 全年短期培训1.8万人次，培训金额1600余万元，培训人数和培训金额在2019年的基础上均实现了翻一番。获批教育部职业院校校长培训培育基地、甘肃省总工会陇原工匠培训基地、甘肃省退役军人省级就业创业孵化基地和甘肃省退役军人职业教育和技能培训联盟成员单位。新拓展5个培训领域。进一步理顺工作体制，培训管理体系得到完善和强化。全面完成脱贫攻坚帮扶任务，帮扶的5个贫困村顺利脱贫，3所中职学校人才培养质量大幅提升，学院被遴选为全国职业院校精准扶贫协作联盟脱贫攻坚先进集体和全省脱贫攻坚帮扶先进集体。

(高兰德　张　雪)

**【甘肃建筑职业技术学院】** 2020年，学院有全日制在校生10272人，首次突破万人办学规模。招生总规模创历年新高，当年录取3499人，文史类最高录取分数469分，理工类最高录取分数402分。

**教育教学** 进一步完善“建筑+”专业结构体系，形成涵盖土木建筑、水利水电9个专业大类、22个专业类39个专业协调发展的专业格局，成为甘肃省建设类专业开设最齐全的高职院校。推进教学质量与教学改革工程项目建设，取得优异成绩，国家级项目、省级教学成果奖实现零的突破。组织师生参加各级各类竞赛。教师在甘肃省职业院校教学能力大赛、甘肃省职业院校教师技能大赛中，获省级一等奖1项、二等奖2项、三等奖4项。学生在甘肃省职业院校技能大赛等大赛中，获省级一等奖3项、二等奖3项、三等奖2项。

**校企合作** 深度推进订单班、现代学徒制、联合培养等人才培养模式改革，各专业产学合作企业102个，订单培养学生750名，校企合作共同开发课程83门、共同开发教材20种，获批甘肃省职业教育校企应用协同创新团队1个，申报甘肃省产教融合型企业3个，校企合作建立教师企业实践基地25个。做好1+X证书制度试点工作，开展建筑信息模型（BIM）、特殊焊接技术、智能财税、建筑工程识图、装配式建筑构件制作与安装、无人机驾驶6个职业技能等级证书试点工作，涉及14个专业，试点规模655人。举办甘肃省第3届BIM技术应用大赛，学院获得特殊贡献奖，并获得特等奖1项，二等奖2项。与中国化学工程第13建设有限公司协商、对接，拟定订单人才培养协议，签订2019级、2020级建筑工程技术、建筑设备工程技术、安全技术与管理3个专业共180名学生的订单人才培养协议，开启校企深度合作的新模式。

**教育协作** 天津城市建设管理职业技术学院2次来学院开展交流互访，学院先后派出6名思政教师分4次前往天津城市建设管理职业技术学院学习对方思政教育经验，派出2名干部挂职锻炼，学习管理经验，提升管理能力。

**学生管理** 坚持“资助育人、扶贫励志”，全年评审和发放各类奖学金16项，累计奖励2201人次，奖励金额240.44万元，受奖比例46.14%。全年发放国家助学金953.205万元，资助学生6358人次，受助面40.29%。没有学生因为家庭经济困难而辍学。

**招生就业** 学院认真落实教育扶贫工作要求，始终将特殊群体毕业生就业工作放在全院就业工作之首，开展“一对一”服务，确保特殊群体毕业生不就业不脱手。2020届特殊群体毕业生就业率98.86%，连续3年均高于学院整体就业率，同时远高于全省特殊群体毕业生平均就业率。2020年，学院初次就业率96.65%，专升本录取人数438人，学院初次就业率连续三年保持在96%以上。

**社会服务** 全培训近2500人，免费举办舟曲技工培训，助力脱贫攻坚。根据实际需要，建成基于学历教育和职业培训的培训考试、实训体验、技能鉴定、企业内训、职业测评等为一体的综合实训服务平台，在线高峰近1200人参加直播课程学习，并经过省建设厅执业注册中心认证，学院被指定成为兰州市市直单位技能工勤人员唯一线上培训试点单位。

（吴明萍）

**【甘肃交通职业技术学院】** 2020年，学院设有5系2部2中心，开设35个专业。有国家现代学徒制试点专业1个，全国职业院校交通运输大类示范点专业2个，国家级高等职业教育创新发展行动计划骨干专业5个；省级特色专业6个，甘肃省职业教育骨干专业7个。下属有甘肃汇通公路工程试验检测中心等3个校办产业。全日制在校学生10028人，成人函授学员1832人。教职工424人，在编职工256人，其中专任教师416人，有教授29人、副教授82人，聘请校外教师97人。学院占地273.59亩，校舍建筑面积14.70万平方米，固定资产总值2.558亿元。

**教学工作** 依据ISO—9001国际质量管理体系新标准，对学院质量管理体系进行修订和完善，完成《学院管理规章制度文件汇编》2020版制度汇编工作。道路桥梁工程技术专业教学团队、汽车运用技术专业教学团队等7个团队被确定为省级教学团队；物流管理教学团队、计算机网络技术教学团队、新能源汽车运用与维修专业教师教学创新团队等3个团队被认定为省级职业教育教师教学创新团队；1个省级协同创新团队。11门课程被认定为甘肃省职业教育在线精品课程。甘肃省高等职业院校应用技术协同创新中心3个，省级职业教育虚拟仿真教学系统1个。有省部级教学名师4名，省级思政课教学能手2名，省级“工匠之师”1名，省级技术标兵6名，省级职业教育名师工作室6个。获得省级以上教学、科研成果奖22项。师生在全国职业院校技能大赛中获奖51项，省级139项，位居全省职业院校前列。

**科研工作** 学院申报各级各类（除院级）课题40项，申请到上级部门各种科研立项29项，其中向教育厅申报14项，立项14项（7项为资助项目，7项为自筹经费项目），资助科研经费共计17.5万元；组织申报全国交通运输职业教育教学指导委员会路桥工程类职业教育科研项目4项；组织申报甘肃省教育科学规划“十三五”2020年度高等与职业教育科研项目10项，立项10项；组织并申报中国交通教育研究会教育科学研究课题4项；申报2020年度省科技厅项目2项；组织开展2020年院级科研项目的申报工作；组织2020年院级思想政治及课程思政的专项的申报工作。对2019年度学院教职工的发表的论文、出版的教材及专著、科学研究项目及成果等分别进行学院科研成果和教学成果评选，对其中110项科研成果和教学成果进行不同程度的奖励，奖励金额15.68万元。

**师资队伍建设** 学院聘任教授29人、副教授82人，并通过公开招聘补充11名教师到教学一线，以国培、省培和合作企业为主渠道，169人次参加各级各类师资培训。承办全省中等职业学校学生技能大赛现代物流综合作业（物流管理）、网络搭建及应用、网络布线、网络空间安全、物联网应用技术、汽车营销6个赛项、2020年甘肃省职业院校技能大赛教学能力比赛中职职业教育组及技工职业教育组比赛、2020年甘肃省高职院校学生技能大赛“货运代理赛项”，举办学院第11届教师教学能力比赛，“以赛促学、以赛促教、以赛促改”，促进师生技能提升，从而充实内涵、提升层次、加快发展。

**招生就业** 学院在全省建立31个优质生源基地，同时积极响应省教育厅关于高职扩招专项工作的安排部署，扩招专项招生计划199人。新生人数3302人，报到率95.74%，毕业2597人，截至11月底就业率97.77%，其中577名学生被本科院校录取，录取率95%。

**校企合作** 学院与兰州富川电梯公司等55家公司企业深度合作，开展订单班、现代学徒制、专业共建、培训鉴定等多种协同育人工作，与多家企业建立基于岗位需求的人才培养机制。对外招生35个专业均与定点企业合作探讨共同制订人才培养方案，有5个专业签订“订单班及现代学徒制”人才培养协议，与企业共建专业9个，实现人才培养与企业技能岗位需求的无缝对接。

**新校区建设** 兰州新区学院新校区25栋单体全部封顶，其中25栋砌体全部完成，25栋单体内外墙抹灰完成，22栋单体外墙涂料完成，玻璃安装及水电暖等管线安装完成85%，装饰装修完成30%，室外管网全部完成，道路、操场、人工湖等完成约89%。累计完成工程产值9.45亿元，已支付进度款4.29亿元，支付比例约45%。

**社会服务** 甘肃省交通质监局委派专家及监督员，对校办企业甘肃汇通试验检测中心进行资质认定现场评审，评审组认为甘肃汇通公路工程试验检测中心达到综合丙级资质。兰州路通工程咨询有限责任公司承接各类咨询、设计项目16项，产值240万元。学院开展为扶贫点开展集中授课、防汛救灾捐赠、安装太阳能路灯、打通毕河社产业致富路、种植生姜等工作，脱贫攻坚投资172.5万余元。

**校园创建** 学院被确定为省级文明校园、甘肃省平安校园、全省节水型高校建设达标单位，被中央电教馆确定为全国职业院校数字校园样板校，办学环境进一步增强。

（陈　毅）

**【甘肃农业职业技术学院】** 学院校园面积约280亩（其中和平校区约180亩），校舍建筑面积约13.2万平方米。2020年设有农业工程系、园林工程系、畜牧工程系、食品与环境工程系、信息工程系、经济管理系、基础教学部7个系（部）和中医药学院、马克思主义学院、乡村振兴学院、创新创业学院等4个二级学院，设立职业教育研究所和三农研究所2个教科研机构、1个职业技能鉴定站。开设现代农业技术、食药与康养技术、园林技术、畜牧兽医、环境工程技术、信息工程技术、财经商贸等7大专业群29个专业。学院教职工453人（包括聘用科研院所和行业企业任课教师172人），专任教师381人，博士、硕士265人，教授、副教授等高级职称152人，享受国务院政府特殊津贴专家2人。学生10923人（其中扩招学生5828人）。甘肃农业职业技术学院是甘肃省优质高等职业院校，也是甘肃省唯一的农业高等职业院校。

**教学工作** 学院有教育部《高等职业教育创新发展行动计划（2015—2018）》认定的国家级骨干专业4个，应用协同创新中心1个。有省级高等学校特色专业4个，省级高等学校创新创业教育教学改革试点专业2个，省级职业院校骨干专业4个；省级高等学校教学团队5个、省级职业教育教师教学创新团队1个，省级职业教育教学名师1名、全国农业职业教育教学名师3名，省级职业教育名师工作室2个；省级高等学校精品课程7门，省级精品资源共享课2门，省级在线精品开放课程1门，省级创新创业教育慕课2门，参与国家高等职业教育专业资源库建设1项。2020年学院围绕“双高”创建、助力打造“技能甘肃”和落实提质培优行动计划，开展教育教学建设和人才培养，畜牧兽医和会计等2个专业被评定为省级职业院校骨干专业，大学应用语文等4门课程被评定为省级职业教育在线精品开放课程，食品营养与检测团队被评定为省级职业教育教师教学创新团队，园林工程专业群VR虚拟仿真教学资源库建设被评定为省级职业教育信息化能力提升建设项目，杜彦斌和李冠男等2个工作室被评定为“省级职业教育名师工作室”，乡村特色资源开发技艺技能传承创新工作室等3个工作室被评定为“省级技艺技能传承创新工作室”。学院获得1+X职业技能等级证书认证资格12项。全年学院师生获全国职业院校技能大赛三等奖1项，全国行业职业技能竞赛一等奖2项，全省职业院校技能大赛各等级奖项26项，学院被评定为“甘肃省语言文字工作达标校”“甘肃省黄炎培职业教育优秀学校”。

**招生就业** 学院招录全日制学生2303人，新生报到率92.5%。学院推行与市州组织人事部门合作面向乡村一线干部开展扩招和人才培养的“临夏模式”，以乡村干部培养为主开展社会扩招工作，2020年，社会扩招学生录取1726人。海域与28所中等职业学校签订“2+3”中高职贯通培养协议，计划培养学生1900人。学院建立以半月通报制、督查跟踪制、材料核查制、信息真实度为核心的“三制一度”毕业生就业工作推进机制，毕业生年终就业率96.04%。

**教科研和创新创业教育** 以职业教育服务“三农”科研项目研究为重点，持续开展胡麻、小麦新品种选育和中药材新品种选育及栽培技术研究，甘育系小麦品种推广面积20万亩以上。学院开展特色中药材标准化种植，西北特色植物融合本地文化的压花、插画和花卉等技术研究，2020年度获批地厅级及以上教科研项目立项41项，发表论文64篇，获各类专利31项。学生获省级创新创业大赛二、三等奖13项，就业创业大赛二等奖2项。大学生创新创业训练计划项目国家级立项7项、省级立项24项，获支持资金160余万元。学院被评为“甘肃省创新创业教育改革示范高校”。

**校地行企合作与社会服务** 在扩招“临夏模式”的基础上，与陇南市合作开展乡村干部学历提升教育，培养高素质乡村干部。与46家行业企业签订校企合作协议，建成教师企业实践锻炼基地3个，开设订单班、现代学徒制班14个、开发课程8门。与甘肃省农科院、兰州兽医研究所等科研机构签署战略合作协议并开展合作科研。举办第3届西北农林水高职教育发展峰会、中国杨凌现代农业职教集团暨甘肃现代农业职教集团2020年年会，召开产教融合校企合作洽谈会。实施教育脱贫和产业扶贫相结合、扶智和扶志相结合，派遣6名干部挂职扶贫，对文县帮扶村开展高考助学行动、农民种植养殖产业培育行动、扶贫车间建设行动开发农业特色新产品13个，开展农业技术培训7356人次。举办清水县、西和县、安定区、民勤县等贫困村创业致富带头人培训班、新型职业农民异地技能提升培训班11期，培训农民1000余人。开展“三区”人才科技服务，举办创业致富带头人、新型职业农民培训11期，下基层开展技术培训12次，培训人数7300余人次。与环县职专、靖远职专、文县职专合作开展中职学校帮扶活动。承办全省职业院校技能大赛农牧渔业大类4个赛项。学院被认定为“甘肃省贫困村创业致富带头人培训实训基地”“甘肃省农民教育培训示范基地”。

（杨平科）

**【甘肃卫生职业学院】** 是甘肃省唯一一所卫生类职业院校，2020年，设6个二级学院，27个处室（部门），开设13个专业，其中2个专业被教育部认定为《高等职业教育创新发展行动计划（2015—2018年）》项目骨干专业建设项目，4个专业被省教育厅认定为甘肃省职业教育高职骨干专业。学校有全日制学生11676人，教职工516人，兰州新区职教园区新校区和城关区五里铺校区共占地1235.15亩，建筑面积38.58万平方米，校舍面积11.77万平方米，实验实训室面积11.5万平方米，绿化草地面积2.7万平方米，固定资产总值2.15亿元。

**思政教育** 学校以团课、主题班会、“青马工程”“学工论坛”“新思想诵读”等活动作载体增强教育实效，组织50余人次参加教育部、省教育厅以及学校的线上线下思政课骨干教师专业培训，全年完成思政教学任务8427学时。

**教学工作** 学校有13个专业，182个教学班。其中，160个在校班；22个成教班。开设211门课程（22门公共课，35门专业基础课，154门专业课），全年完成117753学时的教学任务。2020届专科毕业生2284人，结业25人，毕业率98.9%，较上年增长1.1%，成教毕业生644人，毕业率100%。全年，学校精选112门线上优质精品资源课，截至2020年底，平台在线学生8954人，学生访问量3.4亿次，完成任务点386万个，参与讨论9.3万次，完成考试10.2万门次。

**科研工作** 学校全年获批立项科研项目16项，获资助经费26.5万元。其中，省级项目2项；地厅级项目13项；制订食品安全地方标准1项。2020年，完成13项各级各类科研项目结项，其中2个项目均获2020年度皇甫谧中医药科技奖三等奖。学校选送8部作品参加教学能力比赛，在省赛中全部获奖，获得1个一等奖、2个二等奖、5个三等奖，其中1部作品获得国赛三等奖。附属医院参加甘肃省卫生健康委员会主办的甘肃省中医适宜技术大赛与甘肃省首届医养结合大赛，分别获得团体二等奖、三等奖。

**师资队伍建设** 2020年，学校有3个名师工作室，有硕士以上学历人员110人，专兼职教师617人，其中外聘教师229人，“双师型”教师91人，专业技术人员293人。其中，副高级职称以上人员118人，占比40%；中级职称115人，占比39%，初级职称60人，占比21%；辅导员141人。

**学生工作** 学校有在校生8251人，实习生3282人。2020年录取专科学生3778人。其中，普通高考录取2060人；综合评价招生录取420人；中职对口升学考试录取300人；扩招专项考试录取298人；“五年一贯制”转段录取500人。录取“五年一贯制”学生345人，录取学生3923人，实际报到学生3702人，专科学生报到率94%。2020届高职毕业生2309人，就业1859人，年终就业率94.59%。全年完成15833人次的奖助评选、发放工作，涉及资金5204余万元。

**合作交流与产教融合** 2020年，学校实习基地数由上年的48个增加至126个，新增实习基地78个，与日本公司、中方企业三方合作就开展日本介护技能实习及介护就业项目再次签订合作协议，年内7名研修学生赴日本就业。学校持续推进产教融合、校企（校院）合作，起草并发布相关工作方案、管理办法、职责、评价标准等制度，与兰州中医骨伤科医院、甘肃省残疾人辅助器具资源中心签订教学基地协议。

**脱贫攻坚** 不断完善扶贫工作机制，探索扶贫工作途径，帮助贫困群众解决实际困难和问题，并且帮助当地政府推销特色农产助脱贫，帮助贫困户解决销路不畅的问题。校领导牵头与当地6户贫困户形成一对一结对帮扶关系，多次深入沟通探讨脱贫途径，附属医院工作人员为村民们测量血压、举行义诊活动，现场为患病村民开具中医处方、进行针灸、拔罐等简易治疗。

（吕香茹）

## 科学技术

【概况】　2020年，兰州市持续实施创新驱动发展战略，全面落实高质量发展要求，推进创新型兰州建设迈上新台阶。全市综合科技进步水平指数达到78%，科技进步贡献率60.1%。年度项目投资6.22亿元。新培育高新技术企业128家。获批国家级科技企业孵化器2家，备案国家级众创空间2家。新认定甘肃省产业技术创新类引才引智基地1家。向上争取资金6854万元。2020年，市科技局获得“全国科普工作先进集体”“全省科技工作先进集体”称号。

【经济复苏】　推进“六稳”“六保”工作任务落实，支持企业复工复产和科技研发，组织77家科技企业孵化器、众创空间为在孵企业和创业团队免除房租2722万元，兰州新区、高新区、经济区累计争取低息贷款和“抗疫特别国债”3.6亿元、兑现奖励和减免税费4.75亿元，20家企业获得科技部“科技助力经济2020”重点专项资金1150万元。向上争取中小企业研发补贴2420万元，三区人才专项50万元，“百城百园”专项300万元，高新技术企业奖补2790万元，省级项目资金1294万元，累计争取资金6854万元。推进涉企政策精准推送和“不来即享”服务系统推广使用工作，向2000余家企业宣传推送服务系统。借助第5届兰州市科博会，通过会议邀请函、会刊等介质推送5000余条服务系统登录链接及二维码。举办5期“线上科技政策宣讲培训会”，累计观看人次400余人。举办9期科技政策解读培训班，培训科技型企业500余家。推进招商引资工作，组织科技产业组先后赴北京、广州、深圳、济南等地开展招商推介活动，报备认定项目3个，投资总额36.53亿元，认定到位资金4.37亿元。

【科技体制改革】　成立专项工作组，赴5区3县和兰州新区、高新区、经济区以及全市342家规上企业进行走访调研，组织召开2场意见征集会和1场专家咨询会，编制完成《兰州市“十四五”创新驱动发展研究》《兰州市“十四五”科技创新与发展规划》（初稿）、《兰州市促进科技进步三年行动方案2021—2023》（征求意见稿）、《关于加大兰州市科技研发经费投入的政策建议报告》。推进“三评改革”，印发《兰州市深化项目评审、人才评价、机构评估改革工作方案》，简化科研项目经费预算编制、扩大科研经费使用自主权、分类支持科研机构并赋予科研人员职务科技成果所有权或长期使用权。推进甘肃省“互联网+监管”系统上线运行和推广应用工作，全面认领网上政务服务事项4个，并清理旧事项1个，“技术合同认定登记”服务事项开通线下评价渠道，认定登记办理时限由10天压缩为3天。外国人来华工作许可事项实现“全程网办”、服务对象“零跑次”，业务办理承诺时限由25天压缩为8天。完善科技项目政策体系，结合兰州市科技创新领域改革发展的要求和科技管理工作实际，修订《兰州市科技计划项目管理办法》《兰州市科技经费管理办法》，制定出台《兰州市众创空间绩效评价管理办法（试行）》，起草《兰州市科技企业孵化器和众创空间管理办法》《兰州市科技企业孵化器评价指标体系》。

【科技支撑】　全年新培育高新技术企业128家，全市高新技术企业达到657家，占全省总数的53%。科技型中小企业评价入库419家，占全省总数的35%。组织遴选2020年度兰州市“十大科技项目”和“十大科技创新项目”，支持资金1700万元，涉及生物医药、装备制造、新材料、资源环境和电子信息等领域，项目实施周期2年，预计年新增产值18亿元，新增利税2亿元，间接经济效益超过30亿元。组织256名农业科技特派员在生产一线或企业驻点服务、11人次的科技人员赴天津市开展交流培训，组建8个科技服务团队开展技术服务和培训工作，指导3个县科技局引进天津地区新技术5项、2家企业申报省科技厅东西部扶贫协作专题项目，完成局系统脱贫攻坚帮扶工作。

【科技创新】　5家单位被省科技厅认定为第3批省级技术转移示范机构，新认定科技成果转化基地12家、企业研发机构11家、市级科技企业孵化器1家、众创空间12家，获批国家级科技企业孵化器2家，备案国家级众创空间2家。新认定引智成果示范推广基地5家、引智示范单位3家，推荐、认定2020年度甘肃省产业技术创新类引才引智基地1家。开展项目中期督查，印发《关于进一步强化市级科技项目验收工作的通知》，加强科技项目和财务监管工作，结合项目绩效评价，整改完成科技项目管理制度不健全、项目监管不到位等问题。聘请第3方审计机构对2017—2018年的兰州市“十大科技项目”“十大科技创新项目”进行绩效评价，对6家局属单位2019—2020年的财务收支情况和所承担的科技项目支出情况进行审计。

【兰白自创区】　完善落实各项政策，制定《兰州国家自主创新示范区（兰白科技创新改革试验区）建设2020年度工作要点》《关于加快生物医药产业发展的若干措施》，认真落实自创区“1+4+7”政策，对138个政策扶持项目落实资金3347万元。推进“六个一百”（开发100个以上新产品、转化100项以上重大成果、培育100家以上高新技术企业、建设100个以上创新平台、培育和引进100个以上创新团队、科技创新投入达到100亿元以上)技术创新工程,全年开发新产品122个,完成重大科技成果82项,培育高新技术企业128家,新增创新平台70个,培育和引进创新团队97个。抓好项目建设和人才引进工作,专精特新化工新材料生产研发基地A区建成运营,国家装备制造高新技术产业化基地通过科技部认定,并入选“国家新型工业化产业示范基地”“生态修复与产业发展示范区项目”开工建设,中牧股份兰州生物药厂、中国航天510所高新产业基地等重大项目加快推进。组建高新区工程系列副高级职称评审委员会,柔性引进高层次专家人才26人,建成和盛堂海智基地、佛慈制药院士专家工作站。加强科技金融创新发展,对接引进省十大生态产业基金9家,首期规模143亿元,设立2000万元风险补偿资金池、4.5亿元生物医药产业基金、2000万元天使投资基金,帮助企业融资1.54亿元。

**【科技金融】** 落实《兰州市支持科技创新若干措施》,全年各部门落实支持科技创新若干措施为各类创新主体提供各类扶持资金1.17亿元。企业申报研发费用加计扣除及减免技术转让等税收金额6.48亿元,同比增长39%。发挥兰州科技大市场和“科技管家”服务功能,兰州科技大市场组织开展专题培训、成果推介及展示展览等活动10场,向省内外80余家单位进行线上推介技术25项,撮合16项技术项目达成合作意向,促成48项科技成果在甘肃转移转化、转化金额2.02亿元,向272家企业发放创新券1360万元。“科技管家”服务平台全年采集并发布信息8000余条,新增注册用户500人。发挥科技创新基金作用,兰州科技产业发展投资基金、兰州科技创新创业风险投资基金完成投资6笔,投放资金4.2亿元。“兰州重点产业知识产权运营基金”完成投资3笔,投放资金7500万元。开展技术合同登记工作,组织开展6场次技术市场经营与管理法规政策培训,培训高校院所、企业负责人及财务主管400余人,主动赴科研院所、企业现场办公,全市认定登记技术合同成交额81.5亿元,占全省技术合同成交总额的35%。

**【第五届兰州科技成果博览会】** 9月19日,第5届兰州科博会开幕式暨兰州高质量发展论坛在宁卧庄宾馆举行,本届科博会继续以“科技兴业 博览世界 会聚兰州”为主题,主要内容包括展览展示、论坛签约和创新活动3大板块。

科博会展览展示板块于9月1日起以线上方式开展,包括科技创新成就、兰州白银国家自主创新示范区、榆中生态创新城、十大生态产业、智慧城市、国际与国内科技合作、科技嘉年华、科技助力脱贫攻坚成就等8大主题。论坛、签约和创新活动自9月19—24日以线下方式举办。展出兰州地区最新科技成果900余件,签订成果转移转化与技术交易项目258项,签约金额19.02亿元,比上届科博会增长11%。首次将科技产业投资项目签约引入科博会,签约投资项目25个,投资金额46.71亿元,同期举办6个论坛和4项创新活动。

**【创新挑战赛】** 兰州市再次被科技部火炬中心确定为承办中国创新挑战赛现场赛城市之一,经过积极争取,成功举办第5届中国创新挑战赛(甘肃·兰州)现场赛。征集到兰州地区企业技术创新需求202项,针对73项技术创新需求征召到100支挑战团队的140个解决方案,经过现场比拼、竞争对接,签订产学研合作协议45项,签约金额3735万元。

9月19日,第5届兰州科技成果博览会在兰州市举办

11月1日，第五届中国创新挑战赛(甘肃·兰州)现场赛颁奖仪式

**【人才项目】** 组织实施2020年人才创新创业项目，立项支持149项，支持资金1760万元。成功举办第3届“活力金城”兰州市人才创新创业大赛，评选出优秀人才团队15个，发放研发补助资金820万元。首次组织开展兰州市重点人才项目重大技术攻关专项“揭榜挂帅”活动，征集到技术需求52项，确定首批“揭榜挂帅”技术需求榜单8项，拟发布榜额2235万元。

**【宣传交流】** 举办以“科技战疫创新强国”为主题的兰州市科技宣传周活动，组织科技特派员参加“三下乡”集中示范活动。组织开展“感知科技创翼未来”等系列新时代文明实践科普志愿服务活动。在人民日报、人民网、新华网、甘肃日报、兰州日报等中央、省、市媒体，宣传报道兰州科技创新工作598条。实施“外国专家书屋”项目，创建5个外国专家书屋，捐赠价值41.5万元的外语优质书籍4220册。深化科技交流合作，邀请国外诺贝尔奖获得者科学家、外国政要通过视频方式参加第5届兰州科博会，与广州市签订《科技交流合作框架协议》，与中关村(国际)控股公司和中关村协同发展投资有限公司签订《兰州科技创新(硅谷)工作站合作协议》，与西宁市对接兰西城市群科技创新工作。

(王虎林)

## 社会科学

**【概况】** 2020年，兰州社科规划项目共立项90项。其中，资助项目34项；不资助项目56项。完成《兰州学刊》11期、180余篇文章、300余万字的编辑出版工作。

**【课题申报】** 2020年，申报甘肃省社会科学规划重大项目2项，为省社科联提供论文4篇。承接市重点课题4项，承接《兰州市“十四五”文化旅游规划》，完成市统计局课题3项。完成2019年市社科规划结项工作。完成2020年市社科规划项目的课题制定、组织申报和立项等工作。

**【社科资源整合】** 开展与省社科院的全面合作，借助省社科院《甘肃蓝皮书》平台，与省院专家学者合作编写《兰州蓝皮书》。同时，院科研人员也积极申报省社科院的课题项目。通过上下互通的合作机制，共同就兰州市经济社会发展的难点、热点问题开展调查研究。

**【社科咨政服务】** 编辑出版服务决策咨询的内部参考资料《兰州社科成果要报》，供市委市政府领导与相关部门参阅。出版《兰州社科成果要报》11期，22篇，6.4万字。其中，第1期、第9期4篇咨政报告被李荣灿书记批示转办；第8期、第9期、第10期、第11期被市委分管领导批示，并转发相关部门办理。

**【特色期刊】** 《兰州学刊》作为CSSCI扩展版来源期刊，期刊影响力指数(CI)在“人文社会科学综合”学科436种期刊中排名第50位，排名位次较往年持续前移，复合影响因子也逐年稳固上升，各类文摘转载、期刊引文索引量不断攀升。截至8月，转载论文10篇。学刊紧紧围绕党和国家重大决策部署、社会关注热点问题，打造“乡村振兴研究”“反贫困问题研究”“老龄化与养老问题研究”等特色栏目，推出一系列内容真实性、客观性、科学性以及专业水准和文化贡献高的学术理论文章。

(魏静姝)

# 气象

【概况】 2020年，全市气温6.5℃~11.1℃，较常年偏高0.4℃~0.7℃。年降水量为222.5~428.2毫米，与历年同期相比，皋兰、永登偏少1成，兰州市区、榆中偏多2成，雨日偏少。年日照时数正常略少。年内冷暖起伏大，入春偏早。主要气象灾害有暴雨洪涝、雷电、冰雹、干旱、高温、寒潮、大风等，造成部分地方农业损失，总体上看，2020年属于气候条件较好的年景。

【气温】 全年平均气温正常略高。全市年平均气温8.3℃，较常年同期偏高0.6℃，按照气温等级评定标准，属略高年份。

冬季(2019年12月—2020年2月)：季平均气温-4.0℃，较常年同期偏高1.2℃，较上年同期偏高1.3℃。其中，兰州-1.0℃；榆中-4.4℃；皋兰-5.4℃；永登-5.2℃。按气温异常等级标准，全市各地属气温偏高。

春季(3—5月)：季平均气温10.0℃，较常年同期偏高0.9℃，较上年偏低0.5℃。其中，兰州12.8℃；榆中9.2℃；皋兰10.0℃；永登7.8℃。按气温异常等级标准，全市各地气温属正常略偏高。

夏季(6—8月)：季平均气温19.7℃，较常年同期偏高0.6℃，较上年同期偏高0.5℃。其中，兰州22.3℃；榆中18.3℃；皋兰20.5℃；永登17.7℃。按气温异常等级标准，全市各地气温略偏高。

秋季(9—11月)：季平均气温8.1℃，较常年同期偏高0.5℃，与上年持平。其中，兰州10.8℃；榆中7.3℃；皋兰7.8℃；永登6.5℃。按气温异常等级标准，全市各地气温正常略偏高。

日极端最高气温：兰州35.1℃(8月2日)、皋兰34.6℃(8月2日)、榆中30.9℃(8月1日)、永登30.5℃(7月7日)。高温日数(日最高气温≥32℃)：兰州24天、皋兰12天。高温时段较为集中，晴热高温天气主要出现在6月中旬至8月上旬。

日极端最低气温：兰州-13.3℃(12月30日)、榆中-18.7℃(12月30日)、皋兰-19.8℃(12月31日)、永登-19.8℃(2月15日)。

【降水】 全市年平均总降水量318.7毫米，较常年偏多9毫米，与历年同期持平。兰州、榆中、皋兰、永登4站年降水总量分别为341.2毫米、428.2毫米、222.5毫米、283毫米。其中，兰州偏少26.7毫米；榆中偏少66毫米；皋兰偏少53.9毫米；永登偏少151.3毫米。按照降水等级划分标准，全市降水持平。

各月降水量：1月显著偏多8成，5、7、8、9、11月偏多1~3成，2月异常偏少9成，4月显著偏少7成，3、6、10月偏少3~5成，12月持平。全年降水日数略偏少。兰州全年平均雨(雪)日数(降水量≥0.1毫米)：兰州60天、榆中89天、皋兰59天、永登91天。

汛期降水特征：汛期(4—9月)降水量294.2毫米。降水主要集中在6—8月，占汛期总降水量的65.5%，占全年总降水量的60.2%。

冬季(2019年12月—2020年2月)：冬季降水量4.5毫米。其中，兰州3.2毫米；榆中5.6毫米；皋兰2.4毫米；永登6.9毫米。按降水量异常等级划分标准，全市冬季降水属偏少。

春季(3—5月)：全市降水总量61.1毫米。其中，兰州64.2毫米；榆中91.9毫米；皋兰38.8毫米；永登49.5毫米。按降水量异常等级划分标准，全市春季降水正常。

夏季(6—8月)：全市降水总量

188.7毫米。其中,兰州205.5毫米;榆中244毫米;皋兰146.1毫米;永登159.3毫米。按降水量异常等级划分标准,全市夏季降水属略多。

秋季(9—11月):全市降水总量63.7毫米。其中,兰州68.2毫米;榆中84.3毫米;皋兰35.7毫米;永登66.5毫米。按降水量异常等级划分标准,全市秋季降水属正常。

【日照】 全市平均总日照时数2257小时。按日照时数年度评定标准,全市日照属略少年份。除2—3月日照时数较历年平均值偏多外,其余各月日照时数以偏少为主。

【相对湿度】 全市平均相对湿度56.4%,较历年同期平均值偏低1.6%,较上年偏低3%。

【风】 兰州全市年平均风速1.7米/秒,与历年平均值(1.7米/秒)持平。其中,兰州、榆中、皋兰、永登四站年平均风速分别为1.1米/秒、1.9米/秒、1.7米/秒、2.2米/秒。

【干旱】 按照气候干旱的划分指标,兰州、皋兰和永登4月中下旬均无有效降水,达到气候干旱标准,春旱露头。其中,兰州、皋兰连续26天无降水(4月4—30日),永登连续23天无降水(4月6—30日)。

【大风】 年内有6站次出现大风天气。其中,皋兰出现2站次,时间为4月29日、5月14日;榆中出现1站次,出现时间为5月30日;永登出现3站次,出现时间分别为5月14日、15日和29日。

【扬沙】 年内4站次出现扬沙天气。其中,皋兰出现在5月14日;兰州出现在3月12日;榆中出现在9月7日、12月9日。

9月24日,永登县第八中学50余名师生到永登县气象局参观学习

【浮尘】 年内全市4站累计出现浮尘9站次。其中,兰州4天;榆中4天;皋兰1天。

【第一场透雨】 全市5月7日均出现春季第一场透雨,除榆中推迟4天外,其余各地提前8—22天。其中,榆中(22.9毫米)比历年同期推迟4天;皋兰(10.7毫米)比历年同期提前9天;兰州(25.6毫米)比历年同期提前8天;永登(18.1毫米)比历年同期提前22天。

【高温天气】 最高气温≥32℃的高温天气,兰州出现24天,皋兰出现12天,其余各地未出现≥32℃的天气。

【暴雨、短时强降水】 兰州全市短时强降水、持续性降雨较历年同期偏少,但仍给群众财产和基础设施造成一定损失。全市全年暴雨日数较常年同期偏少,暴雨洪涝天气主要集中在8月,局地受灾较为严重。

【冰雹】 年内全市冰雹天气主要出现在5月下旬—9月下旬,冰雹天气频发,全市各地受灾较为严重,全市冰雹日数偏多。

【初霜冻】 10月4日,永登出现初霜冻,其余各站初霜冻均出现在15日,与历年同期相比,各地偏晚3—11日。

【强降温】 年内主要出现7次强降温天气过程,分别为1月4—6日(永登)、2月13—15日(全市)、3月8—10日(全市)、3月25—26日(全市)、11月20—22日(永登)、12月13—14日(兰州、永登)、12月28—29日(永登)。

【连阴雨】 年内主要出现2次连阴雨天气过程,分别为5月5—9日兰州市大部地区出现连续5天的连阴雨天气过程,9月13—17日全市大部连续3—5日出现阴雨天气,气温有所下降,其中兰州、榆中连续阴雨5天出现连阴雨天气。

【智能网格预报】 开展智能网格预报产品的解释应用,实现从传统预报向智能预报模式的转变,智能网格预报业务正式并轨运行。组建170个区域自动气象站,依托“互联网+气象”,建成3×3千米空间分辨率的精细化智能网格气象要素预报产品,精准推送未来7天内任意时段的精细化服务,初步实现智能动态气象服务发展。

【公共气象服务】 在安宁桃花会、什川梨花会、永登玫瑰节、高考和中考天气等重大天气过程期间，积极应对，做好气象服务。全年发布重要天气专题材料8期，预警信号59期，气象风险预警21期，专题服务材料332期，中长期预测22期，气候评价13期，领导参阅29期。

**【“夜兰州”天气预报】** 6月份，兰州市气象局推出“夜兰州”天气预报，每日下午在今日头条、微博、微信、交通广播等媒体平台推出，向公众发布天气版夜间活动指南。用活泼风趣的语言，为公众提供每日夜游建议。

**【服务“三农”】** 开展春耕春播、夏收夏种气象服务，制定《兰州市2020年农业气象周年服务方案》，发布为农服务材料159期。争取中央投资63万元，建设兰州市智慧观光农业信息服务云平台，为榆中县李家庄田园综合体、高原夏菜、百合种植基地等新型农业实体开展“直通式”气象服务。

**【智慧气象】** 组建科技创新团队，以李家庄田园综合体为依托，针对特色农业旅游项目开展专业气象服务，以“互联网+”、大数据、云计算等信息技术为手段，将“智慧气象”融入“智慧农业”建设，实现设施农业种植管理、生长指标监测、温棚环境控制、农业观光休闲、健康养生、果蔬采摘到农禽产品售卖等全流程的农业、气象、旅游大数据信息服务。打造田园综合体气象服务试点，同时将气象科普等气象因素有效融入农业观光体系，借力扩大气象防灾减灾知识的普及人群，全面提升气象为农服务综合能力。

**【人工影响天气】** 2020年，开展增雨雪作业36点次，发射火箭弹128枚，燃烧碘化银焰条524支；防雹作业123点次，发射高炮防雹弹1215发。完成榆中县龙泉防雹炮点的标准化升级改造任务。争取财政资金741万元，完成永登县祁连山生态保护人工增雨工程项目建设，年底已经投入业务运行。审批通过2020年人工影响天气作业计划，完成全市人影高炮和火箭年检工作，开展3次人影安全专项检查，完成全市人影安全隐患排查及整改工作。

**【蓝天保卫战】** 与市生态环境局合作开发的“兰州市大气污染防治信息共享平台”经过5年的运行，可以满足生态环境部门和气象部门主要业务需求，为大气污染防治提供重要科技支撑，提升兰州市“蓝天保卫战”的作战精确度。截至年底，兰州大气质量达标天数280天，与2019年同期相比增加11天。优良天数达标率（剔除沙尘天数）94.3%，同比增长5.7%。在2020年夏季，兰州市辖区及沿黄一线未出现明显城市热岛。

**【部门合作】** 2020年，市气象局分别与市应急管理局、市自然资源局、市生态环境局、城关区数字办等部门签订合作协议，通过基础数据、实时信息共享，以气象信息为基础，联合制作发布应急处置、空气质量、地质灾害、防汛抗旱、森林防火、农业气象灾害等预报预警材料，建立健全部门间应急联动机制，完善灾情调查收集流程。与市防汛抗旱指挥部办公室签署合作协议，主汛期实行定期联合会商机制，通过可视会商系统实现24小时在线联动。

**【《兰州市气象灾害防御条例》颁布实施】** 4月29日，兰州市第十六届人民代表大会常务委员会第二十八次会议通过，7月31日甘肃省第十三届人民代表大会常务委员会第十八次会议批准，8月7日兰州市人民代表大会常务委员会正式公告，《兰州市气象灾害防御条例》自2020年10月1日起正式施行。

**【安全生产】** 开展“安全生产金城行”“安全生产月”等多项活动，有方案、有措施、有检查。开展安全生产检查，全年召开安全生产工作部署会议20次，签订安全生产责任书。针对气象业务进行自检、检查6次，人影安全专项检查8次，涉氢安全检查3次，网络安全检查8次，与应急管理局联合进行防雷安全专项检查1次，内部安全检查5次，对排查出的安全隐患及时进行整改。组织安全生产教育培训和应急演练，开展网络安全攻防演练2次，应急演练活动2次。举办

7月2日，榆中县气象局开展综合防灾减灾知识进社区活动

安全知识讲座2次、组织观看宣传片4次。举办人工影响天气管理人员培训班、人工影响天气作业人员培训班各1期。全年未发生安全生产事故。

【脱贫攻坚】 制定工作措施,入户走访,选派干部常年驻村,投入资金2万元帮助开展环境整治,与交发建集团共同出资,为贫困户购买新型钢板镀膜太阳灶,干部职工人均购买200元的农副产品,帮助贫困户增收。定点帮扶的永登县坪城乡长山河村已整村脱贫,市气象局帮扶的63户建档立卡贫困户全部脱贫。

(詹玉辉)

## 地震

【概况】 2020年,兰州地震强化地震监测和预警信息服务,编制《兰州市地震监测预报信息报送范围及流程》《2020年度兰州市地震趋势研究报告》,建设完成兰州市预警发布终端27个。对全市950项建筑工程开展地震安全监管检查,达标率100%。完成市级地震应急预案和局系统地震应急预案的修订工作,会同相关部门举行地震应急市县联动演练,积极应对永登县发生的6月16日2.9级地震、10月28日2.1级地震。推进防震减灾公共服务,建成兰州市地震博物馆数字展馆,开展"云游"兰州市地震博物馆等线上科普宣传活动,市地震博物馆接待参观群众1.5万人次,接待研学团体5000人次。

【地震监测预报】 健全完善震情会商、地震前兆异常核实、预测意见上报与处置工作机制,完成周会商45次,月会商12次,编发半年震情趋势会商报告1期、月震情会商意见12期。强化台网运维,依法保护地震监测设施和地震观测环境,完成七里河台站搬迁选址和榆中兴隆山台站观测环境整治工作,新增榆中县5个宏观观测点。提升监测效能,将省地震局在兰州境内及周边的部分台站数据接入兰州局监测系统,年底全市测震台站达到7个,其中共享省局5个;前兆台站达到26个,其中共享省局21个。进一步规范地震信息报送程序,编制《兰州市地震监测预报信息报送范围及流程》《兰州市地震信息推送系统优化提升方案》。强化预警体系建设,持续配合省地震局做好国家地震烈度速报与预警工程涉及兰州项目的实施,年底省局已建设完成兰州市预警发布终端27个。其中,1级终端10个;2级终端17个。

【地震灾害风险防治】 健全完善建设工程地震安全性评价和抗震设防要求监管体系,落实《甘肃省地震灾害风险防治体制改革实施方案》,配合落实区域性地震安全性评价要求,加强事中事后监管,努力把灾害风险降到最低。抓好地震安全监管检查,会同相关部门对全市2016年以来重大建设工程、高层建筑和2009年5月1日以来学校、医院建设工程等950项建筑工程开展地震安全监管检查,所有检查项目均达到国家抗震设防要求,达标率100%,其中开展地震安全性评价和提高抗震设防等级的项目占80%以上。联合市住建局对全市老旧房屋及市政基础设施抗震性能进行普查,累计普查老旧房屋8306栋、3407.35万平方米,普查市政桥梁142座、16.48千米,普查市政管线878条、1685.82千米。配合省地震局实施灾害综合风险普查调查和重点隐患识别工程、地震易发区房屋设施加固工程等重点工作。

【地震应急响应】 建立健全与市抗震救灾指挥部办公室的协调机制,抓好责任落实。配合完成市级地震应急预案的修订工作,重新修订局系统地震应急预案和应急工作流程,细化预案工作职责,完善局系统地震应急准备措施。会同相关部门举行自然灾害(地震)应急救援综合实战演练和地震应急现场工作市县联动演练。协调市大数据局和运维商对地震应急指挥技术系统相关数据端口重新开放,丰富完善系统数据资源,提高数据分析能力。运用全省地震应急响应APP,提高灾情速报实效。

【地震科技支撑】 强化地震科技和理论研究,引导鼓励干部申报研究课题,完成《海源断裂带地震分布特征》《基于卷积神经网络的震相拾取研究》等课题研究。促进地震科技成果应用,启动榆中生态创新城区域地震安全性评价工作,协调推进兰州新

7月15日,兰州市地震局在城关区民族一条街开展地震自救互救知识与技能培训活动

区地震小区划成果应用以及减隔震技术、地震安全检测等抗震新技术推广应用工作,全市已有14所学校建筑采用减隔震技术。建成兰州市地震博物馆数字展馆项目,自主开发设计防震减灾“小魔方”“跨学科立方”等科普研学教具,开展《壁画寻踪》《“震”字知多少》等科普课程研学。

**【防震减灾公共服务】** 利用“5·12”“7·28”等重要时段,播放防震减灾公益宣传片和科普知识500余次,地震科普知识文章100余篇,手机公益短信5万余条。开展“云游”兰州市地震博物馆、兰州市首届“防震减灾”网络有奖知识竞赛和专家在线访谈活动,互动量60余万人次,其中“云游地震博物馆”直播节目位居全国防灾减灾日直播观看量排行榜前十名。结合兰州市创建文明城市和民族团结进步市工作,联合省局、区县应急局、教育局等部门开展地震科普知识“七进”活动,开展多场次防震减灾和自救互救知识系列宣传、应急疏散演练,受众群体5000余人次。强化科普阵地建设。兰州市西固区先锋路街道兰玻东社区和兰州市第二十三中学被命名为2020年度省级防震减灾科普教育基地和科普示范学校。兰州市地震博物馆发挥特色优势,扩大品牌效应,6月10日恢复开馆以来,接待参观群众1.5万人次,接待研学团体5000人次,2名同志分别荣获“2019—2020年度全省科普教育基地工作先进个人”和“2020年自然资源科普讲解大赛初赛个人三等奖”。

(张建华)

## 文 化

【概况】 2020年，兰州文旅坚持文化活动“为民办”，广电事业“惠民生”，加强公共服务基础设施建设，统筹做好文物非遗活化利用，加强市场监督管理。兰州市列入全国名录的博物馆占全省14.1%，位列全省第1位。兰州市图书馆青少年分馆获得“全国第二批家庭亲子阅读体验基地”“甘肃省家庭教育创新实践基地”等荣誉称号。八路军兰州办事处旧址成功申报第3批国家级抗战纪念设施、遗址。兰州牛肉面技艺入选国家第五批非物质文化遗产保护项目。争取国家和省级文物保护专项资金907.6万元，实施文物保护项目10个。

【文化惠民】 全市各级文化单位充分利用线上、线下开展各类形式多样的文化活动，举办精品舞剧《大梦敦煌》、音乐会《敦煌·慈悲颂》等文艺展演活动1000余场，举办“春绿陇原 黄河之滨”、兰州国际钢琴艺术周活动等文化惠民活动1万余场。举办黄河之滨音乐展演活动863场，累计观看人数100余万人次。举办叹为观“纸”全球纸雕艺术展、中央数字频道美术作品展等展览20场次。在秦安路小学、外国语学校等10所学校和袁家湾村、王家庄村等8个村镇开展“戏曲进校园”“戏曲进乡村”文化活动。推出“网上战疫博物馆”，八办“网上红馆”系列展示，累计观看人数超100余万人次。在黄河风情线沿线建成城市书吧9个，完成115个文化馆分馆，90个图书馆分馆建设，实现全市总分馆制建设全覆盖。为全市90个行政村村级综合性文化服务中心配备总计168.98万元的乐器、道具、服装、音响等设备设施。打造“红色文化轻骑兵”，安排八办纪念馆推出《兰州“八办”推动各民族团结抗战》《红色典藏——石学忠先生西路军纪念馆门券收藏》专题展览。联合西北师范大学、水车园小学等举办以“诵读经典 传承中华优秀传统文化”“书香金城 儒雅少年”为主题的国学教育系列活动。

【文艺创作】 创排红色题材儿童剧《大豆谣》，首演成功。创排话剧小品《红雨伞》，获得2020“深圳青年戏剧月”优秀剧目、最佳编剧、优秀导演及优秀演员四项奖项。联合市委宣传部等部门出品《兰州，我的爱恋》

12月10日晚，小品《红雨伞》参演2020“深圳市青年戏剧月”剧照

MV。《大梦敦煌》入选文旅部庆祝中国共产党成立100周年舞台艺术精品创作工程重点扶持作品名单。

**【黄河文化】** 市政府与携程集团签署战略合作框架协议，以“六中心+一学校”（“中国黄河文化旅游”大数据中心、黄河文化旅游创新中心、黄河文化旅游产品研发中心、兰州智慧旅游中心、中国西北游客集散中心、兰州黄河文化旅游营销推介中心，兰州文化旅游人才培养分校）为主要合作模式，助推兰州文化旅游产业高质量发展。举办“黄河文化数字化”交流推广活动。举办城关区2020兰山·跑嗨活动、七里河区首届“百合之夜”艺术周、石佛沟景区“徒步大会”、安宁区桃花节、西固区“喀啰川·黄河文化艺术周”、红古区第2届牡丹文化旅游节、榆中县首届电商文化旅游节、永登县“苦水玫瑰 领香世界”网络玫瑰节、皋兰县第2届生态文化旅游节等节会活动。和中国日报社联合举办以“黄河明珠 交响丝路”为主题的新时代大讲堂，举办第10届兰州黄河文化旅游节，吸引群众20余万人次，百度、新浪等网络词条“第十届兰州黄河文化旅游节”搜索量2400余万条。兰州与西宁、西安、青岛等19座沿黄城市共同成立“陆海同游 东西互赏”旅游联盟，构建全国黄河文化旅游合作发展平台，进一步拓展兰州黄河文化发展空间。开展“走进金城——探索黄河文明”研学之旅24期，3000余人参与。发布中国·兰州黄河生态文化旅游指数，推动黄河文化发展大数据建设，立体化展示兰州黄河保护与发展全貌，“兰州+黄河”知名度指数增长326.25%。

**【文物非遗】** 制定《关于加强文物保护利用改革的实施方案》《兰州市革命文物保护利用工程实施方案》，完成国学馆西厢房地基及西侧挡墙维修加固工程，八办旧址成功申报第3批国家抗战纪念设施、遗址，全市列入全国名录博物馆位列全省第一。市博物馆40件藏品入选全省《国色初光——甘肃彩陶艺术展》和《落花流水——甘肃彩陶艺术展》，相继在北京国家博物馆等地展出。组织非遗项目参加山东非博会、文博会等会展，兰州牛肉面技艺入选国家第5批非物质文化遗产保护项目。

6月11日，“非遗传承，健康生活”非遗日非遗项目在兰州老街展演

**【广电事业】** 做好全市22家广播电视播出机构、33万户有线电视用户、1.35万千米有线网络干线、20余万“户户通”用户的长效运维工作，完成416个老旧小区广播电视线缆迁移改造工作。推荐87件优秀作品参加全省广播影视奖评奖活动。安全关停全市13套模拟信号，顺利完成全市广播电视数字信号转播切换工作。全市广播综合覆盖率99.74%，电视综合覆盖率99.75%，广播电视创收近2亿元。获得全省广播电视“讲文明树新风”公益广告特别扶持项目优秀组织奖称号。

（文生茂）

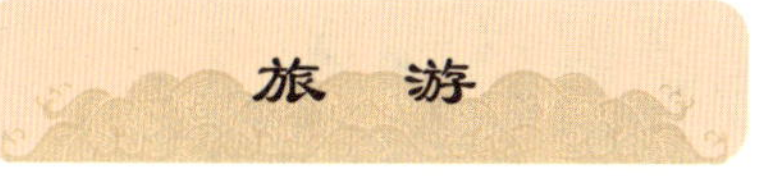


**【概况】** 2020年，全市接待游客4821.4万人次，实现旅游收入421.4亿元。市场恢复水平达到上年同期的62%，高于全省和全国平均恢复水平，文旅部数据中心调研数据显示，兰州成为市场复苏领先城市之一。兰州市入选首批国家文化和旅游消费试点城市，获得“新时代·中国最具文旅投资价值城市”和“新时代·中国最美夜游景观旅游城市”称号，荣登“年度中国旅游产业影响力风云榜”，位列“2020年度中国夜游名城案例”，获得携程集团“年度创新产品奖”。

**【项目建设】** 对照《兰州市项目建设管理手册》，加强全市65个重点文旅项目“八个一”（出台一个项目管理服务办法、建立一个项目库、设立一本项目台账、成立一个项目服务团队、搭建一个项目融资平台、实行单月一次进度调度、进行双月一次市级协调、半年举办一次大型赴外招商活动）管理，按照“三分管理、星级标准、结构分解、清单推进”模式推进，完成投资55.4亿元。黄河楼、兰州老街、白塔山、读者印象等重点项目进展顺利。兰州老街水上集市开街营业，累计吸引游客715万人次，成为网红打卡地。黄河楼、兰州水墨丹霞景区启动试运营，国庆期间每日实际接待游客量超出计划人数的1.5倍。与景域驴妈妈集团等文旅企业签订重点文旅项目9个，签约金额179.8亿元。组建项目服务官团队，选派10名“项目服务官”，开展“三进一面”（进企业、进项目、进业务、面对面）服务，进驻兰州老街、万达茂、华夏文化博览园、水墨丹霞等重点项目，协调解决困难问题113条。

【宣传营销】 在新华社、《人民日报》《中国日报》、央视等央级媒体刊发宣传稿件500余篇，同比增长300%。新闻联播以“甘肃兰州：城中有条幸福河”为题对兰州进行报道，时长超过4分钟。举办夜in兰州抖音挑战赛，拍摄视频1000余个，播放量突破3亿次。启动快手光合兰州计划，播放量位列全国同城榜第一。“兰州文旅”微博新媒体传播力居全国榜首，累计发布宣传信息4.7万条，阅读量6.7亿人次。启动“云·游金城好风光”海外线上系列推广活动。在广州、成都、昆明举办“北丝路”牵手“南茶道”推介活动。创意开展兰州文旅杯“最美人间四月天”主题征文活动，举办“疫情结束后我要去兰州”系列宣传推广活动，受到省文旅厅的肯定，并奖励在中央电视台CCTV—10科教频道黄金时段45秒广告时长。组织《大梦敦煌》剧组赴美国林肯中心成功巡演。

【市场培育】 在白塔山举办幻光游园灯光秀等活动，持续增强网红“打卡地”热度。凯悦、皇冠、万达等酒店持续满房，全市44家星级宾馆平均入住率75%。推出“兰州人游黄河”活动，通过将《大梦敦煌》经典片段送上游船等方式，拉动夜游黄河消费，全年接待游客30余万人次，同比增长20%。单独出台《加快恢复兰州文化旅游市场十条措施》，从加强企业扶持力度、强化文化旅游宣传、强化消费引导等10个方面助力文旅产业恢复。发放文化旅游消费券100万元，促进市场消费。开展“春风十里，兰州等您”“兰州人游兰州、甘肃人游兰州”等十大主题活动，拉动游客需求。开通“兰州人游兰州”旅游直通车10余条，打造民族生态旅游、红色旅游线路13条，发送游客1100万人次。举办兰州冬春文化旅游惠民活动推介会，兰州成为全国冬春旅游错峰热点区域。

【文旅融合】 承办甘肃文旅“如意瓶”线下体验暨推广活动、甘肃文旅杯《穿越火线》2020百城联赛西大区赛、“2020如意甘肃房车嘉年华”“陇上花开 相约甘肃”全省乡村旅游推介主会场活动、全国乡村旅游民宿工作现场会等。各县区全面完成2020年新改扩建旅游厕所74座的任务。制定出台《兰州市景区特许经营管理办法》，20天内完成黄河风情线经营性项目特许经营权出让，融资30亿元。编制《文化旅游产业发展三年攻坚行动方案》《兰州市夜间经济发展实施方案》等一系列政策性文件，出台9个方面38项扶持政策，科学解决文化旅游和广播电视文物事业产业发展总体布局、目标任务和实现路径。七里河区石佛沟景区成功晋级国家4A级旅游景区，城关区白塔山景区、永登县越国开心农场景区、榆中县云上清谷度假山庄景区、老家浪街景区评为3A级旅游景区，榆中县兴隆山度假区被评为省级旅游度假区。皋兰县上车村入选第2批全国乡村旅游重点村。榆中县李家庄村入选2020年中国美丽休闲乡村。兰州市14个“网红地”上榜甘肃省100个网红打卡地。携程发布的《跨省游恢复满月人气报告》中，兰州在全国十大增速最快目的地城市中排名第3。暑期、中秋、国庆等旅游黄金期，兰州都是全国热门目的地城市、私家团十大热门目的地城市、国庆假期十大租车人气城市和国内长线游十大目的地城市、十大中转枢纽城市，位列“2020中秋＋国庆旅行指北”全国热搜城第4位。

【市场治理】 落实行政执法“三项制度”，合法性审查制度，建立“兰州文旅24H法律直通车”微信公众号。做好政务公开工作，办理行政许可118件。推进“平安兰州”建设，开展“平安系列”专项整治，联合公安部门建立线索双向移交机制，持续开展“扫黄打非”和扫黑除恶专项斗争，加大安全生产执法检查力度，出动执法人员1万余人次，检查文旅场所1.56万家次，办理行政案件40余起，同比增长30%。查收非法出版物5.3万余册，封堵低俗网红直播10余起。整改完成中央环保督察反馈问题11条。

（文生茂）

9月25日，第10届兰州黄河文化旅游节在兰州音乐厅开幕

## 广播电视

【概况】 兰州广播电视紧紧围绕市委、市政府中心工作和宣传主题主线，统筹组织重大宣传报道，组织广播电视创作生产，制作和播出广播电视节(栏)目，引导社会热点，加强和改进舆论监督，推动媒体融合发展。全年，兰州广播电视台电视外宣在《甘肃新闻》发稿599条，在全省13个市州排名第一。在中国中央电视台发稿207条，其中《新闻联播》发稿45条。广播外宣在甘肃人民广播电台发稿289条，在中央广播电视总台中国之声、乡村之声发稿74条，发稿总分荣获全国城市台发稿"十强"称号。被市民宗委评为"全市民族团结进步创建工作示范单位"。

【文化体制改革】 根据《关于印发〈兰州广播电视台文化体制改革方案〉的通知》精神，制定《兰州广播电视台内部体制机制改革总体方案》及7个配套子方案，完成内设机构调整、提前离岗、离岗创业、自愿离职、转岗等人员分流安置工作。改革后台系统561人，台本级413人。其中，在编214人；聘用199人。

【主题宣传】 兰州广播电视台围绕"六稳""六保"、脱贫攻坚、创建文明城市、创建民族团结进步示范市等重大主题，推出一大批时效性强、关注度高的新闻报道。在乡村振兴和脱贫攻坚宣传报道工作中播发消息5700余条；在"精致兰州"宣传报道工作中播发消息1409条。

【节目创新创优】 创拍完成兰州本土大型人文纪录片《刘尔炘》和抗疫主题纪录片《春归金城》。拍摄的精准扶贫公益广告《百合花开》，入围全省广播电视"讲文明 树新风"公益广告扶持项目。品牌栏目《落实进行时》获中国广播电视社会组织联合会广播栏目类提名荣誉。纪录片《四十城四十年——兰州造》获首届中国广播电视大奖广播电视节目奖、获第4届甘肃电视金鹰奖优秀电视纪录片奖。纪录片《刘尔炘》获第10届"光影纪年"——中国纪录片学院奖入围作品。在省、市节目评优中，兰州广电台78件作品获2019年度兰州广播影视奖，12件作品获2019年度甘肃新闻奖。其中，一等奖1件；二等奖3件；三等奖8件。

【媒体融合发展】 以项目制方式组建"爱城关""爱永登"等8个区县端项目组和"甘肃福彩""兰州文旅"等4个行业端，通过区县端和行业端项目组撬动区县行业融媒体运营。完成与电信、联通宽带项目、财政专项技术项目和融媒体项目建设工作。兰州广电网及"爱兰州"客户端技术平台通过三级等保测评，取得安全证书。"爱兰州"客户端6.0版本升级完成，用户累计下载量超过168万人次，兰州广电网访问量接近6000万人次，全台各新媒体账号总粉丝量143.8万人次。品牌栏目《落实进行时》推出《云看城市复苏》直播系列产品、《云直播美丽乡村》系列专题节目。交通音乐广播融媒指数EMC榜单2020年多月排名全国市级交通广播前20强。

【公益宣传及社会活动】 策划实施兰州市"学习强国"学习平台知识大赛、经典碰撞 时空对话——舞剧《丝路花雨》和《大梦敦煌》经典展示、走向我们的小康生活·金城40村推广、《第十四届(2020)金城大专辩论赛》等40余项大型社会活动。制作各类公益广告宣传片80余条，播出230余条。2020年国家广电总局发布评审公告，兰州广播电视台成为全省唯一1家入围年度广播电视公益广告扶持项目的传播机构。

【技术项目建设】 建设完成上传下载安全传输网关项目、互联网宽带项目、广播内外网交互系统项目、前期采访设备及直播演播室提词器填平补齐项目。建成的融媒体平台和融媒体指挥调度中心，实现文字、图片、视音频等全媒体信息的多元化制作、BS非编、远程非编、专业编辑站、移动审片等全媒传播的工作新模式。

（刘　杰）

## 报社工作

【概况】 2020年，兰州日报社办报、经营、管理和作风建设等方面工作都有新进展、新提高、新成绩。兰州日报社所属媒体获甘肃新闻奖、赵超构新闻奖、中国城市党报新闻奖等各新闻类奖项120余个。兰州日报社获得全国城市党报党媒践行"四力"先进单位、全国报业推进脱贫攻坚和生态文明建设先进单位等荣誉称号。《兰州日报》入围全国副省级、省会城市日报10强。兰州新闻网获中国新媒体最具公信力品牌50强。

【舆论引导】 围绕精致兰州、创建全国文明城市、创建全省民族团结进步示范市、作风建设年等重大主题，推出"我们的小康生活""决战决胜脱贫攻坚·进村入户看变化"等专版专栏百余个，累计策划专栏专版专题50余个，刊发稿件2000余篇。在推动创建全国文明城市方面，策划专栏40余个、专版220个，编发各类稿件1500余篇件，上报宣传资料2.4万余条。对准群众切身利益和实际需求，举办12期党报热线进社区活动，协调解决民生问题近20个。同时推出"围观"和"记者跑腿"专版专栏，刊发稿件400余篇，协调解决其中90%的焦点难点问题。

【体制改革】 组建兰州日报报业集团，注册成立兰州日报扎客传媒有限公司、兰州日报物业管理有限公司等7个子公司，形成集团化企业运行体系。调整更名16个内设机构，撤销5个原承担经营性职能的内设机构，增设5个适应全媒体发展的新机构。采取转岗、提前离岗、竞聘上岗等措施，使在岗职工人员结构更加合理。通过推动体制改革，进一步理顺事业运行体制和企业运营机制，2020年报社运行费用同比下降14.9%，其中车辆费用同比下降49.01%。新媒体经营工作取得突破，成为报社经营收入和利润的新的增长点。

【媒体融合】 在报社成立暨《兰州晚报》创刊40周年之际，建成运行兰州日报社融媒体中心。持续打造“兰美美”“西游记”“欣昕说”等品牌栏目，推出“非遗系列”“野性美食”“金城手艺人”等融媒体产品，吸引众多读者和用户。举办“领读兰州·生命的光辉”“云公益”“黄河之滨也很美”全国书法美术摄影视频及文学作品大赛等活动，进一步提升兰州的城市知名度和美誉度。

【广告经营】 取得经营性收入3570万元。各公司全力推动经营工作，其中广告公司创收1510万元，扎客传媒、指点传媒公司创收916万元，创造新媒体创收新纪录，进一步增强职工改革信心和企业发展动能。

【公益宣传】 以媒体融合和文化体制改革为契机，策划推出“兰州金融扶贫榜样”“我为文明健康兰州代言”“首届少儿绘画大赛”等大型活动，逐步走出一条“传媒＋服务”的发展之路。推出“跟晚报GO”生活服务平台，逐步成为省、市商务部门重点扶持的便民服务平台。充分调动资源优势，运营兰州首个5G“智慧路灯”项目，进一步拓宽舆论宣传阵地。启动AI智慧党建项目推广工作，为深化非报经营层次、增强集团经营活力进行积极尝试。

（闫龙龙）

## 档案工作

【概况】 2020年，市档案馆协同市档案局履行全市档案行政管理和档案保管利用2项职能，持续推进档案工作由“档案管理”向“档案治理”转变，推进档案馆由单纯的档案保管、档案利用场所向档案保管基地、爱国主义教育基地、档案利用中心、政府公开信息查阅中心、电子文件备份中心“五位一体”公共档案馆转型，在服务党委政府决策、经济社会发展、群众生产生活中取得良好的工作成效。馆藏档案41.3万卷件，电子档案全文830万画幅。市档案馆获评市级文明单位，机关党总支被市委直属机关工委授予“市直机关党建示范点”荣誉称号。

【档案法治建设】 开展新修订《中华人民共和国档案法》的学习宣传和贯彻落实，成立专门工作组，制定工作方案，深入组织实施。利用“6·9”国际档案日、“12·4”国家宪法日等时机，组织系列活动宣传档案法律法规。集中开展执法检查，重点就各区县和部分市级部门执行《中华人民共和国档案法》《甘肃省档案条例》、推进档案安全风险隐患排查整治工作和执行《全国档案事业发展“十三五”规划纲要》情况进行监督检查。深化“放管服”改革，进一步优化服务承诺“四办四清单”管理制度，制定《兰州市档案局政务服务“好差评”工作制度》，依据《甘肃省档案系统权责清单指导目录》，及时梳理认领本层级权责事项，在兰州档案信息网上公布、在甘肃政务服务网开通在线办理，配备评价器和动态二维码等线下评价设备。同时将所有事项的网上办理审批深度提升到三级及以上，将事项承诺总时限缩减73%，“不见面审批”“零跑动”事项比例达到事项总数的54.5%。

【档案规范化管理】 强化项目建设档案服务，指导完成对兰州市轨道交通1号线一期工程省政府站、兰州市大砂沟电力提灌工程大型泵站更新改造项目、全市电子政务内网等11个重大项目建设的档案验收。强化精准扶贫档案服务，对重点区县、市直部门上门指导，专题举办1期全市精准扶贫档案业务培训班，同时帮助3县各举办1期培训班，同时按照《兰州市易地扶贫搬迁项目总体竣工验收工作方案》，完成项目涉及区县档案工作指导验收。强化农业农村档案服务，组织各区县实施档案工作服务农村基层社会治理试点项目，研究制定村务管理档案基本目录，尝试打造农业农村档案管理新样板。强化企业档案服务，制定《兰州市国有企业退休人员人事档案移交标准及流程》，主动下区县服务，专门培训指导，规范接收标准，工作扎实推进。强化机关档案服务，指导市直各部门、各有关单位、人民团体、高新区、经济区完成3万余件文件材料的归档整理工作。组建市级档案业务评价专家库，有序推进市区县两级国家综合档案馆基础业务评价工作。

【档案收集】 抓好档案收集进馆前端质量控制，指导12个单位完成文件材料归档范围、归档文件材料分类方案和文书档案保管期限表的制订。开展全市民生档案资源的摸底调查，对已达到进馆条件的应收尽收，接收进馆1.84万件，提升民生档案在馆藏中的比重。珍贵档案征集工作实现新突破，在已组建兰州市档案馆档案文献史料征集鉴定委员会，制定《兰州市档案馆档案征集鉴定工作制度(试行)》和工作流程的基础上，通过发布征集公告、与甘肃省红藏协会及收藏个人联系搜集信息等，召开两次档案文献史料征集鉴定委员会会议，围绕庆祝中国共产党成立100周年系列宣传活动，征集到以“兰州红色档案”为主要内容的珍贵档案160套(件)。征集兰州市创建全国文明城市档案资料，真实记录创建历史过程，使创文工作的珍贵资料得以永存。

【档案服务利用】 组织开展以“档案见证小康路、聚焦扶贫决胜期”为主题的“6·9”国际档案日宣传暨兰州红色记忆展、古城·史档展线上展厅首推活动，发放《脱贫攻坚漫画册》等资料1000余份，邀请长期奋战在脱贫攻坚一线的2位同志进行“脱贫光荣，感恩奋进”主题宣讲，发挥档案工作助力脱贫攻坚的良好社会效益。紧抓爱国主义教育基地建设，举办以“走进档案守初心”为主题的“兰州红色记忆展”并上线VR展厅，发挥好档案资政、育人的独特价值，接待省市纪委监委、市委办公室、市委直属机关工委、市工信委、市司法局等21个单位近450人次参观展览、开展主题党日活动。拟定《党旗引领发展，档案见证初心——庆祝中国共产党成立100周年系列宣传活动工作方案》，着手准备以“走进档案观黄河”为主题的“兰州城市记忆展”专题展览。为全市重大活动、重要工作以及市民群众等提供查阅服务，全年接待查档3000余人次，调取案卷目录1200余册，调取档案400余卷，复印资料6000余页。

【档案安全管理】 树牢国家总体安全观，结合履行平安兰州建设职责任务，增强“安全工作时刻归零”意识，把意识形态、民族宗教、机要保密等一体纳入档案安全范畴，以“零差错”的标准严要求、严管理。新成立兰州市档案馆国家安全人民防线建设小组，完善安全保密工作机构，进一步优化和明确工作职责。把档案安全检查融入日常监管工作中，开展消防安全培训和应急演练活动，对各区县、重点市直部门共34个单位进行检查，做到有研究部署、有督促检查、有总结整改。对照《档案馆风险评估指标体系》，持续推进档案安全风险评估工作，精心谋划市档案馆新馆建设暨数字档案馆建设项目。多方争取资金105万元，提升改造馆库安全设施设备。强化档案安全保管，精心组织开展为期两个半月的馆藏档案清查盘库工作，完成9个库房、1个特藏室133个全宗的清点工作。

【档案信息化建设】 完成电子文件与电子档案接收利用系统项目建设总体方案的设计，完成电子文件与档案接收利用系统涉密网络防护项目建设初步验收。修订《兰州市档案馆数字化档案接收标准(试行)》，提高科学化规范化管理水平。同步推进馆藏档案数字化工作，全年完成数字化档案网络挂接77.5万画幅、目录7.3万条，完成档案扫描30万画幅。

【巡察工作】 4月23日—7月24日，十三届兰州市委第9轮巡察第4巡察组对市档案馆进行巡察，市档案馆领导班子和领导干部接受1次严格的“政治体检”。期间，市档案馆坚决贯彻落实市委巡察工作的安排部署，全力支持和配合巡察组顺利完成集中巡察和情况反馈。针对巡察反馈意见指出的问题，提高政治站位，强化政治担当，把抓细抓实巡察整改作为践行“两个维护”的实际行动，履行好主体责任，落实好整改任务，推动全馆各项工作取得新实绩。

(张生晓)

## 地方志工作

【概况】 2020年，兰州市地方志办坚持“修志编史、资政育人”的指导原则，尽责履职努力工作，市县两级志书提前1年完成编纂出版的规划目标，实现全覆盖；2020卷《兰州年鉴》及8区县地方综合年鉴10月出版发行，确保市县年鉴工作“两全目标”任务的完成；兰州市方志馆建设提上政府工作议事日程；旧志整理和市县地情资料取得新成果；全省“两全目标”任务考核(与另一地州市)并列第一名；12月30日，《兰州年鉴2019》《榆中年鉴2019》被中国地方志指导小组分别评为第七届全国地方志优秀成果(年鉴类)二等年鉴、三等年鉴。

【志书编纂出版】 《兰州市志·政党志》经过6个月的努力，9月完成招标手续后启动编纂。榆中县编纂完成《榆中县政协志》《中共榆中县委党校志》，完成《来紫堡乡志》初稿的编辑。

【年鉴编辑出版】 《兰州年鉴2020》采取边征稿、边编辑、边审定的办法，6月3日完成所有稿件编辑及一审工作，6月23日—7月16日完成二审工作，7月21日—8月5日完成三审及省史志办终审，8月10日—13日完成四审后送交甘肃民族出版社审定，9月9日—10月25日，经主任会议研究送交印刷。《兰州年鉴2020》全书119.3万字，设类目31个，分目153个，条目1363个，印数1000册。年底，和友好城市完成年鉴交换工作，并将新书送到市领导和各部门单位。先后完成《兰州市城关区年鉴2020》《安宁年鉴2020》《七里河年鉴2020》《西固年鉴2020》《红古年鉴2020》《榆中年鉴2020》《皋兰年鉴2020》《永登年鉴2020》终审，10月底前全部印刷出版。市、区县两级顺利实现“一年一

12月29日，举办市地方志工作暨年鉴业务培训会议

鉴，公开出版”目标。

【名镇名村志书编纂】 10月，开始启动中国历史文化名镇名村之《红城镇志》《连城镇志》《金崖镇志》《青城镇志》《河口村志》编纂工作。11月6日，市志办主任亲赴秦安县陇城镇学习村镇志编纂经验，7日上午，召开5个名镇名村负责人参加的编纂启动会议，组织学习中国地方志指导小组实施方案、标准规范，发放《陇城镇志》编纂的经验总结；同时将样书赠送各单位。10月到12月，甘肃省史志办党组成员、副主任张正龙，市县指导处处长孔令奇、副处长怡晓红检查指导兰州市名村名镇志编纂工作。市志办主任数次带领指导科人员深入各县区乡镇，与镇党委书记、镇长交流工作中存在的困难，协调各县区政府县(区)长筹措资金、拨付启动经费。截至12月底，4个乡镇启动志书编纂工作、制定下发工作方案，河口村搭建编辑班子，准备编纂方案。

【旧志整理】 5月，《皋兰县新志稿校注》(民国王烜纂)由九州出版社公开出版，《钦定兰州纪略》完成校注。榆中县抢救性完成民国《兴隆山》《花儿集》的影印出版。

【地情资料编纂】 《金城村史》榆中卷(上中下)完成出版印刷手续，正处于印刷阶段。《金城村史》永登卷(上中下)正在甘肃文化出版社办理出版印刷手续。历时4年编辑的10卷14册《金城村史》系列丛书，将于2021年4月底前，完成全部出版。经过两年不懈努力，《兰州历史图录(1900—2018)》由甘肃民族出版社出版。《条城水烟史话》完成6遍审读修改。

区县地情资料书编辑出版情况：七里河区完成《阿干史话》出版发行，《袁家湾村史》启动编纂工作。安宁区启动社区(村)史(志)编纂工作，《安宁旧事》印刷出版，《安宁高校概览》完成终审。榆中县编辑完成第1部山川史话《黄河桑园峡古今》，内部准印500册；编辑完成《榆中县黄家庄村志》，正在甘肃文化出版社办理出版手续。皋兰县完成5篇扶贫开发专题资料和口述史资料的征集撰写任务、甘肃省史志学会年度论文的撰稿工作任务；《论中国农耕文化的起源——以甘肃省皋兰县什川镇古梨园为例》在甘肃历史学术研究征文活动中被评为优秀论文。

【“黄河故事”征文】 根据中指办文件关于印发《“讲述黄河故事、传承黄河文化”系列活动工作方案》通知精神，市志办召开县区志办主任会议进行安排部署。经广泛征集、积极撰写和整理编辑，共征稿43篇，选送省史志办，《黄河羊皮筏子漂流记》《邓小平与三电工程》《孙破虏兵败桑园峡》《毛主席寄信圈湾子》《将军柱与黄河冰桥》《张心一和湟惠渠》《用生命铸就爱心路》《我把人生的“赌注”压在了东乡》《行走在大沟湾古驿道上的林则徐》《大行令李息临河筑古金城》《柴家川上水车之争》等征文29篇。

【兰州市方志馆建设】 12月8日，市地方志办主任向市政府秘书长段廷智汇报反映兰州市方志馆建设被列为兰州市“十三五”地方志事业发展规划重点项目，但是没有实际进展的情况。段秘书长非常重视这项工作，安排由市政府副秘书长淡汉荣负责落实，纳入“兰州文化艺术中心”整体规划，要求兰州市地方志办尽快报送建设方案。市政府于12月10日、16日两次召开会议进行了研究。分管地方志工作的常务副市长吕林邦同意将兰州市方志馆建设纳入“兰州文化艺术中心”的整体规划中，一并予以考虑，方志馆规划建筑面积2600平方米。兰州市方志馆有望在2021年度启动建设。(注：该中心位于安宁区西北师大附中的西南方向、北滨河路边，原安宁污水处理厂厂址，现已拆除)。

【书库管理】 2019年，经请示市政府、市机关事务管理局同意，市地方志办在五泉下广场申请76平方米房间存放志书。在此基础上，12月，又争取市政府统办四号楼4间地下室(平均每间12平方米)用于存放志书，缓解志书存放空间不足问题。4月，针对区县地方志工作存在的困难，市志办经过调研和督办，为永登县地方志办争取2间45平方米资料室，用于存放志书。

(徐 鹏)

## 卫生健康

【概况】　2020年,全市有各级各类卫生医疗机构2268个(含村卫生室),占全省84.97%。其中,医院121个,占全省16.85%;基层医疗卫生机构2027个(含村卫生室),占全省81.87%;专业公共卫生机构101家,占全省8.99%。与上年比较,医院增加4个,社区卫生服务中心(站)增加2个,村卫生室增加23个,诊所、卫生所、医务室增加40个。

医院中,公立医院56个,民营医院65个。医院按等级分:三级医院5个(三甲医院2个),二级医院27个,一级医院13个(其中未评定等次医院13个),其他76个。医院按床位分:100张床位以下医院66家,100~199张床位医院30家,200~499张床位医院18家,500~799张床位医院6家,800张床位以上医院1家。基层医疗卫生机构中,社区卫生服务中心(站)251个,乡镇卫生院67个,诊所(卫生所、医务室)922个,门诊部23个,村卫生室764个。全年建成各类医联体114个。其中,医疗集团2个;专科联盟34个;县域医共体3个;其他形式的医疗体75个。2020年,兰州市卫生健康委员会被评为"第十五批省级文明单位"。

【医疗服务】　完成市三院医养结合建设项目,启动建设市口腔医院、市妇幼保健院异地新建项目,推进市中医医院异地新建项目。完成榆中县中医院康复中心建设、榆中县第二人民医院、皋兰县人民医院和永登县人民医院住院部综合楼新改扩建项目。争取各类资金2539.51万元解决村卫生室未达标、中医医院服务能力不强及医疗设备滞后等历史遗留问题,社区卫生服务机构和乡镇卫生院标准化建设100%,村卫生室标准化建设98%。市二院晋级为三级甲等综合医院,榆中县第一人民医院晋级为三级乙等综合医院。推动县级以上综合医院胸痛中心、卒中中心、创伤中心、危重孕产妇和新生儿五大中心建设,市一院认证为"国家高级卒中中心"和"二级创伤中心",市二院认证为"国家胸痛中心(基层版)",4家县级医院认证为"三级创伤中心"。永登县、榆中县、皋兰县建成"5个县域医学中心"。依托市级质控中心组织开展高血压专业等11项质量控制培训。组织开展2020年"医疗服务质量月"活动。推进"互联网+医疗健康",市一院获得全省首批"互联网医院"牌照。推广使用居民电子健康卡领跑全省,在完成省级指标基础上,将使用范围延伸至175家非公立社区卫生服务站,市县乡村四级955家医疗机构配备读卡设备3000余台,乡、村

**2020年,兰州市当年各类医疗机构统计图**

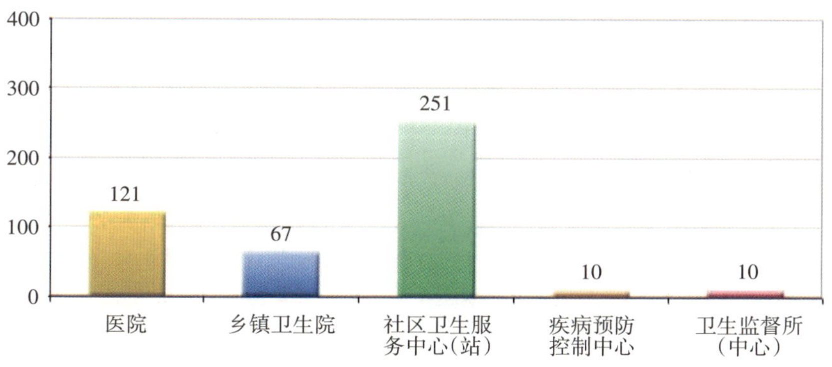

两级配备多合一识读设备468台，二维码识读盒570台，扫码墩（枪）1468个，刷卡覆盖率100%，市域内累计发放居民电子健康卡666.76万张，占全省发卡量的31.19%，居全省首位，20家市县两级医院居民电子健康卡挂号使用率超过70%，占市县医院总数的71.43%。完成新年登高、“兰洽会”“科博会”等48项卫生保障工作，出动应急人员2000余人次，救护车390台次。协调处置“七里河兰工坪路段重大交通事故”等突发公共卫生事件。市属三级医院基本药物使用品规比和金额比分别为43.43%、29.94%，市属二级医院68.72%、53.08%，县区基层医疗机构83.15%、79.51%（其中乡镇卫生院89.26%、85.47%，社区服务中心76.84%、70.19%）。

**【医养融合】** 落实“一免一半五优先”（普通门诊挂号免费，专家门诊挂号半价，优先就诊、化验、检查、缴费、取药）政策，市三院、城关区康乐医院打造智慧化健康管理“院中院”医养结合示范点，确定10家基层医疗卫生机构探索智慧化健康养老服务试点，部分区县创新开启“康乐荣养”“智能手环+呼叫系统”等新型医养结合服务模式，推进老年健康教育、安宁疗护等试点工作，全面实施居家老年人医养结合服务，形成居家社区机构相协调、医养康养相结合的养老服务体系，全方位全周期健康服务体系。全市组建家庭医生团队1326个，签约65岁及以上老年人25.2万人，全年开展医养结合服务约67万人次，开展失能老年人健康指导8.8万余人次，医养结合工作走在全省前列。

在全国第3届敬老爱老助老评选表彰活动中，市第三人民医院老年护理院、市中医医院、市老年公寓、安宁区社会福利院、皋兰县社会福利院5个集体获“全国敬老文明号”称号，兰州市卫生健康委员会杨衍佑、兰州市肺科医院蔡小林、兰州市第二人民医院黄雪梅、兰州市城关区卫生健康局汪静、兰州市七里河区龚家湾街道丽苑社区卫生服务站韩德忠、兰州市西固区中医院王继忠6名个人获得“全国敬老爱老助老模范人物”称号。

**【卫生健康人才队伍建设】** 持续加强卫生健康人才队伍和重点学科建设，采取“刚性与柔性”相结合的方式引才161名，37人入选全省卫生健康骨干人才和优秀青年人才行列，居全省首位。评定“金城名（中）医”和“金城名护士”53名，推荐百千万人才、政府特殊津贴享受人才各1名，入选“陇原人才服务卡”行列141名，完成24名省市领军人才和68名柔性引进人才聘期考核及“首席专家”“青年专家”“夕阳红专家”工作室考核工作，区县8名民生项目人员纳入事业编制范畴。市二院、市妇幼保健院与国际加速康复外科协会建立加盟合作关系，市二院成立肝胆胰外科人才专家工作站，市中医院与中国人民解放军联勤保障部队940医院建立军民融合医院。落实《兰州市人民政府与甘肃中医药大学建设甘肃中医药大学第二临床医学院合作框架协议》，依托市第一人民医院建立甘肃中医药大学第二临床医学院，加挂“甘肃中医药大学第二临床医学院”牌子。

**【妇幼保健】** 红古区、永登县、西固区新建标准化妇幼保健机构投入使用，皋兰县妇幼保健院和七里河区妇幼保健院异地新建项目及城关区妇幼保健院改扩建有序推进。红古区、皋兰县妇幼保健院通过市级专家组一级甲等评审复评。市二院危重孕产妇和新生儿救治中心通过评审认定。市级3家救治中心三级产科全面落实产儿科分片救治指导工作。举办各类妇幼健康业务培训班6期，完成省市政府为民办实事农村妇女“两癌”免费检查30181人。实施贫困地区儿童营养改善项目，营养包发放率98.9%。严格落实母婴安全5项制度，母子健康手册使用率100%。免费孕前优生健康检查覆盖率80%，高危人群增补叶酸覆盖率100%，新生儿疾病筛查率99.38%，孕产妇产前筛查率98.03%。加强出生缺陷防治人才培训，全市新生儿复苏省级师资3人，市级师资12人，县级师资9人。

**【疾病预防与控制】** 坚持“预防为主”工作方针，全市传染病防控、扩大国家免疫规划、严重精神障碍患者管理治疗、饮用水卫生监测、慢性“四病”防控等工作都有新的进展和提高。全市无甲类传染病报告，报告乙丙类传染病19种，报告发病率322.83/10万，应对并有效处置水痘、布鲁氏菌病感染疫情，全市传染病防控态势整体平稳。制定艾滋病、结核病防治等重点传染病防治项目方案，艾滋病疫情处于低流行状态。联合市教育局对市属学校及民办学校19331名入学新生进行肺结核筛查。341家预防接种单位通过等级评审，A级预防接种单位6家，2A级预防接种单位54家，3A级预防接种单位266家，4A级预防接种单位12家，5A级预防接种单位3家。成功举办全市免疫规划业务骨干技术培训暨预防接种技能大赛。加强严重精神障碍管理治疗，检出率3.2‰，规范管理率76.06 %，服药率69.17%，精神分裂症患者服药率67.03%。依托市一院、市二院、市三院、市肺科医院建立全市高血压、糖尿病、严重精神障碍、结核病医疗质量控制中心，加强慢性“四病”综合防治与全程管理，动态掌握各区县慢性“四病”进展情况。加强城乡生活饮用水及环境卫生监测，全市共设置城市供水监测点98个。其中，市政供水监测点70个（包括市政供水出厂水5个、市政供水管网末梢水49个、二次供水16个）；自建供水监测点28个（自建供水出厂水13个、自建供水管网末梢水15个）。完成60份环境土壤检测。

【爱国卫生运动】 2020年，全市各区县创建省级卫生乡镇（街道）、卫生村（社区）、卫生单位共51家，创建市级卫生乡镇（街道）、卫生村（社区）、卫生单位共38家。市财政投入资金14.52万元，利用多种形式加大宣传力度，群众对卫生状况满意率85.2%，比2019年76.4%上升8.8个百分点。开展农村“厕所革命”技术培训，举办农村卫生厕所改造技术业务骨干培训会，全市各涉农区县、兰州高新区农业农村局、卫健局及乡镇、村负责人及技术专干等90余人参加，邀请专家讲解建造技术、操作流程和注意事项。全市各区县、街道（乡镇）、社区（村）举办多种形式的改厕培训45期，培训人员1246人。修订《兰州市农村户用卫生厕所技术指导手册》和《兰州市农村户厕改造十八题》。全年开展督导指导58次，对榆中县夏官营镇97座不合格生物发酵卫生户厕指导改造为粪尿分级式卫生户厕。

【中医中药】 推进社会办中医工作进程，全市累计新设社会办中医医疗机构179个。其中，一级中医医院3个；中医门诊部1个；中医诊所175个。建成首个国医大师中医传承基地工作站并投入运营，建成国内首家石学敏针灸医院，门诊患者诊疗人次日均200人，住院患者床位使用率100%。榆中县和城关区通过国家基层中医药工作先进单位的评审验收和复审。完成18家乡镇卫生院（社区卫生服务中心）中医综合服务区（中医馆）建设。完成9个市级中医药重点专科项目建设，133名五级中医药师承继承人顺利出师。组织开展兰州市中医药文化科普巡讲暨中华人民共和国中医药法实施三周年宣传活动，开展巡讲活动22场次3500余人次。在全省中医适宜技术大赛中获得团体奖3个，个人奖7个，4个科研项目获得2020年度全省皇甫谧中医药科技三等奖。

【卫生监督】 9月，兰州市卫生健康委综合监督执法所完成单位名称更名核定，正县级事业单位，参照公务员制度管理，隶属于兰州市卫生健康委员会。加强公共场所、生活饮用水、学校卫生、消毒卫生、职业卫生、放射卫生监督管理，全市各级卫生监督机构出动监督人员3.9万余人次，监督检查医疗机构、重点公共场所等3.4万家次。实施行政处罚922件288.09万元。其中，一般程序690件287.93万元；简易程序232件0.16万元。

严格执法程序，规范执法行为，集中评查全市卫生行政执法案卷33份，行政处罚案卷《某牙科医院未对抗菌药物处方实施适宜性审核案》获得“全国卫生健康执法优秀典型案例”，微课作品《医用X射线个人防护用品的选择和使用》获得“国家首届职业健康传播作品征集活动（视频类）”三等奖，《公共场所禁烟令 卫监助您来履行》获得“全省卫生健康监督执法微课作品”一等奖，《职业卫生监督检查要点》获得优秀奖。

【医政管理】 落实“放管服”改革，优化审批流程，完成护士执业注册审批权限逐级下放，取消护士执业资格考试成绩合格证明和有关健康体检证明材料，全面实行医疗机构、医师、护士电子化注册及电子证照注册工作，全程实行电子化注册管理。组织开展2020年二级公立医院绩效考核。会同市市场监管局、市医保局制定《兰州市社会办医院考核管理办法》和《兰州市社会办医院考核细则（试行）》，对全市83家社会办医院进行年度考核和评价。组织开展2020年医疗行业作风建设工作专项行动，规范医疗机构从业人员执业行为。完善医疗纠纷“三调解一保险”（院内调解、人民调解、司法调解、医疗风险分担机制）机制，稳步推进医疗纠纷人民调解工作制度建设，充分利用人民调解与医责险统保相结合的形式化解医疗纠纷。甘肃医调委与兰州市行政纠纷诉调对接中心、城关区法院、七里河区法院建立医疗纠纷诉调对接合作机制，设立兰州市调解员24人，甘肃医调委接管兰州市投诉报案120起，经调解，患方撤诉3起，人民调解受理95起，结案89起，结案率93.68%。理赔结案65起，医疗责任保险赔付结案率73.03%。司法受理案件3起。占投诉报案数的2.5%。医方满意度99.8%，患方满意度99.7%。受理各级各类信访投诉4297件，较2019年增加2263件，增幅52.5%，均在答复期内处理并答复，办结率100%。受理医患纠纷259起，调解成功242起，调解成功率93.4%，退还及赔偿846136元。

【健康扶贫】 开展基本医疗有保障冲刺清零专项行动，扎实开展“三个一批”行动，贫困人口医疗保障政策全面落实。扩大农村贫困人口大病专项救治病种范围，对兰州市农村贫困人口大病专项救治市县级定点医院和救治病种目录重新进行评估审定。开展城市医疗机构对口帮扶贫困县基层医疗卫生机构工作，从二级医疗机构遴选36名医务人员对口帮扶12个乡镇卫生院。持续推进永登县和天津市宝坻区、榆中县和天津市宁河区、皋兰县和天津市东丽区开展东西部卫生健康扶贫协作工作，天津市共选派43名卫生专业技术人才到兰州市3县开展医疗帮扶，兰州市3县组织100名卫生专业技术人员到天津开展进修交流。在岗村医“五项制度”（“带班制度”“入户制度”“党员全面承诺制度”“村干、村医配合制度”“镇、村、组网格包保制度”）全面落实，离岗村医养老金每人每月105元，高于省级85元标准。组织1251名村医参加能力提升线下培训和48名新聘村医上岗培训，中医适宜技术培训18次332人次，基层卫生服务人员5181人参加远程培训在线学习。县、乡、村3级机构和人员“空白点”全面消除，贫困人口常见病、慢性病均能够在县乡村3级医疗机构获得及时诊治。市一院、市二院继续与陇南市宕昌县人民医院、定西岷县人民医院开展“组团式”帮扶。建档立卡贫困人口家庭医生签约200386人，签约率99%；30种大病患者3637人，救治率100%。

（王世峰）

## 体　育

【概况】　2020年，兰州市成功举办2020兰州马拉松线上赛、陇越骑联2020穿越丝绸之路（国际）山地自行车多日赛（兰州站）和2020金城荧光跑等活动。成功举办兰州市青少年田径、游泳、篮球、武术、羽毛球、滑雪6个项目比赛。

【群众体育】　为推动全民健身，大力宣传并鼓励市民群众在家中进行简便易行、科学有效的居家健身活动。通过官方网站、马拉松微信公众号等网络媒体平台加强全民健康教育宣传，持续不断地提高全民健康意识，提升自我防御能力，科学引导全民参与体育运动。编制线上健身推广、体育宣讲、体育培训、APP、小程序、公众号等，积极倡导居家健身操等户内运动，培养市民体育健身习惯。社会体育指导员15117人。开展国民体质监测工作，开展市级体质测试11200人。

【竞技体育】　2020年全国U20国际式摔跤锦标赛72千克级决赛，市体工大队女子摔跤运动员蒋倩获得冠军。2020年全国国际式摔跤冠军赛，蒋倩获得亚军，谭信波获得季军，谢娅获得第五名。2020年全国柔道锦标赛暨冠军赛上，代表甘肃参赛的市体工大队运动员获得团体第3名。

6月1—14日举办的2020兰州马拉松线上赛，以“互联网＋全民体育＋云旅游”的模式，结合赛事品牌推广、全民健身、城市旅游推介于一身，以体育的方式，推动兰州城市形象及兰马品牌影响力。城市荧光夜跑推进全民健身，以夜跑促进兰州夜经济发展，给人民群众提供更加丰富多彩的文化体育活动。

筹备兰州市第9届运动会和甘肃省第15届运动会，完成兰州市第九届运动会的规程制定和下发工作，完成甘肃省第15届运动会兰州市工作方案（草案）和备战组队方案，配合省体育局完成项目设置，组建13支青少年运动队，按照计划开展日常训练、夏训、冬训，省运会备战各项工作扎实推进。

【青少年体育】　探索多种形式的后备人才培养模式，鼓励体育传统项目学校开展多种形式的业余训练，推进“一校一品”“一校多品”校园体育活动。探索体育俱乐部培养和输送后备人才的长效机制。梳理业余训练传统优势项目，下沉15届省运会备战任务到业余训练单位。

丰富青少年体育赛事活动，制定《2020年全市中小学生各项目竞赛规程》，通过政府主导、社会力量参与的办赛模式。成功举办兰州市青少年田径、游泳、篮球、武术、羽毛球、滑雪6个项目比赛，报名学校200余所，参与人数3000余人。组织兰州市青少年参加2020年甘肃省青少年锦标赛系列赛事，获得23枚金牌、33枚银牌、

正在建设中的奥体中心体育场

13枚铜牌。

以体教融合为目标，持续开展传统体育进校园活动，出台《关于印发兰州市传统体育进校园活动方案》，组织全市16所中小学校开展传统体育进校园活动，覆盖学生3000余名。

**【体育产业】** 稳步推进体育彩票销售工作，全年全市体育彩票销售额10.64亿元。体育与文化、旅游等相关产业融合发展势头良好，居民体育消费明显增长，8月，兰州市被国家体育总局评为体育消费城市。开工建设兰州市北山景区罗九公路马草沟健身步道。全市社区（行政村）全民健身设施覆盖率100%。建成乡镇和社区健身中心52个，乡镇和社区健身广场16个，社区大众健身房20个，笼式足球场42个，行政村及社区全民健身场地2019个。

截至年底，兰州奥体中心项目建设完成6万人体育场的钢结构合龙、运动员公寓和体育产业大厦等“一场三馆”（一座可容纳3万人的大型体育场、一座6000人体育馆、一座现代化游泳馆和一座全民健身馆）全部封顶的施工任务，累计完成固定资产投资25.8亿元。

**【兰州市体育协会】** 有35个单项协会，2019年在机构改革中清理规范核销体育总会秘书长副县级领导职数1名。后由群体科代为管理协会事宜。市行业协会商会与行政脱钩联合工作组文件《兰州市全面推行行业商会与行政机关脱钩改革工作方案》，从2020年7月开始制订方案，8月、9月推进阶段，12月总结阶段，完成脱钩实施方案，脱钩基本情况表，机构分离请示批复，资产清查报告，房屋清查报告、党建分离批复，外事分离批复等，截至年底，31家协会完成全部脱钩，注销2家协会——跳绳协会、老年人体育协会，有2家协会失联——电子竞技协会、青少年体育科技工作者协会。

（牛淑梅）

# 社会民生

## 社会保障

【概况】 2020年,全市基本养老保险参保人数183.7万人,其中享受待遇54.02万人。企业养老保险参保人数94.53万人,其中参保职工人数64.91万人,缴费人数44.58万人,离退休人数29.62万人。机关事业单位养老保险参保人数13.04万人。其中,在职职工人数8.33万人,缴费人数8.33万人;离退休人数4.71万人。城乡居民养老保险参保人数76.13万人,其中缴费人数50.78万人,享受待遇人数19.69万人。2020年失业保险参保人数67.44万人,其中实际缴费人数64.42万人,年末领取失业保险金0.26万人,本期领取失业金人数0.59万人,全年累计领取失业金3.43万人次。人均失业金1440元/人/月。2020年末,工伤保险参保人数75.12万人,享受待遇人数0.36万人。通过社保费阶段性"减免缓"政策累计减免社保费24.4亿元,惠及全市大中小微企业2.1万余家,受理企业缓缴申请292户6122万元,向2240户企业退费1859万元;累计为5694户企业发放稳岗返还资金5.65亿元,惠及职工44.97万人,受益企业数是2019年的4.2倍;向符合条件的3.89万名失业人员发放失业补助金9054万元。全力支持企业渡难关、保经营、稳发展,惠及全市大中小微企业2.1万余家,累计减免社保费175027万元;退费参保企业2240户,累计退费1859万元;受理企业缓缴申请292户,涉及缓缴金额6122万元。

【社保基金管理】 2020年,社保基金运行平稳。兰州市企业职工基本养老保险完成缴费32.4亿元,完成年度目标31.44亿元的103.1%,基金支出85.14亿元,低于控制数85.67亿元,完成率99.4%。工伤保险基金支出2.55亿元,完成年度目标任务2.68亿元的95.1%。失业保险基金支出7.32亿元,完成年度目标任务7.17亿元的102.1%。机关事业单位养老保险基金支出27.59亿元,低于控制数28.45亿元,完成率97%。2020年,集中开展社保风险防控县区自查及市州互查,处理各类风险预警排查12次,排摸重复参保、重复领取待遇人员40人,追回基金22万元。社会保险基金监管系统应用工作正常开展,2020年根据系统下发的疑点信息,处理完成问题数据42条,追回基金损失89.06万元。

【养老保险】 督进社保政策扶贫落实落细,赴部分县区实地察看、查阅资料,加强对区县的指导,完成全市建档立卡贫困人口、特困人员、低保一、二类人员、重度残疾人员和农村计生两证户的社保扶贫任务。全市社保扶贫对象共参加基本养老保险27.845万人,其中缴费人员21.9194万人,待遇享受人员5.9296万人。全市建档立卡贫困人口参加居民养老保险合计15.8404万人,政府代缴11.7433万人,实际代缴11.7433万人,代缴率100%;建档立卡享受待遇4.0972万人,发放率100%。全面监督各项养老保险政策落实,严格退休审批管理。深化机关事业单位养老保险制度改革,实现企业职工养老保险基金省级统收统支,确保企业离退休人员基本养老金按时足额发放。不断提高企业、机关事业单位、城乡居民养老保险退休人员基本养老金待遇,增强退休人员社会保障水平。兰州市国有企业退休人员社会化管理领导小组研究制定《兰州市企业退休人员社会化管理服务工作实施细则》,为国有企业退休人员社会化管理提供政策支持。防控期间主动对接企业，做好养老保险减免和缓缴政策的宣传解答，加强统筹协调，落实落细各项惠企利民政策，助力企业快速复工复产。养老保险经办信息系统建设不断完善。养老保险服务信息化、规范化水平不断提升，群众办理社保业务方便快捷。严格执行企业退休人员公示制度，全年公示审批退休人员15363人。特殊工种人员信息网上备案有序进行，被征地农民养老保险新系统完成调试运行。全年审核涉及被征地农民养老保险征地项目67宗，涉及人数48401人，落实参保资金100890.5745万元。

【失业保险】　全面实施失业保险援企稳岗"护航行动"，在全市范围内开通稳岗返还网上申报受理和现场申报受理"快速通道"，加大失业保险稳岗返还政策落实。开展失业保险支持技能提升"展翅行动"，调动企业职工学习技能积极性，鼓励职工不断提高职业资格水准。阶段性提高价格临时补贴标准，加快失业保险金发放进度，保障失业人员基本生活。开展多平台全方位的失业保险政策宣传工作，使参保企业和职工享受政策红利。2020年，失业保险在切实减轻疫情对企业影响、保障参保职工基本生活等方面发挥重要作用。全市累计为5694户企业发放稳岗返还资金5.65亿元，惠及职工44.97万人；累计为34265人次发放失业金4933万元，为27935人次发放价格临时补贴104万元。通过采取"不来即享""社银合作""网上经办""承诺办理"等模式，及时、准确地将失业补助金发放到位。自9月25日失业补助金扩围发放政策实施以来，全市全年线上线下累计接收申报7万人次，符合条件3.9万人，发放失业补助金9054万元。

【工伤保险】　提高工伤认定和劳动能力鉴定办事效率。除疑难案件外将一般工伤认定案件办结时间由60日压缩至30日。开展劳动能力鉴定"提速办"，由原来每季度组织鉴定改为每月组织鉴定。为截瘫等行动不便的工伤职工开通"绿色通道"，组织鉴定专家开展上门便民服务3次。2020年，受理工伤认定申请2100件，做出工伤认定决定结论2015件。组织8批次劳动能力鉴定，做出因工劳动能力鉴定结论802人，非因工劳动能力鉴定结论61人，辅助器具配置鉴定结论12人。全面强化工伤保险扩面征缴，加快实施中小微企业工伤保险参保工作，建筑企业农民工参保工作稳步推进。全市在建项目参保234户，参保农民工人数4.3万人，新开工项目参保率100%。确定启动3个"工伤事故和职业病预防培训宣传"项目，属全省首次。

【便民服务】　"放管服"改革深入推进。按照"四办四清单""最多跑一次"、高频政务服务事项、"不见面审批""不来即享"等工作要求，对照人力资源和社会保障部目录清单，做到应领尽领，对外经办事项50项，其中即收即办16项，全年办件33007件；当日办结10项，全年办件量9562件；限时办结24项，全年办件量80908件。"一窗办""一网办""简化办""好差评"工作落实见效。市本级50项对外社保经办业务在政务服务网实现"一网通办"，在线办理率100%。社保经办24项证明事项全部取消。其中，取消20项；实行证明事项告知承诺制4项。全年证明事项告知承诺制办件量2695件。政务服务网网办事项完成"好差评"系统对接，线下配置6个平板评价器，投诉渠道畅通，跟踪服务到位。在人社服务"打包办"10件事中，社保部门牵头的6个打包办理事项的办事指南全部梳理完毕。3个"提速办"事项按照要求全部完成提速办理。推行"社保征缴管家"模式，上线"社保机器人"服务，真正做到建立让办事群众满意的社保服务。

（张晓艳）

## 劳动就业

【概况】　2020年，全市城镇新增就业82410人，完成全年任务的103.01%。城镇登记失业率稳定在3.06%，低于4.5%的控制目标。全年实现困难人员就业11674人，完成全年任务的128.28%；失业人员再就业29643人，完成全年任务的128.88%。为2317个创业者和创业企业发放创业担保贷款3.97亿元。落实积极稳定就业政策扩大就业，最大限度减少疫情影响，确保就业局势稳定。全力保障高校毕业生、失业人员和就业困难人员等重点群体就业，实施兰州市大学生创业资助扶持计划，以创业带动就业；强化东西部扶贫劳务协作，实现劳务输转25.39万人，创劳务收入69.42亿元。建设认定扶贫车间23家，累计认定扶贫车间103家，吸纳1303名建档立卡贫困劳动力实现在家门口稳定就业。拓宽城镇居民增收渠道，通过增加就业岗位供给、阶段性减免社保费、加大临时救助力度、发放价格临时补贴、落实机关事业单位津贴补贴和各类奖金政策、开展用人单位落实劳动合同制度专项检查等多渠道保障全市城镇居民持续增收。2020年兰州市城镇居民人均可支配收入40152元，增幅约5.4%（国家统计局兰州调查队）。

【高校毕业生就业】　利用各级公共就业服务平台，为各类群体提供高效便捷的全方位公共就业服务。组织开展"才聚金城　职等你来"高校毕业季系列招聘活动，联系广播电视媒体、人力资源服务机构、招聘企业和在兰高校共同打造"攒劲毕业"政策宣讲云端招聘直播互动活动、大学毕业季"周周进校园"活动、第7届大中城市联合招聘高校毕业生专场活动、人力资源市场现场招聘活动等系列活动，在2020年全国双创周甘肃分会场举办第5期"兰州启航"大学生创业扶持行动启动仪式与创业者讲座交流、"奋斗在创业路上"优秀创业者访谈、携手企业进校园三项活动，为高校毕业生提供不断线、高质量公共就业服务。2020年新认定青年就业见习基地190家（累计认定872家），吸纳青年就业见习2755人，拨付青年就业见习补贴1043.02万元，就业见习人员留用率达到30%以上，部分企业达到70%。实施兰州市大学生创业资助扶持计划，充分发挥"资金+政策+培训+指导+服务+平台"六位一体的扶持作用，为第4期"兰州启航—大学生创业扶持行动"的40个优秀大学生创业项目发放资助金138万元，为20家大学生初创企业发放兰州市大学生创业带动就业扶持补贴95万元。完成2020届离校未就业高校毕业生报到注册8967人，就业8117人，就业率90.52%，超出85%的要求。

【公共就业服务】　对就业困难群体、下岗失业人员、零就业家庭、困难企业职工等重点群体进行跟踪服务，及时跟进，动态保障。组织开展"就业援助月""春风行动"，加大就业困难群体的扶持力度。开展"面对面、心贴心、一帮一"就业扶助活动，有力推动困难人员就业和失业人员就业稳步增长。打造高标准创业孵化平台，培育打造国家、省、市级创业就业孵化示范基地（园区），为创业者提供低成本场地支持和综合配套服务，帮助初创企业起好步、开好局，提高创业成功率。截至年底，全市累计培育打造市级创业就业孵化示范基地（园区）42家，省级示范基地25家，国家级示范基地2家，可为创业者提供免费办公场地52736.44平方米，免费工位1621个。疫情期间为1666户入孵（入驻）企业减免租金2300余万元。全年发放省级创业带动就业扶持资金584.66万元。为4家新认定的省级返乡创业孵化示范基地发放市级奖补资金120万元。为2317个创业者和创业企业发放创业担保贷款3.97亿元。采取上门服务、集中办理、压减程序等有力措施，完成省上下达的年度目标任务3亿元的132.43%，吸纳带动就业5847人。推荐省级创业典型案例77人，省级创业导师25名。组织开展各类创业创新活动，举办第4届"中国创翼"创业创新大赛兰州银行杯兰州选拔赛，评选出35个优秀创业项目进入省级选拔赛，19个项目在省级选拔赛获得奖项，占总奖项数的40%，为优秀项目发放奖金和扶持资金108万元。落实中小微企业房租补贴政策，切实提高各类市场主体的生存和发展能力，支持企业、平台发展稳定就业，申请特别国债资金为6家市级创业就业孵化示范基地、20家人力资源公司发放房租补贴100.057万元。由兰州市人力资源和社会保障局选送的城关区就业局工作人员周旸在全国首届公共就业服务专项竞赛中被评为"全国十佳"公共就业服务人员。

【职业技能培训】　推进职业技能提升行动，开展职业技能提升"百日攻坚行动"和"百日冲刺行动"，企业职工培训13.47万人次，重点群体和贫困人口培训5.04万人次。启动企业稳岗扩岗暨职业技能提升"送政策、送资金、送服务"专项行动，为739家企业发放以工代训补贴4818.3万元，稳定企业岗位10.49万人。落实"互联网+职业技能培训计划"，促进线上线下培训融合发展，面向全国公开认定7家线上平台，开展线上培训4088人次。实施建档立卡贫困劳动力培训专项行动，发放培训券17929张，使用16531张，实现有培训意愿建档立卡贫困劳动力培训全覆盖。加强培训基础能力建设，推荐上报8家技能大师工作室被认定为省级技能大师工作室。推进人力资源产业园创业就业公共示范区建设，举办2020年首届兰州市青年创新创业暨青年发展论坛，持续落实深度创业培训工程，年内开展创业培训7558人，创业培训后实现就业2194人。全年职业技能提升培训18.5万人次。精准扶贫农村劳动力培训20817人，其中建档立卡贫困劳动力6048人。职业技能鉴定8149人。

【劳务输转】　年初在做好人员底数清、性别年龄清、技能特长清、务工意愿清"四摸清"的基础上，采取岗位信息发布线上线下相结合、向外输转和就近输转相结合、输转就业和复工返岗相结合、集中输送和分散输送相结合的措施，推动农村富余劳动力特别是建档立卡贫困劳动力输转就业，全年劳务输转城乡富余劳动力25.3966万人，完成全年任务25万人的101.59%，其中有组织输转19.0795万人，组织化输转率75.13%，超出有组织输转70%的目标要求。劳务收入67.4亿元，完成全年任务的103.69%。建档立卡贫困劳动力输转57884人，实现有输转意愿的建档立卡贫困劳动力应输转尽输转，较2019年增加2.2万人。重点对未脱贫户、边缘化、监测户劳动力和疫区务工返乡人员实行"一对一"精准服务，收集2万个用工岗位开展"送岗位下乡进村入户"活动，帮助输转就业。加强东西部扶贫劳务协作，深入乡镇、村组织举办东西协作专场招聘会21场次，帮助4955名贫困劳动力输转就业。落实就业扶贫奖补政策，制定工作清单，梳理涉及就业扶贫奖补的五项政策和补贴标准，指导督促相关县区协调落实奖补资金，做好政策宣传和资金审核发放工作，全市发放稳就业奖补政策资金2789.35万元，其中劳务奖补2238.57万元。

【劳动关系】 组织开展用人单位落实劳动合同制度专项行动，提高劳动合同签订率和履约质量，全年劳动合同签订率96.48%，集体合同签订率88.06%；认真做好农民工工资保证金管理工作，2020年市本级共收取保证金现金5560.1万元，以保函形式缴纳13787.801万元，退还保证金现金65951.82万元，退还保函1000万元；稳慎发布市属国有及国有控股企业在岗职工平均工资，2019年度兰州市市属国有及国有控股企业在岗职工年平均工资68466元，月平均工资5706元。

【劳动监察】 按照《保障农民工工资支付条例》新精神和新要求，结合实际扎实开展“清理整顿人力资源市场秩序”“学习宣传贯彻《保障农民工工资支付条例》”“打击违法使用童工”“根治欠薪夏季专项行动和根治欠薪冬季攻坚专项行动”等8个“专项行动”，检查企业352户，涉及1.89万人，其中农民工1.5万人，督促签订合同1.5万份，“陇明公”（“陇明公”为“农民工”的谐音，有为“陇原大地”上农民工提供“明晰、公开、公正”服务之意）农民工工资监管平台管理项目511户，通过平台为3.3万人发放工资5.45亿元，逐步实现对欠薪问题全过程、全领域跟踪落实。从“强化欠薪舆情预防处置、推进市级‘陇明公’监管平台应用、欠薪线索平台运行、拖欠农民工工资争议案件处理”四个具体工作着手，不断强化事前事中事后监管，持续形成对恶意欠薪和重大欠薪的高压震慑态势，将各类欠薪事件处理在事发前和萌芽期。完善信用联合惩戒体系，公布重大劳动保障违法案件63起，列入拖欠农民工工资“黑名单”企业33户。全市共接听投诉举报电话2.58万人次，检查用人单位4953户，接待来访4971起、1.72万人，受理并按期办结民情通热线转办件185起，回复率100%。受理案件100件，为862人追发工资1086.13万元，100%按时办结，实现案件清零、案件查处零投诉。协调处理投诉案件1191起，为6554人追发工资9195.52万元，追回押金1.59万元，妥善处置2起群体性突发事件，涉及劳动者16人。在接听投诉电话次数、来访投诉起数、受理案件数和拖欠劳动者工资数、人数较上年同期分别下降11.03%、2.68%、52.61%、6.24%、30.03%，实现“五个下降”，未发生因欠薪引发的重大群体性事件和极端事件。

【劳动仲裁】 2020年，全市处理劳动人事争议案件2681件。其中，不予受理162件；案外协调处理593件；立案处理1926件；立案率100%。按期结案率96.2%，调解率60.1%。全市登记在册调解组织128家、调解员166名，在争议复杂多发的教育行业建立调解委员会，在人员构成复杂的卫生系统、大学校园等行政事业单位建立调解组织。“互联网+调解”服务平台受理处理案件206件，各级仲裁机构探索试行兼职仲裁员办案、网络仲裁、线上仲裁，公开仲裁制度流程，建立各类便民服务制度，优化仲裁办案程序。接待劳动者及用人单位咨询1360余人次，电话解答930余次，处理市委接访室接访1次，答复人民网书记留言、省政府服务网、市政府网站领导留言信访件7件7次，答复中央扫黑和省市扫黑督办件1件1次。深入区县、街道和企业开展劳动法律法规政策宣传33次、授课2次，现场调解案件百余件。培训仲裁员、书记员42人，建立一支由17人组成的兼职仲裁员队伍。兰州市仲裁建成标准化仲裁院，设立咨询、受理、法律援助、调解等服务窗口，为当事人提供“一站式”服务，推动实现“最多跑一次”目标。与兰州理工大学法学院合作建立“社会治理法治教学与研究实践基地”，打造“共建、共治、共享”的社会治理新模式。

（张晓艳）

## 民 政

【概况】 2020年，兰州民政践行“民政为民、民政爱民”工作理念，聚焦脱贫攻坚、关注特殊群体、回应群众关切，积极履行基本民生保障、基层社会治理、基本社会服务等职责，全力以赴兜底线、保稳定、促发展，各项工作取得新进展。兰州市民政局系统年内先后获得“甘肃省五一巾帼奖”“甘肃省巾帼文明岗”“全市民族团结进步示范单位”“市级文明单位”等荣誉称号。

【养老服务体系】 居家社区养老服务平台全面升级，实现与省级养老数据共享、市级数据对接、区县数据互通，全市入库老年人数据43万条。围绕职业素养提升、养老服务质量考核等内容，对690名养老服务从业人员开展线上培训21期。全年争取中央、省级专项彩票公益金579万元，完成全市养老机构“互联网+明厨亮灶”工程、县级特困供养机构提升和护理型床位改造、民办养老机构消防安全达标整治等工作。投入资金500余万元，支持城乡社区日间照料中心运营，完成29家养老机构和1200余名入住老人的养老服务及安全评估。成功举办第2届养老护理员职业技能提升培训大赛，全市养老服务机构软硬件水平进一步提档升级。推进养老重大项目建设，完成市第二社会福利院老年养护中心项目主体及配套设施、建设工程消防备案、工程节能、节水等验收工作，12月初进入试运营。市老年公寓西站分部项目，完成主体维修改造及水电暖管道安装等工程。配套落实养老福利待遇，完成2020年老年人意外伤害保险及养老机构两责险续保工作，老年人意外伤害保险累计结案5925笔，结案金额2873万元。将新冠肺炎疫情专属保险纳入养老机构综合责任保险和雇主责任保险，为26家机构和55家为老服务企业两责险补贴24.5万元，为3414名经济困难老年人落实养老服务补贴298万元。

**【儿童福利保障】** 完善儿童关爱保护机制，将困境儿童保护纳入农村留守儿童关爱保护工作联席会议制度，构建由26个市直部门共同参与的农村留守儿童、困境儿童关爱服务体系，形成各司其职、各负其责、合力推进的工作格局。改善未成年人救助机构环境，市儿童福利院院内设置救治康复区、生活养育区、特殊教育区和后勤保障区四大功能区，为院内232名各类弃婴、弃儿、孤儿开展"养治救康"服务。市救助站未保中心，配套建设集技能培训、音乐、社工、宣泄、儿童手工、心理咨询等为一体的功能服务室。开通市、区县两级"抗击疫情"儿童救助保护热线，全面拓宽特殊儿童救助关爱保护渠道。足额保障儿童资金，年内累计拨付孤儿基本生活费870万元，为自2020年1月1日起保障的事实无人抚养儿童发放基本生活补贴830万元，为1250名孤儿和事实无人抚养儿童发放临时价格补贴25万元，投入福彩公益金231万元用于"明天计划"和"福彩圆梦"助学工程，检查、资助576人，有力保障和维护特殊儿童的基本权益。开展多样化儿童关爱服务，组织开展"儿童福利信息动态管理精准化提升年"专项行动和"农村留守儿童和困境儿童关爱保护'政策宣讲进社区(村)'"活动。安排专项资金220万元，实施全市农村留守儿童和困境儿童督查复核服务项目，通过督查复核和个案帮扶培训，初步探索出"第三方精准识别、专业社工无缝衔接"的兰州儿童关爱保护工作新模式。

9月5日，在兰州市民公园进行中华慈善日健康义诊活动

**【志愿服务】** 组织召开全市志愿服务工作推进会，累计培训600余人次，印发《志愿服务条例》1500余册、志愿服务宣传海报3000余张。依托全国志愿服务信息系统，开展志愿服务注册登记审批工作，全市注册实名认证志愿者66.38万人，志愿团体3782个，开展志愿服务项目2.58万个，项目时长905万小时。

**【社会事务管理】** 稳步推进殡葬改革，建立健全全市殡葬改革工作联席会议制度，形成"政府主导、民政牵头、部门协作"的工作机制，并推出手机端云祭扫、代客祭扫、集体祭扫等"殡葬+"多元服务。兰州市龙凤园公墓的代客祭扫、擦拭墓碑等便民暖心服务被央视宣传报道。推进惠民殡葬，指导殡葬服务单位为223名特殊困难群众免除基本殡葬服务费40万元。对各区县2018年、2019年违建墓地专项摸排整治情况开展复核检查，依法查处违建硬化大墓、活人墓问题，坚决遏制墓地违建乱象，提升殡葬综合治理水平。优化婚姻登记服务，在全市婚姻登记机关开展行风建设，加快推进婚姻登记电子证照标准化，将颁证仪式引入结婚登记流程，举办"汇聚幸福·和合之家"结婚登记集体颁证仪式。2020年全市办理婚姻登记2.9万对，登记合格率、规范率100%。规范流浪乞讨人员救助管理，开展救助管理服务质量大提升专项行动，推动建立全市生活无着的流浪乞讨人员救助管理工作联席会议制度，在常态化组织"寒冬送温暖、夏季送清凉"活动的基础上，通过规范照料服务、强化"互联网+寻亲"等方式，累计救助流浪乞讨人员2455人次，护送或资助返乡978人次，落户安置5人。

**【基层社会治理】** 制定印发《兰州市村民委员会能力提升专项行动方案》，依托村民会议、村民代表会议、村民议事会广泛开展村民说事、民情恳谈、百姓议事、妇女议事等活动。在全市所有村组建人民调解委员会、治安保卫委员会，做到早发现、早化解。4月被省民政厅批复同意开展创建全省城乡社区治理创新实验区，协调市区两级财政部门列支50万元在8个街道推开试点。各区县纪委监委制定包含决策事项、党建事项、便民服务、集体资产等4大类的村级组织小微权力清单，实现党建事项全覆盖。补足城乡社区基础设施短板，2020年各区县民政部门与房地产开发商签署配建社区用房协议13处，新增办公服务场地9224平方米，制定社区工作者特殊荣誉表彰奖励制度。

【社会组织管理】 加强社会组织党组织建设，全市社会组织中党组织覆盖2740家，覆盖率92.19%。2020年全市新增市级社会组织64家，变更112家，注销15家，依法指导社会团体换届22家。全面完成134家市级行业协会、商会与行政机关脱钩工作。开展行业协会、商会涉企收费清理规范工作，累计减免会员单位费用111.79万元。引导动员社会组织助力脱贫攻坚，各爱心社会组织累计投入帮扶物资751万元，参与全市脱贫攻坚、教育医疗、助残济困等公益活动。建立社会组织联合执法机制，完善《非法社会组织举报投诉流程》，持续重拳整治非法社会组织，相继对排查甄别确定的22家非法社会组织，教育劝散11家，自行解散9家，引导登记2家。全年受理社会组织成立、注销、变更登记191家，社会团体印章、账号备案242件，年检525件，全部按期办结，办结率100%。

【慈善事业管理】 9月5日"中华慈善日"多渠道宣传兰州市慈善活动，向社会公众印发《慈善法》500余册。完成慈善组织"不来可办"认定，符合条件的均实现网上在线办理，全市登记认定慈善组织8家，其中具有公开募捐资格7家。疫情期间全市募集资金物资2192.66万元，支出2125.96万元，现金结余66.7万元，支出率97%。有序完成慈善信托备案工作。累计完成善信托备案115单，总金额7.17亿元。

【福利彩票】 全市全年销售福利彩票8.77亿元。募集市级彩票公益金3638万元，其中用于市社会福利院维修改造及相关设施设备采购96.5万元，市残疾儿童康复中心项目维修改造180万元，市老年公寓项目改造310万元，市精神康复医院业务综合楼项目尾款结付及医疗在线设备购置555.5万元，市第二社会福利院项目建设1590.15万元，市救助管理站维修改造项目84.2万元，按10%的比例提取残保金363.8万元，福彩圆梦助学金50万元，资助市应届贫困家庭大学生和榆中县马坡乡贫困家庭在校学生各100名。

【社会工作】 在全市20个社区累计投入资金2100万元开展"三社联动"试点，累计孵化252个社区社会组织，培养居民骨干557人，社区志愿服务骨干3097人，居民参与人数19.57万人。创建为民服务品牌33个，确立10条"三社联动"兰州目标，摸索出一条本土化发展之路。全市累计参加社工职业水平考试11万余人，取得社工职业资格证书1300余人，占全省持证社工人数34.5%。累计投入268万元，先后组织开办14期社工专业人才培训班，累计培训人数5400余人次。

【脱贫攻坚兜底保障】 提高救助标准 全市城乡低保标准提高10%，5区由每月712元提高至783元，3县由每月535元提高至589元，农村低保由每年4020元提高至4428元，城乡特困供养标准分别提高至每年12215元、5757元，照料护理标准按照全自理、半自理、全护理分别达到每年1440元、2640元、3840元，全市为民办实事提标工作于5月底提前完成。复核保障对象信息3.58万人；新增低保、特困人员4746人，退出1.2万人，做到了动态调整下的应保尽保、应退即退、认定精准。2020年度，累计为全市7.3万名保障对象发放救助资金3.6亿元。专项救助 修订完善特困供养对象照料护理、困难群众监测预警等制度办法，全面推行购买社会救助服务机制，按照"缺什么补什么"的原则，支出1364万元为全市3642户3793名分散特困供养人员按实际需求配备衣物、煤炭、助行器等基本生活用品，其中永登县通过第三方为分散特困供养人员提供照料护理服务模式被省民政厅在全省推广；同时进一步发挥商业保险参与民生救助的优势，将城市全额低保、特困对象和城市孤儿全部纳入"两保一孤"保险范围，新增住院补贴理赔项目，支出205万元为城市低保、特困对象、孤儿购买重特大疾病商业保险，有效防止了困难群众的因病致贫难题。全年累计为3.67万名困难群众发放临时

9月，市民政局组织兰州彩民"集中国福利彩票，幸运快乐游陇原"活动

救助金6476万元，为社会救助对象及低收入家庭发放取暖补贴和临时价格补贴3853.4万元。探索建立“8+1”综合救助机制 牵头印发《链接“8+1”社会救助政策多维度精准施救实施方案》，在全市构建以最低生活保障、特困人员救助供养、临时救助、受灾人员救助、教育、医疗、住房、就业等8项救助政策为基础，公益慈善、社会组织、专业社工等社会力量为补充的“大救助”工作格局，在全面复核排查城乡低保、特困供养人员工作中，精准发现困难群众应享未享救助政策125人次，靶向解决了困难群众享受政策不到位、不精准的问题。

（周晓霞）

## 医疗保障

【概况】 2020年，全市医疗保险参保人数332.74万人。其中，城乡居民参保208万人；城镇职工参保124.74万人。比2019年增加17万人；应参保人群覆盖率稳固在95%以上，参保单位2.4万个。全年城乡居民基本医保人均标准提高至每人每年830元（各级政府人均补助550元，个人交纳280元），职工医保和城乡居民医保政策范围内住院医疗费用基金支付比例分别达到77.93%和68.28%，达到历史最高水平，参保缴费率名列全省第二。至12月，全市城镇职工基本医疗保险基金收入33.4亿元，支出24.94亿元，其中统筹基金收入14.39亿元，支出14.34亿元，统筹基金累计结余28.2亿元，可持续运行16个月；全市城乡居民基本医疗保险基金收入16.66亿元，支出9.89亿元，累计结余25.3亿元，可持续运行20个月。2020年，兰州市医保局被甘肃省医保局评为“全省医疗保障系统行政执法示范单位”。

【医保扶贫】 紧紧围绕“参保全覆盖、资助全落实、待遇全享受、报销一站式”等医保扶贫重点目标，联动配合、明确责任、持续发力，全面配合完成国家脱贫工作普查任务，坚持“四个不摘”的原则，确保完成最重要最艰巨的政治任务。广泛开展政策宣传。以中央脱贫攻坚专项巡视“回头看”及国家脱贫攻坚成效考核为动力，集中开展“医保扶贫政策大宣讲”活动，利用政策培训、入户宣讲、在线咨询、媒体播放、网络平台宣传、“两定”机构现场宣传等6大途径，落实医保政策宣传“七进”活动，向社会公布咨询电话62部、安排政策宣传员156名、在网络平台发布信息83条、印制医保政策宣传资料75万份、宣传手册4万册、各类宣传海报7000份，对1366家定点医疗机构、64个乡镇、826个村社实行医保政策宣传全覆盖。推进“一站式”结算。市域内有住院条件的乡级及以上医保定点医疗机构全部实现“一站式”结算，全市已有63家二级及以上定点医疗机构纳入全国跨省异地就医直接结算系统，每个区县至少覆盖1家。全力开展冲刺清零后续行动。制定挂牌督战、后续清零、专项巡视反馈意见整改落实及强化医保政策宣传等10余个专项方案和实施意见，确保清零见底见效。截至12月底，全市有建档立卡人口201118人。其中，本地参保194281人；异地参保6825人；不在参保范围12人。建档立卡贫困人口政策范围内住院医疗费用平均报销比例达85%。对符合资助条件的建档立卡贫困人口完成资助参保缴费1547.6万元，258502人次享受医疗救助金2685.2万元，建档立卡人口参保实现“全覆盖、全资助、全享受”。

【医保待遇政策调整】 为解决城乡居民患慢病用药费用较高、申请路程较远的问题，6月2日医保、财政、卫健、市场监管等部门联合印发《关于进一步完善城乡居民高血压糖尿病门诊用药保障机制的补充通知》，对城乡居民“两病”（高血压、糖尿病）用药保障待遇的审核标准和申办流程进行修订调整，并对建档立卡贫困人口实行“主动办、集中办、上门办”。对欠缴6个月以上医保费的单位终止核定，对企业参保职工由于工作变动造成中断缴费不超过1个月的予以补缴，方便欠费企业补缴医保费用和职工医保转移接续。对达到法定退休年龄的职工累计缴费达到国家规定年限的，退休后不再缴纳基本医疗保险费，按照国家规定享受基本医疗保险待遇。明确欠费的困难企业职工在职的按规定补缴医保费用后即可自由选择参保方式，达到法定退休年

1月7日，市医保局慰问建档立卡户

龄的可按“退谁补谁”办法办理在职转退休手续，与原单位脱离由医保部门统一管理。制定《关于将门诊急诊抢救费用纳入住院费用结算相关事宜的通知》，明确将兰州市参保人员在本地和异地发生的门诊急诊抢救费用纳入住院费用直接结算，参保人员在定点医疗机构急救抢救后死亡的门诊费用按住院政策进行报销。制定《关于调整兰州市基本医疗保险严重精神障碍门诊慢特病病种的通知》，对全市参保职工和居民精神类门诊慢特病病种进行调整。调整后，城镇职工和城乡居民执行统一的严重精神障碍门诊慢特病病种。兰州市严重精神障碍门诊慢特病的待遇支付年限延长为10年。调整新生儿参保登记、缴费规定，方便家庭新生儿参保缴费。全面完成电力行业第2批35家直管单位2.67万人医保移交工作，组织对电力行业经办医保的工作人员开展业务培训。完成全市1万余名退役士兵医保接续工作。

兰州市医疗保险服务中心经办大厅

【药品采购】 坚持执行公立医疗机构药品集中采购、阳光采购、带量采购和“两票制”政策，加快推进高值医用耗材带量采购工作。印发《兰州市落实国家组织药品集中带量采购和使用工作实施方案》，落实药品、耗材带量和平台采购政策，督促医保经办机构及时拨付药品预付周转金，确保定点公立医疗机构按进度完成带量采购药品、确定采购量，及时结算药款。全年开展3批药品集中带量采购，涉及药品112种，签订协议2759份。

【医保药品目录调整】 执行新版国家基本医保药品目录，完成药品对码及目录切换工作，对国家118种谈判药品、兰州市的2种特殊药品政策、协议期情况进一步明确，将118种谈判药品分为按“三定”（定容、定量、定点）管理药品和按“乙类”管理药品，执行不同的报销政策，同时将“埃克替尼”等8种药品参照“三定”管理，按照谈判药品政策进行报销。进一步调整和规范医疗服务项目价格，规范两批“互联网+”医疗服务项目价格，确定市县乡三级最高限价；新增医疗服务项目价格24项，调整修订63项，删除5项。

【医保政务服务】 精准对接政务“好差评”，实现医保核心应用平台和“智慧医保”有效对接，医保局、人力资源和社会保障局、大数据管理局等多部门沟通协作，实现政务服务网络联通工作，申请lzybzx.cn域名，接通“数据共享交换”系统前置库，接通兰州市政务服务网的“统一身份认证”系统和“好差评”系统。完成全市医保信息系统升级迁移工作。迁移后的医保信息系统时效指标和稳定运行指标显著提升，大型综合医院和零售药店的月度结算时间分别由原来的5小时和20分钟缩短到8分钟和2分钟，机房部署环境大大降低运维风险，大幅提升数据安全性、网络稳定性。在全市范围内推广应用医保电子凭证，截至12月底，全市激活医保电子凭证391519人，日结算次数4000次左右，接入定点药店1218家，接入定点医疗机构80家。推进全市医保公共服务标准化规范化，实现医疗保障“一站式服务、一窗口办理、一单制结算”。推进网上办理，压缩办结时限，截至12月底，认领发布事项12项，办理时限由法定的380个工作日压缩为102个工作日，时限缩减比例73%。采取线上申报、线下区县审核，落实“两定”（医保定点医疗机构和定点药店）机构申报“不来即享”，大幅压缩申报时限。推行医保“四办”（网上办、远程办、延期办、便民办）服务，通过“抖音”直播平台提供在线征缴业务咨询及政策解答，提高经办服务效率，提升群众满意度。开通“兰州医保”支付宝小程序、“兰州医疗保障局”微信公众号，实现个人基本信息、缴费明细、账户划拨和消费支出等线上查询等功能。

【医保基金监管】 建立健全医保基金监督检查工作体系，规范监督检查行为，推进医保基金长效监管，形成“不敢骗、不想骗、不能骗”。开展“全市打击欺诈骗保宣传月”活动，印制宣传品1万份，倡议书5000份，“两定”机构签订承诺书5000份，开通欺诈骗保举报热线，落实有奖举报奖励制度，对5起投诉举报件逐一落实查处。对全市定点医药机构近200人开展专项治理工作集中约谈，通过多家媒体对全市欺诈骗保典型案例进行曝光。落实“双随机、一公开”检查制度，常态化开展对全市各医保定点医药机构、重点参保人群、各医保经办机构的日常检查、举报线索核查、专项检查和突击检查。强化“两定”机构协议管理，严格费用审核，实现医疗费用县级初审100%，市级抽审不低于10%。依法依规查处骗保行为，各区县、兰州新区医保部门对所辖区域定点医药机构、经办机构现场检查全覆盖，市级抽查比例不低于20%。修订《兰州市基本医疗保险定点医药机构服务协议范本(2020年度)》，印发《关于做好2020年度全市基本医疗保险定点医药机构服务协议签订工作的通知》，全面推行定点医药机构协议管理模式。按照“宽进严出、便民高效”的原则，进一步规范准入退出制度，全年全市医疗保障系统检查定点医药机构1909家，处理684家。追回基金、拒付费用、扣减违约金、行政罚款等合计2339.01万元，解除协议1家，暂停协议15家，行政处罚18家。

（刘　冰）

## 退役军人事务

【概况】　2020年，市退役军人事务工作完成军队转业干部随调家属和政府安排工作退役士兵安置任务。退役军人就业创业稳步推进，全年审核上报培训企业(机构)12家，就业创业指导专家39人。全年为优抚对象发放优抚金11019.6万余元，发放临时物价补贴447万余元。

【服务保障体系】　审议、修订《中共兰州市委退役军人事务工作领导小组成员单位职责》，制定印发《关于加强新时代退役军人工作的实施意见》等文件，进一步完善协调联络机制，加强党对退役军人事务工作的领导。市委常委会、市政府常务会先后6次研究退役军人和双拥工作，全市各级退役军人事务部门和领导小组办公室切实发挥督查指导、推动落实作用，确保组织领导到位、力量投入到位、资源保障到位、任务完成到位。5月，专题召开全市“思想政治工作年”“基层基础基本建设年”推进会，确保“两项活动”(“畅谈十八大以来变化、展望十九大胜利召开”主题活动和“建言十九大”专题调研活动)与推进年度工作相互促进，同步开展。5月20日，启动兰州市“互联网+退役军人”服务平台，退役军人“金城办”APP正式上线，开放15项服务办理事项、3类服务咨询事项。全市1200个四级退役军人服务中心(站)全面建成，8个区县创建示范型服务中心达到100%，乡、村级服务中心(站)达到本地区总数的60%以上，全国百名优秀主任(站长)兰州市1人上榜。9月，全市退役军人事务系统召开新时代“枫桥经验”推进会，现场观摩4个街道、社区退役军人服务站。全市退役军人“党建窗口”和信访、就业创业、培训、双拥创建“四个平台”建设有序推进。按照县处级干部每人联系4人，其他干部每人联系3人，建立常态化联系退役军人机制。

【政策法规】　建立完善法规制度体系，先后制定《兰州市退役军人事务局领导干部学法用法制度(试行)》《兰州市退役军人事务局2020年依法治市工作要点》《兰州市退役军人事务局2020年法治政府建设工作要点》等，完成退役军人事务工作5大类31个法规制度的梳理统计，印发《兰州市退役军人事务局工作制度汇编》百余册。制定《兰州市行政规范性文件制定和备案规定》，落实规范性文件统一登记、统一编号、统一公布的“三统一”制度，规范性文件的报备率、及时率、规范率100%。坚持信息透明深化执法公开，开展全国行政执法综合管理监督信息系统应用录入，在市退役军人服务中心设置退役军人法律服务工作站，为退役军人、现役军人家属及其他优抚对象提供及时免费的法律咨询和服务，先后出具法律意见书80余件，涉及法律条款解释、合同签订等多项内容。围绕国家安全、民法典和《中华人民共和国退役军人保障法》等相关内容组织专题培训，进行学法用法考试。常态化开展普法释法解读工作，网站、微信公众号开设《政策大讲堂》《权威解读》等专栏，制作普法宣传微视频、微动漫2部；依托中国庭审公开网、中国普法网等平台，组织旁听庭审，开展普法宣传进军营、进社区、进乡村，进行“网上祭英烈”“国家安全法教育”，印发《烈士褒扬条例》宣传手册2000余册。退役军人事务工作37项权责事项经市委编办、市司法局审核通过，认领市级退役军人部门政务服务事项9项。

【宣传引领】　及时对全市退役军人事务重大活动进行宣传，召开关于2020年部分退役士兵社会保险接续工作进展情况新闻发布会和《中华人民共和国退役军人保障法》学习宣传教育情况新闻发布会，就关注度较高的退役军人事务工作进行说明。加强舆论引导，网站、微信公众号及时回应社会关切，先后在中央、省市各大媒体及新媒体发表及转载信息800余篇，向省退役军人事务厅、市委市政府及相关部门报送信息快报133期。注重发挥企、事业单位，社会组织和乡镇(街道)、村(社区)基层党组织的作用，引导退役军人在巩固基层政权、加强基层治理、参与经济社会建设、促进民族团结等方面发挥骨干和先锋模范作用。开展2020年度“甘肃银行杯·陇原最美退役军人”选树活动，全市10名退役军人参加评选，推荐上报5名中国人民志愿军抗美援朝出国作战先进典型事迹材料，树立崇尚典型、争当先进的鲜明导向。

**【权益维护】** 开展“矛盾攻坚化解年”活动，全年受理部级交办信访件24件，省级交办信访件6件，市本级办理信访件297件，转办区县信访件121件，办结率95%以上。接待来访重点人员55批次，接待来访人员1.2万人。“两会”期间，针对13名涉军重点上访人员，市委市政府成立由市信访局、市退役军人事务局、市公安局、市人社局等单位组成退役志愿兵反映问题联合工作组，开展45天的调查，相关问题逐一解决中。开展帮扶解困，收缴、办理95名复员干部大病医疗保险经费。截至12月底，全市纳入数据库管理企业军转干部6065人，享受解困政策3247人，年度企业军转干部解困补助于11月起受理发放，相关工作有序推进。

**【退役军人安置】** 强化组织领导，落实安置政策，健全完善“阳光安置”措施。在《兰州日报》、今日头条等媒体刊登《致转业军人的一封信》和《关于事业单位、国有企业挑选退役军人的公告》，鼓励军转干部、退役士兵和接收单位互相推荐，达成双向协议。截至年底，转改人员随调家属安置、落户工作全面完成。社保接续工作完成，缴费金额1.77亿元。

**【就业创业服务】** 举办“兰州市人才战‘疫’助力退役军人、现役军人家属走上新岗位网络招聘活动”和“兰州市退役军人及现役军人家属专场招聘会”，助力复工复产。聚焦“六稳”“六保”目标任务，成功举办首届兰州市退役军人创业创新大赛市级选拔赛。在“邮储银行杯·甘肃省首届退役军人创业创新大赛”中，兰州市退役军人事务局被评为“最佳组织奖”，选送的2个项目获一等奖，10个项目获二等奖，15个项目获三等奖。选送“智慧小区与新型城市停车体系建设项目”代表甘肃省参加首届全国退役军人创业创新大赛决赛，获“创新团队组优胜奖”。强化管理服务，按时发放全市自主择业军转干部退役金等各类经费，及时拨付自主就业退役士兵兵役优待补助金、教育技能培训经费市级配套资金，指导区县做好教育技能培训工作。组织自主择业军转干部培训班1期，接收2020年度自主择业军队转业干部。完成兰州市自主择业军队转业干部档案数字化管理服务项目建设。

**【军休服务】** 2020年度省退役军人事务厅下达军队离退休干部、退休士官接收安置计划，按规定接收安置到市各军休所站。坚持政治关心、生活照顾、服务为先、依法管理，落实军休干部的政治待遇和生活待遇，完成全市各军休所站军休人员3.15亿元的资金核算、上报、拨付和发放；落实全市无军籍退休、退职职工的基本养老金及地方性津补贴1.35亿元，其中协调省市按比例配套资金1911.55万元；按照规定标准，完成解放军、武警定期增资的测算发放，计2390.7万元。先后组织军休干部及家属，分别前往兴隆山张一悟烈士纪念馆、兰州市规划展览馆等红色教育基地开展春游、秋游等活动，丰富军休干部精神文化生活。探索兰州市军休工作社会化服务模式，采用“外包+派驻社工+机构社工+专业督导”服务模式，购买专业社工机构服务。

**【拥军优抚】** 10月20日，兰州市在“全国双拥模范城(县)命名暨双拥模范单位和个人表彰大会”上被命名表彰为“全国双拥模范城”。元旦、春节、八一等节日期间，市委、市人大、市政府、市政协四大家领导分别慰问驻兰部队和优抚对象、军烈属，赠送慰问物品价值200余万元。加强与“兰州舰”互动沟通，10月18日，“兰州舰”入列15周年之际，市委、市政府与“兰州舰”互致贺信。妥善协调解决现役军人子女的入学需求，驻兰部队随军家属得到有效安置。“八一”系列活动丰富，联合市全民健身指导中心组织开展“全民健康进军营”活动，举办“第8届双拥杯”乒乓球、篮球邀请赛，军地及省内外群众广泛参与，成为金城兰州的品牌赛事和双拥工作的一张亮丽名片。各项优抚政策全面落实。截至年底，全市采集退役军人、军属、烈属和其他优抚对象信息，悬挂光荣牌11.25万块，登记发放抗美援朝70周年纪念章626块。成立残疾等级评定专项核查工作领导小组，指导各区县全面核查，完成76人新残疾证换发和20名人民警察评残、13名退役军人补评残、2名国家机关工作人员评残，5名提高伤残等级人员的资料审核上报。与市卫健委联合成立伤残军人精神类疾病残情鉴定工作领导小组，设立鉴定专家库，指定定点鉴定医院。推进兰州市军供站提质改造，全面做好过往部队住宿、饮食保障，安全正点率和优质服务率100%。10月，西部战区军供业务培训暨军供保障工作发展研讨会上，兰州军供站被表彰为西部战区“十三五”军供工作先进单位。

**【英烈弘扬纪念】** 3月30日，省市退役军人事务系统共同开展“致敬·2020清明祭英烈”清明代祭活动。9月30日，省市四大班子领导及社会各界群众3000余人向人民英雄敬献花篮，并举行为李钢烈士家属颁授烈士光荣证仪式。开展中国人民抗日战争暨世界反法西斯战争胜利75周年活动，举行烈士骨灰安葬启动仪式，223名英烈入土为安。开展馆校衔接、馆军结合、军地“双拥”活动，组织兰州战役英烈事迹宣讲100余场，英烈教育20余次；兰州战役纪念馆数字馆被列为全省网上展馆，并进入甘肃博物馆网上展览平台；市烈士陵园开展网上祭奠活动，献花人数30余万人次，留言3万余条，推送清明祭扫活动文章92篇，视频5部，祭扫活动文章31篇，其中2部视频被省退役军人事务厅推送至退役军人事务部。8月26日，举行解放兰州战役5名无名烈士骨灰安葬仪式，举办《兰州大决战》主题展览和“致敬8·26”纪念兰州解放71周年晚会。先后拍摄纪念抗美援朝70周年专题纪录片《老兵回忆录》和宣传兰州地区牺牲烈士事迹纪录片《千里寻英烈》，整理出版《兰州战役战史图集》和《英名录》。完成1731座烈士墓，16座纪念碑亭，3座骨灰堂，2座纪念馆以及11座其他烈士纪念设施的数据信息采集校核。2020年省厅下拨中央专项资金388万元，修缮兰州战役纪念馆、市烈士陵园基础设施、人文景观、烈士墓区等300余处。制定印发《兰州市烈士纪念设施规划建设修缮管理维护工作实施方案》，推动兰州市烈士陵园整体提质改造项目纳入兰州市“十四五”规划项目，军人公墓规划有序推进。坚持依法管护，深入开展《中华人民共和国英雄烈士保护法》法律宣传活动，依法维护烈士光辉形象，烈士纪念设施得到有效保护。

**【其他工作】** 与军地单位共同开展“情暖老兵 向最可爱的人致敬”“军民鱼水情 共筑强军梦”等主题党日活动，增强国防意识，军地共创“全国双拥模范城”。参与文明城市创建，集中开展2批次19天的文明交通志愿活动。12月，市退役军人事务局直属机关党委被市委直属机关工委授予“市直机关党建示范点”；局机关第一党支部被市委直属机关工委命名为“示范性党支部”；局直属机关党委报送的精品课件被市委直属机关工委评为市直机关“党建+”优秀案例。

（张　健）

## 民族事务

【概况】 2020年，兰州市民族宗教工作坚决贯彻省委部署，主动融入“一廊一区一带”(打造“河西民族团结进步示范走廊”、建设“陇东南民族团结进步巩固区”、创建“沿黄河—洮河民族团结进步提升带”)行动，统揽全局、精心谋划，提出“一心两线三区四个组团”(“一心”即抓牢城关、七里河区这一创建重心；“两线”即打造“红色线”“民心线”2个宣传教育特色线；“三区”即创建西固、安宁、红古3个省级示范区；“四个组团”即兰州新区、永登县、皋兰县、榆中县4个组团)的创建工作格局，推进民族团结进步创建各项任务。全市有36个民族成分，少数民族常住人口13.4万人，流动人口6.16万人。少数民族人口中排居前10位的少数民族依次为：回族、东乡族、藏族、满族、蒙古族、土族、维吾尔族、土家族、壮族、苗族。全市有18所民族中小学，占全市中小学总数的2%。全市少数民族干部1400余人，少数民族市人大代表32名，少数民族市政协委员35名。

【民族团结进步创建】 着力构筑宣传教育“主阵地”，打造民族团结进步宣传教育“红色线”，建立八路军兰州办事处纪念馆、兰州战役纪念馆、中共甘肃工委纪念馆等6个教育基地，每年受教育群众100万人次以上。打造民族团结进步宣传教育“民心线”，沿黄河风情线建立3大民族团结广场和12个民族团结主题公园，设置67个固定宣传标牌，擦亮“黄河之滨也很美”的城市新名片。命名第1批105家民族团结进步示范区和示范单位，并命名兰州“八办”纪念馆、兰州战役纪念馆等4家单位为第1批民族团结进步教育基地。着力搭建宣传教育“大平台”，同步推进开设一系列专题专栏、组织一系列宣讲活动、讲好一系列团结故事、举办一系列展览、开展一系列竞赛、拍摄一系列专题片、举办一系列文艺演出、开展一系列联谊活动等八个“一系列”宣传活动。播撒民族团结“金种子”，全面推行“1125”(一个目标、一条主线、两个要素、五个步骤)工作模式，推动党的民族理论、民族政策和国家法律法规进教材、进课堂，切实把中华民族共同体意识根植到广大青少年心中。建立健全区县创建工作“互观互

青少年民族团结进步主题书画比赛

检”机制，8个区县和兰州新区轮流牵头组织，先后观摩5个区县20余家示范单位，参加活动的各级各类人员累计超过1000人次。2020年，兰州市被命名为第7批全省民族团结进步示范市；七里河区被命名为全国少数民族流动人口服务管理示范城市；西固区、安宁区、红古区被命名为全省民族团结进步示范区；城关区五泉街道闵家桥社区、兰州民族中学等4家单位被命名为全省民族团结进步示范单位。

**【民委委员制度建立】** 6月，建立兰州市民委委员制度，确定25个政府工作部门为民委委员单位、11个与民族工作联系紧密的党委机关、人民团体为民族工作重点联系单位，并明确相关职责和工作制度。

**【支持民族企业发展】** 结合兰州市少数民族经济发展特色，开展特色产业调研，对全市民族企业基本情况进行全面摸底。联系民族企业，优化营商环境，扶持民族企业发展，做好“六稳”工作，全面落实“六保”任务。落实民品企业优惠政策和特色企业扶持政策，在全市少数民族企业中开展党的民族政策、民族法律法规、中华民族“多元一体”基本国情和各民族交往交流交融、构筑各民族共有家园宣传教育。

**【扶持帮助】** 开展少数民族特色技能（牛肉拉面师）传承学习班和汽车驾驶技能学习班，兰州市低保及低收入少数民族困难家庭累计培训140人次，为困难少数民族群众外出务工和自主创业提供服务和帮助。帮助261户建档立卡户办实事，为933人购买“扶贫宝”。慰问少数民族困难群众80户，发放慰问金4万元。协调市供电公司完成帮扶村10个社输电线路计量箱的更换工作，对帮扶村合作企业在输电线路和发展资金上给予帮助扶持，如期实现定点帮扶村整村脱贫目标。

（吴永升）

## 宗教工作

**【概况】** 2020年，兰州市佛教、道教、伊斯兰教、天主教和基督教5大宗教俱全，信教群众约50.4万人，占全市总人口的12.8%。其中，佛教约12.6万人（藏传佛教1.5万）；道教约15万人；伊斯兰教约20万人；天主教约5000人；基督教约2.3万人。经政府批准开放的宗教活动场所426处。其中，佛教98处；道教118处；伊斯兰教138处；天主教4处；基督教68处。有市级爱国宗教团体6个，市佛教协会、市道教协会、市伊斯兰教协会、市天主教爱国会、市基督教三自爱国运动委员会和市基督教协会。县级爱国宗教团体18个，认定备案的宗教教职人员1132人。

**【宗教管理法治化】** 以宗教界“国好·法大”教育实践活动和“民族团结进步创建”进宗教活动场所为契机，打造市佛协、市道协、市天主教爱国会三处“国好·法大”教育实践基地品牌，教育引导兰州市宗教界增强爱党爱国意识，树牢尊法守法学法用法理念。指导市级宗教团体开展“宗教思想中国化”论坛暨“国法与教规”讲经说法及“四史”学习教育活动。教育引导宗教界正确认识和处理国法与教规的关系，进一步树牢宗教界人士和广大信教群众的国家意识、公民意识和法律意识。

**【宗教队伍培训】** 分级加强对党政领导、宗教工作干部、宗教界代表人士的培训，将民族宗教政策法规学习纳入各级党委中心组学习内容和市委党校主体班课程，举办民族宗教政策培训班、宪法专题讲座，全年市、区县两级累计组织各类培训40余期。

**【脱贫攻坚】** 全年分批组织委机关帮扶责任人到户帮扶工作12次。协调有关部门申请资金18万对帮扶村实施2000米U形槽维修改造工程，解决400亩农田的灌溉问题。为帮扶户帮办实事，帮助261户建档立卡户共933人购买“扶贫宝”。慰问少数民族困难群众80户，发放慰问金4万元。结合美丽乡村建设，协调市供电公司完成帮扶村10个社输电线路计量箱的更换工作，对帮扶村合作企业在输电线路和发展资金上给予帮助扶持，如期实现定点帮扶村整村脱贫目标。

（吴永升）

全市宗教教职人员政策法规培训班

## 城关区

【概况】 2020年，城关区统筹推进疫情防控和经济社会发展，做好“六稳”工作，全面落实“六保”任务，全区经济稳步恢复，质量效益持续改善，社会事业健康发展，民生福祉保障有力。全年大口径财政收入279.58亿元。实现地区生产总值1061.23亿元，同比增长2%。其中，第一产业增加值0.65亿元，同比增长1.13%；第二产业增加值155.29亿元，同比增长7%；第三产业增加值905.29亿元，同比增长1.1%。分季度看，一季度地区生产总值同比下降5.2%，上半年同比增长0.4%，前三季度同比增长0.5%，全年同比增长2%。三次产业结构比0.06∶14.63∶85.31。年末全区户籍总人口97.35万人，比上年末增加0.92万人。其中，城镇人口96.49万人；农村人口0.86万人。男性人口47.63万人，女性人口49.72万人，男女性别比（女=100）为95.8。

【农业农村经济】 全年实现农林牧渔业增加值6852万元，同比增长1.6%。粮食作物播种面积947.2亩，产量328.3吨，比上年增加36.8吨，增产12.62%；经济作物播种面积7060.75亩，产量7912.6吨，比上年增加1702.8吨，增产27.42%。肉猪出栏620头，同比下降14.72%；牛出栏48头，同比下降63.7%；羊出栏852只，同比增长164.4%；家禽出栏1.17万只，同比下降74.34%。畜产品肉产量84.7吨，同比下降42.5%，牛奶产量684吨，同比增长10.95%。

【工业和建筑业】 全年实现工业增加值82.45亿元，同比增长16.2%。其中，规模以上工业增加值同比增长17.1%。规模以上工业，分经济类型看，国有企业同比增长61.3%；股份制企业同比下降8.7%。分门类看，制造业同比增长26.3%，电力、热力、燃气及水生产和供应业同比增长7.4%。企业效益持续改善。规模以上工业企业实现营业收入113.7亿元，同比增长2.4%；营业成本71.4亿元，同比下降4.5%；利润总额28.2亿元，同比增长78.5%；营业收入利润率24.8%，较上年提升11.24个百分点。建筑行业低位运行。年末具有资质等级的总承包和专业承包建筑业企业273个，全年实现产值412.88亿元，同比增长2.85%。实现增加值73.47亿元，同比下降2.9%。全年签订合同总额959.38亿元，同比下降9.25%，其中本年新签订合同额500.23亿元，占全部合同额的52.14%，较上年回落5.29个百分点。

**2020年规模以上工业分行业增加值增减情况统计表**

| 行业 | 增速（%） |
|---|---|
| 农副食品加工业 | -10.5 |
| 食品制造业 | -72.5 |
| 酒、饮料和精制茶制造业 | 4.5 |
| 纺织业 | 36.7 |
| 印刷和记录媒介复制业 | -10.5 |
| 化学原料和化学制品制造业 | 17.4 |
| 医药制造业 | 22.8 |
| 非金属矿物制品业 | 60.0 |
| 有色金属冶炼和压延加工业 | -7.9 |
| 通用设备制造业 | 6.4 |
| 专用设备制造业 | 120.0 |
| 电气机械和器材制造业 | -1.9 |
| 仪器仪表制造业 | 53.3 |
| 金属制品、机械和设备修理业 | 20.3 |
| 电力、热力生产和供应业 | 10.8 |
| 燃气生产和供应业 | -8.1 |
| 水的生产和供应业 | -6.1 |

【第三产业】 全年实现第三产业增加值905.29亿元，同比增长1.1%。七大板块“三升三降一平”。“三升”：营利性服务业增加值204.74亿元，同比增长5.4%；批发和零售业增加值128.23亿元，同比增长4.2%；金融保险业增加值197.98亿元，同比增长0.7%。“一平”：非营利性服务业增加值182.1亿元，与上年持平。“三降”：住宿和餐饮业增加值21.31亿元，同比下降8.5%；交通运输仓储和邮政业增加值63.46亿元，同比下降6.7%；房地产业增加值106.82亿元，同比下降0.3%。信息传输、软件和信息技术服务业，科学研究和技术服务业等新兴服务业增加值分别增长14%和6.5%，比三产增速分别高12.9和5.4个百分点。

【固定资产投资】 全区固定资产投资同比下降18.57%。其中，5000万元以上项目投资同比下降9.19%；5000万元以下项目投资同比下降26.54%；房地产开发投资同比下降22.57%。按三次产业分，第一产业无投资；第二产业投资同比增长559.95%，其中工业投资同比增长644.17%；第三产业投资同比下降22.79%。

【商品房销售】 在碧桂园等大型项目开盘销售较好带动下，商品房销售面积及销售额实现双增长。全年商品房销售面积203.77万平方米，同比增长3.43%，其中住宅销售面积187.42万平方米，同比增长2.29%。商品房销售额201.13亿元，同比增长16.78%，其中住宅销售额187.11亿元，同比增长20.22%。

【项目建设】 开展“五比五拼”“千企万商大走访”等活动，组建项目服务团队65个，推行四色挂图作战模式，组织实施重大项目250个，华润二十四城等113个项目开工建设，东湖广场等25个项目竣工投用，项目开工率较上年增长3%，新建项目开工率位居全市第一。

【国内贸易】 全年社会消费品零售总额884.11亿元，同比下降4.11%。分规模看，限额以上消费品零售额309.82亿元，同比下降7.99%；限额以下消费品零售额574.28亿元，同比下降1.88%。分消费形态看，商品零售799.55亿元，同比下降4.2%；餐饮收入84.56亿元，同比下降3%。分季度看，一季度社会消费品零售总额同比下降15.68%，上半年同比下降9.41%，前三季度同比下降5.22%，全年同比下降4.11%。从限额以上单位商品零售分类情况看，基本生活类粮油食品、饮料和烟酒零售额同比分别增长30.9%、27.9%、和3.1%；出行类石油及制品、汽车同比分别下降14.9%和2.9%；消费升级类金银珠宝、通信器材和化妆品同比分别下降29.9%、19.2%和14.5%。限额以上批发零售企业通过公共网络实现零售额3.7亿元，同比增长8.3%，占限额以上消费品零售总额的1.19%，比上年提升0.11个百分点。

【财政和金融】 全年一般公共预算收入37.33亿元，同比下降0.71%，其中税收收入32.16亿元，同比增长0.73%，占一般公共预算收入的86.14%。一般公共预算支出55.22亿元，同比下降0.28%，其中民生和社会各项事业支出占65%，较上年提升3.6个百分点。截至2020年底，全区金融机构人民币各项存款余额5482亿元，同比增长1.05%；人民币各项贷款余额6500.59亿元，同比增长8.12%。

【科技和教育】 全年科学技术支出5424万元，占财政支出的0.98%，较上年提升0.24个百分点。专利申请量6000件，同比增长29.81%。专利授权量4165件，同比增长122.97%。每万人口发明专利拥有量24.6件。签订技术合同1561项，技术合同成交金额45.63亿元。引进高科技企业41家，培训众创空间10家、众创企业21家，扶持科技项目44个。制定基础教育学位扩增三年行动计划，建成方家湾等小学2所，新开办海亮实验学校等4所，组建教育集团3个，引进教师346名，增加学位8700个，妥善解决2000名新增生源入学矛盾，“大班额”基本消除。年末拥有普通中学49所，招生18174人，在校生52509人，毕业生16863人；普通小学74所，招生15495人，在校生80610人，毕业生11855人；职业中学20所，招生5598人，在校生13641人，毕业生4708人；特教学校2所，招生16人，在校生312人，毕业生41人；幼儿园270所，招生10434人，在园幼儿40728人。学前三年毛入园率96.01%，九年义务教育巩固率99.98%，高中阶段毛入学率99.54%。

【文体和旅游】 新建基层综合文化服务中心4个，启用兰州市首个智慧图书馆，完成1个街道、3个社区综合性文化服务中心达标建设，建成全民健身路径40条及5个休闲健身园，举办“华彩夜金城”“兰山跑嗨”等文体活动200余场次。全区有国有艺术表演团体14个，艺术表演场馆3个，图书馆2所，博物馆2所，文化馆3所，文化站25个。年末，广播节目和电视节目综合人口覆盖率均为100%。全年接待游客2449.87万人次，同比下降48.96%；实现旅游收入246.87亿元，同比下降45.74%。

【卫生和社会服务】 年末，全区有医疗卫生机构480个。其中，医院55个；基层医疗卫生机构425个。卫生技术人员19724人。其中，执业医师和执业助理医师7247人；注册护士9600人；药剂、检验人员1318人；其他1559人。医疗卫生机构床位14044

9月26日，2020“兴业银行杯”兰山跑嗨

张。其中医院10827张。全年总诊疗人次960.85万人次，出院人数39.34万人。五岁以下儿童死亡率3.16‰，婴儿死亡率2.57‰。新建医养托健中心11家，新增日间照料中心10家、养老床位300张，获得“全国第三批智慧健康养老示范基地”称号。完成虚拟养老院加盟服务企业的重新入围招标工作，入围养老餐厅28家，家政服务机构13家。与浙商银行兰州分行合作推出“联名敬老卡”，发卡43906张。

**【生态环境保护】** 全年立案查处环境违法案件7起，罚款金额19.3万元。对161家产废单位、593家医废单位开展危险废物专项排查行动。完成186家重点企业（汽车维修及印刷企业178家、加油站8家）挥发性有机物综合治理工作。整治“散乱污”企业218家，燃气锅炉低氮改造9台。办理中央环保督察信访件254件。全年空气质量达标天数321天，较上年增加16天，达标率87.7%；PM10为76μg/m³，同比下降3.8%；PM2.5为31μg/m³，同比下降3.1%。

**【文明城市创建】** 充分发挥中心城区“排头兵”的带动作用，组建20万人志愿者队伍，以文明提升“十大攻坚行动”为抓手，紧盯31大类980个测评点位，在基础设施提档、市容环境提质、交通秩序提升等方面精准发力，整改各类问题1400余个，为兰州荣膺全国文明城市贡献城关力量。

**【安全生产】** 全年发生各类生产安全事故16起，同比下降5.88%；经济损失552.56万元，同比下降4.62%。

**【人民生活】** 城镇居民人均可支配收入45233元，同比增长5.4%；农村居民人均可支配收入28948元，同比增长7.3%，城乡居民人均可支配收入比值为1.56，比上年缩小0.03。城镇居民人均消费支出28063元，同比下降8.2%，恩格尔系数29.6%；农村居民人均消费支出22555元，同比增长17.4%，恩格尔系数25.4%。

**【社会保障】** 全年城镇新增就业40751人，比上年减少1215人。其中失业人员再就业7126人，困难人员再就业4869人。全年新登记各类失业人数23733人，比上年减少1328人。年末城镇登记失业率2.8%。年末全区参加城镇职工基本养老保险人数17.84万人，比上年末增加0.31万人。参加城乡居民基本养老保险人数2.08万人，比上年末增加0.05万人。参加基本医疗保险人数60.45万人，比上年末增加4.31万人。参加失业保险人数9.59万人，比上年末增加1.86万人。深化拓展“民生就业360”品牌内涵，全年举办“春风行动”等线上线下招聘活动46场，发放稳岗补贴6168万元，职业技能提升培训3.7万人次。城乡低保标准提高10%，接收国企退休社会化管理人员9.5万人，减免养老等保险金3亿元。发放各类救助金和公租房补贴1.12亿元，惠及群众3.2万人。

**领导班子成员**

**区　委**

书　记　武和谦（4月免）<br>
　　　　乔建新（裕固族，4月任）<br>
副书记　任　钧（7月免）<br>
　　　　乔建新（裕固族，4月免）<br>
　　　　杨立岭（4月任）<br>
常　委　赵春林<br>
　　　　张　淼<br>
　　　　张海宾<br>
　　　　蒋毅群<br>
　　　　甘义军<br>
　　　　曹宏亮<br>
　　　　李岁劳<br>
　　　　任　钧（7月免）<br>
　　　　李东民（12月免）<br>
　　　　金　鑫（12月任）<br>
　　　　林蔚峰（7月任）

**区人大常委会**

主　任　冯广宸<br>
副主任　姜惠琴<br>
　　　　李春玲<br>
　　　　闫　琳<br>
　　　　严　刚<br>
　　　　严　肃<br>
　　　　李延梅

**区政府**

区　长　乔建新（裕固族，4月免）

杨立岭(代理,5月至12月)
副区长　杨立岭(4月免)
张鹏程
付松华
曹宏亮
马　强(12月免)
曹　民
刘鹏堂
成维祥(12月任)
邓素霞(女,12月挂职期满)

**区政协**

主　席　伏禄代
副主席　党瑞舫
王　满(8月免)
张盛明(12月免)
王金明
潘建西
赵　彬

(赵文娟)

## 七里河区

**【概况】** 七里河区地处兰州市中南部,位于东经103°36′~103°54′,北纬35°50′~36°06′之间。东至雷坛河,与城关区接壤;南与定西市临洮县为邻;东南至铁冶,与榆中县银山乡相邻;西南至七道梁、摩云关、湖滩,与临洮县、临夏州永靖县交界,西至彭家坪、崔家大滩、深沟桥,与西固区毗邻;北濒黄河,与安宁区和城关区靖远路街道徐家湾隔河相望。距市政府驻地5千米。全区总面积397.25平方千米,森林覆盖率26.24%。年平均降水量360毫米,年平均气温10.5℃,全年日照时数平均2446小时,无霜期在180天以上。2020年,全区户籍总人口47.96万人,辖1乡、5镇、9个街道,有汉族、回族等45个民族。

境内有煤炭、石英石、石灰石、坩土、沙石、路标石以及地热等资源。天然林资源保护森林面积7.21万亩,国家重点公益林管护面积9.025万亩。

**【基础设施】** 2020年,七里河区新建11项农村公路项目,总长37.344千米。完成马滩片区规划道路建设2.6千米,彭家坪片区规划道路建设19千米,新建成阿干镇马泉垃圾填埋场,八里镇污水处理厂项目中深度处理车间主体结构混凝土浇筑及配套机房建设。石关子民宿旅游区建设项目中整村地下管线铺设、边坡防护、村内旅游线路基础铺设等配套设施施工,完成特色民宿院落主体建设75%的总工程量。2020年改造14个老旧小区,总面积78.17万平方米,涉及住户9698户,改造资金2.6亿元。老旧住宅小区加装电梯50部。

**【经济指标】** 2020年,全区大口径财政收入53.24亿元。全区实现地区生产总值492.06亿元,同比增长0.01%。其中,第一产业实现增加值6.28亿元,同比增长0.9%;第二产业实现增加值173.35亿元,同比下降1.2%;第三产业实现增加值312.43亿元,同比增长0.8%。全年完成建筑业总产值311.34亿元,同比增长0.7%,全年全社会建筑业完成增加值38.34亿元,同比下降3.1%。三次产业结构为1.28∶35.23∶63.49,全区第三产业增加值占全市的比重16.5%。城镇居民人均可支配收入38550元,农村居民人均可支配收入21941元,不考虑物价因素,两项指标分别比上年增长5.7%和7.4%。全区实现地区性财政收入53.24亿元,同比下降5.6%,其中完成公共财政预算收入15.95亿元,同比下降8.9%。一般公共预算支出33.66亿元,同比增长5.7%。全区人民币存款余额934.73亿元,同比增长5.7%;人民币贷款余额865.15亿元,同比增长4.6%。

**【招商引资与项目建设】** 招商引资到位资金210.78亿元,占全年目标的108%,市列19个重点推进项目中,开工项目16个,到位资金286.48亿元,项目开工率和资金到位率分别84.21%和52.85%。全年引进签约项目10个,总投资额162亿元,引进保利大都汇等投资10亿元以上项目5个,引进颐高集团等3个500强和行业龙头企业投资项目5个。第26届"兰洽会"省市专场签约陇浙(颐高)数字经济产业园、东郊学校华润分校、芙瑞商务港、河畔映巷、万达城一期、万达酒店、保利大都汇等项目7个,总投资额142亿元。

**【农林经济】** 全年第一产业增加值6.28亿元,同比增长0.9%;农林牧渔业服务业增加值0.62亿元,同比增长5.4%。全年农作物播种面积13.97万亩,同比增加3120亩,增幅2.28%。其中粮食播种面积1.33万亩,粮食产量3588吨。蔬菜、水果等经济作物产量24.62万吨。蔬菜种植面积12.4万亩,蔬菜产量23.36万吨。百合种植面积5.5万亩,百合产量4.73万吨。

全区生猪出栏2.17万头,生猪存栏1.6万头。羊出栏7695只,羊存栏1.72万只。全区出售和自宰的肉用牛814头,奶牛存栏7973头。全区天然林资源保护工程二期有效管护森林面积7.21万亩,国家级公益林管护面积6.4816万亩,管护合格率95%以上。新增造林项目7个,营造生态林1500亩,经济林1625.7亩,投入资金798万元。全年实现林下经济发展产值3001万元。新增家庭林场1家,现有林业专业合作社林下经济示范点13个,家庭林场7个。

**【工业经济】** 工业企业增加值同比下降0.8%,其中规模以上工业企业增加值同比下降0.9%。重工业实现工业增加值9.1亿元,占规模以上工业的9.7%,同比增长5%。轻工业工业增加值84.9亿元,占规模以上工业的90.3%，同比下降1.5%；公有工业实现增加值89.6亿元，同比下降0.7%；非公有工业实现增加值4.5亿元，同比下降4.5%，增速较公有工业低3.8个百分点；规上工业产销衔接较好，产销率97.8%，比上年同期下降1.9个百分点。2020年，七里河区振兴制造业项目5个。其中，先进制造业4个；战略性新兴产业1个。总投资49700万元，2020年计划投资6400万元，实际完成投资6869万元。

**【固定资产投资】** 在库投资项目144个。其中，5000万以上项目54个；5000万以下项目39个；房地产项目51个。固定资产投资同比增长20.1%，增速比上年同期高40.61个百分点。

**【国内贸易】** 商贸企业实现社会消费品零售总额250.29亿元，同比增长0.1%，其中批发业实现销售额238.21亿元，同比下降1.17%。零售业实现销售额100.02亿元，同比下降1.57%；住宿业实现营业额2.99亿元，同比下降3.9%；餐饮业实现营业额6.04亿元，同比下降16.67%。

**【环境保护】** 空气质量优良天数321天，达标率87.7%。同比增加23天。可吸入颗粒物年日均值为69微克/立方米，与上年同期上升1.5%；细颗粒物年日均值33微克/立方米，与上年同期上升3.1%。

**【文化旅游】** 文化企业在册数517家，规上企业8家（新增1家）。建立以七里河区文化馆、图书馆为总馆，乡镇（街道）综合文化站为文化馆、图书馆分馆，村（社区）文化综合服务中心为服务点的三级网络，及包含2个总馆、15个分馆、139个服务点的“文化馆、图书馆总分馆制体系”。投入资金100万元，更新9个街道的老旧健身器材381件。12月30日，石佛沟国家森林公园被甘肃省文化和旅游厅评定为国家4A级旅游景区。全年全区有4A级景区1个、2A级旅游景区1个、星级旅游饭店6家、旅行社总分社及营业网点88家、文化体育旅游创意产业园1个、省级旅游示范村1个、市级旅游示范镇2个、市级旅游专业村10个、星级农家乐146家。重点文化旅游产业项目9项，完成投资17.83亿元。全年接待游客1000.794万人次，实现旅游综合收入84.834亿元。举办百合文化旅游节、袁家湾村第3届生态文化旅游节、第25届石佛沟花儿会、首届“百合之夜”艺术周等大型文化活动125场次。组织非遗传承人开展“文化进万家、非遗过大年”送文化下乡展示展演6场次。

**【科技与教育】** 新增国家级众创空间1家、省级众创空间2家、新增市级众创空间1家，认定区级众创空间2家。通过认定的高新技术企业58家，科技小巨人企业3家，科技型中小企业当年入库40家，市级科技企业孵化器总数达到4家。新增省级企业技术中心1家、州市产学研合作成果转化基地2家。1家企业获科技部“科技助力经济2020”项目支持；农业科技园区考核验收为“优秀省级园区”；1家单位获“兰州市十大科技创新项目”支持；9家单位获“2020年度兰州市人才创新创业项目”支持；技术市场合同交易额完成9.52亿元。

全区有学校108所（中学22所，完全小学61所，教学点25所）。辖区在校学生55689人，专职教师1436人，保育员692人。辖区幼儿园153所，在园幼儿21021人，教职工2128人。七里河区属学校92所（不含幼儿园）。其中，小学85所；普通中学7所（完全中学1所，独立初中3所，九年一贯制学校3所）。区属学校在校生37644人（不含幼儿园），区属学校专任教师2736人。至2020年底，公办园幼儿园入园率50.78%，普惠园覆盖率84.66%。义务教育阶段全区实际招生7121人（含民办小学）。其中，本区适龄儿童4066人；随迁子女3055人。平稳有序划拨5718名小学毕业生（含区外104名）到辖区17所初中学校就读。全区民办培训机构登记在册100所，其中取得《中华人民共和国民办学校办学许可证》84所。2020年高考报名2860人，本科录取1564人（录取率54.69%），专科录取803人，累计录取2367人，本专科录取率82.76%。

**【社会保障】** 城镇新增就业16187人，城镇登记失业率控制在2.86%，安置困难群体就业2184人，培训各类劳动力12130人，失业人员实现再就业4656人，输转劳动力1.77万人，劳务收入4.46亿元。精准扶贫劳动力培训709人，其中建档立卡劳动力培训160人。全区9家扶贫车间吸纳就业360人，其中建档立卡贫困劳动力136人。新开发乡村公益性岗位129个，安置无力外出就业、无业可扶的建档立卡贫困劳动力家门口就业，试点开发“爱心理发员”公益性岗位28个，易地扶贫搬迁集中安置点开发乡村保洁、绿化员、养老服务等岗位62个。城乡居民养老保险参保率（续保率）99.82%，发放率100%。全区有参保企业3613家，参保人数53609人，新增参保企业2579家，新增参保缴费人数4733人。发放个人贷款223笔、4040万元。

全区有卫生机构425个。其中，区级医院9所；乡镇卫生院7个；个体开办310个；其他机构99个。全部卫生机构拥有床位数6972个，卫生技术人员7666人，执业（助理）医师2663人。

**【脱贫攻坚】** 全年脱贫攻坚项目库入库项目235个，涉及资金1.739亿元。投入财政扶贫资金1.543745亿元，涉及产业发展、就业培训、安全饮水、河洪道治理、道路建设、人居环境改善、金融等建设项目209个，项目资金拨付率98.76%。完成通村道路和村组道路141条210.83千米，修建板桥2座，硬化村内小街巷36万平方米，通村、村组道路和村内小街巷实现100%硬化。新建改建各类饮水安全工程76项，其中整合资金6900万元实施农村饮水安全巩固提升工程，在8个自然村安装水质净化设施297户，在3个镇11个村实施自来水入户工程，新建各类蓄水池30座，全区农村饮水安全覆盖率100%，自来水用户率99.14%。建设户厕8086座、公厕27座，完成率100%。整治残垣断壁22万平方米，新建文化广场48个，修建文化长廊、文化墙1.07万米，清理农村沟渠62.5千米，建成省市区级美丽乡村示范村24个，清洁村庄43个。全区9家"扶贫车间"吸纳建档立卡劳动力136人，为建档立卡户新开发乡村保洁、绿化员等乡村公益性岗位129个。输转建档立卡劳动力796人，创劳务收入1015.24万元。改造老旧房屋50户。易地扶贫搬迁建档立卡贫困户入住率100%，拆旧率100%。全区适龄儿童入学率100%，义务教育均衡发展实现全覆盖。标准化卫生室建设和家庭签约服务全面落实，医疗保险、大病保险、医疗救助实现全覆盖。8个贫困村、31个涉贫村产业发展、基础设施和基本公共服务等指标均达到脱贫标准，区级各项指标达到脱贫要求。经验收，七里河区2020年实现稳定脱贫70户206人，全区贫困发生率降为零，全区实现稳定脱贫2009户、7433人。

**领导班子成员**

**区　委**

书　记　郭海泉
副书记　王立山
　　　　张吉彬
常　委　陈　涛
　　　　贾向红
　　　　杨　军
　　　　鞠　康
　　　　王亚军
　　　　王耀堂
　　　　满万金
　　　　王　宪

**区人大常委会**

主　任　李世祥
副主任　李得林
　　　　高增新
　　　　杨瑞峰
　　　　辛春仓

**区政府**

区　长　王立山
副区长　满万金
　　　　王　宪
　　　　党梓文（女）
　　　　冯　宁（女）
　　　　沈　毅

**区政协**

主　席　黄晓玲（女）
副主席　孙　峨
　　　　尚亚林
　　　　陈小红
　　　　张浩成

（钟　潇）

## 安宁区

**【概况】**　安宁区位于黄河北岸，东接城关区，南临黄河与七里河区、西固区隔河相望，西至虎头崖与西固区相接，北与皋兰县接壤。区名源自明代军事城堡安宁堡，取"安宁无患、不受侵害"之意，是古丝绸之路的必经地之一，有"金城西北之门户，河西五部之咽喉"之说。1953年建区，区域总面积82.33平方千米。介于东经103°34′～103°47′，北纬36°5′～36°10′之间。东西长19.6千米，南北宽2.7至7千米。境内依山傍河，东西两侧高，中间低缓，呈马鞍形，形成狭长河谷平原—安宁平原。海拔1517.3米至2067.2米，相对高差550米。内陆性气候特征明显，日光充足，气候宜人。年降水量349.9毫米，年蒸发量1664毫米。年平均气温8.9℃。年日照2476.4小时，无霜期172天。主要自然灾害有霜冻、冰雹和风灾。区内环境优美，三季有花，四季常青，绿化覆盖率达到42.98%，人均绿化面积14.59平方米，位居全市首位，获"全国绿化模范县区"称号。

2020年，全区辖8个街道办事处60个社区，总人口40万人。全区城镇居民人均可支配收入40669元，同比增长5.5%。有回族、蒙古族、满族、藏族等29个少数民族。是甘肃省第一个完全撤销乡镇和村级建制的城区。区内有西北师范大学等17所大中专院校、有省农科院等2所科研机构，有各类科技人才3万余人。黄河风情线西段纵贯安宁区全境，有天斧砂宫、仁寿山、银滩湿地公园、兰州植物园、安宁生态文化园、九州台、文溯阁《四库全书》、兰州国学馆等自然、人文景观。仁寿山景区是国家4A级景区，是全国四大蜜桃之一"白凤桃"原产地，素有"十里桃乡"之称。荣获"2020年中国最美乡村百佳县市""2020年中国综合投资热力百佳县市""2020中国未来投资潜力百佳县市"等荣誉称号。

2020年，全区以总部经济、现代服务、高新技术、文化旅游等主导产业为载体，重点推进军民融合、先进制造、数据信息等生态产业，促进产业集群优化发展，逐步构建现代产业体系。全年完成地区生产总值240.75亿元，同比增长5.8%；第一、第二、第三产业增加值分别完成0.11亿元、73.13亿元、167.51亿元，同比分别增长—8.4%、10.1%、3.8 %；全社会固定资产投资额同比增长15.47%；完成社会消费品零售总额168.3亿元，同比增长1.86%；地区性财政预算收入

37.74亿元，同比增长9.49%。一般公共预算收入9.92亿元，同比增长5.18%。

【第一产业】 全区农业增加值1168万元，其中，农林牧渔服务业增加值21万元。蔬菜播种面积546.49亩，蔬菜产量807吨。水果产量2452吨。免疫各类畜禽5.5566万头只，重大动物强制免疫100%。

【第二产业】 全区规模以上工业企业数23个，工业增加值同比增长11%。规模以上5大重点行业中，金属制品业增加值同比增长18%；电气机械和器材制造业增加值同比增长1.5%；化学原料和化学制品制造业增加值同比增加31.1%；酒、饮料和精制茶制造业增加值同比增长8.8%；电力、热力生产和供应业增加值同比增长12.1%。全区有资质以上建筑总承包和专业承包企业12家。全年完成建筑业总产值129.19亿元，同比增长12%，完成建筑业增加值13.57亿元，增长5.8%。

【第三产业】 全区限额以上商贸企业61家。批发业、零售业、住宿业、餐饮业限上销售额分别完成1157.9亿元、77.04亿元、0.57亿元、0.18亿元，同比分别增长—17.3%、13.2%、—29.5%、—28.1%。累计完成限上社会消费品零售总额7237亿元，同比增长13.75%。全年申报商贸流通及服务业企业65家，累计销售额1235亿元。

【项目建设】 全区5000万元以上项目累计完成54.69亿元；5000万元以下项目累计完成2.07亿元；房地产项目累计完成38.14亿元。全年商品房销售面积累计完成59.36万平方米，增速67.17%。2020年，承担的10个省、市列重大项目完成投资49.37亿元，开工率100%。全区实施重点项目80个，开工率100%，完成投资94.89亿元。

2020年，鼎泰·中汇广场投入运营，中海环宇城、众邦国贸中心、荣光·陇汇广场等大型商业综合体进展顺利，兰州富力城开工建设，中车兰州机车高端轨道装备制造基地一期项目建成试运营，雪花啤酒12万听装进口啤酒线建成投产，省妇女儿童医疗综合体、区人民医院翻建工程稳步实施。全力整合兰飞、万里、长风军工优势，重点推动军民融合产业项目顺利实施，培育民办企业参与军工企业1家。实施战略性新兴产业项目10个，项目计划总投资30.54亿元。立达医药物流产业园全面运营，15家限上医药批发企业完成销售额59.84亿元。

【招商引资】 引进到位资金90.65亿元，超额完成目标任务。第37届中国兰州桃花旅游节签约项目总额5.85亿元。第26届“兰洽会”签约项目10个，投资总额192.98亿元。

【规划引领】 全面谋划现有城市空间和土地资源综合开发利用，迎门滩商务集中区首批7宗279亩土地实现出让，兰州富力城、吾悦广场等重大项目成功落地，兰西城市群标志性商务商业中心区建设正式启幕。加快接续土地梯次供应，11宗403亩土地达到供地条件，有针对性的召开专题招商推介会，全力引进500强企业参与开发，片区整体开发、产业集中培育、城市开放崛起的夙愿正式开启落实。

【工商企业】 全区累计登记各类市场主体26100户，同比增长12.4%，注册资本5697651.18万元，其中个体工商户15040户，同比增长8.48%，注册资本161478.22万元；企业11060户，同比增长18.21%，注册资本5536172.96万元。全年新增企业2171户，同比增长28.69%，注册资本979361.15万元。同时，全区25家食品生产企业全部采取记分式管理，电子追溯平台注册率100%。

【电子商务】 全区注册的各类电商企业达90余家，新增注册3家，新增本地自建电商平台3个，电商企业10家，交易额突破1亿元。猪八戒网甘肃总部园区新增入孵企业17家，累计注册各类企业94家，招商入驻率为85%，线上线下实现营业收入4953.33万元。

【基础设施】 持续加强基础设施建设，S569#路、S566#路、安馨路、S101公路全线通车；完成大沙沟临时石油管线改迁，530#路半幅具备通车条件。中通道、中线连接线互通匝道建设进展顺利；刘沙公路西段提升改造工程有序实施；新增停车泊位500个。投资440万元，完成市政道路维修等区属单项工程约12项。投资640万元，完成514#路、北滨河路等市属单项工程9项。投资382万元，实施辖区主次干道及背街小巷路面病害专项整治。全区有物业企业117家，物业小区146个，业主委员会17家。完成“三供一业”小区改造15个，“三不管”楼院物业管理实现全覆盖。打造绿化精品，设计制作“琴声悠扬”“天鹅之恋”等绿色雕塑，鲜花组景摆放盆花16280盆，栽植各色花卉6万余株、垂吊牵牛12.5万余株，安装装饰花盆花箱等。农村公路建设养护总里程22.283千米。

【生态建设】 绿色空间不断拓展，栽植白凤桃60亩，北山面山补植造林1685亩，完成远景山绿化景观（一期、二期）提升改造、桃林路北段匝道东西两侧空地绿化美化和青石沟垃圾场生态修复治理。完成线缆入地三年行动，建成线廊67条81.9千米。拆除沿街私搭乱建1.83万平方米；消除存量违法建设220处268万平方米，完成五年治理总量的93.7%；排摸桃园内违法建设及私搭乱建40万平方米，拆除13万平方米。全年加大燃煤小火炉取缔改造力度，累计改造居民小火炉9533户16442台。大气污染物二氧化硫下降92.16吨，氮氧化物下降49.92吨。实施以莫高大道为代表的门头提升改造，规范引导“门头牌匾”。环卫作业模式由“扫”向“洗”转变，机械化洗扫覆盖率100%。“马路办公”取得明显成效。开展保护母亲河“清四乱”专项行动，完成22条洪道及黄河沿线各类排水口清查整治。加强建筑工地监管，严格落实扬尘管控措施，对施工现场围挡、物料堆放、出入车辆冲洗、地面硬化、拆迁工地和土方外运湿法作业、渣土车辆密闭运输等做到“六个百分百”要求。全区地表水水质达标率100%，黄河干流安宁段断面监测达到Ⅱ类水质标准；空气质量达标天数294天，同比增加27天，取得国家实行新标以来最好成绩，城市管理规范化执法工作列入省级执法示范区。

【科技与教育】　地区性研究与实验发展经费支出(R&D)5.517亿元，同比增长5.3%。科技进步贡献率60.8%，同比增长2%。新增科技创新平台2个，高新技术企业10家，全区高新技术企业达到65家。项目申报入库省级科技计划项目9个，审核推荐市级“10大科技创新项目”4个，市人才创新创业项目13个，征集市重点人才项目“揭榜挂帅”活动企业技术需求2个。成功举办以“智·在安宁慧·泽丝路”为主题的兰洽会第4届安宁智库论坛，并承办全市科技活动周启动仪式。兰州科博会共签约项目25个，科技含量和数量等方面均获得新突破。推荐甘肃省建筑科学研究院有限公司申报“2020年度中国技术创业协会科技创业贡献奖”中(企业类)奖项。全区专业技术人才总量增长1285人，占全区事业单位人才总量的47.1%。安宁区被正式列为省级创新型建设试点区。

2020年，全区有各级各类学校104所，中、小学校分别招生923人、3569人，在校生分别2558人、17276人，毕业生分别504人、2974人，在职教职员工共1340名。学前三年毛入园率95.55%。九年义务教育巩固率99.82%，高中阶段毛入学率99.11%。全年教育累计支出3.379亿元，各类教育基建项目累计完成投资约7200万元，累计支出约7905万元。义务教育阶段公用经费支出1374.48万元，资助困难学生金额43.06万元。北京八中兰州分校初中部、沙井驿学校三馆一厅一广场快速推进展顺利。治理小区配套幼儿园39所，新增学位1800个，普惠率93.99%，公办园在园幼儿占比50.13%；创建省级一类幼儿园1所，市级标准化幼儿园2所。创建市级学习型社区18个，区级学习型社区56个，街道社区学校8所，成立社区教育工作站16个；利用电视台等媒体平台，开展家庭教育“五堂建设”，观看人次66500人次。

仁寿山公园一角

【旅游产业】　全区有文化产业单位267家(其中规上文化产业单位4家)，旅游产业单位233家，其中旅行社38家，A级旅游景区4家，星级酒店1家，农家乐190家。全年文化旅游产业项目投入资金2.5亿元，其中安宁文化教育广场项目投资1.5亿元，十里桃乡生态环境基础设施提升改造建设项目0.11亿元，众邦国贸中心五星级酒店项目投资0.89亿元。全年接待游客746.52万人次，同比增长16.28%。实现旅游收入60.41亿元，同比增长21.89%。

【医疗卫生】　全年公办医疗机构药品实现全部网上采购，药品(中药饮片除外)零差率销售100%。公办基层医疗机构与区级医院基本药物配备率分别达到70%、60%以上，销售金额达到50%以上。全区4家综合医院共接诊142868人次，转诊327人次，转诊率0.2%。支付医后救助94人、救助资金86.05万元，“一站式”医疗救助136人，救助资金40.79万元。投入运营的社区卫生服务机构31家，服务总人口28.48万人，电子档案建档人数21.37万人，建档率75%。推行分级诊疗模式，家庭医生签约6.7万人，医联体实现全覆盖。2家社区卫生服务中心、服务站分别被评定为省级中医特色社区卫生服务机构。

【文化事业】　线上成功举办第37届兰州桃花旅游节、2020年兰州安宁蟠桃会暨桃王大赛、九州台重阳登高全民健身活动。组织开展“我们的中国梦——文化进万家”“1+百千万”文化等一系列群众文化活动20余项、举办“践行新时代组织”“春绿陇原”“传

承弘扬文化 共建幸福家园”冬春文化惠民地方戏曲进社区演出174场。全年建设街道图书馆、文化馆分馆8个、社区综合文化服务中心1个，实现区图书馆与街道分馆一卡通行，资源共享。区文化馆组织编纂的《安宁区非物质文化遗产代表性项目名录集》和《兰州鼓子人文生态》出版发行。全区通过统计填报普查，共录入体育场地47个，人均体育场地面积3.02平方米。完成陇越骑联2020穿越丝绸之路（国际）山地自行车多日赛（兰州站）安宁赛段任务。

**【涉农集体经济组织与街道管理体制改革】** 全区组建涉农集体经济组织38个（街道5个，社区33个），截至2020年底组建完成37个（街道级4个，社区33个），并完成登记赋码并领证，1个沿用公司制，全区登记赋码率97.37%，社区级已全部完成登记赋码登记，完成率100%。并对33个涉农社区进行经济责任审计工作。坚持“稳川上山进沟”工作思路，以安宁堡街道、银滩路街道为主，建成优质白凤桃种植基地400亩，共定植桃苗40000余株，引进新品种10个，计划3—4年内进行择优推广。

完善网格监管任务和事项清单，建成街道一级网格8个、社区二级网格60个，三级网格217个。调整街道领导干部76人，明确街道党工委8项职能，赋予4项职权，保留3项“一票否决”和5项责任状，梳理行政服务事项60项。调整优化社区设置，新建洄水湾社区、营门滩社区、城院社区、金安东社区。

**【民生与社会保障】** 城镇新增就业8298人，困难人员再就业913人，城镇登记失业率4.13%。全年举办各类职业技能培训2738人次，专账资金支出104.13万元。发放创业担保贷款145笔，2490万元，完成目标任务2300万元的108.26%。为西北师范大学等10所高校的12529名困难毕业生发放求职创业补贴1252.9万元。

全年全区机关事业单位养老保险参保5127人。其中，在职3305人；退休1822人，参保费征缴4262.91万元、职业年金征缴784.89万元。城镇职工及居民累计发放养老金人数16281人，月平均发放2650万元。各类退休人员通过“甘肃人社”APP进行待遇领取资格认证16256人。其中，城镇职工及居民14518人；机关事业单位1738人。

全年被征地农民养老保险参保29200人，占失地农民总数的95%。城乡居民医保57330人，参保率52.05%。全年投入各类救助资金1781万元，受助群众3.21万人。资助基本医疗保险人数2147人，资金45.26万元。特困救助供养对象生活补助标准由每人每年11107元提高至每人每年12215元。城市低保标准由每人每月712元提高至每人每月783元。全年发放困难残疾人生活补贴7609人次76.12万元。发放困难群众冬季取暖补贴1191户2117人81.85万元。

全年建成待分配安置房38万平方米2756套，在建安置房136万平方米8942套，开工建设安置房4400套44万平方米；审核公租房459户，其中城镇中低收入新申请家庭154户、年审家庭305户，外来务工家庭5户，就业大学生13户。投资7100万元，整治改造老旧楼院8个，涉及居民1916户，面积15万平方米。加装老旧小区电梯30部。开工建设环卫公厕10座。为孝慈苑养老服务中心全年运营补贴113.28万元。区政府确定为民兴办的10件实事全部办理完成。

**【5G网络建设】** 全年建设5G基站420个。其中，利用存量铁塔资源改造建设373个；新建基站47个。移动开通基站222个；联通开通190个，在建中5个；电信开通5G室外站182个，已覆盖安宁所有主干道路及商圈，5G室内分布系统开通4个。

**【社会治理】** 中央督导组交办线索139件，办结139件，办结率100%；“12337”中央扫黑平台线索14件，省上批转线索28件，市级交办线索56件，区级受理排摸线索157件，办结率100%。强化反电诈“三联动”机制，破获电诈案件89起，打掉电信诈骗团伙6个，抓获犯罪嫌疑人63人。集中开展“十大行业整治”和矛盾纠纷大排查大调处专项行动，摸排各类矛盾纠纷491件，化解488件，化解率98%。消防工作在全省率先应用消防站智能管理平台，获得应急部“教育实践活动创新成果一等奖”。全区扫黑除恶，打掉黑社会性质组织1个，涉恶犯罪集团1个，涉恶团伙4个，抓获违法犯罪嫌疑人68名，破获刑事案件29起，查处治安案件13起。

**【自身建设】** 依法依规履职尽责，办理人大代表建议67件、政协委员提案84件、12345民情通及各类网络留言2.88万件，办复率均为100%。强化政务信息公开，主动和依申请公开8820件。为企业纾困解难，新增减费降税5.58亿元，协调发放各类贷款64亿元，减免国有资产类经营用房租金164.41万元。清理拖欠民营企业中小企业账款1.2亿元，偿还2.86亿元，占欠款总额86%。开展“千企万商大走访”活动，实行服务承诺“四办四清单”管理制度，有效激发非公经济发展活力，新增市场主体2662户。

**领导班子成员**

**区　委**

书　记　郭海泉

副书记　王立山

　　　　张吉彬

常　委　陈　涛

　　　　贾向红

　　　　杨　军

鞠　康
王亚军
王耀堂
满万金
王　宪

**区人大常委会**

主　任　李世祥
副主任　李得林
　　　　高增新
　　　　杨瑞峰
　　　　辛春仓

**区政府**

区　长　王立山
副区长　满万金
　　　　王　宪
　　　　党梓文(女)
　　　　冯　宁(女)
　　　　沈　毅

**区政协**

主　席　黄晓玲(女)
副主席　孙　峨
　　　　尚亚林
　　　　陈小红
　　　　张浩成

(陈天军　邹向东)

## 西固区

【概况】　西固区位于甘肃省中东部,兰州市区西南部。介于东经103°19′~104°41′,北纬35°58′~36°15′之间。东与七里河区接壤,西与红古区交界,南与永靖县为邻,西北部与永登县毗邻,东北部以黄河为界与安宁区隔河相望。黄河由西向东横穿全境,南北两山对峙并向黄河谷地倾斜。南北为残塬台地,海拔1750米左右。中部为黄河谷地,海拔1550米左右。湟水、庄浪河、咸水河在区境汇入黄河。属温带半干旱大陆性气候,年平均降水量300毫米~500毫米,年蒸发量1316.3毫米;年日照时数2100~2351小时,年平均无霜期185~200天,绝对无霜期150天。年平均气温8.7℃。区政府驻福利路街道,距兰州市中心20千米。全区总面积385平方千米,辖7个街道、5个镇、1个乡,有70个社区居委会、40个村委会。户籍总人口32.30万人,常住人口37.94万人,农业人口30059人,少数民族7963人,人口自然增长率2.5‰。西固文化资源丰富,有著名的河口古民居、柳泉碑林、下川水车、孔子文庙等民俗文化设施和“军傩舞”、黄河水车、河口古民居等非物质文化遗产和文物古迹。三江口10万亩湿地、达川千亩枣园、夹滩岛和月亮岛度假休闲区、柴家台原始历史遗迹等景点。关山原始森林、南山林场、元岔山、石头坪生态园等景区。有各类企业1000余家,其中中石油兰州石化公司等中央、省、市属大中型企业33家,形成以石油化工、能源、装备制造和新材料“三大板块”为支柱的工业体系,工业经济总量占全区经济的3/5,占兰州市工业经济总量的近2/5。

2020年,全区大口径财政收入175.95亿元。实现地区生产总值391.46亿元、同比下降2.1%。其中,一产增加值2.91亿元,同比下降6.6%;二产增加值214.53亿元,同比下降2.2%;三产增加值174.02亿元,同比下降1.8%。社会消费品零售总额143.36亿元,同比增长1.3%;区级一般公共预算收入9.84亿元、同比增长4.5%;固定资产投资同比下降38.4%;城镇和农村居民人均可支配收入分别达到44360元、21816元,同比分别增长5.5%、7.7%。全年实现工业增加值196.87亿元,同比下降1.2%。

【精准扶贫】　2020年,西固区致力“两不愁三保障”(不愁吃、不愁穿,义务教育、基本医疗、基本住房有保障),主要指标全面达标,全区建档立卡151户506人,人均可支配收入全部高于4000元脱贫标准,贫困人口退出验收核查和脱贫攻坚成果检视工作通过省级验收。全面完成改厕任务794户,农村无害化卫生厕所覆盖率91%;建立垃圾中转站6个,农村生活垃圾收运处置覆盖率90%以上,清理农村生活垃圾8000余吨;拆除残垣断壁10780平方米,拆危治乱90处;农村危旧房实现全清零;建成小康示范村22个,张家大坪村入选第十批全国“一村一品”示范村镇。

【项目建设】　开展“招商引资攻坚年”和“重大项目百日攻坚”行动,全年谋划储备重点投资项目185个,签约引进重大项目25个,总投资521亿元。石化全产业链加快形成,24万吨/年乙烯产能恢复项目,90万吨/年柴油加氢改质装置开车一次成功;蓝星公司年产50K大束碳纤维1138吨、原丝2865吨。虹盛·假日熊猫购物公园、金时光美食广场投入营业,金城公园(二期)对外开放,金城游乐园开工建设,西戎·袋鼠体育中心、河口古镇喀啰川文化广场建成投用。

【城乡建设】　文化小区等4个项目交付使用,总投资51.5亿元的8个棚改项目开工建设,14#街区征拆进展顺利;柴家峡黄河大桥成功合龙,临洮街、兰棉厂涵洞提升改造项目破土动工,83个小区“三供一业”完成改造。开展“百日百街百院”专项整治,清理脏源点760处,拆除违建1.9万平方米,消除77处普铁外部环境隐患,建成7处“口袋公园”。高效完成黄胶泥沟环境隐患治理,元托岘沟生态环境整治成为全市样板工程。

【社会事业】　新建临洮街学校,9所石化幼儿园移交接收顺利完成,率先在全省试点学生午餐配餐服务,区幼儿园晋级省级示范园,达川中心校入选教育部第1批乡村温馨校园建设典型案例；区中医院、区妇幼保健院投入使用，宝石花医院晋级“三甲”；“全国文明城市”创建成功，成功举办“春绿陇原·西固之夏”百姓大舞台，开展“书香西固”“中华民族一家亲”“同心共筑中国梦”等各类主题活动300余场次。争取科技攻关项目资金447万元；组织推荐申报国家、省市科技重点项目73项；6家企业通过高新技术企业认定；2家众创空间、2家研发机构通过市级认定；10家科普基地获市级命名挂牌。获得2020年兰州市十大科技项目和兰州市十大科技创新项目各1项。

**【劳动就业与社会保障】** 全年发放创业担保贷款4025万元，城镇新增就业10885人、城镇登记失业率在3.35%以内。为10907名困难人员代缴城乡居民养老保险。发放各类救助金3972.3万元，办理失地农民养老保险920名，依法追回拖欠劳动者工资1250余万元，建成投用4个老年人日间照料中心和6个社区综合服务大厅，为全区老年人提供居家和社区养老服务110万人次。西固区社会救助中心获评全省民政系统先进集体。

**【生态环境建设】** 持续加强水资源环境保护，清理整治河洪道27千米，完成宣家沟8家企业侵占洪道问题整改，拆除违建44处，实施4条洪道生态修复工程，元托峁沟生态环境整治成为全市样板工程。争取资金427万元，完成7家17台74.5蒸吨燃气锅炉改造；投入资金650万元，对573户居民1719台小火炉实施清洁能源改造；全区空气质量优良天数270天，再创历史新高。水源地保护项目全部建成，完成黄胶泥沟环境隐患治理；争取中央资金4000万元，对河口镇大红沟红矾钠厂及其周边铬渣污染土壤修复。启动实施“再造一个关山森林”工程，投入财政资金200万元，完成造林200亩，种植各类苗木3.4万株。向上争取资金1120万元，实施4663亩森林植被恢复、1000亩重点区域生态修复项目，保洁整形绿地20万平方米，绿化提升改造1.9万平方米，全区森林覆盖率27%、草原植被覆盖率52.17%、建成区绿地率到33.1%。

**【社会治理】** 成立诉调对接人民调解委员会，民商事立案率下降5.8%；群众来信来访下降42%，群体性事件同比减少10%，实现重要节会期间“零非访”。重拳打击违法犯罪，“两抢一盗”、治安案件分别下降39%、24%，成立反电诈大队，电诈破案率全市第一。成功创建全省民族团结进步示范区，实现省级双拥模范城“九连冠”。

**【深化改革】** 推进“放管服”改革，政务服务事项办事大厅进驻率95%，新增市场主体2405户；落实减税降费政策3.95亿元；推行“不来即享”（即利用大数据和智能化技术，通过微信、短信、统一服务电话等多种手段，进行资源数据整合，为全省的中小企业提供分类精准推送政策、企业在线交流、业务申报办理、政策“不来即享”、企业融资服务、督导统计、问卷调查等七项服务）、容缺受理、帮办代办等措施，审批各类项目250余个。集中化解历史遗留问题，民营企业中小企业清欠目标全面完成，35个项目近3万户居民即将取得房产证。基本完成286家、55045名国有企业退休人员社会化管理移交工作。自觉接受人大工作监督和政协民主监督，办结人大代表建议议案65件、政协提案95件，结案率均100%。主动接受社会公众广泛监督，办理网络舆情214件。

**领导班子成员**

**区　委**

书　记　雒泽民
副书记　芮文刚（5月免）
　　　　毛玉铎（5月任）
　　　　张君明
常　委　周　伟
　　　　郑　强
　　　　李宗科
　　　　张平华
　　　　刘佃兵
　　　　孙　炜（12月免）
　　　　刘　杰
　　　　高　洁（女，12月任）
　　　　任宏伟（4月免）
　　　　芮文刚（5月免）
　　　　王伟军（8月免）

**区人大常委会**

主　任　王延风
副主任　祁永良
　　　　张林军
　　　　高　奇（1月任）
　　　　王柏林（1月任）
　　　　王忠平（1月离任）
　　　　刘明劲（1月离任）

**区政府**

区　长　芮文刚（5月免）
　　　　毛玉铎（5月任）
副区长　郑　强（12月任）
　　　　张笑春（女）
　　　　陈　良
　　　　王永胜
　　　　刘冬青（12月任）
　　　　孙　炜（12月免）
　　　　任宏伟（4月免）
　　　　王有祥（12月免）

**区政协**

主　席　徐春花（女）
副主席　徐优文
　　　　江代莉（女）
　　　　杨世旺
　　　　马国强（1月任）
　　　　王忠良（1月离任）

（王晓蓉）

## 红古区

【概况】 红古区东接西固区，西临大通河，南濒湟水河与青海民和回族土族自治县和永靖县相望，北部黄土山岭与永登县毗邻。介于东经102°50′~102°54′和北纬36°19′~36°21′之间。区境东西长53.7千米，南北宽不过24千米，最狭窄处仅3.3千米，总面积567.6平方千米。全区辖3个街道、4个镇，22个社区、34个行政村。截至2020年11月1日零时，全区常住人口14.3795万人，男性人口7.3732万人，占51.28%；女性人口7.0063万人，占48.72%。居住在城镇的人口为10.9300万人，占76.01%；居住在乡村的人口3.4495万人，占23.99%。

红古区耕地面积7.15万亩，主要分布在大通河和湟水河河谷地带，区内47个坪台地面积9.75万亩，可开发利用面积6.19万亩。森林面积9816.17公顷，森林蓄积量2.5429万立方米，全区森林覆盖率18.48%，草原植被盖度48.7%。绿化面积418.17公顷，建成区绿化率32.12%。境内已探明各种矿点、矿床多处，主要有煤炭、石油、天然气、黄金、蛇纹岩、坩土、页岩、石英石等资源。有鸡、鸭、鹅、鸽子等家禽和狐狸、野兔、旱獭、布谷鸟等多种野生动物。

2020年，全区大口径财政收入208827万元。全区完成地区生产总值100.01亿元，同比下降12.9%，其中第二产业实现增加值52.42亿元，同比下降19.9%。全区固定资产投资额33.49亿元，同比增长9.1%。全区完成地区财政收入208827万元，同比下降22.99%。完成一般公共预算收入54570万元，同比下降21.53%。全区完成一般公共预算支出174090万元，同比下降9.98%。完成社会消费品零售总额26.72亿元，同比增长1.2%。城镇、农村居民人均可支配收入分别达到34611元和22689元，同比分别增长5%和7.5%。

【农业农村经济】 第一产业实现增加值5.95亿元，同比增长4.3%。全区粮食播种面积1.61万亩，总产量0.5万吨，同比增长8.24%。蔬菜种植面积9万亩，产量24.94万吨。经济作物面积9.79万亩，产量24.94万吨。肉、蛋、奶产量1.71万吨，水产品产量45吨。猪存栏17040头、牛存栏6455头、羊存栏46028只，猪出栏20063头、牛出栏953头、羊出栏19722只。生猪出栏增长3.51%，肉牛出栏增长21.3%，肉羊出栏增长8.61%，家禽出栏增长16.12%，牛奶产量增长12.84%。工商注册农业合作社360个。新增设施农业500亩，设立甘青农业产业合作发展示范基地。完成申报省市级龙头企业2家，规范提升合作社20家，新建休闲家庭农场3家。引进试验蔬菜、玉米等新品种130种，建成200亩的鲜食玉米新品种引进试验示范基地，引进推广农业新技术3项，完成测土配方施肥面积9万亩、技术推广面积7万亩，化肥减量技术示范面积0.5万亩，农机深松3.52万亩，农机深松整地GPS检测实现全覆盖。建成5000亩高标准农田。完成谷丰渠农业水价综合改革计量计控建设工程，改造干渠7.9千米，认证“三品一标”企业7家、农产品19个。

【工业经济】 完成工业增加值51.41亿元，同比下降20%，其中规模以上工业增加值同比下降16.4%。规模以上工业企业完成总产值148.2亿元，工业增加值增速—23%。年末规模以上工业企业21家，与上年持平，实现规上工业营业收入利润率8.3%。实施总投资136.4亿元的工业项目21个，窑煤三矿120万吨洗煤厂、宝方10万吨超高功率石墨电极国产线等7个项目基本建成或投产，新蓝天节能新材料二期等14个项目加快建设，“城市矿产”示范基地通过国家验收。战略性新兴产业占GDP的比重达到16.17%。完成建筑业增加值1.26亿元，同比下降16.4%。全区规上工业能耗总量181.43万吨标准煤，同比下降12.58%。

【商贸物流】 第三产业实现增加值41.64亿元，同比下降1.6%。其中限额以上实现消费品零售额2.05亿元，同比下降30.5%。总投资14.7亿元的方大上上城、海城丽景湾等5个商贸综合体基本建成，兰西客货运综合枢纽中心、花庄粮库三期仓房扩建等物流项目开工建设，建成农产品冷链、批发、农贸市场6个，新增纳限入库企业7家。采取放开地摊、兴办夜市、直播带货、发展乡村旅游等措施，推动消费复苏。

【招商引资】 全区招商引资项目共落实省外到位资金44.65亿元，超额完成市列目标40亿元的任务。第26届“兰洽会”签约项目开工率100%，到位资金率26.21%。

【税收】 税收累计完成收入135208万元，同比下降43.42%，减收103764万元。其中，税收收入131177万元，同比下降43.66%，减收101642万元；非税收入4565万元，同比下降28.18%，减收1791万元。截至年底，累计征收社会保险费53369万元，较上年同期减少6.44%，减收3676万元。其中，养老保险费26397万元；失业保险费1106万元；医疗保险费23988万元；工伤保险费1878万元。征收残疾人保障金506万元、工会经费1029万元、公路路产损害赔偿费8万元、职业年金1648万元。

【金融】 全区有银行业金融机构10家。其中，银行监管机构1家；政策性银行1家；国有商业银行5家；地方商业银行3家，营业网点26个，从业人员444人。全区金融机构各项存款135.56亿元,同比下降3.61%。其中,住户存款89.69亿元,同比增长8.39%;非金融企业存款33.53亿元,同比下降28.86%。各项贷款103.8亿元,同比下降3.97%。其中,住户贷款29.6亿元,同比增长11.69%;非金融企业及机关团体贷款74.21亿元,同比下降9.05%。

【城乡建设】 投资4.2亿元,完成川海大桥与滨河中路连接线等一批城市道路新建和改造工程,开展市容整治、线缆入地等专项行动,实施城市管网改造、交通十字优化等一批基础建设和功能配套项目。全面改造17个老旧小区。引入城关物业推行智慧停车模式,规范设置停车泊位2100余个。投资3.2亿元,实施农村人居环境、厕所革命、拆违治乱、基础提升"四大"整治行动。完成农村"三改"1793户,拆除危旧房屋71户,新建改造提升农村公路60千米,建成美丽乡村示范村2个。改造户用卫生厕所1293户,改造7750户,卫生厕所普及率88.6%。持续强化34个行政村清扫保洁和垃圾转运处置工作,累计出动人员15200人次,车辆2600台次。清理生活垃圾乱扔乱倒、柴草杂物乱堆乱放等农村"十四乱"8500余处24200立方米。回收利用秸秆2.8万吨,回收利用率82%;处理利用尾菜3.2万吨,处理利用率41%;回收利用废旧农膜495吨,回收利用率80%。

【生态建设】 全区空气质量优良天数346天,空气质量优良率94.8%。PM10、PM2.5达到市列目标,综合质量指数同比下降0.7%。湟水河、大通河地表水国家断面水质达标率100%。集中式饮用水水源地水质达标率100%,化学需氧量等4项主要污染物及降尘量控制在指标范围内。完成11家工业企业无组织排放治理、45家重点行业挥发性有机物治理、9家涉气"散乱污"企业整治。完成4吨燃煤锅炉煤改气任务。受污染耕地安全利用率100%,粪污资源化综合利用率81%以上。建立"河长+检察长+警长"治河联动机制,建成青土坡农村生活污水治理、湟水河水质自动监测站和采煤沉陷区生态治理三期、四期工程,完成61条洪道划界、工业排污口排查和"三线一单"编制工作,新增国土绿化3800亩。

【教育科技】 全区各级各类学校52所。其中,幼儿园20所;小学22所(另有3个教学点);初中1所;九年制学校5所;完全中学1所;高级中学2所;职教中心1所。全区中小学有434个教学班。其中,小学291个;初中92个;高中51个。中小学在校学生16759人。其中,小学9936人;初中4452人;普通高中2371人。小学专任教师717人、初中430人、普通高中283人。职教中心在校学生268人。幼儿园现有143个教学班,在园幼儿4610人。小学毕业生1470人、初中毕业生1512人、高中毕业生1036人。全区特殊教育学生70人。全区学前三年毛入园率96.02%,九年义务教育巩固率99.8%,高中阶段毛入学率98.35%。初中全科合格率20.25%。高校招生报名参考人数1236人,上线率97.65%,其中高考本科上线率40.94%。义务教育阶段适龄残疾儿童入学率98%。投资6547万元,新建海石湾南区棚户区改造教育设施(高中)建设项目和平安镇中心幼儿园项目。续建海石湾北区幼儿园和海石湾第三小学建设项目。下拨义务教育保障经费1231万元。

科技三项费支出925万元,全年市列目标区级科技三项费支出占本级财政支出的1.12%,科技进步贡献率增幅1%。红古区被列为省级农业科技园区建设。全区专利申请量52件。其中,发明申请量9件;万人发明专利0.7件;新授权专利16件。商标申请146件,注册88件,有效注册量421件。培育申请5个地理标志证明商标,其中"红古黑陶""红古玉雕"正式被国家知识产权局核准注册。甘肃阿敏生物清真明胶有限公司被确定为兰州市知识产权优势培育和专利导航企业。

【卫生健康】 全区有医疗卫生机构101家。其中,区医院7家;妇幼保健院1家;疾控中心1家;乡卫生院4家。卫生工作人员1527人。医疗服务人口覆盖红古辖区并辐射至青海海东地区及永登周边等区域。53家医疗机构完成电子健康卡连接,15家医疗机构完成远程医学信息平台对接工作。建成3个县域医学中心,可诊治250个分级诊疗病种。成立中医药救治团队。各类疫苗接种率均95%以上。全年发放计划生育奖励260.541万元。人口数据库全部项目信息准确率、及时率95%以上。

【文体旅游】 全区有文化馆8个、公共图书馆8个,各类体育健身场馆427个,总面积27.71万平方米。省级文物保护单位3处、区级文物保护单位8处、未定级15处、工业建筑遗产2处。文化市场经营单位63家。其中,娱乐场所20家;互联网上网服务营业场所5家;影剧院2家;印刷企业9家;出版物27家。有红古区文联及6个专业协会、14个专业文艺团体、41支业余文艺团队、全国文化信息资源共享工程区级支中心1个、基层服务点10个、村文化室34个、村文化大院7个、农家书屋38个。

全年接待旅游人数70.26万人次(其中乡村旅游人数43.714万人次),同比增长—44.98%,旅游综合总收入4.86亿元,同比增长—49.97%。新增民营文化旅游企业16家,同比增速5.3%。上报5个市列重点项目,完成项目投资总额0.2482亿元;申报25个储备谋划项目,计划总投资65.6亿元。完成第10届黄河文化旅游节1.4亿元签约项目。完成固定资产投资3000万元。

【民生保障】 城乡居民基本医保参保89949人，保费收入2523.9万元；全年新增城镇就业人数3332人，城镇登记失业率3.86%。城镇职工养老保险参保人数4.2万人，保费收入16405万元；城镇职工失业保险参保人数8944人，保费收入1106万元；机关事业单位养老保险参保人数6157人，保费收入8923万元；城乡居民养老保险参保人数3.7万人，保费收入1069万元。城乡居民最低生活保障人数10843人，城镇居民保障资金5531.95万元，全年发放低保金人数11478人，发放金额6084.57万元，"城乡特困供养人员"人数132人（五保户）。城镇人均消费性支出27444元，恩格尔系数21%；农村居民人均生活消费性支出12513元，恩格尔系数19.8%。90岁（含）以上人数147人。完成38家14879名国企退休人员社会化管理工作。推行"救助+服务"模式，发放各类救助资金8000余万元。

【交通通信】 国省公路建设里程合计131.675千米，投资1810.6万元。其中，国道109线河海路投资1170.6万元；国道341线胶蔓—海晏段日常养护投资300万元；省道233线武胜驿—海石湾段日常养护投资340万元。农村公路总里程568.461千米，拥有县道3条76.598千米、乡道7条78.672千米、村道341条413.191千米，农村公路密度87.33千米/百平方千米，公路拥有率34.35千米/万人，全区4镇3街道34个建制村实现100%通硬化路、100%通客车"两通"目标。货运周转量74971.8万吨千米，增速3.28%；完成客运量266.49万人次，增速—25.1%；完成客运周转量8085.62万人千米，增速—42.39%；客货运总周转量75780.36万吨千米，总增速2.41%。

各类从事电商业务的企业和个体户141家。建成光网小区180个，光纤覆盖34个行政村，覆盖率100%。完成网上交易额6888.15万元。移动用户17.2万户。其中，5G用户3.2万户；固定宽带用户5.8万户，城市家庭20mbps及以上宽带接入能力100%，固定宽带家庭普及率105%。

【脱贫攻坚】 对全区脱贫的665户2024人建档立卡贫困人口和9户33人"边缘户"进行动态调整动态管理。摸排有贷款需求建档立卡贫困家庭145户，发放小额信用贷款27户、132万元。鼓励、引导贫困人口外出务工680人。聚力"3+1"冲刺清零、"5+1"专项提升行动，整合资金900余万元，实施设施农业、乡村旅游、农村电商、特色种植养殖等扶贫产业，辐射带动农户1.3万余人，顺利通过脱贫攻坚考核终期验收。

【城市建设】 按照红古、民和同城发展的思路，争取市委市政府出台《关于支持红古区打造兰西城市群重要节点的意见》，制定6个方面20项具体措施，协同民和县先后编制完成《红古区打造兰西城市群节点城市发展规划》《甘青区域合作（民和—红古）示范区发展规划》，谋划6大领域108个合作共建项目。围绕落实甘青两省"1+3+10"行动计划，全方位推动与民和县在生态环保、基础设施、文旅商贸、综治维稳等领域的深度合作，构建9个跨区域联动机制。首个跨省县区级共育共享党史学习教育基地建成运行，47个坪台地连接线道路、兰西客货运综合枢纽站等基础带动项目开工建设，川海同城、沿湟一体、民海一域深度融合发展。

【文明城市创建】 制定下发《红古区2020年推进创建全国文明城市工作实施方案》《红古区创建全国文明城市工作问责办法》等措施性文件10余份。组织75个部门、单位志愿者在主要十字路口常态化开展文明交通劝导志愿服务活动，出动志愿者1500余人次。印发宣传点位测评标准1000余份，更换社会主义核心价值观宣传牌1520余块，制作更新含有本地元素的公益广告500余块。在主要路段制作公益广告、标语道旗1350余块。投放宣传车7辆，宣传小喇叭220余个。小区物业、窗口单位制作更换流动展板280余块，发放各类宣传彩页25000余份。实施"日督查、周调度、月通报、季推动"工作推进机制，成立3个区级检查组和11个镇街、部门督导组，开展督导检查，每两周下发问题清单并在区属媒体进行通报。实施"十大提升"行动。开展交通安全大检查7次，劝导各类交通违法行为240余起；清理各类占道摊点400余起，野广告800余处；更换破损门头54处，破损墙体广告570余处；出动清洁车辆700余台次，投放成组分类垃圾桶200余组。修补破损路面64处、更换破损井盖27个、维修更换损毁路灯35个，清理老旧小区、集贸市场乱堆杂物220余吨，在主要路段和住宅小区重新施划停车泊位1630余个，抓捕收容流浪犬280余只。新创建全国文明村镇、单位2个。

【脱贫攻坚】 2013年底，全区建档立卡首次识别660户2114人、贫困发生率4%。2014年—2018年，全区675户2112人建档立卡贫困人口全部达到脱贫验收标准，实现全区脱贫。2019年新识别边缘易致贫人口9户33人，现已全部消除致贫风险。截至年底，全区建档立卡贫困人口为665户2024人，贫困发生率0%。累计有2420名次建档立卡户家庭学生享受到教育扶贫政策金额115万元。截至2020年9月底，筛查建档立卡住院256人次，医保报销95.68万元。完成标准化村级卫生室34所，建档立卡贫困户家庭医生签约率100%。累计投资7亿余元,实施道路硬化、危房改造等项目256个,总投资10.37亿元的全省首个脱贫攻坚农村公路PPP项目开工建设,累计硬化农村道路257.8千米,建档立卡贫困户危房改造84户。投入财政资金2600万元,在全省全市率先推行农村和城区环卫保洁工作市场化运营模式,建成省市级"美丽乡村"16个,环境整洁村32个,2019年被评为"甘肃省村庄清洁行动先进县区"。

**领导班子成员**

**区　委**

书　记　李　荣
副书记　薛　蕾(女)
　　　　郭德涛
**常　委**　于　军(12月止)
　　　　杨志勇
　　　　汉晓明(7月止)
　　　　张惠勇
　　　　颜为海(12月止)
　　　　李　生(9月止)
　　　　杨建斌
　　　　杨恩奎(3月任)
　　　　范永锋(7月任)
　　　　王晓冬(9月任)
　　　　韩鹤峰(12月任)

**区人大常委会**

主　任　张玉莲(女)
副主任　马跃贤(1月免)
　　　　刘学红
　　　　温发源
　　　　席正锐
　　　　包金山(1月任)

**区政府**

区　长　薛　蕾(女)
副区长　杨建斌
　　　　李玉秀(女)
　　　　王志高(挂职,12月免)
　　　　薛　军
　　　　韩鹤峰

**区政协**

主　席　李玉兰(女)
副主席　安永学
　　　　李志敏(3月止)
　　　　齐向东
　　　　宋全增(1月任)
　　　　杨斌泰(1月任)

(马玉花)

## 永登县

【概况】　永登县地处甘肃省中部,东南与皋兰县、西固区、红古区相邻,西北与天祝藏族自治县、景泰县接壤。全县总面积6090平方千米。2020年年底,户籍总人口43.9万人(不含中川、秦川二镇)。全县辖12镇(不含中川、秦川二镇)4乡,200个村委会,10个社区居委会。

境内地形由北向南倾斜,海拔为1500~3000米。永登县深居内陆,大部分地区属温带半干旱气候。全年降水量337.8毫米,日照时数2541.4小时,年均气温6.7℃。年均无霜期155天,绝对无霜期147天。全年多为西北风,年内最大风力18.5米/秒,一般风力2.4米/秒。四季分明,阳光充足,冬无严寒,夏无酷暑,气候温和宜人。有连城吐鲁沟、石屏山自然风景区,有建于明初的连城显教寺、妙因寺、鲁土司衙门,明弘治年间的红城感恩寺,明正统年间的城关海德寺等人文自然景观。天然林覆盖面积46万余亩,苦水镇是全国玫瑰产量最大的地区之一。境内已探明矿产23种。有色金属矿主要有铁、锰、金、铜等;非金属矿产有石灰石、石英石、大理石、白云石等。

2020年,全县大口径财政收入9.39亿元。全县地区生产总值完成112.61亿元,同比增长1.8%。其中,第一产业增加值完成14.46亿元,同比增长7.1%;第二产业增加值完成29.37亿元,同比增长7.1%;规模以上工业增加值完成19.3亿元,同比增长10.7%;建筑业增加值完成2.07亿元,同比下降29.5%;第三产业增加值完成68.78亿元,同比下降1.7%。三次产业结构进一步优化为12.8:26.1:61.1。固定资产投资完成50.6亿元,同比增长12.6%;一般公共财政收入完成4.67亿元,同比增长5%;社会消费品零售总额完成30.87亿元,同比增长0.2%;城镇居民人均可支配收入26763元,同比增长5.1%;农村居民人均可支配收入12602元,同比增长7.8%。

【农业农村经济】　全年粮食作物播种面积(小麦、玉米、豆类、马铃薯等)61.21万亩,粮食产量15.2万吨,各类畜禽养殖量292.54万头(只、匹)。其中,生猪养殖量47.84万头;肉羊养殖量81.7万只;家禽养殖量161万只;牛养殖量5万头。发展"龙头建基地,协会带基地,基地连农户,订单促产业"的经营模式,提高农业产业化经营水平和农业生产效益,推动农民收入持续增长。2020年培育县级龙头企业8家,创建县级示范合作社34家,申报无公害农产品认证5个,绿色产品2个,有机农产品1个,地理标志农产品1个。分片布局,发展特色农业。在国道312沿线着重发展玫瑰产业,全县玫瑰种植规模10.16万亩;在满秦公路沿线着重发展红提葡萄种植,全县种植规模1.06万亩;在城关、柳树、龙泉、苦水等乡镇着重发展鲑鳟鱼等水产养殖,全县养殖水面0.38万亩。结合地域优势和产业基础,结合乡村旅游业发展,逐步打造集休闲、娱乐、度假、餐饮于一体的地方性特色产业综合示范基地。同时,根据市场需求,发展肉驴、马铃薯北繁南种、山楂、草莓、藜麦、樱桃、菊花、鲜切花等新型特色种养产业,取得良好的经济效益和社会效益。

2020年永登县行政区划一览表

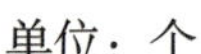
单位：个

| 区域名称 | 所辖街道乡镇村名称 | 社区 | 乡 | 镇 | 村 |
|---|---|---|---|---|---|
| 永登县 | 坪城乡(长山河村、白土咀村、满塘村、中塘村、坪城村、歇地沟村、横沟村、高家湾村、火石洞村、英鸽咀村、井儿沟村、三岔村、小沙沟村) | 11 | 4 | 14 | 200 |
| | 七山乡(长沟村、庞沟村、官川村、苏家峡村、地沟村、前山村、鱼盆村、雄湾村、岢岱村) | | | | |
| | 民乐乡(安仁村、普贯村、前庄村、卜洞村、铁丰村、柏杨村、八岭村、玉泉村、西川村、清泉村、红岭村、南沟村、漫水村、中川村、先锋村、黑龙村、大湾村、井滩村、绽龙村、宽沟村、小有村、下川村、细沟村) | | | | |
| | 城关镇(东街社区、西街社区、南街社区、北街社区、新城区社区、南街村、北街村、百灵观村、高家湾村、五渠村、满城村) | | | | |
| | 柳树镇(营儿村、复兴村、教场村、红砂川村、清水村、孙家井村、康家井村、柳树村、韩家井村、牌路村、黑城村、涧沟村、李家湾村、山岑村) | | | | |
| | 武胜驿镇(屯沟湾社区、新民村、武胜驿村、富强堡村、霍家湾湾村、道顺村、石门岘村、黑林村、火家台村、烧炭沟村、金嘴村、向阳村、兑角村、兰草村、马荒村、五端村、长丰村、旅顺村、大利村、奖俊埠村、三庄村、村、缸子沟村、石家滩村、聂家湾村) | | | | |
| | 上川镇(黄茨滩村、红井槽村、砂梁墩村、甘露池村、达家梁村、四泉村、古联村、祁联村、苗联村、涝池滩村、五联村、上古山村、下古山村、东昌村、天山村) | | | | |
| | 树屏镇(树屏村、上滩村、刘家湾村、毛茨村、哈家嘴村、东沟村、崖头村、杏花村) | | | | |
| | 中堡镇(金城社区、北坪台社区、五里墩村、汪家湾村、塘土湾村、中堡村、清水河村、罗城滩湾村、大营湾村、鲁家庄村、何家营村、邢家湾湾村) | | | | |
| | 苦水镇(周家庄村、大沙沟村、寺滩村、苦水街村、转轮寺村、沙湾村、大路村、胡家坝村、十里铺村、下新沟村、上新沟村、新屯川村) | | | | |
| | 河桥镇(南关社区、北坪台社区、河桥村、南关村、马莲滩村、团结村、马军村、乐山村、蒋家坪村、七里村、四渠村、敖塔村、主卜村) | | | | |
| | 连城镇(铁家治社区、浪排村、连城村、东河沿村、淌沟村、丰乐村、永和村、明家庄村、牛站村) | | | | |
| | 龙泉寺镇(福山村、瑞芝村、胡家湾村、龙泉村、水槽沟村、河西村、杨家营村、费家湾村、童家窑村、花园村、长涝池村、官路沟村、大涝池村、土门川村、碱柴井村、深沟村) | | | | |
| | 通远镇(牌楼村、晓林村、上坪村、边岭村、团庄村、青岭村、临坪村、捷岭村、张坪村、涝池村) | | | | |
| | 红城镇(宁朔村、永安村、徐家磨村、华山村、野泉村、下河村、进化村、凤山村、玉山村) | | | | |
| | 大同镇(王家坪村、郭家墩村、北同村、南同村、泉水沟村、高岑村、安山村、新农村、村、青寺村、贾家场村、保家湾村、趺马沟村、长川村) | | | | |

【工业经济】 实施“工业强县”战略，围绕强龙头、补链条、聚集群的思路，加快改造提升传统产业，培育壮大新型产业，推进生态产业，扶持民营经济，激发实体经济活力。推进连铝、西铁、祁连山、红狮等传统产业二次创业，开展增品种、提品质、创品牌行动，推动产业链向下延伸、价值链向中高端攀升，不断增强企业核心竞争力。培育壮大新兴产业，依托树屏产业园和中堡镇原有工业企业，利用国家推广新型节能环保建材相关政策，打造一批装配式建筑构件、内外墙板、节能门窗、新型给排水管道等产业集群，扶持培育众联干粉砂浆、国宏门窗、先锋管道、新元建材等一大批新型建材产业。聚焦“十大生态产业”发展，大力发展清洁生产企业。全县累计确定生态产业项目142个，总投资149.56亿元。全县十大生态产业增加值占全县GDP比重

37.7%，占比较上年同期提升2.1个百分点，生态产业各项指标均超预期，在全市8县区排名靠前。启动实施腾达西铁电工厂炉循环水余热供暖改造、兰州红狮固废水泥窑协同综合利用、祁连山2号水泥窑系统提产节能改造、蓝星硅1号2号炉改造等项目。编制完成《永登县循环经济发展规划》，培育连铝为省级循环经济示范企业，永固水泥、盛源化工、阳光碳素为市级循环示范企业。祁连山水泥、腾达西铁成功入选甘肃省第1批绿色工厂名单。牢牢树立"工业强县、民营富县"思路，鼓励、支持、引导民营企业发展。至年底，全县注册民营企业10624家，2020年实现非公经济增加值62.32亿元，占全县GDP的比重57%左右，成为县域经济发展中重要的经济增长点。

【第三产业】　开展促消费扩内需活动，组织11家限上零售企业和9家餐饮企业参与全市"惠金城、促消费"政府免费发放消费券活动，组织华东综超、嘉佰乐超市等重点零售商贸行业扎实开展丰富多彩的促消费活动。指导零售企业借助网上商城、微店、微信朋友圈等形式，开展特价、团购、秒杀等促销活动，拓展销售渠道，实现创新升级。举办首届"携永丰登"电子商务县域公共品牌发布会。组织4家优秀企业赴津参加为期4天的东西部协作消费扶贫产品推进展销系列活动。成功举办网络兰州玫瑰节、农民丰收节等乡村文化旅游节会。旅游业快速发展，接待游客300万人次以上，旅游总收入13.252亿元。积极顺应疫情后全县消费结构及消费习惯的变化，发展电子商务，培育电商骨干企业20家，创建示范性网店30家，网络电商消费出现爆发式增长，电商交易额7340万元。

【三大攻坚战】　全县累计投入资金3.76亿元，其中县级配套资金1.56亿元，剩余贫困人口全部实现稳定脱贫，贫困发生率降为0。200个村建成公益周转房287套，全县实现"零危房"。实施农村饮水安全项目4项，全县农村集中供水率98%，自来水入户率97%。建制村、自然村全部通硬化路和动力电，行政村全部开通光纤宽带。幼儿园毛入园率90.6%，义务教育阶段学生入学率100%。102个贫困村全部建起标准化村卫生室，符合参保条件的贫困人口养老保险、基本医疗保险、大病保险基本实现全覆盖，最低生活保障基本做到"应保尽保"，高质量完成脱贫攻坚普查工作任务。

全力打好污染防治攻坚战，生态环境质量持续改善。制定《永登县创建国家生态文明示范县实施意见》。拆除取缔燃煤锅炉，完成清洁能源供热改造二期项目，规范饮食服务业经营流程，加大餐饮油烟治理，全县优良天数351天。实施《两河流域水污染防治三年行动方案》，推进水污染治理、水环境改善、水生态修复，大通河、庄浪河水质全部达标。全面开展专项整治，关闭"两河"非法洗砂场56家，沟洪道洗砂点48处，清理废料32万方。实施祁连山造林绿化面积13.62万亩，东西两山造林绿化6750亩，两河流域及关键地段造林绿化1160亩，全民义务植树102.6万株。治理沙化草地3.83万亩，完成草原鼠虫害防治19.9万亩。

加大金融风险化解力度，协调驻永金融机构全面完成农村金融机构改革，落实各项改制政策。开展不良贷款"清收风暴"活动14次，累计收回不良贷款本息1.06亿元，盘活不良贷款1.02亿元。做好金融机构监管工作，对全县辖区内的4家小额贷款公司1家融资担保公司每半年进行一次全覆盖现场检查。

【项目建设】　2020年，中央预算内资金投资项目5个，到位资金0.95亿元，开工率100%。地方政府专项债券项目2个，下达资金1.08亿元，开工项目2个，开工率100%。引进项目25个，总投资115.75亿元，开工项目20个，开工率80%。新增落实到位资金36.54亿元，其中省外到位资金31.78亿元。第26届"兰洽会"签约项目26个，签约总资金95.46亿元。

【基础设施】　编制《永登县西城区南城区控制性详细规划》，庄浪河立交桥竣工，幸福大道完成总工程量的80%，西城区清洁能源集中供热工程完成主体建设，西城区初级中学综合教学楼、学生宿舍楼、食堂、多功能报告厅等完工，西城区小学主体工程完成总工程量的80%，西城区幼儿园主体工程完成总工程量的70%，永登县中医院住院综合楼建设项目开工。完成县城14个小区21栋楼872户老旧小区改造，滨河路人行道改造、卫生巷和团结巷道路整治，更换维修县城供热老旧管网2751米。实施清洁能源供热改造(二期)"煤改气"项目，新建清洁能源燃气供热站5座，改建换热站5座。全县累计拆除闲置危房2300户。

【民生福祉】　城镇新增就业2672人，困难人员再就业288人，创业企业502家，新增创业企业带动就业1491人。新增创业担保贷款251笔4469万元，带动505人就业。完成精准扶贫劳动力培训131期5367人，其中建档立卡户1410人，占培训总人数的26.2%。

全年组织开展乡镇内教师跟师跟岗、支教、走教交流229人次。招考"特岗教师"102名，招考事业人员95名，选派15人进行"三区"支教。新建学校薄弱环节改善与能力提升工程项目15个，规划资金2683万元，全年建设完成14个，正在建设1个。

年内规范管理高血压患者26022人，规范管理率75.4%，管理人群血压控制率83.5%；规范管理糖尿病患者

4583人，规范管理率74.7%，管理人群血糖控制率73.2%；管理严重精神障碍患者1034人，规范管理979人，规范管理率94.67%。家庭医生签约常住人口18万余人。其中，建档立卡贫困户签约70154人；签订初级服务包58498人；签订中级服务包11656人。

城镇职工医疗保险参保人数2.27万人，城乡居民医疗保险参保人数34.6万人。城乡低保平均标准分别提高至620元/月、4110元/年。

**领导班子成员**

**县　委**

书　记　魏旭昶
副书记　杨　平(女)
　　　　刘宗斌(7月任)
　　　　杨　东(7月免)
常　委　李长青
　　　　贾　锐
　　　　焦浩雁
　　　　李小亮
　　　　李文卿
　　　　吕江宇
　　　　李继鑫(12月任)
　　　　张海滨(7月免)
　　　　王　伟(12月免)

**县人大常委会**

主　任　保元德
副主任　李永兰(女)
　　　　李玉祥(5月任)
　　　　芦天山
　　　　朵建中
　　　　王治民
　　　　龙元国(5月任)

**县政府**

县　长　杨　平(女)
副县长　贾　锐
　　　　王　剑
　　　　徐生田
　　　　王　琦(7月任)
　　　　郭雯瑞(12月任)
　　　　王　伟(12月免)
　　　　李　琦(12月免)
　　　　马鹤林(7月免)
　　　　刘立善(12月免)

**县政协**

主　席　魏周菊(女)
副主席　李发泉
　　　　胡延山
　　　　熊长青
　　　　潘思亭
　　　　郑大国
　　　　王大立(5月任)

(火泽东)

## 榆中县

**【综述】**　榆中县位于103°49′15″~104°34′40″，北纬35°34′20″~36°26′30″。地处甘肃省中部、省会兰州东郊，东接定西市安定区和白银市会宁县、靖远县，西靠兰州市城关区、七里河区，南与定西市临洮县毗邻，北与皋兰县、白银市白银区、靖远县相望。县人民政府驻城关镇，距省会兰州市38千米。

2020年，全县辖小康营、清水驿、哈岘、上花岔、韦营、中连川、园子岔、马坡、龙泉9个乡，城关、夏官营、高崖、金崖、和平、青城、甘草店、定远、连搭、新营、贡井11个镇，文成路、一悟路、兴隆路、栖云北路4个城镇社区，高沿坪、苑川欣城2个农村社区，268个行政村，1617个村民小组。

榆中县地处陇西黄土高原，大部分地区黄土覆盖，由东南、东北向西北倾斜。地势南高北低，中部低洼，呈马鞍形。地形分为南部石质山地、中部川塬丘陵沟壑、北部黄土丘陵三部分。境内最高峰马衔山主峰海拔3671米，最低点青城镇东滩村海拔1432米。

2020年，平均气温7.4℃，比历年同期平均值偏高0.4℃；年降水量428.5毫米，比历年同期平均值偏多15%；年蒸发量713.毫米，比历年平均值偏少57.3毫米(7%)；年日照时数2252.2小时，与历年平均值偏少294.7小时(12%)。

黄河为最大的过境河流，从桑园峡流经境内北部和平、青城、上花岔、园子岔4个乡镇，至乌金峡出境，总长51千米。主要支流有兴隆大河、龛谷河、黑池沟等。

榆中县境内探明的矿藏15种，有中小型矿床、矿点和矿化点48处，石灰岩、白云岩、石英石、大理石等储量较大；西南地区的马衔山北麓，从高崖的救驾沟起至银山的高家湾，均蕴藏有量多质高的石灰岩。2020年，全县户籍人口477572人，同比增长0.67%。当年出生2914人，比上年减少31.69%，人口自然增长率2.46‰。人口密度为每平方千米144.65人。

境内有回族、东乡族、藏族、蒙古族、满族、维吾尔族、苗族、彝族、壮族、布依族、朝鲜族、侗族、土家族、裕固族、傣族、黎族、傈僳族、畲族、拉祜族、土族、撒拉族、锡伯族、保安族等23个少数民族，人口5544人，占全县人口的1%，主要分布在连搭、小康营、城关、甘草店等4个乡镇。城镇居民可支配收入27138元，同比增长5.2%；农村居民人均可支配收入12423元，同比增长8%。城镇新增就业人数1713人，增长—25.81%；城镇登记失业率3.05%，增长3.57%。单位生产总值能耗降低率5%，同比增长0.3%，居民消费价格指数涨幅2%。榆中县博物馆藏品数量3947件。其中，一级文物31件；二级文物89件；三级文物351件。县内有野外文物307处。其中，古遗址147处；古墓葬26处；古建筑89处；石碑石窟4处；近现代文物41处。国家级文物保护单位明长城(包括2处墙体、4处山险、1处关堡、30处烽火台)、青城古民居(包括滩戏楼、青城书院、城隍庙、高家祠堂古建筑4处、古民居45处)和明肃王墓3个86处；省级文物保护单位马家㓊遗址、兴隆山握桥、郭家湾遗址、方家沟

2020年榆中县行政区划一览表

| 乡镇 | 所辖行政村 | 社区 | 备注 |
| --- | --- | --- | --- |
| 小康营乡 | 王保营、上彭家营、洪亮营、刘家营、孟家庄、郭家营、李家营、翟家湾、南北关、红寺、永红、窑坡、小康营、浪街、深沟子、徐家峡、范家山17个村 | | |
| 清水驿乡 | 东古城、太子营、天池峡、清水、岘坪、赵家岔、杨河、苏堡、建营、方家沟、柳树湾、红坪、王家湾、稠泥河、杨家山、孟家山16个村 | | |
| 中连川乡 | 刘家岘、陡泉湾、垲坪、黄蒿湾、高家渠、高窑沟、大湾、撒拉沟、中连川、野韭川、鞑靼窑、中庄窠12个村 | | |
| 园子岔乡 | 万羊、青碾、小岔、柏木、大岘、金营6个村 | | |
| 上花岔乡 | 百禄、上花、平湾、王湾、大岔、黑虎子6个村 | | |
| 哈岘乡 | 宣家岔、哈岘、仁和、柳树、杨岘、纪尔、张湾7个村 | | |
| 马坡乡 | 高家湾、孙家湾、打磨沟、茨坪、小水子、斜路山、大滩、旋马滩、尖山、马莲滩、上庄、阳山、白家堡、旧庄沟、河湾、马坡、窑沟、哈班岔、羊上、羊下、后沟、张家寺、太平沟23个村 | | |
| 龙泉乡 | 水家坡、张家窑、大坪、李家岔、骡子滩、花寨子、武家庄、银川、水泉湾、庙咀、杨家咀、洞口12个村 | | |
| 韦营乡 | 李家坪、韦家营、郭家沟、武家窑、黄家岔、全家岔、孙家岔7个村 | | |
| 新营镇 | 清水沟、黄坪、祁家河、八门寺、红土坡、刘家湾、桦岭、罗景、窝子湾、杨家营、寨子、新营、谢家营13个村 | | |
| 贡井镇 | 套岔岘、贡马井、吕家岘、大坪山、石台、地湾、古坝、崖头岭、佐堤9个村 | | |
| 甘草店镇 | 三墩营、西村、东村、果园、项家堡、钱家坪、咸水岔、车道岭、唐家岔、克涝、蔡家沟、郭家湾、好地岔13个村 | | |
| 夏官营镇 | 高墩营、大兴营、詹家营、彭家营、化家营、孙家营、双店子、敬家山、接驾咀、过店子、太平堡、高家崖、夏官营、红柳沟、中河堡、彭家湾、郝家湾17个村 | | |
| 城关镇 | 周前、龚家山、三角城、丁官营、兴隆山、南坡湾、杨家庄、南关、下汉、东湾、城关、北关、大营、金家圈、李家庄、上蒲家、朱家湾、分豁岔18个村 | 栖云北路、一悟路、兴隆路、文成路4个社区 | |
| 高崖镇 | 砂河、关门口、高崖、新窑坡、马家集、小营子、李家磨、裴家岔、树梓沟、马家咀、湖滩11个村 | | |
| 青城镇 | 青城、苇茨湾、城河、新民、瓦窑、红岘、三合、上坪、下坪、东滩、红湾、大园子、建亭、改地14个村 | | |
| 金崖镇 | 大涝池、大耳朵、黄家庄、郭家庄、火家店、金崖、永丰、古城、梁家湾、齐家坪、陆家崖、张家湾、窦家营、寺隆沟、邴家湾、瓦子岘、豆家岘17个村 | 高沿坪、苑川欣城2个社区 | |
| 和平镇 | 范家营、马家山、豆家山、路口、邵家泉、直沟门、陈家庄、大水洞、方家泉、桑园子、西坪、东坪、袁家营、蔡子山、和平、沈家河、祁家坡、高营18个村 | | |
| 连搭镇 | 马家洼、麻家寺、秦启营、朱家沟、薛家营、孙家坡、魏家营、乔家营、麻启营、连搭、朱典营、金家营、胡家营、张家坪、魏家沟、寇家沟、肖家咀、石头沟18个村 | | 高新区托管乡镇 |
| 定远镇 | 骆驼巷、冯湾、歇驾嘴、董家湾、定远、张老营、蒋家营、猪嘴岭、安家营、矿湾、邓家营、陈家沟、水岔沟、转嘴子14个村 | | 高新区托管乡镇 |

遗址、红寺遗址、金崖古建筑群(包括49处古民居、12处古建筑)、夏官营古城(勇士城)等7处;县级文物保护单位蒋介石官邸、张一悟故居、张一悟墓、兴隆山烈士陵园、朱家湾砖雕墓、分豁岔遗址、白虎山古墓群、窑坡遗址、唐家峡遗址、祁家崖湾遗址、湖滩遗址、大坪遗址、黄猴洞石刻、尖山大佛寺、垲坪滩遗址、魏家湾遗址、连搭百子宫文昌阁、朱家沟回民小学(榆中县委)旧址、乔家营第一野战军指挥部19处;一般文物点115处。

有兴隆山景区、官滩沟景区、石门度假村、青城景区、石源山庄、老家·浪街、李家庄田园综合体。红色景点主要有兴隆山烈士陵园、张一悟纪念馆(甘肃省爱国主义教育基地)、张一悟故居、张一悟墓、金崖党支部、金崖工委旧址、中共榆中县委旧址、兰州战役第一野战军司令部旧址等。

境内有国家级历史文化名镇两

处，即青城镇和金崖镇。金崖镇永丰村为中国传统村落。

境内有非物质文化遗产保护项目106项。其中，有“七月官神”“太符灯舞”；马衔山原生态秧歌等省级非物质文化保护项目8项，市级12项；县级86项。有省、市、县非物质文化遗产名录41项、传承人42名。

【经济概况】 2020年，全县大口径财政收入14.58亿元。全县生产总值171.74亿元，增长11.2%。其中，第一产业产值16.28亿元，增长6.9%；第二产业实现增加值82.97亿元，增长19.4%；全部工业增加值70.07亿元，增长11.2%；建筑业增加值12.9亿元，增长149%。第三产业产值72.49亿元，增加2.4%。地区性财政收入14.58亿元，同比增长7.5%，其中一般公共预算收入8.04亿元，增长2.68%；财政总支出67.15亿元，增长14.5%。固定资产投资增长13.34%。社会消费品零售总额30.68亿元，增长1.3%。

【第一产业】 农业增加值16.28亿元，增长6.9%。农作物总播种95.92万亩，粮食总产量13.49万吨，油料4.61万亩、产量0.69万吨。高原夏菜种植33.3万亩、新增2.8万亩，总产量69.57万吨，实现总产值15亿元，带动6万户农户参与产业发展。畜禽饲养量230万头只，禽蛋产量8700吨，肉类产量2.2万吨，牛奶产量1.38万吨。有各类规模养殖场（户）550余家，被农业农村部确定为“互联网+”农产品出村进城工程试点县，全国县域数字农业农村发展水平评价先进县。

【第二产业】 全县工业经济平稳增长，完成规模以上工业产值197.21亿元，比上年增长16.01%。47家规模以上工业企业增加值同比增长13.4%，超额完成6%的市列增速计划。工业实现增加值82.97亿元，增长19.4%。全部工业增加值70.07亿元，增长11.2%；建筑业增加值12.9亿元，增长149%。

【第三产业】 第三产业产值72.49亿元，增加2.4%。社会消费品零售总额30.68亿元，增长1.3%。批发业完成增速0.21%；零售业完成增速3.91%；住宿业完成增速—10.49%；餐饮业完成增速—5.30%。

【财政收支】 全县大口径财政收入145809万元，同比增收10159万元，增长7.5%。县级一般公共预算收入80374万元，占年预算的100.5%，同比增收2100万元，增长2.7%。其中税收收入59812万元，同比增收2850万元，增长5%。政府性基金预算县级收入188510万元，增收20287万元，增长12.1%，其中国有土地使用权出让收入174602万元，增收19039万元，增长12.2%。社会保障基金收入61759万元。其中，机关事业单位基本养老保险19832万元；城乡居民基本养老保险24732万元；企业职工基本养老保险17195万元。一般公共预算和政府性基金预算总支出671546万元。其中，一般公共预算支出346327万元，增支5227万元，增长1.5%；政府性基金预算支出325219万元，增支79736万元，增长32.5%。社会保障基金累计支出63356万元。其中，机关事业单位基本养老保险23250万元；城乡居民基本养老保险17764万元，企业职工基本养老保险22342万元。

【固定资产投资】 全年完成投资151.49亿元，增速12.45%。全县计划固定资产投资项目共156个。其中，续建项目62个，复工率100%；新建项目94个，手续办结项目93个，开工项目93个，办结率和开工率均为100%。开工项目入库91个，入库率98%。

【项目申报和资金争取】 储备中央预算内资金项目38项，通过国家重大项目库受理12项，总投资60.16亿元。争取到新增中央投资项目5个，争取中央预算内资金3369万元；省级预算内1个项目250万元；市级前期资金435万元；县列前期资金1000万元。成功申报专项债券项目10项、争取到位专项债券资金18.36亿元，一般债券项目4项、债券资金1.02亿元。

【劳动就业】 全县城镇新增就业人数1713人，完成目标任务的107%，城镇登记失业率3.57%。输转农村富余劳动力8.58万人，创劳务经济23.96亿元。发放创业担保贷款561笔8357万元，扶持创业带动就业1417人。全县贫困人员输转就业32148人，较上年净增6972人，创劳务收入6.28亿元，疫情防控期间审核发放贫困劳动力劳务输转补贴4006人1288.14万元，审核发放26家生产经营主体吸纳贫困劳动力就业奖补资金84.9万元。

【社会保障】 全县企业职工养老保险参保单位843家38047人，机关事业单位养老保险参保人数11361人，参保缴费率100%。城乡居民养老保险参保237747人，其中待遇享受人数65503人，应参保缴费人数172244人，参保缴费率98%。失业保险参保单位869家17495人。共减免681家参保单位养老、工伤、失业3项社会保险费6730.86万元。全年职工基本医疗保险参保人数24705人，城乡居民参加2020年度基本医疗保险人数389795人。城镇职工大额医疗保险参保人数13847人，城镇职工公务员医疗补助参保人数13568人。

【医疗卫生】 全县有医疗卫生机构395个。其中，县属医疗卫生单位7个；乡镇卫生院21个；社区卫生服务站4个；村卫生室268个；厂矿、学校医务室10个；民营医院3个；个体诊所82个。县乡两级医疗机构实际开放床位2346张，专业技术人员2528名。其中，正高8名；副高176名；中级391名；初级及以下1771名。

【基础教育】 有各级各类学校242所。其中，幼儿园75所；教学点50所；小学89所；九年制学校10所；独立初中10所；特教学校1所；完全中学3所；高级中学2所；中等职业学校2所。在校学生49537人。其中，幼儿园11270人；小学20684人；初中9716人；普通高中5832人；中等职业学校1999人；特教学校36人。教职工4107人，其中专任教师3937人。专任教师中幼儿园324人、小学1876人、初中945人、特教学校6人、普通高中742人、中等职业学校44人。

【低保救助】 全县有城市低保对象595户1164人，累计发放城市低保金783.72万元；有农村低保对象4707户11644人，累计发放农村低保金3512.3万元。全县有建档立卡贫困对象83821人，其中建档立卡户中农村一类低保对象799户1540人，二类低保对象1357户3475人，兜底保障对象3714户6619人。全县有城乡特困供养人员1558户1604人。全年向1491户3395人发放支出型临时救助金516.3万余元，向137户522人发放急难型临时救助金266.9万余元，下拨各乡镇临时救助备用金486万元。

【复工复产】 做好“六稳”工作、落实“六保”任务，全县47家规模以上工业企业全面复产，复工率98.59%。211家规下中小工业全部复工，复工率101.86%。酒钢集团榆中钢铁有限责任公司、兰州金川新材料科技股份有限公司、兰州庄园牧场股份有限公司、甘肃京兰水泥有限公司、兰州金川科技园有限公司5家市级跟踪重点企业复工复产率100%。县级跟踪重点企业15家，复工复产率100%。

【电力供应】 国网榆中县供电公司全年售电量11.84亿千瓦时，同比增长17.72%。完成综合线损率4.82%，同比下降0.33个百分点，平均电价（含税）完成469.533元/千千瓦时，同比下降45.032元/千千瓦时；应收电费完成5.56亿元，同比增加7.41%，当年电费回收率完成100%。榆中县扶贫村低压线路改造工程项目总投资1.06亿元，对6千伏莱子山新农村、大池泉等16个行政村2668户进行农村电网升级改造。

【招商引资】 2020年，引进招商引资项目24个，总投资159.53亿元，其中5亿元以上项目10个，即，投资50亿元的鹏博士兰州5G大数据产业园、投资20亿元的和平镇政府片区城市更新改造建设项目、投资17亿元的卧龙新能源汽车产业园项目、投资10亿元的韵达甘青宁新（兰州）快递电商总部基地项目、投资10亿元的新能源（醇基燃料）生产基地项目、投资8亿元的北京音乐舞蹈学校（兰州校区）项目、投资6.6亿元的甘肃榆中正大宏植博园项目、投资5.7亿元的榆中县第二热源厂清洁能源集中供热项目、投资5亿元的兰州东区新能源汽车产业服务基地项目、投资5亿元的甘肃省军粮综合保障基地项目。

【水务水利】 全年实现供水营业收入2922.36万元，同比增长14.9%，实现利税105.19万元。完成城乡售水689.37万立方米，其中城市售水量271.35万立方米，供水营业产值1161.78万元，农村售水量418.02万立方米，供水营业收入1760.58万元。完成污水处理费代征267.95万元。

续建宛川河堤防治理工程（甘草—金崖段），累计建成护坡及护角10.88千米，治理河道11千米。实施生态创新城周边面山提质增效绿化项目供水工程，完成投资6471.68万元，新建泵站2座，安装水泵机电设备2台套，上水管道3.6千米，安装输水管道20.5千米，敷设输水干管27.7千米，各类支管、分支管225千米，新建高位蓄水池26座，布置田间喷灌15871亩。实施榆中生态创新城2020年春季生态绿化供水工程，完成钢管及各类PE管道安装60千米，镇支墩120座、闸阀井223座、调压阀8座、双法兰限位伸缩节30个，新建减压池2座。

【PPP项目】 在市政设施、公共交通、文化旅游、水利环保等领域共实施PPP项目9项，总投资约30.63亿元，建成2项，在建7项。入选国家财政部PPP项目管理库8项。

【全县事业单位车改】 涉改车辆198辆。其中，业务用车97辆；一般公务用车2辆；特种专业技术用车99辆。县属国有企业涉改车辆20辆。事业单位99辆一般公务用车和业务用车按35%保留35辆，处置64辆；特种专业技术用车99辆全部保留。

【农业产业化】 全县登记注册成立各类农民合作社1570家。其中，种植业901家；养殖业551家；林业87家；服务业31家。成员注册资金29.66亿元，入社成员1.74万人，带动5.1万户农户参与产业发展。全县创建国家级、省级、市级、县级示范社分别为10家、37家、74家、125家。申报国家级示范社3家，省级农民合作社示范社5家，市级农民合作社示范社14家，创建县级农民合作社示范社10家，检测不合格取消省级9家，市级8家。

【交通通信】 全县公路里程2472.42千米，高速公路200千米，国道121.29千米，省道272.86千米，农村公路总里程2078.26千米。全年完成社会货运量1334.16吨，社会货物周转量

225078.27万吨千米；社会客运量433.65万人，社会旅客周转量14758.96万人千米。全县邮政收入3300万元。

【脱贫攻坚】 至2020年，全县累计脱贫22255户83816人，其中2020年脱贫1008户2986人，贫困发生率从21.3%下降至0%。累计完成农村危(旧)房改造23846户，发放危改补助资金约24424.68万元，危房改造和安全住房率100%。累计投资14.96亿元，建成集中供水工程90项，分散工程7273处，涉及268个行政村99908户，37.9万人，全县饮水安全率100%，自来水普及率92.19%。建制村全部通硬化路；自然村动力电和光纤宽带实现全覆盖；农村人居环境整治成效明显，达到干净整洁标准。适龄儿童入学率、小学在校生巩固率、小学毕业生升学率均达到100%，九年义务教育巩固率99.63%，高中阶段毛入学率98.2%，县域义务教育均衡发展持续达标；贫困村标准化卫生室建设和家庭医生签约服务全面落实；贫困人口基本医疗保险、大病保险、养老保险实现全覆盖，最低生活保障做到应保尽保。天津市宁河区帮扶榆中县累计投入财政援助资金9035万元，动员社会帮扶资金1500余万元。全县有市、县两级帮扶单位299家、帮扶干部8578名参与帮扶。

**领导班子成员**

**县　委**

书　记　冯月旺
副书记　刘学强
　　　　高建军(7月免)
　　　　胡　真(7月任)
常　委　蒋睿智(7月免)
　　　　钟天雷
　　　　李　晶(女，10月免)
　　　　张宗福(12月免)
　　　　杨荣广(12月免)
　　　　刘立军(7月任)
　　　　成龙奎
　　　　赵　伟
　　　　王文平
　　　　苏万成(7月任)
　　　　周　玲(女，10月任)
　　　　靳　征(12月任)

**县人大常委会**

主　任　谢志明
副主任　杨锡辉
　　　　刘生保
　　　　敬育昆
　　　　安治中
　　　　雍雅明
　　　　白成虎

**县政府**

县　长　刘学强
副县长　钟天雷
　　　　成龙奎(挂职)
　　　　金　刚
　　　　苏万成(7月免)
　　　　许先文
　　　　廖世忠(7月任)
　　　　刘燕霞(女，9月免)
　　　　高永红(女，10月任)

**县政协**

主　席　韩悌勇
副主席　高　权
　　　　颜　芳(女)
　　　　金培贤
　　　　魏刁武
　　　　杨树盛
　　　　白炳升

(周学海)

## 皋兰县

【概况】 皋兰县地处甘肃省中部，兰州市东北部，位于东经103°32′~104°22′，北纬36°05′~36°50′。东临白银市白银区和兰州市榆中县，南接兰州市区，西连永登县，北依白银市景泰县，全县区域总面积2136.69平方千米。年末，全县有6个镇，57个行政村。户籍总人口14.84万人，人口自然增长率1.9‰。

属黄土高原丘陵沟壑区，地势呈西北向东南倾斜，山脉多为南北走向，海拔为1459.2~2445.2米。属温带半干旱气候，全年平均气温8.1℃，比历年气温偏高0.7℃。年降水量222.5毫米，比历年平均值偏少10%。年蒸发量1675.6毫米。黄河流经皋兰县境内，年均流量311亿立方米。有什川古梨园、黄河奇峡、天斧沙宫、石洞寺森林等人文自然景观。

【国民经济】 2020年末，皋兰县地区生产总值完成80.99亿元，同比增长8.6%，其中，第一产业增加值完成8.92亿元，同比增长4.2%；第二产业增加值完成33.99亿元，同比增长9.8%；第三产业增加值完成38.08亿元，同比增长8.4%。社会消费品零售总额完成47.06亿元，同比增长1.2%。固定资产投资同比增长11.33%。地区性财政收入完成15.72亿元，增长11.1%。一般公共预算收入完成7.52亿元，同比增长8.2%；城镇居民人均可支配收入25651元，同比增长5.3%；农村居民人均可支配收入12730元，同比增长7.8%。

【脱贫攻坚】 2020年，制定《皋兰县脱贫攻坚挂牌作战实施方案》，31名县级干部和20名县直部门主要负责人挂牌作战2019年底剩余未脱贫人口87户263人，20名县级干部和21名县直部门主要负责人挂牌作战脱贫监测人口86户336人，各镇党委书记、镇长挂牌作战边缘人口58户178人。年内辖区贫困人口“两不愁”质量水平明显提升，建档立卡贫困对象更加精准。农村居民人均可支配收入稳定增长，全县建档立卡贫困人口中，90%以上得到产业扶贫和就业扶贫支持，工资性收入和生产经营性收

## 2020年皋兰县行政区划一览表

单位:个

| 区划名称 | 所辖社区村名称 | 社区 | 村 |
|---|---|---|---|
| 石洞镇 | 城中社区、城北社区、城南社区、三川口社区、庄子坪村、东湾村、中堡村、魏家庄村、蔡河村、豆家庄村、文山村、涧沟村、明星村、丰水村、阳洼窑村 | 4 | 11 |
| 忠和镇 | 盐池社区、忠和村、崖川村、丰登村、平岘村、六合村、盐池村、罗官村、水源村 | 1 | 8 |
| 什川镇 | 上车村、长坡村、南庄村、北庄村、上泥湾村、下泥湾村、河口村、打磨沟村、接官亭村 |  | 9 |
| 九合镇 | 中心村、九合村、兰沟村、高山村、钱家窑村、头沟村、李家沟村、三坪村、朱家井村、曹家湾村、金沙村 |  | 11 |
| 水阜镇 | 彬草村、涝池村、砂岗村、水阜村、燕儿坪村、长川村、老鹳村 |  | 7 |
| 黑石镇 | 石青村、白坡村、大横村、三和村、黑石村、和平村、星湾村、白崖村、中窑村、红柳村、新地村 |  | 11 |
| 西岔镇（兰州新区托管） | 岘子村、团庄村、漫湾村、陈家井村、西岔村、山字墩村、赵家铺村、窝窝井村 |  | 8 |
| 合计 |  | 5 | 65 |

入占比逐年上升,转移性收入占比逐年下降,自主脱贫能力稳步提高。年末,全县剩余87户263人未脱贫人口"两不愁三保障"全部达到稳定脱贫标准,实现现行标准下贫困人口全部脱贫目标,辖区贫困存量全部清零,脱贫攻坚减贫任务全面完成。全县7716户27847人建档立卡贫困人口全部实现脱贫,32个建档立卡贫困村全部退出贫困村序列。年度辖区农村居民人均可支配收入12730元,同比增长7.8%。

**【"十四五"规划纲要编制】** 完成《皋兰县国民经济和社会发展第十四个五年规划和2035年远景目标纲要》及32项专项规划 。开展"十四五"项目凝练储备,围绕新兴产业、通道物流、生态环保等重点领域,谋划储备"十四五"期间实施项目418项,总投资961亿元,其中,亿元以上项目97项,10亿元以上项目21项。有序打造"四级三类"国土空间规划体系,初步完成《皋兰县国土空间总体规划(2020—2035)开发保护现状评估报告》和生态保护红线划定工作。

**【农业经济】** 投资1442万元,建成高标准农田1万亩,复耕撂荒地17万亩。农作物播种面积25.2万亩,同比增长5.34%。畜禽养殖量49.5万头只,肉蛋奶总产量1.5万吨,同比增长25.7%。新增农业标准化生产基地1000亩,改造提升设施农业500亩,新增钙果特色种植1000亩。投资4300万元,建成万头猪场2个、60万羽标准化养鸡场等8个农业重点项目。建成果蔬保鲜库5座,储藏能力4700吨。实施"三个一批"龙头企业提升工程,培育龙头企业1家、示范社5家,规范县级以上示范社10家。培训职业农民100人,推广测土施肥面积29万亩、沼肥施用面积1000余亩,建成草地贪夜蛾病害监测点100个。投资3483.81万元,完成金沙村高位水池、黑石镇上三村农村饮水安全巩固提升工程等重点水利项目5个。投资430万元,治理水土流失面积11.62平方千米。投资659.58万元,完成涝池村至水阜镇段河道综合治理。投资178.23万元,维修加固渠道泵站11处。完成2018、2019年度农业水价综合改革项目。投资2667.6万元,完成改厕5588座,新建村内卫生公厕17座,完成改炕350个。投资5020万元,建成蔡河、北庄、砂岗等6个美丽乡村示范村。投资401.7万元,拆除闲置危旧房屋1356户。做好农业面源污染治理,建成农膜回收网点57个,回收废旧农膜280吨,废旧农膜回收利用率和秸秆综合利用率均达80%以上。开展全域无垃圾专项治理行动,清理垃圾约32万吨,清理乱堆乱放点1630处,治理河洪道251.5千米。

**【工业经济】** 2020年末,规模工业总产值完成110亿元,同比增长7.5%;工业增加值完成27.23亿元,同比增长8%;十大生态产业占全县GDP比重31%。有序推进工业项目建设。年内投资1.46亿元,建成盈德气体15000标立方米空分项目。投资8000万元,建成德安新型切割装配板材厂。投资4000万元,建成冀丰年产2200万片树脂砂轮标准厂房。投资942万元,建成甘肃润秉建材生产线。投资3.5亿元的兰州铸石年产120万吨超微粉胶凝材料及200万立方米环保商砼生产线正在进行场地整平。推广应用"信易贷""不来即享"平台,印发《皋兰县振兴制造业行动方案(2019—2025年)》,推动县域制造业高质量发展。申请专利77项,每万人口发明专利拥有量1.7件。康顺石化、泛植药业等2家企业被认定为市级产学研科技合作基地。三鑫源门业、天恩重工等2家企业被认定为高新技术企业。

**【商贸服务】** 批零住餐行业经济复苏明显,兰州吉买隆商贸有限公司等7家企业上限入库。全年批发业销售额22.32亿元、住宿业营业额0.33亿元、零售业商品销售额51.96亿元、餐饮业营业额3.07亿元。兰州久和建材市场、久和国际农副商贸城一期投入运营。投资1.76亿元,完成君翔商贸物流园一期仓储、园区道路及配套设施安装。新增外贸企业5家,全年进出口总额8605万元,同比增长6%。成功举办“畅享兰州·乐购金城”“脱贫攻坚电商直播带货”等拉内需促消费活动。线上销售禾尚头面、软儿梨、胡麻油等特色农产品358.6万元。开通县内物流线路3条,配送快递51825件,县镇物流通道全面打通。持续加大电商人才培养力度,累计开设培训班36期,培训学员1161人。全县实现电商销售额近1700万元,同比增长30.7%。

【文化旅游】 举办第3届黄河古道山地越野徒步赛、“我们的中国梦”文化进万家、“黄河鼓韵”文化艺术节等活动,开展送文化、送戏下乡活动47场次。有序推进旅游项目建设,投资911.61万元石洞寺游客服务中心进行主体建设。投资35.6亿元什川运动休闲特色小镇项目完成滑雪场建设及绿化。投资13.6亿元兰州动物园易地搬迁项目完成外围路网和核心区部分场馆建设。乡村旅游厚积薄发,创建旅游示范镇1个、旅游示范村11个。其中,上车村被国家发改委和文旅部评为全国第二批乡村旅游重点村;长坡村、兰沟村、上车村被评为省级旅游示范村。持续加大文化旅游商品研发力度,开发推广软儿梨、白兰瓜、三泡台等特色旅游商品,丰富旅游业态。全年旅游人数达266万人,实现旅游收入7.98亿元。

【生态文明】 实施生态环境提升工程,投资1111万元,完成省门第一道景观提升工程。投资1500万元的北龙口环境整治生态修复项目完成苗木补植、种草复绿区域土地平整、土壤改良等工作。投资1.29亿元的蔡家河湿地生态修复项目正在进行基础建设。做好20.31万亩天然林资源和24.83万亩国家级公益林管护任务。持续开展大规模国土绿化,完成义务植树20万株。累计建成育苗基地2300亩,完成育苗1400万余株。全县森林覆盖率14%。严格落实严禁“四烧”、燃煤管控,高污染企业限停产等管控措施,严控大气污染。投资1.46亿元,完成兰鑫钢铁环保设施升级改造工程。完成工业窑炉整治8家,正在改造7家。成立联合巡查组,对全县建筑及道路施工工地进行全天候巡查。县域空气质量达标天数335天。投资9715万元,完成污水处理厂提标改造及中水回用工程。投资7500万元,完成皋兰县城区、水阜、什川生活垃圾集中处理一期工程。投资5532.54万元,完成忠和镇生活污水治理、泛植制药污水处理站升级改造、什川镇农村生活污水治理等项目。印发《皋兰县耕地土壤类别划分实施方案》,科学划定管控类耕地范围和面积。完成丰泉环保、兰鑫钢铁和兰州臣大焦化有限公司3家企业土壤污染环境调查。加强塑料污染治理,有序禁止、限制部分塑料制品生产、销售和使用,推广替代品,规范塑料废弃物回收利用。有序推进低碳社会建设,公交车电动率92.3%。全力推进垃圾分类减量,配齐生活垃圾分类容器,组织举办节能宣传周、生活垃圾分类知识竞赛、QQ低碳竞走比赛、节能征文比赛等活动。

【重点项目】 落实新建项目前期手续“三级清单”制度和重大项目“一企一策一团队”推进模式,组建重点项目建设管理团队15个。遴选德安建材新型切割装配板材、年产120万吨超微粉胶凝材料及200万立方米环保商砼生产线等4个项目参加全市项目建设“五比五拼”活动,示范引领全县项目建设,年内全县实施90个重点投资项目开工建设88项,完成投资86亿元。

【招商引资】 开展招商引资攻坚年活动,印发《皋兰县招商引资项目管理办法》。第26届“兰洽会”成功签约兰州九合农产品物流中心等重点招商引资项目16个,总投资131.34亿元,开工建设10个,开工率62.5%,新增到位资金15.82亿元,资金到位率12.05%。全年实施招商引资项目40个,投资总额333.25亿元,开工建设34个,开工率85%,到位资金61.21亿元,同比增长22.44%,累计到位资金181.3亿元。

【园区建设】 三川口工业园区,投资1.9亿元西山公路完成一期工程;投资1459万元西山片区临时给水管线工程敷设管道2.5千米。黑石工业园区,投资1亿元,完成G341连接道建设项目;投资8600万元,完成兰州(黑石)循环经济产业园道路建设项目;投资6684万元黑石污水处理厂正在进行基础建设。兰州经济区皋兰园区,建成兰州货运西站、久和国际农副商贸城、兰州汽车配件仓储物流中心等3家污水处理站;投资7.06亿元兰州市天然气输配工程(调峰储气供气站)正在进行罐体主体建设。北龙口现代物流园,投资2992万元,完成北龙口消防站建设。什川生态文化旅游园,投资1.67亿元什川滨河路拓宽改造进行油面铺装。

【县城建设】 投资800万元,完成蔡家河城区段排洪渠维修加固工程。投资350万元,完成人民广场休闲区及周边人行道维修工程。投资2736.26万元,完成老旧小区改造一期工程。投资2500万元西通道、四三一片区防汛排洪工程正在进行方案编制。投资979万元东湖公园人行天桥进行基础建设。投资8915万元魏家庄片区道路进行路基建设。投资2807万元县武装部新营区暨民兵综合训练基地进行装饰装修。投资1339万元魏家庄片区道路配套供热管网铺设。投资8000万元新区至县城天然气管道输气工程办理前期手续。保利领秀山、华远·三千院、万科城等房地产项目有序推进。推进市容市貌整治，清理城市“七乱”4675处，整治店外经营1000余处（次），划定机动车停车泊位553个、非机动车停车泊位50处。稳步推进5G网络，建成5G基站66座。持续强化市政设施运营管理，维修破损路面4.2万平方米，安装护栏10476米。推进城区园林绿化建设，栽植各类苗木10万余株。

【交通保障】 投资1829万元建成魏家庄至果果川、石青至小沟、六合村至安家沟等村组道路24.3千米。投资345.88万元，复建水阜曾家井水毁桥梁1座。投资231万元，完成“畅返不畅”路段22.3千米。投资5100万元，完成许马公路改建项目。投资900万元的什川小峡黄河大桥加固项目，正在办理施工图批复。严格落实“路长制”，养护农村公路147条749.22千米。G1816中通道、G341二期、中兰客专等5个省市过境项目顺利推进。

【平安皋兰建设】 收集核查各类涉黑涉恶线索361条、打掉恶势力犯罪集团3个，恶势力犯罪团伙1个，村霸1个。破获电信诈骗案件42起，追踪挽损42.87万余元。完成石洞派出所新址维修改造。推进社会信用体系建设，严格落实守信联合激励和失信联合惩戒机制，公开行政许可、行政处罚3368条，发布信用动态信息1961条，签订信用承诺书1415张，建成信用村36个，占全县行政村数的63.16%。

【教育均衡发展】 全县学前教育三年毛入园率96.05%、九年义务教育巩固率100%、高中阶段毛入学率99.19%。高考本科（应届生）上线率43.09%。教育办学条件不断优化，投资505万元的教育信息化设备投入使用。投资350万元，完成瞿家尖小学室外工程。投资2907万元，建成魏家庄小学教学楼及学生餐厅。投资2856万元，完成魏家庄、忠和幼儿园建设。创建“省级一类幼儿园”2所、“市级标准化幼儿园”3所。统筹推进普通高中和中等职业教育协调发展，职普比1∶1.33。评定中高级教师39人，建成名校长、名师、名班主任工作室51个，组织1300余名教师参加各级各类培训。

【医疗卫生服务】 城乡居民医保参保率98%以上，完成农村妇女“两癌”检查3914人。建立居民健康档案106765份、建档率93%，登记管理高血压患者9591人、规范管理率79.9%。医疗基础设施不断改善，投资2746万元建设妇幼保健院综合业务楼。投资531万元建成2个PCR核酸检测实验室。投资6761万元建设县人民医院住院部、黑石社区医院综合楼。建成市级中医药重点专科2个。推进“健康中国”行动，开展各类宣讲活动35场次，服务群众21268人次。

【社会保障体系建设】 农村低保实现提标扩面，一、二类低保由每月335元、318元提高到369元、350元，发放农村低保5286人1698.64万元。保障重点人群基本生活，发放临时救助1434人467.75万元、农村特困供养救助资金260人216.87万元、困难残疾人生活和护理补贴3526人370.56万元、孤儿生活补助资金16人31.55万元。投资2.06亿元建设甘肃鼎尊什川颐养中心二期工程。投资13亿元建设忠恒太阳城康养小镇一期。通过购买服务等方式，为全县1008名老年人提供居家和社区养老服务。县综合福利院与县医院探索推出医养结合养老模式，提供老年人健康咨询285人次。每千名老年人拥有床位数50张以上。提升应急保障能力，在安全储备7050吨原粮的基础上新增成品粮140吨。投资300万元，完成救灾物资储备库。投资340.6万元2600吨标准化粮库完成主体建设。投资3473.27万元27500吨应急保障粮库建设项目完成前期手续办理。

【就业创业服务】 发放创业担保贷款211笔3632万元。认定省级返乡创业示范基地1个，打造劳务基地4个，组织开展各类培训102期、培训5223人，输转城乡富余劳动力2.6万人，创劳务收入6.9亿元，城镇新增就业1341人，城镇登记失业率2.98%。缴纳农民工工资保证金1.55亿元，讨回农民工工资2280人3102.6万元，依法处理各类劳动争议案件53件，挽回经济损失87万元。

【供给侧结构性改革】 落实能源消耗“双控”，对兰鑫钢铁、鸿丰电石、宏鼎磨料等8家重点用能企业基础管理、能耗限额执行、淘汰落后机电等工作进行监督监察。化解粗钢产能30万吨，至年底，全县能源消费总量控制在279万吨标准煤之内、单位GDP能耗下降0.5%，万元GDP用水量下降至134.46立方米。持续推进房地产去库存，办理商品房网签备案32390套件、371万平方米。严格落实国家减税降费政策，累计减税4953万元。扎实推进政府清欠账款工作，年内纳入台账欠款5597.3万元，年度偿还任务全面完成。

【农业农村领域改革】 持续深化农村产权改革，核实农村集体资产5.05亿元，确认农村集体经济组织成员身份12.35万人，量化资产7981.39万元。扶持壮大村集体经济，投资550万元，实施村集体经济项目11个，带动建档立卡贫困户406户、1543人。全力推动土地制度改革。完成承包方农户调查29972户、确权面积45.85万亩。新增土地流转面积0.43万亩，累计达到9.2万亩。

【"放管服"改革】 开展"创造良好营商环境，全面提升服务效能"大比拼活动，推进工程建设项目审批制度改革，全面推进"一窗综合受理"，办理行政审批类、公共服务类事项21468件。推进"一网通办"，办结受理审批事项822件。深化"最多跑一次"改革，年内办理"最多跑一次"事项3336件；严格落实"四办四清单"制度，办结四办四清单事项154942件。

【医药卫生体制改革】 坚持以改革促发展，加强以人才、技术、重点专科为核心的医院能力建设，统筹推进县域医疗卫生体系发展。现代医院管理制度初步建立，建立完善县级医院目标责任考评体系，提高综合监管力度。分级诊疗制度不断完善，县级诊疗病种250+N种，镇级50+N种。严格执行"阳光平台"采购和备案采购，全县医疗机构药品网采率90%以上。基层首诊、双向转诊、急慢分治、上下联动的分级诊疗模式基本形成，初步实现"小病不出村、常见病不出镇、大病不出县、疑难危不出省"目标。

**领导班子成员**

**县　委**

书　记　康　石（5月任）
　　　　尤占海（5月免）
副书记　杜宁让
　　　　范仲阔（土族，7月任）
　　　　白本弟（7月免）
常　委　何正春
　　　　敬国欣（9月免）
　　　　张延祥
　　　　王世磊（7月免）
　　　　彭斌嘉
　　　　杨声远（12月免）
　　　　邓　宇
　　　　牟克显（12月免）
　　　　狄华春
　　　　张晓媚（女，7月任）
　　　　王立志（10月任）
　　　　陈　楠（女，12月任）

**县人大常委会**

主　任　辛秀先
副主任　李玉星
　　　　牛万才
　　　　张国文（1月免）
　　　　魏万玲（女）
　　　　魏军仪（1月任）

**县政府**

县　长　杜宁让
副县长　彭斌嘉
　　　　杨声远（挂职，12月免）
　　　　牟克显（挂职，12月免）
　　　　穆　婷（女，12月免）
　　　　王文琼（女，12月任）
　　　　张宝成（12月免）
　　　　赵志军（12月任）
　　　　王立志（10月免）
　　　　丁晓辉（10月任）

**县政协**

主　席　魏泽邦
副主席　王伊玲（女）
　　　　张维智
　　　　颜增鲁
　　　　韦生旺

（魏周延）

【国家级表彰荣誉】

| 姓　名 | 所在单位 | 荣获称号 | 颁奖单位 | 颁奖时间 |
| --- | --- | --- | --- | --- |
| 张金刚 | 兰州市公安局刑警支队 | 全国公安系统二级英模 | 公安部 | 2020.1 |
| 卢光杰 | 兰州市发展和改革委员会 | 全国价格监测工作先进个人 | 国家发改委价格监测中心 | 2020.1 |
| 章振东 | 兰州中川国际机场有限公司 | 2019年民航重大运输工作先进个人 | 中国民用航空局 | 2020.1 |
| 陶树春 | 农工党兰州市农牧支部 | 2019年度脱贫攻坚民主监督先进个人 | 农工党中央 | 2020.1 |
| 魏永明 | 榆中县公安局 | 2019年度刑事案件现场勘查工作成绩突出民警 | 公安部 | 2020.1 |
| 包国光 | 兰州市农业机械监理所 | 2019年度全国农机安全监理示范岗位标兵 | 农业部、应急管理部 | 2020.2 |
| 刘润庆 | 兰州市公安局监管支队 | 二级英雄模范 | 公安部 | 2020.3 |
| 吴　军 | 兰州公交集团第四客运公司 | 全国交通系统劳模 | 人力资源和社会保障部、交通运输部 | 2020.5 |
| 隆小红 | 兰州中川国际机场有限公司 | 全国交通运输系统劳动模范称号 | 人力资源和社会保障部、交通运输部 | 2020.5 |
| 杜喜俊 | 兰州画院 | “美丽中国，我是行动者”国画一等奖 | 中央文明办、生态环境部 | 2020.6 |
| 路济龙 | 兰州市公安局缉毒支队 | 全国禁毒工作先进个人 | 国家禁毒委员会 | 2020.6 |
| 班建军 | 市警校 | 全警实战大练兵第一批部级“标兵个人” | 公安部 | 2020.7 |
| 王效白 | 农工党兰州市直属基层委 | 庆祝中国农工民主党成立90周年“先进个人” | 农工党中央 | 2020.8 |
| 宋玉杰 | 农工党兰州市委会 | 撰写的《疾风知劲草，担当识忠诚》荣获庆祝中国农工民主党成立90周年理论征文二等奖 | 农工党中央 | 2020.9 |
| 王汝勃 | 农工党兰州市委会 | 撰写的《着力构建“不忘合作初心，继续携手前进”制度研究》荣获庆祝中国农工民主党成立90周年理论征文三等奖 | 农工党中央 | 2020.9 |

| 姓名 | 所在单位 | 荣获称号 | 颁奖单位 | 颁奖时间 |
|---|---|---|---|---|
| 祁德忠 | 农工党兰州市榆中县基层委 | 撰写的《庆祝九十华诞，缅怀邓公演达》荣获庆祝中国农工民主党成立90周年理论征文三等奖 | 农工党中央 | 2020.9 |
| 何春平 | 农工党兰州市永登县基层委 | 撰写的《农工党组织发展与组织建设》荣获庆祝中国农工民主党成立90周年理论征文三等奖 | 农工党中央 | 2020.9 |
| 金　哲 | 兰州市城关区东岗西路街道退役军人服务站 | 全国百名优秀主任(站长) | 退役军人事务部办公厅 | 2020.9 |
| 孙丽萍 | 兰州中川国际机场有限公司 | 全国民航技术能手 | 中国民航工会全国委员会、中国民用航空局人事科教司 | 2020.10 |
| 刘世英 | 兰州市妇女联合会 | 全国三八红旗手 | 全国妇联 | 2020.10 |
| 赵　菁 | 兰州职业技术学院 | 第二届全国技工院校教师职业能力大赛文化艺术与综合类二等奖 | 人力资源和社会保障部 | 2020.11 |
| 孟凡声 | 兰州市退役军人事务局 | 中国退役军人杂志宣传工作者 | 退役军人事务部办公厅 | 2020.11 |
| 康世杰 | 兰州市退役军人事务局 | 中国退役军人杂志宣传工作者 | 退役军人事务部办公厅 | 2020.11 |
| 张志明 | 甘肃中医药大学附属医院 | 全国先进工作者 | 中共中央、国务院 | 2020.11 |
| 张志明 | 甘肃中医药大学附属医院 | 长江学者 | 教育部 | 2020.11 |
| 刘　庆 | 市公安局西固分局 | 全国先进工作者 | 中共中央、国务院 | 2020.11 |
| 李星星 | 兰州市发展和改革委员会 | “十三五”奋进易地搬迁干部 | 国家发展和改革委 | 2020.11 |
| 杨香玲 | 兰州市妇女联合会 | 全国未成年人思想道德建设工作先进工作者 | 全国妇联 | 2020.11 |
| 李　雄 | 兰州市体育运动学校 | 全国体育事业突出贡献奖 | 国家体育总局 | 2020.11 |
| 郭雯瑞 | 民建兰州市委员会 | 民建全国优秀委员会 | 中国民主建国会中央委员会 | 2020.12 |
| 高建军 | 民建兰州市委员会 | 民建全国优秀委员会 | 中国民主建国会中央委员会 | 2020.12 |
| 蔡小林 | 兰州市肺科医院 | 2020年全国“敬老爱老助老模范人物” | 国家卫生健康委、全国老龄工作委员会 | 2020.12 |
| 黄雪梅 | 兰州市第二人民医院 | 2020年全国“敬老爱老助老模范人物” | 国家卫生健康委、全国老龄工作委员会 | 2020.12 |
| 汪　静 | 兰州市城关区卫生健康局 | 2020年全国“敬老爱老助老模范人物” | 国家卫生健康委、全国老龄工作委员会 | 2020.12 |
| 韩德忠 | 兰州市七里河区龚家湾街道丽苑社区卫生服务站 | 2020年全国“敬老爱老助老模范人物” | 国家卫生健康委、全国老龄工作委员会 | 2020.12 |
| 王继雄 | 兰州市西固区中医院 | 2020年全国“敬老爱老助老模范人物” | 国家卫生健康委、全国老龄工作委员会 | 2020.12 |
| 李　雄 | 兰州市体育运动学校 | 全国体育事业突出贡献奖 | 国家体育总局 | 2020.12 |
| 白　杰 | 兰州市退役军人事务局 | 全国双拥工作领导小组办公室组织的双拥主题征文“三等奖” | 全国双拥工作领导小组办公室 | 2020.12 |
| 常建昕<br>马海鹏<br>汪定胜<br>韩国丹<br>赵小玲 | 兰州市审计局 | 《地理信息技术在某县党政主要领导干部自印资源资产离任审计中的运用》案例获审计署优秀案例一等奖 | 审计署办公厅 审计署电子数据审计司 审计署审计科研所 | 2020.12 |
| 唐和顺 | 兰州分公司西固城营业部 | 全国邮政行业劳动模范 | 国家邮政局 | 2020.12 |
| 翟向军 | 兰州市第六十二中 | 综合实践活动指导专委会委员 | 教育部 | 2020.12 |
| 张志明 | 甘肃中医药大学附属医院 | 国务院特殊津贴专家 | 人力资源和社会保障部 | 2020.12 |

| 姓　名 | 所在单位 | 荣获称号 | 颁奖单位 | 颁奖时间 |
|---|---|---|---|---|
| 贺小东 | 市公安局刑警支队 | 最美基层民警 | 中宣部、公安部 | 2020.12 |
| 吴　军 | 市公安局刑警支队 | 全国公安“百佳刑警” | 公安部 | 2020.12 |
| 王　伟 | 市公安局治安支队 | 一等功 | 公安部 | 2020.12 |
| 杨衍佑 | 兰州市卫健委 | 2020年全国敬老爱老助老模范人物 | 国家卫生健康委、全国老龄工作委员会 | 2020.12 |
| 常千宗 | 兰州市生态环境局 | 2020年全国固定污染源排污许可全覆盖工作表现突出个人 | 生态环境部 | 2020 |
| 张克侠 | 兰州市生态环境局 | 2020年全国固定污染源排污许可全覆盖工作表现突出个人 | 生态环境部 | 2020 |
| 文　平 | 兰州市生态环境局 | 2020年蓝天保卫战重点区域秋冬季监督帮扶工作第一轮次表现突出个人 | 生态环境部 | 2020 |
| 王永刚 | 兰州市生态环境局 | 黄河流域入河排污口第一批试点地区现场排查工作表现突出个人 | 生态环境部 | 2020 |
| 王锦华 | 兰州市生态环境局 | 黄河流域入河排污口第一批试点地区现场排查工作表现突出个人 | 生态环境部 | 2020 |
| 牛　炜 | 兰州市生态环境局 | 第二次全国污染源普查表现突出集体 | 国务院第二次全国污染源普查领导小组办公室 | 2020 |
| 张丽霞 | 兰州市生态环境局 | 第二次全国污染源普查表现突出集体 | 国务院第二次全国污染源普查领导小组办公室 | 2020 |

【省委省政府表彰荣誉】

| 姓名 | 单位 | 荣获称号 | 颁奖单位 | 颁奖时间 |
|---|---|---|---|---|
| 汪龙德 | 甘肃中医药大学附属医院 | 甘肃省优秀专家 | 省委、省政府 | 2020.9 |
| 张　杰 | 兰州城市供水(集团)有限公司 | 甘肃省劳动模范 | 省委、省政府 | 2020.10 |
| 王建萍 | 西固区福利路第一小学 | 甘肃省先进工作者 | 省委、省政府 | 2020.12 |
| 吴　军 | 兰州公交集团第四客运公司 | 甘肃省劳动模范 | 省委、省政府 | 2020.12 |
| 孙志强 | 兰州市轨道交通有限公司 | 甘肃省劳动模范 | 省委、省政府 | 2020.12 |
| 郭　锐 | 国网甘肃省电力公司兰州供电公司 | 甘肃省劳动模范 | 省委、省政府 | 2020.12 |
| 隆小红 | 兰州中川国际机场有限公司 | 甘肃省劳动模范 | 省委、省政府 | 2020.12 |
| 李明杨 | 农工党兰州市直属基层委 | 甘肃省劳动模范 | 省委、省政府 | 2020.12 |
| 张　伟 | 交警支队 | 全省先进工作者 | 省委、省政府 | 2020.12 |
| 郭　锐 | 国网兰州供电公司 | 甘肃省劳动模范 | 省委、省政府 | 2020.12 |
| 张　伟 | 交警支队 | 全省先进工作者 | 省委、省政府 | 2020.12 |
| 董　霞 | 兰州高压阀门有限公司技术研发部部长 | 2020年甘肃省劳动模范 | 省委、省政府 | 2020.12 |
| 王　理 | 兰州铝业有限公司副总经理 | 2020年甘肃省劳动模范 | 省委、省政府 | 2020.12 |
| 郭建国 | 兰州真空设备有限责任公司加工车间电焊班班长 | 2020年甘肃省劳动模范 | 省委、省政府 | 2020.12 |
| 贾如丽 | 兰州三毛实业有限公司织布厂织机挡车工 | 2020年甘肃省劳动模范 | 省委、省政府 | 2020.12 |
| 陈小庆 | 中昊北方涂料工业研究设计院有限公司研究员 | 2020年甘肃省劳动模范 | 省委、省政府 | 2020.12 |

| 姓名 | 单位 | 荣获称号 | 颁奖单位 | 颁奖时间 |
|---|---|---|---|---|
| 裴永稚 | 干国白汨大然气股份伺限公司兰州石化分公司催化剂厂三套分子筛车间催化剂制造下 | 2020年甘肃省劳动模范 | 省委、省政府 | 2020.12 |
| 徐克元 | 酒钢集团榆中钢铁有限责任公司炼钢作业区连铸机班长兼四号机机长 | 2020年甘肃省劳动模范 | 省委、省政府 | 2020.12 |
| 李希军 | 兰州佛慈制药股份有限公司提取车间副主任 | 2020年甘肃省劳动模范 | 省委、省政府 | 2020.12 |
| 孙志强 | 兰州市轨道交通有限公司运营分公司技术总工程师 | 2020年甘肃省劳动模范 | 省委、省政府 | 2020.12 |
| 王蔚民 | 兰州银行股份有限公司信息科技部副总经理 | 2020年甘肃省劳动模范 | 省委、省政府 | 2020.12 |
| 魏本强 | 兰州兰石重型装备股份有限公司炼化公司专业制造焊接一车间主任 | 2020年甘肃省劳动模范 | 省委、省政府 | 2020.12 |
| 天　牛 | 兰州公交集团有限公司驾驶员 | 2020年甘肃省劳动模范 | 省委、省政府 | 2020.12 |
| 翟向楠 | 天华化工机械及自动化研究设计院有限公司干燥设备研究所设备设计员 | 2020年甘肃省劳动模范 | 省委、省政府 | 2020.12 |
| 张　杰 | 兰州城市供水(集团)有限公司供水公司东区管线所工作站长 | 2020年甘肃省劳动模范 | 省委、省政府 | 2020.12 |
| 朱振家 | 甘肃中石油昆仑燃气有限公司兰州高新分公司东岗运行班副班长 | 2020年甘肃省劳动模范 | 省委、省政府 | 2020.12 |
| 苏　彪 | 兰州奔马汽车出租有限公司驾驶员 | 2020年甘肃省劳动模范 | 省委、省政府 | 2020.12 |
| 李　红 | 甘肃紫光智能交通与控制技术有限公司副董事长 | 2020年甘肃省劳动模范 | 省委、省政府 | 2020.12 |
| 闫娟起 | 兰州九州通医药有限公司企管总监 | 2020年甘肃省劳动模范 | 省委、省政府 | 2020.12 |
| 李明杨 | 甘肃迅美节能科技股份有限公司董事长 | 2020年甘肃省劳动模范 | 省委、省政府 | 2020.12 |
| 李建军 | 兰州水运集团有限公司党委书记、董事长 | 2020年甘肃省劳动模范 | 省委、省政府 | 2020.12 |
| 唐立栋 | 永登县龙泉寺镇大涝池村党支部委员 | 2020年甘肃省劳动模范 | 省委、省政府 | 2020.12 |
| 马乐梅 | 皋兰丰苗白兰瓜专业合作社理事长 | 2020年甘肃省劳动模范 | 省委、省政府 | 2020.12 |
| 白彩盛 | 兰州液压新技术开发应用研究所汽车维修工 | 2020年甘肃省劳动模范 | 省委、省政府 | 2020.12 |
| 石峡兵 | 兰州威特焊材科技股份有限公司生产部部长 | 2020年甘肃省劳动模范 | 省委、省政府 | 2020.12 |
| 王新明 | 兰州民召物业管理集团甘肃三为家政综合服务有限公司护理班长 | 2020年甘肃省劳动模范 | 省委、省政府 | 2020.12 |
| 肖新龙 | 甘肃第六建设集团股份有限公司第一安装公司电工 | 2020年甘肃省劳动模范 | 省委、省政府 | 2020.12 |
| 安建峰 | 兰州顺丰速运有限公司收派员 | 2020年甘肃省劳动模范 | 省委、省政府 | 2020.12 |
| 于　博 | 兰州市第二人民医院院长 | 2020年甘肃省先进工作者 | 省委、省政府 | 2020.12 |
| 王建萍 | 兰州市西固区福利路第一小学校长 | 2020年甘肃省先进工作者 | 省委、省政府 | 2020.12 |
| 庐　伟 | 兰州市公安局交通警察支队 | 2020年甘肃省先进工作者 | 省委、省政府 | 2020.12 |
| 张正娟 | 兰州市肺科医院感染科护士长 | 2020年甘肃省先进工作者 | 省委、省政府 | 2020.12 |
| 周莹荃 | 兰州市肺科医院感染科副主任医师 | 2020年甘肃省先进工作者 | 省委、省政府 | 2020.12 |
| 李　静 | 兰州市安宁区刘家堡街道公共事务服务中心主任 | 2020年甘肃省先进工作者 | 省委、省政府 | 2020.12 |
| 安建峰 | 兰州顺丰速运有限公司收派员 | 甘肃省劳动模范 | 省人民政府 | 2020.12 |
| 唐和顺 | 中国邮政集团有限公司兰州市分公司西固城营业部 | 甘肃省劳动模范 | 省人民政府 | 2020.12 |
| 代立兰 | 兰州市农研中心 | 甘肃省科学技术进步三等奖 | 省人民政府 | 2020 |

【省级部门表彰荣誉】

| 姓名 | 单位 | 荣获称号 | 颁奖单位 | 颁奖时间 |
|---|---|---|---|---|
| 梁丁月 | 兰州市农产品质量安全监督中心 | 2019年“甘肃省技术标兵”称号 | 省总工会、省人力资源和社会保障厅、省工信厅、省科技厅、省人民政府国有资产监督管理委员会 | 2020.1 |
| 金　璟 | 国家税务总局兰州高新技术开发区税务局 | 2019年全省百万职工职业技能素质提升活动甘肃省优秀选手 | 省总工会、省人力资源和社会保障厅、省工业和信息化厅、省科学技术厅、省人民政府国有资产监督管理委员会 | 2020.1 |
| 陈译文 | 国家税务总局兰州高新技术开发区税务局 | 2019年全省百万职工职业技能素质提升活动甘肃省优秀选手 | 省总工会、省人力资源和社会保障厅、省工业和信息化厅、省科学技术厅、省人民政府国有资产监督管理委员会 | 2020.1 |
| 刘　庆 | 兰州市公安局城关分局 | 一等功 | 省公安厅 | 2020.1 |
| 赵延虎 | 兰州市公安局交警支队 | 一等功 | 省公安厅 | 2020.1 |
| 王玉娟 | 永登县公安局 | 2019年度征兵工作先进个人 | 省军区 | 2020.1 |
| 丁彦儒 | 兰州市公安局刑警支队 | 一等功 | 省公安厅 | 2020.1 |
| 陶树春 | 兰州市农研中心 | 脱贫攻坚民主监督先进个人 | 中国农工民主党中央委员会 | 2020.1 |
| 杨太宝 | 永登县公安局 | 2019年度征兵工作先进个人 | 省军区 | 2020.1 |
| 属玉霞 | 国家税务总局兰州高新技术开发区税务局 | 2019年全省百万职工职业技能素质提升活动甘肃省技术标兵 | 省总工会、省人力资源和社会保障厅、省工业和信息化厅、省科学技术厅、省人民政府国有资产监督管理委员会 | 2020.1 |
| 高婷婷 | 国家税务总局兰州高新技术产业开发区税务局 | 2019年全省百万职工职业技能素质提升活动甘肃省优秀选手 | 省总工会、省人力资源和社会保障厅、省工业和信息化厅、省科学技术厅、省人民政府国有资产监督管理委员会 | 2020.1 |
| 蒙青雅 | 国家税务总局兰州高新技术产业开发区税务局 | 2019年全省百万职工职业技能素质提升活动甘肃省优秀选手 | 省总工会、省人力资源和社会保障厅、省工业和信息化厅、省科学技术厅、省人民政府国有资产监督管理委员会 | 2020.1 |
| 詹雪梅 | 兰州市农产品质量安全监督中心 | 2019年“甘肃省技术标兵”称号 | 省总工会、省人力资源和社会保障厅、省工业和信息化厅、省科学技术厅、省人民政府国有资产监督管理委员会 | 2020.1 |
| 彭　昀 | 兰州市农产品质量安全监督中心 | 2019年“甘肃省技术标兵”称号 | 省总工会、省人力资源和社会保障厅、省工业和信息化厅、省科学技术厅、省人民政府国有资产监督管理委员会 | 2020.1 |
| 魏　菁 | 兰州市农产品质量安全监督中心 | 2019年“甘肃省技术标兵”称号 | 省总工会、省人力资源和社会保障厅、省工业和信息化厅、省科学技术厅、省人民政府国有资产监督管理委员会 | 2020.1 |
| 芦平海 | 兰州公交集团第一客运公司 | 甘肃省技术标兵 | 省总工会、省人力资源和社会保障厅、省工业和信息化厅、省科学技术厅、省国有资产监督管理委员会 | 2020.1 |
| 王万林 | 兰州公交集团第二客运公司 | 甘肃省技术标兵 | 省总工会、省人力资源和社会保障厅、省工业和信息化厅、省科学技术厅、省国有资产监督管理委员会 | 2020.1 |

| 姓名 | 单位 | 荣获称号 | 颁奖单位 | 颁奖时间 |
|---|---|---|---|---|
| 欧阳春 | 兰州公交集团第四客运公司 | 甘肃省技术标兵 | 省总工会、省人力资源和社会保障厅、省工业和信息化厅、省科学技术厅、省国有资产监督管理委员会 | 2020.1 |
| 朱　灵 | 兰州公交集团第五客运公司 | 甘肃省技术标兵 | 省总工会、省人力资源和社会保障厅、省工业和信息化厅、省科学技术厅、省国有资产监督管理委员会 | 2020.1 |
| 郑伟刚 | 兰州公交集团第五客运公司 | 甘肃省技术标兵 | 省总工会、省人力资源和社会保障厅、省工业和信息化厅、省科学技术厅、省国有资产监督管理委员会 | 2020.1 |
| 陈国盛 | 兰州公交集团第七客运分公司 | 甘肃省技术标兵 | 省总工会、省人力资源和社会保障厅、省工业和信息化厅、省科学技术厅、省国有资产监督管理委员会 | 2020.1 |
| 巫卫东 | 兰州画院 | “金驼奖”金奖 | 省文联，省美协 | 2020.1 |
| 杨　柳 | 西固区中医院 | 全省基层卫生医疗机构中医适宜技术大赛针刺手法组二等奖 | 省卫生健康委员会 | 2020.1 |
| 谭　凯 | 西固区中医院 | 2020年“全省基层医疗卫生机构中医适宜技术大赛”推拿手法组二等奖 | 省卫生健康委员会 | 2020.1 |
| 郭润彪 | 西固区中医院 | 2020年“全省基层医疗卫生机构中医适宜技术大赛”点穴技术组二等奖 | 省卫生健康委员会 | 2020.1 |
| 柏　丹 | 新城镇中心卫生院 | 荣获2020年全省全科医生慢病防控与管理技能大赛三等奖 | 省卫生健康委员会 | 2020.1 |
| 张　妍 | 兰州市轨道交通有限公司 | 2019年全省百万职工职业技能素质提升活动“优秀组织者” | 省总工会、省人力资源和社会保障厅、省工业和信息化厅、省科学技术厅、省国资委 | 2020.1 |
| 杨学森、张　瑾、冯逸飞、丁雪婷、杨　秀、贾　萌、张　立、王亚军、马鹏涛、文宝荣、刘晓锋、柳晓斌、杨言文、雒开旺、高　英、周　超、王继明 | 兰州市轨道交通有限公司运营分公司 | 2019年甘肃省技术标兵 | 省总工会、省人力资源和社会保障厅、省工业和信息化厅、省科学技术厅、省国资委 | 2020.1 |
| 朱　江 | 兰州市棚户区（城中村）改造工作办公室 | 2019年度全省棚户区改造工作先进个人 | 省人民政府办公厅 | 2020.2 |
| 刘红霞 | 兰州市妇女联合会 | 甘肃省巾帼建功标兵 | 省人力资源和社会保障厅、省妇女联合会 | 2020.2 |
| 顾政萍 | 兰州市医保局 | 全省老干部工作先进个人 | 省委组织部、省委老干部局、省人力资源和社会保障厅 | 2020.3 |
| 刘兰香 | 七里河分局 | 甘肃省三八红旗手 | 省人社厅、省妇联 | 2020.3 |
| 苏志伟 | 兰州市应急管理局 | 2019年度防雷安全工作先进个人 | 省气象局 | 2020.3 |
| 顾政萍 | 兰州市医疗保险服务中心 | 全省老干部工作先进个人 | 省委组织部、省人社厅、省委老干局 | 2020.3 |
| 张彦文 | 兰州中川国际机场有限公司 | 2019年度甘肃省反恐怖工作先进个人 | 省反恐怖工作领导小组 | 2020.3 |
| 敬亚妮 | 兰州中川国际机场有限公司 | 2019年度防雷安全工作先进个人 | 甘肃省气象局 | 2020.3 |

| 姓名 | 单位 | 荣获称号 | 颁奖单位 | 颁奖时间 |
|---|---|---|---|---|
| 胡若萍 | 兰州中川国际机场有限公司 | 甘肃省三八红旗手 | 省人力资源和社会保障厅、省妇女联合会 | 2020.3 |
| 袁小琴 | 农工党兰州市教育支部 | 甘肃省三八红旗手 | 省人社厅、省妇女联合会 | 2020.3 |
| 闫国成 | 兰州市林业局 | 2019年全省林草优秀信息员 | 省林业和草原局 | 2020.4 |
| 赵晓伟 | 国家税务总局兰州高新技术产业开发区税务局 | 全省税务系统青年干部业务(政务、党务)演讲比赛三等奖 | 国家税务总局甘肃省税务局 | 2020.4 |
| 王　旭 | 国家税务总局兰州高新技术开发区税务局 | 2020年度全省“最美家庭” | 省妇女联合会 | 2020.4 |
| 成龙奎 | 兰州市农业农村局 | 2019年度全省脱贫攻坚帮扶工作先进个人 | 省脱贫攻坚领导小组 | 2020.4 |
| 谭会彬 | 兰州市农业农村局 | 2019年度全省脱贫攻坚帮扶工作先进个人 | 省脱贫攻坚领导小组 | 2020.4 |
| 郭　琪 | 兰州公交集团第四客运公司 | 2019年度全省脱贫攻坚帮扶先进个人 | 省脱贫攻坚领导小组 | 2020.4 |
| 刘国强 | 市政务服务管理局 | 2020年度甘肃省“最美家庭” | 省妇女联合会 | 2020.4 |
| 关鹏家庭 | 强制隔离戒毒所 | 2020年甘肃省“抗疫最美家庭” | 省妇联 | 2020.5 |
| 陈菁玮 | 兰州市渔业技术推广中心 | 全省渔业技术推广系统先进个人 | 省农业农村厅 | 2020.5 |
| 刘　蓉 | 兰州市供销合作社联合社 | 2019年度信息报送先进个人 | 省供销合作社联合社 | 2020.5 |
| 卢兴亮 | 兰州市机关事务管理局 | 2019年度全省ETC发行服务工作“先进个人” | 省交通运输厅 | 2020.5 |
| 王红芳 | 兰州市图书馆 | 全省公共文化服务单位网上大练兵服务标兵 | 省文化和旅游厅 | 2020.5 |
| 王红芳、王大运、谢　晖 | 兰州市图书馆 | 全省公共文化服务单位网上大练兵服务标兵 | 省文化和旅游厅 | 2020.5 |
| 陈　敏 | 兰州市粮食和物资储备局 | “全省政策性粮食库存数量和质量大清查”先进个人 | 省发展和改革委员会、省粮食和物资储备局、省财政厅、省农业农村厅、省统计局、中国农业发展银行甘肃省分行、中国储备粮管理集团有限公司兰州分公司 | 2020.6 |
| 蒋雪梅 | 兰州公交集团第一客运公司 | 甘肃省五一巾帼奖 | 省人力资源和社会保障厅、省总工会 | 2020.6 |
| 邹明蔚 | 兰州市科技情报研究所 | 省技术市场工作先进个人 | 省科技厅 | 2020.6 |
| 杜喜俊 | 兰州画院 | “美丽中国,生态甘肃”国画三等奖 | 省文联、省生态环境厅 | 2020.6 |
| 郑　薇 | 兰州画院 | “美丽中国,生态甘肃”国画二等奖 | 省文联、省生态环境厅 | 2020.6 |
| 白　莉 | 兰州市大数据局 | 甘肃省五一巾帼奖 | 省人力资源和社会保障厅、省总工会 | 2020.6 |
| 贺小东 | 市公安局刑警支队 | 一等功 | 省公安厅 | 2020.7 |
| 郁安家 | 反邪教侦查支队 | 一等功 | 省公安厅 | 2020.7 |
| 李　刚 | 市公安局技侦支队 | 一等功 | 省公安厅 | 2020.7 |
| 杜　炜 | 西固区医院 | 具备新生儿复苏市级师资资格 | 省卫生健康委员会 | 2020.7 |
| 徐瑞令 | 西固区中医院 | 兰州市优秀医师 | 省卫生健康委员会 | 2020.7 |
| 瞿世玉、蔡小娟、张小蓉、王效白、王　凯、张　虎 | 农工党兰州市委会 | 庆祝中国农工民主党成立90周年“抗疫先锋奖” | 农工党甘肃省委会 | 2020.8 |

| 姓名 | 单位 | 荣获称号 | 颁奖单位 | 颁奖时间 |
|---|---|---|---|---|
| 郭宪章、艾泮梓 | 农工党兰州市委会 | 庆祝中国农工民主党成立90周年“杰出贡献奖” | 农工党甘肃省委会 | 2020.8 |
| 蒋　玲 | 西固区妇幼保健院 | 甘肃省优秀医师 | 甘肃省卫生健康委员会 | 2020.8 |
| 张祥荣 | 河口卫生院 | 甘肃省优秀医师 | 甘肃省卫生健康委员会 | 2020.8 |
| 朱文海 | 兰州市科技局 | 全省科技工作先进个人 | 甘肃省人力资源和社会保障厅、甘肃省科学技术厅 | 2020.8 |
| 汪继斌 | 兰州市科技情报研究所 | 全省科技工作先进个人 | 省人力资源和社会保障厅 | 2020.8 |
| 王怡洁 | 西固区医院 | “热血献他人、爱心筑灵魂”征文优秀奖。 | 甘肃省卫生健康委员会 | 2020.8 |
| 张祖迁、魏丽红、潘建西、蔡宏斌、陈卫红、秦爱宁、叶宝生、杨金蕊、任亚军、冯　玲、石兰花、丁　莉、翟庆云、周宝章、冯秀英、王小玲、陈　华、沈玉珍、刘　蓉、刘成旭、宫晓先、唐春梅 | 农工党兰州市委会 | 庆祝中国农工民主党成立90周年“优秀贡献奖” | 农工党甘肃省委会 | 2020.8 |
| 杨迎晖、张　勰、王汝勃、牟军勤、甄文君、张青霞、连海平、刘树明、傅连鸿、窦小玲、马跃良、赵扶正、魏家琦、李江国、柴晓芸、鲁　花、赵东山、凌建祥、何春平、滕玉燕、芦琪凌、车宽余、蔡金玉、胡桂莲、胡晓燕、陶树春、白玉琴、武　琦、焦　艳、周梅琳、杨含璞、刘敬阁 | 农工党兰州市委会 | 庆祝中国农工民主党成立90周年“优秀农工党员奖” | 农工党甘肃省委会 | 2020.8 |
| 宋玉杰、徐笑晴 | 农工党兰州市委会 | 庆祝中国农工民主党成立90周年“优秀农工党务工作者奖” | 农工党甘肃省委会 | 2020.8 |
| 代静仰柯 | 西固区医院 | 甘肃省“支气管介入治疗规范化操作技能大赛”二等奖 | 省卫生健康委员会 | 2020.9 |
| 雍　华 | 兰州公交集团集团公司机关 | 二〇二〇年度全省采购经理调查工作先进个人 | 国家统计局甘肃调查总队 | 2020.10 |
| 金小平 | 兰州市文化和旅游局 | 全国乡村旅游与民宿现场会服务保障突出贡献奖 | 省文化和旅游厅 | 2020.10 |
| 刘明旭 | 市委直属机关工委 | 撰写的《建强“前沿堡垒”激活“神经末梢”》荣获甘肃省机关党建课题研究论文一等奖 | 省机关党的建设研究会 | 2020.10 |
| 谢　晨 | 八路军兰州办事处纪念馆 | 第六届甘肃省导游技能大赛优秀奖 | 省文旅厅 | 2020.11 |
| 沈　彤 | 农工党兰州市安宁区基层委 | 入选甘肃省领军人才第一层次 | 省委组织部、省人社厅 | 2020.11 |

| 姓名 | 单位 | 荣获称号 | 颁奖单位 | 颁奖时间 |
|---|---|---|---|---|
| 张　文 | 农工党兰州市城关区教育总支 | 入选甘肃省领军人才第一层次 | 省委组织部、省人社厅 | 2020.11 |
| 洪元平 | 兰州市科普宣传中心 | 甘肃省明星科普工作者 | 省科学技术协会 | 2020.12 |
| 刘　伟 | 兰州市科普宣传中心 | 甘肃省明星科普工作者 | 省科学技术协会 | 2020.12 |
| 范利平 | 兰州市科普宣传中心 | 甘肃省明星科普工作者 | 省科学技术协会 | 2020.12 |
| 席建平 | 兰州市科普宣传中心 | 甘肃省明星科普工作者 | 省科学技术协会 | 2020.12 |
| 高瑞君 | 兰州市人民政府金融工作办公室 | 全省信访工作先进个人 | 省人力资源和社会保障厅、省信访局 | 2020.12 |
| 朱金国 | 兰州市气象局 | 甘肃省技术标兵 | 省总工会等五部门 | 2020.12 |
| 王　骥 | 兰州市气象局 | 甘肃省技术标兵 | 省总工会等五部门 | 2020.12 |
| 张鑫海 | 兰州市气象局 | 甘肃省技术标兵 | 省总工会等五部门 | 2020.12 |
| 曹寒秋 | 兰州市气象局 | 甘肃省技术标兵 | 省总工会等五部门 | 2020.12 |
| 田金涛 | 兰州市气象局 | 甘肃省技术标兵 | 省总工会等五部门 | 2020.12 |
| 茹建波 | 兰州市气象局 | 甘肃省技术标兵 | 省总工会等五部门 | 2020.12 |
| 田金涛 | 兰州市气象局 | 甘肃省重大气象服务先进个人 | 省气象局 | 2020.12 |
| 谭天燕 | 兰州市气象局 | 甘肃省重大气象服务先进个人 | 省气象局 | 2020.12 |
| 张小明 | 兰州市信访局 | 全省信访工作先进集体和先进个人 | 省人社厅、省信访局 | 2020.12 |
| 姚　鑫 | 兰州市卫生健康委员会 | 全省信访工作先进个人 | 省人社局、省信访局 | 2020.12 |
| 何振宏 | 兰州市审计局 | 全省审计系统先进工作者 | 省委审计委员会办公室 | 2020.12 |
| 陈伟虎、张建东、王世清、杨学森、冯逸飞、杨　秀 | 兰州市轨道交通有限公司运营分公司 | 2020年甘肃省技术标兵 | 省总工会、省人力资源和社会保障厅、省工业和信息化厅、省科学技术厅、省国资委 | 2020.12 |
| 纪　瑞 | 兰州市轨道交通有限公司 | 2020年全省百万职工职业技能素质提升活动“优秀组织者” | 省总工会、省人力资源和社会保障厅、省工业和信息化厅、省科学技术厅、省国资委 | 2020.12 |
| 杨香玲 | 兰州市妇女联合会 | 全省关心下一代工作先进工作者 | 省关工委、省人社厅、省文明委 | 2020.12 |
| 袁小琴 | 农工党兰州市教育支部 | 2019“甘肃省三八红旗手” | 省人社厅、省妇联 | 2020 |
| 张　虎 | 农工党兰州市直属基层委 | 2019全省中医药工作先进个人 | 省人社厅、省卫健委 | 2020 |
| 李明杨 | 农工党兰州市直属基层委 | 2019“甘肃省劳动模范” | 省委组织部、省人社厅 | 2020 |
| 唐浩漩 | 民盟兰州市委员会 | 2019年度优秀建言献策信息 | 省委统战部 | 2020 |
| 陈　喆 | 兰州公交集团第四客运公司 | 2020年“甘肃省向上向善好青年” | 团省委 | 2020 |
| 冯继斌 | 兰州市人力资源和社会保障局 | 2019年度全省脱贫攻坚帮扶先进个人 | 省脱贫攻坚领导小组 | 2020 |
| 刘　翔 | 兰州市生态环境局 | 2019年甘肃省生态环境信访先进个人 | 省生态环境厅 | 2020 |
| 韩耀祥 | 新城镇中心卫生院 | 甘肃省五级中医药师承教育指导老师 | 省卫生健康委员会 | 2020 |

# 荣誉榜

【国家级表彰荣誉】

| 获奖单位 | 荣获称号 | 颁奖单位 | 颁奖时间 |
|---|---|---|---|
| 兰州市发展和改革委员会 | 全国价格监测先进单位 | 国家发改委价格监测中心 | 2020.1 |
| 兰州中川国际机场有限公司 | 2019年民航重大运输工作先进集体 | 中国民用航空局 | 2020.1 |
| 兰州市水务局 | 全国水利文明单位 | 水利部精神文明建设指导委员会 | 2020.3 |
| 兰州市公安局强制隔离戒毒所 | 2017—2019年度全国标兵强制戒毒所 | 公安部 | 2020.4 |
| 兰州市公安局特警支队 | 全警实战大练兵第一批部级“标兵集体” | 公安部 | 2020.7 |
| 农工党兰州市委会 | 庆祝中国农工民主党成立90周年“先进地市级组织” | 农工党中央 | 2020.8 |
| 农工党兰州市委会 | 2020年度《前进论坛》发行工作先进单位 | 农工党中央 | 2020.9 |
| 兰州市肺科医院党委 | 全国先进基层党组织 | 中共中央 | 2020.9 |
| 兰州市广播电视台 | 广播电视公益广告扶持项目 | 国家广电总局 | 2020.10 |
| 兰州经济技术开发区 | 第五批国家级绿色工业园区 | 工信部 | 2020.10 |
| 兰州市 | 全国“双拥模范城” | 全国双拥工作领导小组　退役军人事务部　中央军委政治工作部 | 2020.10 |
| 兰州市 | 工信部2020年度十大城市重点场所移动网络质量测评5G网络速率最佳城市 | 中国信息通信研究院 | 2020.10 |
| 兰州市工商业联合会 | 全国“万企帮万村”精准扶贫行动组织工作先进集体 | 中华全国工商业联合会、国务院扶贫开发领导小组办公室、中国光彩事业促进会、中国农业发展银行 | 2020.11 |
| 兰州市第三十三中 | 全国文明校园 | 中央文明委 | 2020.11 |
| 兰州市东郊学校 | 全国文明校园 | 中央文明委 | 2020.11 |
| 兰州市生态环境局 | 2020全国挥发性有机物(VOCs)污染防治科技大会优秀组织单位 | 中华环保联合会 | 2020.11 |
| 兰州市生态环境局 | 2020年全国固定污染源排污许可全覆盖工作表现突出集体 | 生态环保部 | 2020.11 |
| 榆中县气象局 | 兰州分公司西固城营业部 | 中国气象局 | 2020.11 |
| 兰州市妇女联合会 | 第五届全国未成年人思想道德建设工作先进单位 | 中央文明委 | 2020.11 |
| 兰州市文明办 | 全国关心下一代工作先进集体 | 中央文明办、国家关工委 | 2020.11 |
| 兰州市第三人民医院老年护理院 | 2020年全国“敬老文明号” | 国家卫生健康委、全国老龄工作委员会 | 2020.12 |
| 兰州市中医医院 | 2020年全国“敬老文明号” | 国家卫生健康委、全国老龄工作委员会 | 2020.12 |
| 兰州顺丰速运有限公司 | 全国邮政行业先进集体 | 国家邮政局 | 2020.12 |
| 兰州景韵快递服务有限公司 | 2019年度全国邮政行业青年安全生产示范岗 | 国家邮政局、共青团中央 | 2020.12 |

| 获奖单位 | 荣获称号 | 颁奖单位 | 颁奖时间 |
|---|---|---|---|
| 兰州市第二十三中 | 全国青少年校园足球特色学校 | 教育部 | 2020.12 |
| 兰州市发展和改革委员会 | 先进价格认定机构 | 国家发展和改革委员会价格认证中心 | 2020.12 |
| 兰州市第二十三中学 | 甘肃省示范性幼儿园 | 教育部 | 2020.12 |
| 兰州市退役军人事务局 | 全国双拥工作主题征文"优秀组织奖" | 全国双拥工作领导小组办公室 | 2020.12 |
| 兰州市科学技术局 | 全国科普工作先进集体 | 科学技术部 中共中央宣传部 中国科学技术协会 | 2020.12 |
| 兰州市科学技术协会 | 2020年全国科普日活动优秀组织单位 | 中国科学技术协会办公厅 | 2020.12 |
| 兰州市文化和旅游局 | 新时代·中国最具文旅投资价值城市 | 中国互联网新闻中心 | 2020.12 |
| 兰州市文化和旅游局 | 新时代·中国最美夜游景观旅游城市 | 中国互联网新闻中心 | 2020.12 |
| 兰州市发展和改革委员会 | 全国"特色性平台网站 | 国家发改委 | 2020.12 |
| 兰州公交集团第一客运公司1路线 | 2018—2019年度全国交通运输行业文明示范窗口 | 交通运输部 | 2020.12 |
| 兰州三维数字中心 | 2020年全国信用信息共享平台和信用门户网站一体化建设特色性平台网站 | 国家公共信用信息中心 | 2020.12 |
| 民建兰州市委员会 | 全国先进集体 | 民建中央委员会 | 2020.12 |

**【省委省政府表彰荣誉】**

| 获奖单位 | 荣获称号 | 颁奖单位 | 颁奖时间 |
|---|---|---|---|
| 中共兰州市委政法委员会 | 2019年度平安甘肃建设优秀市(州) | 省委、省政府 | 2020.6 |
| 兰州市教育局 | 省级文明单位 | 省委、省政府 | 2020.11 |
| 兰州市第三中学 | 省级文明校园 | 省委、省政府 | 2020.11 |
| 兰州市第十二中学 | 省级文明校园 | 省委、省政府 | 2020.11 |
| 科学院兰州分院小学 | 省级文明校园 | 省委、省政府 | 2020.11 |
| 兰州市第十一中学 | 省级文明校园 | 省委、省政府 | 2020.11 |
| 城关区畅家巷小学 | 省级文明校园 | 省委、省政府 | 2020.11 |
| 城关区秦安路小学 | 省级文明校园 | 省委、省政府 | 2020.11 |
| 兰州市第四十六中学 | 省级文明校园 | 省委、省政府 | 2020.11 |
| 城关区张掖路小学 | 省级文明校园 | 省委、省政府 | 2020.11 |
| 城关区宁兴小学 | 省级文明校园 | 省委、省政府 | 2020.11 |
| 城关区平凉路小学 | 省级文明校园 | 省委、省政府 | 2020.11 |
| 七里河区敦煌路小学 | 省级文明校园 | 省委、省政府 | 2020.11 |
| 七里河区安西路小学 | 省级文明校园 | 省委、省政府 | 2020.11 |
| 西固区玉门街小学 | 省级文明校园 | 省委、省政府 | 2020.11 |
| 西固区福利路第三小学 | 省级文明校园 | 省委、省政府 | 2020.11 |
| 西固区福利路第二小学 | 省级文明校园 | 省委、省政府 | 2020.11 |

| 获奖单位 | 荣获称号 | 颁奖单位 | 颁奖时间 |
| --- | --- | --- | --- |
| 西固区岔路小学 | 省级文明校园 | 省委、省政府 | 2020.11 |
| 华中师范大学安宁附属实验学校 | 省级文明校园 | 省委、省政府 | 2020.11 |
| 兰州市第十八中学 | 省级文明校园 | 省委、省政府 | 2020.11 |
| 永登县红城镇初级中学 | 省级文明校园 | 省委、省政府 | 2020.11 |
| 永登县苦水镇南峰初级中学 | 省级文明校园 | 省委、省政府 | 2020.11 |
| 榆中县博雅小学 | 省级文明校园 | 省委、省政府 | 2020.11 |
| 皋兰县石洞小学 | 省级文明校园 | 省委、省政府 | 2020.11 |
| 兰州高新区定远中心小学 | 省级文明校园 | 省委、省政府 | 2020.11 |
| 兰州新区第一初级中学 | 省级文明校园 | 省委、省政府 | 2020.11 |
| 兰州市纪律监察委员会市监察委员会 | 省级文明单位 | 省委、省政府 | 2020.12 |
| 兰州市人民政府办公室 | 省级文明单位 | 省委、省政府 | 2020.12 |
| 兰州银行 | 省长金融奖 | 省政府 | 2020.12 |
| 市委直属机关工委 | 省级文明单位 | 省委、省政府 | |
| 兰州市机关事务管理局 | 省级文明单位 | 省委、省政府 | 2020.12 |

【省级部门表彰荣誉】

| 获奖单位 | 荣获称号 | 颁奖单位 | 颁奖时间 |
| --- | --- | --- | --- |
| 市委讲师团 | 2019年全省基层理论宣讲先进集体 | 省委宣传部、省委讲师团 | 2020.1 |
| 中共兰州市委宣传部 | 2019年度甘肃省宣传思想文化工作创新奖 | 省委宣传部 | 2020.1 |
| 兰州市轨道交通有限公司运营分公司 | 2019年全省百万职工职业技能素质提升活动“优秀组织单位” | 省总工会、省人力资源和社会保障厅、省工业和信息化厅、省科学技术厅、省国资委 | 2020.1 |
| 兰州市农业农村局 | 全省农业科技推广工作先进集体 | 省农业农村厅 | 2020.1 |
| 西固区中医院 | 优秀组织奖 | 省卫生健康委员会 | 2020.1 |
| 甘肃卫生职业学院附属医院 | 全省基层医疗卫生机构中医适宜技术大赛团体二等奖 | 省卫健委 | 2020.1 |
| 中共兰州市委宣传部 | 甘肃省第三届“践行社会主义核心价值观 脱贫攻坚奔小康”主题微电影大赛优秀组织奖 | 省委宣传部 | 2020.2 |
| 兰州市审计局 | 2019年度优秀审计项目 | 省审计厅 | 2020.2 |
| 华腾信息服务公司 | 甘肃省巾帼文明岗 | 省人社厅、省妇联 | 2020.2 |
| 兰州市林业局 | 2019年度全省林业和草原发展目标考核先进单位 | 省林业和草原局 | 2020.2 |
| 兰州市儿童福利院 | 甘肃省巾帼文明岗 | 省人社厅、省妇联 | 2020.2 |
| 兰州市粮食和物资储备局 | 2019年度全省粮食流通统计工作考核一等奖 | 省粮食和物资储备局 | 2020.3 |
| 兰州市建设工程安全质量监督站 | 甘肃省2019年度防雷安全工作先进单位 | 省气象局 | 2020.3 |
| 兰州市应急管理局 | 2019年度防雷安全工作先进单位 | 省气象局 | 2020.3 |

| 获奖单位 | 荣获称号 | 颁奖单位 | 颁奖时间 |
|---|---|---|---|
| 兰州市建设工程安全质量监督站 | 甘肃省2019年度防雷安全工作先进单位 | 省气象局 | 2020.3 |
| 兰州中川国际机场有限公司 | 2019年度甘肃省防雷安全工作先进单位 | 省气象局 | 2020.3 |
| 兰州市供销合作社联合社 | 农产品销售先进单位 | 省供销合作社联合社 | 2020.3 |
| 兰州市人大常委会机关 | 2019年度全省脱贫攻坚帮扶工作先进单位 | 省脱贫攻坚领导小组 | 2020.4 |
| 国家税务总局兰州高新技术产业开发区税务局 | 省级精神文明单位 | 省精神文明建设指导委员会 | 2020.4 |
| 兰州公交集团第五客运公司 | 甘肃省卫生单位 | 省爱国卫生运动委员会 | 2020.4 |
| 民盟兰州市委员会 | 2019年度参政议政工作先进集体 | 中国民主同盟甘肃省委员会 | 2020.4 |
| 兰州市农业农村局 | 2018年度全省脱贫攻坚领导小组 | 省脱贫攻坚领导小组 | 2020.4 |
| 兰州市人大常委会机关 | 2019年度全省脱贫攻坚帮扶工作先进单位 | 省脱贫攻坚领导小组 | 2020.4 |
| 国家税务总局兰州高新技术产业开发区税务局 | 省级精神文明单位 | 省精神文明建设指导委员会 | 2020.4 |
| 民盟兰州市委员会 | 2019年度参政议政工作先进集体 | 中国民主同盟甘肃省委员会 | 2020.4 |
| 城管分局出入境管理大队 | 甘肃省三八红旗集体 | 省人社厅 | 2020.4 |
| 兰州经济技术开发区 | 甘肃省第一批绿色工业园区 | 省工信厅 | 2020.5 |
| 兰州职业技术学院学生会志愿服务队 | 甘肃省第三届学雷锋志愿服务“四个十佳”最佳志愿服务组织 | 省委宣传部、省文明办等 | 2020.5 |
| 兰州市机关事务管理局 | 2019年度全省ETC发行服务工作先进单位 | 省交通运输厅 | 2020.5 |
| 兰州市图书馆 | 甘肃省公共文化服务单位网上大练兵优秀组织奖 | 省文化和旅游厅 | 2020.5 |
| 兰州经济技术开发区 | 甘肃省第一批绿色工业园区 | 省工信厅 | 2020.5 |
| 兰州职业技术学院学生会志愿服务队 | 甘肃省第三届学雷锋志愿服务“四个十佳”最佳志愿服务组织 | 省委宣传部、省文明办等 | 2020.5 |
| 兰州市妇女联合会妇女发展部 | 全省陇原脱贫攻坚巾帼先进集体 | 省妇女联合会 | 2020.5 |
| 兰州市机关事务管理局 | 2019年度全省ETC发行服务工作先进单位 | 省交通运输厅 | 2020.5 |
| 兰州市粮食和物资储备局 | “全省政策性粮食库存数量和质量大清查”先进单位 | 省发展和改革委员会、省粮食和物资储备局、省财政厅、省农业农村厅、省统计局、中国农业发展银行甘肃省分行、中国储备粮管理集团有限公司兰州分公司 | 2020.6 |
| 兰州市技术市场服务中心 | 甘肃省技术市场工作先进管理单位 | 省科学技术厅 | 2020.6 |
| 兰州中川国际机场有限公司 | 甘肃省五一巾帼奖 | 省人力资源和社会保障厅、省总工会 | 2020.6 |
| 兰州职业技术学院 | 甘肃省语言文字推广基地 | 省语言文字工作委员会、省教育厅 | 2020.7 |
| 兰州职业技术学院 | 甘肃省语言文字推广基地 | 省语言文字工作委员会、省教育厅 | 2020.7 |
| 兰州市退役军人事务局 | “邮储银行杯·甘肃省首届退役军人创业创新大赛”被评为“最佳组织奖” | 省退役军人事务厅 | 2020.8 |
| 兰州市图书馆 | 甘肃省社会科学普及示范基地 | 省社会科学界联合会 | 2020.8 |
| 兰州市科技局 | 甘肃省科技工作先进集体 | 省人力资源和社会保障厅、省科学技术厅 | 2020.8 |

| 获奖单位 | 荣获称号 | 颁奖单位 | 颁奖时间 |
|---|---|---|---|
| 兰州生产力促进中心 | 甘肃省科技工作先进集体 | 省人力资源和社会保障厅、省科学技术厅 | 2020.8 |
| 中共兰州市委政法委员会 | 微视频作品《一条民生热线联通千家万户》荣获第二届"陇原剑"杯甘肃政法微电影微视频微动漫比赛优秀微视频类作品 | 省委政法委员会办公室 | 2020.8 |
| 中共兰州市委政法委员会 | 微动漫作品《一"网"情深》荣获第二届"陇原剑"杯甘肃政法微电影微视频微动漫比赛优秀微动漫类作品 | 省委政法委员会办公室 | 2020.8 |
| 中共兰州市委政法委员会 | 微电影《裂网行动》荣获第二届"陇原剑"杯甘肃政法微电影微视频微动漫比赛"致敬扫黑英雄"作品特别奖 | 省委政法委员会办公室 | 2020.8 |
| 农工党兰州市城关区基层委、农工党兰州市七里河区基层委、农工党兰州市安宁区基层委、农工党兰州市西固区基层委、农工党兰州市永登县基层委、农工党兰州市榆中县基层委、农工党兰州市第一人民医院总支 | 庆祝中国农工民主党成立90周年"先进基层组织" | 农工党甘肃省委会 | 2020.8 |
| 中共兰州市委政法委员会 | 第二届"陇原剑"杯甘肃政法微电影微视频微动漫比赛优秀组织奖 | 省委政法委员会办公室 | 2020.8 |
| 农工党兰州市委会 | 庆祝中国农工民主党成立90周年"先进地市级组织" | 农工党甘肃省委会 | 2020.8 |
| 西固区医院 | "支气管介入治疗规范化操作技能大赛"三等奖。 | 省卫生健康委员会 | 2020.9 |
| 兰州市科技局 | 第九届中国创新创业大赛(甘肃赛区)优秀组织奖 | 省科学技术厅、省发展和改革委员会、省工商业联合会、中国证监会甘肃监管局、兰州高新技术产业开发区管委会 | 2020.9 |
| 兰州市气象局 | 甘肃省第五届县级综合业务竞赛团体第一名 | 省气象局 | 2020.9 |
| 兰州市生态环境局城关分局 | 2019年全省污染防治攻坚战成效考核优秀单位 | 省生态环境厅 | |
| 兰州大剧院 | "春绿陇原"文艺展演突出贡献奖 | 省文化和旅游厅 | 2020.10 |
| 兰州职业技术学院 | 首届甘肃省黄炎培职业教育奖优秀学校奖 | 中华职业教育社、省教育厅、省人力资源和社会保障厅 | 2020.11 |
| 兰州市文化和旅游局 | 甘肃省第六届导游员服务技能竞赛决赛优秀组织奖 | 省文化和旅游厅 | 2020.11 |
| 兰州职业技术学院 | 首届甘肃省黄炎培职业教育奖优秀学校奖 | 中华职业教育社、省教育厅、省人力资源和社会保障厅 | 2020.11 |
| 西固区福利路街道 | 档案规范化省一级 | 省档案局 | 2020.11 |
| 兰州广播电视台 | 第七届全省广播电视"讲文明树新风"公益广告扶持项目(优秀组织单位奖) | 省文明办、省广电局 | 2020.12 |
| 兰州市(政务服务工作) | 全省法治政府建设示范项目 | 省委全面依法治省委员会办公室 | 2020.12 |
| 兰州市政务服务中心 | 省级文明单位 | 省文明办 | 2020.12 |
| 市医保局 | 全省医保系统行政执法示范单位 | 省医保局 | 2020.12 |

| 获奖单位 | 荣获称号 | 颁奖单位 | 颁奖时间 |
|---|---|---|---|
| 兰州市 信访局 | 全省信访工作先进集体和先进个人 | 省人社厅、省信访局 | 2020.12 |
| 兰州市文化和旅游局 | 第七届全省广播电视“讲文明树新风”公益广告特别扶持项目优秀组织 | 省文明办、省广电局 | 2020.12 |
| 兰州市审计局 | 全省审计系统先进集体 | 省委审计委员会办公室 、省人社厅、省审计厅 | 2020.12 |
| 兰州市卫生健康委员会 | 省级文明单位 | 省文明办 | 2020.12 |
| 兰州市妇女联合会 | 第四届全省未成年人思想道德建设工作先进单位 | 省文明委 | 2020.12 |
| 兰州市供销合作社联合社 | 2020年度全省供销合作社财务信息管理一等奖 | 省供销合作社联合社 | 2020.12 |
| 兰州市供销合作社联合社 | 2019年度全系统统计同工种竞赛特等奖 | 省供销合作社联合社 | 2020.12 |
| 西固区福利西路社区 | 省级文明社区 | 省精神文明建设指导委员会办公室 | 2020.12 |
| 兰州市轨道交通有限公司 | 2020年度甘肃省职工技术成果奖三等奖:《一种城市轨道交通接触网悬臂梁》 | 省总工会、省科学技术厅、省人力资源和社会保障厅 | 2020.12 |
| 兰州市轨道交通有限公司 | 2020年全省百万职工职业技能素质提升活动“优秀组织单位” | 省总工会、省人力资源和社会保障厅、省工业和信息化厅、省科学技术厅、省国资委 | 2020.12 |
| 兰州市人力资源和社会保障局信访办 | 全省信访工作先进集体 | 省人力资源和社会保障厅、省信访局 | 2020 |
| 兰州市人力资源和社会保障局人事科 | 全省科技工作先进集体 | 省人力资源和社会保障厅、省科学技术厅 | 2020 |
| 兰州市生态环境局城关分局 | 2019年全省污染防治攻坚战成效考核优秀单位 | 省生态环境厅 | |

## 地方法规

# 兰州市物业管理条例

（2020年8月28日兰州市第十六届人民代表大会常务委员会第三十次会议通过　2020年12月3日甘肃省第十三届人民代表大会常务委员会第二十次会议批准）

### 第一章　总　则

**第一条**　为了规范本市物业管理活动，维护物业管理相关主体的合法权益，保障依法、安全、合理使用物业，营造安全、舒适、文明、美丽的人居环境，促进社会和谐，根据《中华人民共和国民法典》《物业管理条例》等法律、法规的规定，结合本市实际，制定本条例。

**第二条**　本市行政区域内物业的使用、维护、服务及其监督管理活动，适用本条例。

本条例所称物业管理，是指业主通过自行管理或者共同决定委托物业服务人的形式，对物业管理区域内的建筑物、构筑物及其配套的设施设备和相关场地进行维修、养护、管理，维护环境卫生和相关秩序的活动。物业服务人包括物业服务企业和其他物业管理人。

**第三条**　本市物业管理应当遵循业主自治、专业服务、社区指导、政府监管的原则。

**第四条**　市、区（县）人民政府应当加强对本行政区域内物业管理工作的组织领导，将物业管理纳入现代服务业发展规划和社区治理体系，鼓励采用新技术、新方法提高物业服务水平，推动物业服务管理规范化、市场化。兰州新区管委会、兰州高新技术产业开发区管委会在各自的管辖范围内做好物业管理的组织领导工作。

街道办事处、乡（镇）人民政府负责指导、协调业主大会成立以及业主委员会的选举工作和业主大会、业主委员会的日常活动，调解物业服务管理纠纷，并配合住房和城乡建设行政主管部门对物业服务管理活动进行监督管理。

社区居民委员会（村民委员会）应当协助、配合街道办事处、乡（镇）人民政府开展对业主大会、业主委员会、物业管理委员会、物业服务人的指导和监督工作。

**第五条**　建立党建引领下的物业管理协商共治机制，支持业主、业主委员会、物业管理委员会和物业服务人依法开展物业管理活动。

鼓励和支持业主委员会、物业管理委员会、物业服务人根据有关法律和章程设立工会、共青团、妇女组织，发挥群团组织在物业管理中的作用。

**第六条** 市、区(县)住房和城乡建设行政主管部门负责本行政区域内物业服务管理活动的监督管理工作。

市住房和城乡建设行政主管部门履行下列职责:

(一)制定本市物业服务管理相关政策并组织实施;

(二)指导和监督区(县)住房和城乡建设行政主管部门开展物业服务管理的监督管理工作;

(三)指导和监督本市住宅专项维修资金的筹集、管理和使用;

(四)建立健全业主委员会、物业管理委员会成员培训制度;

(五)制定临时管理规约、管理规约、业主大会议事规则、物业服务合同等示范文本和相关标准;

(六)建立全市统一的物业服务管理信用信息、业主电子共同决策等信息系统;

(七)指导行业协会制定自律性规范并监督实施;

(八)实施物业服务管理方面的其他监督管理职责。

区(县)住房和城乡建设行政主管部门履行下列职责:

(一)贯彻执行物业服务管理相关法律法规、政策制度;

(二)监督管理辖区内物业服务人遵守法律法规和物业服务合同、依法公开必须公开的各种事项和费用;

(三)指导、监督辖区内住宅专项维修资金的筹集、管理和使用;

(四)组织对辖区内业主委员会、物业管理委员会成员开展培训;

(五)指导街道办事处、乡(镇)人民政府实施物业服务管理相关工作;

(六)落实物业服务管理方面的其他监督管理职责。

**第七条** 发展和改革部门负责物业区域内物业服务收费项目和收费标准政府指导价的制定工作。

城市管理执法行政主管部门负责物业区域私搭乱建、不即时清理犬只粪便、不按照规定进行垃圾分类投放行为的查处和流浪犬捕捉工作。

公安机关负责物业管理区域内饲养禁养犬、犬吠扰民、生活环境噪声污染、高空抛物违法行为的查处。

市场监管部门负责物业区域内物业服务收费、电梯安全监管和违反本条例第六十五条规定住宅改变为经营性用房行为的查处。

林业部门负责物业区域内损毁树木、绿地违法行为的查处。

水行政主管部门负责物业区域内供水使用违法行为的查处。

卫生健康部门负责物业区域内生活饮用水卫生监督检查和相应违法行为的查处。

生态环境部门负责物业区域内锅炉烟尘、餐饮业油烟污染违法行为的查处。

应急管理部门负责物业区域内存放危险物品、妨害消防安全违法行为的查处。

除本条上述各款明确规定的职责以外,上述各款所列的政府部门还应当按照各自的职责,负责物业管理活动的其他有关监督管理工作。

自然资源、人防及其他有关部门按照各自职责,负责物业管理活动的有关监督管理工作。

**第八条** 突发事件发生期间,街道办事处、乡(镇)人民政府负责落实市、区(县)人民政府依法采取的各项应急措施,指导物业服务人开展相应级别的应对工作。

物业服务人应当服从市、区(县)人民政府统一指挥,在街道办事处、乡(镇)人民政府指导下积极配合社区居民委员会(村民委员会)开展工作,依法落实应急预案和各项应急措施。市、区(县)人民政府对物业服务人在采取应急措施期间的工作可以适当给予物资支持和资金补贴。

业主、业主大会、业主委员会应当配合物业服务人、社区居民委员会(村民委员会)、街道办事处、乡(镇)人民政府依法落实市、区(县)人民政府的各项应急措施。

**第九条** 市物业服务管理行业协会应当加强行业自律管理,规范行业行为,促进物业服务人及从业人员依法经营、诚信服务,提升物业服务水平。协助市住房和城乡建设行政主管部门调解物业服务管理纠纷,推动物业管理行业健康发展。

市住房和城乡建设行政主管部门应当加强对市物业服务管理行业协会的指导和监督。

## 第二章 业主、业主组织和物业管理委员会

**第十条** 房屋的所有权人为业主。

因买卖、赠与、继承、拆迁补偿、生效的法律文书、合法建造等情形已经合法占有房屋或者取得房屋所有权,但尚未依法办理所有权变更登记的人,在物业服务管理中享有业主权利,承担业主相应义务。

业主对建筑物专有部分以外的共有部分,享有权利,承担义务;不得以放弃权利为由不履行义务。业主转让建筑物内的住宅、经营性用房,其对共有部分享有的共有和共同管理的权利一并转让。

**第十一条** 建筑物专有部分的承租人、借用人等物业使用人,根据法律、法规、管理规约、业主大会依法作出的决定,以及其与业主的约定,享有相应权利,承担相应义务。

**第十二条** 一个物业管理区域只能成立一个业主大会。业主大会由全体业主组成。业主大会应当代表和维护物业管理区域内全体业主在物业服务管理活动中的合法权益。

业主因故不能参加业主大会会议的,可以依法书面授

权代理人参加,也可以通过信件、传真、微信、QQ、电子邮件等由业主大会同意的多种方式参加讨论和表决。

**第十三条** 交付使用的专有部分建筑面积达到物业管理区域内建筑物总面积百分之五十以上的,或者达到百分之三十以上不足百分之五十,但首个房屋单元出售并实际交付使用已满两年的,应当召开首次业主大会。

只有一个业主的,或者业主人数较少且经全体业主一致同意,决定不成立业主大会的,由业主共同履行业主大会、业主委员会职责。

物业管理区域符合本条第一款所列应当成立业主大会条件之一的,建设单位应当自符合条件之日起三十日内,向物业所在地的街道办事处、乡(镇)人民政府提出成立业主大会书面报告并提供下列资料:

(一)物业管理区域划分的资料;

(二)房屋及建筑面积清册;

(三)建设用地规划许可证、建设工程规划许可证复印件;

(四)房屋建筑工程竣工验收备案表及附属设施设备交付使用证明;

(五)物业服务用房配置的资料;

(六)业主名册。

建设单位未及时书面报告的,已交付专有部分的业主可以联名向物业所在地的街道办事处、乡(镇)人民政府提出召开首次业主大会会议的书面要求。

**第十四条** 街道办事处、乡(镇)人民政府应当在接到建设单位书面报告或者业主书面要求后的六十日内组建筹备组,筹备召开首次业主大会会议。首次业主大会会议召开后,业主大会会议筹备组自行解散。

**第十五条** 筹备组成员由业主代表、街道办事处、乡(镇)人民政府、社区居民委员会(村民委员会)和建设单位派员共同组成,筹备组组长由街道办事处、乡(镇)人民政府派员担任。

筹备组应当做好下列筹备工作:

(一)确定首次业主大会会议召开的时间、地点、形式和内容;

(二)参照市住房和城乡建设行政主管部门制定的示范文本,拟订管理规约草案和业主大会议事规则草案;

(三)确定业主人数和业主所有的物业专有部分建筑面积;

(四)拟订业主委员会成员产生办法,确定候选人名单;

(五)召开首次业主大会会议的其他准备工作。

**第十六条** 下列事项由业主共同决定:

(一)制定和修改业主大会议事规则、制定和修改管理规约、批准业主委员会议事规则;

(二)选举业主委员会或者更换业主委员会成员;

(三)选聘和解聘物业服务人;

(四)使用建筑物及其附属设施的维修资金;

(五)筹集建筑物及其附属设施的维修资金;

(六)改建、重建建筑物及其附属设施;

(七)改变共有部分的用途或者利用共有部分从事经营活动;

(八)确定物业服务方式、内容、标准以及物业服务收费方案;

(九)业主大会、业主委员会工作经费的筹集、管理和使用。确定业主委员会成员津贴或者补助的标准,决定是否对业主委员会主任实施任期、离任财务审计;

(十)改变和撤销业主委员会不适当的决定;

(十一)法律、法规或者管理规约约定应当由业主大会决定的其他事项。

业主共同决定事项,应当经专有部分面积占比三分之二以上的业主且人数占比三分之二以上的业主参与表决。决定前款第五、六、七项规定的事项,应当经参与表决专有部分面积四分之三以上的业主且参与表决人数四分之三以上的业主同意。决定前款其他事项,应当经参与表决的专有部分占建筑物面积过半数的业主且参与表决人数过半数的业主同意。

**第十七条** 业主委员会是业主大会的执行机构,由业主大会会议选举产生,执行业主大会决定的事项,履行法律、法规规定的职责,接受业主的监督。

业主委员会由五至十一人的单数组成。业主委员会成员由业主担任,每届任期为五年,可连选连任。业主委员会主任、副主任在业主委员会成员中推选产生。业主委员会会议应当有三分之二以上委员出席,作出的决定应当经全体委员过半数同意。

业主大会或者业主委员会的决定,对业主具有法律约束力。

业主大会或者业主委员会作出的决定侵害业主合法权益的,受侵害的业主可以请求人民法院予以撤销。

业主大会或者业主委员会做出的决定,应当自作出决定之日起三日内向全体业主进行公示。

**第十八条** 业主委员会成员应当符合下列条件:

(一)系本物业管理区域内业主。业主为法人或者非法人组织的,应当是其书面授权的自然人代表;

(二)具有完全民事行为能力,能够履行委员职责;

(三)遵纪守法,热心公益,模范履行业主义务,责任心强,有社会公信力,有一定组织能力;

(四)书面承诺积极、及时、全面履行工作职责;

(五)本人、配偶及其近亲属与本物业管理区域提供服务的物业服务人没有利害关系;

(六)法律、法规规定的其他条件。

**第十九条** 业主大会每年至少召开一次会议，由业主委员会召集。

业主委员会未按业主大会议事规则按期召集业主大会会议的，街道办事处、乡（镇）人民政府应当督促召开业主大会会议。

有下列情形之一的，业主委员会应当召集业主大会临时会议：

（一）发生重大事故或者紧急事件，需要及时处理的；

（二）专有部分面积和人数比占百分之二十以上业主就物业管理共同事项提议的；

（三）业主委员会成员缺额人数超过总人数三分之一，或者业主委员会主任辞职、离职，或者两名以上业主委员会副主任辞职、离职的；

（四）业主大会议事规则规定需要召开业主大会临时会议的。

**第二十条** 业主委员会成员候选人通过下列方式产生：

（一）社区居民委员会（村民委员会）党组织推荐；

（二）社区居民委员会（村民委员会）推荐；

（三）业主自荐或者联名推荐；

（四）产权单位推荐。

筹备组根据业主委员会成员候选人产生办法，在按照前款方式推荐的人员中，确定业主委员会成员候选人名单，征求社区居民委员会（村民委员会）党组织的意见。

社区居民委员会（村民委员会）的党组织鼓励和支持党员业主通过法定程序成为业主代表、物业管理委员会成员、业主委员会成员，充分发挥模范带头作用，依法履行职责。

**第二十一条** 业主大会、业主委员会工作经费开支范围、标准和业主委员会成员的补助或者工作津贴，由业主大会决定。业主委员会应当每年向业主大会报告收支情况。

前款所述费用由全体业主承担，有公共收益的，从公共收益中支付。筹备和召开首次业主大会的经费由建设单位或者原产权单位承担，无建设单位或者原产权单位的，由全体业主承担。

**第二十二条** 业主委员会应当自选举产生之日起三十日内，持下列材料向区（县）住房和建设行政主管部门和街道办事处、乡（镇）人民政府备案，并书面告知相关社区居民委员会（村民委员会）：

（一）业主大会成立和业主委员会选举情况；

（二）业主委员会组成人员名单及其基本情况；

（三）管理规约、业主大会和业主委员会议事规则；

（四）业主大会会议记录和会议决定。

**第二十三条** 业主委员会应当建立接待制度，接受业主、物业使用人的咨询、投诉和监督。

业主委员会应当建立工作记录制度，做好业主大会会议、业主委员会会议、物业服务合同协商签订活动以及物业服务管理中各项重要事项的记录，并建立工作档案。

**第二十四条** 业主委员会应当建立信息公开制度，及时公示下列信息：

（一）业主委员会成员姓名、职责分工和联系方式；

（二）管理规约、业主大会议事规则、物业服务合同；

（三）业主大会和业主委员会决定；

（四）专项维修资金的筹集、使用情况；

（五）经业主大会决定占用业主共有的道路或者其他场地设置的机动车停车位及其处分情况；

（六）物业共用部位、共用设施设备的经营收益及其分配与使用详细情况；

（七）业主大会、业主委员会的工作经费和业主委员会成员工作津贴详细情况；

（八）其他应当向业主、物业使用人公开的情况和资料。

前款第四项至第七项应当每半年向全体业主公布一次，公布时间不少于十五日。

业主、物业使用人有权查询、复制本条第一款规定的信息及相关原始资料并依法实施监督，业主委员会、物业服务人等应当予以配合。

**第二十五条** 业主大会、业主委员会可以委托有资质的中介机构对公共收益的收支情况、业主委员会工作经费进行年度财务审计和换届财务审计。审计结果应当向全体业主公告三十日。审计费用从公共收益中列支。

**第二十六条** 业主委员会任期届满前九十日，应当召集业主大会会议进行换届选举。

业主委员会任期届满逾期未进行换届选举的，街道办事处、乡（镇）人民政府应当指导督促换届选举。

**第二十七条** 业主大会会议选举出新一届业主委员会之日起十日内，上一届业主委员会应当将其保管的有关凭证、档案等文件资料、印章及其属于全体业主共有的财物移交新一届业主委员会。拒不移交的，新的业主委员会可以请求物业所在地的街道办事处、乡（镇）人民政府协助移交。

**第二十八条** 业主委员会及其成员应当遵守法律、法规和管理规约，诚实守信、勤勉尽责，不得有下列行为：

（一）拒绝或者放弃履行委员职责；

（二）挪用、侵占业主共有财产；

（三）在本物业管理区域内违法搭建、违法占用物业共有部分；

（四）利用职务之便接受减免物业服务费、停车费，以及索取、非法收受建设单位、物业服务人、有利害关系业主提供的利益、报酬；

（五）与为本物业管理区域提供服务的物业服务人之间具有关联关系；

（六）打击、报复、诽谤、陷害有关投诉、举报人；

（七）泄露业主信息或者将业主信息用于与物业管理无关的活动；

（八）其他损害业主共同利益或者可能影响其公正履行职责的情形。

业主发现业主委员会成员有前款所列行为的，可以依照法律、法规和业主大会议事规则的规定，提议业主大会定期会议或者临时会议审议决定是否终止其委员职务。终止业主委员会成员职务时，应当允许该成员提出申辩并记录归档。

业主大会决定终止业主委员会成员职务的，应当同时补选新的业主委员，并向全体业主公告。

**第二十九条** 有下列情形之一的，由街道办事处、乡（镇）人民政府负责组建物业管理委员会，组织业主共同决定物业服务管理事项：

（一）不具备成立业主大会条件的；

（二）具备成立业主大会条件但因各种原因未成立的；

（三）业主大会成立后，未能选举产生业主委员会的；

（四）需要重新选举业主委员会，经物业所在地街道办事处、乡（镇）人民政府组织、指导后仍不能选举产生业主委员会的。

**第三十条** 物业管理委员会由物业所在地街道办事处、乡（镇）人民政府组织成立，成员可以由街道办事处、乡（镇）人民政府、辖区派出所、社区居民委员会（村民委员会）、业主代表等组成。物业管理委员会总人数应当为七到十一人的单数，其中业主代表应当不少于物业管理委员会人数的百分之五十。

业主代表的资格应当符合本条例第十八条的规定，物业管理委员会成员候选人产生方式应当符合本条例第二十条的规定，业主代表经业主推荐或者自荐，由街道办事处、乡（镇）人民政府审定。物业管理委员会的主任由业主代表担任。

物业管理委员会组成后，应当由街道办事处、乡（镇）人民政府向全体业主公示。

**第三十一条** 物业管理委员会成立之日起三十日内应当向物业所在地的街道办事处、乡（镇）人民政府备案。物业管理委员会应当履行以下职责：

（一）组织、筹备召开业主大会会议，选举或改选业主委员会；

（二）就物业管理事项广泛征求业主意见，形成业主共同决定，就物业管理重大事项，组织业主代表投票表决；

（三）调解业主、物业使用人、物业服务人之间因物业使用、维护和管理产生的纠纷；

（四）配合街道办事处、乡（镇）人民政府做好物业管理区域的社区建设工作。

物业管理委员会会议由主任或者由主任委托副主任召集和主持，三分之一以上成员提出召开物业管理委员会会议的，主任应当组织召开会议。

会议应当有半数以上成员且半数以上业主代表成员参加，业主代表成员不能委托代理人参加会议。物业管理委员会确定的事项应当经半数以上的成员签字同意。会议结束后三日内，物业管理委员会应当将会议情况以及确定事项向全体业主公示，公示时间不得少于十个工作日。

**第三十二条** 物业管理委员会的任期一般不超过三年。期满仍未推动成立业主大会、选举产生业主委员会的，由街道办事处、乡（镇）人民政府重新组建物业管理委员会。

已成立业主大会、选举产生业主委员会，并依照本条例第二十二条规定备案的，或者因物业管理区域调整、房屋灭失等其他客观原因致使物业管理委员会无法存续的，街道办事处、乡（镇）人民政府应当在三十日内解散物业管理委员会，并向全体业主公示。

## 第三章　前期物业管理

**第三十三条** 物业管理区域划分应当充分考虑建筑规模、共用设施设备、社区建设等因素，由区（县）住房和城乡建设行政主管部门会同街道办事处、乡镇人民政府以及社区共同划定确定。

建设项目已经按照规划分割成两个以上独立院落或者封闭区域的，在明确附属设施设备管理、维护责任和不影响使用功能的情况下，可以分别划分为独立的物业管理区域。

影响消防通道、避难场所、燃气使用安全、楼宇通道、电梯使用以及共用设施设备共有功能的，不得分割划分为独立的物业管理区域。

物业管理区域划分后，区（县）住房和城乡建设行政主管部门应当在物业管理区域内公告。

**第三十四条** 住宅物业的建设单位在办理销售手续前，应当持建设项目核准或者备案文件、建设用地规划许可证、建设用地使用权证书、项目规划设计方案等资料，向项目所在地区（县）住房和城乡建设行政主管部门申请划分物业管理区域。区（县）住房和城乡建设行政主管部门应当自收到申请之日起二十日内，按照本条例第三十三条的规定进行物业管理区域划分。

**第三十五条** 建筑区划内的其他公共场所、公用设施和物业服务用房，属于业主共有。

建设单位应当在规划报建图中明确标明物业服务用房的位置和面积，并纳入建设计划，同步设计、同步施工、同步交付使用，不得出售或者改变用途。配置的物业服务用房，应当相对集中，便于实施物业服务管理，建筑面积不得低于物业总建筑面积的千分之二到千分之三，并不得少于四十平方米。业主委员会办公用房从物业服务用房中予以调剂安排。

物业服务用房应当为地面以上能够使用的房屋，具备水、电、通风、采光、简单装修等使用条件，且设有服务厅、办公用房、卫生间、库房等设施。

**第三十六条** 物业管理区域划定后，建设单位在销售房屋时，应当以图文形式将划定的物业管理区域向买受人明示并作为销售合同的附件。明示下列内容：

(一)物业管理区域的范围；

(二)地上地下物业共用部位名称、位置和面积；

(三)公共场所、公共绿化的面积和位置；

(四)公共车位数量和位置；

(五)地下室(不含人防地下室部分)、底层架空层面积及其权属；

(六)物业服务用房的面积和位置；

(七)共用设施设备名称及其权属；

(八)其他需要明示的场所和设施设备。

**第三十七条** 住宅物业的建设单位应当通过招标投标方式选聘物业服务人进行前期物业服务，并签订前期物业服务合同。投标人少于三个或者房屋建筑面积少于三万平方米(包括同一建设项目内非住宅的房屋建筑面积)，经物业所在地的区(县)住房和城乡建设行政主管部门批准，可以采用协议方式选聘物业服务人。

前期物业服务合同可以约定服务期限。但合同期未满，如业主委员会与其选定的物业服务人签订的物业服务合同生效，前期物业服务合同终止。

**第三十八条** 住宅建设单位与买受人签订物业销售合同时，应当将临时管理规约、前期物业服务合同作为销售合同的附件。买受人应当遵守临时管理规约。

**第三十九条** 新建物业的建设单位应当按照国家规定的保修期限和保修范围，承担物业的保修责任。并在物业管理区域内公布物业保修联系电话和地址。

物业服务人应当协助业主或者业主委员会联系建设单位落实保修责任。

**第四十条** 物业服务人应当在前期物业服务管理期间履行以下职责：

(一)参与工程的查验，对发现的工程质量问题和其他不利于物业使用和管理的问题，及时向建设单位或者相关专业管理部门提出整改建议，并协助专业管理部门督促落实；

(二)就共用设施设备的安装位置、管线走向等事项向建设单位提出建议，并参与共用设施设备的安装、调试等工作；

(三)建立物业共用部位、共用设施设备等工程信息资料，建立日常管理档案；

(四)根据临时管理规约、前期物业服务合同的约定，向业主提供物业服务并引导业主遵守约定，维护物业公共利益和管理秩序。

**第四十一条** 物业服务人对物业的共用部位、共用设施设备及相关场地等进行查验时，应当和建设单位或者业主委员会签订承接查验协议，对物业承接查验基本情况、存在问题、解决方法及其时限、双方权利义务、违约责任等事项作出明确约定。

**第四十二条** 物业服务人应当将承接查验的有关文件、资料和记录建立档案，并妥善保管。

物业承接查验档案属于全体业主所有。前期物业服务合同终止，业主大会选聘新的物业服务人的，原物业服务人应当在前期物业服务合同终止之日起十日内，向业主委员会移交物业承接查验档案。拒不移交的，新的物业服务人可以请求街道办事处、乡(镇)人民政府协助移交。

## 第四章 物业管理

**第四十三条** 业主可以委托物业服务人管理建筑物及其附属设施，也可以自行管理。对建设单位聘请的物业服务人，业主有权依法更换。

历史形成的、经区(县)人民政府认定的老旧楼院的物业服务管理由市、区(县)人民政府适当提供补贴，街道办事处、社区居民委员会负责通过招投标引入有实力的物业服务人进行管理。

本条第二款的业主应当按照国家有关规定主动交纳维修资金，由街道办事处、社区居民委员会和承接管理的物业服务人负责督促收缴。

本条第二款的业主应当按照有关规定主动交纳物业费和水电气暖等费用，不得无故拖欠。街道办事处、社区居民委员会应当协助承接管理的物业服务人督促催缴。

**第四十四条** 从事物业服务活动的企业应当依法设立，具有独立的法人资格，遵守法律、法规，遵守社会公德、商业道德，诚实守信，接受政府和社会公众的监督，承担社会责任。

物业服务人应当积极协助街道办事处、乡(镇)人民政府、公安机关及其派出机构做好社区安全防范管理工作。

物业服务人应当聘请专业人员从事相关服务工作。法律、法规对物业服务人员从业资格有规定的，从其规定。

**第四十五条** 市住房和城乡建设行政主管部门应当会同有关部门、协会制定物业服务合同示范文本，并向社会公布。

业主委员会或者物业管理委员会应当代表业主与业主共同选聘的物业服务人订立书面合同，就服务事项、服务质量、服务费用的标准和收取办法、维修资金的使用、服务用房的管理和使用、服务期限、服务交接等条款作出规定。物业服务人公开作出的有利于业主的服务承诺，为物业服务合同的组成部分。物业服务合同应当采用书面形式。

物业服务合同签订或者变更之日起十五日内，物业服务管理人应当将物业服务合同副本报物业所在地区（县）住房和城乡建设行政主管部门及街道办事处、乡（镇）人民政府备案。

**第四十六条** 物业服务人应当按照物业服务合同的约定和物业的使用性质提供相应的服务，并遵守下列规定：

（一）符合国家、省和本市规定的技术标准、规范；

（二）及时向业主、物业使用人告知安全合理使用物业的注意事项；

（三）定期听取业主的意见和建议，改进和完善服务，及时办理业主投诉，提高服务质量；

（四）做好物业管理区域内的门卫、巡逻、房屋装饰装修、技防监控等秩序维护和安全防范工作，并接受公安机关的指导检查；

（五）为业主的身份、住宅等个人信息保密，未经业主本人同意或者法定事项不得向其他单位和个人透露；

（六）积极配合供水、供电、供气、供热、通讯、有线电视、宽带数据传输等相关专业单位进入物业区域开展服务，为其提供便利；

（七）积极配合消防部门做好消防设施维护管理、消防通道畅通、消防隐患消除等工作。

（八）接受社区居民委员会（村民委员会）监督指导，配合做好社区管理相关工作。

**第四十七条** 业主依照法定程序共同决定解聘物业服务人的，可以解除物业服务合同。决定解聘的，应当提前六十日书面通知物业服务人，但是合同对通知期限另有约定的除外。

依据前款规定解除合同造成物业服务人损失的，除不可归责于业主的事由外，业主应当赔偿损失。

自物业服务合同解除之日起十日内，原物业服务人、新物业服务人与业主委员会应当办理下列交接事宜：

（一）移交业主和物业的基础档案；

（二）移交物业服务中形成的物业服务档案；

（三）移交物业服务用房和业主共有的其他房屋、场地和财物；

（四）移交物业共用设施设备及其改造、维修、运行、保养的有关资料；

（五）清交预收、代收和清算欠收的有关费用；

（六）其他需要交接的事项。

原物业服务人违反前款规定的，不得请求业主支付物业合同终止后的物业费；造成业主损失的，应当赔偿损失。

物业服务合同终止后，在业主或者业主大会选聘的新物业服务人或者决定自行管理的业主接管之前，原物业服务人应当继续处理物业服务事项，并可以请求业主支付该期间的物业费。

**第四十八条** 物业服务人未经业主大会或者业主委员会同意不得擅自在物业管理区域内进行下列活动：

（一）改变物业共用部位、共用设施设备规划用途；

（二）设置营业摊点；

（三）许可或者默许他人利用共用部位、共用设施设备从事广告宣传、经营活动；

（四）向业主、物业使用人指定装饰装修企业或者强行推销装饰装修材料；

（五）提高利用业主共有的道路、场地设置的车位停车费标准；

（六）其他与物业服务无关的活动。

**第四十九条** 物业服务收费根据不同物业的性质和特点，分别实行政府指导价和市场调节价。保障性住房、房改房、国家规定的老旧住宅小区和普通住宅前期物业服务收费实行政府指导价，其他类型的物业服务收费实行市场调节价。

政府指导价的适用范围和收费标准由发展和改革部门制定。

市场调节价的物业服务收费标准应当在成本核算、公开公示、与业主充分协商的基础上，由业主与物业服务人在物业服务合同中约定，并报区（县）发展和改革部门备案。

**第五十条** 物业交付使用前，建设单位应当依照前期物业服务合同的约定向物业服务人支付物业服务费；物业交付使用后，物业服务费由业主承担。物业交付但没有实际入住的，由业主提出申请，物业服务人核实，按百分之七十收取物业费。

业主应当依照物业服务合同的约定及时交纳物业服务费。物业服务人已经按照约定和有关规定提供服务的，业主不得以未接受或者无需接受相关物业服务为由拒绝支付物业费。业主违反物业服务合同约定，经书面催告，逾期仍不交纳物业服务费的，业主委员会可以采用在本物业管理区域公示等方式，协助物业服务人催交。对无正当理由经催交仍拒不交纳的，物业服务人可以申请仲裁或者提起诉讼。

**第五十一条** 建设单位、物业服务人等利用业主的共有部分产生的收入，在扣除合理成本之后，属于业主共有。该项收益可用于共用部位、共用设施设备的维修、更新、改造或者补充专项维修资金，也可以根据业主大会的决定使用。

物业经营性收益由物业服务人代管的，应当单独列账，扣除约定手续费后，于次年二月底以前交存业主委员会，并将收支具体情况向业主公布；由业主委员会自行管理的，应当以业主委员会名义开设账户，不得以任何个人或者其他组织名义进行管理。

实行物业服务酬金制收费方式的物业服务项目,每半年公布一次物业服务资金的收支情况。

**第五十二条** 物业管理区域内按照规划建造的车库、车位,未作为建筑物共有部分进行分摊的,建设单位可以出售、附赠或者出租。

利用建筑物防空地下室、建筑物共用设备层建造、划定的车库、车位,谁投资谁受益,可以出租,但不得出售。

**下列车库、车位属于业主共有:**

(一)计入容积率且作为建筑物共有部分进行分摊的;

(二)占用小区道路、共用场地划定的车位。

物业管理区域内规划用于停放机动车的车位(库),应当首先满足业主的需要。

当车位(库)无法满足本物业管理区域内业主、物业使用人需要时,可采用业主大会会议决定的公平方式予以确定。

物业管理区域内停放车辆,不得占用消防通道,不得影响其他车辆和行人的正常通行。

建设单位在预售或者现售房屋时,应当公示本物业管理区域内用于出售、出租、附赠的车位(库)的数量。

建设单位用于销售的车位(库),应当与房屋同步销售。物业管理区域内利用业主共有的道路、场地设置的车位(库)不得销售。

建设单位配套建设的车位(库)可以向业主出售、出租。拟出售的车位(库)数量等于或低于物业管理区域内的房屋套数时,原则上每户业主只能购买一个车位(库)。车位(库)数量超过本建筑区域内房屋套数的,在保证本建筑区域内业主可购买或租用一个车位(库)的前提下,方可将剩余车位(库)出售给需要购买两个或两个以上车位(库)的业主。

车位(库)有空余的,可以临时出租给业主以外的单位、个人。但是每次租期不得超过六个月。建设单位尚未出售的停车位,应当出租给业主、物业使用人停放车辆,不得以只售不租为由拒绝出租。

**第五十三条** 占用物业管理区域内业主共有的道路或者其他场地用于停放机动车,以及相关收费和管理事项,由业主大会或者业主委员会决定,车位使用费属于全体业主共有。

执行任务的军、警车辆和救护车、救灾抢险车、邮递车、环卫车、市政设施维护维修车及殡仪车,在物业管理区域内临时停放,不得收费。

物业管理区域内依法配建的人民防空工程平时用作停车位的,应当向全体业主、物业使用人开放。人防工程停车位的使用费,扣除人民防空工程设施的维护管理费用后,剩余部分归投资者所有。投资者或者物业服务人应当配合政府有关部门做好人民防空工程设施的维护管理工作。

**第五十四条** 市、区(县)住房和城乡建设行政主管部门应当做好物业服务人物业服务管理事中和事后的监督管理,对物业服务人实行动态测评,测评的具体办法由市住房和城乡建设行政主管部门会同市发展改革行政主管部门制定,报市人民政府批准后施行。

**第五十五条** 物业服务人不得有下列行为:

(一)在物业服务管理招标投标活动中提供虚假信息,骗取中标的;

(二)将其应当提供的全部物业服务转委托给第三人,或者将全部物业服务支解后分别转委托给第三人;

(三)违反物业服务合同约定降低物业服务标准;

(四)擅自提高物业服务收费标准;

(五)擅自处分业主共有财产,擅自允许他人利用共有部位、共有设施设备从事广告、宣传、经营等活动;

(六)以业主拖欠物业服务费、不配合管理等理由,中断或者以限时限量等方式变相中断供水、供电、供热、供气等;

(七)原物业服务人拒不撤出物业管理区域,或者撤出时未按规定办理交接手续,造成物业服务管理状况混乱的;

(八)泄露在物业服务活动中获取的业主信息的;

(九)未履行垃圾分类管理人责任的;

(十)对物业管理区域内的乱搭乱建、饲养禁养犬等违法行为不劝阻、不报告的;

(十一)法律法规和管理规约规定的其他行为。

业主对建设单位、物业服务人以及其他业主侵害自己合法权益的行为,有权请求其承担民事责任。

**第五十六条** 业主应当遵守管理规约,按照物业服务合同约定履行义务。

业主有欠交物业服务费用等违反物业服务合同以及违反管理规约等行为,经仲裁裁决或者生效判决确认后仍不履行合同约定义务的,依法录入个人信用档案。

**第五十七条** 区(县)住房和城乡建设行政主管部门和街道办事处、乡(镇)人民政府应当加强对本辖区内物业服务情况的监督检查,并及时共享物业服务人诚信管理信息、物业服务合同、物业管理区域划分、承接查验备案等信息。

**第五十八条** 市人民政府应当建立覆盖建设单位、物业服务人、物业服务企业负责人、物业服务项目负责人、业主委员会和物业管理委员会成员等的物业服务管理信用体系。

市住房和城乡建设行政主管部门会同相关部门建立守信联合激励和失信联合惩戒机制。

区(县)住房和城乡建设行政主管部门应当建立本辖区内物业服务管理参与主体的信用档案,实行动态管理,并纳入市物业服务管理信用信息系统。

街道办事处、乡(镇)人民政府应当协助开展辖区内物业服务信用信息的征集核查工作。

物业服务管理信用信息应当按照相关规定纳入市公共信用信息系统。

鼓励社会组织和个人在信用交易和其他活动中,查询并运用物业服务管理信用信息。

物业服务管理信用信息管理具体办法由市住房和城乡建设行政主管部门会同市信用信息主管部门制定,报市人民政府批准后施行。

**第五十九条** 市住房和城乡建设行政主管部门应当与法院、仲裁机构、相关部门、物业服务管理行业协会、街道办事处、乡(镇)人民政府和公用企事业单位等建立物业服务管理信用信息汇集共享机制,及时收集物业服务管理相关信用信息。

违反物业服务管理相关法律、法规被行政处罚的信息,应当录入市物业服务管理信用信息系统,由作出行政处罚决定的主管部门采集并推送至市物业服务管理信用信息系统。其他失信信息,由区(县)住房和城乡建设行政主管部门、街道办事处、乡(镇)人民政府采集;由街道办事处、乡(镇)人民政府采集的,应当经市住房和城乡建设行政主管部门复核后推送至市物业服务管理信用信息系统。

市、区(县)住房和城乡建设行政主管部门根据失信行为的程度,可以通过在市物业服务管理公共服务平台公开失信信息、限制物业服务示范项目申报、建议取消先进评比表彰资格以及按照规定向市公共信用信息系统推送纳入社会联合惩戒等方式,对物业服务管理中的失信行为予以惩戒。

**第六十条** 市、区(县)住房和城乡建设行政主管部门、街道办事处、乡(镇)人民政府应当建立物业服务管理投诉受理制度,对业主、业主委员会、物业使用人和物业服务人在物业服务管理活动中的投诉,应当及时受理,并将调查或者处理结果答复投诉人;属于其他部门和单位职责的,应当及时转交有关部门和单位并告知投诉人。

## 第五章　物业使用与维护

**第六十一条** 业主、物业使用人在使用物业时应当依照有利于使用安全、团结互助和公平合理的原则,正确处理用水、排水、通行、通风、采光、管线铺设和建筑维修、有害物质排放等方面的相邻关系。

**第六十二条** 业主在物业使用中不得危及建筑物的安全,不得损害其他业主的合法权益,不得有下列行为:

(一)损坏、拆改房屋承重结构、主体结构,破坏房屋外貌,擅自改变房屋用途;

(二)侵占或者损坏物业共用部位、共用设施设备,擅自移动共用设施设备或者擅自改变共用设施设备用途;

(三)将无防水要求的房间或者阳台改为卫生间、厨房,或者将卫生间改在下层住户的卧室、起居室(厅)、书房和厨房的上方;

(四)损害、占用、堵塞、封闭燃气管道及其他管道设施,影响公共安全;

(五)违法搭建、改建建筑物、构筑物;

(六)违法挖掘房屋地下空间;

(七)擅自占用绿地,损毁树木、绿化设施;

(八)随意倾倒或者抛弃垃圾、污水、废旧家具和杂物,违反垃圾分类的规定乱投放垃圾;

(九)违反规定出租房屋,将住宅合租作为员工宿舍供多人居住,影响物业管理区域内的卫生和居民的正常生活;

(十)违反有关法律法规和管理规约的规定饲养动物,影响物业管理区域内的卫生和居民的正常生活;

(十一)排放超过规定标准的噪声;

(十二)高空抛掷物品;

(十三)存放超过安全标准的易燃、易爆、剧毒、放射性物品,排放有毒、有害物质;

(十四)损坏消防设施,占用、堵塞、封闭消防通道、消防登高面等消防场地;

(十五)违规私拉电线、电缆为电动车辆充电;

(十六)法律、法规以及管理规约禁止的其他行为。

对违反前款规定的行为,其他业主和物业使用人、业主委员会、物业管理委员会、物业服务人有权予以劝阻、制止。劝阻、制止无效的,物业服务人、业主委员会、物业管理委员会应当及时报告有关行政主管部门。有关行政主管部门在接到报告后,应当依法予以制止或者依法追究业主、物业使用人的法律责任。

**第六十三条** 业主转让或者出租物业应当将转让或者出租的有关情况告知业主委员会、物业管理委员会和物业服务人。

**第六十四条** 业主或者物业使用人装饰装修房屋,应当事先告知物业服务人,遵守房屋装饰装修和房屋安全使用的有关规定和管理规约。

物业服务人应当将房屋装饰装修中的禁止行为和注意事项告知业主或者物业使用人,并进行现场巡查。

**第六十五条** 业主不得违反法律、法规以及管理规约,将住宅变为经营性用房。业主将住宅改变为经营性用房的,除遵守法律、法规和管理规约的规定外,应当经有利害关系的业主一致同意,并将改变情况告知业主委员会和物业服务人。

按照前款规定,将住宅改变为经营性用房的,不得从事有污染、扰民和安全隐患的经营项目,不得影响物业管理区域内的公共空间使用、维护,其所承担的电梯维护费等费用应当与其他住宅业主有区别,通过合同约定,单列计入维修资金。

物业管理区域内按照规划建设的共用部位、共用设施设备和物业服务用房，需要改变原使用性质的，应当经业主大会同意并依法办理有关手续。

**第六十六条** 物业交付使用前，建设单位应当依照国家标准和有关规定将验收合格的供水、供电、供气、供热、通讯、有线电视、宽带数据传输等设施设备移交给相关专业单位负责管理，并移交有关技术资料。相关专业单位应当及时接收。相关专业单位自建的由其自行负责管理。物业交付使用时，建设单位应当将有关设施设备移交专业单位管理的情况予以公示。

专业单位接收后，应当及时做好有关设施设备的维修、更新和养护，确保物业管理区域内有关设施设备的安全运转和正常使用。

**第六十七条** 物业管理区域内供水、供电、供气、供热、通讯、有线电视、宽带数据传输等专业单位，应当服务到最终用户，并承担分户终端计量装置或者入户端口之前设施设备的维护、养护、更新责任。

专业单位对专业经营设施设备进行维修、养护、更新时，业主、物业使用人、物业服务人应当配合。

**第六十八条** 物业管理区域内，供水、供电、供气、供热、通讯、有线电视、宽带数据传输等专业单位应当向最终用户收取有关费用。其中，属物业专有部分的费用，由业主交纳；属物业服务人使用的费用，由物业服务人交纳。

相关专业单位在老旧住宅小区的服务项目暂不具备向最终用户收取费用的，应当制定和实施限期改造计划，过渡实现向最终用户收取费用。限期和过渡的具体办法由市人民政府制定。

专业单位不得强制物业服务人代收有关费用，不得因物业服务人拒绝代收而停止提供服务。

物业服务人接受专业单位委托代收有关费用的，可以根据双方约定向委托单位收取代收服务费，但不得向业主收取服务费等额外费用，也不得以业主拖欠物业服务费用等理由限制或者变相限制专业服务。

**第六十九条** 住宅物业、住宅小区内的非住宅物业或者与单幢住宅楼结构相连的非住宅物业的业主，应当按照国家和本省、市有关规定交存专项维修资金。

专项维修资金属于业主所有，专项用于物业保修期满后物业共用部位、共用设施设备的维修和更新、改造，不得挪作他用。

专项维修资金的交存、使用、管理和监督，按照国家和省、市的有关规定执行，对一次性缴存有困难的老旧住宅小区可以允许分期缴存，对紧急情况下使用的可以开通资金使用的绿色通道，先使用后补办手续，对维修单幢住宅的电梯、屋顶、消防等急用设施设备需要执行本条例第十六条第二款的可以限定在该单幢住宅业主的范围内。

专项维修资金监管部门应当每年公示一次资金的使用情况，公示内容应当包括上年度本金结余、利息结余、本年度使用金额等。业主委员会应当每半年公示一次专项维修资金的使用情况，公示内容应当包括小区总账和每个业主的分账资金使用、结余情况，半年以来的使用次数、用途、每次使用金额等。业主对专项维修资金使用有异议的，专项维修资金监管部门、业主委员会应当予以答复。

**第七十条** 物业保修期内发生的维修、更新、改造责任和费用，由建设单位承担；保修期满后的维修、更新、改造责任和费用，按照下列规定承担：

（一）业主专有部分由业主承担；

（二）业主共用部位、共用设施设备，从专项维修资金中支付，不足部分，由相关业主按照专有部分建筑面积分摊，属于人为损坏的，费用由责任人承担；

（三）物业管理区域内供水、供电、供气、供热、通讯、有线电视、宽带数据传输等专业经营设施设备部分，业主专有部分的，由业主承担；业主专有部分之外的，由相关专业单位承担。

**第七十一条** 维修、更新、改造物业共用部位、共用设施设备时，相邻物业的业主、物业使用人应当予以配合。因相邻业主、物业使用人阻挠维修、更新、改造造成其他业主、物业使用人财产损失的，或者因物业维修、更新、改造造成相邻业主、物业使用人的自用部位、自用设备损坏或者其他财产损失的，责任人应当依法承担民事责任。

**第七十二条** 物业管理区域内共用部位、共用设施设备存在安全隐患时，物业服务人应当设置相应的警示标志，采取具体防范措施，并立即向业主委员会和有关行政管理部门报告。

## 第六章　法律责任

**第七十三条** 对违反本条例规定的行为，法律、法规已有处罚规定的，从其规定。

**第七十四条** 物业服务人违反本条例第四十七条第三款规定的，由市、区（县）住房和城乡建设行政主管部门责令限期改正；逾期不改正的，予以通报，处一万元以上十万元以下的罚款。

**第七十五条** 违反本条例第四十八条第一、二、三项规定的，由市、区（县）住房和城乡建设行政主管部门责令限期改正，给予警告，并对个人处一千元以上一万元以下的罚款，对单位处五万元以上二十万元以下的罚款。所得收益用于物业管理区域内物业共用部位、共用设施的维修、养护，剩余部分按照业主大会的决定使用。

违反本条例第四十八条第四项、第五项规定的，由市、区(县)市场监督管理行政主管部门责令限期改正,有违法所得的,没收违法所得;逾期不改正的,处一万元以上五万元以下的罚款。

**第七十六条** 违反本条例第五十五条规定的,由市、区(县)市场监督管理部门通过企业信用信息公示系统向社会公示,并依据《企业信息公示暂行条例》的相关规定予以处罚。违反相关法律法规的,同时由有关行政管理部门追究相应的法律责任。

**第七十七条** 业主违反本条例第六十二条规定的,物业服务人和业主委员会有权依照法律、法规以及管理规约,请求行为人停止侵害、排除妨害、消除危险、恢复原状,赔偿损失。业主或者其他行为人拒不履行相关义务的,有关当事人、物业服务人、业主委员会可以向有关行政部门报告或者投诉,有关行政主管部门应当依法处理。

违反本条例第六十二条第一款第一、二、三、四项规定的,由市、区(县)住房和城乡建设行政主管部门责令改正;逾期不改正的,处一万元以上五万元以下的罚款。

违反本条例第六十二条第一款第五、六项规定的,由市、区(县)城市管理行政主管部门责令改正;逾期不改正的,处一万元以上五万元以下的罚款。

违反本条例第六十二条第一款第七项规定的,由市、区(县)林业行政主管部门责令改正;逾期不改正的,处五百元以上五千元以下的罚款。

违反本条例第六十二条第一款第八项规定的,由市、区(县)城市管理行政主管部门责令改正;逾期不改正的,处五百元以上五千元以下的罚款。

违反本条例第六十二条第一款第九项规定的,由市、区(县)住房和城乡建设行政主管部门责令改正;逾期不改正的,处五百元以上五千元以下的罚款。

违反本条例第六十二条第一款第十项规定,影响居民正常生活的,由市、区(县)公安机关依法查处;影响物业管理区域环境卫生的,由市、区(县)城市管理行政主管部门依法查处。

违反本条例第六十二条第一款第十一、十二项规定的,由市、区(县)公安机关依法查处。

违反本条例第六十二条第一款第十三、十四、十五项规定的由市、区(县)应急管理部门依法查处。

**第七十八条** 业主违反法律、法规以及管理规约,将住宅变为经营性用房的,物业服务企业应当制止,并向有关行政主管部门报告。有关行政主管部门接到物业服务企业的报告后,应当依法对违法行为予以制止或者依法处理。

**第七十九条** 不属于本条例第六十八条第二款的情形且违反本条例第六十八条第三款规定的,由市、区(县)住房和城乡建设行政主管部门责令限期改正;逾期不改正的,处一万元以上十万元以下的罚款。

不属于本条例第六十八条第二款的情形且违反本条例第六十八条第四款规定的,由市、区(县)住房和城乡建设行政主管部门责令限期改正;逾期不改正的,处三千元以上三万元以下的罚款。

**第八十条** 市、区(县)住房和城乡建设行政主管部门及其他相关政府部门的工作人员及街道办事处、乡(镇)人民政府、社区居民委员会(村民委员会)的工作人员在物业服务管理工作中滥用职权、玩忽职守、徇私舞弊,给予行政处分;构成犯罪的,依法追究刑事责任。

## 第七章 附 则

**第八十一条** 本条例下列用语的含义是:

本条例所称的老旧楼院是指:建设时间长、历史遗留问题多,经区(县)人民政府确认的无专业化的物业企业管理、无建设主体单位管理、无业主委员会管理的老旧住宅小区或者楼院。

本条例所称的公共部位是指住宅主体承重结构部位(包括基础、内外承重墙体、柱、梁、楼板、屋顶等)、户外墙面、门厅、楼梯间、走廊通道等。

本条例所称的共用设施设备是指住宅小区或单幢住宅内,共用的下水管道、落水管、水箱、加压水泵、电梯、照明、消防设施、绿地、道路、路灯、沟渠、池、井、非经营性车场车库、公益性文体设施和共用设施设备使用的房屋等。

**第八十二条** 经专有部分面积占比三分之二以上且人数占比三分之二以上的业主参与表决,且过半数同意的,业主可以自行管理物业。具体办法参照本条例执行。

**第八十三条** 在村民委员会范围内实行物业服务管理的,由村民大会或者村民代表大会决定,具体办法参照本条例执行。

**第八十四条** 本条例自2021年3月1日起施行。2015年12月30日兰州市第十五届人民代表大会常务委员会第二十八会议通过2016年4月1日甘肃省第十二届人民代表大会常务委员会第二十二次会议批准的《兰州市物业管理条例》同时废止。

# 兰州市气象灾害防御条例

（2020年4月29日兰州市第十六届人民代表大会常务委员会第二十八次会议通过　2020年7月31日甘肃省第十三届人民代表大会常务委员会第十八次会议批准）

## 第一章　总　则

**第一条**　为了加强气象灾害防御，避免和减轻气象灾害造成的损失，保障人民生命财产安全，根据《中华人民共和国气象法》《气象灾害防御条例》和《甘肃省气象灾害防御条例》等有关法律、法规，结合本市实际，制定本条例。

**第二条**　在本市行政区域内从事气象灾害防御活动，适用本条例。本条例所称气象灾害，是指因干旱、大风、沙尘暴（扬沙、浮尘）、暴雨（雪）、雷电、冰雹、大雾、霾、寒潮、霜冻、低温、高温等造成的灾害。

水旱灾害、地质灾害、森林草原火灾、植物病虫害、环境污染、流行疫情等因气象因素引发的衍生、次生灾害的防御工作，适用有关法律、法规的规定。

**第三条**　气象灾害防御遵循以人为本、科学防御、预防为主、防治结合、综合减灾的原则，坚持政府主导、部门联动、分级负责、社会参与的工作机制。

**第四条**　市、县（区）人民政府应当加强对气象灾害防御工作的组织领导，建立健全气象灾害防御联动协调机制，将气象灾害防御工作纳入本级国民经济和社会发展规划，气象灾害防御所需经费及工作人员津补贴纳入本级财政预算，保障气象灾害防御设施建设，气象监测、预报、预警信息发布，人工影响天气及气象灾害防御科普教育等经费支出。

**第五条**　市、县（区）气象主管机构负责灾害性天气的监测、预报、预警以及气象灾害风险评估、气候可行性论证、雷电灾害防御、人工影响天气等气象灾害防御管理工作。

未设立气象主管机构的区人民政府和兰州新区、兰州高新技术开发区、兰州经济技术开发区，应当明确具体承担气象灾害防御的工作部门和工作人员。

市、县（区）人民政府有关部门应当在各自职责权限范围内，做好本行政区域的气象灾害防御工作。

**第六条**　乡（镇）人民政府、街道办事处应当确定气象灾害防御协理人员，将气象灾害防御纳入社区安全建设和网格化管理体系，与气象主管机构和应急管理等部门共同做好气象灾害防御工作。

**第七条**　村（居）民委员会、企事业单位应当协助乡（镇）人民政府、街道办事处做好气象灾害防御避险知识宣传、灾害隐患排查、预警信息传递、应急演练和灾情报告等工作。

**第八条**　各级人民政府及有关部门应当采取多种形式，组织开展气象灾害防御知识的宣传普及，提高社会公众的防灾减灾意识和应急避险能力。

学校应当将气象灾害防御知识作为学校安全教育的内容，培养和提高学生的气象灾害防范意识和自救互救能力。教育、气象等部门应当对学校开展的气象灾害防御教育进行指导和监督。

**第九条**　鼓励开展气象灾害发生机理和气象灾害监测、预报、预警、防御、风险管理等研究，鼓励技术创新；支持气象灾害防御先进技术的推广和应用，加强国内外技术交流与合作，提高气象灾害防御的科技水平。

**第十条**　市、县（区）人民政府和有关部门对在气象灾害防御工作中做出突出贡献的组织和个人，按照国家和省、市有关规定给予表彰和奖励。

## 第二章　预　防

**第十一条**　市、县（区）人民政府应当建立气象灾害信息共享制度，加强对气象灾害信息资源的综合开发利用。

气象主管机构负责组织编制气象灾害信息共享目录，建立气象灾害信息共享平台；发改、教育、工信、公安、自然资源、生态环境、住建、交通、水务、农业农村、文旅、应急、林业、城管等部门以及铁路、公路、民航、通信、电力等单位应当提供水旱灾害、城乡积涝、地质灾害、环境污染、交通监控、电网故障、森林火险、林业灾害、农业灾害等与气象灾害有关的信息。

气象灾害信息应当依法及时向社会公开。

**第十二条**　市、县（区）人民政府应当每五年组织气象主管机构及政府有关部门对本行政区域内发生的气象灾害的种类、次数、强度和造成的损失等情况开展气象灾害普查，建立和完善气象灾害数据库，进行气象灾害风险评估，并根据气象灾害风险评估结果划定气象灾害风险区域，向社会公布。

气象灾害风险评估应当包括以下内容：

（一）气象灾害历史和地域影响分布特点；

(二)可能遭受的气象灾害种类、风险等级分析;

(三)气象灾害风险管控对策和积极干预影响措施及其技术经济分析;

(四)气象灾害风险评估的结论。

**第十三条** 市、县(区)人民政府应当组织气象主管机构和有关部门,根据主要致灾因素、灾害分布,特别是易发区域等情况和上一级气象灾害防御规划,编制本行政区域内的气象灾害防御规划,统筹规划防范气象灾害的应急基础工程建设。

气象灾害防御规划应当包括以下内容:

(一)气象灾害防御的指导思想、原则、目标和任务;

(二)气象灾害发生发展规律和现状、发展趋势预测和调查评估;

(三)气象灾害风险易发区和易发时段;

(四)防御重点工程建设和保障措施;

(五)气象灾害防御系统和相关基础设施建设;

(六)气象灾害防御工作机制、部门职责和防御措施;

(七)法律、法规规定的其他内容。

气象灾害防御规划由县级以上人民政府统一领导,气象主管机构牵头组织实施。

**第十四条** 市、县(区)气象主管机构应当会同有关部门制定本行政区域的气象灾害应急预案,经本级人民政府批准后发布,并报上一级人民政府和气象主管机构备案。

市、县(区)有关部门制定的突发事件应急预案中涉及气象灾害防御的,应当与气象灾害应急预案相互衔接。

乡(镇)人民政府、街道办事处应当制定气象灾害应急预案或者将气象灾害防御工作纳入综合应急预案。

各级人民政府应当根据本地气象灾害特点,每年至少组织开展一次气象灾害应急演练,提高应急救援能力。

**第十五条** 市、县(区)人民政府应当按照气象灾害防御规划,加强气象灾害预防、监测、预报、预警和应急处置等基础设施建设,提高气象灾害防御能力。

自然资源主管部门应当保障气象灾害防御基础设施的建设用地,并将其纳入城乡公用设施用地范围。

**第十六条** 市、县(区)气象主管机构应当依法加强对气象灾害防御设施的保护。任何组织和个人不得侵占、损毁或者擅自移动气象灾害防御设施。

气象灾害防御设施受到损坏的,当地人民政府及有关部门或者气象灾害防御设施管理单位应当采取紧急措施,及时组织修复,确保气象灾害防御设施正常运行。

**第十七条** 市气象主管机构应当会同有关行业主管部门,确定气象灾害防御重点单位,并向社会公布。

本条例所称气象灾害防御重点单位,是指根据其地理位置、气候背景、行业特点等因素,在遭受灾害性天气时,容易直接或者间接造成人员伤亡、较大财产损失或者发生生产安全事故的单位。

**第十八条** 气象灾害防御重点单位应当履行气象灾害防御主体责任,落实下列气象灾害防御措施:

(一)确定气象灾害防御管理人员,负责本单位的气象灾害防御管理工作;

(二)组织开展气象灾害风险评估,确定气象灾害防御重点部位,制定本单位气象灾害防御工作责任制度;

(三)设置气象灾害预警信息接收终端,健全相应的气象灾害防御设施;

(四)制定本单位气象灾害应急预案,并定期组织应急演练;

(五)开展气象灾害风险隐患排查整治和定期巡查,并建立有关工作台账;

(六)对本单位人员进行气象灾害防御知识培训;

(七)法律、法规规定的其他职责。

**第十九条** 市、县(区)气象主管机构和气象灾害防御重点单位主管部门应当加强对气象灾害防御重点单位的气象防灾减灾救灾监督检查,指导其制定气象灾害应急预案,开展气象灾害防御培训,督促进行气象灾害隐患排查整治和应急演练等活动。

鼓励非气象灾害防御重点单位根据实际情况制定气象灾害应急预案,开展气象灾害隐患排查和应急演练等活动。

**第二十条** 县级以上人民政府在编制城乡规划、重点领域或者区域发展建设规划时,应当组织开展气候可行性论证和气象灾害风险评估。

建设单位下列建设项目的论证,应当统筹考虑气候可行性和气象灾害风险性,避免和减少气象灾害、气候变化对重要建设和工程项目的影响:

(一)国家重点建设工程、重大基础设施、公共工程以及其他大型工程建设项目;

(二)重大区域性经济开发项目;

(三)大型太阳能、风能等气候资源开发利用建设项目;

(四)涉及公共安全的危险化学品、民用爆炸物品、烟花爆竹、放射性物品、核能物质等易燃、易爆、危险物品的生产、仓储场所建设项目;

(五)气象灾害易发区内的建设项目;

(六)法律、法规规定的其他需要进行气象灾害风险评估的项目。

## 第三章　监测、预报和预警

**第二十一条** 市、县(区)人民政府应当根据气象灾害防御的需要,建设应急移动气象灾害监测设施,健全应急监测队伍,完善气象灾害监测体系。

**第二十二条** 市、县(区)气象主管机构应当组织对重大灾害性天气和气象灾害的联合监测，根据防御气象灾害的需要建立跨地区、跨部门的联合监测网络，加强监测、预报、预警的联动联防和信息沟通。

**第二十三条** 市、县（区）气象主管机构及其所属的气象台站应当完善灾害性天气的监测预报系统，加强对暴雨、大风、雷电、冰雹等强对流天气系统的研究分析以及旱涝趋势气候预测，提高灾害性天气预报、警报的准确性、及时性和服务水平。

气象台站监测到灾害性天气或者气象灾害可能发生时，应当立即报告有关气象主管机构。

**第二十四条** 市、县（区）气象主管机构所属的气象台站应当按照职责向社会统一发布灾害性天气警报和气象灾害预警信号，并及时向有关灾害防御、救助部门以及气象灾害防御重点单位通报；其他组织和个人不得向社会发布灾害性天气警报和气象灾害预警信号。

**第二十五条** 市、县（区）人民政府及有关部门应当建立健全气象灾害预警信息传播机制，重点加强农村、山区、景区等气象灾害风险隐患点预警信息接收和传播终端建设，充分利用广播、电视、报刊、网络、手机短信、微信、电子显示屏等传播渠道及时向受影响的公众传播气象灾害预警信息。

乡（镇）人民政府、街道办事处应当确定人员负责接收和传播气象灾害预警信息，对偏远地区人群，督促村（居）民委员会和有关单位采取高音喇叭、鸣锣吹哨、逐户告知等多种方式及时传播气象灾害预警信息。

广播、电视、报刊、网络、电信等媒体应当按照国家和省、市的有关规定准确播发或者刊载气象灾害预警信息，紧急情况下，应当采取滚动字幕、加挂气象灾害预警信息、中断正常播出、发送手机短信等方式迅速播报气象灾害预警信息及有关防御知识。

车站、机场、高速公路、旅游景点、矿区、码头、商场、学校、医院、社会福利机构等场所以及其他人员密集场所的经营、管理单位，应当通过电子显示屏、有线广播、公告栏等方式向公众传播当地气象台站发布的气象灾害预警信息，并及时更新。

## 第四章　防灾减灾

**第二十六条** 市、县（区）人民政府及有关部门应当根据灾害性天气警报、气象灾害预警信号和气象灾害应急预案启动标准，及时作出启动相应应急预案的决定，向社会公布，并报告上一级人民政府；必要时，可以越级上报，并向当地驻军和可能受到危害的毗邻地区的人民政府通报。

**第二十七条** 市、县（区）人民政府及有关部门应当根据气象灾害发生情况，依照《中华人民共和国突发事件应对法》的规定及时采取应急处置措施；情况紧急时，及时动员、组织受到灾害威胁的人员转移、疏散，开展自救互救。

对当地人民政府、有关部门采取的气象灾害应急处置措施，任何单位和个人应当配合实施，不得妨碍气象灾害救助活动。

**第二十八条** 气象灾害发生地的县（区）人民政府应当组织有关部门开展灾情调查工作。

气象灾情调查结果应当及时向上级人民政府和有关部门报告，不得虚报、瞒报或者迟报。

**第二十九条** 在干旱多发地区，农业农村部门应当推广农业节水技术，提升耕地抗旱能力，改进耕作制度；水务部门应当开展农田水利基本建设，根据气候规律，蓄水防旱；气象主管机构应当适时开展人工增雨作业，增加水库蓄水和缓解旱情。

**第三十条** 大风、沙尘多发区域的各级人民政府及有关部门应当组织开展大风、沙尘灾害隐患和风险排查，并根据大风、沙尘监测预警信息，指导有关单位采取大风、沙尘防御措施。

林业部门和南北两山绿化部门应当加强绿化造林，营造防护林，防风固沙。

建（构）筑物、户外广告牌、玻璃幕墙、树木等的所有权人或者管理人应当定期开展防风避险巡查，设置必要的警示标志，采取防护措施，避免搁置物、悬挂物等脱落、坠落。建筑工地的施工单位应当加强防风安全管理，加固临时设施，并对工地采取洒水、覆盖等措施防止扬尘污染。

船舶所有人、经营人或者管理人应当遵守有关大风期间船舶避风的规定。

**第三十一条** 各级人民政府及有关部门和单位应当根据本地降雨情况，做好暴雨和短时强降水防御应对工作。

自然资源部门应当加强对地质灾害易发区的警示和巡查，会同气象主管机构发布地质灾害预报预警。

水务部门应当加强河道、水库、堤防、闸坝、码头等重点防洪设施的巡查和洪水监测预警，及时疏通河道，加固病险水库、趸船，整治积水易涝区域，组织做好洪水灾害、城市内涝预报预警和群测群防工作。

应急管理部门应当建立常态化应急抢险队伍，协助地方政府紧急撤离危险区人员。

县级以上人民政府及其卫生健康部门应当在暴雨、强降水引发的洪水灾害后，及时组织指导灾区，做好卫生防疫工作，防治灾后疫情流行。

城乡建设主管部门、市容和环境卫生部门及排水管网运营单位应当根据本地降水强度，做好排水管网和防涝设施的设计、建设和改造，科学治理城市内涝，定期进行巡查维护，保持排水通畅，并在城镇易涝点开展积涝实时监控、设置警示标识。

教育、交通、农业农村、文旅、电力等部门和单位按照各自职责积极做好强降水防范工作。

**第三十二条** 【雷电防御】各级人民政府应当将防雷减灾工作纳入公共安全监督管理范围。

市、县(区)气象主管机构和房屋建筑、市政基础设施、公路、水路、铁路、民航、水利、电力、核电、通信等建设工程的主管部门应当按照职责分工,加强建设工程防雷监督管理,落实防雷安全监管责任。

各类建(构)筑物、场所和设施安装雷电防护装置应当符合国家有关防雷标准的规定。新建、改建、扩建建(构)筑物、场所和设施的雷电防护装置应当与主体工程同时设计、同时施工、同时投入使用。所有权人或者管理人应当对投入使用的防雷装置进行日常维护,并定期委托有相应资质的防雷装置检测机构进行定期检测。易燃、易爆、危险场所的防雷装置每半年检测一次,其他场所的防雷装置每年检测一次,检测不合格的,应当及时整改。

**第三十三条** 冰雹多发区域的各级人民政府应当组织气象、农业农村、林业等有关部门和单位,加强冰雹灾害的调查,确定重点防范区,适时开展人工防雹作业。

**第三十四条** 大雾、霾多发区域的各级人民政府及有关部门和单位应当建设和完善机场、高速公路、航道、码头等重要场所和交通要道的大雾、霾监测和防护等设施,并在大雾、霾天气期间,适时做好信息发布、交通疏导、调度和防护、人工影响天气作业、限制污染物排放等防范工作。

**第三十五条** 各级人民政府及有关部门和单位应当根据本地降雪、寒潮、霜冻发生情况,加强供热、供水、电力、通信等管线和道路的巡查,做好管线冰冻、道路结冰防范和交通疏导,引导群众做好防寒保暖准备。

低温、霜冻多发区域的各级人民政府应当组织调整农业生产布局和种植业结构,指导农业、渔业、畜牧业、林果业等行业采取防寒、防霜冻、防冰冻等措施。

**第三十六条** 供电企业应当根据气象主管机构提供的高温天气预报预警信息,做好供电准备、电网运营监控和电力调配工作。地方各级人民政府有关部门和生产经营单位应当落实防暑降温保障措施,合理安排工作时间,减少或者停止高温时段户外露天作业。

## 第五章 人工影响天气

**第三十七条** 有下列情形之一,可能发生气象灾害的,在适合人工影响天气作业的天气条件形成时应当实施人工影响天气作业:

(一)已出现干旱,预计旱情将会加重的;

(二)可能出现严重冰雹天气的;

(三)发生森林草原火灾或者长期处于高火险时段的;

(四)出现突发性公共污染事件的;

(五)其他需要实施人工影响天气作业的情形。

**第三十八条** 市、县(区)人民政府应当加强对人工影响天气工作的领导和协调,根据气象灾害防御需要,加强人工影响天气管理工作,配备必要的人员和人工影响天气设施设备,建立统一协调的人工影响天气指挥和作业机制,适时组织开展增雨雪、防雹、消雾、消雨、防霜等人工影响天气作业。

飞行管制、公安、通信、交通等部门应当对人工影响天气工作提供必要的保障。

作业所在地气象主管机构应当根据人工影响天气作业具体情况,提前公告作业的地点和时间。

**第三十九条** 人工影响天气作业地点,由市人民政府根据本地气候特点、地理条件、交通、通讯、人口密度等情况和县(区)人民政府意见,依照有关规定提出布局规划,报省气象主管机构会同飞行管制部门确定。

经确定的人工影响天气作业地点不得擅自变动,确需变动的,应当按照前款规定重新确定。

**第四十条** 人工影响天气作业地点所在地的乡(镇)人民政府、街道办事处和村(居)民委员会对人工影响天气作业设施负有保护责任。

在人工影响天气作业环境规定范围内,任何单位和个人不得侵占作业场地,不得损毁移动人工影响天气设施、设备,不得进行可能对人工影响天气作业有不利影响的活动。

**第四十一条** 实施人工影响天气作业使用的炮弹、火箭弹,应当按照有关法律法规和国家有关规定由当地人民武装部协助运输、存储和管理。

**第四十二条** 人工影响天气作业单位应当为实施作业的人员办理人身意外伤害保险,并由当地人民政府将作业人员纳入公益性岗位管理或者给予适当报酬。

在实施人工影响天气作业过程中造成人员伤亡、财产损失或者引发有关权益纠纷的,由县(区)人民政府组织、协调有关部门和单位进行调查,并依法做好事故的处理工作。

## 第六章 社会参与

**第四十三条** 鼓励广播、电视、报纸、电信等媒体刊播气象防灾减灾公益广告,宣传气象灾害防御法律、法规和科学知识。

**第四十四条** 鼓励法人和其他组织参与气象灾害预警信息传播设施的建设,鼓励社会各方参与宣传普及气象灾害防御知识,在有关部门指导下参与应急处置工作,提供避难场所和其他人力、物力支持。

鼓励志愿者、志愿服务组织参与气象灾害防御科普宣传、应急演练和灾害救援等活动。

**第四十五条** 气象灾害防御相关行业组织应当加强行业自律，制定行业规范，开展防灾减灾培训，提升专业技术能力和行业服务水平，配合有关部门做好气象灾害防御工作。

**第四十六条** 公民、法人和其他组织应当增强防灾避险意识，提高自救互救能力，主动获取气象灾害预警信息，在气象灾害红色预警信号生效期间，合理安排出行计划，储备必要的生活用品，采取相应的自救互救措施，配合政府及有关部门做好应急处置和灾情调查工作

**第四十七条** 鼓励和支持保险机构推出适合本市气象灾害特点的气象灾害保险业务，鼓励并引导单位和个人参加气象灾害保险，降低气象灾害风险。

单位和个人办理气象灾害理赔时需要气象灾害证明的，气象主管机构所属气象台站应当予以提供。

## 第七章　法律责任

**第四十八条** 违反本条例规定的行为，法律、法规已有处罚规定的，从其规定。

**第四十九条** 违反本条例规定，各级人民政府、气象主管机构和其他有关部门及其工作人员，有下列行为之一的，由其上级机关或者监察机关责令改正；情节严重的，对直接负责的主管人员和其他直接责任人员依法给予处分；构成犯罪的，依法追究刑事责任：

（一）未按照规定编制气象灾害防御规划的；

（二）未按照规定编制气象灾害应急预案或者组织开展气象灾害应急演练的；

（三）未按照规定采取气象灾害预防措施的；

（四）未按照规定启动气象灾害应急响应或者未按照规定采取应急措施的；

（五）未按照规定及时交换共享相关气象防灾减灾信息的；

（六）收到气象灾害预警信息后，未及时向社会公众传播的；

（七）隐瞒、谎报或者由于玩忽职守导致重大漏报、错报灾害性天气警报、气象灾害预警信号的；

（八）未履行对气象灾害防御重点单位监督检查职责的；

（九）不依法履行职责的其他行为。

**第五十条** 违反本条例规定，防御重点单位未落实气象灾害防御措施的，由市气象主管机构或者其他有关主管部门责令改正；存在气象灾害隐患的，责令限期整改；构成违反治安管理行为的，由公安机关依法给予处罚；构成犯罪的，依法追究刑事责任。

**第五十一条** 违反本条例规定，侵占人工影响天气作业场地、毁坏作业设备、设施，建设妨碍人工影响天气作业的建（构）筑物和其他设施的，由市、县（区）气象主管机构责令改正，可并处五百元以上一千元以下的罚款；构成犯罪的，依法追究刑事责任。

## 第八章　附　则

**第五十二条** 本条例自2020年10月1日起施行。

# 兰州市黄河风情线大景区保护管理条例

（2020年10月29日兰州市第十六届人民代表大会常务委员会第三十一次会议通过　2021年3月31日甘肃省第十三届人民代表大会常务委员会第二十二次会议批准）

## 第一章　总　则

**第一条**　为了保护本市黄河风情线大景区（以下简称大景区）的自然生态和人文环境，规范大景区保护管理行为，推进黄河流域生态环境保护，根据有关法律、法规，结合大景区实际，制定本条例。

**第二条**　本条例适用于大景区的规划、建设、保护、利用和管理等活动。

**第三条**　本条例所称大景区，是指依托黄河兰州段水面及河道两岸形成的自然景致和人文景观，供观光旅游、文化娱乐、休闲健身和开展科学、文化、教育活动的区域。

大景区范围为：东起城关桑园峡、西至西固西柳沟、南起南滨河路道路红线、北至北滨河路道路红线。

大景区范围如有变化的，由市人民政府确定并向社会公布。

**第四条**　大景区保护管理应当坚持保护优先、科学规划、统一管理、服务公众、永续利用的原则。

**第五条**　市人民政府应当加强对大景区保护管理工作的组织领导，建立健全大景区保护管理协调机制，及时解决大景区规划、建设、保护、利用和管理中的重大问题。将大景区保护管理工作纳入本级国民经济和社会发展规划，将大景区保护管理工作所需经费列入本级财政预算。

大景区所在地的人民政府应当协助做好大景区的规划、建设、保护、利用和管理工作。

**第六条**　市人民政府设置的大景区管理机构负责大景区的规划建设、保护利用和统一管理工作，依法履行下列职责：

（一）贯彻落实国家和省、市关于风景区、园林绿化、城市管理、土地规划、资源开发、生态保护等方面的法律、法规和政策；

（二）按照全市国土空间总体规划的要求，组织编制大景区规划；

（三）参与大景区内经营项目选址、建设方案；

（四）负责大景区内公园、园林绿化、绿地、林地、湿地、环境卫生的保护和管理；

（五）负责大景区文化旅游、服务、景观等设施的建设、维护和管理；

（六）负责大景区内自然生态资源和文化旅游资源的统筹开发管理，对大景区内的旅游市场开发、宣传推广和投资促进等活动进行监督管理；

（七）建立大景区自然资源和人文资源公共信息服务平台，宣传大景区保护管理相关法律、法规和具体措施，发布大景区重要活动信息；

（八）对大景区内违法建设、毁坏设施、侵占绿地、影响市容和环境卫生等违法行为进行查处，受理公众对大景区保护管理的咨询服务、意见建议和举报投诉；

（九）法律、法规规定以及市人民政府委托的其他职责。

**第七条**　市发展和改革、民族宗教、公安、财政、自然资源、生态环境、住房和城乡建设、交通、水务、农业农村、文化和旅游、林业、市场监管、城市管理等有关行政主管部门，依照有关法律、法规的规定，在各自职责范围内负责大景区的保护管理工作。

**第八条**　任何单位和个人都有义务保护大景区自然资源、生态环境和公共设施，有权劝阻、制止和举报破坏大景区自然资源、生态环境和公共设施的行为。

## 第二章　规划建设

**第九条**　大景区规划是大景区建设、保护、利用和管理的依据。

大景区规划内容包括景区范围、性质、保护目标、生态资源保护措施、重大建设项目布局、开发利用强度以及景区的功能结构、空间布局、游客容量等。

**第十条**　大景区规划由大景区管理机构会同自然资源、住房和城乡建设、文化和旅游、水务、交通、林业等行政主管部门进行编制，经征求黄河水利委员会和社会公众的意见，报市人民政府批准后实施。

大景区管理机构应当根据大景区规划，制定大景区内旅游发展、环境保护、基础设施建设等实施计划。

**第十一条**　大景区规划编制应当遵循以下基本要求：

（一）符合国家和地方自然资源、生态环境保护、河道管理等相关法律、法规的规定；

（二）符合本市国民经济和社会发展中长期规划、国土空间总体规划、国家黄河流域综合规划、防洪规划、城市绿化规划、环境保护规划、旅游发展规划等；

(三)协调处理人文与自然、保护与建设、历史与发展、局部与整体的关系，有效保护大景区自然景观、人文景观、历史风貌和生态环境；

(四)统筹兼顾旅游发展与市民生活、文化娱乐、休闲健身等综合需求，合理确定基础设施、文化旅游设施、服务设施、景观设施等建设项目的规模、布局与选址，明确规划设计条件。

**第十二条** 大景区规划经批准后应当向社会公布。大景区规划一经批准，应当严格执行，任何单位和个人不得擅自改变，确需改变的应当报原批准机关审批。

**第十三条** 大景区内新建、扩建、改建的建(构)筑物，其风格、体量、外观结构、高度、色调以及景观亮化应当与周围景观相协调，不得损害大景区自然景观和人文景观。大景区内重要的标志性建筑方案应当向社会公开征求意见。

**第十四条** 大景区管理机构应当依法落实好自然资源、生态环境、住房和城乡建设等行政主管部门审批的大景区规划建设项目，配合做好相关的审批服务工作。

大景区内已经建成或者正在建设的不符合规划的建筑设施，应当按照大景区规划逐步改造或者拆除。

因实施大景区规划对公民、法人或者其他组织造成财产损失的，应当依法给予补偿。

**第十五条** 大景区内的建设施工单位应当严格按照建设方案组织施工，采取有效措施，保护好景区内景物、水体、林草植被及地形地貌。建设项目完工后，应当及时恢复环境原貌。

大景区内新建、改建、扩建的建设项目，其环境保护设施应当与主体工程同时设计、同时施工、同时投入生产和使用。

**第十六条** 市、区(县)人民政府和有关部门应当按照大景区规划，加强大景区道路、通信、供水、排水、供电、供气等基础设施建设，改善交通服务设施和游览条件。

大景区与城市道路衔接的各出入口及辅道规划建设，应当同步纳入景区规划，确保景区与城市道路衔接的各出入口及辅道交通安全设施、人行过街设施同步配套建设，道路通行安全、顺畅。

大景区临河建设的健身步道等各类设施应当统筹考虑黄河防洪和群众需要，科学规划、建设和管理。

## 第三章　保护管理

**第十七条** 黄河兰州段河道水体、湿地、滩涂和河堤岸线保护依照有关法律、法规和《兰州市河道管理条例》《兰州市航道管理条例》的规定执行。

**第十八条** 大景区内的纪念性建筑、文物古迹、历史遗址、城市公园、人工植被等人文景观和自然景观，应当严格保护。

**第十九条** 大景区管理机构应当加强对大景区内的自然生态和人文景观的历史沿革、发展变化、资源状况、范围界限、开发建设、旅游接待、经营管理等方面的调查统计，形成完整档案资料，依法加强保护。

**第二十条** 任何单位和个人不得违反大景区规划，改变景区用地的性质和范围，严禁擅自占用大景区林地、绿地和砍伐、移植和修剪大景区树木。

因修建道路、通信、供水、排水、供电、供气等基础设施或者改善交通服务设施和游览条件等，确需砍伐、移植树木和临时占用林地、绿地的，应当征求大景区管理机构的意见，并报林业行政主管部门审批。

**第二十一条** 大景区管理机构应当加强大景区内绿化养护管理，对大景区内的植物群落、绿地树木、花坛花池及时养护修整。

**第二十二条** 大景区管理机构应当做好林业有害生物防治工作，防止林业有害生物传播和蔓延。大景区内应当使用无公害的药剂或者采用生物方法进行林业有害生物防治，保证大景区内生态安全。

**第二十三条** 大景区管理机构应当加强大景区内的环境卫生监督管理，保证大景区内的道路、广场、建(构)筑物、设施清洁干净。

**第二十四条** 大景区管理机构应当规划大景区机动车和其他交通工具行驶路线及停放地点，合理布设停车场或者停车位，施划停车泊位线，设置明显停车标志和行驶导向标志。

**第二十五条** 大景区管理机构应当会同水务、林业、消防、气象、应急等有关部门，建立健全联动机制，做好防汛、防火、避雷、防震等自然灾害防治工作。

**第二十六条** 在大景区内举行文化、体育、游乐、商业演出等大型活动，按法定程序经有关行政主管部门批准后报大景区管理机构备案。

经批准在大景区内举办活动，搭建舞台、展台等临时设施的，不得影响景区景观。活动结束后，应当及时拆除设施，清理场地，恢复景区景观、设施原状。

**第二十七条** 大景区内禁止下列行为：

(一)在大景区内建(构)筑物的外墙、屋顶、平台、阳台等处，堆放、吊挂、安装破坏景观和景区风貌物品的；

(二)随地吐痰、便溺、乱倒垃圾、乱扔果皮、纸屑、烟头等影响环境卫生的；

(三)损坏垃圾箱、休闲座椅、路灯、健身器材、街景电车等公共设施及水文监测等其他设施的；

(四)践踏花坛、草坪，刻划、摇晃树木，擅自采摘花果等破坏树木绿化的；

（五）抽打陀螺、甩响鞭的；

（六）在河道内乱搭乱建、占用滩地、堆放物品、停放车辆、经营摊点、开辟菜园等违法占用河道的；

（七）携带犬只进入大景区禁犬区域的；

（八）其他影响大景区景观、妨碍游览的行为。

**第二十八条** 大景区管理机构应当建立动态监督管理机制，对景区内的景观、设施进行定期检查和维护，及时发现并制止各种破坏景观、设施和生态环境的行为。涉及文物保护、自然保护区管理和自然资源保护、利用、管理的，应当及时通知相关部门依法处理。

## 第四章 公共服务

**第二十九条** 市文化和旅游行政主管部门应当统筹协调大景区文化旅游发展工作，指导大景区文化旅游规划编制、项目建设、行业服务标准规范、景区质量等级创建提升和品牌形象宣传推广工作。

大景区管理机构应当宣传包装、优化整合大景区旅游资源，弘扬社会主义核心价值观，开发具有黄河文化、丝绸之路文化、本地民俗风情文化特色的旅游项目，规划设计黄河两岸城市照明景观，开发夜游黄河特色旅游项目，改善旅游服务质量，提高城市品位，促进经济发展。

**第三十条** 大景区管理机构应当根据旅游安排、环境保护、文物保护以及服务质量的要求，确定旅游接待承载能力，实行游客容量控制。

**第三十一条** 大景区管理机构应当在大景区有条件的地点划定专门区域，用于集中开展晨练、小型演出等文体活动，并配置相应的服务设施，方便市民使用。在大景区内进行文体活动应当遵守以下规定：

（一）文体活动组织者应当向大景区管理机构登记备案；

（二）应当在确定的区域和时间内开展；

（三）应当遵守防治环境噪声污染的规定。

**第三十二条** 大景区管理机构应当在大景区内配备符合国家规定的游览观光设施，为游客提供优美、舒适的休憩条件和场所；应当采用符合国家标准和规范的公共信息图形和文字，设置和完善各类交通设施、景点导览、安全防汛等解说和指示性标识。

市文化和旅游行政主管部门应当会同有关部门加强大景区内旅游翻译规范化建设，组织专业力量对旅游公共信息、标识、景观简介和服务设施等提供规范翻译。

**第三十三条** 大景区实行免费开放。大景区公园和特许经营性项目，实行政府定价的经营和服务性收费标准，由市价格行政主管部门制定。

**第三十四条** 大景区管理机构应当根据大景区的建设规划和景观需要，对大景区内的经营商户总量和经营服务网点、经营商品、服务项目进行统一规划和管理。

大景区管理机构应当配合市场监督行政主管部门，做好大景区商业网点营业执照的核发工作。

**第三十五条** 大景区内的经营项目，由大景区管理机构依照有关法律、法规和大景区规划，以公开招标、竞争性磋商等公平竞争方式确定经营者。

在大景区从事经营活动应当遵循以下规定：

（一）按照大景区规划的场所、地点和服务内容，从事经营活动；

（二）禁止在规定的营业场所、地点外揽客、兜售商品、提供服务或者擅自搭棚、设摊、设点经营；

（三）在经营场所的醒目位置设置规范的公共标识，公示等级标准、服务项目、内容和收费标准；

（四）严格按照规定等级或者合同约定标准向游客提供服务；

（五）不得强买强卖、追尾兜售、宰客欺客；

（六）应当使用天然气、电、太阳能等清洁能源，废气、废水、固体废弃物等须集中收集处理，达到国家相关排放标准，不得污染大气、水体和土壤。

**第三十六条** 大景区管理机构应当建立大景区日常游览和经营管理制度，大景区管理人员应当统一着装并佩戴规范标志，为游客提供热情文明、周到方便的游览服务，劝阻和制止妨碍游览秩序和违反经营规范的行为。

**第三十七条** 大景区管理机构应当加强大型展览、节假日游园活动的安全管理，落实应急救护措施，保障游客生命财产安全。

大景区管理机构应当制定突发事件应急预案，定期组织演练，遇有紧急情况或者突发事件，应当立即启动应急预案并及时向有关部门报告。

## 第五章 法律责任

**第三十八条** 违反本条例第十五条第一款规定，施工单位在施工过程中，对景区内景物、水体、林草植被、地形地貌造成损坏的，由大景区管理机构责令施工单位停止违法行为、限期恢复原状或者采取其他补救措施，并处二万元以上十万元以下罚款；逾期未恢复原状或者采取有效措施的，由大景区管理机构责令停止施工。

**第三十九条** 违反本条例第二十条第一款规定，擅自占用大景区绿地，砍伐、移植、修剪树木的，由大景区管理机构按照《兰州市城市园林绿化管理办法》进行处罚。

**第四十条** 违反本条例第二十六条第二款规定，活动结束后，未拆除设施、及时清理场地的，由大景区管理机构责令改正、限期恢复原状，可处以五千元以上二万元以下罚款。

**第四十一条** 违反本条例第二十七条第一项规定，破坏景观和景区风貌的，由大景区管理机构给予警告，责令限期改正；拒不改正的，处以一百元以上五百元以下罚款；

违反本条例第二十七条第二项规定，影响环境卫生的，由大景区管理机构给予警告，责令其立即清除；不清除的，处以五十元以上一百元以下罚款；

违反本条例第二十七条第三项规定，损坏景区内设施的，由大景区管理机构责令改正，限期修复或者采取其他补救措施，可处以二百元以上一千元以下罚款；

违反本条例第二十七条第四项规定，破坏景区绿化的，由大景区管理机构责令改正，可处以二百元以下罚款；

违反本条例第二十七条第五项规定，抽打陀螺、甩响鞭的，由大景区管理机构责令改正；拒不改正的，处以二百元以上五百元以下罚款；

违反本条例第二十七条第六项规定，违法占用河道的，由大景区管理机构责令限期改正，并处以一千元以上一万元以下罚款；情节严重的，处以一万元以上十万元以下罚款；

违反本条例第二十七条第七项规定，携带犬只进入大景区禁犬区域的，由大景区管理机构依照《兰州市养犬管理条例》进行处罚。

**第四十二条** 违反本条例第三十一条第二款第一项规定，文体活动组织者未向大景区管理机构登记备案的，由大景区管理机构责令改正；拒不改正的，处以二百元以上一千元以下罚款；

违反本条例第三十一条第二款第二项规定，在规定区域和规定时间以外进行文体活动的，由大景区管理机构责令改正；拒不改正的，处以一百元以上二百元以下罚款；

违反本条例第三十一条第二款第三项规定，在文体活动中造成环境噪声污染的，由大景区管理机构责令改正；拒不改正的，处以二百元以上五百元以下罚款。

**第四十三条** 违反本条例第三十五条第二款第一至六项规定从事经营活动的，由大景区管理机构责令限期改正；拒不改正的，处以一千元以上一万元以下罚款。

**第四十四条** 大景区管理机构及其工作人员、其他涉及大景区管理的有关部门及其工作人员，在大景区管理服务工作中，履职不到位、造成不良影响的，依据相关规定追究相应责任；滥用职权、玩忽职守、徇私舞弊，构成犯罪的，依法追究刑事责任。

**第四十五条** 违反本条例规定的行为，法律、法规已有处罚规定的，从其规定。

## 第六章　附　则

**第四十六条** 大景区管理机构管理的白塔山公园、碑林公园、小西湖公园等其他区域参照执行本条例的有关规定。

**第四十七条** 本条例自2021年7月1日起施行。

# 政府规章

## 兰州市人民政府令

〔2020〕第2号

《兰州市城市照明管理办法》已经2020年3月11日市人民政府第89次常务会议讨论通过，现予公布，自2020年 5月10日起施行。

市长 张伟文

2020年3月23日

## 兰州市城市照明管理办法

### 第一章 总 则

**第一条** 为了加强城市照明管理,保障城市生产生活安全,改善城市照明环境,促进能源节约,根据《兰州市市政工程设施管理办法》《兰州市城市市容和环境卫生管理办法》等有关法律法规规定,结合本市实际,制定本办法。

**第二条** 本市行政区域内城市照明的规划、建设、运行、维护以及相关监督管理活动,适用本办法。

**第三条** 本市城市照明应当遵循统筹规划、服务民生、经济适用、安全节能、美化环境的原则,严格控制公用设施和大型建筑物装饰性景观照明规模和能耗。

**第四条** 市住房和城乡建设行政主管部门(以下简称市住建主管部门)负责全市城市照明管理工作,组织实施本办法;其所属的城市市政工程设施管理机构依照本办法的规定,具体负责主城区城市照明设施的建设、运行、维护和相关管理工作。

红古区、永登县、榆中县、皋兰县住房和城乡建设行政主管部门(以下简称区县住建主管部门)负责本辖区内的城市照明管理工作。

市、区(县)发改、公安、财政、自然资源、城市管理、交通运输、生态环境、水务、林业、文旅、大数据等行政管理部门或单位应当按照各自职责,做好城市照明相关工作。

**第五条** 政府投资的城市照明设施的建设经费,应当按规定纳入城市建设资金计划。

政府鼓励社会资金投资城市照明设施的建设和运行维护。

**第六条** 本市鼓励在城市照明建设、运行、维护中使用节能、环保的新技术、新工艺、新材料、新光源,及时淘汰高耗能低效照明产品,推进城市照明管理的信息化和智能化。

市、区(县)人民政府应当按照国家和本市有关规定,对高耗能低效照明设施的改造给予资金支持。

**第七条** 任何单位和个人都有保护城市照明设施的义务,有权对违反本办法的行为进行制止、投诉和举报。

住建主管部门应当建立投诉、举报受理制度,对属于其职责范围内的事项,自接到投诉或者举报之日起五个工作日内进行核查、处理并反馈;对属于其他部门职责的,应当及时移送有关部门。

### 第二章 规划与建设

**第八条** 市住建主管部门应当会同市发改、自然资源、交通运输、林业、文旅等行政管理部门,根据城市总体规划,组织编制城市照明专项规划,报市人民政府批准后组织实施。

城市照明专项规划主要包括下列内容:

(一)根据城市功能照明与景观照明的需要,提出城市照明的亮度、能耗等量化指标;

(二)根据本市经济社会发展水平,结合城市自然风貌、人文历史、地域特色和交通安全要求,按照城市总体规划确定的城市功能分区，对不同区域的照明效果提出要求；

（三）划定景观照明设施的重点区域。

编制城市照明专项规划应当委托具备相应资质的单位实施。

**第九条** 住建主管部门应当依据城市照明专项规划，组织制定城市照明设施建设年度计划，报同级人民政府批准后实施。

**第十条** 下列区域应当设置功能照明设施：

（一）城市道路、桥梁、隧道、地下通道、人行天桥、人行步道；

（二）住宅区、车站、广场、公园、公共绿地、名胜古迹、公共停车场；

（三）其他无功能照明可能存在安全隐患的公共场所。

**第十一条** 下列重点区域，按照城市照明专项规划要求设置城市景观照明：

（一）黄河风情线景观带、两岸建筑物立面、山体；

（二）城市标志性建（构）筑物；

（三）城市重要交通门户；

（四）其他需要设置景观照明设施的区域。

**第十二条** 城市照明设施与主体工程配套建设的，由主体工程的建设单位负责建设；增设城市照明设施的，由所有权人或者管理人负责建设。

除前款规定外，住建主管部门认为确需增设城市照明设施的，经同级人民政府批准后，由住建主管部门负责建设。

**第十三条** 设置城市照明设施应当遵守下列规定：

（一）符合城市照明专项规划、相关技术规范和标准的要求；

（二）符合城市照明亮度、发光强度等光污染及节能控制要求，不影响单位和居民正常生产生活，并与城市空间环境相协调，符合城市历史文化风貌；

（三）城市照明设施不得影响公共安全或者所依附的建（构）筑物的安全；

（四）城市照明的灯具造型和灯光照明效果不得与道路交通、轨道交通、航空、航运、铁路等特殊用途信号灯相同或者相似，并控制异形灯具、灯杆及多头、多光源灯具的使用；

（五）城市照明智能化控制系统应当具备安全、可靠、拓展、升级等条件，并具备兼容性。

**第十四条** 与城市道路、住宅区及重要建（构）筑物配套的城市照明设施，应当按照城市照明规划建设，与主体工程同时设计、同时施工、同时投入使用。

建设单位在组织竣工验收时，应当按照经批准的设计方案、相关技术标准和技术规范的要求，一并验收城市照明设施；不符合要求的，不得交付使用。验收合格后，建设单位按照规定进行竣工验收备案。

政府投资的城市功能照明设施，由建设单位根据职责分工通知住建主管部门参加竣工验收。验收合格的，办理移交接管手续；验收不合格的，建设单位应当按照要求进行整改，整改合格后，方可办理移交接管手续。

**第十五条** 新建、改建、扩建城市道路的，照明设施装灯率应当达到100%。现有城市道路未配套建设道路照明设施的，住建主管部门应当督促道路产权单位逐步配套完善。

功能照明设施应当按照规定敷设地下管线；管线未敷设于地下的，应当逐步进行改造。

## 第三章　运行与维护

**第十六条** 住建主管部门应当加强对城市照明运行和维护的监督管理，并履行下列职责：

（一）建立健全城市照明信息统计监管系统，完善城市照明设施的基本信息和能耗情况统计制度；

（二）建立健全城市照明能耗监控制度，定期对城市景观照明能耗进行检查；

（三）督促城市照明设施维护单位履行职责义务；

（四）受理对城市照明设施管理和维护的投诉，依法查处破坏城市照明设施的行为；

（五）法律、法规和规章规定的其他职责。

**第十七条** 城市照明设施需要移交住建主管部门进行维护管理的，应当符合下列条件：

（一）符合城市照明专项规划和有关标准；

（二）提供必要的维护、运行条件；

（三）提供完整的竣工验收资料；

（四）可纳入城市照明智能控制系统或者为接入系统预留技术条件；

（五）市人民政府规定的其他条件和范围。

移交城市照明设施的，建设单位应当与住建主管部门签订书面交接协议，并协助办理资产移交等相关事项的变更手续。

**第十八条** 政府投资建设的城市照明设施，办理移交手续后，由住建主管部门负责组织日常维护，也可以采取招投标等公平竞争方式确定维护单位。

非政府投资建设的城市照明设施，由所有权人或者管理人负责日常维护，也可以采取招投标等公平竞争方式确定维护单位。已移交住建主管部门维护管理的除外。

**第十九条** 城市景观照明设施纳入城市照明智能控制系统的，或者位于重点区域并按照住建主管部门要求亮灯的，市、区（县）人民政府可以给予维护费和电费补贴，具体补贴办法由市住建主管部门会同市财政部门制定。

**第二十条** 城市照明设施的维护单位，应当保持设施的完整、功能良好和外观整洁，保障安全运行和正常使用；出现故障和损坏的，应当及时修复、更换。

**第二十一条** 城市功能照明设施的维护单位在实施日常养护时应当遵守下列规定：

（一）保持城市主干路功能照明的亮灯率达到98%，次干路、支路的亮灯率达到96%；

（二）向社会公布报修电话，接受24小时报修；

（三）城市功能照明设施发生一般故障的，在24小时内修复；发生严重故障的，采取应急照明措施并在七日内修复。

**第二十二条** 经批准的建设项目确需改变、移动、拆除原有功能照明设施的，建设单位应当按照相关技术规范制定临时照明设置方案和施工安全防护方案，并在开工前十五日向照明设施维护单位报告。因改变、移动、拆除原有功能照明设施而需要新建、改建或者恢复功能照明设施的费用，由建设单位承担。

改变、移动、拆除原有功能照明设施不得影响周边路段、地区的正常功能照明。

**第二十三条** 因树木自然生长不符合照明设施安全距离或者遮挡城市道路功能照明光线的，应当兼顾照明设施安全使用和树木正常生长的原则进行修剪，由城市照明维护单位向市城市园林绿化行政主管部门申请修剪。

因不可抗力致使树木严重危及城市功能照明设施安全运行的，城市照明维护单位可以采取紧急措施进行修剪，并及时报告市城市园林绿化行政主管部门。

**第二十四条** 因交通事故或者其他原因损坏城市照明设施的，有关责任人应当妥善保护事故现场、防止事故扩大，立即通知相关部门和维护单位，并依法进行赔偿。

**第二十五条** 因应急抢险对城市照明设施造成损坏的，应急抢险单位应当采取安全防护措施，并及时通知城市照明设施运行维护单位予以修复。

城市照明设施维护专用车辆执行紧急抢修任务时，应当在作业场所周边设置警示标志、隔离栏等安全防护设施，公安、交通运输等部门和单位应当提供便利。

**第二十六条** 城市功能照明设施应当按照规定的时间开启和关闭，并根据季节和天气因素及时调整。具体启闭时间由市住建主管部门确定并向社会公布。

政府投资的城市景观照明设施，法定节假日以及全市重大节庆活动期间，应当按照规定启闭。

非政府投资的城市景观照明设施，可以参照政府投资的城市景观照明设施启闭时间进行开启和关闭，但不得影响周边居民生活和道路交通安全。

遇有电力供应紧张等特殊情况，需要启闭城市照明设施的，按照市人民政府的规定执行。

**第二十七条** 任何单位和个人都应当保护城市照明设施，不得实施下列行为：

（一）在城市照明设施上刻划、涂污；

（二）在城市照明设施安全距离内，擅自植树、挖坑取土或者设置其他物体，或者倾倒含酸、碱、盐等腐蚀物或者具有腐蚀性的废渣、废液；

（三）擅自在城市照明设施上张贴、悬挂、设置宣传品、广告；

（四）擅自在城市照明设施上架设线缆、安置其他设施或者接用电源；

（五）擅自迁移、拆除、利用城市照明设施；

（六）其他可能影响城市照明设施正常运行的行为。

## 第四章　节能与环保

**第二十八条** 市住建主管部门应当依据城市照明专项规划开展节能工作，制定城市照明节能计划，优先发展和建设城市功能照明，严格控制城市景观照明的范围、亮度和能耗。

**第二十九条** 住建主管部门可以根据节能技术发展和城市建设实际需要对城市照明实施节能改造。城市功能照明设施的节能改造应当在符合相关照明标准的前提下实施。

鼓励采用合同能源管理方式实施城市照明的节能管理。从事城市照明合同能源管理的单位，应当具备相应的资质。

**第三十条** 住建主管部门应当建立和完善节能控制措施，实现按需照明。城市功能照明设施可以根据需要实行半夜灯控制；城市景观照明设施可以按照平日、节假日、重要节会等模式进行控制，其用电应当与商业、办公等其他照明用电负荷分开，实行单独计量。

**第三十一条** 市住建主管部门应当建设城市照明智能控制系统，对城市照明设施进行智能化监控和管理，实现政府投资的城市照明设施的科学合理开关灯和亮度控制。

非政府投资的城市照明设施，市住建主管部门应当组织协调，逐步纳入城市照明智能控制系统。

**第三十二条** 住建主管部门应当结合照明行业新技术、新材料、新工艺、新标准，对城市照明建设、维护和管理等单位开展节能培训。

住建主管部门应当定期检查、组织评估城市照明建设单位、维护和管理单位的照明节能控制措施，提高城市照明节能水平。

## 第五章　法律责任

**第三十三条** 违反本办法规定的行为，法律、法规、规章已有处罚规定的，从其规定。

**第三十四条** 有关行政管理部门和单位及其工作人员在城市照明管理工作中玩忽职守、滥用职权、徇私舞弊的，依法给予行政处分；构成犯罪的，依法追究刑事责任。

**第三十五条** 违反本办法第十三条规定，建设城市照明设施存在下列行为的，由住建主管部门责令限期改正；拒不改正的，处一千元以上一万元以下罚款，法律、法规、规章另有规定的除外：

（一）违反城市照明专项规划和相关技术规范要求的；

（二）照明亮度、发光强度不符合控制要求，影响居民正常生活的；

（三）影响公共安全或者所依附的建（构）筑物安全的；

（四）灯具造型和灯光照明效果与道路交通、轨道交通、航空、航运、铁路等特殊用途信号相同或者相似的。

**第三十六条** 违反本办法第二十条规定，维护单位未按规定进行维护的，由住建主管部门责令限期改正；逾期不改正的，处一千元以上一万元以下罚款。

## 第六章 附 则

**第三十七条** 本办法下列用语的含义为：

本办法所称城市照明，是指在城市道路、住宅区、广场、公园、公共绿地、名胜古迹以及其他建筑物、构筑物的功能照明和景观照明。

功能照明是指通过人工光以保障人们出行和户外活动安全为目的的照明，包括城市道路照明和其他功能照明。

景观照明是指通过人工光以装饰和造景为目的的照明。

本办法所称城市照明设施是指用于城市照明的配电室、配电箱、变压器、灯杆、灯具、管线、工作井、监控系统、节能系统等设备和附属设施。

**第三十八条** 兰州新区参照本办法的规定执行。

**第三十九条** 本办法自2020年5月10日起施行。

# 关于《兰州市城市照明管理办法》的起草说明

**一、制定《办法》的必要性**

（一）贯彻落实中央及省市规范城市照明管理的需要

2019年中央“不忘初心、牢记使命”主题教育小组印发《关于整治“景观亮化工程”过度化等“政绩工程”、“面子工程”问题的通知》，要求把整治“景观亮化工程”过度化等“政绩工程”“面子工程”问题纳入主题教育专项整治内容，深化学习教育，抓好自查评估，认真整改规范。2019年12月11日中共兰州市委主题教育小组办公室印发了《关于整治“景观亮化工程”过度化等“政绩工程”、“面子工程”问题的工作方案》（兰教办发〔2019〕34号），要求“坚决整治斥巨资造景，建华而不实景观亮化项目，与当地地理环境和整体风貌不协调的问题”并提出具体工作措施。为积极响应中央及省市对城市照明规范管理的要求，稳妥有序抓好整治盲目兴建景观亮化设施，使我市城市照明建设与管理更加科学高效、绿色集约，不断提升人民群众的获得感、幸福感、安全感，亟需制定《办法》。

（二）保障城市生产生活安全促进能源节约的需要

目前，由市住建局市政工程服务中心负责的城市照明设施有：集中控制中心一座，专用供电变压器310台，供电线路1249千米，光源90594盏，用电总功率5612.30千瓦（其中：功能照明4367.18千瓦、景观照明1245.12千瓦）。城市照明设施在解决城市照明需求的同时，也美化城市景观环境，凸显了兰州城市特色。但是在管理过程中仍存在一些问题，一是责任不明晰，城市照明规划、建设、运行维护、监督管理责任不明，需要进一步理顺；二是出行不安全，背街小巷等区域“有路无灯”，乡镇、村镇公路等区域“有灯不亮”问题表现突出，市民意见大；三是发展不均衡，有些地方低效照明产品仍在使用，有些地方建设超标准、超豪华的景观照明工程，而且节能产品质量和效果参差不齐，造成“节电不省钱”现象，资源浪费严重。因此，亟需通过立法来规范城市照明管理，落实节能计划和节能措施，降低能源消耗。

（三）推进我市城市照明法治化的需要

目前，我市城市照明的管理依据为地方性法规《兰州市市政工程设施管理办法》和住建部《城市照明管理规定》，但内容分散，管理面窄，规定过于原则，操作性差，需要地方立法做进一步明确与细化，特别是在操作层面做进一步的补充与完善。如照明专项规划的组织编制和具体内容、照明设施建设和运行维护主体、照明设施建成后移交条件、照明设施的启闭时间、促进照明设施的节能和环保、建立智能控制系统等，这些工作机制，都需要通过地方立法进一步予以明确和规范。

**二、《办法》制定的过程**

根据市政府的立法工作安排，市住建局成立立法工作小组，通过充分调研、学习，并结合我市照明管理工作的实际，委托兰州财经大学法学院课题小组起草了《兰州市城市照明管理办法（草案送审稿）》。市司法局于2019年11月27日、12月5日先后两次组织召开由法学专家、省司法厅、省人大法工委、市人大法工委和城建工委、八个区县政府及各相关部门同志参加的立法论证会。同时，将《办法（草案）》在市政府官网和市司法局网站上公开征求意见。

《办法（草案）》在论证会阶段共征求到8个区县、发改、公安、财政、自然资源、城管委、交通运输、生态环保、水务、林业、文旅、大数据、大景区管委会等20个部门意见建议29条，采纳28条，安宁区政府1条未采纳。理由如下：安宁区政府建议在第五章法律责任中加入对不具备相应资质单位或技术人员从事照明工程勘察、设计、施工、监理的，依照有关法律、法规和规章予以处罚。经论证，上述行为在国家法律法规中已有具体规定，本《办法（草案）》不再设置行政处罚。论证阶段后，市司法局会同市住建局认真吸纳专家、部门和各方意见，经反复修改完善，几易其稿，最终形成《办法》。

**三、《办法》的制定依据**

1.《兰州市市政工程设施管理办法》（2012年修正）

2.《兰州市城市市容和环境卫生管理办法》（2012年修正）

参考了《城市照明管理规定》（住房和城乡建设部令第4号），以及《城市道路照明设计标准》（CJJ45—2015）和《城市夜景照明设计规范》（JGJ/T163—2008）等行业标准和规范。借鉴了深圳、天津、杭州和南京等外地城市照明立法的先进经验和做法。

**四、《办法》主要内容和需要说明的问题**

（一）《办法》主要内容

《办法》分六章，共三十九条。第一章总则；第二章规划与建设；第三章运行与维护；第四章节能与环保；第五章法律责任；第六章附则，明确了用语概念、《办法》实施时间。

（二）需要说明的问题

1.确定立法原则。在中央“不忘初心、牢记使命”主题教育小组通知要求整改景观照明亮化工程的时间节点，为防止“景观亮化工程”过度化等问题，使城市管理和建设更加科学高效，《办法》第三条确定了“遵循统筹规划、服务民生、经济适用、安全节能、美化环境的原则，严格控制公用设施和大型建筑物装饰性景观照明规模和能耗”的立法原则，并在第二章规划与建设、第三章运行与维护、第四章节能与环保中做出具体规定，使立法原则落到实处。

2. 理顺管理体制。《办法》第四条规定了由市住房和城乡建设行政主管部门负责全市城市照明工作，其所属的城市市政工程设施管理机构具体负责主城区城市照明设施的建设、运行、维护和相关管理工作；其他区县住房和城乡建设行政主管部门负责本辖区城市照明工作；相关职能部门根据职责，各负其责。这一职责设定，旨在解决我市城市照明管理的实际需要，有利于实现全市城市照明管理一盘棋、成体系。

3. 保障建设经费。关于建设经费，《办法》第五条规定“政府投资的城市照明设施的建设经费，应当按规定纳入城市建设资金计划。政府鼓励社会资金投资城市照明设施的建设和运行维护。”从而实现政府资本与社会资本有效结合。关于电费和运行维护经费，我市现状为：城市功能照明和政府投资的景观照明全部由政府财政承担，市住房和城乡建设局所属的市政工程服务中心及其他政府职能部门每年上报运行维护预算，经政府会议同意后，以财政预算的形式下达，各相关部门负责落实，非政府投资的景观照明没有补贴。经政府常务会讨论研究，对于非政府投资的景观照明应给予适当补贴，以激励社会资本对景观照明建设和运行的投入。故在《办法》中增加一条“城市景观照明设施纳入城市景观照明智能控制系统的，或者位于重点区域并按照住建主管部门要求亮灯的，市人民政府可以给予维护费和电费补贴，具体办法由市住建主管部门会同市财政部门制定。”

4. 突出功能照明管理。为解决“有路无灯”和“有灯不亮”等问题，保障市民安全出行，《办法》第十条以列举的方式规定在城市道路、桥梁、隧道、地下通道等无功能照明，可能存在安全隐患的公共场所都应当设置功能照明，第十五条规定了“新建、改建、扩建城市道路的，照明设施装灯率应当达到100%。现有城市道路未配套建设道路照明设施的，住建主管部门应当督促道路产权单位逐步配套完善。”第二十一条规定了“保持城市主干路功能照明的亮灯率达到98%，次干路、支路的亮灯率达到96%；”并向社会公布报修电话，接受24小时报修。

5. 建立节能环保机制。《办法》的第四章专章设置节能与环保机制，一是提出优先发展和建设城市功能照明，严格控制城市景观照明的范围、亮度和能耗的节能要求；二是鼓励采用合同能源管理方式实施城市照明节能管理；三是规定住建主管部门应当建立和完善节能控制措施，实现按需照明；四是要求建设城市照明智能控制系统，实行智能化监控和管理；五是建立节能检查、培训、评估制度。

# 兰州市人民政府令

〔2020〕第4号

《兰州市城乡建设档案管理办法》已经2020年12月9日市政府第122次常务会议讨论通过，现予公布，自2021年2月1日起施行。

市长 张伟文

2020年12月9日

# 兰州市城乡建设档案管理办法

## 第一章 总 则

**第一条** 为了加强城乡建设档案管理，提高城乡建设档案信息化建设水平，充分发挥城乡建设档案在城乡规划、建设、管理中的作用，根据《中华人民共和国档案法》《中华人民共和国城乡规划法》《建设工程质量管理条例》等法律、法规，结合本市实际，制定本办法。

**第二条** 本市行政区域内从事城乡建设档案收集、整理、移交、接收、保护、利用及其监督管理活动，适用本办法。

本办法所称城乡建设档案，是指在城乡规划、建设、管理活动中直接形成的具有保存价值的文字、图纸、图表、声像、电子文件、实物等各种形式和载体的历史记录。

**第三条** 城乡建设档案工作实行统一领导、统一标准、集中管理和分级管理相结合的原则，维护城乡建设档案的完整和安全，便于社会有效利用。

**第四条** 市、区（县）人民政府应当加强对城乡建设档案工作的领导，将城乡建设档案事业纳入国民经济和社会发展规划，确保城乡建设档案事业与经济社会发展相适应，保障城乡建设档案事业发展所需经费。

**第五条** 市、区（县）住房和城乡建设主管部门负责本行政区域内的城乡建设档案管理工作，业务上受同级档案主管部门的监督、指导。

市城建档案馆、区（县）城建档案馆（室）（以下统称为“城建档案管理机构”）负责城乡建设档案的接收、保护、利用等日常管理工作。

自然资源、生态环境、交通、水务等相关部门和电力、通讯等行业单位，应当在各自职责范围内做好城乡建设档案管理工作。

**第六条** 市城建档案管理机构受市住房和城乡建设主管部门的委托，依照本办法负责下列工作：

（一）宣传贯彻有关城乡建设档案管理的法律、法规和规章，负责本市行政区域内城乡建设档案工作的指导、监督和查处。

（二）负责接收本办法规定移交的城乡建设档案，收集与城乡规划、建设和管理有关的珍贵历史档案，并集中保管。

（三）草拟城乡建设档案发展规划，制定城乡建设档案工作计划、规章制度、业务技术规范。

（四）按照有关规定对建设工程档案进行验收，参加省、市档案主管部门组织的重点建设工程档案验收工作。

（五）对馆藏档案进行科学管理，做好馆藏档案的编纂研究、信息公开、开发利用和咨询服务等工作。

（六）培训城乡建设档案业务人员。

（七）法律、法规、规章规定的其他职责。

## 第二章 收集、整理、移交和接收

**第七条** 城建档案管理机构接收和管理下列档案材料：

（一）建设工程档案，主要包括：工业、民用建筑工程档案；市政设施工程档案；管线工程档案；公用基础设施工程档案；交通基础设施工程档案；园林、风景名胜建设工程档案；环境卫生设施建设工程档案；防洪、抗震、人防工程档案；村镇建设工程档案；军事工程中，除军事禁区和军事管理区以外的穿越城乡行政区域的、地下管线走向和有关隐蔽工程的位置图。

（二）建设系统各专业管理部门（包括城乡规划、勘测、设计、施工、监理、园林、风景名胜、环卫、市政、公用、房地产管理、人防等部门)形成的业务管理和业务技术档案。

(三)有关城乡规划、建设及其管理的方针、政策、法规、计划方面的文件、科学研究成果和城市历史、自然、经济等方面的基础资料。

(四)其他具有保存价值的城乡建设档案、资料。

**第八条** 建设单位应当按照下列规定向城建档案管理机构移交建设工程档案:

(一)建设工程在城关区、七里河区、西固区、安宁区和兰州高新技术产业开发区、兰州经济技术开发区内的,向市城建档案管理机构移交。

(二)建设工程在红古区、永登县、榆中县、皋兰县内的,向所在区(县)城建档案管理机构移交。

**第九条** 住房和城乡建设主管部门在核发施工许可证时,应当书面告知建设单位工程竣工后须向城建档案管理机构移交建设工程档案的时限、内容和要求,并将已核发施工许可证的工程项目情况及时告知城建档案管理机构。

国家部委和省发改部门审批的在兰建设项目,建设单位应当及时将项目计划函告市城建档案管理机构。

**第十条** 城乡建设档案形成单位应当按照国家有关法律、法规和规章,建立城乡建设档案工作责任制,健全城乡建设档案管理制度,做好城乡建设档案的收集、整理、移交、归档和保护工作,并保证城乡建设档案的真实性、完整性、准确性。

建设单位是建设工程档案形成的责任主体,应当组织勘察、设计、施工、监理等单位按照国家、省、市相关标准和规范,与工程进度同步收集、编制建设工程档案,编制、整理建设工程档案不得少于两套,编制、整理费用应当列入工程预算。

**第十一条** 城乡建设档案形成单位和城建档案管理机构委托档案整理、寄存、开发利用和数字化服务的,应当与符合条件的档案服务企业签订委托协议,约定服务的范围、质量和技术标准等内容,并对受托方进行监督。受托方应当建立档案服务管理制度,遵守有关安全保密规定,确保城乡建设档案的安全。

**第十二条** 城乡建设档案应当符合下列规定:

(一)内容真实、准确、完整,字迹清楚、图面整洁、规格统一。

(二)档案材料应当为原件,依照有关规定可以报送副本或者复制件的,复制件上应当注明原件的保存处,加盖原件保存单位印章,并有经办人签字、复制日期。

(三)建设工程竣工图应当图样清晰,与工程实体相符,并加盖竣工图章,且签章手续完备;竣工图的修改应当符合规范要求,地下管线工程竣工图应当标注城市坐标及高程。

(四)声像档案应当主题明确、内容完整、图像稳定、画面清晰、色彩真实,被摄主体不得有明显失真变形现象。

(五)电子档案的内容应当与纸质档案、声像档案一致,其存储格式、载体和保存等应当符合国家有关建设工程电子文件管理标准的要求。

(六)按照有关规范整理立卷,使用符合国家标准的档案装具。纸质档案、声像档案与电子档案的目录数据应当一致,条目内容和格式应当符合有关规定的要求。

**第十三条** 城建档案管理机构可以根据建设工程实际情况,在职责范围内对建设工程档案工作开展提前服务,指导建设单位做好建设工程档案工作和验收准备工作。

**第十四条** 列入城建档案管理机构档案接收范围的工程,城建档案管理机构按照建设工程竣工联合验收的规定对建设工程档案进行验收,验收标准按照国家、省、市有关规定执行。

对建设工程档案验收合格的工程,城建档案管理机构应当在规定时限内出具验收意见,提交联合验收办公室。联合验收办公室在出具《联合验收意见书》时,应当查验建设工程档案验收意见。

**第十五条** 报送移交城乡建设档案应当遵守下列规定:

(一)城乡建设档案形成单位应当无偿报送、移交。

(二)建设单位应当在工程竣工验收后三个月内,向城建档案管理机构报送一套符合规定的建设工程档案;法律、法规对建设工程档案移交期限另有规定的除外。

(三)改建、扩建和重要部位维修的建设工程档案,在工程竣工验收后三个月内报送。停建、缓建工程的档案,暂由建设单位保管。撤销单位的建设工程档案,应当向上级主管机关或者城建档案管理机构移交。

(四)建设系统各专业管理部门形成的业务管理和业务技术档案,凡具有永久保存价值的,在本单位保管使用一至五年后,按照本办法全部向城建档案管理机构移交。有长期保存价值的,由城建档案管理机构根据城乡建设的需要选择接收。

(五)建设工程档案在形成、收集、保管、交接等过程中有遗失、损毁的,建设单位应当组织测绘、鉴定单位据实补充和完善后向城建档案管理机构报送。

(六)地下管线普查和补测补绘形成的地下管线档案,在普查、测绘结束后三个月内报送。

**第十六条** 移交的城乡建设档案符合接收标准的,城建档案管理机构应当与移交单位办理交接手续。

**第十七条** 城建档案管理机构对有重要保存价值但尚未收集的城乡建设档案,可以通过接受捐献、购买、代存等方式进行收集。

## 第三章 保护和利用

**第十八条** 城建档案管理机构应当建立健全保护利用制度，依法做好城乡建设档案的保护、利用和服务等工作，及时抢救损坏或者变质的城乡建设档案并制作相应电子档案。

**第十九条** 城建档案管理机构馆库建筑应当符合国家建设标准，档案库房应当具备防盗、防火、防潮、防高温、防虫、防鼠、防尘、防光等条件和设施，保证城乡建设档案的安全。

**第二十条** 城建档案管理机构和有关部门、行业单位应当加强城乡建设档案信息化建设，建立城乡建设档案管理信息系统，采用电子文件及其他先进技术手段保存和保护城乡建设档案，保障电子档案、传统载体档案数字化成果等档案数字资源的安全保存和有效利用。

**第二十一条** 区(县)城建档案管理机构和有关部门、行业单位应当通过符合安全管理要求的网络或者存储介质，定期向市城建档案管理机构移交已形成的电子档案。

市城建档案管理机构应当逐步推进全市城乡建设档案数字资源整合，推动城乡建设档案数字资源跨部门、跨区域共享利用。

**第二十二条** 城建档案管理机构可以对重要电子档案进行异地备份保管。

**第二十三条** 城建档案管理机构应当定期公布已开放城乡建设档案的目录，积极开发档案信息资源，向社会提供服务，并为利用城乡建设档案创造条件、简化手续、提供方便。

城建档案管理机构在档案利用时，可以以电子档案代替纸质档案、声像档案原件提供利用。

**第二十四条** 单位和个人利用已开放的城乡建设档案，应当持有合法证明，利用未开放的城乡建设档案应当按照国家有关规定执行。

向城建档案管理机构报送、移交、捐献、寄存城乡建设档案的单位和个人，对其档案可以优先利用，并可以对其档案中不宜向社会开放的部分提出限制利用的意见，城建档案管理机构应当维护其合法权益。

**第二十五条** 任何单位和个人利用城乡建设档案，应当遵守国家、省、市有关档案利用的管理规定，不得丢失、篡改、损毁、伪造或者擅自销毁城乡建设档案；不得擅自提供、抄录、复制、公布城乡建设档案；不得买卖或者非法转让城乡建设档案，不得将城乡建设档案出卖、赠送给外国人或者外国组织。

**第二十六条** 对涉密城乡建设档案的保护利用、密级变更和解密应当按照国家有关法律、行政法规的规定办理。城乡建设档案管理人员和查阅人员，不得泄露档案中涉及的保密内容。

## 第四章 法律责任

**第二十七条** 城乡建设档案有关部门、管理机构及其工作人员在城乡建设档案管理工作中玩忽职守，造成档案损毁、灭失的，由有权机关依法对负有责任的领导人员和直接责任人员给予处分；构成犯罪的，依法追究刑事责任。

**第二十八条** 违反本办法第十条规定，建设工程档案形成单位所报档案不真实、不完整、不准确的，由住房和城乡建设主管部门责令限期改正。情节严重的，处以一万元以上三万元以下的罚款。

**第二十九条** 凡应当向城建档案管理机构报送或者移交建设工程档案而无故不交的，按照《建设工程质量管理条例》的有关规定处理。

**第三十条** 凡违反本办法第二十五条规定的，按照《中华人民共和国档案法》等法律、法规的有关规定处理。

**第三十一条** 违反本办法规定的行为，法律、法规、规章已有处罚规定的，从其规定。

## 第五章 附 则

**第三十二条** 兰州新区参照本办法适用。

**第三十三条** 本办法自2021年1月 日起施行。1999年11月4日市人民政府公布施行的《兰州市城市建设档案管理办法》(兰州市人民政府令〔1999〕第13号)同时废止。

# 关于《兰州市城乡建设档案管理办法》的起草说明

**一、《办法》制定的必要性**

1999年市政府出台的《兰州市城市建设档案管理办法》（以下简称原《办法》），对我市城市建设档案的归集、管理、保护和利用发挥了重要作用。原《办法》施行20年来，我市城市建设档案工作从无到有，档案从少到多，馆藏量从1999年的13151卷激增到现在的385115卷，档案查阅利用率越来越高，城乡建设档案（以下简称城建档案）的信息化和电子化已成为档案管理的必然趋势。但是，随着《中华人民共和国档案法》等上位法的修订，以及《中华人民共和国城乡规划法》《建设工程质量管理条例》《城市建设档案管理规定》等相关法律、法规及规章的修订，原《办法》部分条款失去上位法依据，甚至与上位法相悖。另外，随着城市建设的快速发展，城乡建设发展模式及体制发生了较大变化，城建档案管理中的新情况、新问题不断涌现。因此，有必要重新制定《办法》，对城建档案管理工作进一步规范。

**二、《办法》制定的过程**

根据市政府2020年立法计划要求，市住建局和市城建档案馆学习和借鉴外地先进经验和成熟做法，委托西北师范大学课题组起草了《兰州市城乡建设档案管理办法（送审稿）》（以下简称《办法（送审稿）》）。市司法局于7月2日、8月20日先后两次组织召开了由法学专家、省司法厅、市人大法工委和城建工委、相关部门工作人员以及服务对象代表参加的立法论证会。9月23日，向市档案馆书面征求意见，并向15名市政府法律顾问征求立法意见。同时，将《办法（送审稿）》在市司法局门户网站公开征求意见。

《办法（送审稿）》共征求到红古区、高新区、自然资源、交通委等8个单位及服务对象的意见建议共3条，1条采纳，2条未采纳。两条未采纳的是：红古区建议1.在第一条立法依据中增加《城市建设档案管理规定》，根据《立法法》规定，部委规章不作为市政府规章的立法依据，故未采纳。2.第七条第一项第2目中“市政基础设施工程”与第4目中“交通基础设施工程”是包含关系，建议将“交通基础设施工程”删除。经论证，该城建档案分类系住建部作出的划分，全国均在执行，我市不宜进行修改。

根据与会专家、法律顾问、相关单位和服务对象的意见建议，市司法局会同市住建局立法起草小组对《办法（送审稿）》多次修改完善，最终形成《办法》。

**三、《办法》制定的依据**

1.《中华人民共和国档案法》（2020年6月20日修订）

2.《中华人民共和国城乡规划法》（2019年4月23日修正）

3.《建设工程质量管理条例》（2019年4月23日修正）

参考了住建部《城市建设档案管理规定》（2019年2月15日修正），以及青岛、厦门、西安、重庆、海口等城市出台的有关地方性法规和政府规章。

**四、《办法》的主要内容和需要说明的问题**

（一）《办法》的主要内容

《办法》分五章，共三十三条。第一章总则，明确了立法目的和依据、适用范围、政府及部门职责等；第二章收集、整理、移交和接收，主要规定了城建档案的收集、整理、移交和接收等工作的标准及程序等；第三章保护利用，规定了管库建设、信息化建设、资源共享及查阅利用程序等；第四章法律责任，规定了违反《办法》应负的法律责任；第五章附则，规定了参照本办法适用的范围、施行日期、原《办法》的废止。

（二）需要说明的问题

1.扩大管辖范围

随着我市经济社会的快速发展，乡镇建设也飞速发展，亟需将乡镇建设档案纳入全市城建档案管理范围，进行规范管理，因此，将规章名称确定为《兰州市城乡建设档案管理办法》，第二条适用范围也将城建档案的管理范围从城市扩展到城乡，以推进城乡一体化发展。

2.理顺管理体制

《办法》第六条规定：“市城建档案管理机构受市住房和城乡建设主管部门的委托，依照本办法负责下列工作……”从而保障了市城建档案馆履行城建档案监管职责“有法可依”。因区（县）住建主管部门所属的城建档案馆（室）并不具备《中华人民共和国行政处罚法》第十九条“依法成立的管理公共事务的事业组织”的条件，故不再进行委托。同时，根据我市城建档案管理实际，对城建档案接受区域进行划分，第八条规定：建设工程在城关、七里河、安宁、西固区和高新区、经开区内的，建设工程档案向市城建档案馆移交；建设工程在红古区、榆中、皋兰、永登县内的，向所在区（县）城建档案管理机构移交。

3.明确主体责任

《办法》明确了城建档案形成单位和城建档案管理机构

的主体责任。规定城建档案形成单位应当建立城建档案工作责任制，健全档案管理制度，按要求做好档案的收集、整理、移交、归档和保护工作，并保证其真实性、完整性、准确性(第十条)；规定城建档案管理机构作为监管主体，应当提前对建设单位做好服务指导，参与竣工联合验收并出具验收意见，对合格的档案及时办理交接手续(第十三条、第十四条、第十六条)。

4.推动信息化建设

随着科技的不断进步，档案信息化建设已是档案管理工作的大趋势，对此，《办法》第三章第二十条至第二十三条对推进城建档案信息化建设，建立档案管理信息系统，推进档案数字资源整合，实现跨部门、跨区域共享利用，对重要电子档案进行异地备份保管，以电子档案代替纸质档案、声像档案原件提供利用等内容做出了规定。

5.法律责任的问题

《中华人民共和国档案法》《建设工程质量管理条例》等法律、法规已对档案违法行为规定了详细的法律责任，故按照上位法的规定执行即可，《办法》仅就建设工程档案形成单位所报档案不真实、不完整、不准确设定了相应法律责任，规定“由住房和城乡建设主管部门责令限期改正。情节严重的，处以一万元以上三万元以下的罚款。”

## 文件选目

# 中共兰州市委文件

| 文件标题 | 发文号 | 发文日期 |
| --- | --- | --- |
| 中共兰州市委兰州市人民政府关于加快推进农业农村高质量发展确保如期实现全面小康的实施意见 | 兰发〔2020〕1号 | 3月6日 |
| 中共兰州市委印发《关于深入学习贯彻习近平总书记对甘肃重要讲话和指示精神为努力谱写加快建设幸福美好新甘肃不断开创富民兴陇新局面时代篇章贡献兰州力量的实施方案》的通知 | 兰发〔2020〕2号 | 1月8日 |
| 中共兰州市委兰州市人民政府关于印发《兰州市积极应对疫情有效促进经济平稳增长的意见》的通知 | 兰发〔2020〕3号 | 2月14日 |
| 中共兰州市委关于进一步加强和改进市县巡察工作的意见 | 兰发〔2020〕5号 | 3月16日 |
| 中共兰州市委兰州市人民政府印发《关于支持红古区打造兰西城市群重要节点的意见》的通知 | 兰发〔2020〕6号 | 3月23日 |
| 中共兰州市委兰州市人民政府印发《关于进一步深化改革加强食品安全工作的实施意见》的通知 | 兰发〔2020〕7号 | 4月2日 |
| 中共兰州市委关于印发《兰州市中央脱贫攻坚专项巡视“回头看”和2019年度国家脱贫攻坚成效考核反馈意见整改方案》的通知 | 兰发〔2020〕8号 | 4月7日 |
| 中共兰州市委关于印发《陈玉皎、李荣灿同志在省委第八巡视组对兰州市及所辖贫困县开展脱贫攻坚专项巡视工作动员会上的讲话》的通知 | 兰发〔2020〕9号 | 4月17日 |
| 中共兰州市委兰州市人民政府关于学前教育深化改革规范发展的实施意见 | 兰发〔2020〕10号 | 4月17日 |
| 中共兰州市委兰州市人民政府关于进一步完善城市规划建设管理工作机制的通知 | 兰发〔2020〕11号 | 5月19日 |
| 中共兰州市委关于加强和改进市直机关党的建设的意见 | 兰发〔2020〕12号 | 5月19日 |
| 中共兰州市委兰州市人民政府印发《关于建立更加有效的区域协调发展新机制的实施方案》的通知 | 兰发〔2020〕13号 | 6月29日 |
| 中共兰州市委兰州市人民政府关于印发《兰州市推进贸易高质量发展实施方案》的通知 | 兰发〔2020〕14号 | 7月27日 |
| 中共兰州市委关于印发《中共兰州市委落实全面从严治党主体责任清单》的通知 | 兰发〔2020〕15号 | 7月29日 |
| 中共兰州市委兰州市人民政府印发《关于贯彻落实完善区域发展布局培育新的经济增长点增长极增长带的实施方案》的通知 | 兰发〔2020〕16号 | 7月29日 |
| 中共兰州市委兰州市人民政府印发《关于建立健全城乡融合发展体制机制和政策措施的实施方案》的通知 | 兰发〔2020〕17号 | 8月3日 |
| 中共兰州市委关于进一步加强和完善基层协商民主的意见 | 兰发〔2020〕18号 | 9月1日 |
| 中共兰州市委关于印发《中共兰州市委贯彻〈中国共产党政法工作条例〉实施办法》的通知 | 兰发〔2020〕19号 | 9月7日 |
| 中共兰州市委兰州市人民政府关于兰州市优化营商环境工作的实施意见的通知 | 兰发〔2020〕21号 | 10月15日 |
| 中共兰州市委兰州市人民政府关于营造更好发展环境支持民营企业改革发展的实施意见 | 兰发〔2020〕22号 | 10月15日 |
| 中共兰州市委兰州市人民政府印发《关于推进兰州经济技术开发区高质量发展的实施方案》的通知 | 兰发〔2020〕24号 | 12月31日 |

# 中共兰州市委办公室文件

| 文件标题 | 发文号 | 发文日期 |
|---|---|---|
| 中共兰州市委办公室兰州市人民政府办公室印发《关于加快建设全市新型应急管理体系的实施意见》的通知 | 兰办发〔2020〕1号 | 1月21日 |
| 中共兰州市委办公室兰州市人民政府办公室关于印发《兰州市创建全省民族团结进步示范市实施方案》的通知 | 兰办发〔2020〕3号 | 2月12日 |
| 中共兰州市委办公室兰州市人民政府办公室印发《关于贯彻落实习近平总书记"兰州要在保持黄河水体健康方面先发力、带好头"重要指示精神的实施方案》的通知 | 兰办发〔2020〕5号 | 2月28日 |
| 中共兰州市委办公室兰州市人民政府办公室印发《关于加快推进兰州陆港型国家物流枢纽建设的实施意见》的通知 | 兰办发〔2020〕6号 | 3月17日 |
| 中共兰州市委办公室兰州市人民政府办公室关于印发《兰州市民营企业家座谈会制度》的通知 | 兰办发〔2020〕7号 | 3月31日 |
| 中共兰州市委办公室兰州市人民政府办公室印发《关于化解全市农村合作金融机构风险的实施意见》的通知 | 兰办发〔2020〕10号 | 4月9日 |
| 中共兰州市委办公室兰州市人民政府办公室印发《关于全面加强自然灾害防治能力建设的实施意见》的通知 | 兰办发〔2020〕12号 | 4月23日 |
| 中共兰州市委办公室兰州市人民政府办公室关于印发《兰州市关于深化项目评审、人才评价、机构评估改革的工作方案》的通知 | 兰办发〔2020〕14号 | 5月25日 |
| 中共兰州市委办公室关于印发《网民留言办理工作实施办法(试行)》的通知 | 兰办发〔2020〕16号 | 6月2日 |
| 中共兰州市委办公室兰州市人民政府办公室关于印发"六保"工作方案的通知 | 兰办发〔2020〕17号 | 6月17日 |
| 中共兰州市委办公室兰州市人民政府办公室关于印发《兰州市贯彻落实〈新时代爱国主义教育实施纲要〉工作方案》的通知 | 兰办发〔2020〕18号 | 6月17日 |
| 中共兰州市委办公室兰州市人民政府办公室印发《关于全面深入持久开展民族团结进步创建工作铸牢中华民族共同体意识的实施方案》的通知 | 兰办发〔2020〕19号 | 7月6日 |
| 中共兰州市委办公室关于严格执行向市委请示报告制度的通知 | 兰办发〔2020〕20号 | 7月7日 |
| 中共兰州市委办公室兰州市人民政府办公室关于印发《兰州市贯彻落实党的十九届四中全会精神和省市委全会相关部署主要任务分解方案》的通知 | 兰办发〔2020〕21号 | 7月7日 |
| 中共兰州市委办公室兰州市人民政府办公室印发《关于深化新时代文明单位、文明村镇创建工作实施方案》的通知 | 兰办发〔2020〕22号 | 8月21日 |
| 中共兰州市委办公室兰州市人民政府办公室关于印发《兰州市禁毒工作规划(2020—2022)》的通知 | 兰办发〔2020〕23号 | 8月26日 |
| 中共兰州市委办公室兰州市人民政府办公室关于落实过紧日子要求进一步严格财政支出管理的通知 | 兰办发〔2020〕24号 | 9月22日 |
| 中共兰州市委办公室兰州市人民政府办公室关于印发《兰州市村(社区)"两委"换届工作实施方案》的通知 | 兰办发〔2020〕26号 | 11月17日 |
| 中共兰州市委办公室兰州市人民政府办公室关于印发《兰州市急需紧缺人才引进实施办法》和《兰州市领军人才队伍建设实施办法》的通知 | 兰办发〔2020〕30号 | 12月31日 |
| 中共兰州市委办公室关于印发《中共兰州市委常委会"不忘初心、牢记使命"专题民主生活会检视问题整改方案》的通知 | 兰办字〔2020〕1号 | 1月9日 |
| 中共兰州市委办公室兰州市人民政府办公室关于印发《兰州市"千企调研纾困"工作方案》的通知 | 兰办字〔2020〕3号 | 2月12日 |

| 文件标题 | 发文号 | 发文日期 |
| --- | --- | --- |
| 中共兰州市委办公室兰州市人民政府办公室关于印发《兰州市2020年度督查检查考核工作计划》的通知 | 兰办字〔2020〕4号 | 3月13日 |
| 中共兰州市委办公室兰州市人民政府办公室关于印发《兰州市农业产业化龙头企业和农民专业合作社发展提升行动实施方案(2020—2022年)》的通知 | 兰办字〔2020〕5号 | 3月13日 |
| 中共兰州市委办公室兰州市人民政府办公室关于印发各区县乡镇街道机构设置方案的通知 | 兰办字〔2020〕6号 | 3月19日 |
| 中共兰州市委办公室兰州市人民政府办公室印发《关于加快推进公共法律服务体系建设的实施方案》的通知 | 兰办字〔2020〕7号 | 3月20日 |
| 中共兰州市委办公室兰州市人民政府办公室关于印发《兰州市2020年推进创建全国文明城市工作实施方案》的通知 | 兰办字〔2020〕8号 | 3月23日 |
| 中共兰州市委办公室关于印发《中共兰州市委2020年政党协商计划》的通知 | 兰办字〔2020〕9号 | 3月26日 |
| 中共兰州市委办公室兰州市人民政府办公室关于印发《兰州市“招商引资攻坚年”活动实施方案》的通知 | 兰办字〔2020〕10号 | 3月26日 |
| 中共兰州市委办公室兰州市人民政府办公室关于印发《2020年市级领导干部包抓推进计划新开工省列重大项目表》的通知 | 兰办字〔2020〕11号 | 4月7日 |
| 中共兰州市委办公室关于印发《2019年全市党内法规工作情况和2020年工作安排》和《2019年全市党内规范性文件备案审查工作通报》的通知 | 兰办字〔2020〕12号 | 4月8日 |
| 中共兰州市委办公室关于印发《市委党的建设工作领导小组2020年工作要点》的通知 | 兰办字〔2020〕13号 | 4月9日 |
| 中共兰州市委办公室兰州市人民政府办公室关于印发《兰州市推进国有企业退休人员社会化管理工作实施方案》的通知 | 兰办字〔2020〕14号 | 4月22日 |
| 中共兰州市委办公室兰州市人民政府办公室关于成立兰州市推进产业工人队伍建设改革领导小组的通知 | 兰办字〔2020〕15号 | 4月22日 |
| 中共兰州市委办公室关于做好全市党政专用二级网高清视频会议系统二期工程建设有关工作的通知 | 兰办字〔2020〕16号 | 4月28日 |
| 中共兰州市委办公室兰州市人民政府办公室关于2019年度全市推进高质量发展和经济增长目标任务完成情况的通报 | 兰办字〔2020〕17号 | 4月29日 |
| 中共兰州市委办公室兰州市人民政府办公室印发《关于加强文物保护利用的改革实施方案》的通知 | 兰办字〔2020〕18号 | 4月30日 |
| 中共兰州市委办公室兰州市人民政府办公室关于印发《2020年市级领导干部包抓推进市列重大项目表》的通知 | 兰办字〔2020〕19号 | 5月12日 |
| 中共兰州市委办公室兰州市人民政府办公室关于印发《兰州市革命文物保护利用工程实施方案》的通知 | 兰办字〔2020〕20号 | 5月12日 |
| 中共兰州市委办公室兰州市人民政府办公室关于印发《兰州日报社文化体制改革方案》和《兰州广播电视台文化体制改革方案》的通知 | 兰办字〔2020〕21号 | 5月18日 |
| 中共兰州市委办公室关于黄河流域兰州白塔山段综合提升改造项目有关情况的报告 | 兰办字〔2020〕22号 | 5月19日 |
| 中共兰州市委办公室兰州市人民政府办公室关于印发《兰州市开展农村乱占耕地建房问题专项整治扎实做好耕地保护与土地开发利用工作方案》的通知 | 兰办字〔2020〕24号 | 5月22日 |
| 中共兰州市委办公室兰州市人民政府办公室关于印发《兰州市贯彻落实〈新时代公民道德建设实施纲要〉工作方案》的通知 | 兰办字〔2020〕25号 | 5月25日 |
| 中共兰州市委办公室兰州市人民政府办公室关于印发《兰州市落实中央生态环境保护督察反馈问题整改工作方案》的通知 | 兰办字〔2020〕26号 | 5月26日 |
| 中共兰州市委办公室关于2019年度市管领导班子和领导干部考核结果的通报 | 兰办字〔2020〕27号 | 6月2日 |

| 文件标题 | 发文号 | 发文日期 |
| --- | --- | --- |
| 中共兰州市委办公室关于印发《市委直属机关工委、部门党组(党委)、机关党委和机关党支部抓机关党建责任清单》的通知 | 兰办字〔2020〕28号 | 6月12日 |
| 中共兰州市委办公室关于明确范围口径持续精简会议的通知 | 兰办字〔2020〕33号 | 7月13日 |
| 中共兰州市委办公室兰州市人民政府办公室关于印发《2020年市委市政府工作部门督查检查考核计划》的通知 | 兰办字〔2020〕34号 | 7月24日 |
| 中共兰州市委办公室转发《市委宣传部、市委组织部关于认真组织学习〈习近平谈治国理政〉第三卷的通知》的通知 | 兰办字〔2020〕35号 | 8月12日 |
| 中共兰州市委办公室关于聘请迟方旭等10名同志担任市委法律顾问的通知 | 兰办字〔2020〕36号 | 9月1日 |
| 中共兰州市委办公室兰州市人民政府办公室关于印发《第十届兰州黄河文化旅游节(线上)总体方案》的通知 | 兰办字〔2020〕37号 | 9月9日 |
| 中共兰州市委办公室印发《〈关于巩固深化"不忘初心、牢记使命"主题教育成果的若干措施〉任务分解表》的通知 | 兰办字〔2020〕40号 | 10月29日 |
| 中共兰州市委办公室关于认真做好2021年度新华社系列刊物征订和学用工作的通知 | 兰办字〔2020〕41号 | 11月10日 |
| 中共兰州市委办公室关于认真做好2021年度《中共中央办公厅通讯》《秘书工作》征订和学用工作的通知 | 兰办字〔2020〕42号 | 11月17日 |
| 中共兰州市委办公室兰州市人民政府办公室关于印发《兰州市贯彻落实中央生态环境保护督察反馈问题整改实施方案》的通知 | 兰办字〔2020〕43号 | 11月18日 |
| 中共兰州市委办公室兰州市人民政府办公室关于成立兰州市国资国企改革推进工作领导小组的通知 | 兰办字〔2020〕45号 | 12月7日 |
| 中共兰州市委办公室兰州市人民政府办公室关于成立有关市级议事协调机构的通知 | 兰办字〔2020〕46号 | 12月18日 |
| 中共兰州市委办公室兰州市人民政府办公室关于印发《兰州市市级有关部门和单位生态环境保护责任清单》的通知 | 兰办字〔2020〕48号 | 12月23日 |
| 中共兰州市委办公室关于做好2021年度重点党报党刊发行工作严格规范报刊发行秩序的通知 | 兰办字〔2020〕49号 | 12月23日 |
| 中共兰州市委办公室兰州市人民政府办公室关于印发《兰州市创建全国民族团结进步示范市实施方案》的通知 | 兰办字〔2020〕50号 | 12月25日 |

# 兰州市人民政府文件

| 文件标题 | 发文号 | 发文日期 |
|---|---|---|
| 关于市人大稳增长专题询问会交办工作落实情况的报告 | 兰政发〔2020〕1号 | 1月7日 |
| 关于开展全市第七次全国人口普查的通知 | 兰政发〔2020〕2号 | 1月7日 |
| 关于印发中共兰州市人民政府党组“不忘初心、牢记使命”专题民主生活会检视问题整改方案的通知 | 兰政发〔2020〕3号 | 1月21日 |
| 关于兰州市2019年度生态环境保护工作情况的报告 | 兰政发〔2020〕4号 | 1月23日 |
| 关于新型冠状病毒肺炎疫情防控工作情况的报告 | 兰政发〔2020〕5号 | 2月11日 |
| 关于印发2020年工作要点的通知 | 兰政发〔2020〕6号 | 2月14日 |
| 关于印发2020年市委市政府为民办实事实施方案的通知 | 兰政发〔2020〕7号 | 2月14日 |
| 关于分解落实2020年全市经济社会发展主要指标和重点工作任务的通知 | 兰政发〔2020〕8号 | 2月14日 |
| 关于兰州市乡村产业发展的实施意见 | 兰政发〔2020〕9号 | 3月17日 |
| 印发《关于兰州经济技术开发区皋兰生态修复与产业发展示范区审批服务事项意见》的通知 | 兰政发〔2020〕10号 | 3月24日 |
| 关于印发兰州市2020年国民经济和社会发展专项计划的通知 | 兰政发〔2020〕12号 | 5月15日 |
| 关于提请审议《兰州黄河风景线大景区保护管理条例(草案)》的议案 | 兰政发〔2020〕13号 | 6月4日 |
| 关于市十六届人大常委会第二十八次会议审议意见办理情况的报告 | 兰政发〔2020〕14号 | 6月12日 |
| 关于市级河流管理范围划定成果的公告 | 兰政发〔2020〕16号 | 6月24日 |
| 关于申报用于基础设施建设的抗疫特别国债资金项目的请示 | 兰政发〔2020〕18号 | 7月10日 |
| 关于印发兰州市城市基准地价更新及公共服务项目用地基准地价制定成果的通知 | 兰政发〔2020〕20号 | 8月5日 |
| 关于上报兰州市预下达2020年抗疫特别国债支出预算使用计划的请示 | 兰政发〔2020〕21号 | 8月18日 |
| 关于印发《兰州市城市用水定额》的通知 | 兰政发〔2020〕23号 | 8月31日 |
| 关于印发《兰州市自然资源统一确权登记工作方案》的通知 | 兰政发〔2020〕24号 | 8月31日 |
| 关于印发加快推进新型城镇化和城乡融合发展政策措施的通知 | 兰政发〔2020〕25号 | 9月7日 |
| 关于市十六届人大常委会第三十次会议审议意见办理情况的报告 | 兰政发〔2020〕26号 | 9月25日 |
| 关于公布兰州市征收农用地片区综合地价标准的通知 | 兰政发〔2020〕27号 | 9月28日 |
| 关于授权兰州黄河生态旅游开发集团有限公司注册“兰貅”商标的通知 | 兰政发〔2020〕28号 | 10月19日 |
| 关于市十六届人大常委会第二十九次会议审议意见办理情况的报告 | 兰政发〔2020〕29号 | 10月27日 |
| 关于农村乱占耕地建房“八不准”的公告 | 兰政发〔2020〕30号 | 10月30日 |
| 兰州市人民政府森林草原防火命令(2020—2021年度) | 兰政发〔2020〕31号 | 11月20日 |
| 关于市人大常委会养老服务工作专题询问会议交办问题落实情况的报告 | 兰政发〔2020〕32号 | 12月3日 |
| 兰州市人民政府中国人民银行兰州中心支行《关于建立兰州市金融工作联席会议制度的通知》 | 兰政发〔2020〕33号 | 12月23日 |
| 关于市十六届人大常委会第三十一次会议审议意见办理情况的报告 | 兰政发〔2020〕35号 | 12月25日 |

# 兰州市人民政府办公室文件

| 文件标题 | 发文号 | 发文日期 |
|---|---|---|
| 关于印发《兰州市政府“双清零”管理制度》的通知 | 兰政办发〔2020〕1号 | 1月3日 |
| 关于印发2020年枯水期水污染联防联控工作方案的通知 | 兰政办发〔2020〕2号 | 1月6日 |
| 关于印发兰州市进一步加快十大生态产业发展的工作方案的通知 | 兰政办发〔2020〕3号 | 1月7日 |
| 关于切实做好2020年春运工作的通知 | 兰政办发〔2020〕5号 | 1月10日 |
| 关于印发兰州市进一步清理规范转供电环节不合理加价工作方案的通知 | 兰政办发〔2020〕7号 | 1月10日 |
| 关于全力抓好甘政办函〔2019〕73号贯彻落实工作的通知 | 兰政办发〔2020〕8号 | 1月14日 |
| 关于印发《兰州市城市居民最低生活保障实施细则》的通知 | 兰政办发〔2020〕9号 | 1月14日 |
| 印发关于推动“六稳”工作落地见效实施方案的通知 | 兰政办发〔2020〕10号 | 1月19日 |
| 印发关于对真抓实干推动高质量发展成效明显的区县和企业激励支持工作方案的通知 | 兰政办发〔2020〕11号 | 1月19日 |
| 关于分解落实全省全域无垃圾专项治理行动现场推进会工作任务的通知 | 兰政办发〔2020〕13号 | 1月21日 |
| 关于印发兰州市新型冠状病毒感染的肺炎疫情防控工作的通知 | 兰政办发〔2020〕14号 | 1月22日 |
| 关于进一步规范我市中心城区建设用地容积率管理的通知 | 兰政办发〔2020〕15号 | 2月3日 |
| 关于印发2020年度兰州市落实水污染防治行动计划实施方案的通知 | 兰政办发〔2020〕16号 | 2月3日 |
| 关于全市项目建设有关情况的通报 | 兰政办发〔2020〕17号 | 2月4日 |
| 关于印发兰州市网络预约出租汽车经营服务管理实施细则的通知 | 兰政办发〔2020〕18号 | 2月5日 |
| 关于印发2020年兰州市美丽乡村建设工作方案等两个方案的通知 | 兰政办发〔2020〕19号 | 2月5日 |
| 关于分解落实省委书记林铎同志对做好榆中生态创新城规划建设工作有关要求的通知 | 兰政办发〔2020〕20号 | 2月5日 |
| 关于2019年度网络政务服务工作情况的通报 | 兰政办发〔2020〕21号 | 2月5日 |
| 关于印发兰州市城市轨道交通控制保护区管理办法的通知 | 兰政办发〔2020〕22号 | 2月11日 |
| 关于切实做好疫情防控期间经济发展各项工作的通知 | 兰政办发〔2020〕23号 | 2月11日 |
| 关于印发应对新型冠状病毒感染的肺炎疫情支持中小企业持续发展的若干措施的通知 | 兰政办发〔2020〕24号 | 2月12日 |
| 关于印发《兰州市未列入国家道路机动车辆生产企业及产品公告的电动三轮车过渡期管理办法》的通知 | 兰政办发〔2020〕25号 | 2月14日 |
| 关于印发兰州市促进家政服务业提质扩容实施方案的通知 | 兰政办发〔2020〕26号 | 2月14日 |
| 关于印发2020年兰州市振兴制造业工作目标任务分解的通知 | 兰政办发〔2020〕27号 | 2月17日 |
| 关于印发贯彻落实甘肃省人民政府办公厅关于支持丝绸之路信息港建设的意见的实施方案的通知 | 兰政办发〔2020〕28号 | 2月19日 |
| 关于印发促进3岁以下婴幼儿照护服务发展实施方案的通知 | 兰政办发〔2020〕29号 | 2月20日 |
| 关于印发榆中生态创新城2020年春季生态绿化工作方案的通知 | 兰政办发〔2020〕30号 | 2月26日 |
| 关于细化分解2020年全市经济社会发展主要指标的通知 | 兰政办发〔2020〕31号 | 2月27日 |
| 关于2019年度全市项目建设考核结果的通报 | 兰政办发〔2020〕33号 | 3月6日 |
| 关于做好2020年度全市重点招商引资项目推进工作的通知 | 兰政办发〔2020〕34号 | 3月9日 |
| 关于印发2020年城区线缆入地“攻坚战”实施方案的通知 | 兰政办发〔2020〕35号 | 3月10日 |

| 文 件 标 题 | 发文号 | 发文日期 |
| --- | --- | --- |
| 关于印发《兰州市产业转型升级示范区建设方案(2019—2025年)》的通知 | 兰政办发〔2020〕36号 | 3月12日 |
| 关于印发《兰州市2020年出租汽车投放实施方案》的通知 | 兰政办发〔2020〕37号 | 3月13日 |
| 关于印发《兰州市农村公路网县道调整规划(2018—2035年)》的通知 | 兰政办发〔2020〕38号 | 3月13日 |
| 关于印发《兰州市开展证明事项告知承诺制工作实施方案》的通知 | 兰政办发〔2020〕39号 | 3月17日 |
| 关于印发2020年度全市重点审计项目计划的通知 | 兰政办发〔2020〕40号 | 3月17日 |
| 关于印发《全省供销合作社综合改革专项督查问题清单(兰州市)整改措施》的通知 | 兰政办发〔2020〕41号 | 3月17日 |
| 关于印发《2020年市列重大项目责任清单》和《2020年全市重大前期项目清单》的通知 | 兰政办发〔2020〕42号 | 3月20日 |
| 关于印发兰州市参与建设丝绸之路经济带和二十一世纪海上丝绸之路2020年工作要点的通知 | 兰政办发〔2020〕43号 | 3月23日 |
| 关于印发2020年第一批项目团队工作方案的通知 | 兰政办发〔2020〕44号 | 3月23日 |
| 关于进一步严格执行会议请假制度严肃会风会纪的通知 | 兰政办发〔2020〕45号 | 3月24日 |
| 关于进一步加强出租汽车行业管理工作的实施意见 | 兰政办发〔2020〕46号 | 3月24日 |
| 关于印发兰州市人民政府2020年立法计划的通知 | 兰政办发〔2020〕47号 | 3月27日 |
| 关于印发2020年度兰州市老旧住宅加装电梯工作实施方案的通知 | 兰政办发〔2020〕49号 | 3月31日 |
| 关于印发《兰州市2020年度地质灾害防治方案》的通知 | 兰政办发〔2020〕50号 | 4月3日 |
| 关于印发《兰州市易地扶贫搬迁项目总体竣工验收工作方案》的通知 | 兰政办发〔2020〕51号 | 4月7日 |
| 关于印发《2020年兰州市稳定粮食生产行动方案》的通知 | 兰政办发〔2020〕52号 | 4月8日 |
| 关于印发《兰州市建立政务服务“好差评”制度提高政务服务水平实施方案》的通知 | 兰政办发〔2020〕53号 | 4月9日 |
| 关于印发《兰州市科技领域市与县财政事权和支出责任划分改革方案》的通知 | 兰政办发〔2020〕54号 | 4月13日 |
| 关于印发《兰州市教育领域市与县财政事权和支出责任划分改革方案》的通知 | 兰政办发〔2020〕55号 | 4月13日 |
| 关于进一步深化城镇住房制度改革完善住房供应体系的实施意见 | 兰政办发〔2020〕56号 | 4月14日 |
| 关于印发《兰州市全域无垃圾三年专项治理行动验收方案》的通知 | 兰政办发〔2020〕57号 | 4月14日 |
| 关于印发《兰州人力资源服务产业园若干政策措施》的通知 | 兰政办发〔2020〕59号 | 4月20日 |
| 关于印发《兰州市耕地保护督察发现问题整改方案》的通知 | 兰政办发〔2020〕60号 | 4月21日 |
| 关于废止《关于加强兰州市近郊四区物业收费管理工作的实施意见》的通知 | 兰政办发〔2020〕61号 | 4月21日 |
| 关于开展工程建设项目审批“容缺受理”工作的实施意见 | 兰政办发〔2020〕62号 | 4月21日 |
| 关于印发《兰州市生态保护红线评估调整工作方案》的通知 | 兰政办发〔2020〕63号 | 4月21日 |
| 关于印发《兰州市贯彻落实甘肃内蒙古经济社会发展合作框架协议任务分工方案》的通知 | 兰政办发〔2020〕64号 | 4月21日 |
| 关于印发《2020年兰州市预算绩效管理工作要点》的通知 | 兰政办发〔2020〕65号 | 4月21日 |
| 关于印发《兰州市项目建设管理手册》的通知 | 兰政办发〔2020〕66号 | 4月26日 |
| 关于印发《兰州市稳定生猪生产促进转型升级实施方案》的通知 | 兰政办发〔2020〕67号 | 4月26日 |
| 关于印发《兰州市航空产业园建设工作方案》的通知 | 兰政办发〔2020〕68号 | 4月26日 |
| 关于进一步做好全市经济运行工作的通知 | 兰政办发〔2020〕69号 | 4月30日 |
| 关于印发《兰州市2020年社会信用体系建设工作要点》的通知 | 兰政办发〔2020〕71号 | 5月9日 |
| 关于印发《兰州市2019—2020年度采暖期天然气集中供热补贴实施方案》的通知 | 兰政办发〔2020〕72号 | 5月9日 |

| 文件标题 | 发文号 | 发文日期 |
|---|---|---|
| 关于印发《兰州市文化旅游产业发展三年攻坚行动方案》的通知 | 兰政办发〔2020〕73号 | 5月11日 |
| 关于印发《兰州市国土空间开发保护现状评估工作方案》的通知 | 兰政办发〔2020〕74号 | 5月14日 |
| 关于印发《兰州市2020年供热计量工作要点》的通知 | 兰政办发〔2020〕75号 | 5月14日 |
| 印发《关于保企稳产促企增效帮企纾困促进工业经济回升向好的若干措施》的通知 | 兰政办发〔2020〕76号 | 5月14日 |
| 关于印发《兰州市老旧小区改造工作实施方案》的通知 | 兰政办发〔2020〕78号 | 5月18日 |
| 关于进一步规范完善惠民惠农财政补贴"一卡通"管理工作的通知 | 兰政办发〔2020〕79号 | 5月19日 |
| 关于印发《关于解决房屋产权登记发证历史遗留问题补充意见》的通知 | 兰政办发〔2020〕80号 | 5月25日 |
| 印发《关于积极应对新冠肺炎疫情努力拓存创增全力实现经济社会发展目标的工作方案》的通知 | 兰政办发〔2020〕81号 | 5月27日 |
| 关于印发第五届兰州科技成果博览会总体方案的通知 | 兰政办发〔2020〕83号 | 6月1日 |
| 关于印发《兰州市深入推进"四百机制"提升精准管理精细服务效能工作方案》的通知 | 兰政办发〔2020〕84号 | 6月8日 |
| 印发关于落实"六保"促消费扩内需若干措施的通知 | 兰政办发〔2020〕86号 | 6月12日 |
| 关于全市项目建设管理培训视频会议纪律情况的通报 | 兰政办发〔2020〕87号 | 6月16日 |
| 关于印发《第二十六届中国兰州投资贸易洽谈会(网上)兰州市工作方案》的通知 | 兰政办发〔2020〕89号 | 6月24日 |
| 印发关于建立健全推动政策落实工作机制实施方案的通知 | 兰政办发〔2020〕90号 | 6月28日 |
| 关于印发《兰州市落实全省推进新型城镇化和乡村振兴会议重点工作任务分工方案》的通知 | 兰政办发〔2020〕91号 | 6月28日 |
| 印发关于进一步激发消费潜力积极扩大内需的实施意见和重大物资储备、农村电网、农村燃气等三个专项实施方案的通知 | 兰政办发〔2020〕92号 | 6月28日 |
| 关于印发《兰州市社会信用体系建设工作考核办法》的通知 | 兰政办发〔2020〕93号 | 6月30日 |
| 关于印发《兰州市城乡环境整治专项行动方案》的通知 | 兰政办发〔2020〕94号 | 7月1日 |
| 关于市政府领导分工的通知 | 兰政办发〔2020〕95号 | 7月2日 |
| 关于印发《兰州市促进区块链技术应用和产业发展的实施方案》的通知 | 兰政办发〔2020〕96号 | 7月2日 |
| 关于印发《兰州市政府系统网民留言办理工作考核办法(试行)》的通知 | 兰政办发〔2020〕97号 | 7月2日 |
| 关于印发《兰州市尾菜处理利用管理办法(试行)》的通知 | 兰政办发〔2020〕99号 | 7月10日 |
| 关于印发《兰州市加快道路货运行业转型升级促进高质量发展实施方案》的通知 | 兰政办发〔2020〕101号 | 7月13日 |
| 关于印发《兰州客运中心等客运站场整合改造工作方案》的通知 | 兰政办发〔2020〕102号 | 7月13日 |
| 关于印发《兰州市5G建设及应用专项实施方案》的通知 | 兰政办发〔2020〕103号 | 7月14日 |
| 关于印发《兰州市十大生态产业季度评价办法(试行)》的通知 | 兰政办发〔2020〕104号 | 7月22日 |
| 关于印发《兰州市黄河干流及湟水河入河排污口排查整治试点工作实施方案》的通知 | 兰政办发〔2020〕105号 | 7月24日 |
| 关于做好2019年驻兰部队随军家属安置工作的通知 | 兰政办发〔2020〕106号 | 7月27日 |
| 印发关于贯彻落实《优化营商环境条例》工作方案的通知 | 兰政办发〔2020〕107号 | 7月28日 |
| 关于印发《兰州市普速铁路沿线安全隐患综合治理三年行动工作方案》的通知 | 兰政办发〔2020〕110号 | 7月31日 |
| 印发《关于切实加强高标准农田建设提升粮食安全保障能力的实施方案》的通知 | 兰政办发〔2020〕111号 | 8月5日 |
| 关于对丽景家园等4家重大火灾隐患单位挂牌督办的通知 | 兰政办发〔2020〕112号 | 8月7日 |
| 关于印发《兰州市禁食陆生野生动物人工繁育主体退出补偿及动物处置方案》的通知 | 兰政办发〔2020〕115号 | 8月13日 |

| 文 件 标 题 | 发文号 | 发文日期 |
|---|---|---|
| 关于印发《兰州市消防车通道管理办法》的通知 | 兰政办发〔2020〕116号 | 8月19日 |
| 关于印发《兰州市2020年城市体检工作实施方案》的通知 | 兰政办发〔2020〕117号 | 8月21日 |
| 关于印发《兰州市计划生育协会改革方案》的通知 | 兰政办发〔2020〕118号 | 8月25日 |
| 关于印发兰州市残疾人联合会改革方案的通知 | 兰政办发〔2020〕121号 | 8月26日 |
| 关于印发《兰州市建筑日照分析管理办法(试行)》的通知 | 兰政办发〔2020〕122号 | 9月4日 |
| 关于印发《兰州市经济社会发展工作实绩考核办法》和《兰州市项目建设考核办法》的通知 | 兰政办发〔2020〕124号 | 9月4日 |
| 关于做好2021年投资项目谋划储备工作的通知 | 兰政办发〔2020〕125号 | 9月7日 |
| 关于印发兰州—海东共建兰西城市群2020年重点任务清单的通知 | 兰政办发〔2020〕129号 | 9月11日 |
| 关于全面推进基层政务公开标准化规范化工作的实施意见 | 兰政办发〔2020〕130号 | 9月15日 |
| 关于印发《兰州市冬春蔬菜和冻肉储备管理办法》的通知 | 兰政办发〔2020〕133号 | 10月9日 |
| 关于印发《2020年区县重点工作完成情况季度评价办法》的通知 | 兰政办发〔2020〕134号 | 10月12日 |
| 关于印发《兰州市2020—2021年度采暖期城市供热保障方案》的通知 | 兰政办发〔2020〕135号 | 10月14日 |
| 关于印发《全国消费促进月甘肃促销费行动第三届"畅享兰州·乐购金城"活动实施方案》的通知 | 兰政办发〔2020〕136号 | 10月19日 |
| 关于征集2021年市委市政府为民办实事项目的通知 | 兰政办发〔2020〕137号 | 10月27日 |
| 关于分解落实2020年四季度主要经济发展预期目标的通知 | 兰政办发〔2020〕139号 | 11月2日 |
| 关于印发《兰州市城区居民小火炉"煤改电"电价补贴方案》的通知 | 兰政办发〔2020〕140号 | 11月10日 |
| 关于印发兰州市城建设计院旧址综合开发项目团队工作方案的通知 | 兰政办发〔2020〕141号 | 11月10日 |
| 关于印发《兰州市促进现代金融业发展扶持政策》的通知 | 兰政办发〔2020〕142号 | 11月11日 |
| 关于印发兰州市2020—2021年度冬季天然气压非保民调峰应急预案的通知 | 兰政办发〔2020〕143号 | 11月12日 |
| 关于增设和调整部分市级议事协调机构及组成人员的通知 | 兰政办发〔2020〕144号 | 11月17日 |
| 关于印发《兰州市社会产权所有人景观照明设施运行电费补贴办法(试行)》的通知 | 兰政办发〔2020〕148号 | 11月24日 |
| 印发《关于贯彻落实"强化要素跟着项目走"保障机制持续做好稳投资工作的实施方案》的通知 | 兰政办发〔2020〕149号 | 11月30日 |
| 关于印发兰州市推进高频政务服务事项"省内通办""全市通办"工作实施方案的通知 | 兰政办发〔2020〕150号 | 12月2日 |
| 关于废止《兰州市经济运行调度工作办法(兰政办发〔2018〕252号)》的通知 | 兰政办发〔2020〕151号 | 12月3日 |
| 关于印发兰州市出租汽车行业整治工作实施方案的通知 | 兰政办发〔2020〕152号 | 12月4日 |
| 关于印发《兰州市节水行动实施方案》的通知 | 兰政办发〔2020〕153号 | 12月7日 |
| 关于印发《兰州市交通领域市与县区财政事权和支出责任划分改革方案》的通知 | 兰政办发〔2020〕158号 | 12月14日 |
| 关于印发《兰州市深化"放管服"改革的实施意见》的通知 | 兰政办发〔2020〕159号 | 12月16日 |
| 关于印发《兰州市贯彻落实中央生态环境保护督察反馈自然保护区问题整改实施方案》的通知 | 兰政办发〔2020〕160号 | 12月17日 |
| 关于印发《兰州市加快推进城区污水处理厂改扩建项目实施方案》的通知 | 兰政办发〔2020〕163号 | 12月18日 |
| 关于印发《兰州市市级振兴制造业专项资金管理办法》《兰州市振兴制造业发展投融资实施办法》《兰州市鼓励电子信息产业园区发展的支持政策》的通知 | 兰政办发〔2020〕164号 | 12月22日 |
| 关于做好2021年组建市级项目团队工作的通知 | 兰政办发〔2020〕165号 | 12月24日 |
| 关于做好住建系统资产注入和划转相关工作的通知 | 兰政办发〔2020〕171号 | 12月31日 |
| 关于印发《兰州市市级储备粮管理办法》的通知 | 兰政办发〔2020〕172号 | 1月4日 |

# 2020年兰州市国民经济和社会发展统计公报

兰州市统计局 国家统计局兰州调查队

（2021年3月31日）

2020年，面对错综复杂的国际形势和新冠肺炎疫情的严重冲击，在党中央和省市委的坚强领导下，全市上下坚持以习近平新时代中国特色社会主义思想为指导，全面贯彻党的十九大和十九届二中、三中、四中、五中全会精神，深入落实习近平总书记对甘肃重要讲话和指示精神，坚持稳中求进工作总基调，坚定不移贯彻新发展理念，主动融入和服务国家战略，扎实做好“六稳”工作，全力落实“六保”任务，坚持“守三线、抓项目、保目标”的工作方针，统筹推进常态化疫情防控和经济社会发展，全市经济呈现稳定恢复、企稳向好的发展态势，人民生活水平不断提升，社会发展和谐稳定，全面建成小康社会胜利在望。

## 一、综合

初步核算，全年全市地区生产总值2886.74亿元，比上年增长2.4%。其中，第一产业增加值57.43亿元，增长5.0%；第二产业增加值933.42亿元，增长3.7%；第三产业增加值1895.9亿元，增长1.5%。三次产业结构比为1.99∶32.33∶65.68。

年末全市户籍人口为334.0万人，比上年末增加2.08万人。其中，城镇人口246.13万人，乡村人口87.87万人。

年末全市就业人员230.31万人，其中城镇就业人员163.52万人。全年城镇新增就业8.24万人，其中失业人员再就业2.96万人。年末城镇登记失业率为3.06%。全年输转城乡富余劳动力25.40万人，创劳务收入67.40亿元。

全年居民消费价格累计上涨2.0%。其中，食品烟酒上涨5.8%，衣着下降0.3%，生活用品及服务上涨0.8%，医疗保健上涨0.3%，教育文化和娱乐上涨2.2%，其他用品和服务上涨4.6%，交通和通信下降2.3%，居住下降0.1%。

**表1　2020年兰州市居民消费价格**

| 指 标 | 累计指数(%) |
|---|---|
| 居民消费价格总指数 | 102.0 |
| 商品零售价格总指数 | 101.4 |
| 服务项目价格指数 | 100.0 |

| 指 标 | 累计指数(%) |
|---|---|
| 食品 | 107.6 |
| 其中:粮食 | 102.8 |
| 食用油 | 105.4 |
| 畜肉类 | 125.2 |
| 禽肉类 | 111.8 |
| 蛋类 | 91.4 |
| 水产品 | 101.3 |
| 菜 | 112.2 |
| 糖果糕点 | 101.9 |
| 干鲜瓜果类 | 90.9 |
| 奶类 | 99.8 |
| 在外餐饮 | 103.1 |

## 二、农业

全年全市粮食作物播种面积125.04万亩,比上年增加10.42万亩。油料种植面积15.96万亩,增加2.33万亩。蔬菜种植面积87.76万亩,增加4.8万亩。中药材种植面积15.67万亩,增加1.89万亩。果园面积13.39万亩,减少0.01万亩。

全年粮食产量33.64万吨,增产10.92%。其中,夏粮产量11.06万吨,增产13.87%;秋粮产量22.58万吨,增产9.52%。

全年蔬菜产量191.8万吨,比上年增产6.26%。园林水果产量13.25万吨,增产0.26%。中药材产量3.69万吨,增产13.05%。

全年肉类产量4.57万吨,比上年增长6.25%。牛奶产量7.79万吨,下降7.96%。年末大牲畜存栏6.74万头,比上年末下降4.52%,其中牛存栏4.87万头,下降1.62%;羊存栏70.64万只,增长4.0%;生猪存栏48.01万头,增长27.2%。牛出栏1.13万头,增长5.61%;羊出栏41.63万只,增长8.44%;生猪出栏42.17万头,增长3.43%。

**表2 2020年兰州市主要农产品产量及其增长速度**

| 产品名称 | 单位 | 产量 | 比上年增长(%) |
|---|---|---|---|
| 粮食 | 万吨 | 33.64 | 10.92 |
| # 夏粮 | 万吨 | 11.06 | 13.87 |
| 秋粮 | 万吨 | 22.58 | 9.52 |
| # 小麦 | 万吨 | 7.84 | -0.36 |
| 玉米 | 万吨 | 14.83 | 7.39 |
| 油料 | 万吨 | 2.32 | 28.05 |
| # 油菜籽 | 万吨 | 0.38 | -12.2 |
| 中药材 | 万吨 | 3.69 | 13.05 |
| 园林水果 | 万吨 | 13.25 | 0.26 |
| 蔬菜 | 万吨 | 191.8 | 6.26 |
| # 设施蔬菜 | 万吨 | 7.83 | -5.45 |
| 肉类 | 万吨 | 4.57 | 6.25 |
| # 猪肉 | 万吨 | 3.09 | 5.27 |

| 产品名称 | 单位 | 产量 | 比上年增长(%) |
|---|---|---|---|
| 牛肉 | 万吨 | 0.12 | 5.68 |
| 羊肉 | 万吨 | 0.76 | 9.71 |
| 禽肉 | 万吨 | 0.57 | 5.70 |
| 牛奶 | 万吨 | 7.79 | -7.96 |
| 水产品 | 万吨 | 0.07 | 17.43 |
| 年末大牲畜存栏数 | 万头 | 6.74 | -4.52 |
| #牛存栏 | 万头 | 4.87 | -1.62 |
| 羊存栏 | 万只 | 70.64 | 4.00 |
| 猪存栏 | 万头 | 48.01 | 27.20 |
| 牛出栏 | 万头 | 1.13 | 5.61 |
| 羊出栏 | 万只 | 41.63 | 8.44 |
| 猪出栏 | 万头 | 42.17 | 3.43 |

## 三、工业和建筑业

全年全市工业增加值比上年增长3.1%。规模以上工业增加值增长3.2%。在规模以上工业中，分经济类型看，国有控股企业增加值增长31.9%，集体企业增加值增长5.1%，股份制企业增加值增长0.2%。分隶属关系看，中央企业增加值增长2.8%，地方企业增加值增长4.0%。分轻重工业看，轻工业增加值增长5.0%，重工业增加值增长2.7%。分门类看，采矿业增加值下降5.3%，制造业增加值增长2.1%，电力、热力、燃气及水生产和供应业增加值增长13.2%。

**表3 2020年兰州市规模以上工业分行业增加值增长速度**

| 行 业 | 比上年增长（%） |
|---|---|
| 全 市 | 3.2 |
| 煤炭工业 | -5.0 |
| 电力工业 | 13.1 |
| 冶金工业 | 14.1 |
| 有色工业 | 2.1 |
| 石化工业 | 1.1 |
| 机械工业 | 2.0 |
| 电子工业 | 73.0 |
| 食品工业 | -0.3 |
| 建材工业 | -12.5 |
| 纺织工业 | 26.3 |
| 医药工业 | 23.3 |
| 其他工业 | -2.4 |

表4　2020年兰州市主要工业产品产量及其增长速度

| 产品名称 | 单位 | 产量 | 比上年增长(%) |
|---|---|---|---|
| 卷烟 | 万箱 | 56.3 | -1.3 |
| 原煤 | 万吨 | 515.02 | 1.15 |
| 原油 | 万吨 | 2 | -29.35 |
| 原油加工量 | 万吨 | 911.3 | -0.38 |
| 发电量 | 亿千瓦时 | 159.66 | 8.40 |
| #火力发电量 | 亿千瓦时 | 130.35 | 11.34 |
| 水力发电量 | 亿千瓦时 | 28.66 | -3.02 |
| 水泥 | 万吨 | 1112.2 | -1.1 |
| 生铁 | 万吨 | 232.5 | 7.2 |
| 粗钢 | 万吨 | 453.4 | 20.1 |
| 钢材 | 万吨 | 496.7 | 18.4 |
| 原铝 | 万吨 | 54.4 | 7.3 |
| 乙烯 | 万吨 | 69.7 | 30.8 |
| 平板玻璃 | 万重量箱 | 519.3 | -6.7 |

年末全市发电装机容量690.71万千瓦，比上年末增长1.2%。其中，火电装机容量331.5万千瓦，增长0%；水电装机容量338.4万千瓦，增长0%；并网太阳能发电装机容量20.8万千瓦，增长66.27%。

全年规模以上工业企业利润55.1亿元，比上年增长140.6%。其中国有及国有控股企业利润39.4亿元。规模以上工业企业每百元主营业务收入中的成本为79.12元。年末规模以上工业企业资产负债率为60.7%。每百元营业收入中的费用为7.41元，产成品存货周转天数为6.9天。

全年建筑业增加值207.7亿元，比上年增长6.1%。年末具有资质等级的总承包和专业承包建筑业企业441个，比上年末减少18个。

## 四、服务业

全年全市交通运输、仓储和邮政业增加值238.61亿元，下降7.6%；住宿和餐饮业增加值39.38亿元，下降9.4%；金融业增加值431.51亿元，增长1.3%；房地产业增加值200.83亿元，增长4.2%。规模以上服务业企业营业收入918.38亿元，比上年下降10.43%。

全年各种运输方式完成货物周转量226.19亿吨千米，比上年增长3.64%；旅客周转量36.61亿人千米，下降14.71%。兰州中川国际机场完成旅客吞吐量1112.66万人次，比上年下降27.29%；货邮吞吐量7.0万吨，下降2.79%。年末全市公路里程0.97万千米，其中等级公路0.95万千米。全年新建二级以上公路47.66千米。

表5　2020年兰州市主要运输方式完成货物、旅客运输量及其增长速度

| 指标 | 单位 | 绝对数 | 比上年增长(%) |
|---|---|---|---|
| 货运量 | 万吨 | 14854.55 | 5.16 |
| #铁路 | 万吨 | 907.10 | 7.43 |
| 公路 | 万吨 | 13947.45 | 5.02 |
| 货物周转量 | 亿吨公里 | 226.19 | 3.64 |
| #铁路 | 亿吨公里 | — | — |

| 指 标 | 单位 | 绝对数 | 比上年增长(%) |
| --- | --- | --- | --- |
| 公路 | 亿吨公里 | 226.19 | 3.64 |
| 客运量 | 万人次 | 4864.66 | -24.81 |
| #铁路 | 万人次 | 1977.52 | -30.78 |
| 公路 | 万人次 | 2887.14 | -20.09 |
| 旅客周转量 | 亿人公里 | 36.61 | -14.71 |
| #铁路 | 亿人公里 | — | — |
| 公路 | 亿人公里 | 36.61 | -14.71 |

年末全市机动车保有量114.49万辆,比上年末增长4.3%,其中私人汽车保有量74.2万辆,增长6.4%。民用轿车保有量46.65万辆,增长3.8%,其中私人轿车保有量39.32万辆,增长4.5%。

全年邮政业务总量18.62亿元,比上年增长25.96%。邮政业完成邮政函件业务490.76万件;包裹业务8.56万件;快递业务量6390.73万件,增长21.60%;快递业务收入14.14亿元,增长17.25%。电信业务总量632.4亿元,增长20.03%。年末电话用户667.12万户,其中移动电话用户609.7万户,4G移动电话用户453.38万户,5G移动电话用户149.46万户。固定互联网宽带接入用户212.87万户,其中固定互联网光纤宽带接入用户196.17万户。年末互联网宽带接入端口393.69万个,增长17.00%。

## 五、国内贸易和对外经济

全年全市社会消费品零售总额1641.2亿元,比上年下降1.8%。按经营地统计,城镇消费品零售额1438.9亿元,下降2.2%;乡村消费品零售额202.3亿元,增长0.4%。按消费类型统计,商品零售额1465.9亿元,下降1.6%;餐饮收入额175.3亿元,下降3.5%。

全年全市限额以上企业实现商品零售额503.5亿元,比上年下降1.2%。其中,石油及制品类零售额96.1亿元,下降14.7%;汽车类零售额195.8亿元,增长6.1%;粮油、食品类零售额32.4亿元,增长24.4%;服装鞋帽、针纺织品类零售额40.4亿元,下降6.8%;中西药类零售额35.8亿元,增长1.0%;家用电器和音像器材类零售额15.2亿元,下降0.1%;金银珠宝类零售额8.9亿元,下降23.6%。限额以上批零住餐企业通过公共网络实现零售额增长7.9%。

全年进出口总额102.5亿元,比上年下降14.2%。其中,出口32.7亿元,下降54.6%;进口69.9亿元,增长46.7%。

全年外商直接投资合同项目9个,实际利用外资额6292.72万美元。对外承包工程完成营业额26877万美元,下降16.7%。对外承包工程新签合同金额46699万美元,下降9.5%。

## 六、固定资产投资

全年固定资产投资比上年增长3.4%。按三次产业分,第一产业投资增长43.9%;第二产业投资增长25.7%,其中工业投资增长26.0%;第三产业投资下降0.9%。基础设施投资增长15.7%。民间固定资产投资下降8.4%。高技术产业投资增长18.2%。

全年项目投资比上年增长5.9%。其中,制造业投资增长24.4%,电力、热力、燃气及水的生产和供应业投资增长52.3%,交通运输、仓储和邮政业投资增长38.5%,房地产业投资下降15.7%,水利、环境和公共设施管理业投资下降27.6%。

**表6　2020年兰州市分行业项目投资增长速度**

| 行 业 | 比上年增长(%) | 占项目投资比重(%) |
| --- | --- | --- |
| 项目投资 | 5.9 | 100.00 |
| 农林牧渔业 | 43.9 | 7.39 |
| 采矿业 | -31.0 | 1.04 |
| 制造业 | 24.4 | 15.31 |
| 电力、热力、燃气及水的生产和供应业 | 52.3 | 6.10 |
| 建筑业 | -46.8 | 0.04 |

| 行 业 | 比上年增长(%) | 占项目投资比重(%) |
|---|---|---|
| 批发和零售业 | −51.9 | 1.30 |
| 交通运输、仓储和邮政业 | 38.5 | 25.90 |
| 住宿和餐饮业 | −65.2 | 0.10 |
| 信息传输、软件和信息技术服务业 | 6.3 | 3.27 |
| 金融业 | −21.1 | 0.04 |
| 房地产业 | −15.7 | 13.11 |
| 租赁和商务服务业 | 45.5 | 3.16 |
| 科学研究和技术服务业 | −34.2 | 0.61 |
| 水利、环境和公共设施管理业 | −27.6 | 10.35 |
| 居民服务和其他服务业 | −71.0 | 0.06 |
| 教育 | −51.8 | 3.10 |
| 卫生、社会保障和社会福利业 | 5.8 | 3.02 |
| 文化、体育和娱乐业 | 69.0 | 5.29 |
| 公共管理和社会组织 | −20.6 | 0.81 |

全年房地产开发投资比上年增长0.1%，其中住宅投资增长14.0%。房屋施工面积5175.73万平方米，下降2.4%，其中住宅施工面积3396.06万平方米，下降3.9%。在房屋施工面积中，房屋新开工面积1197.1万平方米，下降18.6%，其中住宅新开工面积841.22万平方米，下降21.0%。房屋竣工面积198.33万平方米，增长51.3%，其中住宅竣工面积157.75万平方米，增长79.1%。商品房销售面积848.82万平方米，增长16.1%，其中住宅销售面积797.93万平方米，增长16.5%。

全年全市城镇棚户区住房改造开工12099套，棚户区改造基本建成10704套，新筹集公租房2586套。

## 七、财政金融

全年全市一般公共预算收入247.13亿元，增长5.96%。其中，税收收入176.15亿元，下降0.66%；非税收入70.98亿元，增长26.97%。从主体税种看，国内增值税60.62亿元，下降6.71%；企业所得税16.82亿元，下降5.32%；个人所得税5.62亿元，下降8.35%。一般公共预算支出485.73亿元，增长6.37%。其中，民生支出393.79亿元，增长1.55%。扶贫支出11.5亿元，下降12.26%。

年末全市金融机构本外币各项存款余额9083.88亿元，比上年末增长2.35%；金融机构本外币各项贷款余额13167.60亿元，比上年末增长7.29%。金融机构人民币各项存款余额9044.77亿元，比上年末增长2.38%；金融机构人民币各项贷款余额12954.98亿元，比上年末增长7.70%。

**表7 2020年兰州市金融机构各项存贷款余额及其增长速度**

| 指 标 | 本外币 | | 人民币 | |
|---|---|---|---|---|
| | 年末数(亿元) | 比上年末增长(%) | 年末数(亿元) | 比上年末增长(%) |
| 金融机构各项存款余额 | 9083.88 | 2.35 | 9044.77 | 2.38 |
| 住户存款 | 3884.71 | 8.07 | 3859.63 | 8.08 |
| 非金融企业存款 | 3133.92 | −0.24 | 3125.98 | −0.14 |
| 金融机构各项贷款余额 | 13167.60 | 7.29 | 12954.98 | 7.70 |
| 住户贷款 | 2097.32 | 20.69 | 2097.21 | 20.70 |
| 企(事)业单位贷款 | 10944.05 | 5.36 | 10833.58 | 5.42 |

年末全市境内上市公司21家。股票总市值1045.84亿元，增长1.20%。全年发行、配售股票筹集资金13.78亿元。

全年保费收入160.8亿元，比上年增长1.8%；赔付额74.36亿元，增长14.2%。

**表8 2020年兰州市保险业务情况**

| 指标 | 绝对数(亿元) | 比上年增长(%) |
|---|---|---|
| 保费收入 | 160.8 | 1.8 |
| 财产险收入 | 49.95 | -3.9 |
| 人身险收入 | 110.85 | 4.7 |
| 赔付支出 | 74.36 | 14.2 |
| 财产险赔款 | 31.27 | 12.9 |
| 人身险赔付 | 43.1 | 15.2 |

## 八、居民收入消费和社会保障

全年全市城镇居民人均可支配收入40152元，增长5.4%；农村居民人均可支配收入14652元，增长7.7%。

全年全市城镇居民人均消费支出25892元，比上年下降4.2%，恩格尔系数为30.2%；农村居民人均消费支出11551元，增长2.7%，恩格尔系数为30.8%。

**表9 2020年兰州市城乡居民家庭人均收支情况**

| 指标 | 城镇 | | 农村 | |
|---|---|---|---|---|
| | 绝对数(元) | 比上年增长(%) | 绝对数(元) | 比上年增长(%) |
| 可支配收入 | 40152 | 5.4 | 14652 | 7.7 |
| 工资性收入 | 23101 | 8.0 | 7378 | 7.3 |
| 经营净收入 | 1427 | 15.8 | 4714 | 6.3 |
| 财产净收入 | 4611 | 3.2 | 309 | 20.7 |
| 转移净收入 | 11013 | 0.0 | 2251 | 10.5 |
| 生活消费支出 | 25892 | -4.2 | 11551 | 2.7 |
| 食品烟酒 | 7819 | -3.5 | 3560 | -0.1 |
| 衣着 | 1772 | -14.8 | 701 | -3.3 |
| 居住 | 7086 | 6.1 | 2501 | 10.4 |
| 生活用品及服务 | 1690 | 10.6 | 546 | -5.5 |
| 交通通信 | 2652 | -8.7 | 1605 | 9.4 |
| 教育文化娱乐 | 2639 | 2.1 | 1409 | 12.5 |
| 医疗保健 | 1673 | -27.6 | 986 | -15.1 |
| 其他用品和服务 | 560 | -33.3 | 243 | 4.7 |

年末全市共有3.03万人享受城镇居民最低生活保障，3.82万人享受农村居民最低生活保障，0.34万人享受农村特困人员救助供养。全年资助22.70万人参加基本医疗保险，医疗救助资助保险人数10.17万次。全市共有社区服务机构和设施776个。其中，社区服务指导中心53个，社区服务站409个，养老机构32个。

## 九、科学技术和教育

全市共有国家工程技术研究中心3个。全年登记市级科技成果1555项,其中,基础理论594项,应用技术类成果932项,软科学29项。专利申请量14050件,比上年增长2.35%;专利授权量9289件,增长46.1%,其中发明专利授权量1165件,增长38.69%。有效发明专利5618件,每万人口发明专利拥有量14.82件。共签订技术合同5477项,增长17.71%;技术合同成交金额81.45亿元,增长21.24%。

全年研究生教育招生1.8万人,在校研究生4.81万人,毕业生1.17万人。普通高等教育招生18.95万人,在校生56.03万人,毕业生15.80万人。中等职业教育招生1.40万人,在校生3.49万人,毕业生1.22万人。普通高中招生2.15万人,在校生6.21万人,毕业生2.24万人。普通初中招生3.55万人,在校生10.41万人,毕业生3.31万人。普通小学招生4.68万人,在校生24.51万人,毕业生3.55万人。特殊教育招生46人,在校生543人。幼儿园在园幼儿12.54万人。学龄儿童入学率为100%,九年义务教育巩固率为99.87%,高中阶段入学率为99.7%。

**表10 2020年兰州市各类教育招生和在校生情况**

| 指 标 | 招生数(万人) | 比上年增长(%) | 在校生数(万人) | 比上年增长(%) | 毕业生数(万人) | 比上年增长(%) |
|---|---|---|---|---|---|---|
| 研究生教育 | 1.80 | 19.21 | 4.81 | 13.18 | 1.17 | 19.66 |
| 普通高等教育 | 18.95 | 12.60 | 56.03 | 7.22 | 15.8 | 28.15 |
| 中等职业教育 | 1.40 | 18.65 | 3.49 | −0.29 | 1.22 | −11.60 |
| 普通高中 | 2.15 | 4.37 | 6.21 | 1.43 | 2.24 | −0.89 |
| 普通初中 | 3.55 | 0.57 | 10.41 | 2.06 | 3.31 | 7.82 |
| 普通小学 | 4.68 | 6.61 | 24.51 | 4.79 | 3.55 | 3.50 |

## 十、文化旅游、卫生健康和体育

年末广播综合人口覆盖率99.76%,比上年末提高0.02个百分点;电视综合人口覆盖率99.99%,提高0.24个百分点。

全年累计接待国内外游客4821.4万人次,实现旅游总收入421.4亿元。旅游人均花费874元,同比减少59元。

年末全市共有医疗卫生机构2245个,其中,医院116个,卫生院67个,妇幼保健院(所、站)10个,专科疾病防治院(所、站)2个,社区卫生服务中心(站)249个,诊所、卫生所、医务室913个。卫生技术人员4.15万人,其中,执业医师和执业助理医师1.49万人,注册护士2.05万人。疾病预防控制中心(防疫站)10个,疾病预防控制中心(防疫站)卫生技术人员594人;卫生监督所(中心)10个,卫生监督所(中心)卫生技术人员277人。乡镇卫生院65个,乡镇卫生院卫生技术人员0.15万人。医疗卫生机构拥有床位数3.22万张,其中医院2.85万张、卫生院拥有床位0.11万张。全年总诊疗人次2221.56万人次,出院人数83.78万人。

全年全市共获得国家级金牌1枚、银牌1枚、铜牌2枚,合计全年体育获得各类奖牌4枚,比上年减少7枚。

## 十一、资源、环境和应急管理

全年总用水量9.95亿立方米。其中,生活用水量1.99亿立方米,下降14.95%;工业用水量1.53亿立方米,下降57%;农业用水量4.89亿立方米,增长27.34%;生态用水量1.54亿立方米,增长33.91%。

全年全市规模以上工业综合能源消费量1423.04万吨标准煤,比上年增长3.78%。六大高耗能行业能源消费量1368.38万吨标准煤,比上年增长5.01%。

全年全市空气质量优良天数比率为85.2%,比上年提高4.1个百分点。

全年平均气温为11.1℃,比上年偏低0.1℃。年日照2096.1小时数小时,比上年偏多7.8小时。年降水量341.2毫米,比上年偏少26.7毫米。全市气象雷达观测站点1个,卫星云图接收站点1个。

全市地震台站(点)7个。全年发生5.0级以上的地震0次。

全年农作物受灾面积5.06万亩,比上年下降32.03%;农作物成灾面积2.74万亩,下降47.74%。全年实际发生各类地质灾害11起，造成直接经济损失413万元。

全年共发生各类生产安全事故149起，比上年下降9.15%。死亡120人，下降4.76%；受伤106人，下降3.64%。直接经济损失4015.76万元，增长0.19%。煤矿百万吨死亡人数1人，百万吨死亡率0.19；十二类营运车辆道路交通事故万车死亡人数10.57人，下降17.2%。

注：

1.本公报各项数据均为初步统计数，正式数据以《兰州统计年鉴—2021》为准。部分数据因四舍五入的原因，存在着总计与分项合计不等的情况。

2.公报中地区生产总值、各产业增加值和人均地区生产总值绝对数按现价计算，增长速度按不变价格计算。

3.农业生产数据增长速度根据第三次全国农业普查结果修订后的2017年数据为基数计算。

4.主要工业产品产量数据均为规模以上工业产品产量。

5.规模以上工业企业增加值增速及变化按可比口径计算。

6.邮政业务总量按2010年不变价格计算，电信业务总量按2015年不变价格计算。

7.基础设施投资包括交通运输、邮政业，电信、广播电视和卫星传输服务业，互联网和相关服务业、水利管理业、生态保护和环境治理业、公共设施管理业。

8.年末电话用户数、移动电话用户数、固定互联网宽带接入用户数、年末互联网宽带接入端口数等指标较之前年份调整统计口径，以省通信管理局提供数据为准。

9.资料来源：本公报中物价、粮食产量、人民生活数据来自国家统计局兰州调查队，城镇登记失业率、城镇新增就业人员、社会保障数据来自兰州市人力资源和社会保障局；财政数据来自兰州市财政局；发电装机容量数据来自甘肃省电力公司兰州供电公司；外贸数据来自兰州市商务局；交通运输数据来自兰州市交通运输委员会、兰州市公安局交警支队、中国铁路兰州局集团有限公司、兰州中川国际机场有限公司；邮政数据来自兰州市邮政管理局；通信数据来自甘肃省通信管理局；艺术表演团体、文化馆、公共图书馆、博物馆和旅游数据来自兰州市文化和旅游局；金融数据来自中国人民银行兰州中心支行；保险、证券数据来自兰州市政府金融工作办公室；城乡低保、农村特困人员救助供养、社会服务数据来自兰州市民政局；农村贫困人口相关数据来自兰州市扶贫开发办公室；教育数据来自兰州市教育局；科技数据来自兰州市科技局；专利数据来自兰州市市场监督管理局（知识产权局）；广播、电视数据来自兰州市广播电视局；卫生数据来自兰州市卫生健康委员会；体育数据来自兰州市体育局；用水量数据来自兰州市水务局；棚户区改造数据来自兰州市住房和城乡建设局；安全生产数据来自兰州市应急管理局；环境监测数据来自兰州市生态环境局；地质公园、地质灾害数据来自兰州市自然资源局；气象数据来自兰州市气象局；地震数据来自兰州市地震局。

（兰州市统计局提供）

# 兰州市2020年环境状况公报

兰州市生态环境局

根据《中华人民共和国环境保护法》规定，现发布《兰州市2020年环境状况公报》。

## 环境状况

2020年，全市空气质量达标天数312天，同比增加16天，空气质量达标率85.2%，空气质量综合质量指数4.93。

黄河兰州段地表水国控、省控断面水质达标率100%，城市集中式饮用水源水质达标率100%。

土壤环境质量总体安全，全市污染地块安全利用率100%，受污染耕地安全利用率99%。

昼间区域声环境质量等级为二级，声环境质量评价为“较好”。昼间道路交通噪声强度等级为二级，道路交通噪声评价为“较好”。

## 大气环境

### 一、空气质量状况

（1）达标天数：2020年兰州市空气质量达标天数312天、同比增加16天，空气质量达标率85.2%、同比增加4.1个百分点，全年未发生重度及以上污染天气；我市优良天数首次突破300天大关，创历史新高，是2013年国家发布新标准评价环境空气质量以来优良天数最多的年份；优良天数比例比“十二五”末的2015年提升16.2个百分点，比2013年提升32.9个百分点。

（2）大气污染物浓度值：1—12月份城区可吸入颗粒物（PM10）年均浓度76μg/m3、同比下降3.8%，细颗粒物（PM2.5）年均浓度34μg/m$^3$、同比下降5.6%，细颗粒物（PM2.5）首次实现历史性达标，标志着兰州市正式迈入细颗粒物浓度达标城市行列。二氧化硫（$SO_2$）浓度15μg/m$^3$、同比下降16.7%，二氧化氮（$NO_2$）浓度47μg/m$^3$、同比下降6.0%，臭氧（$O_3$）第90百分位数浓度150μg/m$^3$、同比下降0.7%，一氧化碳（CO）第95百分位数浓度2.0 mg/m$^3$、同比下降20.0%。空气质量创新标发布以来最优水平，其中：二氧化硫（$SO_2$）、臭氧（$O_3$）、一氧化碳（CO）和细颗粒物（PM2.5）浓度达标。

（3）其他考核指标：1—12月份空气质量综合指数4.93，同比下降6.5%；轻度污染及以上污染天气中$O_3$为首要污染物的21天，占38.2%；PM10为首要污染物的13天，占23.6%；PM2.5为首要污染物的12天，占21.8%；$NO_2$为首要污染物的9天，占16.4%；无CO和$SO_2$为首要污染物的污染天气。

（4）沙尘天气影响情况：1—12月份，城区共出现沙尘天气18次，同比增加7次，影响天数29天，同比增加11天。

### 二、措施与行动

2020年全市坚持目标导向、结果导向、问题导向，日常定期调度各项工作进展情况，对发现的各类问题及时督办，督促各项工作按进度、按时限推进。对各区县、市直相关部门工作开展情况进行全面督查检查，深入落实严管、严控措施。在全市各级各部门不懈努力下，空气质量得到较大幅度改善，圆满完成了各项目标工作任务。一是深化燃煤污染治理。继续巩固燃煤锅炉淘汰改造成果，启动并有序推进城区10家31台1180蒸吨煤粉锅炉超低排放改造；淘汰全市县级以上城市建成区10蒸吨及以下的现役燃煤锅炉及全部茶水炉、经营性炉灶、储粮烘干设备等燃煤设施；持续推进城区居民小火炉清洁取暖改造工作，加强煤炭专营市场体系监管，切实做到居民散煤可控，进一步削减燃煤污染。二是加速工业大气污染治理。开展夏秋季挥发性有机物治理攻坚行动，以西固区为重点区域，以石化、化工、包装印刷、工业涂装、油品储运销为重点行业，对全市涉挥发性有机物的固定源全面开展整治，完成640家企业整治任务；按照“搬迁一批、提升一批、取缔一批”的原则，分门别类完成“散乱污”企业综合整治345家，并进行常态化监管；对全市6大行业（钢铁、建材、有色、火电、焦化（工序）、铸造及燃煤锅炉房开展生产工艺过程及相关物料储存、输送等无组织排放治理，107家企业完成治理任务。冬防期间，继续实施重点企业“双控”指标与环境空气质量指标联动，使各企业实现更低排放。三是着力强化机动车尾气污染治理。坚持“油、路、车”统筹治理，大力实施清洁柴油车、清洁柴油机、清洁运输、清洁油品等“四清”行动。充分发挥机动车排气技防体系作用，启用全市10套尾气遥感监测系统，加强对上路行驶机动车排气污染监管，按照“环保取证、公安处罚”的模式，严厉打击超标排放特别是冒黑烟上路行驶等违法行为，基本消除冒黑烟上路行驶现象。四是积极推进大气面源污染治理。精细化管控道路、交通、拆迁等各类扬尘污染，加大对土方作业工地巡查督导力度，对屡查屡犯、野蛮施工的工地坚决采取停工整改、媒体曝光、纳入企业信用体系考评等措施，形成监管执法的威慑力，遏制无序状态；严格落实吸尘、清扫、洗扫、保洁、洒水“五位一体”环卫作业模式，主城区城市道路机械化清扫率达到80%以上，降尘量大幅降低。五是加强支撑和能力建设，提升管治水平。坚持法治思维和方式，探索建立治污长效机制，为科学治污保驾护航。先后修订和制定了《兰州市大气污染防治条例》等13部地方性环保法律法规，正在制定餐饮业、固定源挥发性有机物、锅炉等三个地方性大气污染物排放标准，已基本形成了常态化治污的法律法规制度体系。六是实施技防优先，将科技手段的综合应用作为治污最大助力，通过加强重点污染源在线监控，拓展网格监测效用，初步实现精准滴灌、靶向治污；继续开展排污权交易、航拍取证、工地监控、机动车红外遥感监控及城市网格化监测系统建设，形成可溯源、可量化、可考核的环保大数据系统，为监管和考核提供支撑。

# 水环境

## 一、饮用水源水质

2020年兰州市饮用水水源总取水量为25493.04万吨，年达标供水量为25493.04万吨，饮用水源水质达标率为100%。

## 二、兰州市地表水水质

2020年兰州市地表水水质总体良好，黄河干流扶和桥、新城桥、包兰桥、什川桥均为Ⅱ类，水质状况为优；一级支流湟水河桥断面优于Ⅲ类；一级支流庄浪河界牌村断面为Ⅱ类水质，水质状况为优；二级支流大通河享堂和先明峡断面为Ⅱ类水质，水质状况为优。

## 三、措施与行动

2020年，我市继续深入贯彻落实《水十条》和河长制有关要求，持续推进年度水污染防治各项目标任务，制定印发《兰州市2020年度水污染防治行动工作方案》并组织实施，全市黄河兰州段各断面水质稳定达到国家考核要求，全市6个县级以上集中式饮用水水源地水质达标率100%，6个地下水考核点位水质保持稳定，37个重点任务和4个重点工程全面完成年度任务。一是有序推进城市生活饮用水水源地环境保护二期、湟水河流域红古段水污染综合治理一期、二期和黄河流域（榆中段）水污染防治综合治理项目，完成西固饮用水水源地环境保护和湟水流域红古段水污染综合防治项目4个子项目的验收，流域水环境质量不断改善。二是按照“划、立、治”原则，持续推进水源地环境保护专项行动，组织开展2020年度千吨万人饮用水水源地环境保护专项行动，完成13个千吨万人饮用水水源地和永登县县级地下水型水源地专项行动任务。三是组织完成2020年度全市水环境承载能力评估和地级、区县级、乡镇级饮用水水源地环境基础状况调查评估。四是按照省生态环境厅下达的有关水污染物减排任务指标，每月对污水处理厂等重点减排工程进行调度，确保出水水质稳定达标排放，完成定远镇污水处理厂等重点减排工程建设，全面完成2020年度重点水污染物化学需氧量和氨氮减排任务。五是结合新冠肺炎疫情防控，组织将枯水期联防联控范围扩大到全市，市区县生态环境部门每日巡查检查，并采取重点断面水质每日加密监测、专家溯源嗅辨、流量日调度等举措；截止2020年5月，全市共出动检查人员7000多人次，检查各类污染源3855家次，获取断面水质监测数据804组，梳理形成工作简报121期，确保了枯水期黄河干支流和饮用水水源地水质安全。六是全面完成黄河兰州段生态环境和污染现状调查任务，配合国家黄河流域排污口排查试点城市二、三级排查任务，组织对辖区黄河干支流各类入河排口开展了人工徒步排查，全面完成入河排污口排查试点城市工作任务，摸清了全市各类排口底数，并制作安装工业企业入河排污口标志牌34个；七是收集、梳理各类资料，启动重点流域十四五水生态环境规划编制工作，先后完成了规划要点和规划初稿。

# 土壤环境

## 一、土壤环境状况

2020年全市污染地块安全利用率100%，受污染耕地安全利用率99%，未发生因耕地土壤污染导致农产品质量超标、疑似污染地块或污染地块再开发利用不当事件。

## 二、措施与行动

深入学习贯彻习近平生态文明思想，牢固树立“绿水青山就是金山银山”的理念，不折不扣贯彻落实党中央、国务院和省委、省政府关于生态环境保护工作的一系列重大决策部署，全面落实土壤污染防治行动计划、甘肃省及兰州市土壤污染防治方案，坚持以改善土壤环境质量为核心，以保障人居环境安全为目标，让人民群众“吃得放心，住得安心”。根据全省农用地土壤污染状况详查数据成果，结合我市实际，完成了全市耕地土壤环境质量类别划分，并采用施用有机肥和种植结构调整等农艺调控技术，完成了省级部门下达我市的安全利用类耕地面积目标任务。制定印发了《兰州市2020年土壤污染防治工作计划》《兰州市建设用地污染地块开发利用负面清单（第一批）》，更新发布了《兰州市2020年疑似污染地块名单和污染地块名录》《兰州市2020年土壤污染重点监管企业名单》，并依法进行公示。加强污染地块再开发利用准入管理，严格土地征收、收回、收购监管，将建设用地土壤环境管理要求纳入供地管理环节，确保土地开发利用符合土壤环境质量要求。在掌握我市重点行业企业用地基础信息、污染源信息、敏感受体等信息的基础上，全面完成了省级部门下达我市的重点行业企业用地初步采样调查任务。各区县编制完成了《县域农村生活污水治理专项规划》；组织开展农村黑臭水体排查工作，高新区发现农村黑臭水体1条，治理方案已编制完成。

# 声环境

## 一、区域环境噪声

2020年，全市昼间区域环境噪声平均等效声级为54.1dB（A），与上年相比下降0.4 dB（A），昼间区域声环境质量等级为二级，声环境质量评价为“较好”。区域环境噪声达标率为95.8%，较上年上升1.0个百分点。噪声声源构成比例为：生活42.9%、交通26%、工业2.8%、施工噪声0.5%、其他27.8%，噪声源构成仍以生活噪声源为主。行政区昼间区域环境噪声中，安宁区平均等效声级为50.8dB（A），达标率为100%；西固区平均等效声级为50.4dB（A），达标率为100%；城关区平均等效声级为54.8dB（A），达标率为93.9%；安宁区、西固区和城关区区域声环境质量总体水平等级均为二级，声环境质量评价为“较好”。七里河区平均等效声级为55.7dB（A），达标率为96.9%，区域声环境质量总体水平等级为三级，声环境质量评价为“一般”。

## 二、道路交通噪声

2020年，城区道路交通噪声昼间平均等效声级为68.8dB（A），与上年持平，昼间道路交通噪声强度等级为二级，道路交通噪声评价为“较好”。城区道路交通噪声昼间测点达标121个，与上年相比增加15个，测点达标率为85.8%，与上年相比增加10.6个百分点。道路交通噪声昼间平均等效声级最低为安宁区67.2dB（A），测点达标率为100%；最高为城关区69.2dB（A），测点达标率为85.3%；西固区平均等效声级为68.3dB（A），测点达标率为94.1%；七里河区平均等效声级为69.1dB（A），测点达标率为77.4%；安宁区道路交通噪声强度等级均为一级，评价为“好”，城关区、七里河区和西固区道路交通噪声强度等级均为二级，评价为“较好”。

## 三、 功能区噪声

2020年功能区噪声监测中，1类功能区平均等效声级昼、夜间分别为48.7dB（A）和39.5dB（A）；2类功能区平均等效声级昼、夜间分别为54.0dB（A）和47.2dB（A）；3类功能区平均等效声级昼、夜间分别为54.2dB（A）和50.7dB（A）；4a类功能区平均等效声级昼、夜间分别为66.4dB（A）和57.5dB（A），其中4a类功能区平均等效声级昼间达标、夜间超标2.5dB（A），其他功能区平均等效声级昼间和夜间均达标。

与上年相比，1类功能区平均等效声级昼、夜间分别下降4.0dB(A)和7.0dB(A)；2类功能区平均等效声级昼、夜间分别下降3.4dB(A)和4.7dB(A)；3类功能区平均等效声级昼间下降1.3dB(A)、夜间上升1.9dB(A)；4a功能区平均等效声级昼间上升1.3dB(A)、夜间下降6.6dB(A)。

四、措施与行动

2020年以来，为持续提升全市公共服务质量总体水平，推动经济社会高质量发展，严控噪声污染，提升城市生活品质，解决市民反映的噪声问题，市城管委坚持"标本兼治、疏堵结合、各负其责、齐抓共管、化解矛盾、解决问题"的原则，督促辖区城管执法部门采取定点监控、机动巡查、错时执法等多种方式，分段包片，责任到人，将环境噪声整治作为城区环境综合整治的重要组成部分和日常巡查的重要内容，并按照"执法为民，服务社会"的理念，做到严格、公正、文明执法，采取制止、劝导、处罚相结合的方式治理环境噪声污染源。2020年，查处建筑施工噪声4358起，查处商业噪声2340起。

# 固体废物

## 一、医疗垃圾与城市生活垃圾

2020年，集中收集处置医疗垃圾4410.48吨，城区处理生活垃圾106.89万吨。

## 二、措施与行动

开展市级危险废物规范化管理督查考核工作，生态环境保护部门对辖区内37家危险废物产生和经营单位进行了抽查考核。2020年共对5家单位(个人)固体废物违法行为进行了处罚，罚款金额50.6万元。

坚持从源头加强危险废物重点源动态管理，2020年全市共有2024家危险废物产生单位和11家危险废物经营单位纳入甘肃省固体废物管理信息系统。督促企业完成危险废物管理计划备案和申报登记工作，掌握全市危险废物产生和处置的动态变化情况，深入开展危险废物三年(2020年至2022年)专项整治工作，对产废单位和经营单位污染环境防治责任落实情况等进行了2轮专项排查整治，共排查企业142家，发现问题74个，建立管理台账，逐一跟踪督办，均于2020年12月31日前完成了整改。

# 生态环境

## 一、森林状况

全市林业用地面积525.89万亩，其中，有林地面积69.87万亩，疏林地面积0.66万亩，灌木林地面积182.38万亩，未成林造林地面积35.07万亩，苗圃地面积0.55万亩，无立木林地面积27.18万亩，宜林地面积209.95万亩，林业辅助生产用地面积0.23万亩。森林覆盖率13.94%(不包括兰州新区和兴隆山面积)。

## 二、动植物种类

兰州市陆生野生脊椎动物共计4纲28目83科426种，其中两栖纲1目3科5种；爬行纲2目6科14种；鸟纲19目56科331种；哺乳纲6目18科76种。

## 三、自然保护区

全市现有国家级自然保护区2个，批复面积775.136平方千米(实际管理面积792.5286平方千米)；森林公园9个，批复面积460.2173平方千米(扣除与自然保护区重叠的兴隆山森林公园和吐鲁沟森林公园面积后的实际管理面积为79.0389平方千米)。自然保护区占全市总面积6.04%。

## 四、气候

2020年全市平均气温在6.5～11.1℃之间，较常年偏高0.4～0.7℃。年降水量在222.5～428.2mm之间，与历年同期相比，皋兰、永登偏少1成，兰州、榆中偏多2成，雨日偏少。年日照时数正常略少。年内冷暖起伏大，入春偏早。主要的气象灾害有暴雨洪涝、冰雹、大风等，造成部分地方农业损失。总体上看，2020年属于气候条件较好的年景。

## 五、措施与行动

“精致园林”建设扎实推进。巩固发展“国家园林城市”创建成果，扎实推进“精致园林”建设，累计新增、改造城市绿地95.47公顷。重点配合全国文明城市创建工作，全面实施兰州植物园、五泉山公园等城市公园和游园绿地景观提升、管护提标工程；组织开展春季行道树及绿地补植补种专项行动，完成行道树补植5168株、绿地补种22.93公顷；着力提升重要节点景观，摆放绿色雕塑10组、花柱14根，并沿17座大中桥体摆放各类花架花箱花盒6.8万个、花卉116万株；持续打造精品园林景观，新建改造广武门、东岗西路、大沙坪北出口、南关十字、卷烟厂、南出口、名士园、石化广场及44#路街旁绿地等8个小游园，指导建成符合条件的精致游园（公园）13个；驰而不息开展庭院绿化，引导创建花园式小区2个、园林化单位1个、园林化小区9个、绿化达标单位5个、绿化达标小区16个；探索推广立体绿化，利用道路立交、过街天桥、道路隔离栅栏及河堤、挡土墙、护坡、建筑立面、屋顶等特殊空间实施屋顶绿化0.4公顷、垂直绿化7.5公顷；如期举办“菊馨秋韵·精致兰州”国庆菊花展、“精致兰州·魅力五泉”花卉艺术展，不断满足群众精神文化生活需求。

（市生态环境局提供）

# 2020—2021年兰州经济发展形势分析与预测

杨　波　刘旭挺

**摘　要**：本文在详细分析兰州市经济发展形势基础上，针对发展中存在的产业体系不完善、产业结构不合理，产业链供应链的中低端发展，工业发展空间受限、基础设施不到位，协同创新存短板，资金和人才有制约，信息不通畅、政府引导需加强等问题，提出了关键领域改革、聚焦实施创新驱动、做大做强发展平台、狠抓项目建设、着力构建现代产业体系、黄河流域兰州段生态保护和高质量发展、着力推进乡村振兴、打造开放功能平台、全力支持民营经济发展、实施人才优先工程等对策建议，以资参考。

**关键词**：经济发展；现状分析；趋势预测

## 一、兰州市宏观经济运行分析

今年以来，兰州市各级各部门认真贯彻落实党中央、国务院和省委省政府决策部署，在常态化疫情防控前提下，坚持稳中求进工作总基调，坚持新发展理念，把握扩大内需战略基点，深化供给侧结构性改革，加大宏观政策应对力度，坚持推动高质量发展，紧紧围绕现代化中心城市建设总目标，扎实做好"六稳"工作、全面落实"六保"任务，大力拓展存量创造增量，加快恢复生产生活秩序，统筹推进疫情防控和经济社会发展工作取得明显成效。

（一）2011—2019年兰州市宏观经济整体发展态势良好

1.生产总值。从2011—2019年数据可以得知，兰州市"十二五"和"十三五"期间经济运行总体平稳，经济结构持续优化，地区生产总值从2011年的1360.03亿元增长到2019年的2837.36亿元，年平均增长率为9.36%。其中，第一产业生产总值从40.00亿元增长到51.68亿元，年平均增长率为3.25%；第二生产总值从656.55亿元增长到945.38亿元，年平均增长率为4.66 %；第三生产总值从663.48亿元增长到1840.30亿元，年平均增长率为13.60%。人均GDP从37570元增长到2019年的74847元，年平均增长率为9.00%（见表1）。

数据表明，2011—2019年，兰州市第三产业的发展比较迅猛。传统服务业保持稳步上升的态势，交通运输仓储及邮政业年均增长率为14.07%，增长强势；批发和零售业为6.60%，增幅较缓。新兴服务业快速增长，直接拉动了全市第三产业的整体发展。

在第二产业中，工业年平均增长率为5.27%，高于建筑业的2.57个百分点。但从数据上看，建筑业的年平均增长率较低的原因是2019年行业产能有所回落，按2011年到2019年的年平均增长率看，其值为9.30%，高于工业增长的3.82%。

（1）"兰州制造"不断创新，工业体系不断完善。依托"3区"五大支柱工业体系，不断夯实制造基石。全市经"十二五""十三五"期间的持续发展，现已形成以石油化工、有色冶金、装备制造、能源电力、生物医药为支柱的工业体系，呈现出以兰州新区、高新区、经济区"3区"为依托，以8个县区为载体的错位发展产业格局，积极打造主城区为总部经济、科研基地、现代物流等产业的聚集地；远郊四县区为工业布局的根据地，近郊四区为企业出城入园和承接中东部沿海城市产业转移的主战场。

尤其"十三五"期间，重点围绕强龙头、补链条、聚集群，大力培育战略性新兴产业、推动科技创新。2019年全市规模以上工业企业325户，规模以上工业增加值749.98亿元，同比增长2%，轻工业增加值增长1.6%，重工业增加值增长2.2%，轻重工业比重为25.4∶74.6；从隶属关系看，中央和省属企业增加值占全部工业的3/4以上。战略性新兴产业规模以上工业产值达到817.03亿元，占GDP比重的15.3%，同比增长0.79%。高端装备、新材料、电子信息、生物医药等产业稳步发展，其中新材料、高端装备、生物医药分别实现工业总产值573亿元、110.8亿元、55.3亿元，同比增长1.07%、4.85%、5.67%，信息技术产业实现主营业务收入304.9亿元，同比增长12.47%。

**表1 2011—2019年兰州市地区生产总值**

单位:亿元

| 项目名称 | | 地区生产总值 | 第一产业 | 第二产业 | | | 第三产业 | | | 人均GDP(元)(按常住人口计算) |
|---|---|---|---|---|---|---|---|---|---|---|
| | | | | | 工业 | 建筑业 | | 交通运输仓储及邮政业 | 批发和零售业 | |
| “十二五”期间 | 2011年 | 1360.03 | 40.00 | 656.55 | 497.25 | 159.30 | 663.48 | 89.01 | 133.95 | 37570 |
| | 2012年 | 1564.41 | 45.14 | 744.70 | 562.42 | 182.28 | 774.57 | 108.56 | 148.66 | 43175 |
| | 2013年 | 1828.98 | 48.06 | 777.71 | 572.59 | 209.97 | 1003.21 | 114.03 | 175.90 | 50301 |
| | 2014年 | 2000.94 | 52.44 | 824.89 | 594.27 | 234.96 | 1123.61 | 119.45 | 194.93 | 54771 |
| | 2015年 | 2095.99 | 56.22 | 782.65 | 535.04 | 251.52 | 1257.11 | 122.18 | 202.27 | 56972 |
| “十三五”期间 | 2016年 | 2287.16 | 60.36 | 795.06 | 531.80 | 267.11 | 1431.74 | 124.33 | 213.71 | 61207 |
| | 2017年 | 2500.8 | 38.35 | 881.74 | 607.13 | 279.00 | 1580.34 | 137.07 | 222.79 | 67269 |
| | 2018年 | 2732.94 | 42.98 | 937.98 | 646.48 | 296.86 | 1751.97 | 147.14 | 243.74 | 73042 |
| | 2019年 | 2837.36 | 51.68 | 945.38 | 749.98 | 197.19 | 1840.30 | 255.14 | 223.43 | 74847 |
| 2011-2019年年平均增长率(%) | | 9.63 | 3.25 | 4.66 | 5.27 | 2.70 | 13.60 | 14.07 | 6.60 | 9.00 |

(数据来源:2012—2019年甘肃统计年鉴和2020年兰州市政府公报)

(2)政策机遇叠加,特色产业竞争优势明显。随着国家提出黄河流域生态保护和高质量发展、新时代推进西部大开发等重大战略,甘肃省推进十大生态产业发展,实施“三化改造”工程等机遇,为兰州对外开放、区域合作发展和工业转型升级带来历史机遇和发展红利,也为新旧动能改造、构建现代化产业体系提供强有力支撑。全市已在石油化工、有色冶金、装备制造、新材料、生物医药、航空航天等领域形成产业集群,石化装备、新能源装备、军工装备、生物制品、重离子辐射应用极具产业竞争力。

(3)工业耗能不断下降,清洁生产成效显著。2019年,全市工业综合能耗提前完成“十三五”既定目标。其中,能耗方面2019年规模以上工业综合能源消费量1365.26,同比增长2.39%,单位工业增加值能耗下降4.30%,截至2019年底,全市单位工业增加值能耗累计下降20.19%,提前超额完成“十三五”预期单位工业增加值能耗下降15%的目标任务。工业节水方面2019年全市万元工业增加值用水量48立方米/万元,较2015年下降35.02%,提前一年超额完成“十三五”预期62立方米/万元工业增加值用水量下降目标任务。

2.总值构成。从2011—2019年兰州市生产总值构成分析,第一产业比重在不断下降,从2011年的2.94%下降到2019年的1.82%;第二产业比重在不断下降,从2011年的48.79%下降到2019年的33.32%;第三产业比重在不断下降,从2011年的48.79%下降到2019年的64.86%(见图1)。

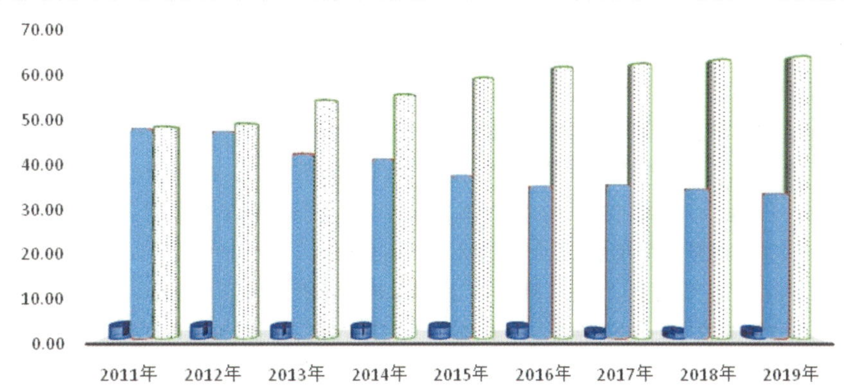


| 产业 \ 年份 | 2011年 | 2012年 | 2013年 | 2014年 | 2015年 | 2016年 | 2017年 | 2018年 | 2019年 |
|---|---|---|---|---|---|---|---|---|---|
| 第一产业 | 2.94 | 2.89 | 2.63 | 2.62 | 2.68 | 2.67 | 1.53 | 1.57 | 1.82 |
| 第二产业 | 48.27 | 47.60 | 42.52 | 41.23 | 37.34 | 34.89 | 35.26 | 34.32 | 33.32 |
| 第三产业 | 48.79 | 49.51 | 54.85 | 56.15 | 59.98 | 62.44 | 63.19 | 64.11 | 64.86 |

**图1 2011—2019年兰州市生产总值构成** 单位:%

(数据来源:2012—2019年甘肃统计年鉴和2020年兰州市政府公报)

数据表明,兰州市在“十二五”

和"十三五"期间，第三产业发展态势良好，比重增长了16.07%，对经济结构的持续优化夯实了基础；但第二产业发展不容乐观，虽然从比重看，结构基本合理，但从产值来看，工业经济的增长仅为4.66%，作为以工业提振经济的兰州市来说，如何推动工业补短板强弱项，进一步推动全市工业高质量发展，值得思考。

（二）2020年全市宏观经济运行基本状况

2020年1—8月份，全市经济开始复苏，生产需求呈现回升态势，需求量不断增长。农业农村发展基础进一步夯实，工业、投资平稳增长，消费市场逐步回暖，财政收支降幅收窄，金融信贷稳定运行，消费价格保持平稳，就业形势总体稳定，经济运行稳中向好。

1. 三大产业发展现状

（1）积极实施乡村振兴战略，农业农村发展基础进一步夯实。"九区十带"农业产业布局不断优化，"互联网＋"现代农业示范点已经建成，规模养殖场加快新改扩建。永登县苦水镇入选全国"一村一品"示范镇；兰州高原夏菜直供粤港澳大湾区，特色农产品产销对接顺畅；国际花卉拍卖交易中心西北分中心投入运营。

——大力推进撂荒地整治。积极实施全域土地综合整治试点，加大对长期撂荒和已征未供土地整治利用，将碎片化农地、旱砂地、未利用地提升为规模化宜农地6万亩，建成高标准农田1.5万亩，修复垅丘缓坡种植经济、生态林2万亩。

——兰州新区现代农业全链循环发展不断壮大。建立了千亩中药材育苗、千亩智能温室花卉、万亩设施农业、万亩林果、10万亩特色种植基地，栽种经济林果、牧草地12万亩；350万头生猪、百万只羊、万头奶牛养殖园，百万级猪羊屠宰、200万吨粮油精深加工、150万吨饲料加工、5万吨冷链物流等现代农业生态种养加循环产业链形成，为全省农业现代化做出典范。

——高原夏菜产业向标准化绿色化品牌化迈进。以榆中为核心区的"兰州高原夏菜"主产区，已成为全国"北菜南运""西菜东调"主要基地之一。榆中区建成南山冷凉型蔬菜产业集聚区，北山中药材、百合产业集聚区，东部马铃薯种植和设施农业集聚区，中部川塬都市观光农业和高原夏菜产业集聚区等5大特色产业发展功能区，建成省级蔬菜标准园14个、国家级6个。

2020年，榆中县种植高原夏菜31.5万亩，预计总产量75万吨，产值14亿元，带动农户6万余户，同时不断优化区域布局，大力提升技术能力，以标准化基地建设、产销对接、"甘味"品牌建设为重点，全市高原夏菜产业正朝着标准化绿色化品牌化方向迈进。大力推广榆兴农庄"互联网+设施农业"和康源公司"集团连市场建基地带农户"等发展模式，建成粤港澳大湾区"菜篮子"兰州高原夏菜榆中专供基地，建成12个绿色蔬菜标准化种植示范基地。榆中县建成全省首个质量兴农"云平台"综合线上执法监管系统，认证无公害蔬菜67万亩、"三品一标"201个。年检测蔬菜11万例以上，合格率99.8%。

榆中县成功创建中国特色农产品优势区、全国特色高原夏菜知名品牌示范区、"甘味"农产品区域公用品牌。莲花菜、娃娃菜、菜花3个优势品种被认证为全国地理标志产品。榆中县连续举办三届甘肃特色农产品贸易洽谈会，培育蔬菜种植销售合作社480家、专业蔬菜经销商200多家，每年往全国60多个城市80多个批发市场外销蔬菜130多万吨。

——马铃薯种薯产业加快"走出去"步伐。种薯产业是继高原夏菜产业之后，兰州市近年来培育的又一特色产业。2020年兰州市马铃薯新品种展示观摩会上，兰州市种业监督中心与汉中市种子管理站就马铃薯种薯供应合作签订了框架协议。

为优化兰州市马铃薯种薯种植结构，兰州种业监督中心在榆中、永登、皋兰等地设立了试验示范点，积极开展品种试验和栽培试验，为生产扩繁和推广提供了科学依据。

全市脱毒马铃薯高级别种薯面积已达到2万多亩，亩产量达到2000公斤以上。累计引进推广的脱毒马铃薯种薯品种已达到了40多种。实现本土马铃薯种薯产业转型升级的基础上，全市积极打造"北繁南种"种薯品牌，加快种薯产业"走出去"步伐。截至目前，在巴蜀、两湖、两广、浙闽、安徽、江西等马铃薯冬作区建立了生产示范田。

（2）实体经济提质增效，工业发展阻力不小。

——"三化"改造工作稳步推进，工业体系建设不断完善。兰州市印发《兰州市"绿色化信息化智能化"改造推进传统产业转型升级实施方案》，为全市重点企业进行"三化"改造；储备18个新基建重点项目，涵盖5G基建、工业互联网、人工智能、大数据中心、新能源汽车充电桩五大新基建领域。向国家发改委、工信部推荐上报6个新型基础设施建设工程项目，涉及5G基础网络建设、5G+工业互联网、5G+医疗、5G+超高清视频四大领域，助推企业争取上级政策资金支持。

加快工业绿色制造体系建设。节能减排财政示范城市顺利通过国家考核验收，国家"城市矿产"示范基地加快建设；加快传统产业清洁生产技术改造。以石化、冶金、有色、建材为重点，实施兰石化蒸汽减温减压发电优化改造等15个重点项目，兰石化完成生产国Ⅵ标准汽柴油技术改造。

加速工业信息化推广。作为全国首批5G规模组网建设及应用示范工程城市，5G试点城市建设顺利推进。出台了5G通信网络建设、产业发展等方案制度，加强5G建设管理规范；与四家电信运营企业签订《5G智慧城市战略合作协议》，建成1280座5G基站，占全省65%，"兰马"3D直播、远程手术示教等5G示范技术应用日渐成熟。

工业互联网发展初见成效。兰州工业互联网平台上线运行，为企业提供云设计、生产、供需对接等云服务，有效降低企业数字化、智能化改造成本。兰石云、省机械院、丝绸之路双创平台入选工信部试点示范项目。

——产业升级步伐持续加快，项目全省首位。2020年兰州市紧抓政策机遇，围绕“两新一重”、国家重大战略、十大生态产业谋划项目1260个、总投资超8600亿元，积极构建高端高质高新现代产业体系。实施工业和信息化项目183个，创建智能工厂11户，成立先进制造业发展促进中心，与华为、浪潮等35家企业构建产业联盟，高分子防水新材料产业基地等项目建成投产，战略性新兴产业增加值占生产总值比重达到15.3%。

2020年全市在兰洽会签约产业项目100个、总投资451亿元，产业项目数位居全省第一。绿色化工园区新落地项目40个，累计达127个，落地产品326种，其中国际独家60多种、替代进口50多种，上市企业8家，创造了单园区、单产业一年落地项目数量、吸引高科技企业和产品数量、上市公司数量、完成投资额甘肃新纪录，产业项目建设周期之短刷新全国行业新纪录。同时，着力把兰州市打造成全省高科技企业、上市企业聚集区和军民融合产业、高端化学品出口示范基地。兰州新区大数据入选“国家新型工业化产业示范基地”。

——工业生产运行平稳，非公经济发展动力不足。从2019年1月到2020年8月的数据表明，兰州市工业整体起伏较大，尤其今年，受疫情影响，2、3、4月份工业增长值下降幅度较大，最大降比达到10.5%，远超过全省4.4%的平均下降水平。从5月起，产值开始回升，增长幅度大于去年同期（见图2）。

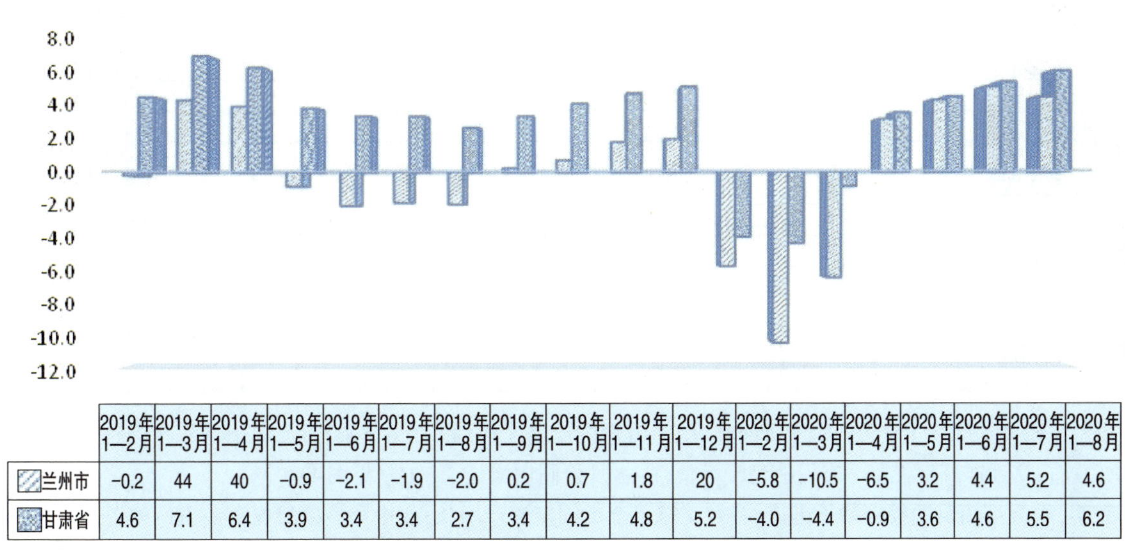


| | 2019年1—2月 | 2019年1—3月 | 2019年1—4月 | 2019年1—5月 | 2019年1—6月 | 2019年1—7月 | 2019年1—8月 | 2019年1—9月 | 2019年1—10月 | 2019年1—11月 | 2019年1—12月 | 2020年1—2月 | 2020年1—3月 | 2020年1—4月 | 2020年1—5月 | 2020年1—6月 | 2020年1—7月 | 2020年1—8月 |
|---|---|---|---|---|---|---|---|---|---|---|---|---|---|---|---|---|---|---|
| 兰州市 | -0.2 | 44 | 40 | -0.9 | -2.1 | -1.9 | -2.0 | 0.2 | 0.7 | 1.8 | 20 | -5.8 | -10.5 | -6.5 | 3.2 | 4.4 | 5.2 | 4.6 |
| 甘肃省 | 4.6 | 7.1 | 6.4 | 3.9 | 3.4 | 3.4 | 2.7 | 3.4 | 4.2 | 4.8 | 5.2 | -4.0 | -4.4 | -0.9 | 3.6 | 4.6 | 5.5 | 6.2 |

**图2　甘肃省及兰州市规模以上工业增加值比较**　　单位：%

（数据来源：2019—2020年甘肃省及兰州市综合统计信息月报）

2020年1—8月，全市规模以上工业增加值同比增长4.6%。分三大门类看，采矿业增加值下降16.3%，制造业增长4.4%，电力、热力、燃气及水生产和供应业增长12.6%。分经济类型看，国有企业增加值增长34.8%，股份制企业增长0.9%，私营企业增长13.7%。

数据表明，在工业整体小幅增长的同时，非公经济发展不容乐观，增长率不足15%，非公经济发展增长高低侧面反映了市场活跃程度。

1—8月，全市规模以上工业战略性新兴产业、高技术产业、装备制造业增加值同比分别增长13.3%、17.3%和8.3%，快于规模以上工业8.7、12.7和3.7个百分点。

数据表明，全市战略性新兴产业、高技术产业和装备制造业发展态势良好，为全市工业高质量发展续航。

1—8月，全市工业用电量131.52亿千瓦时，增长4.9%。8月当月工业用电量17.01亿千瓦时，增长1.1%。

1—7月，全市规模以上工业企业营业收入同比增长1.2%。利润总额同比增长91.3%。每百元营业收入中的成本79.22元，同比减少0.39元。数据表明，疫情之后，全市经济在困境中突围，工业营业收入开始有小幅增长，同时，营业收入中单位成本在减少，表明工业效率有所提升。

（3）服务业发展困境重重，产能亟待回升。2020年1—7月，全市规模以上服务企业单位数561个，比上年同期增长3.1%。

营业收入468.28亿元，比上年同期下降17.0%，其中营利性服务业营业收入115.85亿元，占营利总收入的24.74%，比上年同期增长6.9%；营业利润下降43.5亿元，利润总额下降37.57亿元；期末用工人数减少22.09万人，同比下降0.2%。

数据表明，规模以上服务企业的个数在增加，全市服务业发展基础良好，但受疫情影响，营业收入、营业利润和利润总额都呈现出回落状态，用工人数比上年同期也有所减少，全市服务业仍处在回暖时期。

2.固定资产投资不容乐观，整体呈现下滑趋势

从2019年1月到2020年8月的数据表明，兰州市固定资产投资基本处于下滑态势，从2020年5月起，近四个月才开始出现连续增幅（见图3），1—8月固定投资增速达到3.1%，比全省6.1%的增速低了3个百分点，与全省相比增速差在不断缩小。

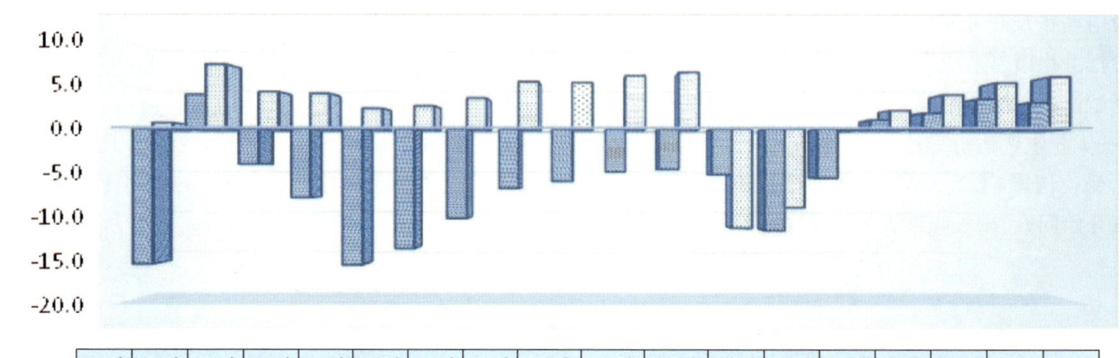


| | 2019年1—2月 | 2019年1—3月 | 2019年1—4月 | 2019年1—5月 | 2019年1—6月 | 2019年1—7月 | 2019年1—8月 | 2019年1—9月 | 2019年1—10月 | 2019年1—11月 | 2019年1—12月 | 2020年1—2月 | 2020年1—3月 | 2020年1—4月 | 2020年1—5月 | 2020年1—6月 | 2020年1—7月 | 2020年1—8月 |
|---|---|---|---|---|---|---|---|---|---|---|---|---|---|---|---|---|---|---|
| 兰州市 | -15.7 | 4.0 | -4.1 | -8.0 | -15.8 | -13.9 | -10.4 | -6.9 | -6.1 | -5.0 | -4.7 | -5.3 | -11.8 | -5.7 | 1.1 | 1.9 | 3.5 | 3.1 |
| 甘肃省 | 0.7 | 7.5 | 4.3 | 4.1 | 2.4 | 2.7 | 3.6 | 5.5 | 5.4 | 6.2 | 6.6 | -11.5 | -9.1 | -0.1 | 2.2 | 4.0 | 5.4 | 6.1 |

**图3 2019—2020年甘肃省及兰州市固定资产投资增速** 单位：%

（数据来源：2019—2020年甘肃省及兰州市综合统计信息月报）

（1）按组成划分。

2020年1—8月，全市固定资产投资同比增长3.1%。其中，5000万元以上项目投资呈现平稳增长的趋势，除了受疫情影响前五个月投资下滑外，从6月份起，开始大步回升，1—8月份同比增速达到10.0%；5000万元以下项目投资整体呈现下滑，下降幅度在40%左右；房地产开发投资一直保持稳步增长，1—8月份同比增长了5.1%（见图4）。

数据表明，中大型项目的投资增长迅速，有力支撑了全市固定资产增长；而中小型项目投资一直巨幅下降，这对全社会普惠制发展和社区基本单位建设起到了一定的制约作用；房地产开发一直保持稳步增长，基本没受疫情的太多影响。

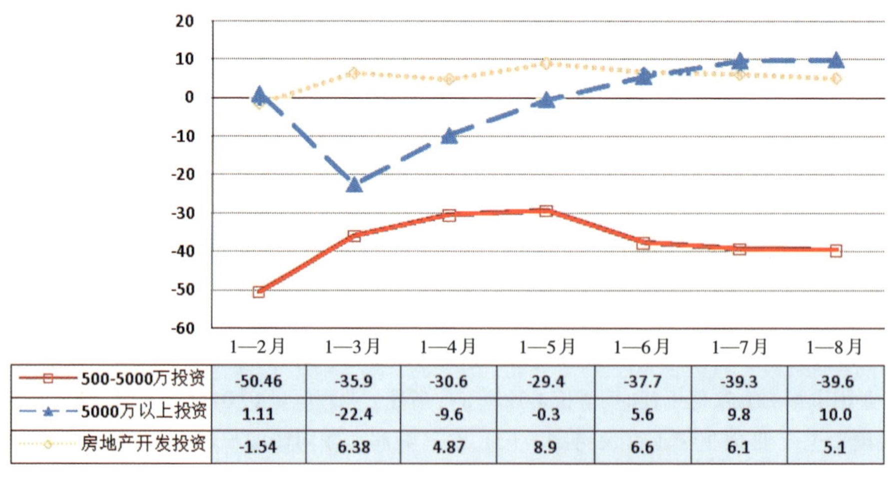


| | 1—2月 | 1—3月 | 1—4月 | 1—5月 | 1—6月 | 1—7月 | 1—8月 |
|---|---|---|---|---|---|---|---|
| 500-5000万投资 | -50.46 | -35.9 | -30.6 | -29.4 | -37.7 | -39.3 | -39.6 |
| 5000万以上投资 | 1.11 | -22.4 | -9.6 | -0.3 | 5.6 | 9.8 | 10.0 |
| 房地产开发投资 | -1.54 | 6.38 | 4.87 | 8.9 | 6.6 | 6.1 | 5.1 |

**图4 2020年1—8月兰州市固定投资按组成划分比较** 单位：%

（数据来源：兰州市2020年综合统计信息月报）

(2)按产业划分。

1—8月,全市第一产业投资增速整体呈现下滑趋势,但与同期相比均有较大幅度的增长,1—8月份同比增长87.2%;第二产业投资增速呈现平稳回升的态势,1—8月同比增长26.0%,工业投资增长26.8%,制造业投资增长34.1%;第三产业投资增速一直呈现下滑趋势,1—8月同比下降2.5%(见图5)。

数据表明,疫情之后,第一产业和第二产业的投资增幅较大,受疫情的一定影响,但影响不大;而第三产业投资受到了疫情的强烈冲击,可见第三产业市场信心的重建还需要一个较长的康复期。

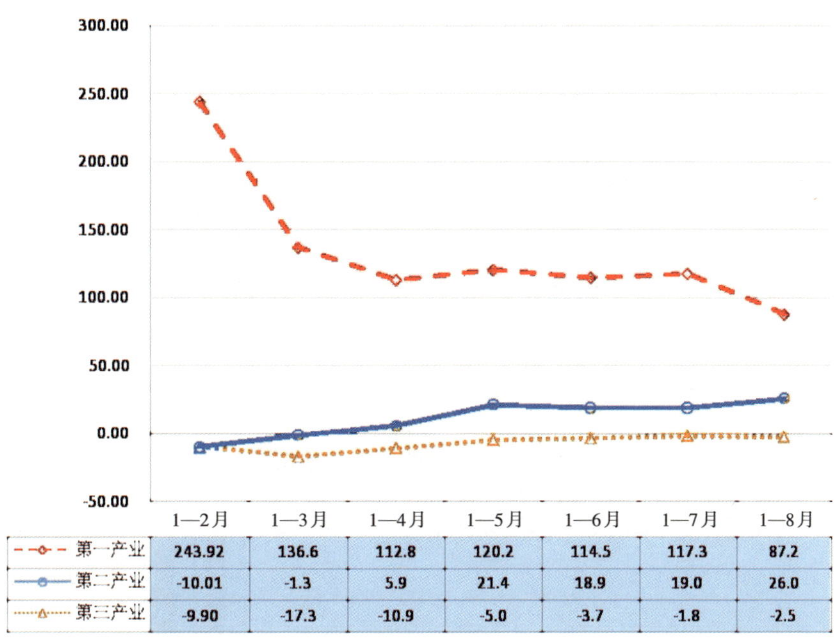


**图5 2020年1—8月兰州市三大产业固定投资比较** 单位:%

(数据来源:兰州市2020年综合统计信息月报)

(3)按投资用途划分。

2020年1—8月,全市基础设施投资实现由负转正,增长0.6%,增速较1—7月提升5.1个百分点。兰州市荣获了“中国智慧城市建设进步奖”,“市民城管”项目获得“中国城市治理创新奖”优胜奖。

——城市基础建设进一步加快。2020年全市启动了中通道南延线等项目实施,全力推进轨道交通2号线一期、景中高速、城市主干道恢复等工程建设,继续打通一批疏解路,建设公共停车泊位6000个。同时,加快了公交基础设施规划建设,完善了城市公交接驳,实现城乡公交全覆盖。

——加快推进重点项目实施建设。加快建设华润未来城、轨道·城市曙光、荣光·陇汇广场等重点项目,建成黄河楼一期、鸿运金茂、金城中心等精品工程,打造城市新地标。实施雁滩、西站等片区整体开发试点,有效盘活土地资源,提升街区价值。加快新型智慧城市建设,5G商用全面推开。

(4)房地产投资发展态势良好。

1—8月,全市商品房销售面积、商品房销售额呈现上升态势,前4个月受疫情影响,增速下降,从5月份开始,增速平稳增长(见图6)。1—8月商品房销售面积463.18万平方米,增长6.3%;商品房销售额374.84万平方米,增长14.5%;待售面积102.82万平方米,下降34.7%。数据表明,兰州市商品房销售受到一定疫情的影响,疫情平稳后,市场表现十分活跃。

3.国内贸易缓步回升,国际贸易持续低迷

(1)消费市场稳步回暖,消费信心亟待提振。

2019年全年消费市场呈现正增长,2020年受疫情影响消费市场呈现负增长。伴随疫情的稳定,市场开始稳步回升(图7)。2020年1—8月,全市限额以上社会消费品零售总额316.76亿元,同比下降5.7%,降幅比1—7月收窄0.9个百分点。城镇市场下降6.0%,乡村市场下降0.6%;商品零售下降4.8%,餐饮收入下降23.5%。

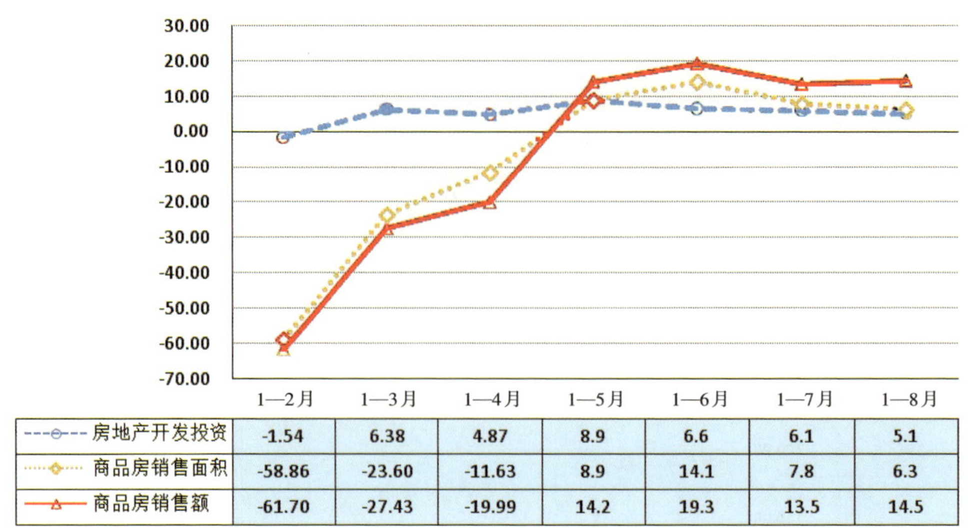


**图6 2020年1—8月兰州市房地产开发投资表** 单位：%

（数据来源：兰州市2020年综合统计信息月报）

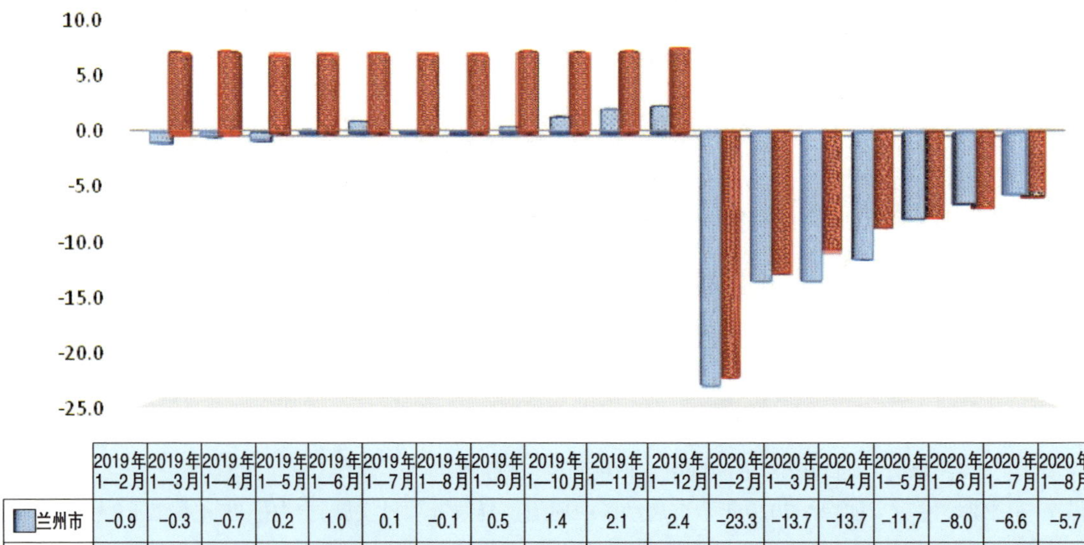


**图7 2019—2020年甘肃省及兰州市限额以上社会消费品总额增速** 单位：%

（数据来源：兰州市2020年综合统计信息月报）

1—8月，全市批发业销售额增长3.0%，零售业销售额下降2.3%，住宿业营业额下降33.4%，餐饮业营业额下降24.4%。

1—8月，全市限上22个主要商品类值中，8种商品零售额正增长。粮油食品类、饮料类、中西药品类、汽车类分别增长21.9%、0.1%、0.5%、3.2%；烟酒类、日用品类、通信器材类、化妆品类分别下降8.8%、5.2%、25.4%、15.6%（见图8），但降幅分别较1—7月收窄1.7、2.4、3.7、2.4个百分点。

1—8月，全市限额以上批零住餐企业通过公共网络实现零售额2.73亿元，增长6.4%，比1—7月加快1.4个百分点。

数据表明，住宿、餐饮、零售行业仍处在下降状态，但回暖势头正在抬头，受疫情影响，消费者更多地选择居家模式，粮油等必需品以及中西药品等卫生保健产品销售额同比上涨；社交的减少也带来了烟酒、化妆品等商品的同比下降。

（2）国际贸易持续低迷，出口低于进口

1—8月，全市进出口总值61.77亿元，同比下降19.8%，降幅较1—7月收窄0.5个百分点。其中，出口总值20.94亿元，下降58.4%，降幅较1—7月收窄2.7个百分点；进口总值40.83亿元，增长53.4%，增幅较1—7月回落18.1个百分点。

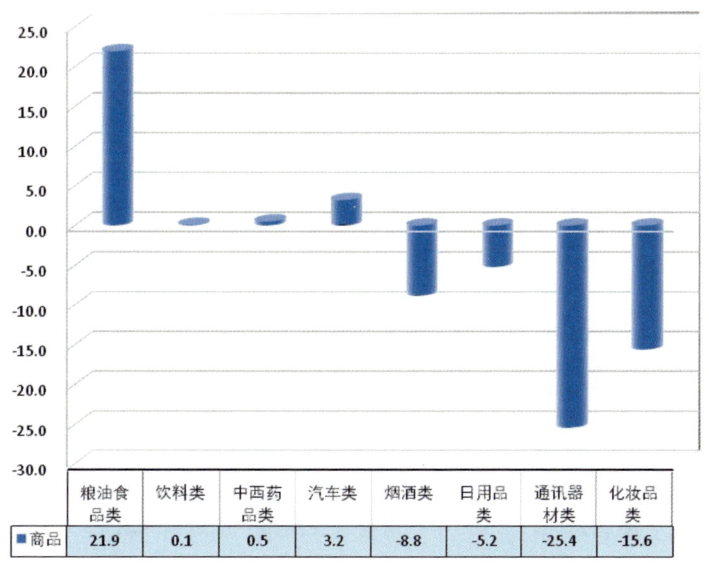


**图8 2020年1—8份兰州市商品零售额增长率** 单位：%

（数据来源：兰州市2020年综合统计信息月报）

数据表明，一方面受疫情影响，国际市场萎缩，进出口通道受阻；另一方面，全市外贸市场仍以进口为主，缺乏竞争性产品，外贸对全市经济的拉动率过低。

4.财政收支降幅收窄，财政缺口增大

2019年1月到2020年8月，兰州市一般公共预算收入增幅过低，尤其2020年以来，一直呈现负增长。与全省相比，增幅差距较大（见表2、图9）。1—8月，全市一般公共预算收入154.16亿元，同比下降6.1%，降幅较1—7月收窄2.7个百分点。

**表2 2019—2020年兰州市一般公共预算收入**

| 项目名称 | | 兰州市 | | 甘肃省 | |
|---|---|---|---|---|---|
| 年份 | 月份 | 总额（亿元） | 同比增幅（%） | 总额（亿元） | 同比增幅（%） |
| 2019年 | 1—2月 | 39.21 | -11.1 | 142.3 | 6.1 |
| | 1—3月 | 65.18 | 8.3 | 218.5 | 10.5 |
| | 1—4月 | 84.74 | 3.9 | 288.4 | 5.8 |
| | 1—5月 | 106.05 | -2.3 | 363.2 | 5.5 |
| | 1—6月 | 131.13 | 2.6 | 442.8 | 4.3 |
| | 1—7月 | 149.33 | 1.1 | 512.6 | 2.6 |
| | 1—8月 | 164.13 | 2.3 | 563.1 | 2.4 |
| | 1—9月 | 179.00 | 2.7 | 624.0 | 3.1 |
| | 1—10月 | 198.32 | 3.0 | 695.9 | 3.6 |
| | 1—11月 | 218.94 | 1.9 | 768.2 | 3.7 |
| | 1—12月 | 233.23 | -0.1 | 850.2 | 5.2 |
| 2020年 | 1—2月 | 35.44 | -9.6 | 135.6 | -4.7 |
| | 1—3月 | 46.34 | -28.9 | 183.5 | -16.0 |
| | 1—4月 | 63.77 | -24.7 | 251.5 | -12.8 |
| | 1—5月 | 92.34 | -12.9 | 329.2 | -9.4 |
| | 1—6月 | 113.17 | -13.7 | 402.9 | -9.0 |
| | 1—7月 | 136.24 | -8.8 | 485.4 | -5.3 |
| | 1—8月 | 154.16 | -6.1 | 542.9 | -3.6 |

注：2019年5—12月，考虑了减税降费政策影响和2018年部分一次性非税收入因素，同口径增加值进行了调整。

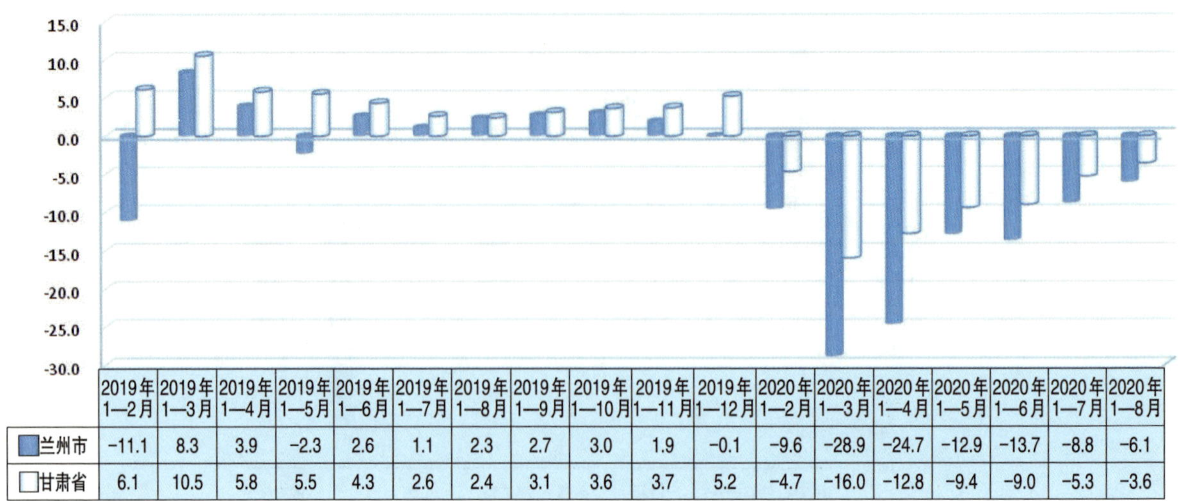

| | 2019年1—2月 | 2019年1—3月 | 2019年1—4月 | 2019年1—5月 | 2019年1—6月 | 2019年1—7月 | 2019年1—8月 | 2019年1—9月 | 2019年1—10月 | 2019年1—11月 | 2019年1—12月 | 2020年1—2月 | 2020年1—3月 | 2020年1—4月 | 2020年1—5月 | 2020年1—6月 | 2020年1—7月 | 2020年1—8月 |
|---|---|---|---|---|---|---|---|---|---|---|---|---|---|---|---|---|---|---|
| 兰州市 | -11.1 | 8.3 | 3.9 | -2.3 | 2.6 | 1.1 | 2.3 | 2.7 | 3.0 | 1.9 | -0.1 | -9.6 | -28.9 | -24.7 | -12.9 | -13.7 | -8.8 | -6.1 |
| 甘肃省 | 6.1 | 10.5 | 5.8 | 5.5 | 4.3 | 2.6 | 2.4 | 3.1 | 3.6 | 3.7 | 5.2 | -4.7 | -16.0 | -12.8 | -9.4 | -9.0 | -5.3 | -3.6 |

**图9 2019—2020年甘肃省及兰州市一般公共预算收入** 单位：%

（数据来源：兰州市2020年综合统计信息月报）

2020年，全市税收收入呈现负增长，1—8月同比下降9.0%，非税收入在疫情平稳后缓慢回升，1—8月同比增长2.0%（见图10）。

| | | | | | | | |
|---|---|---|---|---|---|---|---|
| 税收收入 | -11.0 | -25.0 | -25.8 | -15.3 | -14.8 | -12.7 | -9.0 |
| 非税收收入 | -2.8 | -38.7 | -21.8 | -5.8 | -10.9 | 2.6 | 2.0 |

**图10 2020年1—8月兰州市财政收入状况** 单位：%

（数据来源：兰州市2020年综合统计信息月报）

1—8月全市一般公共预算支出为267.23亿元，同比下降7.0%。其中，在19个支出项目中，只有交通运输、商业服务业、节能环保以及其他支出增长，分别同比增加为78.3%、32.1%、4.2%以及194.0%；其他项目增速均有所下降，金融行业降幅最大，同比减少97.4%，其次，教育、文化旅游体育与传媒、粮油物资储备、科学技术降幅相对较大，分别同比下降了27.9%、27.7%、25.9%以及20.0%。

数据表明，受疫情影响，不少企业举步维艰，甚至有些中小企业不得不破产，企业及个人整体贷款能力减弱，金融支出降幅较大。同时文化旅游、教育等行业也受到疫情较大冲击，造成预算支出的下降。

5. 金融信贷稳定运行，住户贷款增幅较大

2020年，全市金融机构存贷业务增幅较低，整体呈现出存款下降，贷款上升的趋势。1—8月，全市金融机构本外币存款余额9102.76亿元，同比下降0.5%；金融机构本外币贷款余额12924.37亿元，同比增长7.0%。金融机构人民币存款余额9065.78

亿元,同比下降0.5%;金融机构人民币贷款余额12681.51亿元,同比增长7.2%(见表3)。

**表3 2020年1—8月兰州市金融机构存贷款状况**

单位:%

| | 1-2月 | 1-3月 | 1-4月 | 1-5月 | 1-6月 | 1-7月 | 1-8月 |
|---|---|---|---|---|---|---|---|
| 本外币存款余额 | 0.2 | 0.5 | 4.0 | 9.1 | 5.2 | 2.0 | -0.5 |
| 本外币贷款余额 | 7.9 | 6.2 | 5.9 | 6.6 | 6.5 | 6.2 | 7.0 |
| 人民币存款余额 | 0.4 | 0.3 | 3.9 | 9.1 | 5.2 | 2.1 | -0.5 |
| 人民币贷款余额 | 8.0 | 6.0 | 5.8 | 6.5 | 6.4 | 6.3 | 7.2 |

(数据来源:兰州市2020年综合统计信息月报)

贷款余额中,住户贷款增长幅度较大。本外币余额中,1—8月住户贷款同比增长20.1%;中长期贷款同比增长23.3%,短期贷款9.5%。人民币余额中,1—8月住户贷款1940.27亿元,同比增长20.1%;中长期贷款同比增长23.3%,短期贷款9.5%。

企(事)业单位贷款增长幅度较小。本外币余额中,1—8月企(事)业单位贷款同比增长5.2%;中长期贷款同比增长7.1%,短期贷款7.9%。人民币余额中,1—8月企(事)业单位贷款同比增长5.1%;中长期贷款同比增长7.2%,短期贷款7.5%。

数据表明,对家庭而言,贷款的主要用途是住房贷款,尤其是中长期的住房贷款;对企(事)业单位而言,中长期的贷款和短期贷款选择基本持平。

6.居民消费价格保持平稳,整体高于上年

2020年,全市消费价格保持平稳增长。1—8月,兰州市居民消费价格总水平累计上涨2.3%,涨幅与1—7月持平。与全省相比,低了0.1个百分点。受疫情影响,2020年全市消费价格指数在2月和3月有较大幅度的增长,整体增幅高于2019年(见图11)。

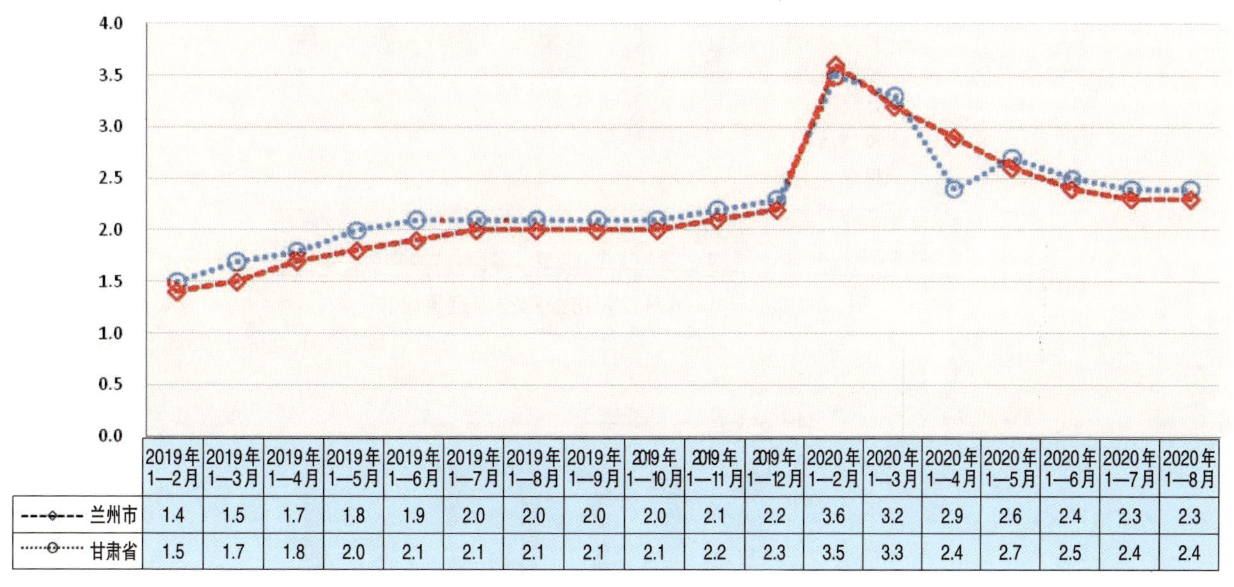

| | 2019年1—2月 | 2019年1—3月 | 2019年1—4月 | 2019年1—5月 | 2019年1—6月 | 2019年1—7月 | 2019年1—8月 | 2019年1—9月 | 2019年1—10月 | 2019年1—11月 | 2019年1—12月 | 2020年1—2月 | 2020年1—3月 | 2020年1—4月 | 2020年1—5月 | 2020年1—6月 | 2020年1—7月 | 2020年1—8月 |
|---|---|---|---|---|---|---|---|---|---|---|---|---|---|---|---|---|---|---|
| 兰州市 | 1.4 | 1.5 | 1.7 | 1.8 | 1.9 | 2.0 | 2.0 | 2.0 | 2.0 | 2.1 | 2.2 | 3.6 | 3.2 | 2.9 | 2.6 | 2.4 | 2.3 | 2.3 |
| 甘肃省 | 1.5 | 1.7 | 1.8 | 2.0 | 2.1 | 2.1 | 2.1 | 2.1 | 2.1 | 2.2 | 2.3 | 3.5 | 3.3 | 2.4 | 2.7 | 2.5 | 2.4 | 2.4 |

**图11 2019—2020年甘肃省及兰州市居民消费价格比较** 单位:%

(数据来源:兰州市2020年综合统计信息月报)

八大类商品和服务价格“五升一降两浮动”,其中,食品烟酒上涨幅度最大,1—8月同比增长6.7%;教育文化和娱乐、其他用品和服务涨幅也比较大,1—8月同比增长分别为3.0%和5.4%;生活用品及服务和医疗保健价格微涨,1—8月同比增长分别为0.8%和0.5%。交通和通信持续下降,1—8月同比下降2.4%。衣着和居住有涨有跌,1—8月同比下降分别为0.6%,居住下降0.1%(见表4)。

数据表明,全市整体物价水平还是有所增长,尤其是食品、教育和生活用品价格上扬,造成生活压力加大。

表4 2020年1—8月兰州市八大类商品和服务价格比较

单位:%

| | 总水平 | 食品烟酒 | 生活用品及服务 | 教育文化和娱乐 | 医疗保健 | 其他用品和服务 | 衣着 | 居住 | 交通和通信 |
|---|---|---|---|---|---|---|---|---|---|
| 1—2月 | 3.6 | 9.4 | 1.0 | 2.8 | 1.2 | 6.4 | 0.6 | 0.5 | −0.9 |
| 1—3月 | 3.2 | 8.6 | 0.9 | 2.6 | 0.9 | 6.6 | 0.1 | 0.3 | −1.2 |
| 1—4月 | 2.9 | 8.1 | 0.9 | 2.8 | 0.8 | 5.8 | −0.3 | 0.2 | −1.6 |
| 1—5月 | 2.6 | 7.4 | 0.8 | 2.9 | 0.7 | 5.5 | −0.4 | 0.1 | −1.9 |
| 1—6月 | 2.4 | 6.9 | 0.8 | 3 | 0.6 | 5.1 | −0.5 | 0 | −2.1 |
| 1—7月 | 2.3 | 6.7 | 0.8 | 3.1 | 0.5 | 5.1 | −0.6 | 0 | −2.3 |
| 1—8月 | 2.3 | 6.7 | 0.8 | 3.0 | 0.5 | 5.4 | −0.6 | −0.1 | −2.4 |

（数据来源:兰州市2020年综合统计信息月报）

7.交通运输稳步回暖,客运市场创后复苏

2020年,受疫情影响,全市交通运输业受到重创。从6月开始,公路交通运输整体稳步回升,全市公路客运量和周转量一直处于负增长,1—8月同比降幅分别为32.67%和24.29%。公路货运量和周转量从6月份缓慢回升,1—8月同比增长分别为3.81%和1.95%(见图12、图13)。

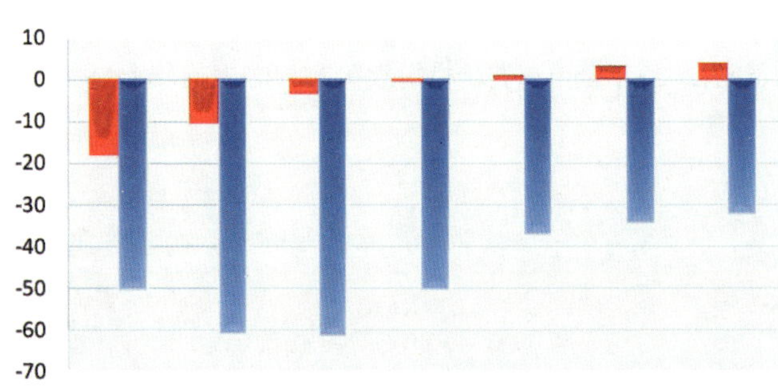


| 公路货运量 | -18.08 | -10.39 | -3.51 | -0.36 | 0.95 | 3.1 | 3.81 |
|---|---|---|---|---|---|---|---|
| 公路客运量 | -50.66 | -61.3 | -61.71 | -50.76 | -37.36 | -34.67 | -32.67 |

图12 2020年1—8月兰州市公路交通运量比较 单位:%

（数据来源:兰州市2020年综合统计信息月报）

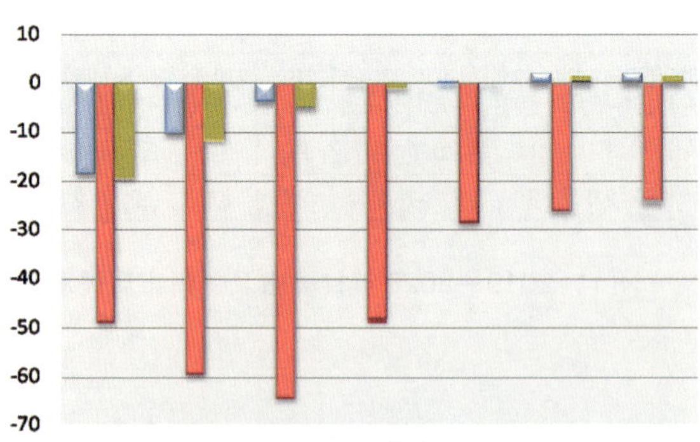


| 公路货运周转量 | -18.46 | -10.42 | -3.78 | 0.02 | 0.6 | 1.94 | 1.95 |
|---|---|---|---|---|---|---|---|
| 公路客运周转量 | -48.86 | -59.46 | -64.4 | -48.36 | -28.54 | -26.21 | -24.29 |
| 公路运输总周转量 | -19.18 | -11.36 | -4.96 | -0.92 | 0.06 | 1.42 | 1.45 |

图13 2020年1—8月兰州市公路交通周转量比较 单位:%

（数据来源:兰州市2020年综合统计信息月报）

数据表明，疫情对交通运输业的冲击巨大，进入疫情常态化管理阶段，人员流动虽然大幅增长，但因安全防范因素的影响，增长仍然有限。

8.就业形势总体稳定、就业压力长期存在

2020年1—8月，全市城镇新增就业5.82万人，失业人员再就业1.76万人，困难人员实现就业0.73万人，分别完成目标的72.7%、76.7%和80.2%。8月末，城镇登记失业率2.75%。实现劳务输转总人数25.35万人，完成目标的101.4%，实现劳务总收入49.06亿元，完成目标的75.5%。受疫情影响和国际、国内市场大环境影响，在一段时期就业压力依旧存在。

总的来看，1—8月全市经济保持平稳增长态势，但外部环境变数较多，经济回稳基础仍需立足国内大循环、促进国际双循环，进一步夯实发展基础，坚持推动经济高质量发展和构建“双循环”新格局，从稳定工业增长势头、加大投资推进力度、着力提振消费需求等方面入手，打造现代化的西部大都市。

## 二、存在的问题

（一）产业体系不完善，产业结构不合理

产业体系是现代化经济体系的主要内核和战略重点。兰州市是国家“一五”、“二五”时期布局的原材料和装备制造业基地。经过多年的发展，虽已形成以石油化工、装备制造、有色冶金、建材、生物医药、烟草、电子信息、新材料、新能源、食品及轻工等产业为支撑的全工业体系，但以大型央企为主导的“油、烟、钢、铝、煤”重工业格局始终未变。绝大多数重点企业技术落后、产品单一，创新不足，缺乏竞争力强的创新型领军企业和拳头产品，产业集群优势并不突出，供给和需求有所脱节，标准化体系建设亟待进一步加强，工业园区循环化改造亟须加速。战略性新兴产业仍需着力培育，十大生态产业亟待进一步推动发展。

（二）产业发展总体处于产业链供应链的中低端

产业发展动力不足其深层次的原因是全市支柱产业的功效弱、产能低、结构不合理。兰州市产业发展依然以原油加工、卷烟生产、电解铝、煤炭、钢铁初级产品加工为主，多数行业龙头企业生产原料和销售市场“两头”在外，产业链条短缺、精深加工产品少、产品附加值低、企业技术水平及制造能力不足尤为突出，尚未形成产业集聚效应。产业发展长期处于产业链分工的中低端，缺乏全链条发展能力，上下游不配套，资源、能源控制力不够，核心竞争力薄弱。

（三）工业发展空间受限，基础设施不到位

自2013年全市启动“出城入园”搬迁改造工作以来，近郊四区原则上不再新上工业项目，现有传统工业企业通过出城入园和产业升级向兰州新区和远郊县区工业园集聚，经过几年的承接发展，远郊区县可用的工业用地已寥寥无几，受工业用地指标不足、基础设施配建不到位等因素影响，产业招商项目面临无地承接的尴尬局面。

（四）兰州高新区、经开区协同创新存在短板

企业对协同创新的认知不足。“两区”产业发展规模与科技水平整体不高，企业发展参差不齐。产学研协同创新意识淡薄，联结松散。部分科研院所改制企业和大型企业，自身有较强科研实力，其产品和技术的专业性较强并处于行业领先水平，更重视自行研发，忽视产学研协同创新的必要。中小企业或初创企业，生存压力大，企业承载科技成果转化的能力比较低，更加关注于生产与销售，不愿承担产品开发的风险。

（五）资金和人才制约整体发展

一是资金来源渠道单一。受地方财税状况制约，政府科技经费投入有限，科技金融和风险投资体系尚未健全，合作研发和自主研发投入资金少、融资渠道窄，多数企业特别是中小企业不敢涉足成本大、周期长、风险高的科研投资。

二是专业技术人才缺乏。受地理环境和政策条件制约，企（事）业单位普遍存在“招人难，留人更难”的问题。尤其在高新技术企业和关键岗位招不到所需的专业技术人才和高水平人才。同时，多数企（事）业单位自身人才储备和培养不足，研发团队建设相对滞后，研发后力不足。

（六）信息平台亟须加快建设

信息时代，信息的搜捕能力成为企业生存和发展的重要因素之一。信息交流不完全、信息共享程度不深，都会给地域间、产业间、企业间的协同创新造成阻碍。一方面，企业缺乏相应成果信息和评估手段，科研院所重“学术”轻“市场”，缺乏准确的市场定位，“产学研”沟通不畅，信息化程度低。

（七）政府引导作用还有待进一步加强

政府在产业创新、协同创新、科技创新等方面，亟需加强相关信息服务平台和公共服务平台建设，完善科技创新政策法规，鼓励校企共建研发平台以及政府直接参与产学研合作。从政策资金层面看，兰州“两区”政策力度不大、落地不实，缺乏相关专项资金支持；从管理体制层面看，各部门仍存在条块分割、自成体制、各自为政的现象，导致在产学研合作的交接点上，缺乏系

统有效的管理制度；从平台建设层面看，缺乏专业信息服务的共享平台和科技成果专业评估机构，技术转移、科技风投和科技担保等中介服务平台建设有待进一步完善和发展。

## 三、预测与建议

2020年受疫情影响，全市经济下行压力巨大，如何触底反弹成为全市经济发展的关键。

（一）2020—2021年经济指标预测

2021年兰州市第一产业经济发展会受到全球经济环境的影响，产生运行压力，但总体会保持在合理区间平稳运行，呈现稳中向好、稳中求进的发展势头。影响第一产业发展的不确定因素主要来源于农产品市场价格的波动、极端天气灾害、农业灾害、区间经济传导和产业内部摩擦等因素。根据2011—2020年8月数据初步预测，2020年全市第一产业增加值保持在3%的增幅；在不发生大的自然灾害的前提下，2021年第一产业增加值预计将保持5%左右的增幅。第二产业受疫情和国际市场萎缩的影响，2020年会逐步回暖、持平或小幅增长；2021年在大规模减税降费和鼓励科技创新等政策扶持下，企业营商环境将持续优化，重大项目进展顺利，战略性新兴产业和高技术产业迅猛发展，产业增加值预计保持5%左右的增幅。第三产业在2020年受到了疫情的强烈冲击，上半年停滞不前、下半年企稳回暖，全年预计产值同比下降，出现负增长；2021年在黄河流域生态保护和高质量发展规划、西部大开发、兰西城市群建设、“一带一路”协议等战略支持下，以及促进优势产业高质量发展、加快新型消费扩容提质、支持科技创新发展、扶持中小企业健康发展等减税降费的系列政策的扶持下，第三产业将立足国内市场、放眼国际市场，呈现出快速发展的态势，全年产业增加值预计保持15%左右的增幅。

（二）对策建议

全力支持兰州市高质量发展、建设绿色金融改革创新试验区，把政策红利迅速转化为高质量快速发展动力，充分发挥省会城市经济增长新引擎作用。

1.加快推进关键领域改革

把深化改革作为新区发展生命线，充分释放改革乘数效应。把改革创新作为动力源，坚持在理念、制度、机制、流程上探索创新，凡有利于市场主体成长、产业项目落地、高质量发展的都先行快试。积极推进国土空间规划、行政审批、绿色金融等领域先行快试。围绕打造“陇中河套平原”，拓展“大兰州”发展空间的思路构想，加快推进兰白都市区国土空间规划、建设兰州—新区—白银黄河中上游水土保持及生态修复示范区研究，积极争取纳入国家黄河流域生态保护和高质量发展规划纲要，为兰西城市群发展赋能，建设成全省自然条件严酷地区贫困人口易地安置主承接地。

(1)强化投融资体制改革。优化市、区县两级财政分配关系，加强政金企合作，积极推动知识产权质押融资，做大政策性担保机构。加快推动市属融资平台公司市场化转型，提升经营发展能力。

高水准建设兰州新区绿色金融改革试验区。推动兰州银行主板上市。积极稳妥化解政府性债务风险，确保政府债务控制在合理区间。“绿金通”综合服务平台上线运营，研究出台绿色金融奖励政策，筛选入库绿色项目320个、1800亿元，绿色贷款余额达136亿元，绿色产业投资增速达52%。

(2)全面推广“不来即享”的惠企政策。“不来即享”是甘肃省委省政府着眼于深化“放管服”改革、优化营商环境采取的一项重要举措，也是加快转变政府职能、建设服务型政府的标志性成果。其核心是要逐步形成“3+2+X”的全新局面。其中，“三个转变”，是通过精准推送实现从“企业找政策”到“政策找企业”的转变，通过在线办理实现从“最多跑一次”到“一次都不跑”的转变，通过先行享受实现“层层申报”到“直达直通”的转变；“两个保障”，是通过完善制度让“不来即享”的“软政策”有了“硬约束”，通过加强监管确保“不来即享”规范运转可持续；“X”是“不来即享”向更多政务服务领域拓展。

全市已为涉企政策精准推送和“不来即享”服务系统建立了“政策库”和“企业库”，“政策库”已涵盖税务、人社、工信、市场监管等40多个部门和相关金融机构涉企政策文件，实现了有关涉企优惠政策的全覆盖；“企业库”已纳入全市90%以上的企业，实现了对所有正常运行企业的全覆盖，其中中小微企业占比接近100%。企业只需要登录“不来即享”服务系统或者是“陇企通”微信小程序，输入统一社会信用代码和验证信息，就可以了解到相关的税费减免、社保缴纳、金融扶持等优惠政策，根据需要直接进行在线办理，办理的进度和结果，形成了一个从“政策推送”到“在线办理”再到“不来即享”的服务闭环，企业和群众的获得感明显增强。

同时要持续深化最简行政审批改革。实施工程项目审批“全流程”改革，推进“证照分离”改革全覆盖试点，全省率先实现电子证照跨区域核验，着力打造行政审批改革集成示范区。

(3)继续抓好国资国企改革。推进国有资本授权经营试点，深化市属国有企业内部重组整合，加快实现从管企业向管资本转变。

(4)有序推动混合所有制改革。支持市属重点企业引入战略投资者,优化股权结构,增强发展活力。

(5)深化要素市场配置改革。推行“标准地”出让,启动自然资源统一确权登记试点,推进国有土地资源资产核算试点,加强存量用地挖潜和低效用地再开发。创新长期租赁、先租后让、弹性年期供应、作价出资(入股)等灵活供地模式,企业要素成本下降20%以上。

(6)加快建设“互联网+政务服务”四级体系。推动电子证照共享、手机移动终端和自助服务终端应用,促进信息共享和集成服务,方便企业和群众办事。推进“双随机、一公开”、信用监管、大数据监管、“告知承诺+事中事后监管”等监管模式,严格审慎规范执法,维护良好市场秩序。

2.聚焦实施创新驱动,着力增强发展动能

(1)加快建设国家级创新平台。推进兰白自创区和兰白试验区一体建设、联动发展,抓好国家级双创示范基地建设,放大政策集成效应,合力打造科学新发现、技术新发明、产业新方向的创新策源地。全面拉开高新区定连片区建设框架,加快实施“三馆一中心”和城市绿廊等基础设施项目。

落实普惠性扶持政策,用好兰州科技创新创业风险投资等各类基金,争取在生物医药、新材料、智能制造等领域形成一批应用型科研成果,培育打造瞪羚企业,引领和支撑高新技术产业发展。

加强与北京中关村、上海张江等自创区的交流合作,探索成立协同创新联盟,开展从园区到园区、企业到企业的精准对接,促进科技资源共享共建。

(2)推动科技成果转移转化。深入推进政产学研用协同创新,引导支持科研院所与骨干企业共同组建产业技术研究院和科技创新工作站,促进创新链与产业链、资金链、政策链有机融合,催生新产业新业态新模式。强化企业创新主体地位,引导支持企业加大科研投入,提高创新能力。鼓励高校、科研院所开展定向研发、定向转化、定向服务,帮助企业突破发展急需的关键技术。继续实施“十大科技项目”和“十大科技创新项目”,集中力量开展科技攻关。提升兰州科技大市场管理运营水平,继续办好兰州科技成果博览会和中国创新挑战赛(兰州)现场赛,为推动科技成果转移转化搭建平台、搞好服务。

3.聚焦做大做强发展平台,着力培育壮大经济增长极

(1)坚持“两翼”齐飞。支持兰州新区全力打造制造新区、产业新区、经济新区。聚焦“强龙头、补链条、聚集群”,打造有色金属新材料、商贸物流、先进装备制造等一批千亿级和百亿级产业集群,推动经济增速在国家级新区中继续保持领先。加快建设绿色化工园区,引进培育企业150家以上,完成投资100亿元以上。实施稀土、电镀等新产业项目,推动德福铜箔二期、高导新材料、高档铝箔等项目建成投产。做大做强广通、亚太等新能源汽车企业,构建整车制造、动力电池、储能电站等全产业链条,打造西北新能源汽车生产基地。强力推进榆中生态创新城建设。立足产业、城市、生态多元融合,加快编制生态创新城控详规划、专项规划和城市设计,构建全域覆盖、分层管理、分类指导、多规合一的规划体系。加快建设创新城规划展览馆、国道312线清水驿至傅家窑段改扩建、生态绿化及园林景观等重点工程,尽快撑起创新城“骨架”。同步强化招商引资,对接引进泰康、恒大等500强企业项目,着力培育经济发展新动能。

(2)推动“两区”提质。致力做强高新区。聚焦“高”“新”两大方向,加快建设“兰州肽谷”,协同推进军民融合、生物医药、纳米新材料、新能源等产业园建设,全力实施兰州生物药厂整体搬迁、智慧交通总部经济等重点项目,提升内生发展动力。致力做大经济区。突出战略转移、北拓发展,全面推进皋兰生态修复与产业发展示范区建设,编制完成示范区空间规划和专项规划,加快土地开发整理和基础设施建设。以吸引外资为重点,打造外经外贸发展平台,建设外向型经济集聚区。

(3)促进园区多点开花。深化园区综合改革,以九州、连海、和平、三川口、兰州国际陆港五个省级园区为重点,探索推行“管委会+公司”模式,建立灵活高效的管理制度,推动园区市场化运营、专业化服务、特色化发展。继续完善水电路气等基础配套设施,落实园区工业用地、厂房租赁补贴等优惠政策,提高要素保障能力。支持区县因地制宜发展园区经济,培育壮大特色主导产业,形成错位互补的发展格局。

4.聚焦狠抓项目建设,着力强化投资关键作用

集中精力抓项目。谋划实施项目1133个,年度计划投资1399亿元。全力抓好省列、市列重大项目,加快中川机场三期扩建、中通道、奥体中心等重点工程建设,强化大项目对投资的拉动作用。有序推进政府和社会资本合作,加快实施已确定的12个PPP项目。紧盯国家政策导向,向上争取基础设施、十大生态产业等项目。继续深化项目大比拼活动,高效务实抓项目、比学赶超促项目,以有效投资推动经济发展。

5.聚焦推动高质量发展,着力构建现代产业体系

(1)培育壮大生态产业。突出重点、精准发力,优先发展文化旅游、通道物流、数据信息、中医中药等产业,力争取得突破性进展。文化旅游产业,着力实施项目攻坚、文旅营销、景区建设、“六夜”体系构建和市场主体培育“五大突破工程”,加快建设黄

河风情线和河口古镇、青城古镇，全面提升白塔山、兰山、兴隆山、什川古梨园、树屏丹霞、石佛沟等景区品质，做大A9创意国际等文化产业园区，推动文旅产业快速发展。通道物流产业，抓好国家物流枢纽城市和流通领域现代供应链体系试点城市建设，推进多式联运物流园、公航旅金融仓储基地等重点项目，建设面向"一带一路"的重要物流基地。数据信息产业，积极推广5G、区块链、物联网等新技术，加快场景应用，推进丝绸之路信息港、网易（兰州）联合创新中心等重点项目，争创数字经济创新发展试验区。中医中药产业，依托兰州新区和高新区两大医药产业园建设，加快推进尚方堂现代中药与大健康产业园等重点项目，促进中医中药与生物医药、医疗器械等关联产业协同发展。统筹培育发展军民融合、清洁生产、清洁能源、节能环保、循环农业等其他生态产业。

（2）着力重振"兰州制造"。实施工业强基和产品强质工程，引导支持兰州石化、甘肃烟草、兰州水泵厂、三毛集团等骨干企业建链、延链、强链、补链，强力推进中车兰州机车整体搬迁、宝方超高功率石墨电极等重点项目，形成新的工业增量。加快新一代信息技术为制造业赋能，培育网络协同制造、个性化制造、服务型制造等新模式，新创建智能工厂、数字车间6户以上，推动产业向绿色化、信息化、智能化方向迈进。着力推进产业循环化改造，打造国家级资源循环利用基地。

（3）大力发展现代服务业。主动适应消费升级趋势，实施现代服务业提升行动。积极培育研发设计、商务和租赁服务等生产性服务业，创建一批省级工业设计中心和示范企业。促进线下线上消费协同发展，改造提升传统商业街区，鼓励发展智慧零售等新业态，支持本地电商企业做大做强，电商交易规模增长15%以上。积极对接引进商业银行、保险、证券等金融机构，争取平安银行在兰开业运营。深度开发中山桥等夜间旅游"打卡"地，丰富夜间消费，扮美"夜金城"、助力"夜旅游"、发展"夜经济"。

（4）培育生物医药产业。兰州高新区借其扎实的生物医药产业基础，具备生物医药基础、天然药库基地、技术人才集群的三项硬核优势。目前已形成在甘肃乃至西北都有影响力的产业集群，着重把生物医药产业作为首位产业继续推进。

据兰州高新区管委会提供的数据显示，自2018年国家自主创新示范区获批以后，已集聚各类生物医药企业200多家，2019年总产值达到142亿元。预计到2025年，其产值将达到200亿元。

兰州国家生物医药产业基地是当地生物医药"产学研"、产业发展金融创新、科技创新成果转化平台和生物医药产业集聚区，围绕大健康产业发展规划，以建设生物医药及大健康产业孵化器为核心，已引进甘肃省药品检验研究院高新区研发中心、兰州大学博士培养实验室、陇神戎发药品实验等开放型实验室，形成了三大"产学研"平台。

作为"高技术""新动能"定位发展的兰州高新区，形成了以生物制药、现代中药、生物医学工程和动物用药为重点的生物医药产业集群。根据现辖"一区五园"的情况，兰州高新区应该进一步完善配套服务，为生物医药等各类高新技术产业布局提供空间。继续推进中牧股份兰州生物药厂、中农威特生物医药产业园、兰州国家生物医药产业基地、兰州高科现代医药物流园、百灵生物园、兰州医美健康产业园等重点项目建设。

6.黄河流域兰州段生态保护和高质量发展

抢抓黄河流域生态保护和高质量发展、兰西城市群建设等政策机遇，立足打造"都会城市、精致兰州"，深入实施黄河水生态环境综合治理、黄河风情线改造提升等标志性工程，全方位改造提升城市景观风貌，着力扮美黄河之滨，城市形象品质有了显著提升

（1）因地制宜，科学规划。以"一河、两岸、立面、两山、两端"改造提升为重点，实施生态保护与修复、水系连通、防灾减灾、污染防治、交通改善、风貌提升、文旅融合、产业升级、智慧管控、土地整理十大重点工程，打造具有黄河文化底蕴和西北特色的山水城市。

2025年，初步建成西部美丽和谐宜居之都，黄河（兰州段）湿地修复、生态治理、环境治理基本完成，滨水景观魅力显现，经济发展水平全面提高，辐射带动作用显著增强。到2035年，全面建成西部一流的美丽和谐宜居之都，成为丝路沿线具有重要国际影响力的现代化中心城市。

（2）生态保护方面：优化生态空间，打造"山青水润"的生态格局。形成"1河3南河道53洪道19湖14湿地"的水生态格局；建设综合交通枢纽，打造内通外畅的综合立体交通体系。建成面向区域一体化的综合交通体系，实现与西宁、白银、武威、临夏、定西等城市互联互通的"大兰州一小时交通经济圈"，形成"一环四横十纵"的中心城区交通骨架；发展生态经济。大力发展十大生态产业，重振"兰州制造"，优化产业结构，实现经济转型绿色发展，打造国家石油化工、装备制造、新材料、生物医药、新能源和新能源装备产业基地；弘扬黄河文化。大力挖掘黄河文化，探索"文化+旅游+生态+康养+服务"模式，建设黄河上游文化生态走廊，打造黄河文化产业示范区。

（3）高质量发展方面。优化城市空间布局。加快推进以主城四区为核心，以兰州新区和榆中生态创新城为两翼的"一心两翼"空间布局，着力疏解主城区非核心功能，推动人居向榆中生态创新城、产业向兰州新区转移，促进新老城区相向错位互补发展，在市域层面实现从城市单体到城市群的蝶变；大力发展"3+X"产业体系。"3"指重点发展先进材料、大健康、新能源和新能

源汽车三大支柱产业，“X”指节能环保产、先进装备制造、数据信息、总部经济、商贸及现代物流、文化旅游、现代金融、循环农业等产业类型；打造全国交通枢纽。实施中川机场三期和夏官营军民机场建设，构建“东三、北二、西三、南四”的12条放射性对外交通网络和“一环六射”的都市圈交通骨架；保护传承弘扬黄河文化。深入挖掘黄河文化，通过白塔山、中山桥、黄河母亲、黄河楼、兰州老街、水车博览园、读者印象、雁滩公园、河口古镇、树屏丹霞、苦水玫瑰等文化景点的串联，建设黄河文化大景区，讲好“黄河故事”，打造黄河国家文化公园。

7.聚焦城乡融合发展，着力推进乡村振兴

（1）巩固提升脱贫攻坚成果。防止脱贫人口返贫和边缘人口致贫。加强东西部扶贫协作和中央定点帮扶协调服务，拓展帮扶协作深度和精度。全面落实强农惠农政策，因地制宜发展“扶贫车间”，完善产业带贫机制，促进贫困群众就近就业、稳定增收。进一步完善水电路网房等基础设施，加快教育、医疗、文化等公共服务拓展延伸，持续推动脱贫地区发展和群众生活改善。

（2）加快发展都市现代农业。高度重视粮食安全，抓好粮食生产，稳定粮食产量。实施特色产业园区、种植基地建设工程，提升高原夏菜、百合、玫瑰等品牌价值，新增特色农产品种植面积4.5万亩。推动农业全产业链开发和标准化建设，促进农产品加工向精深化、高端化转变。培育壮大都市休闲农业、乡村观光农业和农村电子商务等新业态，建设一批现代农业园区和田园综合体。严格落实“菜篮子”市长负责制，加快恢复生猪生产，推进农产品三级市场建设，改造提升标准化智慧菜市场和社区便民服务网点。深化农村“三变”改革和农村土地“三权”分置，推动农村集体产权制度改革试点取得实效。

8.打造开放功能平台，扩大对外交流合作

（1）积极抢占“一带一路”建设五个制高点。依托兰州国际陆港、新区综合保税区、中川国际航空港功能平台，争取兰州列入全国多式联运综合体试点城市、中欧班列集结中心和“一带一路”进口商品集散分拨中心。推动综合保税区—航空口岸—铁路口岸“区港联动”一体化融合发展，创建临空经济示范区。深化“兰州号”国际货运班列市场化运营管理，大力推广铁路运输“舱单归并”模式，积极与天津港、山东港等沿海大港共建无水港，加强与新疆、广西等地区口岸协作，优化货物组织运输，推动国际货运班列扩量增效。加快跨境电子商务综合试验区等试点建设，提升释放口岸功能，大力发展外向型经济。

（2）加快推进兰西城市群建设。加强与西宁及沿线城市沟通交流，积极构建一小时经济圈。支持红古区与青海省民和县深度融合发展，推进甘青（川海）民族经济合作示范区建设，打造兰西城市群重要节点。

加强同“一带一路”沿线国家和地区的产能合作与文化经贸交流，建设中新（兰州）国际物流产业园、兰州粮食现代产业园等国际产能合作基地。支持兰石集团、佛慈制药、新区商投等重点企业开拓国际市场，推动外贸进出口稳步增长。组织企业参加进博会、东盟博览会等重要展会，

（3）加强与发达城市群交流。聚焦十大生态产业和园区、片区规划，紧盯京津冀、长三角、珠三角等重点区域，引进落地一批优质项目。加大优势产业和特色产品宣传推介力度，促进项目合作和更多名优特新产品“走出去”。高水平筹办兰洽会，策划举办企业家校友兰州行等招商活动，推动签约项目数量和质量实现新突破。

（4）推行熟地招商模式。优先保障重大招商项目用地需求，加快实现从“项目等地”到“地等项目”的转变。用好政府专项债券，以出让国有资源资产和资产证券化等多种方式，补充基础设施建设项目资本金，保障项目建设资金需求。强化项目团队管理，实施“五定包抓”责任制，完善项目帮办代办机制，全力做好手续办理、征地拆迁、要素供给等服务工作，为项目快速推进清障搭台。

9.全力支持民营经济发展

严格执行中央“支持民企28条”和甘肃省《关于切实保护和激发市场主体活力促进民营经济持续健康发展的若干措施》的49条，以及市上促进中小微企业发展政策，推行优惠政策“不来即享”兑现机制，全面落实减税降费各项措施。

健全完善政企沟通机制，继续开展“千企万商大走访”活动，强化清单管理，有针对性地帮助民营企业解难纾困。健全中小企业公共服务体系，完善陷入困境优质企业的救助机制，推行中小微企业服务“补贴券”，支持民营企业做大做强。

依法保护民营企业和企业家的合法权益，继续开展清理拖欠民营企业账款专项行动，下更大功夫解决民营企业历史遗留问题。

10.实施人才优先工程

实行更加有效的引才留才用才政策，大力引进战略科技人才、科技领军人才、青年科技人才和高水平创新团队，推进30万大学生留兰就业创业行动计划，推动人才总量提升、结构优化。完善人才使用管理、评价考核、职称评定等制度，赋予用人单位更多自主权，充分调动人才的积极性和创造性。全面落实就业落户、房屋租购、子女就学、医疗服务等优惠政策，完善荣誉奖励评价机制，切实为人才发挥作用、实现价值提供保障。

（摘自兰州市社科院编著的《兰州市经济社会发展蓝皮书》（2020—2021））

# 荣誉资料

## 国家级表彰荣誉（集体）

| 序号 | 获奖单位 | 荣获称号 | 颁奖单位 | 颁奖时间 | 备注 |
|---|---|---|---|---|---|
| 1 | 兰州市图书馆 | 巾帼文明岗 | 全国妇女“巾帼建功”活动领导小组 | 2005.3 | |
| 2 | 兰州市关心下一代工作委员会 | 全国关心下一代工作先进集体 | 中国关心下一代工作委员会、中央精神文明建设指导委员会办公室 | 2005.6 | |
| 3 | 兰州大成科技股份有限公司 | 铁路车站智能化控制成套设备及嵌入式软件的开发及应用项目获电子信息产业发展基金优秀项目 | 中华人民共和国信息产业部 | 2005.8 | |
| 4 | 兰州市环境保护局环境信息中心 | 2005地理信息系统优秀工程评选银奖 | 中国地理信息系统协会 | 2005.9 | |
| 5 | 兰州市供水集团有限公司 | 全国精神文明建设工作先进单位 | 中央文明委员会 | 2005.10 | |
| 6 | 兰州市供水集团有限公司 | 全国创建和谐劳动关系模范企业 | 劳动和社会保障部、中华全国总工会、中国企业联合会、中国企业家协会 | 2005.10 | |
| 7 | 兰州技术市场管理办公室 | 全国技术市场工作先进集体 | 中华人民共和国科学技术部 | 2005.11 | |
| 8 | 兰州市教育局 | 全国“双合格”家庭教育先进集体 | 中国小公民道德建设领导小组 | 2005 | |
| 9 | 兰州供电公司 | 军民共建社会主义精神文明先进单位 | 全国双拥工作领导小组、中共中央宣传部、中央文明办、民政部、解放军总政治部 | 2005 | |
| 10 | 兰州市环保局 | 全国打击环境违法行为先进集体 | 国家环保总局 | 2005 | |
| 11 | 兰州市环保局 | 2005年地理信息系统优秀评选银奖 | 中国地理信息系统协会 | 2005 | 兰州市生态环境局 |
| 12 | 兰州铁路局兰州供电段皋兰接触网工区 | 火车头奖杯 | 中华全国铁路总工会 | 2005 | |
| 13 | 兰州铁路局嘉峪关客运管理中心K43/4次京一组 | 火车头奖杯 | 中华全国铁路总工会 | 2005 | |
| 14 | 甘肃中石油昆仑燃气有限公司 | 全国建设系统创建文明行业示范点 | 中华人民共和国建设部 | 2006.1 | |
| 15 | 兰州文化稽查队 | 2005年全国“扫黄打非”有功集体 | 全国“扫黄打非”工作小组 | 2006.1 | |
| 16 | 兰州文化稽查队 | 2005年全国“扫黄打非”办案有功集体 | 全国“扫黄打非”工作小组 | 2006.1 | |
| 17 | 兰州市图书馆 | 公共文化设施管理先进单位 | 中华人民共和国文化部 | 2006.8 | |
| 18 | 兰州市文化馆 | 兰州市近水文化广场入选第三届全国特色文化广场 | 中国群众文化学会<br>中国文化报社 | 2006.9 | |
| 19 | 兰州市文化馆 | 兰州市群众艺术馆入选第三届全国特色广场文化活动 | 中国群众文化学会<br>中国文化报社 | 2006.9 | |
| 20 | 兰州市环境保护局环境信息中心 | 兰州市环境管理地理信息系统及应用研究项目获环境保护科学技术奖(三等奖) | 国家环境保护总局 | 2006.12 | |
| 21 | 兰州市城市建设设计院 | 全国建设系统党风廉政建设先进单位 | 建设部 | 2006.12 | |

| 序号 | 获奖单位 | 荣获称号 | 颁奖单位 | 颁奖时间 | 备注 |
| --- | --- | --- | --- | --- | --- |
| 22 | 兰州供电公司 | 中央企业五四红旗团委 | 中央企业团工委 | 2006 | |
| 23 | 兰州供电公司 | 全国能源化学系统五一劳动奖状 | 中国能源化学工会全国委员会 | 2006 | |
| 24 | 兰州铁路局天水车站 | 火车头奖杯 | 中华全国铁路总工会 | 2006 | |
| 25 | 兰州铁路局嘉峪关机务段1346小组 | 火车头奖杯 | 中华全国铁路总工会 | 2006 | |
| 26 | 甘肃中石油昆仑燃气有限公司 | 全国“安康杯”竞赛优胜企业 | 中华全国总工会、国家安全生产监督管理总局 | 2007.1 | |
| 27 | 兰州文化稽查队 | 2006年“全国文化市场行政执法先进单位” | 中华人民共和国文化部 | 2007.1 | |
| 28 | 兰州市公安消防支队城关区消防科 | 公安消防部队基层建设先进集体 | 公安部消防局 | 2007.3 | 兰州市城关区消防救援大队 |
| 29 | 兰州市公安局出入境管理处因私出国(境)审批科 | 巾帼文明岗 | 中华全国妇女联合国 | 2007.2 | |
| 30 | 兰州文化稽查队 | 2006年全国文化市场行政执法先进单位。 | 国家文化部、国家广电总局 | 2007.4 | |
| 31 | 兰州市文化馆 | 中国成都国际非物质文化遗产节太阳神鸟金奖(兰州太平鼓) | 文化部、四川省人民政府 | 2007.6 | |
| 32 | 兰州市南北两山环境绿化工程指挥部 | 关注森林组织奖 | 全国政协人口资源环境委员会、全国绿化委员会、国家林业局、国家广播电影电视总局、中华全国新闻工作者协会、中国绿化基金会 | 2007.9 | |
| 33 | 兰州威立雅水务(集团)有限责任公司 | 建设部系统先进单位 | 国家建设部 | 2007.10 | |
| 34 | 中共兰州市委党史办 | 《兰州革命历史人物传略》一书获十六大以来全国党史部门党史优秀成果著作类三等奖 | 中共中央党史研究室 | 2007.11 | |
| 35 | 兰州技术市场管理办公室 | 中国技术市场金桥奖 | 中国技术市场协会 | 2007.12 | |
| 36 | 兰州交通大学 | 项目:超大容积高端汽车灯具镀膜系列装备与工艺研发及产业化获国家科学技术奖二等奖 | 中华人民共和国国务院 | 2007.12 | |
| 37 | 兰州大成科技股份有限公司 | 项目:超大容积高端汽车灯具镀膜系列装备与工艺研发及产业化获国家科学技术奖二等奖 | 中华人民共和国国务院 | 2007.12 | |
| 38 | 兰州市教育局 | 全国语言文字工作先进集体 | 教育部 | 2007 | |
| 39 | 兰州市教育局 | 全国第二届中小学生艺术展演优秀组织奖 | 教育部 | 2007 | |
| 40 | 兰州市教育局 | 2007年英特尔未来教育项目应用成果展示活动先进集体 | 中央电教馆 | 2007 | |
| 41 | 兰州市城市建设设计院 | 勘察专业诚信单位 | 中国勘察设计协会 | 2007 | |
| 42 | 兰州市种子管理站 | 全国种子检验先进集体 | 全国农业技术推广服务中心 | 2007 | |
| 43 | 兰州铁路局兰州铁路局信息处 | 火车头奖杯 | 中华全国铁路总工会 | 2007 | |
| 44 | 兰州铁路局兰州西工务段 | 火车头奖杯 | 中华全国铁路总工会 | 2007 | |
| 45 | 兰州铁路局兰州客运段上海一组 | 火车头奖杯 | 中华全国铁路总工会 | 2007 | |

| 序号 | 获奖单位 | 荣获称号 | 颁奖单位 | 颁奖时间 | 备注 |
|---|---|---|---|---|---|
| 46 | 兰州铁路局兰州西车辆段兰州西检修车间提速作业场 | 火车头奖杯 | 中华全国铁路总工会 | 2007 | |
| 47 | 兰州铁路局武威工务段机械化作业车间中捣队 | 火车头奖杯 | 中华全国铁路总工会 | 2007 | |
| 48 | 兰州铁路局兰州西车站运转车间(第六次大提速) | 火车头奖杯 | 中华全国铁路总工会 | 2007 | |
| 49 | 兰州文化稽查队 | 2007年全国“扫黄打非”办案有功集体 | 全国“扫黄打非”工作小组 | 2008.1 | |
| 50 | 兰州市公安消防支队城关区消防科 | 2007年公安消防部队执勤岗位练兵先进单位 | 公安部消防局 | 2008.1 | 兰州市城关区消防救援大队 |
| 51 | 兰州市公安消防支队七里河区消防科 | 2007年火灾隐患整治工作先进集体 | 公安部消防局 | 2008.2 | 兰州市七里河区消防救援站 |
| 52 | 兰州威立雅水务(集团)有限责任公司 | 全国“模范职工之家” | 中华全国总工会 | 2008.4 | |
| 53 | 兰州市城市建设设计院 | 全国建设系统企业文化建设先进单位 | 中国建设职工思想政治工作研究会 | 2008.4 | |
| 54 | 兰州市公安消防支队安宁区大队安宁中队 | 青年文明号 | 共青团中央、公安部 | 2008.7 | 兰州市安宁区费家营消防救援站 |
| 55 | 兰州市南北两山环境绿化工程指挥部 | 三北防护林体系建设突出贡献单位 | 全国绿化委员会、人力资源和社会保障部、国家林业局 | 2008.11 | |
| 56 | 民进兰州市委员会 | 民进全国抗震救灾表扬单位 | 中国民主促进会中央委员会 | 2008.12 | |
| 57 | 滨河监理有限责任公司 | 全国建设监理行业抗震救灾先进企业 | 中国建设监理协会 | 2008.12 | |
| 58 | 兰州市林业局(市政务大厅林业局窗口) | 全国林业系统文明窗口单位 | 国家林业局 | 2008 | |
| 59 | 兰州供电公司 | 国家电网抗震救灾工作先进集体 | 国家电网公司 | 2008 | |
| 60 | 兰州供电公司客户服务中心 | 全国五一劳动奖状 | 中华全国总工会 | 2008 | |
| 61 | 兰州供电公司 | 国家电网奥运电力保障工作先进集体 | 国家电网公司 | 2008 | |
| 62 | 兰州铁路局兰州客运段广州三组 | 全国五一劳动奖状 | 中华全国总工会 | 2008 | |
| 63 | 兰州铁路局兰州客运段 | 火车头奖杯 | 中华全国铁路总工会 | 2008 | |
| 64 | 兰州铁路局兰州车务段 | 火车头奖杯 | 中华全国铁路总工会 | 2008 | |
| 65 | 兰州铁路局兰州西机务段运转车队 | 火车头奖杯 | 中华全国铁路总工会 | 2008 | |
| 66 | 兰州铁路局兰州西电务段信号检修车间继电器工区 | 全国“工人先锋号” | 中华全国铁路总工会 | 2008 | |
| 67 | 兰州铁路局武威工务段打柴沟线隧车间乌鞘岭隧道管理工区 | 铁路“工人先锋号” | 中华全国铁路总工会 | 2008 | |
| 68 | 兰州铁路局兰州供电段定西接触网维修工区 | 铁路“工人先锋号” | 中华全国铁路总工会 | 2008 | |
| 69 | 兰州市文化市场行政执法支队 | 2008年全国“扫黄打非”有功集体 | 全国“扫黄打非”工作小组 | 2009.1 | |

| 序号 | 获奖单位 | 荣获称号 | 颁奖单位 | 颁奖时间 | 备注 |
|---|---|---|---|---|---|
| 70 | 兰州市公安消防支队高新区中队 | 全国公安消防部队“三基”工程建设先进集体 | 公安部消防局 | 2009.1 | 兰州高新技术产业开发区雁南消防救援站 |
| 71 | 兰州市博物馆 | 国家二级博物馆 | 国家文物局 | 2009.5 | |
| 72 | 兰州市人民政府 | 清洁汽车行动--燃气汽车示范推广应用突出贡献组织奖 | 全国清洁汽车行动协调领导小组办公室 | 2009.5 | 此项工作由科技局负责完成,由科技局代表兰州市领奖 |
| 73 | 兰州市城市建设设计院 | 中国技术市场金桥奖 | 中国技术市场协会 | 2009.8 | |
| 74 | 兰州市城市建设设计院 | 全国住房和城乡建设系统优秀政研会 | 中国建设职工思想政治工作研究会 | 2009.10 | |
| 75 | 兰州市公安消防支队西固消防大队西固中队 | 国庆六十周年消防安全保卫工作先进基层单位 | 公安部消防局 | 2009.10 | 兰州市西固区合水路消防救援站 |
| 76 | 民盟兰州市委员会 | 中国民主同盟盟务工作先进集体 | 中国民主同盟中央委员会 | 2009.12 | |
| 77 | 兰州威立雅水务(集团)有限责任公司 | 中国供排水行业企业文化突出贡献单位 | 中国水协会 | 2009.12 | |
| 78 | 兰州供电公司 | 全国文明单位 | 中央精神文明建设指导委员会 | 2009 | |
| 79 | 兰州铁路局 | 火车头奖杯 | 人力资源社会保障部、铁道部 | 2009 | |
| 80 | 兰州铁路局兰州西工务段小红山线路工区 | 全国铁路先进集体 | 人力资源社会保障部、铁道部 | 2009 | |
| 81 | 兰州铁路局兰州车辆段 | 全国铁路先进集体 | 人力资源社会保障部、铁道部 | 2009 | |
| 82 | 兰州铁路局兰州车站客运乙班 | 全国“工人先锋号” | 中华全国总工会 | 2009 | |
| 83 | 兰州铁路局兰州西工务段小红山线路工区 | 铁路“工人先锋号” | 中华全国铁路总工会 | 2009 | |
| 84 | 兰州市图书馆 | 一级图书馆 | 中华人民共和国文化部 | 2010.1 | |
| 85 | 兰州市文化市场行政执法支队 | 2009年全国“扫黄打非”先进集体 | 全国“扫黄打非”工作小组 | 2010.1 | |
| 86 | 兰州市环境保护局环境信息中心 | 全国环境信息化工作优秀集体 | 国家环境保护部 | 2010.1 | |
| 87 | 兰州市公安消防支队高新区中队 | 公安消防部队“三争优”活动先进基层单位 | 公安部消防局 | 2010.1 | 兰州高新技术产业开发区雁南消防救援站 |
| 88 | 兰州市公安消防支队 | 集体三等功 | 中华人民共和国公安部 | 2010.2 | 兰州市消防救援支队 |
| 89 | 兰州市环境保护局 | 第一次全国污染源普查先进集体 | 国务院第一次全国污染源普查领导小组办公室、环境保护部、国家统计局、农业部 | 2010.3 | |
| 90 | 甘肃中石油昆仑燃气有限公司 | 全国模范职工之家 | 中华全国总工会 | 2010.4 | |

| 序号 | 获奖单位 | 荣获称号 | 颁奖单位 | 颁奖时间 | 备注 |
|---|---|---|---|---|---|
| 91 | 兰州市公安消防支队高新区中队 | 集体三等功 | 武警甘肃省消防总队政治部 | 2010.4 | 兰州高新技术产业开发区雁南消防救援站 |
| 92 | 兰州市公安局政治部 | 全国东西合作素质强警行动计划成绩突出集体 | 中华人民共和国公安部 | 2010.8 | |
| 93 | 兰州市公安消防支队 | 全国抗震救灾英雄集体 | 中共中央、国务院、中央军委 | 2010.8 | 兰州市消防救援支队 |
| 94 | 兰州市文化市场行政执法支队 | 打击互联网和手机媒体淫秽色情信息专项行动有功集体 | 全国“扫黄打非”工作小组 | 2010.11 | |
| 95 | 兰州大成科技股份有限公司 | 轨道交通安全计算机系统及成套控制装备项目获科技进步奖一等奖 | 中华全国工商业联合会 | 2010.12 | |
| 96 | 兰州市环保局 | 全国环保系统档案管理先进集体 | 环保部 | 2010 | |
| 97 | 兰州市农产品质量监督管理中心 | 农业部第一次全国污染源普查先进集体 | 国家统计局、农业部 | 2010 | |
| 98 | 兰州铁路局嘉峪关工务段 | 火车头奖杯 | 中华全国铁路总工会 | 2010 | |
| 99 | 兰州铁路局兰州西机务段兰西运用车间调小第一指导组 | 铁路“工人先锋号” | 中华全国铁路总工会 | 2010 | |
| 100 | 民革兰州市委员会 | 民革地市级组织思想宣传工作先进集体 | 中国国民党革命委员会中央委员会 | 2011.2 | |
| 101 | 民革兰州市城关区总支 | 学习践行社会主义核心价值体系先进组织 | 中国国民党革命委员会中央委员会 | 2011.2 | |
| 102 | 兰州市公安局西固分局治安管理大队外事办公室 | 巾帼文明岗 | 中华全国妇女联合国 | 2011.3 | |
| 103 | 民盟兰州市委员会 | 纪念中国民主同盟成立七十周年先进集体 | 中国民主同盟中央委员会 | 2011.5 | |
| 104 | 兰州市社科院 | 《兰州学刊》获rccse中国学术期刊（2011—2012） | 中国学术期刊评价委员会、中国科教评价网、武汉大学中国科学研究评价中心 | 2011.6 | |
| 105 | 兰州市公安消防支队西固消防大队西固中队党支部 | 全国先进基层党组织 | 中共中央组织部 | 2011.7 | 兰州市西固区合水路消防救援站 |
| 106 | 兰州兰石集团有限公司 | 装备中国功勋企业 | 中国机械工业联合会 | 2011.9 | |
| 107 | 兰州兰房物业管理有限公司 | 行业突出贡献奖 | 中国物业管理协会 | 2011.9 | |
| 108 | 兰州市公安局七里河分局七里河区拘留所 | 全国拘留所收容教育所教育工作社会化先进单位 | 中华人民共和国公安部监所管理局 | 2011.11 | |
| 109 | 兰州市城乡建设局 | 全国住房城乡建设系统“五五”普法工作先进单位 | 住建部 | 2011.11 | |
| 110 | 兰州市城市建设设计院 | 全国建筑设计行业诚信单位 | 中国勘察设计协会 | 2011.11 | |
| 111 | 民革兰州市委员会 | 民革全国机关工作先进集体 | 中国国民党革命委员会中央委员会 | 2011.12 | |
| 112 | 兰州供电公司 | 2010年电力行业电力设施保护先进单位 | 中国电力企业联合会 | 2011 | |
| 113 | 中国民主建国会兰州市委员会 | 民建全国社会服务工作先进集体 | 中国民主建国会中央委员会 | 2011 | |

| 序号 | 获奖单位 | 荣获称号 | 颁奖单位 | 颁奖时间 | 备注 |
|---|---|---|---|---|---|
| 114 | 兰州市文化市场行政执法支队 | 全国新闻出版系统先进集体 | 人力资源与社会保障部、新闻出版总署 | 2011 | |
| 115 | 兰州铁路局兰州供电段 | 火车头奖杯 | 中华全国铁路总工会 | 2011 | |
| 116 | 兰州铁路局兰州电务段兰州驼峰车间 | 火车头奖杯 | 中华全国铁路总工会 | 2011 | |
| 117 | 兰州铁路局武威工务段打柴沟线隧车间乌鞘岭隧道综合养护工队 | 全国“工人先锋号” | 中华全国铁路总工会 | 2011 | |
| 118 | 兰州铁路局兰州车务段河口南车间八盘峡车站 | 铁路“工人先锋号” | 中华全国铁路总工会 | 2011 | |
| 119 | 兰州铁路局嘉峪关机务段嘉峪关整备车间电器备品组 | 铁路“工人先锋号” | 中华全国铁路总工会 | 2011 | |
| 120 | 甘肃中石油昆仑燃气有限公司 | 全国“安康杯”竞赛优胜企业 | 中华全国总工会、国家安全生产监督管理总局 | 2012.1 | |
| 121 | 兰州市公安局便衣侦查支队 | 全国公安机关网上追逃专项督查“清网行动”成绩突出集体 | 中华人民共和国公安部 | 2012.3 | |
| 122 | 兰州市公安局便衣侦查支队反盗车大队 | 全国公安机关网上追逃专项督查“清网行动”成绩突出集体 | 中华人民共和国公安部 | 2012.3 | |
| 123 | 兰州市公安局交通警察支队西固大队 | 全国公安机关网上追逃专项督查“清网行动”成绩突出集体 | 中华人民共和国公安部 | 2012.3 | |
| 124 | 兰州市公安局缉毒支队 | 全国公安机关网上追逃专项督查“清网行动”成绩突出集体 | 中华人民共和国公安部 | 2012.3 | |
| 125 | 兰州市公安局城关分局雁滩派出所 | 全国公安机关网上追逃专项督查“清网行动”成绩突出集体 | 中华人民共和国公安部 | 2012.3 | |
| 126 | 兰州市公安局七里河分局小西湖派出所 | 全国公安机关网上追逃专项督查“清网行动”成绩突出集体 | 中华人民共和国公安部 | 2012.3 | |
| 127 | 兰州市公安局网络安全保卫支队 | 全国公安机关网上追逃专项督查“清网行动”成绩突出集体 | 中华人民共和国公安部 | 2012.3 | |
| 128 | 兰州市公安消防支队西固消防大队西固中队 | 铁军中队 | 公安部消防局 | 2013.3 | 兰州市西固区合水路消防救援站 |
| 129 | 兰州市公安消防支队安宁区大队 | 全国“清剿火患”战役成绩突出公安消防大队 | 中华人民共和国公安部 | 2012.3 | 兰州市安宁区消防救援大队 |
| 130 | 甘肃中石油昆仑燃气有限公司 | 全国五一劳动奖状 | 中华全国总工会 | 2012.4 | |
| 131 | 兰州市公安局经济犯罪侦查支队三大队 | 全国公安机关经侦部门“清网行动”成绩突出集体 | 中华人民共和国公安部 | 2012.5 | |
| 132 | 兰州市公安局七里河分局刑侦大队直属中队 | 全国优秀公安基层单位 | 中华人民共和国公安部 | 2012.5 | |
| 133 | 兰州市环境监察局 | “12369”环保举办热线为民服务创先争优优质服务窗口 | 环境保护部创先争优活动领导小组 | 2012.6 | |
| 134 | 甘肃中石油昆仑燃气有限公司 | 创先争优先进基层党委 | 中国石油天然气集团公司党组 | 2012.7 | |
| 135 | 兰州生产力促进中心 | 2012年度生产力促进奖(发展成就类) | 中国生产力促进中心协会 | 2012.9 | |

| 序号 | 获奖单位 | 荣获称号 | 颁奖单位 | 颁奖时间 | 备注 |
|---|---|---|---|---|---|
| 136 | 兰州市南北两山环境绿化工程指挥部 | 全国生态文化示范基地 | 全国生态文化协会 | 2012.9 | |
| 137 | 兰州市城市建设设计院 | 第三届中国工程咨询行业十佳报刊提名奖 | 中国工程咨询协会 | 2012.9 | |
| 138 | 兰州市社科院 | 《兰州学刊》获2012年版复印报刊资料重要转载来源期刊 | 中国人民大学人文社会科学学术成果评价研究中心，中国人民大学书报资料中心 | 2012.10 | |
| 139 | 民革兰州市委员会 | 民革全国祖统工作先进集体 | 中国国民党革命委员会中央委员会 | 2012.10 | |
| 140 | 兰州市城市建设设计院 | 当代中国建筑设计百家名院 | 中国建筑学会 | 2012.10 | |
| 141 | 兰州市环境保护局 | 全国减排先进集体 | 人力资源社会保障部、国家发展改革委、环境保护部、财政部 | 2012.11 | |
| 142 | 兰州市城建档案馆 | 全国城乡建设档案工作先进集体 | 住房和城乡建设部城建档案工作办公室中国城科会城建档案信息专业委员会 | 2012.12 | |
| 143 | 兰州市公安消防支队特勤大队搜救犬中队 | 公安消防部队第一届搜救犬技术比武竞赛(云南赛区)团体第一名 | 公安部消防局 | 2012.12 | 兰州市消防救援支队特勤大队搜救犬站 |
| 144 | 兰州市环境监测站 | 第一批城市国家环境空气质量监测网能力建设联网工作先进集体 | 中国环境监测总站 | 2012 | |
| 145 | 兰州市环保局 | 全国环保政务信息工作先进单位 | 环境保护部 | 2012 | |
| 146 | 兰州市社科院 | 全国先进城市社科院 | 全国城市社科院第22次院长联席会议 | 2012 | |
| 147 | 兰州市教育局 | 第15届全国青少年“五好小公民”主题教育活动先进集体 | 教育部、国家关心下一代工作委员会 | 2012 | |
| 148 | 兰州市教育局 | “让生活更美好—中国和谐社区建设摄影展”先进集体组织奖 | 中国成人教育协会 | 2012 | |
| 149 | 兰州市教育局 | 全国教育督导先进集体 | 教育部教育督导团办公室 | 2012 | |
| 150 | 兰州画院 | 全国画院优秀创作研究项目 | 文化部 | 2012 | |
| 151 | 兰州铁路局武威工务段 | 火车头奖杯 | 中华全国铁路总工会 | 2012 | |
| 152 | 兰州铁路局天水车站运转车间 | 火车头奖杯 | 中华全国铁路总工会 | 2012 | |
| 153 | 兰州铁路局兰州电务段张掖信号车间 | 火车头奖杯 | 中华全国铁路总工会 | 2012 | |
| 154 | 兰州铁路局嘉峪关机务段嘉峪关运用车间刘志康指导组 | 火车头奖杯 | 中华全国铁路总工会 | 2012 | |
| 155 | 兰州铁路局兰州西车辆段兰西运用车间始发作业场三班 | 火车头奖杯 | 中华全国铁路总工会 | 2012 | |
| 156 | 兰州铁路局甘肃铁联运输服务有限责任公司嘉峪关分公司 | 火车头奖杯 | 中华全国铁路总工会 | 2012 | |
| 157 | 兰州铁路局兰州西机务段兰州西检修车间台车组装组 | 全国“工人先锋号” | 中华全国总工会 | 2012 | |

| 序号 | 获奖单位 | 荣获称号 | 颁奖单位 | 颁奖时间 | 备注 |
|---|---|---|---|---|---|
| 158 | 兰州铁路局兰州供电段夏官营接触网工区 | 全国"工人先锋号" | 中华全国总工会 | 2012 | |
| 159 | 兰州铁路局兰州西机务段 | 全国五一劳动奖状 | 中华全国总工会 | 2012 | |
| 160 | 兰州市委党史办公室 | 《红色记忆--中国共产党兰州1925--1949》获全国党史部门党史优秀成果奖影视音像制品类三等奖 | 中共中央党史研究室 | 2013.1 | |
| 161 | 兰州市文化市场行政执法支队 | 2012年全国"扫黄打非"先进集体。 | 全国"扫黄打非"工作小组 | 2013.1 | |
| 162 | 兰州市社科院 | 《兰州学刊》获rccse中国学术期刊(2013--2014) | 中国学术期刊评价委员会、中国科教评价网、武汉大学中国科学研究评价中心 | 2013.4 | |
| 163 | 兰州兰石集团有限公司 | 全国质量诚信优秀企业 | 中国质量检验协会 | 2013.5 | |
| 164 | 兰州市公安消防支队城关区大队盐场中队 | 2011-2012年度全国青年文明号 | 共青团中央、公安部 | 2013.5 | 兰州市城关区盐场消防救援站 |
| 165 | 兰州技术市场管理办公室 | 第六届中国技术市场金桥奖 | 中国技术市场协会 | 2013.6 | |
| 166 | 兰州市公安消防支队西固消防大队西固中队党支部 | 全国公安消防部队先进基层党组织 | 中共公安部消防局委员会 | 2013.6 | 兰州市西固区合水路消防救援站 |
| 167 | 兰州市公安消防支队七里河区大队 | 第四届中国消防协会科学技术创新奖二等奖 | 中国消防协会 | 2013.8 | 兰州市七里河区消防救援站 |
| 168 | 兰州市公安消防支队特勤大队搜救犬中队 | 公安消防部队第二届搜救犬技术比武竞赛精神文明奖 | 公安部消防局 | 2013.9 | 兰州市消防救援支队特勤大队搜救犬站 |
| 169 | 兰州市图书馆 | 一级图书馆 | 中华人民共和国文化部 | 2013.10 | |
| 170 | 民盟兰州市委员会 | 中国民主同盟组织发展工作先进集体 | 中国民主同盟中央委员会 | 2013.10 | |
| 171 | 兰州生产力促进中心 | 2013年度生产力促进奖(发展成就类) | 中国生产力促进中心协会 | 2013 | |
| 172 | 农工党兰州市委员会 | 2010--2012年社会服务工作先进集体 | 农工党中央委员会 | 2013 | |
| 173 | 兰州市社科院 | 全国先进城市社科院 | 全国城市社科院第23次院长联席会议 | 2013 | |
| 174 | 兰州市动物疫病预防控制中心 | 全国农业先进集体 | 农业部 | 2013 | |
| 175 | 兰州客运段北京车队 | 全国五一劳动奖状 | 中华全国总工会 | 2013 | |
| 176 | 兰州铁路局兰州西工务段兰州综合养护工队 | 火车头奖杯 | 中华全国铁路总工会 | 2013 | |
| 177 | 兰州铁路局嘉峪关机务段运用车间刘志康指导组 | 全国"工人先锋号" | 中华全国总工会 | 2013 | |
| 178 | 兰州市妇联 | 全国维护妇女儿童权益先进集体 | 全国妇联 | 2013 | |
| 179 | 兰州市妇联 | 全国"母亲邮包"项目优秀组织奖 | 全国妇联 | 2013 | |
| 180 | 兰州市文化市场行政执法支队 | 2013年度查处侵权盗版案件有功单位三等奖。 | 中华人民共和国国家版权局 | 2014.5 | |
| 181 | 兰州市档案馆 | 国家一级档案馆 | 国家档案局 | 2014.8 | |

| 序号 | 获奖单位 | 荣获称号 | 颁奖单位 | 颁奖时间 | 备注 |
| --- | --- | --- | --- | --- | --- |
| 182 | 民盟兰州市委员会 | 民盟社会服务工作先进集体 | 中国民主同盟中央委员会 | 2014.11 | |
| 183 | 兰州兰石集团有限公司 | 2014年度"五十强企业" | 中国石油和石油化工设备工业协会 | 2014.12 | |
| 184 | 兰州市公安消防支队政治处 | 青年文明号活动20周年突出贡献青年文明号活动组织单位 | 全国创建"青年文明号"活动组委会 | 2014.12 | 兰州市消防救援支队 |
| 185 | 农工党兰州市委员会 | 2014年度《前进论坛》发行工作先进单位 | 农工党中央委员会 | 2014 | |
| 186 | 国网兰州供电公司 | 全国五一劳动奖状 | 中华全国总工会 | 2014 | |
| 187 | 兰州市社科院 | 全国先进城市社科院 | 全国城市社科院第24次院长联席会议 | 2014 | |
| 188 | 兰州市教育局 | 全国离退休干部先进集体 | 中共中央组织部 | 2014 | |
| 189 | 民盟兰州市委员会 | 民盟思想宣传工作先进集体 | 中国民主同盟中央委员会 | 2014 | |
| 190 | 兰州铁路局嘉峪关车辆段 | 火车头奖杯 | 中华全国铁路总工会 | 2014 | |
| 191 | 兰州铁路局兰州电务段 | 火车头奖杯 | 中华全国铁路总工会 | 2014 | |
| 192 | 兰州铁路局兰州枢纽工程建设指挥部 | 火车头奖杯 | 中华全国铁路总工会 | 2014 | |
| 193 | 兰州货运中心 | 全路货运营销模范团队 | 中国铁路总公司、中华全国铁路总工会 | 2014 | |
| 194 | 兰州铁路局兰州车务段 | 全路货运创效模范团队 | 中国铁路总公司<br>中华全国铁路总工会 | 2014 | |
| 195 | 兰州铁路局兰州北车站运转二车间 | 全路货运创效模范团队 | 中国铁路总公司<br>中华全国铁路总工会 | 2014 | |
| 196 | 兰州铁路局兰州西车辆段天水运用车间动态检车班组 | 全国"工人先锋号" | 中华全国总工会 | 2014 | |
| 197 | 甘肃中石油昆仑燃气有限公司 | 全国文明单位 | 中央精神文明建设指导委员会 | 2015.2 | |
| 198 | 兰州市社科院 | 《兰州学刊》获rccse中国学术期刊(2013--2014) | 中国学术期刊评价委员会、中国科教评价网、武汉大学中国科学研究评价中心、武汉大学图书馆 | 2015.3 | |
| 199 | 兰州市社科院 | 《兰州学刊》获2014年版复印报刊资料重要转载来源期刊 | 中国人民大学人文社会科学学术成果评价研究中心，中国人民大学书报资料中心 | 2015.3 | |
| 200 | 兰州市公安局城关分局治安管理一大队 | 2014年"护校安园"成绩突出集体 | 中华人民共和国公安部 | 2015.5 | |
| 201 | 民进兰州市委员会 | 民进全国社会服务工作先进集体 | 中国民主促进会中央委员会 | 2015.6 | |
| 202 | 兰州市关心下一代工作委员会 | 全国关心下一代工作先进集体 | 中国关心下一代工作委员会、中央精神文明建设指导委员会办公室 | 2015.8 | |
| 203 | 兰州市安监局 | 2015年全国"安全生产月"活动先进单位 | 国务院安委会办公室 | 2015.10 | 兰州市应急管理局 |
| 204 | 民革兰州市第七支部 | 民革全国宣传思想理论工作先进集体 | 中国国民党革命委员会中央委员会 | 2015.11 | |

| 序号 | 获奖单位 | 荣获称号 | 颁奖单位 | 颁奖时间 | 备注 |
|---|---|---|---|---|---|
| 205 | 兰州市档案馆 | 全国档案系统先进集体 | 人力资源和社会保障部　国家档案局 | 2015.12 | |
| 206 | 民进兰州市委员会 | 中国民主促进会全国先进集体 | 中国民主促进会中央委员会 | 2015.12 | |
| 207 | 农工党兰州市委员会 | 2015年度优秀地市级组织 | 农工党中央委员会 | 2015 | |
| 208 | 农工党兰州市委员会 | 2015年度《前进论坛》发行工作先进单位 | 农工党中央委员会 | 2015 | |
| 209 | 农工党兰州市委员会 | 社会服务工作先进集体 | 农工党中央委员会 | 2015 | |
| 210 | 国网兰州供电公司 | 新《安全生产法》系列知识竞赛优胜单位奖 | 国家安全生产监督管理总局、中国企业报社 | 2015 | |
| 211 | 兰州市社科院 | 全国先进城市社科院 | 全国城市社科院第25次院长联席会议 | 2015 | |
| 212 | 中国民主建国会兰州市委员会 | 全国先进集体 | 中国民主建国会中央委员会 | 2015 | |
| 213 | 兰州市环境保护局 | 全国环保政务信息工作先进单位 | 环境保护部 | 2015 | |
| 214 | 兰州市 | 联合国今日变革进步奖 | 联合国气候变化框架公约组织、中国低碳联盟、美国环保协会和中国低碳减排专委会 | 2015 | |
| 215 | 兰州市环境监测站 | 全国环境空气质量业务预报综合能力建设优秀单位 | 中国环境监测总站 | 2015 | |
| 216 | 兰州市农业机械化技术推广中 | 全国农机科普先进集体 | 中国农业机械学会 | 2015 | |
| 217 | 兰州枢纽工程建设指挥部 | 火车头奖杯 | 中华全国铁路总工会 | 2015 | |
| 218 | 兰州铁路局中铁建工集团有限公司兰州枢纽工程项目经理部一分部 | 火车头奖杯 | 中华全国铁路总工会 | 2015 | |
| 219 | 兰州客运段 | 火车头奖杯 | 中华全国铁路总工会 | 2015 | |
| 220 | 兰州铁路局武威房建段嘉峪关高铁车间 | 火车头奖杯 | 中华全国铁路总工会 | 2015 | |
| 221 | 兰州铁路局兰州工务机械段道岔大修车间道岔一班 | 火车头奖杯 | 中华全国铁路总工会 | 2015 | |
| 222 | 兰州铁路局嘉峪关货运中心 | 全路货运营销模范团队 | 中国铁路总公司<br>中华全国铁路总工会 | 2015 | |
| 223 | 兰州铁路局嘉峪关车务段镜铁山车站 | 全路货运创效模范团队 | 中国铁路总公司<br>中华全国铁路总工会 | 2015 | |
| 224 | 兰州铁路局中川铁路有限公司 | 全国五一劳动奖状 | 中华全国总工会 | 2015 | |
| 225 | 中共兰州市委党史办 | 《兰州空战》获全国党史部门党史优秀成果奖影视音像作品类三等奖 | 中共中央党史研究室 | 2016.2 | |
| 226 | 兰州新区科技创新发展管理有限公司 | 国家级科技企业孵化器 | 中华人民共和国科学技术部 | 2016.3 | |
| 227 | 兰州市南北两山环境绿化工程指挥部 | 2013-2015年度全国森林防火工作先进单位 | 国家森林防火指挥部/国家林业局 | 2016.3 | |
| 228 | 兰州市社科院 | 《兰州学刊》获中国社会科学评价来源刊 | 中国社会科学院、中国社会科学评价中心 | 2016.4 | |

| 序号 | 获奖单位 | 荣获称号 | 颁奖单位 | 颁奖时间 | 备注 |
|---|---|---|---|---|---|
| 229 | 兰州生产力促进中心 | 2015年度生产力促进奖(服务贡献) | 中国生产力促进中心协会 | 2016.5 | |
| 230 | 民进兰州市委员会 | 民进全国参政议政工作先进集体 | 中国民主促进会中央委员会 | 2016.5 | |
| 231 | 兰州市公安局警务保障处 | 全国公安机关"210工程"建设先进集体 | 中华人民共和国公安部 | 2016.6 | |
| 232 | 甘肃中石油昆仑燃气有限公司 | 全国"安康杯"竞赛优胜企业 | 中华全国总工会、国家安全生产监督管理总局 | 2016.6 | |
| 233 | 兰州市公安消防支队高新区中队 | 全国公安消防部队先进基层党组织 | 中共公安部消防局委员会 | 2016.6 | 兰州高新技术产业开发区雁南消防救援站 |
| 234 | 兰州市档案馆 | 2014-2016年度全国省会城市和计划单列市档案宣传工作优秀单位 | 中国档案杂志社 | 2016.9 | |
| 235 | 民革兰州市城关区委员会 | 民革全国机关工作先进集体 | 中国国民党革命委员会中央委员会 | 2016.11 | |
| 236 | 民盟兰州市委员会 | 坚持和发展中国特色社会主义学习实践活动先进集体 | 中国民主同盟中央委员会 | 2016.11 | |
| 237 | 国网兰州供电公司 | 《基于"互联网+"的防外破智能管控平台的创新实践与应用》在2016年第九届国际发明展览会上荣获"发明创业奖•项目类"银奖 | 中国发明协会 | 2016年 | |
| 238 | 国网兰州供电公司 | 《输电线路防外破智能管控平台》项目荣获国家2016年计算机软件著作权 | 中华人民共和国国家版权局 | 2016年 | |
| 239 | 国网兰州供电公司 | 《基于"互联网+"的防外破智能管控平台的创新实践与应用》荣获第五届全国电力行业设备管理创新成果奖一等奖 | 中国电力设备管理协会 | 2016年 | |
| 240 | 农工党兰州市委员会 | 2016年度《前进论坛》发行工作先进单位 | 农工党中央委员会 | 2016 | |
| 241 | 兰州高新区党群工作局 | 2016年度国家高新技术产业开发区优秀宣传部门 | 中国高新技术产业导报社 | 2016 | |
| 242 | 兰州市社科院 | 全国先进城市社科院 | 全国城市社科院第26次院长联席会议 | 2016 | |
| 243 | 中国民主建国会兰州市委员会 | 全国社会服务先进集体 | 中国民主建国会中央委员会 | 2016 | |
| 244 | 兰州市环境监测站 | 环境空气质量预报工作先进集体 | 中国环境监测总站 | 2016 | |
| 245 | 兰州市委市政府 | 2016民生示范工程 | 人民日报社《民生周刊》杂志社、国务院扶贫办信息中心、北京师范大学政府管理研究院 | 2016 | |
| 246 | 兰州铁路局敦煌公司 | 火车头奖杯 | 中华全国铁路总工会 | 2016 | |
| 247 | 中铁17局敦格铁路(甘肃段)项目经理部 | 火车头奖杯 | 中华全国铁路总工会 | 2016 | |
| 248 | 兰州铁路局嘉峪关车务段 | 火车头奖杯 | 中华全国铁路总工会 | 2016 | |
| 249 | 兰州铁路局定西工务段陇西线路车间 | 火车头奖杯 | 中华全国铁路总工会 | 2016 | |
| 250 | 兰州铁路局陇西车务段定西车站客运班组 | 火车头奖杯 | 中华全国铁路总工会 | 2016 | |
| 251 | 兰州铁路局天水车站客运车间 | 火车头奖杯 | 中华全国铁路总工会 | 2016 | |

| 序号 | 获奖单位 | 荣获称号 | 颁奖单位 | 颁奖时间 | 备注 |
| --- | --- | --- | --- | --- | --- |
| 252 | 兰州铁路局兰州车站兰州西站 | 火车头奖杯 | 中华全国铁路总工会 | 2016 | |
| 253 | 兰州铁路局兰州货运中心河口南货运营业部 | 火车头奖杯 | 中华全国铁路总工会 | 2016 | |
| 254 | 兰州铁路局兰州北车站 | 火车头奖杯 | 中华全国铁路总工会 | 2016 | |
| 255 | 兰州铁路局兰州客运段 | 全国五一劳动奖状 | 中华全国总工会 | 2016 | |
| 256 | 兰州市妇联 | 全国“妇女新闻宣传阵地建设先进单位”称号 | 全国妇联 | 2016 | |
| 257 | 兰州市妇联 | 2011-2015年度全国“妇女儿童发展纲要先进集体”荣誉称号 | 国务院 | 2016 | |
| 258 | 兰州市公安局七里河分局西站派出所 | 全国公安机关改革创新大赛铜奖 | 中华人民共和国公安部 | 2017.1 | |
| 259 | 兰州市城市建设设计院 | 全国工程勘察与岩土行业诚信单位 | 中国勘察设计协会 | 2017.3 | |
| 260 | 民进兰州市委员会 | 民进全国机关工作先进集体 | 中国民主促进会中央委员会 | 2017.4 | |
| 261 | 兰州市公安局交通警察支队七里河大队 | 全国优秀公安基层单位 | 中华人民共和国公安部 | 2017.5 | |
| 262 | 兰州市公安局城关分局团结新村派出所 | 全国优秀公安基层单位 | 中华人民共和国公安部 | 2017.5 | |
| 263 | 兰州市公安消防支队城关区大队东岗中队 | 2015—2016年度全国青年文明号 | 共青团中央、公安部 | 2017.5 | 兰州市城关区东岗消防救援站 |
| 264 | 民盟兰州市委员会 | 民盟中央群言杂志社2017年度发行工作突出成绩奖 | 中国民主同盟中央委员会 | 2017.9 | |
| 265 | 兰州市就业和人才服务局 | 首届全国创业就业服务展示交流活动优秀项目奖 | 首届全国创业就业服务展示交流活动组委会 | 2017.9 | |
| 266 | 兰州新区商贸物流投资集团有限公司 | 金飞马奖 | 中国物流大奖组委会 | 2017.12 | |
| 267 | 甘肃兰药药业有限公司 | 国家知识产权优势企业 | 中华人民共和国国家知识产权局 | 2017.12 | |
| 268 | 兰州市科学技术局 | 全国科技管理系统先进集体 | 中华人民共和国人力资源和社会保障部 中华人民共和国科学技术部 | 2017.12 | |
| 269 | 兰州生产力促进中心 | 2016年度生产力促进奖(服务贡献) | 中国生产力促进中心协会 | 2017 | |
| 270 | 农工党兰州市委员会 | 2017年度《前进论坛》发行工作先进单位 | 农工党中央委员会 | 2017 | |
| 271 | 农工党兰州市委员会 | 坚持和发展中国特色社会主义学习实践活动“优秀地市级组织”荣誉称号 | 农工党中央委员会 | 2017 | |
| 272 | 兰州新区 | 2017中国田径协会铜牌赛事 | 中国田径协会 | 2017 | |
| 273 | 国网兰州供电公司 | 《可移动立式电脑主机支架》荣获国家2017年实用新型专利 | 中华人民共和国国家知识产权局 | 2017 | |
| 274 | 国网兰州供电公司 | 《一种输电线路防外破智能管控平台》荣获国家2017年发明专利 | 中华人民共和国国家知识产权局 | 2017 | |
| 275 | 国网兰州新区供电公司营业班 | 2015—2016年度全国青年文明号 | 共青团中央、国务院国资委 | 2017 | |

| 序号 | 获奖单位 | 荣获称号 | 颁奖单位 | 颁奖时间 | 备注 |
|---|---|---|---|---|---|
| 276 | 兰州市社科院 | 全国先进城市社科院 | 全国城市社科院第27次院长联席会议 | 2017 | |
| 277 | 兰州市教育局 | 全国未成年人思想道德建设先进单位 | 中央文明委 | 2017 | |
| 278 | 兰州市教育局 | 全国中小学德育工作优秀案例 | 教育部基础教育司 | 2017 | |
| 279 | 兰州市环境监察局 | 2015-2017环境信访工作表现突出集体 | 环境保护部 | 2017 | |
| 280 | 兰州铁路局干武二线工程建设指挥部 | 火车头奖杯 | 中华全国铁路总工会 | 2017 | |
| 281 | 兰州铁路局嘉峪关电务段 | 火车头奖杯 | 中华全国铁路总工会 | 2017 | |
| 282 | 兰州铁路局兰州通信段兰州通信车间 | 火车头奖杯 | 中华全国铁路总工会 | 2017 | |
| 283 | 兰州铁路局武威南车务段 | 火车头奖杯 | 中华全国铁路总工会 | 2017 | |
| 284 | 兰州铁路局陇西车务段甘谷车间客运班组 | 火车头奖杯 | 中华全国铁路总工会 | 2017 | |
| 285 | 兰州铁路局营销策划部（祁连知音营销团队） | 火车头奖杯 | 中华全国铁路总工会 | 2017 | |
| 286 | 兰州铁路局颖川堡车站 | 火车头奖杯 | 中华全国铁路总工会 | 2017 | |
| 287 | 兰州铁路局定西工务段陇西线路车间 | 全国“工人先锋号” | 中华全国总工会 | 2017 | |
| 288 | 兰州铁路局兰州供电段武南供电车间武威接触网工区 | 全国“工人先锋号” | 中华全国总工会 | 2017 | |
| 289 | 兰州市妇联 | 全国“妇女宣传工作突出贡献奖” | 全国妇联 | 2017 | |
| 290 | 兰州高新区 | 在“2017年度国家高新区门户网站综合影响力评估”中荣获中国政务网站园区宣传领先奖 | 国家高新区网站联盟、中国高新技术产业导报、中国信息研究与促进网、中国优秀政务平台推荐及综合影响力评估组 | 2018.1 | |
| 291 | 兰州市环境保护局 | 全国环境保护系统先进集体 | 中华人民共和国人力资源和社会保障部、中华人民共和国环境保护部 | 2018.2 | |
| 292 | 兰州市委党史办公室 | 《兰州空战》在第十四届全国党员教育电视片观摩交流活动中获一等奖 | 中共中央组织部 | 2018.3 | |
| 293 | 兰州市社科院 | 《兰州学刊》获2017年版复印报刊资料重要转载来源期刊 | 中国人民大学人文社会科学学术成果评价研究中心，中国人民大学书报资料中心 | 2018.3 | |
| 294 | 兰州高新区党群工作局 | 2017年度国家高新技术产业开发区优秀宣传部门 | 中国高新技术产业导报社 | 2018.5 | |
| 295 | 兰州市公安局治安管理支队 | 2013-2017年度全国创建“平安医院”活动表现突出集体 | 国家卫生健康委员会办公厅等 | 2018.5 | |
| 296 | 民盟兰州市委员会 | 民盟社会服务工作先进集体 | 中国民主同盟中央委员会 | 2018.5 | |
| 297 | 兰州生产力促进中心 | 2017年度生产力促进奖（服务贡献） | 中国生产力促进中心协会 | 2018.7 | |
| 298 | 兰州市图书馆 | 一级图书馆 | 中华人民共和国文化和旅游部 | 2018.8 | |
| 299 | 兰州市公安消防支队城关区大队 | 集体三等功 | 中华人民共和国公安部 | 2018.8 | 兰州市城关区消防救援大队 |

| 序号 | 获奖单位 | 荣获称号 | 颁奖单位 | 颁奖时间 | 备注 |
| --- | --- | --- | --- | --- | --- |
| 300 | 兰州技术市场管理办公室 | 第九届中国技术市场金桥奖 | 中国技术市场协会 | 2018.10 | |
| 301 | 民进兰州市委员会 | 民进全国宣传思想工作先进集体 | 中国民主促进会中央委员会 | 2018.10 | |
| 302 | 兰州新区科技创新发展管理有限公司 | 国家级A类孵化器 | 国家科学技术部火炬高技术产业开发中心 | 2018.10 | |
| 303 | 兰州高新区 | 中国技术创业协会科技创业贡献奖 | 中国技术创业协会 | 2018.11 | |
| 304 | 民盟兰州市委员会 | 优秀盟员之家 | 中国民主同盟中央委员会 | 2018.11 | |
| 305 | 民盟兰州市委员会 | 民盟思想宣传工作先进集体 | 中国民主同盟中央委员会 | 2018.11 | |
| 306 | 民盟兰州市委员会 | 民盟中央群言杂志社2018年度发行工作突出成绩奖 | 中国民主同盟中央委员会 | 2018.12 | |
| 307 | 兰州新区科技创新发展管理有限公司 | “2018年度中国技术创业协会科技创业贡献奖”科技创业孵化贡献奖 | 中国技术创业协会 | 2018.12 | |
| 308 | 兰州市社会保险事业管理局 | 社会保险标准化建设“先行城市”合格单位 | 人力资源和社会保障部社会事业管理中心　全国社会保险标准化技术委员会秘书处 | 2018.12 | |
| 309 | 兰州生产力促进中心 | 科技管家大数据推送系统项目获中国好技术奖 | 中国生产力促进中心协会 | 2018.0 | |
| 310 | 农工党兰州市委员会 | 2018年度《前进论坛》发行工作先进单位 | 农工党中央委员会 | 2018 | |
| 311 | 兰州新区 | 2018兰州新区半程马拉松赛暨健康中国马拉松系列赛2018中国田径协会银牌赛事 | 中国田径协会 | 2018 | |
| 312 | 国网兰州供电公司 | 《金属铠装柜一体化验电接地手车装置》荣获国家电网有限公司第四届“青年创新创意大赛”金奖 | 国家电网有限公司 | 2018 | |
| 313 | 国网兰州供电公司 | 《基于仿生视觉分析的输电设备网状评价系统》荣获国家2018年发明专利 | 中华人民共和国国家知识产权局 | 2018 | |
| 314 | 国网兰州供电公司 | 《一种伸缩型绝缘高枝剪》荣获国家2018年实用新型专利 | 中华人民共和国国家知识产权局 | 2018 | |
| 315 | 国网兰州供电公司 | 《一种输电线路伸缩型绝缘拆除鸟巢工具》荣获国家2018年实用新型专利 | 中华人民共和国国家知识产权局 | 2018 | |
| 316 | 国网兰州供电公司 | 《一种铝单丝环制作设备》荣获国家2018年实用新型专利 | 中华人民共和国国家知识产权局 | 2018 | |
| 317 | 兰州市社科院 | 全国先进城市社科院 | 全国城市社科院第28次院长联席会议 | 2018 | |
| 318 | 嘉峪关货运中心 | 火车头奖杯 | 中华全国铁路总工会 | 2018 | |
| 319 | 兰州铁路局兰州车务段颖川堡车站 | 兰州铁路局全国“工人先锋号” | 中华全国铁路总工会 | 2018 | |
| 320 | 兰州市妇联 | 全国“妇女新闻宣传阵地建设突出贡献奖” | 全国妇女报社 | 2018 | |
| 321 | 兰州市妇联 | 首届管理中国化软力量大会现代服务创新奖 | 中国管理科学研究院 | 2018 | |
| 322 | 兰州高新区 | 在“2018年度国家高新区门户网站综合影响力评估”中荣获中国政务网站发展潜力领先奖 | 国家高新区网站联盟、中国高新技术产业导报、中国信息研究与促进网、中国优秀政务平台推荐及综合影响力评估组 | 2019.1 | |
| 323 | 兰州新区商贸物流投资集团有限公司 | 国际货运代理会员 | 中国国际物流代运协会 | 2019.1 | |

| 序号 | 获奖单位 | 荣获称号 | 颁奖单位 | 颁奖时间 | 备注 |
|---|---|---|---|---|---|
| 324 | 兰州市公安局七里河分局七里河区拘留所 | 社会矛盾化解工作成绩突出集体 | 中华人民共和国公安部监所管理局 | 2019.1 | |
| 325 | 兰州兰房物业管理有限公司（民安大厦） | 优秀示范项目 | 甘肃省物业管理协会 | 2019.1 | |
| 326 | 兰州兰房物业管理有限公司（五泉润翠园） | 优秀示范项目 | 甘肃省物业管理协会 | 2019.1 | |
| 327 | 兰州兰房物业管理有限公司 | 最佳物业企业奖 | 甘肃省精神文明建设指导委员会办公室、甘肃省总工会、共青团甘肃省委、甘肃省妇联、甘肃省广播电视总台、甘肃省物业管理行业协会 | 2019.1 | |
| 328 | 兰州市消防支队城关区消防大队 | 改革转制教育整训先进大队 | 应急管理部消防救援局 | 2019.1 | 兰州市城关区消防救援大队 |
| 329 | 兰州中川国际机场（地面服务部“小红帮您”班组 | 全国民航五一巾帼标兵岗 | 中国民航工会 | 2019.2 | |
| 330 | 兰州市消防救援支队安宁区大队 | 青少年维权岗 | 共青团中央、公安部 | 2019.2 | 兰州市安宁区消防救援大队 |
| 331 | 兰州市轨道交通有限公司 | 2019年度中国城市轨道交通协会城市轨道交通科技进步二等奖 | 中国城市轨道交通协会 | 2019.3 | |
| 332 | 兰州市南北两山环境绿化工程指挥部 | 关注森林活动20周年突出贡献单位 | 全国政协人口资源环境委员会、全国绿化委员会、国家林业和草原局、教育部、国家广播电视总局、中华全国总工会、共青团中央、中华全国妇女联合会、中华全国工商业联合会、中国绿化基金会 | 2019.5 | |
| 333 | 兰州市渔业监督检查站 | 全国渔业执法工作先进集体 | 中华人民共和国农业农村部 | 2019.5 | |
| 334 | 兰州市就业和人才服务局 | 第二届全国创业就业服务展示交流活动优秀项目奖 | 第二届全国创业就业服务展示交流活动组委会 | 2019.6 | |
| 335 | 兰州中川国际机场（地面服务部“小红帮您”班组 | 2019年春运“情满旅途”活动成绩突出集体 | 交通运输部 | 2019.6 | |
| 336 | 兰州高新区党群工作局 | 2018年度国家高新技术产业开发区优秀宣传部门 | 中国高新技术产业导报社 | 2019.8 | |
| 337 | 兰州市林业局 | 全国绿化模范单位 | 全国绿化委员会 | 2019.9 | |
| 338 | 民进兰州市委员会 | 民进全国组织建设先进地方组织 | 中国民主促进会中央委员会 | 2019.10 | |
| 339 | 兰州市公安局交通警察支队 | 集体一等功 | 中华人民共和国公安部 | 2018.10 | |
| 340 | 兰州大剧院 | 《大梦敦煌》获全国专业舞台艺术“优秀保留剧目大奖”称号 | 国家文化部 | 2019.10 | |
| 341 | 兰州市环境保护局 | 2019年度中国环境报宣传工作先进单位 | 中国环境报社 | 2019.10 | |
| 342 | 兰州生产力促进中心 | 2018年度生产力促进奖（创新发展） | 中国生产力促进中心协会 | 2019.11 | |

| 序号 | 获奖单位 | 荣获称号 | 颁奖单位 | 颁奖时间 | 备注 |
|---|---|---|---|---|---|
| 343 | 兰州高新区 | 中国留学人员创业园区孵化基地 | 中国技术创业协会留学人员创业园联盟 | 2019.11 | |
| 344 | 兰州高新区 | 《传递真诚微笑，共建和谐高新》荣获"首届国家高新区微视频大赛"优秀奖 | 国家高新区微视频大赛组委会 | 2019.11 | |
| 345 | 兰州广播电视传播中心 | 纪录电影《踢球吧，孩子》获第32届中国电影金鸡奖最佳纪录片提名奖 | 中国文学艺术界联合会、中国电影家协会 | 2019.11 | |
| 346 | 市委讲师团 | 基层理论宣讲先进集体 | 中央宣传部办公厅 | 2019.11 | |
| 347 | 民革兰州市委员会 | 2019年度《团结报》发行征订工作先进集体（地市）三等奖 | 团结报社 | 2019.11 | |
| 348 | 兰州民革党员之家 | 优秀民革党员之家 | 中国国民党革命委员会中央委员会 | 2019.11 | |
| 349 | 民革兰州市委员会第七支部 | 民革示范支部 | 中国国民党革命委员会中央委员会 | 2019.11 | |
| 350 | 民盟兰州市委员会 | 民盟思想宣传工作先进集体 | 中国民主同盟中央委员会 | 2019.11 | |
| 351 | 兰州市轨道交通有限公司 | 兰州市城市轨道交通全生命周期BIM技术应用项目获中国技术创业协会首届智能建造技术创新大赛二等奖 | 中国技术创业协会 | 2019.12 | |
| 352 | 兰州市委党史办公室 | 《西北孔道》获第十五届全国党员教育电视片观摩交流活动优秀奖 | 中共中央组织部 | 2019.12 | |
| 353 | 兰州中川国际机场（安检站） | 全国2019年中国民航机场登机桥操作员职业技能大赛优秀组织奖 | 中国民航工会全国委员会 | 2019.12 | |
| 354 | 兰州中川国际机场有限公司 | 民航"净空2018"禁毒示范机场 | 中国民用航空局 | 2019.12 | |
| 355 | 兰州日报社 | 全国报业推动脱贫攻坚和生态文明建设宣传工作先进单位 | 中国报业协会 | 2019.12 | |
| 356 | 兰州市文旅局宣传推广科 | 新时代·中国最佳文化魅力旅游名城 | 中共中央宣传部 | 2019.12 | |
| 357 | 兰州市文旅局宣传推广科 | 2020年最值得旅行者去的中国旅游目的地 | 中共中央宣传部 | 2019.12 | |
| 358 | 兰州市个体劳动者协会高新开发区分会 | 全国个体私营者协会系统先进单位 | 市场监管总局、中国个体劳动者协会 | 2019.12 | |
| 359 | 民盟兰州市委员会 | 民盟中央群言杂志社2018年度发行工作突出成绩奖 | 中国民主同盟中央委员会 | 2019.12 | |
| 360 | 兰州市机关事务管理局 | "庆祝中华人民共和国成立70周年全国公共机构生活垃圾分类随手拍摄影活动"优秀组织奖 | 国家机关事务管理局 | 2019 | |
| 361 | 农工党兰州市委员会会 | 2019年度《前进论坛》发行工作先进单位 | 农工党中央委员会 | 2019 | |
| 362 | 兰州高新区 | 在"2019年度国家高新区门户网站综合影响力评估"中荣获中国政务网站科技服务领先奖 | 中国高新技术产业导报社、国家高新区融媒体建设联盟、国家高新区门户网站暨微信公众号综合影响力评估小组 | 2019 | |
| 363 | 国网兰州供电公司 | 大型供电企业2018年度档案工作示范级单位 | 国家电网有限公司 | 2019 | |
| 364 | 兰州市社科院 | 全国先进城市社科院 | 全国城市社科院第29次院长联席会议 | 2019 | |

| 序号 | 获奖单位 | 荣获称号 | 颁奖单位 | 颁奖时间 | 备注 |
|---|---|---|---|---|---|
| 365 | 中国民主建国会兰州市委员会 | 民建脱贫攻坚先进集体 | 中国民主建国会中央委员会 | 2019 | |
| 366 | 兰州市生态环境保护综合行政执法队 | 2019年生态环境信访工作表现突出的集体 | 生态环境部 | 2019 | |
| 367 | 兰州铁路局嘉峪关供电段 | 全国五一劳动奖状 | 中华全国总工会 | 2019 | |
| 368 | 兰州市妇联 | 全国“维护妇女儿童权益先进集体” | 全国妇联 | 2019 | |
| 369 | 兰州市妇联 | 全国“妇女新闻宣传阵地建设突出贡献奖” | 全国妇联 | 2019 | |
| 370 | 兰州市妇联 | “母亲健康快车”感恩15年最佳伙伴 | 中国妇女发展基金会 | 2019 | |

# 国家级表彰荣誉（个人）

| 序号 | 姓名 | 所在单位 | 荣获称号 | 颁奖单位 | 颁奖时间 | 备注 |
|---|---|---|---|---|---|---|
| 1 | 杨菊英 | 兰州市市政工程服务中心 | 全国劳动模范 | 中华人民共和国国务院 | 2005.4 | |
| 2 | 王　坚 | 兰州市公安局便衣支队 | 全国优秀人民警察 | 中华人民共和国公安部 | 2005.8 | |
| 3 | 张小琴 | 兰州戏曲剧院 | 2005年西北五省区秦腔艺术节荣获优秀表演奖 | 中国戏剧家协会 | 2005.9 | |
| 4 | 魏丽红 | 兰州市人大常委会 | 优秀宣传干部 | 中国农工民主党中央委员会 | 2005.10 | 农工党兰州市委员会 |
| 5 | 丁焕民 | 兰州市卫生健康委员会（原兰州市卫生局） | 医疗事故技术鉴定优秀工作者 | 中华医学会 | 2005.11 | |
| 6 | 张丽霞 | 兰州市南北两山环境绿化工程指挥部 | 中国杰出商务策划师 | 全国商务策划师年会组委会 | 2005.11 | |
| 7 | 孙建民 | 兰州市森林公安局 | 全国森林公安机关优秀人民警察 | 国家林业局森林公安局 | 2005 | |
| 8 | 霍玉焕 | 兰州市文化馆 | 甘肃省第二届声乐器乐舞蹈比赛声乐中年组一等奖 | 中华人民共和国文化部 | 2005 | |
| 9 | 吴文勇 | 兰州市环境监理所 | 全国排污费征收工作先进个人 | 国家环保总局 | 2005 | |
| 10 | 王兰祥 | 兰州市环境监理所 | 全国排污申报核定工作先进个人 | 国家环保总局 | 2005 | |
| 11 | 王得明 | 兰州市环境保护局 | 全国打击环境违法行为先进个人 | 国家环保总局 | 2005 | |
| 12 | 李淑霞 | 兰州市环境保护局 | 第五届全国五好文明家庭 | 全国“五好文明家庭”创建活动协调小组 | 2005 | |
| 13 | 井彩巧 | 兰州市农科所 | 《优良茄子新品种长昇一号选育及大面积示范推广》全国农牧渔业丰收奖三等奖 | 农业部 | 2005 | |
| 14 | 赵勤俭 | 兰州车务段 | 火车头奖章 | 中华全国铁路总工会 | 2005 | |
| 15 | 张洪生 | 嘉峪关车务段 | 火车头奖章 | 中华全国铁路总工会 | 2005 | |
| 16 | 张荐斌 | 兰州西机务段 | 火车头奖章 | 中华全国铁路总工会 | 2005 | |
| 17 | 石晨霞 | 兰州客运段 | 火车头奖章 | 中华全国铁路总工会 | 2005 | |
| 18 | 朱天喜 | 兰州西机务段 | 火车头奖章 | 中华全国铁路总工会 | 2005 | |
| 19 | 郑国祥 | 兰州铁路局武威工务段 | 火车头奖章 | 中华全国铁路总工会 | 2005 | |
| 20 | 丁　强 | 兰州铁路局武威工务段 | 火车头奖章 | 中华全国铁路总工会 | 2005 | |
| 21 | 裴广州 | 兰州铁路局嘉峪关电务段 | 火车头奖章 | 铁道部政治部、中华全国铁路总工会 | 2005 | |
| 22 | 王维国 | 兰州铁路局金轮实业公司 | 火车头奖章 | 铁道部政治部、中华全国铁路总工会 | 2005 | |
| 23 | 何健流 | 兰州铁路局机关 | 火车头奖章 | 铁道部政治部、中华全国铁路总工会 | 2005 | |
| 24 | 方吉银 | 兰州铁路局嘉峪关机务段 | 火车头奖章 | 中华全国铁路总工会 | 2005 | |
| 25 | 张克峰 | 兰州铁路局迎水桥机务段 | 火车头奖章 | 中华全国铁路总工会 | 2005 | |
| 26 | 景永峰 | 兰州铁路局银川供电段 | 火车头奖章 | 中华全国铁路总工会 | 2005 | |

| 序号 | 姓名 | 所在单位 | 荣获称号 | 颁奖单位 | 颁奖时间 | 备注 |
|---|---|---|---|---|---|---|
| 27 | 马忠军 | 兰州高铁段 | 火车头奖章 | 中华全国铁路总工会 | 2005 | |
| 28 | 张国斌 | 兰州西机务段 | 火车头奖章 | 中华全国铁路总工会 | 2005 | |
| 29 | 吴　毅 | 兰州铁路局机关 | 全国劳动模范 | 中华全国总工会 | 2005 | |
| 30 | 张建新 | 兰州市城市建设设计院 | 中国勘察设计协会优秀企业家 | 中国勘察设计协会 | 2006.1 | |
| 31 | 王　黎 | 兰州市档案馆 | 2005年度国家经济技术开发区优秀统计工作者 | 商务部外国投资管理司 | 2006.4 | |
| 32 | 李有伟 | 兰州市公安局便衣支队 | 第五届“中国优秀青年卫士” | 最高人民法院最高人民检察院、公安部、司法部等 | 2006.4 | |
| 33 | 郭玉宏 | 兰州市公安局七里河分局 | 全国特级优秀人民警察 | 人事部、公安部 | 2006.9 | |
| 34 | 冯　龙 | 兰州歌舞剧院 | 参演的剧目歌舞《那人那水那云》荣获第三届全国少数民族文艺会演大奖(金奖) | 中华人民共和国文化部、中华人民共和国国家民族事务委员会、国家广播电影电视总局、北京市人民政府 | 2006.9 | |
| 35 | 李　红 | 兰州市公安局科通处 | 全国公安机关“金盾工程”一期建设先进个人 | 中华人民共和国公安部 | 2006.11 | |
| 36 | 王　飞 | 兰州市公安局技侦支队 | 全国公安技侦正规化现代化建设工作先进个人 | 中华人民共和国公安部 | 2006.12 | |
| 37 | 谢学军 | 兰州市环境保护局环境信息中心 | 环境保护科学技术奖(三等奖) | 国家环境保护总局 | 2006.12 | |
| 38 | 王　泉 | 兰州市绿化委员会办公室 | 全国造林绿化先进工作者 | 全国绿化委员会 国家林业局 国家人事部 | 2006 | |
| 39 | 孙建民 | 兰州市森林公安局 | 全国森林公安机关 优秀人民警察 | 国家林业局森林公安局 | 2006 | |
| 40 | 吴文勇 | 兰州市环境监理所 | 全国排污费征收工作先进个人 | 国家环保总局 | 2006 | |
| 41 | 王得明 | 兰州市环境保护局 | “兰州市环境管理地理信息系统及应用研究”课题三等奖 | 国家环境保护总局 | 2006 | |
| 42 | 房维和 | 兰州市环境保护局 | 全国“双有”主题教育活动先进个人 | 教育部基础教育司、团中央少年部等联合举办的全国省少年儿童“心中有祖国、心中有他人”组委会 | 2006 | |
| 43 | 杨广青 | 兰州铁路局敦煌铁路公司 | 火车头奖章 | 中华全国铁路总工会 | 2006 | |
| 44 | 王铁群 | 兰州铁路局敦煌铁路公司 | 火车头奖章 | 中华全国铁路总工会 | 2006 | |
| 45 | 孙　杰 | 兰州铁路局兰州西机务段 | 火车头奖章 | 中华全国铁路总工会 | 2006 | |
| 46 | 李世福 | 兰州铁路局嘉峪关车辆段 | 火车头奖章 | 中华全国铁路总工会 | 2006 | |
| 47 | 杨福林 | 兰州铁路局兰州西机务段 | 全国五一劳动奖章 | 中华全国总工会 | 2006 | |
| 48 | 王育民 | 兰州市科技联合服务中心 | 2006年度全国“安康杯”竞赛活动 优秀组织者 | 中华全国总工会 国家安全生产监督管理总局 | 2007.1 | |
| 49 | 赵志军 | 兰州市公安局监管支队 | 全国优秀公安监所所长 | 公安部监所管理局 | 2007.1 | |
| 50 | 孟英奇 | 兰州市文化市场综合执法队 | 2006年全国“扫黄打非”有功个人 | 全国“扫黄打非”工作小组 | 2007.1 | |
| 51 | 张　侠 | 市民宗委 | 2006年度全国法院网络宣传优秀通讯员 | 最高人民法院办公厅新闻办、中国法院网 | 2007.3 | |
| 52 | 滕汉玮 | 兰州市农技推广中心 | 国务院特殊津贴 | 国务院 | 2007.3 | |

| 序号 | 姓名 | 所在单位 | 荣获称号 | 颁奖单位 | 颁奖时间 | 备注 |
| --- | --- | --- | --- | --- | --- | --- |
| 53 | 陶 泉 | 兰州市公安局城关分局 | 全国优秀人民警察 | 中华人民共和公安部 | 2007.5 | |
| 54 | 郭颖杰 | 兰州市公安局经侦支队 | 全国优秀人民警察 | 中华人民共和国公安部 | 2007.9 | |
| 55 | 张小琴 | 兰州戏曲剧院 | 首届中国戏剧奖·梅花表演奖（第二十三届中国戏剧梅花奖） | 中国文学艺术界联合会、中国戏剧家协会 | 2007.12 | |
| 56 | 陶学英 | 兰州市种子管理站 | 全国种子检验先进个人 | 全国农业技术推广服务中心 | 2007.12 | |
| 57 | 费恒昌 | 兰州市林业局 | 全国绿化奖章 | 国家绿化委员会 | 2007 | |
| 58 | 王锡功 | 兰州市森林公安局民警 | 全国森林公安机关优秀人民警察 | 国家林业局森林公安局 | 2007 | |
| 59 | 韩爱兰 | 兰州市绿化委员会办公室 | | | | |
| 60 | 马万荣 | 兰州市林业局 | 全国造林绿化先进工作者 | 国家林业局 | 2007 | |
| 61 | 刘铁琦 | 兰州铁路局天水车站 | 火车头奖章 | 中华全国铁路总工会 | 2007 | |
| 62 | 孔富强 | 兰州铁路局天水车站 | 火车头奖章 | 中华全国铁路总工会 | 2007 | |
| 63 | 任亚娟 | 兰州铁路局兰州客运段 | 火车头奖章 | 中华全国铁路总工会 | 2007 | |
| 64 | 王志杰 | 兰州铁路局嘉峪关机务段 | 火车头奖章 | 中华全国铁路总工会 | 2007 | |
| 65 | 马晓海 | 兰州铁路局兰州供电段 | 火车头奖章 | 中华全国铁路总工会 | 2007 | |
| 66 | 段国有 | 兰州铁路局银川供电段 | 火车头奖章 | 中华全国铁路总工会 | 2007 | |
| 67 | 徐云生 | 兰州铁路局武威工务段 | 火车头奖章 | 中华全国铁路总工会 | 2007 | |
| 68 | 董 云 | 兰州铁路局兰州车辆段 | 火车头奖章 | 中华全国铁路总工会 | 2007 | |
| 69 | 董 宁 | 兰州铁路局兰州西车辆段 | 火车头奖章 | 中华全国铁路总工会 | 2007 | |
| 70 | 陈国鹏 | 兰州铁路局兰州铁路局机关 | 火车头奖章 | 中华全国铁路总工会 | 2007 | |
| 71 | 王成祖 | 兰州铁路局嘉峪关工务段 | 火车头奖章 | 中华全国铁路总工会 | 2007 | |
| 72 | 王传河 | 兰州铁路局机关 | 火车头奖章 | 中华全国铁路总工会 | 2007 | |
| 73 | 陈民恩 | 兰州铁路局兰州车务段 | 火车头奖章 | 中华全国铁路总工会 | 2007 | |
| 74 | 陈宇川 | 兰州铁路局兰州西机务段 | 火车头奖章 | 中华全国铁路总工会 | 2007 | |
| 75 | 池青柏 | 兰州铁路局兰州高铁段 | 火车头奖章 | 中华全国铁路总工会 | 2007 | |
| 76 | 李永宏 | 兰州铁路局兰州西机务段 | 火车头奖章 | 中华全国铁路总工会 | 2007 | |
| 77 | 邓桂星 | 兰州铁路局机关 | 火车头奖章 | 中华全国铁路总工会 | 2007 | |
| 78 | 姜利敏 | 兰州西机务段 | 全国五一劳动奖章 | 中华全国总工会 | 2007 | |
| 79 | 马俊源 | 市民宗委 | 服务北京奥运会、残奥会 优秀团干部 | 共青团中央委员会 | 2008.1 | |
| 80 | 漆柏林 | 国网兰州供电公司 | 2007年度国家电网公司特等劳动模范 | 国家电网公司 | 2008.1 | |
| 81 | 马 颖 | 兰州市文化市场综合执法队 | 2006-2007年度全国“查处侵权盗版案件有功个人”三等奖 | 国家版权局 | 2008.6 | |
| 82 | 孙建民 | 兰州市森林公安局 | 全国森林公安机关优秀人民警察 | 国家林业局森林公安局 | 2008 | |
| 83 | 陈立国 | 兰州市生态林业实验总场 | 三北防护林体系建设突出贡献者 | 全国绿化委员会<br>国家林业局<br>国家人力资源和社会保障部 | 2008 | |
| 84 | 何 威 | 兰州市文化和旅游局 | “双学”先进个人 | 团中央 | 2008 | |

| 序号 | 姓名 | 所在单位 | 荣获称号 | 颁奖单位 | 颁奖时间 | 备注 |
|---|---|---|---|---|---|---|
| 85 | 牛建平 | 兰州铁路局嘉峪关车务段 | 火车头奖章 | 中华全国铁路总工会 | 2008 | |
| 86 | 王姝平 | 兰州客运段 | 火车头奖章 | 中华全国铁路总工会 | 2008 | |
| 87 | 黄兰顺 | 兰州客运段 | 火车头奖章 | 中华全国铁路总工会 | 2008 | |
| 88 | 刘海洲 | 兰州西机务段 | 火车头奖章 | 中华全国铁路总工会 | 2008 | |
| 89 | 何绪明 | 兰州铁路局嘉峪关机务段 | 火车头奖章 | 中华全国铁路总工会 | 2008 | |
| 90 | 于新卫 | 兰州铁路局武威工务段 | 火车头奖章 | 中华全国铁路总工会 | 2008 | |
| 91 | 孙景洲 | 兰州铁路局兰州车辆段 | 火车头奖章 | 中华全国铁路总工会 | 2008 | |
| 92 | 武铁林 | 兰州铁路局定西工务段 | 火车头奖章 | 中华全国铁路总工会 | 2008 | |
| 93 | 李　红 | 兰州铁路局兰州客运段 | 火车头奖章 | 中华全国铁路总工会 | 2008 | |
| 94 | 刘新奎 | 兰州铁路局兰州西机务段 | 火车头奖章 | 中华全国铁路总工会 | 2008 | |
| 95 | 印　军 | 兰州铁路局嘉峪关车辆段 | 火车头奖章 | 中华全国铁路总工会 | 2008 | |
| 96 | 殷生明 | 兰州铁路局机关 | 火车头奖章 | 中华全国铁路总工会 | 2008 | |
| 97 | 韩殿文 | 兰州铁路局嘉峪关机务段 | 火车头奖章 | 中华全国铁路总工会 | 2008 | |
| 98 | 张国贤 | 兰州铁路局兰州西机务段 | 火车头奖章 | 中华全国铁路总工会 | 2008 | |
| 99 | 李瑞春 | 兰州铁路局嘉峪关工务段 | 火车头奖章 | 中华全国铁路总工会 | 2008 | |
| 100 | 孙晓青 | 兰州铁路局机关 | 火车头奖章 | 中华全国铁路总工会 | 2008 | |
| 101 | 韦庆山 | 兰州西车辆段 | 全国五一劳动奖章 | 中华全国总工会 | 2008 | |
| 102 | 马金山 | 兰州市南北两山环境绿化工程指挥部 | 全国绿化奖章 | 全国绿化委员会 | 2009.3.30 | |
| 103 | 郑建礼 | 兰州市种子管理局 | 全国西瓜甜瓜科研与生产协作先进个人 | 中国园艺学会西瓜甜瓜专业委员会 | 2009.4 | |
| 104 | 魏立武 | 兰州市公安局政治部 | 全国宣传思想工作先进个人 | 中华人民共和国公安部 | 2009.5 | |
| 105 | 霍玉焕 | 兰州市文化馆 | 2009全国义演人才选拔甘肃赛区声乐类表演专业中年组一等奖 | 中国关心下一代工作委员会、中华人民共和国教育部、中华人民共和国文化部 | 2009.7 | |
| 106 | 严月萍 | 兰州技术市场服务中心 | 第四届中国技术市场协会金桥奖 | 中国技术市场协会 | 2009.8 | |
| 107 | 张志立 | 国网兰州供电公司 | 全国电力行业优秀企业家 | 中国电力企业联合会 | 2009.9 | |
| 108 | 马　辉 | 兰州市城市建设设计院 | 全国住房和城乡建设系统政研会优秀工作者 | 中国建设职工思想政治工作研究会 | 2009.10 | |
| 109 | 马　军 | 市委宣传部 | 全民国防教育先进个人 | 中宣部、教育部、解放军总政治部、国家国防教育办公室 | 2009.11 | |
| 110 | 马建武 | 市民宗委 | 第二次全国经济普查工作国家级先进个人 | 国务院第二次全国经济普查领导小组 | 2009.12 | |
| 111 | 张婷婷 | 兰州市公安消防支队 | 2009年度公安消防部队优秀报道员 | 公安部消防局 | 2009.12 | 兰州市消防救援支队 |
| 112 | 柏宁军 | 兰州市动物卫生监督所 | 全国无公害农产品优秀检查员 | 农业部农产品质量安全中心 | 2009.12 | |
| 113 | 张　虹 | 兰州市环境监理所 | 排污收费奉献者光荣榜 | 环境保护部 | 2009 | |
| 114 | 师瑞堂 | 兰州市环境监理所 | 排污收费奉献者光荣榜 | 环境保护部 | 2009 | |
| 115 | 井彩巧 | 原农科所 | 国务院特殊津贴 | 国务院 | 2009 | |

| 序号 | 姓名 | 所在单位 | 荣获称号 | 颁奖单位 | 颁奖时间 | 备注 |
| --- | --- | --- | --- | --- | --- | --- |
| 116 | 徐　琼 | 兰州市农研中心 | 第七届中国园艺博览会插花花艺铜奖 | 中国花卉协会 | 2009年 | |
| 117 | 张素霞 | 兰州铁路局兰州车务段 | 全国铁路劳动模范 | 人力资源社会保障部、铁道部 | 2009 | |
| 118 | 蔡晓蓉 | 兰州铁路局兰州客运段 | 全国铁路劳动模范 | 人力资源社会保障部、铁道部 | 2009 | |
| 119 | 王铁林 | 兰州铁路局兰州西车辆段 | 全国铁路劳动模范 | 人力资源社会保障部、铁道部 | 2009 | |
| 120 | 赵文新 | 兰州铁路局机关 | 全国铁路劳动模范 | 人力资源社会保障部、铁道部 | 2009 | |
| 121 | 牛天祥 | 兰州铁路局嘉峪关机务段 | 全国五一劳动奖章 | 中华全国总工会 | 2009 | |
| 122 | 杨江明 | 兰州铁路局兰州北车站 | 火车头奖章 | 中华全国铁路总工会 | 2009 | |
| 123 | 节志文 | 兰州铁路局兰州西机务段 | 火车头奖章 | 中华全国铁路总工会 | 2009 | |
| 124 | 王　焱 | 兰州铁路局嘉峪关机务段 | 火车头奖章 | 中华全国铁路总工会 | 2009 | |
| 125 | 赵树文 | 兰州铁路局武威工务段 | 火车头奖章 | 中华全国铁路总工会 | 2009 | |
| 126 | 李　军 | 兰州铁路局兰州车辆段 | 火车头奖章 | 中华全国铁路总工会 | 2009 | |
| 127 | 孙晨旭 | 兰州铁路局机关 | 火车头奖章 | 中华全国铁路总工会 | 2009 | |
| 128 | 卢向虎 | 武威房建段 | 甘肃省劳动模范 | 中华全国铁路总工会 | 2009 | |
| 129 | 张力平 | 兰州市安监局 | 安全生产监管监察先进个人 | 国家安全监管总局<br>国家煤矿安监局 | 2010.1 | 退休 |
| 130 | 王天有 | 兰州市安监局 | 安全生产监管监察先进个人 | 国家安全监管总局<br>国家煤矿安监局 | 2010.1 | 兰州市应急管理局 |
| 131 | 刘卫红 | 兰州市安监局 | 安全生产监管监察先进个人 | 国家安全监管总局<br>国家煤矿安监局 | 2010.1 | 兰州市应急管理局 |
| 132 | 蒋　炜 | 兰州市农业广播电视学校 | 全国农业广播电视教育先进工作者 | 中央农广校 | 2010.1 | |
| 133 | 王大春 | 兰州市生态环境局七里河分局 | 第一次全国污染源普查工作先进个人 | 国务院第一次全国污染源普查工作领导小组办公室、环保部、国家统计局、农业部 | 2010.3 | |
| 134 | 辛世辉 | 兰州市安宁区环境保护局 | 全国第一次全国污染源普查先进个人 | 国务院第一次全国污染源普查工作领导小组办公室、环保部、国家统计局、农业部 | 2010.3 | |
| 135 | 闫亚杰 | 兰州市农产品质量监督管理中心 | 第一次全国污染源普查先进个人 | 国务院第一次全国污染源普查领导小组、环境保护部、国家统计局、农业部 | 2010.3 | |
| 136 | 赵志军 | 兰州市公安局刑警支队 | 打击盗用伪造军车号牌专项斗争先进个人 | 中华人民共和国公安部 | 2010.5 | |
| 137 | 邹岩军 | 兰州市文化市场<br>综合执法队 | 2009年度查处侵权盗版案件有功个人 | 国家版权局 | 2010.5 | |
| 138 | 段清治 | 兰州市公安消防支队安宁中队 | 公安消防部队青海玉树抗震救灾先进个人 | 公安部消防局 | 2010.6 | 兰州市消防救援支队特勤大队一站 |
| 139 | 刘晓军 | 兰州市公安消防支队 | 公安消防部队青海玉树抗震救灾先进个人 | 公安部消防局 | 2010.6 | 兰州市消防救援支队红古区大队 |
| 140 | 周　晖 | 甘南支队合作中队 | 公安消防部队青海玉树抗震救灾先进个人 | 公安部消防局 | 2010.6 | 永登县消防救援大队 |

| 序号 | 姓名 | 所在单位 | 荣获称号 | 颁奖单位 | 颁奖时间 | 备注 |
|---|---|---|---|---|---|---|
| 141 | 孙松涛 | 兰州市公安消防支队警勤中队 | 公安消防部队青海玉树抗震救灾先进个人 | 公安部消防局 | 2010.6 | 兰州市消防救援支队特勤大队搜救犬站 |
| 142 | 畅克毅 | 兰州市公安消防支队 | 公安消防部队青海玉树抗震救灾先进个人 | 公安部消防局 | 2010.6 | 兰州市消防救援支队 |
| 143 | 贾国强 | 兰州市公安消防支队西固中队 | 公安消防部队青海玉树抗震救灾先进个人 | 公安部消防局 | 2010.6 | 兰州市城关区消防救援大队 |
| 144 | 褚　亮 | 兰州市公安消防支队特勤大队二中队 | 公安消防部队青海玉树抗震救灾先进个人 | 公安部消防局 | 2010.6 | 兰州市消防救援支队特勤大队二站 |
| 145 | 王建军 | 兰州市公安消防支队特勤大队二中队 | 公安消防部队青海玉树抗震救灾先进个人 | 公安部消防局 | 2010.6 | 兰州市消防救援支队特勤大队二站 |
| 146 | 任德东 | 兰州市公安消防支队盐场中队 | 公安消防部队青海玉树抗震救灾先进个人 | 公安部消防局 | 2010.6 | 榆中县消防救援大队 |
| 147 | 韩梁超 | 兰州市公安消防支队西固中队 | 公安消防部队青海玉树抗震救灾先进个人 | 公安部消防局 | 2010.6 | |
| 148 | 班玛南加 | 兰州市公安消防支队城关区大队东岗中队 | 公安消防部队青海玉树抗震救灾先进个人 | 公安部消防局 | 2010.6 | 调离 |
| 149 | 王琼英 | 兰州市林业局 | 国家林业重点工程社会经济效益监测项目先进个人 | 国家林业局经济发展研究中心 | 2010.7 | |
| 150 | 姜建孝 | 兰州新区中川园区综合执法局 | 国家一级运动员、全国青年竞标赛冠军、全国大学生竞标赛亚军 | 国家体育总局 | 2010.7 | |
| 151 | 郭　强 | 兰州市绿色公园 | 撰写《以人为本推动公园科学发展》论文获优秀研究成果三等奖 | 中国建设职工政延会风景园林行业分会 | 2010.9 | |
| 152 | 郭玉新 | 兰州市警察学校 | 全国公安优秀教育训练工作者 | 中华人民共和国公安部 | 2010.11 | |
| 153 | 霍文英 | 兰州市农产品质量监督管理中心 | 全国农业资源环境信息统计工作先进个人 | 农业部环境监测总站 | 2010.12 | |
| 154 | 滕汉玮 | 兰州市农研中心 | 《全膜双垄沟播玉米增产技术研究与推广》 | 农业部 | 2010.12 | |
| 155 | 牛铮超 | 兰州市社会科学院 | 全国参政议政工作先进个人 | 九三学社中央 | 2010 | |
| 156 | 郑志强 | 兰州市环境监察局 | 2010年度全国排污费征收工作先进个人 | 中华人民共和国环境保护部环境监察局 | 2010 | |
| 157 | 杨小洲 | 兰州市环境监察局 | 2010年度全国排污费征收工作先进个人 | 中华人民共和国环境保护部环境监察局 | 2010 | |
| 158 | 丁　霞 | 兰州市西固区环境保护局 | 全国环保系统档案管理荣誉工作者 | 国家环境保护部 | 2010 | |
| 159 | 胡玉英 | 兰州市环境保护局 | 全国环保系统档案管理工作先进个人 | 国家环境保护部 | 2010 | |
| 160 | 庄　建 | 兰州市农研中心 | 根球花卉病虫种类调查及防治技术研究三等奖 | 中国植物保护学会 | 2010年 | |
| 161 | 许凡堂 | 兰州车站 | 火车头奖章 | 中华全国铁路总工会 | 2010 | |
| 162 | 杜淑芳 | 兰州铁路局机关 | 火车头奖章 | 中华全国铁路总工会 | 2010 | |

| 序号 | 姓名 | 所在单位 | 荣获称号 | 颁奖单位 | 颁奖时间 | 备注 |
|---|---|---|---|---|---|---|
| 163 | 吴新红 | 兰州铁路局兰州西机务段 | 火车头奖章 | 中华全国铁路总工会 | 2010 | |
| 164 | 张宝太 | 兰州供电段 | 火车头奖章 | 中华全国铁路总工会 | 2010 | |
| 165 | 仝新阳 | 兰州铁路局嘉峪关电务段 | 火车头奖章 | 中华全国铁路总工会 | 2010 | |
| 166 | 徐　颖 | 兰州铁路局嘉峪关车辆段 | 火车头奖章 | 中华全国铁路总工会 | 2010 | |
| 167 | 高晓梅 | 兰州铁路局天水车站 | 火车头奖章 | 中华全国铁路总工会 | 2010 | |
| 168 | 刘志康 | 兰州铁路局嘉峪关机务段 | 火车头奖章 | 中华全国铁路总工会 | 2010 | |
| 169 | 雷新峰 | 兰州铁路局嘉峪关工务段 | 火车头奖章 | 中华全国铁路总工会 | 2010 | |
| 170 | 苏阿莉 | 兰州铁路局兰州货运中心 | 火车头奖章 | 中华全国铁路总工会 | 2010 | |
| 171 | 巩维杰 | 兰铁公安局武威公安处 | 火车头奖章 | 中华全国铁路总工会 | 2010 | |
| 172 | 吕广铭 | 兰铁电视台 | 火车头奖章 | 中华全国铁路总工会 | 2010 | |
| 173 | 杨爱军 | 兰州铁路局信达工程公司 | 火车头奖章 | 中华全国铁路总工会 | 2010 | |
| 174 | 王志文 | 兰州铁路局兰州西车辆段 | 火车头奖章 | 中华全国铁路总工会 | 2010 | |
| 175 | 王艳奎 | 兰州市公安消防支队高新区中队 | 2010年度全国消防部队打造铁军工作训练标兵 | 公安部消防局 | 2011.1 | 兰州市消防救援支队特勤大队一站 |
| 176 | 马建武 | 市民宗委 | 第二次全国R&D资源清查工作先进个人 | 第二次全国R&D资源清查领导小组办公室 | 2011.5 | |
| 177 | 唐浩漩 | 民盟兰州市委 | 先进个人 | 中国民主同盟中央委员会 | 2011.5 | |
| 178 | 刘　朝 | 民盟兰州市委员会 | 先进个人 | 中国民主同盟中央委员会 | 2011.5 | |
| 179 | 马建武 | 市民宗委 | 第六次全国人口普查先进个人 | 中华人民共和国国家统计局、国务院第六次全国人口普查领导小组办公室 | 2011.7 | |
| 180 | 李宏权 | 兰州更新城市建设发展有限公司 | 物业服务企业资深经理人 | 中国物业管理协会 | 2011.9 | |
| 181 | 唐浩漩 | 民盟兰州市委 | 2011年度全国县(市)科技进步考核先进个人 | 中华人民共和国科学技术部 | 2011.11 | |
| 182 | 罗晓琴 | 兰州市动物卫生监督所 | 全国首届农产品质量安全检测技术大比武三等奖 | 农业部 | 2011.11 | |
| 183 | 刘红霞 | 兰州市妇联 | “第三期中国妇女社会地位调查优秀调查指导员” | 全国妇联 | 2011.12 | |
| 184 | 张建新 | 兰州市城市建设设计院 | 第五届中国技术市场协会金桥奖先进个人 | 中国技术市场协会 | 2011.12 | |
| 185 | 孙振荣 | 兰州市农研中心 | 全国土壤肥料先进工作者 | 全国农技中心 | 2011 | |
| 186 | 阎　杰 | 兰州北车站 | 全国物流行业劳动模范 | 人力资源和社会保障部中国物流与采购联合会 | 2011 | |
| 187 | 张　珩 | 兰州铁路局机关 | 全国物流行业劳动模范 | 人力资源和社会保障部中国物流与采购联合会 | 2011 | |
| 188 | 桑　艺 | 兰州西机务段 | 全国五一劳动奖章 | 中华全国铁路总工会 | 2011 | |
| 189 | 赵　峻 | 兰州车站 | 火车头奖章 | 中华全国铁路总工会 | 2011 | |
| 190 | 任成宇 | 兰州北车站 | 火车头奖章 | 中华全国铁路总工会 | 2011 | |
| 191 | 杨忠民 | 兰州铁路局机关 | 火车头奖章 | 中华全国铁路总工会 | 2011 | |
| 192 | 江其亮 | 兰州铁路局嘉峪关电务段 | 火车头奖章 | 中华全国铁路总工会 | 2011 | |

| 序号 | 姓名 | 所在单位 | 荣获称号 | 颁奖单位 | 颁奖时间 | 备注 |
|---|---|---|---|---|---|---|
| 193 | 李崇祥 | 兰州铁路局兰州西工务段 | 火车头奖章 | 中华全国铁路总工会 | 2011 | |
| 194 | 朱乃华 | 兰州铁路局嘉峪关车辆段 | 火车头奖章 | 中华全国铁路总工会 | 2011 | |
| 195 | 吕兴荣 | 兰州铁路局嘉峪关车辆段 | 火车头奖章 | 中华全国铁路总工会 | 2011 | |
| 196 | 周铁榜 | 兰州铁路局嘉峪关车辆段 | 火车头奖章 | 中华全国铁路总工会 | 2011 | |
| 197 | 谭从文 | 兰铁公安局武威公安处 | 火车头奖章 | 中华全国铁路总工会 | 2011 | |
| 198 | 徐　实 | 兰州铁路局 | 火车头奖章 | 中华全国铁路总工会 | 2011 | |
| 199 | 陈丽英 | 甘肃铁联 | 火车头奖章 | 中华全国铁路总工会 | 2011 | |
| 200 | 王子印 | 兰州铁路局嘉峪关工务段 | 火车头奖章 | 中华全国铁路总工会 | 2011 | |
| 201 | 达朝宗 | 国网兰州供电公司 | 国家电网公司劳动模范 | 国家电网公司 | 2012.1 | |
| 202 | 王耀华 | 兰州市公安局缉毒支队 | 2011年度全国毒品案件信息管理先进个人 | 国家禁毒委员会办公室 | 2012.1 | |
| 203 | 马海麟 | 兰州市安监局 | 安全生产监管监察先进个人 | 国家安全监管总局<br>国家煤矿安监局 | 2012.1 | 调离 |
| 204 | 白　晨 | 兰州市安监局 | 安全生产监管监察先进个人 | 国家安全监管总局<br>国家煤矿安监局 | 2012.1 | 调离 |
| 205 | 高涪平 | 兰州市安监局 | 2011年度全国"安康杯"竞赛活动优秀组织者 | 中华全国总工会<br>国家安全监管总局 | 2012.1 | 兰州市应急管理局 |
| 206 | 毛川珺 | 兰州市城市建设设计院 | CCDI杯"首届全国勘察设计·最美·女设计师" | 中国勘察设计协会 | 2012.3 | |
| 207 | 刘宏煜 | 兰州市公安局七里河分局 | 全国公安机关经侦部门"清网行动"成绩突出个人 | 公安部经济犯罪侦查局 | 2012.5 | |
| 208 | 孙加宁 | 兰州高新区管委会 | 国家高新技术产业开发区建设二十年先进个人 | 中华人民共和国科学技术部 | 2012.6 | |
| 209 | 杨晓妮 | 兰州高新区管委会国土规划局 | 国家高新技术产业开发区建设二十年先进个人 | 中华人民共和国科学技术部 | 2012.6 | |
| 210 | 窦连斌 | 兰州高新区管委会园区管理办公室 | 国家高新技术产业开发区建设二十年先进个人 | 中华人民共和国科学技术部 | 2012.6 | |
| 211 | 安心巍 | 兰州市环境监察局 | 2011年度全国排污费征收工作先进个人 | 中华人民共和国环境保护部环境监察局 | 2012.5 | |
| 212 | 文书平 | 兰州黄河风情线大景区管委会 | 全国生态建设突出贡献奖先进个人 | 国家林业局 | 2012.8 | |
| 213 | 吴建强 | 兰州市公安局七里河分局 | 全国公安机关"打四黑除四害"专项行动成绩突出个人 | 中华人民共和国公安部 | 2012.9 | |
| 214 | 苏卫东 | 兰州市公安局交警支队 | 一等功 | 中华人民共和国公安部 | 2012.10 | |
| 215 | 苏卫东 | 兰州市公安局交警支队 | 最美警察代表 | 中华人民共和国公安部 | 2012.10 | |
| 216 | 宋忠华 | 兰州市公安局七里河分局 | 全国公安机关严厉打击经济犯罪"破案会战"成绩突出个人 | 公安部经侦局 | 2012.10 | |
| 217 | 胡宏伟 | 兰州市畜牧兽医研究所 | 中国农业科学院科学技术成果二等奖 | 中国农业科学院 | 2012.11 | |
| 218 | 戴余武 | 兰州市住房和城乡建设局 | 全国住房城乡建设系统先进工作者 | 人力资源和社会保障部、国家住建部 | 2012.12 | |
| 219 | 赵昌才 | 兰州市环境监察局 | 全国12369环保举报热线为民服务标兵 | 环境保护部 | 2012 | |

| 序号 | 姓名 | 所在单位 | 荣获称号 | 颁奖单位 | 颁奖时间 | 备注 |
| --- | --- | --- | --- | --- | --- | --- |
| 220 | 赵 莉 | 兰州市环境监察局 | 2011年度全国排污申报核定先进个人 | 环境保护部 | 2012 | |
| 221 | 平 俊 | 兰州市环境监察局 | 2011年度全国排污申报核定先进个人 | 环境保护部 | 2012 | |
| 222 | 付筱华 | 农工党兰州市委会 | 农工党全国优秀宣传干部 | 农工党中央委员会 | 2012 | |
| 223 | 段红利 | 兰州市文化和旅游局 | 全国“扫黄打非”先进个人 | 全国扫黄办 | 2012 | |
| 224 | 马 青 | 兰州市环境监察局 | 2012年全国排污费征收工作先进个人 | 环境保护部 | 2012 | |
| 225 | 吉宗礼 | 兰州铁路局嘉峪关工务段 | 全国五一劳动奖章 | 中华全国总工会 | 2012 | |
| 226 | 祁发文 | 兰州铁路局定西工务段 | 火车头奖章 | 中华全国铁路总工会 | 2012 | |
| 227 | 赵玉花 | 陇西车务段 | 火车头奖章 | 中华全国铁路总工会 | 2012 | |
| 228 | 葛 夏 | 兰州车务段 | 火车头奖章 | 中华全国铁路总工会 | 2012 | |
| 229 | 左 康 | 兰州铁路局嘉峪关车务段 | 火车头奖章 | 中华全国铁路总工会 | 2012 | |
| 230 | 孙继红 | 兰州货运中心 | 火车头奖章 | 中华全国铁路总工会 | 2012 | |
| 231 | 马勇强 | 兰州铁路局兰州客运段 | 火车头奖章 | 中华全国铁路总工会 | 2012 | |
| 232 | 史 强 | 兰州铁路局嘉峪关机务段 | 火车头奖章 | 中华全国铁路总工会 | 2012 | |
| 233 | 高一兵 | 兰州铁路局嘉峪关机务段 | 火车头奖章 | 中华全国铁路总工会 | 2012 | |
| 234 | 刘传胜 | 兰州铁路局兰州西工务段 | 火车头奖章 | 中华全国铁路总工会 | 2012 | |
| 235 | 陶利军 | 兰州铁路局嘉峪关工务段 | 火车头奖章 | 中华全国铁路总工会 | 2012 | |
| 236 | 赵震宁 | 兰州铁路局兰州工务机械段 | 火车头奖章 | 中华全国铁路总工会 | 2012 | |
| 237 | 薛 琦 | 兰州铁路局兰州电务段 | 火车头奖章 | 中华全国铁路总工会 | 2012 | |
| 238 | 姬国文 | 兰州铁路局兰州车辆段 | 火车头奖章 | 中华全国铁路总工会 | 2012 | |
| 239 | 陆 伟 | 兰州铁路局兰州车辆段 | 火车头奖章 | 中华全国铁路总工会 | 2012 | |
| 240 | 陈智杰 | 兰州铁路局兰州西车辆段 | 火车头奖章 | 中华全国铁路总工会 | 2012 | |
| 241 | 顾 恂 | 兰州铁路局兰州西车辆段 | 火车头奖章 | 中华全国铁路总工会 | 2012 | |
| 242 | 郑慧军 | 兰州铁路局嘉峪关车辆段 | 火车头奖章 | 中华全国铁路总工会 | 2012 | |
| 243 | 唐万喜 | 兰州铁路局机关 | 火车头奖章 | 中华全国铁路总工会 | 2012 | |
| 244 | 张兰新 | 兰州铁路局兰州货运中心 | 火车头奖章 | 中华全国铁路总工会 | 2012 | |
| 245 | 王 清 | 兰州铁路局信达工程公司 | 火车头奖章 | 中华全国铁路总工会 | 2012 | |
| 246 | 王永文 | 兰州铁路局机关 | 火车头奖章 | 中华全国铁路总工会 | 2012 | |
| 247 | 韩志亮 | 兰州铁路局信达工程公司 | 火车头奖章 | 中华全国铁路总工会 | 2012 | |
| 248 | 满庭珍 | 兰州市公安局七里河分局 | 2012年全国“扫黄打非”先进个人 | 全国扫黄打非工作小组 | 2013.1 | |
| 249 | 张 勤 | 兰州市农研中心 | 《高产优质厚皮甜瓜新品种金冠的选育与示范推广》,全国农牧渔业丰收奖三等奖 | 农业部 | 2013.1 | |
| 250 | 桂亚男 | 兰州市公安局政治部 | 全国三八红旗手 | 中华全国妇女联合会 | 2013.2 | |
| 251 | 吴广玺 | 兰州市公安消防支队广场中队 | 2012年度武警消防部队“优秀汽车分队干部” | 中国人民武装警察部队消防局 | 2013.2 | 兰州市消防救援支队特勤大队一站 |

| 序号 | 姓名 | 所在单位 | 荣获称号 | 颁奖单位 | 颁奖时间 | 备注 |
|---|---|---|---|---|---|---|
| 252 | 陈秉师 | 兰州市南北两山环境绿化工程指挥部 | 全国森林防火先进个人 | 国家森林防火指挥部/国家林业局 | 2013.3 | |
| 253 | 王育民 | 兰州市科技联合服务中心 | 2012年度全国"安康杯"竞赛活动优秀组织者 | 中华全国总工会<br>国家安全生产监督管理总局 | 2013.4 | |
| 254 | 邹邦中 | 兰州市卫生健康委员会(原兰州市卫生局) | 2009-2012年度优秀医鉴工作者 | 中华医学会 | 2013.4 | |
| 255 | 邹明蔚 | 兰州技术市场服务中心 | 第六届中国技术市场协会金桥奖先进个人 | 中国技术市场协会 | 2013.6 | |
| 256 | 王艺潼 | 兰州歌舞剧院 | 《两仪》荣获第九届中国舞蹈荷花奖古典舞十佳作品 | 中国舞蹈家协会、中国舞蹈荷花奖组委会 | 2013.8 | |
| 257 | 王艺潼 | 兰州歌舞剧院 | 创编的舞蹈《画中仙》荣获第九届中国舞蹈荷花奖古典舞十佳作品 | 中国舞蹈家协会、中国舞蹈荷花奖组委会 | 2013.8 | |
| 258 | 冯　龙 | 兰州歌舞剧院 | 表演的《两仪》荣获第九届中国舞蹈荷花奖古典舞十佳作品荣誉称号 | 中国舞蹈家协会、中国舞蹈"荷花奖"组委会 | 2013.8 | |
| 259 | 魏　祯 | 兰州歌舞剧院 | 创编的舞蹈《画中仙》荣获第九届中国舞蹈荷花奖古典舞十佳作品 | 中国舞蹈家协会、中国舞蹈荷花奖组委会 | 2013.8 | |
| 260 | 强永祥 | 兰州市公安局七里河分局 | 全国拘留所社会化矛盾化解工作先进个人 | 中华人民共和国公安部 | 2013.9 | |
| 261 | 王　江 | 兰州市公安局七里河分局 | 全国公安机关成绩突出法制员 | 中华人民共和国公安部 | 2013.11 | |
| 262 | 石占坤 | 兰州新区公安局 | "大排查大教育大整治"货车违法行为专项行动成绩突出个人 | 中华人民共和国公安部 | 2013.11 | |
| 263 | 李维明 | 兰州市种子管理局 | 中华农业科技奖一等奖 | 农业部 | 2013.11 | |
| 264 | 王艺潼 | 兰州歌舞剧院 | 创作的戏剧小品《过街启示录》获第八届全国残疾人艺术汇演全国比赛创作奖 | 中华人民共和国教育部、中华人民共和国文化部、中华人民共和国民政部、中国残疾人联合会 | 2013.12 | |
| 265 | 滕汉玮 | 兰州市农研中心 | 《甘肃沿黄高原夏菜优质高效生产关键技术研究与集中推广》,全国农牧渔业丰收奖二等奖 | 农业部 | 2013.12 | |
| 266 | 刘　凯 | 兰州市农研中心 | 《甘肃沿黄高原夏菜优质高效生产关键技术研究与集成推广》全国农牧渔业丰收二等奖 | 农业部 | 2013.12 | |
| 267 | 张　虎 | 农工党兰州市直属基层委员会 | 2010--2012年社会服务工作先进个人 | 农工党中央委员会 | 2013 | |
| 268 | 张鹏飞 | 兰州市文化和旅游局 | 2012年广播影视基层统计工作先进工作者 | 国家新闻出版广电总局 | 2013 | |
| 269 | 杨　镇 | 八路军兰州办事处纪念馆 | 2013年全国"扫黄打非"先进个人 | 全国"扫黄打非"工作小组 | 2013 | |
| 270 | 裴长青 | 兰州铁路局机关 | 火车头奖章 | 中华全国铁路总工会 | 2013 | |
| 271 | 包存文 | 兰州枢纽工程建设指挥部 | 火车头奖章 | 中华全国铁路总工会 | 2013 | |
| 272 | 陆晓东 | 兰州铁路局敦煌铁路公司 | 火车头奖章 | 中华全国铁路总工会 | 2013 | |
| 273 | 刘文武 | 中铁二十局 | 火车头奖章 | 中华全国铁路总工会 | 2013 | |

| 序号 | 姓名 | 所在单位 | 荣获称号 | 颁奖单位 | 颁奖时间 | 备注 |
|---|---|---|---|---|---|---|
| 274 | 陈　策 | 甘肃省建设厅 | 火车头奖章 | 中华全国铁路总工会 | 2013 | |
| 275 | 代荣民 | 银川市人民政府 | 火车头奖章 | 中华全国铁路总工会 | 2013 | |
| 276 | 高世勤 | 兰州铁路局 | 火车头奖章 | 中华全国铁路总工会 | 2013 | |
| 277 | 李昌林 | 兰州铁路局兰州货运中心 | 火车头奖章 | 中华全国铁路总工会 | 2013 | |
| 278 | 姜红令 | 兰州铁路局兰州西机务段 | 火车头奖章 | 中华全国铁路总工会 | 2013 | |
| 279 | 周子瑾 | 兰州铁路局兰州供电段 | 火车头奖章 | 中华全国铁路总工会 | 2013 | |
| 280 | 何书文 | 兰州铁路局兰州西工务段 | 火车头奖章 | 中华全国铁路总工会 | 2013 | |
| 281 | 王殿滨 | 兰州铁路局兰州车辆段 | 火车头奖章 | 中华全国铁路总工会 | 2013 | |
| 282 | 郭进军 | 兰州铁路局兰州西车辆段 | 火车头奖章 | 中华全国铁路总工会 | 2013 | |
| 283 | 崔贺喜 | 兰州铁路局金轮实业公司 | 火车头奖章 | 中华全国铁路总工会 | 2013 | |
| 284 | 高龙春 | 兰州铁路局兰州高铁段 | 火车头奖章 | 中华全国铁路总工会 | 2013 | |
| 285 | 门金勇 | 兰州铁路局机关 | 火车头奖章 | 中华全国铁路总工会 | 2013 | |
| 286 | 倪　玲 | 民进兰州市委员会 | 民进全国新闻宣传优秀通讯员 | 中国民主促进会中央委员会 | 2014.2 | |
| 287 | 冯　卉 | 兰州市公安局政治部 | 全国三八红旗手 | 中华全国妇女联合会 | 2014.2 | |
| 288 | 安心巍 | 兰州市环境监察局 | 2013年度全国排污申报核定工作先进个人 | 环境保护部环境监察局 | 2014.5 | |
| 289 | 陈　静 | 兰州市环境监察局 | 2013年度全国排污申报核定工作先进个人 | 环境保护部环境监察局 | 2014.5 | |
| 290 | 刘江华 | 兰州市公安消防支队 | 公安现役部队优秀党务工作者 | 公安部政治部 | 2014.6 | 兰州市消防救援支队特勤大队二站 |
| 291 | 郝　锐 | 兰州生产力促进中心 | 2013年度全国"生产力促进奖"先进个人–服务精英奖 | 中国生产力促进中心协会 | 2014.7 | |
| 292 | 强永祥 | 兰州市公安局七里河分局 | 全国法治文明窗口建设年活动成绩突出个人 | 中华人民共和国公安部 | 2014.7 | |
| 293 | 刘梅珍 | 兰州市公安局七里河分局 | 全国公安系统二级英雄模范 | 中华人民共和国公安部 | 2014.8 | |
| 294 | 王艺潼 | 兰州歌舞剧院 | 新农村少儿舞蹈美育工程优秀志愿者 | 中国舞蹈家协会 | 2014.8 | |
| 295 | 南战军 | 兰州市教育局 | 全国优秀教育工作者 | 教育部 | 2014.9 | |
| 296 | 张小琴 | 兰州戏曲剧院 | 第七届西北五省区秦腔艺术节荣获优秀表演奖特别奖 | 中国戏剧家协会 | 2014.9 | |
| 297 | 韦青祥 | 兰州市扶贫开发办公室 | 全国社会扶贫先进个人 | 国务院扶贫开发领导小组 | 2014.9 | |
| 298 | 刘　朝 | 民盟兰州市委员会 | 民盟社会服务工作先进个人 | 中国民主同盟中央委员会 | 2014.11 | |
| 299 | 白恩平 | 兰州画院 | 作品《霞云轻霭图》获第三届全国少数民族美术作品展优秀作品奖 | 国家民族事务委员会、文化部、中国文学艺术界联合、中国美术家协会 | 2014.12 | |
| 300 | 白恩平 | 兰州画院 | 中国画《梦寻乡音》入选第十二届全国美展 | 文化部 | 2014.12 | |
| 301 | 郭金魁 | 兰州市环境监察局 | 全国环境信访工作先进个人 | 国家环境保护部 | 2014 | |
| 302 | 包廷贤 | 兰州铁路局嘉峪关机务段 | 全国五一劳动奖章 | 中华全国铁路总工会 | 2014 | |
| 303 | 马复亮 | 兰州铁路局定西工务段 | 火车头奖章 | 中华全国铁路总工会 | 2014 | |

| 序号 | 姓名 | 所在单位 | 荣获称号 | 颁奖单位 | 颁奖时间 | 备注 |
|---|---|---|---|---|---|---|
| 304 | 王　芳 | 兰州铁路局兰州客运段 | 火车头奖章 | 中华全国铁路总工会 | 2014 | |
| 305 | 周廷义 | 兰州铁路局兰州西机务段 | 火车头奖章 | 中华全国铁路总工会 | 2014 | |
| 306 | 任　鹏 | 兰州铁路局嘉峪关机务段 | 火车头奖章 | 中华全国铁路总工会 | 2014 | |
| 307 | 黄志明 | 兰州铁路局兰州供电段 | 火车头奖章 | 中华全国铁路总工会 | 2014 | |
| 308 | 杨玉春 | 兰州铁路局兰州西工务段 | 火车头奖章 | 中华全国铁路总工会 | 2014 | |
| 309 | 王雅卫 | 兰州铁路局兰州工务机械段 | 火车头奖章 | 中华全国铁路总工会 | 2014 | |
| 310 | 张　斌 | 兰州铁路局兰州车辆段 | 火车头奖章 | 中华全国铁路总工会 | 2014 | |
| 311 | 闫　云 | 兰州铁路局嘉峪关车辆段 | 火车头奖章 | 中华全国铁路总工会 | 2014 | |
| 312 | 杨保生 | 兰州铁路局机关 | 火车头奖章 | 中华全国铁路总工会 | 2014 | |
| 313 | 鹿　平 | 兰州铁路局机关 | 火车头奖章 | 中华全国铁路总工会 | 2014 | |
| 314 | 张景生 | 兰州铁路局机关 | 火车头奖章 | 中华全国铁路总工会 | 2014 | |
| 315 | 易多峰 | 兰州铁路局机关 | 火车头奖章 | 中华全国铁路总工会 | 2014 | |
| 316 | 边宝强 | 兰州铁路局兰州高铁段 | 火车头奖章 | 中华全国铁路总工会 | 2014 | |
| 317 | 李其俭 | 兰州铁路局兰州指挥部 | 火车头奖章 | 中华全国铁路总工会 | 2014 | |
| 318 | 骆宏斌 | 兰州铁路局敦煌铁路公司 | 火车头奖章 | 中华全国铁路总工会 | 2014 | |
| 319 | 马俊生 | 兰州铁路局机关 | 火车头奖章 | 中华全国铁路总工会 | 2014 | |
| 320 | 张　云 | 兰州铁路局华澳工程公司 | 火车头奖章 | 中华全国铁路总工会 | 2014 | |
| 321 | 田中华 | 兰州铁路局陇西车务段 | 火车头奖章 | 中华全国铁路总工会 | 2014 | |
| 322 | 王峰山 | 兰州铁路局武威南车务段 | 火车头奖章 | 中华全国铁路总工会 | 2014 | |
| 323 | 赵　斌 | 兰州铁路局嘉峪关车务段 | 火车头奖章 | 中华全国铁路总工会 | 2014 | |
| 324 | 程凤仙 | 兰州铁路局兰州货运中心 | 火车头奖章 | 中华全国铁路总工会 | 2014 | |
| 325 | 胡文斌 | 兰州铁路局机关 | 火车头奖章 | 中华全国铁路总工会 | 2014 | |
| 326 | 孙燕春 | 兰州铁路局中川铁路公司 | 火车头奖章 | 中华全国铁路总工会 | 2014 | |
| 327 | 段大鸿 | 兰州铁路局敦煌铁路公司 | 火车头奖章 | 中华全国铁路总工会 | 2014 | |
| 328 | 白建栋 | 兰州市安监局 | 安全生产监管监察先进个人 | 国家安全监管总局<br>国家煤矿安监局 | 2015.1 | 兰州市应急管理局 |
| 329 | 张　勤 | 兰州市农研中心 | 国务院政府特殊津贴 | 国务院 | 2015.1 | |
| 330 | 胥晓云 | 兰州市环境监测站 | 国家环境监测“三五”人才、环境监测“技术骨干” | 国家环境保护部 | 2015.3 | |
| 331 | 洪　鎏 | 国网兰州供电公司 | 全国劳动模范 | 中共中央、国务院 | 2015.4 | |
| 332 | 杨峻平 | 兰州市公安消防支队 | 2014年度消防产品监督管理工作先进个人 | 中华人民共和国公安部 | 2015.5 | 兰州市消防救援支队 |
| 333 | 牛铮超 | 兰州市社会科学院 | 2014--2015年度全国参政议政工作先进个人 | 九三学社中央 | 2015.11 | |
| 334 | 张延河 | 兰州市农研中心 | 三农科技服务金桥奖 | 中国技术市场协会 | 2015.11 | |
| 335 | 王芳霞 | 民进兰州市委员会 | 民进全国先进个人 | 中国民主促进会中央委员会 | 2015.12 | |
| 336 | 张　虎 | 农工党兰州市直属基层委员会 | 社会服务工作先进个人 | 农工党中央委员会 | 2015 | |
| 337 | 范译文 | 农工党兰州市农牧支部 | 国家国土绿化贡献奖 | 国家林业局 | 2015 | |

| 序号 | 姓名 | 所在单位 | 荣获称号 | 颁奖单位 | 颁奖时间 | 备注 |
|---|---|---|---|---|---|---|
| 338 | 马玺晔 | 中国民主建国会兰州市委员会 | 在民建机关工作20年以上，为民建事业发展和机关建设作出贡献，在民建成立70周年特此表彰 | 中国民主建国会中央委员会 | 2015 | |
| 339 | 李 杨 | 中国民主建国会兰州市委员会 | 民建全国优秀会员 | 中国民主建国会中央委员会 | 2015 | |
| 340 | 杨 镇 | 八路军兰州办事处纪念馆 | 2015年全国“扫黄打非”先进个人 | 全国“扫黄打非”工作小组 | 2015 | |
| 341 | 张炳乾 | 兰州市环境应急与事故调查中心 | 全国环保政务信息工作先进个人 | 中华人民共和国环境保护部 | 2015 | |
| 342 | 郭金魁 | 兰州市环境监察局 | 全国信访先进个人 | 中华人民共和国环境保护部 | 2015 | |
| 343 | 郭金魁 | 兰州市环境监察局 | 全国环境信访先进个人 | 环境保护部 | 2015 | |
| 344 | 杨 威 | 兰州市环境监察局 | 环保部收费先进个人 | 环境保护部 | 2015 | |
| 345 | 汪 新 | 兰州市环境监测站 | 国家环境监测“三五”人才、环境监测“技术骨干” | 国家环境保护部 | 2015 | |
| 346 | 薛 琳 | 兰州市环境监测站 | 国家环境监测“三五”人才、环境监测“技术骨干” | 国家环境保护部 | 2015 | |
| 347 | 张小林 | 民盟兰州市委员会 | 民盟特殊荣誉 | 中国民主同盟中央委员会 | 2015 | 从事盟务工作25年以上的离退休专职工作人员 |
| 348 | 郭素芹 | 民盟兰州市委员会 | 民盟特殊荣誉 | 中国民主同盟中央委员会 | 2015 | 从事盟务工作25年以上的离退休专职工作人员 |
| 349 | 施 澂 | 民盟兰州市委员会 | 民盟特殊荣誉 | 中国民主同盟中央委员会 | 2015 | 从事盟务工作25年以上的离退休专职工作人员 |
| 350 | 谢成俊 | 兰州市农研中心 | 全国先进工作者 | 中共中央、国务院 | 2015年 | |
| 351 | 蔡优芝 | 兰州铁路局兰州西机务段 | 全国劳动模范 | 兰州铁路局 、兰州铁路局工会 | 2015 | |
| 352 | 郝金平 | 兰州铁路局兰州西机务段 | 全国铁路劳动模范 | 人力资源社会保障部、中国铁路总公司 | 2015 | |
| 353 | 满利民 | 兰州铁路局嘉峪关供电段 | 全国铁路劳动模范 | 人力资源社会保障部、中国铁路总公司 | 2015 | |
| 354 | 陈兴福 | 兰州铁路局武威工务段 | 全国铁路劳动模范 | 人力资源社会保障部<br>中国铁路总公司 | 2015 | |
| 355 | 田伟明 | 兰州铁路局兰州车辆段 | 全国铁路劳动模范 | 人力资源社会保障部、中国铁路总公司 | 2015 | |
| 356 | 郑洪涛 | 兰州铁路局武威房建段 | 全国铁路劳动模范 | 人力资源社会保障部<br>中国铁路总公司 | 2015 | |
| 357 | 徐 实 | 兰州铁路局机关 | 全国铁路劳动模范 | 人力资源社会保障部、中国铁路总公司 | 2015 | |
| 358 | 徐 彪 | 兰州铁路局嘉峪关车辆段 | 火车头奖章 | 中华全国铁路总工会 | 2015 | |
| 359 | 王 源 | 兰州铁路局武威房建段 | 火车头奖章 | 中华全国铁路总工会 | 2015 | |

| 序号 | 姓名 | 所在单位 | 荣获称号 | 颁奖单位 | 颁奖时间 | 备注 |
|---|---|---|---|---|---|---|
| 360 | 蔡明言 | 兰州铁路局兰州生活段 | 火车头奖章 | 中华全国铁路总工会 | 2015 | |
| 361 | 李　冰 | 兰州铁路局兰州北车站 | 火车头奖章 | 中华全国铁路总工会 | 2015 | |
| 362 | 崔　龙 | 兰州铁路局兰州西机务段 | 火车头奖章 | 中华全国铁路总工会 | 2015 | |
| 363 | 张春芝 | 兰州铁路局兰州西工务段 | 火车头奖章 | 中华全国铁路总工会 | 2015 | |
| 364 | 周建楠 | 兰州铁路局兰州通信段 | 火车头奖章 | 中华全国铁路总工会 | 2015 | |
| 365 | 李江勇 | 兰州铁路局华澳工程公司 | 火车头奖章 | 中华全国铁路总工会 | 2015 | |
| 366 | 金　霞 | 兰州铁路局集团公司机关 | 火车头奖章 | 中华全国铁路总工会 | 2015 | |
| 367 | 王剑青 | 兰铁电视台 | 火车头奖章 | 中华全国铁路总工会 | 2015 | |
| 368 | 孙宝忠 | 兰州铁路局天水工务材料段 | 火车头奖章 | 中华全国铁路总工会 | 2015 | |
| 369 | 李学林 | 兰州铁路局机关 | 火车头奖章 | 中华全国铁路总工会 | 2015 | |
| 370 | 谷学武 | 兰州铁路局兰州北车站 | 火车头奖章 | 中华全国铁路总工会 | 2015 | |
| 371 | 侯经魁 | 兰州铁路局武威南车务段 | 火车头奖章 | 中华全国铁路总工会 | 2015 | |
| 372 | 张长再 | 兰州铁路局兰州货运中心 | 火车头奖章 | 中华全国铁路总工会 | 2015 | |
| 373 | 于荣昌 | 兰州铁路局嘉峪关机务段 | 火车头奖章 | 中华全国铁路总工会 | 2015 | |
| 374 | 冯　莉 | 兰州市南北两山环境绿化工程指挥部 | 全国绿化奖章 | 全国绿化委员会 | 2016.2 | |
| 375 | 文书平 | 兰州黄河风情线大景区管委会 | 全国绿化奖章 | 全国绿化委员会 | 2016.2 | |
| 376 | 庄炜民 | 兰州市城市建设设计院 | 全国施工图审查工作先进个人特别贡献奖 | 中国勘察设计协会 | 2016.4 | |
| 377 | 张　伟 | 兰州生产力促进中心 | 2015年度全国“生产力促进奖”(服务精英)奖 | 中国生产力促进中心协会 | 2016.5 | |
| 378 | 梁晓军 | 兰州市公安局交警支队 | 2016年春运“情满旅途”活动先进个人 | 交通运输部、公安部、国家安全监管总局、全国总工会、共青团中央 | 2016.5 | |
| 379 | 李志亮 | 兰州市公安消防支队特勤大队二站 | 公安现役部队士官优秀人才二等奖 | 公安部消防局 | 2016.7 | 兰州市消防救援支队特勤大队搜救犬站 |
| 380 | 张鹏飞 | 兰州市文化和旅游局 | 2015年广播影视基层统计工作先进工作者 | 国家新闻出版广电总局 | 2016.9 | |
| 381 | 胡　骏 | 民革兰州市委员会 | 民革全国机关工作先进个人 | 中国国民党革命委员会中央委员会 | 2016.11 | |
| 382 | 李彦雄 | 民革兰州市委员会 | 民革全国机关工作先进个人 | 中国国民党革命委员会中央委员会 | 2016.11 | |
| 383 | 唐浩漩 | 民盟兰州市委员会 | 民盟社会服务先进个人 | 中国民主同盟中央委员会 | 2016.11 | |
| 384 | 杨　斌 | 甘肃广播电视大学 | 九三学社中央组织部先进组工干部 | 九三学社中央组织部 | 2016.12 | |
| 385 | 文天翔 | 兰州市档案馆 | 2014-2016年度中国档案杂志驻全国省会城市和计划单列市工作站优秀站长 | 中国档案杂志社 | 2016 | |
| 386 | 张　勰 | 农工党兰州市直属基层委 | 全国商业诚实守信道德模范 | 中国商业联合会 | 2016 | |
| 387 | 张英俊 | 兰州市环境监测站 | 环境空气质量预报工作先进个人 | 中国环境监测总站 | 2016 | |

| 序号 | 姓名 | 所在单位 | 荣获称号 | 颁奖单位 | 颁奖时间 | 备注 |
| --- | --- | --- | --- | --- | --- | --- |
| 388 | 王彦锋 | 兰州市环境监测站 | 环境空气质量预报工作先进个人 | 中国环境监测总站 | 2016 | |
| 389 | 胥晓云 | 兰州市环境监测站 | 甘肃省优秀共产党员 | 国家环境保护部 | 2016 | |
| 390 | 王云峰 | 兰州铁路局中川铁路公司 | 火车头奖章 | 中华全国铁路总工会 | 2016 | |
| 391 | 范增选 | 兰州铁路局机关 | 火车头奖章 | 中华全国铁路总工会 | 2016 | |
| 392 | 刘国斌 | 兰州铁路局兰州西机务段 | 火车头奖章 | 中华全国铁路总工会 | 2016 | |
| 393 | 朱广强 | 兰州铁路局兰州西车辆段 | 火车头奖章 | 中华全国铁路总工会 | 2016 | |
| 394 | 贺鑫玺 | 兰州铁路局兰州电务段 | 火车头奖章 | 中华全国铁路总工会 | 2016 | |
| 395 | 康 健 | 兰州铁路局机关 | 火车头奖章 | 中华全国铁路总工会 | 2016 | |
| 396 | 李珍山 | 兰州铁路局武威南车务段 | 火车头奖章 | 中华全国铁路总工会 | 2016 | |
| 397 | 朱崇宝 | 兰州铁路局嘉峪关车务段 | 火车头奖章 | 中华全国铁路总工会 | 2016 | |
| 398 | 刘雪卓 | 兰州铁路局定西工务段 | 火车头奖章 | 中华全国铁路总工会 | 2016 | |
| 399 | 华 军 | 兰州铁路局金轮实业公司 | 火车头奖章 | 中华全国铁路总工会 | 2016 | |
| 400 | 戴华荣 | 兰州铁路局兰州北车站 | 火车头奖章 | 中华全国铁路总工会 | 2016 | |
| 401 | 尹亚平 | 兰州铁路局兰州西机务段 | 火车头奖章 | 中华全国铁路总工会 | 2016 | |
| 402 | 苏小平 | 兰州铁路局兰州西工务段 | 火车头奖章 | 中华全国铁路总工会 | 2016 | |
| 403 | 王海龙 | 兰州铁路局武威工务段 | 火车头奖章 | 中华全国铁路总工会 | 2016 | |
| 404 | 张春明 | 兰州铁路局嘉峪关工务段 | 火车头奖章 | 中华全国铁路总工会 | 2016 | |
| 405 | 唐文国 | 兰州铁路局兰州工务机械段 | 火车头奖章 | 中华全国铁路总工会 | 2016 | |
| 406 | 赵 强 | 兰州铁路局兰州电务段 | 火车头奖章 | 中华全国铁路总工会 | 2016 | |
| 407 | 王建国 | 兰州通信段 | 火车头奖章 | 中华全国铁路总工会 | 2016 | |
| 408 | 肖兰君 | 兰州铁路局兰州车辆段 | 火车头奖章 | 中华全国铁路总工会 | 2016 | |
| 409 | 赵军四 | 兰州铁路局兰州房建段 | 火车头奖章 | 中华全国铁路总工会 | 2016 | |
| 410 | 张柯芬 | 兰州铁路局金轮实业公司 | 火车头奖章 | 中华全国铁路总工会 | 2016 | |
| 411 | 徐英智 | 兰州铁路局兰州指挥部 | 火车头奖章 | 中华全国铁路总工会 | 2016 | |
| 412 | 赵克亮 | 兰州铁路局机关 | 火车头奖章 | 中华全国铁路总工会 | 2016 | |
| 413 | 毛宝萍 | 兰州铁路局机关 | 火车头奖章 | 中华全国铁路总工会 | 2016 | |
| 414 | 王景春 | 兰州铁路局兰州生活段 | 火车头奖章 | 中华全国铁路总工会 | 2016 | |
| 415 | 王学宁 | 兰州铁路局银川车务段 | 火车头奖章 | 中华全国铁路总工会 | 2016 | |
| 416 | 王其国 | 兰州铁路局信达工程公司 | 火车头奖章 | 中华全国铁路总工会 | 2016 | |
| 417 | 彭 莺 | 兰州铁路局机关 | 火车头奖章 | 中华全国铁路总工会 | 2016 | |
| 418 | 孙万斌 | 兰州铁路局武威南车务段 | 全国优秀党务工作者 | 中华全国铁路总工会 | 2016 | |
| 419 | 漆柏林 | 国网兰州供电公司 | 国家电网公司劳动模范 | 国家电网公司 | 2017.1 | |
| 420 | 张高兰 | 国网兰州供电公司 | 全国五一巾帼标兵 | 中华全国总工会 | 2017.2 | |
| 421 | 董开萍 | 兰州新区公安局 | 全国三八红旗手 | 中华全国妇女联合会 | 2017.2 | |
| 422 | 池东方 | 兰州市环境监察局 | 2016年度全国排污申报与排污费征收工作先进个人 | 环境保护部环境监察局 | 2017.3 | |

| 序号 | 姓名 | 所在单位 | 荣获称号 | 颁奖单位 | 颁奖时间 | 备注 |
|---|---|---|---|---|---|---|
| 423 | 张永年 | 国家税务总局兰州高新技术产业开发区税务局 | 中国税务报社2016年度优秀通讯员 | 中国税务报社 | 2017.7 | |
| 424 | 郇文生 | 民进兰州市委员会 | 民进全国机关工作先进个人 | 中国民主促进会中央委员会 | 2017.4 | |
| 425 | 朱永红 | 兰州市供销合作社联合社 | 2016年度全国供销合作社系统统计同工种竞赛先进个人 | 中华全国供销合作总社 | 2017.4 | |
| 426 | 郝　锐 | 兰州生产力促进中心 | 2016年度全国"生产力促进奖"先进个人–服务精英奖 | 中国生产力促进中心协会 | 2017.5 | |
| 427 | 袁娅洲 | 兰州市文化和旅游局 | 2016年度查处侵权盗版案件有功个人三等奖 | 中华人民共和国国家版权局 | 2017.5 | |
| 428 | 芦世宏 | 兰州市文化市场综合执法队 | 2016年度查处侵权盗版案件有功个人三等奖 | 中华人民共和国国家版权局 | 2017.5 | |
| 429 | 胡　斌 | 兰州市公安局治安管理支队 | 2013–2017年度全国创建"平安医院"活动表现突出个人 | 国家卫生健康委员会办公厅等 | 2017.5 | |
| 430 | 程　鹏 | 兰州市公安局七里河分局 | 全国优秀人民警察 | 中华人民共和国公安部 | 2017.5 | |
| 431 | 王　波 | 兰州市生态环境局七里河分局 | 从事环保工作三十年纪念奖章 | 中华人民共和国环境保护部 | 2017.5 | |
| 432 | 景　军 | 兰州市生态环境局七里河分局 | 从事环保工作三十年纪念奖章 | 中华人民共和国环境保护部 | 2017.5 | |
| 433 | 王大春 | 兰州市生态环境局七里河分局 | 从事环保工作三十年纪念奖章 | 中华人民共和国环境保护部 | 2017.5 | |
| 434 | 马俊斌 | 兰州市生态环境局七里河分局 | 从事环保工作三十年纪念奖章 | 中华人民共和国环境保护部 | 2017.5 | |
| 435 | 范志荣 | 兰州市生态环境局西固分局 | 从事环保工作三十年纪念奖章 | 中华人民共和国环境保护部 | 2017.5 | |
| 436 | 刘方福 | 兰州市生态环境局西固分局 | 从事环保工作三十年纪念奖章 | 中华人民共和国环境保护部 | 2017.5 | |
| 437 | 李　谦 | 兰州市公安局网安支队 | 一等功 | 中华人民共和国公安部 | 2017.6 | |
| 438 | 班建军 | 兰州市警察学校 | 全国公安系统优秀教官 | 中华人民共和国公安部 | 2017.9 | |
| 439 | 张明鳌 | 兰州市畜禽育种推广中心 | 2017年农业部中青年干部学习交流活动"科技创新驱动发展"专题论文优秀奖 | 农业部科技教育司 | 2017.10 | |
| 440 | 郇学泰 | 兰州市公安局反恐支队 | 一等功 | 中华人民共和国公安部 | 2017.11 | |
| 441 | 周思军 | 兰州市公安局特警支队 | 一等功 | 中华人民共和国公安部 | 2017.11 | |
| 442 | 赵　磊 | 兰州市公安局交警支队 | 中国好人 | 中央文明办 | 2017.12 | |
| 443 | 马彩萍 | 市公房中心庆阳路房管所 | 组织系统优秀网宣员 | 中央组织部 | 2017.12 | |
| 444 | 王国伟 | 兰州市公安消防支队盐场中队 | 党的十九大消防安保工作先进个人 | 中华人民共和国公安部 | 2017.12 | 兰州市安宁区费家营消防救援站 |
| 445 | 刘　朝 | 民盟兰州市委员会 | 民盟特殊荣誉 | 中国民主同盟中央委员会 | 2017.12 | 从事盟务工作25年以上的离退休专职工作人员 |
| 446 | 马万荣 | 兰州市农业农村局 | 全国林业系统先进工作者 | 人事部、国家林业局 | 2007.12 | 原兰州市林业局 |
| 447 | 杨　镇 | 八路军兰州办事处纪念馆 | 2017年全国"扫黄打非"先进个人 | 全国"扫黄打非"工作小组 | 2017 | |
| 448 | 芦茂林 | 兰州市环境监察局 | 在打击进口废物加工利用行业环境违法行为专项行动中表现突出人员 | 环保部 | 2017 | |

| 序号 | 姓名 | 所在单位 | 荣获称号 | 颁奖单位 | 颁奖时间 | 备注 |
|---|---|---|---|---|---|---|
| 449 | 寇发斌 | 兰州铁路局兰州指挥部 | 火车头奖章 | 中华全国铁路总工会 | 2017 | |
| 450 | 独云龙 | 兰州铁路局敦煌铁路公司 | 火车头奖章 | 中华全国铁路总工会 | 2017 | |
| 451 | 罗维强 | 兰州铁路局陇南工务段 | 火车头奖章 | 中华全国铁路总工会 | 2017 | |
| 452 | 徐同山 | 兰州铁路局兰州工务机械段 | 火车头奖章 | 中华全国铁路总工会 | 2017 | |
| 453 | 苏智敏 | 兰州铁路局嘉峪关电务段 | 火车头奖章 | 中华全国铁路总工会 | 2017 | |
| 454 | 卢鹏飞 | 兰州铁路局兰州西车辆段 | 火车头奖章 | 中华全国铁路总工会 | 2017 | |
| 455 | 汪成宏 | 兰州铁路局武威房建段 | 火车头奖章 | 中华全国铁路总工会 | 2017 | |
| 456 | 夏学峰 | 兰州铁路局华澳工程公司 | 火车头奖章 | 中华全国铁路总工会 | 2017 | |
| 457 | 许　强 | 兰州铁路局机关 | 火车头奖章 | 中华全国铁路总工会 | 2017 | |
| 458 | 王　力 | 兰州铁路局兰州高铁段 | 火车头奖章 | 中华全国铁路总工会 | 2017 | |
| 459 | 丁福东 | 兰州铁路局定西工务段 | 火车头奖章 | 中华全国铁路总工会 | 2017 | |
| 460 | 刘玉军 | 兰州车站 | 火车头奖章 | 中华全国铁路总工会 | 2017 | |
| 461 | 张玉梅 | 兰州车站 | 火车头奖章 | 中华全国铁路总工会 | 2017 | |
| 462 | 尹文杰 | 兰州铁路局兰州北车站 | 火车头奖章 | 中华全国铁路总工会 | 2017 | |
| 463 | 张英华 | 兰州铁路局武威南车务段 | 火车头奖章 | 中华全国铁路总工会 | 2017 | |
| 464 | 楼志伟 | 兰州铁路局嘉峪关车务段 | 火车头奖章 | 中华全国铁路总工会 | 2017 | |
| 465 | 李西成 | 兰州货运中心 | 火车头奖章 | 中华全国铁路总工会 | 2017 | |
| 466 | 吴　冰 | 兰州铁路局机关 | 火车头奖章 | 中华全国铁路总工会 | 2017 | |
| 467 | 谢为民 | 兰州铁路局机关 | 火车头奖章 | 中华全国铁路总工会 | 2017 | |
| 468 | 王　军 | 兰州铁路局机关 | 火车头奖章 | 中华全国铁路总工会 | 2017 | |
| 469 | 王　进 | 兰州铁路局职工培训中心 | 火车头奖章 | 中华全国铁路总工会 | 2017 | |
| 470 | 李友军 | 兰州市安监局 | 安全生产监管监察先进个人 | 国家安全监管总局<br>国家煤矿安监局 | 2018.1 | 兰州市应急管理局 |
| 471 | 闫亚杰 | 兰州市农业机械监理所 | 2017年度全国农机安全监理示范岗位标兵 | 农业部、国家安全生产监督管理总局 | 2018.1 | |
| 472 | 贾维新 | 兰州市安宁区环境保护局 | 三十年环保 | 国家环境保护部 | 2018.5 | |
| 473 | 辛世辉 | 兰州市安宁区环境保护局 | 从事环保工作二十年纪念奖章 | 中华人民共和国环境保护部 | 2018.5 | |
| 474 | 谈敦俭 | 兰州市生态保护局榆中分局 | 从事环保工作二十年纪念奖章 | 中华人民共和国环境保护部 | 2018.5 | |
| 475 | 张德军 | 兰州市生态保护局榆中分局 | 从事环保工作二十年纪念奖章 | 中华人民共和国环境保护部 | 2018.5 | |
| 476 | 邓玉杰 | 兰州市生态保护局榆中分局 | 从事环保工作二十年纪念奖章 | 中华人民共和国环境保护部 | 2018.5 | |
| 477 | 郭力荣 | 兰州市生态保护局榆中分局 | 从事环保工作二十年纪念奖章 | 中华人民共和国环境保护部 | 2018.5 | |
| 478 | 蒋素梅 | 兰州市生态保护局榆中分局 | 从事环保工作二十年纪念奖章 | 中华人民共和国环境保护部 | 2018.5 | |
| 479 | 颜仁林 | 兰州市生态保护局榆中分局 | 从事环保工作二十年纪念奖章 | 中华人民共和国环境保护部 | 2018.5 | |
| 480 | 曾朝辉 | 兰州市生态保护局榆中分局 | 从事环保工作二十年纪念奖章 | 中华人民共和国环境保护部 | 2018.5 | |
| 481 | 杨言平 | 兰州市生态保护局榆中分局 | 从事环保工作二十年纪念奖章 | 中华人民共和国环境保护部 | 2018.5 | |
| 482 | 李　磊 | 兰州新区环保局 | 从事环保工作二十年纪念奖章 | 中华人民共和国环境保护部 | 2018.5 | |
| 483 | 余建新 | 兰州新区环保局 | 从事环保工作三十年纪念奖章 | 中华人民共和国环境保护部 | 2018.5 | |
| 484 | 马胜春 | 兰州新区环保局 | 从事环保工作二十年纪念奖章 | 中华人民共和国环境保护部 | 2018.5 | |

| 序号 | 姓名 | 所在单位 | 荣获称号 | 颁奖单位 | 颁奖时间 | 备注 |
|---|---|---|---|---|---|---|
| 485 | 王秀丽 | 兰州生产力促进中心 | 2017年度“生产力促进奖"(服务精英)三等奖 | 中国生产力促进中心协会 | 2018.7 | |
| 486 | 樊小龙 | 兰州市公安局七里河分局 | 平台之星 | 公安部第五局 | 2018.10 | |
| 487 | 俞成乾 | 兰州市农业广播电视学校 | 教学能手“一师一优课”教学成果二等奖 | 中央农业广播电视学校 | 2018.10 | |
| 488 | 朱天垣 | 农工党兰州市妇幼保健院总支 | 2017年12月“中国好人” | 中央文明办 | 2018 | |
| 489 | 马敏泉 | 兰州市环境监测站 | 中国好人全国最美基层环保人 | 中华人民共和国环境保护部 | 2018 | |
| 490 | 李民集 | 兰州市生态环境局西固分局 | 从事环保工作三十年纪念奖章 | 中华人民共和国环境保护部 | 2018 | |
| 491 | 周国新 | 兰州市生态环境局西固分局 | 从事环保工作三十年纪念奖章 | 中华人民共和国环境保护部 | 2018 | |
| 492 | 李军 | 兰州市生态环境局西固分局 | 从事环保工作三十年纪念奖章 | 中华人民共和国环境保护部 | 2018 | |
| 493 | 张耀生 | 兰州市生态环境局西固分局 | 从事环保工作三十年纪念奖章 | 中华人民共和国环境保护部 | 2018 | |
| 494 | 张军 | 兰州市生态环境局西固分局 | 从事环保工作三十年纪念奖章 | 中华人民共和国环境保护部 | 2018 | |
| 495 | 聂闻 | 兰铁国旅公司 | 火车头奖章 | 中华全国铁路总工会 | 2018 | |
| 496 | 梁广奎 | 兰州铁路局兰州车务段 | 火车头奖章 | 中华全国铁路总工会 | 2018 | |
| 497 | 吴振海 | 兰州铁路局兰州西机务段 | 火车头奖章 | 中华全国铁路总工会 | 2018 | |
| 498 | 高文斌 | 兰州铁路局兰州供电段 | 火车头奖章 | 中华全国铁路总工会 | 2018 | |
| 499 | 孙平奎 | 兰州铁路局武威工务段 | 火车头奖章 | 中华全国铁路总工会 | 2018 | |
| 500 | 郑鹏 | 兰州铁路局嘉峪关工务段 | 火车头奖章 | 中华全国铁路总工会 | 2018 | |
| 501 | 孙立新 | 兰州铁路局嘉峪关车辆段 | 火车头奖章 | 中华全国铁路总工会 | 2018 | |
| 502 | 伏天一 | 兰州铁路局机关 | 火车头奖章 | 中华全国铁路总工会 | 2018 | |
| 503 | 马振文 | 兰州铁路局兰州西工务段 | 火车头奖章 | 中华全国铁路总工会 | 2018 | |
| 504 | 陈忠祥 | 兰州铁路局定西工务段 | 全国五一劳动奖章 | 中华全国总工会 | 2018 | |
| 505 | 范利锋 | 兰州铁路局机关 | 火车头奖章 | 中国铁路总公司 | 2018 | |
| 506 | 郭锐 | 国网兰州供电公司 | 国家电网有限公司“国网工匠” | 国家电网有限公司 | 2019.1 | |
| 507 | 王冰 | 兰州市公安局禁毒处 | 2018年全国禁毒部门办公室系统先进个人 | 国家禁毒委员会办公室 | 2019.1 | |
| 508 | 李成 | 七里河区建兰路消防救援站 | 改革转制教育整训先进个人 | 应急管理部消防救援局 | 2019.1 | 兰州市七里河区建兰路消防救援站 |
| 509 | 赵宝瑞 | 国网兰州供电公司 | 全国五一巾帼标兵 | 中华全国总工会 | 2019.2 | |
| 510 | 蔚等 | 兰州市消防救援支队 | 巾帼建功标兵 | 应急管理部消防救援局 | 2019.3 | 兰州市消防救援支队 |
| 511 | 方立民 | 兰州市公安局经侦支队 | 一等功 | 中华人民共和国公安部 | 2019.4 | |
| 512 | 马青 | 兰州市生态环境保护综合行政执法队 | 全国“人民满意公务员” | 中共中央组织部<br>中共中央宣传部 | 2019.6 | |
| 513 | 巨龙 | 兰州市消防救援支队城关区大队 | 全国消防救援队伍优秀党务工作者 | 应急管理部消防救援局 | 2019.7 | 兰州市城关区消防救援大队 |
| 514 | 张海峰 | 兰州市林业局 | 全国生态建设突出贡献先进个人 | 全国绿化委员会 | 2019.9 | |

| 序号 | 姓名 | 所在单位 | 荣获称号 | 颁奖单位 | 颁奖时间 | 备注 |
| --- | --- | --- | --- | --- | --- | --- |
| 515 | 张守琪 | 兰州市林业局 | 第十二届国际园林博览会表现突出个人奖 | 国家住建部 | 2019.9 | |
| 516 | 李　权 | 兰州市林业局 | 第十二届国际园林博览会表现突出个人奖 | 国家住建部 | 2019.9 | |
| 517 | 张　喆 | 兰州市林业局 | 第十二届国际园林博览会表现突出个人奖 | 国家住建部 | 2019.9 | |
| 518 | 洪　鎏 | 国网兰州供电公司 | 庆祝中华人民共和国成立70周年纪念章 | 中共中央国务院、中央军委 | 2019.9 | |
| 519 | 李　静 | 兰州生产力促进中心 | 2018年度生产力促进奖(服务精英)奖 | 中国生产力促进中心协会 | 2019.10 | |
| 520 | 郁文生 | 民进兰州市委员会 | 民进全国组织建设先进个人 | 中国民主促进会中央委员会 | 2019.10 | |
| 521 | 杨青云 | 兰州高新区 | 中国留学人员创业园建设25周年“突出贡献个人” | 中国技术创业协会留学人员创业园联盟 | 2019.10 | |
| 522 | 魏沁园 | 兰州广播电视台 | 全国新闻界第六届“好记者讲好故事”活动“优秀选手” | 新闻战线“三项学习教育”活动领导小组办公室 | 2019.10 | |
| 523 | 王　成 | 兰州中川国际机场(消防护卫部急救中心) | 《非医疗目的就医行为的分析已对策》论文获民用机场应急救护研讨交流会优秀论文 | 中国民用机场协会 | 2019.11 | |
| 524 | 王小飞 | 民盟兰州市委员会 | 民盟思想政治建设和宣传工作先进个人 | 中国民主同盟中央委员会 | 2019.11 | |
| 525 | 李明珊 | 兰州市农业农村局 | 全国农业农村系统先进个人 | 农业农村部 | 2019.12 | |
| 526 | 华国春 | 兰州中川国际机场(安检站) | 全国2019年中国民航机场登机桥操作员职业技能大赛优秀奖 | 中国民航工会全国委员会 | 2019.12 | |
| 527 | 姜利庭 | 兰州中川国际机场(安检站) | 全国2019年中国民航机场登机桥操作员职业技能大赛优秀奖 | 中国民航工会全国委员会 | 2019.12 | |
| 528 | 张泷升 | 兰州中川国际机场(安检站) | 全国2019年中国民航机场登机桥操作员职业技能大赛优秀奖 | 中国民航工会全国委员会 | 2019.12 | |
| 529 | 李赫林 | 兰州市机关事务管理局 | 全国机关事务管理研究会2019年理论研究评审二等奖 | 全国机关事务管理研究会 | 2019.12 | |
| 530 | 赖兴颖 | 兰州市机关事务管理局 | “2019年绿色出行宣传月和公交出行宣传周活动”先进个人 | 交通运输部、公安部、国家机关事务管理局、中华全国总工会 | 2019 | |
| 531 | 朱天垣 | 农工党兰州市妇幼保健院总支 | 全国“最美奋斗者”提名奖 | 中共中央宣传部、中央组织部等 | 2019 | |
| 532 | 苗玉山 | 兰州市生态环境局西固分局 | 从事环保工作三十年纪念奖章 | 中华人民共和国环境保护部 | 2019 | |
| 533 | 杜坤坤 | 兰州市生态环境局 | 2019年度中国环境报宣传工作先进个人 | 中国环境报社 | 2019 | |
| 534 | 谢成俊 | 兰州市农研中心 | 建国70周年纪念奖章 | 党中央、国务院、中央军委 | 2019 | |
| 535 | 谢成俊 | 兰州市农研中心 | 第3参加的《旱作农业轮耕技术及配套耕作技术的研究与开发》项目,获全国农牧渔业丰收三等奖 | 农业部 | 2019 | |
| 536 | 尚立香 | 兰州铁路局兰州车务段 | 全国铁路劳动模范 | 人力资源社会保障部、国铁集团 | 2019 | |

| 序号 | 姓名 | 所在单位 | 荣获称号 | 颁奖单位 | 颁奖时间 | 备注 |
|---|---|---|---|---|---|---|
| 537 | 赵　丕 | 兰州铁路局兰州西机务段 | 全国铁路劳动模范 | 人力资源社会保障部、国铁集团 | 2019 | |
| 538 | 马云龙 | 兰州铁路局嘉峪关机务段 | 全国铁路劳动模范 | 人力资源社会保障部、国铁集团 | 2019 | |
| 539 | 陈国宏 | 兰州铁路局嘉峪关工务段 | 全国铁路劳动模范 | 人力资源社会保障部、国铁集团 | 2019 | |
| 540 | 张学东 | 兰州铁路局兰州车辆段 | 全国铁路劳动模范 | 人力资源社会保障部、国铁集团 | 2019 | |
| 541 | 王大林 | 兰州铁路局机关 | 全国铁路劳动模范 | 人力资源社会保障部、国铁集团 | 2019 | |
| 542 | 石　瑾 | 兰州铁路局兰州供电段 | 全国铁路劳动模范 | 人力资源社会保障部、国铁集团 | 2019 | |
| 543 | 刘世英 | 兰州市妇联 | 全国巾帼建功标兵 | 全国妇联 | 2019年 | |
| 544 | 周忠辉 | 兰州市审计局 | 全国审计机关先进个人 | 审计署 | 2019年 | |

## 省委省政府表彰荣誉（集体）

| 序号 | 获奖单位 | 荣获称号 | 颁奖单位 | 颁奖时间 | 备注 |
|---|---|---|---|---|---|
| 1 | 兰州市城关区徐家山林场 | 甘肃绿化模范单位 | 甘肃省人民政府 | 2005 | |
| 2 | 兰州市教育局 | 全省职业教育工作先进单位 | 甘肃省人民政府 | 2005 | |
| 3 | 兰州市环保局 | “2001—2005年度全省法制宣传教育先进单位” | 中共甘肃省委、甘肃省人民政府 | 2005 | |
| 4 | 兰州房地产交易中心 | 省级文明单位 | 中共甘肃省委、甘肃省人民政府 | 2005 | |
| 5 | 甘肃中石油昆仑燃气有限公司 | 甘肃省文明行业 | 中共甘肃省委、甘肃省人民政府 | 2006.9 | |
| 6 | 兰州市教育局 | 2001—2005年全省法制宣传先进集体 | 中共甘肃省委 | 2006 | |
| 7 | 兰州市环保局 | 2001—2005年度全省法制宣传教育先进单位 | 中共甘肃省委、甘肃省人民政府 | 2006 | |
| 8 | 兰州市社科院 | 《兰州学刊》获CSSCI扩展版来源期刊（2008—2009年） | 南京大学中国社会科学研究评价中心 | 2007.12 | |
| 9 | 兰州市公安局特警支队 | 全省抗震救灾先进基层党组织 | 中共甘肃省委 | 2008.7 | |
| 10 | 兰州市公安消防支队 | 全省精神文明建设工作先进单位 | 中共甘肃省委、甘肃省人民政府 | 2008.7 | 兰州市消防救援支队 |
| 11 | 兰州市城市建设设计院 | 省级文明单位标兵 | 中共甘肃省委 甘肃省人民政府 | 2008.12 | |
| 12 | 兰州戏曲剧院 | 秦剧《曹操与杨修》获甘肃省第六届敦煌文艺奖二等奖 | 中共甘肃省委 甘肃省人民政府 | 2009.9 | |
| 13 | 兰州市南北两山环境绿化工程指挥部 | 《兰州南北两山史话》获第八届甘肃省优秀图书奖二等奖 | 甘肃省人民政府 | 2009.9 | |
| 14 | 兰州市文艺创作中心 | 电视纪录片《绝唱》获甘肃省第六届敦煌文艺奖二等奖 | 中共甘肃省委 甘肃省人民政府 | 2009.12 | |
| 15 | 兰州市社科院 | 《兰州学刊》获CSSCI扩展版来源期刊（2010—2011年） | 南京大学中国社会科学研究评价中心 | 2009.12 | |

| 序号 | 获奖单位 | 荣获称号 | 颁奖单位 | 颁奖时间 | 备注 |
|---|---|---|---|---|---|
| 16 | 兰州市图书馆 | 省级文明单位标兵 | 中共甘肃省委 甘肃省人民政府 | 2009 | |
| 17 | 兰州市南北两山环境绿化工程指挥部 | 兰州市郊黄土丘陵雨养生态系统建植技术与模式项目获甘肃省科技进步二等奖 | 甘肃省人民政府 | 2010.4 | |
| 18 | 兰州市公安局特警支队 | 舟曲抢险救灾先进集体 | 中共甘肃省委、甘肃省人民政府、甘肃省军区 | 2010.12 | |
| 19 | 兰州市图书馆 | 省级文明单位标兵 | 中共甘肃省委<br>甘肃省人民政府 | 2010.12 | |
| 20 | 兰州市图书馆 | 省级文明单位标兵 | 中共甘肃省委　甘肃省人民政府 | 2010.12 | |
| 21 | 兰州市环境保护局 | 省级文明单位标兵 | 中共甘肃省委<br>甘肃省人民政府 | 2010.12 | |
| 22 | 兰州市公安局便衣侦查支队 | 全省先进基层党组织 | 中共甘肃省委 | 2011.6 | |
| 23 | 兰州市公安局便衣侦查支队 | 全省先进基层党组织 | 中共甘肃省委 | 2011.6 | |
| 24 | 兰州市公安消防支队西固消防大队西固中队党支部 | 全省先进基层党组织 | 中共甘肃省委 | 2011.6 | 兰州市西固区合水路消防救援站 |
| 25 | 兰州市社科院 | 《兰州学刊》获CSSCI扩展版来源期刊（2012—2013年） | 南京大学中国社会科学研究评价中心 | 2011.12 | |
| 26 | 兰州市人力资源和社会保障局 | 全省就业先进工作单位 | 甘肃省人民政府 | 2012.9 | |
| 27 | 兰州市社会保险事业管理局 | 全省城乡居民社会养老保险工作先进单位 | 甘肃省人民政府 | 2012.12 | |
| 28 | 兰州市公安局交通警察支队东岗大队 | 精神文明建设先进单位 | 中共甘肃省委、甘肃省人民政府 | 2012.12 | |
| 29 | 兰州市社会保险事业管理局 | 全省城乡居民社会养老保险工作 先进单位 | 甘肃省人民政府 | 2012.12 | |
| 30 | 兰州兰石集团有限公司 | 全省质量工作先进单位 | 甘肃省人民政府 | 2012.12 | |
| 31 | 兰州市农业委员会 | 甘肃省科技进步奖三等奖 | 甘肃省人民政府 | 2012 | |
| 32 | 兰州新区管委会 | 舟曲山洪泥石流灾后恢复重建先进集体 | 中共甘肃省委、甘肃省人民政府 | 2013.1 | |
| 33 | 兰州是广播电视传播中心 | 创作的电影《兰州1949》获甘肃省第七届敦煌文艺奖三等奖 | 中共甘肃省委、甘肃省人民政府 | 2013.3 | |
| 34 | 兰州市公安局西固分局 | 省级精神文明建设先进单位 | 中共甘肃省委、甘肃省人民政府 | 2013.3 | |
| 35 | 兰州市公安消防支队西固消防大队西固中队 | 省级精神文明建设工作先进单位 | 中共甘肃省委、甘肃省人民政府 | 2013.3 | 兰州市西固区合水路消防救援站 |
| 36 | 兰州市公安消防支队特勤大队 | 省级文明单位 | 中共甘肃省委、甘肃省人民政府 | 2013.3 | 兰州市消防救援支队特勤大队 |
| 37 | 兰州市社科院 | 《兰州学刊》获CSSCI扩展版来源期刊（2014—2016年） | 南京大学中国社会科学研究评价中心 | 2013.12 | |
| 38 | 兰州市中级人民法院 | 全省第一批节约示范单位 | 甘肃省人民政府 | 2013 | |
| 39 | 兰州市第一人民医院 | 全省质量工作“先进单位” | 甘肃省人民政府 | 2013 | |

| 序号 | 获奖单位 | 荣获称号 | 颁奖单位 | 颁奖时间 | 备注 |
|---|---|---|---|---|---|
| 40 | 兰州市公安局交通警察支队东岗大队 | 省级文明单位 | 中共甘肃省委、甘肃省人民政府 | 2015.7 | |
| 41 | 兰州市公安消防支队七里河区大队龚家湾中队 | 省级文明单位 | 中共甘肃省委、甘肃省人民政府 | 2015.7 | 兰州市七里河区龚家湾消防救援站 |
| 42 | 兰州市教育局 | 全省拥军优属工作 先进单位 | 中共甘肃省委、甘肃省人民政府、甘肃省军区 | 2015 | |
| 43 | 兰州市机关事务管理局 | 2015年度全省联村联户为民富民行动“民心奖” | 中共甘肃省委、甘肃省人民政府 | 2016.5 | |
| 44 | 兰州市公安局特警支队 | 甘肃省先进基层党组织 | 中共甘肃省委 | 2016.6 | |
| 45 | 兰州市公安消防支队 | 2015年度全省联村联户为民富民行动民心奖 | 中共甘肃省委、甘肃省人民政府 | 2016.5 | 兰州市消防救援支队 |
| 46 | 中共兰州市委党史办 | 《中国共产党兰州历史(1949—1978)》获甘肃省第十四次哲学社会科学优秀成果三等奖 | 中共甘肃省委、甘肃省人民政府 | 2016.8 | |
| 47 | 兰州市社科院 | 《兰州学刊》获CSSCI扩展版来源期刊(2017—2018年) | 南京大学中国社会科学研究评价中心 | 2016.12 | |
| 48 | 国网兰州供电公司 | 甘肃省先进基层党组织 | 中共甘肃省委 | 2016 | |
| 49 | 市妇联 | 全省“妇女儿童发展规划先进集体” | 甘肃省人民政府 | 2016 | |
| 50 | 兰州新区环境保护局 | 甘肃省城市规划与重点工程建设气象保障关键技术研究及应用三等奖 | 甘肃省人民政府 | 2017.1 | |
| 51 | 兰州市人民政府 | 2016年度省长金融奖 | 甘肃省人民政府 | 2017.4 | |
| 52 | 兰州市人民政府 | 2016年度省长金融奖 | 甘肃省人民政府 | 2017.4 | |
| 53 | 兰州银行 | 2016年度省长金融奖 | 甘肃省人民政府 | 2017.4 | |
| 54 | 兰州市第三人民医院 | 省级文明单位 | 中共甘肃省委 甘肃省人民政府 | 2017.7 | |
| 55 | 兰州戏曲剧院 | 创作的秦腔《夏雪》荣获甘肃省第八届敦煌文艺奖一等奖 | 中共甘肃省委 甘肃省人民政府 | 2017.11 | |
| 56 | 兰州市广播电视总台 | 制作的纪录片《红色地标》获甘肃省第八届敦煌文艺奖三等奖 | 中共甘肃省委 甘肃省人民政府 | 2017.11 | |
| 57 | 兰州市人民政府 | 2016年度省长金融奖 | 甘肃省人民政府 | 2018.7 | |
| 58 | 兰州市社科院 | 《兰州学刊》获CSSCI扩展版来源期刊(2019—2020年) | 南京大学中国社会科学研究评价中心 | 2018.12 | |
| 59 | 兰州市气象局 | 甘肃省科技进步三等奖 | 甘肃省人民政府 | 2018 | |
| 60 | 兰州市种子管理局 | 第十四批省级精神文件建设先进集体 | 中共甘肃省委、甘肃省人民政府 | 2018 | |
| 61 | 兰州市退役军人事务局 | 双拥模范城 | 中共甘肃省委、甘肃省人民政府、甘肃省军区 | 2019.7 | |
| 62 | 兰州市退役军人事务局 | 先进双拥工作办公室 | 中共甘肃省委、甘肃省人民政府、甘肃省军区 | 2019.7 | |
| 63 | 兰州市人民政府 | 2016年度省长金融奖 | 甘肃省人民政府 | 2019.11 | |
| 64 | 兰州戏曲剧院 | 秦剧《曹操与杨修》获第六届敦煌文艺奖 | 中共甘肃省委<br>甘肃省人民政府 | 2019.12 | |

## 省委省政府表彰荣誉（个人）

| 序号 | 姓名 | 所在单位 | 荣获称号 | 颁奖单位 | 颁奖时间 | 备注 |
|---|---|---|---|---|---|---|
| 1 | 王 坚 | 兰州市公安局便衣支队 | 甘肃省先进工作者 | 中共甘肃省委、甘肃省人民政府 | 2005.4 | |
| 2 | 杨菊英 | 兰州市市政工程服务中心 | 甘肃省先进工作者 | 中共甘肃省省委、甘肃省人民政府 | 2005.4 | |
| 3 | 纪朝明 | 兰州市机关事务管理局 | 军粮供应先进个人 | 甘肃省人民政府、兰州军区 | 2005.7 | 兰州军区装备部 |
| 4 | 张玉斌 | 兰州市社科院 | 副主编《中国发展之魂·政治篇》获“第六届甘肃省优秀图书奖”二等奖 | 甘肃省人民政府 | 2005.9 | |
| 5 | 费恒昌 | 兰州市林业局 | 甘肃绿化奖章 | 甘肃省人民政府 | 2005 | |
| 6 | 赵长安 | 兰州货运中心 | 甘肃省劳动模范 | 中共甘肃省委、甘肃省人民政府 | 2005 | |
| 7 | 邢翠英 | 兰州客运段 | 甘肃省劳动模范 | 中共甘肃省委、甘肃省人民政府 | 2005 | |
| 8 | 李 明 | 兰州西工务段 | 甘肃省劳动模范 | 中共甘肃省委、甘肃省人民政府 | 2005 | |
| 9 | 鲍婉茜 | 兰州电务段 | 甘肃省劳动模范 | 中共甘肃省委、甘肃省人民政府 | 2005 | |
| 10 | 邵荣富 | 兰州铁路局机关 | 甘肃省劳动模范 | 中共甘肃省委、甘肃省人民政府 | 2005 | |
| 11 | 马水平 | 兰州铁路局机关 | 甘肃省劳动模范 | 中共甘肃省委、甘肃省人民政府 | 2005 | |
| 12 | 李小璞 | 兰州铁路局机关 | 甘肃省劳动模范 | 中共甘肃省委、甘肃省人民政府 | 2005 | |
| 13 | 杨宪锋 | 兰州市机关事务管理局 | 全省民族团结进步模范个人 | 中共甘肃省委、甘肃省人民政府 | 2006.5 | 永登县民族宗教事务局 |
| 14 | 金 荣 | 市民宗委 | 全省民族团结进步模范个人 荣誉称号 | 中共甘肃省委、甘肃省人民政府 | 2006.5 | |
| 15 | 马 军 | 市委宣传部 | 全省拥军优属先进个人 | 中共甘肃省委、甘肃省人民政府、甘肃省军区 | 2006.8 | |
| 16 | 魏永胜 | 兰州市教育局 | 甘肃省“园丁奖” | 中共甘肃省委、甘肃省人民政府 | 2006.9 | |
| 17 | 谢成俊 | 兰州市农业科学研究所 | 2006年度甘肃省科技进步三等奖 | 甘肃省人民政府 | 2006 | |
| 18 | 程玉萍 | 兰州市种子管理站 | 甘肃省科技进步三等奖 | 甘肃省人民政府 | 2006 | |
| 19 | 牛铮超 | 兰州市社会科学院 | 《生产力促进运行机制研究》获甘肃省第七届社会科学优秀成果三等奖 | 中共甘肃省委、甘肃省人民政府 | 2007.1 | |
| 20 | 王建成 | 兰州市种子管理站 | 甘肃省科学技术进步奖三等奖 | 甘肃省人民政府 | 2007.5 | |
| 21 | 郑建礼 | 兰州市种子管理站 | 花椰菜新品种“玉雪”的选育与示范推广获甘肃省科技进步三等奖 | 甘肃省人民政府 | 2007.5 | |
| 22 | 滕汉玮 | 兰州市农技推广中心 | 《旱地全膜双垄沟播降水高效利用技术研究与示范》甘肃省科技进步一等奖 | 甘肃省人民政府 | 2009.2 | |
| 23 | 韩文奇 | 甘肃广播电视大学 | 甘肃省第十一届社会科学优秀成果三等奖 | 中共甘肃省委、甘肃省人民政府 | 2009.5 | 专著《张耒及其诗歌创作研究》 |

| 序号 | 姓名 | 所在单位 | 荣获称号 | 颁奖单位 | 颁奖时间 | 备注 |
|---|---|---|---|---|---|---|
| 24 | 张玉斌 | 兰州市社科院 | 参编著作《和谐兰州评价指标体系研究》(第二执笔)获甘肃省第十一届社会科学优秀成果奖三等奖。 | 中共甘肃省委、甘肃省人民政府 | 2009.12 | |
| 25 | 裴林安 | 兰州画院 | 油画《九曲黄河》获甘肃省第六届敦煌文艺奖三等奖 | 中共甘肃省委、甘肃省人民政府 | 2009.12 | |
| 26 | 许馨元 | 兰州歌舞剧院 | 创作的舞蹈《今天就长大》获甘肃省第六届敦煌文艺奖二等奖 | 中共甘肃省委、甘肃省人民政府 | 2009.12 | |
| 27 | 赵　亮 | 兰州歌舞剧院 | 创作的舞蹈《降魔金刚》获甘肃省第六届敦煌文艺奖二等奖 | 中共甘肃省委、甘肃省人民政府 | 2009.12 | |
| 28 | 王艺潼 | 兰州歌舞剧院 | 创编的舞蹈《今天就长大》荣获甘肃省第六届敦煌文艺奖二等奖 | 中共甘肃省委员会<br>甘肃省人民政府 | 2009.12 | |
| 29 | 曾红兵 | 兰州市文化馆 | 摄影作品《暮归》第六届敦煌文艺奖获三等奖(2009) | 中共甘肃省委员会<br>甘肃省人民政府 | 2009.12 | |
| 30 | 陈江波 | 兰州市南北两山环境绿化工程指挥部 | 甘肃绿化奖章 | 甘肃省人民政府 | 2009 | |
| 31 | 贺有利 | 兰州市社会科学院 | 论文《推进"土地出让"新土改的理论探讨》获甘肃省第十五届社会科学优秀成果三等奖 | 中共甘肃省委、甘肃省人民政府 | 2009 | |
| 32 | 彭志云 | 兰州市农研中心 | 甘肃省科学技术进步三等奖 | 甘肃省人民政府 | 2009年 | |
| 33 | 徐　琼 | 兰州市农研中心 | 甘肃省科学技术进步三等奖 | 甘肃省人民政府 | 2009年 | |
| 34 | 张小琴 | 兰州戏曲剧院 | 甘肃省领军人才第二层次人选 | 中共甘肃省委、甘肃省人民政府 | 2010.2 | |
| 35 | 杨明光 | 兰州市城市建设设计院 | 甘肃省领导军人才第二层次 | 中共甘肃省委、甘肃省人民政府 | 2010.2 | |
| 36 | 李雅琴 | 兰州市城市建设设计院 | 甘肃省领导军人才第二层次 | 中共甘肃省委、甘肃省人民政府 | 2010.2 | |
| 37 | 滕汉玮 | 兰州市农研中心 | 甘肃省领军人才 | 中共甘肃省委、甘肃省人民政府 | 2010.2 | |
| 38 | 王万鹏 | 兰州市南北两山环境绿化工程指挥部 | 兰州市郊黄土丘陵雨养生态系统建植技术与模式项目获甘肃省科技进步二等奖 | 甘肃省人民政府 | 2010.4 | |
| 39 | 康小虎 | 国网兰州供电公司 | 甘肃省劳动模范 | 中共甘肃省委、甘肃省人民政府 | 2010.4 | |
| 40 | 金江海 | 兰州市公安局经侦支队 | 甘肃省先进工作者 | 中共甘肃省委、甘肃省人民政府 | 2010.4 | |
| 41 | 杨　宏 | 兰州市公安局交警支队 | 甘肃省先进工作者 | 中共甘肃省委、甘肃省人民政府 | 2010.4 | |
| 42 | 陶树春 | 兰州市农研中心 | 甘肃省科技进步二等奖 | 甘肃省人民政府 | 2010.4 | |
| 43 | 蔺雪琰 | 市民宗委 | 全省藏传佛教寺庙法制宣传教育工作先进个人 | 中共甘肃省委、甘肃省人民政府 | 2010.6 | |
| 44 | 吴峰年 | 兰州市公安局交警支队 | 舟曲抢险救灾模范 | 中共甘肃省委、甘肃省人民政府、甘肃省军区 | 2010.12 | |
| 45 | 刘利军 | 兰州市公安局特警支队 | 舟曲抢险救灾模范 | 中共甘肃省委、甘肃省人民政府、甘肃省军区 | 2010.12 | |
| 46 | 井彩巧 | 兰州市农研中心 | 甘肃省领军人才 | 甘肃省人民政府 | 2010 | |
| 47 | 井彩巧、宋学栋、陶树春 | 兰州市农研中心 | 《北种南运蔬菜引种实验研究与示范》获甘肃省科技进步二等奖 | 甘肃省人民政府 | 2010 | |

| 序号 | 姓名 | 所在单位 | 荣获称号 | 颁奖单位 | 颁奖时间 | 备注 |
|---|---|---|---|---|---|---|
| 48 | 谢成军 | 兰州市农研中心 | 甘肃省先进工作者 | 中共甘肃省委、甘肃省人民政府 | 2010 | |
| 49 | 王兴田 | 兰州市农研中心 | 甘肃省先进工作者 | 中共甘肃省委、甘肃省人民政府 | 2010 | |
| 50 | 黄殿辉 | 兰州铁路局甘青公司 | 甘肃省劳动模范 | 中国共产党甘肃省委员会 | 2010 | |
| 51 | 褚红燕 | 兰州铁路局武威南车务段 | 甘肃省劳动模范 | 中国共产党甘肃省委员会 | 2010 | |
| 52 | 徐双永 | 兰州铁路局兰渝铁路公司 | 甘肃省劳动模范 | 中国共产党甘肃省委员会 | 2010 | |
| 53 | 于 滢 | 兰州铁路局机关 | 甘肃省劳动模范 | 中国共产党甘肃省委员会 | 2010 | |
| 54 | 王小福 | 兰州铁路局兰州西工务段 | 甘肃省劳动模范 | 中国共产党甘肃省委员会 | 2010 | |
| 55 | 李国四 | 兰州西车辆段 | 甘肃省劳动模范 | 中国共产党甘肃省委员会 | 2010 | |
| 56 | 霍 兵 | 嘉峪关机务段 | 甘肃省劳动模范 | 中国共产党甘肃省委员会 | 2010 | |
| 57 | 张 勤 | 兰州市农研中心 | 《厚皮甜瓜新品种甘蜜宝的选育及应用》,甘肃省科技进步奖二等奖 | 甘肃省人民政府 | 2011.1 | |
| 58 | 李震宇 | 国家税务总局兰州高新技术产业开发区税务局 | 精神文明建设先进工作者 | 中共甘肃省委、甘肃省人民政府 | 2011.1 | |
| 59 | 吕茹悦 | 兰州市图书馆 | 甘肃省参与世博会先进个人 | 甘肃省人民政府 | 2011.4 | |
| 60 | 邓丽娜 | 兰州市卫生健康委员会(原兰州市卫生局) | 2006-2010年全省法制宣传教育先进个人 | 中共甘肃省委<br>甘肃省人民政府 | 2011.6 | |
| 61 | 陈 静 | 兰州市环境保护局 | 2006-2010年全省法制宣传教育先进个人 | 中共甘肃省委 | 2011 | |
| 62 | 程玉萍 | 兰州市种子管理站 | 甘肃省科技进步三等奖 | 甘肃省人民政府 | 2006 | |
| 63 | 王应民 | 兰州市就业和人才服务局 | 全省就业先进工作者 | 甘肃省人民政府 | 2012.1 | |
| 64 | 张立华 | 兰州新区中川园区(甘肃瑞盛·亚美特高科技农业股份有限公司) | 引河滴灌成套设备研发与产业化推广项目获甘肃省科学技术进步奖二等奖 | 甘肃省人民政府 | 2012.2 | |
| 65 | 张成虎 | 兰州市畜牧兽医研究所 | 甘肃省科技进步三等奖 | 甘肃省人民政府 | 2012.2 | |
| 66 | 董进明 | 兰州市兽医局 | 甘肃省科技进步三等奖 | 甘肃省人民政府 | 2012.2 | |
| 67 | 王 洪 | 兰州市教育局 | 甘肃省“两基”先进个人 | 中共甘肃省委员会<br>甘肃省人民政府 | 2012.8 | |
| 68 | 魏丽红 | 兰州市人大常委会 | 甘肃省基本普及九年义务教育基本扫除<br>青壮年文盲工作先进个人 | 中共甘肃省委员会<br>甘肃省人民政府 | 2012.9 | 七里河区人民政府 |
| 69 | 彭志云 | 兰州市农研中心 | 甘肃省科学技术进步三等奖 | 甘肃省人民政府 | 2012年 | |
| 70 | 徐 琼 | 兰州市农研中心 | 甘肃省科学技术进步三等奖 | 甘肃省人民政府 | 2012年 | |
| 71 | 董进明 | 兰州市动物卫生监督所 | 甘肃省科技进步三等奖 | 甘肃省人民政府 | 2013.1 | |
| 72 | 刘 凯 | 兰州市农研中心 | 《甘蓝新品种“中甘21”引进试验示范》,甘肃省科学技术进步三等奖 | 甘肃省人民政府 | 2013.1 | |
| 73 | 把存芳 | 兰州市农研中心 | 《高产优质抗病厚皮甜瓜新品种银冠的选育及应用》,甘肃省科技进步三等奖 | 甘肃省政府 | 2013.1 | |

| 序号 | 姓名 | 所在单位 | 荣获称号 | 颁奖单位 | 颁奖时间 | 备注 |
|---|---|---|---|---|---|---|
| 74 | 张　勤 | 兰州市农研中心 | 《高产优质抗病厚皮甜瓜新品种银冠的选育及应用》,甘肃省科技进步奖三等奖 | 甘肃省人民政府 | 2013.1 | |
| 75 | 牛铮超 | 兰州市社会科学院 | 专著《再造兰州》获甘肃省第十三次社会科学优秀成果三等奖 | 中共甘肃省委员会<br>甘肃省人民政府 | 2013.3 | |
| 76 | 张小琴 | 兰州戏曲剧院 | 甘肃省戏剧大省建设突出贡献奖 | 中共甘肃省委宣传部、甘肃省文化厅 | 2013.3 | |
| 77 | 赵　亮 | 兰州歌舞剧院 | 创编的民间舞《鼓韵》获甘肃省第七届敦煌文艺奖二等奖 | 中共甘肃省委、甘肃省人民政府 | 2013.3 | |
| 78 | 王艺潼 | 兰州歌舞剧院 | 创编的舞蹈《画中仙》荣获第七届敦煌文艺奖三等奖 | 中共甘肃省委员会<br>甘肃省人民政府 | 2013.3 | |
| 79 | 魏　祯 | 兰州歌舞剧院 | 创编的舞蹈《画中仙》荣获第七届敦煌文艺奖三等奖 | 中共甘肃省委员会<br>甘肃省人民政府 | 2013.3 | |
| 80 | 王生凯 | 兰州画院 | 油画《与歌同行之56》获甘肃省第七届敦煌文艺奖一等奖 | 中共甘肃省委员会<br>甘肃省人民政府 | 2013.3 | |
| 81 | 曾红兵 | 兰州市文化馆 | 摄影作品《瑞雪兆丰年》获甘肃省第七届敦煌文艺奖一等奖 | 中共甘肃省委员会<br>甘肃省人民政府 | 2013.3 | |
| 82 | 杨　立 | 兰州市渔业技术推广中心 | 甘肃省优秀专家 | 中共甘肃省委员会<br>甘肃省人民政府 | 2013.6 | |
| 83 | 李俊霞 | 兰州市社会科学院 | 《甘肃非物质文化遗产挖掘与保护》获甘肃省第十三届社会科学优秀成果二等奖 | 中共甘肃省委、甘肃省人民政府 | 2013 | |
| 84 | 屈雷刚 | 兰州市社会科学院 | 《甘肃非物质文化遗产挖掘与保护》获甘肃省第十三届社会科学优秀成果二等奖 | 中共甘肃省委、甘肃省人民政府 | 2013 | |
| 85 | 刘心刚 | 兰州市社会科学院 | 《甘肃非物质文化遗产挖掘与保护》获甘肃省第十三届社会科学优秀成果二等奖 | 中共甘肃省委、甘肃省人民政府 | 2013 | |
| 86 | 代立兰 | 兰州市农研中心 | 甘肃省科学技术进步三等奖 | 甘肃省政府 | 2013年 | |
| 87 | 彭志云 | 兰州市农研中心 | 甘肃省科学技术进步三等奖 | 甘肃省人民政府 | 2014年 | |
| 88 | 滕汉玮 | 兰州市农研中心 | 《兰州高原夏菜优质高效旱作栽培技术研究与示范》,甘肃省科技进步二等奖 | 甘肃省人民政府 | 2015.1 | |
| 89 | 刘　凯 | 兰州市农研中心 | 《兰州市高原夏菜优质高效旱作栽培技术研究与示范》,甘肃省科学技术进步二等奖 | 甘肃省人民政府 | 2015.1 | |
| 90 | 裴婕妤 | 兰州市农研中心 | 《兰州高原夏菜优质高效旱作栽培技术研究与示范》,甘肃省科技进步二等奖 | 甘肃省人民政府 | 2015.1 | |
| 91 | 刘　庆 | 兰州市公安局城关分局 | 甘肃省先进工作者 | 中共甘肃省委、甘肃省人民政府 | 2015.4 | |
| 92 | 梁培峰 | 兰州市公安局交警支队 | 甘肃省拥政爱民模范 | 中共甘肃省委、甘肃省人民政府 | 2015.7 | |
| 93 | 武卫红 | 兰州市环境保护局 | 甘肃省先进工作者 | 中共甘肃省委、甘肃省人民政府 | 2015 | |

| 序号 | 姓名 | 所在单位 | 荣获称号 | 颁奖单位 | 颁奖时间 | 备注 |
|---|---|---|---|---|---|---|
| 94 | 谢成俊 | 兰州市农研中心 | 2015年度甘肃省科技进步三等奖 | 甘肃省人民政府 | 2015 | |
| 95 | 宗成胜 | 陇西车务段 | 甘肃省劳动模范 | 中共甘肃省委<br>甘肃省人民政府 | 2015 | |
| 96 | 姜春雨 | 兰州铁路局兰州货运中心 | 甘肃省劳动模范 | 中共甘肃省委、甘肃省人民政府 | 2015 | |
| 97 | 孟春艳 | 兰州铁路局兰州客运段 | 甘肃省劳动模范 | 中共甘肃省委、甘肃省人民政府 | 2015 | |
| 98 | 安红志 | 兰州铁路局定西工务段 | 甘肃省劳动模范 | 中共甘肃省委、甘肃省人民政府 | 2015 | |
| 99 | 滕汉玮 | 市农研中心 | 《兰白沿黄灌区蔬菜无公害生产技术集成与推广》,甘肃省科技进步三等奖 | 甘肃省人民政府 | 2016.1 | |
| 100 | 刘凯 | 兰州市农研中心 | 《兰白沿黄灌区蔬菜无公害生产技术集成与推广》,甘肃省科学技术进步三等奖 | 甘肃省人民政府 | 2016.1 | |
| 101 | 裴婕妤 | 兰州市农研中心 | 《兰白沿黄灌区蔬菜无公害生产技术集成与推广》,甘肃省科技进步三等奖 | 甘肃省人民政府 | 2016.1 | |
| 102 | 董亚莉 | 兰州市博物馆 | 2015年度全省驻村帮扶工作队优秀工作队员 | 中共甘肃省委、甘肃省人民政府 | 2016.5 | |
| 103 | 唐浩漩 | 民盟兰州市委 | 2015年度全省联村联户为民富民行动先进个人标兵奖 | 中共甘肃省委、甘肃省人民政府 | 2016.5 | |
| 104 | 张若超 | 甘肃广播电视大学 | 甘肃省优秀共产党员 | 中共甘肃省委 | 2016.6 | |
| 105 | 牛铮超 | 兰州市社会科学院 | 撰写的论文《历史的伟大跨越--从中国共产党的成立到人民政治协商制度的确立与完善》获2015年度甘肃省人民政协理论研讨会优秀论文二等奖 | 政协甘肃省委员会 | 2016.8 | |
| 106 | 马彩云 | 兰州市工商联 | 2015年度全省“优秀驻村工作队长” | 中共甘肃省委、甘肃省人民政府 | 2016.8 | |
| 107 | 田世奇 | 兰州市机关事务管理局 | 首届敦煌文博会先进个人 | 中共甘肃省委、甘肃省人民政府 | 2016 | |
| 108 | 谢成俊 | 兰州市农研中心 | 2016年度甘肃省科技进步三等奖 | 甘肃省人民政府 | 2016 | |
| 109 | 彭志云 | 兰州市农研中心 | 甘肃省科学技术进步三等奖 | 甘肃省人民政府 | 2016 | |
| 110 | 杨宝忠 | 兰州市农业农村局 | 甘肃省科技进步三等奖 | 甘肃省人民政府 | 2017.1 | |
| 111 | 丁霞 | 甘肃广播电视大学 | 甘肃省“园丁奖”优秀教师 | 甘肃省人民政府 | 2017.9 | |
| 112 | 王艺潼 | 兰州歌舞剧院 | 创编的舞蹈《宅门闺秀》荣获甘肃省第八届敦煌文艺奖二等奖 | 中共甘肃省委员会<br>甘肃省人民政府 | 2017.11 | |
| 113 | 许馨元 | 兰州歌舞剧院 | 创编的舞蹈《宅门闺秀》荣获甘肃省第八届敦煌文艺奖二等奖 | 中共甘肃省委员会<br>甘肃省人民政府 | 2017.11 | |
| 114 | 巫卫东 | 兰州画院 | 国画《药乡秋晚》获甘肃省第八届敦煌文艺奖一等奖 | 中共甘肃省委员会<br>甘肃省人民政府 | 2017.11 | |
| 115 | 白恩平 | 兰州画院 | 国画《梦寻乡音》获甘肃省第八届敦煌文艺奖一等奖 | 中共甘肃省委员会<br>甘肃省人民政府 | 2017.11 | |
| 116 | 曾红兵 | 兰州市文化馆 | 摄影作品《池哥昼》获甘肃省第八届敦煌文艺奖一等奖 | 中共甘肃省委员会<br>甘肃省人民政府 | 2017.11 | |
| 117 | 魏丽红 | 农工党兰州市委员会 | 全省脱贫攻坚先进个人“标兵奖” | 中共甘肃省委、甘肃省人民政府 | 2017 | |

| 序号 | 姓名 | 所在单位 | 荣获称号 | 颁奖单位 | 颁奖时间 | 备注 |
|---|---|---|---|---|---|---|
| 118 | 谢学军 | 兰州市环境保护局环境信息中心 | 甘肃省领军人才 | 中共甘肃省委<br>甘肃省人民政府 | 2018.12 | |
| 119 | 张　宁 | 兰州市气象局 | 甘肃省科技进步三等奖 | 甘肃省人民政府 | 2018 | |
| 120 | 马　欣 | 兰州歌舞剧院 | 创编的芭蕾舞片段《大梦敦煌》获第九届敦煌文艺奖 | 中共甘肃省委、甘肃省人民政府 | 2019.1 | |
| 121 | 杨　希 | 兰州歌舞剧院 | 创编的芭蕾舞片段《大梦敦煌》获第九届敦煌文艺奖 | 中共甘肃省委、甘肃省人民政府 | 2019.1 | |
| 122 | 郭　莹 | 兰州歌舞剧院 | 创编的芭蕾舞片段《大梦敦煌》获第九届敦煌文艺奖 | 中共甘肃省委、甘肃省人民政府 | 2019.1 | |
| 123 | 王生凯 | 兰州画院 | 油画《与歌同行之56》获甘肃省第就届敦煌文艺奖 | 中共甘肃省委员会<br>甘肃省人民政府 | 2019.1 | |
| 124 | 张　云 | 兰州画院 | 参绘的国画《敦煌印象·丝路虹霓》获甘肃省第九届敦煌文艺奖 | 中共甘肃省委员会<br>甘肃省人民政府 | 2019.1 | |
| 125 | 高　银 | 兰州市公安局警保处 | 2018年度全省脱贫攻坚奖先进个人 | 中共甘肃省委、甘肃省人民政府 | 2019.2 | |
| 126 | 杨文俊 | 兰州市退役军人事务局 | 爱国拥军模范 | 中共甘肃省委、甘肃省人民政府、甘肃省军区 | 2019.7 | |
| 127 | 翁志义 | 兰州战役纪念馆 | 拥军优属先进个人 | 中共甘肃省委、甘肃省人民政府、甘肃省军区 | 2019.7 | |
| 128 | 宋　燕 | 兰州市公安局户政处 | 甘肃省双拥工作先进个人 | 中共甘肃省委、甘肃省人民政府、甘肃省军区 | 2019.7 | |
| 129 | 魏丽龙 | 兰州市生态环境局城关分局 | 全省“人民满意的公务员” | 中共甘肃省委 | 2019.7 | |
| 130 | 魏永胜 | 兰州市教育局 | 甘肃省民族团结进步模范个人 | 中共甘肃省委、甘肃省人民政府 | 2019.9 | |
| 131 | 贺有利 | 兰州市社会科学院 | 专著《三产化——强国富民的必由之路》》获甘肃省第十一届社会科学优秀成果三等奖; | 中共甘肃省委、甘肃省人民政府、甘肃省军区 | 2019 | |
| 132 | 魏丽龙 | 兰州市城关区环境保护局 | 第六届全省人民满意的公务员 | 中共甘肃省委<br>甘肃省人民政府 | 2019 | |

## 说 明

一、本索引采用分析索引法，按标引词首字汉语拼音字母顺序排序；第一字相同，按第二字音序排序。以此类推。

二、标引词后有多个页码，则表示互见、内容所在位置。

三、本年鉴的“特载”“大事记”“法规文件”“附录”等均未作索引。

### A



### B



### C

## D

## E



## F



## G

## H



## J

## K

## L



## M

## N



## P



## Q

## R



## S

## T

## W



## X

## Y

## Z

ISBN 978-7-5490-2326-4

9 787549 023264 >

定价：268.00元